Paris - New York

Paris - New York

Centre national d'art et de culture Georges Pompidou
Musée national d'art moderne
1er juin - 19 septembre 1977

ISBN : 2-85850-040-1

Commissaire général : Pontus Hulten

Commissaires : Daniel Abadie, Alfred Pacquement, Hélène Seckel

Coordination : Malitte Matta assistée de Meg Perlman

Assistantes : Nathalie Menasseyre, Marie-Lise Pau, Catherine Wacogne

Documentation : Agnès Angliviel de La Beaumelle, Françoise Bernier,
Francine Delaigle, Myriam de Dreuzy, Nathalie du Moulin de Labarthète,
Dominique Moyen, Evelyne Pomey, Claude Schweisguth

Recherches iconographiques : Jean-François de Canchy
assisté de Jacqueline Kain, Catherine Prot, Myriam de Dreuzy

Architecte : Henri Bouilhet

Cinéma : Alain Sayag

Photographie : Jacques Faujour

Traduction : Eric Adda, Michèle Beaucourt, Antoine Calon, Didier Don,
André Enegren, Gérard Vallerey

Couverture : Larry Rivers

Maquette : Sergio Tosi

Sommaire

Nous tenons à remercier les collectionneurs, galeries, institutions et musées qui, par les prêts qu'ils nous ont consenti, ont rendu possible la réalisation de cette exposition.

Mme A. M. Adler, New York; Pierre Alechinsky, Bougival; Arman, New York; M. et Mme Joseph Asher, New York; Dr W.A. Bechtler, Zollikon (Suisse); Ernst Beyeler, Bâle; M. et Mme George Blow, Washington D.C.; Gérard Bonnier, Stockholm; Robert Breer, New York; Mark Brusse, Paris; Louis Carré, Paris; Jean-Christophe Castelli, New York; M. et Mme Leo Castelli, New York; Christo, New York; Francisca Clausen, Abenraa (Danemark); M. et Mme Hubbard Cobb, Old Lyme, Conn.; Mme Calleux, Paris; Simone Collinet, Paris; William Copley, New York; Sonia Delaunay, Paris; M. et Mme Harold Diamond, New York; M. et Mme Duvivier, Ostende; Josette Einsten, New York; Gerald S. Elliot, Chicago; Gladys Fabre, Paris; Richard L. Feigen, New York; Robert Filliou, Flayosc; Lilian F. Florsheim, Chicago; Gaetano Formica, Milan; Mme P. de Gavardie, Paris; Anne et Ira Glackens, Washington D.C.; Louise Glarner, Locarno; Mme Jean Gorin, Meudon; Mme Arshile Gorky-Phillips; Hans Hartung, Paris; Nicolas Hélion, Paris; Harry Holtzman, Lyme, Conn. (USA); Scott Hyde, New York; Marcel Jean, Paris; Jasper Johns, New York; Georgia O'Keeffe, Abiquiú, N.M. (USA); Dr. Billy Klüver, New York; Margot Krätz, Francfort-Buchschlag; Robert Lebel, Paris; Susi Magnelli, Meudon-Bellevue; Mme A.F. Mare-Vène, Paris; M. et Mme André Masson, Paris; Dominique de Menil, Houston, Texas; Robert Motherwell, Greenwich, Conn.; E. Jan Nadelman, New York; Claes Oldenburg, New York; Reinhard Onnasch, Berlin; Dr. H. Peeters, Bruges; Alexis Poliakoff, Paris; Leon Polk Smith, New York; Paul Prouté, Paris; Charles Ratton, Paris; M. et Mme Henry Reed, Caldwell, N.J.; M. et Mme Daniel Saidenberg, New York; Joan Lee Smith, New York; Andreas Speiser, Bâle; Darthea Speyer, Paris; Daniel Spoerri, La Selle-sur-le Bied; Pierre Soulages, Paris; Succession Paul et Hazel Strand, New York; Takis, Paris; M. et Mme Burton Tremaine, New York; Baron Urvater, Bruxelles; M. et Mme Edward M. Warburg, New York; Charmion von Wiegand, New York; M. et Mme Bagley Wright, Seattle, Washington; Elinor Wright Fleming, Buffalo; Richard S. Zeisler, New York.

Galerie Beaubourg, Paris; Isy Brachot, Bruxelles, Knokke-le-Zoute; Andrew Crispo, New York; Karl Flinker, Paris; Forum Gallery, New York; Jean Fournier, Paris; Gimpel et Hanover Galerie, Zürich; Henriette Gomès, Paris; Semiha Huber, Zürich; Brooks Jackson, Gallery Iolas, New York; Sidney Janis, New York; Kennedy Inc., New York; Jean Krugier, Genève; Jean Larcade, Paris; Galerie Maeght, Paris; Pierre Matisse Gallery, New York; Franck Oehlschlaeger, Sarasota, Florida; Galerie Piltzer-Rheims, Paris; Sonnabend Gallery, New York; Zabriskie Gallery, New York.

Amsterdam, Stedelijk Museum — Bâle, Kunstmuseum — Baltimore, The Baltimore Museum of Art — Berlin, Staatliche Museum, National Galerie — Boston, The Lachaise Foundation — Bruxelles, Musées Royaux des Beaux-Arts de Belgique — Buffalo, N.Y., Albright-Knox Art Gallery — Chapel Hill, North Carolina, Williams Hayes Ackland Memorial Art Center, University of North Carolina — Chicago, The Art Institute of Chicago — Cologne, Ludwig Museum — Columbus, Ohio, The Columbus Gallery of Fine Arts — Dallas, Texas, The Dallas Museum — Des Moines, Iowa, Des Moines Art Center — Duisburg, Wilhem-Lehmbruck Museum — Düsseldorf, Kunstsammlung Nordrhein-Westphalen — Eindhoven, Van Abbemuseum — Houston, Texas, The Menil Foundation — Indianapolis, Indianapolis Museum of Art — Krefeld, Kaiser Wilhelm Museum — La Haye, Haags Gemeentemuseum — Lausanne, Collection de l'art brut — Leominster, Mass., William H. Lane Foundation — Lincoln, Nebraska, University of Nebraska, Lincoln Art Galleries — Lodz, Pologne, Musée Sztuki — Lund, Suède, Arckiv för Decorativ Konst Museet of Sketches — Minneapolis, Minnesota, The University Gallery, University of Minnesota — Munich, Bayerische Staatsgemäldesammlungen — New Haven, Conn., The Beinecke Rare Book and Manuscript Library, Yale University — New Haven, Conn., The Yale University Art Gallery — New York, The Museum of Modern Art — New York, The Solomon R. Guggenheim Museum — New York, The Whitney Museum of American Art — Paris, Bibliothèque Littéraire Jacques Doucet — Paris, Musée des Arts Décoratifs, Donation Jean Dubuffet — Paris, Musée de l'Homme — Paris, Musée d'Art Moderne de la Ville de Paris — Paris, Museum National d'Histoire Naturelle — Paris, Musée du Louvre, Galerie du Jeu de Paume — Paris, Musée Rodin — Philadelphie, The Philadelphia Museum of Art — Pittsburgh, Penn., Museum of Art, Carnegie Institute — Pittsfield, Mass., Berkshire Museum — Rotterdam, Musée Boymans van Beuningen — Saint-Louis, Missouri, The Washington University Gallery of Art — Saint-Tropez, Musée de l'Annonciade — San Diego, Cal., Fine Arts Gallery — Stockholm, Moderna Museet — Tel Aviv, The Tel Aviv Museum — Washington D.C., The Hirshhorn Museum and Sculpture Garden, Smithsonian Institution — Washington D.C., The National Collection of Fine Arts, Smithsonian Institution — Washington D.C., The National Gallery of Art — Washington D.C., The Phillips Collection — Wilmington De., Delaware Art Museum — Williamstown, Mass., Williams College Museum of Art — Winterthur, Kunstmuseum — Zürich, Kunsthaus.

ainsi que tous les prêteurs ayant souhaité garder l'anonymat.

Nos remerciements s'adressent tout particulièrement à M. William Rubin, Directeur du Département des peintures et sculptures du Museum of Modern Art à New York, pour sa très généreuse collaboration à l'exposition par le prêt d'un grand nombre d'œuvres très prestigieuses se trouvant dans les collections du Museum of Modern Art; de même nous exprimons notre gratitude à M. Alan Shestack, Directeur de la Yale University Art Gallery, dont les prêts nombreux ont rendu possible la réalisation d'une salle consacrée à la collection de la Société Anonyme, ceci grâce à l'appui qu'ont apporté à nos demandes Mme Anne Hanson et M. Robert Herbert, du Departement of History of Art à l'Université de Yale; Mme Anne d'Harnoncourt, Conservateur du XXᵉ Century Art du Philadelphia Museum of Art, a généreusement contribué à notre projet, en autorisant les prêts de nombreuses pièces de la collection Arensberg.

Plusieurs reconstitutions ont été réalisées dans cette exposition :

Sans l'appui et l'enthousiasme constants de Mme Roubina Stein, et la collaboration du Musée des Arts Décoratifs de Paris, nous n'aurions pu mener à bien, avec la participation d'Isabelle Fontaine, la reconstitution de l'atelier de Gertrude Stein tel qu'il était 27, rue de Fleurus.

Mme Georgia O'Keeffe a encouragé le projet d'une reconstitution de la galerie d'Alfred Stieglitz en donnant son accord pour les prêts nombreux que nous ont consentis à cet effet le Metropolitan Museum of Art à New York et l'Art Institute de Chicago. Pour les recherches concernant les œuvres, Doris Bry nous a apporté son précieux concours et Susan Harder a fourni des éléments essentiels en ce qui concerne la structure de la galerie.

Nous tenons aussi tout particulièrement à remercier Mme Peggy Guggenheim et Mme Lilian Kiesler qui, en nous ouvrant toutes leurs archives avec beaucoup d'attention et de compréhension ont permis la reconstitution de la galerie Art of this Century.

De la même manière, grâce à Harry Holtzman et Louise Glarner il a été possible de regrouper un ensemble de témoignages et de documents exceptionnels autour de Mondrian.

De nombreuses personnalités ont apporté le concours de leur compétence pour la réalisation de cette exposition : l'aide constante et la générosité de la Fondation John et Dominique de Menil ont rendu possible la poursuite des recherches à New York. Nous tenons à remercier Meg Perlman qui a effectué un long travail de recherches documentaires préalable à la mise en forme de l'exposition. Notre gratitude s'adresse également à :

Paule Anglim, The Arts Club of Chicago, Thérèse Bonney, Mrs William Bradley, André Buckles, Margaret Cogswell, Butler Coleman, Daniel Cordier, Pierre Daix, M.C. Dane, Charles Delaunay, Courtney Donnell, Tom Doyle, Jacques Dupin, Denise Durand-Ruel, Marguerite Duthuit, Ruth Moskin Fineshriber, Bella Fishko, Diane Foix, Dominique Fourcade, Jean Fournier, Donald Gallup, Pierre Georgel, Bram Hammacher, Barbara Haskell, Dr William I. Homer, Henry Hopkins, Walter Hopps, J. and J. all for Art, H.C. Jaffé, Alain Jouffroy, Felix Klee, Nathan Kolodner, Daniel Lelong, Francis de Lulle, Suzanne Mac Cullagh, Pierre Matisse, Dorothy Norman, Francis V. O'Connor, Gordon Onslow-Ford, Harold Allen Parker, Ann Percy, Virginie Pevsner, Len Pitkowski, Margaret Potter, Myriam Prévost-Douatte, Pr. Oscar Reuterswärd, Meshulam Riklis, Daniel Robbins, Juliette Roche-Gleizes, Anne Rorimer, Barbara Rose, Cora Rosevear, Angelica Rudenstine, Merle Schipper, David von Schlegell, Monique Schneider, Robert Schoelkopf, R. Josué Seckel, Michel Seuphor, Ileana Sonnabend, Darthea Speyer, Werner Spies, Tal Streeter, Friedrich Teja Bach, Michel Terrapon, Virgil Thomson, Robert Valancay, Paul Van Hoeydonck, Daniel Vannier, Ornella Volta, Joan Washburn, Christopher Wilmarth, William E. Woolfenden, Pierre Zécri, Marcel Zerbib.

Pour leur aide au cours de nos recherches iconographiques et documentaires nous tenons à remercier les organismes suivants :

Cahiers du Cinéma, Services culturels de l'Ambassade des Etats-Unis à Paris, Services d'information d'Air France, les Services de l'American Library in Paris, les Services de la Bibliothèque de l'Arsenal à Paris, les Services de la Bibliothèque Nationale, les Services des Relations publiques de Citroën, les Services de presse de Christian Dior, les Services de presse de Coca-Cola, les Services de presse de Ford France, les Services de presse de Kodak-Pathé, les Services de presse de Levi's, l'Union Française des Arts du Costume.

Nous remercions très vivement M. Harry Shunk pour la très importante documentation photographique qu'il nous a confiée ainsi que M. Brooks Jackson qui nous a fourni de nombreuses photographies des expositions de la Iolas Gallery à New York.

Nous remercions également les artistes qui ont bien voulu écrire pour ce catalogue des textes inédits sur leurs rapports avec l'autre continent.

Maria Socorro Benia-Prat, Marie-Odile Caussin, Josette Dufrêne, France Maggesi, Caroline Pacquement, Brigitte Patris, Arlette Schreiber et Françoise Tavernier ont assuré la préparation des manuscrits.

Enfin l'équipe de l'atelier du Musée National d'Art Moderne sous la direction d'Alain Florence a réalisé l'installation de l'exposition. Nous remercions Pierre Boudier, Jean-Claude Charton, Vincent Claret, Richard Coïa, Pierre Gentilhomme, Alain Guyard, André Jacqueminet, Gérald Lafont, Mohamed Lalaoui, Alvaro Marchetti, Zvodomir Podkovac, Jean Szumnarski et Noël Viard.

Pontus Hulten

Pontus Hulten
L'art, un style de vie – les échanges

Paris – New York, c'est à Valéry Larbaud, voyageur et grand écrivain, que je pense alors que d'autres noms auraient dû plus évidemment s'imposer en premier : Cendrars, Miller, Calder, Duchamp. C'est peut-être parce que derrière toute évidence il y a une réalité qui l'est moins et que Valéry Larbaud, dans la solitude, a réussi à saisir, lui aussi, et à fixer, les mouvements de la vie et la liberté d'esprit, tout ce qui naît des rencontres, de l'imprévu, du va-et-vient des voyages, en ce siècle où les distances ont irrévocablement disparu.

C'est aussi parce que cette grande exposition que nous présentons sous le titre de Paris – New York est l'expression d'un vaste et complexe échange entre deux villes, entre deux continents, entre des hommes qui se sont fixés tour à tour ici et là et ont réussi à transmettre à leur œuvre et à leurs idées l'essence de la liberté, leurs désirs, leurs émotions, et qu'ils ont marqué le XXᵉ siècle d'œuvres qui ont donné forme à l'avenir. L'histoire de ce siècle est en grande partie une histoire de ces échanges.

Quand il y a quatre ans nous avons commencé à étudier le programme des expositions que le Musée national d'art moderne devait organiser au Centre Georges Pompidou, il nous a paru évident qu'une partie au moins des expositions que nous allions organiser aurait à étudier le rôle de Paris dans l'évolution de l'art de ce siècle. Il fut alors décidé que ce serait un thème général qui nécessiterait au moins deux grandes expositions thématiques : Paris et l'Ouest, Paris et l'Est.

Ainsi pourrions-nous traiter le rôle de Paris dans la divulgation des idées cubistes et futuristes, le dadaïsme et le constructivisme, l'impact donné par les Américains et les Russes qui se sont orientés vers Paris comme vers le centre de la vie artistique dans les deux après-guerre et dans les années trente, les multiples échanges produits pendant la deuxième guerre et l'extraordinaire effervescence qui a eu lieu dans le monde des arts après 1958.

Très vite, il est en effet devenu évident que ce programme serait conçu comme un grand dyptique dont les deux volets seraient une exposition recherchant les relations de Paris avec New York, et une autre montrant les échanges avec l'Europe de l'Est et en particulier : Moscou, Léningrad et Berlin avant et après la révolution.

La grande discussion portait déjà en partie sur le bien-fondé d'une des fonctions attribuées par les journalistes de Paris et de New York : le Centre serait-il ou non un effort de centralisation capable de redonner à Paris un rôle majeur dans la vie artistique mondiale.

La meilleure réponse à de telles spéculations semblait être d'essayer de définir le rôle que Paris avait réellement joué depuis un siècle dans les différents domaines de la culture internationale. Pour que cette réalisation ait un sens, il fallait commencer par évoquer le rôle prépondérant de quelques grands artistes dont l'œuvre serait montrée séparément par des expositions rétrospectives. Deux artistes français ont joué dès le début du siècle un rôle primordial dans les échanges avec New York : Marcel Duchamp et Francis Picabia.

Deux expositions rétrospectives de leur œuvre ont été réalisées en 1976 et en 1977 alors que nous recevions en mars dernier à Paris la grande exposition consacrée par William Rubin et le Museum of Modern Art de New York à André Masson, exposition qui apportait la preuve exemplaire de l'importance du rôle joué par le peintre surréaliste dans les contacts transatlantiques qui nourrirent l'art et la musique, la littérature, le théâtre et le cinéma.

A plusieurs reprises, on avait déjà essayé de définir dans les années soixante la nature de ces échanges entre l'Europe et l'Amérique. Le Guggenheim Museum de New York avait étudié la possibilité d'un tel projet. Plus tard, en 1973 et en 1974, Maurice Tuchman du County Museum de Los Angeles, et Minda de Gunzburg avec l'ASDA qu'elle a fondé à Paris, reprirent ce thème et aidèrent à en définir le jeu rythmé de ping pong.

Saisir un siècle dans le cadre d'une exposition, et décrire l'immense mutation qui a commencé avant la seconde guerre mondiale est une entreprise difficile. La diffusion, l'accélération de l'histoire, la disparition de la notion de distance bien avant que le premier homme se soit posé sur la lune, point extrême de la complexe combinaison imaginable de réflexion humaine et d'ordinateurs groupés, rendent la crise du rationalisme dans le monde d'aujourd'hui un état de fait aux conséquences si multiples qu'il est peut-être plus facile d'en prendre conscience dans l'évolution de l'espace aperspectif de la peinture que d'en faire une analyse minutieuse qui dépasserait d'ailleurs le cadre de cette préface.

La vision et le mouvement, le temps et la violence, l'image démantelée et reconstruite sont les thèmes alternatifs et successifs, parmi d'autres, qui ont hanté les artistes de ce siècle dans des séries privilégiées dont on retrouve en Amérique comme en Europe les signes, les symboles qui vont du réel à l'imaginaire, les séparent et les combinent.

Nous nous sommes ainsi efforcés dans les parcours de cette exposition de montrer et de comparer comment certains principes issus du cubisme et du surréalisme ou du dadaïsme furent tour à tour repris ou perdus en Europe et en Amérique.

Le cubisme a été pour l'Europe la première rupture radicale avec l'espace traditionnel issu de la Renaissance. Cet espace cassé par Picasso et par Braque devait permettre à Mondrian, à Picabia et à Duchamp de créer les propres formes de leur univers et d'aller plus loin, dans leur vision, que Braque et que Picasso, par d'autres cheminements, métaphysiques, psychologiques et visuels. Il est intéressant de voir qu'en Amérique, il ne devait rien germer directement du cubisme. Sans doute parce que le sens de l'espace américain appartient à d'autres normes, à un autre sens de la gravité, sans lien possible avec les leçons de la Renaissance et la psychologie du dix-huitième.

La notion américaine de l'espace vient du contact avec un univers dont l'échelle est différente, par l'intermédiaire d'un monde historique tout autre, notion non seulement liée à une vision du monde totalement différente mais à d'autres façons de voir et d'appréhender l'espace.

Il n'est que de penser aux figures géantes du désert péruvien dont l'approche permet une relation hors des proportions européennes pour imaginer quels développements l'imagination créatrice de l'artiste peut concevoir d'une telle expérience.

Ainsi a pu naître une œuvre hors de nos schémas européens alors que la technologie du XXᵉ siècle permettait aux artistes la réalisation ambitieuse des formes qu'ils pressentaient.

Au cours de la deuxième avant-guerre apparut aux Etats-Unis un changement radical dans les conceptions de l'espace, en peinture d'abord, et ensuite en sculpture.

L'idée européenne de l'espace en peinture avait été profondément modifiée par les cubistes en ce sens qu'elle abandonna le point de vue immobile et unique qui nous venait en ligne droite de la Renaissance pour une succession logique de points de vue simultanés. La perspective mathématique de la Renaissance faisait place à une perspective relative qui révélait une vision et une conception nouvelle de l'espace.

L'importance de Jackson Pollock tient à la fois aux formes dépassées du monde européen et à l'immense espace américain, synthèse et signification d'un autre système de forces, d'un autre espace, d'une autre psychologie.

Pendant les années de la guerre, Matta, Tobey, Pollock, et d'autres, ouvrirent l'espace de la peinture au signe et au défi, à d'autres techniques, à d'autres disciplines, et à une conception nucléaire du monde, nouvelle et non plus mécanistique.

Lorsque se forment de nouvelles théories scientifiques, une osmose se produit dans des domaines de l'art qui situe sur un plan esthétique les recherches et les axiomes des savants. L'espace *all over* de Pollock a écouté la voix de Masson mais a rendu compte d'une manière neuve et personnelle d'un moment du monde, témoignage d'une autre définition de l'espace, tout comme le cubisme au début du siècle avait donné en Europe un corps sensible à l'esthétique structurale.

Au contraire du cubisme, Dada a été pour les Américains l'aventure spirituelle de la liberté alors que le cubisme ne leur apportait que les fragments d'un espace dépassé. L'intelligence et les provocations de Dada les stimulèrent. Le cubisme avait paru révolutionnaire à l'Europe, et le

dadaïsme une boutade sans lendemain d'enfant iconoclaste qui n'appelait que le scandale et le désordre. Ce fut de l'autre côté de l'Atlantique la graine qui germa. Les Américains n'avaient participé ni à la Renaissance ni à l'établissement des principes du Siècle des Lumières. Leur tour était venu de prendre une part active à une création vivante, à un relais. Ce fut celui du XXᵉ siècle, et c'est avec Dada qu'ils trouvèrent l'expression de l'agressivité des villes modernes à laquelle ils pouvaient s'identifier de New York. L'influence de Dada en Amérique devait dépasser le cadre d'une génération d'artistes. Tout comme le surréalisme, au cours de la deuxième guerre mondiale, par la présence à New York d'André Breton, de Max Ernst et d'André Masson, devait prendre d'autres racines vingt ans après les premiers manifestes, le dadaïsme allait séduire dans les années cinquante une nouvelle génération d'artistes, celle des artistes pop.

L'on pouvait envisager de faire cette exposition de plusieurs manières. Rechercher des œuvres qui ont joué un rôle décisif dans l'évolution du goût et des idées et présenter celles qui ont gardé une position clé dans le vaste panorama que nous nous proposions d'évoquer. Mais il importait aussi de retrouver dans cet échange multiple entre deux villes les personnages dominants qui mieux que d'autres ont contribué par leur présence à créer l'histoire de ce flux et de ce reflux d'influences où s'est formé le siècle. C'est pourquoi nous avons choisi pour montrer ces œuvres et ces hommes certaines situations privilégiées qui les expliquaient et ont joué dans l'espace et dans le temps un rôle primordial, des lieux où ces personnages ont vécu, et ont évolué, pour que voie le jour, une des rares choses qui demeure d'un temps disparu : les œuvres d'art.

Par *situation*, on peut entendre : exposition, salon, revue, galerie, collection particulière, c'est-à-dire un tout, un ensemble de lieux où des gens curieux de leur temps et d'eux-mêmes cherchent et trouvent quelquefois une inspiration et un écho à leurs joies et à leurs inquiétudes.

Les Américains ont toujours recherché une plus grande liberté, une manière de s'établir et d'être efficace. Dans leur pays, au XIXᵉ siècle, en traversant et en explorant le désert, au cours de leurs voyages, au siècle suivant, pour échapper aux contraintes de l'habitude, pour découvrir et pour connaître, et presque toujours d'une manière profonde et professionnelle.

Quand les Stein se sont installés à Paris pour s'y fixer définitivement, ils avaient envie de vivre une vie moins conventionnelle que celle qu'ils avaient connue à Oakland California dans le milieu de la bourgeoisie juive où ils avaient été élevés.

Ils voulaient vivre plus librement, apprendre, faire ce qu'ils avaient envie de faire, aller et venir selon leurs désirs et leurs goûts, s'habiller comme ils voulaient. Leur attachement à l'art et à la littérature venait de l'éducation qu'ils avaient reçue et du milieu où ils avaient vécu et qui avait aussi l'habitude de collectionner des œuvres d'art. Ainsi devaient-ils se mettre très naturellement à réunir à Paris les œuvres qu'ils aimaient et qui très souvent furent celles que peu de gens auraient distinguées à cette époque-là. Le chemin qu'ils avaient à parcourir pour comprendre des artistes comme Matisse et Picasso, par exemple, était plus court que celui de leurs contemporains vivant dans la même ville et qui appartenaient à leur génération.

Cela, certes, ne saurait pour autant expliquer tout à fait l'extraordinaire qualité de leurs choix ; ils auraient très bien pu, pour la même raison, se tromper entièrement, et passer à côté de ce qu'il y avait alors de plus neuf. Les arguments et l'instinct qui leur permirent de rassembler à Paris ce qui fut probablement la première collection d'art moderne réellement importante venait en fait du plus profond d'eux-mêmes.

Si au XXe siècle on se mit à voyager sans s'expatrier vraiment, une certaine fraîcheur semble s'être toujours attachée au regard des déracinés généreux. Le salon de Gertrude Stein alors qu'il attirait ses amis, des peintres et des écrivains, favorisa grâce à l'originalité de son mécénat un courant qui entraîna en Amérique des œuvres et des réputations qui allaient jouer un rôle capital. Paris, dira Hemingway, et c'est le titre original de son dernier livre, Paris est *une fête mobile*.

Cinquante années plus tard, Gertrude Stein est toujours au premier plan de la perspective historique du siècle mais elle a gagné, en plus, la première place de la littérature américaine par l'influence considérable, réelle et occulte de son œuvre littéraire. C'est pourquoi la reconstitution de son salon de la rue de Fleurus situe un moment très privilégié d'échanges qui allaient se diversifier dans l'avenir et provoquer des mutations importantes et parfaitement imprévisibles.

Deux Américains qui vivaient à Paris dans les années vingt et dans les années trente devaient jouer, eux aussi, un rôle essentiel bien qu'à cette époque-là très peu de gens aient deviné en Alexander Calder et Henry Miller autre chose qu'un sculpteur bon enfant et un écrivain très solitaire et plutôt bohème.

La grande nouveauté de leur travail à cause de la désinvolture de leur comportement n'appelait aucune approbation unanime. Seuls quelques illuminés aperçurent la valeur potentielle d'une recherche qui semblait appartenir à un monde enfantin de création marginale et des préoccupations étroitement égocentriques. Cette recherche décevait l'idée européenne d'*importance* ancrée profondément dans la culture bourgeoise occidentale et demeurait inaperçue même des témoins très conscients de ce milieu-là.

Ce qui frappe à l'étude des années passées par Miller à Paris et telles qu'il les a décrites dans ses livres, est le peu d'orthodoxie de son comportement envers la vie culturelle française. En dépit de l'admiration qu'il avait pour Rimbaud et un certain romantisme français assez artiste, il eut peu de contacts avec ce qui se passait alors à Paris. Il vivait sa propre sub-culture en parfait étranger menant une vie parallèle, pauvre, désespéré et heureux : spectateur de la vie d'une grande ville qu'il semblait voir de l'extérieur, en témoin objectif, exilé type sans attache sentimentale avec les gens ou même avec la ville, libre de ne se préoccuper que de lui-même et de son travail littéraire.

Un des rares événements qui le poussa à écrire et à témoigner est L'âge d'or de Bunuel, et ce n'est pas son meilleur texte. Les pages qu'il a consacrées au surréalisme restent un peu forcées comparées à l'élan lyrique qui accompagne les descriptions de ses odyssées personnelles.

Cette manière de vivre un peu clocharde qui fut celle de Miller à Paris, et de tant d'autres, eut, trente ans plus tard, une influence considérable sur la beat generation. Les poètes qui firent un mythe d'une forme et d'un style de vie parfaitement quotidiens n'auraient pas manqué de surprendre les habitués des cafés et des petits hôtels qu'Henry Miller fréquentait alors dans les quartiers les moins évidents de la capitale.

Individualistes, Miller et Calder l'étaient, dans leur œuvre et dans leur vie. Ils introduisaient une façon nouvelle d'être libre, artiste et poète. Si la phrase libre de Miller a des sources littéraires chez Céline et Hemingway, elle s'élance très près, quelquefois, de Maurice Blanchot, et ses arabesques comme celles des mobiles de Calder forment des images d'une création neuve et libre.

Tous les grands artistes, d'ailleurs, sont de grands individualistes. Et c'est parce que leurs réactions aux réalités sociales sont violentes que leur œuvre se trouve décalée des habitudes traditionnelles de la pensée et de l'action de leurs contemporains, et de ce qui plaît. Gertrude Stein était individualiste, Alfred Stieglitz l'était aussi, d'une manière différente, austère mais plus ouverte à toutes les formes visuelles de la création. L'année même où la famille Stein arrivait à Paris, il ouvrait à New York dans la Fifth Avenue la Photo Secession Gallery qui devait jusqu'en 1917 montrer toutes les œuvres *dissidentes* venues d'Europe ou nées à New York. Cette galerie fut le symbole de tous les séparatismes et de toutes les contradictions : artistiques, d'abord, sociales et littéraires.

Si nous devons aujourd'hui réfléchir pour découvrir ce qui choquait jusqu'à la furie les contemporains de Manet devant *Le déjeuner sur l'herbe,* notre effort n'est pas moindre pour mesurer le gouffre qui séparait le public et la majeure partie de la critique du Salon d'Automne où, en cette même année de 1905, était exposée *La Femme au chapeau* d'Henri Matisse que les Stein allaient immédiatement acquérir.

Si nous avons choisi l'atelier de Mondrian et la galerie de Peggy Guggenheim « Art of this Century » pour *imager* et imaginer les années quarante en Amérique, tout comme nous avons choisi l'atelier de Stieglitz pour évoquer les années de la première guerre à New York, c'est parce qu'à leur tour ces lieux provoquèrent une prise de conscience décisive chez les artistes qui étaient à New York, Américains ou réfugiés comme Chagall, Tanguy, Masson, Ernst, Matta, et tant d'autres.

Peggy Guggenheim avait demandé à Frederick Kiesler de dessiner sa galerie. Autrichien de naissance, il avait introduit en 1926 à New York tout un groupe d'artistes russes qui devaient bouleverser les conventions théâtrales dans le cadre de l'*International Theatre Exposition* organisée par The Little Review. Créateur de ce que les Américains appelaient le *Space Stage,* ou Théâtre à 4 Dimensions, il était logique que Peggy Guggenheim qui sous les conseils de Marcel Duchamp, Max Ernst et Herbert Read ne négligeait aucune avant-garde lui ait demandé de concevoir l'espace de sa galerie où les œuvres étaient suspendues et non pas accrochées et dont les murs et l'espace semblaient concevoir un vaste Duchamp.

On aurait pu penser que pendant la première et la deuxième guerre mondiales, toute création artistique serait arrêtée. En réalité, ce furent des périodes d'un extrême renouveau. Est-ce parce que toute activité de surface se trouvait brusquement bloquée ? Au lendemain de l'Armory Show, à New York, en 1913, alors que Dada ouvrait à Zurich les portes de l'imaginaire et de la révolte contre les idées reçues, ce furent, pendant la guerre et après, quelques grandes années créatrices dont les conséquences allaient sillonner tout le siècle.

Les passions négatives des grands cataclysmes isolent les artistes dans une sorte de mise en attente qui favorise le repliement sur soi et provoque les forces cachées de l'esprit à réagir.

A la périphérie de l'Europe, des mouvements d'idées se mettaient en marche ; Malevitch et Tatlin trouvaient les grands principes de l'art constructif, Naum Gabo, isolé en Norvège, ceux d'une certaine sculpture moderne.

La recherche contemplative des grands artistes a besoin pour être créatrice de se situer au-delà des habitudes de la vie quotidienne, d'une distanciation, d'une mise à l'écart géographique ou temporelle, d'une plus grande liberté.

... Exil de l'espace et du temps, une plus grande liberté s'est toujours retrouvée de l'autre côté de l'Atlantique.

Robert Bordaz
A propos de Paris - New York

L'itinéraire Paris-New York a, depuis soixante-dix ans, le mérite de révéler, dans l'écheveau des influences réciproques, la richesse et la complexité de l'échange, faisant passer au second plan l'étroite question des antériorités qui menace trop souvent l'approche comparatiste. Entre Français et Américains, les relations ont toujours eu un caractère passionnel, et peut-être encore plus depuis le début du siècle, même si, par ailleurs, les Etats négocient en fonction de leurs intérêts. Rêves de la jeunesse et de l'adolescence, souvenir des Indiens et des Trappeurs parcourant les forêts d'Amérique dans des combats acharnés, arrivée des jeunes héros, camarades de combat et libérateurs, en 1917 et en 1944, tout cela se mêle dans nos souvenirs lointains ou récents, cependant qu'aux Etats-Unis revient périodiquement la nostalgie d'un art de vivre français, d'une culture raffinée qui n'exclut pourtant pas l'artiste fougueux ou contestataire.

Que de fois depuis le début du siècle le parcours Paris – New York a-t-il été emprunté ! Depuis qu'André Siegfried opposait à la qualité française le nombre et les ressources puissantes des Etats-Unis, bien des voyageurs sont partis, atténuant en même temps que l'évolution économique les oppositions tranchées que constataient les observateurs du début du siècle.

Paris, New York, deux villes pour deux continents : l'une installée depuis trois siècles dans son rôle de cité superlative de la civilisation européenne, sans jamais y déroger malgré d'autres vicissitudes ; l'autre, porte maritime d'un continent immense, dressant sa splendeur marchande comme la figure de proue de la plus grande puissance du XXᵉ siècle. Deux métropoles culturelles, autant par ce qu'elles créent que par ce qu'elles transmutent et diffusent, l'une acclimatant pour l'Amérique ce que son massif isolement peut accepter d'une Europe jadis abandonnée, l'autre aidant à accréditer en Europe les étrangetés du nouvel Eldorado. Deux capitales de l'émigration, ouvertes à tous les artistes « déplacés » et chacune à ceux de l'autre : quand la puritaine Amérique de l'entre deux guerres, réunie par son labeur et son rêve, inhibe quelque peu ses artistes, c'est vers Paris qu'ils émigrent nombreux, retrouvant un chemin discrètement emprunté avant eux par les aristocrates d'Henry James. En retour, dramatiquement, au plus noir de l'histoire européenne, c'est à New York que se réfugient tant d'écrivains et d'artistes que l'occupant n'eût pas manqué de poursuivre d'une vindicte particulière. Aujourd'hui, en des temps plus heureux, même si l'avion à réaction et la télévision ont aboli l'aventure, chacune continue d'offrir au voyageur de l'autre, sous les sensations de l'exotisme, le choc du décentrement.

Il n'y a pas à craindre que cessent un jour ces fécondations croisées. Dans nos perplexités actuelles, les Français voudront longtemps encore reprendre le chemin où passe un esprit créatif et une originalité qui animent une si large part de la vie culturelle du monde.

Bela Bartok.

Eliott Carter
France Amérique Ltd.

Importée d'Europe au XVIIIe et au XIXe siècle, la musique de concert s'est trouvée confrontée à un problème bien particulier d'adaptation aux conditions sociales de l'Amérique. Constamment menacée d'étouffement par le succès spectaculaire de la musique populaire et le coût toujours croissant du concert, elle n'a jamais bénéficié de l'action assidue d'une élite respectée, ayant des buts culturels clairement définis, capable d'imposer cette musique. Les habitudes culturelles qui ont favorisé l'élaboration des répertoires et des méthodes d'exécution qui constituent le monde musical n'auraient jamais existé en Europe sans cette élite. Il est même surprenant que l'Amérique ait pu atteindre un si haut degré de développement musical sans une tradition comparable.

Les compositeurs se sont trouvés devant un dilemme, surtout au début, avant d'avoir le soutien de prédécesseurs qui s'étaient déjà débattus avec ce problème. Citoyens d'un pays dont l'histoire et la société sont différentes de celles d'Europe, aspirant à maîtriser un art hautement développé par des musiciens européens pour exprimer leur propres préoccupations, ils se trouvaient eux-mêmes ineptes ou médiocres, et le public était bien d'accord. Quoique maintenant ils aient atteint un niveau aussi professionnel que leurs collègues européens, cette situation reste difficile parce que le public tient toujours à trouver au répertoire des concerts et de l'opéra les « chefs d'œuvres » européens qui définissent le goût et les attentes à la fois des exécutants, du public et même de beaucoup de compositeurs.

La question de la musique américaine pour l'amateur reste toujours d'établir son rapport à la musique européenne. Les auditeurs européens y cherchent un caractère américain distinct de celui de l'Europe, tandis que beaucoup d'Américains cherchent une musique authentique et personnelle qui atteint un niveau musical élevé, sans se préoccuper de « faire américain ». Nos compositeurs devaient nécessairement tenter de découvrir, malgré d'énormes difficultés, leur propre voie, une voie qui serait le reflet de leurs expériences personnelles. Bien évidemment l'esthétique musicale européenne elle-même incitait, tout particulièrement au XIXe siècle, tout compositeur à trouver un style national, à faire preuve d'originalité quoique dans le cadre des règles de la bienséance musicale et donc à rechercher dans leur environnement un matériau sonore qui les distinguerait : en Amérique c'était surtout la musique des Noirs et des Indiens.

Des trois grandes cultures musicales du XIXe siècle, l'allemande et l'italienne furent introduites dans nos villes par des foules d'immigrants issus de toutes les classes sociales de leur pays. Ces immigrants firent tout possible pour ne pas rompre avec leur mode de vie antérieur. Ils créèrent des Sängervereine, des orchestres symphoniques, et construisirent des opéras. Les Français, en revanche, n'ont pas exercé la même influence, car malgré leur rôle actif à la périphérie, en Louisiane et au Québec, ils étaient peu nombreux dans les grands centres. Cette situation ne semble pas devoir changer malgré les prédictions de l'historien anglais Arnold Toynbee, qui écrivait dans les années trente que la culture française devait s'étendre dans les Etats-Unis à la faveur de deux nouvelles vagues d'immigration qui, descendant du Canada et montant de la Louisiane, devaient se rencontrer à Washington. Ce que nous connaissons et que nous avons toujours connu de la culture française, s'est répandu largement, encore que bien superficiellement, depuis que les idées de Rousseau, de Montesquieu et de Tocqueville font partie intégrante de nos structures politiques.

Ainsi, le cas de la Louisiane mis à part, la culture française n'a eu qu'une faible assise populaire ; elle intéressait les couches cultivées et riches qui voyaient dans la France aristocratique et bourgeoise l'exemple d'une vie élégante et luxueuse. La musique de concert, qui tout comme les collections artistiques évoquait et probablement évoque encore aux yeux des Américains l'image même du raffinement et de la distinction, a toujours, pour cette raison, eu à son répertoire les grandes œuvres de la musique française. De même, le grand public accueillait avec plaisir les interprètes et les chefs d'orchestre français, qui ayant accepté des postes ici attiraient souvent des instrumentistes hautement qualifiés du Conservatoire. Il n'est guère surprenant de constater que maint Américain désirant sérieusement s'adonner à la musique, impressionné par le talent et l'autorité des musiciens français et par le respect qu'ils inspiraient, ait voulu étudier à Paris.

De telles études musicales furent encouragées au XXe siècle durant les périodes d'après-guerre par les gouvernements français et américain au moyen de bourses généreuses. Le Conservatoire américain fut fondé en 1921 au château de Fontainebleau à l'intention de ces étudiants. D'autre part, après la Première Guerre mondiale et grâce à la dévaluation du franc, beaucoup d'artistes et écrivains américains qui aimaient la France purent vivre à Paris – Ezra Pound, Gertrude Stein, Ernest Hemingway, Man Ray, Virgil Thomson et George Antheil – et leur présence en attira bien d'autres. Ces « expatriés » étaient attirés par l'art contemporain, alors florissant à Paris, et par le respect des Français pour l'artiste, qui contrastait avec le dédain des Américains de l'époque. Durant ces années l'exemple de la musique française et de la musique russe donna une orientation nouvelle et importante à la musique américaine.

Tout au long du XIXe siècle, et même auparavant, les compositeurs français de musique symphonique et d'opéra se sont préoccupés d'introduire la musique folklorique et populaire dans leurs œuvres. Par exemple, le traitement de la musique espagnole par Bizet, Lalo ou Chabrier – sans même mentionner Debussy et Ravel – impliquait l'inclusion d'un élément dramatique, d'une animation, d'une couleur locale ou d'une nostalgie et aussi d'une continuité musicale élargie lorsque ces matériaux folkloriques furent assimilés par la « grande musique » de la salle de concert. La réconciliation de ces deux styles, celui du folklore et celui de la musique symphonique, due aux musiciens français de la période romantique, devait bientôt donner naissance à des écoles nationales, en particulier à l'école espagnole qui suivit l'exemple français en l'adaptant à ses besoins, et aussi dans une certaine mesure à l'école russe où l'éclat et le pittoresque de Berlioz et d'autres suggérèrent des innovations intéressantes. Cet exemple atteignit même la Nouvelle-Orléans où un élève de Berlioz, Louis Moreau Gottschalk, composa des morceaux d'un charme tout créole, comme *Le bananier* et *La bamboula*.

Les rapports entre musique de concert et musique populaire traversèrent plusieurs phases différentes liées au développement du romantisme et de la politique européenne. Au début du XXᵉ siècle, les Russes, en « fauves », entreprirent d'accentuer les aspects primitifs et élémentaires de leur musique et finalement, en réaction contre le style romantique, ils déformèrent à la manière de Satie ou des Six la musique populaire (très souvent de la musique de foire ou de cirque) pour en accentuer l'âpreté, l'aspect répétitif et la vacuité presque pathétique. Avec *Renard* (1916) et *Histoire du soldat* (1918), Stravinsky réussit une combinaison nouvelle et convaincante de ces deux styles, en partie héritée des musiciens français avec lesquels il était en contact et en partie tout à fait originale. Cette synthèse devait avoir des répercussions un peu partout.

Pour les jeunes compositeurs américains, cette musique suscitait beaucoup d'intérêt, notamment parce qu'elle prenait souvent leur propre musique populaire comme point de départ : le cake-walk (comme chez Debussy), le ragtime et le jazz. Ils virent bientôt là une voie qui pourrait mener à un nouveau style américain dont la vitalité serait plus forte que celle des précédentes tentatives du style romantique, qui n'avaient jamais été convaincantes si ce n'est chez Charles Ives.

Pour encourager cette tendance, le chef de l'orchestre symphonique de Boston durant les années vingt et trente, Serge Koussevitsky, l'un des défenseurs de la musique contemporaine d'origine russe ou française, décida d'inciter les compositeurs américains à former une école nationale comparable au groupe russe des « Cinq » ; il commanda et dirigea des œuvres américaines conforme à cette tendance. A ce que l'on dit, sa conseillère pour le répertoire contemporain fut Nadia Boulanger qui, déjà à l'époque, attirait bon nombre d'étudiants américains à Paris.

En fait, juste après la première guerre, on jouait beaucoup de musique contemporaine aux Etats-Unis, ceci en premier lieu grâce aux efforts des musiciens français venus s'installer ici à l'époque. Ainsi le pianiste français Robert Schmitz inaugura avec l'aide de l'Alliance française des concerts de musique moderne donnés par ce qui fut d'abord appelé la Société franco-américaine, puis la Société Pro-Musica (dont le comité directeur comprenait Charles Ives, Edgar Varèse et Carlos Salzedo). Outre des concerts dont le répertoire incluait beaucoup de nouvelle musique française, ce groupe organisa des tournées de Bartok, de Prokofiev, de Stravinsky, de Milhaud et de Honegger sur le continent américain. En 1927 cette société créa à New York quelques mouvements de la *Quatrième Symphonie* de Ives et on avait mis au même programme *Les malheurs d'Orphée* de Milhaud, dirigé par le compositeur. A la même époque, le harpiste et compositeur français Carlos Salzedo et Edgar Varèse créèrent la Guilde internationale des Compositeurs, plus novatrice, et dans le cadre de celle-ci ils firent interpréter leurs propres œuvres. Ces deux associations d'avant-garde virent le jour grâce aux initiatives de musiciens français, et fort peu de temps après les Américains ont créé la Ligue des Compositeurs pour présenter la musique de leur propre pays. Car à ce moment-là nombre de musiciens américains avaient déjà commencé à s'indigner de l'importance sans

Charles Ives.

Edgar Varèse.

Arthur Honegger.

Igor Stravinsky (dessin de Picasso).

cesse accordée à la musique européenne au détriment de la leur. Ils éprouvaient les mêmes sentiments que Debussy à l'égard des Allemands :

« Il est bien évident que nous avons été plus qu'accueillants envers les musiciens allemands. Dans cinquante ans, on saura ce qui doit rester de nos engouements actuels. Nous aimons tout ce qui vient du dehors. Comme des enfants, nous battons des mains devant une œuvre qui vient de loin... sans nous rendre compte de la valeur réelle et de la solidité de cette œuvre, sans nous demander si nous pouvons éprouver une émotion sincère au frisson d'âmes étrangères aux nôtres. »

Bon nombre de jeunes étudiants américains en composition furent attirés à Paris dans les années vingt, se rendant compte des possibilités de la musique « moderne », et ne trouvant aucun professeur qui prît cette musique au sérieux aux Etats-Unis. De tels professeurs, on n'en connaissait en Europe que deux, Arnold Schönberg et Nadia Boulanger, et étant donné les sentiments éprouvés après la guerre à l'égard de l'Allemagne, la plupart des Américains qui s'intéressaient à la nouvelle musique vinrent à Paris. C'est ainsi que commença la carrière de Mlle Boulanger comme professeur et comme inspiratrice dont l'influence se fait sentir encore aujourd'hui. C'est surtout grâce à elle que la culture française a exercé une influence sur la musique américaine depuis les années vingt jusqu'à aujourd'hui.

Ce professeur remarquable, dont les premiers étudiants furent ceux du Conservatoire américain de Fontainebleau au début des années vingt et qui plus tard enseigna à l'Ecole Normale et au Conservatoire, peut être considéré comme le porte-parole de l'esthétique de Stravinsky. Car non seulement elle a toujours présenté ses œuvres comme modèles exemplaires de musique contemporaine (et ceci à chaque nouvelle période), mais encore ses propres goûts musicaux

ont évolué parallèlement à ceux du maître qui, dans sa période néo-classique (1919-1953), remontait de plus en plus haut dans l'histoire de la musique, comme faisaient d'ailleurs les musicologues de ces années. Lorsque Stravinsky en vint à s'intéresser aux Quatuors de Beethoven, aux Cantates de Bach, à la musique de la Renaissance ou à celle du Moyen-Age, ou plus tard à Webern et à la musique dodécaphonique, elle ne tarda guère à attirer l'attention de ses étudiants sur ces œuvres et à les analyser en détail. Ainsi les goûts anti-wagnériens et anti-straussiens du compositeur russe, si répandus alors, trouvaient un écho dans les goûts de Nadia Boulanger. Souvent on avait l'impression que c'était elle qui, avant le maître, découvrait ces trouvailles du passé lointain qui nous enchantaient. Suivant année après année la production artistique de Stravinsky, elle nous présentait ses opinions souvent inattendues sur la musique du passé. Les étudiants suivaient cela avec une grande reconnaissance parce que Mlle Boulanger leur donnait l'occasion d'observer de près l'activité créatrice du maître. En tout cas son enseignement démontrait une compréhension intuitive des nombreux aspects de la composition musicale (elle pouvait, de mémoire, citer au piano un nombre impressionnant d'exemples) et une habileté à montrer à l'étudiant, exemples à l'appui, comment il aurait pu résoudre son problème. Son attention remarquablement soutenue, sa perspicacité musicale et l'intérêt personnel qu'elle portait à ses étudiants, voilà ce dont tous lui restent profondément reconnaissants.

Son enseignement, étalé sur un demi-siècle, révèle une évolution constante : elle changea au fil des ans comme la plupart des musiciens, y compris Stravinsky. Le groupe des étudiants des années vingt, qui comprenait Aaron Copland, Walter Piston et Roy Harris, fondateurs d'un nouvel Américanisme, trouvèrent toujours en elle un esprit ouvert à toute nouvelle musique. Elle déchiffrait toute la partition du

Wozzeck de Berg ou du *Sacre du printemps* au piano tandis que les élèves ajoutaient ce que ses mains ne pouvaient pas atteindre, tout en discutant de l'écriture musicale si merveilleusement inventive de ces œuvres comme s'il s'agissait de Beethoven. Sa perspicacité et l'acuité de son jugement étaient tels que bien d'autres compositeurs, comme Roger Sessions et Virgil Thomson, qui n'étaient pas de ses élèves, soumettaient des partitions à son appréciation. Il paraît que même Honegger et Stravinsky l'ont fait.

Dans les années trente elle devint beaucoup moins ouverte à l'école viennoise et à Bartok, car tout comme bien d'autres jeunes musiciens de l'époque – Hindemith, Milhaud ou Copland – elle s'était aussi peu à peu détournée de ce qui alors commençait déjà à ressembler à du « modernisme vieux jeu ». Pour certains, qui s'étaient juste mis à la musique de la génération précédente c'était décevant, surtout quand on leur proposait en modèle une œuvre comme la *Perséphone* de Stravinsky.

A l'époque Nadia Boulanger se montrait peu enthousiaste pour la nouvelle musique française, sauf pour celle de Poulenc, mais il en allait tout autrement avec des compositeurs de la vieille génération comme Fauré, Debussy et Ravel dont elle adorait les œuvres et dont elle parlait avec une connaissance approfondie. Tout au long de ces années elle lisait sans relâche les partitions de musique ancienne ressuscitées par les musicologues. Pendant ses cours elle attirait l'attention de ses élèves sur une ballade de Guillaume de Machault, sur un madrigaliste français ou sur Monteverdi, compositeurs dont elle réalisa des enregistrements qui nous laissent une preuve éclatante de son intelligence et de sa sensibilité musicales. Même si Mlle Boulanger a toujours présenté des nouveautés à ses étudiants, elle reste malgré tout fondamentalement attachée à un enseignement traditionnel de par son exigence d'une connaissance parfaite de l'harmonie, du contrepoint, du solfège et de l'orchestra-

Nadia Boulanger au milieu de ses élèves.

Carlos Salzedo.

Arnold Schoenberg.

10

« *Nadia, les siècles changent de visage et changent de langage, mais la Musique, votre Siècle, n'a point de masques à dépouiller, étant plus qu'aucun art et plus qu'aucune science du langage, connaissance de l'être.*

« *A vous, Nadia, libre et vassale dans la grande famille musicale, mais à cette seule divination soumise, qui n'est d'aucun servage, d'aucune école et d'aucun rite.*

« *A Celle qu'entre deux guerres Paul Valéry m'adressait un jour avec ces simples mots : « Elle est la Musique en personne » (et la musique pour lui, toujours, se couronnait d'« intelligence »).*

« *A Celle qu'en Amérique, aux heures les plus sombres du drame occidental, j'ai vue vivre parmi nous sa vie d'apôtre et de sibylle : animatrice, instigatrice, éducatrice et libératrice, l'oreille à toutes sources et l'âme à tous les souffles, feuille elle-même frémissante dans l'immense feuillage.*

« *Honneur et grâces soient rendus au nom de la musique même.* »

En fin de compte, la difficulté, lorsqu'on cherche l'influence de la culture française, et en fait toute influence d'une culture sur une autre, vient de ce que seuls certains aspects sont utilisables, et il est très difficile de cerner ces aspects. En premier lieu, comme je l'ai dit, l'Amérique ne possédant pas d'élite respectée capable de former le goût du public, particulièrement en musique où l'influence n'a pas d'intérêt matériel, la structure de la profession musicale y est érigée sur une toute autre base que celle qui existe en Europe. Cela revient à dire que le public si nombreux et fervent des salles de concert est en majeur partie conservateur, non par hostilité envers la création contemporaine mais plutôt parce qu'il se sent dérouté. De même au sein d'une culture où n'existe aucun système d'enseignement officiel et institutionnalisé comme le Conservatoire, par lequel doivent passer presque tous ceux qui désirent s'engager dans les professions musicales, l'enseignement de la musique est de qualité extrêmement variable, d'un niveau parfois excellent, parfois très médiocre. A l'évidence cela ne favorise pas l'éclosion d'une opinion publique bien tranchée à l'égard des artistes américains et, trop souvent, les préférences du public vont aux artistes européens dont les critères inspirent plus de confiance. En conséquence, les étiquettes de « conservateur » ou « d'avant-garde » ont ici une signification radicalement différente de celle qui est admise dans des milieux artistiques européens plus homogènes. En fait, de telles dénominations ne peuvent pas vraiment s'appliquer à la musique américaine dans leur acception européenne, quoique beaucoup de critiques essaient d'imposer leurs étiquettes sans voir la réalité telle qu'elle est. Car s'il est une chose qu'on puisse dire des compositeurs américains, c'est que malgré leurs tentatives, ils ne forment pas une école et leur art reste, dans l'ensemble, anarchique à la lumière des critères européens. En fait, la partie dominante de notre vie culturelle manque profondément de cette cohérence que donne une assise sociale stable et, en dépit d'un récent courant d'opinion qui voudrait que l'Etat subventionne la vie artistique, comme c'est le cas en Europe depuis des générations, il est plus qu'improbable qu'un accord aboutissant à l'organisation et à la construction d'une institution comparable au Centre Pompidou soit jamais approuvé par le gouvernement américain. Tous nos musées et toutes nos institutions culturelles sont des fondations privées financées par des particuliers et quand elles sont aidées par l'état c'est seulement à condition que la moitié de la subvention soit déjà payée par des particuliers. C'est là l'illustration d'une différence fondamentale entre la culture française et la culture américaine.

tion. L'éclat qu'elle donne dans son enseignement ne serait-ce qu'au plus simple exercice d'harmonie réussit même à transformer une routine en éclaircissement vivace des fondements de la musique de n'importe quel style.

Plus récemment, l'intérêt qu'elle portait au Stravinsky de la dernière période et à Webern l'a incitée à approfondir sa connaissance de l'œuvre de Boulez, et lorsque ses étudiants d'aujourd'hui tentent de composer dans ce style, ses critiques leur sont d'un grand secours.

Durant quelque temps, le goût particulier des années trente prévalut chez ses élèves et donna naissance au style léger et charmant de la « Boulangerie » comme on le baptisa alors. Nadia Boulanger favorisait cette manière chez les élèves dont le talent s'y prêtait. Mais il ne convenait qu'à un petit nombre tandis que bien d'autres peuvent témoigner de la très large ouverture d'esprit qui lui permettait d'aider de jeunes compositeurs venus de tous les horizons à trouver leur propre voie. Se faisant l'écho de la ferveur de tant d'étudiants, Saint-John Perse écrivit ceci à l'occasion de son quatre-vingtième anniversaire :

Henri Langlois
Cinéma

L'avènement du cinéma est essentiellement dû à un dialogue échangé de part et d'autre de l'Atlantique. C'est aux Etats-Unis qu'Edward Muybridge met en batterie à Palo Alto, en Californie, une série d'appareils photographiques au collodion qui permirent de capter les phases successives des mouvements d'un cheval au galop. Mais c'est à Paris – presque au même moment – que l'astronome Janssen conçoit le revolver astronomique, ancêtre de nos caméras, en vue d'enregistrer sur plaques daguerréotypes le passage de Vénus devant le soleil. Et c'est encore à Paris, en 1881, que Muybridge anime sur un écran les images captées à Palo Alto. Cette projection ouvre définitivement l'ère de la chronophotographie. Et peu importe si le zoogyroscope de Muybridge n'est qu'une démarcation du phénakistiscope à projection de l'opticien français Duboscq, qui remonte déjà au Second Empire. Ce qui compte, c'est que cette projection ait suscité la création du fusil chronophotographique de Marey, et presque simultanément, de son chronophotographe à plaques fixes. Six ans plus tard, ils aboutissent au chronophotographe et au fusil chronophotographique à bandes souples de Marey (bandes sur papier photographique, qui se métamorphosent presqu'aussitôt en bandes sur pellicule : cette pellicule dont Eastman était devenu le promoteur et qui devint ainsi film en France en 1889 chez Jougla).

Mais déjà à Orange (New Jersey), Thomas Edison, qui venait d'inventer le phonographe, lance son équipe à la découverte d'un appareil susceptible de le compléter par la photographie animée. Dès 1890, on peut voir et entendre dans son laboratoire, un premier enregistrement simultané du son et de l'image. En 1894 les kinétoscopes d'Edison livrent au public l'image audiovisuelle, mais les Parisiens qui s'étaient intéressés au phonoscope de Demeny avaient pu dès 1893 y voir sa photographie s'animer et l'entendre crier « Vive la France ».

Puis vinrent les Frères Lumière et leur appareil qui s'est appelé depuis 1895 le cinématographe Lumière, hommage inconscient du populaire et justice rendue à Bouley qui, en 1892, en inventait le terme en brevetant sous ce nom à Paris, un appareil de prises de vues de photographies animées, conservé aujourd'hui aux Etats-Unis au Musée de George Eastman House à Rochester. C'est à la fin de 1894, peu après le lancement du théâtre optique d'Emile Reynaud au Musée Grévin, et la mise en place du kinétoscope Edison, au Passage des Panoramas, que les Frères Lumière, à l'instigation de leur père, s'étaient lancés à la découverte du cinéma. Ils y réussirent. Mais leur plus grande difficulté – ainsi qu'en fit confidence Auguste Lumière à Paul Paviot – fut de trouver un mécanisme et un système leur permettant de tourner l'obstacle des brevets d'Edison sur la perforation. Cette perforation négligée par Marey et brevetée par Edison, mais dont la conception remonte aux brevets de Ducos du Hauron, enregistrés à Paris en 1864, au moment même où il trouvait la solution de la photographie en couleurs trichrome qui est à l'origine des brevets de films en couleurs détenus depuis par Kodak.

Sans doute les Français et les Américains ne furent-ils pas les seuls. Peut-on ignorer ou négliger les recherches des Austro-Hongrois et les Allemands, l'apport considérable des Britanniques – Muybridge ne l'était-il pas ? – et peut-on oublier que ce dialogue franco-américain fut précédé dans la première moitié du siècle d'un autre qui réunit la Grande-Bretagne, la Belgique et la France, de Faraday à Plateau, de Niepce à Daguerre, de Bayard à Talbot, sans l'intervention desquels rien n'aurait pu exister.

Mais ce qui frappe et qui est essentiel, c'est que les brevets français ou américains – qu'ils émanent de Ducos du Hauron, des Frères Lumière ou d'Edison – révèlent à leur lecture une différence de point de vue fondamentale, par rapport aux autres brevets qui leur étaient contemporains et qui, tout en cherchant la photographie animée, se réfèrent, comme au début du siècle, au mouvement perpétuel des zootropes. Ils imaginent le cinéma. Ils le décrivent dans ses effets et dans son devenir, et si Edison l'enferme dans son kinétoscope, dans son brevet, rien ne le laisse prévoir, il se tourne vers l'avenir, cet avenir qui devint évident au Grand Café pour tous ceux qui y virent l'image sortir de l'appareil, glisser dans l'espace et palpiter sur l'écran.

La défaite judiciaire en 1896 des opérateurs Lumière, poursuivis, après leur triomphe aux Etats-Unis en contrefaçon par Edison, ne modifia en rien le destin ni le cours du dialogue. Le cinématographe Lumière avait triomphé d'Edison. Son triomphe fut celui du muet qui s'imposa au monde.

Aussitôt le dialogue reprend. Le nom de Méliès est aussi familier aux Américains qu'il l'est à nous et la survie de la plupart de ses œuvres est due à l'Amérique. Il est le trait d'union entre Paris et le cinéma anglo-saxon naissant. Ses films sont à l'origine de la fortune des pionniers de la production américaine comme Karl Laemmle. Et si l'Amérique se voit surclassée par la Grande-Bretagne, aux origines du cinéma, la faute en est à la multiplicité des kinétoscopes et des mutoscopes, des nickel-odéons, qui faisaient obstacle, et dont le succès, dans un pays qui a réussi à imposer à l'univers le goût des machines à sous, rendait inutile l'expansion des salles de projection.

Mais revenons à Paris. Dans cette ville, alors extraordinaire, qui venait de voir naître la Tour Eiffel et qui s'apprêtait à donner naissance au fauvisme et au cubisme, où tout

tendait encore – le goût de l'automobile et de l'aviation en font foi – vers le devenir, où le premier concessionnaire du kinétoscope s'appelait Charles Pathé. Constatons que, sans le phonographe Edison – qu'il fit d'abord circuler dans les foires avant de devenir lui-même fabricant – et sans le kinétoscope, Charles Pathé aurait-il fait naître « Pathé » ? Et constatons qu'à la veille de la guerre, en 1913, les studios Pathé, Gaumont et Eclair, produisent des films à New-Jersey, ayant suivi l'exemple de Méliès qui avait dès 1903 ouvert une succursale à New York, devenue elle-même productrice. Constatons aussi que tout ce qui fait le système et le pouvoir d'Hollywood depuis 50 ans fut imaginé et réalisé, préfiguré par Charles Pathé à Vincennes, par Léon Gaumont à Belleville, et qu'ainsi, ce qui s'est édifié à Paris de 1896 à 1913, est devenu ce qui caractérise aujourd'hui et qui fait le pouvoir et la vie d'Hollywood.

Rien n'est plus logique. L'Amérique et la France, au XIXe siècle, ont un même départ, et ce n'est pas par hasard si La Fayette, après avoir rejoint Washington, fut le premier général de la garde nationale. Et tandis que la France métamorphosée et rajeunie par sa Révolution tirait son énergie d'un élan concentré et concentrique, que venait renforcer l'attrait de Paris, et tout l'acquis de l'histoire, les Etats-Unis, nouveaux-nés et fédérés, voyaient croître leurs forces dans leur dispersion ; ils s'élargissaient sans cesse et sans ordre, tout en se multipliant d'émigrants et d'énergies nouvelles.

C'est pourquoi, après la projection de Grand Café, Paris se devait normalement d'être la capitale du cinéma naissant, et le resta après l'avoir pratiquement monopolisé très longtemps, jusqu'au jour où l'Amérique, ayant atteint ses limites naturelles, prit soudain conscience par son intervention dans la Première Guerre mondiale, qu'elle était une Nation, se concentra à son tour et se donna pour nouvelle capitale Hollywood.

Entre-temps, parce qu'elle n'avait cessé, au travers de New York de se tourner vers l'Europe, parce que la survie du trust Edison passait par son alliance étroite à l'industrie cinématographique française, à laquelle il livrait le marché américain, parce qu'à partir de Méliès et Charles Pathé les firmes françaises n'avaient cessé de s'installer autour de New York, d'y envoyer des techniciens, des réalisateurs dans le sillage du trust, et parce qu'ainsi – en contrepartie – les films du trust, puis les films américains bénéficiaient de l'accueil des sociétés françaises, y rencontraient le succès sur le marché européen, un nouveau dialogue s'était instauré. Il joue sur trois plans : celui des grandes compagnies, celui de la création, celui des Indépendants.

Sur le plan des grandes compagnies françaises, les besoins du marché américain, l'attrait des films de Far West et d'Indiens fut tel, qu'ils suscitèrent à la fois la création en France de films de western (tournés à Fontainebleau ou dans le Midi) et de films tournés aux Etats-Unis par des réalisateurs français – sous production française – telle qu'Alice Guy.

Sur le plan de l'histoire de l'art cinématographique, tous les contemporains s'accordent pour affirmer que la France doit aux Etats-Unis l'avènement du dessin animé qui permit à Emile Cohl, chez Gaumont de faire éclater son génie, et plus tard, à Eclair (mais aux Etats-Unis) à intervenir dans l'évolution du dessin animé américain. Réciproquement, l'avènement du premier film d'art à Paris, celui de 1908, c'est-à-dire celui des films tournés sur l'initiative des comédiens français – grâce à l'amour et à la compréhension du cinéma d'Henri Lavedan et à l'initiative de Le Bargy – en bouleversant les règles du jeu cinématographique, ouvrit la voie à Griffith, comme la grande école comique primitive française et André Deed ouvrirent la voie à Mack Sennett et Max Linder à Chaplin. En contre-partie, vers 1910, la projection d'un certain nombre de films américains, attribués à la Vitagraph, révolutionna le cinéma français, renforça son élan populaire, facilita l'avènement du sérial dont la France ouvrit la voie aussi à l'Amérique. Curieusement, pendant toute cette période, Griffith fut inconnu à Paris, bien que ses films y fussent montrés, et tout ce que lui a attribué l'Amérique fut attribué par la France à la Vitagraph.

Sur le plan des Indépendants, l'achat de films américains produits hors du trust, permit la sauvegarde des petites sociétés de distribution en France et leur essor, lorsque le cinéma américain devint un élément essentiel et indispensable à l'exploitation durant la Première Guerre – alliance qui fut également favorable aux indépendants aux Etats-Unis, leur permettant de jouer des grands noms de l'art dramatique français pour faire pièce au monopole du trust, comme ce fut le cas de Zukor et de la Paramount naissante avec Sarah Bernhardt.

Mais la véritable influence s'exerce à New York, au travers des cinéastes et des techniciens français qui y ont pris pied. Il n'est que de lire les mémoires d'Alice Guy-Blaché, les biographies de Capellani, de Maurice Tourneur, d'Emile Chautard, de Louis Gasnier, et de bien d'autres, pour s'en rendre compte. Les liens furent si étroits qu'ils ne se dénouèrent réellement à Hollywood que très tard. Tourneur ne revint en France qu'en 1927. Et aujourd'hui encore, Audriot, Ben Cane, appartiennent à Hollywood après y avoir transporté leur métier de décorateur, d'opérateur, ou de réalisateur. Ces liens deviennent éclatants lors de la création même d'Hollywood à l'heure même où les historiens du cinéma français situent sa défaite : *Les mystères de New York* en font foi.

Jusqu'en 1914, les cinéastes français étaient venus aux Etats-Unis sur ordre de leur patron français. C'est à la demande des Américains que Capellani, que Léonce Perret et Max Linder vont les rejoindre, au moment même où triomphaient à Paris Chaplin et Cecil B. de Mille, Thomas Ince et Mack Sennett. C'est dire à quel point la naissance d'Hollywood s'accompagne d'une véritable transfusion de sang, en raison des liens qui s'étaient établis pendant toute la période antérieure, et qui firent s'associer la France aux origines mêmes des carrières et des firmes qui créèrent Hollywood. Aux origines de l'Universal, l'achat du *Voyage dans la lune*, aux origines de la Paramount *La Reine Elizabeth*, aux origines de la First National, on retrouve Maurice Tourneur après son passage à la Paramount. Les noms de Selznick, de Goldwyn, de Metro, sont associés à ceux de réalisateurs tels qu'Alice Guy, Capellani, Chautard. Il n'y a donc rien d'étonnant à ce que l'on retrouve à Hollywood, aux côtés de Cecil B. de Mille, Iribe comme décorateur, et aux côtés de Marion Davies, Erte comme costumier ; rien d'étonnant à ce que Douglas Fairbanks fasse appel à M. Leloir comme conseiller artistique ; rien d'étonnant à ce que Joseph von Sternberg ait souligné tout ce qu'il devait dans son métier à Emile Chautard.

Pendant ce temps, tout s'était modifié à Paris. Une nouvelle génération y avait pris le pouvoir, reléguant au passé tout l'avant-14, à l'exception de ce qui lui était déjà sien et qui prit le visage de l'après-guerre.

Dans le cinéma français, la cassure fut totale, et il n'y eut de rémission pour personne. Les nouvelles générations de cinéastes ne se souvinrent même plus de ceux qui les avaient précédés. Tout lecteur du *Temps retrouvé* de Marcel Proust sait à quel point les nuits de Paris, après la mobilisation de 1914 furent désertes et désenchantées aux noctambules qui ne trouvèrent d'asile que dans les salles de cinéma. C'est dans le désert qu'apparurent soudain au Tout-Paris les chefs-d'œuvre qui mirent soudain l'art cinématographique au niveau de l'art contemporain.

Jusqu'alors les grands créateurs n'y avaient cherché comme en font foi *Les soirées de Paris* que la fraîcheur et la saveur d'un art populaire ; et voici qu'en Mack Sennett, qu'en Chaplin, ils découvraient des égaux. Toute une jeunesse en fut bouleversée et les deux salles du boulevard Sébastopol, où chaque jour, de l'aube à minuit se projetaient pêle-mêle sous douane les films étrangers proposés à l'achat, se remplissaient de chefs-d'œuvre et de révélations. Un art nouveau était né, et cet art, à l'évidence de tous était l'art du XXe siècle. Telle fut la révélation américaine.

Sur le plan de la création, il provoque l'avènement de la première avant-garde française, apporte leur chance et impose Abel Gance et Germaine Dulac, et à leur suite, toute l'Ecole qui, partant de l'analyse des films américains, en vint à considérer le cinéma comme un langage, comme une nouvelle forme d'écriture. C'est ainsi que le cinéma français, peu à peu, en passant par Delluc et l'Herbier, Epstein et Bunuel, va du cinéma subjectif au surréalisme, de l'impressionnisme cinématographique, du montage court au cinéma pur et que, ce faisant et sans y paraître, se forge à Paris – à Montparnasse – un art qui parut condamné à disparaître avec l'avènement du parlant, et dont on s'aperçoit qu'il fut, et est encore, un nouveau point de départ.

Mais lorsqu'aujourd'hui on revient en arrière et que l'on regarde avec l'absence de tous préjugés les films de ce temps, on peut s'interroger tant on est frappé de constater à quel point certaines œuvres américaines, prônées par les fervents du 7e Art en 1917, 1918 et 1919, nous paraissent dominées par et imprégnées du XIXe siècle, et parfois plus lointaines de nous que certains des films français tournés entre 1913 et 1916, tels *Les vampires* de Feuillade qui marquèrent Aragon et les surréalistes. Pour Louis Delluc, Griffith fut le premier des Anciens et Thomas H. Ince le premier des Modernes. Ce à quoi je n'aurais jamais fait attention si cela ne m'avait été dit, contre l'évidence, à la sortie d'une séance où *Celle qui paie* de Thomas H. Ince avait suivi la projection de *La naissance d'une nation*. Au contraste de ces deux films, l'opinion de Louis Delluc était devenue totalement incompréhensible. Or, tout le cinéma d'aujourd'hui vit de Griffith et rien ne permet de trouver en Ince l'annonce du cinéma de demain. Mais il est vrai que Thomas H. Ince, c'est aussi William S. Hart qui fut le premier des grands créateurs du Western. Ceci peut être explique cela, comme Doublas Fairbanks et *Une aventure à New York*.

Ainsi ce n'était pas seulement le génie du cinéma lui-même qui faisait la force d'attraction de la révélation américaine, mais aussi ce qui transparaissait en ces films, même les plus médiocres des Etats-Unis eux-mêmes. C'est aussi que ce Paris si vivant, si intact, si bouillonnant de forces vitales, qui n'avaient cessé de se manifester en lui dans son décor et dans ses mœurs, qui prolongeaient encore le XIXe siècle, eut le pressentiment d'un devenir, confondant à la fois dans le cinéma américain le devenir de l'art cinématographique qui apportait sa métamorphose du langage cinématographique, et celui d'une évolution qui nous est évidente aujourd'hui.

Mais il n'y avait à Paris ni blue-jeans, ni drugstores en 1920, au cours de cette décade, où sous le signe du jazz, le meilleur de l'Amérique côtoyait à Montparnasse le meilleur de l'Europe. Et tandis que le cinéma américain, malgré l'avènement du cinéma expressionniste et du cinéma soviétique, continuait à influencer le cours du cinéma français – qui avait perdu toute influence sur lui – en soutenant de son exemple les aspirations classiques de René Clair et de Jacques Feyder – et que Paris brillait aux yeux de l'Amérique d'un prestige qui mêlait à l'éclat de son présent celui de son passé : Hemingway, Faulkner, Steinbeck chez Gallimard, Stroheim, Vidor, Sternberg, Ben Hecht sur les boulevards, préparaient une génération nouvelle au cinéma français, tandis que sans s'en rendre compte la France se transformait.

L'avènement du parlant, qui marqua le triomphe du cinéma d'Edison sur celui de Lumière, nous fit soudain découvrir que l'opérette s'était faite comédie musicale. Elle l'est restée. L'engouement des Etats-Unis pour Maurice Chevalier, *Le million* de René Clair, qui date de 1931, en renforcent le constat. Puis il fallut se rendre à l'évidence. La comédie de boulevard, dont la France était si fière, avait ennuyé aux Etats-Unis. Elle était devenue la comédie américaine et par elle au travers des salles des Champs-Elysées, elle gagnait peu à peu l'élite à l'Amérique.

Pendant ce temps, s'achevait l'effondrement de l'édifice de Charles Pathé et de Gaumont. C'est alors qu'entre le cinéma français et le cinéma américain – alors que tout paraissait perdu pour notre cinéma – inopinément, le dialogue se renoua. Il ne s'est plus interrompu.

Avec la génération de Jean Renoir, de Marcel Carné, de Jacques Prévert, celle de Spaak, de Jeanson, de Duvivier, il retrouvait aux Etats-Unis, non pas un prestige que lui avaient sauvegardé René Clair et *La kermesse héroïque*, mais cette influence qu'il n'avait plus connue depuis les débuts d'Hollywood. Prestige et influence qui depuis ne furent jamais ni si grands, ni si forts, qu'à l'avènement de la « nouvelle vague » dont les réalisateurs sont aussi familiers aux Américains qu'aux Français. Prestige et influence qui ont fait passer la caméra mobile des mains de Jean Epstein et de Kirsanoff, aux mains de Leacock, de Penne Baker, des frères Drew. Prestige et influence – fascination de Jean-Luc Godard – rencontre avec Andy Warhol.

Le cinéma audiovisuel est né d'une télévision hors-bureaucratie et de techniques de prise de son et d'image, qui font retrouver au cinéma français des années 20 un prestige qui n'avait jamais été le sien aux Etats-Unis. Le cinéma français des années 20 hante par le souvenir des chefs-d'œuvre de la deuxième avant-garde, toute une Amérique, depuis qu'elle a fait sienne Marcel Duchamp. Première rencontre, avenue de Messine, avec l'école de San Francisco, avec les frères Whitney, avec Kenneth Anger, mais aussi avec Shirley Clarke, Leo Hurwitz et ses équipes de documentaire que traqua Mac Carthy.

Prestige, fascination qui expliquent ce mouvement qui s'est lentement acheminé des années 30 et 40, du Pacifique à l'Atlantique, vers ce qui s'est appelé depuis : « L'Underground ».

Un nouveau cinéma s'amorce à Paris comme à New York, qui ne se veut ni d'art, ni de Beaubourg.

Maurice Girodias
Deux éditeurs maudits

Il serait temps qu'un édile inspiré donnât à la rue de l'Odéon le nom de Sylvia Beach ; ainsi le monde comprendrait que Paris a retrouvé sa vocation universelle.

Au 12 de cette rue, Sylvia Beach ouvrit en novembre 1919 une librairie consacrée à la nouvelle littérature de langue anglaise, à l'enseigne de Shakespeare and Company – vis-à-vis de la librairie-salon d'Adrienne Monnier. Née et éduquée à Princeton, Sylvia Beach comptait parmi ses ancêtres neuf pasteurs, et sa passion pour la littérature était marquée d'une ferveur toute religieuse. Elle évangélisait les populations du Sixième, elle était la servante des auteurs en travail, la confidente des exilés, la consolatrice et la vestale, ayant consacré toute sa vie de femme à un seul amour désincarné, la littérature.

Nul n'a joué un rôle comparable au sien, en créant comme elle l'a fait un climat d'intelligence sensible à Paris ; un phare modeste mais extraordinairement efficace qui a attiré en France, séduit et converti, et attaché pour tout jamais à ce pays, des centaines de poètes et d'écrivains américains et anglais qu'étouffait le provincialisme puritain de leur pays. Au moment critique de ses débuts un jeune auteur ne pouvait manquer de vivre cette crise de rejet et de protestation contre les blocages imposés par la culture de son milieu natal. L'Europe, la France, Paris, lui apparaissaient comme des hâvres de liberté, les seuls endroits où l'on pouvait goûter à la vie et au climat moderne, s'affranchir et s'universaliser. La France était à l'époque le premier pays à pratiquer la tolérance intellectuelle, à considérer ces abstractions comme des dogmes politiques concrets.

Sylvia Beach était devenue la protectrice des auteurs incompris ; et cela devait conduire la petite libraire à devenir, à sa grande surprise, éditeur. L'éditeur du livre le plus retentissant, le plus scandaleux et le plus discuté de son temps, *Ulysses*... Car Joyce avait perdu tout espoir de trouver un débouché, des fragments de l'œuvre ayant été publiés dans deux revues littéraires, à Londres et à New York, qui en avaient provoqué l'interdiction par les tribunaux locaux. Ce n'est vraiment qu'en désespoir de cause qu'il confia son manuscrit à Sylvia Beach, deux ans à peine après l'ouverture de sa librairie, qui vivotait difficilement. De son côté, c'est avec l'abnégation des martyrs que la libraire entreprit ce travail d'édition qui la dépassait, et risquait fort de la ruiner complètement. Mais heureusement les choses tournèrent pour le mieux, pour le livre en tout cas ; Sylvia Beach en vendit plusieurs milliers d'exemplaires sans trop d'anicroches au cours des années vingt, juste assez pour rembourser ses dépenses.

Mais en Amérique divers forbans profitaient de la réputation grandissante du livre pour en faire des éditions pirates ; la pègre américaine a toujours été à la pointe du progrès. Puis, en 1933, le juge Woolsey prononça un jugement qui équivalait à une levée de l'interdiction ; Random House offrit un nouveau contrat à Joyce qui l'accepta immédiatement, sans un regret pour son premier éditeur.

Abandonnée par Joyce qui lui devait tant, Sylvia Beach accepta sans murmure la perte du livre, et celle d'une amitié qui lui avait été profonde et précieuse. Cette aventure dans

Sylvia Beach et James Joyce.

les marécages de l'édition ne lui laissait qu'un bénéfice moral, si l'on peut dire ; mais c'était un grand soulagement de ne plus avoir cette responsabilité écrasante à supporter. Elle se plaisait infiniment mieux dans son rôle de libraire, loin des aventures suspectes et des affaires d'argent, dans l'échange quotidien des idées et des amitiés qui la nourrissaient. Quand D.H. Lawrence lui proposa d'éditer *Lady Chatterley's Lover,* et que Frank Harris lui apporta ses mémoires à scandale, *My Life and Loves,* elle les refusa fermement, en dissimulant de son mieux l'horreur que lui donnaient de tels projets.

Aussi discrète qu'ait été son influence, elle fut immense. Paris doit beaucoup à sa presque invisible présence, et chacune des générations d'écrivains qui ont suivi la fermeture de Shakespeare and Company a une large dette à son égard. Sa carrière résume l'histoire de l'entre-deux-guerres mieux et plus pleinement qu'aucune autre.

Ulysses avait été écrit non pas pour le grand public, mais pour une poignée de lecteurs érudits ; il avait fallu l'acharnement des censeurs anglais et américains pour transformer ce livre en un succès mondial. On retrouvait dans cette histoire exemplaire les règles illustrées par la prohibition. Interdisez un livre, et tout le monde se met à le lire. Sans jamais savoir très bien pourquoi.

Ce mécanisme bien huilé faisait rêver bien des jeunes exilés. Prise sous l'angle favorable, la censure pouvait se transformer en instrument de succès. Tout pouvait être interdit ; il suffisait d'un mot jugé grossier dans un poème pour causer la crémation publique d'une revue littéraire à Londres. Cela créait un climat de suspicion et d'inquisition que beaucoup trouvaient intolérable ; et c'est pourquoi Paris connut dans l'entre-deux-guerres tant de petites maisons d'édition qui suivirent l'exemple de Sylvia Beach, et jouèrent un rôle considérable pour la libération des esprits.

Toutes relevaient du mécénat, fondées à peu de frais par des jeunes gens riches dans le but de se publier eux-mêmes ou leurs proches amis – tels Robert McAlmon, Harry et Caresse Crosby, Edward Titus, qui était le mari d'Helena Rubinstein, ou Nancy Cunard. Gertrude Stein, qui ne trouvait pas d'éditeur, fonda sa propre maison d'édition pour se publier elle-même, et c'est ce que fit également Walter Lowenfels. Pourquoi choisir Paris pour en faire un tel centre d'activité ? D'abord pour des raisons pratiques, bien sûr : les imprimeurs étaient bon marché et consciencieux – mais surtout, l'on pouvait œuvrer en pleine tranquillité et sans la crainte maladive de la censure. Et au bout de quelques années, ces notions négatives s'estompèrent : on venait se faire éditeur à Paris parce que c'était la chose à faire, tout simplement.

Certes aucune de ces petites maisons d'édition ne fit de découverte comparable à celle d'*Ulysses,* mais par leur enthousiasme et leur prolifération, elles transformèrent l'atmosphère de l'époque. L'écrivain américain, terrorisé par la morale de village à laquelle il devait se conformer, savait au moins maintenant qu'il existait toujours une terre d'exil, lointaine et merveilleuse, où trouver une audience, un éditeur et la compagnie de ses semblables. Cela donnait un horizon, un espoir ; les revues éditées à Paris apportaient aux isolés épars dans le monde l'image de tout ce ferment, *Transition, Americans Abroad, Contact, New Review, European Caravan,* et d'autres plus humbles.

C'est ainsi qu'Henry Miller arriva un beau matin à Paris avec une valise bourrée de manuscrits inachevés ; Paris, une ville aussi étrangère à son tempérament qu'il était possible de l'imaginer, et cependant il fut surpris de se sentir aussitôt enveloppé par cette magie rafraîchissante et nouvelle ; il y découvrait avec émerveillement la substance féminine dont son œuvre avait besoin pour éclore tout-à-fait. Paris lui montrait l'incroyable contrepoint de New York, les raisons d'être d'une vieille culture, l'amour éduqué de la vie. Bien d'autres trouvaient au même moment à Paris cette même effervescence nourricière – Hemingway, Dos Passos, Djuna Barnes, Ezra Pound, Kay Boyle, William Carlos Williams, parmi des milliers d'autres. Ce qui était vrai des écrivains et des poètes l'était tout autant des peintres, des sculpteurs, des myriades d'artistes qui convergeaient de Russie, d'Espagne et d'ailleurs pour faire de cette ville la première du monde – à l'insu des Parisiens eux-mêmes.

Et c'est sans doute là le plus étrange : ce phénomène extraordinaire est passé inaperçu des Français enfermés sur eux-mêmes, xénophobes par timidité conservatrice, constamment en retard de trois générations depuis la chute de Napoléon. Il s'agit là d'un véritable quiproquo. Paris attirait l'élite du monde entier pour des raisons qui échappaient totalement aux Parisiens, qu'en entendait d'ailleurs souvent bougonner contre cette invasion. La France ouvrait ses portes à tous simplement parce qu'elle n'avait pas de raison de les fermer ; mais pour tous ceux qui y arrivaient après un long périple, c'était largement suffisant pour en faire la terre de la liberté, le seul pays au monde où chacun pouvait librement poursuivre son expérience individuelle.

C'est ainsi que la France fut amenée involontairement à jouer un rôle quasi-insurrectionnel à l'égard des pays anglo-saxons. La présence à Paris de tant de révoltés, d'exilés et de réprouvés en faisait un foyer d'infection libertaire. Et comme c'est en France que tous ces écrivains maudits venaient chercher un éditeur, il fallait bien que l'offre vint suppléer à la demande : il fallait trouver un éditeur maudit.

Ezra Pound, Paris, 1926.

F. Scott Fitzgerald et Adrienne Monnier.

Jack Kahane, mon père, qui fut le premier à jouer ce rôle, était né à Manchester dans une famille juive aisée et agnostique. Très jeune il se trouva mêlé aux mouvements iconoclastes qui passionnaient sa génération. Il défendit entre autres les droits de la musique française contre les prétentions écrasantes du dictateur musical de la ville, le grand chef d'orchestre allemand, Hans Richter, que soutenaient les riches notables. La querelle ayant pris la tournure d'une guerre civile, Richter quitta l'Angleterre avec fracas et renvoya ses décorations au Roi.

Cela se passait peu avant la première guerre mondiale. Cette guerre amena mon père en France ; il s'y maria, s'y fixa définitivement après sa démobilisation. Sa santé ayant été fort compromise par la vie des tranchées, nous vivions à la campagne. Comme il s'y ennuyait, il tenta de réaliser un vieux rêve et devint l'associé d'un éditeur parisien à qui il confia aussitôt la presque totalité de sa modeste fortune. L'éditeur fit faillite quelques mois plus tard. Les désastres de l'année trente nous contraignirent ensuite à abandonner notre maison et à venir vivre à Paris. Les problèmes de survie économique y devenaient vraiment angoissants.
C'est dans ces conditions que fut créée The Obelisk Press, fondée par mon père en association avec un imprimeur qui commanditait l'affaire. The Obelisk Press était la première maison d'édition de ce genre. Elle publiait à Paris des romans en langue anglaise, mais il n'était pas question de faire de l'édition à fonds perdus – l'imprimeur tenait les cordons de la bourse et ne voulait pas de fantaisies d'avant-garde, ni de ces choses qu'il condamnait d'un mot méprisant : "la littérature". Pas de littérature donc, mais seulement de petits romans libertins, bien innocents d'ailleurs, dont raffolaient les touristes. Comme la survie de la famille en dépendait, mon père était forcé de passer par ces conditions et de lui fournir, en outre, chaque année un ou deux romans de sa confection. Œuvres galantes aux audaces modestes et aux titres inconsistants : *Daffodil, Lady Take Heed, Suzy Falls Off...*

Ce n'était pas le rêve, et il était bien difficile de mener la vie d'un gentleman dans ces conditions dégradantes ; mais mon père y réussissait assez bien, et conservait en outre l'ambition indéracinable de publier un jour ou l'autre de vrais auteurs, et de vrais livres.

En attendant, il cherchait constamment le moyen d'améliorer l'ordinaire. Il existait pour cela une méthode fort simple : il ne se passait guère d'année qu'un scandale littéraire n'éclatât à Londres, car les tribunaux étaient friands de ce genre d'affaires. On condamnait donc volontiers les éditeurs d'un livre qui passait pour immoral, à tort ou à raison ; si cela brisait net la carrière du roman en Angleterre même, la publicité ainsi créée en rendait l'exploitation très avantageuse sur le Continent. L'imprimeur, Servant, aimait ce genre d'affaires ; les ventes étaient garanties, et mon père pouvait ainsi racheter aux éditeurs de Londres, à bas prix, les droits de livres parfois d'assez bonne qualité qui venaient enrichir le catalogue d'Obelisk Press. *The Well of Loneliness* de Radclyffe Hall, les romans de James Hanley, de Cyril Connolly et d'autres moins notoires apportèrent ainsi à l'entreprise de mon père un certain prestige scandaleux de bon aloi.

Mais sa prise de guerre la plus sérieuse fut, sans conteste, les mémoires historico-pornographiques de Frank Harris – une œuvre qui n'eût jamais été publiable à Londres, de toute façon, car elle était d'une verdeur sans rémission. Frank Harris était un aventurier des lettres, vantard sans

vergogne, carambouilleur, courtisan vénal, trousseur de jupons et, tout à la fois, journaliste de classe, critique écouté et romancier de talent. Il avait tout vu, tout fait, trahi et compromis un nombre incroyable de gens, et ses mémoires, bien que bourrés de mensonges, étaient fort amusants à lire. L'astuce suprême de l'auteur était d'entrelarder les chapitres sérieux, littéraires ou politiques, de scènes d'alcôve menées avec une fougue lubrique extraordinaire ; ainsi tout le monde y trouvait son compte, et le lecteur hypocrite pouvait prétendre ne s'intéresser au livre que pour des raisons légitimes. *My Life and Loves* trôna longtemps en tête du catalogue d'Obelisk Press.

L'histoire initiale de ce livre vaut une parenthèse. Frank Harris avait d'abord décidé de le publier lui-même à Nice où il vivait alors, à la fin des années vingt. Mais il avait tant d'ennemis, et son livre scandalisa si fortement la bonne société britannique en raison des indiscrétions effrontées qu'il contenait, que l'Ambassade de Grande-Bretagne engagea toute une campagne auprès des pouvoirs publics en France pour en obtenir l'interdiction. C'est dans ces conditions que des poursuites correctionnelles furent engagées.

La loi française était obscure, pleine de lacunes, et ne pouvait guère s'appliquer à un livre imprimé dans une langue étrangère ; depuis *Les fleurs du mal* et *Madame Bovary,* les gouvernements successifs de la France s'étaient bien gardés de retomber dans le ridicule que ce genre de procès ne manque jamais d'occasionner. Mais dans le cas de *My Life and Loves,* le gouvernement du moment, n'écoutant que son zèle diplomatique à l'égard de la Grande-Bretagne, entreprit une procédure qui contredisait ses propres règles de conduite.

Cela n'allait d'ailleurs pas tout seul, vue la carence des textes de loi, mais vu surtout que l'auteur poussait des cris d'orfraie, ameutait la gent littéraire, et se trouvait des défenseurs, en France même, parmi les intellectuels sensibles aux droits à la liberté d'expression. L'appareil judiciaire fit donc machine arrière, et l'on acquitta Harris... Cette étrange affaire demeure le seul cas de censure littéraire en France – par la voie des tribunaux – depuis la maladroite condamnation de Baudelaire, et jusqu'à la récente après-guerre.

En 1932, un beau jour d'été, mon père reçut enfin le manuscrit qui allait changer sa vie, le premier livre d'un américain inconnu que lui avait envoyé l'agent littéraire, William Bradley, avec toutes sortes de recommandations.

Maurice Girodias à l'âge de 6 mois, avec son père Jack Kahane.

Le comité de rédaction de *Mesures*.

Qui était Henry Miller ? Peu importait d'ailleurs – mais quel livre , *Tropic of Cancer* ! Il faut pouvoir se replacer dans l'époque pour apprécier le choc que pouvait donner un tel texte. La puissance de cette voix rauque, l'art ironique de ce sauvage issu tout nu de la jungle urbaine – inimaginable ! Et la nouveauté de ce ton direct, de cette franchise implacable, et le cynisme joyeux avec lequel Miller décrivait sa vie pansexuelle – c'était la révolution !

Hélas, cette révolution n'était pas du goût de Monsieur Servant, l'associé. Mon père fit l'impossible pour lui décrire le livre, que Servant ne pouvait pas lire, mais l'enthousiasme qu'il y mit parut suspect à l'imprimeur, qui réagit en sens inverse. Deux années de temps mort suivirent, marquées par une série interminable de manœuvres et d'escarmouches, mon père étant tiraillé entre Miller et son agent d'un côté, Servant de l'autre. Finalement, c'est grâce à Anaïs Nin qui proposa une aide financière pour publier le livre que Servant fut amené à céder. *Tropic of Cancer* parut donc en 1934, ce qui en fait le jumeau du *Voyage au bout de la nuit,* et marque très nettement les débuts d'une nouvelle ère – celle de la recherche autobiographique, de la quête personnelle, du dépouillement total. La mise à nu de l'ego. Depuis quarante ans, cette semence n'a cessé de porter fruit... Et ce n'est pas fini.

Finalement, en 1938, mon père réussit à s'affranchir de son association avec l'impitoyable Servant, et Obelisk Press s'installa dans un noble décor, Place Vendôme. Mon père me proposa de travailler avec lui, pour apprendre le métier ; pendant l'année qui suivit je n'appris en fait pas grand'chose car mes fonctions étaient très subalternes, mais j'acquis néanmoins un vernis. Pendant cette période parut le premier livre de Lawrence Durrell, *The Black Book,* le premier livre d'Anaïs Nin, *Winter of Artifice,* et plusieurs autres de Miller, *Tropic of Capricorn, Max and the White Phagocytes* et *Black Spring.*

De chaque livre nous tirions de modestes éditions de 1.000 exemplaires, rarement davantage, qui mettaient longtemps à s'écouler. Nous n'avions qu'une douzaine de points de vente à Paris – Brentano's, avenue de l'Opéra étant le principal – et quelques-uns sur la Côte d'Azur. Notre seul client américain était la librairie de France Steloff, *The Gotham Bookmart* ; tout cela n'allait pas loin. Notre commerce était très fragile et l'approche de la guerre allait lui retirer toute raison d'être.

Mon père mourut le jour qui précéda la déclaration de guerre ; c'était plus qu'il ne pouvait en supporter. A vingt ans je me trouvai donc soudain chargé de famille et sans argent.

La survie d'Obelisk Press était impensable en temps de guerre ; je tentai de monter une autre affaire d'édition en langue anglaise, et j'y avais pratiquement réussi quand la victoire allemande de 1940 mit brutalement fin à mon projet.

J'aurais dû quitter la France, mais ma situation de famille m'en empêchait. Je restai donc à Paris sous l'Occupation en dépit du fait que j'étais alors de nationalité britannique, et demi-juif. L'inconscience de mes vingt ans était plus forte que ces réalités. Je parvins à monter une maison d'édition d'art, Les Editions du Chêne, qui, ne publiant que des livres illustrés, échappait à la censure des occupants. Sans expérience, sans capital, la réussite de cette entreprise tenait du prodige ; je n'y parvins que grâce à l'aide que m'apportèrent André Lejard, Germaine Riedberger et Guiton Chabance.

Pendant les premières années, tout alla fort bien ; après la guerre j'étendis notre production à la littérature, réimprimai les livres de Miller en anglais ; je publiai aussi en Français des romans tel *Alexis Zorba,* qui ne fut malheureusement découvert que beaucoup plus tard, et seulement grâce à Hollywood. Je lançai avec Georges Bataille la revue *Critique*... Après quoi des complications financières me firent perdre le contrôle de ma maison, qui devint la propriété de Hachette. Après une année de procès coûteux et inutiles, je me retrouvai à la rue, réduit à l'état de clochard parisien.

Il était difficile de remonter une telle pente – une fois de plus sans un sou vaillant. Je pensai reprendre l'exemple de mon père, et fonder une nouvelle maison pour remplacer Obelisk Press, devenue propriété de Hachette.

La censure anglo-américaine n'avait pas évolué depuis l'avant-guerre. C'était en vérité étonnant d'imaginer que ces millions d'hommes envoyés à l'abattoir pussent revenir chez eux, et se soumettre de nouveau sans murmure à ce paternalisme moral désuet. Les censeurs faisaient toujours leur travail de maniaques méticuleux et réduisaient l'intensité des lectures permises aux adultes à ce qui est admis dans les pensionnats de jeunes filles pieuses ; c'était à vous dégoûter de devenir "une grande personne"... Je me souviens encore du jour, en 1946 je crois, où un douanier ouvrit ma valise à Londres et en retira un exemplaire de *Tropic of Cancer* que je venais de réimprimer. Le bonhomme semblait frappé d'un attaque d'apoplexie. Mon premier mouvement fut de me moquer de lui, mais je m'en abstins prudemment devant son état d'extrême fébrilité ; comme je voyageais avec un passeport français, je feignis de ne pas comprendre sa langue, et lui expliquai que ce livre ne m'appartenait pas, que j'avais été trompé par un contrebandier, toute une histoire qui finit par le convaincre. Il me dit que je pouvais m'en aller, et garda le livre sans me donner de reçu ; il était clair qu'il allait tirer parti de ma prétendue naïveté... C'est grâce à des incidents de ce genre que je me convainquis, plusieurs années plus tard, que dans un tel climat d'hystérie une nouvelle incarnation d'Obelisk Press pourrait devenir une affaire profitable.

C'est en 1953, grâce aux crédits consentis par deux imprimeurs amis, que je lançai ma nouvelle entreprise, The Olympia Press. Je savais que le risque que j'assumais était bien plus grand que celui qu'avait couru mon père, en des temps plus paisibles. Le nouvel Etat français avait découvert la censure, et j'étais bien placé pour savoir qu'elle pourrait étendre ses effets même à des livres imprimés en langue étrangère.

En 1939 le cabinet Daladier avait passé à la sauvette une loi prévoyant des poursuites correctionnelles contre les éditeurs de livres jugés "attentatoires aux bonnes mœurs" : c'était là une concession politique destinée à apaiser certains milieux de droite.

Ce n'est qu'en 1946 que la loi Daladier reçut le baptême du feu, sous un gouvernement socialiste, Jules Moch étant ministre de l'Intérieur. A cette époque, trois éditeurs différents se préparaient à publier simultanément la version française de trois livres d'Henry Miller, Denoël *(Tropique du Cancer),* Gallimard *(Printemps noir)* et les Editions du Chêne, c'est-à-dire moi-même *(Tropique du Capricorne).* Après publication, une procédure en correctionnelle fut engagée contre ces trois maisons. C'était maladroit ; personne n'avait envie d'entendre parler de censure si peu d'années après l'occupation allemande. En outre, Henry Miller se trouvait à Paris à l'époque ; lorsque le magistrat instructeur s'en aperçut, il fut obligé de l'inculper. La scène de l'inculpation, à laquelle j'assistai avec divers avocats chargés de conforter le moral chancelant de l'inculpé, tourna en scène de haute comédie, le juge faisant toutes sortes de compliments à Miller qui ne comprenait rien à ces discours, et se croyait au contraire l'objet de la hargne du magistrat... L' "Affaire" Miller finit en queue de poisson, le ministère public abandonnant purement et simplement son action sous des prétextes de procédure parfaitement futiles...

L'année suivante j'aggravais mon cas en lançant le pamphlet d'Yves Farge, *Le pain de la corruption,* dans lequel l'ancien ministre du Ravitaillement accusait le gouvernement de sérieuses compromissions. Cela me valut d'être poursuivi pour diffamation, aux côtés de Farge, par Félix Gouin, sommité de la SFIO, et ancien président du premier Etat Français en exil à Alger. Les témoins de Gouin étaient pour la plupart des ministres en exercice, et Jules Moch, de la barre, me lança un assez sale œil. Mais qu'importe! Après une semaine de débats véhéments, Farge et moi remportions la victoire, ce qui donnait une singulière force aux accusations contenues dans *Le pain de la corruption.* Des victoires de ce genre ne s'oublient pas : on vous les fait payer assez cher.

En 1949, lorsque je publiai le dernier en date des livres d'Henry Miller, *Sexus,* je subis une nouvelle offensive. Cette fois-ci l'on s'abstenait de me poursuivre, mais le livre lui-même était interdit par décret du Ministre de l'Intérieur ; la même mesure était prise au même moment contre un livre publié par un collègue, *J'irai cracher sur vos tombes,* de Vernon Sullivan (lisez : Boris Vian). Les deux décrets étaient pris en vertu de la loi du 29 juillet 1881 sur la liberté de la presse. Cette loi ne s'appliquait qu'à des textes politiques, ce qui n'était certes pas le cas de *Sexus.* J'introduisis donc une demande en annulation au Conseil d'Etat. Elle échoua.

Les choses avaient changé depuis l'avant-guerre ! La seule tentative de censure littéraire avait été le procès intenté à Frank Harris, et il avait tourné court. En ces temps idylliques le mot même de censure était lui-même banni du vocabulaire poli ; il appartenait à l'anticulture hitlérienne... Il avait suffi de quatre ans d'occupation pour habituer les Français à accepter la censure, et tout ce qu'elle représentait. Ce retournement était assez étonnant.

Aux débuts d'Olympia Press, en 1953, je me doutais bien que je n'aurais pas la partie facile... Dans une arrière-boutique de libraire, rue Jacob, je publiai donc mon premier programme de quatre livres, avec l'assistance de ma seule employée à mi-temps, Mademoiselle Lisa, dont les beaux yeux verts m'incitèrent à choisir cette couleur pour la couverture de ma collection, intitulée *The Traveller's Companion Series.* Trois traductions : *Les onze mille verges* d'Apollinaire, *Madame Edwarda* de Pierre Angélique (alias Georges Bataille), *La philosophie dans le boudoir* de Sade – et un original, *Plexus,* que m'avait donné Henry Miller. C'était mince, mais c'était enfin un début, après trois ans de misère et d'attente. Malgré une distribution fantômatique et un manque total d'argent, tout semblait marcher fort bien.

Je m'étais lié avec un groupe de jeunes poètes et romanciers anglais et américains qui avaient fondé ensemble une revue littéraire à la parution incertaine, *Merlin.* C'est là que je recrutai mes meilleurs auteurs et traducteurs, Alex Trocchi, Christopher Logue, Austryn Wainhouse, Dick Seaver, Iris Owens, Marilyn Meeske, Patrick Bowles, John Cole-

Henry Miller.

man, George Plimpton, parmi tant d'autres. En hiver nous crevions de faim, mais avec les premiers beaux jours et l'arrivée des touristes, les affaires reprenaient ; nous publiions chaque année pour cette clientèle saisonnière une vingtaine de romans libertins, pour la plupart d'excellente qualité car les membres de l'écurie d'Olympia Press se trouvaient être des gens de talent ; la plupart d'entre eux ont depuis fait carrière.

Mais c'était là malgré tout de la littérature alimentaire, ou vendue comme telle. En dehors de la clientèle touristique, nous pouvions compter sur la vente aux troupes américaines stationnées en Europe et singulièrement sur la 6e Flotte U.S. dont le personnel s'approvisionnait dans les ports de la Côte d'Azur en livres d'Olympia Press, qui alimentaient ensuite le marché noir aux Etats-Unis.

Bien sûr, je rêvais à autre chose. J'attendais avec impatience la grande révélation... Mes amis de *Merlin* m'amenèrent un jour un Irlandais, ancien disciple de Joyce, dont ils faisaient grand cas : Samuel Beckett. Il me remit pour lecture le manuscrit de *Watt*, un livre écrit en anglais et après lequel il n'avait plus écrit qu'en français. *Watt* était à première vue fort déconcertant, et je sentis que l'humour métaphysique de Beckett ne ferait jamais courir les foules ; mais j'étais conquis. Je publiai *Watt* en 1954, et plus tard *Molloy, Malone Dies, The Unnamable,* dont la version française paraissait chez Jérôme Lindon aux Editions de Minuit.

En 1954, je reçus à quelques semaines d'intervalle deux manuscrits qui semblaient parfaitement répondre à mes vœux secrets. *The Ginger Man* de J.-P. Donleavy, un premier livre assez extraordinaire – et surtout, ô divine surprise, *Lolita,* œuvre d'un obscur émigré russe naturalisé américain, Vladimir Nabokov, dont la lecture m'emplit d'une joie sans mélange. C'était l'apothéose tant espérée !

Décidément, 1954 avait été une année faste à tous égards. J'avais déménagé, fin 1953, de mon arrière-boutique pour partager des locaux beaucoup plus vastes avec mon confrère et ami Jean-Jacques Pauvert, rue de Nesle. C'est là que Jean-Jacques me montra un jour un manuscrit en français qu'il me demanda de lire pour avis. Je jetai un coup d'œil au titre : *Histoire d'O.* Bizarre. L'auteur ? Pauline Réage... Aucun souvenir. Le préfacier : Jean Paulhan. Tiens !

Jean-Jacques m'expliqua ceci : Paulhan, qui l'avait pris en amitié, lui avait confié ce manuscrit dont l'auteur, de ses amis, voulait conserver à tout jamais l'anonymat, pour des raisons de famille. Qu'importent les raisons d'ailleurs : c'était à prendre ou à laisser. Paulhan avait ensuite affirmé à Jean-Jacques qu'il n'était pas lui-même l'auteur ; libre à Jean-Jacques d'imaginer ou de deviner tout ce qu'il voudrait, mais il ne devrait en parler à personne. C'était un pacte solennel. Paulhan considérait *Histoire d'O* comme une œuvre exemplaire, importante, dont la défense méritait tous les sacrifices. Il n'existait pas à Paris d'éditeur capable de publier ce livre de la manière convenable et, si l'on peut dire, dans la dignité. Seul Jean-Jacques, qui avait annoncé la couleur en publiant les œuvres complètes de Sade au grand jour, semblait qualifié. Mais aurait-il le courage de ses opinions ?

Jean-Jacques avait lu le manuscrit, l'avait trouvé remarquable mais impossible. Trop de risques, c'était de la folie... Quelques heures plus tard, je lui rendais le manuscrit en lui disant qu'à mon avis ce serait de la folie de ne pas le publier. Je lui offris de lui acheter immédiatement les droits

d'édition en anglais ; je lui proposai de faire paraître simultanément les deux versions, française et anglaise et de faire cause commune en cas de poursuites judiciaires.

C'est donc ainsi qu'*Histoire d'O* parut, en deux langues, le 14 juin 1954 si mes souvenirs sont exacts. L'histoire judiciaire de chacune des deux éditions suivit des méandres judiciaires distincts que je renonce à décrire ici, mais je dois constater que ce livre est celui pour lequel je fus traqué avec le plus d'acharnement par les tribunaux, mais surtout par la Brigade Mondaine ; c'est en effet à ce corps d'élite qu'était maintenant dévolue à Paris la charge de guider et d'appliquer la nouvelle censure littéraire, qui était désormais entrée tout à fait dans les mœurs de la Quatrième République.

Ce n'est pas avec *Story of O,* cependant, qu'avaient débuté mes démêlés avec la justice, mais avec *Lolita.* Paru en 1955, ce livre fut interdit en décembre 1956 par un décret signé de Gilbert-Jules, ministre de l'Intérieur, ainsi que *The Ginger Man* et une vingtaine d'autres de mes titres : en fait tout mon fonds d'édition ; et il apparut très vite que cette mesure avait été prise contre moi à la suite des démarches pressantes de l'administration britannique, transmise à la France par Interpol. Une campagne montée contre *Lolita* par le *Sunday Express* avait abouti à cette cabale diplomatique. C'était de nouveau la loi de 1881 sur la liberté de la presse qu'on employait pour interdire ces livres, encore à tort puisque la loi n'était applicable qu'à des écrits subversifs. Il est vrai que le Conseil d'Etat avait entériné cette extension abusive de la loi dans le procès de *Sexus ;* néanmoins j'engageai une nouvelle procédure, en annulation de ces interdictions, auprès du Tribunal Administratif cette fois-ci. A ma grande surprise j'obtins une décision favorable en février 1958. Miracle ! Victoire !

Hélas, je croyais avoir gagné la guerre, mais je n'avais gagné qu'une médiocre bataille.... Le 13 mai 1958, changement de régime. C'était l'occasion pour la police bafouée de rétablir son prestige ; le ministre de l'Intérieur interjeta appel du procès que j'avais gagné auprès de l'instance suprême, le Conseil d'Etat, dont la doctrine était faite par avance. Néanmoins je mis tout en œuvre pour gagner cette partie, dont l'issue dépassait largement mes problèmes personnels.

Lorsque j'avais publié *Lolita,* en 1955, Vladimir Nabokov avait abandonné tout espoir de voir son livre publié aux Etats-Unis de son vivant ; il en était à me demander de publier *Lolita* sous un nom d'emprunt, car il craignait de perdre son poste de professeur à Cornell University à la suite du scandale qui ne manquerait pas de suivre la publication. Mais soudain un nouveau miracle avait changé l'aspect du problème.

Fin 1956, j'avais envoyé un exemplaire de *Lolita* à un critique new-yorkais. Cet exemplaire avait été intercepté par la douane de New York, examiné, et après plusieurs semaines, acheminé de nouveau à son destinataire. Celui-ci m'avertit de l'incident, et j'écrivis à l'officiel responsable, un certain Irving Fisher. Je reçus de lui, en février 1957, une courte lettre dans laquelle il m'avisait que cet exemplaire de *Lolita* avait été en effet examiné par son bureau, et jugé admissible à l'importation aux Etats-Unis.

Cette lettre de deux lignes avait un poids étonnant. En effet, aux Etats-Unis, la Douane est, avec les Postes, la seule administration fédérale ayant pouvoir de censure pour l'ensemble du pays. La décision d'un fonctionnaire du bureau de New York liait donc toute son organisation, et créait un précédent grâce auquel la publication de *Lolita* devenait légalement possible en Amérique. C'était prodigieux ! Le plus étonné fut bien sûr Nabokov.

Un an plus tard, je lui écrivis pour lui demander d'intervenir à mes côtés dans la procédure du Conseil d'Etat pour défendre les droits légitimes de l'auteur. Il me répondit que ce n'était pas son affaire, qu'il se fichait éperdument de l'opinion des magistrats français sur son œuvre, et que je n'avais qu'à me débrouiller avec mes compatriotes. Il faut bien dire que tout avait changé entre nous depuis la lettre d'Irving Fisher. Nous recevions des offres alléchantes de divers éditeurs américains pour la publication du livre aux Etats-Unis ; des centaines de milliers de dollars étaient en jeu, et comme je détenais les droits mondiaux, il faudrait partager cette manne. D'où la mauvaise humeur de mon auteur.

C'est dommage ; l'intervention de Nabokov dans cette procédure aurait pu lui donner une tout autre orientation. Mais c'était sans espoir ; je perdis mon procès, et l'interdiction fut restaurée. J'avais pourtant espéré jusqu'à la dernière minute que le Conseil d'Etat prendrait en considération le fait que *Lolita* n'était plus interdit aux Etats-Unis ; cinq mois avant la décision négative du Conseil d'Etat, *Lolita* était paru à New York dans l'édition de G.P. Putnam's Sons, et à la fin d'août 1958 il s'en était déjà vendu 240.000 exemplaires, tandis que le *New York Times* lui donnait la première place sur sa liste officielle des bestsellers.

Mais l' "Affaire *Lolita*" ne devait pas en rester là. Le décret ministériel d'interdiction ne visait nommément que la version originale en langue anglaise du livre – nul ne savait très bien pourquoi. Quoi qu'il en soit, Gallimard en avait profité pour acquérir les droits français, et publia bravement son édition, parfaitement conforme à l'original, en 1959. Cela me donna le moyen d'entreprendre immédiatement une nouvelle procédure, en dommages et intérêts cette fois-ci, qui invoquait le principe de "l'égalité des citoyens devant les charges publiques". De guerre lasse, le Ministre de l'Intérieur me fit proposer un marché : je retirerais ma plainte, il lèverait l'interdiction. J'acceptai. Je n'aurais sans doute pas dû. Après cette transaction, ma vie devint impossible : dans le cours des trois années qui suivirent furent interdits près de cent titres – toute ma production – et je me voyais en outre condamné tous les mois à trois mois de prison ferme en correctionnelle pour avoir publié un livre "attentatoire aux bonnes mœurs", imprimé dans une langue que le juge lui-même ne savait pas lire. Je me figurais être un Al Capone percé par la mitraille dans une cour de prison : cela devenait grotesque. Après tout, je n'étais qu'éditeur.

Je parvins cependant à sortir encore quelques livres avant la fin des années cinquante, dans ce climat de crise permanente : *Candy,* la satire étincelante de Terry Southern et Mason Hoffenberg, dont la version française est malheureusement tombée dans un gouffre d'indifférence (ce qui me fait dire qu'à traduire l'impossible nul n'est tenu) ; *Zazie dans le métro,* dans une traduction anglaise presque égale à l'original (ce qui montre bien qu'en matière de traduction rien n'est impossible), signée par Eric Kahane et Akbar del Piombo ; *Pinktoes,* un livre merveilleux de Chester Himes, le Molière de la négritude ; *The American Express* de Gregory Corso... mais surtout – le livre de la fin des temps – le *Naked Lunch* de William Burroughs, qui marqua pour l'Amérique l'apothéose de l'ère beatnik. J'y ajoutai encore

Maurice Girodias.

deux autres livres de Burroughs, *The Soft Machine* et *The Ticket that Exploded*. Cela m'amenait, au début des années soixante, à un arrêt progressif de mon activité d'éditeur.

Une autre circonstance était venue compliquer mon existence : ayant déménagé de la rue de Nesle à la rue Saint-Séverin, dans un immeuble vétuste où j'avais trop de place, j'entrepris d'y ouvrir un cabaret à décors multiples, *La Grande Séverine*. Ce détour me coûta fort cher. Fin 1964, je décidai de produire, dans le café-théâtre que nous avions inauguré sous les voûtes médiévales de *La Grande Séverine,* une adaptation à la scène du livre de Sade, *La Philosophie dans le Boudoir,* écrite par mon frère, Eric Kahane, et mise en scène par Nicolas Bataille. C'était très vif, très drôle, parfaitement réussi. Mais bien sûr mes amis de la Brigade Mondaine n'attendaient que cela pour me régler mon compte définitivement. On ferma non seulement le théâtre, mais le reste de l'établissement et ses cabarets, russe, brésilien et américain : soixante-dix employés à la rue d'un seul coup. La faillite était inévitable.

J'avais de nouveau tout perdu, et cette fois-ci ce serait beaucoup plus difficile de remonter la pente ; j'avais gaspillé cinq années précieuses dans cette entreprise de cabaret, en plus de la fortune que j'y avais engloutie. Dès la parution triomphale de *Lolita* aux Etats-Unis j'aurais dû m'installer à New York, car il était clair que la censure allait bientôt disparaître en Amérique au moment même où elle s'installait en France d'une manière si fracassante. Mais une fois de plus, je m'inventais toutes sortes de raisons pour ne pas quitter Paris, ma bonne ville. C'est donc mon ami et éternel rival, Barney Rosset, fondateur de Grove Press, qui tira profit de mes découvertes à New York et fit fortune à ma place, grâce à mes propres auteurs.

Cette fortune toutefois (qu'il perdit par la suite, le métier d'éditeur est ainsi fait) il l'avait sans doute largement méritée. Après la publication de *Lolita* par Putnam en 1958, Grove Press élargissait la brèche l'année suivante en publiant la première édition américaine de *Lady Chatterley,* œuvrette que les censeurs américains avaient maintenue depuis trente ans en tête de leur liste noire. On s'aperçut alors que ce roman bucolique était en vérité bien innocent, et personne ne réagit. Aussitôt je poussai Barney à prendre un risque beaucoup plus sérieux : publier *Tropic of Cancer*. Tout simplement ! Barney bondit de joie à cette idée – mais comment faire ? Hachette détenait les droits mondiaux, qui appartenaient à mon ancien fonds. Henry Miller ne voulait pas entendre parler d'une édition américaine de ses livres ; c'était folie, pure provocation, d'autant plus qu'il vivait maintenant de nouveau en Amérique, en Californie ; les anciens combattants viendraient sans aucun doute brûler sa maison à Big Sur ! Et puis Grove Press était une maison nouvelle, à l'avenir incertain, qui ne lui inspirait pas confiance. Pour couronner le tout, la loi américaine sur la propriété littéraire était ainsi faite que, par l'effet d'une brimade protectionniste fort étrange, les livres d'Henry Miller étaient aux Etats-Unis, tombés dans le domaine public, la protection du copyright étant refusée aux auteurs américains dont l'œuvre avait été publiée pour la première fois en dehors du pays (cela s'appelle la "Manufacturing Clause"). Il serait donc impossible de protéger Grove contre la concurrence des éditions pirates.

Ce fut à moi qu'il échut de convaincre Miller des garanties honorables en dépit des risques de piraterie – ce que je fis volontiers par amitié pour Miller et pour Rosset, mais surtout pour servir la Cause. Grove lança *Tropic of Cancer*

en 1960 ; c'était la troisième bombe lancée contre la forteresse de la censure, mais cette fois-ci la contre-offensive fut sanglante. Grove Press avait bravement promis de défendre en justice tout libraire qui se trouverait poursuivi pour avoir mis en vente *Tropic of Cancer :* l'éditeur se vit bientôt contraint de financer et de défendre plusieurs douzaines de procès aux quatre coins du pays, grâce à quoi l'on espérait le briser économiquement. La Cour Suprême rendit un jugement en faveur de Grove, et cela mit enfin un terme aux procès locaux. Cette victoire avait été coûteuse ; la lutte avait été farouche et à certains moments presque désespérée.

Fort de cette victoire, Barney Rosset publia par la suite la traduction anglaise des œuvres de Genet, que j'avais fait paraître à Paris dix ans plus tôt (et qui avait été interdite dans mon édition, bien entendu) ; puis mes traductions des œuvres complètes de Sade, et finalement les livres de Burroughs lancés par Olympia. Chacune de ces publications affaiblissait d'année en année les positions de la censure américaine, et cela en grande partie grâce à la tendance libérale de la Cour Suprême des Etats-Unis – de l'époque. Aujourd'hui une telle aventure n'aurait aucune chance de réussir, la Cour ayant bien changé entretemps ! Mais les transformations accomplies dans le cours des années soixante sont heureusement irréversibles ; on est bien loin maintenant des débats sur l'immoralité de Lady Chatterley !

L'étude de ces bouleversements accélérés, qui ont ensuite eux-mêmes influencé l'évolution de la planète entière, est pleine d'enseignements tout à fait extraordinaires. Tout d'abord l'on s'étonne que la guerre n'ait pas suffi à mettre fin à la censure littéraire aux Etats-Unis (aussi bien d'ailleurs en Angleterre), ensuite, l'on s'émerveille bien sûr de la rapidité foudroyante de cette libération, après une si longue stagnation – deux siècles d'attente depuis les débuts de la période moderne : il a suffi ensuite de quelques années, et du choc produit dans l'imagination populaire par la publication de trois ou quatre livres, pour déclencher cette série de cataclysmes... Car la révolution sexuelle n'a pas seulement libéré notre société sous l'angle de la sexualité, ses réverbérations vont à l'infini.

La révolution sexuelle a eu pour premier résultat d'éclairer les mensonges de notre subconscient et de les expulser de notre vie : le culte de la vérité a soudain succédé à l'habitude séculaire de tout travestir, par politique, par faiblesse ou par ignorance. Cela s'est sans doute manifesté pour la première fois avec ampleur dans le "Free Speech Movement" déclenché dans le campus de Berkeley en 1964, au cours duquel toute la population estudiantine se mit en grève, non pas pour des raisons politiques ou professionnelles, mais pour protester contre la pratique généralisée du mensonge dans toutes les manifestations de la vie publique – et sociale. Et c'est un fait que tout ce qui limitait ou compromettait la liberté d'expression était lié directement, d'une manière ou d'une autre, à la sexualité.

Ce nouveau culte de la vérité devait aboutir à un réexamen de toutes les données traditionnelles de la vie politique. Les Noirs furent les premiers à se révolter, suivis par les autres minorités ; mais le mouvement féministe fut certainement l'expression la plus puissante de cette prise de conscience. La société américaine ne sera plus jamais ce qu'elle fut. Le mouvement s'est sans doute ralenti au cours des années Nixon, mais c'est seulement pour se redéfinir, et s'affranchir des excès initiaux : il n'est nullement épuisé. En fait, il n'en est qu'à ses débuts. Et je pense que l'on pourrait étendre cette conclusion au reste de la planète, car dans tout cela, l'Amérique n'a encore une fois servi que de laboratoire pour le monde entier... Un rôle qui fut autrefois celui de la France.

Il est certain, en tout cas, que ce nouvel état de choses a provoqué des changements profonds pour ce qui est de la création littéraire. Il y a trente ou quarante ans Henry Miller disait que la nouvelle littérature serait purement auto-biographique. Nous sommes encore à la transition, mais je suis prêt à tenir le pari que d'ici dix ans, toute cette littérature d'agrément dont nous faisons encore aujourd'hui nos bestsellers sera remplacée par des témoignages de vies réelles.

Dans toute cette aventure, Freud était le stratège suprême, et Henry Miller notre immense porte-drapeau. Mon père et moi n'étant que des fantassins, nous y avons laissé notre peau sans murmures ; l'infanterie est, comme chacun sait, vouée au sacrifice. Il fallait bien que quelqu'un jouât ce rôle.

Nous vivons une époque prodigieuse, une ère marquée par l'accélération de l'histoire. Aux explosions démographiques, technologiques, nous devons répondre en élargissant jusqu'aux ultimes limites notre liberté interne, aussi bien qu'externe. Nous devons imaginer, inventer, un monde neuf et vivre la révolution de l'intelligence. Cela ne peut être accompli que par des hommes libres. Or la liberté de penser et de créer passe nécessairement par la libération psychologique des individus, et donc d'abord par leur libération sexuelle. C'est le sens, il me semble, de l'histoire assez folle que je viens de conter.

Une de ses leçons accessoires, qui mérite d'être soulignée, est que la vitalité de notre époque ne peut se trouver que dans la stimulation des échanges internationaux, singulièrement entre l'Europe et le Nouveau Monde. Jusqu'à présent, il a fallu l'occasion d'une guerre mondiale pour que nous nous retrouvions entre frères et entre cousins ; l'isolationnisme américain, le particularisme des nations européennes ont empêché ce dialogue indispensable de se développer. Gangrené par la politique, notre monde a manqué périr cent fois en deux siècles. Une première révolution a été accomplie grâce à quelques livres. J'attends ceux qui déclencheront la seconde.

Lolita. Film de S. Kubrick, à partir du roman de V. Nabokov.

Jean Prouvé
Influences réciproques : Est-ce exact ?

Situer les caractéristiques, voire les influences réciproques concernant l'architecture, entre l'Europe et l'Amérique, depuis l'avènement de la mécanisation, soit un siècle – implique de confronter des précisions; par les hommes, les œuvres et les époques d'une part, aux impressions et constatations vécues depuis le début de notre siècle, entre 1920 et 1975, d'autre part.

Si les « influences » (peut-on en parler ?) peuvent être assez facilement déterminées pour la période inscrite entre les années 1860 et 1900 ou 1920, elles m'apparaissent par contre de plus en plus « diffuses » pour les époques plus proches et actuelles.

Il faut en effet réaliser que les contacts directs et d'information entre les deux continents se sont accélérés et multipliés.

Au début de ce siècle, vers 1920, les créations de qualité, remarquées, donc à potentiel d'influence, mettaient quatre à cinq années pour traverser l'Atlantique, dans un sens ou l'autre.

Actuellement ce rythme est de l'ordre d'une année. Les revues internationales d'architecture transmettent les idées, qui sont vite adoptées, et souvent amoindries, à la désolation des initiateurs. Il faudrait être bien présomptueux pour affirmer que l'évolution des formes ne pouvait dépendre que de l'influence personnelle de génies, de chaque côté de l'Atlantique, sans qu'il soit tenu compte de ce que l'on peut qualifier de « vent d'époque », qui pourrait inspirer les esprits novateurs, peut-être seulement à des échelles différentes.

Je veux dire, en fait, que le mode de vie et la constante évolution des matériaux provoquaient des inspirations qui pouvaient être à peu de chose près les mêmes pour les uns et les autres, telles des résonances facilitant l'assimilation très rapide de ce qui jusqu'alors était qualifiable d'influence.

N'en sommes-nous pas actuellement à des « formes » internationales pour toutes les productions industrielles, et, il faut le constater, pour l'architecture. Autre constatation pour ce qui s'inscrit dans notre siècle : si les chefs de file dominants nous ont laissé des œuvres ponctuelles qui sont contemplées sur ces deux continents par tous ceux qui s'intéressent à l'architecture, il n'apparaît pas que les autorités des pays en question aient facilité la diffusion de ce l'on admire !

Notre monde, sur le plan de l'architecture, est souvent celui des occasions manquées car il s'agit bien de l'intérêt général, et pas seulement des intérêts intellectuels ou matériels des privilégiés ou initiés.

Les architectes de l'Europe et de l'Amérique ont par leur conviction et leur honnêteté proposé dans le temps, et toujours à l'avant-garde de créer par les constructions au principal un cadre de vie harmonisé aux créations scientifiques parallèles. J'ai eu le grand bonheur de cotoyer beaucoup d'entre eux, et de constater l'harmonie de leurs théories, en même temps qu'ils réalisaient des œuvres variées.

Pour l'époque inscrite entre 1872 et 1900, les influences m'apparaissent être les suivantes :

1° L'architecture américaine initiale est incontestablement conditionnée par les connaissances des émigrants européens. Architecture généralement en bois, très simple et d'influence scandinave et anglaise.

C'est celle des décors des « Westerns » – Ces constructions étaient, il faut le supposer, réalisées par des maîtres d'œuvre exécutants.

2° 1880 fut l'ère de la mécanisation et de la création simultanée de la profession d'architecte, de leurs agences... et des écoles d'architecture.

3° L'influence européenne et particulièrement française sur l'Amérique devient alors considérable.
Généralement le choix des architectes est fait parmi ceux qui ont fait leurs études à l'Ecole des Beaux Arts de Paris.

De plus, l'enseignement américain copie celui de Paris, dominé par l'Institut et l'Académie.
La conséquence en a été que, tant en Amérique qu'en France en particulier, les constructions, avec des nuances d'échelle, n'étaient en général que copies sans l'esprit du passé – l'académisme dans la tendance traditionnelle, jusqu'à l'antiquité.

Il y avait dans l'ensemble, sur ces deux continents, une rupture entre les apports totalement nouveaux de la mécanisation, et le cadre de vie. Ce dernier édifié sous l'influence de la « tradition ».
C'était la mise en place généralisée d'architectures décadentes, puisqu'elles s'inspiraient du passé... d'un passé intégralement importé en Amérique.

4° C'est en 1885 qu'un enseignement de l'architecture est créé en Amérique, en principe en réaction contre l'influence de l'Ecole des Beaux Arts imité d'ailleurs par la plupart des écoles de l'époque.
Déjà à cette époque des esprits révolutionnaires américains se révèlent, dont certains cependant ont fait leurs études à Paris. C'est l'étincelle !

Les uns et les autres construisent et affirment leurs idées, leur volonté de créer une architecture d'époque. Richardson, considéré comme le plus important, dont la mort en 1886 a été ressentie dans le monde – a grandement influencé l'Europe et particulièrement l'Angleterre et l'Allemagne.

Sullivan, qui avait fait ses études à Paris en 1874, est en action. Wright fait des classes chez lui en 1887. Ils ont laissé parmi d'autres des œuvres exemplaires dans la masse écrasante de l'architecture plagiée. Apparait en 1886 un « gratte-ciel » à structure en acier, mais avec quel habillage ! ! !

5° L'Exposition internationale de Paris en 1889 est caractérisée par le triomphe de l'acier – Tour Eiffel et Galerie des Machines – retentissement mondial qui met en valeur l'ingénierie.
Sullivan aux Etats-Unis propose alors : « il serait souhaitable de renoncer momentanément aux ornements ».

Parole prophétique, ouverture à l'avènement d'une architecture de mise en valeur des structures seules, ce qui s'est bien produit plus tard.

6° 1893 - Exposition Universelle de Chicago – grand succès des Architectes Français (quelle architecture, en fait ! ! !) qui fait dire à Sullivan : « Le préjudice causé au pays (les Etats-Unis) par cette exposition aura des répercutions pendant un siècle. »
En 1896, il affirme : « Le gratte-ciel ? ? Fait matériel né de la conjugaison du spéculateur, de l'ingénieur et du constructeur. »

C'est tellement vrai, et cela se confirme de plus en plus.

1876 Grand magasin du Bon Marché, Paris (Eiffel et Boileau)

1884 Home Insurance Building, Chicago (W. Le Baron Jenney)
1885 Marshall Field Warehouse, Chicago (H. Richardson)
1886 Auditorium Hotel, Chicago (Adler et Sullivan)
1887 Tacoma Building : « Chicago Windows », structure d'acier de 15 étages (Burnham et Root)
1888 Hotel Coronado, San Diego (J.-W. Reid et M. Reid)
1889 Leiter Building, Chicago (W. Le Baron Jenney)

1889 Tour Eiffel, Paris (Eiffel)
Galerie des Machines, Paris (Dutert et Contamin)

1890 Reliance Building, Chicago (Burnham et Root)
1891 Wrainwright Building, S. Louis
Shiller Building, Chicago (Sullivan)
Leander Mc Cormick Flats, Chicago (Warren)
The Fair Building, Chicago (W. Le Baron Jenney)

1892 Bâtiment tout en béton (Hennebique)

1893 Exposition Universelle de Chicago : Transportation Building (Sullivan)
Winslow House (Wright)
1894 Marquette Building, Chicago (Holabird et Roche)

1895 Bâtiments en béton armé : réservoir à Dinard, raffinerie à St. Ouen, filature Charles Six à Tourcoing
1897 Castel Béranger, Paris (Guimard)

1897 Isidore House, Chicago (Wright)
1899 Husser House, Chicago (Wright)
1900 Carson, Pirie, Scott, Chicago (Sullivan)

1900 Stations de Métro de Paris (Guimard)
1901 Magasin « La Samaritaine », Paris (Jourdain)

1902 Willits House, Ross House, Hentley House (Wright)

1903 « Le Parisien Libéré », Paris (Chedanne)
1904 Hôtel Mercedes, Paris (Chedanne)
1905 Garage de la rue de Ponthieu, Paris (A. Perret)

1904 Martin House, Larkin Co, Buffalo (Wright)

1906 Blacker House, Pasadena (Ch. et H. Greene)
Irwin House, Pasadena (Ch. et H. Greene)
1907 Unity Church, Oak Park (Wright)
Baily House, préfa-béton à La Jolla, Calif. (Irving Gill)

1908 Abattoirs de la Mouche, Lyon (T. Garnier)

1908 Robie House (Wright) Chicago 1909
Gamble House, Pasadena (Ch. et H. Greene)
1910 Stewart House, Montecito (Wright)
1911 Culberson House, Pasadena (Ch. et H. Greene)
1912 Lee House, San Diego (Irving Gill)

1913 Théâtre des Champs Elysées, Paris, (A. et G. Perret), Pont à arc de 185 M (Freyssinet)
1914 Maison Domino (Le Corbusier)
Usine à Lancey (Maillard)

1913 La Jolla Woman's Club (Gill), préfa en grands panneaux.
1914 Midway Gardens, Chicago (Wright)

1915 Exposition Universelle de San Francisco, avec un pavillon de Mallet-Stevens
1916 Imperial Hotel, Tokyo (Wright)
School for Girls, La Jolla (I. Gill)
Dodge House, Hollywood (I. Gill)
1917 Bingham House, Montecito (B. Maybeck)

1916 2 hangars à Orly (Freyssinet)

1919 Maison Monol (Le Corbusier)
Atelier Esders, Paris (Perret)
Stade Olympique, Lyon (T. Garnier)
Chambre + bureau pour le Dr Dalsace (Chareau)
1920 Maison Citrohan (Le Corbusier)

1920 Barnsdall House, Los Angeles (Wright)
1921 Millard House, Pasadena (Wright)
Schindler House, Hollywood (Schindler)

1922 Notre Dame du Raincy (Perret)
Salon d'Automne de Paris avec Mallet-Stevens, Lurçat, Jourdain, A. Loos, Chareau
Villa Ozenfant, Paris (Le Corbusier et Jeanneret)
1923 Maison Poiret, Paris (Mallet-Stevens)
Immeuble rue des Amiraux, Paris (Sauvage)
Cité Pessac (Le Corbusier et Jeanneret)

1923 Pueblo Ribera Courts, La Jolla (Schindler)
Lowes House
Storer House, Millard House, Taggart House, Los Angeles (Wright)
1924 Freeman House, Los Angeles (Wright), Packard House (Schindler).

1926 Maison Tristan Tzara, Paris (A. Loos)
1927 Villa à Garches (Le Corbusier)
Appartements rue Mallet-Stevens, (Mallet-Stevens)
Club House de Beauvallon (Chareau)

1926 Lowell Beach House, Newport Beach (Schindler)
1927 Dymaxion House (B. Fuller), Anthony House, Los Angeles (Maybeck)
Garden Apartments, Hollywood (R. Neutra)
1928 Daily News Building, Chicago (Holobird et Roche)
Cité Radburn (Wright-Stein)
Sachs Apartments, Los Angeles (Schindler)
Wolfe House, Avalon, Catalina Island (Schindler)

1929	Villa Savoye, Poissy (Le Corbusier) Maison à Meudon Val Fleury (Th. V. Doesburg) Salle de Réception du Grand Hôtel de Tours (Chareau)
1930	Maison du Dr. Dalsace, Paris (Chareau) Pavillon Suisse de la Cité Universitaire, Paris (Le Corbusier) Ecole de tissage à Lyon (T. Garnier)
1931	Cité des Champs des Oiseaux, Bagneux (Baudoin, Lods) Hôtel de Ville de Boulogne Billancourt (T. Garnier)

1933 Ecole de Villejuif (Lurçat)
1934 Ecole de Plein Air de Suresnes (Baudoin, Lods)
1935 Prototype de maison de Week-end (Prouvé, Lods, Beaudoin)

1937 Palais de la Lumière (Mallet-Stevens)
     Escalier du Pavillon de l'U.A.M. (Prouvé)
1938 Maison du Peuple, Clichy (Prouvé, Lods, Beaudoin)

1945 Reconstruction du Hâvre (Perret)

1950 Utilisation de coques monobloc en métal (Prouvé)

1952 Unité d'habitation de Marseille (Le Corbusier)

1954 Couvertures suspendues (Lafaille et Sarger)
1955 Notre Dame de Ronchamps (Le Corbusier)
1956 Maison Jaoul, Neuilly (Le Corbusier)
    Chandigarh (Le Corbusier)
1958 Pavillon Philips, Bruxelles (Le Corbusier)
1959 St-Marie de la Tourette (Le Corbusier)

1929 Lowell House, Los Angeles (Neutra)

1931 Empire State Building, New York

1932 Dymaxion Auto (B. Fuller)

1933 Oliver House, Los Angeles (Schindler)

1935 Residence William Beard (Neutra)
    Rockefeller Center, New York (Reinhart, Hofmeister)
1936 Kaufman House (Wright)
    Almon House et Walker House, Los Angeles (Schindler)
1937 Golden Gate Bridge, San Francisco (Strass)
1938 Hagerty Residence, Cohasset (Gropius, Breuer)
1939 Chamberlain Residence, Sudbury (Gropius, Breuer)
    Sturges House, Los Angeles (Wright)
1940 Maison du peintre Motherwell (Chareau)
1941 Centre résidentiel New Kensington (Gropius, Breuer)
1943 Package House System (Gropius)
    Bâtiment pour la recherche sur les minéraux et métaux, Chicago I.T.T. (Mies van der Rohe)

1949 Promontory, Chicago (Mies van der Rohe)
    Laboratory of Johnson Wax Co (Wright)
1950 Harvard Graduate Center, Cambridge (Gropius, TAC)
    Tischler House, Los Angeles (Schindler)
1952 Courtyard Apartment, Los Angeles (Craig Ellwood)
1953 Ford Rotunda, Dearborn (B. Fuller)

1959 Guggenheim Museum, New York (Wright)

Donald Karshan

L'art en Amérique avant 1910 Neuf profils de novateurs

Il prévaut en Europe une théorie selon laquelle l'art, en Amérique, n'atteignit des niveaux généralement considérés comme novateurs et influents qu'après 1910. Bien qu'il y ait quelque vérité dans cette manière de voir les choses, cela n'est pas, non plus, tout à fait exact, car l'Amérique du XIXe siècle témoigna d'une activité artistique inventive digne d'être accueillie chaleureusement à l'étranger. Des noms comme John Haberle, William Harnett, John Frederick Peto et Georges Catlin sont généralement inconnus du public artistique européen. En revanche, l'art en Amérique depuis 1945, avec des artistes comme Jackson Pollock, Mark Rothko, Barnett Newman, Andy Warhol et Roy Lichtenstein sont devenus familiers ici, grâce aux expositions des musées, à la littérature et à l'intérêt relativement récent pour l'art américain contemporain. Le déséquilibre de cette situation n'est pas surprenant, puisque le public artistique new-yorkais n'a que récemment découvert ces importants artistes du XIXe siècle demeurés, des décennies durant, dans l'obscurité à l'intérieur de leur propre pays (1). Face à l'influence toute puissante de l'art européen sur la culture américaine, il y a pourtant des cas spécifiques – certes rares – de l'influence de l'art du « Nouveau monde » avant 1910 sur l'art européen.

Quelle fut l'influence d'un peintre décrivant le déclin de l'Amérique indienne sur le milieu artistique français à Paris, en 1845 ; les étranges natures mortes trompe-l'œil venues d'Amérique étaient-elles, de manière provocante prédada et pré-pop ; est-il vrai que Degas fit ses sculptures de chevaux en se référant aux multiples clichés d'un photographe de San Francisco, du nom de Eadweard Muybridge ; pourquoi Duchamp-Villon fit-il de même avec sa *Chanson* de 1908 ; pourquoi Samuel Bing, le marchand parisien et le grand promoteur de l'« art nouveau » était-il aussi le champion européen des verres *Favrile*, les travaux chatoyants du new-yorkais Louis Tiffany ; et pourquoi fonda-t-il un atelier d'artiste dont le modèle était américain ?

La compréhension européenne de l'art américain du XIXe siècle correspond souvent à sa vision romantique et respectueusement craintive de l'Amérique. Mais, comprendre les grandes tendances qui se développèrent dans la vie américaine – la véritable poussée de l'histoire du XIXe siècle – est nécessaire pour comprendre cet art, car vie et art son inextricablement mêlés.

Est-ce que le *Manifeste Destiny*, clairon de la rationalisation qui suivit la conquête de l'Ouest, influença l'art américain, et est-ce qu'à son tour, l'art servit la conquête ; est-ce que le pragmatisme et la pensée scientifique façonnèrent la méthode et le style de l'art américain ; quelles images naquirent de la manie de la vitesse, des grands voiliers, des courses de bateaux, de la coupe américaine transatlantique et de la suprématie de l'Amérique sur le temps et l'espace ; y a-t-il une relation entre les toiles toutes en longueur, style « grand écran », des peintres paysagistes et la vision d'une nation à l'échelle d'un continent ; et peut-on dire la même chose des *Prairie Houses* de Frank Lloyd Wright ; y a-t-il des connexions profondément enracinées entre la formation des expressions laconiquement familières des américains du XIXe siècle, telles « le grand égalisateur » (l'arme à feu) ou « le bon indien est un indien mort » et le succès durable des westerns avec leur violence débridée et leur racisme, qui furent introduits pour la première fois, en 1898, et dont les ramifications devaient s'étendre jusqu'au film noir américain ?

En un siècle qui laissa se développer l'industrialisation à grande échelle et la communication de masses, on ne peut séparer catégoriquement l'art américain ni de l'apparition récente de la photographie et du cinéma, ni des affiches publicitaires, des illustrations de journaux et des bandes dessinées, car ces créations soi-disant subalternes entraînèrent des découvertes et des perspectives nouvelles que répercutèrent les « Beaux-Arts ». On ne peut pas, non plus, passer sous silence plusieurs importantes innovations en architecture et dans la construction, qui transformèrent et envahirent l'environnement américain, puis l'Europe, offrant de nouveaux et puissants symboles visuels, tels les grands ponts suspendus (comme le Brooklyn Bridge, achevé en 1883) ou les gratte-ciel. Faut-il croire qu'avant 1910 on avait déjà jeté les fondements de cet échange fertile qui s'est produit depuis lors, dans le domaine artistique, entre l'Amérique et l'Europe ?

L'auteur a choisi neuf artistes qu'il considère comme suffisamment novateurs pour avoir eu une influence internationale, qu'elle soit directe ou indirecte. Ceci étant le critère, on ne pouvait retenir qu'un petit nombre d'artistes, nombre encore restreint par une nouvelle exigence qui voulait que leur œuvre ait été réalisée en Amérique, plutôt qu'en Europe, où des influences continentales auraient pu se faire sentir à différents niveaux.

(1) Qu'apporta cette nouvelle appréciation de l'art américain du XIXe siècle ? Mis à part le rythme normal de la recherche en histoire de l'art, une accélération générale s'est produite dans ces dernières années. Les Américains ont vite compris que l'art qui fut celui de leur pays dans les années 50 et 60 acquérait l'importance d'un mouvement artistique international – le premier dans leur histoire. Tellement significative était, croyaient-ils, l'influence américaine sur l'Europe que la capitale de l'avant-garde n'était plus Paris ou d'autres villes européennes mais semblait être désormais New York. Plutôt que de concéder que ces réalisations étaient toutes essentiellement enracinées dans les efforts européens des décennies précédentes, un grand nombre de critiques d'art, d'historiens d'art et de conservateurs de musées américains, entreprirent de rechercher à travers le XIXe siècle et jusqu'aux temps coloniaux le dénominateur commun et le fondement solide pour une école nationale de peinture se développant sans rupture jusqu'à l'époque actuelle. Le cri de guerre fut : « Qu'y a-t-il d'américain dans l'art américain ? » Cette nouvelle appréciation de l'histoire artistique d'une nation n'était rien moins qu'un appel faisant écho à l'« héritage national », la revendication d'une nouvelle identité culturelle se réalisant au travers d'une métamorphose des arts plastiques. La célébrations du Bicentenaire ont certainement renforcé le mouvement de cette recherche et l'élan de cet enthousiasme.

Une des questions soulevée par l'artiste contemporain est celle de son rôle et de sa fonction dans la société : doit-il engager ses talents et son énergie au profit de problèmes spécifiquement sociaux ; une fois admis le rôle culturel et civilisateur de l'esthétique à travers les siècles, l'art doit-il être plus que simple ornementation ; l'artiste ne doit-il pas faire d'occasionnels séjours au sein des conflits de l'actualité, et s'acquitter noblement de son devoir de contestation et d'indignation ? Témoin les œuvres les plus importantes de Goya, de Manet, de Picasso et d'autres... Mais ces œuvres n'étaient-elles pas destinées à demeurer dans le domaine de l'art, puisqu'elles sont des témoignages isolés, passant directement de l'atelier au musée, afin d'y être vénérées, comme des icônes esthétiques ; protester n'est-il pas une réaction qui peut être facilement viscérale, expressionniste et, en définitive, hautement subjective ; l'art peut-il avoir une fonction plus objective, pénétrer et sonder largement les domaines de la perception, de l'analyse et de la synthèse ? Dans leur frustation, quelques artistes se sont tournés vers une approche plus intellectuelle, employant des moyens documentaires comme la photographie, le cinéma, les diagrammes, l'analyse textuelle et autres choses semblables, afin de donner à leurs témoignages une présentation élargie plus achevée comme le ferait un sociologue communiquant volontiers les résultats de ses travaux. Mais la question sous-jacente se formule ainsi : un artiste peut-il être un anthropologue, un chercheur authentique et un théoricien de la condition humaine ? Pour aider à répondre à ces questions, il serait bon de se familiariser avec l'archétype d'un tel artiste.

Georges Catlin est né en 1796 à Wilkes-Barre, en Pennsylvanie, lieu d'une bataille où furent massacrés des Indiens en 1778. Après des études de droit, Catlin exerça pendant deux ans, puis vendit brusquement ses livres de droit pour s'adonner à la peinture de portraits. Acquérant réputation et sécurité financière grâce au métier qu'il avait appris par lui-même, il étudia les reliques indiennes de l'expédition Lewis and Clark, au musée d'un ami, à Philadelphie.

Ce fut en rencontrant directement un cortège d'Indiens passant par cette ville pour se rendre à Washington, en 1830, que les convictions de Catlin se cristallisèrent ; d'abord il fut convaincu que les Indiens d'Amérique, avec leurs diverses civilisations répandues sur le continent – leurs nombreuses tribus, langages, coutumes, traditions et costumes – étaient un extraordinaire et magnifique peuple, digne de la large connaissance et du respect de l'homme blanc ; ensuite, qu'une telle connaissance était grossièrement inadéquate ou inexistante et que les Indiens étaient déjà stéréotypés afin de convenir aux exigences des colons qui ne résistaient pas à la vision romantique du « bon sauvage » ; enfin, que ce n'était que par-delà une telle connaissance qu'une compréhension et un fondement pour une coexistence pacifique pourraient apparaître. Mais Catlin savait quelque chose de beaucoup plus sinistre : que les Indiens, en dépit de leur nombre et de leur diversité, étaient rapidement exterminés, à une échelle et une vitesse sans précédent. (Le mot génocide n'était pas encore entré dans la langue.) Nous savons maintenant que c'est à proprement parler des millions d'individus qui étaient déjà morts, à ce moment-là, conséquence directe des conquêtes coloniales de l'Amérique.

Pour Catlin, le moment de la vérité était arrivé. Il fit le compte de son avoir : il savait bien peindre (à cette époque, il n'y avait pas de photographies) ; aussi pouvait-il produire des témoignages picturaux fidèles ; il savait écrire (en raison de son expérience juridique) ; aussi pouvait-il prendre des notes approfondies et détaillées et pouvait-il venir à bout des protocoles compliqués requis pour obtenir du Gouvernement et des Indiens l'acceptation de ses longues et loitaines visites (et cela, à nouveau, en raison de sa culture juridique). Il aurait pour tâche systématique de rassembler des documents sur les Indiens, en adoptant la seule méthode efficace : aller sur le terrain – ce qui signifiait un voyage considérable, l'exploration effective d'un continent inexploré, afin d'atteindre *toutes* les tribus importantes. Il financerait cela avec son propre argent, de telle sorte qu'il serait totalement indépendant. Il paierait ces voyages en faisant le portrait d'hommes blancs, durant l'hiver, chaque année à Saint-Louis ou plus à l'Est. Dès lors, son vaste programme serait libre et ne serait pas entaché de commercialisation.

Les peintures qui seraient accumulées au cours des années, jointes à des documents qui renforceraient leur crédibilité, ses vastes écrits descriptifs, ne représenteraient que la première phase de son entreprise. La collection de peintures demeurerait intacte – non vendue – pour accomplir la seconde phase : l'utilisation de tous ces matériaux comme archives *permanentes* (et peut-être comme seules archives substantielles d'une vaste culture en voie de rapide décimation), pour solliciter la compréhension et la sympathie des hommes blancs à un niveau national et si nécessaire *international*, afin de mettre un terme à l'extermination. Ainsi, pour Catlin, le concept de « collection » était sacré. Le peintre dévoué sacrifia toute vie personnelle. Il écrivit : « L'histoire et les coutumes d'un tel peuple, préservées par des illustrations picturales, sont dignes de la vie d'un seul homme et c'est la mort seule qui m'empêchera de visiter leur pays et de devenir leur historien (2). »

Fig. 1 George Catlin, *Graisse-Du-Dos-Du-Buffle*, vers 1835.
Photo the National Collection of Fine Arts, Smithsonian Institution, Washington D.C.

Durant sept ans, jusqu'en 1837, c'est à cheval, en bateau et à pied que Catlin voyagea des montagnes Rocheuses à la Caroline du Sud, de la Floride et du Texas à la frontière canadienne. Pour donner une idée de la rigueur du voyage, imaginons-le avec sa boîte de peinture et ses toiles roulées dans un étui en étain, accroché à son dos, descendant le Missouri sur plus de deux mille miles, en pagayant dans un frêle canoë, s'arrêtant pour peindre tous les campements indiens importants et réunissant une immense somme d'informations, en particulier sur les Iowas, les Missouris, les Omahas, les Assiniboines, les Crees, les Pawnees, les Manlans, les Cherokees, les Choctaws, les Chickasaws, les Seminoles, les Senecas et les Delawares. Alors qu'il visitait les Comanches, il tomba malade ; lorsqu'il fut remis, il parcourut seul, à cheval, 540 miles à travers la Prairie, pour retrouver sa femme au nord de St-Louis.

Lorsque la première phase de son travail fut achevée, Catlin avait visité 48 tribus nord-américaines, produit 310 portraits à l'huile, 200 peintures représentant leurs villages, leurs occupations, leurs habitations, leurs coutumes, leurs jeux, leurs rituels, et leurs terrains de chasse, sans compter d'innombrables dessins et des études en couleurs. De plus, il collectionna les costumes, les objets de cérémonie, du wigwam à la plume ou à la crécelle, dans l'intérêt d'une ethnologie scientifique fondée sur une documentation exacte.

Avec la même énergie sans bornes qu'il avait mise à réunir sa documentation, Catlin se mit à faire le tour des villes blanches les plus influentes – New York, Albany, Philadelphie, Boston, Washington – afin de présenter cette documentation. Il emporta avec lui ce qu'il nommait sa « Galerie indienne », une large sélection de ses peintures à l'huile, de ses dessins, de ses écrits et de sa collection indienne. Les peintures montraient à l'homme blanc, pour la première fois, les visages si divers et si frappants des Indiens et de leurs chefs, chacun portant un habit royal. (Fig. 1 et 2.) On aurait dit que toutes les tribus indiennes du continent avaient, par magie, formé leur assemblée, haute en couleurs chatoyantes, nous poursuivant encore de sa profonde dignité humaine et de sa fierté éclatante.

Un élément important de la présentation habile de Catlin consistait en une conférence exhaustive, un plaidoyer éloquent en faveur de la cause indienne qui, souhaitait-il, transformerait à temps la politique du Gouvernement, afin de sauver de l'anéantissement les tribus de la Prairie. « J'ai vu l'impressionnante marche irrésistible de la civilisation, proclamait Catlin..., et vu la violence de sa dévastation. Et je me suis entretenu avec les milliers d'heureux qui vivent encore en dehors de l'influence de la civilisation, qui n'ont pas été écrasés par elle et qui n'ont même pas encore rêvé de son approche. J'ai vécu parmi ces populations simples, et contemplé avec un sentiment de très profond regret l'approche inéluctable de ce mouvement irrésistible (3)... »

« En tant que nation, les Peaux-Rouges sont sur leur déclin... Ils réjoignent rapidement les ombres de leurs pères, vers le soleil couchant. Le voyageur qui voudrait voir ces peuples dans leur simplicité et beauté naturelles doit faire vite... ou bien il ne les verra que comme on les voit aujourd'hui, aux frontières, tel un gibier poursuivi jusqu'à l'épuisement, tué puis jeté, tout ensanglanté et le plumage terni, dans une gibecière (4). »

Emily Wasserman a fait remarquer que l'effort de Catlin « avait certainement porté ses fruits... (mais) qu'à son grand désappointement, il ne réussit pas à obtenir le soutien du

Fig. 2 George Catlin, *Petit-Loup*, vers 1835.
Photo the National Collection of Fine Arts, Smithsonian Institution, Washington D.C.

gouvernement... et quoique Henry Clay et Daniel Webster aient parlé en son nom, la culpabilité du Congrès, le routine administrative et le franc-parler de Catlin lui-même, concernant la soumission du Peau-Rouge, conspirèrent contre lui (5). »

Contrecarré aux Etats-Unis, Catlin décida de présenter sa « cause » aux peuples européens. En 1839, il empaqueta les tableaux de la Galerie et prit le bateau pour Londres. Durant les trois années où il y donna des conférences, il publia, en deux volumes, ses nombreux écrits, accompagnés d'illustrations d'après ses peintures : « *Lettres et notes sur les mœurs, les coutumes et les conditions de vie des Indiens d'Amérique du nord.* » Cet ouvrage, qui n'avait pu être publié aux Etats-Unis est, à ce jour, un trésor d'information ethnologique et l'un des plaidoyers les plus émouvants jamais prononcé au nom d'un peuple menacé. La Reine Victoria, les Cours Royales de France, de Belgique et de Russie souscrivirent à cette œuvre. Le Roi Louis-Philippe invita Catlin à faire une exposition spéciale au Louvre. A Paris, le 3 juin 1845, Catlin inaugura son exposition, après avoir installé son musée indien de 500 toiles dans la salle Valentin, accompagné de 12 Indiens Toway qui exécutèrent des danses rituelles. Les écrivains et artistes de la ville lui offrirent une réception tumultueuse. George Sand nota que « ... Les explications nécessaires qui accompagnent leur exhibition lui donnent, en apparence, quelque analogie avec celle des animaux sauvages (6). »

Delacroix trouva les Indiens « homériques » (7). (Plusieurs des dessins qu'il fit d'eux ont été conservés.) Les mémoires de Rousseau, de Chateaubriand et de Fenimore Cooper avaient suscité l'admiration. Baudelaire vit, dans le travail de Catlin, (comme dans celui de Delacroix) un renforcement de son anti-académisme. Dans son chapitre « De quelques coloristes » dans son *Salon de 1846*, Baudelaire écrivit qu'il considérait la couleur comme une force d'ex-

pression et non comme une simple décoration ou beauté (formelle), comme un moyen d'exprimer les émotions humaines et, par-dessus tout, la souffrance. Ses exemples étaient Véronèse, Delacroix et Catlin. « La couleur de Véronèse est calme et gaie. La couleur de Delacroix est souvent plaintive et la couleur de Catlin souvent terrible. » Baudelaire associa Catlin aux deux autres peintres parce que « la force obsessionnelle des rouges et des verts, dans les peintures de Catlin, est unique. Elle exprime une terreur souffrante... J'y trouve un élément de mystère qui me plaît plus que je ne puis dire. Le rouge, la couleur du sang, la couleur de la vie, abondaient tellement dans ce sombre musée que c'était une ivresse ; quant aux paysages – montages boisées, savanes immenses, rivières désertes – ils étaient monotonément, éternellement verts. »

Au moment du conflit de 1848, Catlin fut obligé de quitter la France, à cause de ses rapports avec le Roi. Sa femme et son jeune fils étaient morts en 1845. A Bruxelles, il devint un exilé appauvri, obligé de mettre en gage son musée tout entier, qui fut plus tard acheté par un riche créancier. Mis en dépôt à Philadelphie, le musée fut sauvé et donné à la Smithsonian Institution, Washington, en 1879, après la mort de Catlin. Ainsi, Catlin ne vécut pas assez longtemps pour savoir que sa collection était demeurée intacte, pour la postérité ; du moins, l'un des principaux objectifs de l'œuvre de sa vie – réunir un témoignage unique, impérissable et glorieux d'une nation primitive vaincue – fut réalisé. Mais la pire de ses craintes se révéla juste : le massacre continua sans relâche, pour des dizaines de milliers d'hommes, jusqu'à la fin du siècle.

Catlin fut l'un des pionniers de l'ethnologie – de fait, son travail eut la portée de celui d'un anthopologue. On pense à Paul Gauguin, peintre et écrivain, à sa passion pour les insulaires misérables du Pacifique et à sa connaissance complète de leurs coutumes. Lui aussi fut, en quelque sorte, un ethnologue. L'histoire de Catlin est l'histoire d'un homme développant à l'extrême ses capacités – effaçant les frontières entre l'homme de loi, le peintre, l'écrivain, le conférencier, l'explorateur et l'ethnologue – tout cela par la force d'une grande idée. Catlin est l'archétype de l'artiste comme anthropologue !

(2) Georges Catlin, *Letters and Notes on the Manners, Customs and Conditions of the North American Indians*, 2 vols, Georges Catlin, Londres 1841, vol I, lettre n° 1, p. 2-3.

(3) Thomas Donaldson, « George Catlin Indian Gallery », *Smithsonian Annual Report*, Washington, D.C., 1885, page 505.

(4) Georges Catlin, *Letters and Notes on the Manners, Customs and Conditions of the North American Indians*, 2 vols, Georges Catlin, Londres, 1841, vol I, page 10.

(5) Emily Wasserman, « The Artists - Explorers », *Art in America*, vol. 60, n° 4, New York, 1972, pages 48-57.

(6) George Sand, « Relation d'un voyage chez les Sauvages de Paris », *Le diable à Paris*, Hetzel, Paris, 1846.

(7) Noté par R.N. Beetem dans « Catlin et les Indiens à Paris », Georges Catlin, Centre culturel américain, Paris, 1963.

Les horreurs de la guerre, raccourci de l'inhumanité de l'homme à l'égard de son semblable, ont été le sujet de l'art, depuis des centaines d'années. Les 18 eaux-fortes de Jacques Callot, datant de 1632-1633, *Les grandes misères de la guerre* constituent la première suite épique sur la guerre. Entre 1810 et 1820, Francisco Goya exécuta une suite beaucoup plus expressive et ambitieuse, 83 eaux-fortes et aquatintes *Los desastres de la guerra*. Mais ce ne fut qu'en 1863, bien après la mort de l'artiste, que cette série fut enfin publiée. Dès 1885, l'œil de l'appareil photographique avait commencé, quoique timidement, à enregistrer des images de guerre. C'est le photographe anglais Roger Fenton qui, le premier, comme reporter, utilisa un appareil de photographie sur un champ de bataille, lors de la campagne de Crimée. Mais, ses photos paraissent vagues et sans vigueur, comparées aux interprétations de Goya. L'impression d'ensemble retirée de ces photographies de campement est la désolation, l'isolement et l'ennui.

Ce fut le photographe américain de daguerréotypes Mathew B. Brady qui réalisa la première série vraiment importante de photographies sur la guerre et qui, le premier, la regarda « droit dans les yeux », n'épargnant rien aux spectateurs. Sa série comporte à peu près sept mille photos qui, selon lui, « représentaient le sinistre visage de la guerre dans toute sa vérité ». Brady avait affirmé : « Ce qui rend cette guerre différente de n'importe quelle autre, c'est qu'elle ait été pareillement décrite. » Brady avait d'abord été un important et précoce collectionneur de daguerréotypes, puis un portraitiste dans son célèbre salon de Broadway. Il avait une conscience aiguë de l'histoire et des possibilités de ce moyen d'expression et il accepta, avec un sens absolu de sa mission historique, le défi qui faisait de lui le reporter de la guerre de Sécession. « Ce qu'il y a peut-être de plus poignant dans ces photographies – dit l'historien Beaumont Newhall – c'est le souvenir fixé, inhumain dans son objectivité, de la ruine – tant architecturale qu'humaine... L'appareil fixe ce qui se reflète sur le verre dépoli... » (fig. 3) Newhall ajoute, en post-scriptum « un livre de photographies intitulé *Paris sous la Commune* est sous-titré *par un témoin fidèle, la photographie* (8) ». En 1863, ironiquement un an avant la publication de la série d'eaux-fortes de Goya, Brady fit de son salon ce qui peut bien avoir été la première galerie de photographies sur la guerre – une exposition sur la mort et la destruction devant laquelle le public new-yorkais défila sombrement. Dans le *New York Times* du 20 octobre 1862, un journaliste anonyme rapporte l'événement avec éloquence : « En fait, les morts du champ de bataille ne nous apparaissent que très rarement, même en rêve. Nous en voyons la liste dans le journal du matin, au petit déjeuner, mais en refoulons le souvenir avec le café... Cette liste n'a cependant rien d'effrayant pour nous, bien que nos sentiments pussent être différents si celui qui nous apportait le journal laissait les noms sur le champ de bataille et déposait, à nos portes, les corps à la place... M. Brady a contribué à nous apporter, à domicile, la terrible réalité et la gravité de la guerre. S'il n'a pas apporté les cadavres et ne les a pas déposés à nos portes et dans les rues, il a toutefois réalisé quelque chose d'analogue. A la porte de sa galerie est accrochée une petite pancarte *Les morts d'Antietam...* Vous verrez des groupes silencieux et respectueux, debout devant ces images surnaturelles de carnage, penchés en avant pour scruter les visages blêmes des morts, fascinés par l'étrange attrait subsistant dans leurs yeux. Il est en quelque sorte singulier que le même soleil qui plonge sur le visage des morts, les boursouflant, effaçant de leur corps tout semblant d'humanité et accélérant le processus de décomposition, ait ainsi permis de saisir leurs traits... et en ait perpétué le souvenir à tout jamais... Le sol où ils reposent est tordu par la mitraille et les obus, l'herbe est foulée par le piétinement empressé de pieds en sueur, et des petits ruisseaux, de boue plus que d'eau, serpentent sur le sol... C'est une morne lande, sur laquelle pèse un ciel sombre, couleur de cendres ; nulle ombre, nul refuge amical sous le soleil de midi... ces photographies sont d'une terrible netteté. Avec une loupe, on peut distinguer jusqu'aux traits des morts. Nous n'aimerions guère être présents, lorsqu'une femme, se penchant sur ces photos, reconnaîtra un mari, un fils ou un frère, parmi les rangées inertes des corps sans vie... » (9).

Le musée de la guerre de Brady devait inaugurer une longue série de reportages photographiques sur la guerre, que ce soit la Première Guerre mondiale en couleurs et la guerre du Viet-nam chaque jour à la télévision – véritable musée de la guerre à domicile, toujours renouvelé. Et là se situe la différence entre les images de Brady et celles de ses successeurs. Les appareils de l'époque de Brady ne pouvaient photographier que des objets inanimés – ce qui était en mouvement apparaissait dans un flou poignant. La vie, dans les photographies de Brady, était devenue réellement une « nature morte ». Le calme terrifiant, allié à la subtile gamme qui va des noirs profonds aux gris grenus et pâles de ces images monochromatiques hautement fouillées, contribue à faire, de quelques-unes d'entre elles, l'un des témoignages les plus puissants jamais réalisés sur la guerre. Le bizarre

contraste entre ce mode de communication qui suscite la réflexion et les images rapides, éphémères et agréablement colorées de la télévision d'aujourd'hui témoigne de ce que la technologie a donné naissance à un « public de voyeurs ».

L'importance de la réalisation de Brady fut de rendre fortement crédible ce qui jusqu'alors était impensable et inimaginable – en gravant la guerre dans l'esprit, photographie après photographie – avec une clarté et une lucidité extraordinaires. Les implications de cette efficacité de l'image sont naturellement énormes : se référant aux changements de la perception au XIXe siècle, William Ivins, Jr, le théoricien américain de la communication, a remarqué que « ... les hommes ne mirent guère de temps pour commencer à penser photographiquement. » (10). Plus loin Ivins affirme : « A tout moment, le reportage acceptable d'un événement est plus important que l'événement lui-même, car ce à quoi nous pensons et réagissons est la traduction symbolique et non l'événement concret lui-même. » (11).

(8) Beaumont Newhall, *History of Photography*, New York, Museum of Modern Art, 1949, pages 87 ; 90 ; 91.

(9) On pourrait établir un intéressant parallèle entre cette scène et celle où de nombreux spectateurs défilèrent devant les photos de l'exposition « Hiroshima et Nagasaki » organisée par l'auteur au New York Cultural Center en 1970 pour commémorer le 25e anniversaire du bombardement. C'était la première fois que les Américains pouvaient voir, dans leurs horribles détails, les effets de la guerre nucléaire sur les êtres humains.

(10) William M. Ivins, Jr. *Prints and Visual Communication*, Cambridge Massachusetts : Harvard University Press, 1953, page 138.

(11) *Ibid.*, p. 180.

L'invention de Daguerre, et même le procédé de plaques au collodion de Brady, qui lui succéda, avaient définitivement fixé le sujet, en effectuant un gigantesque « verrouillage » du temps. A l'autre bout du continent américain, à 3 000 miles du salon new-yorkais de Brady, un photographe de San Francisco découpait, par ses expériences, le temps en tranches multiples grâce auxquelles on pouvait enfin, graphiquement, percer le secret de l'enchaînement illusoire du mouvement animal et humain. Procédant ainsi, il déployait le temps sur une surface sensible et disséquait au $1/1000^e$ de seconde les meilleurs instants, tel un chirurgien opérant dans la quatrième dimension.

A l'âge de 22 ans, Eadweard Muybridge (qui, avant de bizarrement transformer son nom, s'appelait Edward James Muggeridge) émigra en Californie en 1852, venant d'Angleterre, son pays d'origine. Il s'établit, devint rapidement un libraire prospère à San Francisco, et se lia aux cercles bohèmes de la ville. Muybridge devint photographe, travaillant sous le pseudonyme de « Hélios », contrefaisant les poètes et peintres européens en portant un chapeau à larges bords et une cape de velours, et en se faisant appeler « artiste-photographe ». Après 5 années de travail particulièrement intense et de voyages, il avait méthodiquement photographié le Far-West. Deux mille de ses photos furent reproduites dans des « catalogues » qui lui procurèrent une réputation mondiale, particulièrement grâce à ces vues époustouflantes de la Yosemite Valley. En fait, ce fut d'abord grâce à son répertoriage de l'Ouest que les Européens connurent cette partie du Nouveau monde. Hollis Frampton remarque que, grâce à cet énorme travail de jeunesse, (sa « *première* carrière ») Muybridge est « le grand ancêtre d'une école de prises de vues photographiques sur la côte Ouest... Parmi les premiers photographes de l'Ouest américain, il n'y a quasiment personne (si ce n'est peut-être Timothy O'Sullivan) qui puisse lui être comparé » (12). On trouve aussi, dans les premiers travaux de Muybridge, des séries d'études de ciels nuageux et autres choses de ce genre, dénotant une préoccupation précoce du facteur espace-temps, et cela, bien avant sa rencontre avec le futur bienfaiteur de sa *seconde* carrière, Leland Stanford, ancien Gouverneur de Californie, et Président de la Central Pacific Railroad. Muybridge avait 42 ans lorsque sa carrière connut un brusque tournant, grâce à un télégramme de Stanford, lui demandant de prouver, photographies à l'appui, qu'un cheval au galop a les quatre pattes au-dessus du sol, à un moment donné de sa course !

Rien ne permet d'affirmer que Stanford désirait avoir une telle preuve à la suite d'un pari qu'il avait fait, mais cela semble très possible, dans la mesure où il s'agit d'un industriel de l'ouest, à cette époque. Vrai ou non, Stanford aurait gagné son pari, car Muybridge, en fin de compte, apporta les preuves voulues, en démolissant les conceptions centenaires des artistes pour qui un cheval galopant allongeait ses quatre pattes à la fois, comme les chevaux de carrousel. Au lieu de cela, ses étonnantes photographies révélèrent que, s'il est bien vrai que les quatre pattes décollaient du sol en même temps, ce n'était que groupées ensemble, de manière gauche et peu romantique. La nouvelle eut un retentissement international. Pour accomplir cet exploit, Muybridge avait aligné douze caméras, toutes réglées à 1/5000° de seconde, et électriquement déclenchées l'une après l'autre par le poitrail du cheval venant briser les douze fils tendus sur son passage. Pour créer le contraste graphique le plus aigu, il traita l'arrière-fond blanc et incliné avec du sel gemme, de tel sorte qu'il ait un pouvoir de réflexion aveuglant. Le résultat en fut une invention capitale et un prélude aux projection animées (Muybridge avait prophétiquement appelé tout son appareillage « atelier de projections animées »). De multiples séries de plaques photographiques avaient divisé le temps.

Lorsque les reproductions de ces photographies, puis les photographies elles-mêmes furent publiées dans les journaux européens en 1878 (Fig. 4) et par la suite, elles déclenchèrent recherches et invitations de la part de scientifiques aussi bien que d'artistes (y compris celle du physiologiste français, Jules Etienne Marey, dont la correspondance, puis la collaboration avec Muybridge à Paris indiquent que Marey adopta les principes de base de ce dernier pour les modifier selon ses propres besoins). Grâce aux ressources de Stanford, Muybridge raffina son invention et multiplia ses efforts pour compléter sa collection avec des milliers de séquences sur des thèmes innombrables – hommes, femmes, enfants, animaux domestiques et sauvages, oiseaux et même des amputés et des personnes souffrant de troubles nerveux, tous s'employant à mille tâches diverses. Ces travaux furent publiés en 1887, en une suite monumentale de onze volumes in folio intitulés *Le mouvement animal* (13). Muybridge avait préalablement publié, en 1878, l'album de photos *Le cheval en mouvement*. Toutes ces publications furent distribuées en Europe.

Muybridge se rapprocha un peu plus encore de la projection animée lorsque en 1879, il inventa le zoopraxiscope, appareil qui combinait une lanterne à projection composée de disques rotatifs en verre et un disque à raies tournant en sens contraire. Avec cet appareil, il projeta ses images mobiles sur un écran, anticipant ainsi la projection photographique animée et le cinéma. Ce fut le seul appareil de projection utilisé en Amérique à des fins commerciales, avant l'introduction, en 1895, du « vitascope » de Thomas Edison.

Le couronnement de la carrière internationale de Muybridge fut son arrivée à Paris, en août 1881. Le 26 septembre, Marey l'honora d'une grande réception à son domicile, où se trouvaient rassemblés un grand nombre de scientifiques, venus de tous les coins du monde, et qui assistaient alors, à Paris, au Congrès d'électricité (14). Le 26 novembre de la même année, le peintre Jean-Louis Ernest Meissonier donna, en l'honneur de Muybridge, une réception reten-

tissante, dans son élégante demeure, réception à laquelle participaient plus de deux cents invités, représentant « les plus éminents artistes, savants et hommes de lettres de l'époque. » (15). Parmi ceux-ci se trouvaient Eugène Guillaume, Jean Léon Gérôme, Alexandre Cabanel, Léon Bonnat, les critiques Jules Claretie et Albert Wolff et le poète Alexandre Dumas. Ainsi que lors de la réception de Marey, Muybridge fit une démonstration de ses nouvelles découvertes au moyen de son zoopraxiscope. On peut imaginer l'émotion soulevée par la projection de chevaux, de bœufs, de cerfs et d'hommes en mouvement continu, grandeur nature, et sur grand écran. Et pour ajouter au choc, il y avait Muybridge commentant, baguette en main, ses cheveux d'un blanc pur et sa barbe abondante illuminés par la lumière du projecteur. (Ses cheveux avaient subitement blanchi, lors d'un séjour en prison, en Californie.) Tous furent témoins de la preuve photographique du fameux cheval au galop. Le gros succès de ces démonstrations et la publicité qui s'ensuivit lui servirent de tremplin pour sa triomphale tournée européenne de conférences. Muybridge résuma les réactions qu'il suscita dans une lettre : « J'ai obtenu par bonheur la reconnaissance des artistes et des savants de Paris – ce qui me fait extrêmement plaisir. Ayant eu tous les honneurs que j'étais venu chercher, je n'ai nulle raison d'avoir de l'appréhension. » (16) Muybridge demeura à Paris plusieurs mois, continuant ses recherches au studio Electro-Photo, au bois de Boulogne.

Les photos de Muybridge eurent d'importantes conséquences. Parmi les souscripteurs de son ouvrage *Le mouvement animal* on trouvait Puvis de Chavannes, Rodin, Whistler, Bouguereau, Menzel et Gérôme. Edgar Degas ne fut pas souscripteur, mais il étudia les reproductions des photographies de Muybridge publiées dans *La nature* en 1878 et dessina à partir d'autres matériaux de Muybridge. Ainsi, sa sculpture *Le cheval de trait* a été réalisé d'après *Johnson Hauling* tiré du *Mouvement animal*, planche 571 ; son dessin d'*Annie G. au Canter* a été réalisé d'après la planche 620. Directement, ou indirectement, grâce aux photos de Marey, Muybridge influença Seurat ; ainsi, dans sa peinture *Le chahut* de 1889-1890. Il influença aussi les conceptions des futuristes telles qu'elles apparaissent, par exemple, dans la *Bambina che corre sul balcone* de Giacomo Balla de 1912 et dans le *Nu descendant un escalier* de Marcel Duchamp, de la même année (fig. 5). Lors de conversations avec William C. Agee, Marcel Duchamp affirma que le travail de Muybridge était bien connu des frères Duchamp. « La parenté, remarque Agee, entre la sculpture de Duchamp-Villon *Song* de 1908 et les suites de photos réalisées par Muybridge d'un personnage assis de trois quarts et le bras levé indique clairement que Duchamp-Villon se servit de Muybridge pour confirmer ses propres observations. » (17)

Françoise Forster-Hahn remarque, dans son lumineux essai, *Marey, Muybridge et Meissonier* (18) que « des artistes du XXᵉ siècle sont devenus de plus en plus sensibles au potentiel pictural des séries photographiques de Muybridge... (Francis) Bacon s'est senti tellement concerné par les photographies de Muybridge qu'il étudia, de manière approfondie, des centaines d'entre elles... L'impulsion provoquée par les travaux de Muybridge fut variée et souvent indirecte... Mais les nouvelles conceptions proposées par Lazlo Moholy-Nagy (Bauhaus) dans son livre *Malerei Fotografie Film* (1925), ne sont envisageables qu'à partir des innovations de Muybridge... Andy Warhol s'inspira de séries de photographies légèrement différentes... »

Muybridge modifia la perception que les artistes avaient du temps et de l'espace, leur ouvrant les perspectives de la réalité et de la simultanéité. Aucun autre artiste américain du XIXᵉ siècle n'a influencé un aussi grand nombre de générations d'artistes. De fait, ses travaux deviennent plus contemporains chaque jour. (fig. 6).

Eadweard Muybridge, *Galloping Horse*, 1878.
Photo Stanford University Museum of Art.

Eadweard Muybridge, planche tirée de *Animal Locomotion*, 1878.
Photo Stanford University Museum of Art.

Eadweard Muybridge, *Running high leap*, 1878-1879.
Photo Stanford University of Art.

(12) Hollis Frampton, « Eadweard Muybridge : Fragments of a Tesseract », *Artforum*, vol. XI, nº 7, New York, 1973, p. 49.

(13) L'étendue de la documentation de Muybridge révèle peut-être chez son auteur un caractère obsessionnel. Son goût pour l'excès semble avoir dépassé la conscience habituelle des scientifiques, ou même les préoccupations des artistes. En 1874, lorsque Muybridge revint d'un long voyage, sa femme lui annonça qu'elle avait eu un enfant qui n'était pas de lui. Muybridge rechercha froidement l'amant de sa femme et le tua d'un seul coup de pistolet. Il fut en fin de compte relaxé, le jury ayant reconnu que l'homicide était excusable. La question soulevée par Frampton (*ibid.*, p. 52) est fascinante : « Le temps semble parfois s'arrêter, se figer dans les tableaux, se détacher du changement fluctuant. La plupart des êtres humains font l'expérience... de moments d'intense passion durant lesquels la perception semble se figer dans sa vivacité : extase érotique, rage et terreur extrêmes... On peut être sûr que Muybridge a au moins connu un de ces moments de passion extraordinaire... en commettant un meurtre. J'émets l'opinion que *cette* action brève et banale, en dehors du temps, constitua le thème sur lequel il fut contraint d'imaginer des variations si nombreuses qu'il finit par épuiser... la signification. Equilibrer l'énergie dépensée en cet instant lui demanda la moitié d'une vie de travail ».

(14) Marey avait immédiatement saisi la signification des expériences de Muybridge. Quelques jours seulement après avoir vu la première publication européenne des photographies de Muybridge (dans *La nature* du 14 déc., 1878), Marey, dans une lettre parue le 28 décembre dans le même journal, rendait hommage à ces réalisations comme étant à la fois des moyens éminents pour les études physiologiques et une « révolution pour les artistes ». « Le fusil photographique » de Marey datant de 1852 était inspiré des réalisations photographiques de Muybridge. En retour, Muybridge comme Thomas Eakins, devaient employer plus tard des procédés dérivés de la « Roue de Marey ».

(15) Réponse de Muybridge à Marey dans *La Nature*, le 2 mars 1879. Pour la réception de Marey, voir *Le Globe*, septembre 1881. Pour la réception de Meissonier, voir *Le Figaro*, 27 novembre 1881.

(16) Eadweard Muybridge. *The Stanford Years, 1872-1882*, Stanford University Museum of Art, 1972, p. 86.

(17) William C. Agee, *Raymond Duchamp-Villon*, Walker and Company, New York, 1967, p. 41.

(18) Cité dans Eadweard Muybridge, *The Stanford Years*, 1872-1882, Stanford University Museum of Art, Stanford, 1972, p. 103.

La longue histoire de la nature morte commença dans les villas de l'ancienne Grèce et de Rome, avec la « rhyparographie » ou les peintures « détritus ». Des déchets de repas, comme des épluchures de fruits, des coquilles de noix, des os et des pattes de poulets, étaient représentés sur des dallages en mosaïque où ils auraient réellement bien pu tomber. La pratique des reproductions de natures mortes, ressemblantes et grandeur nature – appelées « Trompe-l'œil » – avait atteint son apogée en Europe au XVIIᵉ et XVIIIᵉ siècles. Quoique divertissant et atteignant souvent un haut niveau de technicité, ce style était principalement réservé à la décoration et considéré par le XIXᵉ siècle comme une complaisance du passé. Mais les peintures trompe-l'œil firent à nouveau leur apparition en Amérique, en plein XIXᵉ siècle, à un moment où elles étaient complètement passées de mode. Ce phénomène fut promu par un groupe de peintres reflétant la tradition américaine du « réalisme conceptuel » (19) – qui réclame le respect pour le « fait » et qui revendique la représentation de l'objet grâce à la connaissance de ses propriétés sensibles et intellectuelles, plus que grâce à une réceptivité simplement optique ou perceptible. « Nous n'apprenons rien de bon, tant que nous nous en tenons aux aspects symboliques de la vie », a déclaré Ralph Waldo Emerson ; « ... chaque objet correctement vu révèle une nouvelle faculté de l'âme. »

Les trois géants de la peinture trompe-l'œil américaine se nomment William Michael Harnett, John Frédérick Peto et John Haberle. Lorsque ces artistes commencèrent à peindre des natures mortes, ils furent presque considérés comme irrémédiablement passés de mode ; le peintre américain de natures mortes le plus important, Raphaelle Peale, avait travaillé durant le premier quart du siècle, et était mort en 1825, 50 ans avant que Harnett ne commence à peindre. En l'occurence, Harnett, Peto et Haberle, les artistes « démodés », étaient demeurés si loin en arrière qu'ils donnaient l'impression d'avoir accompli une sorte de circumnavigation en sens contraire, et d'être revenus, en tête du cortège, comme les plus récents novateurs de la peinture. En 1936, l'œuvre de Harnett (dans laquelle se trouvaient mêlées, sans qu'on le sache, des œuvres de Peto) fut montrée, lors d'une exposition qui obtint un énorme succès et qui s'appelait « Nature-Vive » à la Galerie d'Edith Halpert, à New York – c'était la première fois que l'on consacrait une exposition importante aux travaux de Harnett. Ainsi, la peinture américaine de natures mortes occupa enfin la place qui lui était due. Une génération, habituée aux peintures rigoureuses de Charles Sheeler et Charles Demuth et aux travaux surréalistes de Salvador Dali et de Pierre Roy, saisit rapidement les analogies qui la reliait à ces œuvres du XIXᵉ siècle.

La carrière de Harnett, comme peintre, ne dura que 18 ans, de 1874 à sa mort, en 1892. Il était né en 1848, dans une famille profondément attachée à la tradition artisanale ; son père était cordonnier, son frère sellier, ses sœurs ouvrières couturières. Harnett, comme de nombreux artistes américains avant lui, commença comme graveur, pour des magasins d'orfèvrerie, à New York et à Philadephie. Le point culminant de son travail de jeune peintre est l'huile *Artist's Card Rack* de 1879, dont le sujet trouve son origine dans une tradition qui remonte au XVIᵉ siècle. Mais ce travail incline fortement vers le XXᵉ siècle. Le dénuement abstrait et la composition asymétrique de rectangles plats est, de manière surprenante, du Mondrian avant la lettre, et le contenu malicieux, délibérément surréaliste. Un ensemble de cartes postales et d'enveloppes adressées à diverses personnes a été placé sous les bandes du panneau où elles sont exposées, de telle sorte que chaque lettre où syllabe cruciale soit dissimulée, dérobant aux spectateurs le plaisir « coupable » de lire la correspondance d'autrui, qui est, en l'occurence, celle de l'artiste lui-même. Son tableau *Le fer à cheval doré* de 1880, est encore plus dépouillé : le fer à cheval, cloué sur un simple mur de bois rugueux, est, de façon poignante, le seul objet présent, à côté d'une unique coupure de presse en lambeaux, concernant le cheval. La position centrale occupée par le fer à cheval pour notre regard donne à cette peinture le poids existentiel de la réalité. Quoique que les deux tiers de son œuvre soient perdus, Harnett demeure le *chef d'école* grâce à son influence sur plusieurs artistes de son temps.

façon la plus précaire et la plus alarmante. Les objets... (sont) fréquemment tordus, éventrés ou violés de quelque autre manière. » (20) Les éclairages de Peto accentuent ces dangers si directement menaçants, une vive lumière recueillant sans pitié des éléments çà et là. Alfred Hitchcock aurait pu pareillement disposer et éclairer ces objets, si chargés d'électricité.

Haberle est né à New Haven, Connecticut, en 1856 et y est mort en 1933. Bizarrement, il appartenait, pour gagner sa vie, à l'équipe du Musée Paléontologique de l'Université de Yale, où il organisait des expositions. (Le passe-temps de Peto consistait à jouer du piston – ce qui le soutint pendant de longues années de vaches maigres.) Plus encore que Harnett ou que Peto, Haberle fut le maître du trompe-l'œil. Haberle évite scrupuleusement toute profondeur spatiale ; il fixe et accroche ses objets eux-mêmes sans profondeur

John Haberle, *A Bachelor's Drawer*, 1890-1894.
Photo the Metropolitan Museum of Art, New York.

Né en 1854 à Philadelphie, Peto, comme Harnett, avait fait ses études dans la première école des Beaux-Arts américaine, l'Académie de Pennsylvanie. Sa carrière de peintre débuta à Philadelphie, en 1875, puis il continua de travailler à Island Heights, New Jersey, jusqu'à sa mort, en 1907. Peto est le maître du tableau de chevalet et de l'objet banal et ordinaire. Son *Old Time Letter Rack*, de la collection du Musée d'art moderne à New York, est le plus célèbre tableau de chevalet du monde et a été probablement reproduit plus souvent qu'aucune autre peinture de ce genre. Il y a une distinction entre les styles de Harnett et de Peto, en ceci que la représentation de tissus aux couleurs variées et contrastées importe moins à Peto qu'à Harnett qui fut très influencé par la peinture hollandaise du XVIIe siècle tandis qu'il étudiait en Europe. L'autre distinction réside dans l'inquiétude des compositions de Peto, comparée aux arrangements plus sereins de Harnett. Dans une toile de Peto, les objets inertes s'animent ; leur fixité est menacée. Comme Alfred Frankenstein, historien d'art spécialiste de cette école, l'a écrit, « ... tout glisse, tombe, tangue et oscille de la

(photographies, billets, coupures, tickets, etc.) sur des surfaces plates, comme des portes, des murs ou autres barrières et il dispose tous ces assemblages illusionnistes sur un seul et même plan pictural, juste à la limite de la surface du tableau ou de la toile elle-même. L'effet de trompe-l'œil est alors à son comble, puisque le plan de la toile se confond avec le plan matérialisé du sujet, comme si la peinture était une partie de la porte ou du mur. On pense à la fusion réalisée par Jasper Johns du plan pictural extérieur avec le sujet, par son choix de cibles plates et de drapeaux.

Frankenstein décrit Haberle comme le grand peintre national américain du XIXe siècle et comme le premier artiste pop. Son chef-d'œuvre s'intitule *A Bachelor's Drawer* de 1890-1894 (fig. 7). A propos de cette peinture, Frankenstein demande : « Pourquoi un artiste peint-il un conglomérat comme celui-ci ?... Il désamorce l'aspect ampoulé de l'art. ... Tandis que quelques-uns de ses contemporains lancent leur audacieux défi artistique, à la face des vastes splendeurs des montagnes Rocheuses, Haberle tire de sa poche un peigne, un talon de ticket, ou un timbre oblitéré et, à partir de tout *cela*, nous offre des merveilles. » (21) On pense, bien sûr, à Kurt Schwitters et à ses constructions Merz, réalisées trente ans plus tard.

Mais sous l'assemblage d'objets banaux et mis au rebut, perce un sens formidable de *l'ironie*, qui est aussi *cryptique* et préfigure Marcel Duchamp et les néo-dadaïstes américains des années 1950 et 1960. De vieux villets de banque peuplent ces tableaux, ainsi que des timbres, des billets de théâtre, des cartes à jouer, des tickets de bookmakers, des emballages de papiers de cigarettes, un peigne, un couvercle de boîte à cigares, une lettre, une photographie de femme nue, et un auto-portrait, photographie sur férrotype, objets qui n'ont presque tous que deux dimensions. Les coupures de journaux sont parfaitement lisibles, de telle sorte qu'on peut lire sur trois d'entre elles que Haberle avait été accusé d'avoir collé des objets réels sur ses toiles (n'anticipant pas seulement conceptuellement le collage, mais le rejetant en même temps, non sans ironie). Une quatrième coupure et le billet renvoient aux accusations de contrefaçon dont est passible celui qui reproduit de l'argent (nouveau « retournement » surréel qui anticipe la série *Wanted* de Warhol, en introduisant, pour la première fois dans le domaine de l'art, des charges criminelles). Sur le billet de dix cents se trouve l'inscription manuscrite : ce billet, ainsi qu'un grand nombre d'autres, fut intercepté par les inspecteurs de police chez (illisible) à New York, le 1er janvier 1865. Les experts assurent que ce billet est authentique.

L'assemblage d'objets qui apparaît dans *How to Name a Baby* – gravure à bon marché et en couleurs d'un dandy et des photographies populaires et paillardes de femmes nues – renforce l'ironie et la tendance pré-pop à choisir des choses toutes banales pour en faire des objets d'art. Les analogies avec Roy Lichtenstein et Andy Warhol sont évidentes (22) ; Lichtenstein pour ses bandes dessinées et photogravures, Lichtenstein et Warhol pour leur « peintures mode d'emploi ». D'autres analogies abondent : Haberle peint sa propre palette *(La palette)* ; de même Jim Dine. Avec son billet de 5 dollars datant de 1877, Harnett fut probablement le premier artiste trompe-l'œil à peindre de l'argent. Des artistes pop, comme Warhol, Lichtenstein, Dow et Hefferton, ont fait la même chose. Haberle a peint des panneaux de signalisation ; Robert Indiana et James Rosenquist font de même. Haberle a peint des ardoises d'enfants comme dans *Laissez ici vos instructions* datant d'environ 1895, où le seul objet représenté est un crayon dramatiquement suspendu à une ficelle blanche sur un fond sombre et noir. On lit sur le haut de l'ardoise, en grosses lettres blanches : *Laissez ici vos instructions* (autre formule à double sens). Il y a des traces à peine visibles d'écriture effacée et de griffonnages. Ici, on relève des analogies frappantes avec les *No* et les *M* si semblables de Jaspet Johns ; ainsi qu'avec les portraits en partie effacés de Rauschenberg et avec les tourbillons crayeux de Cy Twombly. Dans *Laissez ici vos instructions* le cadre de bois sert de « cadre pictural », nous rappelant un autre peintre américain du XIXe siècle, William M. Davis, dont le vigoureux *L'envers de la toile* peint aux alentours de 1870, fait penser à la « toile tendue sur un cadre » plaisanterie à double face de Lichtenstein. Dans les deux peintures, on voit l'envers non peint des tableaux et les chassis, avec leurs chevilles en bois.

L'effacement de l'artiste constitue une autre ressemblance importante : les coups de pinceaux des peintres trompe-l'œil sont rendus imperceptibles – ils ne sont pas

autographes – au point d'aboutir à un stupéfiant hyperréalisme et à faire, grâce à cette alchimie, de la toile, l'objet même. Les artistes pop emploient des moyens technologiques, comme la photographie, les reproductions sérigraphiques – moyens relativement non gestuels. Les analogies avec les hyper-réalistes actuels sont manifestement évidentes.

Haberle fut aussi, tout comme Lichtenstein, un parodiste, dans son « *Torn in transit* ». Dans cette œuvre stupéfiante, il crée l'illusion que le tableau a été endommagé durant un transport ; l'emballage et les étiquettes d'embarquement sont déchirés ; mais la ficelle a maintenu, à l'intérieur le tableau intact. Pour convaincre le spectateur que ce tableau est « réel », Haberle l'a peint d'une manière néo-impressionniste, contrastée et insipide. L'œuvre devient laconiquement un tableau représentant un mauvais tableau en partie emballé ! Frankenstein signale un autre exemple du même genre, dans lequel « une part considérable de l'illusion ne dépend pas seulement de techniques non illusoires, mais aussi bien d'un effet volontairement incomplet. *Night* (d'Haberle) est un grand tableau, complètement achevé, représentant un tableau inachevé. Lorsqu'on est allé si loin, on a atteint les limites du possible ; il n'y a nulle issue et la tradition pop américaine devait être défrichée pour cinquante ans... » (23)

Laurence Alloway a posé la question qu'il fallait : « Jusqu'à quel point les artistes pop (d'aujourd'hui) ont-ils eu connaissance des peintres trompe-l'œil du siècle dernier ?... Le travail de Lichtenstein, du début des années 50, comporte des paraphrases évidentes de peintures du XIXe siècle d'auteurs comme, entre autres, Charles Wilson Peale et William Ranney. De telles œuvres suggèrent que Lichtenstein était à la poursuite de thèmes américains et tentait de parvenir à ce but, à travers un style emprunté aux artistes de la fin du XIXe siècle... Il est donc probable que la connaissance de ses prédécesseurs importants a servi à Lichtenstein, comme elle a servi à Indiana, grand connaisseur des insignes commerciaux du XIXe siècle... Il y a des articles sur les peintres trompe-l'œil, dans les numéros du *Magazine Of Art* publié dans les années cinquante, et en 1956, *Art News Annual 23* fit une enquête générale sur la peinture trompe-l'œil incluant les peintres américains du XIXe siècle. » (24)

Schwitters, aussi bien que Rauschenberg ainsi que Haberle et Peto connaissaient bien le pathos de l'objet : des débris pitoyablement éphémères de la vie peuvent être sauvés et peuvent, lorsqu'ils sont placés dans le domaine de l'art, se révéler hautement chargés de symboles riches en signification. Lorsque ces objets, banals et triviaux, se trouvent juxtaposés par la sensibilité d'un artiste, ce qui peut alors apparaître, c'est l'affirmation puissante de l'ironie, de la parodie et de l'ambigüté. Peu importe que ces peintres du XIXe siècle n'aient pas réalisé de collages d'objets réels, comme le firent leurs successeurs au siècle suivant. Ils les représentèrent en peinture, les recouvrant et les découvrant, et appréciant la marge qui leur permettait d'être non seulement fidèles aux originaux mais aussi, à l'occasion, de « reproduire » ces objets comme on le fait avec un texte. Ces artistes, particulièrement Peto et Haberle, étaient des marginaux. Le monde était complètement indifférent à leurs travaux, de sorte qu'ils se sentaient libres de réaliser les expériences qu'ils souhaitaient. Des expériences, ils en firent, et avec quels résultats extraordinaires ! Ils n'ont pas seulement trompé l'œil ; ils ont grandement stimulé l'esprit.

A quel moment une œuvre d' « art décoratif » mérite t-elle le nom d'œuvre d'art ? Dans le domaine des « beaux-arts » tout ce que l'artiste fait de ses mains *est* véritablement de l'art, que ce soit en peinture, sculpture, tapisserie ou joaillerie, car c'est *lui* qui l'a créé de cette façon. Gauguin avait dit qu'il « était né pour faire de l'art décoratif ». Lorsqu'il a sculpté et peint un ustensile aussi commun qu'un bol, ce bol s'est chargé de toute la mystique de l'artiste. Mais, réciproquement, lorsqu'un artisan crée disons, un vase extraordinaire, celui-ci est relégué dans les arts décoratifs ou « arts appliqués ». Ce dernier terme révèle le caractère dépréciatif de la distinction : l'homme qui a créé le vase a plus ou moins appliqué les principes de l'art, qu'il s'agisse de forme, de ligne, de couleur, de matière ou de contenu symbolique, déjà « déchiffrés » par des artistes avant lui. Nous sommes conduits à le penser, l'artisan ne fait que refléter ou synthétiser ces inventions artistiques, et, sans que l'on tienne aucun compte de l'intelligence ou du « métier » que représente ses efforts (l'évolution du mot métier est un autre exemple de dépréciation), il propage indirectement les idées des peintres et des sculpteurs dans la vie quotidienne, à la périphérie de notre vision ; il forme l' « arrière-fond » en tant qu'il s'oppose à notre vision consacrée de l'art. Mais, que se passe-t-il, quand par exemple, un artisan qui s'est métamorphosé au contact des beaux arts et de la peinture a abandonné ce moyen d'expression pour les arts décoratifs et a produit une œuvre qui exploite si complètement les possibilités de ce domaine que ses *créations,* véritables « sculptures » représentent un nouvel univers visuel en avance sur son époque ? Cette œuvre peut-elle entrer dans la sainte compagnie des sculptures et des peintures qui constituent les phares de la création artistique ? Elle le peut incontestablement, et l'œuvre de l'américain Louis Tiffany en est un des exemples exceptionnels.

Louis Comfort Tiffany, né en 1848, fut beaucoup plus privilégié que n'importe quel artiste important retenu par l'histoire moderne. Son père, Charles Lewis Tiffany, fonde en 1837 la joaillerie new-yorkaise qui porte son nom ; elle devient bientôt la plus célèbre dans le pays grâce à la plus importante collection privée de pierres précieuses au monde comprenant les joyaux qui avaient appartenu à Marie-Antoinette et à la couronne de France. La prodigalité entourant Tiffany et l'ombre imposante de son père qui attendait de son fils qu'il reprenne l'affaire, aurait facilement empêché le développement d'une personnalité plus faible. Mais Louis prit la décision de devenir un artiste et commença ses études avec le peintre paysagiste Georges Innes. En 1868-1869, il devint à Paris l'élève de Léon Bailly qui fut le premier à développer chez lui le goût pour les motifs du Proche-Orient et de l'Islam. En 1868, son père ouvre une succursale en Angleterre et c'est très probablement durant les visites du jeune Tiffany à Londres qu'il se familiarisa avec le mouvement des Arts et Métiers. Inspiré par un rapprochement entre William Morris et Edward Burne-Jones, ce mouvement, né indirectement de la fraternité des pré-Raphaélites, prescrivait une fusion des Beaux-Arts et des arts industriels ou appliqués et trouvait son inspiration dans le Moyen-Age. Ce fut aussi à Londres qu'il s'ouvrit davantage à l'art japonais et qu'il tomba sous le charme de James McNeill Whistler qui abordait l'architecture intérieure d'une façon orientale (cf. la célèbre chambre du Paon de 1876). Pendant toute cette période, Tiffany continua d'ex-

(19) Terme utilisé par Barbara Novak dans son splendide livre *American Painting of the Nineteenth Century,* Praeger Publishers, New York, 1969.

(20) Alfred Frankenstein, introduction au catalogue *The Reminiscent Object,* La Jolla Museum of Art, La Jolla, California, 1965.

(21) *Ibid.*

(22) On doit toujours se garder de multiplier les correspondances. Les analogies peuvent marquer de nouvelles directions, des cadres de référence à des niveaux spécifiques. Les œuvres des artistes pop, comme celles de Lichtenstein et de Warhol, sont le résultat d'un traitement hautement sophistiqué. Leur imagerie s'est déjà nourrie des medias contemporains comme la bande dessinée et les photos de journaux ; elle fut reprise par ces médias en points, écrans et autres procédés de dissimulation, et fut plus tard changée par son contexte journalistique. Ces artistes traitèrent à nouveau cette imagerie déjà manipulée, par des procédés d'amplification, de variation et de mise en série.

(23) Alfred Frankenstein, « Fool the Eye », *Artforum,* vol. XII, n° 9, New York, 1974, p. 32-35.

(24) Lawrence Alloway, *American Pop Art,* Collier Books, New York, 1974, p. 120-125-132.

poser ses tableaux : à l'exposition de Paris de 1878 et, deux ans plus tôt au centenaire de Philadelphie. A cette occasion, il vit une importante collection d'art décoratif venu des quatre coins du monde. Avant la fin de l'année, toutes ces expériences l'incitèrent à abandonner la peinture pour les arts décoratifs.

A l'âge de 31 ans Tiffany crée à New York une société appelée Tiffany and Associated Artists. Vers 1879, il décore entièrement des maisons en style oriental ou islamique qui resplendissent de carrelage en verre Tiffany et de fenêtres en verre coloré qu'il a fabriqués. Tiffany fut offusqué par ce qui passait pour du vitrail, mode d'expression délaissé depuis la Renaissance et plutôt apparenté au 19e siècle à un pittoresque procédé de peinture. Il avait commencé à faire des expériences avec du verre depuis 1873 et avait fait breveter en 1880 son propre procédé pour créer un verre iridescent et opalescent qu'il nomma *« favrile »* d'après le vieux mot anglais *« fabrile »* qui veut dire « fait à la main ». La même année, selon la remarque de Robert Schmutzler « ce verre fut au début utilisé comme du « vitrail » décoratif, mais à cette occasion, Tiffany découvrit soudain une forme qui était du pur art nouveau. Le motif... est essentiellement abstrait et ses lignes douces ondulent, se dessinant assymétriquement comme des veines dans le marbre... » (25) Tiffany avait expliqué : « A l'aide d'études de chimie et grâce à des années d'expérimentation, j'ai trouvé comment éviter l'utilisation de la peinture, en gravant, brûlant ou traitant autrement la surface du verre... » (26). Le verre lui-même changeant pour la première fois, par sa seule matière, de couleur et de forme, était utilisé comme un moyen unique pour la lumière et l'ombre. Tiffany l'appela le « verre authentique ». Les raies, stries, imperfections, colorations, iridescence et opalescence propres au verre devaient peindre le motif. Ce fut la percée technique de Tiffany : développer une extraordinaire palette d'effets sans compromettre *la nature du matériau lui-même.*

A l'époque où Tiffany reçut la plus prestigieuse de ses commandes, sa société était déjà la plus célèbre maison de décoration d'Amérique. En 1883, Tiffany acheva la nouvelle décoration de la salle à manger d'apparat de la Maison Blanche. La pièce se trouva enveloppée de verre opalescent et iridescent. Tiffany parvint à réaliser cette même unité enchanteresse qui donnait l'impression d'un environnement absolument cohérent, dans son travail pour la résidence new-yorkaise de H.-O. Havemeyer, achevée en 1892. Ebloui par la visite de l'appartement, le marchand parisien Samuel Bing s'exclama : « Rien n'aurait pu réaliser un intérieur d'une telle unité ». Bing obtint les droits exclusifs de la distribution du verre Tiffany en Europe et, en 1893, au sommet de sa carrière, Tiffany commença à créer ce qui devait devenir ses chefs d'œuvre : des vases en verre Favrile (fig. 8).

Le salon de l'art nouveau de Bing, inauguré le 26 décembre 1895 « ne donna pas seulement son nom au mouvement qui engendra un style international, mais il en fut aussi le pivot ». A la première exposition, Bing expose vingt vases de Tiffany et dix fenêtres très travaillées, dessinées par Bonnard, Grasset, Ibels, Ranson, Roussel, Serusier, Toulouse-Lautrec, Valloton et Vuillard qui toutes avaient été traduites en vitraux par Tiffany. Bing demanda à des artistes d'organiser un nouvel atelier sur le modèle américain (comprenant la propre firme de Tiffany). « Il était particulièrement captivé par l'esprit collectif animant les ateliers de ceux qui appliquaient l'art à des objets utiles ; il voyait là un reflet de la démocratie américaine ». Les verres soufflés réalisés par Tiffany en 1894 furent à peu près tous acquis par les musées : 50 œuvres le furent par le Musée des arts décoratifs qui avait acheté à Bing le premier vase de Tiffany, le 2 juin de la même année.

Pourquoi donc ses vases étaient-ils si recherchés par les plus avisés collectionneurs du monde ? Dans son essai écrit pour le Musée d'art moderne, Greta Daniel écrit : « Gallé introduisait des ruptures dans la décoration en surimposant des couches variées de verre coloré ; au contraire, la technique de Tiffany consistait à contrôler la fabrication des couches de couleur pour qu'elles puissent se mêler les unes aux autres d'une manière transparente ou opaque ; on aboutissait ainsi à un jeu abstrait de lignes et de couleurs... la plupart de ces formes lui étaient entièrement personnelles et présentaient le même caractère extraordinairement inventif et non conventionnel que les couleurs iridescentes... Des images gracieuses de fleurs exotiques sur des tiges effilées, un entrelacement de fruits fait de morceaux de verre aux formes étranges et présentant çà et là des ouvertures, tout cela créait un monde de rêve où proportions et détails avaient été étrangement transfigurés » (29).

Et Robert Schmutzler remarque dans son livre essentiel *Art nouveau :* « Leur surface scintillante, corrodée, nous rappelle un de ces verres anciens, enterré depuis des siècles. L'imagination formelle de Tiffany est particulièrement frappante : malgré le flux régulier et continu des contours, malgré une ornementation uniquement due au courant hasardeux du verre en fusion, ces magnifiques pièces individuelles suggèrent quelque chose de bizarre et d'extravagant... » (30).

Louis Tiffany, vase en verre *Favrile* et bronze plaqué argent, vers 1895.
Photo the Museum of Modern Art, New York.

46

On peut imaginer le moment de la création d'objets si magiques : sous la direction de Tiffany commence le difficile procédé qui consiste à la fois à souffler le verre et à l'exposer aux produits chimiques et aux exhalaisons des métaux en fusion. Les brillantes couleurs et l'enchanteresse iridescence apparaissent et, selon les propres mots de Bing, « ... sans l'aide d'aucune brosse, d'aucune roulette ou acide. Une fois refroidi, l'objet est achevé » (31). Au tournant du siècle, l'industrie européenne du verre chercha à imiter les formes et les couleurs du verre Tiffany, mais seule la maison de Lötz-Witwe en Bohême y réussit partiellement.

Schmutzler a essayé d'analyser le fond commun qui unit les dessins de Tiffany et un autre mode d'expression américain contemporain « ... (il) est beaucoup plus facile d'établir une relation entre les danses de (Loïe) Fuller et les vases de Tiffany... Fuller a dû créer l'effet mobile iridescent et lumineux produit par un vase de Tiffany... Cependant, l'élément commun qui frappe dans les productions si différentes, c'est leur parfaite abstraction, leur conception claire et relativement peu compliquée de la forme. Les formes de Tiffany semblent vraiment simples lorsqu'on les compare à la verrerie de Gallé, si différente par ses tonalités plus subtiles, langoureuses et presque automnales. De plus, cela s'applique à l'architecture américaine... » (32).

La fantaisie débridée de l'imagination que présentent les vases Tiffany contribue à former quelques-uns des plus extravagants objets et des plus délicieusement beaux qu'ait produit la main de l'homme. Dire qu'ils font partie des plus beaux ouvrages faits en verre (tout comme dire que les sculptures de Rodin forment quelques-unes des plus belles œuvres en bronze), c'est en restreindre la portée esthétique. Le point important et cependant difficile à saisir, est que lorsque nous voyons ces œuvres dans le contexte de l'art – comme sculptures – (nous voyons de la même manière les lampes tout aussi inventives de Tiffany faites en verre avec une armature de bronze comme des « sculptures de lumière ») nous comprenons qu'elles sont uniques et remarquablement en avance sur leur temps ; pour ce qui est de leur forme, de leur polychromie et de leur matière. De par leur qualités hésitantes, ambigües, séduisantes et oniriques, ces objets préfigurent l'imagination surréaliste.

Louis C. Tiffany, vase en verre *Favrille* en forme de fleur, vers 1895. Photo the Metropolitan Museum of Art, New York.

(25) Robert Schmutzler, *Art nouveau*, Harry N. Abrams, New York, 1962, p. 230.

(26) Cité par Mario Amaya dans *Tiffany Glass*, Walker and Company, New York, 1967, p. 29.

(27) Introduction de Robert Koch, *Artistic America, Tiffany Glass, Art nouveau*, The MIT Press, Cambridge, Massachusetts, 1970, p. 1.

(28) *Ibid.*, p. 6.

(29) Greta Daniel, « Decorative Arts », *Art nouveau*, The Museum of Modern Art, New York. 1959, p. 106.

(30) Robert Schmutzler, *Art nouveau*, Harry N. Abrams, New York, 1962, p. 230.

(31) Samuel Bing, « *Die Kunstgläser von Louis C. Tiffany* », *Kunst und Kunsthandwerk*, vol. I., 1898, p. 105-111.

(32) Robert Schmutzler, *Art nouveau*, Harry N. Abrams, New York, 1962, p. 229.

Frank Lloyd Wright fut l'architecte le plus important et le plus influent qui émergea de l'Amérique du 19e siècle. Il fut aussi un des derniers pionniers américains – celui d'une Amérique qui exprimait encore dans sa jeunesse, une *idée absolue* d'indépendance, de possibilités illimitées, une vision d'horizons immensément étendus et de ciels sans fin. Jusqu'à sa mort en 1959 à l'âge de quatre-vingt douze ans, Wright est resté obstinément le garçon de la campagne déplorant la cité gratte-ciel. Toutes ses idées sur l'espace et la construction s'enracinèrent toujours dans le monde paysan de son enfance qui implique une conception terrestre de l'homme comme esprit autonome. Wright est né en 1867 dans l'agglomération rurale de Richland Center, Wisconsin, le cœur du vaste « Middle West » américain. A la fois prédicateur baptiste et professeur de musique, son père abandonna sa femme et ses trois enfants quand Wright était âgé de quinze ans. La mère de Wright, de pure origine galloise, avait une personnalité d'une extrême volonté et prêta sa plus grande attention à Frank. C'est à l'exposition du centenaire, à Philadelphie que Madame Wright vit la présentation du matériel pédagogique de l'allemand Friedrich Froebel, dont les théories fondamentales sur l'éducation progressive des enfants comprenaient le « jeu créatif ». Froebel avait exposé différentes séries de formes géométriques que les enfants devaient assembler pour stimuler et exercer leur imagination. La mère de Wright organisa sa propre école à la Froebel dans sa maison et ces formes géométriques, accompagnées de papiers diversement pliés selon le mode d'emploi, de ficelle, de sphères et de cônes furent les jouets du jeune Wright. Selon Wright, ce fut grâce à cette pédagogie qu'il acquit le talent de relier et d'ordonner des éléments afin de construire des assemblages de formes plus importants. Les germes d'un futur *bâtisseur* avaient été semés.

Quand Wright, à l'âge de seize ans, quitta sa maison pour aller à Madison, la ville voisine, afin d'aider sa mère et ses sœurs, ce fut naturellement à un entrepreneur qu'il s'adressa pour travailler. Wright débuta comme apprenti, devint bientôt contremaître, et deux années plus tard il était en route pour la grande ville de Chicago. On peut imaginer ce jeune homme, sur le chemin de la seconde ville industrielle du pays, avec un exemplaires des *Vies* de Plutarque donné par sa mère qui lui avait aussi cousu un col de vison sur son manteau en tweed pour faire chic. Wright laissait derrière lui une campagne avec des villes comme Spring Green, Blue River, Black Earth et Lone Rock. Ces noms vivifiants étaient caractéristiques d'une campagne américaine vierge, d'un pays de pionniers fondé sur les principes d'indépendance, de liberté d'action et d'individualisme féroce. C'était une façon de vivre qu'avaient exprimée avec éloquence Emerson, Longfellow, Melville et Whitman, toujours en vie à la naissance de Wright. *Walden* de Thoreau et les *Feuilles d'herbe* de Whitman avaient traduit le rêve anarchique d'une communauté d'individus. Le jeune homme de dix-huit ans, sur le chemin de Chicago s'en tiendra chèrement, il le prouvera par la suite, à ces préceptes de base pendant toute sa longue vie : une société d'individus vivant dans de petits hameaux, plutôt que des masses anonymes survivant dans d'immenses cités. Ce rêve devait, bien sûr, énormément changer pendant la vie de Wright : entre sa naissance et sa mort, la population de l'Amérique passa de 38 à 180 millions et, de la même façon, la population urbaine crût de la proportion d'un quart à celle étouffante de trois quarts.

Un an après son arrivé à Chicago, Wright entra en 1887 dans le cabinet d'architectes de Ader et Sullivan. Cette année-là, Louis H. Sullivan (né en 1850) devenait rapidement l'un des architectes les plus en vue et avait déjà développé une architecture « démocratique » alliant structure, matière et fonction. Le cabinet venait juste d'emporter le contrat de construction de l'auditorium de Chicago, un théâtre qui, on pouvait l'espérer, ferait de la ville le centre culturel des Etats-Unis (33). Le premier travail de Wright fut d'assister Sullivan dans sa tâche. Les conceptions décoratives de Sullivan se développèrent en parallèle avec celles de William Morris en Angleterre, introduisant rapidement Wright à un nouveau vocabulaire annonçant l'art nouveau. Le style ornemental de Sullivan s'attachait plus organiquement à la matière de l'objet qu'à sa surface décorative. Comme le dit Greta Daniel : « Ses bandes horizontales d'ornementation... étaient composées de spirales, de feuilles,

Frank Lloyd Wright, *Charnley House*, Chicago, 1891. Photo the Museum of Modern Art, New York.

Louis H. Sullivan, *Wainwright Building*, St.-Louis, 1890-1891. Photo the Museum of Modern Art, New York.

de bouquets de fleurs, tout cela arrangé symétriquement à l'intérieur d'un espace défini... elles possédaient une sorte de mouvement organique qui s'épanouissait en donnant vie à leur apparence trompeusement traditionnelle. Sullivan arriva dans les années 1880 à un type de décoration qui annonce prophétiquement les tendances européennes de la décennie suivante » (34).

Le talent de son jeune assistant impressionna tellement Sullivan que Wright eut droit à son propre bureau, proche du sien – honneur inhabituel quand on pense que Wright était seulement âgé de vingt-trois ans. Sullivan confia à son assistant les commandes concernant les maisons particulières provenant de la clientèle riche. Vers 1888, Wright était seul responsable de ce domaine et ces maisons représentent ses premiers plans personnels. La maison Charnley fut construite en 1891 – elle marque le début de la révolution opérée par Wright dans la maison particulière (fig. 9). L'influence de Sullivan est évidente. L'année précédente, Sullivan avait fait le plan du Wainwright Building à St-Louis, un « gratte-ciel » qui constitue selon Nicolaus Pevsner « un tournant dans l'évolution du mouvement moderne » (fig. 10). De même que les 300 mètres de hauteur de la Tour Eiffel construite en 1889 étaient inconcevables sans l'introduction de l'acier, de même le gratte-ciel n'aurait pas été possible avant l'introduction dans ce type de construction

de l'ascenseur (1852) et en particulier de l'ascenseur électrique en 1880. S'il est vrai que plusieurs immeubles de grande hauteur se sont élevés à New York et à Chicago avant 1890, il s'agissait essentiellement de tours qui étaient simplement le résultat de travaux de maçonnerie. Le mariage du gratte-ciel et de l'acier fut l'œuvre de Sullivan. L'armature d'acier requiert une façade reproduisant une seule et même unité, ou, pour employer les termes de Sullivan « prend exemple sur la cellule individuelle... et, sans plus de manières, les fait toutes se ressembler parce qu'elles sont semblables » (36). Dans le Wainwright Building, Sullivan parvint à une simplicité et à une netteté d'une pureté mathématique. Deux années plus tard, en 1892, allant plus loin encore, Sullivan devait proclamer dans son premier manifeste sur ce sujet, *L'ornementation en architecture* que : « L'ornement est pour l'esprit un luxe, non une nécessité... ce serait profitable pour notre production esthétique que nous puissions nous abstenir complètement de son utilisation en ce qui concerne la construction d'immeubles bien conçus et agréables dans leur dépouillement » (37).

Les gratte-ciel de Sullivan étaient semblables aux colonnes grecques et romaines classiques : une base, un fût et un chapiteau en surplomb. De façon similaire, la maison Charnley avait pour toit une plaque horizontale qui s'avançait, avec une subtile frise de décoration à la Sullivan le long de ses côtés. Mais en dehors de cette ornementation subtile – parmi les meilleures de Wright – la construction était d'une pure et saisissante modernité ; une masse géométrique unie, avec des fenêtres adroitement découpées dans la maçonnerie sans la moindre espèce d'ornement. En fait, le plan de la maison était tellement en avance, qu'il faudrait vingt ou trente années avant que les architectes européens ne produisent son équivalent. L'intérieur de la maison était tout aussi pur, anticipant avec vingt ans d'avance l'architecture intérieure du pionnier autrichien Adolf Loos.

Sullivan et Wright collaborèrent à l'édification du Transportation Building pour l'Exposition mondiale de la Colombia en 1893 à Chicago. Ce devait être une des dernières

D'une façon tragique, l'alcoolisme, sa longue maladie, a mené Sullivan au dénuement. L'influence de Sullivan a pu être internationale grâce aussi bien à ses écrits qu'à ses formes novatrices qui atteignirent l'Europe sous forme d'articles et de reproductions. L'exemple le plus frappant nous en est donné par l'impressionnant Sezession Building construit à Vienne en 1898 par l'un de ses commanditaires Joseph Olbrich. Egalement commanditaire du Wiener Werkstätte un archétype du Bauhaus, Olbrich fut l'un des architectes les plus en avance de l'Europe orientale. le Sezession Building avec sa coupole massive est le signe de ses efforts de précurseur. Cependant Sullivan l'avait précédé par sa construction de la tombe de Wainwright dans le cimetière de Belle Fontaine à Saint-Louis en 1892.

œuvres importantes de Sullivan et le dernier fruit de la coopération glorieuse du génie du maître et du disciple, car au cours de la même année ils devaient rompre leur relation. Le plan de l'immeuble était un manifeste vivant : un rejet des fausses façades néo-classiques, style beaux-arts et un appel à une « honnêteté » architecturale. Ils substituèrent une immense arche à l'entrée à colonnades utilisée aux Beaux-Arts. De cette façon, l'extérieur établirait clairement la véritable finalité de l'immeuble. La forme générale de l'immeuble mettait l'accent sur la dimension horizontale par de larges mouvements de lignes parallèles faites de plaques de surface plane – une autre réaction anti-Beaux-Arts dans la mesure où le néo-classicisme insistait sur la verticalité. Peu de temps après cette collaboration, Sullivan découvrit que Wright avait accepté des commandes de maisons particulières en dehors du travail de la société et qu'il s'y consacrait après son service. Cela provoqua une brouille douloureuse, Wright quitta le cabinet et il ne devait plus revoir Sullivan pendant de nombreuses années. Cela mit un terme à une des collaborations les plus extraordinaires de deux grands architectes.

Jusqu'à la fin de sa vie, Wright ne reconnut qu'une seule influence, celle de Sullivan, son « lieber Meister » qui joua peut-être le rôle du père. Le chef incontesté de l'école de Chicago en architecture mourut en 1924 pauvre et solitaire.

En 1893, Wright venait de commencer sa longue carrière personnelle et, lors de l'exposition de Chicago organisée cette année-là, il vit le palais Katsura, reproduction d'un temple traditionnel japonais dont les dimensions avaient été réduites de moitié. Le plan du temple comme la sensibilité de Wright aux estampes japonaises ont sans aucun doute eu un effet sur le jeune architecte car ses propres conceptions et leur première traduction en lignes trahissent une influence de l'Extrême-Orient. La maison Winslow de River Forest, Illinois, qu'il construisit en 1893 était, selon des mots de Peter Blake « le germe de toutes les grandes idées que Wright introduisit dans l'architecture intérieure... » (38). Malgré la hauteur de deux étages, Wright avait alterné en magnifique sculpteur moderne, des bandes de matière avec des espaces vides de sorte qu'émanait de cette construction basse une nette impression d'horizontalité. La ligne horizontale était vraiment devenue la griffe architecturale de Wright lui-même, exprimant son sens profond de l'harmonie avec la nature.

La maison Winslow n'était qu'un aperçu de l'extraordinaire série des « Prairie Houses » (maisons pour la prairie) que Wright construisit au cours des premières années du siècle. Ces constructions reçurent ce nom d'où naquit l'expression « Prairie school », non seulement parce que beaucoup d'entre elles s'élevèrent dans la prairie de l'Illinois,

Frank Lloyd Wright, *Robie House*, Chicago, 1909.
Photo the Museum of Modern Art, New York.

Frank Lloyd Wright, intérieur du *Larkin Building*, Buffalo, 1904.
Photo the Museum of Modern Art, New York.

mais surtout parce que, collées à la terre de toute leur éten-due, ces constructions horizontales étaient à l'image des vastes espaces de cette partie du pays. Blake commente en disant que : « Wright a finalement complètement rompu avec la symétrie pour lui substituer une assymétrie dynami-que, un équilibre en mouvement infiniment plus complexe et infiniment plus poétique que les règles formelles des civili-sations passées... » (39). Les plans en mouvement de Wright semblent concrétiser l'image propre à Whitman exprimée dans les *Feuilles d'herbe* :

« *La terre s'étend à gauche et à droite*
Oh grande route
Tu m'exprimes mieux que je ne peux m'exprimer moi-même
Je respire de grandes gorgées d'espace
L'est et l'ouest sont miens
Et le nord et le sud sont miens ».

Il construisit la maison Martin en 1904, la maison Coon-ley en 1908, celle de Roberts la même année et tout particu-lièrement l'une de ses œuvres les plus célèbres, la maison Robie en 1909 (fig. 11). Ces constructions se composaient en fait d'un océan de toits de faible hauteur, de larges surfa-ces horizontales combinant les volumes et les masses, de terrasses qui s'avançaient dans le paysage et de fenêtres en

bande. Pour ces constructions, Wright avait inventé un nouvel ensemble de concepts architecturaux parmi lesquels se trouvait la notion de « priorité à l'utile » : des dalles de béton à même le sol pour fondations, un chauffage intégré et répandant une chaleur uniforme à partir du sol, un éclai-rage intégré, moderne et de forme géométrique et un mobi-lier incorporé comprenant des meubles de rangement. Et au cœur de chaque Prairie House, imposante par sa situation centrale, se trouvait la cheminée d'où l'espace pourrait rayonner vers le paysage.

En 1901, il avait fait une conférence intitulée « L'art et le métier de la machine ». Elle fut publiée dans le journal du club d'architecture de Chicago et eut en conséquence une large diffusion. Dans ce manifeste, Wright exposa les prin-cipes de l'art d'une civilisation industrielle : « La machine a de nobles possibilités, c'est à regret qu'elle est acculée à cette dégradation... par les arts eux-mêmes... utilisé à bon escient, le fléau même que la machine étend sur le métier manuel devrait libérer les artistes de la tentation de recourir à des moyens facilement trompeurs dans le domaine de l'ar-chitecture... » (40). De telles affirmations précédaient le lan-gage des cubistes de plus d'une dizaine d'années et celui du Bauhaus de plus de vingt ans.

Parmi les constructions qui n'étaient pas résidentielles, les trois chefs-d'œuvre de Wright lors de la première décen-nie furent le Club nautique Yahara qui ne fut pas réalisé, l'Eglise unitarienne et le Larkin Building. Le projet pour le club nautique Yahara qui date de 1902 était aussi absolu dans sa géométrie qu'aucune des constructions tentées par Wright jusqu'à cette date – principalement une masse d'une grande longueur, parfaitement rectangulaire et déployant des murs de soutènement qui préfigurait le pavillon de Bar-celone de Mies et l'œuvre de Willian Dudock en Hollande. Blake a décrit le Larkin Building comme : « ... en un sens, un silo carré d'une simplicité et d'une puissance monumen-tale... au centre, un puits à quatre étages surmonté par une immense lucarne ; autour de ce puits des galeries occupées par des bureaux donnant sur cet axe de lumière et d'air. Ici, le mouvement spatial était entièrement vertical... » (41). Wright avait conçu tout le mobilier de bureau et les appa-reils d'éclairage en fonction du métal et du verre – on aurait dit du constructivisme avec vingt ans d'avance. Cette ode à l'industrie, imposante et tout en hauteur fut si souvent re-produite en Europe à partir de 1910 qu'elle devint, conjoin-tement à la maison Robie la plus célèbre des créations de Wright (fig. 12).

L'Eglise unitarienne de Oak Park, Illinois, qui date de 1906 était entièrement construite en béton coulé. Extérieu-rement elle se présente comme une masse parfaitement géo-métrique, semblable au Boat Club, mais le bâtiment est ré-volutionnaire par l'extraordinaire utilisation de l'espace in-térieur et par sa décoration (fig. 13). Wright conçut pour la première fois un « plan en H ». C'est selon ses activités op-posées que le bâtiment était partagé en deux espaces princi-paux reliés par une étroite entrée. Ce système « bicellu-laire » a été largement utilisé bien des années plus tard par des fonctionnalistes comme le Corbusier et Marcel Breuer, et les recherches de Wright furent, les plus vraisemblable-ment, la source où puisèrent les Européens. Les volumes in-térieurs de l'église se présentent comme des voûtes compli-quées, différentes selon leur hauteur ; ils sont éclairés non seulement par une lumière venant des côtés, mais aussi tout en haut par un ensemble d'ouvertures construites dans des niches profondes ; tout cela aboutit pour la première fois à la création d'un authentique « espace plastique ».

51

Frank Lloyd Wright, détail intérieur de l'*Eglise Unitarienne*, Oak Park, 1904.
Photo the Museum of Modern Art, New York.

Paul Gauguin, *Nevermore*, 1897.
Photo the Courtauld Institute, Londres.

La décoration linéaire se compose de sombres garnitures disposées en longues bandes rigides ; celles-ci, par leur froide perpendicularité rappellent étonnament le mouvement « De Stijl » et Mondrian. Une exposition représentative de l'œuvre de Wright, comprenant maquettes, photographies et plans se tint à Amsterdam en 1910 et, depuis cette date une documentation détaillée est disponible sur l'Eglise unitarienne à travers toute l'Europe. Par conséquent, on peut raisonnablement en conclure que Wright fut l'une des premières sources (sinon *la* première) qui inspira une grande partie du groupe De Stijl qui comprend aussi Mondrian, le peintre Van Doesburg, le sculpteur Vantongerloo et les architectes Oud et Rietveld. Il est incontestable que l'Eglise unitarienne, dans son emplacement éloigné et modeste de Oak Park dans l'Illinois fut l'humus le plus fertile de l'architecture du XXe siècle.

Vers 1909, Wright avait construit environ 140 maisons et d'autres constructions, et laissait près de cinquante projets non réalisés. Cette même année, la maison Robie fut achevée et Wright voyagea en Europe. A Berlin, il travailla à deux livres importants avec l'éditeur Ernst Wasmuth. Ceux-ci allaient être les premières monographies consacrées à l'architecte (42). Il suffit de feuilleter ces ouvrages pour découvrir quelle importante base matérielle ils constituèrent pour les Européens quand ils parurent en 1910 et 1911. Jusqu'à ce jour même, c'est à peine s'il existe une monographie d'architecte aussi complète. Le format en était très grand, plus de 75 cm, et des douzaines de plans de construction des principaux immeubles de Wright étaient scrupuleusement imprimés sur du papier semi-transparent de sorte qu'architectes et dessinateurs pouvaient les utiliser comme des calques. Les livres ont largement joué le rôle « d'ateliers Wright » pour ses découvertes en architecture. On peut voir que leur contenu a été assimilé par la profession aux nombreuses idées qui y étaient contenues et qui se retrouvèrent en Europe. En même temps que son effort de publication, Wright fit un ensemble de conférences en Europe et une tournée de l'exposition décrite plus haut fut organisée sur le continent.

Wright allait réaliser un grand nombre de constructions importantes au cours des cinquantes années qui lui restaient à vivre, parmi elles l'Hôtel impérial à Tokyo qui fut la seule construction de grande dimension à échapper à la destruction lors du tremblement de terre de 1924 ; il construisit aussi les Taliesin Est et Ouest, la Tour Johnson Wax et la maison Kaufmann. Le dernier édifice qu'il construisit, le musée Guggenheim fut ironiquement la première commande qu'il réalisa à New York. D'un point de vue idéal, il était juste que Wright qui resta jusqu'à la fin de sa vie un incorrigible campagnard et un infatigable critique des gratte-ciel de cette ville, ces « pierres tombales » stériles, laisse une spirale harmonieuse le long du triste canyon de la Cinquième Avenue.

(33) L'aiguillon principal de tels projets architecturaux même jusqu'à ce jour, avec l'immeuble Sears « le plus haut du monde », trouve son origine dans une furieuse compétition entre New York et l' « Eastern establishment ». La vision de Chicago comme étant inférieure à New York provoque une réaction chez les gens de cette ville. Ainsi, les très grandes sculptures de Picasso ou de Calder à Chicago surclassent toutes les sculptures en plein air de New York, excepté la Statue de la Liberté qui fut inaugurée en 1886.

(34) Greta Daniel, « Decorative Arts », *Art nouveau*, The Museum of Modern Art, New York, 1959, p. 105.

(35) Nikolaus Pevsner, *Pioneers of Modern Design*, The Museum of Modern Art, New York, 1949, p. 82.

(36) Louis H. Sullivan, « The Tall Office Building Artistically Considered », *Lippincott's Monthly Magazine*, vol. LVII, 1896, p. 405.

(37) Louis H. Sullivan, *Kindergarten Chats*, New-York, 1947, p. 187. D'abord présenté sous la forme d'une série d'articles dans *Interstate Architect and Builder*, du 8 février 1901 au 16 février 1902.

(38) Peter Blake, *Frank Lloyd Wright*, Penguin Books, Baltimore, Maryland, 1968, p. 34.

(39) *Ibid.*, p. 37.

(40) Reproduit dans *Frank Lloyd Wright*, Modern Architecture, Princeton, New Jersey, 1931, p. 20.

(41) Peter Blake, *Frank Lloyd Wright*, Penguin Books, Baltimore, Maryland, 1968, p. 54.

(42) *Ausgeführte Bauten und Entwürfe von Frank Lloyd Wright*, Ernst Wasmuth Verlag, Berlin, 1910, et *Frank Lloyd Wright : Ausgeführte Bauten* (avec une introduction de C.R. Ashbee), Ernest Wasmuth Verlag Berlin, 1911. Ces publications furent suivies de deux autres, écrites par des Hollandais : H.T. Wijdeveld, *The Life-Work of the American Architect Frank Lloyd Wright*, sept numéros spéciaux de Wendigen, 1925, et H. de Fries, *Frank Lloyd Wright*, Berlin, 1926. Après eux, furent publiés deux livres français ; l'Amérique suivit beaucoup plus tard. L'exemple le plus frappant de l'influence de Wright sur la Hollande d'avant De Stijl est une maison construite en 1915 par van t'Hoff.

Il est à espérer que ces neuf portraits d'artistes travaillant en Amérique avant 1910 ont – si brefs soient-ils – laissé au lecteur une idée de leurs héroïques expériences et du contexte de leur vie et de leur époque. Comme il y a été fait allusion plus haut dans le texte, ces artistes n'ont pas été choisis arbitrairement, par simple favoritisme ou en considération de leur importance. Ils furent uniquement choisis pour l'influence qu'ils exercèrent, directement ou indirectement, sur l'art européen, et pour la nouvelle dimension qu'ils donnèrent à leur moyen d'expression, ouvrant de nouvelles possibilités aux autres artistes. Tous ces artistes étaient des *marginaux en rupture de ban,* des figures indépendantes et solitaires. Ils ne faisaient pas partie d'une vague montante, d'un groupe éclairé ou d'un quelconque « mouvement », au sens de « l'avant-garde » européenne. Pour cette raison, ce terme rebattu a été soigneusement évité.

Risquant la colère de certains historiens d'art américain, l'auteur de ces lignes a passé sous silence quelques-uns des plus célèbres artistes du 19e siècle américain : les « fils préférés » de ce pays. Tels sont Thomas Cole, Frédéric Church, Martin Heade, William Mount, Georges Bingham, Winslow Homer, Thomas Eakins et Albert Ryder, entre autres. Car, en toute bonne conscience, connaissant bien leur contribution à l'art américain, et voyant dans leur œuvre des accents authentiquement nationaux du point de vue du style et du contenu, ces artistes n'ont pas eu néanmoins une influence mesurable sur l'Europe. Pourtant, si tel fut le cas, peut-être qu'alors ce texte contribuera en partie à la recherche d'une telle preuve. Mais alors, l'œuvre de plusieurs de ces artistes ne soulève-t-elle pas effectivement d'intéressantes questions comme celles-ci : a-t-il été prouvé que dans l'isolement et le silence des œuvres d'art américaines, on trouvait une terreur cachée et une déshumanisation dont l'héritage le plus vivant se retrouverait dans l'art et le film américain du 20e siècle ; le gel du temps à travers une action elle-même gelée et une clarté cristalline, le réalisme uniforme et sans à-coup de beaucoup de ces peintures étaient-ils une forme d'atrophie provoquée par la culpabilité puritaine ?

Les artistes américains qui se sont expatriés tels Mary Cassat, James Mc Neil Whistler et John Singer Sargent n'ont pas été ici pris en considération, bien que les deux derniers aient exercé une influence sur l'Europe (Whistler, dont la série de peintures de 1866 montre des effets de lumière changeante, a pu influencer son ami Monet, dont la première série de peintures apparait dix ans plus tard. Sargent a également pu influencer Boldini (43). Si l'on use de la définition européenne de l' « école », Picasso, bien qu'espagnol, appartient au plus haut point à l'école française, en dépit des qualités ibériques inhérentes à son œuvre. Il s'ensuivrait alors que Whistler, par exemple, bien qu'étant un américain grincheux, appartient à l'école anglaise.

Deux des neuf artistes dont on a parlé ici étaient des photographes, deux des architectes et l'un travaillait le verre. A nouveau, quelques-uns pourraient être surpris. Mais, Dieu merci, à la fin de notre siècle, nous avons atteint un point de vue sur les arts qui a renversé ces préjugés de frontières entre les différents moyens d'expression. La photographie est maintenant considérée comme une forme d'art importante ; les développements et les prolongements de l'architecture sont profondément artistiques aussi bien que sociologiques ; et nous commençons, lentement mais sûrement à comprendre que les arts décoratifs, dans ce qu'ils ont de meilleur, sont bien plus que simplement décoratifs.

C'est le manque de place qui n'a pas permis d'inclure dans ces portraits plusieurs autres artistes qui méritent de se joindre au groupe choisi de ceux qui, malgré toute la puissance de l'art européen sur la culture américaine, furent néanmoins capables de contaminer le vieux monde par leurs propres inventions. Parmi eux, on peut citer les pionniers des bandes dessinées. Il y a James Swinnerton, dont *Le petit ours et les tigres* qui date de 1892 a formé la base des tentatives de Outcault ; Richard Outcault dont *Le gosse trouillard* de 1896 marque bel et bien la naissance de la bande dessinée ; Rudolph Dirks, dont *Les gosses Katzenjammer* (toujours publié !) présente un usage plein de systématique du texte écrit dans la « bulle », apporta la plus grande contribution à ce nouveau moyen d'expression ; et F.B. Opper fut en 1899 avec *L'heureux voyou* le principal responsable de la direction qu'allaient prendre les bandes dessinées au 20e siècle. On peut considérer ces quatre américains comme les pères de la bande dessinée (le célèbre éditeur William Randolph Hearst en étant le parrain !) Cette nouvelle forme d'art marquant le sommet du genre de la caricature, dont l'histoire est déjà longue, a influencé la façon de penser et de voir du monde occidental ainsi que la manière de réaliser les premiers films dont le dessin animé. La forme, telle qu'elle a été déterminée et développée par les américains consiste en une suite d'éléments nécessaires, une histoire exprimée par une série de tableaux, une utilisation constante des mêmes personnages et l'inclusion d'un dialogue ou d'un texte à l'intérieur de l'image. Comme Maurice Horn l'a écrit : « aujourd'hui, le langage des bandes dessinées, ses innovations, ses symboles, ses onomatopées expressives (Pan, Vroom, Boom !) sont aussi familiers ou communément acceptés que le langage du cinéma. Ces deux langages ont imposé à l'homme occidental une nouvelle manière de voir la réalité qui les entoure. » (44)

C'est en fin de compte l'échange d'idées entre les cultures qui enrichit la société humaine. L'art, en tant que véhicule d'idées est l'une de nos plus précieuses formes de communication puisqu'il est peu éphémère ; durable au plus haut point. Les contributions significatives bien que limitées apportées par ceux dont on a parlé dans cet essai sont une manière d'apprécier la fertilité du sol dans une société donnée, même pendant sa période de formation, de croissance et de développement.

(43) L'essai non publié de Donna M. Stein, « James Mc Neill Whistler's Voyage to South America in 1866 », décrit cette extraordinaire série de trois peintures exécutées à Valparaiso, Chili, et constitue un argument convaincant à l'égard de Monet.

(44) Maurice Horn, *75 Years of the Comics;* The New York Cultural Center, New York, 1971, p. 10.
La bande dessinée peut-être considérée comme une forme hybride de littérature. Quoique cet essai se limite aux « arts visuels » il est difficile de ne pas considérer les écrits extraordinaires de Edgar Allan Poe, qui en tant que littérature américaine eurent la plus grande influence sur le sujet/contenu de l'art européen du dixneuvième siècle. Quelques exemples : les illustrations de Manet pour *The Raven* de Poe (1875) ; son portrait de Poe (1860) ; par Gauguin le *Portrait de Stéphane Mallarmé* (1891), traducteur de Poe, complété par le corbeau tapi ; son *Nevermore* (1897), avec à nouveau le corbeau et le titre du tableau figurant en anglais dans la composition elle-même (illustr. 19) ; les illustrations de Doré pour *The Raven* (1883) ; les illustrations de Ensor pour *Hop Frog's Revenge* (1898) du *Hop Frog* de Poe ; les illustrations de Legros pour *The Pit and the Pendulum* (1861) ; *Le masque de la mort rouge* de Redon (1883), d'après l'œuvre de Poe du même nom et son *The Eye Like a Strange Balloon Mounts Toward Infinity* (1882), un hommage à l'imagerie de Poe.

Marcel Duchamp, Francis Picabia et Beatrice Wood, New York 1917.

Gabrielle Buffet-Picabia
Un peu d'histoire

Propos recueillis par Malitte Matta, janvier 1974.

Francis Picabia et Gabrielle Buffet-Picabia à Central Park, New York 1915.

Chère Malitte, vous me demandez de vous raconter mon premier voyage aux Etats-Unis. Cela remonte à 1913, mais ces souvenirs sont encore très vivaces. Voici : Picabia était invité à New York à l'inauguration d'une exposition de peinture moderne, « la plus grande du monde », naturellement, pour laquelle il avait prêté plusieurs toiles.

En 1913, aller en Amérique était encore presque une aventure. Malgré les conseils pessimistes de nos familles (c'était d'autant plus tentant !) nous avons retenu nos places sur un des beaux paquebots de la Transat, le *Lorraine,* et nous nous sommes embarqués vers la mi-janvier 1913. De fait nous avons trouvé l'aventure à la sortie même du port du Havre, car notre *Lorraine* se trouva tout de suite aux prises avec une tempête furieuse et terrifiante de l'avis même des marins. Tantôt emporté au sommet des vagues de 10 ou 20 mètres, ses hélices hurlant dans l'air, tantôt englouti sous des montagnes mouvantes, il semblait impossible qu'il pût résister à de tels assauts. Les passagers enfermés à l'intérieur du bateau, malades et terrifiés, osaient à peine sortir de leur cabine. Pourtant quelques courageux, dont Picabia, défaits, mal rasés, se rencontraient à l'heure des repas dans la salle à manger, et parmi eux une femme : Napierkowska, danseuse hindoue (de Montmartre) connue pour ses interprétations de danses asiatiques, et qui avait des engagements aux Etats-Unis. Nous ne l'avons pas revue, mais elle est devenue dans l'imagerie de Picabia six mois plus tard : *Udnie, danseuse étoile sur un Transatlantique,* un de ses tableaux les plus importants. D'ailleurs, toute la production des peintures de cette période est pleine d'allusions aux péripéties de notre traversée. La tempête céda au bout de 10 jours ; les ponts furent enfin ouverts aux passagers et deux jours après nous étions en face de New York, attendant le bateau pilote qui allait nous diriger pour l'entrée dans le port, et contemplant cette fameuse vue des gratte-ciel de Manhattan qui a été vulgarisée dans le monde par les cartes postales, mais qui n'en reste pas moins très imposante ; lorsqu'une voix américaine me fit sortir de ma contemplation en m'interpellant par mon nom : « Mrs.-Picquébia ! » Comment le savait-on ? Nous ne connaissions personne à New York. Nous étions bien en Amérique !! – et je compris de suite qu'il s'agissait d'un journaliste venu sans doute avec le bateau pilote, et qu'il avait dû se renseigner auprès du personnel du bateau, et qu'il allait m'interviewer sur la peinture nouvelle. A mon grand étonnement, ce qu'il m'a demandé, c'est ce que je pensais des femmes américaines. « Mais je ne les connais pas », lui dis-je dans mon mauvais anglais. « Laissez moi au moins les voir avant de vous répondre ! ». Mais nous arrivions à quai.

55

De Paris, nous avions retenu des chambres à l'hôtel Brevoort, qui était l'hôtel français de New York à l'époque, et connu des voyageurs pour sa bonne nourriture, ses bons vins, son air vieillot, mais aussi son manque de tenue. Plus tard, quand nous avons été très intimes avec le directeur, nous lui avons demandé pourquoi il ne faisait pas moderniser un peu son hôtel. « On n'y viendrait plus » nous dit-il, « on dirait que ce n'est plus français ». (Quelle mauvaise réputation !). Mais en même temps cet endroit était fort sympathique.

A peine étions-nous installés au Brevoort que le téléphone sonna et n'a pas arrêté jusque tard dans la soirée. Des journaux nous souhaitaient la bienvenue, demandaient des interviews, des explications sur la peinture nouvelle, posaient des questions sur nos projets présents et futurs, etc. Picabia ne se doutait pas qu'il fût un personnage si important. Avec sa période impressionniste il avait eu beaucoup de succès et son nom était alors internationalement connu, mais en tant que leader de l'avant-garde en peinture, il n'avait plus en France que des détracteurs. Tout le monde le désavouait : les Officiels des Arts et Lettres, ses admirateurs, ses marchands de tableaux, la presse entière. Il pensait qu'il en était de même aux Etats-Unis. Il était donc ravi de cette célébrité retrouvée !

Quelques jours après nous eûmes une invitation de Mabel Dodge à venir la voir. Information prise, on nous dit que c'est une de ces femmes très riches, mécène des artistes et des poètes, qui a, ce qu'on appelle en France, un salon littéraire. Elle collectionne les « grands hommes », elle collectionne les « grands noms ». C'est donc très flatteur d'être invité chez elle, et nous y allons – par curiosité surtout. Elle nous reçoit étendue sur un divan, dans un savant décor de coussins, et une infirmière s'affaire autour d'elle. Elle est assez belle et parle un peu le français. Elle entreprend d'expliquer à Picabia qu'elle ne peut plus supporter New York et va émigrer dans un désert du Nouveau Mexique – pour libérer son esprit de toutes les contingences dissolvantes de la ville. Picabia lui répond par quelques blagues qu'elle ne comprend pas, heureusement, mais elle comprend qu'il ne la prend pas au sérieux, et comme malgré tous ces « chichis » elle n'est pas sotte, elle change de ton, et la visite se termine très gaiement. Nous l'avons revue plusieurs fois. J'ai appris par la suite qu'elle avait vraiment émigré au Nouveau Mexique – avec un certain nombre d'adeptes – et y avait épousé un Indien. J'ai connu plus tard plusieurs specimens de cette incohérence d'esprit qui les fait osciller entre un certain mysticisme et un certain dévergondage.

Une des choses qui ont le plus intéressé Picabia, ce sont les autos et les perfectionnements américains dont on n'avait pas idée en France ; par exemple, il a découvert le starter automatique : c'était merveilleux d'appuyer sur un bouton au lieu de tourner la manivelle à chaque fois qu'on s'arrêtait, en risquant de se casser un bras. Et puis, ce qui l'a enchanté, c'est qu'il y avait dans les environs de New York une route où l'on pouvait faire toute la vitesse que l'on voulait, et risquer sa vie pour s'amuser, sans risquer celle des autres. Naturellement, nous y sommes allés plusieurs fois, mais nous ne savions pas qu'en dehors du circuit fermé, la vitesse était très limitée sur les routes, et nous avons eu une mésaventure dans une promenade assez lointaine de New York qui s'est terminée par une forte amende...

Dès le lendemain de notre arrivée nous avons eu la visite d'un charmant compatriote, Paul Haviland, qui était le représentant à New York de la firme française de porcelaine de Limoges. C'était un grand amoureux des arts et particulièrement de la peinture ; il connaissait très bien les impressionnistes et les post-impressionnistes, et la réputation de Picabia. Il venait nous inviter d'abord à dîner, et ensuite à aller faire une visite à Stieglitz.

Qui était Stieglitz ? C'était le directeur d'une petite galerie de peinture située 291, 5e avenue ; il était newyorkais, d'origine autrichienne et juive, mais il avait fait ses études en Europe ; il avait vécu à Munich et avait rencontré les hommes du *Blaue Reiter* à ses débuts. Il était photographe de son métier, et sa petite galerie s'était d'abord appelée « Photo Secession » avant de devenir « 291 ». Il comprenait et même ressentait le climat troublant de l'époque pour les arts en général, et la peinture en particulier. Il publiait aussi une belle revue, *Camera Work*, elle aussi devenue *291* par la suite. Mais son but essentiel était de réagir contre l'esprit de spéculation financière qui empoisonnait déjà la vie des arts. Il croyait avoir un rôle d'éducateur et de moralisateur, et tenait à conserver son petit local et son apparence modeste... Pourtant c'est chez lui que se tenaient les propositions les plus fracassantes sur l'évolution de la vie. Il y avait auprès de lui une grande américaine, Mrs. Meyer, très belle, très spectaculaire, femme d'un grand banquier de New York, le soutien financier de la galerie.

Elle était non seulement belle, mais très intelligente et curieuse de comprendre comment les arts abordaient l'esprit de l'époque. C'était donc quelqu'un de très intéressant.

Et puis il y avait De Zayas qui, avec Haviland, formait l'état-major de Stieglitz. De Zayas était mexicain d'origine, très doué, remarquablement intelligent, mais on avait avec lui des relations très différentes ; on ne savait rien de sa vie privée, on n'a su que dix ans après qu'il était marié, qu'il avait une femme, des enfants. On ne parlait que de peinture. Il s'est immédiatement établi une grande intimité entre Stieglitz, ses amis Haviland, De Zayas, Mrs. Meyer et nous. Cette rencontre a été pour nous le fait le plus important et le plus agréable de notre premier voyage aux Etats-Unis.

Nous étions happés par le rythme de la vie américaine : interviews, rencontres, sorties... La vie nocturne de New York m'est apparue plus excitante encore que les activités du jour, avec la profusion des lumières, les affiches lumineuses intermittentes, et surtout l'abondance des spectacles de toute classe, depuis ce luxe inouï des revues à grand spectacle, auprès desquelles le Casino de Paris faisait bien piètre figure, jusqu'aux boîtes à matelots, comme il s'en trouve dans tous les grands ports du monde, brutalement licencieuses malgré le puritanisme américain. Je ne parlerai pas des théâtres et des concerts qui sont toujours de premier ordre, mais de ces spectacles de music-hall où se révèle une science innée de l'effet comique, de l'imprévu et du non-sens, sorte d'humour typiquement américain, d'une irrésistible cocasserie. Et toujours la beauté, l'habileté des corps dans la danse et l'acrobatie.

Et la musique ! Elle a été ma plus grande découverte : avec le jazz, totalement inconnu en France, ses instruments, sa mesure échevelée, coupée de contre-temps, et pourtant magnifique de précision, ce génie musical qui inspire les improvisations du saxophone que les instruments accompagnateurs savent suivre et étayer jusqu'au point de rencontre finale, le timbre et la justesse des voix, noires ou blanches, l'expression émouvante du texte. Depuis, le jazz s'est développé et compliqué, a envahi le monde entier. Pour moi, je me souviens toujours avec émotion de ce premier jazz plus simple, de certaines mélopées lancinantes que jouait un petit orchestre de noirs très modeste, qui vous laissait dans un véritable état d'hypnose !

Je considère comme un succédané de ce don musical inné, l'habileté et le rythme des danseurs à claquettes qui m'ont si souvent enchantée. Il y avait à cette époque une véritable folie de la danse dans toutes les couches de la société. On voyait dans les restaurants des couples qui commandaient leurs repas, commençaient à le manger et l'abandonnaient pour aller danser dès que l'orchestre jouait, le reprenaient froid, la danse finie, puis repartaient ainsi plusieurs fois de suite. Quelle hérésie pour un Français !

Maintenant, je pourrais répondre au journaliste qui m'avait abordée sur le pont du bateau avant le débarquement, que les femmes américaines me semblent une des réussites les plus sensationnelles de la jeune civilisation américaine. Seules, dans le monde, elles sont considérées et légalement traitées à l'égal de l'homme ; toutes les situations leur sont ouvertes, alors que dans tous les autres pays la femme est traitée sinon en esclave, du moins en « éternelle mineure ». Ce sont les grandes privilégiées de la condition humaine féminine ; elle le sont doublement parce qu'elles sont belles : elles ont de belles jambes longues, « des chevilles de chevaux de course », disait Picabia très admiratif – et lui-même très admiré, bien que n'ayant pas les normes du gabarit américain. Elles sont les vraies descendantes de leurs courageuses aïeules des temps héroïques que font revivre les westerns. Elles sont bâties pour le sport, la danse, et l'élégance vestimentaire, qui est d'un intérêt primordial dans leur vie – j'en ai été souvent étonnée, et pensais qu'elles se croyaient obligées par politesse de ne me parler que de la couture française, du bon goût français, étant donné la légende sur la futilité dont à l'étranger on gratifie les femmes françaises. Le souci de l'élégance était visible à tous les degrés de la société. Dans les magasins, je voyais les petites vendeuses habillées comme pour une réunion élégante en France : le matin de bonne heure, elles arrivaient au magasin avec des souliers vernis, de jolis costumes, bien fardées, les lèvres peintes en rouge, et tout à fait « made up », comme on dit. Quand je suis revenue en France, la différence était plutôt pénible : chez nous, les petites vendeuses des grands magasins étaient en noir, elles n'avaient pas la permission de s'habiller, ni de se farder. Il y avait une apparence de pauvreté dans cette jeunesse.

Florine Stettheimer.
La fête à Duchamp, 1917.

M.M. Vous étiez très frappée par la camaraderie ?

G.B.P. : Je la trouvais très naturelle et très amusante, mais ce n'était pas tellement de la camaraderie, c'était un jeu très sexuel, à la limite du jeu et de la sexualité ! Dans les « parties », après la danse, on s'embrassait et se pelotait beaucoup – « ici ça n'a pas d'importance », m'a dit Henri-Pierre Roché.

Mais alors, ce qui m'a vraiment stupéfiée, c'est la consommation d'alcool aux Etats-Unis, partout, dans les bureaux, dans les établissements, dans les maisons les plus correctes, aussi bien les femmes que les hommes ; et je dois dire que j'étais très choquée de voir dans les restaurants des femmes élégantes et agréables complètement saoûles, s'appuyant sur leurs « boy-friends » pour aller aux toilettes, et qui alors perdaient vraiment tout ce côté spectaculaire qu'elles ont en général dans la vie avant six heures du soir. Je me suis dit plus d'une fois que la mauvaise réputation des femmes françaises à l'étranger était tout à fait immérité ; et pourquoi la France est-elle considérée comme le pays le plus alcoolique du monde ?

M.M. : A cette époque, Stieglitz représentait l'ouverture vers l'avant-garde internationale.

G.B.P. : Oui, certainement, sa petite galerie était le centre de tous les chercheurs américains et étrangers : passionnés par l'évolution française, ils regardaient également ce qui se passait en Allemagne, en Russie. Le nom de « futurisme » couvrait d'ailleurs toutes les nouveautés internationales.

M.M. : Quand vous avez rencontré l'état-major de la Galerie 291, vous avez dû rencontrer des Américains qui faisaient des recherches dans le même sens que certains artistes français ?

G.B.P. : Oui, mais tout cela est loin déjà, et j'ai oublié beaucoup de noms. Il y avait par exemple John Marin, et aussi, mais alors ce n'était pas du tout notre genre, Frank Stella, Steichen, Marsden Hartley, Hapgood, écrivain.

M.M. : Et Arthur Dove, qui faisait des tableaux abstraits et des collages avec des objets trouvés, des « déchets », comme on les appelait à l'époque.

G.B.P. : Cela est déjà plus tardif. Mais par exemple, je me souviens qu'en 1915 j'ai vu les dessins d'un garçon dont le nom m'échappe maintenant, mais qui étaient très proches des dessins abstraits de Picabia.

M.M. : N'était-ce pas Morton Schamberg ? Schamberg qui venait de Philadelphie, faisait des dessins mécaniques qui ressemblent beaucoup à ceux de Duchamp et Picabia. Plus tard en 1918, il a scellé un morceau de siphon en plomb sur un morceau de bois, et il l'appelait « Dieu »... c'était un objet très célèbre parmi les artistes à l'époque.

G.B.P. : En 1918, c'est déjà le style dada. Les dessins mécaniques sont très antérieurs et datent de 1911 ou 1912, de l'époque ou l'on a découvert l'importance plastique de la machine.

M.M. : A quelle date situez-vous cette innovation ?

G.B.P. : Pour moi, c'est vers 1912 que j'en ai entendu parler. N'est-il pas curieux de penser que les machines aient été si longtemps considérées comme une calamité, nécessaires puisqu'elles simplifiaient la vie, mais haïssables ? Nouvelles venues dans le champ visuel humain, leurs silhouettes sombres perturbaient très paysage et rompaient l'harmonie des couleurs dans l'atmosphère. De plus, le matériau vulgaire qui est leur élément leur interdisait toute approche d'une conception esthétique. Il a fallu l'évolution générale de la peinture pour qu'elles soient reconnues comme sour-ces inépuisables d'inventions et d'inspirations plastiques. Nul doute que ce soit Marcel Duchamp et Picabia qui en aient été les découvreurs.

Ce qu'il y a eu de très curieux avec Marcel et Francis, c'est qu'ils ont tous deux immédiatement dénaturé la raison d'être des machines, leur personnalité utilitaire, et leur ont donné d'autres significations. C'est là d'ailleurs où ils se séparent, car chacun a fait une appréciation différente de cette re-création des formes des machines. Dans son livre sur Marcel Duchamp, Robert Lebel attribue une influence prioritaire à la pièce de Raymond Roussel, *Impressions d'Afrique*, sur son entrée dans l'abstrait. Je me souviens que nous étions à la première Francis et moi avec Marcel et Apollinaire, et que nous y avons beaucoup ri, mais je ne peux pas croire que Mademoiselle Montalescot ait eu un tel pouvoir.

J'ai un autre souvenir : en 1911, c'est un grand jour pour moi, car je vais recevoir le baptême de l'air avec Farman, déjà très connu dans le monde de l'aviation. C'est Picabia qui a arrangé cette rencontre, sachant combien j'étais curieuse et désireuse de connaître la sensation nouvelle de voler. Les trois Duchamp ont voulu nous accompagner. Nous sommes à l'orée d'une immense prairie qui est le terrain d'essai des machines volantes, et nous découvrons avec stupéfaction un monde totalement neuf d'objets bizarres – sortes de jouets monstrueux faits de bâtons et de ficelles, et munie d'antennes, c'est-à-dire d'hélices, qui tournent au ralenti – qui pourtant se meuvent, roulent sur le sol, le quittent, évoluent au-dessus de nos têtes dans un bruit infernal ; un point noir a surgi à l'horizon, c'est Farman avec sa fameuse « cage à poule ». A peine l'avons-nous repéré qu'il est là : quelle vitesse extraordinaire ! Je vous fais grâce de mon expérience personnelle...

J'ai toujours pensé que cette journée passée chez les inventeurs de l'air avait marqué une large ouverture sur des horizons nouveaux pour les inventeurs du domaine plastique. Ce fut l'occasion, dès notre retour à Paris et pendant plusieurs jours, de discussions passionnées qui devaient aboutir à l'intronisation de la machine, création des hommes, dans les plus hauts lieux de l'art. Il faut noter que la « vitesse » était aussi à l'époque un des sujets brûlants de l'évolution futuriste. Je suis témoin qu'il n'y eut, alors, aucun contact entre Duchamp-Picabia et les futuristes, et que chacun chercha à résoudre à sa manière le problème d'une expression de la mobilité dans les limites de la surface statique du tableau. Le *Nu descendant un escalier* en est sans doute une version à l'appui de ma suggestion précédente. Je note qu'en 1912 Duchamp a fait une série de dessins et aquarelles parfaitement abstraits (les premiers), qu'il désigne sous le titre de *Deux nus, un fort, un vite, Le Roi et la Reine traversés par des nus vites, Le Roi et la Reine en vitesse*. Puis il y aura une série de machines inventées de toutes pièces mais parfaitement constituées pour fonctionner, semble-t-il, qui sont censées représenter les personnages actifs dans le scénario de *La mariée mise à nu par ses célibataires, même*, cette œuvre mystérieuse qui, maintenant encore, ne cesse d'intriguer et de faire couler de l'encre. Ces recherches mécaniques imaginaires l'éloigneront de plus en plus de la peinture, alors que Picabia, dans tous ces avatars plastiques, n'a jamais cessé d'être peintre, et n'a jamais cherché à éliminer les outils ancestraux de l'art de peindre, bien que ses œuvres soient toujours un défi à la peinture. Il avait une joie, je dirai physique, devant la toile qu'il allait recouvrir de ces constructions orphiques – selon le mot d'Apollinaire, c'est-à-dire abstraites – qui sont pourtant de vrais tableaux, qui contiennent un potentiel surprenant de dynamisme et d'émotion, des œuvres qui tiennent debout – on se demande : « comment tiennent-elles debout sans aucun prétexte ni objectif lisible pour étayer leur existence ? Je rapproche ce mystère de celui du phénomène poétique qui marque toutes les œuvres écrites de Picabia.

Car il est aussi un grand poète, et ses doubles facultés d'expression se rejoignent dans leurs procédés de désagrégation du langage et de la vision. En 1912 Picabia est en possession de son métier de peintre abstrait, et de 1912 à 1914 il donnera une importante production de toiles, quelques unes très grandes, empreintes du dynamisme lyrique abstrait de sa nouvelle manière.

Pourtant c'est presque en même temps que ce grand déchaînement lyrique, que se manifestent à l'exposition des gouaches et peintures chez Stieglitz en 1913 les premiers symptômes d'une autre recherche. Certaines de ces gouaches : *New York, New York vu à travers le corps, Chanson nègre,* sont fabriquées avec une sobriété de moyens qui font penser à des croquis d'ingénieurs. Elles seront la base que plusieurs générations nouvelles vont exploiter. En 1915 ce seront les grandes toiles mécaniques exposées à Modern Gallery que dirige De Zayas, nettement inspirées de fragments de machines. Elles évoquent non pas l'idée de la machine, mais celle d'une création ésotérique que je ne puis qualifier que de poème plastique.

M.M. : En 1913 étiez-vous pour l'Armory Show ?

G.B.P. : Oui, c'est pour cela que nous avons fait le voyage aux Etats-Unis, et cela valait vraiment la peine.

M.M. : Est-ce que l'on avait beaucoup parlé de l'Armory Show ici, en France, et comment avez-vous été avertis ?

G.B.P. : Non, en France on était peu curieux de savoir ce qui se passait dans les arts aux Etats-Unis ; il y avait quand même quelques échanges, quelques artistes ou quelques mécènes, ou quelques directeurs de galeries qui étaient en contact avec l'activité artistique internationale. Et on avait entendu parler du projet d'une grande exposition d'art moderne à New York, où l'avant-garde serait invitée, ainsi que tous les gens importants. C'est ainsi que Walter Pach, un des deux organisateurs, est venu à Paris avec une liste d'artistes à rencontrer. Il a été chez la plupart des artistes en vue : il a été chez les Duchamp, chez Picabia, chez Gleizes, chez Metzinger, chez Picasso, chez tout le monde, en somme. Il a rapporté des monceaux de tableaux. Chez les Duchamp, il y avait des œuvres des trois frères, il y avait le fameux *Nu descendant un escalier,* qui donna à Marcel Duchamp cette réputation extraordinaire.

Cette exposition a été un événement d'une importance capitale pour toute l'Amérique et a eu des répercussions bien au-delà de l'évolution artistique. Elle a transformé le goût en général, et par conséquent toutes les industries qui en dépendent. Elles avait été montée dans des proportions américaines : mille deux cents toiles toutes modernes et de la dernière actualité, accrochées au mur de la caserne du 59e régiment d'infanterie. Le soir du vernissage, et tard dans la nuit, c'est une véritable foule qui se pressait devant les toiles, même les plus difficiles et les plus rébarbatives à comprendre.

Les toiles de Marcel Duchamp, dont le *Nu descendant un escalier,* et les *Danses à la source* de Picabia étaient accrochées les unes à côté des autres sur une partie du mur un peu en retrait et semblaient avoir été placées là pour attirer l'attention. Elles ont soulevé un intérêt et surtout une curiosité qui, pour le *Nu descendant un escalier,* a fait à son auteur une réputation extraordinaire bien avant sa venue aux Etats-Unis. Ces toiles ont été acquises le soir même par des amateurs de recherches nouvelles qui pariaient sur l'avenir de la peinture. Tous les journaux d'Amérique publièrent des articles sur l'Armory Show pendant plusieurs jours, articles parfois injurieux, parfois accordant aux artistes le bénéfice du doute en témoignant d'un désir de compréhension évident.

J'avais été au vernissage avec un certain Eddy (qui a d'ailleurs acheté les *Danses à la source* de Picabia), et j'essayais de lui faire comprendre que l'évolution prodigieuse de la science avait aussi bouleversé les bases matérielles et spirituelles de la société. Par exemple, les progrès constants de la photographie, devenue cinéma, enlevait à la peinture son rôle le plus important, celui de garder l'image de la vie des hommes dans le temps. Tout à coup je me suis aperçue que j'avais derrière moi un auditoire nombreux s'efforçant de comprendre mon mauvais anglais et mes arguments. Quelqu'un s'approcha alors de moi, me montrant sa carte de journaliste et me demanda si j'accepterais de venir faire une conférence privée au journal, pour donner quelques lumières sur ce phénomène incompréhensible : la peinture abstraite. J'y suis allée.

Plus tard, Stieglitz a demandé à Picabia de faire une exposition chez lui, à « 291 ». Picabia a accepté, et s'est immédiatement mis au travail, dans sa chambre de Brevoort : il a fait en un mois 35 ou 40 gouaches et aquarelles, la plupart sur carton, peut-être quelques unes sur toile, mais surtout sur carton, avec passion, et la rapidité extraordinaire avec laquelle il travaillait. Cette production de l'hôtel Brevoort est très remarquable : elle est encore nouvelle, même en regard de ce qui se fait actuellement.

Il y a beaucoup de ces œuvres au Metropolitan Museum de New York, parce que Stieglitz en avait gardé un certain nombre, et à sa mort sa collection a été au Metropolitan Museum. Mais ce sont vraiment des choses étonnantes, extraordinaires pour l'époque, dépouillées de tout ce qui faisait encore l'intérêt de la peinture, absolument. Ce sont des lignes, des traits, c'est l'abstraction la plus complète.

M.M. : Vous dites dans un de vos articles que la prise de possession du non-perceptible, qui est l'objet même de la recherche scientifique, semble être l'aventure du XXe siècle ? Quand vous êtes arrivée à New York, avez-vous découvert qu'il y avait des américains qui travaillaient dans ce sens ?

G.B.P. : Je ne les ai pas connus ! Le seul endroit où il y avait une recherche active du même ordre, c'était le studio de Stieglitz, et la galerie « 291 ».

M.M. : En rentrant en France, vous avez trouvé une situation très différente ?

G.B.P. : C'est-à-dire que le mouvement de transformation, d'expression picturale était beaucoup plus répandu et devenait une routine en France, alors qu'au fond c'était quand même assez limité aux Etats-Unis, très limité, mais très intéressant.

M.M. : Etait-ce pendant ce voyage que vous avez connu les Arensberg ?

G.B.P. : Non, je ne les ai connus qu'en 1915. En 1913, je n'ai connu que le milieu de Stieglitz, avec De Zayas, Haviland et Mrs. Meyer. Je suis donc revenue aux Etats-Unis en 1915. Je suis entrée dans un autre groupe, introduite par Duchamp, qui, entre temps, était parti aussi aux Etats-Unis, grâce surtout à nos conseils, lui disant qu'il serait très mal vu en France, puisque tous ses frères et ses amis étaient au front, alors que là-bas il serait reçu comme un grand homme, étant donné la publicité que lui avait faite son *Nu descendant un escalier.* Cette œuvre a soulevé une curiosité qui n'a sans doute jamais été satisfaite. En effet, dernièrement, on s'en inquiétait encore, puisque j'ai eu la visite d'un assistant du Musée Guggenheim, qui avait été à la Bibliothèque Nationale et y avait trouvé un registre de dessins très curieux sur la décomposition du mouvement d'un corps descendant un escalier. Il m'a dit : « Est-ce que vous croyez que Marcel les connaissait ? parce qu'il y a absolument le

L'appartement des Arensberg à New York, 33 West 67th Street, avant 1921.
The Philadelphia Museum of Art.

même thème que pour le *Nu descendant un escalier* – « Pas du tout, lui dis-je, ce sont des dessins qui n'ont rien à voir avec la peinture ; ce sont des dessins de recherche sur le mouvement, des dessins scientifiques, qui n'ont rien à voir avec la recherche artistique. »

Marcel a donc été très bien accueilli aux Etats-Unis. Walter Pach, qui avait été l'un des organisateurs de l'Armory Show, l'avait introduit dans tous les milieux, et son charme personnel, je dirais même son magnétisme, avait séduit tout le monde. Parmi les amateurs de peinture moderne, il y avait Walter Conrad Arensberg qui désirait le rencontrer. Il y a eu entre les deux hommes une amitié instantanée. Marcel est venu habiter chez lui. Mais Marcel tenait quand même à une certaine liberté de mouvement et d'argent, et pour se libérer il a donné des leçons de français, « des leçons d'amour aux Américaines », disait Picabia et naturellement toutes les élèves sont tombées dans ses bras, et lui qui était très timide avec les femmes, qui ne savait pas comment les aborder, avait acquis une expérience considérable de la manière de se comporter dans toutes les occasions, soit d'en profiter, soit de s'y soustraire. Alors il s'est épanoui, ce n'était plus le même homme, et s'était mis à l'alcool, sans jamais perdre son propre contrôle. Il était très différent, très séduisant.

Dès mon arrivée à New York, on m'a emmenée chez les Arensberg. C'était des mécènes parmi les plus importants, ils avaient un très grand atelier qui abritait une très belle collection d'œuvres modernes. Ils ont acheté tout de suite beaucoup de tableaux à Duchamp. Cette amitié entre eux était une sorte d'envoûtement et entraînait Arensberg dans les méandres angoissants de l'évolution du goût. Il aurait voulu avoir tous les tableaux de Duchamp disponibles. Et c'est sur le conseil de Marcel qu'il avait acquis le portrait inquiétant de Mlle Pogany, de Brancusi, et l'exposait ouvertement dans son atelier. C'était vraiment un sexe géant en état d'érection, on ne pouvait en douter ; mais alors, quand Mrs. Arensberg, d'origine puritaine, avait des visiteurs qui lui demandaient ce que cela voulait dire, elle donnait des explications aux personnes timides de la bonne société bostonienne, leur montrait la tête, les épaules, leur faisait une description anatomique qui n'avait rien à voir avec l'œuvre ; c'était très curieux. On ne rencontrait pas d'ailleurs chez les Arensberg le même milieu que chez Stieglitz. Il y avait énormément de jeunes, un nombre étonnant de femmes-poètes, dont Mina Loy qui est devenue peu après la femme de Cravan. Cet atelier était charmant, et tous les soirs il y avait, dans un coin de l'atelier, un buffet bien servi avec des gâteaux, des saucisses et toutes sortes de choses ; il est certain qu'ils entretenaient beaucoup de jeunes artistes sans le sou, qui pouvaient y prendre leurs provisions de nourriture pour les jours suivants.

M.M. : Quel a été à propos le rôle d'Arensberg dans le scandale Cravan ? et qu'était exactement ce scandale ?

G.B.P. : Cela a été une vraie manifestation dada d'avant la lettre, car personne à l'époque ne connaissait le nom de dada de l'équipe de Zürich.

Quand je suis retournée aux Etats-Unis, les effets de l'Armory Show se faisaient sentir et avaient gagné le monde de la spéculation financière et le haut snobisme. Nous apprîmes par une amie, Heidi Roosevelt, petite-nièce de Théodore par mariage, que des dames de la haute société, dont elle faisait partie, projetaient une conférence éducative sur l'évolution des arts. Elle demandait à Francis et Marcel de les aider, espérant bien qu'ils y paraîtraient eux-mêmes. Cet essai de vulgarisation dans un milieu exclusivement snob et mondain, ne pouvait qu'agacer Duchamp et Picabia, qui ont décidé de faire une manifestation pour que, quand même, « ces gens comprennent un peu » qu'ils étaient tous des « cons ». Ils ont demandé à Cravan, spécialiste des

scandales, de faire la conférence, et il a accepté. Alors on l'a invité à déjeuner avant la conférence. Quand il est sorti du restaurant, il était très ivre ; on lui avait bien expliqué à quel public il avait à faire, comment il devait se comporter. Il est arrivé, il est entré dans cette salle déjà pleine ; il avait un peu de peine à marcher droit, mais il se tenait ; il est monté sur l'estrade en tournant le dos, et là, au lieu de parler, il a commencé à enlever sa veste, et puis il a enlevé ses bretelles, et puis il s'est tourné vers le public et a lancé je ne sais quelles injures à la société... Tout ce qu'il trouvait de plus injurieux ! Tout en continuant à se déshabiller. Alors il y a eu de grands remous dans le public ; deux policiers énormes sont arrivés, l'ont ceinturé, lui ont mis les menottes, et comme il ne tenait pas bien sur ses jambes, on l'a un peu traîné pour le faire sortir de là. Naturellement, grand émoi général ; toutes les dames étaient hors d'elles, debout. Les Arensberg étaient présents dans l'assemblée ; Arensberg s'est précipité vers les agents, il a demandé ce qu'on allait lui faire, et a tout de suite payé la caution demandée pour qu'on le laisse libre. On l'a ramené chez lui. Mais après, ce pauvre Cravan était très malheureux : il disait qu'on lui avait joué un sale tour. Quant aux deux véritables responsables, ils étaient enchantés : « Quelle belle conférence », disait Marcel à qui voulait l'entendre : Heidi était consternée.

Il y avait eu peu avant un autre scandale resté fameux, dû au seul Marcel Duchamp. Il avait été invité à exposer au Salon des Indépendants de New York ; il envoya en guise de chef-d'œuvre un urinal qu'il avait appelé « Fontaine », signé « R. Mutt », du nom d'un grand marchand d'objets sanitaires. Le jury, scandalisé, se sent grandement offensé et lui enleva sa carte de membre.

C'est ce genre de méchantes plaisanteries que j'ai classées sous la rubrique de « l'époque pré-dada à New York » dans mon petit livre *Aires abstraites*. Alors on se demande : pourquoi cette agressivité ? Qu'est-ce donc que l'esprit dada ? C'est une question qu'on m'a souvent posée, et à laquelle il est bien difficile de répondre, surtout quand on a à faire aux gens qui n'ont pas connu cette terrible époque de

Richard Boix.
*New York, Dada group vers 1920.
The Museum of Modern Art,
legs Katherine S. Dreier, New York.*

61

la guerre 14-18. Car tout cela se passait en pleine guerre, et le monde entier était soumis à ses exigences, même si l'on n'était pas directement concerné. On ne pouvait ni parler, ni écrire, ni respirer, ni agir librement ; on était ligoté. Moi-même, je l'ai fortement ressenti. J'étais séparée de mes enfants que j'avais laissés en Suisse, pays neutre mais très suspect aux guerriers des deux côtés ; pendant un an je n'ai pas reçu de leurs nouvelles. Notre agressivité était une révolte, et au fond que pouvait-on y faire ? On ne pouvait pas crier, faire officiellement le procès de la guerre, de l'humanité, de l'absurdité de ce qui se passait dans le monde, de l'horreur, de la violence et de la cruauté généralisées. Mais c'était une manière de se faire remarquer, une protestation camouflée sous cet aspect de folie collective. Les réactions de ce genre, qui pour moi sont à l'origine de l'esprit dada, correspondaient à la révolte de toute la jeunesse de l'époque, enfin de tous ceux qu'on appelait les déserteurs.

M.M. : Cet esprit d'aventure artistique du début du siècle était avant tout une espèce de renversement brutal des valeurs plastiques et morales aussi, une vision bouleversée en quelques années par une sorte de graine de doute qui avait été semée à travers des expériences purement plastiques. Il y a un passé de peintre classique chez presque tous ceux qui ont joué un rôle dans l'avant-garde de cette époque.

G.B.P. : Chère Malitte, vous posez à l'envers les termes du problème. Car ce ne sont pas les expériences plastiques qui ont semé le doute, mais elles l'ont subi à l'égal de toutes les autres valeurs humaines, plastiques ou morales. En effet, comme vous le dites, on voit un passé « classique » chez presque tous les peintres qui ont joué un rôle dans l'avant-garde de cette époque. On ne vit pas seul, on a toujours derrière soi quelque chose, quelques lambeaux d'hérédité, quels qu'ils soient. On n'y échappe pas. On prend la vie à un point qui a été fixé par tout ce qu'on a derrière soi, c'est certain. Vouloir absolument qu'il n'y ait aucune influence de personne ou de qui que ce soit, c'est absurde.
Mais on ne peut pas dire que c'est en France que cela a été le plus spectaculaire – c'était aussi sensible en Allemagne et en Russie, où il y avait des recherches qui étaient peut-être poussées plus loin.

M.M. : Est-ce que vous étiez consciente, à l'époque de ces recherches ?

G.B.P. : Mais oui, voyons ! C'était la seule chose qui m'intéressait. La seule chose et non seulement en peinture, mais pour tous les domaines de l'esprit. Et c'est comme cela que j'ai connu Picabia. On savait que toutes ces recherches d'une expression artistique nouvelle étaient liées à la prodigieuse poussée des connaissances scientifiques qui, depuis la fin du siècle, décalait toutes les données matérielles et spirituelles de la vie. Elles n'étaient pas localisées sur la seule peinture. Avant de rencontrer Picabia, j'étais une musicienne, une vraie, la musique était mon métier. Je me trouvais face aux mêmes problèmes. Picabia me parlait « d'une peinture nouvelle, qui vivrait d'elle-même, comme la musique ». Ceci m'intéressait ; tout de suite, j'ai dit : « Quelle est cette autre peinture ? ». Il lui était impossible de l'expliquer. Quand pour la première fois j'ai été dans son atelier, je dois dire que j'ai été très déçue, mais en même temps extrêmement intéressée par l'idée de re-créer un climat, une matière, de l'expression picturale en dehors de la copie, du doublage de la nature. Cela a été la raison de notre sympathie, de notre entente. Naturellement, il a été lui-même très surpris de voir la compréhension que j'avais de ses recherches ; cela a créé entre nous un lien qui malgré la vie, les difficultés, les séparations, les différences de caractère, n'a jamais été dénoué.

M.M. : Vous a-t-il fait connaître les recherches d'autres peintres à cette époque, c'est-à-dire très tôt, vers 1908 ?

G.B.P. : Naturellement, j'ai connu d'autres peintres !

Mais sa recherche personnelle était très particulière, très secrète et l'isolait complètement de la vie habituelle des arts. Les seules personnes avec lesquelles il a été très lié dès 1911, ce sont les Duchamp, les trois frères, Duchamp-Villon, Villon et Marcel, avec lequel il partageait, par tempérament et par goût cet humour méchant, célébré par Raymond Roussel et Alfred Jarry, qui à l'époque désacralisait toutes les bases importantes de la société.

M.M. : Duchamp connaissait peut-être les recherches russes dans ce domaine ?

G.B.P. : Je ne crois pas que les Russes l'aient influencé... Il a toujours essayé d'être différent, de n'avoir aucun contact avec les autres « chercheurs », à tel point qu'il supprimait dans son travail tout ce qui lui semblait venir d'une inspiration trop facile, pour être bien sûr de n'avoir aucune influence, ni du passé, ni du présent. Il avait un cerveau très exigeant, il n'inscrivait un trait sur la toile qu'après l'avoir longuement analysé, alors que Picabia, lui, ne cherchait que dans son extraordinaire imagination la création de nouveaux éléments de l'art de peindre.

M.M. : Oui, c'était une démarche presque opposée !

G.B.P. : Exactement. Je suis sûre, en tout cas, qu'ils n'ont jamais été influencés par les futuristes ni l'un, ni l'autre. Et je crois que Picabia n'a été en contact avec Marinetti que très tard, en 20, au moment de dada, pour un règlement de comptes, et pour échanger des propos sans aménité. Et Marcel non plus ! En effet, si son *Nu descendant un escalier* peut sembler très futuriste, il est certain que sa recherche est beaucoup plus scientifique qu'artistique. S'il a été influencé par quelque chose, c'est par les travaux ou les recherches du cinéma, c'est très sensible dans son œuvre.

M.M. : Et la musique, quelle recherche suivait-elle ; jouait-elle un rôle dans tout cela ?

G.B.P. : Oui, avec Erik Satie, autre spécimen virulent de l'esprit dada qui dénaturait le langage musical avec humour, de façon irrésistible. Je pense toujours en parlant à une de ses pièces pour piano, « la Bavarde », je crois, où Satie, sur un air connu d'opéra comique, qui dialogue avec un texte parlé : « Ne me parle pas, Rose, je t'en supplie ». J'ai écrit là-dessus dans un petit article pour les *Soirées de Paris* à la demande d'Apollinaire.

M.M. : Mais le jazz et la danse ?

G.B.P. : Quand le jazz est passé en Europe, il y est arrivé en grand conquérant, il a tout de suite pris possession des corps et des esprits comme une drogue. On était aspiré par ses rythmes, les sonorités déroutantes des instruments, et aussi la tendresse de la ligne mélodique quand le saxo ou la clarinette improvisaient. On ressentait cela plus avec ses tripes qu'avec son cerveau.

Naturellement, la danse est devenue une vraie folie, comme aux Etats-Unis lors de mon premier voyage. On dansait partout : dans les cabarets luxueux comme dans les caves des vieux immeubles de Saint-Germain des Prés. Mais je ne peux pas dire que le jazz ait vraiment contribué à la révolution de la musique. C'était une activité fascinante, en marge de l'activité révolutionnaire. Comme la peinture, la musique voulait s'évader du passé, du classique, elle voulait se libérer de la logique draconienne de la science musicale. Elle cherchait un autre domaine sonore, une autre manière de jouer avec les sons. Il lui fallait inventer d'autres instruments, susceptibles de dépasser les limites des sons sélectionnés par la « résonance physique des corps » et par les instruments qui y étaient adaptés. A l'encontre de la peinture qui se libérait de l' « objectivité » pour se retrouver dans l' « invention pure », la musique abandonnait son domaine imaginaire pour retrouver l'objectivité des « bruits » du monde. Musique concrète – Peinture abstraite.

Robert Lebel

Paris-New York et retour avec Marcel Duchamp, dada, et le surréalisme

L'Armory Show de 1913 qui fut, on le sait, le premier et le plus fracassant des affrontements collectifs entre les artistes d'Amérique et d'Europe paraît, à distance, un événement presque fortuit et, selon toute logique, prématuré. Ni ceux qui en prirent l'initiative, ni les exposants eux-mêmes, ni l'opinion, ni le public, ni la critique, n'y étaient vraiment préparés et l'effet de surprise semble avoir été total de part et d'autre.

La signification du phénomène échappe donc aux interprétations esthétiques, psychologiques, sociologiques et « historicisantes » car faute de poser le problème en termes principalement économiques et politiques, il est impossible de comprendre pourquoi quelques peintres américains plutôt conservateurs ouvrirent toutes grandes les portes de leur « marché » intérieur à la concurrence des artistes européens les plus déchaînés.

Sans passer par l'intermédiaire des historiens, on doit aux principaux organisateurs, des révélations sur leur état d'esprit. Pour Arthur B. Davies et Walt Kuhn, respectivement président et secrétaire de la très digne *Association of American Painters and Sculptors*, dont la fondation ne datait que de décembre 1911, il ne fut question d'abord que d'un projet de sécession modeste, dirigé contre l'omnipotente et rétrograde *National Academy of Design*. Cette motivation déclarée en dissimulait pourtant une autre, plus profonde et plus unanime, qui était de dénoncer le provincialisme et l'intolérance des despotiques mécènes locaux, désignés d'ailleurs en Amérique sous le nom caractéristique de « patrons ».

C'est de leur tutelle stérilisante qu'aspirait à se libérer la poignée d'indépendants modérés que groupait l'Association nouvelle. Conscients certes de leur retard « esthétique » sur l'Europe, ils songeaient moins à le combler qu'ils n'enviaient aux artistes d'outre-atlantique leur désinvolture vis-à-vis de leurs clients. Des anecdotes circulaient sur les affronts infligés par Degas ou Rodin aux amateurs trop vétilleux. Pour l'artiste américain de tels écarts n'étaient pas concevables. Il restait tributaire des commandes, de la protection et des caprices impérieux des dames riches. Celles-ci, dédaigneuses ou intransigeantes à l'égard de leurs compatriotes, acceptaient plus volontiers les innovations qui surgissaient au loin. Certaines, comme Gertrude Stein, préféraient partir pour Paris à la recherche des œuvres « outrancières » qu'Alfred Stieglitz, seul de son espèce à New York, s'efforçait vainement d'accréditer dans sa petite galerie « 291 ».

L'analyse de cette situation et l'occasion qu'ils eurent de feuilleter un catalogue du *Sonderbund*, inauguré depuis peu à Cologne, donnèrent l'idée à Davies et à Kuhn d'utiliser à leurs fins particulières le formidable potentiel de scandale de l'avant-garde européenne. Leur méconnaissance de ce qui les attendait leur permit de prendre leur décision dans un but stratégique et presque à froid.

Walt Kuhn s'embarqua le premier et réussit à visiter le *Sonderbund* le jour de la fermeture de cette mémorable exposition, ce qui lui suffit pour comprendre tout le parti qu'il pourrait en tirer. Dès lors une véritable fièvre le saisit et tout va se dérouler à un rythme trépidant. Le temps d'établir des contacts à La Haye, à Berlin, à Munich, en Norvège (avec Munch) et il gagnera Paris où Arthur B. Davies en novembre 1912 le rejoindra. Des artistes américains, déjà familiarisés avec les méandres des ateliers où le nouvel art s'élabore, les piloteront. Alfred Maurer les introduira chez Matisse et chez Vollard mais c'est à Walter Pach, bientôt promu délégué de l'organisation, qu'ils devront la révélation du cubisme en pleine effervescence de Picasso et de Braque et du cénacle des frères Duchamp-Villon à Puteaux. Ce furent ces derniers qui produisirent sur eux la plus profonde impression.

Pendant les dix jours qu'ils passèrent ensemble à Paris, Davies et Kuhn se laissèrent-ils entamer par un « extrémisme » qui ne correspondait guère à leur nature ? Cédèrent-ils à la griserie de la surprise à jet continu ? On devine leur jubilation de voir s'accroître en volume et en puissance la bombe qu'ils vont faire éclater à New York mais on les sent aussi vaguement inquiets des retombées possibles. Quelle sera la réaction de leurs amis qui leur ont donné carte blanche ? Dans cette perspective quelque peu préoccupante, les frères Duchamp-Villon leur offrirent le rassurant spectacle d'une famille d'artistes qui s'étaient affranchis des contraintes sans rien perdre de leurs bonnes manières. Aussi la photographie des trois frères groupés, très bourgeoisement vêtus, dans le parc de la gentilhommière de Puteaux, fut-elle largement diffusée lors de la campagne de presse qui précéda l'exposition. Le public put s'assurer à l'avance qu'il n'avait pas à craindre une invasion de « barbares » ou de « voyous » puisque les exposants les plus subversifs appartenaient de toute évidence à un excellent milieu social.

Ce fut un argument dont on devait se servir beaucoup par la suite mais il tempéra, dès les réunions préliminaires du comité, l'effarement des collègues de Davies et de Kuhn devant la plupart des œuvres qu'en définitive on leur imposait. L'excès même des réactions hostiles de la foule et de la presse, lorsque l'Armory Show s'ouvrit dans sa caserne replâtrée, acheva de sceller l'union des organisateurs et des exposants devant la meute. Les artistes américains les plus tièdes se sentirent sportivement tenus de se solidariser avec leurs invités européens dont ils n'ignoraient plus que, malgré leur irrévérence, ils étaient aussi des « gentlemen ».

Cette instinctive réaction « de classe » est typique politiquement des dernières années de l'avant-guerre et on en trouverait de nombreuses variantes dans d'autres domaines. C'est le moment où la bourgeoisie, minée par les contradictions internes, cesse de faire bloc. Il faudra la guerre pour ressouder temporairement l'union sacrée. En 1913, la discordance amorcée par Manet, Gauguin et Toulouse-Lautrec entraîne les nouvelles générations d'intellectuels et d'artistes à une critique sans indulgence de leur propre milieu. Les frères Duchamp-Villon sont à cet égard tout à fait exemplaires et on comprend qu'ils aient éveillé des pulsions demeurées latentes chez Davies et Kuhn. La seule erreur de calcul des deux Américains est d'avoir pris la famille Duchamp pour un monolithe.

Assurément une si courte visite ne leur permettait pas de tout pressentir mais s'ils avaient examiné de plus près la fameuse photographie des trois frères, ils auraient soupçonné peut-être, en scrutant le visage crispé du plus jeune,

l'écart qui le séparait de ses deux aînés. Or une malice du hasard fit que justement celui-là, rebelle à la deuxième puissance, négateur de la négation, pénétrant en Amérique comme par effraction, sous couvert d'une dissidence esthétique déjà dépassée, devint l'exposant le plus célèbre de l'Armory Show et, pendant un demi-siècle, le perturbateur implacable de l'art moderne.

Trente ans plus tard, Walt Kuhn m'avoua n'en être pas encore revenu. On n'avait probablement pas jugé opportun à Paris de l'informer de la brimade infligée à Marcel Duchamp au Salon des indépendants de 1912, lorsque le comité composé de ses meilleurs amis le somma de retirer le *Nu descendant un escalier* dont l'Armory Show allait faire son œuvre-vedette. On ne l'avait pas informé davantage de la répugnance de plus en plus marquée de Duchamp pour la peinture de chevalet mais l'eût-il su, comment prévoir les ravages qui en résulteraient à long terme ? Comment subodorer dès le départ que l'entreprise tout entière reposait sur un malentendu ?

L'ombre d'une fissure apparut déjà dans le bilan de l'Armory Show, économiquement assez amer pour les exposants américains. Leur cote marchande excédait de beaucoup celle des Européens, on le remarqua très vite et les spéculateurs sagaces ne manquèrent pas l'aubaine. Sur les 250 œuvres vendues à New York et aux étapes ultérieures de Chicago et de Boston, 200 provenaient de l'étranger. Le Metropolitan Museum donna le signal en jetant son dévolu sur la *Colline des pauvres*, le premier Cézanne à être admis dans un musée américain. Des collectionneurs plus ou moins novices emboîtèrent le pas et John Quinn, A.J. Eddy, Albert Barnes, Lillie Bliss, Katherine Dreier, Walter Arensberg se lancèrent à cette occasion dans leurs foudroyantes carrières de possesseurs d'art contemporain.

Du côté des artistes, Odilon Redon s'inscrivit en tête du palmarès, suivi de Marcel Duchamp et de Jacques Villon dont les amateurs se partagèrent toutes les œuvres exposées mais la manne fut assez abondante pour être répartie avec éclectisme entre Derain, Vlaminck, Gleizes, Picabia, Raymond Duchamp-Villon, Brancusi, Lehmbruck, Manolo, Bourdelle, Rodin, Archipenko, Pascin, Dunoyer de Segonzac, Kandinsky, Matisse, Picasso, sans omettre des astres moins scintillants, tels Camoin, Chabaud, Eugène Zak, Charmy ou Girieud. Le négoce parisien représenté par Durand-Ruel, Druet, Vollard, Kahnweiler, Bernheim Jeune, se félicita d'avoir largement alimenté cette manifestation et lorsque les statistiques parvinrent aux exposants les plus favorisés, le mythe d'un pactole américain prit son essor. Encore mal aimée en Europe, l'avant-garde effectuait une percée spectaculaire vers le nouveau monde, aux dépens des autochtones.

Pour ceux-ci, l'opération se soldait par un traumatisme et la mauvaise humeur qui s'empara des membres de *l'Association of American Painters and Sculptors* précipita sa dislocation. Le même choc qui fut si vivement ressenti par la foule, qui dessilla les yeux de tant de regardeurs et qui suscita l'éclosion presque immédiate à New York de plusieurs galeries dédiées au « modernisme », n'eut qu'un effet de dissuasion sur les artistes locaux. Loin de se mettre au diapason des Européens, la plupart se retranchèrent dans un régionalisme de défense.

Mieux encore il faut noter chez eux, longtemps après l'Armory Show, la persistance d'une sorte de rancune contre leurs compatriotes trop ouvertement contaminés par leurs séjours outre-atlantique, Patrick Bruce, Arthur Carles, Oscar Bluemner, Morgan Russell et Alfred Maurer qui s'étaient groupés en 1908 avec Max Weber en une *New Society of American Artists in Paris*, ne se relevèrent jamais de l'ostracisme dont ils furent frappés à leur retour dans leur propre pays, lors de la déclaration de guerre. L'un d'eux devait se donner la mort. Ainsi l'Armory Show, conçue pour aiguillonner les artistes américains, devint le prétexte de leur dépérissement pendant plusieurs lustres.

L'avant-garde européenne, au contraire, lui fut redevable d'un second souffle. Les nouveaux mouvements, dont quelques-uns venaient de se manifester aux Etats-Unis et qu'une critique balbutiante qualifia globalement de « cubistes », accélérèrent leur exploration du domaine encore presque vierge de la « non-représentation » et de ses alentours. Le géométrisme d'abord austère et aplati de Picasso et Braque, au seuil duquel Derain avait hésité, reçut l'appoint de Léger et de Gris, tandis que Matisse, de dix ans plus âgé qu'eux, occupait solidement les positions de résistance d'une « figuration » plane et schématisée mais vibrante de couleur post-impressionniste ou « fauve », dont se paraient aussi chacun à sa manière, Monet, Munch, Bonnard, Rouault, les « expressionnistes » allemands et même Kandinsky, malgré son renoncement lyrique aux apparences.

On fit pourtant place au futurisme, cet oublié de l'Armory Show qui proliférera vers la Russie. Il y eut l'orphisme de Robert Delaunay, branché sur les lointains de Klee, de Macke, de Marc. Ce fut une mêlée souvent furieuse mais une connivence implicite maintenait la cohésion de ces francs-tireurs, face à la malveillance quasi générale. L'art se muait en un moyen de connaissance et cette révélation, promulguée par Apollinaire, soulevait l'enthousiasme des initiés. A l'imagerie pathétique de Chirico, de Modigliani, de Chagall, d'Utrillo, de Kokoschka, de Kirchner, s'opposeront diamétralement l'ascétisme bidimensionnel de Mondrian et le « suprématisme » de Malevitch. C'est alors que Marcel Duchamp, coupant court aux controverses autour de la deuxième et de la troisième dimension, ne songera plus qu'à s'approprier la quatrième.

Quand Picabia revint de l'Armory Show, où il s'était répandu en déclarations tonitruantes, il constata que Duchamp mettait à exécution sans l'attendre le plan de rupture radicale qu'ils avaient longuement tramé. Les armes secrètes de ce qu'on a nommé plus tard leur conjuration « prédadaïste » furent forgées par Duchamp en moins de deux années : les *Broyeuses de chocolat*, les tracés pour la *Machine célibataire*, les premiers *Readymade*, les 3 *Stoppages-étalon*, la *Glissière*, les 9 *Moules Mâlic*. De son côté, Picabia, encore « rétinien », peignait ses *Udnie* et, tout à coup, comme on mouche les chandelles lorsque la fête est interrompue, la guerre paralysa ces expériences tenues du jour au lendemain pour indésirables, suspectes, sinon répréhensibles.

Débarquant à New York en juin 1915, Duchamp y fut accueilli avec une cordialité qui visait surtout le peintre qu'il n'était plus. On ne doit pas se dissimuler l'exiguïté du milieu dans lequel il évolua, tout au long de sa première phase américaine, jusqu'à son départ pour Buenos-Aires en août 1918. Le prosélytisme de Walter Pach lui valut la protection des Arensberg et une place enviable dans leur cercle d'artistes et d'écrivains excentriques, où Picabia le rejoignit bientôt mais, en dehors de quelques intimes : Covert, Schamberg, Crotti, de Zayas, leur seule recrue de taille fut Man Ray.

Le parallèle entre New York et Zurich a été maintes fois tenté. La distance fort inégale qui séparait ces deux villes de la guerre ne justifiait pas entièrement leurs contrastes. L'effet le plus visible que produisit sur Duchamp son transfert en Amérique, fut de le délivrer à jamais de son drame et la base de dérision mécanique, résolument « non-rétinienne » et « anti-art », sur laquelle s'étaya le dadaïsme new yorkais, résulte surtout de ce changement d'humeur. Nous abordons l'époque freudienne, les traits caractériels des artistes devront donc entrer encore davantage en ligne de compte, d'autant plus que pour Duchamp il n'est pas inexact de situer à New York le lieu de son « illumination ».

Avoisinant cet ilot dadaïste que hantaient, on le voit, quelques personnages spéciaux, d'autres peintres non négligeables conservaient malgré tout un souvenir tonifiant de l'Armory Show et ils constituaient presque clandestinement une avant-garde américaine à l'état embryonnaire. Parmi eux, Joseph Stella qui avait eu des contacts avec les futuristes, et Charles Demuth, un des créateurs du « précisionnisme », furent les plus proches de Duchamp. Quant à Marsden Hartley, John Marin, Arthur Dove, Charles Sheeler et Stuart Davis, le plus jeune, qui gravitaient entre l'expressionnisme et le cubisme, on sait qu'ils prêtèrent attention à la signification du *Grand verre*, alors en cours d'exécution et des *Readymade*. Ce ne dut pas être le cas de John Sloan, George Bellows ou Rockwell Kent, que Duchamp coudoya au comité des « Indépendants » de 1917 et qui prirent plutôt mal le tour qu'il leur joua en leur faisant refuser son urinoir signé « R. Mutt ».

Après la guerre, revenant à Paris pour un bref séjour, Duchamp trouvera tous les protagonistes de l'avant-garde de 1914 en place, sauf son frère Raymond Duchamp-Villon, Guillaume Apollinaire et quelques millions d'autres morts. La fièvre créatrice lui paraîtra considérablement calmée. La plupart des peintres se détourneront de la « non-figuration » pour renouer plus ou moins ouvertement avec le réalisme, le sujet et la perspective classique, en dépit des efforts d'Ozenfant et Jeanneret dans le sens de « l'esprit nouveau » et de Mondrian dans le sens du « néo-plasticisme », ce dernier avec l'appui de Théo van Doesburg.

Seul Picabia, s'insurgeant, dès son retour, contre cette « régression », réussit à faire scandale au Salon d'automne de 1919 avec ses tableaux explosifs, chargés de ce sarcasme dada dont trois jeunes poètes : André Breton, Aragon et Soupault s'émerveillaient dans leur revue *Littérature*. L'arrivée de Tristan Tzara devait hâter le déclenchement de l'offensive dadaïste à Paris mais déjà Duchamp repartait pour New York, laissant *L.H.O.O.Q.* en souvenir à ses amis connus ou inconnus.

Malgré le marasme qui semblait total à New York, il y construisit sa première machine d'*Optique de précision*, conçue pour propulser les images jusqu'alors fixes dans les séquences « cinétiques » du « tableau-objet ». Il prit part aussi à la fondation de la « Société Anonyme » et à la publication de *New York Dada*, le tout avec Man Ray qui, néanmoins, estimant que ses possibilités américaines s'amenuisaient, décida de s'expatrier. Au lendemain du Salon dada, ils sont ensemble à Paris où ils s'insèrent d'abord mal dans l'activité ambiante. Paradoxalement, c'est à ce qui se passait alors en Russie que leurs préoccupations s'apparentaient plutôt. En effet, un des premiers résultats de la Révolution d'octobre, sur le plan plastique, avait été la mise en question sans merci de la notion d'œuvre d'art. Lorsque l'avant-garde « cubo-futuriste » de Malevitch, Kandinsky et Tatlin se trouva officialisée en 1918, elle fut aussitôt attaquée par la nouvelle génération « constructiviste » qui, contestant à son tour le statut « fétichiste » et « sublimatif » de la création esthétique, s'orienta vers une forme d'artisanat utilitaire et anonyme, rejoignant ainsi tout à fois les préceptes de Lénine et les directives de Duchamp. Peut-être celui-ci aurait-il persisté dans cette voie étroite, sans sa rencontre décisive avec Breton qui sut l'intéresser à la grande aventure poétique du surréalisme.

Moment crucial à Paris, où l'éclipse partielle de l'abstraction et la recrudescence du réalisme littéral ne laisseront aux peintres novateurs que bien peu de recours mais les « collages » de Max Ernst révéleront les incalculables possibilités du détournement des images. C'est l'automatisme qui va changer l'aspect des choses. Après Max Ernst l'initiateur, Masson, Miro, Arp, Tanguy, Dali, Magritte, Picasso même, vont en prospecter les ressources. L'inconscient, le désir et le rêve investiront la peinture et le « relief » pour consacrer enfin l'objet, dont les Readymade « aidés » de Duchamp auront préfiguré le fulgurant destin symbolique.

Bientôt acquis à Breton dont l'ascendant s'imposait à tous, Man Ray devint assidu à son groupe, bien plus que ne le fut jamais Duchamp, trop absorbé par ses tournois d'échecs et par sa navette entre Paris et New York. Autant en effet Man Ray se détacha facilement de l'Amérique, son pays natal, autant le besoin de s'y retremper demeurait impérieux chez Duchamp. Paris restait pour lui la jungle, dont le taux de concentration en artistes supposés géniaux lui rendait l'air irrespirable car, aux peintres et aux sculpteurs déjà familiers depuis le début du siècle, s'en ajoutaient constamment d'autres, venus ou revenus après la guerre se réchauffer à ce foyer d'art unique au monde. A Montparnasse, on aurait pu certains jours croiser successivement sur trois cents mètres : Brancusi, Soutine, Severini, Kupka, de Chirico, Van Dongen, Foujita, Pascin, Gabo, Pevsner, Mondrian, Lipchitz, Chagall, Zadkine, Calder ou Alberto Giacometti, mêlés aux « autochtones » : Villon, Derain, Raoul Dufy, Vuillard, Signac, Marquet, Laurens, sans mentionner les plus illustres du moment, ni les surréalistes, surtout concentrés à Montmartre.

En revanche, aux yeux de Duchamp, New York c'était alors la « campagne ». Il avait des milieux d'art américains une vue presque bucolique et Louis Eilshemius, un peintre naïf et férocement anti-moderne, en devint pour lui l'incarnation. Pendant les années 20 et 30, Duchamp dut à ses continuelles allées et venues d'être l'homme de loin le mieux informé des évolutions contradictoires de l'art américain et de l'art européen, qu'il critiquait durement l'un et l'autre mais en faisant porter sa critique sur le comportement des artistes, plutôt que sur la qualité des œuvres. Ayant pour sa part tiré son épingle du jeu en se dégageant de ses obligations esthétiques, c'est sur ce point d'éthique, dont il fut le premier à saisir l'importance, que son accord avec Breton resta le plus profond et le plus efficace. La pratique même de l'art en sera fondamentalement modifiée.

Des soucis analogues, exprimés par Breton dans ses Manifestes, ont conditionné pendant vingt ans les peintres surréalistes qui se sont interdits par une sorte de scrupule, au risque de laisser à leurs tableaux un aspect un peu « pauvre », les effets de métier dont les « connaisseurs » sont friands. Partagés, comme les autres artistes de leur époque, entre les tentations extrêmes d'un abandon total à l'épanchement des flux ou d'un retour plus ou moins voilé aux

configurations immobiles, ils gardèrent longtemps en commun leur aspiration à ces hautes exigences.

Cependant l'école de Paris, dont les surréalistes s'étaient eux-mêmes exclus, poursuivait son ascension vertigineuse. Matisse, après avoir été le peintre le plus bafoué de l'Armory Show, devenait une célébrité mondiale. Ayant reçu la récompense suprême du Premier Prix Carnegie en 1927, avant Derain qui l'obtint en 1928, il fut sollicité comme Bonnard en 1926 (1) de venir se joindre au jury qui décerna le Prix de 1930 à Picasso. Le séjour de Matisse aux Etats-Unis se résuma ensuite en une tournée triomphale des grandes collections où il était abondamment représenté. A Merion, le Dr. Barnes le reçut comme un monarque et réussit, non sans mal, à le convaincre d'accepter la commande du triptyque de La danse.

En 1932, Matisse encore et Picasso furent pressentis, en vain, cette fois, pour décorer le « Rockefeller Center » avec Diego Rivera qui obtempéra mais dont la peinture murale, jugée politiquement offensante, devait être détruite et remplacée par les compositions bénignes de Frank Brangwyn et José Maria Sert. Ajoutons que l'année 1932 fut celle du suicide d'Alfred Maurer, ami et disciple de Matisse et l'un des plus puissants visionnaires dont l'art des Etats-Unis puisse se targuer. Autant de menus faits qui aident à comprendre l'ambiguïté du climat américain entre les deux guerres.

Duchamp savourait avec ironie l'antithèse entre la résistance obstinée au « modernisme » du groupe numériquement le plus considérable des peintres de l'American Scene et l'accumulation parallèle d'œuvres de l'avant-garde européenne, par les musées et les collectionneurs les plus dynamiques. Vingt ans après l'Armory Show, la situation qui l'avait rendue possible se trouva donc complètement inversée. Ce fut au tour des directeurs de musées et des mécènes de prétendre arracher les artistes américains à leur nostalgie folklorique, en les incitant à prendre enfin conscience de la conjoncture internationale.

Il faut dire qu'au début des années 30 et des deux côtés de l'Atlantique, les contradictions culminent. En Europe, l'avant-garde est politisée et elle a anticipé la révolution industrielle qui n'est pas encore accomplie, tandis qu'aux Etats-Unis, où la mutation a eu lieu déjà, l'art local, marxiste ou apolitique, refuse toujours de s'y adapter. Relativement à leur milieu, les artistes sont en avance ici, en retard là mais tous sont en porte-à-faux esthétiquement et politiquement, ce qui explique la multiplication des réactions de rejet et des interventions autoritaires.

Seul l'art mexicain échappe à ce dilemme car il a été le premier à trouver son style propre et il reste le seul à pouvoir compter sur un véritable soutien de l'opinion. Partout ailleurs l'effondrement de l'économie mondiale, l'exaspération des idéologies et l'avènement du nazisme vont faire éclater la crise esthétique. Aux Etats-Unis, les artistes, soudain privés de leur achalandage intérieur, ne survivront et n'évolueront que grâce aux aumônes gouvernementales du « Federal Art Project » et des autres initiatives de l'administration.

Bannie des deux tiers de l'Europe, l'avant-garde n'aura de choix qu'entre une culbute dans les crématoires de l'art « dégénéré » et un ralliement aux « valeurs occidentales », jusqu'alors âprement récusées et combattues. Bientôt elle sera « récupérée » de gré ou de force par les « démocraties » qui l'annexeront à l'arsenal de leur propagande, pour diffuser par l'exemple, l'image de marque du « monde libre ». En 1936, deux expositions de vaste envergure, organisées par Alfred Barr au Museum of Modern Art de New York : *Cubism and Abstract Art* et *Fantastic Art. Dada. Surrealism*, confirmeront ces prises de positions spécifiquement politiques.

Sur le plan local, l'intention avouée des organisateurs, reprenant l'ambition de l'Armory Show, sera d'inciter les artistes américains à vaincre leurs inhibitions et à s'enrôler dans la nouvelle croisade d'un « modernisme » épuré de ses relents séditieux. Pourtant ces deux manifestations, malgré leur éclat, ne contribueront qu'imparfaitement à la réalisation de ce dessein. Ayant pour seul dénominateur commun la remise en cause de la perception normative, elles s'opposeront sur les moyens d'y parvenir. La première exposition tentera vainement de concilier les contradictions flagrantes entre le cubisme, déjà intégré dans l'histoire et l'art abstrait, dont l'évolution vient d'être brutalement interrompue en Europe centrale et qui, provisoirement désemparé, se réclame simultanément de la contemplation et de l'industrie. Comparativement, le surréalisme en plein essor sera seul en mesure de préconiser un plan véritablement efficace de transgression du monde visible par le déchaînement délibéré de l'irrationnel.

L'apparition en force, dans un musée, du surréalisme avec sa virulence qui ne se limite pas à des effets plastiques, s'effectuera donc aux Etats-Unis d'abord, le fait ne sera pas sans conséquences, même si l'on peut soupçonner les organisateurs d'avoir tenté de noyer un peu le poisson dans un déploiement historique et documentaire remontant au XVe siècle et suffisamment ambigu pour tendre à rapprocher Breton, Ernst, Miró, Arp, Magritte ou Duchamp de Walt Disney et de Rube Goldberg, c'est-à-dire de deux amuseurs.

Exemplaires à tous égards, ces expositions empreintes d'une bonhomie libérale à double tranchant vont donner le ton aux futures interventions des autorités culturelles dans l'élaboration, l'interprétation et l'orientation de l'art oppositionnel, réduit sciemment aux dimensions d'un spectacle. Car l'innovation d'Alfred Barr, prenant soin d'avertir le public dans sa préface que le surréalisme est « une affaire sérieuse », s'articulera sur ce point précis, qui serait selon l'optique de Duchamp, le point d'*indifférence*, position inexpugnable où se tiendront dorénavant les muséologues, plutôt fiers du renouvellement de leurs méthodes d'approche.

Les imprécations, les invectives qui ont accueilli l'un après l'autre tous les mouvements « modernes » depuis le XIXe siècle seront tenues désormais pour des signes d'arriération, ce qui n'empêchera pas l'évolution du goût public de rester à peu près nulle et l'art de devenir encore davantage une activité « élitiste ». Fatalité devant laquelle les muséologues américains, avec un bel optimisme, refuseront de s'incliner et qu'ils s'efforceront de conjurer par une accélération systématique des échanges dits « socio-éducatifs ».

Réussiront-ils là où avaient échoué successivement les « constructivistes » russes et le « Bauhaus », dont les efforts d'ouverture vers des audiences plus larges se soldèrent pour les premiers par le « productivisme » et le réalisme socialiste et, pour le second, par sa suppression définitive à Berlin lors d'une descente de police en 1933 ? Contre toute attente, le « pari » américain sera partiellement gagné. En présentant l'avant-garde européenne à la fois comme une troupe de Barnum en tournée et comme une invitée d'honneur, ano-

blie mais jugulée par les persécutions, Alfred Barr attirera dans son musée une foule, d'abord renâclante, dont la conviction se raffermira dès qu'elle saura que le spectacle lui est offert grâce à la munificence de quelques milliardaires éclairés. Rien de tel pour forcer le sentiment public envers les artistes que les témoignages ostensibles de la faveur des « grands ».

Les muséologues consolideront ces premiers succès en s'armant d'une objectivité prétendue imperturbable et en allant à la limite de leurs efforts de distanciation. On utilisera bien entendu le freudisme, invoqué par les artistes eux-mêmes, pour démasquer leurs névroses et en analyser les structures plastiques. Redoutable bertillonnage, malgré son camouflage de sympathie et qui, s'ajoutant à l'escalade simultanée de l'agiotage, menacera de tarissement à plus ou moins longue échéance les sources d'une avant-garde et d'un art réfractaires.

Duchamp ne devait pas se méprendre sur la portée de ces événements, en dépit du regain de notoriété qu'ils allaient lui valoir. J'eus la chance de le rencontrer vers cette époque, alors qu'il arrivait à New York pour restaurer le *Grand verre*, accidentellement brisé. Loin de manifester la moindre amertume, il se déclarait comblé par cette collaboration du hasard. Je fus frappé par son rayonnement et sa capacité de mépris. Chaque fois que l'on prononçait devant lui le nom d'un artiste célèbre, il murmurait tristement : « Le pauvre... ».

L'entretien eut lieu dans la nouvelle galerie d'Alfred Stieglitz, dénommée « An American Place », titre significatif de la métamorphose de cet ancien pionnier de l'internationalisme en art. Il y siégeait en se vouant au culte exclusif de Georgia O'Keeffe, son épouse hiératique et de John Marin.

Aucun d'eux, ni Duchamp d'ailleurs ne voyaient d'un bon œil les efforts dépensés par les augures pour faire prévaloir le goût européen. Tous les Américains qui s'y étaient pliés avaient tourné mal. Alfred Maurer s'était pendu. Patrick Bruce avant de mourir en 1937 fit un autodafé de ses tableaux. Il avait été avec Morgan Russell, Stanton MacDonald Wright et Arthur Frost, dont les destinées furent moins tragiques mais tout aussi décevantes, un ami de Robert et de Sonia Delaunay et l'un des fondateurs du « synchronisme » filiale américaine de l'« orphisme ». Dans cette ambiance, les grandes expositions informatives ne suscitèrent sur place que peu de vocations immédiates et, jusqu'à la guerre, ni l'abstraction, ni le surréalisme n'obtinrent de véritable droit de cité en Amérique.

L'expressionnisme engendra quelques-uns de ces monstres auxquels les Américains n'ont jamais résisté et parmi lesquels ceux d'Ivan Le Lorraine Albright eurent un instant la palme, tandis que couvait sous la cendre le surréalisme secret de Joseph Cornell et que l'opposition de l'*American Scene* à toute ingérence extérieure attestait la solidité de ses assises.

Depuis longtemps déjà, Marsden Hartley, Charles Sheeler, Stuart Davis, Milton Avery pratiquaient, sans répercussions notables, une peinture « semi-abstraite », sous une forme assez hybride à composantes de fauvisme, d'expressionnisme, de cubisme et de représentation schématisée, selon des recettes empruntées tantôt à Picasso, tantôt à Braque, à Léger ou à Matisse. D'autres comme Ferren, Glarner, George L.K. Morris cernaient l'abstraction de plus près.

68

Cette ambivalence à l'égard de la « non-représentation » fut peut-être le trait le plus commun aux avant-gardes des années 20 et 30 en Amérique et en Europe. Pour de jeunes inconnus de la nouvelle génération – ils avaient noms Arshile Gorky, de Kooning, Gottlieb, Rothko, Jackson Pollock – l'exemple à suivre fut d'abord celui de Picasso mais en y adjoignant celui de Miró et celui, plus lointain, de Cézanne. C'est dire que, pour eux aussi, les tentations abstraites ne pouvaient se passer d'une certaine dose de « biomorphisme ».

Cependant d'authentiques peintres abstraits, comme Hans Hofmann et Josef Albers, venus d'Allemagne dès 1933, restèrent confinés dans des postes obscurs d'enseignants et n'émergèrent que beaucoup plus tard. Il en fut de même pour le « Bauhaus », que des cloisons étanches séparaient de l'école de Paris et qui s'achemina lentement vers l'Amérique, par la Hollande et l'Angleterre, en abandonnant ses positions européennes.

Lorsque Walter Gropius et Lazlo Moholy-Nagy fondèrent le « New Bauhaus » à Chicago en 1937, ils apportèrent dans leurs fourgons cet extraordinaire amalgame de sublimation et de « productivisme », d'idéalisme théorique et d'asepsie, de simplisme plastique et de novations architecturales, de « constructivisme », de décoration, de « Stijl » et de technologie qui devait s'intégrer admirablement à l'espace industriel de l'Amérique du Nord. Quant aux tendances plus « artistes » ou plus mystiques du « Bauhaus », elles ne furent pas sans inspirer aussi les jeunes peintres en gestation. L'influence de Kandinsky sur Arshile Gorky et surtout celle de Klee sur Mark Tobey devinrent bientôt manifestes.

A Paris, relativement à 1914, les milieux d'art de la deuxième « avant-guerre » se montraient dans leur ensemble moins résolus, moins sûrs d'eux-mêmes, moins inventifs, moins disposés à prendre des risques. Une certaine accoutumance aux facilités matérielles, chez les artistes les mieux pourvus, pesa peut-être sur leur capacité de passer outre et d'éliminer les survivances ou l'incurie mais l'accumulation des bouleversements et des menaces politiques, en Espagne et ailleurs, pouvait perturber leur mode d'expression.

En 1937, l'Exposition Universelle de Paris, celle du *Guernica* de Picasso, traduisit l'hésitation générale. Le premier hommage officiel aux « Maîtres de l'art indépendant », mobilisa les salles redondantes du Petit-Palais de juin à octobre mais le niveau de l'Armory Show de 1913 n'y fut pas même atteint, puisque ni Kandinsky, ni Duchamp, ni Brancusi qui se trouvaient tous alors en France, ne furent consultés ou ne reçurent d'invitation.

A l'exception de Max Ernst, représenté par un seul tableau, contre trente-neuf pour Maurice Denis, tous les surréalistes étaient escamotés, cela plusieurs mois après l'exposition retentissante du Museum of Modern Art de New York et après celle non moins remarquée des *Objets surréalistes*, à Paris même chez Charles Ratton.

L'art non-objectif ne fut pas mieux traité car, pour souligner son prétendu recul, on l'amputa de Mondrian qui travaillait depuis 1919 à Paris, où il avait participé en 1932 à la fondation du groupe « Abstraction-Création », avec Gabo, Pevsner, Vantongerloo, Michel Seuphor, Gorin, Hélion, etc., dont il ne fut pas question non plus, Herbin ayant été l'unique adepte de ce mouvement à fléchir la censure des organisateurs mais avec des compositions figuratives.

S.W. Hayter. Photo Arnold Newman.

Toutes les velléités expérimentales, nombreuses à cette époque dans les directions les moins attendues furent soigneusement écartées pour faire place à une écrasante majorité d'œuvres destinées à établir la prédominance du sujet lisible, voire anecdotique, même chez les « maîtres » qui s'en étaient le plus fréquemment affranchis.

Ce choix tendancieux et autant dire provincial accusait le retard pris par les oracles des musées français sur leurs homologues américains, mieux documentés et plus astucieux dans leur mainmise.

L'exposition surréaliste de 1938 fut d'abord un défi à l'esprit de résignation et de médiocrité dont le piètre palmarès du Petit-Palais n'était qu'un des signes annonciateurs. Entre André Breton et Marcel Duchamp, son « générateur-arbitre », il y eut, cette fois, accord complet pour en finir avec le cérémonial maniaque des alignements d'œuvres en « cimaise », qui était déjà et qui demeure toujours le dernier mot des assembleurs d'expositions. On décida de dresser, face à la marée montante de la sottise, de la servilité, de la complaisance et de la terreur, un *lieu*, jungle ou caverne, qui abriterait, comme autant de sortilèges humoristiquement incantatoires, les témoignages les plus insolents accumulés depuis quinze années par le surréalisme.

Cette manifestation qui eut l'ambition d'être totale, puisqu'elle anticipait sur les futures techniques de l'*environnement*, fut aussi et non moins résolument *anti-art*. L'œuvre surréaliste, en effet, se veut avant tout l'instrument d'une action collective sur la vie même. Elle ne saurait donc sans tricher se soumettre à des critères esthétiques ou pragmatiques et servir à orner ou à disculper un monde qu'elle récuse mais cette règle fondamentale, sur laquelle Breton et Duchamp refusèrent constamment de transiger, cessait alors d'être contraignante pour quelques peintres dont Dali fut le plus cynique. Réintégré provisoirement dans le groupe pour les besoins spectaculaires de l'exposition, il essuya, sans se laver de son hérésie, l'averse qui faillit noyer son *Taxi pluvieux*.

A mesure que se précisait l'imminence d'un nouveau massacre, le problème de l'efficacité réelle de l'œuvre d'art reprenait de son actualité. L'avertissement prémonitoire des surréalistes allait-il mieux réussir à écarter la tuerie que ne l'avaient fait les présages de l'avant-garde en 1914 ? Leur illusion de puissance dissipée, l'artiste et le poète se retrouveraient-ils une fois de plus, démunis, devant le piège de l'engagement politique ? Interrogation qui peut, aujourd'hui, paraître naïve mais qui correspondait à l'espoir fou dont beaucoup d'intellectuels avaient investi une certaine forme d'expression plastique, saisie comme un langage.

Le prétendu iconoclasme qui a saccagé l'art moderne ne serait-il rien d'autre qu'une tentative de transmutation des images en *emblèmes*, analogues à ceux qu'utilisaient les primitifs pour faire tomber la pluie ou repousser l'envahisseur ? Rêve millénaire dont on aurait tort de rire sous prétexte qu'il a échoué jusqu'ici matériellement car lui seul peut justifier l'existence de l'art. C'est ce que confirma Breton, lorsqu'il revint du Mexique à la veille de la guerre, porteur du manifeste *Pour un art révolutionnaire indépendant*, qu'il avait signé avec Diego Rivera mais qui était également marqué par la griffe de Trotsky.

Si l'on nous accorde une halte dans ce survol, nous pouvons en déduire un premier constat : de 1913 à 1939,

l'avant-garde a déjà changé plusieurs fois de fonction mais nous ne sommes pas au bout de nos peines car il lui reste à changer de monde. La guerre allait y pourvoir et l'exode commença.

Contrairement à ce que prétendent parfois des critiques américains, nous ne croyons pas que toutes les forces vives de l'art européen se soient déversées en Amérique à point nommé. La présence énorme et silencieuse de Picasso à Paris suffit à réduire la portée de cette assertion mais il est vrai que ses œuvres, et celles des autres artistes qui furent comme *ensevelis* pendant cinq ans, ne cessèrent jamais d'être vues aux Etats-Unis, soit dans les collections permanentes et déjà copieusement garnies des musées, soit dans les expositions temporaires dont le rythme ne devait pas se ralentir.

Si l'on songe à ce que montra sans discontinuer pendant toute la durée de la guerre le Museum of Modern Art de New York, si l'on se remémore ses Picasso, ses Matisse, ses de Chirico, ses Klee, ses Max Ernst, ses Arp, auxquels vinrent s'ajouter le *Grand verre* de Duchamp prêté par Katherine Dreier, les Miró, les Dali, les Calder des rétrospectives de 1942 et 1943, si l'on y annexe les Kandinsky de la collection Solomon Guggenheim et la profusion des itinéraires calculés de Peggy Guggenheim dans sa galerie *Art of this Century*, inaugurée en octobre 1942 et suivie aussitôt de l'Exposition Surréaliste disposée en labyrinthe par Breton et Duchamp, on commence à imaginer l'extraordinaire pression culturelle qui pesa sur le démarrage de l'art américain, au moment où tout sombrait ailleurs.

Il manquait cependant aux héritiers présomptifs de cette légende, la confiance en leur capacité de reproduire le miracle sur leur propre terre réputée stérile. On leur avait depuis l'enfance rebattu les oreilles du mythe des hauts lieux d'Europe, et de Paris surtout. Arshile Gorky relatait la détresse qui le prenait à la gorge dans les musées, devant les Picasso et les Miró dont il ne pouvait être question de peindre l'équivalent à New York. Jusqu'aux approches de sa quarantième année, il se crut condamné à rester un imitateur.

On a peine à restituer l'atmosphère de New York au début des années 40 avec sa cohue hétéroclite de réfugiés d'art, parmi lesquels Dali tenait le haut du pavé, concurrencé par Pavel Tchelitchev et Eugène Berman, décorateurs et costumiers des Ballets Russes. Lyonel Feininger, américain du « Bauhaus » revenu récemment d'Allemagne, George Grosz dont l'expressionnisme autrefois féroce virait au rose pour s'intégrer à une *American Scene* toujours sur la brèche, Kisling, vétéran de Montparnasse, Archipenko qui, ayant de loin devancé Lipchitz et Zadkine, ouvrit une école en 1939, Ozenfant qui transplanta la sienne de Londres en 1940, Hélion qui, évoluant en sens inverse de la mode, allait passer de l'abstraction au néo-réalisme. Dans cette affluence, l'apparition des vedettes internationales : Chagall, Léger, Mondrian et celle des surréalistes : Matta, Tanguy, Max Ernst, Breton et Masson, cités dans leur ordre d'arrivée, passa d'abord inaperçue.

C'est un fait bien connu qu'un grand homme, dès qu'il devient un fugitif, perd le plus clair de son prestige. On ne fit donc pas grand cas de ces personnages meurtris, dépaysés, d'allure besogneuse pour la plupart et qui parlaient mal l'anglais ou, dans le cas de Breton, pas du tout. Leur « recyclage » fut malaisé, les galeries faisant la moue devant les offres de service de ces « maîtres », dont les œuvres ornaient tous les livres et tous les musées mais dont le déclin fatal de l'Europe risquait de compromettre l'avenir monnayable. On les éconduisait avec politesse en leur conseillant de se convertir au « réalisme magique » qui se vendait et que la critique en vogue entendait substituer au surréalisme commercialement démodé.

Marcel Duchamp, arrivant sur ces entrefaites avec sa « Boîte-en-Valise » pour tout bagage, reconnut aussitôt le climat de 1915. C'était partout la même déférence gourmée envers les meneurs « historiques » de l'avant-garde, comme jadis envers le triomphateur de l'Armory Show, mais aussi la même volonté d'endiguer leur influence. Pour les surréalistes, la semi-clandestinité dans laquelle ils se virent ainsi contenus ne fut pas une épreuve inutile. La publication par Breton en juin 1942 dans le premier numéro de *VVV* des *Prolégomènes à un troisième manifeste du surréalisme ou non*, galvanisa les énergies, attira de nouveaux adeptes et décida les artistes à faire sur place, sous les yeux de quelques jeunes américains fascinés, la démonstration de leurs pouvoirs. C'est alors que l'étincelle enfin jaillit.

Les historiens ont minutieusement précisé la chronologie de cet évènement capital et le rôle de Matta dans sa fomentation a été mis en évidence. On sait que, conquis par son exubérance dialectique, Baziotes, Motherwell, Gorky, furent convaincus les premiers que seul l'automatisme les aiderait à sortir de l'impasse où ils se débattaient. Pour Gorky surtout, les tableaux exécutés par Matta entre 1938 et 1942 ouvraient la voie vers une peinture spontanée, lyrique, mouvante, d'une morphologie ambiguë, exposée au hasard des frottages, des grattages et des coulures.

L'exemple de Masson, dont l'automatisme excluait toute référence à une image préalable et celui de Max Ernst, qui en plus de ses expériences de collage, de frottage et de décalcomanie, arrosa quelques toiles de couleur fluide à l'aide d'une boîte oscillante (2), durent suggérer aussi à Pollock et à l'*Action painting* plusieurs de leurs principes de base mais ces recettes techniques auraient-elles autant frappé les peintres sans l'inspiration poétique dispensée par Breton ? Malgré les difficultés qu'ils éprouvaient à communiquer autrement que par monosyllabes et par gestes, les contacts entre Breton et Gorky furent certainement pour ce dernier une véritable initiation poétique dont ses tableaux demeurèrent imprégnés. Ce ne fut pas la moindre prouesse de Breton que de réussir, en dépit de son ignorance de l'anglais, à marquer de son sceau la poésie américaine comme la suite des faits le démontra. Jack Kerouac, dans *Vanity of Dulluoz*, nous apprend qu'en 1944, étant déjà lié avec William Burroughs et Allen Ginsberg, il se proposait Rimbaud, Lautréamont et les surréalistes pour modèles lointains, sans savoir que Breton se trouvait alors également à New York. Mieux informé, Philip Lamantia dut à Breton de publier au même moment ses premiers poèmes dans *VVV*, assurant ainsi à terme le passage du surréalisme à la « Beat Generation ».

Très réduit en 1941, le groupe s'accrut considérablement en cours de route. A Max Ernst, Duchamp, Tanguy, Matta, Masson s'étaient joints Dorothea Tanning, Kurt Seligmann, Esteban Frances, Enrico Donati, Jimmy Ernst, Robert Motherwell, Kay Sage, Jacqueline Lamba pour les peintres, David Hare, Maria Martins, Calder, Isabelle Waldberg pour les sculpteurs. Si l'on ajoute à ces noms ceux des surréalistes retenus dans d'autres régions américaines comme Man Ray en Californie, Lam à Cuba, Leonora Carrington, Paalen et Remedios Varo avec Benjamin Péret au Mexique, si l'on y ajoute aussi Loren Mac Iver, Morris Graves, Mor-

ris Hirshfield, Mark Tobey, William Baziotes, Gerome Kamrowski, Joseph Cornell, Jackson Pollock, Mark Rothko, Adolph Gottlieb, Arshile Gorky, William Hayter, classés parmi les surréalistes par Sidney Janis dans son livre *Abstract and Surrealist Art in America*, paru en 1944, on mesurera l'importance de ces apports et l'étendue de cette pénétration, spécifiquement collective.

On assigne pour date limite à ces échanges, celle du suicide d'Arshile Gorky en 1948 et on ne peut se retenir de comparer son destin à celui de ses prédécesseurs trop européanisés. Il avait un an plus tôt participé à l'Exposition surréaliste de Paris et je puis attester sa fidélité à Breton, qu'il me réaffirma quelques semaines avant sa mort. Les controverses qui ont cours en Amérique, à propos de la priorité de son appartenance à l'expressionnisme abstrait, sont donc parfaitement oiseuses car, dans son esprit, la création d'une nouvelle peinture américaine ne se concevait pas sans les ressources surréalistes sur lesquelles il savait pouvoir compter.

Jusqu'en 1947 en tout cas, qui fut l'année où Jackson Pollock, nouveau Samson de la peinture, fit s'écrouler les colonnes du temple, les rapports restèrent fluctuants entre les surréalistes et leurs émules américains. Les différences n'apparurent que peu à peu. On s'étonne que les surréalistes aient pris conscience les premiers du gigantisme des paysages et de leur relief, comme le fit Max Ernst en Arizona où il retrouva les sites dont il avait rêvé, et comme Tanguy dont les mirages se sont hérissés et durcis. Il est surprenant aussi que l'art des Indiens de l'Amérique du Nord et des Eskimos ait été tiré de l'ombre de l'ethnographie par les surréalistes et qu'ils s'en soient d'abord directement inspirés comme André Masson dans ses tableaux emblématiques ou organiques, Matta dans ses personnages convulsifs apparus vers 1945 et Isabelle Waldberg dans ses constructions de bois flexible. La séparation se produisit au niveau de la peinture elle-même, lorsqu'on vit se répandre chez les Américains le culte de la belle pâte croustillante, des larges coups de brosse et des effets de pigment, qualifiés en anglais de « painterly » et en allemand de « malerisch ».

Ce n'était certes ni de l'esthétisme, ni de l'art pour l'art mais l'esprit de révolte, primordial pour les surréalistes, semblait faire place à une adhésion au monde, exprimée par la main palpant avec délice les couleurs, et par l'immersion à corps perdu de l'artiste dans sa peinture, assimilée à un milieu natal. L'abandon graduel de toute allusion figurative fit craindre aussi le retour de la tendance au désengagement et à la neutralité dont les surréalistes ont toujours déploré l'empire sur l'art abstrait.

Sans méconnaître l'ampleur de ce raz-de-marée qui affecta la plupart d'entre eux et bouleversa Mondrian lui-même, comme le révéla son *Boogie Woogie*, les exilés, obéissant au mouvement de pendule qui reliait depuis trente ans l'Amérique à l'Europe, reprirent prudemment le chemin de Paris car l'atmosphère de New York ne leur disait plus rien qui vaille. En effet dès la mort de Gorky, le vent tourna et le terme « surréaliste » redevint comme auparavant une injure. Les peintres américains qui avaient été marqués le plus profondément et parmi lesquels ne se trouvaient pas seulement Jackson Pollock, Robert Motherwell, De Kooning, ou Mark Rothko mais aussi Clyfford Still et même Barnett Newman, commencèrent à dissimuler leurs tableaux de l'époque surréalisante comme certains veulent faire oublier l'impureté de leur origine. Les surréalistes qui s'étaient un peu attardés : Max Ernst, Dorothea Tanning et Matta se

De gauche à droite :
ligne du bas : S.W. Hayter, Leonora Carrington, Frederick Kiesler, Kurt Seligmann.
ligne centrale : Max Ernst, Ozenfant, André Breton, Léger.
ligne en haut : Jimmy Ernst, Peggy Guggenheim, Tchelitchew, Marcel Duchamp, Piet Mondrian.

décidèrent à partir. Ceux qui restèrent : Yves Tanguy, Kay Sage, Kurt Seligmann eurent bientôt la fin que l'Amérique réserve à ses peintres maudits.

Seul Marcel Duchamp assistait imperturbable au retour en force de la peinture « rétinienne ». Après avoir apporté son concours à Breton pour l'organisation de l'Exposition surréaliste de 1947, il reprit ses allées et venues entre Paris et New York et redevint le spectateur des ébats artistiques en se gardant bien d'y participer. Ce qu'il pensait de la vague abstraite d'après-guerre, qui submergeait d'ailleurs l'Europe aussi, nous l'avons appris quand fut dévoilé en 1969 son dernier ouvrage : *Etant donnés...*, dont il avait secrètement entrepris l'exécution dès 1946, dans un style corrosif et ultra-réaliste. Il se trouvait une fois de plus à contre-courant.

A leur retour à Paris après la seconde guerre, les exilés s'aperçurent, comme l'avait fait Duchamp en 1919, qu'à l'exception de certains disparus – Delaunay, Soutine, Kandinsky, Bonnard – l'ancienne « avant-garde », devenue à présent la « vieille garde » restait bien vivante et ne manifestait aucune intention d'abdiquer. Les surréalistes éprouvèrent quelque peine à se frayer chemin dans le maquis de cette conjoncture, Hans Hartung y ayant développé déjà, antérieurement aux Américains, une abstraction lyrique ou « gestuelle », opposée à l'abstraction géométrique d'Herbin et du groupe des « Réalités nouvelles », bien que de part et d'autre on se préoccupât de métaphysique autant que de formes et de couleurs.

Simultanément, une tendance férue de « hautes pâtes », celle de Wols, de Dubuffet, de Fautrier, s'affirma, tandis que, sous l'impulsion divergente d'Hartung, de Nicolas de Staël, de Soulages, du Canadien Riopelle, du Danois Jorn et du Californien Sam Francis (3), un mouvement dénommé *informel* ou *tachiste* fut une sorte de riposte moins brutale à l'expressionnisme abstrait des Américains mais ceux-ci semblent s'être inquiétés fort peu de la concurrence.

Les annales de cette époque montrent d'ailleurs que, ni pour les uns, ni pour les autres, la partie n'était encore gagnée. Une exposition intitulée : « L'œuvre du XXᵉ siècle », organisée à Paris en 1952 par James Johnson Sweeney, sous les auspices d'un « Congrès pour la liberté de la culture », indisposa les milieux français par son orientation trop américaine, sans que le moindre artiste américain y eût été admis. Pour les collectionneurs et les musées d'Amérique et d'Europe, il n'existait encore qu'un seul art consommable : celui de l'école de Paris d'avant 1939, mais sans les surréalistes puisque l'exposition de Max Ernst chez René Drouin en 1950 fut un « four ».

Reflet assez fidèle des préférences publiques, la Biennale de Venise décerna ses trois premiers Grands Prix d'après-guerre à Braque en 1948, à Matisse en 1950, à Raoul Dufy en 1952. Une volte-face s'esquissa vers le surréalisme en 1954 avec le Grand Prix de Max Ernst et les récompenses accessoires d'Arp et de Miró. Des noms américains parurent enfin au palmarès : celui de Calder en 1952, celui de Mark Tobey en 1958.

La critique américaine d'aujourd'hui, qui n'accepta son expressionnisme abstrait que vers 1955, à la veille de la mort de Pollock, prend volontiers un ton triomphaliste peu conforme à la réalité du temps. Harold Rosenberg, ancien collaborateur de Breton dans *VVV*, peut en témoigner, lui qui en septembre 1952, dans *Art News*, dénonçait encore le

scandale de l'étouffement de l'avant-garde américaine par les « bureaucraties » locales. Ce phénomène, qui se répète de génération en génération avec une régularité lassante, justifie qu'on ait si longtemps ignoré en France non seulement l'Amérique mais aussi le futurisme, l'expressionnisme allemand, le « Bauhaus » et qu'en revanche les Américains aient rayé le surréalisme et l'Europe tout entière de la carte, ce qui au XVIᵉ siècle, serait revenu à situer la décadence irrémédiable de Venise vers 1570, alors que Titien, Véronèse et Tintoret peignaient toujours et de mieux en mieux. Les calculs conjecturaux des « bureaucraties » butent souvent sur la longévité des artistes. Celle de Duchamp lui permit encore de renverser les rôles. L'inauguration de la col-

lection Arensberg en 1954 au Musée de Philadelphie, où étaient groupés une quarantaine de ses œuvres, le releva de son statut de personnage marginal et attira sur lui l'attention de quelques jeunes peintres allergiques à l'expressionnisme abstrait.

A l'intérieur de ce mouvement, certains commençaient d'ailleurs à réagir contre ses aspects les plus paroxystiques, personnifiés par Pollock ou par Franz Kline, et s'orientaient vers un traitement plus retenu des grandes surfaces. Barnett Newman et Mark Rothko veillèrent à ce que les leurs fussent parcourues d'imperceptibles frissons et traversées par des bandes verticales chez l'un, horizontales chez l'autre. On mettait le cap sur le « sublime abstrait ».

Reprenant l'agitation à leur compte, Jasper Johns et Robert Rauschenberg, sans renoncer tout à fait au style « painterly », virèrent en direction de l'objet, depuis longtemps « tabou ». Duchamp les fit alors inviter, en compagnie de Louise Nevelson, à l'Exposition internationale du surréalisme qu'il organisait à Paris avec Breton à la fin de l'année 1959. Il assumait de nouveau sa fonction de médiateur entre l'avant-garde américaine et les surréalistes, lesquels se portaient plutôt bien, malgré les nombreux constats de décès dressés par la critique. Pour le prouver, on avait réuni sous le signe encore occulté de l'érotisme et autour d'un « festin » consistant en un corps de femme : Max Ernst, Miró, Man Ray, Magritte, Victor Brauner, Arp, Matta, Lam, Méret Oppenheim, Dorothea Tanning, Toyen, Leonora Carrington, Alberto Giacometti, Bellmer, Oelze, Hérold,

Max Ernst, André Breton, Great River, Long Island 1944.

Tournois d'échecs chez Julien Levy, New York 1945.
Frederick Kiesler, Marcel Duchamp (de dos), Koltanowsky, Alfred Barr, X, Vittorio Rieti, Dorothea Tanning, Max Ernst.

Robert Motherwell, Max Ernst, X, Amagansett 1945.

Cornell, Dax, Svanberg, Trouille, Enrico Baj, Molinier et Jean Benoît, qui, à cette occasion réalisa le cérémonial prévu par le marquis de Sade en 1806 pour son enterrement. Ce fut, ainsi que Breton l'écrivit, une « reconnaissance en pleine forêt vierge dans Paris même... », une « transgression », un dévoilement magnifié du désir.

En jetant sur Paris leur coup d'œil rapide et distrait de peintres, Johns et Rauschenberg purent donc vérifier que le nouvel art américain n'y exerçait pas encore une domination sans partage, d'autant que l'art cinétique ou « op-art », issu des expériences optiques de Duchamp dans les années 20, faisait affluer autour de Vasarely de nombreux adeptes accourus de l'hémisphère austral. Décidément, le colossal impact de Pollock ne suffisait pas à l'expressionnisme abstrait pour réussir tout à fait sa percée vers l'extérieur et l' « art du réel » d'Ellsworth Kelly et Frank Stella, qui lui fit suite, ne semble pas y être parvenu davantage. Sans doute son aspect « hard edge » sans originalité spectaculaire a-t-il masqué l'ampleur de ses ambitions aux yeux des Parisiens, déjà sensibilisés par le mysticisme monochrome d'Yves Klein, les « demeures » d'Etienne Martin, les pseudomachines de Tinguely, les « compressions » de César et le « pré Pop-art » de Bill Copley.

C'est cependant à un autre précurseur du « Pop-art » qu'il appartint d'établir enfin sur le monde cette suprématie américaine tant souhaitée et tant redoutée dont la première démonstration internationale fut le couronnement de Robert Rauschenberg à la Biennale de Venise en 1964. Cette consécration s'inscrivit dans le contexte politique de la « guerre froide » et d'une grave crise économique dont l'école de Paris fut durement affectée et qui révéla soudain la fragilité de l'infrastructure financière sur laquelle les réputations d'art se fondaient. La haine viscérale que l'art moderne n'a jamais cessé d'inspirer au public européen – mais que la promesse de placements fructueux et sûrs contenait dans les limites des convenances – se déchaîna devant l'effondrement des prix. La presse stigmatisa les responsables : Picasso (toujours lui), Dubuffet, Miró, Hartung, coupables d'avoir mal résisté au fiasco commercial, ce qui les ravalait une fois de plus au rang d'imposteurs.

L'art américain, dans ce climat empoisonné, parut offrir de plus solides garanties. On le disait assuré de l'appui presque inconditionnel d'un public aux inépuisables ressources financières, et avide de promotion sociale par le truchement des investissements « culturels ». Une législation propice aux acquisitions d'art les légitimait toutes aussitôt, sur le plan de la création, comme sur le plan de la consommation. Les mouvements les plus inconciliables coexistaient sans hargne et se partageaient avec équité les fruits de la prospérité cumulative, l'imagerie d'un Pop-art ultra-rutilant se développant de pair avec l'austérité de l'art minimal ou avec les outrages de Kienholz et la contestation rampante des « happenings » ne troublant guère la digestion des nantis, alors qu'en Europe le refus de l'art-marchandise commençait à faire son chemin.

En 1965, l'acrimonieux *J'accuse* de Thomas Hess vint confirmer Duchamp dans sa position de gêneur. Certains le tenaient pour un devancier complaisant du Pop-art et surtout d'Andy Warhol, aimable enjoliveur de *Readymade* en conserve. D'autres, à l'instar des « Nouveaux Réalistes » de Paris et des divers groupes « néo-dada » proliférant à New York, invoquaient l'exemple de son humour mordant. On sait qu'il ne vit pas sans satisfaction ceux-ci restituer à l'art la fonction critique dont vingt ans de peinture « rétinienne »

l'avait dessaisi. Ce fut néanmoins sans lui que Breton organisa sa dernière exposition surréaliste à *L'Œil* pour réaffirmer l'exigence de l'*Ecart absolu*, avant de mourir à l'heure où l'on soufflait les lampions de la rétrospective Picasso.

Hélas ! de tels faits divers n'étaient plus de nature à éblouir les Américains, trop occupés chez eux à inventorier les trésors tout neufs de leur art définitivement immunisé contre les agressions extérieures. Blasé, Duchamp continuait à s'acquitter avec flegme du rite de sa navette annuelle et sa constance fut un facteur marquant du maintien des communications inter-continentales, sérieusement menacées de rupture. Les antennes coriaces des musées français eurent enfin vent de l'importance de son rôle et il put célébrer « en famille », à la fois son quatre-vingtième anniversaire et sa première exposition à Rouen et à Paris.

L'année suivante, après avoir attentivement observé les saturnales de mai 68 et y avoir vu nombre de ses idées prendre corps, il mourut au début de l'automne mais pour ressusciter en 1969 lorsque fut dévoilé son dernier ouvrage et pour reparaître encore sur le pavois de ses rétrospectives à Philadelphie, New York et Chicago en 1973 et 1974, au moment où trépassait à son tour Picasso, puis en 77 à Beaubourg.

A ce stade final de notre « survol », nous sera-t-il permis d'épiloguer sur la longévité de ces deux hommes et de quelques autres, plutôt que sur la revanche des Américains libérés du joug de l'Ecole de Paris, ou sur la déconfiture des Européens, débordés contradictoirement par le Pop-art, l'art du réel, l'art conceptuel, l'art pauvre, l'art minimal, le design (rejeton du Bauhaus), l'art narratif, l'hyperréalisme (rejeton de l'American Scene), le body-art ou la technique de « pointe » de l'art-vidéo. Le mimétisme n'a que l'embarras du choix.

Sur le plan artisanal de la « marchandise » cousue main, l'Europe conserve pour l'instant les atouts économiques de certaines vedettes encore « exportables », parmi lesquelles se trouvent toujours en tête de vieilles connaissances surréalistes : Max Ernst, Man Ray, (décédés récemment, ce qui ne change pas encore les données du problème), Miró, Masson, Dali, Matta, Lam mais aussi Chagall, Delvaux, de Chirico, Kokoschka, Hartung, Dubuffet, Vasarely, Schöffer et les « cinétistes » ainsi que de nouvelles étoiles : Francis Bacon, Richard Lindner, Arman, David Hockney, sans oublier une imposante pléiade de sculpteurs, souvent comparables aux « géants » américains David Smith ou Calder, lequel au surplus habitait la France et s'est réclamé du surréalisme.

Cohorte hétéroclite, il faut le confesser mais celle d'en face ne l'est guère moins, tant s'entremêlent dans chaque camp des artistes de toute obédience et de toute origine. Cette remarque n'est pas superflue puisque les turbulences, les récessions et les crises réitérées sont encore interprétées en termes de rivalités esthétiques par la plupart des commentateurs américains et européens.

L'opiniâtreté des résistances ne doit pas nous empêcher d'aller plus loin et de poser ici une question : le schisme inepte qui aboutit à rétablir l'ancienne ségrégation en « écoles nationales », d'ailleurs truffées de déracinés et de migrants, dans le cadre d'un art contemporain manifestement international par essence, ne serait-il pas une des séquelles de l'Armory Show ?

Nous avons vu qu'un débat dialectique entre l'abstraction et la représentation, entre la perspective illusionniste et la surface bidimensionnelle s'y était instauré, pour se diversifier, s'amplifier, parfois pour s'envenimer sans jamais se conclure, les tendances antagonistes, tantôt subdivisées, tantôt amalgamées, traduisant dans toute sa disparate l'ambiguïté humaine devant la nature, alternativement désirée ou haïe. De plus, si l'on admet que la perspective à trois dimensions est, de nos jours, un résidu de l'idéologie classique, les implications politiques de ce débat ne peuvent être ignorées, même si les artistes n'en sont pas toujours conscients.

Ce fut le propre des avant-gardes que d'improviser, l'une après l'autre, des réponses inédites à ces interrogations refoulées et la solution surréaliste, opérant par la convergence humoristique des contraires, n'en finit pas de provoquer des rebondissements. L'un des plus inattendus est le néo-surréalisme américain dont une exposition a eu lieu à Chicago en mai 1976. Duchamp, toutefois, détient le record absolu du parcours intégral du cycle, avec ses revirements successifs de la figuration à la non-représentation et vice-versa, de la matière « painterly » au « rendu sec », de l'évocation picturale du mouvement aux machines optiques et au cinéma, du *Readymade* à l'objet surréaliste et à l'assemblage, du subtil au banal, de l'évidence à l'énigme, du lyrisme à l'ironie, du flagrant à l'occulte, de la rareté aux multiples, du détachement à la virulence, de l'art de comportement au geste, de la manipulation du langage au « signe » et aux graffiti, du « mental pur » du *Grand verre* au vérisme corporel d'*Etant donnés...*, chaque étape de cet itinéraire sinueux entre les extrêmes, se ponctuant de trouvailles que ne se lassent pas de faire valoir des épigones, en Europe comme en Amérique et jusqu'au Japon.

Pourtant notre « survol » d'un segment réputé « libre » de l'art occidental, a fait nettement apparaître les limites de son pluralisme dans le temps et dans l'espace. La marge de manœuvre dont semblaient disposer, depuis l'Armory Show, les avant-gardes consécutives, se réduit à un répit de plus en plus bref entre deux courants de stabilisation culturelle. Tôt ou tard, une irrésistible pression sociale efface les contrastes trop ostensibles et l'art, ou l'anti-art, le plus réfractaire est intégré, malgré lui, au décor, par le biais de l'économie de marché.

On doit avouer aussi que les prophéties de l'avant-garde ont été souvent démenties par les faits. La « mort de l'art », proclamée entre 1913 et 1922 par des hommes aussi divers que Duchamp, Picabia, Boccioni, Théo van Doesburg ou les « constructivistes » russes, n'a pas empêché les cinquante années suivantes d'être parmi les plus prolifiques de tous les temps. En conséquence, les musées, condamnés à mort, eux aussi, par les futuristes et les dadaïstes, ont acquis, en se multipliant, une toute-puissance que même Alfred Barr n'osait pas briguer. Engorgés par des collections pléthoriques dont ils ne peuvent montrer qu'un échantillonnage, ils régentent désormais le goût du public et ils exercent sur les artistes une implacable hégémonie, puisque selon les œuvres qu'ils décident d'exposer dans leurs salles ou qu'ils dissimulent dans leurs caves ou qu'ils négligent d'accueillir, les réputations se confirment ou l'ostracisme s'accentue. Les choix étant plus que jamais motivés par la vogue immédiate ou par la cote marchande, il en résulte une répartition hiérarchique des artistes en castes, soumises à l'arbitraire d'un favoritisme non moins rigide que celui des régimes dictatoriaux.

Corrélativement, le système « sélectif » qui gave de dithyrambes, d'expositions et d'honneurs quelques « maîtres » financièrement consacrés, tout en poussant au désespoir ou à la mendicité des milliers d'autres, n'est pas l'effet du hasard ou des fluctuations du goût mais le résultat voulu d'une politique du pouvoir.

L'avant-garde, dans cette contingence, a-t-elle encore une raison d'être et un avenir qui ne soient pas parodiques ? Doit-on s'attendre à ce qu'on l'institutionnalise, comme s'y sont évertués les Américains, pour assurer à la production plastique en voie d'industrialisation, un taux « normal » de croissance ? Déjà des organismes d'état s'emploient à la réanimer et la consolident dans son rôle d'opposition de Sa Majesté, qui est son plus récent avatar mondain.

Beau sujet de diatribe qu'une conclusion de cet ordre, après plus de cinquante ans de prétendus triomphes d'une avant-garde dont les conquêtes tant exaltées ne servent de rien aux nouveaux venus. Dans la meilleure hypothèse, pour ceux qui s'avouent encore artistes et rejettent la nostalgie rétro, leur rapport difficile avec une classe dominante qu'ils estiment schizoïde mais qui les croit paranoïaques, secrète le ferment des insurrections inassouvies.

Héritant de langages stéréotypés, ils sont contraints d'en imaginer constamment d'autres, pour appâter une clientèle amorphe et sans que les parcelles dispersées de la « Haute Science » hermétique : psychanalyse, marxisme, académisme, linguistique, structuralisme, sémiotique ou anthropologie, leur facilitent l'accès du « signifiant » philosophal qu'ils ne cessent pas de convoiter.

Reste alors le recours aux modes d'expression parallèles, pour autant qu'ils échappent encore à la domestication, et la postérité de Dada, de Duchamp ou du surréalisme serait pour beaucoup dans cet autre dérapage.

(1) On ne lui alloua qu'un second prix en 1936.

(2) On nous pardonnera de nous référer toujours aux mêmes exemples passablement élimés.

(3) Il se rattachait à l'école du Pacifique, plus ouverte que celle de New York aux rituels picturaux d'Extrême-Orient. Son long séjour à Paris n'est pas étranger à l'imprégnation d'une partie de la peinture « informelle » par ces mêmes influences, véhiculées aussi par le « calligraphisme » de Mathieu, ou les encres de Michaux.

Claude Lévi-Strauss
New York post et préfiguratif

En débarquant à New York au mois de mai 1941, on se sentait baigné dans une moiteur de tropique, signe précurseur d'un de ces étés étouffants et humides qui obligent l'écrivain à s'entourer le bras d'une serviette-éponge pour éviter que la sueur n'imbibe le papier. De pouvoir, pendant des heures, marcher à la découverte de la ville en tenue légère accroissait encore un sentiment de liberté compréhensible, chez qui venait de réussir à gagner les Etats-Unis après une traversée laborieuse et non sans risques. J'arpentais sur des kilomètres les avenues de Manhattan, profonds chenaux que les gratte-ciel surplombaient d'escarpements fantastiques ; je m'engageais au hasard dans les rues perpendiculaires, dont la physionomie variait de manière imprévue d'un bloc à l'autre : tantôt misérable, tantôt bourgeoise ou provinciale, et le plus souvent chaotique. Décidément, New York n'était pas la métropole ultra-moderne que j'attendais, mais un immense désordre horizontal et vertical attribuable à quelque soulèvement spontané de l'écorce urbaine plutôt qu'aux projets réfléchis des bâtisseurs ; où des courbes minérales, anciennes ou récentes, restaient intactes par endroits, tandis qu'en d'autres des cimes émergeaient du magma environnant, comme les témoins d'ères différentes qui se seraient suivies sur un rythme accéléré ; avec, dans les intervalles, les vestiges encore visibles de tous ces bouleversements : terrains vagues, chalets incongrus, masures, édifices en briques rouges – ces derniers, déjà coquilles vides promises à la démolition.

En dépit de la hauteur des plus grands édifices, et de leur entassement sur la surface étriquée d'une île où ils se dressaient comprimés les uns par les autres (« Cette ville qui vous attend debout », disait Le Corbusier), je découvrais à l'orée de ces labyrinthes que la trame du tissu urbain restait étonnamment lâche : à preuve tout ce qu'on a pu y insérer depuis, et qui, chaque fois que j'ai revisité New York, m'a donné un sentiment croissant d'oppression. Mais, en 1941, et sauf dans les canyons autour de Wall Street, New York était une ville où l'on respirait sans gêne ; que ce soit le long des avenues flanquant de part et d'autre la Cinquième, et qui, plus on s'éloignait vers l'est ou vers l'ouest, prenaient une allure faubourienne ; ou bien après avoir remonté Broadway ou Central Park West, en gagnant les hauteurs de Columbia University balayées par les brises venues du fleuve.

En vérité, New York n'était pas une ville, mais, à cette échelle colossale dont on prend seulement la mesure en mettant le pied dans le Nouveau monde, une agglomération de villages. En chacun d'eux, sauf peut-être pour aller au travail on eut pu passer sa vie sans sortir. Ainsi s'expliquaient, d'ailleurs, les profonds mystères d'un subway express qui, pris sur le même quai, et à moins d'être parfaitement informé des symboles peu visibles placardés sur la première voiture, vous transportait, sans qu'on ait la moindre chance de descendre en cours de route, tantôt à votre destination, ou dans quelque banlieue distante de vingt kilomètres. Ne faisant jour après jour qu'un seul trajet, la grande majorité des voyageurs n'avait pas besoin qu'on l'instruise des autres ; des repères devenus familiers pouvaient rester elliptiques.

Aux intersections d'artères tracées comme au cordeau, et qu'on eût cru confondues dans un même anonymat géométrique, les groupes ethniques composant la population new-yorkaise avaient trouvé chacun son lieu d'élection : Harlem et Chinatown, bien sûr, mais aussi les quartiers portoricain (à l'époque, en cours d'installation vers la 23e rue Ouest), italien (au sud de Washington Square), grec, tchèque, allemand, scandinave, finlandais, etc... avec leurs restaurants, leurs lieux de culte et de spectacle. On se dépaysait en franchissant quelques blocs. Par là, déjà, New York préfigurait les capitales européennes de l'après-guerre, marquées par l'affluence d'une main-d'œuvre et la prolifération concomitante de boutiques et de restaurants diversement exotiques. Depuis 1910 en effet, la proportion des personnes nées à l'étranger n'a pas cessé de diminuer aux Etats-Unis, tandis qu'en France et dans d'autres pays d'Europe, elle augmente depuis 1945 à un rythme si rapide que, pour parler seulement de la France, elle atteint aujourd'hui le double de ce qu'elle est aux Etats-Unis.

D'autres points sensibles de la ville trahissaient des affinités plus secrètes. Les surréalistes français et leurs amis s'installaient dans Greenwich Village où, à quelques minutes de Time Square par le subway, on pouvait encore loger, comme à Paris du temps de Balzac, dans une maisonnette à deux ou trois étages avec un jardinet par derrière. Peu de jours après mon arrivée, allant rendre visite à Yves Tanguy, je découvris et louai aussitôt, dans la rue où celui-ci habitait, un studio dont les fenêtres donnaient sur des jardins tombés en friche. On y accédait par un long corridor en sous-sol conduisant à un escalier particulier sur l'arrière d'une maison de briques rouges. L'ensemble appartenait à un vieil Italien presque infirme qui se faisait appeler « docteur » et dont prenait soin, ainsi que de leurs locataires, sa fille, créature anémique entre deux âges restée demoiselle en raison d'un physique ingrat, à moins que ce ne fût pour veiller sur son père. C'est seulement il y a deux ou trois ans que j'appris que Claude Shannon y logeait aussi, mais sur la rue et à un étage supérieur. A quelques mètres l'un de l'autre, lui créait la cybernétique et j'écrivais les *Structures élémentaires de la parenté*. Nous avions à vrai dire une jeune amie commune dans la maison, et je me souviens que, sans citer de nom, elle me parla un jour d'un de nos voisins qui, m'expliqua-t-elle, s'occupait à « inventer un cerveau artificiel ». L'idée me parut bizarre, et je n'y prêtai pas attention. Quant à notre propriétaire, c'était, crus-je comprendre, un « parrain » d'immigrants pauvres de la péninsule ; il les accueillait, les orientait et prenait soin de leurs affaires. Je me demande aujourd'hui si la médiocrité du lieu et l'allure avachie de ma logeuse ne servaient pas de couverture à quelque officine de la Mafia.

Au nord de Greenwich Village, une atmosphère syndicaliste et politique, chargée de relents venus d'Europe centrale, émanait d'Union Square et des rues avoisinantes, voués à l'industrie du vêtement. Loin de là, l'émigration bourgeoise se concentrait dans la zone entre Broadway ouest et Riverside Drive : avenues rébarbatives, droites ou incurvées, bordées d'immeubles construits au début du siècle pour des familles riches en quête d'appartements de quinze ou vingt pièces, élégants alors, mais à présent délabrés et cloisonnés pour faire des logements à l'usage d'une clientèle démunie. L'aristocratie new-yorkaise était, elle, sur l'East Side, où des maisons particulières, datant souvent du siècle précédent, avaient été « remodelées » comme on disait en franco-américain : rendues pimpantes à la façon maintenant de nos fermettes. Par ce goût pour le provincial et le désuet, la société new-yorkaise devançait déjà la nôtre. C'était l'époque où elle commençait à se passionner pour le style *Early American*, tandis que les gros meubles espagnols ou italiens en noyer massif et de haute époque – qu'un quart de siècle plus tôt, les milliardaires importaient à prix d'or pour garnir leurs demeures singeant les palais romains, s'entassaient dans les arrière-boutiques de revendeurs sur la Deuxième et même la Première Avenue, ou bien étaient vendus aux enchères par la galerie Parke et Bernet devant un public indifférent ; si je ne l'avais sous les yeux, j'aurais du mal à croire que j'y achetai un jour une crédence toscane du XVIe pour quelques dizaines de dollars... Mais New York – de là lui venait son charme et l'espèce de fascination qu'elle exerçait – était alors une ville où tout semblait possible. A l'image du tissu urbain, le tissu social et culturel offrait une texture pleine de trous. Il suffisait de les repérer et de les franchir pour accéder, comme Alice de l'autre côté du miroir, à des mondes si enchanteurs qu'ils en paraissaient irréels.

Max Ernst, André Breton, Georges Duthuit et moi fréquentions un petit antiquaire de la Troisième Avenue qui, pour répondre à notre demande, faisait surgir d'une caverne d'Ali Baba dont nous connûmes vite le mystère de précieux masques en pierre de Teotihuacan, et d'admirables sculptures de la côte nord-ouest du Pacifique alors tenues, même par les spécialistes, pour de simples documents ethnographiques. Telle autre pièce du même genre pouvait avoir échoué au bas de Madison Avenue, dans une boutique qui vendait des perles de verre et des plumes de poulet teintes de couleurs criardes aux boys-scouts désireux de se fabriquer eux-mêmes une coiffure dans le goût indien. Aussi sur Madison Avenue, il y avait, vers la Cinquante-cinquième rue, un marchand de bimbeloterie sud-américaine ; mis en confiance, il vous amenait dans une rue voisine où, au fond d'une cour, il possédait un hangar plein à craquer de vases Mochica, Nacza et Chimu, empilés sur des étagères qui montaient jusqu'au plafond. Non loin de là, on se faisait montrer par un autre marchand des boîtes en or incrusté de rubis et d'émeraudes, épaves de l'émigration russe au lendemain de la Révolution d'octobre, comme l'étaient sans doute aussi les anciens tapis d'Orient qu'un œil un peu exercé savait repérer dans la brocante bazardée chaque semaine par les salles de vente de quartier. En entrant pour la première fois chez un antiquaire dans la vitrine duquel on avait remarqué une estampe japonaise assez plaisante, on était obligeamment informé que, dans l'immeuble à côté, un jeune homme pressé par le besoin en avait à revendre ; on sonnait à la porte de son petit appartement où il vous déballait des séries entières d'Outamaro en tirage d'époque. A la hauteur de Greenwich Village, sur la Sixième Avenue, un baron allemand des plus racés habitait un pavillon modeste. A ses visiteurs, il cédait discrètement les antiquités péruviennes dont sa maison et ses malles étaient pleines. Il arrivait même que, dans le *New York Times*, une page publicitaire des magasins Macy's annonçât qu'on braderait le lendemain une cargaison entière de tels objets, provenant du Pérou ou du Mexique. En 1946-1947, Conseiller culturel près l'Ambassade de France, je recevais la visite d'intermédiaires porteurs de mallettes remplies de bijoux précieux précolombiens en or, ou qui me proposaient sur photographies, en échange de toiles de Matisse et de Picasso dont, croyaient-ils, les musées français avaient de reste, de prodigieuses collections d'art indien qui – les autorités compétentes étant restées sourdes à mes objurgations – ont abouti depuis dans des musées américains.

Ainsi, New York offrait simultanément l'image d'un monde déjà révolu en Europe, et celle d'un autre monde dont nous ne soupçonnions pas alors combien proche il était de l'envahir. Sans que nous nous en rendions compte, une machine capable tout à la fois de remonter et de devancer le temps nous imposait une série ininterrompue de chassés-croisés entre des périodes bien antérieures à la première guerre mondiale, et celles qui, chez nous, suivraient de peu la seconde. Pour une part, nous revivions le monde du Cousin Pons où, dans le désordre d'une société en transformation et dont les couches sociales basculaient en glissant les unes sur les autres, des lacunes se creusaient, engloutissant des goûts et des savoirs. Qu'une génération quitte la scène, qu'un style passe de mode, qu'un autre ne soit pas encore au goût du jour, il n'en fallait pas plus pour qu'un pan du passé de l'humanité s'effondre et que ses débris tombent au rebut : phénomène d'autant plus brutal et saisissant qu'en raison de l'évolution rapide de la société américaine, des vagues d'émigration successives avaient envahi la ville depuis un siècle, chacune y transportant, selon son niveau social, de pauvres ou de riches trésors vite dispersés sous l'empire de la nécessité ; tandis que les immenses moyens dont la ploutocratie locale avait disposé pour satisfaire ses caprices donnaient à croire que toute la subs-

tance du patrimoine artistique de l'humanité était présente à
New York sous forme d'échantillons : brassés et rebrassés,
comme le flux fait des épaves, au rythme capricieux des as-
censions et des décadences sociales, certains continuaient
d'orner les salons ou avaient pris le chemin des musées, tandis que d'autres s'entassaient dans des recoins insoupçon-
nés.

A qui voulait se mettre en quête, il suffisait d'un peu de
culture et de flair pour que s'ouvrent à lui, dans le mur de la
civilisation industrielle, des portes donnant accès à d'autres
mondes et à tous les temps. Nulle part, sans doute, plus
qu'à New York, n'existèrent à cette époque de telles facilités
d'évasion. Elles semblent presque mythiques aujourd'hui où
l'on n'oserait plus rêver de portes : à peine de niches où
nous pourrions encore nous blottir. Mais même celles-ci
sont devenues l'enjeu d'une concurrence féroce entre ceux
qui ne peuvent se résoudre à vivre dans un monde sans ombres complices, ni traverses dont quelques initiés détiennent
le secret. Perdant l'une après l'autre ses dimensions anciennes, ce monde nous aplatit sur la seule qui reste : on la son-
derait en vain pour y trouver des issues dérobées.

En même temps et par un singulier contraste, New York
préfigurait, dès les années quarante, ces solutions d'infortune auxquelles nous ne savions pas encore qu'un quart de
siècle plus tard, nous allions être aussi réduits en Europe. Je
me souviens de la surprise que j'éprouvais devant la plupart
des magasins intitulés *Antiques*, en voyant leurs vitrines
pleines, non pas comme dans la France que je venais de
quitter, de meubles datant des XVIIᵉ ou XVIIIᵉ siècles, de
faïences et d'étains anciens, mais de vieilles lampes à pé-
trole, de frusques démodées, d'une brocante industrielle de
la fin du XIXᵉ siècle : tous articles avidement rassemblés
aujourd'hui à Paris dans des boutiques qui, elles aussi, se

Vue de New York, par Henri Cartier-Bresson.

proclament d'« antiquaire », et qui, avec vingt-cinq ou trente ans de retard, reproduisent celles qui m'étonnaient tant à New York (comme aussi, mais c'est une autre histoire, ces réclames pour des produits déodorants, si obscènes que je me sentais certain qu'on n'en lirait jamais du même genre en France ; elles s'étalent partout à présent). Mais, pour revenir aux lampes en laiton repoussé ou à pied d'albâtre, et autres objets du même acabit, New York devait m'apprendre que l'idée du beau peut subir de curieux avatars. Quand leur raréfaction et les prix qu'ils atteignent rendent inaccessibles aux petites bourses les objets tenus pour beaux par le jugement traditionnel, d'autres, jusqu'alors méprisés, font surface et procurent à leurs acquéreurs des satisfactions qui ne sont plus exactement du même ordre : moins esthétique que mystique, et, dirait-on volontiers, religieuse. D'être les reliques et les témoins d'une ère déjà industrielle, certes, mais où les contraintes économiques et les exigences de la production de masse, non encore pressantes, permettaient de maintenir une certaine continuité avec les formes passées et de garder sa place à l'ornement inutile, confère à ces objets une vertu presque surnaturelle. Ils attestent parmi nous la présence encore réelle d'un monde perdu. On ne s'entoure pas de ces objets parce qu'ils sont beaux, mais parce que, le beau étant devenu inaccessible sauf aux très riches, ils offrent en lieu et place un caractère sacré ; ce qui, soit dit en passant, invite à s'interroger sur la nature dernière du sentiment esthétique.

De même, quand on cherchait à se loger dans Manhattan, on apprenait – les maisons vraiment anciennes n'existant pas, et les appartements modernes étant trop chers – à découvrir les charmes d'un XIXᵉ siècle finissant dans les *brown houses* et les appartements délabrés d'immeubles naguère de luxe. Le goût du « kitsch », la mode « rétro », que nous tenons ici pour le dernier cri, par la force des choses s'enseignaient et se pratiquaient couramment à New York il y a trente-cinq ans et sans doute avant. A vrai dire, ils se manifestaient sous deux formes. L'une, aristocratique, tirait vers l'art provincial et naïf des meubles ou tableaux dits *Early American*, déjà recherchés par les riches (mais quand, Conseiller culturel de l'Ambassade, je pressentis mes interlocuteurs américains pour une exposition de cette peinture à Paris, ils se dérobèrent par crainte d'offrir à l'étranger une image qu'ils jugeaient désobligeante de leur pays). Pourtant, à ceux qui, fût-ce sur le plan sentimental, se sentaient des attaches avec les Etats-Unis de la fin du XVIIIᵉ siècle et du début du XIXᵉ, le *Early American* fournissait cette référence temporelle que les habitants d'un pays jeune ne sauraient chercher plus haut dans le temps ; référence que d'autres, moins fortunés ou qui se réclamaient d'une ascendance moins ancienne, mais remontant tout de même à deux ou trois générations, demandaient au style des années 1880, ces *gay eighties* ou *nineties* que nous allions nous aussi apprendre à chérir, poussés par une évolution du goût dont on peut douter que, sans l'exemple venu d'Outre-Atlantique, elle se fût produite si vite et d'un aussi vif élan.

Il n'est pas jusqu'à l'hyper-réalisme, passé d'Amérique en France, dont je me demande aujourd'hui s'il n'existait pas en germe dans les dioramas que je ne me lassais pas de contempler à l'*American Museum of Natural History*, bien que plusieurs fussent déjà d'âge respectable. Derrière des glaces hautes et larges de plusieurs mètres, on y voyait – on peut toujours y voir – reconstituées avec une précision scrupuleuse, les faunes d'Amérique, d'Afrique et d'Asie dans leur habitat naturel. Chaque animal, sitôt abattu, avait été dépouillé et moulé sur l'écorché pour que le pelage modelât parfaitement la musculature ; et on avait aussi recueilli les pierres jonchant le sol et les troncs d'arbres, pris l'empreinte

de toutes leurs feuilles, afin que les moindres détails de la scène fussent conformes à la réalité. Les fonds des paysages étaient peints avec une virtuosité stupéfiante. Sauf, peut-être, par John Martin en Angleterre au début du siècle dernier, jamais l'art de la maquette ne fut poussé aussi haut ni pratiqué à si grande échelle. On peut bien parler d'art, puisque des artistes contemporains s'y consacrent, à des fins qu'ils proclament esthétiques, avec le même minutieux souci d'exactitude et en y mettant la même application.

D'une façon générale, les musées américains frappaient le visiteur européen par un côté paradoxal. Ils s'étaient constitués bien plus tard que les nôtres, mais, au lieu de les desservir, ce décalage leur avait permis à bien des égards de nous devancer. Ne pouvant plus, ou pas toujours, se saisir de ce que la vieille Europe avait considéré comme le premier choix et que, depuis parfois des siècles, elle gardait entassé dans ses musées, l'Amérique avait su faire de nécessité vertu en découvrant du premier choix dans des domaines que nous avions négligés. D'abord, celui des sciences naturelles, progressivement délaissé chez nous depuis le XVIIIᵉ siècle : au contraire, l'Amérique s'était appliquée à créer des galeries de minéralogie, de paléontologie, d'ornithologie, des aquariums, tous d'une somptuosité inouïe, qui n'éblouissaient pas seulement le visiteur européen en raison des trésors dont un continent encore vierge se montrait prodigue, mais aussi par comparaison avec nos propres galeries d'histoire naturelle tombées à l'abandon. Au point qu'on peut se demander si le goût renaissant pour les cabinets de curiosités qui, en Europe, subissait une éclipse depuis deux siècles, ne s'explique pas, au moins en partie, par une certaine familiarité acquise après la dernière guerre dans les musées américains.

De leur côté, les musées des beaux-arts avaient trouvé des raccourcis pour combler leur retard, et même nous prendre souvent de vitesse. De vieilles pierres, dédaignées par nous, ils avaient fait les *Cloisters*. Leurs collections égyptiennes ne se réduisaient pas à la statuaire et autres pièces majeures : d'humbles articles d'usage courant y figuraient en nombre, permettant de prendre en vue plus juste de la vie antique. Et, pour ce qui est de l'Europe elle-même, des collections sensationnelles d'armes et de vêtements anciens n'avaient pas leur équivalent chez nous. Dans les musées américains, rien d'essentiel, peut-être, ne me fut révélé sur Van der Weyden, Raphaël ou Rembrandt ; mais c'est à la National Gallery de Washington que j'ai découvert Magnasco.

A New York, avions-nous coutume de dire entre nous, les femmes ne s' « habillent » pas : elles se déguisent. Quand on les voyait costumées en petit marin, en almée ou en pionnière du Far West, on savait qu'elles s'étaient mises sur leur trente et un. Cela nous amusait fort, mais il suffit de visiter nos boutiques à la page pour constater que, là aussi, New York a fait école. D'ailleurs, l'art des vitrines commerciales invitait au coq-à-l'âne par son ingéniosité, son raffinement et ses audaces. Les grands magasins présentaient leurs collections sur des mannequins jouant des scènes dramatiques : assassinats, viols ou rapts, réalisées avec un art consommé des décors, des couleurs et des éclairages à rendre jaloux les meilleurs théâtres. Dans la vie civile, les brusques changements de registres vestimentaires dont j'ai parlé traduisaient à leur façon le même besoin d'évasion qui nous frappait, en voyant nos amis new-yorkais passer avec un zèle presque dévôt de leur luxueux appartement sur l'East Side à une baraque en planches au bout de Long Island, ou même sur la dune étroite de Fire Island dont le sumac rampant, appelé là-bas lierre vénéneux, constituait toute la végétation ; ou bien encore, c'était quelque maison rustique dans le Connecticut comme celle qu'habita André Masson, ou celle que possédait non loin de là Calder. On s'y donnait l'illusion de vivre à la mode des premiers colons. J'ai bien connu un célèbre sociologue américain d'allure plutôt guindée et qui, même en conversation, s'exprimait avec une solennité provinciale. Il m'emmena une fois passer la nuit dans sa maison de famille, ferme jadis, mais depuis longtemps investie par l'expansion urbaine, enclavée sur le bout de terrain qui lui restait dans une banlieue déjà industrielle. C'était l'endroit le plus bohème qu'on pût imaginer ; si le mot avait existé, on l'eût qualifié de *hippy*. Quelques arbres encore épargnés et une broussaille confuse montaient à l'assaut d'une maison de bois dont toute la peinture s'écaillait. A l'intérieur, la cuvette des lavabos était enduite d'une couche de crasse plus épaisse que je n'en vis jamais. Mais, pour mon hôte et sa famille, cet état d'abandon, cette négligence systématique valaient des quartiers de noblesse. En abjurant les rites d'hygiène et de confort sur lesquels l'Amérique se montre si pointilleuse (et qu'eux-mêmes, sans doute, respectaient scrupuleusement à la ville), ils avaient le sentiment de conserver un lien avec des ancêtres qui, quelques générations auparavant, s'étaient établis sur ce terroir en *homesteaders*, c'est-à-dire en premiers occupants. Cela se passait à Chicago, mais, même à New York, on notait souvent un dédain très ostensible pour tout ce que des nouveaux venus admiraient comme l'efficacité américaine, et la manie propre à ce pays de pousser au plus haut degré de perfection les commodités de la civilisation.

Ce qu'en somme, New York révélait à des Français débarqués de fraîche date, c'était l'image incroyablement complexe – et qui, n'y eût-on pas vécu, pourrait sembler contradictoire – de modes de vie modernes et d'autres presque archaïques. Des collègues réfugiés, spécialistes de *folk-lore*, et qui, jusqu'à la guerre, couraient les campagnes les plus reculées d'Europe centrale ou orientale à la recherche des derniers conteurs, faisaient, en plein New York, des trouvailles surprenantes chez leurs compatriotes immigrés : depuis un demi-siècle ou plus que ces familles étaient arrivées en Amérique, elles avaient conservé vivants des usages et des récits disparus sans laisser de trace au vieux pays. De même pour les spectacles que, pendant des heures, nous allions voir à l'Opéra chinois établi sous la première arche de Brooklyn Bridge : une troupe venue il y a longtemps de Chine y faisait école ; tous les jours, du milieu de l'après-midi jusqu'à plus de minuit, elle perpétuait les traditions de l'opéra classique. Je ne me sentais pas moins remonter les âges quand j'allais travailler chaque matin dans la salle des « Americana » de la New York Public Library, et que, sous ses arcades néo-classiques et entre ses murs lambrissés de vieux chêne, je voisinais avec un Indien coiffé de plumes et vêtu de peau emperlée, même s'il prenait des notes avec un stylo Parker.

Bien sûr, toutes ces survivances, on les savait, on les sentait encerclées par une culture de masse prête à les écraser et à les ensevelir ; culture de masse dont la progression, déjà très avancée là-bas, ne devait nous atteindre que quelques décennies plus tard : ce qui explique sans doute pourquoi tant d'aspects de la vie new-yorkaise nous captivaient en mettant sous nos yeux, pour notre futur usage, la liste des recettes grâce auxquelles, dans une société chaque jour plus oppressante et inhumaine, ceux pour qui elle est décidément intolérable peuvent apprendre les mille et une façons de s'offrir, pendant de brefs instants, l'illusion qu'ils ont la faculté d'en sortir.

David Hare

Dialogue entre Maître istoire de l'art et Maître idio savant

Au cours de l'interview ils seront désignés par Ssshhh

SH : J'aimerais vous poser des questions à propos de la scène de l'art aux Etats-Unis pendant les années 40 et 50.

SH : Impossible, elle n'était pas concrète. Je veux dire qu'elle était sans consistance – son terrain n'était pas solide à l'époque, et aujourd'hui il s'écroulerait.

SH : Eh bien dans ce cas je devrais plutôt vous interviewer dans les années 40 et 50.

SH : C'est encore pire, aucun son du cor, si fort soit-il, ne retentirait d'aussi loin.

SH : Ecoutez, faire le difficile ne mènera nulle part. Car après tout, vous et moi, sommes la même personne.

SH : D'accord, qu'aimeriez-vous savoir ?

SH : J'aimerais connaître vos impressions sur la scène de l'art pendant les années 40 et 50.

SH : Au commencement des années 40 la scène de l'art était très restreinte ; depuis lors elle est devenue de plus en plus vaste et maintenant elle est absolument énorme.

SH : Comment expliqueriez-vous cette croissance des arts pendant ces années-là ?

SH : Boulimie !

SH : Non, non. Je veux dire quelles furent les influences qui conduisirent à de tels développements ?

SH : Eh bien, tout d'abord, il faut mettre derrière soi la conception de l'histoire de l'art. Il s'agit d'un malentendu fondamental entre les Français et les Américains, car l'histoire de l'art n'indique pas seulement l'art mais tout aspect de l'histoire.

SH : Vous voyez, les Européens ont l'impression que l'histoire prend place dans le passé tandis que les Américains la placent plutôt dans le présent. Au-delà de la simple distinction sémantique, nous avons affaire à une profonde différence sur un plan émotif aussi bien que sur le plan intellectuel. Par exemple, pour beaucoup de Français, il serait difficile de se représenter Charlemagne en train de manger une salade de thon. Tandis que la plupart des Américains pourrait très facilement imaginer George Washington dans une telle situation et même se représenter, sans grande difficulté, Charlemagne partageant sa salade avec George Washington. Tout cela ne s'explique pas simplement parce que l'histoire de l'Amérique est courte, mesurée à l'échelle européenne, mais aussi parce que les Américains ont tendance à télescoper le temps et à le mettre dans leur poche. Ainsi, tandis que l'Européen voit l'histoire dans le passé, l'Américain la voit dans le présent, ce qui lui permet de la manipuler à sa guise.

SH : Voyons donc, vous sortez vraiment du sujet.

SH : Bien au contraire. Vous devez vous souvenir de cette différence de façons de concevoir l'histoire. Il y a également autre chose à se rappeler : l'artiste européen n'était que de passage ici. Son intention était de rentrer chez lui quand la guerre serait terminée. Il n'envisageait aucunement de faire partie de la culture américaine. L'influence qu'il exerça était due à sa simple présence plutôt qu'à une intention explicite. Les artistes américains étaient déjà au courant des œuvres, des idées et des développements qui avaient eu lieu en Europe. Mais ils étaient étrangers à l'artiste européen dans sa réalité quotidienne, en tant qu'individu marchant et parlant. Des révolutions esthétiques, ou tout du moins la connaissance que nous en possédions, avaient déjà atteint leur but aux Etats-Unis. Ce que les Européens apportèrent dans ce pays pendant les années 40 ne fut pas l'art d'avant-garde, mais un exemple bien vivant de ce qu'être artiste voulait dire. L'Amérique fut rassurée sur le fait que l'artiste en tant qu'être humain, pouvait par son intelligence jouer un rôle dans la communauté, qu'il pouvait naviguer aisément entre différents groupes sociaux et apporter à ses contemporains une valeur intellectuelle appréciable et même indispensable. Ce fut pendant ces années que l'artiste américain a compris que c'était bien d'être un artiste. L'art est devenu un métier respectable en Amérique entre 1943 et 1949, et je le répète encore une fois, non pas à cause de l'influence exercée par les œuvres des artistes européens, produites auparavant, mais grâce à la présence des artistes européens établis aux Etats-Unis.

SH : Bon, tout ça est très intéressant, mais vous souvenez-vous de rencontres entre artistes dans les années 40, de discussions, d'échanges d'idées et ainsi de suite ?

SH : Oh oui, il y en eut beaucoup. Je me rappelle la

85

fois où Breton n'arriva pas à faire marcher son cabinet. Il téléphona à Tanguy pour qu'il le dépanne. Il le répara avec un déboucheur. Il fallait entendre les remarques désobligeantes qu'ils firent à propos de la tuyauterie américaine !

SH : Peut-être existe-t-il des exemples plus esthétiques de rapports entre artistes ?

SH : Je me souviens de Nicolas Calas et d'André Masson pataugeant dans un lac. On faisait un pique-nique sur la plage. Masson et Calas se promenaient dans l'eau jusqu'aux genoux, ils étaient habillés et avaient seulement retroussé leurs pantalons. Ils parlaient tout en soulevant épaves et débris du bout de leurs cannes. L'un était très ·grand, l'autre très petit.

SH : Pouviez-vous entendre ce qu'ils disaient ?

SH : Oh non, j'étais trop loin.

SH : Ça c'est vraiment trop bête !

SH : Mais non, au contraire. L'important n'était pas ce qu'ils disaient. Bien que ce que l'on dit est toujours important. En réalité, ce qui était vraiment important, c'était le fait de patauger dans l'eau et de discuter en même temps. Ils longeaient le bord du lac en retournant des galets à l'aide de leur canne, et l'on se rendait parfaitement compte qu'ils parlaient de notions abstraites. Voilà le point crucial : débattre de tels sujets et patauger tout à la fois. Ne comprenez-vous donc pas qu'il était déjà arrivé aux Américains de patauger ou de manier des abstractions, mais qu'ils n'ont jamais fait les deux à la fois.

SH : Permettez-moi de vous interrompre un moment. Croyez-vous que Masson a exercé une grande influence sur les artistes américains ?

SH : Tout comme Picasso, Matisse, Mondrian, Max Ernst, Hélion et beaucoup d'autres, y compris Ludvinks.

SH : Ludvinks ! Qui est Ludvinks ?

SH : Ludvinks est Hoodwinks (1) en Roumain. C'est une blague ethnique. Je vais vous en raconter une autre. Un jour, une Polonaise va chez un médecin pour se faire avorter. Il lui demande pourquoi. Elle répond : « Je ne suis pas sûre que l'enfant soit de moi. » Vous aimez ce genre de blague ?

SH : Non, je ne les aime pas. Qui était Hoodwinks ?

SH : Hoodwinks appartenait et demeure toujours parmi tous ces gens qui écrivent dans le présent à propos du passé et qui déclarent avoir tout inventé avant tout le monde. Ecrire des biographies imaginaires semble d'ailleurs une occupation très répandue. Il semblerait qu'ils ne peuvent pas se hisser au niveau de leurs exigences, si bas soit-il.

SH : Nous ne pouvons vraiment pas continuer ainsi. Vous étiez éditeur de *VVV* dans les années 40, n'est-ce pas ?

SH : C'est exact.

SH : Que pouvez-vous nous dire là-dessus ?

(1) Note du traducteur. Jeu de mots intraduisible : to hoodwink signifie tromper, donner le change (à quelqu'un).

86

SH : Pas grand-chose. Vous savez, à l'époque, je ne parlais pas français. En fait c'était la revue de Breton. Je ne faisais que lui donner un coup de main du mieux que je pouvais. Vous voyez, malgré mon ignorance de la langue française, d'un certain côté, le fait de parler anglais me facilita grandement les rapports avec l'imprimeur, et d'un autre côté, ne pas parler français, m'a évité beaucoup d'ennuis.

SH : Dites-moi, vous avez dû connaître beaucoup de ceux qui gravitaient autour de la revue.

SH : Oh oui, il y en avait beaucoup.

SH : Qui étaient-ils ?

SH : Qui étaient-ils ? Vous ne vous attendez pas à ce que je me souvienne de tous ces noms ?

SH : Vous pourriez au moins essayer de vous souvenir de quelques-uns.

SH : Je ne vois pas les choses d'après leurs noms. Véritablement pas. La mémoire est une suite de visions, d'aperçus. C'est comme quand on marche dans un corridor en relevant des stores. On y voit des tableaux qui ne semblent pas bouger. On passe de l'un à l'autre et éventuellement tous commencent à s'entre-mêler.

SH : Pourriez-vous décrire certains de ces tableaux ?

SH : Je le pourrais, mais je ne pense pas que cela vous intéresserait particulièrement étant donné que vous avez toute la documentation sous la main.

SH : Votre mauvaise mémoire n'est pas une raison pour être offensant.

SH : Bon, larguons tout et allons acheter une maison à la campagne.

SH : Depuis le début, vous ne m'avez rien dit de sérieux et vous ne m'avez fourni aucun des renseignements que je vous ai demandés.

SH : Mais tous ces renseignements, vous les avez déjà. Vous essayez simplement de les vérifier. Vous les vérifiez avec moi, vous les vérifierez avec d'autres. Chacun vous racontera une histoire différente et vous essayerez de trouver la vérité. Moi, depuis le début je vous ai dit que la vérité, pour autant que la vérité existe, est ceci : une idée est une chose absolument merveilleuse, mais on ne peut rien en faire avant de savoir le rapport qui existe entre elle et un être humain. Et voilà ce que nous avons vu durant ces années. L'art d'avant-garde n'était plus seulement une idée pure. Il est apparu comme ayant une tête, deux bras et deux jambes.
Il est évident que tout ce qu'un artiste observe se reflète dans son travail. Et à moins d'être un parfait imbécile, il va étudier le travail d'autres artistes. Je ne dis pas que tous ces rapports esthétiques entre artistes soient sans importance ; ils le sont bien sûr. Je dis seulement que l'on ne peut pas en faire grand-chose tant qu'on ne les intègre pas. C'est ce qui se passait ici durant ces années. Comme je vous l'ai déjà dit, l'art est devenu respectable.

SH : Dans ce cas-là, pourriez-vous peut-être maintenant nous dire où tout cela mènera-t-il ?

SH : Vous me demandez où cela mène ? Mais je n'en ai pas la moindre idée.

SH :   D'après vous à quoi peut-il éventuellement aboutir ?

SH :   Comme il faut s'y attendre pour ce genre de choses. On gagne une révolution, mais l'ennui avec les révolutions c'est qu'elles sont annexées par l'Establishment. En
réalité, l'histoire de l'art raconte la manière dont les révolutions les unes après les autres sont avalées par l'Establishment. Dès que l'art devient comme il faut, donc populaire,
les intérêts financiers s'en mêlent ainsi que les media publicitaires. La révolution a été gagnée, mais pas de la manière
dont nous le souhaitions. D'ailleurs les révolutions triomphent souvent mais rarement selon nos espérances.

SH :   Croyez-vous que les artistes américains n'ont eu
qu'une influence commerciale dans le monde des arts ?

SH :   Ce n'est pas tout à fait cela. Je veux dire que de
toute façon l'influence de l'Amérique est commerciale.
Mais les artistes c'est une toute autre histoire.
Si comme le dit Rimbaud, il faut être moderne, être moderne aujourd'hui ne signifie certainement pas être d'avant-
garde. Je ne crois pas que moderne et populaire soient nécessairement synonymes.

SH :   Vous ne voulez pas dire que tout artiste travaillant aujourd'hui est populaire, n'est-ce pas ?

SH :   Non, je ne veux pas du tout dire cela. Ce que je
veux dire, c'est que l'art lui-même est populaire, et il semblerait que cela ne favorise pas beaucoup la qualité. Autrefois il était difficile d'attaquer l'Establishment. Maintenant
l'étreinte amoureuse de l'Establishment représente un danger d'étouffement. Il est étrangement difficile de poursuivre
une révolution esthétique quand on reçoit un accueil aussitôt favorable. Il est moralement évident depuis longtemps
que Duchamp avait raison. L'art devrait devenir une activité « underground ».

Copley Galleries, Beverly Hills.

Cply

Portrait de l'artiste en jeune marchand de tableaux

La première chose que je fis quand je quittai l'armée fut de me marier. Elle avait pour beau-frère un artiste haut en couleur du nom de John Ployardt. Je n'en avais jamais rencontré auparavant et cela m'impressionna.

A cette époque je buvais peut-être plus que je ne le fais maintenant. Tout comme John Ployardt, le beau-frère. Il travaillait chez Walt Disney à dessiner Mickey Mouse et des choses de ce genre. Il haïssait Disney et se qualifiait de surréaliste.

Je ne connaissais rien à tout cela. J'avais essayé d'être un libéral, ce qui consistait essentiellement à distribuer des tracts pour des réunions peu fréquentées. J'avais joué au tennis contre Henry Wallace qui me battit franchement grâce à un lob du bon vieux temps. J'avais la gueule de bois. Il était un mauvais vainqueur et critiquait mon style de vie.

Le beau-frère, John Ployardt, partageait ma manière de vivre. Il me donna des leçons de surréalisme et m'encouragea à penser avec exagération.

J'en avais besoin. Le surréalisme rendait tout compréhensible : ma gentille famille, la guerre et pourquoi j'étais allé au bal de Yale sans chaussures. Cela ressemblait à quelque chose que je pouvais réussir. D'après moi, deux aspects forment la réalité : d'une part l'aspect public ou social qui nous est enseigné, où toute chose est désignée par un mot, celui de la réalité avec laquelle nous devons communiquer ; et d'autre part la réalité personnelle, celle qui, n'existant que pour nous seuls, a besoin de poésie et par dessus tout de métaphores pour communiquer. Tel est le sur-réalisme. Et il est lourd de signification.

La Californie du sud en 1946 fut l'un des endroits les plus inattendus et certainement l'un des plus inutiles pour le développement du surréalisme. Comme Man Ray le dit un jour, il y eut plus de surréalisme débridé dans Hollywood que dans l'esprit de tous les surréalistes pendant leur vie entière. Les autochtones ne le savaient pas. L'endroit était un désert intellectuel, quelles que soient les prétentions de l'industrie du cinéma à affirmer le contraire.

En allant vers le bas de la ville, il y avait un mausolée d'un seul bloc, le Los Angeles County Museum, qui abritait de mauvaises acquisitions de William Randolph Hearst et quelques animaux empaillés. Cette institution allait être la première avant bien d'autres, à refuser la collection de Walter Arensberg. Il y avait à Pasadena un ancien cinéma chinois qui de temps en temps héritait de tableaux. Il y avait aussi Vincent Price. Il avait été mêlé à l'époque à l'échec d'un musée d'art moderne. Il avait plus de chance avec Sears, Roebuck.

C'était une ville énorme, avec de l'argent et peu de collections. Il y avait aussi beaucoup de boutiques d'antiquités et incroyablement peu de galeries.

William Copley et Juliette Man Ray.

Le vieux Earl Stendahl était un confiseur qui s'était tourné vers le commerce de l'art. Il dirigeait ses affaires de sa somptueuse résidence construire dans l'ancien style californien et située à Foothill Boulevard, dans le Hollywood résidentiel. Il s'occupa avec profit d'art précolombien et en vendit la plus grande partie à son plus proche voisin, Walter Arensberg. La somptueuse collection de celui-ci était intacte et pour la voir, il suffisait de l'appeler poliment au téléphone. Mais une chose passionnait maintenant Arensberg : il voulait prouver que Bacon était l'auteur des pièces de Shakespeare.

Stendahl s'occupa également de Tamayo, de Siqueiros et de Rivera, à l'occasion, des impressionnistes. Il laissa Sam Kootz exposer ses Picasso toutes les fois qu'il venait en ville. Ils étaient relativement bon marché mais semblaient chers à l'époque. Une fois, j'en achetai un par extravagance et le suspendit dans ma chambre à la maison. Le résultat fut qu'un couple d'amis de la famille quitta la maison en claquant la porte. Cela provoqua également des crises de fou rire de la part d'Henri Wallace et de son entourage. Comme je lui avais prêté ma chambre, on me vida et je dormis dans une prétendue salle de jeu à la cave. De toute façon, personne ne l'appréciait. Mes amis croyaient dur comme fer que c'était une reproduction. Ma petite amie l'aimait bien. Lorsque je décidai de devenir un surréaliste, je le donnai au County Museum. Ils le mirent dans leur cave. Stendahl avait un joli Rousseau, tout petit, que je n'achetai pas pour 2 000 dollars.

Stendahl était un homme charmant. Il racontait des histoires merveilleuses en sachant pertinemment qu'on ne le croirait pas. Il ne prétendait jamais être plus qu'un marchand et il pensait que tous les artistes étaient fous. Il sabla le champagne avec les Man Ray et les Ernst après leur mariage respectif à Beverly Hills.

La sensibilité des marchands du coin n'avait pas dépassé l'art des Mexicains ou des post-impressionnistes. Dazil Hatfield possédait une galerie clinquante à l'hôtel Ambassador où il y avait eu autrefois une célèbre plantation de cocotiers, sorte d' « El Morocco » de la côte ouest, qui avait été détruit dans un tout aussi célèbre incendie. Hatfield survécut et demeura conservateur dans son goût. Il exposa également les peintures de Madame E.-G. Robinson.

Jolly Frank Perls n'eut pas non plus beaucoup de chance, mais il eut en main quelques beaux Paul Klee.

Il y avait également quelques pionniers pourvus des meilleures intentions du monde, qui essayaient de lancer les artistes locaux. Ceux-ci venaient de découvrir l'art abstrait. C'étaient d'épouvantables peintres, en dehors peut-être de Lorsa Fiedleson et de sa femme qui n'étaient pas épouvantables et travaillaient dur. Malheureusement ils étaient épouvantablement abstraits.

Il ne serait jamais venu à l'esprit d'une personne équilibrée d'essayer d'ouvrir une galerie surréaliste dans le milieu californien. Naturellement, c'est ce que nous décidâmes de faire, un soir où nous avions bu pas mal de whisky, jusqu'à une heure avancée. Dans les brumes du lendemain matin, nous étions tous les deux trop fiers pour laisser tomber une telle idée.

Le beau-frère, John Ployardt, quitta son travail chez Disney, qui le faisait vivre avec sa femme et sa famille. Je vendis ma maison. En guise de galerie, nous louâmes un bungalow sur le Cannon Drive, au cœur de Beverly Hills. Au seul prix de la location, nos cheveux auraient dû se dresser sur nos têtes. On s'offrit une plaque de bronze sur laquelle on pouvait lire « Galeries Copley ». Je me rappelle que cela nous coûta 250 dollars.

Bien sûr ce que nous ne savions pas, parce que nous ne nous en étions jamais préoccupé, (cela d'ailleurs nous aurait évité beaucoup d'ennuis) c'était que quelqu'un de bien plus au courant que nous, avait essayé la même chose environ six ans auparavant. Julien Levy avait traversé le pays de New-York à Los Angeles et San Francisco dans une sorte de caravane transportant le fonds de tableaux de sa galerie surréaliste. Il s'arrangea pour vendre une toile à Los Angeles où il avait loué un endroit près de chez Frank Perls. Il devait également rencontrer des gens de cinéma. Il dut se contenter d'un John Barrymore saoul. Nous ne pouvions pas faire mieux qu'Eric Blore.

Nous étions convaincus de surprendre le milieu artistique par notre non-conformisme outrancier ; nous étions également sûrs que le mot surréalisme deviendrait familier aux riches désœuvrés. Nous avons bien ri quand on nous suggéra que se lancer dans les affaires nécessitait quelque apprentissage.

Françoise Stravinsky, la belle fille d'Igor, devait être notre secrétaire. Elle était douce, ce qui convenait parfaitement. Elle ne savait pas très bien taper à la machine, mais elle en était dispensée. Elle faisait les courses tandis que je tapais les lettres. Moi non plus je ne tapais pas très bien. Mais nous l'adorions et ça valait vraiment le coup de discuter avec elle.

Le maestro en personne avait l'habitude de venir à la galerie pour les vernissages et à lui seul il valait le déplacement au même titre que les tableaux. D'habitude il portait une cape et ressemblait un peu à Dracula.

Un jour il nous reçut à dîner. C'était un hôte exubérant qui avait tout du pope, ne payait pas tant que ça et la famille vivait plutôt modestement. Vera, sa femme, avait travaillé dans une galerie. Elle possédait une petite collection personnelle. Soulima, son fils, s'efforçait d'être un pianiste de concert et il nous jouait Chopin et Scarlatti dans un style russe plein de chaleur.

Stravinsky était un buveur de whisky écossais. Au moment de servir les cocktails, il entra, portant d'une main mal assurée un plateau en argent venant de sa famille, sur lequel étaient posées au moins 25 bouteilles de whisky écossais de différentes marques. Il nous demanda ce que nous voulions boire. Au moment de notre départ, il donna à chacun de nous une tape amicale sur la tête, nous renvoyant d'un « Soyez heureux ». J'étais ému.

En tant que surréalistes patentés, nous étions parfaitement conscients de la nécessité de démontrer que l'art populaire et primitif était par nature surréel. Cette idée avait été énoncée par André Breton et Tristan Tzara qui l'avaient tous deux matérialisée en rassemblant des collections. Avant eux, il existait peu de collectionneurs pour ce genre de choses en dehors des conservateurs de musée. *Les demoiselles d'Avignon* de Picasso était une toile révolutionnaire en ceci qu'elle intégrait sur le plan formel l'art primitif africain à l'imagerie de l'artiste et à celle de la peinture moderne.

Il y avait également l'art primitif contemporain. Nous pensions jouer les éclaireurs dans le domaine de l'art en allant faire un peu de pillage au Mexique. Je me plais à soutenir que la raison pour laquelle le Mexique n'a pas eu d'importance sur le plan pictural réside simplement dans le fait qu'il s'agit du Mexique. La lumière du pays détruit tout sauf les couleurs les plus éclatantes. Les Indiens mexicains ont toujours compris cela. Pas les académies.

L'art populaire mexicain est vendu sur tous les marchés. D'un prix pour ainsi dire dérisoire, il est éphémère et généralement haut en couleur. Il est fait par des paysans qui utilisent des matériaux comme l'argile, le rotin, le bois, la papier ou le papier mâché, et des couleurs qu'ils fabriquent à partir de la terre. Les thèmes répondent à une fonction dans la mesure où ils traitent habituellement de religion ou de superstition. On y trouve du fantastique une certaine conscience de la mort et cette cruauté indienne que l'Eglise autorise quand elle prend la forme de l'exaltation religieuse.

Nous partîmes pour le Mexique dans un break à 4 roues motrices et, sans s'être arrêtés à Mexico, nous continuâmes notre route vers le sud jusqu'à Pueblo et Oaxaca, nous arrêtant à chaque marché. Nous avons rempli le break en un rien de temps, pensant qu'il était possible d'envoyer le reste par le bateau. C'était pure folie. Nos affaires arrivèrent bien après l'ouverture de la galerie, et les douaniers américains, persuadés qu'une telle camelote contenait forcément de la marchandise en fraude, mirent tout en pièces pensant y trouver de la drogue. En tout cas, ce fut un sacré voyage.

Avant tout cela, j'avais pris un verre à San Diego avec un ex-marine, qui avait été réformé durant la guerre pour troubles mentaux, ce qui aurait dû me faire réfléchir. Je me souviens qu'il avait une belle femme rousse aux yeux verts et deux gosses. Il me raconta qu'il voulait franchir les collines de Nouvelle-Guinée et devenir un citoyen d'honneur dans un village indigène. Tout cela sortait tout droit de Joseph Conrad. Il me décrivit en détail des trésors d'art dont il se délectait quotidiennement. Et bien sûr il avait dressé une carte.

Je racontais cette histoire au beau-frère, John Ployardt et à Ralph Altman, un homme adorable qui s'occupait par nécessité d'antiquités ainsi que d'art primitif, et se considérait comme un anthropologue. Nous achetâmes à notre ex-

marine un billet pour la Nouvelle-Guinée avec tout l'équipement nécessaire pour ce genre d'expédition. A chaque escale de son bateau il nous envoyait un télégramme, toujours pour emprunter de l'argent. Cela finit par nous lasser et nous l'avons laissé pourrir quelque part, je suppose, car nous n'en avons jamais plus entendu parler. Pourtant cette histoire plaisait à Altman.

Man Ray était un surréaliste classique, le seul de ce genre vivant dans la région de Los Angeles. Nous en avions bougrement besoin.

Nous le trouvâmes dans une cour de studios de cinéma ouverts jour et nuit, en face de « Hollywood Ranch Market ». C'était une enclave de l'Europe bizarrement située dans Vine Street, à deux pas du Hollywood mal famé et du carrefour Vine, que les touristes prennent pour Hollywood et où accourent les jeunes filles de province qui espèrent être séduites par des producteurs de cinéma. Sa Cord Sedan merveilleusement démodée, était garée dans la rue, sans jamais avoir de contravention.

Man Ray était en semi-hibernation, s'adonnant à ce qu'il appelait son « inactivité de maître », qui le faisait « perpétuellement passer inaperçu ».

Nous le réveillâmes un matin juste avant midi et on nous répondit à travers la porte de revenir à une heure plus décente. Plus tard, après s'être rasé et habillé, il sembla heureux en manifestant toutefois une certaine mauvaise humeur. Je pense qu'il fut touché par notre jeunesse, notre folie et l'hommage que nous lui adressions. Il fut pourtant méfiant jusqu'à ce qu'il se rende compte de l'étendue de notre folie et de la modestie de notre hommage. Il nous laissa entrer.

Il y avait un grand atelier de forme rectangulaire. La lumière de l'éternel soleil californien perlait à travers une large baie vitrée que Man Ray interdisait de nettoyer. Il disait que cela lui donnait la lumière diffuse qu'il préférait. Nous présumions que cela lui rappelait le gris de Paris. Tout était misérable, propret et surchargé d'objets. Beaucoup d'entre eux semblaient avoir été fabriqués, inventés ou simplement découverts par Man Ray, qui possédait des choses curieuses, acquises peut-être après des années d'errance chez les brocanteurs. Une collection impressionnante, formée uniquement de ses propres toiles se bousculait sur l'espace libre des murs. Beaucoup d'entre elles avaient un rapport avec le jeu d'échecs, et l'on trouvait des pièces et des échiquiers dessinés par lui sur toutes les tables ou fixés comme par magie aux murs. Ses objets étaient partout, quelques-uns accrochés au balcon.

Sa femme, la belle et calme Juliette, qui était mince et ressemblait à un garçon avec ses cheveux coupés ras, dont Man lui-même prenait soin, s'intégrait parfaitement à l'ambiance de l'endroit. On se rendait immédiatement compte à quel point elle était en adoration devant son mari, tout à fait « la femme d'un seul homme » (one Man-woman), si je peux me permettre d'employer cette outrance.

Notre crainte nous mit au début dans une situation inconfortable, tandis que nous balbutions l'objet de notre visite. Cela ne semblait pas devoir se passer facilement.

Je ne connaissait pas alors le rituel par lequel nous devions passer. Il était nécessaire qu'il nous donne l'impression d'être un dur et il grogna un peu contre nous. Tel était Man Ray. Il ne pouvait jamais jouer ce rôle avec conviction pendant très longtemps et la conscience de son insuffisance le déprimait. Nous attendîmes, l'oreille basse. Il abandonna son attitude agressive et sembla heureux d'y avoir mis un terme. Notre proposition avait dû éveiller quelque chose en lui, une exposition de son choix, avec dix pour cent de vente garantis.

Man Ray.

Il avait fait une exposition convenable quelques années auparavant dans cet endroit à Pasadena. Le critique d'art de la ville, qui assurément était aussi l'auteur de la chronique nécrologique, l'avait ridiculisé avec grossièreté en tenant des propos à double sens. Man Ray avait la réputation d'être un photographe. Cela le rendit furieux et lui inspira son article ou essai plein de conviction, « La photographie n'est pas l'art ».

Il avait trop peu d'amis qui pouvaient l'aider. Il y avait un producteur de la MGM, Allie Lewin, une sorte de petit diable qui prenait de l'âge et portait les cheveux blancs, complètement sourd, mais possédant un sens de l'humour sur lequel on pouvait toujours compter. Il ne manquait pas de débrancher son sonotone à la moindre menace d'ennui. Il aimait Man, son œuvre et les surréalistes. Ceux qui le connaissaient l'aimaient en retour. Il incluait leurs peintures dans ses films chaque fois qu'il le pouvait. Il commanda à l'un des frères Albright le tableau de Dorian Gray. Il avait organisé un concours pour *La tentation de Saint-Antoine* qui devait être utilisé dans le film *Bel ami*. Max Ernst triompha de Dali. Dans le film *Pandore et le Hollandais volant*, il introduisit le portrait d'Ava Gardner par Man, filmant au passage l'un de ses jeux d'échecs.

Earl Stendahl était bien sûr son ami, comme Paul Cantor, propriétaire à l'époque d'une excellente galerie qui finit cependant par devenir à la mode ; il comptait aussi parmi ses amis Paul Wescher, un homme raffiné agissant au titre de directeur de la collection privée de Paul Getty. Les autres amis, on pouvait les compter sur les doigts de la main. Peut-être n'aurais-je pas pu le rencontrer à un meilleur moment. Toujours est-il que nous avons été les meilleurs amis du monde.

Man Ray avait été l'un des derniers à s'échapper de Paris parmi ceux qui étaient susceptibles d'être inquiétés. Autant qu'il pouvait alors en juger, cela lui coûta sa maîtresse, la belle noire Adi, sa Citroën, sa maison de campagne et son atelier qui contenait des peintures et des négatifs représentant des années de labeur. En réalité après la libération, il récupéra la plupart de ses travaux grâce au dévouement de la maison Lefebvre-Foinet, dont je reparlerai plus tard.

A New York il découvrit sa Juliette et s'enfuit avec elle. Ils se dirigèrent vers l'Ouest, faisant de l'auto-stop sur une partie du chemin avec un marchand de cravates.

Il avait les meilleures raisons du monde de croire qu'Hollywood s'intéresserait à lui. Sa réputation de photographe l'avait précédé et l'élite intellectuelle connaissait ses films d'avant-garde, *Etoile de mer* et *Emak Bakia*. Ce qu'il ne savait pas, c'est que le terme « avant-garde » était une injure à Hollywood. On le fêta, on le flatta et on fit la sourde oreille à ses idées passionnantes par leur excès même. Il n'était pas question de le laisser toucher une caméra.

Après les présentations plutôt tendues décrites auparavant, Man Ray accepta notre proposition d'exposition avec la clause des 10 % de vente garantis. Si j'avais su alors ce que je sais aujourd'hui, j'aurais agi comme un escroc. Il exprima sa gratitude en nous donnant une lettre d'introduction auprès de Marcel Duchamp.

Nous venions de tirer le bon numéro. Le beau-frère John Ployardt, et moi-même partîmes pour New York afin de dénicher d'autres surréalistes.

J'étais né dans cette ville mais elle ne m'avait laissé aucun souvenir. C'est là que, durant les week-ends, j'avais participé à des rencontres sportives universitaires. Pendant les premières semaines hivernales de la guerre, j'avais également dirigé l'entraînement d'une batterie anti-aérienne au milieu de Central Park. Des enfants nous jetaient des cacahuètes le dimanche. Je sortais en rampant de ma tente en peau de phoque pour aller dormir au Plaza chaque fois que j'avais une permission. J'avais connu Times Square et Coney Island.

Mais aucun de nous deux ne connaissait le New York que nous nous proposions de conquérir. Nous arrivâmes dans un hôtel pouilleux qui passait pour bohème. Le lendemain matin le directeur nous fit appeler et nous accusa à tort d'avoir des filles dans notre chambre. Nous étions terrifiés au point de vouloir rentrer chez nous. Nous étions des péquenots. Nous nous faisions éjecter des galeries.

Il était temps de jouer notre seul atout, la recommandation que nous avait écrite Man Ray à l'intention de Marcel Duchamp. Cela ne pouvait être fait qu'en suivant les instruction que Man Ray nous avait données. C'était tout à fait dans le style des « Mille et une nuits ». D'abord vous envoyez un télégramme à l'adresse d'un appartement situé au-dessus d'un institut de beauté dans la 14e rue. Si vous recevez en retour une carte postale à deux sous (cela existait autrefois) votre vœu est exaucé. Notre cuisinier chinois nous dit que nous rencontrerions Marcel Duchamp dans le hall de l'Hôtel Biltmore le lendemain à midi.

L'Hôtel Biltmore, nous nous en rendîmes compte, avait plus de halls qu'un pot de miel n'attire de mouches. Une heure et demi plus tard, nous découvrîmes celui qui devait être Marcel ; il fumait une pipe, enfoncé dans les replis d'un divan susceptible d'accueillir un grand nombre de personnes. Ca ne pouvait être que Duchamp, un homme un peu miséreux mais plein de dignité, comme s'il attendait un autobus. Il sembla s'amuser de nos plates excuses. « Mais pas du tout, j'aime cet endroit. Je viens souvent simplement pour prendre les ascenseurs ». D'une certaine façon, nous pouvions l'imaginer en train de ne rien faire d'autre que cela.

L'atelier de Man Ray à Hollywood.

Voiture unique : la Graham Supercharger de Man Ray.

Nous l'emmenâmes déjeuner chez Luchow, un endroit assez épouvantable. Je me souviens que le maître d'hôtel dut lui prêter une cravate. Cela ne l'empêcha pas de nous placer dans un coin. Nous contemplant d'un air menaçant, il y avait au-dessus de nous un tableau probablement hollandais, qui représentait un navire en train de sombrer dans une terrible tempête. Voulant l'impressionner ou simplement trouver un sujet de conversation, je remarquai que, selon moi, ce bateau était de la merde. Il passa la plus grande partie du repas à me démontrer les qualités du tableau. Mais ce n'était pas méchant, il blaguait, tout cela était décontracté, nous avions l'impression d'être allés au lycée avec lui.

Il nous emmena à l'atelier au-dessus de l'institut de beauté dans la 14e rue. C'était une pièce vide et anonyme. Je crois me rappeler d'une baignoire incongrue, le seul objet qui trônait au milieu de la pièce. Rien sur les murs à demi-plâtrés, mais quelques fils d'une corde à linge, accrochés à un clou rouillé. Il y avait une table d'échecs montée avec un système d'horlogerie pour faire des parties en temps limité. Il y avait également du tabac un peu partout et des allumettes utilisées, une chaise et un cageot à oranges au cas où l'on aurait fait une partie. Il y avait, j'imagine, un lit quelque part.

En tout cas, nous avons retenu chacune des paroles qu'il nous adressa de sa façon dégagée et détendue qui alliait le mystère à la profondeur et lui permettait d'examiner son sujet jusqu'à une heure avancée de la nuit. En définitive nous avions rencontré le Grand Sorcier.

Jusqu'à la fin de ma vie je considérerai Marcel Duchamp comme mon meilleur ami. Cela ne signifiait pas que la réciproque fut vraie. Pourtant je ressentis peu à peu le besoin de le voir périodiquement, quelques fois par an peut-être, pour ce que j'appelais recharger mes batteries. « Il n'y a pas de solution parce qu'il n'y a pas de problème ». « Oui et

échec ». Oui parce que non n'était pas nécessaire, il y avait toujours les échecs. Il était la lampe d'Aladin et pour nous il était « Sésame, ouvre-toi ».

Marcel nous adressa à Alexandre Iolas. C'était judicieux. Il y avait des hommes d'affaires auxquels il aurait pu nous adresser; nous en avions déjà écarté certains. Nous fîmes une sorte de tour d'horizon avec Sidney Janis. Il nous envoya une lettre d'encouragement que je regrette de ne pas avoir fait encadrer. Elle était chaleureuse et émouvante, mais bien sûr il ne voyait pas à quel point nous étions troublés. J'eus l'occasion de connaître Julien Levy beaucoup plus tard et nous sommes de bons amis maintenant. Il ne se souvient même pas de nous avoir vidés et je le taquine toujours à ce sujet. Il y avait d'autres possibilités, Kurt Valentin, Pierre Matisse qui se montrèrent généreux dans les relations de travail qu'ils eurent avec nous par la suite. Nous évitâmes Peggy Guggenheim par loyauté envers Max Ernst. Cela aurait pu être une erreur mais ce ne le fut pas. Beaucoup d'années plus tard je me surpris à l'apprécier. Mais elle avait choisi d'explorer une autre voie.

Marcel supposa avec raison que notre folie était semblable à celle de Iolas. En outre, il comprit certainement que la passion de Iolas pour ses artistes, Ernst, Magritte, Brauner, Berard et tous les autres n'avait pas grand'chose à voir avec l'industrie et le commerce rentables. Il nous avait trouvé un beau parti.

Iolas possédait la Galerie Hugo. Il existait une Madame Hugo. Je me suis toujours demandé qui elle était. La galerie ne représentait pas grand'chose. Elle se trouvait, je me souviens, au premier étage d'une maison en grès. La galerie avait des murs tapissés de velours bleu. Iolas était un ancien danseur de ballet ; il avait une imagination fantasque, tout à fait personnelle, qui le poussait à essayer de faire vivre ses amis alors qu'il était aussi fauché qu'eux. Sa loyauté était fanatique. Nous tombâmes pour ainsi dire dans les bras les uns des autres quand nous l'abordâmes avec le même fanatisme. Nous parlions affaires ensemble avant qu'il lui vint à l'esprit de se demander qui nous étions. Je ne pense pas avoir jamais découvert qui il était ou plus exactement ce qu'il était, en dehors du fait qu'il était Grec, élevé en Egypte, ce qui faisait peut-être de lui un copte, ce qui n'aurait d'ailleurs aucune importance, sinon que cela pourrait peut-être éclairer ses principes moraux. Parmi les gens avec qui nous dûmes être en rapport durant toute l'expérience de la galerie, personne ne nous traita avec plus de correction que lui. Il partagea avec nous toutes nos dépenses, toutes nos déceptions, sans se plaindre, et d'autres se montrèrent moins généreux. Mais à l'évidence, la morale anglo-saxonne l'ennuyait réellement. A cette époque son anglais était assez mauvais pour être de la pure poésie, et je regrette beaucoup de ne pas avoir conservé ses lettres style « Krazy Kat ». Il attendait avec joie le moment de traiter une affaire avec nous. Des cadeaux nous récompensaient à chaque fois qu'il avait l'impression d'avoir amélioré notre situation.

Mais afin de ne pas anticiper sur la suite, car je suis tenté d'écrire beaucoup plus à son sujet maintenant, je me contenterai de dire que ses envolées de pure sagesse au milieu de bouffonneries totalement destructrices étaient une part importante de notre éducation. Il nous donna vraiment beaucoup de ce dont nous avions besoin pour notre galerie californienne. Il devint également l'ami le plus délirant que nous allions avoir.

Un jour que nous étions dans sa galerie, un personnage décharné, cadavérique, ressemblant à Charles Adams, entra par hasard portant un lourd sac à provisions en papier. Il pensait passer inaperçu et nous supposions qu'il était de la galerie. Mais nous fûmes fascinés quand il éventra son paquet en suivant presque un rituel. L'une après l'autre, il disposa sur tout le plancher des boîtes magiques qui ressemblaient à des jouets, chacune étant une vraie merveille. Elles étaient comme des pièces, des fenêtres, ou des décors de théâtre. Des palais pour hiboux, des appareils à faire des bulles contre des cieux de mappemonde ou de cartes astrologiques, des rangées burlesques de homards en celluloïd, des maisons pour hiboux, des sables de toutes les couleurs qu'on se contentait d'agiter. Il se nommait Joseph Cornell. Nous achetâmes toutes ses boîtes et l'invitâmes à déjeuner. Il avait l'air d'avoir faim. Plus tard il demanda s'il pouvait avoir une glace. Il semblait appréhender notre refus. Il parla de Californie comme s'il la connaissait par ouï-dire. Il avait eu autrefois un oncle qui s'était enfoncé dans l'Ouest jusqu'à Chicago. L'oncle était un voyageur de commerce qui avait fait le commerce du tapis avec autant de succès. Le neveu ne semblait pas s'apercevoir qu'il était fait de la même étoffe.

Il était amusant de parler avec Cornell. Nous devions quitter notre monde et entrer dans le sien. Nous n'étions jamais sûrs de trouver le chemin du retour.

Les boîtes nous laissaient ébahis. Nous désirions bien sûr les exposer. Il ne demandait pas plus de cent dollars pour chacune d'elles. Cela nous tracassait. Elles étaient des trésors, pétris de nostalgie et de fantastique ; nostalgie de l'enfance, de temps anciens et de lieux lointains, de gens merveilleux morts depuis longtemps. En quelque sorte ce que Chicago signifiait pour lui.

Robert Matta Echauren était la seule vraie pile électrique de New York dans les années 40. Depuis la mort de René Crevel, il avait hérité du siège de la jeune génération dans la hiérarchie purement formelle du surréalisme, en d'autres termes, il avait pour lui la jeunesse et semblait-il, le génie. Chilien, il avait la trentaine, était beau à se damner et portait des chemises à brocart. Il travaillait apparemment sans trop de succès à ce qui allait être le second de ses nombreux mariages. Sa peinture promettait tout. Il tenait aussi des

propos insensés avec un pouvoir comparable à celui de Midas. Il pouvait transformer en or resplendissant la moindre des banalités. Duchamp nous avait envoyé à lui et il avait certainement tapé dans le mille. Il travaillait comme il parlait avec une énergie éblouissante, soutenue par une compréhension bien assimilée de Duchamp et par l'ébauche de ce qui allait être une collaboration avec Gorky d'une importance stupéfiante.

Nous dînâmes chez les Matta avec Maria Martins, mariée à un ambassadeur brésilien ; elle tenait beaucoup de la femme sculpteur, aimée peut-être autrefois par Duchamp. Elle était également pleine d'énergie. Ils discutaient d'un projet et l'atmosphère était hystérique. Il y aurait une revue d'une seule feuille, appelée *Instead (A la place)* qui rendrait les bandes dessinées à jamais superflues. La revue *View* était en voie de disparition. Elle contenait les seules réflexions intelligentes à New York sur la présence vivante du Surréalisme et elle allait nous manquer terriblement. *A la place* allait être exactement ce que son nom signifiait « A la place » de. Cela marcha comme tant de belles idées, disparaissant après 4 numéros.

Nous eûmes bien un déjeuner bref et décevant avec Isamu Noguchi que nous admirions plutôt et à qui nous voulions consacrer une exposition. Il n'était pas sympathique, et puisque nous tenions absolument à qualifier notre galerie de surréaliste, voulait avoir la garantie que nous n'exposerions pas une de ses sculptures à côté d'une vieille chaussure. N'appréciant pas sa question, nous ne lui offrîmes aucune garantie. Cette fois-ci, ça se termina mal.

Voici ce que New York se révéla être pour nous : Duchamp fit partie pour toujours de nos vies et de nos pensées ; Joseph Cornell d'Utopia Parkway à Flushing, l'insensé Iolas avec ses murs de velours bleu et la revue *Instead* de Matta, nous tenaient sous leur charme déconcertant. Il y avait également les nuits passées au Village avec quelques amis tous aussi fous que nous ; parmi eux Bernard Pfriem et Pete Petrov, qui comprenaient bien ce qui se passait. Ils étaient tous deux des peintres pleins de promesses. Petrov était un dessinateur extraordinaire qui d'une certaine façon ne sut pas persévérer.

En y réfléchissant après coup, ce n'était vraiment pas le moment d'être dans l'est. Les surréalistes avaient séjourné à New York comme des réfugiés. Les choses ne se dérouleraient plus jamais de la même manière.

Les Américains n'aiment pas être redevables à l'Europe. Mais la peinture américaine était en train de naître. On comprend mieux si l'on considère le surréalisme plutôt en fonction de ses intentions que comme un mouvement qui en fait n'exista jamais ici. Ce que le surréalisme rechercha toujours par la peinture (Breton lui-même n'accorda peut-être pas assez d'importance à ce point) ce fut d'être une ouverture vers des virtualités poétiques que l'art contemporain allait pénétrer. Nous nous sommes condamnés à bien des confusions en ignorant cette origine mais peut-être devait-il en être ainsi car de quelle autre manière une génération passionnée pouvait-elle se débarrasser de son complexe d'infériorité artistique. Le mot surréaliste recouvre une grossièreté ici et l'Amérique est censée avoir inventé à elle seule l'art moderne, sans en être redevable à quiconque. Avec les yeux de Galilée, l'oreille de Van Gogh, il y avait la moustache de Mona Lisa et la tragédie entre Matta et Gorky. Tout ce que je dis là est gratuit car on me proposait simplement d'écrire à propos des Galeries Copley à Beverly Hills.

Ce que je n'ai pas dit, c'est que les géants de l'histoire dans le domaine que nous croyions innocemment avoir découvert nous ont en fin de compte soutenus comme pour nous pardonner notre folie. J'ai encore une lettre de Sidney Janis nous encourageant à poursuivre notre activité suicidaire. Pierre Matisse était à nos côtés et il subvint aux besoins de l'exposition Tanguy. Julien Levy, qui fut l'introducteur du surréalisme dans ce pays, vint à notre aide après l'exposition Max Ernst, il donna son appui à nos folies et devint immanquablement un ami proche et stimulant.

De retour sur la côte ouest, nous avions tout à fait la mentalité veni, vidi, vici. La première chose que fit le beau-frère fut d'acheter un singe. La seule explication que j'aie jamais obtenue de lui fut qu'un certain prestige résidait dans le fait d'être probablement la seule galerie au monde à avoir un singe. Son raisonnement m'échappa et j'aurais pu être plus tolérant si le singe n'avait pas été un vrai fils de pute. Le beau-frère expliqua que c'était un singe capucin qui avait un rapport avec la Commedia dell' Arte. Je dus présumer que cela avait quelque chose à faire avec le surréalisme.

Il y avait un autre mont Olympe à gravir et nous voulions l'attaquer pendant que nous avions encore l'élan pour le faire. Après celui de Duchamp, le nom le plus exaltant que nous connaissions était celui de Max Ernst, le plus grand de tous les peintres, bien plus grand, pensions nous, que Dali, qui déjà à l'époque, nous en étions sûrs, était en train de corrompre son art, plus grand pour nous que Picasso que nous considérions seulement comme un vieux maître.

Marcel avait téléphoné à Max que nous venions. Après avoir traversé la Californie sur une distance de 500 milles parcourus d'une seule traite, connu les nuits froides du désert et les mirages de l'aube, nous atteignîmes le pays de Max Ernst, Oak Creek Canyon en Arizona, un paysage que Max avait peint avant de l'avoir jamais vu. Nous sentions que l'endroit nous était vaguement familier grâce à notre connaissance de ses peintures. Max avait eu le pressentiment de cette destination de nombreuses années auparavant.

A ce moment notre chance faillit nous lâcher. Le télégramme de Duchamp avait été sérieusement modifié au magasin de Sedona qui était le seul point de contact avec le monde extérieur. En réalité il comptait sur la venue de Duchamp lui-même. Nous le vîmes sur son visage en descendant de la voiture. Pire encore, Dorothea était revenue de l'hôpital le matin même après une sérieuse opération. Nous tombions mal et nous avions l'intention de refaire ce long trajet en sens inverse. A nouveau nous fîmes de plates excuses et à notre grand étonnement Max Ernst nous pria d'entrer avec ce qui ressemblait presque à de l'enthousiasme.

Comme Man Ray, Max Ernst était à sa manière un autre ermite exilé. Allemand en France, il s'était trouvé dans une situation telle que les deux camps en présence durant la guerre ne pouvaient pas prendre d'autre décision que son incarcération ; de fait il avait séjourné dans une prison française. Il fuyait aussi un mariage qui ne lui avait pas convenu et son ancienne femme avait officiellement formulé contre lui des reproches, tout comme la presse qui l'accusa selon Max de « peinturepitude ». Tout ce qu'il fit en réalité fut de montrer une certaine préférence pour la belle Dorothea Tanning et de s'enfuir avec cette femme, qui était aussi américaine que la tarte aux pommes et se considérait tout à fait comme un peintre. Max était également assez fier de ce que tout cela lui attirait les foudres d'André Breton.

Malgré sa beauté, Oak Creek Canyon n'était pas particulièrement animé, tout comme la communauté de Sedona (il n'y avait là rien d'autre à l'époque). Cela joua en notre faveur. Il y avait peu de gens avec lesquels il pouvait parler. Le plus proche de ses vieux amis était Man Ray et il fallait aller jusqu'à Los Angeles pour le trouver. La dernière fois qu'il s'étaient vus, c'était lors de leur mariage civil respectif à Beverly Hills. Tout laissait croire que cela avait été une bonne occasion de rigoler.

Sinon, Max Ernst était coupé de ses pairs qui d'une certaine façon se méfiaient de lui. Ses peintures n'étaient pas émouvantes et ses seuls voisins étaient des cow-boys.

Nous avions cherché à les voir par admiration, ils en furent flattés et nous offrirent l'hospitalité dans des circonstances difficiles. Notre amitié dura toujours.

Nous restâmes plusieurs jours à manger, à boire et à parler. Dorothea était une magicienne. Elle préparait des repas bizarres dans la cuisine et nous ne remarquions jamais son absence quand nous faisions la bombe dans le salon. La plupart du temps, nous rivalisions entre nous pour faire les plaisanteries les plus incongrues. Max gagnait toujours, mais il disposait de deux autres langues pour trouver des calembours. Max était loplop, le supérieur des oiseaux. Il était au milieu de sa cour et nous étions ses bouffons. Il était d'accord pour une exposition.

Les Galeries Copley étaient prêtes à ouvrir leurs portes. Nous étions sûrs de réussir. Ce que nous avions à offrir était ce qu'il y avait de mieux depuis le tremblement de terre de San Francisco. Nous étions imbus de nous-mêmes, sourds aux conseils et aux avertissements.

Le jour de l'ouverture, le singe mordit le beau-frère. Notre première exposition était celle de Magritte ; des peintures, des gouaches, des dessins, le tout grâce à Iolas. L'invitation pour l'inauguration était vraiment terrible : une page blanche dans laquelle étaient découpés les symboles de Magritte, l'oiseau, la feuille, la clef, la pipe laissant apparaître la page noire placée derrière. Le catalogue avait des tirages sépia de dessins de Magritte. Il y avait plus de 30 peintures, dont certaines comptaient parmi les plus belles.

Les boissons étaient gratuites, ce qui attira une foule de gens qui étaient venus, pensions-nous, pour voir les toiles. C'était vrai pour certains. Nous étions nos meilleurs clients au bar. Après un moment, nous détachâmes le singe. Il fut effrayé et n'aima pas ça. Il bondit sur des tableaux et des épaules hostiles. Ce fut une folle nuit et nous imaginions avoir la moitié de la ville dans la galerie. Même si nous ne vendions pas de tableaux, on allait parler de nous.

Le lendemain matin nous avions la gueule de bois et la galerie avait besoin d'être nettoyée. Personne n'entra. Le singe nous tapait sérieusement sur le système. Nous avions besoin qu'il y ait une certaine activité pour reprendre confiance en nous. C'est ce qui arriva au moment où nous allions fermer.

Un riche Californien entra en titubant dans la galerie. C'était un magnat et un collectionneur réputé. Il était complètement saoul mais il était à son affaire et connaissait la peinture de Magritte. Il voulait boire un coup, mais pas tout seul.

A la maison nos épouses respectives mettaient au four nos rôtis respectifs. Notre premier client faisait un discours bruyant et savant sur Magritte, de temps en temps il agitait avec insistance son verre vide dans notre direction. A la maison, nos femmes enlevaient du four nos rôtis respectifs. Notre client en était maintenant arrivé aux histoires cochonnes. Il en avait tout un répertoire. Entre temps, il nous avait demandé d'installer des Magritte sur le chevalet que toute bonne galerie possède dans son arrière-salle. Il voulait également une autre tournée. A la maison nos rôtis respectifs refroidissaient. Mais nous savions que si nous tenions ferme, nous étions en passe de réaliser notre première vente. Rien n'était encore joué. A la maison nos femmes respectives perdaient leur calme.

Au dernier moment, notre client se décida pour une huile et une gouache, peut-être les deux plus belles que nous avions, puis il griffonna maladroitement un chèque et se dirigea droit sur la porte comme s'il allait vomir. Il fut impossible de déchiffrer le chèque mais on se mit d'accord pour le considérer comme valable. Nous retrouvâmes le chemin de la maison où nous attendaient les rôtis froids et des femmes glaciales qui n'étaient pas le moins du monde impressionnées par le succès de notre première journée d'affaires.

Nous n'avons jamais revu le magnat ni entendu parler de lui, mais le chèque fut honoré. Au moment de fermer la galerie six mois plus tard, nous envoyâmes un garçon de courses porter les tableaux à son adresse. Durant les six mois d'existence de la galerie, nous vendîmes un autre tableau. Cette fois nous ne fûmes jamais payés.

Ce qui est vraiment bien quand on a une galerie, c'est de vivre dans des pièces où il y a des tableaux. Ils vous entrent dans le corps par osmose. Les yeux n'ont rien à faire avec cela. De ce point de vue Magritte est un exemple parfait. Voilà ce que ses peintures m'ont appris. Elles existent pour d'autres raisons que le simple fait d'être vues. Ce qu'elles représentent est véritablement arrivé. Les orteils sont devenus chaussures, les seins ont percé les chemises de nuit, les feuilles sont devenues des oiseaux, nous ne sommes jamais surpris par les surprises de Magritte.

Je ne rencontrai Magritte que quelques années plus tard. Ses lettres me donnaient l'impression que l'intérêt que nous lui portions lui faisait plaisir, et qu'en tant qu'artiste, le plaisir l'intéressait. Sa correspondance était très terre à terre.

Le rencontrer était encore plus déconcertant, car cela renforçait l'impression que sa personnalité ne ressemblait pas à celle de ces drôles d'artistes que j'ai connus. Il aurait pu tout aussi bien être un marchand de bretzel. Il avait de l'embonpoint, des cheveux gris, il était gai et avait l'air prospère. C'était un bourgeois de Bruxelles jusqu'au bout des ongles. Il était identique à son voisin comme sa maison était identique à celle de son voisin. Une fois, en raison de sa richesse grandissante, il s'acheta une maison plus grande. J'allai à la nouvelle adresse et ne put faire la différence. Sa maison était meublée avec l'absence de caractère de ces objets modernes, judicieusement fonctionnels, pratiques et bon marché ; pas la moindre originalité. Ses propres peintures, même les plus outrées, ne semblaient pas plus déplacées que les têtières sur les canapés et les chaises.

Vue de l'exposition Magritte.

Vue de l'exposition Magritte.

Il est tout à fait exact qu'il peignait dans sa salle à manger. Il me montra où il mettait ses couleurs, dans un tiroir où les ménagères mettent d'habitude les ronds de serviette. Ni trace, ni tache ne trahissait sa présence.

Un jour, chez moi, je peignis avec lui autour d'une table d'échecs. Nous étions en train de peindre des bouteilles, c'était dans le style « Je te donnerai la mienne si tu me donnes la tienne ». Il travaillait avec l'habileté d'un dentiste tenant l'extrémité du pinceau entre le pouce et l'index comme un gourmet dégustant des choux de Bruxelles. Il se considérait avec franchise et modestie comme le plus grand peintre vivant, comme si la manière dont il peignait le prouvait sans conteste. Ce qu'il peignait ne lui semblait absolument pas étrange.

Sa femme, Georgette, qui fut apparemment pendant longtemps son modèle, s'accordait parfaitement avec lui. Elle n'était ni belle ni élégante, seulement extrêmement agréable et de temps en temps tracassée quand René prenait du poids. Elle semblait l'adorer sans se poser de problèmes.

Et il y avait toujours ce satané chien. Comme ses maisons, ses chiens étaient les mêmes. Il se contentait de survivre à ces roquets au museau pointu qui étaient de sales petits loulous de Poméranie, pourris à force d'être gâtés. De temps en temps, un noir remplaçait un blanc. J'aime les chiens mais ceux-là m'ont toujours détesté ainsi que tout le monde, je suppose. Magritte se servait de son chien quand cela lui était utile. C'était toujours une bonne excuse pour ne pas aller où il ne voulait pas.

Il aimait bien la bière et le vin de sa cave, mais pas les boissons fortes. Il aimait également filer au club d'échecs avec les copains. C'était autant pour la bière que pour les échecs. Il menait de front une douzaine de parties contre des adversaires abrutis et gagnait la plupart du temps, se rengorgeant alors comme un paon. Il s'est payé ma tête pendant un moment jusqu'à ce que je me rende compte que l'endroit n'avait pas grand'chose à voir avec un vrai club d'échecs.

Il était fort pour les histoires cochonnes et les meilleures histoires de ce genre sont belges. Elles sont fondées essentiellement sur la scatologie plutôt que sur le sexe et il faut avoir le cœur bien accroché pour résister aux séances de blagues qui se produisent en général après les repas. Ainsi j'ai vu, à la fin de certains banquets magnifiques, des dignitaires cultivés essayer de faire vomir leurs voisins en leur racontant des histoires. Vulgaire, Magritte aimait sa propre vulgarité. Il aimait se tordre de rire. Il aimait choquer Georgette, qui en retour semblait aimer cela.

Nous avions de l'affinité l'un pour l'autre et il disait que j'étais le seul à qui il rendrait visite et chez qui il passerait la nuit. Son chien lui servait d'excuse pour que cela n'arrive pas.

Une fois où nous l'avions invité, ma femme vint me trouver en pareille occasion, absolument furieuse et exigeant que je le mette à la porte. Il lui avait pincé les seins. « Mais tu ne comprends pas, dis-je, c'est Magritte ».

Le gouvernement belge voulait tourner un film sur lui. Il insista pour écrire lui-même le scénario. Le film comprenait une séquence montrant Georgette en train de manger une banane, séquence qu'il passait à l'envers.

J'avais un ami qui avait un poste important à New York et son bureau était en sous-sol, plusieurs étages en dessous du rez-de-chaussée. Il pensait que je pouvais obtenir de Magritte qu'il lui peigne une fenêtre. Magritte proposa de faire une fenêtre donnant sur un mur de briques.

Magritte avait l'habitude de garder un carnet de ses cro-

quis, des dessins épars dans une reliure à spirale. Il était tout à fait disposé à en donner un à un autre de mes amis qui aimait commander ses Magritte comme on commande un petit déjeuner. Cela finit par faire un ensemble d'environ quarante gouaches. « Maintenant une avec un grelot de traîneau et un navire en train de sombrer, etc. » Magritte ne voyait là rien d'extraordinaire.

J'ai toujours été étonné de constater que les tableaux de Magritte ne posent aucun problème aux non initiés. Ils peuvent être immédiatement acceptés par l'homme de la rue, sans doute plus vite que par le collectionneur ou le connaisseur aux goûts sophistiqués. La raison en est évidemment que Magritte fut bien plus un homme de la rue qu'un être sophistiqué. Il n'attend de nous que fort peu de choses, aucun effort véritablement intellectuel, seulement que nous prenions plaisir à ses métaphores.

Le beau-frère et moi, nous avions une attitude plutôt vache à l'égard des artistes du coin. Nous nous étions voués au surréalisme. Un jour un couple vint nous voir. Tous deux étaient peintres et ils travaillaient ensemble. Lui à gauche, elle à droite du tableau. Ils nous ont dit que lorsqu'ils se rejoignaient au milieu toutes sortes de merveilles surgissaient. Nous les avons jetés dehors. Depuis je l'ai toujours regretté. On aurait dû jeter un coup d'œil.

Pour l'exposition Cornell il fallait vraiment avoir la foi. La monter à l'époque demandait un certain courage et nous pensions que ce courage suffirait à assurer notre victoire. Nous-mêmes nous raffolions des objets exposés. C'étaient des jouets de rêve, la nostalgie de toute notre enfance. Ils étaient faits avec un soin d'ébéniste. Nous les avions achetés et leur prix était tellement bas que nous en étions gênés, à tel point que nous avons dû doubler les prix pour être en paix avec nous-mêmes. Les prix furent fixés entre cent et deux cents dollars pièce et on y ajouta un pourcentage pour Cornell. Il y avait environ cinquante pièces.

Nous avons travaillé à un catalogue – invitation en tentant de rester fidèles à l'esprit de Cornell. Tout devait être bleu roi et blanc. Les caractères avaient été extraits au hasard de typographies romantiques, comme pour une demande de rançon. Le catalogue avait l'air d'un vrai patchwork. A la réflexion il s'en est fallu de peu que nous ne tapissions les murs et le plafond de ces feuillets. Nous avons loué une draisienne blanche que nous avons drapée de velours bleu. Nous avons exposé les boîtes dans les salles de la galerie sur les étagères de niches qui avaient auparavant servi de bibliothèques. Le résultat fut absolument éblouissant et désastreux du point de vue de la clientèle car la présentation se révéla rebutante, elle éveillait la claustrophobie de quiconque n'était pas déjà imbibé de Cornell, et nous étions les deux seuls de l'endroit.

De nouveau il y eut foule au cocktail de vernissage. Les premières réactions furent encourageantes et nous crûmes un instant voir les stylos courir sur les chéquiers. Le mois suivant nous laissa seuls avec les boîtes. Nous avons fini par les donner à l'honnêtes familles comme on l'aurait fait avec de petits chiots. Avec les siennes, la femme du beau-frère fit des lampes.

Cornell nous rendit responsables du fiasco et prétendit que nous avions bousillé son exposition en doublant les prix. Il nous bouda longtemps. On ne savait jamais à quoi s'en tenir avec Cornell. Il préférait toujours les gens morts et enterrés. Encore mieux s'ils étaient de sexe féminin. Ou en cas d'urgence les femmes vivantes mais hors d'atteinte. Il idolâtrait la ballerine Alice Markova et aimait la Lillian Gish des films dont il se souvenait. En ce qui concerne Markova, il avait un trésor de reliques, des vieux programmes de ballet, du vieux tulle qui aurait pu orner son tutu. Le tout était exposé dans des boîtes dédiées à sa mémoire. Pour ce qui est de ses amours cinématographiques, il avait d'étranges penchants de collectionneur et il montait des kilomètres de pellicule à des fins qui n'étaient connues que de lui seul.

Les boîtes étaient des poèmes, littéraux et surréels au sens le plus propre, bien qu'on ne sache pas dans quelle mesure ils furent inspirés par la bande de Breton. Pendant son séjour en Amérique, André Breton construisit environ une demi-douzaine de boîtes similaires, mais qui étaient beaucoup plus le reflet de sa propre poésie. J'ignore qui a inspiré qui.

Cornell menait une vie de célibataire endurci auprès d'un frère atteint de paraplégie spasmodique et d'une mère souffrante, à l'adresse Utopia Parkway, Flushing, New York. La rumeur selon laquelle les boîtes étaient, à l'origine, des jouets destinés à amuser son frère cloué au lit est probablement fondée. Elles constituèrent le point de départ d'un extraordinaire moyen d'expression d'un monde fantastique.

Les boîtes contenaient diverses choses telles que des appareils pour faire des bulles de savon astrologiques, pipes et rêves inclus. Il y avait des stands de tir avec pour cible des lapins frémissants, des quadrilles de homards en celluloïd rouge, des pharmacies entières dans de petites bouteilles, des châteaux déserts dont les fenêtres laissaient échapper des forêts. Il y avait des livres scellés avec des fenêtres au travers desquelles on voyait passer les mots. Il y avait un presse-papier en papier. Il y avait des boîtes de sable pleines de sables de couleurs, des chambres d'hôtel désertes dans un Paris lointain.

Cornell menait une vie extrêmement recluse. C'était voyager pour lui que de quitter sa maison. Il n'aimait que de loin, il lui fallait se préserver de toute réciprocité.

Ses lettres étaient des collages, des lettres d'amour sur des papiers colorés, avec des dentelles de papier, des sachets de parfum ou des fleurs séchées. Du moins quand il ne boudait pas. On ne savait jamais quand il reprendrait contact.

Ce fut un mois étrange et solitaire dans la galerie avec ces jouets séduisants qui ne séduisaient personne, le public se tenait prudemment à l'écart, aucun enfant ne venant voir.

Nul doute, le singe n'appréciait pas l'art et c'est probablement pourquoi il nous haïssait si intensément. Il était fou de mécanique. Le propriétaire du garage d'en face l'invitait souvent à dîner chez lui. Il s'asseyait à la table familiale avec une serviette autour du cou, couteau et fourchette serrés dans ses poings, et il souriait aux enfants. Ces gens voulaient bel et bien garder le singe.

Nous eûmes bien des appréhensions à l'ouverture de l'exposition Matta. J'aimerais tant revoir ces tableaux. Matta ne semble ni savoir ni se soucier de ce qui leur est arrivé. Des années plus tard il dit que la dernière fois qu'il en avait entendu parler, ils avaient été confisqué pour une raison ou une autre à Rome par les douaniers italiens. Apparemment il ne s'est jamais sérieusement efforcé de les récupérer.

Notre goût pourtant éclectique les trouvait trop abstraits. Avec le recul je dirais que ces tableaux, peints juste avant que le succès ne se soit emparé de lui au moment où il était probablement à l'apogée de sa carrière, étaient parmi les meilleurs qu'il ait jamais faits. Deux artistes l'ont principalement influencé. D'une part les méta-mathématiques du *Grand verre* de Duchamp, de *La mariée mise à nu par ses célibataires, même*. Mais l'imagerie de Matta était viscérale, presque sanglante, et en cela il dépassait Duchamp. Depuis lors il s'est principalement fait connaître par ce que l'on a baptisé ses « tableaux joyaux ». On les considère toujours comme ses œuvres les plus accessibles. Très intenses dans la transparence de la couleur, ils brillaient littéralement comme des joyaux. Ils possédaient aussi une nervosité reflé-

tant en grande partie sa propre personnalité et une violence qui rappelle celle des œuvres réalisées à la même époque par Wilfredo Lam.

D'autre part ces nouvelles toiles étaient peintes à l'époque où il s'était étroitement associé avec Gorky, coopération qui se tenait juste à la limite d'une collaboration sans risque. La démarche de leur pensée était presque similaire. Jamais Matta n'a eu autant d'entrain bien qu'il ait toujours gardé la réputation d'être increvable. La tragédie Gorky se profilait en coulisse, et à mon avis il ne l'a jamais surmontée. Un ami citait récemment Matta disant « je n'étais pas amoureux de sa femme, j'étais amoureux de Gorky », apparemment un bon mot signé Matta, et sans doute plein de vérité. Il n'y a là aucun sous-entendu d'homosexualité mais seulement une affinité positive. Elles ont une sacrée importance dans l'histoire de l'art du vingtième siècle.

Parmi ces toiles, plus d'une était d'une composition déliée, avec des réminiscences du *Verre* de Duchamp combinées avec une imagerie peut-être comparable à celle de Gorky, mais elles n'allaient pas encore à l'extrême de l'art abstrait ou de ce qui sera bientôt connu sous le nom d'action painting. Il y avait deux grandes peintures murales qui reflétaient ce qu'il appréciait chez Diego Rivera et ce qu'il avait assimilé de sa contribution à l'espace mural, l'incorporation de plates-formes permettant de mieux voir ce qui avait pu être introduit dans cet espace, et c'était là quelque chose que Matta avait toujours admis sans discussion. Ces toiles nous livrèrent leur secret durant le mois où nous vécûmes quotidiennement avec elles.

De nouveau ce fut une exposition riche en surprises, de nouveau il y eut un vernissage bondé et bien arrosé.

La leçon que j'en tirai était que Matta n'était nullement quelqu'un de négligeable.

Je revis Matta à Paris à une époque où beaucoup de choses avaient changé pour nous deux. Il s'était fait exclure avec pertes et fracas du petit cercle de Breton pour peinture-pitude morale. Je m'étais séparé de ma femme et de la galerie. Nous avions tous deux perdu plus de vingt kilos. Nous nous sommes croisés sans nous reconnaître en allant au rendez-vous.

Je le revis en Italie. Il en était alors à son troisième mariage, cette fois avec une starlette de cinéma. Elle avait des oreilles minuscules et elle me tricota une cravate. Ils avaient eu un fils qu'il baptisa Pappagano.

Tout comme sa peinture, la conversation de Matta était toute en vastes gesticulations. Tourmenté par la question, il ne parvint cependant jamais à peindre des tableaux de petite dimension. Je lui dis que la solution était dans l'emploi de petits pinceaux.

Nous partagions l'humour, l'humour né de situations ridicules, parfois celles où d'autres se trouvaient mais surtout celles où nous nous trouvions nous-mêmes.

Le mariage et la procréation étaient son fort. Politiquement c'était un aristocrate de gauche. Il épousait la cause attrayante d'un communisme pur toutes les fois que celui-ci relevait la tête, mais jamais il ne laissait ces idées entraver son mode de vie. Il était le bienvenu dans les salons tout comme dans les salles de réunion. Il se tenait à l'écart des émeutes. Il était toujours capable de donner à ses interlocuteurs des idées qui ne leur étaient jamais venues à l'esprit auparavant. A l'écouter, des gens de la bonne société pouvaient se donner la main autour de la table où ils dînaient parce qu'il prônait l'amour à ce moment-là.

Lorsque sa femme Malitte fut enceinte, elle eut des

ennuis de grossesse et monter les cinq étages de leur appartement derrière la statue de Diderot à Saint-Germain-des-Près ne lui était pas recommandé. Je réussis à les kidnapper et les emmenai dans ma maison de campagne. Matta et moi travaillions pendant la journée et démolissions ce que nous avions fait à l'heure de l'apéritif et du dîner. C'était marrant. Un jour je lui fis promettre de m'enseigner la perspective. Il vint dans mon atelier et s'apprêtait à commencer la leçon, un morceau du fusain doctement tenu en main. Il jeta alors le fusain, le piétina et dit : « tu voudrais donc que je gâche ton travail ? »

L'enfant commença à se manifester un matin à une heure indue. Ce ne fut qu'agitation fiévreuse et succession de coups de téléphone à l'Hôpital américain. Seulement des mois plus tard nous nous rendîmes compte que pendant tous ces moments d'effervescence nous nous étions démenés nus comme des vers.

Matta vend toujours ses tableaux pour acquérir des maisons dans tous les coins d'Europe, des costumes et des chaussures pointues italiennes. Ses nombreux enfants sont à sa charge. Je me demande toujours comment il fait. Puisqu'il peint sans relâche, je suppose que ça rapporte.

Ce qui m'étonne encore, c'est qu'il n'hésite pas à lâcher ses pinceaux au moindre prétexte. C'est bien simple, on ne l'interrompt jamais. Il aime autant discuter que peindre dans l'intimité. En cela je l'envie.

C'est à la fin de l'exposition Matta que le singe décida qu'il nous avait assez vus. En un éclair il descendit le Cannon Drive, traversa le Wilshire Boulevard, passant au vert en manquant de provoquer un accident et dégoûtant bon nombre de gens de boire. Il y avait là un cinéma et le singe disparut sous le tourniquet. Le téléphone sonna dans la galerie. C'était ma femme qui venait de plier la Studebaker. J'appelai le garage d'en face et demandai au patron s'il tenait réellement au singe. Il dit oui, je lui donnai le singe et allai récupérer ma femme.

Le singe resta dans le cinéma pendant la projection de *The Babe Ruth Story,* faisant du tapage en bondissant sur les épaules des spectatrices. Il sortit pendant la projection de *La corde* et fut finalement cerné dans les toilettes pour dames de la Security First National Bank d'à côté.

Vivre au milieu de l'exposition Tanguy était un vrai délice. Les vastes paysages nocturnes où vivait tout un peuple d'ossuaire jetant des ombres infiniment longues ne réussissaient, on ne sait pourquoi, à inspirer la terreur. Ils se métamorphosaient sans cesse, rien n'était immobile, rien ne se ressemblait. Ils vous anesthésiaient et il fallait rêver avec eux.

Tout se déroula comme à l'accoutumée ; un vernissage imposant, beaucoup de bouteilles, quelques célébrités, un soupçon de succès, un intérêt irritant suscité par quelques toiles, même une vente qui ne fut jamais payée.

Un seul type plutôt porté sur la boisson représentait la presse toute entière. Il vidait une demi bouteille de notre meilleur bourbon, rentrait chez lui et, se sentant d'humeur agressive, écrivait son article. Il me plaisait plutôt. Il était assez fin pour comprendre qu'il était payé pour ne pas aimer l'art moderne, mais il ne pouvait pas non plus tout à fait s'en désintéresser. Les tableaux l'attiraient presque autant que le bourbon.

Je ne réussis à rencontrer Tanguy qu'un an après la fermeture de la galerie. Je l'ai rencontré grâce à René Lefebvre. Je ne sais plus exactement comment j'ai rencontré René Lefebvre et comme il est devenu mon meilleur ami. Il était de ces amis que l'on imagine toujours avoir connus. Sa famille aussi avait toujours existé.

Yves Tanguy.

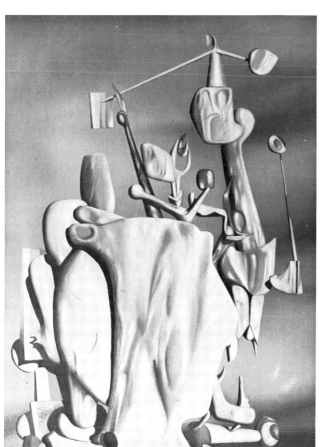

La Maison Lefebvre-Foinet avait fabriqué des couleurs depuis toujours ; des toiles, des pinceaux et cætera. Un jour j'ai visité la propriété où l'on cultivait les arbres dont les rameaux une fois carbonisés servaient à faire des fusains, et là je ne plaisante pas.

Le magasin était situé au coin de la rue Bréa et de la rue Vavin au cœur de Montparnasse, dans le sixième arrondissement. Les rues somnolaient pendant la journée et à la tombée de la nuit c'était un quartier rauque de boîtes de nuit et de prostituées insouçiantes. Je savais que c'était un vieil établissement à cause de l'arbre immense qui avait longtemps poussé à travers le toit. Pendant l'occupation, ils avaient caché la voiture de Man Ray sous le plancher du garage.

La mère de famille était devenue légendaire tout simplement parce qu'elle avait enterré son mari qui avait été légendaire auparavant. La famille avait coutume de fournir des couleurs aux artistes qui avaient le talent mais non les moyens pour peindre. Une anecdote veut que le Douanier Rousseau déposait de petites toiles chez les Foinet dans l'espoir d'une récompense. La mère en lavait la peinture pour récupérer des chiffons à poussière. Je me souviens encore d'elle, un gigantesque trousseau de clés à la ceinture, passant d'une pièce à l'autre, verrouillant les portes derrière elle, les déverrouillant devant. René raconte l'histoire d'une réception de baptême où il avait remplacé les traditionnelles friandises au chocolat d'usage en pareille occasion par des crottes de bique.

René était sans doute en Californie pour affaires. Un matin je trouvai une boîte de couleurs sur mon palier. C'était le premier compliment qui me venait d'Europe.

Une fois la galerie vendue, je rencontrai René à New York. Il voulait me présenter à Tanguy. Nous sommes partis ensemble en voiture dans le Connecticut. Nous nous sommes d'abord arrêtés à Roxbury pour voir Sandy Calder. Ce fut un grand moment parce que Calder était un ours tout à fait charmant et il me laissa voir son atelier. La visite de son atelier relevait de l'observation astronomique. Il ouvrit une porte de grange sur une infinité d'ensembles mouvants, une pleine grangée de mobiles. L'ouverture de la porte animait toute cette vie enclose. Je me souviens d'un gong toujours sur le point de résonner ; le plus souvent rien ne se passait, baguette et gong recommençaient leur pas de deux sur des orbites différentes et se manquaient encore de justesse au tour suivant. C'était aussi beau que le dernier acte de *Tristan et Iseult* ou qu'une bonne partie de jambes en l'air.

Nous nous sommes reposés chez Calder et lorsqu'il apprit que nous allions à Woodbury pour voir Tanguy, il voulut nous accompagner. La mine de sa femme se rembrunit. Calder nous demanda si nous pouvions d'abord passer à un cocktail où il avait promis de se rendre.

Dans notre voiture il n'y avait pas de place pour un homme de sa taille. Il nous fallait donc suivre sa vieille torpédo grand sport. C'était étrange de voir un ours au volant. On a eu du mal à le suivre.

La réception ressemblait à une scène de foule comme on en voit au cinéma dans le petit appartement de quelqu'un quelque part. J'ai eu un mal fou à ne pas renverser mon verre sur moi.

Ensuite nous sommes partis chez Tanguy en suivant de nouveau Calder dans son engin de foire. Tanguy s'égaya en nous voyant arriver avec Calder. Pas sa femme. Elle avait tout fait pour l'empêcher de boire. La présence de Calder annonçait la défaite. Les hommes s'embrassèrent comme deux larrons qui savent boire ensemble.

Je ne réussis pas vraiment à faire la connaissance de Tanguy ce jour-là, sinon par ce que je vis de sa maison et de son atelier. Les amis avaient beaucoup de choses à se raconter et la maîtresse de maison était tendue et intimidante.

C'était une belle vieille ferme caractéristique, si ce n'est pas sa couleur jaune pâle, de ce que l'on s'attendait à trouver dans cette région de la Nouvelle Angleterre. Elle était située sur un monticule et il devait y avoir un étang dans les parages parce que je crois me rappeler des canards.

Je me rappelle de la table de billard dans le salon parce que je ne m'attendais pas à l'y trouver. Il y avait aussi des tables et des chaises de snack-bar dont les dossiers étaient craquelés comme de vieux parchemins.

L'atelier était une stalle d'écurie aux murs chaulés dans une grange. Sa femme, Kay Sage, en avait un identique à côté.

Je n'ai rien vu de semblable à l'atelier d'Yves (chauvin mâle comme je le suis, je n'ai pas regardé celui de sa femme de très près) sinon dans les hôpitaux. Un vieux chevalet français bien massif était équipé à son sommet d'un câble vrillé fixé sur une tige et tenant un petit instrument pour les travaux de précision. Ses tubes de peintures étaient rangés et classés sous le chevalet sur des étagères de casiers. Les tables qui se trouvaient là ressemblaient à des tables d'opération.

Les artistes travaillent diversement. Certains sont malpropres, d'autres soigneux. L'atelier d'Yves était aussi soigné que sa peinture.

Après le départ, l'arrestation et la mise en liberté surveillée du singe, il y eut un vide dans la vie animale de la galerie. Mais le beau-frère supportait mal la solitude. Il serait probablement devenu gardien de zoo s'il n'avait pas décidé d'être surréaliste. Ensuite nous eûmes un oiseau sur les bras. Nous en avons hérité par l'entremise des enfants de Beverly Hills car là-bas les enfants n'ont pas disparu malgré un contrôle des naissances pratiqué à grande échelle. Cette bande-là était spécialisée dans le trafic des oiseaux. Ils avaient trouvé le truc pour que tout marche comme sur des roulettes. Un oiseau qui mord ne mordra plus jamais si on lui donne tout de suite un coup de bec. Les gosses achetaient des oiseaux incorrigibles dans les magasins spécialisés, leur tordaient le bec lorsqu'ils se montraient agressifs et ainsi ils les apprivoisaient en un rien de temps. Ils les gardaient alignés sur le guidon de leur bicyclette et les colportaient pour les vendre au prix d'oiseaux apprivoisés, ce qu'ils étaient bien devenus. Le beau-frère ne put résister quand l'occasion d'en acheter un se présenta. C'était un joli oiseau apprivoisé et la crotte d'oiseau se nettoyait plus facilement que la crotte de singe. Nous avons hérité d'un cacatoès, un brave gars avec une crête, coloré comme la palette de Tanguy, une dominante de gris mais avec de l'orange et du rouge et beaucoup de taches jaunes. Il venait quand on l'appelait, nous suivait ou mordillait nos oreilles, et finalement je m'y suis attaché bien qu'il n'ait jamais appris à ne pas chier sur les tableaux. J'ai oublié comment il, ou peut-être elle, s'appelait.

Pendant longtemps l'exposition Man Ray avait été en gestation. Nous avons vu beaucoup de Man. C'était le seul de nos artistes qui était toujours disponible pour l'organisation de son exposition. Il y avait aussi du point de vue d'un marchand de tableaux, le revers de la médaille. Les artistes comme les belles-mères, on les apprécie d'autant mieux qu'on les tient à une certaine distance. Ce n'est pas que nous n'aimions pas Man Ray, mais l'exposition allait forcément être plus le fruit de ses propres choix que des nôtres. Disons à la décharge des marchands de tableaux que l'organisation d'expositions exige un effort de création sans lequel personne n'apprécierait le métier. Je ne crois pas non plus que les artistes puissent présenter leurs propres œuvres aussi bien que peut le faire quelqu'un de neutre. Ils tendent à privilégier leurs œuvres récentes aux dépens des œuvres de jeunesse. C'est peut-être une manière de conjurer le grand âge. Les œuvres nouvelles ont toujours besoin de temps pour être aimées.

Jusqu'au dernier moment nous ne sûmes pas si Man nous laisserait ou non exposer les photographies. Sa réputation de photographe l'irritait. Certains ignoraient même qu'il était peintre. Il avait écrit et toujours prêché que « La photographie n'est pas de l'art ». Il voulait dire par là que la photographie était simplement une autre activité que celle à laquelle il se livrait en tant qu'artiste. Il disait volontiers qu'on pouvait peindre avec les deux bouts du pinceau. Finalement nous parvînmes à nos fins en lui donnant carte blanche et tout se déroula comme nous l'avions espéré.

En plus d'une invitation et d'un catalogue illustré d'un autoportrait photographique de Man avec seulement le côté gauche de sa barbe, nous avons publié un recueil d'essais et de reproductions incluant une photo de nu faite à travers un objectif où une araignée avait élu domicile et tissé une toile. La silhouette de l'araignée était au bon endroit et la toile rayonnait à partir de ce point stratégique. Le livre, conformément aux instructions de Man, avait pour titre *A suivre clandestinement (To Be Continued Unnoticed)*. Il comprenait l'essai *La photographie n'est pas l'art* et l'étude déjà mentionnée qui lui avait été consacrée à son exposition de Pasadena. La vengeance se fait parfois attendre. Nous avons aussi publié un catalogue relié de vingt-six dessins, *Alphabet pour adultes*. La mévente de ces publications n'importait guère puisque nous avons découvert plus tard que nous essayions de les vendre en dessous de leur prix de revient.

L'exposition fut une rétrospective complète des peintures depuis 1914, des objets tels le métronome faisant osciller l'œil fixé à son balancier et le fer à repasser muni de clous de tapissier détruisant tout au passage. L'« objet » était une invention typiquement surréaliste qui à l'origine n'était guère plus qu'un jeu. Tous les surréalistes se livrèrent à la fabrication d'objets et il est dommage qu'il n'en reste que trop peu.

Il y avait beaucoup de photographies et de rayographies, celles-ci résultant d'un procédé de son invention grâce auquel les images étaient obtenues dans une chambre noire sans appareil photo, les objets étant directement disposés et exposés sur le papier photographique. Man Ray apparaît comme un pionnier de la photographie principalement grâce à son irrespect de l'appareil photo, à sa découverte des merveilles de la chambre noire. Un jour, lors du tournage de son film *Le mystère du château d' –*, il se risqua à jeter en l'air une précieuse caméra et heureusement il la rattrappa. Il en résultat un mouvement en spirale étourdissant et vertigineux. La photographie se prêtait parfaitement à l'exploration et à l'exploitation de l'accidentel, goût que Man Ray avait peut être hérité de son étroite collaboration avec Duchamp.

Le cubisme avait influencé Man Ray, bien que, comme on pouvait s'y attendre, il l'ait teinté d'ironie. Il lui donnait une touche personnelle en représentant des personnages ressemblant à des mannequins aux membres tubulaires. Les mannequins articulés en bois que l'on trouve chez les fournisseurs pour artistes en sont l'incarnation et il les utilisait souvent comme tels dans ses tableaux. Il ne pouvait s'empêcher de les placer dans des positions érotiques et il en fit toute une série de photographies non publiées qui se sont révélées beaucoup plus érotiques que s'il avait employé des modèles en chair et en os. Il ne se contentait pas de faire des objets, il aimait aussi les incorporer dans ses toiles, les

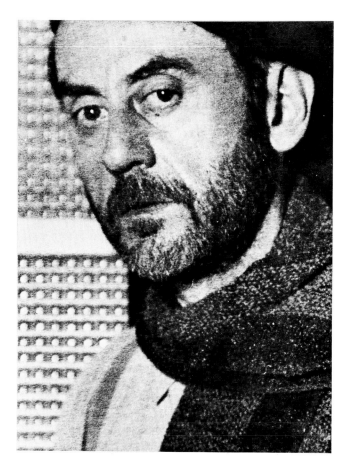

Man Ray.

transformant souvent pour faire des jeux de mots visuels qu'il soulignait par des titres en anglais ou en français.

Il y avait une série de toiles plus récentes, les *Equations shakespeariennes,* qui illustraient des équations mathématiques trouvées à Paris dans quelque poussiéreux musée scientifique d'un quartier perdu. Il en peignit fidèlement les formes mais dans un contexte et avec des couleurs obscures et les baptisa d'après les pièces de Shakespeare.

Man Ray fut l'un des premiers à peindre au pistolet et il peignit ainsi sur du carton une série de tableaux de la taille d'une affiche, les *Portes à tambour.* Il y avait un torse de nu ressemblant à un Arp dont la peinture blanche s'oxyda en une belle texture toute marmoréenne. Je ne me souviens plus s'il voulait me faire croire qu'il avait calculé son effet.

Nous avions aussi les fameuses lèvres, *L'heure de l'observatoire, les amants* datant de 1932–34. C'était les lèvres de son modèle favori, Lee Miller, qu'il avait tirées d'une photographie et qui flottaient maintenant sur un sombre paysage impressionniste bleu et gris avec les coupoles, semblables à des seins, de l'observatoire de Griffith Park. Pratiquement grandeur nature, les deux lèvres peuvent, si on veut, sembler embrasser des formes humaines. Cette phornographie nous valut bien des reproches.

Man Ray s'intéressait beaucoup au jeu d'échecs, une passion qu'il hérita certainement, comme je l'ai déjà dit, de Duchamp, bien qu'il n'eût jamais la classe de Marcel. Cela tenait à la différence de leur personnalité. Duchamp était toute patience, Man Ray voulait toujours brûler les étapes. Le jeu d'échecs était le thème de plusieurs de ses tableaux et nous avons exposé beaucoup de jeux qu'il avait créés. Je n'ai jamais bien compris les raisons de la fixation des surréalistes sur ce jeu. J'aurais encore pu les comprendre s'ils n'étaient pas allés jusqu'à jouer réellement. A mon avis cela relève purement et simplement du sado-masochisme. Bien sûr, je m'y suis moi-même essayé et finalement mes soupçons se sont confirmés ; c'est un passe-temps fastidieux, une perte de temps qui mine l'ego. Une défaite me fait souffrir pendant des semaines, je reste penaud et je perds toute confiance en moi-même. Je suppose que c'est l'infinité des combinaisons possibles qui apparaissent au cours d'un jeu qui pousse les joueurs à continuer. Seul Duchamp devint ce que l'on peut appeler un bon joueur et un jour je l'ai vu se faire piler parce qu'une maîtresse de maison bien intentionnée ignorante de l'embarras qu'elle causait, lui demanda de jouer avec un historien du jeu d'échecs. A peine l'avait-il dégagée que l'historien sacrifia sa reine. Duchamp et même moi nous sûmes que le ciel nous tombait sur la tête.

D'habitude je me défends bien jusqu'à ce que mon esprit s'abandonne à des rêveries érotiques ou à autre chose, et alors je perds ma reine par inattention et des heures d'effort sont réduites à néant.

Le seul, à ma connaissance, qui osait annuler un coup était Tristan Tzara. Il était meilleur à la bataille navale.

Les grands champions du jeu d'échecs sont comme les teckels. La folie les guette, leurs jambes se paralysent et ils ne vivent pas longtemps.

Les surréalistes ont toujours aimé créer des jeux d'échecs. Tanguy façonna des pièces stupéfiantes et tout à fait jouables avec un manche à balai taillé en morceaux de longueurs inégales et de formes différentes. Elles étaient peintes avec ses propres nuances de gris et un échiquier assorti les accompagnait.

Max Ernst sculpta un jeu en bois et chaque pièce était très nettement un Max Ernst.

Vues de l'exposition Max Ernst.

De même les jeux de Man Ray étaient des Man Ray. Son jeu d'échecs en argent était déjà au Musée d'art moderne. Sa conception dérivait de l'idée de Cézanne, la réduction des formes au cube, au cône et au cyclindre. Le roi était une pyramide, la reine un cône (attention ici calembour français), les fous des sortes de petits pots pour coller avec un jeu de mots franglais (fou = crack pot). Les tours étaient des cubes, les pions des sphères. Seuls les cavaliers n'avaient pas de sens. Ils étaient comme des volutes de violon et leur forme était très belle. Tout le monde sait que le mouvement du cavalier n'a pas de sens. Ce qu'il y a de bien avec un jeu en argent, c'est qu'il rend les joueurs prudents. Personne n'aime perdre une pièce en argent.

Selon Man Ray, les joueurs sérieux sont notoirement indifférents à la forme bizarre des pièces et ils prétendent pouvoir jouer avec des boutons. Ils ne laissent pas leur imagination s'égarer hors du jeu et ne voient jamais les pièces avec lesquelles ils jouent. Mais créer des jeux d'échecs peut être un moyen d'expression en soi. Curieusement il semble que seuls les surréalistes y aient réussi. Man Ray créa de nombreux jeux. Il inventa le premier jeu magnétique avec lequel on pouvait jouer au lit. On se demande combien de mariages ont été brisés de la sorte.

Man Ray a toujours été un inventeur d'idées. Il inventa un portrait du marquis de Sade puisqu'il n'en a jamais réellement existé. Aujourd'hui celui-ci illustre invariablement les couvertures des livres sur Sade. Son œuvre est rarement lyrique mais quand elle l'est, elle peut être poignante. Plus fréquemment elle frôle l'âpreté, presque le désagréable. Son œuvre doit être lue autant que regardée.

Ce n'est qu'en approfondissant qu'on saisit le lien qui unit l'apparence visible à l'idée sous-jacente. L'impact dans toute sa force est toujours retardé. Man Ray n'est apprécié qu'aujourd'hui. Il ne l'était nullement à Beverly Hills en 1948.

La galerie était séparée de la rue par une cour qui n'avait jamais servi à rien mais qui aurait parfaitement pu accueillir des sculptures. Nous en fîmes une terrasse de café pour le vernissage. Man nous fit une enseigne où on lisait « Café Man Ray ». A la place de la bâche traditionnelle, nous avons accroché son assemblage de cintres, une progression géométrique de cintres suspendus les uns aux autres par leurs extrémités et formant une pyramide flottante qui oscillait au-dessus des tables rondes de location. Nous avons aussi loué des nappes à carreaux rouges mais il fallut se contenter de sinistres chaises pliantes tout à fait ordinaires. On servit du vin rouge et du pain français et nos épouses et Françoise acceptèrent de préparer des quantités industrielles de soupe à l'oignon. Certains eurent la courante le lendemain mais nous n'avons jamais découvert qui était coupable.

De nouveau la cohue des grands jours, la grosse réception. Il y avait quelques célébrités hollywoodiennes. Notre préféré était un acteur connu de nous tous et qui incarnait toujours le maître d'hôtel anglais. Il buvait, ce qu'il ne faisait jamais à l'écran où il se contentait d'apporter les bouteilles sur un plateau. Il avait deux gardes du corps sans doute pour protéger les intérêts du studio et l'empêcher de se noyer dans la soupe à l'oignon. Il parlait comme à l'écran. « Madame, si vous ne cessez vos radotages, vous commencerez de m'ennuyer », le tout avec le plus pur accent britannique.

Il neiga à Beverly Hills le jour du vernissage de l'exposition Max Ernst. Jamais il n'avait neigé auparavant à Beverly Hills. Il n'a pas neigé depuis. Je sais qu'il ne reneigera plus jamais.

Nous eûmes une idée géniale pour le carton d'invitation. Il y avait un photographe-peintre excentrique qui vivait près de chez Max à Prescott dans l'Arizona. Il s'appelait Frederick Summer et il avait une fixation quelque peu morbide pour les images de décomposition. Il photographiait des tas d'ordures, des lapins pourrissant dans le désert, un dos de femme vieillissante à travers la fenêtre d'une maison en bois délabrée. (Je crois qu'en l'occurrence il s'agissait de sa femme et de sa maison). Un jour il me fit cadeau d'une jambe artificielle. Très sincèrement il voulait être peintre. Son activité de peintre consistait à se préparer à peindre. Il tendait et apprêtait des toiles de tailles variées qu'il suspendait à des crochets, vissait des pitons à toutes les poutres qu'il pouvait trouver. Les toiles étaient toutes prêtes à être peintes. Elles ne le furent jamais. Les tableaux que j'ai vus de lui, et à vrai dire il n'y en avait guère, étaient de lugubres abstractions monochromes qui n'avaient rien à voir avec des photos de vieilles poupées en caoutchouc ou avec les images scéniques qu'il qualifiait d'antitouristiques. En un sens il frôlait le génie par l'originalité de sa vision, mais sa nécrophilie systématique suscitait le dégoût.

Il avait pris une photo extraordinaire de Max torse nu en surimpression sur le mur de son atelier, ce qui donnait à Max une apparence pétrifiée et très intemporelle. Nous en fîmes une carte postale et l'invitation à l'exposition, de la main même de Max, fut reproduite au dos. La formule de politesse fut griffonnée de façon à pouvoir être attribuée à n'importe qui. Les adresses de tous les invités furent recopiées sur les cartes qui furent ensuite envoyées à René Lefebvre à Paris avec ordre de les réexpédier. Malgré quelques complications tout le monde reçut, le matin même de l'exposition, une carte de Max avec un joli timbre français affranchi à Paris. Certains invités ne vinrent au vernissage que pour savoir comment nous nous étions débrouillés.

Nous avons escorté Max dans notre voiture depuis Sedona en suivant sa Ford et sa remorque chargée de tableaux. La Ford avait pas mal servi et calait environ toutes les heures. Max descendait, levait le capot et fronçait les sourcils. Le moteur redémarrait immanquablement sous la menace de son regard. C'était aussi sa méthode pour faire pousser des fleurs.

Notre exposition fut la première rétrospective jamais consacrée à Max Ernst. Elle comprenait plus de trois cents pièces, y compris des dessins et des collages. Nous avons emprunté des œuvres partout où nous le pouvions, en Allemagne, en France, en Angleterre. L'idée que quelqu'un puisse en refuser une ne nous traversa même pas l'esprit et, bizarrement, personne ne refusa. Les admirateurs d'Ernst ont toujours formé comme une société secrète dont les membres savent pourquoi ils se font mutuellement confiance.

Julien Levy prêta la grandiose *Vox angelica* et d'autres toiles en sa possession. Iolas et Pierre Matisse prêtèrent. Walter Arensberg prêta. A Londres, Roland Penrose prêta tout ce qu'il avait. Je le rencontrai l'année suivante à un vernissage de Man Ray à Paris. Une heure après nous étions en route vers le midi avec un ami, une maîtresse et une ex-femme dans une de ces vieilles tractions noires qui ressemblent à des lunettes de banquier. Je me souviens que nous avons joué aux échecs par équipes avec un des jeux magnétiques de Man Ray qui faisait l'aller-retour entre les sièges avant et arrière.

Marie Laure, la vicomtesse de Noailles prêta ses deux gigantesque *Monuments aux oiseaux*. Elle était parmi les dernières à tenir un salon. Je la rencontrai plus tard à une de ses réunions, dans un jardin de célébrité en herbe. Je ne réussis cependant jamais à obtenir d'abonnement.

Le Musée d'art moderne prêta.

Personne n'exigea de certificat.

Allie Lewin prêta la *Tentation de Saint Antoine*. Quelque

part nous obtînmes le *Rendez-vous des amis*. Le Wadsworth Athenaeum prêta son *Napoléon dans le désert*. Le titre est tiré d'une histoire très cochonne.

Nous avons exposé tous les originaux de *La semaine de bonté*, les sept romans visuels de Max constitués de collages à partir de vieilles gravures. Le professeur d'une académie artistique rassembla sa classe devant ces œuvres pour prouver que, contrairement à l'opinion de certains, Max Ernst savait bien dessiner.

La couverture du catalogue représentait une photographie inconvenante de Dorothea assise sur les genoux de l'immense sculpture en béton que Max avait faite à Sedona, *Capricorne*. Sa main reposait nonchalamment sur ce que certains croyaient être la partie indécente de l'œuvre.

Nous avons publié un livre de poèmes et de collages de Max avec des textes d'hommages personnels que nous n'eûmes aucun mal à réunir. L'édition de luxe tirée à vingt exemplaires comprenait une gravure signée de Max. Nous n'avons pas réussi à les vendre et en fin de compte nous les avons redonnés à Max en échange d'un tableau. De nouveau ça n'avait guère d'importance, notre comptable ayant découvert que nous les vendions en-dessous du prix de revient. De toute façon nous avions le comptable le plus malheureux de la côte ouest.

Max tenait une forme splendide. Nos visites à Sedona avaient été des pèlerinages. Nous pouvions goûter la présence de Max, son esprit et même dormir un peu après nos longues soirées dans l'Arizona. A Los Angeles, Max était ce qu'on pouvait trouver de mieux à part une orgie. Il était aimé, invité partout et n'avait jamais sommeil. Je n'ai qu'un souvenir très vague de ces journées. Nous avons même essayé de retourner à Sedona pour dormir.

D'un point de vue matériel, cette exposition fut la plus désastreuse de toutes à cause de toutes les dépenses engagées. Elle fut mal accueillie.

Sauf par les gosses.

Un gars de neuf ou dix ans entra un jour et resta longuement à regarder les tableaux. C'était peut-être celui qui nous avait vendu l'oiseau. Je ne me rappelle plus. Le lendemain il revint avec un copain et tous deux restèrent un bon moment à contempler les tableaux. Puis il y en eut quatre. Le nombre semblait doubler tous les jours. Il ne riaient pas, ils ne déconnaient pas. Ils regardaient calmement, sérieusement, profondément fascinés par le fantastique de Max Ernst. C'était, en miniature, le succès dont nous avions rêvé.

Nous étions pleinement conscients du fait que nous avions écrit une page d'histoire. Il était temps de prêter attention aux lamentations du comptable. Ses arguments étaient irréfutables. Le coût de l'aventure en termes de location, d'entretien, de salaires, d'imprimerie, de correspondance, d'emballage, de transport maritime, d'assurance, d'alcool et d'argent apparaissait soudain vertigineux. Si nous avions eu le sens des affaires, jamais un tel projet n'aurait même vu le jour. Il n'y avait plus d'issue. Personne ne voulait de la marchandise. En un sens nous avons payé le prix de l'apprentissage.

Tout a changé aujourd'hui. Lorsque je retourne de temps en temps en Californie, on parle du passé avec vénération. Je suis plutôt respecté et on m'accuse d'avoir eu du nez. Il serait malhonnête ou démystifiant de vendre la mèche et de dire que nous ne savions vraiment pas du tout ce que nous faisions. Malheureusement le beau-frère est mort dans un accident de voiture et ne peut partager cette réputation tardive. Il vaut mieux, me semble-t-il, essayer d'accepter cette admiration avec modestie. Le passé est toujours beau.

Robert Motherwell

Artistes parisiens en exil . New York 1939-45

Pour Dore Ashton, dont le texte est ici rapidement commenté.

Pontus Hulten a récemment remarqué dans une interview combien il avait été tragique pour la France de voir les œuvres de Matisse, le plus grand peintre français du XXᵉ siècle, disparaître du pays et rejoindre comme par enchantement les collections américaines et celles de la Russie pré-révolutionnaire, et à quel point il fut décisif pour les peintres français des générations suivantes d'être privés physiquement de l'héritage artistique français le plus important du siècle. La situation de Matisse est comparable à celle de Cézanne, peintre encore plus grand, s'il en est ; et il est à noter que si un Américain n'avait pas donné un tableau de Seurat au Louvre, la France n'en posséderait aucun. Imaginons par ailleurs les conséquences qu'aurait eue la création d'un musée Monet à Paris, avant la mort de l'artiste ! On fonda à la place un musée Rodin qui ne pouvait pas avoir d'avenir... Je rapporte ces tristes événements pour insister sur le fait que, durant la dernière guerre et les années qui précédèrent, on pouvait voir, rien qu'à New York, tout l'héritage de l'art contemporain : les impressionnistes et leurs descendants au Metropolitan ; les incomparables collections du Musée d'art moderne de New York ; les centaines de Klee et de Kandinsky du musée Guggenheim ; à l'université de New York, à Greewich Village, la collection d'art abstrait A.E. Gallatin (où je vis mon premier Mondrian en 1941) ; la collection d'art abstrait et surréaliste de Peggy Guggenheim ; et une douzaine de galeries d'art, dont celles de Marie Harriman, Paul Rosenberg, Pierre Matisse, Julien Levy, M. Knoedler, Valentine Dudensing, qui exposaient tout particulièrement des artistes de l'école de Paris, et celles de Bucholz (Curt Valentin), Kleeman, Nierendorf, et d'autres (sans parler de la collection Helena Rubinstein) consacrées à l'art du XXᵉ siècle dans son ensemble. A environ une heure au nord de New York, à l'université Yale, se trouvait la collection Katherine Dreier (dont le choix avait été grandement influencé par Duchamp) ; à égale distance vers le sud, à Philadelphie, on pouvait voir de fabuleuses toiles d'impressionnistes et de maîtres parisiens postérieurs tant au musée de la ville qu'à la fondation Barnes qui avait, par ailleurs, spécialement commandé à Matisse de gigantesques panneaux muraux. Enfin, plus à l'ouest, à l'Art Institute of Chicago, parmi une vingtaine de chefs-d'œuvre des artistes modernes parisiens, trônaient deux des toiles les plus célèbres de la peinture française moderne, la *Grande jatte* de Seurat et les *Baigneurs* de Matisse, avec lesquels seul *Guernica* de Picasso au Musée d'art moderne de New York peut rivaliser en importance et en valeur. Qui sait pourquoi toutes ces œuvres se trouvaient aux Etats-Unis, et non pas à Paris ? Les Français ont toujours eu de l'argent de côté, et une œuvre d'art ne coûte pas particulièrement cher lorsqu'elle apparaît pour la première fois sur le marché. Peut-être aime-t-on trop l'exotisme à Paris ? Il suffit de se rappeler l'engouement des Français pour les Russes, leur cuisine et leur ballet, après la visite du Tzar au début du siècle ; ainsi que l'engouement pour les Américains, après la première guerre mondiale, avec Joséphine Baker, les cocktails, le jazz hot et le strip-tease. Cependant les artistes européens en exil pendant la seconde guerre mondiale, ne trouvaient pas New York assez exotique. Bien qu'eux-mêmes aient été d'un contact difficile, leur art n'en continua pas moins à être recherché à New York avec passion, et exposé sans interruption par des marchands si qualifiés qu'on en trouvait peut-être pas d'équivalents aux Etats-Unis. Les artistes parisiens en exil se contentèrent principalement de travailler, et formèrent, durant la guerre, une sorte d' « underground » francophone indépendant et fermé, un peu comme les acteurs et les metteurs en scène allemands et anglais avaient vécu à Hollywood repliés sur eux-mêmes à partir de la crise monétaire des années 20. Car, à n'en pas douter, le langage plastique accède à une universalité à laquelle les mots ne peuvent prétendre. Les peintres et les cinéastes souffrirent moins de l'exil que les écrivains et les poètes qui ne pouvaient communiquer : sur le plan artistique, Breton souffrit plus que Mondrian qui était tout aussi pauvre ; Brecht et Zuckmayer plus que Marlène Dietrich ou Fritz Lang ; ou quelques années auparavant, Lorca plus que Dali. La peinture n'a pas besoin de traduction... A la fin des années 40, je travaillais à une vaste anthologie des travaux dadaïstes et je fus ainsi amené à rencontrer souvent Duchamp qui me fit part à plusieurs reprises de son intention de devenir citoyen américain – les rapides formalités d'usage avant de prêter le serment d'allégeance aux Etats-Unis semblaient l'ennuyer plus que la décision elle-même, qui aurait dû, d'après moi, provoquer une grande anxiété. Changer de nationalité n'est pas une décision que l'on prend à la légère. Lorsque je lui demandais pourquoi il préférait vivre à New York plutôt qu'à Paris, il répondait toujours de la même façon en disant que c'était seulement à New York, perdu dans l'activité de la grande métropole, qu'il pouvait se sentir anonyme et qu'on le laissait en paix ; tandis qu'à Paris peu à peu il serait tombé, pour reprendre sa propre image, dans le panneau où donnaient tant d'autres gogos. A cette époque, le monde de l'art contemporain à New York était restreint. Pratiquement tous ceux qui s'intéressaient réellement à l'art moderne se connaissaient, aussi bien grâce aux rencontres dans les galeries et les librairies d'art et à l'occasion des vernissages dans les musées, que parce qu'ils vivaient à Greenwich Village, dont l'ambiance rappelait, exception faite des cafés, celle de St-Germain-des-Prés. Pour Duchamp, ce qui comptait, c'était l' « innocence », le dégoût de toute forme de pouvoir politique, la haine des contraintes et non la nationalité. Comme il avait l'habitude de le dire, il faut « voyager sans bagage ». Plus tard, dans sa vie, il changea de comportement, lorsque, de façon inattendue, il sembla concerné par sa propre place dans l'histoire, ce qui est le défaut tragique de presque tous les artistes. Bien qu'il n'ait cessé de ridiculiser les musées, Duchamp est parmi les artistes du siècle, celui dont l'œuvre est proportionnellement la mieux représentée dans les musées, et il en était déjà ainsi avant sa mort...

Je me rappelle Max Ernst et d'autres artistes implorant Peggy Guggenheim pour qu'elle achète la magnifique peinture à l'huile de Seurat, qui servait d'esquisse à la *Grande jatte* et qui était à vendre à New York durant la deuxième guerre mondiale 8 500 dollars, si je me souviens bien. De magnifiques Klee se vendaient couramment 400 dollars ; ce qui était, je pense, le prix des Mondrian de petit format. Durant l'hiver 1949, je vivais dans la même pension que les Pierre Chareau et je me souviens qu'on leur avait offert 1 400 dollars pour une grande sculpture de Modigliani, *La Caryatide*, offre qui fut sérieusement prise en considération, et peut-être acceptée, je ne sais plus. Bien que je ne sois pas un collectionneur, je me souviens d'avoir acheté *La Novia* de Picabia, magnifique aquarelle de grand format, à la librairie-galerie d'art E. Weyhe pour 35 dollars (payable en mensualités de 5 dollars). Ceci devait se passer aux environs de 1942 ; sans doute l'œuvre se trouvait-elle à la galerie depuis des années, peut-être depuis l'époque de Duchamp et de Picabia, juste après la première guerre mondiale. D'autre part, les artistes en exil qui pouvaient plaire aux collectionneurs, comme Chagall, Léger, Grosz et Ernst, parmi d'autres, réussissaient à vendre à bon prix ; des artistes comme Gropius, Moholy-Nagy, van der Rohe, Ozenfant, Hofmann, Kepes, et Tamayo, s'en tiraient plutôt bien en enseignant, soit dans leurs propres écoles, soit dans des établissements universitaires. Si la seconde guerre mondiale n'a éclaté qu'en 1939, la crise économique durait depuis déjà 10 ans (et même depuis les années 20 en Europe centrale et en Europe de l'Est), et le simple fait de survivre posait de graves problèmes que ceux de mes lecteurs de moins de 30 ans peuvent à peine imaginer...

Marcel Jean, dans sa belle anthologie récemment parue, *The Autobiography of Surrealism* (New York, 1977), a reproduit, sous une forme plus accessible, les descriptions que firent quelques artistes parisiens de leur exil en Amérique durant la seconde guerre mondiale. Il commence par remarquer : « ... les conditions de l'activité intellectuelle aux Etats-Unis étaient profondément différentes de celles de l'Europe, et spécialement de Paris, comme plusieurs artistes européens l'ont souligné dans une série d'interviews recueillis en 1946 par James Johnson Sweeney (et dont la publication eut lieu dans le Bulletin of the Museum of Modern Art de New York, vol. 13, n° 4-5 - septembre 1946). Max Ernst disait par exemple :

« Pendant les premiers mois de mon séjour, il y avait beaucoup de peintres parisiens à New York. Au début les groupes surréalistes semblaient montrer quelque cohésion ; mais peu à peu ils commencèrent à se disperser. Il était difficile de se rencontrer à New York. La vie dans les cafés n'existait pas. A Paris, à six heures, on savait chaque soir à quelles terrasses trouver Eluard ou Giacometti. Ici on devait téléphoner pour prendre rendez-vous à l'avance. Et le plaisir de la rencontre s'effaçait avant même qu'elle n'ait eu lieu.

Le résultat était qu'à New York, il y avait des artistes, mais pas d'art. L'art n'est pas le produit d'un artiste, mais de plusieurs. C'est, à un haut degré, le produit de l'échange de leurs idées. Ici à New York si un artiste vivait à Greenwich Village, un autre vivait uptown. Voici l'une des raisons pour lesquelles on produit dans ce pays moins d'art qu'en France. (Et ce qui est vrai à New York, l'est aussi pour le reste du pays). Les artistes connaissent ici plus qu'en France la solitude et même l'isolement, et c'est, à n'en pas douter l'une des raisons pour lesquelles on produit moins d'œuvres intéressantes.

Cependant on ne pouvait rien y changer. Les artistes parisiens essayèrent pourtant bien de le faire lorsqu'ils arrivèrent ici. Mais il ne suffit pas qu'une personne déclare : « Voici un café pour les artistes » pour que cela soit vrai. Une vie communautaire comme celle des cafés parisiens est difficile sinon impossible à concevoir ici.

L'obstacle de la langue fut aussi une des raisons pour lesquelles l'importante transplantation d'artistes européens qui suivit l'occupation de Paris, fut si peu féconde. André Breton ne parle pas anglais... Il est possible que sa répugnance à apprendre cette langue par peur de commettre quelque erreur embarrassante lui vienne d'une expérience enfantine. De toute façon il est réellement effrayé, « épouvanté » à l'idée de devoir apprendre l'anglais. Et Breton était le chef de file vers lequel se tournait la plupart des jeunes artistes américains qui souhaitaient l'essor du surréalisme dans leur pays. Mais trouvant qu'ici il était très difficile de rencontrer des gens, il était fréquemment de mauvaise humeur, d'une humeur qui n'était propice ni pour travailler ni pour écrire. Il n'est pas possible à un artiste de travailler dans l'isolement le plus complet. Breton écrivit ici quelques bons poèmes. Mais il avait besoin d'un centre de gravité. Et à New York il lui était impossible d'en trouver un.

Quant à moi, j'ai toujours pu travailler ici. Parfois, même un obstacle indépendant de nos volontés a ses vertus. Durant l'été 44, je me suis retrouvé en train de travailler la sculpture avec assiduité. Nous avions loué une maison à Easthampton, L.I., dans l'intention d'y passer l'été à nager. Mais il y avait tellement de moustiques, qu'on ne pouvait pas mettre le nez dehors. J'ai décidé alors de m'installer dans le garage, de l'aménager pour le protéger des insectes et d'en faire un atelier. J'y ai travaillé la sculpture tout l'été...

Tanguy était aussi très heureux de travailler ici. Duchamp est un autre de ces parisiens tout à fait satisfait. Rien ne semble le troubler. Même s'il lui arrive de rentrer à Paris, il revient toujours ici...

Kurt Seligmann, artiste suisse lié au surréalisme après 1937, déclarait de même : « L'indomptable espace américain a dispersé le groupe des Européens qui avait l'habitude de se réunir régulièrement dans les cafés parisiens. Beaucoup étaient obligés ou préféraient vivre à la campagne. Les échanges d'idées se raréfièrent. Quelques écrivains refusèrent de s'acclimater. Ils étaient à jamais liés à leur langue maternelle, et ne pouvant retrouver l'atmosphère européenne, ils ne souhaitaient pas écrire dans une langue qui leur était étrangère. Les peintres et les sculpteurs qui s'exprimaient quant à eux dans le langage des formes, ne rencontraient pas pareilles difficultés... »

Yves Tanguy déclarait de son côté : « Bien sûr, il y a un Paris qui vous manque toujours... Le Mexique avec sa vie dans les cafés et sa bohème cosmopolite a peut-être plus d'un des côtés de Montparnasse. Mais le Mexique m'effraye. Il a trop les caractéristiques d'un pays pour touristes. Je vivais ici dans la même ambiance que celle que j'avais connue à Paris. Je me suis rarement senti concerné par la guerre. Elle me semblait très lointaine. Mais il y a plus de liberté – plus de place dans ce pays. C'est pourquoi je suis venu ici.

C'est assez dur de vivre sans cafés. En Europe – et particulièrement à Paris – il est magnifique de flâner tranquillement et de rencontrer ses amis sans formalités. Néanmoins on finit par s'habituer à être privé de ce mode de vie...

Ici, aux Etats-Unis, le seul changement que je peux discerner dans mon travail concerne ma palette. La cause de cette intensification de mes couleurs, je ne la connais pas. Mais je reconnais qu'il s'est produit un grand changement. Peut-être est-il dû à la lumière. J'ai aussi l'impression que l'espace ici est plus vaste – plus « spacieux ». C'est pourquoi je suis venu. »

Marcel Duchamp, dans la même série d'interviews, exprima un point de vue général sur le problème de l'art : « A présent le grand drame de l'art dans ce pays, ainsi qu'apparemment en France, c'est qu'aucun esprit de révolte ne souffle plus – qu'aucune idée nouvelle n'apparaît parmi les artistes plus jeunes. Ils suivent les sentiers battus de leurs prédécesseurs, en essayant de mieux faire ce que leurs prédécesseurs ont déjà fait. En art la perfection n'existe pas. Et les moments de stagnation apparaissent toujours lorsque les artistes d'une période se contentent de reprendre les travaux de leurs prédécesseurs là où ces derniers les ont laissés et d'essayer de poursuivre sur cette lancée. Par ailleurs, lorsqu'on emprunte quelque chose à une période plus ancienne et qu'on l'adapte à son propre travail, cela peut constituer une approche créatrice. Le résultat n'est pas nouveau ; mais il y a innovation, dans la mesure où c'est une approche différente. »

Lorsque Tanguy remarque qu'il vécut aux Etats-Unis tout comme il l'avait fait à Paris, sans être particulièrement affecté par la guerre, cela peut paraître choquant à ceux qui en Europe ont souffert durant cette période. Même dans le cas de Matisse, qui pourtant est bien resté en France pendant toutes ces années, je me souviens n'avoir trouvé, dans l'ensemble de ses écrits publiés que j'ai pu consulter (et qui constitue une somme considérable), qu'une seule référence à la guerre : une ou deux lignes au sujet de sa fille (qu'un train de la Gestapo, qui heureusement ne parvint pas à destination, emmenait vers l'Allemagne). Cela rappelle Monet, attentif aux changements de couleurs et de teintes sur le visage de sa première femme, Camille, à l'heure de sa mort. Mais à lire l'explication du peintre, rapportée par Georges Clemenceau, on change d'opinion. Monet parle de son « œil », qui voit tout et observe sans relâche : « C'est l'obsession, la joie et le tourment de ma vie. A tel point qu'un jour, debout près du lit de mort d'une femme qui m'avait toujours été chère, je me surpris à observer l'air tragique de son visage et à essayer mécaniquement de reconstituer les couleurs et les ombres que la mort faisait successivement apparaître sur sa face. Il y avait des nuances de bleu, de jaune et de gris... Il est tout à fait naturel de vouloir reproduire la dernière image de quelqu'un qu'on ne reverra plus jamais. Mais, avant même d'essayer de fixer ces traits qui m'étaient si chers, un *automatisme organique* (1) s'éveilla en moi à la vue de la couleur, et, malgré moi, mes réflexes enclenchèrent un processus inconscient qui n'était rien de moins que le cours quotidien de ma vie... » (L'emploi de l'expression « automatisme organique » rapproche beaucoup plus Monet des expressionnistes abstraits new-yorkais que des dadaïstes ou des surréalistes, chez qui le mot d'automatisme renvoie plutôt aux « lois du hasard » et à la peinture onirique.)

Ce qui manquait alors le plus cruellement aux exilés, c'étaient des amis, et aussi ce lieu de rencontre si extraordinairement agréable et commode qu'est le café. A la fin de sa vie, en 1966, le dramaturge allemand Carl Zuckmayer, qui combattit le nazisme au nom du libéralisme et qui réussit à gagner les Etats-Unis via la Suisse, a publié ses mémoires (traduction anglaise, *A Part of Myself,* parue en 1970) et c'est à mon avis le meilleur compte-rendu de la vie d'un émigré européen en Amérique pendant la seconde guerre mondiale. L'obstacle de la langue obligea Zuckmayer à abandonner la littérature pour le travail de la terre au milieu des paysages enneigés du Vermont, près de la frontière canadienne. Interrompant son récit courageux et si peu affecté pour prendre du recul, il écrit : « Assurément, le temps ne guérit pas toutes les douleurs. Mais il nous enseigne la dialectique du changement, de l'inéluctable métamorphose. La thèse de cette dialectique s'énonce : la volonté de vie. L'antithèse : le désespoir. La synthèse en est l'amitié. A l'époque on racontait partout l'anecdote du voyageur anglais à qui l'on demandait quel peuple il préférait. Les Français ? « Non », répondit-il. Les Allemands alors ? Ou les Italiens ? Peut-être les Indiens ? Les Russes ? Ou encore les Américains ? Invariablement sa réponse était un non laconique. « Vous voulez dire que vous n'aimez que les Anglais ? » « Non, dit-il, j'aime mes amis. »

C'est là une de ces vérités qu'il ne faut pas perdre de vue, bien que je doive, pour ma part, confesser mon invincible partialité en faveur des Allemands, même lorsqu'ils commettent des fautes (je ne parle pas ici des crimes dont les suppôts et les laquais de la tyrannie ont souillé notre pays) et avouer que je me suis toujours senti allemand jusqu'au fond du cœur. Mais quel soulagement attendre de tels sentiments lorsque l'on n'est plus chez soi, parmi les siens ? L'exil ne doit pas être considéré comme une évasion. Ce n'est pas quelque chose que l'on puisse prendre à la légère. A-t-on jamais décrit la misère psychologique qu'il entraîne – et jusqu'où peuvent aller la duperie à l'égard de soi-même, les vains espoirs, la fausse assurance, les vies brisées dans leur élan ? Et pourtant nous avions devant nous un bon exemple de ce qu'il ne fallait pas faire : celui des Russes qui avaient fui après la Révolution d'octobre et qui se réunissaient aux quatre coins du monde, entretenant inlassablement la rumeur de la chute imminente du régime bolchévique, et portant tous les ans au moment de Pâques le même toast : « A Moscou pour Noël ! » Ils n'ont pas changé de refrain, même dans leurs vieux jours. Mais les exilés russes ont toujours été bien accueillis. Le Berlin des années vingt est inconcevable sans eux (je reviendrai sur cette période par la suite). Même réduits à la misère, ils ont gardé des allures d'aristocrates, une sorte de dignité tragique. Ils avaient l'air de nobles bannis du XVIIIe siècle, même si dans leur pays ils n'avaient été que des palefreniers, des musiciens de cabaret ou des valets de chambre.

Rien de tout cela ne pouvait s'appliquer à notre groupe d'exilés. Il n'y avait en nous rien de noble ou de séduisant. Nous n'étions pas accueillis à bras ouverts et, au mieux, nous n'éveillions, du moins dans l'ensemble, qu'une pitié teintée de mépris, car, jusqu'à la guerre, les stupéfiantes victoires d'Hitler n'ont inspiré au monde qu'un terrible respect...

Certains groupements politiques, comme celui des communistes, réussirent parfois à préserver leur cohésion, mais les colonies nationales n'y sont presque jamais parvenues. Je crois néanmoins que jamais un Allemand n'oublie son pays natal, qu'il vienne des bords de l'Oder, de la Vistule, du Rhin ou du Danube. Même ceux qui réussissent à l'étranger et qui choisissent de s'y établir portent à jamais ce fardeau invisible sur leurs épaules et cette blessure au fond du cœur. Et, nous autres, n'éliminerons jamais de notre sang le poison de ces années d'exil. En fait nous sécrétons même ce poison, que nous le sachions ou non, comme on cultive une maladie à laquelle on s'est habitué et dont on ne peut plus se passer. Le seul remède à ce sentiment d'insécurité et d'errance si profondément ancré en nous est l'amitié : aussi bien l'amitié de longue date qui ne faiblit pas malgré les années que cette amitié qui nous embrase lorsque nous rencontrons certains êtres que, dès le premier instant, nous croyons avoir toujours connu, comme si notre intimité datait de quelque vie antérieure. »

Tels sont les sentiments d'un européen qui devait retourner en Europe, ce qu'il fit dès qu'il le put, à la différence de la majorité des exilés.

Que dire de la ville de New York elle-même durant ces années ? Dore Ashton a écrit sur ce sujet un ouvrage essentiel qui, assez bizarrement, est en grande partie passé inaperçu à New York ; ce livre s'intitule en Grande-Bretagne *The Life and Times of the New York School : American Painting in the Twentieth Century* (London, 1972), et dans l'édition américaine, *The New York School : A Cultural Reckoning* (New York, 1973), et s'il était traduit, il permettrait à lui seul de dissiper d'innombrables malentendus concernant le développement de l'Ecole de New York et ses relations avec l'Europe. Dore Ashton assista en personne aux événements qu'elle a décrit ; elle fit preuve d'une intégrité, d'une impartialité et d'un engagement extrêmes – ce qui est plus rare, d'une culture suffisamment large pour saisir dans leur importance relative l'ensemble des éléments qui conduisirent à l'apparition de l'Ecole. Je dois rapporter *in extenso* les passages qu'elle écrivit sur la période de la deuxième guerre mondiale ; en réalité, je considère qu'elle n'a pas seulement participé au présent exposé sur les artistes européens en exil, mais qu'elle en est le véritable auteur ; mon rôle s'étant limité à l'introduire dans les milieux parisiens :

« New York devint rapidement un centre d'activités militaires de toutes sortes, allant des services d'informations à la production d'affiches qui accaparait l'énergie de nombreux artistes et écrivains. De toute façon, le sens de la communauté qui avait acquis un embryon d'existence... était sévèrement menacé par les nécessités de la guerre. Pendant un temps, les problèmes artistiques dans leur ensemble apparurent, même aux artistes, par trop insignifiant. Barnett Newman écrivait : « En 1940, quelques uns d'entrenous s'éveillèrent et découvrirent que nous n'avions rien à espérer, que la peinture n'existait pas vraiment... Cet éveil possédait l'exaltation d'une révolution... Chacun travaillait dans son coin. « Gottlieb insista sur l'individualisme des peintres de New York et sur leur sentiment d'isolement. » La guerre augmenta l'impression de vide, et découragea tous ceux qui, commençant à ressentir le besoin d'un milieu, découvrirent une nouvelle fois qu'il n'y avait pas de culture américaine et que peut-être il ne pouvait pas y en avoir.

L'arrivée de quelques Européens célèbres – d'un tempérament énergique et résolument optimiste – apporta, à ce moment précis de désespoir moral, quelque chose de nouveau. Non seulement ils infusèrent aux new yorkais l'idée d'un but à atteindre, mais ils aidèrent aussi à résoudre les différents conflits esthétiques ; Ernst, Tanguy, Masson, Seligmann et d'autres surréalistes convaincus n'étaient pas en effet les seuls à parcourir les rues de New York, il y avait aussi Mondrian, Léger, Glarner, Lipchitz et Zadkine, parmi d'autres. Lorsque Peggy Guggenheim ouvrit sa galerie, elle prit soin de porter des boucles d'oreille dont l'une avait été créée par Tanguy et l'autre par Calder, afin, disait-elle, « de montrer son impartialité entre le surréalisme et l'art abstrait ». Une telle impartialité alla grandissant. La synthèse d'idées entre toutes les formes de la tradition moderne fut

certainement l'une des réalisations majeures de cette période. Il est faux de dire que les surréalistes s'opposaient à de telles synthèses. Certes, Breton fut à l'origine de différents dogmes, mais il était en mesure de comprendre la tradition moderne dans sa totalité, comme il le prouva en facilitant la publication du premier catalogue de Peggy Guggenheim, *Art of this Century* (publié en 1942). L'aspect œcuménique de ce catalogue est évident, et bien sûr il est le fruit d'une longue histoire. Au cours de ses allées et venues en Europe, Peggy Guggenheim avait réussi à obtenir le concours d'un nombre extraordinaire de grands créateurs de l'art moderne. L'un de ses premiers conseillers fut Marcel Duchamp, qui avait depuis longtemps prouvé son objectivité en rassemblant la collection de la *Société Anonyme*. Plus tard, elle écouta les entretiens enthousiastes d'Herbert Read, qui, déjà au début des années 30, faisait autorité dans les différents domaines de l'art moderne. Puis Howard Putzel, originaire de Californie, l'aida à acquérir, dans les derniers mois qui précédèrent l'invasion, de nombreuses œuvres d'artistes de tendances diverses. Son amie, la veuve de Theo van Doesburg, et de nombreux autres membres éminents de l'avant-garde européenne lui apportèrent également leur aide. Elle eut aussi des contacts avec les gens qui gravitaient autour de la revue de Jolas, *transition*, auquel le critique d'art américain James Johnson Sweeney était particulièrement lié. Avec de tels conseillers, il n'est pas surprenant que l'étendue de sa collection fût aussi vaste et qu'en dépit de sa liaison avec Max Ernst, elle continuât de s'intéresser aux autres expression de l'art moderne.

C'était en fait Breton qui avait soigneusement choisi chaque artiste de l'exposition, sélectionnant les commentaires appropriés et insistant pour que les manifestes des futuristes, de Gabo et de Pevsner de 1920 fussent présentés à la fin du catalogue, en compagnie du texte de Max Ernst de 1932 « Aspiration à l'Ordre » et de celui de Ben Nicholson « Notes sur l'art abstrait » datant de 1941. Au début du catalogue, figuraient le texte d'André Breton « Genèse et perspective du surréalisme », celui d'Hans Arp « Art abstrait, art concret », et celui de Piet Mondrian « Art abstrait », qui fut écrit spécialement pour l'occasion. L'exposition elle-même présentait les tendances essentielles du XXᵉ siècle et ne semblait en privilégier aucune en particulier. Elle rassemblait en fait, à une échelle internationale, un ensemble de tentatives qui étaient attirées, comme autant de particules de fer, par l'aimant que constituait New York. L'ancien « milieu » représenté par Graham, Kiesler, Gorky, de Kooning, Rothko, Gottlieb, et Newman, s'élargit pour accueillir non seulement Motherwell (qui, en 1940, étudiait l'histoire de l'art avec Meyer Schapiro), Matta, Baziotes, Hare, Pollock et d'autres artistes, mais aussi d'une manière significative, des mécènes, des critiques et des conservateurs de musée. Alfred Barr et James Thrall Soby vinrent s'ajouter à la liste des premiers conseillers de Peggy Guggenheim, tels qu'Herbert Read, James Johnson Sweeney, et Duchamp. De nouveaux mécènes particulièrement actifs apparurent, comme M. et Mme Bernard Reis, qui ouvrirent leur maison aux surréalistes et furent en grande partie financièrement responsables de la fondation de *V.V.V.*, autre organe de diffusion des activités surréalistes pendant les années de guerre.

Des hommes comme Graham et Kiesler, grâce à leur facilité de parole et leur assurance, permirent dans une large mesure l'établissement de relations entre les cercles isolés de New York. Ces relations furent également facilitées par les publications concernant la vie de la cité et par la concentration croissante des pouvoirs dans les musées. La situation de New York s'expliquait d'abord par le fait qu'un flot d'émigrés arrivait dans cette ville en provenance de l'Europe, qu'ensuite le moment était venu pour un grand rapprochement, et qu'enfin, bien sûr, ceux qui avaient allégrement fait le voyage en Europe avant 1919, étaient maintenant obligés de rester chez eux. La galerie Peggy Guggenheim était l'un des endroits où l'on aimait s'attarder – c'était ce qui rappelait le mieux les cafés parisiens, et c'était là où l'on avait le plus de chance de rencontrer un « monument » comme Mondrian, Ernst, ou Breton lui-même.

Si l'on garde présent à l'esprit l'agitation (radicale-socialiste) de l'histoire esthétique des années 30, et si l'on se souvient que Kiesler a quitté la revue *Art Front* pour rejoindre le saint des saints du surréalisme, il n'est pas étonnant que l'on ait tant parlé de la décoration par Kiesler de la galerie Guggenheim. Barr s'intéressait depuis longtemps à Kiesler et connaissait dès les années 20 sa réputation européenne de décorateur de théâtre d'avant-garde et de théoricien de l'architecture. Guggenheim posait une seule condition : elle voulait que les tableaux fussent présentés sans cadre et certains crurent y déceler l'influence de Sweeney, dont la passion pour ce genre de présentation provoqua de nombreux commentaires quelques années plus tard quand il devint directeur du musée Guggenheim. Kiesler rencontra ceux qui, dans l'entourage de Peggy Guggenheim, se trouvaient concernés ; cet événement pouvait en effet avoir une influence déterminante sur la création d'un milieu, pris dans son sens le plus large.

Dans un sens plus étroit, le « milieu » de Kiesler, qui disposait d'une galerie exceptionnelle, devait susciter une curiosité assez grande pour encourager la réunion d'intérêts artistiques variés. L'exposition attira la presse comme aucune manifestation de ce genre ne l'avait encore fait. Les critiques furent ébahis par le spectacle d'une galerie surréaliste aux murs incurvés, exposant des peintures montées sur des battes de base-ball flexibles. La galerie cubiste était tapissée d'une toile qui était fixée au plancher et au plafond par des cordes et qui recouvrait les murs de la pièce en suivant une ligne courbe ; des tableaux étaient suspendus au plafond par des cordes, formant un angle droit avec le mur et il y avait aussi la fameuse chaise de Kiesler qui pouvait avoir 7 utilisations différentes. Enfin, on pouvait voir à travers un trou dans le mur, la reproduction d'une œuvre de Duchamp, en manœuvrant un mécanisme que Guggenheim comparait à une araignée.

Après ces débuts audacieux, Peggy Guggenheim monta une exposition groupant des œuvres de Joseph Cornell et de Duchamp, caractéristiques de sa collection personnelle ; puis, sur le conseil d'Herbert Read, elle organisa un salon de printemps, dont le jury était constitué par Barr, Sweeney, Soby, Mondrian, Duchamp, Putzel, et elle-même. Jackson Pollock, Robert Motherwell et Baziotes, furent, d'après Peggy Guggenheim, les « stars » qui se dégagèrent de ce salon ; elle allait bientôt offrir à tous les trois leurs premières expositions personnelles. Elle qualifia également de « révélations » les œuvres de Hofman, Still, Rothko, Hare, Gottlieb, Sterne et Reinhardt.

D'autres changements étaient en train de se produire. John Graham avait organisé une exposition internationale pour la Galerie McMillin en janvier 1942, où il présenta, entre autres, des œuvres de Braque, Bonnard, Matisse, et Modigliani, juxtaposées à des œuvres de Pollock, Lee Krasner, Stuart Davis, et, pour la première fois, de Kooning. Breton et Duchamp organisèrent une exposition intitulée « Les premiers écrits du surréalisme », qui se déroula à la Whitelaw-Reid Mansion en octobre 1942 ; à cette occasion,

Duchamp s'arrangea pour attirer la presse en masquant les tableaux et les ouvertures des salles au moyen d'environ 10 kms de ficelle blanche entremêlée. Une nouvelle fois des Européens célèbres comme Picasso, Miro, et Arp furent exposés en compagnie de jeunes artistes américains de New York, tels David Hare, Baziotes, Motherwell et Cornell, et d'artistes étrangers qui, comme Matta et Hadda Sterne, allaient devenir des membres à part entière de la communauté de New York.

Le travail des surréalistes, tout comme les résistances des artistes américains, furent à l'origine des modifications de la théorie surréaliste durant ces années. De nombreux facteurs sont intervenus dans ces changements. L'un d'entre eux fut sans doute l'accueil favorable que l'Amérique réservait depuis longtemps à la théorie freudienne et à la psychanalyse en général. Un artiste comme Robert Motherwell, par exemple, n'attendit pas que Freud devienne un sujet de conversations mondaines pour se rendre compte de l'importance de la psychanalyse ; à l'université, il avait écrit un essai sur Eugène O'Neill en s'appuyant sur la théorie psychanalytique. D'autres artistes avaient manifesté un grand intérêt pour Freud dans les années 30 et ceux qui n'avaient pas de goût pour l'abstraction étaient cependant au fait de ses théories psychologiques. Pour beaucoup d'artistes le livre le plus important fut, en partie à cause de son orientation psychologique, *Ulysses* de Joyce, qui était depuis longtemps tenu pour sacré aux Etats-Unis, bien qu'il eût été interdit par la loi jusqu'en 1934. L'inclination des artistes et des intellectuels américains pour la psychologie fut entretenue sur le plan culturel par l'arrivée aux Etats-Unis, au moment de l'avènement d'Hitler, de nombreux analystes qui furent en fait les premiers émigrés à arriver. Laura Fermi estime que les deux tiers environ des psychanalystes européens furent finalement chassés vers les Etats-Unis. Elle remarque que l'endroit était propice : Freud et Jung avaient donné des conférences avant la première guerre mondiale, et au tournant des années 30, plusieurs disciples proches de Freud, dont Otto Rank et Sandor Ferenczi, s'étaient installés à New York. Les analystes furent bien accueillis ; toutefois ceux qui avaient des options politiques de gauche furent longuement interrogés par les autorités et n'obtinrent pas de visa. Parmi les analystes éminents qui décidèrent de s'installer aux Etats-Unis on trouve Franz Alexander, Wilhelm Reich, Siegfried Bernfeld, Hanns Sachs, Erich Fromm, Karen Horney, Bruno Bettelheim et Ernst Kris.

La doctrine freudienne s'enrichit de nombreux autres apports, dont celui de Jung qui rencontra un accueil plus favorable que les conceptions esthétiques de Freud dans un pays où l'on répugnait à accorder à la libido le monopole de la puissance créatrice. Tout en reconnaissant l'importance de l'automatisme dans la mesure où il s'était inspiré à ses débuts de la pensée freudienne, les artistes qui commencèrent à travailler dans le sillage de Matta (parmi lesquels Baziotes, Motherwell, Gorky et Pollock) se tournèrent instinctivement vers d'autres horizons qui appartenaient à l'univers amphorique de Jung plutôt qu'au déterminisme pathologique de la doctrine freudienne. Jung avait l'avantage de traiter des œuvres d'art sans pour autant les considérer nécessairement comme des symptômes névrotiques et de faire appel aux traditions de l'Orient pour enrichir sa vision. Ceux qui, comme Gorky, admiraient Kandinsky pensaient que la psychologie jungienne de la création était de même nature. Il est impossible de savoir quels ont été les lecteurs de Jung, bien que Motherwell, qui avait obtenu un diplôme universitaire de philosophie à Harvard, puisse être considéré avec certitude comme l'un d'entre eux. Pourtant les références à ce que Jung appelle l' « art primordial » apparurent avec une insistance et une fréquence accrue dans les revues et les déclarations d'artistes après 1940. Plus particulièrement, ce fut l'interprétation de ce que Jung appelait le mode visionnaire (en tant qu'il s'oppose au mode psychologique) qui sembla s'exprimer à travers les nouvelles formes de l'art. Jung affirmait que le mode visionnaire, les matériaux de l'expression artistique ne proviennent pas d'expérience familières, comme c'est le cas des situations amoureuses ou conflictuelles relevant du mode psychologique. »

« C'est une chose étrange qui tire son existence de ce qu'il y a de plus enfoui en l'homme, qui évoque les profondeurs abyssales du temps nous séparant des âges préhistoriques ou un monde surhumain où s'opposent lumières et ténèbres. C'est une expérience primordiale qui dépasse l'entendement de l'homme et à laquelle il risque donc de succomber... L'expérience primordiale déchire de haut en bas le rideau sur lequel est représentée l'image d'un monde ordonné et permet d'entrevoir les abîmes inexplorés de ce qui est à venir. »

Jung pense qu'assurément de telles œuvres s'imposent d'elles-mêmes à leur auteur, qui pourtant « est forcé de reconnaître contre son gré que dans tout cela c'est son propre moi qui parle, sa nature intime qui se révèle, exprimant ce qu'il n'aurait jamais osé dire ».

Jung ne suggère jamais comme le fait Freud que les images surgissant des abîmes inexplorés sont des symboles qu'on peut interpréter. Au contraire, il insiste toujours sur le fait que l'art échappe fondamentalement à la faculté d'interprétation de l'analyste. Il ne croit pas non plus que la vérité résulte de la suspension de toute activité consciente. L'inconscient ne peut jamais être l'unique source de l'œuvre d'art :

« Négligeant les difficultés du présent, l'artiste retrouve par son désir cette image primordiale de l'inconscient qui permet de *compenser* pleinement l'insuffisance et l'étroitesse d'esprit de l'époque. L'artiste s'empare de cette image et, en la tirant du plus profond de l'inconscient, il la met en relation avec des valeurs conscientes ; il en modifie ainsi la forme jusqu'à ce qu'elle soit acceptée par ses contemporains selon leurs moyens. » L'insistance de Jung à mettre en relation les valeurs conscientes avec les matériaux de l'inconscient fut une de ces modifications imperceptibles que connut le surréalisme en atteignant le Nouveau Monde. Les hérésies mineures qui surgirent trouvèrent un large écho auprès des artistes américains qui ne se sentirent jamais suffisamment à l'aise pour explorer librement l'inconscient. Breton lui-même ne fut pas insensible à ces nouvelles tendances. Bien que les revues sur lesquelles il exerçait une influence, en particulier *View*, n'aient cessé de commenter les principes de l'orthodoxie surréaliste, elles se référaient aussi à d'autres sources d'inspiration. L'appel réitéré à la pensée de Nietzsche par exemple, dont le couple Apollon – Dionysos présentait un intérêt croissant à mesure que l'on s'approchait des années quarante, témoignait de l'inquiétude spirituelle de l'époque. Les protégés préférés de Breton s'écartaient également des dogmes de l'orthodoxie. Irving Sandler a remarqué que lorsque Gordon Onslow-Ford donna des conférences (auxquelles assistèrent parmi d'autres Gorky, Baziotes, Hare et Jimmy Ernst) à la New School for Social Research durant l'hiver 1941, il cita l'exemple de Matta qui avait exploité les possibilités découvertes par Tanguy dans ses « morphologies psychologiques ». Les morphologies de Matta étaient certainement très éloignées de la représentation onirique telle que l'envisageait Breton. Il s'était inspiré plus directement de la vision

abstraite de Kandinsky et il partageait avec celui-ci la conception d'un espace radial sans points de fuite, que le grand peintre russe avait été le premier à introduire. Son effort pour s'approprier l'espace non-euclidien « grâce auquel il serait possible de rendre compte du nombre de constantes et de variables que comporte tout événement » plaça la peinture sur un plan distinct de la fusion du rêve et de la réalité que proposait Breton. Il y avait dans l'approche de Matta une structure rationnelle sous-jacente qui était un défi au culte que les surréalistes vouaient à l'irrationnel et qui procuraient aux autres artistes américains la « signification » qu'ils ne manquaient pas d'exiger de par leur tradition...

... En 1941 Motherwell qui avait étudié la gravure avec Kurt Seligmann, autre surréaliste passionné par la magie de la science, partit pour le Mexique en compagnie de Matta. Tous deux passèrent beaucoup de temps avec Paalen dont les théories éveillèrent l'intérêt de Motherwell. Ce dernier avait par rapport à la peinture une ouverture d'esprit qui lui permit d'abandonner les exercices de création automatique entrepris avec Matta pour adopter une attitude beaucoup plus souple correspondant à l'association libre. A n'en pas douter Motherwell avait été attiré par la présentation que fit Paalen de ces théories nouvelles ; leur entente est attestée par le fait que les œuvres de Motherwell furent souvent reproduites dans la revue *Dyn* (du grec *dynaton* signifiant « le possible ») fondée par Paalen en 1942 ; en outre Motherwell écrivit plus tard l'un des articles plus plus importants de la revue. Quand il retourna à New York, il poursuivit ses discussions avec Baziotes et quelquefois avec Pollock sur les tendances nouvelles du post-surréalisme.

D'autres discussions commençaient manifestement à porter leurs fruits. Rothko, Gottlieb, Newman et d'autres avaient longuement réfléchi sur les mêmes problèmes. Gottlieb prit son courage à deux mains et peignit en 1941 son premier « pictographe » ; il affirma plus tard que la situation était alors tellement mauvaise qu'il se serait lancé dans n'importe quel projet, aussi absurde fût-il. L'œuvre avait pour sujet Oedipe, thème qui l'avait préoccupé avec Rothko pendant quelques années et qui constituait l'un des sujets de prédilection des surréalistes. Abandonnant la Grèce classique, Gottlieb se plongea sans transition dans les traditions des Indiens du Pacifique et il fit dans sa peinture une synthèse des aspects familiers de leur symbolique, qu'il s'était empressé de relever ainsi que d'autres artistes dans les revues s'intéressant au Nord-Ouest du Pacifique. Dans un tableau comme *Male and Female* (1942), Pollock établissait sa propre version du symbolisme primordial, ne manquant pas de faire également allusion à des sources primitives. Rothko commençait à élaborer son univers de visions aquatiques et oniriques, tandis que Baziotes explorait les espaces non-euclidiens, proposés par Onslow-Ford, Matta et Paalen.

Leur vision, ainsi que celle de nombreux autres artistes, devenait universelle au moment même où le monde semblait courir au désastre et où ils étaient coupés de cette Europe qu'ils aimaient et détestaient à la fois. En 1940, d'autres artistes fondèrent l'association The American Federation of Modern Painters and Sculptors qui déclarait : « Nous condamnons le nationalisme artistique qui se refuse à considérer l'héritage du monde entier comme le fondement de l'art moderne. » Pour sa troisième exposition annuelle, en juin 1943, la Fédération réaffirma ses positions internationalistes citant Kant pour montrer que le développement de la conscience constitue le but de l'existence, et exhortant le public à se rendre compte que la conscience humaine s'exprime avec la plus grande profondeur dans l'art qui « est donc la mesure la plus exacte du développement d'une nation ». Maintenant qu'il est admis que l'Amérique est « le point de rencontre de l'art et des artistes du monde entier, il est temps pour nous d'envisager les valeurs culturelles sur une échelle réellement planétaire ». La Fédération comptait alors parmi ses membres Milton Avery, George Constant, Herbert Ferber, John Graham, Balcomb Greene, Adolph Gottlieb, Louis Harris, Marcus (Mark) Rothko, Joseph Stella, Bradley Walker Tomlin, et Ossip Zadkine.

A l'occasion de cette exposition, trois des membres de la Fédération allaient quelque peu faire parler d'eux. A la suite d'un échange d'articles assez méprisants à l'égard de cette manifestation, parus dans *Le New York Times*, Adolph Gottlieb et Mark Rothko, en collaboration avec Barnett Newman, adressèrent une lettre au critique d'art du journal, Edward Alden Jewell ; ce fut la première escarmouche d'un combat qui allait durer longtemps. Les artistes de New York avaient trouvé leur porte-parole et ils devinrent presque aussi volubiles que leurs contemporains européens. La lettre, datée du 7 juin 1943, commence par rappeler, non sans sarcasme, la « perplexité » que Jewell avait avouée publiquement, puis proclame que les artistes n'ont pas l'intention de défendre leurs tableaux qui, selon eux, se suffisent à eux-mêmes : « Votre incapacité à les éliminer ou à les discréditer prouve *de toute évidence* qu'ils ont un certain pouvoir de communication. » « Si nous refusons de les défendre, ce n'est pas parce que nous n'en sommes pas capables (...). Il est facile d'expliquer au spectateur perplexe que *L'enlèvement de Perséphone* est à la fois une expression poétique de l'essence du mythe, la représentation du concept de fertilité avec tout ce que cela implique de puissance tellurique, et l'impact d'une vérité fondamentale...

Il est tout aussi facile d'expliquer le *Taureau syrien* comme la nouvelle interprétation d'une image archaïque, comportant des déformations sans précédent. Puisque l'art est intemporel, la charge signifiante d'un symbole, si archaïque soit-il, n'a aujourd'hui rien perdu de sa puissance originelle. Ou alors un symbole vieux de 3 000 ans serait-il plus vrai ?

Mais ces remarques explicatives sommaires ne peuvent aider que les simples d'esprit. Aucun commentaire ne peut expliquer nos tableaux. Leur compréhension ne peut venir que d'une expérience « consommée » entre le tableau et le spectateur. L'appréciation de l'art est un véritable mariage d'esprits. Et en art, comme dans le mariage, la non-consommation est une cause d'annulation.

Ce qui importe ici, ce n'est pas, nous semble-t-il, d'« expliquer » les tableaux mais de déterminer si les idées essentielles qu'ils expriment, ont ou non une signification. »

Dans cette première partie de la lettre, une assurance jusqu'alors inconnue, un ton sec et impertinent révélaient l'importance croissante que les artistes de New York s'accordaient à eux-mêmes. Dans le paragraphe suivant, fréquemment cité comme l'un des premiers textes importants dans l'évolution de l'expressionnisme abstrait, les auteurs donnaient un aperçu de leur credo esthétique, faisant à nouveau preuve d'une assurance qu'ils n'avaient certainement pas quand Gottlieb décrivait le désespoir qu'ils ressentaient en 1940. Le programme, tel qu'ils l'avaient esquissé, comportait plusieurs passages révélateurs, permettant de mesurer à quel point de nombreux membres du milieu new-yorkais avaient assimilé les principales idées des surréalistes. Le texte mentionnait l'importance du risque, la nécessité de défendre l'irrationnel et contenait des allusions aux sources

primitives et archaïques de l'art. Il présentait cependant des divergences notables avec la théorie surréaliste, et s'éloignait pour l'essentiel des modèles européens :

1 – Pour nous, l'art est une aventure qui conduit à un monde inconnu, ne pouvant être exploré que par ceux qui sont décidés à prendre des risques.

2 – Ce monde se prête à tous les jeux de l'imaginaire, et s'oppose violemment au sens commun.

3 – Il nous appartient en tant qu'artistes d'amener le spectateur à voir le monde selon notre conception, et non la mienne.

4 – Nous sommes partisans de formes de grande dimension, parce qu'elles ont la force de ce qui est sans équivoque. Nous souhaitons donner toute son importance aux surfaces planes. Nous sommes favorables à des formes sans profondeur parce qu'elles détruisent l'illusion et révèlent la vérité.

5 – C'est une idée largement répandue parmi les peintres que le motif importe peu, du moment qu'il est bien peint. C'est là le fondement même de l'académisme. Toute bonne peinture représente quelque chose. Nous affirmons que le motif est décisif et que seul est valable celui qui est à la fois tragique et éternel. Voilà pourquoi nous proclamons une parenté spirituelle avec les primitifs et l'art archaïque.

Par conséquent, si notre travail se fonde sur un tel credo, il doit constituer une insulte pour quiconque est féru d'intérieurs bien décorés, de tableaux gentillets accrochés au-dessus de la cheminée, de toiles du « milieu américain » *(American scene)*, de peinture édifiante, de pureté artistique, de premiers prix de patronage, de la National Academy, de la Whitney Academy, de la Corn Belt Academy, de pacotille et de camelote, etc.

Toutes les fulgurantes intuitions qui se mélangent dans cette lettre permettaient de mesurer avec précision les progrès réalisés à New York. Tout en rejetant les conventions surréalistes, y compris les espaces non-euclidiens (leur attachement à la surface picturale démontre leur fidélité aux théories de l'école de Hofmann et à la tradition cubiste), ils acceptent les implications philosophiques de la non-linéarité et de l'« intemporalité ». Tout en méprisant le purisme, ils cherchent à exprimer simplement des pensées accessibles à tous. Et s'ils tournent la représentation en dérision, ils n'en insistent pas moins sur le fait qu'il n'est pas de bonne peinture sans motif, idée qui s'accorde on ne peut mieux avec leur propre tradition, qui n'a jamais admis qu'une œuvre d'art se justifie seulement par ses qualités sensibles et qui a toujours cherché à justifier la place de l'artiste dans la société par des raisons plus profondes.

Gottlieb se souvient que la lettre a été ébauchée en collaboration avec Barnett Newman qui écrivit, pense-t-il, les premiers paragraphes. Le ton provocant et outrancier de ces lignes prouve que Gottlieb dit vrai car Newman, à cette époque, apparaissait comme le théoricien des nouvelles voies où s'engageait la peinture de Gottlieb et de Rothko. Les références à l'art archaïque et aux mythes classiques reflètent les préoccupations de Newman. Quelques mois plus tard, Gottlieb et Rothko proclamèrent à nouveau leurs principes lors d'une émission publique à la station de radio municipale le 13 octobre 1943. Ils réaffirmèrent leur attachement profond à l'archaïsme et traitèrent de nouveau de la notion jungienne d'archétype. L'intervention de Rothko semble aussi montrer l'influence de *La naissance de la tra-*

gédie de Nietzsche, en particulier lorsqu'il fait référence aux Grecs de l'époque archaïque qui « prenaient pour modèle la perception interne qu'ils avaient de leurs dieux ». Le véritable modèle de l'artiste, ajoutait-il, est « un idéal qui embrasse la totalité du drame humain ».

« Si nos titres rappellent les mythes bien connus de l'antiquité, c'est parce que ceux-ci sont des symboles éternels... Ils sont les symboles universels des désirs et des craintes de l'homme primitif, et s'ils changent dans le détail, leur essence ne varie jamais. »

Encore plus nietzschéenne est la croyance dans les « racines ancestrales et ataviques de l'idée plutôt que dans leur élégante traduction classique » ; nietzschéen aussi le pessimisme du passage suivant :

« Ceux qui pensent que le monde d'aujourd'hui est moins violent et plus policé que les passions ancestrales et rapaces d'où ces mythes ont surgi, ne sont pas conscients de la réalité ou bien ne désirent pas la voir apparaître dans l'art. »

Gottlieb appuya la thèse de Rothko en suggérant qu'on avait suffisamment accentué ce qu'il y a de mécanique dans le travail du peintre. Il précisa clairement les réserves que lui et ses amis faisaient à l'égard des surréalistes qui, dit-il, avaient bien affirmé leur foi dans le motif, mais seulement pour traduire leurs rêves, ce qui, aux yeux des peintres new yorkais, restait insuffisant. « Si la découverte des formes de l'art primitif a donné son premier élan à l'art moderne, nous avons le sentiment que sa véritable signification ne gît pas simplement dans l'organisation formelle mais dans la signification spirituelle sous-jacente à toutes les œuvres de l'art archaïque. »

Gottlieb conclut en remarquant le durable malaise des peintres de New York qui, à cause de circonstances historiques et de traditions locales, s'étaient heurtés au conflit entre leur salut personnel et les aspirations de la collectivité. Une fois encore, on tient compte des masses, mais cette fois, on les considère comme des victimes de la violence de leur époque et leurs sentiments ne peuvent être exprimés qu'à travers un art symbolique qui ne rejette pas le motif. Confrontée à l'horreur du monde moderne, l'éthique de l'artiste, telle qu'elle existait pendant les années trente, ne pouvait admettre ce qu'on appelait les finesses de la couleur et de la forme. Il parla du monde primitif où, à chaque instant, des forces impérieuses, des craintes et des terreurs partout présentes s'imposent à la conscience et il insista sur le fait qu' « un art qui élude ou ignore ces sentiments reste superficiel et dépourvu de sens ».

Après la seconde guerre mondiale, en quasi-totalité, les artistes européens en exil s'installèrent définitivement aux Etats-Unis. Certes, les Parisiens qui ne parlaient pas l'anglais revinrent en Europe, ce fut le cas de Breton, Léger, Masson et Marc Chagall ; mais Tanguy, qui ne se débrouillait guère mieux en anglais, resta ici jusqu'à sa mort. Quelques années plus tard Matta et Max Ernst retournèrent eux aussi en Europe, peut-être parce que l'Amérique n'avait pas été séduite par les œuvres authentiquement surréalistes bien que certaines des « visions transfigurées » aient sans doute été jusqu'en 1960 le plus fort aiguillon de la génération des grands expressionnistes abstraits en particulier et de l'Ecole de New York en général ; la génération suivante trouva « les poètes et les peintres dadaïstes » plus stimulants, et ce fut la mode pop ; d'autres furent attirés par l'esthétique formaliste de Greenberg, c'est-à-dire la « décoration » détestée par les tenants de l'expressionnisme abstrait ; Greenberg

s'en fit non sans supercherie le porte-parole arrogant. Et ce n'est pas seulement en Amérique que l'influence dadaïste devait se révéler tardivement : « Sur les murs de Paris, lors des événements de mai 1968, seul Mao Tsé-Toung est plus fréquemment cité qu'André Breton. Marx, Bakounine et Saint-Just n'arrivent que loin derrière en troisième position. Aussi étonnant est le fait que près des deux tiers des dix-huit écrivains dont les noms apparaissent sur les murs (répertoriés dans *Les murs ont la parole*, Claude Tchou, Paris, 1968) étaient en relation étroite avec les mouvements surréalistes et dada. Ce groupe qui comprend en plus de Breton, René Char, Benjamin Péret, Antonin Artaud, Raymond Queneau, René Daumal, Charlie Chaplin et Tristan Tzara rappelle la liste des collaborateurs de « La révolution surréaliste » ou du « Surréalisme au service de la révolution ». (E. Petersen, « Dada/Surrealism, and the Graffitti of May, 1968 », *Boston University Journal*, n° 3, 1976.) *Le surréalisme ne pouvait pas survivre tel quel aux Etats-Unis parce que les Américains devaient d'abord créer un art avant de pouvoir devenir des partisans de l'anti-art.* Cet art a été créé aux environs des années 1940-60 ; il fut *seulement alors* possible au pop et à l'anti-art conceptuel d'avoir droit de cité, comme à l'œuvre gentiment cynique de Duchamp de remplacer, du moins pour un temps, l'influence si féconde des Matisse, Picasso, Léger, Mondrian, Miro, Brancusi, Gonzales...

Pourtant la liste des artistes qui choisirent de rester en Amérique et de s'y intégrer complètement est plus qu'impressionnante : Duchamp, Moholy-Nagy, Tanguy, Seligmann, Lipchitz, Pierre Chareau, Kepes, Albers, Hofmann, Gropius, Van der Rohe, Neutra, Hindemith, Milhaud, Schönberg, Balanchine, Thomas Mann, W.H. Auden, Stravinsky pour n'en citer que quelques-uns. Je pense qu'en aucun cas, ce choix ne peut s'expliquer par la honte d'avoir abandonné l'Europe pendant son épreuve. Ne doit pas plus entrer en ligne de compte le fait que les artistes modernes sont essentiellement des déracinés puisque les Européens s'intégrèrent à l'Amérique comme l'ont fait tous les Américains ou leurs ancêtres avant eux. Non, les Etats-Unis devaient exercer un attrait irrésistible... Quoiqu'il en soit, ce furent les Français et les Anglais, les deux peuples de l'Europe occidentale les plus attachés à leur langue comme à un moyen, une arme d'ascension sociale, qui semblèrent y être le moins sensibles. En Amérique, bien ou mal parler la langue ne fait jurer personne. En fait, l'américain parlé (qui diffèrent profondément de l'anglais parlé) change d'une semaine sur l'autre, comme les gens eux-mêmes qui subissent l'effet de l'accélération sans précédent et sans cesse croissante de la vie moderne...

Quand l'Américain moyen visite l'Europe, c'est dans le but avoué d'avoir une vision complète du *passé* avant de retourner à la routine quotidienne de notre siècle (dans un pays où 6 % de la population du globe consomme journellement le tiers des ressources naturelles disponibles de la planète, non en vertu d'une avidité particulière, mais simplement parce que c'est là, que c'est produit et distribué pour être consommé sur place). Je pense que beaucoup d'émigrés et de touristes européens, en parlant avec admiration des grands espaces américains, des paysages qui s'étendent à perte de vue, confondent un phénomène géographique avec quelque chose de plus profond qui est la générosité et la liberté d'une sorte de fraternité diffuse que des sociétés fondées sur des figures paternelles, laïques ou religieuses, peuvent à peine arriver à comprendre sans en avoir fait l'expérience ; c'est un endroit où, en fait, les jeunes ont au moins autant, sinon plus d'influence, indirectement, que leurs aînés.

Je me rappelle avoir passé l'année scolaire 1938-39 en pension dans une famille parisienne à Saint-Germain-des-Prés (5, rue de la Chaise, pour être précis). La famille comprenait, outre la maîtresse de maison (séparée de son mari), ses deux jeunes enfants, sa mère et son beau-père, un Gascon irascible et réactionnaire. Les dîners se passaient en discussions interminables qui hésitaient entre le sublime et le ridicule, dont voici un exemple : « Est-ce vrai, monsieur, qu'en Amérique on prépare les poulets comme les frites et qu'on met du Roquefort dans la salade ? » « Oui madame, et c'est très bon. » « Oh la la ! » riait-elle horrifiée. Mais quand, parfois, le ton montait, quand il s'agissait de politique par exemple, la maîtresse de maison s'écriait avec élégance et au bon moment : « Vive l'Amérique monsieur ! » « Vive la France madame ! » répondais-je alors et je n'ai pas changé d'avis.

Comme je l'ai dit, la plupart des artistes européens exilés restèrent ici, continuèrent à créer et devinrent même, presque tous, des citoyens américains, ce qui fait de l'Ecole de New York un concept contradictoire, tout comme l'est l'Ecole de Paris puisque les Français eux-mêmes y étaient en minorité ; il y a plus, car, à ma connaissance, seul Utrillo, comme Monet avant lui, était Parisien d'origine. Quand on voit le monde du haut d'un avion ou sur un écran de télévision, il apparaît vraiment minuscule – un vaisseau spatial comme dit Buckminster Fuller – avec peut-être quatre ou cinq villes qu'on peut légitimement considérer comme des métropoles : Paris, New York, Londres, Tokyo et peut-être Chicago. Les échanges entre Paris et New York, non seulement pendant la seconde guerre mondiale, mais pendant les siècles qui l'ont précédée, ont été des plus fructueux, et probablement encore plus pour l'Amérique. Peut-être avions-nous plus d'ardeur et plus de lacunes à combler. Ce que nous avons à offrir, cette prodigieuse énergie et cette fécondité d'invention engendrées par une société pluraliste et non-autoritaire (cela concerne aujourd'hui ce qu'il y a de plus sacré dans une société laïque, l'art) ne peut probablement pas s'exporter. S'il en est ainsi, cela expliquerait, du moins en partie, pourquoi si peu d'artistes et d'intellectuels européens en exil ici pendant la seconde guerre mondiale ne sont pas retournés dans leur mère-patrie mais au contraire ont enrichi New York (et aussi la Californie et la Nouvelle-Angleterre) quand ils s'y installèrent.

La question beaucoup plus fondamentale de savoir si, à Paris ou à New York, un art aussi individualiste que celui que nous appelons depuis maintenant un siècle et demi « l'art moderne », peut survivre est une question à propos de laquelle personne ne peut plus faire de conjectures valables ; le futur ne permet guère plus de prévisions, du fait des transformations incessantes et toujours plus rapides du monde moderne où l'on se raccroche à son bon sens comme un naufragé à son radeau. Comme l'a remarqué il y a dix ans W.H. Auden : « Jusqu'à la révolution industrielle, le mode de vie d'un peuple, quel qu'il soit, changeait si lentement qu'un homme pensant à ses arrière-petits-enfants aurait pu les imaginer vivant plus ou moins de la même façon, avec le même type de besoins et les mêmes motifs de satisfaction que lui-même. Il est impossible aujourd'hui à quiconque d'imaginer à quoi ressemblera la vie ne serait-ce que dans vingt ans. » A mon avis, avec le Centre Beaubourg dont l'architecture incite à l'activité physique, la capitale française fait le pari que la peinture et la sculpture feront place à quelque « activité », disons des happenings ou du théâtre musical ; c'est aussi un pari pour transformer le musée traditionnel en centre de culture populaire. Aux Etats-Unis, les nouveaux locaux de I.M. Pei, tout aussi gigantesques (financés par le dernier des Médicis, Paul Mellon), que

la National Gallery de Washington va consacrer à l'art moderne, ont montré qu'on a pas abandonné la théorie d'un art à contempler et, qu'affranchi des rites et des sites sacrés, cet art devrait, pense-t-on, trouver place dans des lieux profanes tout aussi imposants par leur extraordinaire splendeur. Mais à coup sûr, en 1945, les artistes américains espéraient qu'il y avait encore beaucoup à faire – tel Mondrian qui, jusqu'à sa mort en 1944, vécut avec l'idée d'un progrès continu vers une « vraie réalité » universelle ; tels les surréalistes et leur pressentiment d'une région sous-jacente à la conscience et qu'on pouvait consciemment explorer. Et pendant les quinze années qui suivirent, certains artistes américains ont vraiment lutté pour un art qui serait plus proche des joies et des craintes les plus profondes de l'homme que le sont les scènes intimistes de la vie quotidienne, principal sujet de l'Ecole de Paris depuis Corot, Courbet et Manet jusqu'à la mort du grand Matisse en 1954. En France, durant un siècle ou plus, les chefs-d'œuvre succédèrent aux chefs-d'œuvre ; mais avec le surréalisme qui naquit à Paris en 1924, les critères de l'Ecole de Paris n'étaient plus de mise, pas plus d'ailleurs que ceux de l'Ecole de New York (terme que j'ai forgé en 1949 pour des raisons de commodité). Jamais on n'a vu d'art plus individualiste que l'art moderne (c'est là en même temps sa force et sa faiblesse) et il revient à la société, non aux artistes, de décider si cette activité peut s'exercer au grand jour, voire même susciter l'admiration, ou si la conscience collective de la société se consolidera au point d'obliger l'individualisme à retourner à la clandestiné. Je pense que cela n'importe guère aux artistes les plus authentiques. Comme le dit Auden : « Je ne crois pas qu'un artiste se soit jamais considéré comme étant de droite ou de gauche. Son seul et unique souci est de faire une œuvre originale, écrite de sa propre main, si l'on peut dire, et non une contrefaçon. »

Certains critiques, principalement des Anglais, ont reproché, non sans aigreur, aux artistes américains de cette période de prendre possession de l'art moderne comme d'un *langage* pré-établi sans y voir un terrain d'expérimentation. Mais, comme l'a dit Picasso : « Je ne cherche pas, je trouve. » Et si, en vérité, la principale innovation de Picasso, le cubisme analytique, est très proche du dernier Cézanne (sans en avoir la palette ni l'allure), on ne peut en dire autant de l'œuvre de Mark Rothko à l'égard de ses prédécesseurs quels qu'ils soient... L'art moderne est bien un véritable langage, celui de la conscience moderne, comme la musique, la poésie ou le cinéma d'aujourd'hui. Si le langage s'essouffle, alors de nouveaux artistes chercheront à le revigorer par des « néologismes » inutilement raffinés ; mais si ce langage garde pour nous sa force et aussi sa pertinence, alors, il est possible qu'un maître, un Shakespeare ou un Mozart, surgisse et use de toutes les ressources de ce langage pour créer l'*Œuvre* qui portera témoignage de notre temps, comme Picasso a héroïquement mais peut-être vainement cherché à le faire. Mais il est plus vraisemblable que seules des sociétés compactes et fortement structurées comme celles d'Homère, de Dante, du Maître d'Avignon, d'Elizabeth d'Angleterre, de J.S. Bach – bref, des sociétés pré-industrielles – peuvent produire petit à petit, en s'appuyant sur des richesses accumulées pendant des générations, une œuvre qui, en fin de compte, les résume de part en part en un éclair de foudroyante lucidité. Bien que l'art moderne ait été longtemps un langage en constante évolution, les artistes qui se sont relayés ont à chaque fois repris le travail à zéro ou presque. C'est là le prix de l'individualisme ; peu nombreux sont ceux qui ont le courage de le payer et aucun n'a le temps ou la patience de créer une œuvre suffisamment achevée qui puisse servir de symbole à notre société.

Marcelin Pleynet
De la culture moderne

« *Les problèmes fondamentaux de la peinture moderne ne sont l'apanage d'aucun pays.* »
Jackson Pollock

« *Chaque fois que j'ai éprouvé des sentiments d'exaltation nationale, je me suis efforcé de les repousser, comme étant funestes et injustes, averti et effrayé par l'exemple des peuples parmi lesquels nous vivons...* »
Sigmund Freud

France-Amérique

France-Amérique, Paris-New York, de part et d'autre de l'Atlantique s'est instauré dans les années passées un discours sur l'art qui emprunte son vocabulaire et son état d'esprit au compte rendu de la performance sportive. Les artistes français sont comparés, voire opposés, aux artistes américains, et les américains aux français, un peu comme le seraient deux équipes de football ou de rugby lors d'une rencontre internationale. Sans doute le fait qu'un musée décide aujourd'hui d'exposer le développement historique sous-jacent à ces symptômes nationalistes implique qu'ils se trouvent déjà de quelque façon dépassés et que la question pour nous aujourd'hui se pose autrement. Il n'empêche qu'on ne pourra aborder ce que, dans l'ordre des échanges internationaux, il en est des pratiques artistiques sans en passer d'abord par ce qui, des vertueuses et aventureuses revendications nationales, fait toujours de quelque façon symptôme.

Cet état d'esprit, qui au fond postule comme moteur du développement artistique les rivalités nationales, cet état d'esprit dont on peut se demander s'il correspond à un état de fait, reste à interroger. Je dirai que pour moi, en introduction à la question des rapports et des échanges internationaux contemporains dans le domaine de l'art, se pose le problème de la proximité de cette sorte de vulgarité de pensée, que véhiculent toujours en quelque façon les revendications nationalistes, avec ce qui de l'art moderne fait aujourd'hui culture. On ne peut tout à la fois poser les questions des rapports et des échanges internationaux dans le domaine de l'art et en même temps faire semblant de croire que la création picturale n'a d'autres préoccupations que le vert paradis des amours infantiles et des développements formels. Si l'on convient que de quelque façon les arts plastiques participent à (et se trouvent engagés dans) l'ordre d'un procès culturel (ou de civilisation), il faut alors poser que tout ce qui les concerne relève des rapports complexes que leur histoire spécifique entretient avec l'ordre social, politique, économique et idéologique. C'est l'ordonnance d'un tel contexte qu'il faut traverser si l'on veut comprendre, au-delà des effets de rivalités nationales, ce qu'il en est aujourd'hui de l'art moderne dans ce qui se propose des rapports d'échanges internationaux.

Pour ne pas m'éloigner de ce qui m'est ici dévolu, de la question de la contemporanéité des rapports France-Amérique (Paris-New York), je dirai que je la date de l'entrée active de la peinture américaine dans la culture moderne, avec par exemple l'œuvre de Jackson Pollock si l'on convient que les influences qui ont alimenté cette œuvre se nouent et se résolvent dans les années 39-40. C'est aujourd'hui un fait quasiment établi, aussi bien en ce qui concerne Pollock que Motherwell (1), que la technique de « l'écriture automatique » (ou de « l'automatisme psychique ») prônée par les surréalistes eut une influence décisive sur l'évolution des artistes américains et ce à travers discussions et rencontres avec les intellectuels (artistes, écrivains, historiens) ayant émigré aux Etats-Unis. Je crois que l'on peut dire que sur un terrain particulièrement propice, l'émigration, entre 1933 et 1942, d'intellectuels et d'artistes européens, eut une part active dans l'impulsion que connaissent alors les arts plastiques aux Etats-Unis. Si l'on considère les qualités, l'importance et la personnalité de ces émigrants, il faut bien reconnaître que le phénomène fut tout à fait spectaculaire et qu'il ne pouvait pas ne pas être sans conséquences pour le tissu culturel qui l'accueillait. Il suffit de citer entre autres : Breton, Ernst, Duchamp, Masson, Tanguy, Dali, Léger, Mondrian, Albers, Moholy Nagy, Grosz, Mies Van der Rohe, Gropius, Brecht, Schönberg, Panofsky, W. Reich... pour comprendre l'impact et les résonances que put avoir une telle émigration.

Dans la perspective de ce que je propose ici en ouverture, c'est à la fois les causes, les déterminations et les effets de cette émigration que je voudrais sommairement indiquer. *Les causes* sont bien connues, c'est la montée du national socialisme ou du national fascisme en Europe (Hitler en Allemagne, Mussolini en Italie, Franco en Espagne, Pétain en France, l'Angleterre plus que jamais isolée et en très grand péril...). *Les déterminations* sont diversement mais objectivement liées à l'incompatibilité du fascisme et de la culture moderne. Je dis bien culture *moderne* parce qu'il ne faut pas feindre d'ignorer que le fascisme a aussi des revendications et un message culturels. Ce qui détermine cet « Exode » est donc ici une question vitale pour la pensée et l'art moderne et dans bien des cas pour ses représentants qui ont à choisir entre leur attachement à une nation et à une langue et leurs convictions idéologiques. On sait combien Freud lui-même refusa puis tarda à se résoudre à quitter l'Autriche (2) : « Car on n'a pas cessé d'aimer la prison qu'on a quitté » écrit-il encore de Londres en juin 1938. *Les effets* sont d'abord en conséquence extra-nationaux. Certains de ces intellectuels et de ces artistes changeront de nationalité, d'autres non, mais initialement je dirai qu'ils ne changent pas de nation, ils changent de continent. Ce n'est pas d'abord la culture française, la culture allemande, la culture autrichienne, la culture hollandaise qu'ils portent aux Etats-Unis, c'est la culture moderne. C'est quelque chose de nouveau et qui reste à définir et qui fait d'eux des pionniers (non sur le sol américain, mais sur le sol culturel), qui les porte là où il y a chance de survie. Et l'accueil qu'ils reçoivent c'est, comme l'écrit Henry Geldzahler, celui d'une « grande cité *cosmopolite* » (3). Ce n'est pas ici le lieu pour analyser ce qui a tenu la démocratie américaine à l'abri du fascisme, ni pour entamer la question de l'espace réel objectif qu'en conséquence elle peut accorder à la culture moderne. Il est évident que les effets de cette émigration ne portèrent que sur un groupe restreint de « l'intelligentsia » américaine, mais on imagine bien qu'ils n'en furent que plus importants. Il convient d'ailleurs de noter que ces effets se portèrent principalement dans le domaine de l'histoire de l'art et dans le domaine des arts plastiques et qu'ils ne touchèrent que très superficiellement et tardivement par exemple la littérature.

Tout ceci brièvement et pour insister sur le fait qu'il n'y va pas simplement d'un déplacement de personnalités plus ou moins douées et plus ou moins porteuses de virtualités artistiques, mais d'un phénomène propre à la culture moderne en ce que rien ne peut la concilier avec les archaïsmes du national fascisme et en ce qu'elle a partie liée avec l'ordre social, politique et économique et idéologique. Ce que, sur ce terrain culturel, nous rappelle la peinture américaine des années 40-50, dont un certain nombre de jeunes artistes européens se réclament aujourd'hui, c'est cet événement incontournable (et qui fait encore de quelque façon point aveugle) : le caractère extra-national du refus et de la résistance de certaines formes de pensée au fascisme, à ce symptôme d'une histoire qui ne veut pas en finir avec ses nostalgies infantiles. Si le fait de s'interroger sur l'éventualité d'un rapport Paris-New York aujourd'hui c'est s'interroger sur ce qui à travers l'Atlantique aussi bien peut passer de vivant dans la peinture moderne, alors il faut partir de cet événement que fut pour les artistes et les intellectuels américains l'exil des européens : on comprend bien que la proposition Paris-New York (France-Amérique) devient dès lors d'une certaine façon une convention. Une convention, un lieu commun, j'en conviens très généralement partagé et qui comme tel est à traiter. Mais si l'on pose le triple postulat : 1) les phénomènes idéologiques et culturels n'entretiennent pas un rapport direct de cause à effet avec l'économie – 2) en conséquence les échanges et influences culturels, quoique liés aux conditions économiques et politiques sont surdéterminés par des rapports contextuels intra-idéologiques qui se lient dans le domaine spécifique de l'art à ce que j'appellerai métaphoriquement la logique du « vivant » – 3) dans le domaine des arts plastiques ce contexte progressiste, vivant, s'engage aux Etats-Unis avec l'émigration d'artistes et d'intellectuels allemands, autrichiens, français, hollandais... Alors, on le voit bien, le propos que nous entamons aujourd'hui ne peut tenir dans la seule conjoncture Paris-New York, mais devrait se penser, si tant est que ce soit là le mode de le penser : Amsterdam, Berlin, Paris, Vienne...

(1) W. Rubin *Notes on Masson and Pollock*, « Arts », nov. 1959.

(2) E. Jones, *La vie et l'œuvre de S. Freud*, PUF, Paris 1958.

(3) H. Geldzahler, *American painting in the 20th Century*, Metropolitan Museum, New York 1965 - c'est moi qui souligne.

Tout ceci au demeurant ne prend en considération que l'origine du phénomène qui nous préoccupe. Le fascisme et ses conséquences révèlent objectivement la culture moderne dans sa vocation internationaliste. Bien entendu cette révélation ne va pas sans déchirures subjectives chez ceux qui sont contraints à l'exil mais on peut dire qu'entre 1933 et 1942 la présence des artistes et des intellectuels européens aux Etats-Unis manifeste dans les faits ce que représente la culture moderne notamment dans son incompatibilité avec le fascisme. Reste que le schéma que je m'efforce ici de tracer demanderait une étude exhaustive du phénomène de déplacement culturel dans ces mêmes années, étude qui prendrait aussi bien en considération l'activité des intellectuels marxistes que la présence de Pound dans l'Italie de Mussolini. De plus s'il est aujourd'hui possible, à postériori, d'envisager ce qui objectivement se joue de l'histoire et de la culture dans ces années, ce fut sans doute beaucoup plus confusément que les protagonistes de cette histoire vécurent les événements. Dans cette confusion bien explicable il nous faut retenir et comprendre le fait que cette histoire fut alors (et même depuis) vécue avant d'être pensée, que l'événement et l'avènement du fascisme fut tel qu'il parut avant, sur le moment comme après, « impensable » et que, pour de multiples raisons, chacun s'empressa en quelque sorte de l'oublier en le refoulant comme excentricité, anomalie de civilisation. Ce n'est pas le moindre des paradoxes que, pour ce qui concerne le tissu idéologique que nous prenons aujourd'hui en considération, des intellectuels et des artistes se soient trouvés tout à la fois manifester objectivement dans leurs actes les réalités culturelles qu'ils représentaient et, en même temps, dans l'impossibilité d'en penser les conséquences, d'en tirer les conclusions. Il faut ici excepter Wilhelm Reich (que son nom entre autre engageait à entamer une telle interprétation) mais on sait de quel prix intellectuel et humain il dut payer son initiative (4) et que aujourd'hui encore pour être entendue, la cause est loin d'être claire. Ainsi de ce qui se passe d'extra-national aux Etats-Unis entre 1933 et les années 40, le geste, les conséquences en restent suspendus. L'art moderne, auquel le fascisme accorde suffisamment d'importance politique pour le qualifier de « dégénéré », le poursuivre et le détruire, ne tire qu'à moitié les conséquences de son aventure, n'entame pas son procès idéologique et n'aspire finalement qu'à retrouver dans la marge la place excentrique qu'il avait perdue.

Pour comprendre ce que peut justifier aujourd'hui une exposition Paris-New York, pour comprendre qu'elle ne se justifie que d'entamer enfin le procès historique de la question de la culture moderne, et pour comprendre qu'elle ne peut le faire qu'en traversant les susceptibilités nationales qu'on aurait pu penser, dans ce domaine du moins, liquidées, il faut garder présent à l'esprit le fait que cette question de la culture nationale fut vécue sans être pensée, il faut garder présent à l'esprit ce moment suspendu de l'interprétation (5) tel qu'il maintient le refoulement et le déplace sur les chaînes associatives les plus diverses. Considérer ce qu'il peut en être aujourd'hui de cette culture qui circule à travers l'Atlantique (en France et aux Etats-Unis) implique d'une façon ou d'une autre de suivre les conséquences de ces non-dits et de leurs déplacements sur les scènes nationales et internationales. Ce que nous devons ici retenir c'est que si la contemporanéité de la question des rapports culturels à travers l'Atlantique a son origine dans ce qui se noue à New York dans les années 40, elle est non moins déterminée par la façon dont, en un second, puis en un troisième temps, ce qui s'est constitué à ce moment là fait retour sur l'Europe.

Selon moi le non-pensé du fascisme et le non-pensé de la guerre participe au non-pensé de l'après-guerre. Il y va en son fond des rapports entre la culture et l'art et la politique : il y va d'une structure sociale tout à fait dépassée et académique qui soumet dans la subjectivité comme dans les faits l'art à la politique. De telle sorte qu'après-guerre sur le plan international, la réalité culturelle sera une fois encore recouverte par les déterminations politiques. Il faut comprendre que l'Europe appauvrie par la guerre se trouve alors partagée entre la dictature expansionniste de la Russie stalinienne d'une part et la politique du capitalisme américain d'autre part, autrement dit entre le Kominform (plan Molotov) et le plan Marshall (1947). Le procès Kravchenko (1949), les révélations sur les camps de concentration en Sibérie, les purges et les procès successifs tant en U.R.S.S. que dans les démocraties populaires (procès Rajk, Kostov, Slansky, affaire Tito...), l'antisémitisme de plus en plus déclaré du pouvoir communiste qui aboutit au procès des « blouses blanches » (janv. 1953) » tout cela ne laissait guère le choix aux démocrates européens qui furent logiquement engagés à mener une diplomatie d'alliance avec la politique américaine. On comprend bien toutefois que cette alliance ne fut pas sans réserves ni sans arrière-pensées. Ce que manifeste sur le plan politique l'organisation du monde après la guerre de 39-40 n'est-ce pas déjà que l'Europe est en train de perdre, sur le plan politique et économique, la situation internationale qu'elle a jusqu'alors occupée ? Certes elle occupe encore une position stratégique (6), que se disputent les deux grandes puissances mondiales, mais elle a tout à fait perdu la direction des opérations : l'histoire qui la traverse s'initiera et se cristallisera sur de tous autres fronts. C'est dire que dans les années 50 en Europe les idéologies nationales sont en état de défense et en crise. La situation de dépendance économique produit une revendication historique et culturelle qui fait une fois encore davantage appel au passé qu'au présent. Le climat de lutte politique intense mobilise les esprits à des tâches d'analyses et d'engagements immédiats qui, après la traversée du tunnel fasciste, ne facilitent pas les approches possibles de la question de la culture et de l'art moderne. Enfin il ne faut pas oublier qu'il y va aussi d'une question de génération, plus de dix ans ont passé. Les artistes et les intellectuels qui ont entre 20 et 30 ans dans les années 50 ont été formés pendant la guerre (ou pendant les années qui ont précédé la guerre, ce qui revient pratiquement au même), les autres sont nettement d'avant-guerre, voire du début du siècle. Ces dix années sont en effet tout à fait décisives, André Breton dira : « La guerre du jour au lendemain va faire litière des aspirations qui ont été les nôtres » (7). Et de fait si Breton a 44 ans lorsqu'il arrive à New York, il n'est déjà plus un homme suffisamment jeune à son retour en France pour pouvoir, sans autres apports véritables que ceux de ses anciens compagnons, faire face à la situation tout à fait nouvelle d'une Europe qui porte douloureusement les cicatrices de la dévastation fasciste. En 1947, date que l'on peut considérer comme la première manifestation académique du surréalisme (8), André Breton a 51 ans (le mouvement qu'il a initié à 28 ans) pourtant le combat qu'il mène, sans doute encore de quelque façon trop lié aux années 30, n'est déjà plus d'époque. L'époque au demeurant a à faire face à de telles préoccupations immédiates qu'il n'est guère question de lui laisser entendre ce qui en son fond la travaille.

C'est ainsi que l'œuvre sans doute la plus radicale et moderne de cette après-guerre, l'œuvre de Georges Bataille, dissident du mouvement surréaliste en 1929 et fondateur de la revue *Critique* en 1946, restera pendant de longues années encore quasi confidentielle. Je dirai que pour l'Europe après-guerre il y va d'une, de deux ou peut-être même de trois générations : et des nombreux malentendus qu'un tel décalage suppose. Il faut garder présent à l'esprit que si l'exil des artistes et des intellectuels européens aux Etats-Unis peut être considéré comme l'exil des forces vives de la culture moderne, le retour de ces mêmes intellectuels dans leur pays (de ceux qui regagnent leur pays) n'implique pas pour autant une réactualisation de la culture moderne. Le contexte économico-social a changé, ils s'adressent désormais à une génération qui a disparu ou qui ne peut plus les entendre ; ils n'ont pas de réponses aux questions de la génération qui pourrait les écouter ; ce qu'ils avaient à faire ils l'ont fait ailleurs ; ce qui les fait contemporains, c'est ailleurs qu'il faut le chercher. Il y faudra du temps, il y faudra d'autant plus de temps que, à partir de ces années 50, l'histoire a tendance à se précipiter et que ce que l'Europe aurait peut-être alors pu accepter comme une manifestation d'opposition à l'institution américaine se trouve en fait très vite et très naturellement représenté par cette institution. De 1953 à 1959, c'est très officiellement (sous le patronage de l'Ambassade des Etats-Unis) que « L'International Council at the Museum of Modern Art » de New York présente à Paris, en 1953, « Douze peintres et sculpteurs contemporains » dont Gorky et Pollock, en 1955, « Cinquante ans d'art aux Etats-Unis » avec Gorky, Pollock, Motherwell, Rothko, Still, de Kooning, Guston, en 1959, « Jackson Pollock et la nouvelle peinture américaine » où figurent plus de trente trois tableaux de Pollock et une sélection des œuvres de Gorky, Motherwell, Rothko, Still, Tomlin, Kline, Guston, Newman, Stamos, Tworkov, Gottlieb, etc. On peut tout de même se demander comment il se fait que, pas plus que ces trois expositions, une grande rétrospective de Rothko en 1962, et de Kline en 1964, ne trouvent pratiquement aucun écho chez les artistes et les intellectuels français ? Je dirai pour ma part qu'il y va d'abord bien entendu de la non-préparation du public et aussi bien des artistes et des intellectuels à une forme d'art qui leur soit vraiment contemporain, non-préparation due en grande partie, et ce, jusque bien après 1964, à des résistances subjectives que peuvent expliquer les conditions historiques, économiques, politiques de l'après-guerre telles que j'ai tenté de les schématiser ci-dessus. Pour comprendre comment purent être vécus, dans leur officialisation politique, ces échanges culturels, il faut comprendre l'importance que pouvaient avoir et comment étaient vécues les propositions du plan Marshall (9). Bref, chacune à sa façon l'Europe et l'Amérique avaient à se remettre de la guerre.

(4) W. Reich, *Psychologie de masse du fascisme*, Payot, Paris, 1972.

(5) Cette question des cultures nationales n'est-elle pas traitée par Joyce dans *Finnegans Wake* terminé en 1939. Il faudra attendre 1975 pour qu'elle soit reconnue comme telle : « Joyce veut détruire le nationalisme », dira P. Sollers au Symposium Joyce qui s'est tenu à Paris en juin 1975. Voir *Joyce et Cie*, « Art press » n° 20 et « Tel Quel » n° 61.

(6) La commission Harriman précise dans un rapport soumis au Président Truman le 5 novembre 1947 que « les intérêts que les Etats-Unis ont en Europe ne pourraient être mesurés simplement en termes économiques », mais qu'ils sont aussi « stratégiques et politiques ».

(7) A. Breton, *Entretiens*, Gallimard, Paris 1952.

(8) Galerie Maeght.

(9) Voir G. Bataille, *La part maudite*, « Œuvres complètes », Gallimard, Paris 1976.

Si j'ai insisté sur cette chronologie des modes d'inscription de la culture moderne pendant et après la guerre, c'est qu'elle a fait apparaître dans son double mouvement de décentralisation puis de recentralisation nationale, une question qui lui est propre et qui reste à traiter. Que la montée des fascismes mette par antinomie momentanément en évidence certains aspects de l'importance du rôle et du caractère de la culture moderne, et que la relative victoire des forces démocratiques rétablisse, pour ce qui concerne les fonctions de la culture, un état de faits antérieur au fascisme, cela tient à ce que de cette histoire quelque chose n'ait pas été, n'ait pas pu être traité. Il faut le symptôme fasciste pour faire apparaître dans leurs réalités les problèmes que pose la culture moderne, mais celui-ci écarté, refoulé, et tout rentre dans l'ordre ancien sans que rien pour autant soit résolu. C'est qu'au demeurant il serait puéril et vain de croire que la culture moderne, même si très généralement elle apparaît comme fondamentalement incompatible avec le fascisme, ne soit pas elle aussi de quelque façon liée au passé avec lequel elle rompt, aux forces auxquelles elle s'oppose, contre lesquelles elle lutte. Ce que manifeste la chronologie des modes d'inscription de la culture moderne pendant et après la guerre est également à envisager dans l'ordre des contradictions que cette culture porte sans les penser.

En ce qui concerne la proposition Paris-New York, que nous prenons ici en considération dans ses conséquences les plus contemporaines, on peut dire que la levée des contradictions qu'elle manifeste et qu'elle porte est liée, à travers l'influence de « l'écriture automatique » sur les arts plastiques, à l'aventure Surréaliste. Il faut bien comprendre qu'en abordant ce problème des contradictions intra-idéologiques et intra-culturelles nous abandonnons d'une certaine façon les évidences d'une évolution chronologique linéaire pour nous engager dans le parcours tortueux où se réalisent par sauts, écarts, détours, régressions, les contradictions propres à la culture moderne. De ce point de vue je voudrais maintenant prendre en considération les contradictions que porte et que représente le Surréalisme, telles qu'elles ont pu être véhiculées par la notion « d'écriture automatique », telles qu'elles le lient à l'histoire de l'art moderne sans pour autant lui permettre d'arracher cette histoire à ses déterminations philosophico-métaphysiques.

Si l'on considère l'influence du Surréalisme sur la littérature et sur l'art moderne, et plus particulièrement sur les artistes américains des années 40, on est très vite amené, au-delà d'un certain tissu anecdotique, à la question de « l'écriture automatique » ou de « l'automatisme psychique ». Il semble bien que, à travers la masse d'informations culturelles qui se trouvent alors rassemblées et en circulation à New York, ce soit cette notion « d'écriture automatique » ou « d'automatisme psychique » qui permette aux artistes d'outre-Atlantique de réaliser la synthèse des expériences contemporaines. Il semble bien que ce soit à travers cette notion « d'écriture automatique » ou « d'automatisme psychique » que s'opère la synthèse que réalisent les artistes américains entre l'expressionisme, le cubisme (et plus particulièrement le Picasso des « Cahiers d'art »), Matisse (qui est alors beaucoup mieux connu aux Etats-Unis qu'en France – Barnes lui commande la grande décoration, *La danse* en 1930), l'abstraction géométrique (et plus particulière-

ment Mondrian dont l'essai *Plastic Art and Pure Plastic Art* paraîtra chez Wittenborn avec une préface de R. Motherwell dans ces mêmes années 40), et le surréalisme (en 1942, Pollock, Motherwell et Baziotes écrivent des poèmes « automatiques »). On voit que si l'intervention surréaliste est ici déterminante, elle l'est dans un contexte culturel extrêmement plus différencié que ne l'est le contexte surréaliste.

Les premiers jugements de Breton sur Cézanne : « Cézanne dont je me moque absolument et dont en dépit de ses panégyristes j'ai toujours jugé l'attitude humaine et l'ambition artistique imbécile, presqu'aussi imbécile que le besoin aujourd'hui de le porter aux nues » (10) et sur Matisse : « Matisse et Derain sont de ces vieux lions décourageants et découragés. De la forêt et du désert dont ils ne gardent pas même la nostalgie, ils sont passés à cette arène minuscule : la reconnaissance par ceux qui les matent et les font vivre. Un *Nu* de Derain, une nouvelle *Fenêtre* de Matisse, quel plus sûr témoignage à l'appui de cette vérité que toute l'eau de la mer ne suffirait pas à laver une tache de sang intellectuel » (11), sont de ce point de vue tout à fait significatifs. Certes, Breton reviendra progressivement sur ces jugements mais sans que pour autant cela semble modifier en quoi que ce soit son attitude quant au développement et à l'activité différencés d'un « back-ground » culturel. C'est ainsi qu'il écrira en 1950 : « De tous les jeunes peintres dont j'ai pu suivre l'évolution à New York au cours des dernières années de guerre, c'est Gérôme Kamrowski, de loin, qui m'a le plus captivé » et dans le même article : « Tant pis pour ceux qui persistent à glaner le long de la route qui a vu passer les grands découvreurs de ce siècle, les Picasso, les Chirico, les Duchamp, les Kandinsky, les Mondrian, les Ernst, les Miro » (12). On voit que la politique culturelle de Breton est toute autre que celle des artistes new yorkais. Cette politique début de siècle de la table rase où le « sur » du « réalisme » vient spirituellement transcender ses déterminations historiques (cette option métaphysique est au demeurant constante dans toutes les positions et activités du mouvement Surréaliste) ; cette politique ne pouvait pas être reçue sans modification par le pragmatisme américain qui, des propositions surréalistes, retiendra la méthode d'écriture automatique mais en la situant dans une conjoncture évolutionniste. De fait c'est moins les idées du surréalisme que ses techniques qui requièrent les artistes américains. Reste à savoir ce qu'il en est de l'idée et ce qu'il en est de la technique dans l'écriture automatique ?

Les historiens du surréalisme fidèles en cela à la pensée de Breton ne se préoccupent que très peu des déterminations historiques, sociales et culturelles du mouvement pour en établir la vérité médiumnique et l'intemporalité ; S. Alexandrian écrira ainsi : « La recherche d'un nouveau mythe collectif, thème constant des manifestations animées par Breton, depuis son retour des Etats-Unis jusqu'à sa mort, a favorisé durant ce temps chez ses disciples le recours à l'analogie universelle. » (18) Mais, si l'on s'en tient aux propres déclarations de Breton et aux faits, la vérité paraît toute autre. Dès 1924, dès le *Premier manifeste du surréalisme*, André Breton précise lui-même : « C'est en 1919 que mon attention se fixe sur les phrases plus ou moins partielles qui, en pleine solitude, à l'approche du sommeil, deviennent perceptibles pour l'esprit sans qu'il soit possible de leur découvrir (*à moins d'analyse assez poussée*) (14) une détermination préalable... *Tout occupé que j'étais encore de Freud à cette époque et familiarisé avec ses méthodes d'examen que j'avais quelque peu eu l'occasion de pratiquer* sur des malades (15) pendant la guerre, je résolus d'obtenir de moi ce qu'on cherche à obtenir d'eux, soit un monologue, de débit aussi rapide que possible, sur lequel l'esprit critique du sujet ne fasse porter aucun jugement, qui ne s'embarrasse par la suite d'aucune réticence et qui soit aussi exactement que possible la pensée parlée » (16), et un peu plus avant : « C'est par le plus grand des hasards en apparence qu'a été récemment rendue à la lumière une partie du monde intellectuel, et à mon sens de beaucoup la plus importante, dont on affectait de ne plus se soucier. Il faut en rendre grâce aux découvertes de Freud » (17). Au demeurant ce premier *Manifeste du surréalisme* contient plusieurs autres références qui renvoient au caractère initiateur de la découverte freudienne. Pour ce qui concerne les « sommeils » comme pour ce qui concerne « l'écriture automatique » : « composition surréaliste écrite, ou de premier et dernier jet », le Breton du *Manifeste* de 1924 reconnaît explicitement sa dette à la psychanalyse et à Freud. Je dirai même qu'il va beaucoup plus loin et qu'il mobilise la psychanalyse bien au-delà de ce qu'elle peut, étant donné les connaissances qu'il en a, lui apporter ; bref qu'il force un peu le ton et la vérité objective quand il se prétend « *familiarisé* » (le mot est significatif) avec « ses méthodes d'examen » (les méthodes d'examen de Freud). L'ensemble du discours de Breton laisse en effet apparaître qu'il est « Tout occupé... de Freud » mais loin, très loin, d'être familiarisé avec la méthode (si tant est qu'il s'agisse d'une méthode) analytique. La définition « une fois pour toute » du surréalisme que l'on trouve dans ce premier *Manifeste* est la preuve flagrante de la connaissance tout à fait vague que Breton a alors de la psychanalyse en général et de l'œuvre de Freud en particulier : « Surréalisme *n.m.* Automatisme psychique par lequel on se propose d'exprimer, soit verbalement, soit par écrit, soit de toute autre manière, le fonctionnement de la pensée. Dictée de la pensée, en l'absence de tout contrôle exercé par la raison, en dehors de toute préoccupation esthétique ou morale » (18). Sans vouloir recouvrir le surréalisme par la psychanalyse, il est évident que la définition mécaniste et idéaliste que Breton donne de « l'automatisme » est ici à des années lumières de ce que l'on pourrait par exemple avancer à partir du rôle que Freud attribue à la pulsion de mort dans *Au-delà du principe de plaisir* (1920). Evident aussi que pour un « familier » de la méthode analytique il ne saurait y avoir de « dictée de la pensée en l'absence de tout contrôle exercé par la raison, en dehors de toute préoccupation... morale ». Ce qui se trouve là dénié de l'ambivalence du rapport (toujours sexualisé) à la ratio et à la loi fera fortune.

Mais les rapports de Breton avec Freud (beaucoup plus qu'avec la psychanalyse) ne s'en tiendront pas là. La publication de *Les vases communicants* en 1932 donne lieu à un échange de lettres entre Freud et Breton. Le livre qui manifeste une fois de plus le peu de « familiarité » de Breton avec les concepts freudiens (l'inconscient y est défini par Breton comme « essentielle réalité psychique » (19), amène Freud à rétablir une information bibliographique concernant la priorité de la découverte de la symbolique des rêves. Breton écrit : « Freud lui-même qui semble, en matière d'interprétation symbolique du rêve n'avoir fait que reprendre à son compte les idées de Volkelt, auteur sur qui la bibliographie établie à la fin de son livre reste assez significativement muette... » (20), et confond, à travers le malentendu, le non entendu de la question de l'inconscient les propositions de Scherner et Volkelt avec l'analyse freudienne. Quoi qu'il en soit Freud lui répond que le fait que Volkelt ne figure pas dans la bibliographie de *L'interprétation des rêves* est certainement dû à un oubli de Otto Rank, à qui la lecture des épreuves des rééditions de cette bibliographie fut confiée, le

nom de Volkelt figurant dans la bibliographie des trois premières éditions dont l'ensemble des épreuves fut relu par Freud (21). Il peut sembler que nous débattions là de questions tout à fait secondaires, mais si Freud et Breton ont pu y attacher suffisamment d'importance pour en traiter (trois lettres de Freud à Breton sur ce sujet, lettres que Breton publiera accompagnées d'une *Réplique* dans une nouvelle édition des *Vases communicants*) il doit bien y aller quelque part d'un problème qui concerne ce que nous tentons ici d'éclairer. Je noterai qu'à la dernière lettre de Freud qui se termine par : « Et maintenant un aveu, que vous devez accueillir avec tolérance ! Bien que je reçoive tant de témoignages de l'intérêt que vous et vos amis portez à mes recherches, moi-même je ne suis pas en état de me rendre clair ce qu'est et ce que veut le surréalisme. Peut-être ne suis-je en rien fait pour le comprendre, moi qui suis si éloigné de l'art » ; à cette lettre Breton ne répond pas, il *Réplique* et insiste à ce que, sur ce point, Freud soit en défaut, comme il veut le trouver en défaut quant « aux réticences paradoxales de l'auto-analyse dans *La science des rêves* et au contraste frappant qu'offre, au point de vue du contenu sexuel, l'interprétation des rêves de l'auteur et celles des autres rêves qu'il se fait conter ». On sait que, sur ce dernier point, une littérature importante s'est depuis lors développée dont on peut citer récemment en français le livre de Didier Anzieu *L'auto-analyse de Freud* (22) et de Max Schur *La mort dans la vie de Freud* (23), et qui renvoie les « certitudes » de Breton à leur innocence revendicative. Pour ce qui concerne la fameuse question de la bibliographie de *L'interprétation des rêves* je pense que la préoccupation du spécialiste et de l'homme de science à justifier un oubli et finalement une faute dans la réimpression d'un de ses ouvrages est ici loin d'être « démesurée » si on la compare à la préoccupation de l'amateur à mettre en évidence (dans un livre qu'il a vite lu) le manque à la citation bibliographique d'un auteur qui est par ailleurs loin d'être censuré dans le corps du texte – Volkelt est cité plus de 17 fois dans *L'interprétation des rêves*.

Cette « réplique », dont le moins qu'on puisse dire est que dans son fond comme dans sa forme elle manque de courtoisie, ne clôturera pourtant pas les rapports de Breton avec Freud. En mars 1938 le septième *Cahiers GLM* consacré aux *Rêves* (24) s'ouvre sur deux notes de Breton qui, en protestant à la nouvelle d'ailleurs fausse de l'arrestation de Freud, puis contre le sort réservé à Freud en Autriche, ponctuent très clairement la façon dont toute la culture moderne, et à travers elle le surréalisme, a partie liée contre le fascisme. Mais on a bien compris que la question qui nous préoccupe est moins celle des rapports de Breton avec Freud que celle des rapports de Breton avec la théorie freudienne. Or de ce point de vue le numéro des *Cahiers GLM* contient « un acte symptomatique » (25) d'une toute autre envergure que celui que Breton a cru relever chez Freud. Il semble en effet qu'à l'envoi d'une proposition de participation à un « recueil de rêves », proposition adressée à Anna Freud (« votre aimable lettre adressée à ma fille, mais en réalité destinée à moi », écrira Freud), Freud répond au responsable du numéro, André Breton, par une lettre qui sera bien entendu reproduite dans le numéro, mais en fac-similé (autrement dit comme illustration) *et sans traduction*. La méthode de reproduction, tout autant que l'écriture de Freud auront rendu cette lettre pratiquement illisible jusqu'à ce qu'en 1972, J.L. Houdebine se soit employé à la déchiffrer et à la traduire. Traduction qui explique très clairement l'acte « symptomatique » de Breton dans la mesure où elle fait apparaître une fois de plus la confusion qui règne très généralement dans le groupe Surréaliste et plus particulièrement chez Breton quant aux concepts psychanalytiques et à la théorie freudienne. Freud répond donc : « ... je vous prie de bien vouloir prendre connaissance de ce fait, que l'énoncé littéral des rêves, ce que j'appelle le rêve « manifeste », n'offre aucun intérêt pour moi. Je me suis attaché à trouver le « contenu latent du rêve » qu'on peut extraire du rêve manifeste par l'interprétation analytique. Un recueil de rêves, sans les associations qui s'y sont ajoutées, sans la connaissance des circonstances dans lesquelles un rêve a eu lieu – un tel recueil pour moi ne veut rien dire, et je ne peux guère imaginer ce qu'il peut vouloir dire pour d'autres ». Autrement dit, à six ans de distance, mais cette fois-ci avec plus de précision théorique sur son désaccord, Freud répète ce qu'il disait dans sa dernière lettre à Breton : « je ne suis pas en état de me rendre clair ce qu'est et ce que veut le surréalisme ». Le malentendu est profond, *fondamental*, il porte, comme je l'ai souligné plus haut, sur le concept clef de la théorie freudienne, sur l'appréciation d'une possible définition de l'inconscient, et, par voie de conséquence pour le surréalisme, sur la notion d'écriture automatique et d'automatisme psychique (27). A partir de là, quelles que soient par ailleurs les références à Freud, les rapports du surréalisme aux « sommeils », à « l'automatisme psychique », à « l'écriture automatique », au « rêve », sont appelés progressivement mais inévitablement à régresser de plus en plus loin en deçà de la théorie freudienne. On peut dire que Breton et les Surréalistes n'ont pas plus compris Freud, que Freud n'a compris Breton et le surréalisme, le jugement le plus sévère de Freud se trouvant dans une lettre de cette même année adressée à Stefan Zweig : « ... jusqu'alors j'étais tenté de tenir les surréalistes, qui apparemment m'ont choisi comme leur saint patron, pour des fous intégraux (disons à quatre-vingt quinze pour cent, comme l'alcool absolu) » (28). Reste à savoir auquel des deux ce malentendu sera le plus préjudiciable ? A l'un comme à l'autre sans doute, mais pour l'un comme pour l'autre sur la base du confusionnisme surréaliste.

La théorie freudienne ne bénéficiera pas de ce confusionnisme, et si l'on peut penser un moment que la théorie de l'écriture automatique libère en littérature et en art de nouvelles forces, ces forces, faute d'être branchées sur une théorie conséquente qui les soutienne, s'éveillent, se manifestent un moment, puis se dispersent et s'éloignent. La bonne foi de Breton au demeurant n'est pas en cause ; il s'agit ici des limites, probablement historiquement incontournables, du rapport subjectif de l'écrivain avec la psychanalyse. Jusqu'à la fin de sa vie Breton défendra le même point de vue vis-à-vis de la découverte freudienne. En 1952, dans une série de seize entretiens radiophoniques avec André Parinaud, il répond à propos des sommeils provoqués ou hypnotiques : « Tout cela trouve à se lier, à se conjuguer avec mes autres façons de voir *à la faveur de l'admiration enthousiaste* que je porte à Freud et dont je ne me départirai pas par la suite » (29). Pourtant à la question sur les rapports entre l'écriture automatique et le freudisme, il est cette fois encore tout aussi désarmé et répond que cette question ne lui « parvient » pas parfaitement. Et de fait il faudra attendre encore une bonne dizaine d'années avant que pour d'autres elle commence à s'éclaircir. Lorsqu'en 1952 André Parinaud demande à Breton : « En fonction des événements qui se déroulent aujourd'hui pensez-vous qu'en art il puisse y avoir quelque chose de changé ? » Breton répond : « Un esprit nouveau naîtra de cette guerre. Il ne faut pas oublier que l'arbre de 1870 porte *La chasse au Snark, Les chants de Maldoror, Une saison en enfer, Ecce Homo.* L'arbre de 1914 amène à leur point culminant l'œuvre de Chirico, de Picasso, de Duchamp, d'Apollinaire, de Raymond Roussel

aussi bien que celle de *Freud dont tout le mouvement moderne à l'échelle internationale va être influencé* » (30). C'est bien en effet de cette influence qu'il s'agit si l'on veut aborder la question d'une culture moderne. On a vu, sur la base des rapports de la psychanalyse avec le Surréalisme, à partir de quels malentendus et de quelles contradictions l'influence des théories freudiennes se diffusent en art et en littérature ; ce sont ces contradictions que l'on retrouve quasiment inchangées dans l'ordonnance des rapports d'échanges culturels entre la France et les Etats-Unis, et dans le retour sur l'Europe de ce qui un moment se génère en Amérique après la seconde guerre.

(10) A. Breton, *Les pas perdus* (« Caractère de l'évolution moderne », 1922), Gallimard, Paris 1924.

(11) A. Breton, *Le surréalisme et la peinture* (1928), Gallimard, Paris 1965.

(12) A. Breton, *Le surréalisme et la peinture*, op. cit.

(13) S. Alexandrian, *Le surréalisme et le rêve*, Gallimard, Paris 1974.

(14) C'est moi qui souligne.

(15) C'est moi qui souligne.

(16) A. Breton, *Manifestes du surréalisme* (1924), J.J. Pauvert, éditeur, 1962.

(17) A. Breton, *Manifestes du surréalisme*, op. cit. C'est moi qui souligne.

(18) A. Breton, *Manifestes du surréalisme*, op. cit.

(19) A. Breton, *Les vases communicants*, Gallimard, Paris 1955.

(20) A. Breton, *Les vases communicants*, op. cit.

(21) Il faut noter que Volkelt ne figure toujours pas dans la bibliographie de l'actuelle édition française de *L'interprétation des rêves*, PUF, Paris 1967.

(22) D. Anzieu, *L'auto-analyse de Freud*, Gallimard, Paris 1959.

(23) Max Schur, *La mort dans la vie de Freud*, Gallimard, Paris 1975.

(24) Voir sur ce débat J.L. Houdebine, *D'une lettre en souffrance*, Freud/Breton 1938, « Promesse » n° 32 et « Cahiers GLM » n° 7, mars 1938.

(25) A. Breton « Réplique » dans *Les vases communicants*, op. cit.

(26) J.L. Houdebine, *D'une lettre en souffrance*, op. cit.

(27) J.L. Houdebine précisera qu'il s'agit là d' « un effacement de la distinction inconscient/préconscient ».

(28) S. Freud, *Correspondance* (1873-1939), Gallimard, Paris 1966.

(29) A. Breton, *Entretiens*, op. cit. C'est moi qui souligne.

(30) A. Breton, *Entretiens*, op. cit.

Si le pragmatisme et l'encyclopédisme dix-huitiémiste des Américains reçoit avec bonheur la technique de « l'automatisme psychique », il faut être conscient que tout ce que cet emprunt extra-pictural put avoir de positif pour la génération des années 40, deviendra quasiment lettre morte pour les générations suivantes. A partir d'une peinture d'abstraction se développera de façon dominante, dans la seconde moitié des années 50, aux Etats-Unis, une théorie du modernisme dont le formalisme et l'historicisme s'appuieront essentiellement sur Kant. Clement Greenberg écrira : « Parce qu'il fut le premier à critiquer les moyens mêmes de la critique, je fais de ce philosophe le premier vrai moderniste » (31). On voit que si ce qui s'est programmé aux Etats-Unis dans les années 40 ne fait pas facilement retour en France, la diffusion culturelle n'en n'est pas non plus pour autant assurée aux Etats-Unis. Les artistes américains liés aux surréalistes en exil produiront les œuvres, d'une importance et d'une qualité incontestables, que nous connaissons, mais au lieu de passer, en un retour analytique, dans le tissu culturel contemporain, la découverte des conséquences et des implications fondamentalement subjectives de l'art se développera essentiellement en organisations formelles que viendront fixer des justifications modernistes de types évolutionnistes. Pour avoir manqué son programme théorique, ce que le surréalisme a pu, à travers « l'écriture automatique » et « l'automatisme psychique », diffuser des théories freudiennes, qui l'ont confusément travaillé, s'est trouvé coupé de l'histoire des idées, réduit à une technique de « self-expression », et enfin, assez facilement recouvert par ce qui était, on s'en doute, aux antipodes de ses préoccupations, un formalisme critique. Pourtant, et il faut y insister, aussi bien dans son exil aux Etats-Unis qu'à son retour à Paris, le surréalisme, dans les contradictions qu'il porte, et à cause de ces contradictions, catalyse des énergies importantes, même s'il se révèle incapable de les soutenir. Ce n'est pas par hasard si un des importants intellectuels et écrivains français, Georges Bataille, fait avant la guerre un bout de chemin avec les surréalistes, si parmi les premières revues qui publient le psychanalyste Jacques Lacan, figure *Le Minotaure* (1933), et si parmi les artistes français, ou vivant en France, qui après-guerre tentent de sortir des sentiers battus du néo-cubisme de l'école de Paris se trouvent des artistes comme Riopelle, Judit Reigl, Simon Hantaï, Degottex qui seront tous un moment proches ou liés au groupe surréalite.

C'est dans ce contexte de toute évidence incontestablement le surréalisme qui manifeste le mieux la contradiction qui travaille la culture moderne. Je dirai que selon moi il fait là office de symptôme. Son succès et ses succès sont liés à l'ambivalence des rapports que Breton et le mouvement qu'il initie entretiennent avec la psychanalyse. Breton souligne à juste titre que « tout le mouvement moderne à l'échelle internationale » est influencé par l'œuvre de Freud. Ce que par contre il n'analyse pas c'est que tout le mouvement moderne et avec lui l'œuvre de Freud manifestent de façon diversifiée un phénomène qui tire le mouvement moderne d'un côté et l'œuvre de Freud d'un autre, à savoir l'effondrement des rapports de l'individu à l'institution étatique, religieuse et sociale (32). Dans ce contexte le surgissement de la question du « sujet », le désarroi des individualités dont aucune organisation n'est prête à accueillir, sauf sous des formes répressives, les particularités, produisent

sous l'autorité toujours désespérée de la dénégation : – 1) la surévaluation raciale étatique du fascisme ; – 2) le refus ou la répression du recours scientifique contemporain ; – 3) la psychanalyse ; – 4) dans le domaine culturel, la demi-mesure éclairée et l'ambivalence (réactionnaire quant au freudisme) du surréalisme. En octobre 1936 Freud écrit à Binswanger : « Vous prétendez que lorsqu'on change de point de vue, on voit aussi un étage supérieur où logent des hôtes aussi distingués que la religion, l'art, etc. Sous ce rapport, vous n'êtes pas le seul, la plupart des spécimens cultivés de l'*homo natura* pensent de même. A cet égard vous êtes conservateur et moi révolutionnaire. Si j'avais encore devant moi une existence de travail, j'oserai offrir à ces hôtes bien nés une demeure dans ma petite maison basse. J'en ai déjà trouvé une pour la religion depuis que j'ai rencontré la théorie des névroses de l'humanité » (33). On peut parfaitement, à partir de là, comprendre les réserves de Freud vis-à-vis du surréalisme qui tend à laisser supposer que la psychanalyse pourrait occuper une place dans les étages supérieurs de l'idéalisme ambiant, à côté de la religion et de l'art. Dans la conjoncture qui nous intéresse ici, il ne faut pas oublier que si par exemple les Etats-Unis assimilent culturellement le surréalisme assez vite (dès 1953 des œuvres d'artistes américains influencés par le surréalisme sont présentées en France sous le patronage de l'ambassade des Etats-Unis), il n'en est pas de même pour ce qui touche d'un peu plus près à la psychanalyse. En 1957, les livres de Wilhelm Reich sont retirés du commerce, leur vente interdite sur le territoire américain et leur auteur emprisonné (il meurt dans un pénitencier de Pennsylvanie le 3 novembre 1957). Récemment encore, deux écrivains américains, W. Burroughs et B. Gysin co-signent un autre type de résistance à la psychanalyse en reprochant à Breton lui-même d'avoir étendu le « cut up » sur le divan freudien (34).

Pour ce qu'il en est, après la Seconde Guerre mondiale, de la situation en France et de la situation aux Etats-Unis, pour ce qu'il en est des échanges culturels et des influences réciproques entre l'Europe et les Etats-Unis, pour ce qu'il en est de la manifestation du décentrement national de la culture moderne dans sa vocation idéologique (telle qu'elle apparaît de façon effective face au fascisme et telle qu'elle se trouve refoulée dans l'ordonnance politico-économique de l'après-guerre), pour comprendre la poursuite et l'enjeu des « excentricités » de notre culture, il faut garder présente à l'esprit la contradiction qui l'habite et qui se manifeste par exemple dans la confusion théorique et les ambivalences du surréalisme. Qu'on m'entende bien, il n'est pas question ici de faire de la psychanalyse une nouvelle institution, mais de souligner le rôle qu'elle ne peut pas ne pas occuper dans l'histoire de l'intelligence de la pensée des virtualités de la culture moderne. Faute de quoi en effet elle ferait, elle continuerait à faire trou dans l'histoire (et dans la vie) des idées et, par voie de conséquence, dans la mémoire culturelle ; trou qu'un « conservatisme » ou un autre ne manquerait pas de venir boucher.

Si du massif exil culturel des années 30 et 40 quelque chose revient sur l'Europe, ce retour est conditionné dans les années 60 par la constitution et la mise en place d'un projet théorique (analytique) susceptible de prendre en considération aussi bien les déterminations économico-politiques, que les refoulements, retards et décalages historiques de son héritage culturel (35). Ce n'est pas un hasard si cette mise en place s'attache de façon critique à l'histoire du surréalisme (36), à la question marxiste, à la psychanalyse et à la critique de l'institution analytique. Ce n'est pas un hasard si, pour rester dans l'ordre de ce qui nous requiert ici, les jeunes artistes français, qui sont pour la première fois amenés à considérer l'œuvre de leurs grands aînés américains des années 40, surgissent dans la seconde moitié des années 60, et commencent effectivement à travailler et à exposer entre 1967 et 1968 (37).

De cette découverte de la peinture américaine des années 40, par un groupe de jeunes artistes français dont les préoccupations littéraires et les velléités théoriques sont tout à fait nouvelles, il est sans doute encore beaucoup trop tôt pour tirer des conclusions. L'articulation de la pratique artistique avec une théorie, qui ne soit plus de recette technique, si elle a entamé son analyse critique est encore loin d'être effectuée. Il y va comme le suggérait Freud de la place juste de l'art dans la « petite maison basse » et des virtualités de sublimation culturelle pour le sujet de cette nouvelle « peinture ». Le malentendu (assez communément partagé) serait de croire qu'aux recettes techniques feraient place des recettes savantes et culturalistes, ou encore que l'incurie et la médiocrité de la pratique pourrait se camoufler derrière un nuage théorique. Tout cela est à dégager. Je dirai, en attendant mieux, que là où le peintre américain des années 40 faisait, à travers sa découverte de « l'automatisme », l'expérience de son non savoir technique (des virtualités de ce non savoir), ce qui se propose aujourd'hui d'une articulation de la pratique picturale avec l'ensemble des recherches théoriques contemporaines liées à l'histoire de la culture moderne, suppose que l'artiste fasse l'expérience de son savoir dans le savoir de son expérience pour s'y trouver une langue. L'accès à la question des conséquences culturelles de la crise religieuse, de la crise des institutions, à la question de l'anamnèse historique que suppose la question freudienne, est à ces conditions. Si je réserve mon jugement quant à ce que les jeunes artistes contemporains pourront réaliser dans la perspective d'un tel parcours, c'est que contrairement à ce qu'il peut tout d'abord paraître, ce parcours, plus particulièrement dans le domaine des arts visuels, implique tout à la fois une liberté et une discipline que ni l'époque, ni les forces en jeu, ne semblent favoriser. On peut certes assurer que la voie est ouverte et peut-être même que le chemin est entamé, mais quant à savoir ce qu'il adviendra de ceux qui s'y sont engagés, les références théoriques qui sont les leurs disent assez la fragilité et le caractère aléatoire de toutes conclusions pour s'employer dès maintenant à tenter de les définir et de les fixer là où de toute évidence, ils ne seront jamais qu'en transit. Ce que l'on peut dans ce contexte signaler c'est que, si la surenchère de juvénilité qu'a connu l'art de ces dernières années est significative comme symptôme, elle ne saurait en aucun cas l'être d'une transformation réelle objective du nouveau type de rapport que l'art est appelé à entretenir avec l'ensemble du tissu culturel. L'expérience n'est certes pas, surtout dans le domaine artistique, l'apanage des barbons, cette expérience n'a bien entendu pas d'âge (mais les artistes eux en ont toujours un), elle se fait donc du sans âge à l'âge certain. Elle est l'expérience de ce parcours où l'accentuation de la juvénilité fait symptôme d'indiquer inconsciemment que de la pratique, comme de la théorie et de la critique, il y va quelque part des chances analytiques de la démesure d'une différence toujours en son fond sexuelle.

On peut s'étonner que dans les années 60 de jeunes artistes européens aillent se chercher de si lointaines références dans la modernité jusqu'à s'intéresser, comme si elles leur étaient contemporaines, aux œuvres de Rothko, Pollock, Motherwell, Reinhardt, etc. Mais on peut également s'étonner que dans le même temps de jeunes artistes américains ne voient pas plus loin qu'une génération dans l'histoire de leur culture comme s'ils n'avaient que des mères et des grands frères et pas de pères ? Tout se passe, se passera, n'aura de chance de s'effectuer que dans cet espace désormais hétérogène aux familles, aux patries, aux générations. Si, on insiste sur le fait que dans les années 60 de jeunes artistes français s'inquiètent de ce qui s'est passé aux Etats-Unis dans les années 40, il ne faut pas non plus oublier que dès la seconde moitié des années 50, de jeunes artistes américains (Sam Francis, Cy Twombly, James Bishop) font retour sur l'Europe et commencent à exposer plus ou moins régulièrement, dans une semi-situation d'exil, dans des galeries européennes. Ce fait qui n'est pas loin de là sans conséquences demandera à être éclairé et s'éclaircira dans les années qui viennent.

Cette proche histoire qu'un formalisme critique a arbitrairement établi et artificiellement épuisé est en passe de ressurgir là où on l'attend le moins. Les œuvres artistiques qui représenteront ces quinze dernières années sont toutes aussi présentes et pour la plupart aussi invisibles que la lettre « volée » de Poe. Certains indices devraient déjà nous permettre d'y penser. Le parcours en effet est entamé et déjà dans tous les sens. Les européens ont encore beaucoup à apprendre du professionnalisme des jeunes Américains ; et les Américains, il faudra qu'ils s'y fassent, auront à apprendre de la nouvelle Europe, à poser sur l'histoire de la peinture dont ils se réclament, le regard neuf d'une autre culture et d'une autre modernité. Il semble d'ailleurs que, par exemple dans le domaine de la critique d'art américaine, les références idéologiques soient en voie de transformation et que, après avoir été logiquement un moment dominée par la phénoménologie, elle aborde aujourd'hui (en 1976), à travers une réflexion sur les travaux les plus modernes des sciences humaines et de la psychanalyse, une mise en question de ses présupposés métaphysiques...

Mais que ne cherche-t-on pas indéfiniment à faire dire aux faits ? Ce n'est jamais à travers les faits, mais dans leurs conséquences, qu'une histoire est pensable. Or, pour ce qui est de la contemporanéité nous ne pouvons nous en tenir qu'aux faits. Alors ? Alors je dirai que pour ce qui concerne leurs conséquences, les rapports entre l'Europe et l'Amérique, parce qu'ils commencent, ne sont pas encore commencés.

(31) C. Greenberg, *Modernist Painting*, « Art and Litterature », n° 4.

(32) Sur cette question voir M. Pleynet, *De pictura*, en *Art et Littérature*, coll. « Tel Quel », Editions du Seuil, Paris 1977.

(33) S. Freud, *Correspondance*, op. cit.

(34) W. Burroughs et B. Gysin, *The third mind*, traduit en français par « Œuvres croisées », Flammarion, Paris 1976 : « Lors d'une réunion surréaliste des années 20, Tristan Tzara, l'homme de nulle part, proposa de composer un poème sur-le-champ en tirant des mots d'un chapeau. Une algarade s'en suivit et le théâtre fut saccagé. André Breton expulsa Tristan Tzara du mouvement surréaliste et étendit le cut up sur le divan freudien ».

(35) On en trouvera la mise en place et la constitution progressive de 1960 à aujourd'hui dans l'évolution de « Tel Quel ».

(36) Voir les diverses étapes du développement de cette critique dans « Tel Quel » et M. Pleynet, *Lautréamont par lui-même*, Editions du Seuil, Paris 1967.

(37) Sur ce point voir entre autres J.M. Poinsot, *Peinture et théorie en France*, « Data », mai-juin, 1976 et C. Millet, *La nouvelle peinture en France*, préface au catalogue de l'exposition du Musée d'art et d'industrie de Saint-Etienne et du Kunstmuseum de Lucerne.

Harold Rosenberg

Action painting : fin ou commencement ?

Propos recueillis par Malitte Matta, novembre 1975

H.R. : Comment commencer autrement cet entretien sinon en reconnaissant que l'art américain a dépendu entièrement de l'art européen jusqu'à la seconde guerre mondiale. L'indépendance de l'esthétique américaine, sa possibilité d'expérience immédiate, imperméable à des formes étrangères, prend naissance dans les années 40. La guerre fait apparaître la convergence de deux faits nouveaux : 1) l'épuisement des énergies intellectuelles et créatrices de l'Europe dont l'essouflement avait déjà été signalé par Valéry en 1919 (1) ; 2) la reconnaissance par les artistes américains du tarissement complet de leur source traditionnelle d'inspiration et de l'autorité qui émanait de ses chefs-d'œuvre... Les Américains ont été frustrés et libérés en même temps. Désormais, si l'art devait continuer à exister aux Etats-Unis, il devrait être tiré des profondeurs de l'Amérique, elle-même. Que l'art américain soit né du déclin de l'Europe et de la confiance en soi soudaine et forcée des Américains, a soulevé en art, depuis 1945, l'importante question suivante : "L'art tel qu'on l'a connu ne se dirige-t-il pas bel et bien vers sa fin ?" Tous les mouvements artistiques des trente dernières années répondent par oui ou par non à cette question critique. L'art nouveau a été fondé sur l'amalgame des beaux-arts et du *kitsch* (pop art), sur les tentatives de définition de l'objet d'art (minimalisme), sur le refus de la pertinence de l'objet (conceptualisme), etc... Si l'avenir de l'art occidental dépend initialement des capacités créatrices des Etats-Unis, y a-t-il une raison de croire que la vie aux Etats-Unis peut être la source de grandes créations ? Si cet avenir dépend d'un réveil de la créativité européenne, peut-on prouver l'existence d'énergies susceptibles d'un tel réveil ? Il n'y a aucun doute : l'expressionisme abstrait et l'action painting ont révélé de véritables potentialités. Mais ces vagues de l'après-guerre représentent-elles une fin ou un commencement ? L'action painting est-elle la dernière lueur où se mêlaient encore les méditations du cubisme, de Matisse, de Klee et du surréalisme... et qui disparut totalement dans les années 50 pour se fondre dans les happenings, le pop art, la peinture totale essentiellement neutre en émotions, l'earth art et autres manifestations superficielles qui prolongeaient logiquement la conception des pionniers ? Ou bien l'action painting fut-elle une intuition profonde et originale, s'élevant dans la conscience d'individus vivant une nouvelle relation à l'ordre social, intellectuel et esthétique du passé ?

Ou bien posons le problème de cette façon. Depuis cent ans, les mouvements artistiques qui se sont succédés en Europe, ont convergé vers un art qui tendait à se libérer des formes héritées, approfondissant chaque fois l'idée qu'ils se faisaient du superflu jusqu'à ce que tout ce qui restait de la tradition occidentale fût réduit à rien. Au même moment, le goût de l'avant-garde européenne pour les autres cultures, passées et présentes, ne cessait de se développer de sorte que le génie créateur de l'Europe intégra les styles venant de la Chine, du Japon, des mers du Sud, d'Afrique, de l'Amérique pré-colombienne, aussi bien que de ses propres arts populaires et de l'art des rues. Pendant les premières décennies du XXe siècle, la conscience anthropologique a fait passer la création occidentale d'un égocentrisme européen envahissant à une accumulation systématique de la plus grande variété possible de phénomènes culturels. Quand le surréalisme, dernier grand mouvement artistique européen, apparut au début des années vingt (2), la totalité de l'art occidental avait perdu du point de vue de ses structures toutes ses caractéristiques objectives et ne constituait plus qu'un amalgame de "débris poétiques" flottant à la surface de l'inconscient collectif. Conscients maintenant de ce que n'importe quoi était de l'art à partir du moment où il était pêché dans ce réservoir mental, les surréalistes déclarèrent avec une précision absolue que la création artistique avait enfin été remplacée par l'investigation du psychisme. C'est dans ce contexte culturel général du monde de l'après-guerre que l'art américain (à New York) est apparu comme le protagoniste d'une esthétique sans héritage.

M.M. : L'absence d'héritage était relative. Les peintres américains des années 40 étaient tout à fait familiers des mouvements artistiques venus de Paris au début du siècle ; ils en étaient même saturés (3).

H.R. : A ce propos, il existait une grande différence entre chaque artiste. Gottlieb, par exemple, mit en œuvre une vive propagande anti-européenne, insistant sur le fait que l'art américain devait se délivrer de la dépendance de l'art européen. Ce fut cette position qui conduisit Gottlieb, Rothko et Newman à se tourner vers l'imagerie des Indiens d'Amérique (4). En revanche De Kooning ne partagea jamais leur parti pris anti-européen, pas plus que Gorky.

M.M. : Dans un article paru dans *Art Digest*, Mathieu dit que les peintres de l'avant-garde américaine ont complètement rompu avec la tradition européenne (5). Il situe cette coupure aux environs de 1940, voit dans les *White Writings* de Mark Tobey datant de 1942 une source essentielle pour des peintres comme Pollock, Rothko et Francis, et exclut la probabilité d'une influence européenne. D'un autre côté, il y eut un certain nombre de contacts avec les Européens venus en Amérique au début de la seconde guerre mondiale. Nous savons par exemple que Jackson Pollock avait vu Max Ernst au Cape Cod peindre en utilisant un procédé de "dripping". Vous en a-t-il jamais parlé ?

H.R. : Non, il ne l'a pas fait. Je ne savait pas que Jackson avait eu sur ce point des rapports précis avec Max Ernst. Cela pourrait être un exemple d'histoire de l'art inventé après coup.

M.M. : Pollock rendit un jour visite à Matta et vit que Max Ernst avait attaché au plafond une boîte de conserve remplie de peinture, percée de plusieurs trous, et qu'il la balançait d'avant en arrière au-dessus de la surface de la toile. On ne peut parler d'influence à propos de ce qui n'est qu'une technique.

H.R. : Il est sûr que pour beaucoup d'artistes, spécialement pour Pollock (et, ça me vient à l'esprit, pour Ernst) les techniques déterminent l'imagerie. Néanmoins, il existe une grande différence entre d'une part percer une boîte de conserve remplie de peinture puis la faire tourner au-dessus de la toile, et, d'autre part, jeter et pulvériser la peinture comme le fit Pollock. Ce dernier procédé n'est pas accidentel mais exprime un contact plus direct avec la toile. Pollock avait plutôt l'idée mystique que là se constituait une

activité réciproque entre lui et la toile susceptible d'affecter la manière dont le pigment lui-même s'organisait (6).

M.M. : Cela formait une sorte de circuit fermé tandis que je pense que les *White Writings* de Tobey étaient conditionnés par son désir de faire surgir un certain type d'images.

H.R. : Je ne sais pas s'il savait ce qui en sortirait, mais en général évidemment cela pouvait être prévu. C'est toujours le cas dans une activité de cette espèce.

La relation entre l'action painting et le surréalisme est encore aujourd'hui un des plus difficiles problèmes de la critique. La différence entre la peinture et le dessin automatique du surréalisme et la spontanéité de l'action painting réside dans des processus et dans l'emploi de procédés compliqués totalement distincts. Hans Hofmann, par exemple, était totalement voué à la spontanéité et opposé à l'automatisme (7). Cependant la plupart des gens les assimile.

M.M. : Peut-être. Mais si vous regardez la peinture de Fautrier ou de Hartung, qui sont des peintres très spontanés, y voyez-vous une nette rupture avec le principe de l'automatisme ? Ou bien la spontanéité est-elle une qualité de l'idée surréaliste de l'automatisme ?

H.R. : Revenons à la boîte qui se balance ! Il en sortira nécessairement soit un hasard objectif, soit l'expression d'une loi de la nature. D'autre part, la spontanéité exprime la tentative d'atteindre un état subjectif plus profond que celui qui résulterait de la réflexion. La boîte de conserve remplie de peinture que je balance au-dessus de la toile crée un dessin dans lequel rien n'exprime mon identité ni ne m'affecte. L'artiste qui pratique l'action painting est intéressé par la façon dont son action prend place sur la toile : son but est de provoquer une situation qui le représentera. Le concept d'automatisme signifie que l'ego de l'artiste est remplacé par l'expression d'un principe universel. Appelez-le hasard, appelez-le lois de la nature, son résultat est le dévoilement d'une vérité. Je ne crois pas que les artistes américains aient eu le désir philosophique de mener à bonne fin une telle recherche de vérité. Le but primitif était la découverte de la propre identité de l'artiste... son signe. Dans l'action painting, l'artiste se tient dans l'action ; l'intensité et la forme de sa peinture sont déterminées par l'état dans lequel il se trouve. Max Ernst n'a pas à se trouver dans un certain état pour faire un tableau avec une boîte de conserve remplie de peinture et qui se balance, ou lorsqu'il a recours à un procédé de frottage ; mais De Kooning doit réussir à atteindre ce qu'il recherche. Par l'acte de peindre, il atteint un état dont le résultat est une vision non prévue.

M.M. : Dans les années 40, tous ces artistes savaient parfaitement que Marcel Duchamp insistait sur le fait que le hasard et l'acte de choisir lui-même servaient de base à l'expression esthétique. Ces bases ont changé l'attitude du peintre vis-à-vis de son œuvre pour près de 30 ans.

H.R. : La plus importante influence du surréalisme et du dadaïsme, dans la mesure où cela concernait les Américains, fut le projet négatif d'échapper à l'idée d'œuvre d'art. Tout ce qui apportait une profonde satisfaction pourrait être maintenant considéré comme une œuvre d'art, tandis qu'au cours de toute l'histoire antérieure de l'art américain, avait prévalu le concept de "l'œuvre d'art" que le peintre s'obligeait à réaliser. Cet idéal suffisait à le paralyser. Pour Eakins, pour Reginald Marsh, pour tous les autres excepté les naïfs, l'idée d'œuvre d'art provenait de la peinture et de la sculpture de la Renaissance, et c'est cela que l'artiste se sentait dans l'obligation d'égaler. La libération vint de l'idée que ce n'était pas simplement la conformité d'un objet en tant que tel à des critères esthétiques satisfaisants, mais également l'expérience même de sa création, qui faisait de pratiquement n'importe quoi une œuvre d'art.

M.M. : Cela avait été démontré par Man Ray, Picabia et Duchamp.

H.R. : L'important est que les artistes américains prirent conscience de la possibilité d'une telle extension de l'idée d'art. Duchamp n'a pas eu une influence très importante sur l'art américain à la fin des années 30 ou au début des années 40, pas plus que Man Ray ou Picabia. Certains artistes aimaient l'œuvre de Masson, cette espèce de cubisme animé qui attira Gorky. Je me rappelle une exposition de Masson en 1936, où les titres des œuvres ressemblaient à certains de ceux qui apparurent plus tard sur les tableaux de Gorky. De Kooning, par exemple, n'a jamais cessé de se moquer de l'idée selon laquelle l'art américain ne venait de nulle part. Dire une telle chose, c'était pour lui alimenter le mythe américain. A son avis, la peinture vient de la peinture et la peinture est venue d'Europe. Bien sûr il a raison. Cependant, il reste la question du genre particulier d'expérience qui donne naissance à un nouvel élan et rend ainsi possible le renouveau de l'art lui-même.

M.M. : J'ai toujours eu le sentiment que la plupart de ceux qui faisaient partie de ce que l'on a appelé l'action painting ou l'expressionisme abstrait, se distinguaient de la grande société des peintres américains dans la mesure où ils étaient tout à fait des hommes de métier.

H.R. : Vous avez parfaitement raison ! Ces gars, toute cette bande connaissait à peu près tout en peinture. Les autres artistes américains ne savaient souvent rien sur l'art moderne. Dans les années 30, j'ai rencontré des peintres du art project qui n'avaient jamais entendu parler de Matisse. Ils connaissaient Benton, Rockwell Kent, des peintres américains couronnés de succès. Mais ceux qui ont produit le nouvel art américain étaient extrêmement ferrés sur l'avant-garde européenne. Ils savaient aussi qu'ils ne pourraient aller plus loin en conservant les prémisses européennes. Ils ne pouvaient en aucune manière donner une suite au surréalisme. En outre, très peu admiraient la peinture surréaliste. Le chef de file du surréalisme américain dans les années 30 était Peter Blume. Il mit deux ou trois ans à peindre la tête de Mussolini surgissant de sa boîte comme un diable.

M.M. : Vouloir même échapper à la dépendance de la peinture surréaliste ne les a pas empêchés d'avoir une grande connaissance de ce qu'est la peinture et de se battre avec leurs moyens d'expression et leur métier. Ils aboutirent à une dimension métaphorique qui les renvoyait à Mallarmé et au symbolisme.

H.R. : N'oubliez jamais ceci : l'artiste américain peut avoir des connaissances précises dans un domaine, mais il n'est pas cultivé. Il ne vit pas dans l'atmosphère de la poésie de Mallarmé ou de celle de Baudelaire. Il n'entre pas dans ses habitudes de lire le français, bien qu'il y ait, bien sûr, des exceptions.

M.M. : D'une certaine manière, me semble-t-il, l'action painting est une métaphore pour d'autres formes de peinture.

H.R. : Oui, et cela s'explique ainsi. Pour des peintres, dire : « je vais me mettre à peindre et j'espère que ce qui va

en sortir va ressembler à un tableau », cela signifie qu'il a une connaissance générale de la manière dont se fait un bon tableau. On pourrait dire que l'expressionisme abstrait possédait une bonne idée générale de la peinture, mais ne savait pas ce qui devait être fait. On avait l'impression d'être entravé, de se trouver dans une impasse. Peindre comme les surréalistes, ça n'allait pas. Comme les cubistes ou les futuristes pas plus. Tout avait été fait. En plus, tout cela baignait dans l'atmosphère politique des années 30, à l'époque où les artistes se demandaient : "Pourquoi peindre des tableaux si la peinture n'est pas un certain moyen d'action sociale ?" Faire des objets n'avait pas de sens, personne ne s'apprêtant à les acheter ! Au cas où des gens en achèteraient, pourquoi un artiste passerait-il sa vie à faire des objets pour les riches ? (Cette question est encore d'actualité). Au-delà de l'expressionisme abstrait, il y a une critique générale de la société, et c'est aussi quelque chose qu'on a oublié aujourd'hui. Il n'y a aucune raison de peindre si la peinture n'est pas elle-même une façon de vivre. C'est une situation semblable à celle de Rimbaud écrivant que pour faire briller ses chaussures, il fallait avoir un diplôme universitaire. Et il ajoutait : "Je suis en grève". A la question : "Que ferais-je de moi-même ?" le peintre de l'action painting répondait : "Je suis peintre, et c'est de ma peinture et sur ma peinture que je vivrais". (8)

MM. : Supposez qu'ils y arrivaient tant bien que mal, leur peinture devenait connue, on parlait beaucoup d'eux, et ainsi de suite, et puis, à la fin des années 50, Mathieu arrive de Paris en voulant introduire dans leur activité deux nouvelles notions qu'il pense être essentielles à la sienne. Il s'agissait des notions de vitesse et de présence du public. Il aimait bien organiser des événements qui ressemblaient à des corridas, en faisant un tableau d'une dimension donnée en un temps donné, en présence du public. A un moment, il lui est arrivé de peindre 14 immenses tableaux dans le sous-sol du vieil hôtel Ritz-Carlton. Pensez-vous que les peintres américains ont suivi cette manière de procéder ?

H.R. : Pas du tout ! En réalité, toute cette mise en scène ne me semble pas être venue de la peinture, mais de mon article sur l'action painting dans lequel j'utilisais le terme "arène". Mathieu, ainsi que quelques artistes japonais et Yves Klein ont transformé cette idée au point d'en faire une représentation publique. Et puis vinrent les happenings.

M.M. : C'était un déplacement du combat : l'arène était la toile, puis elle devint la vie réelle.

H.R. : Et c'est toujours comme cela depuis lors !

M.M. : C'est peut-être la seule façon de sortir du mythe, du cercle de la métaphore.

H.R. : Pourquoi s'agirait-il d'éviter cela ? Voulez-vous discuter maintenant de la raison pour laquelle je suis réactionnaire ? Il se trouve que je soutiens l'idée que l'action *devrait* prendre place sur la toile au lieu de consister à creuser des trous en Arizona. Il y a une relation directe entre l'action painting et les earthworks.

M.M. : De dada aux earthworks ! Par combien de réunions, d'happenings, d'évènements variés sommes-nous passés...

H.R. : Kaprow a écrit dans *Art News* que l'idée du happening provenait de mon article sur l'action painting. Il dit que je n'avais pas bien compris, mais qu'en revanche il tirait la conclusion correcte... qui était la suivante : on ne doit pas limiter l'action à la toile. On doit simplement sortir et transformer la peinture en théâtre. Il en résulta 10 ans de discussions académiques sur l'objet d'art.

M.M. : La discussion portait sur la nature de l'article et sur l'élargissement du champ de ses activités. Aussi longtemps que son espace demeurait celui de la toile, il se trouvait dans la position de quelqu'un s'occupant de toiles, il était peintre.

H.R. : Oui, il demeurait encore dans le domaine de la peinture... et, si vous êtes un écrivain, vous demeurez dans celui de l'écriture. La question est la suivante : ne s'exprime-t-on pas avec plus de force sur une toile ou dans un écrit qu'à la télévision ? Je suis encore partisan de la toile et de l'écrit, ce qui fait de moi un réactionnaire.

M.M. : Parlez-vous de force ou d'endurance ?

H.R. : L'endurance c'est la force.
Quelle différence y a-t-il entre l'exécution d'une action dans la réalité et la représentation d'une action sur une toile suspendue au mur ?

M.M. : D'abord, vous pouvez quitter le théâtre de cette action et rentrer chez vous.

H.R. : Lorsque vous dites que vous rentrez chez vous, où et comment vivez-vous ? Vous sortez de cette action dont vous étiez spectatrice... n'y avez-vous pas été "impliquée" ?

M.M. : Seulement jusqu'à un certain point, tandis qu'avec une peinture on a tendance à être beaucoup plus impliqué.

H.R. : Je suis de cet avis. On est plus impliqué par une peinture qu'on ne l'est par un spectacle.

M.M. : C'est pourquoi vous pouvez rentrer chez vous. Il y a quelque chose qui se passe et vous le savez, que vous le regardiez ou non, pour l'avoir vu ne serait-ce qu'une fois. C'est un phénomène de fermentation. Ça ne perd pas de sa virulence du premier coup. C'est Duchamp qui disait que les peintures perdaient automatiquement leur force après trente ans et mouraient.

H.R. : C'est parce que Duchamp a toujours pensé la peinture en termes sociaux. Il savait qu'une peinture, ou n'importe quelle autre chose n'existe que dans la mesure où on la voit. C'est en existentialiste primaire qu'il dit qu'une peinture a la vie brève.

M.M. : Il est très étrange de constater que l'on s'est préoccupé de l'expressionisme abstrait, de l'action painting, du tachisme et de l'abstraction lyrique des deux côtés de l'Atlantique exactement au même moment et qu'on s'en préoccupa durant à peu près le même temps, de la fin de la guerre au début des années 60. Puis des écoles de peinture très différentes prirent la place.

H.R. : La question est la suivante : y a-t-il eu relève, ou est-ce que ces autres formes de peinture représentent un constant déclin de l'esprit créatif ? Quelque chose s'est-il vraiment substitué à cette vive animation, à laquelle nous avions donné ces noms différents ? Je ne pense pas que le minimalisme, par exemple, soit un mode d'expression qui aille dans le même sens. C'est maintenir les vieilles règles du jeu. On peut raisonner sur la peinture, se détourner des toiles et faire le bonheur des musées et des collectionneurs.

Mais ce qui est vivant dans l'art des vingt dernières années est sorti de ce même mouvement qui relie l'Amérique à la grande tradition. La grande tradition est que l'art est un acte individuel de création qui transforme d'abord le créateur puis, potentiellement, le spectateur. S'il n'est pas cela, alors c'est quelque chose d'autre : décoration, histoire de l'art, culture académique.

M.M. : Je serais d'accord avec ça... Il y avait tant de manières différentes d'être un artiste au début du siècle. Je considère que cette période est issue d'un ferment surréaliste et de préoccupations beaucoup plus formelles, comme le néo-plasticisme. Il y avait un grand contraste entre ces groupes qui s'occupaient de l'aspect purement formel de l'art et ceux qui étaient intéressés par le contenu et qui allaient jusqu'à nier les valeurs formelles. Advint un moment où les gens tentèrent une synthèse de ces tendances.

H.R. : N'oubliez pas que le constructivisme et le Bauhaus n'étaient pas des tentatives pour créer un nouveau genre d'art formel. C'était essentiellement des tentatives pour se débarrasser de toute idée d'art, afin de produire des choses utiles. Il est tout à fait raisonnable de se demander dans une période révolutionnaire si l'art ne doit pas se rendre lui-même utile. Dans les pays du Bauhaus et du constructivisme, on avait assisté à un délabrement des ressources matérielles, provoqué par la guerre. L'Allemagne et la Russie avaient été presque complètement détruites et les artistes disaient : "Maintenant cela va être la reconstruction, employons nos talents à la reconstruction". Les gens oublient ce simple fait social et se perdent en disputes théoriques sur la forme. Néanmoins, il est parfaitement légitime de dire dans une situation de ce genre, comme les constructivistes l'ont dit : "Nous n'avons pas besoin d'un nouveau Rembrandt ou d'un nouveau Raphaël. Nous avons besoin de gars qui aient des idées pour créer une maison mieux conçue, plus économique, ou une chemise, ou une cafetière".

M.M. : Il n'y a pas de doute que les idées du Bauhaus eurent une forte influence immédiate sur l'architecture et le design américains. Dans la mesure où les peintres furent concernés, ne pensez-vous pas que ces idées passèrent par Paris et par un certain souci français de la mise en forme ?

H.R. : Laissez-moi faire remarquer ceci : le Bauhaus et le constructivisme n'eurent aucune influence sur la peinture et la sculpture américaines avant les années 60. Pendant la plus grande partie de ce siècle, nous avons profité d'un appareil industriel aussi vaste qu'actif employant un important personnel de designers commerciaux et il ne fut pas nécessaire de convertir les artistes en artisans. Quand donc les Américains se sont-ils empêtrés dans cette idée d'un soi-disant "formalisme". L'idée de la forme en art est une idée des historiens de l'art et des directeurs de musées (9) !

M.M. : Elle eut néanmoins de l'importance pour quelques peintres. Il y eut un certain nombre d'artistes américains qui devinrent des peintres abstraits dès 1916, et, au début des années 30, la collection Gallatin fut ouverte au public à Washington Square avec des peintures de Léger, d'Hélion, de Hartung, des constructivistes, un des néo-plasticiens et des peintres du mouvement Abstraction-Création. Les discussions qui avaient lieu pendant les soirées étaient fort suivies et pas seulement par les directeurs de musées ! Jean Hélion m'en a souvent parlé.

H.R. : Je me souviens aussi de ses peintures à cette exposition. C'étaient des peintures abstraites qui ressemblaient à des raquettes de ping-pong. C'était une collection très fascinante.

M.M. : Il y avait une forte tendance formelle dans ce sens ; Ozenfant a eu une postérité considérable aux Etats-Unis.

H.R. : Mais pas particulièrement heureuse. Les groupes abstraits américains des années 30 avaient l'idée la plus naïve qui soit de ce qu'était l'art abstrait. Ils en parlaient en termes de mode de création à deux dimensions et on ne leur prêtait guère attention. Il existait des petites chapelles qui avaient l'habitude de discourir pour savoir si l'art devait être fait pour l'éducation des masses ou s'il devait, comme la science, progresser en ne se souciant que de lui-même.

M.M. : Cela préoccupa sérieusement une certaine catégorie d'artistes et de spectateurs. Les surréalistes proposaient une troisième option : l'art devait être plus fondamental et plus direct, s'occuper de l'inconscient... Ils ouvrirent ainsi la porte à la psychanalyse.

H.R. : Le problème consistait à dépasser d'une part le réalisme social et d'autre part le formalisme abstrait et à créer un nouveau genre de sentiment, un nouveau genre d'images. C'est ce que firent les expressionistes abstraits. Or de cette dichotomie entre l'art pour les masses (qui ne se sont jamais senties concernées) et l'art pour l'art (création insipide), les artistes ont produit un art nouveau, un art dont la forme était issue de la manière de vivre de l'artiste. De Kooning disait en parlant d'*Excavation :* "Lorsque j'étais enfant à Rotterdam, juste après la première guerre mondiale, on n'arrêtait pas de construire et il y avait des gars assis sur le trottoir mangeant de gros sandwiches près des baquets où ils faisaient le ciment". A mon avis cette déclaration nous conduit plus sûrement aux sources émotionnelles d'*Excavation* que les idées des historiens d'art.

M.M. : Interpréter *Excavation* comme on interpréterait Paolo Uccello est assurément une absurdité.

H.R. : Ce que je dis, c'est qu'il y avait certaines expériences immédiates que les artistes américains pouvaient exprimer simplement parce qu'ils n'avaient reçu aucune éducation artistique. Il y en a même qui n'avaient jamais vu une œuvre d'art avant d'en peindre une (10).

M.M. : Jasper Johns m'a dit avoir décidé de devenir un artiste parce que c'était la seule chose que personne ne faisait là où il avait grandi, et que s'il y avait une chose dont il était certain, c'est qu'il ne voulait pas rester là-bas.

H.R. : On peut comprendre l'art américain d'après-guerre comme l'apparition dans le domaine de l'art de couches de population qui n'y avaient jamais auparavant pris une part effective, que ce soit en Amérique ou en Europe. L'aspect international de l'expressionisme abstrait est le fait d'individus "perdus" qui manquaient d'une solide éducation bourgeoise. C'est vrai pour des gens comme Pollock, De Kooning, Kline, Rothko, David Smith, Gorky... vous pouvez rallonger la liste à volonté. En Europe, l'expressionisme abstrait eut une allure raffinée. La différence entre Soulages et Kline réside précisément dans le fait que Kline voulait imposer la puissance de son émotion avec des arguments massue, tandis que Soulages qui était un homme charmant et cultivé créa des compositions formées de larges bandes de peinture noire qui semblaient faites pour le musée. Il n'y a dans ce que je dis rien de péjoratif... Aujourd'hui un grand nombre d'artistes américains ont été européanisés.

M.M. : Non, vraiment rien de péjoratif ! C'est une bonne analyse. Mais dans les premières peintures de Michaux qui arrivèrent aux Etats-Unis au début des années 50, on voit un Européen qui lui aussi commence par la peinture et termine sur des images inattendues. Il n'avait pas l'intention de peindre ainsi, cela venait comme ça tandis qu'il peignait.

H.R. : J'ai vu ces peintures dans une exposition, au troisième étage d'un immeuble.

M.M. : Dans l'appartement de Ruth Moskin ! A quoi selon vous ressemblait l'exposition ?

H.R. : Elle était très lyrique ; j'aimais ce qu'écrivait Michaux, aussi fus-je intéressé par la manière dont il concevait ses tableaux.

M.M. : Ne les avez-vous pas ressentis comme l'expression d'une lutte ?

H.R. : Non, parce que les peintures qui ont été faites de cette façon n'expriment aucune lutte. Je n'ai jamais eu, non plus, le sentiment que les peintures de Jackson Pollock donnaient une particulière impression de lutte. Les gens parlent de "violence" à propos de Pollock. C'est absurde ! Pas dans sa peinture. Pollock était lyrique et passif. Celui qui luttait c'était De Kooning... et il lutte encore.

M.M. : C'est aussi une question de tempérament.

H.R. : Et d'esthétique différente. L'artiste européen qui correspond à De Kooning, c'est Giacometti, dans sa lutte avec l'objet, avec le portrait.

M.M. : Avec la morphologie.

H.R. : C'est la tentative pour atteindre un point où apparaît une lueur soudaine qui est la réalité. Vous ne pouvez *jamais* complètement le posséder ; vous vous battez pour cela, et juste au moment où vous croyez la saisir, elle s'est envolée. Décrivant leurs efforts, De Kooning et Giacometti disent exactement la même chose, quoique, à ce que je sache, ils ne se soient jamais rencontré. Je constate leurs efforts pour redevenir aussi ignorants que le sont les artistes populaires. A chaque fois qu'ils commencent une toile, ils ne savent pas comment ils vont l'exécuter. Si on le sait vraiment, on est un simple artisan, on fait plutôt sa peinture à soi et on rate la nouveauté de l'expérience.

M.M. : On ne fait que se copier soi-même.

H.R. : Inévitablement. Le problème est de ne pas savoir comment faire. L'artiste populaire ne sait pas comment peindre, il sait seulement qu'il y a quelque chose qu'il veut peindre et qu'il doit se donner les moyens pour le faire. Pour des artistes terriblement sophistiqués, comme Giacometti et De Kooning, ne pas savoir comment peindre une toile (ce dont ils n'ont cessé l'un et l'autre de parler), est un acte culturel profondément signifiant. Dans les sociétés dont ils font partie, cela traduit une absence de certitude quant à la réalité objective, certitude qui dépend d'un sens commun de la forme. C'est alors – au moment où l'idée de la forme a été perdue en Europe et n'a jamais été atteinte en Amérique – que Paris et New York se rejoignent dans la seconde moitié du XXᵉ siècle.

(1) "Elam, Ninive, Babylone étaient de beaux noms vagues, et la ruine totale de ces mondes avait aussi peu de signification pour nous que leur existence même. Mais France, Angleterre, Russie... ce seraient aussi de beaux noms (...). Les circonstances qui enverraient les œuvres de Keats et celles de Baudelaire rejoindre les œuvres de Ménandre ne sont plus du tout inconcevables : elles sont dans les journaux".
Paul Valéry, *La crise de l'esprit*, 1919.

(2) 1924 : *Premier manifeste surréaliste.*

(3) "On admet généralement que les peintres européens – particulièrement les Français – possèdent un héritage qui leur permet de tirer les bénéfices d'une traditions, et ainsi de produire un certain genre de peinture. Il me semble que dans les 50 dernières années la peinture a acquis une signification internationale. Je pense que les Américains partagent cet héritage autant que les autres, mais s'ils s'éloignent de la tradition, cela leur est aussi difficile que cela l'est pour un Français... Si nous nous écartons de la tradition, c'est consciemment et non innocemment".
Adolph Gottlieb, lors d'un débat au Studio 35, au printemps de l'année 50, transcrit dans *Modern Artists in America* par Robert Motherwell et Ad Reinhardt, New York, Wittenborn, Schulz, 1952.

(4) "Mes pictogrammes ont une parenté avec les mâts totémiques, l'écriture indienne, la psychanalyse, le néo-primitivisme, un symbolisme personnel, etc..., la conséquence étant que mon travail ne ressemble pas tout à fait à ce que l'on attendrait d'un tableau".
Adolph Gottlieb, *The New Decade,* Whitney Museum of Modern Art, N.Y., 1955.
"Je crois qu'ici en Amérique quelqu'uns d'entre nous, libérés du poids de la culture européenne, sont en train de trouver la réponse, en déniant complètement à l'art un lien quelconque avec le problème de la beauté et celui du lieu où la découvrir".
Barnett Newman, *The Tiger's Eye,* vol. I, n° 6, décembre 1948.

(5) "L'avant-garde américaine a rompu catégoriquement avec la tradition européenne, ayant appris depuis 1940 à s'en passer (...) Mark Tobey peut être considéré comme son plus grand promoteur (...) Les *White Writings* de 1942 ont déclenché un vaste mouvement lié à une nouvelle conception de l'espace et chargé d'un contenu métaphysique étroitement lié aux préoccupations les plus actuelles de l'art d'aujourd'hui".
Georges Mathieu, "L'avant-garde américaine est-elle surestimée ?", *Art Digest,* 15 octobre 1953.

(6) "Je préfère fixer la toile non encadrée à même le mur ou sur le sol. J'ai besoin de la résistance d'une surface dure. Par terre je me sens plus à l'aise. Je me sens plus proche, j'ai l'impression de faire partie du tableau parce que je peux en faire le tour, y travailler des 4 côtés et être à proprement parler *dans* le tableau. (...) Lorsque je suis *dans* mon tableau; je ne suis pas conscient de ce que je fait".
Jackson Pollock, "My Painting", *Possibilities,* n° I, (Hiver 1947-48).

(7) "La magie de la peinture ne peut cependant jamais être pleinement, rationnellement expliquée. C'est l'harmonie entre le cœur et l'esprit, dans la capacité de sentir *jusqu'au plus profond des choses,* qui fait jaillir l'étincelle. (...) La peinture est toujours déterminée par l'intuition".
Hans Hofmann, *Catalogue de l'exposition Hans Hofmann,* Kootz Gallery, New York, 1955.

(8) "Pour l'artiste, l'inimitié de la société à l'égard de son activité est difficile à accepter. Cependant cette véritable hostilité peut servir de ferment à une réelle libération. Libérer d'un faux sentiment de sécurité et de communauté, l'artiste peut abandonner son crédit artistique comme il a abandonné les autres assurances. Le sens de la communauté et de la sécurité repose sur ce qui est familier. Libérer de celui-ci, des expériences transcendantales deviennent possibles".
Mark Rothko, *Possibilities,* n° I, (Hiver 1947-48).

(9) Bruce Glaser : "Vous êtes évidemment réceptif aux œuvres des constructivistes, comme Gabo et Pevsner. Qu'en est-il du Bauhaus ? 5...). Pensez-vous qu'il y a quelque chose de vrai dans le dicton de Mies : "Le moins est le plus" ?
Donald Judd : "Pas nécessairement (...). Je m'intéresse plus au néo-plasticisme et au constructivisme qu'auparavant, peut-être, mais je n'ai jamais été influencé par ces mouvements, je suis certainement plus influencé par ce qui se passe aux Etats-Unis que par de tels courants. En sorte que mon admiration pour quelqu'un comme Pevsner ou Gabo est toute rétrospective. Je considère le Bauhaus comme trop éloigné dans le temps pour que j'y pense, et je n'y ai jamais beaucoup pensé".
"Questions à Stella et Judd", interview publiée par Lucy R. Lippard, *Art News,* septembre 1966.

(10) "... En termes d'échelle, nous avons moins d'art au mètre carré, par tête d'habitant, qu'aucune société n'en a jamais eu. Nous sommes mesquins. Dans un village anglais il y avait toujours la cathédrale. Il n'y a rien à voir entre le monument Bennington et le George Washington Bridge..."
Tony Smith, conversation avec Samuel Wagstaff junior.

Hubert Damisch
Stratégies 1950-1960

Niveau I

Cela qui s'est produit, dans le champ de l'art, autour des années cinquante : savoir, à première et courte vue, et dans le pays même, par définition, où paraissait le plus avancé le procès d'*américanisation* dont les constructivistes russes – et d'autres avec eux – avaient pu penser qu'il mettrait un point final à l'art des musées, le surgissement imprévisible d'une grande peinture (mais « grande », l'épithète demandera à être interrogée, qui n'en doit pas moins s'entendre aussi dans sa résonance classique et volontiers « héroïque »). Quelque chose, aurait-on dit, comme une « école » et qui allait bientôt s'illustrer d'un nombre impressionnant de noms dont certains – et par priorité celui de Pollock – ont gardé, aujourd'hui encore, quelque chose de la puissance de choc avec laquelle leurs œuvres se seront imposées, aux Etats-Unis d'abord (mais au prix de considérables résistances) et ensuite en Europe, avec un retard qui n'a pas fini de porter ses effets. Et face à cet événement massif, mais demeuré longtemps ignoré de ce côté-ci de l'Atlantique, et mis à part encore le cas de quelques fortes personnalités (tel Dubuffet) bien décidées à assurer, envers et contre tout, l'exigence et la conséquence d'une œuvre en première personne, l'agitation brouillonne, dans cette même Europe, de groupes ou d'individus qui ne se risquaient guère à revendiquer le titre d'avant-garde et dont les querelles tournaient pour l'essentiel autour du non-dit d'une abstraction identifiée tantôt à une façon renouvelée de géométrisme ou de cinétisme, et tantôt au contraire mise à l'épreuve du geste, de la matière, de la tache, voire de l'informe, sinon – mais les implications analytiques du terme en excèdent largement, comme on verra, la fortune locale, critique ou anecdotique – de l'*informel*. Pour ne rien dire du phantasme, toujours virulent (et là encore la référence s'impose à Pollock autant qu'à Dubuffet) mais pour l'heure tenu en lisière, d'un retour à la figuration qui ne devait réellement cristalliser qu'au détour des années soixante, et sous la condition de se donner enfin pour ce qu'il était : l'effet, le produit d'un phantasme, et susceptible à ce titre, comme on allait le voir avec le « pop art » et ses sous-produits « hyperréalistes » ou « narratifs », aussi bien qu'avec quelques grands irréguliers, façon Dubuffet, Francis Bacon et aujourd'hui Valerio Adami, de prêter à un travail d'inscription spécifique.

D'un côté (ce côté-ci, donc, de l'Atlantique), un remue-ménage qui n'aura pas réussi – et pour cause – à prendre forme de « mouvement ». De l'autre, la puissance d'impact d'une « école », celle dite « de New York », ou – pour reprendre avec Clement Greenberg l'expression la mieux appropriée – d'une peinture « de type américain » : impact formel (et cela jusqu'en ce qui, dans la production de cette école, peut apparaître, rétrospectivement, comme relevant d'une problématique généralisée de l'informel) ; impact culturel, social, économique, dans la proportion où le « monde de l'art » aura revêtu, aux Etats-Unis et à une échelle jusque-là inconnue, tous les traits d'un *système*, singulièrement contraignant et efficace (1) ; mais, aussi bien, impact théorique sinon programmatique, forte qu'aura été cette peinture de l'appui d'une critique conséquente et organisée, elle-même partie intégrante du « système », et d'abord, de la part des peintres eux-mêmes, d'un effort de réflexion, voire d'un travail pédagogique dont la culture européenne, après l'échec du constructivisme et l'émigration des membres du *Bauhaus*, semblait avoir perdu le sens. Cet *écart*, qui n'est pas seulement géographique mais dont on verra qu'il ne se laisse pas davantage penser en termes de *valeur*, sommes-nous aujourd'hui en position d'en prendre la mesure ? S'entend une mesure qui ne soit pas celle, essentiellement linéaire et taxinomique, d'une histoire de l'art astreinte, quoi qu'elle en ait, à distribuer et classer, dans le temps et dans l'espace, les hommes et les œuvres, à remonter les filières et jalonner les itinéraires, à souligner les continuités, à marquer (pour les mieux intégrer) les ruptures ? Sauf à admettre que dans l'intitulé de la discipline, il en aille en définitive du sens du concept même d'*histoire* et que ce concept, il appartienne aujourd'hui à qui le met en œuvre, dans le champ de l'histoire comme en tout autre où sa pertinence s'avère, de le construire au titre, précisément, de concept et d'en articuler une définition systématique, opératoire : à quoi devrait aider l'analyse d'une période qui impose, d'entrée de jeu, l'idée d'un *déplacement* dont celui, géographique, du « centre » de l'art de Paris à New York n'aura été qu'un symptôme, et peut-être la métaphore.

Est-il permis, avant qu'il soit trop tard et que le temps ait achevé d'y mettre bon ordre (trente ans ont passé depuis l'hiver 1947-1948 où Pollock présenta chez Betty Parsons ses premières peintures « coulées »), de considérer sans préjuger de ses suites historiques la partie qui s'est jouée là ? Profitant d'une heure entre chien et loup – les loups qui se disputent les dépouilles d'un proche passé, comme les chiens qui s'appliquent à en purger nos mémoires – où l'on peut feindre que l'histoire, maîtresse qu'elle est dans notre culture de la dimension du passé (et du passé le plus récent) jusqu'en ses incidences dans le présent, n'ait pas encore fait ses choix ni imposé sa ligne, pour la considérer, cette partie, avec la passion froide qui est de mise : *froide* non pas tant comme a pu l'être la guerre que se livraient alors les puissances de l'Est et de l'Ouest, laquelle aura achevé de couper court, au moins pour les artistes américains, à toute velléité d'engagement politique, qu'au sens où Lévi-Strauss le dit du rapport que les sociétés archaïques – celles-là qu'on prétend parfois « sans histoire » comme on les veut « sans écriture » – entretiennent avec le temps et leur propre histoire, et qui les conduit à donner le pas sur toutes autres aux relations synchroniques, de structure (et quoi qu'il en soit du lieu d'inscription de celles-ci) ; feignant donc – ce qui ne saurait aller sans quelque *passion* – que la presse de l'histoire, et de tous les organes et mécanismes qui empruntent d'elle leur pouvoir d'information, de propagande, de censure, que cette presse ne soit pas telle qu'on ne puisse s'arrêter à analyser l'état du jeu, de la partie « Peinture » en un moment que beaucoup s'accordent à tenir pour déterminant, et abstraction faite, autant qu'il se peut, de l'effet de raccourci qu'impose la perspective historique ? Autant qu'il se peut : car, bien sûr, la position n'est pas longtemps tenable qui vise seulement à court-circuiter la réduction critique (tant il est vrai que la critique, pour n'avoir le plus souvent d'autre histoire que marchande, liée à la circulation des produits qu'elle a pour fonction d'imposer sur le marché, en est en effet réduite à s'aligner sur les procédures qui sont celles de l'histoire de l'art, au sens le plus dévalué du terme, et à travailler sans relâche à retrouver dans l'écheveau de la production artistique un fil conducteur, quitte à exclure de son champ de vision des secteurs entiers de l'ac-

tivité dite d'avant-garde et ne retenir de la production passée que cela qui lui paraît faire, ou pouvoir, ou devoir faire, dans le présent, l'objet d'une « relève » au sens désormais reçu, mais combien problématique, de l'*Aufhebung* hégélienne).

Une première approche stratégique – où l'on ne manquera pas de dénoncer un relent de phénoménologie mais qui, à se brancher sur ce qui, dans l'objet du débat, échappe aux mesures de l'histoire comme à celles de la critique, serait mieux dite analytique s'il est vrai (a) que l'inconscient, comme le prétendait Freud, et comme certains l'ont voulu des sociétés primitives, n'a pas d'histoire et (b) que l'analyse ait pour principe d'exclure toute façon de censure ou de critique portant sur ce qui demande à venir au jour, à se produire dans son champ –, une stratégie, disons de niveau I, consisterait, au rebours de l'appropriation historique ou critique, à se prêter, sans prétendre d'emblée à le maîtriser, à le dominer, au mouvement, au jeu, à la dynamique de la production et des échanges picturaux tels qu'à un moment donné du temps et dans une conjoncture spécifique un dispositif, voire seulement une *disposition* caractérisée, en aura réglé le cours sinon l'évolution en matière d'art et d'abord de peinture. Se pliant en cela (et sans qu'on ait à s'interroger ici sur le privilège conjoncturel, partie économique et partie phantasmatique, que notre culture a de longue date assigné à la peinture sur les autres arts visuels) à l'une des données programmatiques les mieux affirmées, au moins dans la théorie, de la grande peinture américaine. Une peinture qui ne se sera en effet voulue « grande », au moins en intention et dès son projet, longtemps avant ses premières (et finalement peu nombreuses) réalisations à l'échelle, que pour mieux manifester et imposer, à travers son format même (2), l'évidence d'une dimension de l'économie picturale sinon inédite, au moins jusque-là recouverte, offusquée, oblitérée par la référence figurative et même formelle : celle de l'*échange* (Rothko : « Je peins de grandes toiles parce que je veux créer un état d'intimité. Une grande peinture implique un échange immédiat ; elle vous prend en elle. » Et Pollock : « Quand je suis dans ma peinture, je ne me rends pas compte de ce que je fais. Ce n'est qu'après une période de « mise au courant » que je vois où j'en suis. Je n'éprouve pas de crainte quant à introduire des changements, à détruire l'image, etc. : car la peinture a sa vie propre. Ce n'est que lorsque je perds le contact que le résultat risque d'être un gâchis *(a mess)*. Sinon l'harmonie est pure, les échanges aisés, et la peinture vient bien. ») (3).

An immediate transaction, an easy give and take : l'échange dont il est ici question n'est bien entendu pas de l'ordre des échanges marchands, ni même – à être présenté comme immédiat, hors de toute immixtion d'un élément tiers, et par exemple du détour par le signifié pris dans sa fonction de « monnaie », et comme l'équivalent général auquel devraient être référés les termes de l'échange – de celui du troc. Encore, s'agissant de peinture et dans les conditions actuelles de la production dite « artistique », qu'on ne puisse jamais totalement faire abstraction, dans l'approche analytique des œuvres, de leur statut de marchandises : le rejet du tableau de chevalet, le « désir du mur » qui habitait la peinture d'un Pollock, n'auront pas répondu chez les peintures américains (dont beaucoup avaient bénéficié, pendant la crise des années trente, de l'assistance de l'Etat fédéral et travaillé au contact des grands décorateurs mexicains) à des préoccupations seulement théoriques ou esthétiques, mais à la nécessité, confusément ressentie, de soustraire la peinture au circuit de l'appropriation privée ; et l'on ne saurait douter que les résistances que leur production aura fait lever, aux Etats-Unis avant même qu'en Europe, n'aient été, au moins pour partie, le fait d'un marché mal préparé à faire face à une offre ainsi formulée dans les termes d'une *demande*, mais dont il devait bientôt s'avérer qu'elle offrait en fait au « système » l'occasion de nouveaux développements. Mais il ne serait pas moins erroné de l'inscrire, cet échange, sous la rubrique d'une économie « symbolique » et d'entendre le *give and take* de Pollock comme une simple variété de don et contre-don, fondée sur la réciprocité : la transaction n'était immédiate, et la circulation (car c'est bien de circulation qu'il s'agit) aisée, que pour elles à jouer au plus près du champ pulsionnel, en deçà de toute articulation symbolique caractérisée : d'où le problème qui sera celui de Pollock, au début des années cinquante, quand à la faveur de tracés noir sur blanc certaines de ses « images anciennes » firent retour dans sa peinture – au risque, comme il l'écrivit alors à Ossorio, de perturber les « non-objectivistes » et tous ceux qui croyaient chose facile que de « barbouiller un Pollock » (4). Or s'il est une peinture qui soit faite pour restituer à la vision quelque chose de sa force, de son énergie pulsionnelle, c'est bien, semble-t-il, celle de Pollock : là où pour Alberti et toute la tradition classique la « force du voir » *(la forza del vedere)* se mesurait à la capacité que la construction perspective conférait à la peinture d'étreindre sans reste la surface du tableau, si échange il devait y avoir pour Pollock, ce n'était pas sur le mode optique de la répétition spéculaire mais sur celui d'une circulation d'énergie où la production picturale trouvait sa condition dynamique et qui, à s'étendre aux dimensions d'un champ que le geste ni le regard ne pouvaient plus maîtriser d'entrée de jeu, excluait de la part du sujet conscient toute prétention à une position d'extériorité et de survol par rapport à la peinture : une peinture, encore une fois, et dans les propres termes du peintre, qu'il importait seulement d'aider à venir au jour *(to come out well)* – au risque de voir, à travers elle, les « vieilles images » refaire surface.

S'agissant de Pollock, on voit assez bien de quelle nature pouvaient être les échanges, le *give and take* dont il a fait état dans l'un de très rares commentaires qu'il ait livrés sur son travail et qui, à être trop souvent cités, fonctionnent désormais, comme l'a noté Lawrence Alloway, et au même titre que les photographies qui montrent le peintre au travail, comme autant de *clichés*. Et *voir* est ici bien le mot qui convient, s'il est vrai que la peinture, pour qui la produit comme pour qui la consomme, est toujours affaire de perception (de perception, non pas nécessairement d'optique), qu'elle offre matière à voir, qu'elle en appelle d'abord à l'œil, en passe forcément par lui. Et cela lors même que les entrelacs de Pollock retiennent dans leurs réseaux quelque chose d'un rythme qui n'est pas seulement visuel : celui d'une gesticulation qui – donnée sans précédent dans l'art, même oriental et certaines pratiques « primitives » mises à part – se trouvait mobiliser tout le corps, et non plus seulement la main, le poignet, l'avant-bras jusqu'au coude, voire le bras jusqu'à l'épaule. Etre dans la peinture (et d'abord, selon le mot de Matisse, *y rentrer*), la proposition, pour Pollock, n'était de nulle métaphore. Ce n'est pas seulement le regard qui est ici convié à faire son chemin, comme il peut l'être, procédant sur la scène perspective, à pénétrer dans la profondeur illusoire du tableau (et comme toute une part de la peinture moderne a pu travailler au contraire à le lui interdire). Et si les toiles de Pollock se dressent aujourd'hui au musée, à la façon du *Chef-d'œuvre inconnu*, comme autant de « murs de peinture », c'est qu'elles ont d'abord été des *sols* : quelque chose comme une aire, un espace de jeu que le peintre attaquait de tous côtés à la fois, où il n'hési-

tait pas à pénétrer en personne et qui – autre forme de l'échange – lui opposait une résistance physique (« J'ai besoin de la résistance d'une surface dure. Sur le plancher je suis plus à l'aise. Je me sens plus près, et davantage partie de la peinture, dès lors que je peux marcher autour d'elle, travailler des quatre côtés à la fois et être littéralement *dans* la peinture. »)

« Ma peinture – disait encore Pollock – ne vient pas du chevalet. » Bien entendu, elle ne venait pas davantage du sol sur lequel il étendait ses toiles. Mais d'où venait-elle donc, cette peinture qui, à l'en croire, avait sa vie propre et qu'il s'agissait seulement d'aider à faire sa percée, à effectuer sa traversée ? Pour lui, la réponse ne faisait pas de doute : « Ma peinture vient de l'inconscient. » Or cette idée, il vaut de le souligner et pour des raisons qui n'intéressent pas la seule vérité historique, Pollock ne l'aura pas empruntée du surréalisme. Lorsque Motherwell, en 1942, lui expliqua les principes de l'« automatisme psychique », avant de lui proposer – sur la suggestion de Baziotes et de Matta – de participer à la grande exposition que les surréalistes avaient alors en projet, il s'avéra que Pollock était déjà convaincu que l'art a sa source dans l'inconscient. Et s'il déclina l'invitation, sous le prétexte que l'activité de groupe n'était pas son fait, il n'en devait pas moins se livrer pendant quelques mois, en compagnie de ses amis (et d'abord de Motherwell) aux plaisirs de l'écriture automatique (5), une écriture dont il allait bientôt s'appliquer à faire jouer les ressorts dans la peinture elle-même. La partie que Pollock a jouée, objectivement, *contre* le surréalisme, entre 1945 et 1950, importe au plus haut point à notre propos. J'ai, en son temps, tenté d'en expliciter le mouvement (6). Il suffira pour l'heure de dire qu'en introduisant, à la lettre, le corps dans la peinture, en choisissant d'y entrer physiquement, Pollock devait libérer l'inconscient du peintre de l'hypothèque que faisait peser sur lui la rhétorique surréaliste, pour ne retenir de celle-ci que le principe, celui-là fondamental et qui renvoie, par-delà l'instance du geste, à celle de la perception. Comme Breton l'a énoncé dans le *Premier manifeste*, si « la première phrase vient toute seule » (« Tant il est vrai qu'à chaque seconde il est une phrase extérieure à notre pensée consciente qui ne demande qu'à s'extérioriser »), la seconde « participe sans doute à la fois de notre activité consciente et de l'autre, si l'on admet que le fait d'avoir écrit la première entraîne un minimum de perception ». Chacune des phrases ou, pour le peintre, chacun des tracés successifs s'intégrant à son tour au dispositif, et le jeu des échanges procédant de ce mécanisme qui n'est rien autre chose, en son principe, qu'une règle technique, analogue à celle dont la psychanalyse prend son départ : la *règle* – le terme est de Breton (7) – d'un art que Pollock, à le brancher directement sur l'activité pulsionnelle, aura su dépouiller de toute « magie ».

Va donc pour Pollock. Mais Rothko ? Rothko qui aura connu lui-même une période surréaliste dont il ne devait sortir qu'en 1947 – décidément une année-clé –, quand il en vint à éliminer de ses tableaux toute référence figurative pour ne plus mettre en jeu que des masses colorées aux contours indistincts, toujours plus ramassées, et comme suspendues dans un espace monochrome, indéterminé, irréductible à la donnée du support comme à toute détermination de surface ? Dans la proportion où l'idée d'« une transaction immédiate » aura précédé chez lui l'élimination de tout signifié directement monnayable, de toute forme susceptible d'être déclarée comme telle, cette transaction était-elle affaire seulement d'échelle, de format : quand le peintre ne prétendra pas à enclore le spectateur à l'intérieur du volume créé par la disposition en série de plusieurs de ses toiles dans un espace construit – suivant le principe enfin acquis à la chapelle de Houston – et comme cela avait été le cas, en 1953, mais cette fois hors de toute intention d'effusion mystique et selon un biais nettement figuratif, avec la *Piscine* de Matisse, entre les murs de laquelle le spectateur était lui-même convié à entrer, à s'immerger ?

La référence aux gouaches découpées du vieux Matisse s'impose en effet ici. Et Pollock lui-même le confirme qui, dans une lettre de 1951, demandait à Ossorio s'il avait pu voir la chapelle de Vence et les projets de Matisse (8) : et quoi de commun, cependant, entre telle de ses toiles de ces mêmes années, en ce point de la chaîne où, noir sur blanc, la *figure* qu'on croyait définitivement congédiée fait retour avec l'insistance du phantasme, et les derniers travaux de Matisse, exactement contemporains, et qui furent présentés très tôt à New York : ces « décorations » parfois elles aussi de dimensions considérables (la *Grande décoration aux masques* couvre un espace de dix mètres de long sur trois mètres cinquante de haut), et où le peintre, dessinant comme il disait le faire avec des ciseaux et *directement dans la couleur*, a pu croire qu'il atteignait enfin, *par cette simplification*, au but qui aurait été celui de toute sa vie : *rentrer dans la peinture sans contradiction* (9). Mais si Matisse pouvait juger qu'une pareille « simplification » lui garantissait « une précision dans la réunion des deux moyens [le dessin, la couleur] qui ne font plus qu'un », et s'il y a reconnu non pas un départ mais au contraire un aboutissement (10), comment ne pas voir que cette « réunion » (« réunion de deux en un ») n'aura été rendue possible que par l'opération d'un autre phantasme, celui du « décoratif » qui, à trouver en l'occurrence à s'inscrire directement sur le mur, aura conduit le peintre jusque sur la frontière de l'abstraction : cette même abstraction dont, sa vie durant, il ne sera protégé en arguant précisément du prétendu conflit, qu'on voudrait constitutif de la peinture, entre le dessin, astreint selon lui (et dans les termes de la théorie classique, encore qu'avec quelque nuance qu'on ne saurait préciser ici) à la description, à la « signification », et la couleur qu'il tenait quant à elle pour « décorative » et vouée à l'expression sensible. C'est bien là en tout cas dont témoigne l'*Escargot*, de 1953, où la démarche de Matisse est inversement symétrique de celle adoptée par Pollock dans le dyptique *Portrait and a Dream*, également de 1953, où la peinture est au contraire réduite à l'élément graphique, noir sur blanc, aussi bien que dans *The Deep*, toujours de la même année, et où, par-delà toute opposition qu'on pourrait être tenté de marquer entre figuration et abstraction aussi bien qu'entre couleur et dessin, la peinture, prise en son sens le plus matériel, et telle qu'elle paraît enserrer de ses bandelettes de couleur blanchâtre une forme vide, aux apparences de momie, inscrite en réserve sur la toile, procède encore une fois à l'ensevelissement, décidément interminable, toujours à reconduire, de la figure.

Il peut en effet sembler paradoxal de mettre sur le même plan, fût-ce pour les opposer, les ultimes productions d'un peintre reconnu de longue date comme l'un des maîtres de la modernité, et qui témoignent d'un sentiment d'équilibre et de certitude né de l'apparente résolution finale des contradictions qui avaient fait le ressort de son œuvre, et celles, encore particulièrement controversées à l'époque, de celui en qui Clement Greenberg n'avait pas hésité à reconnaître, d'emblée, le peintre américain le plus important du XXe siècle, mais dont les dernières années auront été marquées par le doute et une insécurité profonde. Entre les grandes gouaches découpées de Matisse et les entrelacs de Pollock, la rencontre n'est-elle pas de circonstance, à moins

que l'on ne doive faire ici la part des « influences » ou de l'« emprunt » ? Mais si l'œuvre de Matisse a en effet fonctionné comme une référence privilégiée pour les peintres américains, et cela à une époque où il était, en France, de bon ton de le mépriser (11), il reste que Pollock n'est sans doute pas le meilleur exemple des leçons que ceux-ci surent en tirer. Et si l'on tenait, comme ce fut pendant un temps la mode en Amérique, à établir un parallèle entre tel peintre américain et son « équivalent » européen (12), pourquoi ne pas invoquer plutôt, à propos de Pollock, et comme Clement Greenberg l'aura fait dès 1947, l'exemple de Dubuffet : Dubuffet, comme Pollock, en qui ce critique voyait d'abord un dessinateur en noir et blanc et dont l'art, encore qu'il fût moins abstrait, davantage lié au chevalet, lui paraissait alors (l'indication est précieuse) aller dans la même direction (13). Ou si l'on voulait au contraire marquer une opposition et, tout à la fois, délimiter un terrain de rencontre entre deux entreprises concurrentes, pourquoi ne pas en appeler à celle de Barnett Newman ? Newman qui fut l'ami de Pollock (au point que la légende veuille qu'il l'ait secondé dans l'exécution de *Blue Poles*), mais dont l'œuvre – qui devait connaître les mêmes difficultés à s'imposer que celle de Pollock, et cela au premier chef parmi les peintres eux-mêmes – paraît obéir à des déterminations strictement inverses : et quoi de commun, en effet, entre les organisations tumultueuses de Pollock et les champs de couleur uniforme de Newman, traversés, articulés, partagés par une, deux, trois barres verticales ? Quoi de commun, sinon cette opposition même qui faisait Newman me dire, peu de temps avant sa mort et comme en passant, que tout ce qu'il avait pu faire n'avait de sens que par rapport à Pollock et *contre* lui. Proposition, bien sûr, qui demanderait à être étayée de quelque commentaire (et qui d'abord appelle sa réciproque : savoir que tout ce qu'a fait Pollock n'aura eu de sens – fût-ce au titre de réaction préventive – qu'au regard du travail de Newman), mais qui dans l'appel fait à la contradiction sous son espèce antagonique introduit à ce point une mesure décisive.

Citer Matisse et ses gouaches découpées à propos des entrelacs de Pollock obéit donc à une autre visée que comparative. Placer sur le même plan les travaux d'un vieillard, et dont on a vu qu'ils étaient censés apporter à l'œuvre d'une très longue vie sa conclusion logique, et ceux d'un homme beaucoup plus jeune, mais qui ne devait survivre à Matisse que deux ans à peine, après avoir connu une période de production de moins de dix années et dont on peut penser qu'elle l'avait conduit – quoi qu'on entende par-là : on y reviendra – à une « impasse », c'est accepter que l'histoire ne réduise pas à la succession des générations et au réseau des influences qu'on peut démêler de l'une à l'autre, pas plus qu'au travail de « relève » qu'il appartiendrait à chaque génération d'accomplir à partir de l'héritage (ou contre lui) qui lui fut légué par celle qui l'a précédée. Il reste que les derniers travaux de Matisse ont leur place dans toute histoire de la peinture, par priorité américaine, des années cinquante, alors qu'on peut ignorer sans dommage, pour le propos qui est ici le nôtre et quelle que soit leur qualité intrinsèque, la plupart des œuvres peintes pendant ces mêmes années par les autres survivants de la grande aventure du début de ce siècle. (D'où la question, qu'on formulera ici pour mémoire, et sans prétendre à y apporter de réponse : en quoi la place qui doit être faite à l'œuvre de Matisse, de devoir être marquée comme celle d'un *vivant*, diffère-t-elle de celle qu'ont pu occuper dans la culture des peintres américains contemporains de Pollock (et d'abord de Clyfford Still ou de Rothko, comme de Newman) les derniers *Nymphéas* de Monet ?)

« Vous comprendrez, quand vous verrez l'Amérique qu'un jour ils auront des peintres, parce que ce n'est pas possible, dans un pays pareil, qui offre des spectacles visuels aussi éblouissants, qu'il n'y ait pas de peintres un jour. »
Propos de Henri Matisse, rapporté par André Masson.

Etre *dans* la peinture, ou prétendre à y *entrer*, fût-ce – selon le vœu de Matisse – « sans contradiction » ; attendre de la peinture qu'elle prenne à son piège (comme déjà les *Nymphéas*, dans la disposition prévue par Monet), qu'elle retienne dans ses rêts celui qui la contemple, et le peintre lui-même dès lors qu'une fois l'œuvre terminée il est à son tour réduit à la position de voyeur, dès lors, *a fortiori*, et comme c'était le cas pour Rothko, qu'il tient à s'entourer, pendant qu'il travaille, d'une série déjà réalisée de ses toiles ; dessiner, à l'instar de Matisse, *dans* la couleur, ou introduire *dans* la peinture, avec Pollock (ou Dubuffet), divers ingrédients ou matériaux, sable, mâchefer, et même des morceaux de verre ; se vouloir attentif aux qualités spécifiques du support, ou prétendre au contraire à en nier la donnée première, celle d'opacité (ainsi que Pollock devait s'y essayer en travaillant, après Duchamp, sur des plaques de verre), s'attacher comme Newman (et plus tard Morris Louis) à jouer sur les « frontières » internes pour en tirer des effets localisés et qui ne devaient rien à l'intervention de la main, – qu'il s'agisse d'effets de lisière, liés à l'arrachement d'une bande de papier collant fixée à même la toile peinte, ou de ceux, d'un graphisme encore plus marqué et paradoxal, engendrés par l'interférence de coulures parallèles de pigments abondamment dilués : tous effets qui n'apparaissent qu'en vision rapprochée, celle-là même qui est le fait du peintre quand il travaille et qui, se conjuguant, au moins en théorie, au grand format, exclut toute saisie de l'œuvre à partir de ses limites extérieures (de son cadre) ; travailler à inscrire une « action » sur la toile, dont la surface est alors censée retenir, sous l'espèce d'un tracé ou d'une tache, quelque chose du mouvement, de la rencontre entre le support et le geste d'où se constitue, à proprement parler l'image de peinture, ou prétendre au contraire à éliminer tout indice de manipulation (et si même, suivant un paradoxe relevé par Lawrence Alloway, la composante gestuelle des entrelacs de Pollock – laquelle n'exclut pas, bien au contraire, les effets matériels d'absorption ou de dilution – s'efface progressivement avec le temps au bénéfice de leur qualité de « muralité », au lieu que dans les découpages de Matisse, les pâtes battues de Dubuffet, voire les arrachements de Newman ou les coulures de Morris Louis, l'intervention physique du peintre se dénonce avec une virulence croissante : s'affirmant ainsi, dans un renversement dialectique, le jeu entre deux définitions contradictoires de l'abstraction) ; viser à l'évidence que confère le grand format à un travail de peinture qui est cependant loin d'aller de soi (et Clement Greenberg lui-même ne fait pas mystère des réserves que lui inspirèrent, à l'époque, les papiers découpés de Matisse, voire, pendant longtemps, les derniers Monet, lui qui aura su se faire, le premier, l'avocat de Pollock et celui de Newman, de tous les peintres américains le plus difficile à assimiler dans le contexte d'une culture visuelle de part en part informée par le cubisme), ou refuser au contraire tous effets de dimension ou d'échelle, dont Ad Reinhardt jugeait qu'ils n'avaient rien à voir avec « la portée de la pensée ou la profondeur du sentiment » (14), – ces quelques déterminations apparemment contradictoires, parmi beaucoup d'autres auxquelles a pu sembler obéir la peinture des années cinquante, au premier chef en Amérique, délimitent assez bien un champ – on serait aujourd'hui porté à écrire : un lieu – commun, partagé : le lieu, le champ d'un jeu où ceux qu'on a cités, bien d'autres encore, auront été impliqués, chacun pour sa part et avec ses intérêts, suivant sa stratégie propre. Un jeu – faut-il y insister ? – que la plupart auront entendu mener au plus près de l'inconscient et qui comme tel ne saurait s'inscrire exactement dans les lignes d'une histoire, puisqu'aussi bien là où Pollock voyait dans l'inconscient la source de la peinture, Matisse lui-même voulait que l'impression de spontanéité naquît d'une maîtrise du matériau si parfaite qu'elle ne fût plus consciente mais inconsciente (15).

L'idée – qui correspondrait celle-là à une stratégie de niveau II – serait alors de définir, de construire la *position* qui correspondrait à l'état du jeu « Peinture » dans les mêmes années cinquante : une position, comme celles du jeu d'échecs, qui contiendrait toute l'information nécessaire à la compréhension de la partie en cours, évitant du même coup à l'analyste, comme au joueur qui interviendrait en cours de partie, d'avoir à en restituer les antécédents, toujours hypothétiques. De la construire, cette position, sur un échiquier qui n'aurait certes pas la régularité de celui - parfois dénoté « sous-jeu » – du jeu d'échecs, et qui d'abord (se marquant ici, métaphoriquement, l'incidence du grand format) ne se laisserait pas définir à partir de ses limites. Et dans ce champ, qui n'en aurait pas moins sa cohérence, sa structure, ses lignes de résistance, de distribuer les pièces du jeu en prêtant la plus grande attention à leur situation, à leur distance ou proximité relatives, chacune étant ainsi saisie dans l'ensemble des relations qu'elle entretient avec toutes les autres et sa valeur se mesurant aux possibilités de manœuvre, de développement stratégique qui sont les siennes, à l'importance du terrain qu'elle se trouve contrôler ou menacer : soit le système provisoire des forces correspondant à un moment choisi de la partie : celui-là que dessine la figure inscrite sur l'échiquier, et tel qu'elle le dessine dans ses pleins comme dans ses vides, mais aussi dans la superposition et l'imbrication de ses couches, et jusque dans les ruptures de niveau, les accidents, failles et fractures, par où se marque, dans un champ qu'on voudrait clos, uniforme, obéissant à une définition (au sens optique du terme) instantanée, l'ouverture d'une histoire : des pièces présentes sur l'échiquier à ce moment du jeu, toutes ne sont pas nécessairement engagées dans une même opération ; peut-être plusieurs parties sont-elles en cours, simultanément, sur l'échiquier, où une même pièce peut se trouver impliquée ou être appelée à intervenir, et sans qu'il soit toujours possible de décider avec certitude du camp auquel elle appartient. Quand sa situation excentrique, les déplacements et transformations aberrantes auxquelles elle prête ne signalent pas qu'une limite constitutive est en passe de se rompre, et le jeu lui-même menacé de se défaire, faute pour la règle qui l'engendre d'être observée en tous les points de la position.

Les discussions qui mirent aux prises, au mois d'avril 1950, dans un atelier de la Huitième rue, plusieurs représentants de l'avant-garde artistique new-yorkaise, valent d'être relues dans la perspective qu'ouvre ce modèle stratégique (16). Car pour les artistes qui se réunirent trois jours durant dans le même local du Studio 35 qui, l'année précédente, avait abrité une petite école d'art animée par Baziotes, Motherwell, Newman, Rothko et le sculpteur David Hare, et qui, sous le label des « Sujets de l'artiste » *(Subjects of the Artist)* était bientôt devenue un lieu de rencontre privilégié pour tout ce que New York comptait alors en fait d'artistes, de critiques et d'amateurs « avancés » (soit cent cinquante personnes au plus lors des réunions publiques du vendredi), pour ces artistes, conscients qu'ils étaient des différences qui les séparaient, la question était d'abord de savoir ce qui les avait conduits là et rassemblés dans leur commune différence d'avec les autres, ceux qui n'étaient pas venus, ou qui n'avaient pas été invités, et qui tenaient alors le haut du pavé : une certaine idée – aurait-on dit – de ce que pouvait être le jeu « Peinture » (mais l'on parla aussi de sculpture) ; le sentiment, peut-être, d'être engagés – fût-ce sur le mode antagonique – dans une même et nouvelle partie ? Il est en tout cas remarquable qu'un certain nombre d'entre ces artistes – et Barnett Newman au premier chef – aient tenu à revendiquer d'emblée une communauté d'appartenance : ceux-là même – et ce n'est pas l'effet du hasard – dont l'œuvre allait bientôt s'imposer et qui partageaient, *à des degrés et sous des titres divers* (on va voir comment l'entendre), une même idée, sinon de l'abstraction en tant que telle – car, comme Motherwell devait le souligner, citant Whitehead, l'abstraction n'est jamais qu'affaire de degré, qui va toujours en raison inverse de la complexité et n'exclut pas tout élément mimétique et/ou figuratif : Picasso est moins « abstrait » mais aussi plus « complexe » que Mondrian (17) –, au moins de sa signification en tant que mot d'ordre théorique et dans un contexte stratégique encore largement dominé par l'idéologie surréaliste. Que Gottlieb ait tenu à marquer, d'entrée de jeu, que l'abstraction était déjà menacée d'académisme, alors qu'elle était encore fort éloignée d'avoir requis droit de cité aux Etats-Unis, on ne doit pas l'entendre comme une clause de style : l'originalité, la profondeur du travail accompli par les peintres américains de la génération du Studio 35, sa portée pour partie méconnue aujourd'hui pour des raisons qui tiennent à la conjoncture présente, tiennent à cela que pour eux la revendication de l'abstraction, paradoxalement, n'aura été qu'une autre façon de poser la question du « sujet » en peinture : au regard de quoi l'œuvre de Picasso, celle de Miró et celle d'abord de Matisse (18), étaient en effet à mettre sur le même plan que celles de Klee, de Kandinsky ou de Mondrian (19). L'étiquette tant décriée, et bien à tort, d' « expressionnisme abstrait », celle aussi bien d' « abstraction lyrique », ne disent pas autre chose : que l'abstraction n'a de *sens* qu'à manifester l'opération d'un sujet, qu'il s'agisse du « sujet » dans l'acceptation où l'entendent nos vieux livres de cuisine (« On prendra un sujet de bonne grosseur » ; soit l'objet, d'espèce ou nature variée, sur lequel portera l'opération), ou de l'opérateur lui-même en tant qu'il est impliqué, à un titre ou un autre, dans l'opération. Ce que De Kooning devait admirablement résumer en produisant – en des termes que Pollock aurait pu contresigner – le critère qui lui permettait de décider du terme de celle-ci (le moment où le tableau est dit « achevé ») : « Je suis toujours quelque part dans le tableau. La quantité d'espace que j'utilise, je suis toujours dedans. Il semble que je m'y déplace et qu'il vienne un moment où je perds de vue ce que je voulais faire, et alors me voilà dehors. Si la peinture se tient, je la garde ; sinon, je m'en débarrasse » (20).

Mais à poser, précisément, le problème en ces termes, la stratégie proposée (stratégie de niveau II) trouve un début de justification. Si l'abstraction n'exclut pas, si bien au contraire elle impose la question du sujet (et jusqu'à celle de l'incidence du sujet psychologique non seulement sur l'opération où il intervient mais, pour prendre à la lettre la notion de *subject-matter* chère à Newman, sur le sujet qui fait la matière même de l'œuvre), alors le problème se pose en effet, dont la discussion allait prendre son vrai départ, de savoir ce qu'il en est du commencement de l'opération aussi bien que de son terme. Or le seul fait que la question, par excellence stratégique, de la règle de terminaison (Motherwell : « La question est donc : *comment savez-vous quand une œuvre est terminée ?* ») ait alors pris le pas sur celle du commencement, dès lors réduite à celle, non moins stratégique, de l'ouverture, au sens échiquéen du terme, au point que toute interrogation sur les motivations, l'idée initiale, le *pourquoi* de l'œuvre parût se ramener à un problème technique, un pareil déplacement théorique est l'indice d'une transformation autrement profonde, et qui porte en définitive sur la notion même d'œuvre et sur le statut qui peut lui être assigné au regard d'une pratique « moderne » de la peinture. Une transformation qui, sans être liée en tant que telle à la problématique de l'abstraction (qu'on ne confondra pas avec la non-figuration, faute de quoi l'on ne comprendrait pas que Cézanne et Seurat puissent être dits en avoir préparé les voies), n'aura pu être menée à son terme, théoriquement parlant – il en va de toute évidence autrement dans la pratique : voir Pollock (21) et, à un moindre degré, de Kooning lui-même –, que sous son égide, dans son orbite, au moins dans son champ d'attraction.

De donner le pas à la question de la règle de terminaison sur toute autre considération conduit en effet à un retournement sans précédent du procès créateur et, *a fortiori*, de la problématique de l'abstraction : soit une opération dans laquelle le surréalisme aura joué un rôle décisif, si même il devait revenir aux représentants de l'abstraction lyrique (qu'on se sera bien gardé, soit dit en passant, de qualifier de « surréalistes abstraits ») de lui conférer une portée spécifiquement picturale. Pour jouer d'une opposition simpliste, et délibérément idéologique, on dira que là où les artistes du passé prenaient leur départ d'une idée, d'un thème, d'une forme, et d'abord d'un « sujet » déterminé, quand ils ne prétendaient pas, comme ce fut le cas, en théorie, pour des époques entières de l'art occidental, sinon pour celui de la Chine, à imiter ou répéter quelque modèle archétypal, voire à rivaliser avec lui, les peintres de la génération de Pollock se trouvaient dans une position très différente, qu'il appartint à Baziotes de définir, de façon symptomatique, en termes de jeu, et plus précisément d'*ouverture* : « Si nous commençons d'une autre façon [sous-ent. : que les peintres du passé – et, faudrait-il ajouter, d'un passé très récent, les cubistes, Mondrian lui-même ?], c'est qu'en ce moment précis on en est arrivé au point *où l'artiste s'éprouve lui-même comme un joueur.* Il fait quelque chose sur la toile et prend un risque dans l'espoir que quelque chose d'important se révélera » (22). Bien entendu, l'opposition n'est d'aucun poids touchant la pratique des peintres du passé (car, là aussi, il vaudrait de s'interroger sur ce qu'il pouvait en être du commencement, du départ réel de l'œuvre, du pari sur lequel celle-ci se fondait, et de la fonction dévolue au « sujet » longtemps avant que vienne Manet, mais aussi bien après lui, et chez Cézanne encore, ou Matisse) : mais elle jette un jour singulier sur la partie où les artistes réunis au Studio 35 se trouvaient engagés, à des degrés et, encore une fois, la question du *titre* ayant été posée et traitée dans quelque détail, sous des titres divers. Une partie dont ils ressentaient tous, plus ou moins obscurément, qu'il leur appartenait, la jouant, d'en définir les conditions, et peut-être de découvrir – quitte à l'inventer – la règle qui lui donnerait un sens. Une partie, encore, à laquelle il semble bien que l'un de ceux, précisément, qui devait alors confesser que terminer une peinture aura toujours représenté pour lui un problème (sauf là où lui était imposé un délai, pratique on le sait courante dans les tournois d'échecs), ait entendu, quelques années plus tard, mettre un point final, et cela en des termes qui ne sont plus pour nous surprendre : les *Douze règles pour une nouvelle académie,* publiées en 1958 par Ad

Reinhardt, se concluent sur cette formule : « Pas de partie d'échecs. » (*No chess-playing*).

Formule d'apparence énigmatique, mais à laquelle il serait aisé de donner un contenu au vu de ce qui vient d'être dit aussi bien que des avatars qu'allait connaître la peinture américaine dans les années qui suivirent les rencontres du Studio 35. Car si « partie » *(play)* il y eut alors, une preuve en est qu'elle aura prêté à des stratégies contradictoires et par conséquent complémentaires. Dès 1955, Clement Greenberg pouvait observer que les peintres de New York, loin de former une école ou un mouvement, se distribuaient en fait suivant deux versants opposés mais convergents : l'une des lignes de crête (la « ligne Pollock ») empruntant principalement de la spontanéité et des effets de hasard, et l'autre (la « ligne Newman ») donnant au contraire lieu de se produire à des surfaces dénuées de tout accident. Mais, dans le champ ainsi délimité, la question ne se posait qu'avec plus d'urgence de savoir ce qu'il en était de la règle du jeu et du rapport de la *partie* « Peinture » au jeu *(game)* du même nom. Or l'une des interprétations reçues de l'art américain de ces mêmes années, celle-là qu'aura travaillé à imposer, dans la foulée de Clement Greenberg, une critique qui se voulait explicitement formaliste, cette interprétation s'ordonne précisément, au moins en théorie (car cette définition nul n'a voulu ni su la produire autrement qu'en négatif), à la définition du *jeu* « Peinture », et des règles, des conventions, sinon des principes *a priori* qui le constituent comme tel. La loi même de la modernité imposant, à en croire Greenberg, de distinguer au sein d'une pratique artistique donnée entre les conventions facultatives, reconnaissables à ceci que leur productivité est limitée et se peut (comme le veut le beau mot anglais *expendable*) épuiser, dépenser, exténuer, et celles qui appartiennent à l'essence même de cet art et qui – pour parler comme Greenberg – sont essentielles à la « viabilité du medium » dont elles manifestent, en retour, et dans une société qui feint de tout vouloir « rationaliser », la nécessité. Le progrès d'*américanisation* trouvant ainsi à s'accomplir par des voies imprévues jusque dans le domaine de l'art et sous la condition, pour le peintre qui se veut « moderne » d'écarter, sitôt que reconnue, toute convention accessoire : ceci dans le but non pas du tout d'obtenir un effet révolutionnaire, mais bien au contraire pour démontrer, dans un contexte que son travail ne met pas en cause, que l'art n'a rien perdu de son ressort ni, encore une fois, de sa nécessité (23).

Convention, par exemple, et déjà dénoncée de longue date, que celle du chevalet, que le grand format était fait pour battre en brèche, qu'il répondît ou non à une intention de muralité. En fait, rien n'indique qu'une pareille intention ait habité Newman, dont les toiles – pour ne rien dire de celles de Rothko, autant que de Clyfford Still – sont tout sauf des « murs » : des *champs* bien plutôt, comme l'a proposé Greenberg, et qui en présentent en effet nombre de propriétés et d'abord celle-ci qu'ils ne sont en rien déterminés, régis ou pour mieux dire réglés par leurs limites. Les bandes verticales qui traversent, littéralement et jusqu'à entamer l'épiderme pictural, les toiles de Newman n'ont pas plus une fonction de clôture, de délimitation, que les tracés de Pollock celle de *contours* (les toiles du même Pollock postérieures à 1951 posant à cet égard un problème qui n'admet pas de solution simple). Greenberg aura eu le mérite de reconnaître là une rupture fondamentale par rapport à une loi observée dans toute la tradition occidentale (et que Focillon – confondant « cadre » et « champ » – avait cru repérer déjà dans l'art roman), celle du cadre, sinon du cadrage, et qui voulait que la composition s'ordonnât (non sans référence à la spécularité) aux bords, aux limites verticales et horizontales du tableau. Soit la règle régulièrement observée par les maîtres anciens et qui, à prendre à la lettre le texte d'Alberti, est au principe de la construction perspective, mais qui ne devait être pleinement explicitée que chez Cézanne et les cubistes, chez qui elle allait prendre – comme aujourd'hui encore chez nombre de peintres qui se veulent, au prix par conséquent d'un véritable contresens, les héritiers de la grande peinture américaine des années cinquante – figure de procédé contraignant. La dispute entre Mondrian et van Doesburg sur la légitimité d'introduire dans la peinture des lignes obliques s'inscrivant elle-même dans ce cadre, et cela si même, dans ses compositions dans le rhombe, Mondrian avait pu paraître dissocier de son cadrage la composition en croix en soumettant le tableau à une rotation de quarante-cinq degrés.

Dans les toiles de Newman, et jusque dans la série paradoxalement nommée – mais le paradoxe, il serait temps de s'en aviser, a toujours été partie intégrante de la peinture – les *Stations de la Croix*, la verticale conserve un privilège inentamé (l'accent étant au contraire mis chez Rothko sur l'horizontale). Il reste que les bandes verticales qui traversent ces toiles plus qu'elles ne les partagent ne font pas écho à leurs bords mais jouent en fonction des déplacements du spectateur (et d'abord du peintre au travail) suivant des modalités et dans une *optique* dont la théorie reste à faire. Or si ce trait caractéristique de la peinture de Newman renvoie aux propriétés de champ qu'exploite cette peinture, en quoi la stratégie à laquelle obéissait celle-ci se pouvait-elle conjuguer, dans l'unité d'une même partie et fût-ce sur le mode antagonique, avec une autre convention caractéristique de la peinture américaine, savoir le *all over*, le thème d'organisation uniforme d'une surface par répétition d'éléments de même type régulièrement distribués dans le champ pictural : soit une convention (car c'en est une) liée elle aussi à la définition de la peinture au titre de *champ*, mais un champ qui n'est alors traversé d'aucune ligne de force, que ne structure aucune polarité (« Une peinture, disait Pollock, qui ne présente pas de centre d'intérêt ») ? La question manifeste assez les limites de l'interprétation formaliste. Mais l'on pourrait, avec autant de raison, s'interroger sur le prétendu rejet de la non moins prétendue convention de la « profondeur » (comme si l'effet de profondeur, en peinture, se laissait réduire à un procédé, une formule arbitraire) aussi bien que sur celui, qui aura fait l'objet de la part de Greenberg d'analyses particulièrement pénétrantes, de la convention du « clair-obscur », d'une construction fondée sur l'opposition des valeurs, par où la stratégie de Newman aura en effet répondu selon ses voies propres, à celle du *all-over*. Car si l'on devait admettre que le travail des peintres américains de la génération de Pollock ou de Clyfford Still (peintre mal connu en Europe, où son importance aura cependant été très tôt reconnue, entre autres par Michel Tapié) a correspondu à une étape décisive dans le procès d'auto-purification en quoi consisterait la modernité, et qui voudrait que les conventions tenues pour « accessoires » soient progressivement éliminées jusqu'à ne laisser subsister d'un art – peinture, musique, littérature – que sa seule « essence viable », on voit (et la peinture elle-même le donne à voir) que le partage est loin d'aller de soi entre ce qui fait, en définitive, le caractère propre d'une *partie* (celle-là, par exemple, qui s'est jouée en Amérique dans les années cinquante) et les données qui ressortiraient au contraire à la définition même du jeu.

Il est sûr qu'à travers la problématique de l'abstraction, les peintres américains, comme déjà dans les années vingt les tenants du suprématisme, du néo-plasticisme, du purisme, etc., ont pu nourrir l'illusion que loin d'être engagés seulement dans une partie singulière, et qui s'inscrirait à sa place dans la succession ou l'ensemble des parties qui définiraient le jeu « Peinture », ils auraient fait retour aux fondements mêmes du jeu, à ses données immédiates, constitutives. L'épisode américain représentant alors moins un développement inédit dans l'histoire de l'abstraction qu'il ne correspondrait à un nouveau départ, à une reprise, mais à un niveau plus profond et avec des moyens théoriques autant que pratiques plus puissants, de la partie entamée, sous le titre de l'abstraction, trente ou quarante ans plus tôt. Certes, au lendemain de la Seconde Guerre mondiale, le contexte idéologique était bien différent de ce qu'il avait pu être dans les années vingt : et ceci particulièrement aux Etats-Unis, où l'heure n'était ni aux enthousiasmes révolutionnaires, ni aux soucis de la « reconstruction » mais, au mieux – l'œuvre, toujours méconnue, du grand sociologue C. Wright Mills est là pour en témoigner –, à une réflexion désenchantée sur la prise que l'homme peut avoir sur sa propre histoire. Et cependant, les deux après-guerres auront eu ceci de commun qu'elles devaient donner cours, parmi tous ceux – architectes, peintres, sculpteurs, et les musiciens, les écrivains eux-mêmes – qui sont censés partager, chacun dans son domaine propre, la responsabilité institutionnelle d'un secteur de la « forme », à la même fiction d'une remontée, au moins théorique, jusqu'aux fondements de leur art, sinon de sa réduction à son « degré zéro », infra-idéologique, an-historique. Quelque chose, toutes proportions gardées, qui fait écho à la crise traversée par les mathématiques au début de ce siècle et qui aura donné lieu, sous le titre là aussi de l'abstraction, au grand travail de remis en ordre structurale que l'on sait. De l'architecture nouvelle, Walter Gropius a pu dire qu'elle n'était pas une branche de plus ajoutée à un vieil arbre, mais une nouvelle pousse venant directement de la racine (24). Sans prendre autrement garde à l'avertissement proféré par un autre architecte – le premier des « modernes » ? – deux siècles plus tôt, à la veille d'une autre révolution – la première des modernes : et si la racine elle-même était infectée (25) ? S'entend : si l'homme, là où il croit rejoindre le fondement naturel d'une institution – et c'en est une que la peinture, au même titre que l'architecture – ne rencontrait jamais que l'arbitraire ?

Ce n'est pas ici le lieu de montrer comment une telle problématique était liée, en son principe (et comme on l'a bien vu au *Bauhaus*), à l'abstraction. A en poser la question sous cet éclairage, on est cependant tenté d'avancer que si les peintres américains ont pu, moins d'un demi-siècle après que l'idée s'en soit fait jour pour la première fois dans la peinture occidentale, procéder à un nouveau départ dans le même sens, c'est dans la mesure où il n'entrait dans leur propos nul iconoclasme. Les plus « abstraits » d'entre eux n'auront jamais accepté que la peinture puisse être sans signifié, sinon sans référent : comme Rothko et Gottlieb l'avaient énoncé dès 1943, *There is no such thing as a good painting about nothing* (26) ? A quoi Ad Reinhardt devait bientôt rétorquer qu'il continuerait, lui qui apparaît chronologiquement parlant comme le premier « abstrait » parmi les peintres américains de sa génération, à peindre des tableaux qui ne représentaient rien ; mais son intervention, bien évidemment polémique, et qui procédait comme on va voir à un autre niveau, n'en faisait pas moins partie intégrante du jeu. Un jeu – rétrospectivement – au regard duquel il n'apparaît pas clairement si la « figuration » doit ou non être comptée au nombre des conventions « facultatives » dès lors qu'elle ne se laisse pas si aisément (Pollock devait le vérifier

137

à ses dépens) écarter, dépenser, épuiser. Car, sauf à tomber avec Clement Greenberg et une partie de la critique formaliste dans une manière subtile de néo-kantisme, on ne voit pas que l'abstraction elle-même ait été, historiquement parlant, autre chose qu'un *procédé*, un moyen méthodique dont la limite s'avère – comme j'ai essayé ailleurs de le montrer sur l'exemple de Paul Klee (27) – de ce que la peinture, loin qu'elle puisse se réduire – au titre de pratique sinon de théorie – à une axiomatique, et lors même qu'elle entend rompre avec l'univers des objets, n'en ressortit pas moins, par définition, à l'ordre de la *chose vue*, celle-ci étant prise dans toute l'étendue de ses déterminations sensibles et sémiotiques.

Cela qui s'est joué au registre pictural après la Seconde Guerre mondiale, comme déjà après la Première, ne se laisse donc pas penser selon les lignes ou même les réseaux d'une histoire où chaque entreprise aurait sa place marquée (se dénonçant du même coup la collusion objective entre une certaine façon de critique, sinon d'histoire, et les exigences d'un marché toujours en quête de nouveaux produits, de nouvelles occasions de spéculation). L'ouverture explicite sur l'inconscient qui aura été le fait des peintres américains aurait dû avoir pour corollaire l'appel à une autre façon d'histoire, et qui ne procéderait celle-là ni d'une « généalogie » ni non plus d'une « relève » généralisée, au sens où l'entend Greenberg quand il affirme qu'un art « majeur » *(Major art)* est impossible sans une assimilation complète de celui (l'art majeur) de la ou des périodes précédentes (28). Quelques réserves qu'appelle la notion d'art « majeur » dans son opposition implicite à celle d'art « mineur », c'est sur les voies multiples de la mémorisation en matière artistique, et en particulier sur les modalités diverses de l'assimilation par la pratique dénotée « Peinture » (mais aussi bien par celles dénotées « Architecture », ou « Sculpture ») de son propre passé, et de la constitution d'une tradition – fût-elle, selon le mot de Rosenberg, celle du « nouveau » – que devrait porter par priorité l'interrogation. Si la peinture, d'une manière ou d'une autre, doit trouver à s'articuler sur l'inconscient, la question est alors celle non pas tant de son « essence » ou de ses conditions *a priori* que, par-delà tout formalisme, de la détermination sémiotique qui la fait prétendre, sous des espèces renouvelées à chaque tournant de son histoire, à un statut qu'on dira, grossièrement, *linguistique*. Et cela lors même – comme l'observait Barnett Newman (29) – qu'elle n'est plus en position désormais de *prendre langue* avec le mythe, la fable ou même l'histoire : lors même que renvoyée à elle-même, il ne lui reste plus qu'à feindre de jouer son propre jeu, sa propre partie, mais un jeu, une partie, il faut y insister, qui n'ont pour autant rien d'« abstrait ».

A la poser dans les termes d'une stratégie de niveau II, la question devient en effet celle du statut qu'il convient d'assigner à la *partie* « Peinture », telle qu'on la *voit* se jouer à un moment et dans une conjoncture donnée, dans son rapport au *jeu* du même nom. Soit que le jeu *(game)* doive être défini comme l'ensemble des parties *(plays)* dont il ouvre la possibilité : auquel cas, il n'y aurait d'histoire de la peinture qu'astreinte à une détermination structurale où elle se renoncerait elle-même en tant qu'histoire. Soit qu'une partie spécifiée ne puisse en effet se nouer qu'à prétendre s'égaler – par « simplification », selon le mot de Matisse, ou encore par réduction des moyens plastiques à un système fini, sinon à un code digital (30) – aux conditions d'un jeu, mais qui n'admettrait alors d'autre définition qu'historique et strictement conditionnée par la partie en cours. Entre la règle du jeu – sa « grammaire » – et sa mise en œuvre dans

une partie concrète, la relation n'est jamais simple, mais toujours marquée au sceau d'une contradiction indépassable et constitutive de la peinture comme telle. D'où la fiction – idéologique en son fond – selon laquelle l'art, ou quoi que ce soit qu'on inscrive sous ce nom, serait aujourd'hui parvenu à son terme, laquelle fiction n'a en effet de sens qu'à confondre avec la fin du jeu lui-même (comme si un jeu pouvait avoir une fin) celle de telle ou telle partie (ou suite de parties) doit avoir un terme, fût-ce sur le mode hautement symptômatique de l'*impasse*, et les parties se succédant à un rythme toujours accéléré.

No chess-playing : la règle énoncée par Ad Reinhardt à la fin des années cinquante et dans une conjoncture bien différente de celle de leur début, prend alors tout son sens – celui d'un anti-historicisme radical. Pas de partie *(play)*, et partant pas de couleurs, pas même de blanc (le blanc est une couleur, toutes les couleurs : le *Blanc sur blanc* de Malevitch n'étant qu'« une transition entre la couleur et la lumière », « un écran pour la projection de la lumière (ou de dessins animés) (31) »). *Noir sur noir*, donc, comme y atteindront les *peintures noires* du même Reinhardt, dont la série, commencée en 1963, obéira en tous points, si l'on ose dire, aux règles énoncées en 1958. Pas de partie, mais pas non plus de jeu, puisque pas d'échiquier, au moins sous l'apparence qu'on lui connaît en Occident, fondée qu'est celle-ci sur l'opposition binaire du noir et du blanc. « Dernier tableau si l'on veut », mais qui n'admet celui-là, à la différence de celui de Rodchenko (32), aucune solution de rechange : pas le moindre espoir en effet de voir l'art descendre dans la rue (ce qui eût fort déplu à Reinhardt) ou dans la production (« Pas de design : il y a du design partout ») ; et quant à couvrir les murs, on a vu la piètre idée que le peintre se faisait du « grand format ». Dernier tableau, ou comme le dit Reinhardt, « dernier mot en faveur de l'art », l'art auquel il était si éloigné, quant à lui, de vouloir mettre un terme qu'il entendait au contraire le pousser jusqu'à l'abstraction pure, cette « première peinture universelle, hors de tout style, véritablement sans manières, sans attaches et sans entraves », et vouée dès lors à la répétition, mais sous une espèce presque imperceptible, inaccessible à la reproduction, au regard de quoi la notion même de terme n'a plus de sens. Jeu, si l'on veut, mais qui à exclure toute possibilité de partie spécifiée, ne connaîtra plus de fin. Abstraction où se résume, jusque dans sa prétention à l'université, toute une histoire, celle de la peinture d'Occident.

Mais l'Europe ? L'Europe, après tout, où cette histoire avait jusque-là trouvé son lieu, et qui s'efforçait alors à retrouver son souffle, sous le couvert de la présence encore active – de Matisse à Picasso, de Miró à Léger – de plusieurs des héros de la modernité ? On ne dira rien ici des tentatives dérisoires visant à restaurer dans ses privilèges, et cela jusque sous la bannière de l'abstraction, la prétendue « école de Paris » : sauf à signaler qu'en l'absence de toute possibilité objective d'un travail critique, historique et/ou théorique, approfondi (il suffit de comparer l'état où se trouvaient réduits la plupart des musées d'Europe à celui des musées américains d'art moderne, et d'abord, premier du genre, celui de New York), nombre des manifestations auxquelles on ait alors assisté trouvent leur première justification dans la réaction d'exaspération qu'appelaient ces menées. C'est assez dire à quel point la partie , dans un pareil contexte, pouvait être faussée. Mais c'est dire, aussi, que toute comparaison, en termes de « valeur », entre la peinture de « type américain » et l'européenne est dépourvue de sens, comme l'étaient les arguments avancés par Clement Greenberg à l'appui de la thèse selon laquelle les artistes américains, de n'être pas soumis aux impératifs du « goût » et d'une « qualité » bien française, auraient été en position de pratiquer une façon de jeu plus « avancée », et jusqu'à donner à leur travail le tour qu'on a dit de radicalisation, de remontée jusqu'à la racine (33).

Apparu dans la littérature vers le début des années cinquante, le terme même d' « informel » nous introduit en effet à un niveau non pas plus profond ou plus radical, mais *autre* : autre, comme l'aurait été, à en croire Michel Tapié, un art qui choisit alors de s'ouvrir à la *signifiance de l'informel* (34). Heureuse formule – quoi qu'il en soit des confusions auxquelles elle a donné lieu, à commencer par son auteur, et quoi qu'en aient dit ou pensé tous ceux qui, ne connaissant d'autre signifiance que celle du *signe*, n'y virent qu'un non-sens (35) – que celle-là qui, loin d'ériger l'informel en catégorie, lui restitue, en deçà de toute articulation symbolique, et par-delà toute *information*, sa fonction d'aire sémiotique primordiale. Et qu'est-ce en effet que l'*informe*, demandait Valéry à propos des « exercices par l'informe » auxquels se livrait Degas, sinon « ce dont les formes ne trouvent rien en nous qui permette de les remplacer par un acte de tracement ou de reconnaissance nets » (36) ? Rien donc qui prête à échange ou substitution de signes, et moins encore à traduction ; rien non plus qui n'induise illusion (et désillusion) ; rien qui fournisse matière à relation ; rien qui puisse servir de support à un jeu. Pour exploiter une indication de Winnicot, on dira que l' « aire de l'informe » *(area of formlessness)* n'interfère avec celle du jeu que dans la mesure où celle-ci, par sa grammaire et ses figures autant que par la découpe et l'articulation de ses positions, représente une manière de défense contre cette puissance primordiale, anonyme, inarticulée, de signifiance, d'où toute articulation symbolique procède qui ne prend effet que de l'astreindre à sa loi, et où elle est toujours menacée de se défaire (37). Comme s'il avait fallu – et c'est en quoi le déplacement de la scène de l'art de Paris à New York prend valeur de métaphore – que le « sous-jeu » (autrement dit l'échiquier) fasse défaut en un point donné du système pour que, l'espace à peine de quelques années, vienne au jour, en ce point, l'aire de l'informe que la règle du jeu a pour fonction première, la maîtrisant, de dissimuler.

Si toute une part de la peinture européenne des années cinquante – et cela jusqu'en ses œuvres les mieux concertées, les plus délibérées : celle, par exemple, de Dubuffet – a pu sembler céder par quelque côté à la fascination de l'informel, le terme, encore une fois, ne saurait pour autant revêtir une valeur taxinomique et se prêter à qualifier un mouvement, une école, ni même une peinture, qui ne sert, comme l'a fortement dit Georges Bataille, qu'à *déclasser* (38). Il n'est à cet égard que de repérer sous quelles espèces il a pu fonctionner dans le texte critique, savoir selon la loi du tout ou rien : soit qu'avec Jean Paulhan (39), l'épithète paraisse pouvoir s'appliquer à toute la production picturale depuis le Cubisme et Mondrian lui-même (mais ceci, pour l'entendre, mieux vaut sans doute avoir lu Winnicot que Paulhan) ; soit que l'on tire au contraire argument de la connotation péjorative du mot pour tenter de soustraire à son emprise un certain nombre de patronymes et les ranger – à l'exception du seul Fautrier – sous d'autres rubriques (40). Plus pertinent aura été l'effort d'un Julien Alvard pour détourner ce qui pouvait paraître vivant dans la peinture européenne de l'époque du champ clos d'un duel stérile avec les représentants de la prétendue « école de Paris » et, jouant des antagonismes internes qui faisaient son ressort, l'inscrire dans son espace propre (41).

Qui dit antagonisme, dit contradiction : or certaines des contradictions qui se laissent repérer dans le champ européen ainsi défini, n'ont pas tout perdu, aujourd'hui, de leur efficace, bien au contraire. On en retiendra trois, sans prétendre en aucune manière à l'exhaustivité :

1º La première de ces contradictions touche à la notion même de l'abstraction qui avait alors cours en Europe. Notion, il faut le dire, des plus grossières et confuses, la confusion (sinon la grossièreté) étant soigneusement entretenue pour couper court à toute velléité de travail théorique (mais non, hélas, à toute déclamation programmatique). A quoi aura contribué – et c'est là que réside la contradiction – la campagne menée contre l'abstraction « géométrique » au nom d'une conception prétendûment « poétique » de l'abstraction : comme s'il avait suffi d'en appeler à la poésie et de désigner un bouc émissaire pour exorciser le spectre de l'académisme qui, par définition, hante l'art moderne, jusqu'en ses recoins les plus « avancés ». La « relève » du géométrisme à laquelle on devait assister en Amérique, quelques années plus tard – s'imposant ici les noms de Kelly, Noland, Stella, et d'abord celui de Josef Albers – et les suites qu'elle a connues sous l'espèce de l'art dit « minimal » (terme qui, à l'instar de celui d' « informel », a moins une valeur classificatoire qu'indicielle, ou symptomatique) suffit à discréditer une « critique » qui, par ignorance crasse, n'aura su être que le jouet des « oscillations du goût », si bien décrites par Gillo Dorflès. Mais c'est, là encore, qu'il eût fallu travailler d'abord à produire le concept d'une *histoire*, celle de l'art moderne, où le nom de Mondrian s'inscrit, bon gré mal gré, en face de celui de Klee, et celui de Pollock en face de celui de Newman, dans la même aire de jeu, le même champ problématique, au lieu de s'attacher à la suivre, cette histoire, pas à pas, au fil des jours et de la succession hâtive des modes et des « écoles ». On aurait alors pu reconnaître dans le travail accompli autour de Vasarely, au début des années cinquante (et dont on ne saurait se débarrasser en arguant des activités récentes de ce peintre, pas plus qu'on ne saurait juger d'un Pollock de 1950 au regard de telle de ses dernières toiles), les prémisses d'une nouvelle « géométrie », qui ne serait plus tributaire du répertoire euclidien mais en appellerait directement à l'œil pour le solliciter de toutes les manières possibles, une géométrie qui n'emprunterait rien, en effet, de la « poésie » ou de l'imagination mais des seuls ressorts de la perception, et sans qu'on puisse espérer – propos « moderne » s'il en est – d'opérer un partage tranché entre ce qui, en elle, est censé relever, au titre de l'inconscient, des mécanismes d'une « nature » ou des acquis de la « culture ».

2° Une deuxième contradiction (mais qui redouble en fait, à bien des égards, la précédente) aura conduit à inscrire sous la rubrique de la « matière » toute une série de pratiques qui rejoignaient, selon des voies certes très différentes, les tentatives de certains peintres américains pour obtenir par des moyens strictement mécaniques, et en dehors de toute intervention directe de la main, des effets graphiques et/ou colorés inédits, et parfois d'une grande subtilité. La façon dont la texture même des toiles à sac qu'il assemblait en matière de patchworks joue dans les œuvres d'Alberto Burri comme les effets obtenus par Dubuffet dans la suite des *Texturologies*, par projection directe de peinture (tous effets que le peintre s'appliquait ensuite à retranscrire par les moyens du dessin ; les *Terres radieuses* ayant, dès 1952, réalisé la même opération par rapport aux *Sols et Terrains* qui représentent l'un des sommets d'une œuvre entre toutes inclassable, et qui oscille sans cesse – ce n'est pas là affaire de goût, mais de système – entre un interventionnisme outré et l'abandon aux déterminations inconscientes de la peinture), ces travaux, bien d'autres encore, de qualité très inégale, ne relèvent qu'en apparence d'une *matériologie* : à preuve ceux que le même Dubuffet a entendu inscrire sous ce titre et dont on voit bien qu'ils ne prennent pas leur départ du matériau, mais de sa fiction, de sa recréation délibérée. Les signes s'inversant de la matière à la peinture, du donné au produit, sinon du conscient à l'inconscient. Comme ils s'inversent encore dans telle toile trouée, perforée, de Fontana, qu'on s'étonnera peut-être de voir convoquer en ce moment du parcours, mais qui, à s'en être pris au support lui-même, dans sa définition la plus classique de toile tendue sur un châssis, n'en aura pas moins réussi à manifester, sur le mode mineur, l'une des déterminations qui situent en effet toute peinture dans la dépendance de l'inconscient : soit cette tension même, à laquelle le peintre qui entend rompre avec le chevalet ne saurait se soustraire qu'à la faire jouer à un autre niveau, sur un autre plan, non moins « matériel ».

3° La dernière contradiction, enfin, qui nous retiendra, aura conduit un certain nombre de peintres – avec moins de tapage que Georges Mathieu – à entreprendre de « dépasser » l'informel ou, comme on disait encore, le *tachisme* par un appel direct aux puissances de l'écriture, sinon aux prestiges du signe. Pour ce qui est du rapport peinture/écriture, la grande peinture américaine, en la personne de Pollock et en celle, plus effacée, mais dont l'impact en Europe aura été plus précoce, de Mark Tobey, l'avait inscrite dès l'abord à son programme, ne fût-ce que sous l'espèce d'un automatisme lié, en son principe, à un acte de tracement. Mais si un relent indépassable de pictographie (« Il y a une femme là-dessous », disait du *Chef-d'œuvre inconnu* le Pourbus de Balzac) traverse l'écriture de Pollock, cette écriture jamais ne cristallise en représentation et moins encore en signes, au sens strict du mot. Et c'est précisément pour ce que la signification (la signification, non le sens et moins encore la signifiance) de ses tracés est comme suspendue, toujours à venir, qu'on a pu être tenté, en Europe, d'enrôler ce peintre sous la bannière de l'informel. La contradiction commence au point où les mêmes déterminations qui avaient incité tel ou tel à en appeler aux puissances les plus élémentaires de la peinture le devaient reconduire en fin de compte jusque dans la dépendance du signe, savoir d'une structure qui ne

s'instaure que du refoulement de la *sémiosis* primordiale. Sauf, là encore, à tenter de renouer, comme l'auront voulu Tobey et Henri Michaux de s'être mis à l'Ecole des calligraphes orientaux, avec une puissance de tracement antérieure à la position du signe comme à celle du sujet, et directement entée sur le corps pulsionnel.

Se nouant ainsi, au terme de ce parcours, les fils du réseau où il aura été pris d'emblée. Et si le jeu ne s'instaure en effet, au sens institutionnel du terme, qu'à partir du moment où s'introduit dans ce que Winnicot a nommé l'« aire de l'informe » une polarisation où s'engendre la possibilité de la rencontre, du chevauchement de deux aires de jeu distinctes et individuelles, on conçoit que ce soit par référence à cette aire de signifiance première, accessible à ce que nous avons nommé une stratégie de niveau III, que s'ordonnent les entreprises, picturales ou autres, où il en va de la question du – ou pour respecter le pluriel voulu par Newman et ses amis – *des* sujet(s). Un jeu qui prête à toutes façons de parties, sous la réserve que celles-ci se recoupent en quelque lieu, à toutes façons aussi de « relèves » (et il convient à ce point de faire état de la relève de l'informel à laquelle on devait assister, à la fin des années cinquante dans l'œuvre de Rauschenberg et plus encore dans celle de Jasper Johns), comme à toutes façons d'*impasses*. L'impasse où Pollock aura été conduit, celle que Dubuffet croit reconnaître dans ses *Texturologies*, mais celle, aussi bien, que représenteraient les *peintures noires* de Reinhardt ou toute peinture qui se pourrait épingler du sigle « informel ». Mais si une impasse peut prêter à « représentation », n'est-ce pas qu'elle est d'un effet particulier, et qu'il s'agit de contrôler, de développer, d'amplifier ? Et sa vertu première n'est-elle pas qu'elle ne se donne à lire, au titre et dans son apparence de cul-de-sac indépassable, inentamable et, si l'on ose dire, irrelevable, que pour le lecteur à renoncer d'abord à l'idée de l'histoire qui est encore la nôtre et travailler à en élaborer une autre, s'il se peut plus subtile, et où le discontinu trouverait enfin à s'inscrire comme tel, et avec lui cela qui ne saurait décidément prêter à aucun « relève », sous quelque espèce que ce soit.

(1) cf. Lawrence Alloway, « Network : The Art World Described as a System », *Art Forum*, septembre 1972, p. 28-32.

(2) cf. « Globalism pops into view », lettre à l'éditeur publiée dans le *New York Times* du 13 juin 1943 et signée Adolf Gottlieb et Mark Rothko (mais rédigée semble-t-il avec l'aide de Barnett Newman) : « Nous sommes pour le grand format, car il a l'impact du non-équivoque. »

(3) Déclaration de Rothko (1958), citée par Maurice Tuchman, *New York School. The First Generation*, Greenwich (Conn.), s.d., p. 143. Jackson Pollock, in *Possibilities* (1947/48), édité par R. Motherwell et H. Rosenberg.

(4) Pollock, *Lettre à Alfonso Ossorio*, 7 juin 1951 : citée par Francis O'Connor, « Chronology », *in* Catalogue de l'exposition *Jackson Pollock*, New York, The Museum of Modern Art, 1967, p. 59.

(5) Francis O'Connor, « Chronology », p. 26.

(6) « La figure et l'entrelacs », *Les lettres nouvelles*, nouvelle série, 9 et 16 décembre 1959.

(7) André Breton, Premier manifeste du surréalisme. Règles de l'art magique surréaliste.

(8) A Ossorio, janvier 1951, cité par O'Connor, *op. cit.*, p. 56.

(9) Henri Matisse, *Lettre à Pierre Matisse*, 7 juin 1942, citée in H.M. *Ecrits et propos sur l'art*, éd. par Dominique Fourcade, Paris, 1972, p. 190.

(10) « Propos d'Henri Matisse » rapportés par André Lejard (1951), *ibid.*, p. 242-243.

(11) Juste retour des choses : dès 1930, Matisse prévoyait que la vogue de la peinture moderne en Amérique préparait l'épanouissement d'un art américain (*Propos*, p. 111). Et la vérité obligeant à dire que pour qui n'avait pas fait le voyage de New York et/ou de Leningrad, il était difficile, avant la rétrospective de 1970, de se faire, en Europe, une juste idée de l'importance de l'œuvre de Matisse.

(12) Et sans aller jusqu'à comparer Pollock à... Lanskoy, comme ce fut le fait de Leo Castelli lors de l'exposition *Young Painters in U.S. & France* qu'il organisa à la galerie Sidney Janis en 1954. (Les autres termes de la comparaison étant constitués par les couples Gorky/Matta, Kline/Soulages, De Kooning/Dubuffet, Rothko/de Staël...)

(13) *The Nation*, 1er février 1947 ; O'Connor, op.cit., p. 41.

(14) « Les grands formats sont agressifs, positivistes, immodérés, vénaux et sans grâce », Ad Reinhardt, « Twelve Rules for a new Academy », *Art News*, vol. 56, n° 3 (mai 1957) ; trad. fr. dans le catalogue de l'exposition A.R., Paris, CNAC, 1973. *Art as Art. The Selected Wrighings of Ad Reinhardt*, éd. par Barbara Rose, New York, 1975, p. 206.

(15) Léon Degand, « Matisse à Paris », *Les Lettres Françaises*, 6 octobre 1945. *Propos*, p. 300.

(16) cf. « Artists' Sessions at Studio 35 », édité par Robert Goodnough, in *Modern Artists in America*, lst series, R. Motherwell et A. Reinhardt, ed., New York, 1951, p. 9-22.

(17) *ibid.*, p. 10.

(18) On a noté comment, dans *l'Escargot*, Matisse se sera aventuré jusque sur les frontières de l'abstraction. Il s'en est lui-même expliqué très clairement, justifiant du même coup la définition *méthodique* de l'abstraction proposée par Motherwell (« En tant que méthode, abstraire signifie choisir un élément parmi une myriade d'autres éléments, afin de mettre l'accent sur lui »), laquelle recoupe assez exactement son idée de la *simplification* : « J'ai tout d'abord dessiné l'escargot d'après nature, le tenant entre deux doigts. J'ai pris conscience d'un déroulement. J'ai formé dans mon esprit un signe épuré du coquillage. Puis j'ai pris mes ciseaux. » (cité par A. Verdet, *Prestiges de Matisse*, Paris, 1952. *Propos...*, p. 161, n. 7.)

(19) La réciproque étant vraie, et tel peintre qui n'a pas renoncé à la figuration étant parfaitement autorisé à se référer à la leçon de tel ou tel « abstrait ».

(20) « Artists'Sessions... », p. 12.

(21) Que la question de la règle de terminaison se soit posée pour Pollock, on en a la preuve *a contrario*. Lors d'une table ronde sur l'art moderne organisée en 1948 par le magazine *Life*, et où Clement Greenberg se fit le champion de Pollock, Aldous Huxley souleva la question de savoir pourquoi ça s'arrête *(why it stops)* alors que l'artiste aurait tout aussi bien continuer. Dans une interview publiée deux ans plus tard, Pollock devait déclarer qu'il tenait pour *a fine compliment* que de dire de ses toiles qu'elles n'avaient ni commencement ni fin (cité par D. O'Connor, *op.cit.*, p. 44 et 51).

(22) « Artists'Sessions... », p. 15.

(23) Clement Greenberg, « « American-Type » Painting », repris in *Art and Culture*, Boston, 1961, p. 208 sq.

(24) Walter Gropius, *Scope of Total Architecture*, New York, 1962, p.94.

(25) G.-B. Piranese, *Parere sull'Architettura*, Rome, 1765, cité par Manfredo. Tafuri, « Giovan Battista Piranesi. L'utopie négative dans l'architecture », trad. fr. in *L'Architecture d'aujourd'hui*, n° 184 (mars-avril 1976), p. 101.

(26) Rothko et Gottlieb, « Globalism pops into view », *loc.cit.*

(27) cf. « Egale infini », *Critique*, n° 315-316 (août-septembre 1973).

(28) Greenberg, *op.cit.*, p. 210.

(29) cf. Barnett Newman, « The Sublime is now », in « The Ides of Art. 6 opinions on what is Sublime in Art », *Tiger's Eye*, vol. 1, n° 6 (15 décembre 1948), p. 51-53.

(30) Ainsi dans l'interprétation « systémique », sinon générativiste, que Lawrence Alloway propose de l'art dit « minimal », au regard de quoi la peinture américaine des années cinquante prendrait au contraire des allures « maximalistes », qui prétendait exclure, de la part du peintre, toute position de maîtrise par rapport aux moyens de la peinture (cf. L. Alloway, « Systemic Painting », in *Minimal Art, A critical Anthrology*, édité par Gregory Battock, New York, 1968, p. 37-60. Repris in L.A., *Topics in american Art since 1945*, New York, 1975, p. 76-91.

(31) Ad Reinhardt, *op. cit.*, p. 206.

(32) cf. Nikolaï Taraboukine, *Le dernier tableau*, trad. fr., Paris, 1972.

(33) Clement Greenberg, « Contribution to a Symposium » (1953), *Art and Culture*, p. 124-126.

(34) Michel Tapié, *Un art autre*, Paris, 1952.

(35) cf. Georges Mathieu, *Au-delà du tachisme*, Paris, 1963.

(36) Paul Valéry, *Degas, danse, dessin*, in Œuvres, t. II, p. 1194.

(37) D.W. Winnicot, *Jeu et réalité. L'espace potentiel*, trad. fr., Paris, 1975, p. 50 sq.

(38) « *Informe* n'est pas seulement un adjectif ayant tel sens, mais un terme servant à déclasser, exigeant généralement que chaque chose ait sa forme. Ce qu'il désigne n'a ses droits dans aucun sens et se fait écraser partout comme une araignée ou un ver de terre. Il faut en effet, pour que les hommes académiques soient contents, que l'univers prenne forme. La philosophie entière n'a pas d'autre but. Il s'agit de donner une redingote à ce qui est, une redingote mathématique. Par contre affirmer que l'univers ne ressemble à rien et n'est qu'*informe*, revient à dire que l'univers est quelque chose comme une araignée ou un crachat », G. Bataille, *Œuvres complètes*, t. I, Paris, 1970, p. 217.

(39) Jean Paulhan, *L'art informel. Eloge*, Paris, 1962.

(40) cf. Gillo Dorflès, *Ultime tendenze nell'arte d'oggi, dall'informale al concettuale*, Milan, 2e édition, 1973.

(41) Voir la série d'expositions présentées sous le titre d'*Antagonismes* entre autres à Paris, au Musée des arts décoratifs, en février 1960.

Pierre Restany
Chelsea 1960

Dans le contexte des relations Paris-New York, ce nom et cette date constituent à eux seuls tout un programme. Avec ses 90 ans passés, ses 11 étages de briques rouges et de fer forgé, sa gamme diversifiée de chambres bon marché, d'appartements tout confort et de studios personnalisés, avec son prestigieux passé de Bohême historique, l'Hôtel Chelsea mérite en tous points sa réputation de « landmark » new-yorkais : 222 West 23rd Street, à la hauteur de la 7e Avenue. Certes les temps ont changé depuis Sarah Bernhardt et Mark Twain, mais le Chelsea est demeuré à chacune de ses périodes de pointe un caravansérail cosmopolite, un lieu d'asile pour les marginaux des deux bords de l'Atlantique.

Le début des années 60 (en gros 1960-1965) constitue l'une de ces périodes de pointe, à l'enseigne du « pop ». Dans la mouvance internationale de ce phénomène culturel toute une avant-garde européenne et américaine s'y est rencontrée. Entendons-nous bien, les artistes locataires ne sont pas devenus « pop » tous en même temps, et certains protagonistes de cette rencontre Paris-New York n'ont jamais résidé 222 West 23rd Street. Mais d'une manière générale tous ceux qui ont vécu intensément cette période n'ont pu ignorer le Chelsea, ne serait-ce que le moment d'une visite ou d'un rendez-vous.

Ce titre symbolique annonce mon propos, qui est un témoignage vécu et engagé, sur un phénomène historique ponctuel mais décisif.

Après 15 ans de guerre froide entre les marchands parisiens et new-yorkais, les ponts étaient virtuellement coupés. L'âpre rivalité commerciale entre les deux métropoles avait conduit au plus aberrant résultat : la rupture quasi-totale des relations humaines (à de rares exceptions près, que je me ferais un plaisir de signaler si elles n'étaient hors de mon propos) – entre les expressionnistes abstraits américains et leurs homologues informels ou tachistes européens. Les impératifs du marché, traduits en termes d'impérialisme et de chauvinisme culturels avaient entravé la libre diffusion de l'information artistique, quand ils ne l'avaient pas falsifiée ! Et cela au niveau d'une génération entière, celle de 1945.

En 1960 la vapeur se renverse. Les artistes de la nouvelle génération apparaissent plus soucieux d'examiner leurs points communs que de cultiver leurs petites différences. Ces artistes, qu'ont-ils en commun ? La conscience de l'épuisement gestuel du style expressionniste abstrait et la découverte d'un sens moderne de la nature, industrielle, publicitaire, urbaine. Le geste pictural de la révolte individuelle et du refus du monde extérieur a produit un art de l'évasion non-figurative, expression fondamentale du doute et de l'angoisse, séquelles de la seconde guerre mondiale : le refus du monde à travers le refus de l'injustice. Les artistes de 1960 n'appartiennent plus à cet esprit d'après-guerre. Ils entendent s'intégrer à la réalité de leur monde contemporain, et non pas la fuir dans des espaces imaginaires. Et à Paris comme à New-York cette réalité est le monde de l'usine, de l'objet de série, de la publicité et des mass média, le monde de la consommation et de la grande ville.

L'hôtel Chelsea, New York.

Ce constat commun s'inscrit dans des perspectives culturelles différentes. La première révolution industrielle a fait de l'Amérique une nation. En 1960 ce sens de la nature moderne rentre dans la logique de l'histoire des idées américaines : il apparaît comme une réflexion de la maturité d'une culture industrielle, comme un folklore national. En Europe ce nouveau paysage urbain s'est imposé en force sous l'effet de deux guerres mondiales successives : la nature moderne apparaît comme une découverte sensible, une rupture philosophique, le réflexe d'une jeunesse retrouvée au prix de durs sacrifices et d'autant plus fascinante pour cela : en un mot comme un problème de langage. Chez les américains de 1960 on note un majeur souci esthétique et le sens de la continuité dans l'évolution – et aussi de l'estime et de la considération, au-delà des divergences de style, pour leurs aînés qui ont fait de New York une capitale de l'art contemporain. Chez les européens le parti-pris d'appropriation réaliste est au départ beaucoup plus extrêmiste : ils ne ressentent dans l'ensemble aucune considération particulière pour les personnalités, peu charismatiques, de la génération immédiatement précédente. Ces nuances sont évidentes au niveau des néo-dadaistes new-yorkais et des nouveaux réalistes parisiens, entre un Rauschenberg et un Yves Klein, entre un Tinguely et un Stankiewicz, entre une cire de Jasper Johns et une affiche lacérée de Raymond Hains ou de Rotella, entre une compression de César et une sculpture de Chamberlain.

Ils n'en partagent pas moins, les uns et les autres, une donnée affective et sensible de base sur laquelle se sont fondés la rencontre et l'échange : un humanisme technologique généreux mais lucide, où se mêlent tout autant la fascination que la dérision, la fantaisie que le contrôle conscient. Dans son *Architecture de l'air* (1959), Yves Klein rêvait d'un retour à l'état de nature dans un Eden technique. Rauschenberg a fondé en 1966 avec Billy Klüver l'E.A.T. « Experiments in Art & Technology », association artistes-techniciens dont le but était l'étude systématique de toutes les possibilités de langage offertes par la technologie contemporaine.

L'optimisme raisonné qui est la marque de l'humanisme technologique du début des années 60 est le dénominateur commun de nombreuses démarches fort diverses qui constituent la préhistoire du « pop » et qui ont conditionné son expansion internationale. Dénominateur commun qui définit à la fois un champ d'activités et une frontière. Certaines manifestations new-yorkaises de Tinguely, Arman, Raysse ou Jacquet, les projets de Christo ont fait date et constituent des points de repère de la vie artistique américaine de cette époque, tout comme les interventions européennes de Rauschenberg, Jasper Johns, Allan Kaprow, Claes Oldenburg ou Andy Warhol ont laissé un impact durable sur notre culture.

Frontière subtile. Le milieu semble avoir admis sans réticences une artiste grecque totalement inconnue lorsqu'elle débarque aux Etats-Unis en 1954, Chryssa. Il semble que le même traitement ait été accordé à son compatriote Takis dès son premier séjour au Chelsea en 1960, grâce peut-être à Ginsberg et Burroughs, ses voisins de palier. Bernar Venet, arrivé en 1966 y conduit à son terme, en l'espace de cinq ans, toute une œuvre conceptuelle. Frontière subtile, qui fait de Jean Dupuy le gourou du bas-Broadway, de Daniel Buren la vedette absolue des installations minimales et de Paul van Hoeydonck « le premier sculpteur sur la Lune ». (Le *Fallen Astronaut* a été déposé sur la Lune le 2 août 1972 par David Scott, commandant d'Apollo 15). Frontière subtile, qui vous ouvre un marché commercial au nom de l'exotisme et qui vous ferme ipso facto le circuit culturel, toujours au nom de l'exotisme...

Si cette frontière subtile s'est ouverte un peu plus largement il faut en chercher les causes dans les cheminements antérieurs, souvent occultés, qui annoncent à Paris comme à New York, l'année-charnière 1960.

Dans les années 50 à Paris, en pleine vogue de l'art abstrait, en pleine querelle géométriques-lyriques on avait l'impression que le débat sur l'art était intérieur à la non-figuration : l'abstraction était « froide » ou « chaude », le cri s'opposait au silence, la construction raisonnée au geste d'instinct. Personne ne prit garde à ceux pour qui le monde ambiant et ses formes – produit de l'activité de tous les hommes – constituait le fondement d'une expression autonome. Ces recherches éparses et quasi-clandestines étaient le fait de quelques personnalités qui devaient s'affirmer par la suite et créer le noyau central du groupe des nouveaux réalistes. Pourtant, dès 1949, Hains et Villeglé sélectionnent leurs premières affiches lacérées qu'ils arrachent des murs. Tinguely venu de Bâle à Paris en 1953, y poursuit ses recherches sur le mouvement et l'animation des objets trouvés (Takis arrivera d'Athènes un an plus tard et inaugurera en 1958 ses sculptures magnétiques qui lui vaudront une carrière solitaire et une renommée internationale). En 1946, à Nice, Yves Klein avait eu l'intuition de sa théorie de l'imprégnation universelle par la couleur pure et réalisé ses premiers essais de pastels monochromes. Il faudra toutefois attendre son retour définitif en France, après de nombreux voyages en Europe et un long séjour au Japon pour qu'ait lieu, en 1955, sa première exposition à Paris, point de départ d'une fulgurante carrière dont l'insertion, dans le devenir de l'art actuel, est prophétique.

Au moment où New York découvre au grand jour les combines paintings de Rauschenberg et les drapeaux de Jasper Johns (Leo Castelli), les sculptures d'assemblage de Stankiewicz (Stable Gallery) et les premiers happenings d'Allan Kaprow (Reuben), Dine et Oldenburg (Judson) – c'est-à-dire à partir de 1958-1959, Paris connaît des convergences parallèles. Après la *Minute de vérité* (Colette Allendy 1956) et l'*Epoque bleue* (1957), Yves Klein réalise sa fameuse exposition du *Vide* (Iris Clert 1958) ; Hains et Vil leglé organisent en 1957 leur anthologie rétrospective d'affiches lacérées (Colette Allendy) ; la rencontre Yves Klein – Tinguely, illustrée par l'exposition *Vitesse pure et Stabilité monochrome* (Iris Clert 1958) devait marquer un tournant nouveau dans l'œuvre du sculpteur bâlois. Très vite d'autres démarches, caractéristiques de cet esprit d'appropriation directe du réel, allaient se coaguler aux premières.

Tandis que – partant de ses *Métamatics* – Tinguely exécutait en mars 1960 son *Hommage à New York* dans la cour du MOMA, Arman entreprenait à Nice ses premières accumulations d'objets et réalisait à Paris l'antithèse du *Vide* d'Yves Klein, l'exposition du *Plein* (octobre). 1960 est aussi l'année des tableaux-pièges de Spoerri, du tir de Niki de Saint-Phalle, des nouvelles orientations de Martial Raysse (assemblages ready-made), de Christo (bidon et paquets) et de Deschamps (patchworks). Rotella qui jusque là avait travaillé seul à Rome (il avait montré à la Salita en 1953 et 1954 ses premières affiches, alors que Rauschenberg exposait à la Galleria dell'Obelisco ses peintures-collages) – entre en contact avec ses collègues parisiens Hains et Villeglé, auxquels s'était joint en 1957 le poète ultra-lettriste Dufrêne. Au salon de mai 1960 César crée le scandale de l'année : alors que tout le monde attend de lui une démonstration supplémentaire de sa maîtrise du métal soudé, César présente ses nouvelles sculptures, des automobiles compressées en balles d'une tonne.

Cette avant-garde parisienne avait trouvé ses protagonistes et la philosophie de sa vision. Le temps de la clandestinité a cessé pour elle. Un évènement sanctionne cet état de fait. C'est au domicile d'Yves Klein que je fonde, le 26 octobre 1960, le groupe des nouveaux réalistes, en présence d'Arman, Dufrêne, Hains, Yves Klein, Martial Raysse, Spoerri, Tinguely et Villeglé. César et Rotella, invités, étaient absents mais participeront aux manifestations ultérieures du groupe, que rejoindront par la suite Niki de Saint-Phalle (1961), Christo et Deschamps (1962).

Pendant et immédiatement après les trois ans de leur action collective (1960-1963), les nouveaux réalistes devaient fournir un contingent important de pensionnaires à l'Hôtel Chelsea. Ils furent les artisans de la rencontre culturelle Paris – New York : pour des raisons théoriques et sentimentales évidentes, la fascination de la réalité américaine ; pour des raisons humaines aussi : ils trouvèrent, dans les années cruciales de leur formation, leurs interlocuteurs valables Outre-Atlantique, en la personne, en tout premier lieu, de Rauschenberg, Jasper Johns et Richard Stankiewicz.

Paul Van Hoeydonck.

Richard Stankiewicz.

144

Les rares galeries d'avant-garde de l'époque furent le creuset de cette rencontre. Aux pionnières Colette Allendy et Iris Clert s'étaient ajoutés Jean Larcade et Daniel Cordier. A partir de 1961 et jusqu'à sa fermeture en 1966 la galerie J fonctionnera d'abord comme centrale des nouveaux réalistes et ensuite comme laboratoire expérimental permanent. L'extrême rareté des structures d'accueil du milieu expérimental dans le Paris de la fin des années 50 peut surprendre aujourd'hui. Elle s'explique par la pression du conformisme ambiant, conséquence directe du pouvoir exorbitant des grandes galeries privées, pouvoir qu'elles avaient été amenées à prendre devant la carence d'initiative des musées et des institutions publiques à vocation promotionnelle. Les conditions de survie des jeunes artistes qui n'étaient pas dans le vent étaient particulièrement précaires. La situation des marginaux américains, à l'époque triomphante de l'action painting n'était guère plus enviable, bien que le système d'enseignement, à l'époque beaucoup plus souple que le nôtre, leur permit de bénéficier de postes de professeur d'art ou d' « artist in residence » dans les collèges et les universités. Mais les *jobs* de ce genre dans la région new yorkaise étaient archi-pourvus.

En juin 1958, dans le pavillon international de la Biennale de Venise que je visite avec Jean Larcade, je tombe en arrêt devant les drapeaux de Jasper Johns et les sculptures de Stankiewicz. Larcade et Cordier partagent cet enthousiasme. Leo Castelli qui vient de prendre dans sa galerie de New York Rauschenberg et Johns n'a nullement l'intention de limiter son œuvre de promotion au seul marché américain, il multiplie inlassablement les contacts européens. Jasper Johns expose pour la première fois à Paris en 1959 chez Jean Larcade (Galerie Rive droite). Les premières expositions personnelles de Rauschenberg (Cordier) et Stankiewicz (Galerie Neufville) autont lieu deux ans plus tard, en 1961. Entre temps les contacts individuels se multiplient, notamment à l'impasse Ronsin, un foisonnement de baraques aujourd'hui disparues, où l'atelier de Tinguely voisinait avec celui de Brancusi. Larry Rivers et Clarissa passèrent un an en 1961-62 dans un de ces ateliers. « C'est du luxe – me dit Larry – au moins ici les pompiers me foutent la paix ! ». Il parlait des services d'incendie, bien sûr. Stankiewicz avait lui aussi une véritable obsession des gens du Fire Department : ils finirent par lui faire quitter New York.

A la 1re Biennale des Jeunes à Paris en 1959 figurent la *Palissade des emplacements réservés* de Raymond Hains, le grand *Métamatic n° 15* de Tinguely, un monochrome bleu d'Yves Klein (que j'ai eu toutes les peines du monde à faire accepter par le jury des critiques, du fait de l'opposition forcenée de Georges Boudaille), et trois imposantes combines de Rauschenberg dont le célèbre *Talisman,* choisies par Peter Selz pour la section américaine. Rauschenberg et Johns participeront à la fin de la même année à l'Exposition internationale du surréalisme organisée chez Daniel Cordier par André Breton et Marcel Duchamp : ils en gagneront leurs lettres de noblesse « néo-dada ».

En janvier 1960 Jean Tinguely se rend à New York à bord du Queen Elizabeth. Il doit exposer à la Galerie Staempfli ses reliefs mobiles géométriques classiques et aussi quatre métamatics, ses machines à dessiner et à peindre abstrait, qu'il a exposées pour la première fois à Paris chez Iris Clert en juillet 1959 et ensuite à l'ICA de Londres (Cyclomatic) et enfin à la Biennale des Jeunes, avec un succès croissant. La renommée des métamatics a déjà dépassé les frontières de l'Europe. Les dadaistes historiques qui vivent à Paris, Arp, Tzara, Man Ray ont vu l'exposition

Larry Rivers dans son atelier de l'impasse Ronsin, Paris, 1961.

d'Iris Clert. Marcel Duchamp de passage dans la capitale comme presque tous les étés, n'a pas manqué l'occasion de venir faire de l'art abstrait ready-made. De retour à New York il parle des métamatics dans son entourage.

L'exposition de Staempfli reçoit un accueil intéressé mais réservé. Emily Genauer dans le New York Herald Tribune résume l'impression générale : « Machine-made abstraction is clever, but is it art ? » Tinguely émerveillé par New York n'en a cure. Il revoit Rauschenberg, se familiarise avec les œuvres de Stankiewicz (notamment avec ses pièces anciennes du début des années 50 et dont certaines ont été exposées dès 1953 à la Galerie-coopérative Hansa), de Chamberlain, de Bruce Conner. A tous ses amis européens il envoie des lettres délirantes : ils (les artistes américains néodadaistes du pré-pop) font GRAND, justement grand, c'est formidable !

Cette découverte de la « grandeur » américaine, conçue à la fois comme une exacte proportion de l'espace et un rythme potentiel de l'énergie, est une expérience commune à tous les jeunes artistes européens du début des années 60 qui ont « fait le voyage ». Tinguely sera le premier à la traduire dans les faits. Un voyage à Philadelphie pour voir la collection Arensberg au musée en compagnie de Duchamp le confirme dans l'idée qu'en Amérique « il faut voir grand ». A l'influence spirituelle d'Yves Klein vient s'ajouter l'influence formelle de Stankiewicz : l'idée de réaliser en *Hommage à New York* une machine auto-destructrice de grand format est en train de prendre corps.

Dès lors tout s'accélère. Tinguely a rencontré Billy Klüver, un ingénieur suédois de la Bell Telephone Company qui a déjà travaillé avec Rauschenberg et Johns. Il retrouve le peintre et cinéaste Robert Breer, un autre spécialiste du mouvement dans l'art, qu'il a bien connu à Paris. Klüver et Breer s'enthousiasmeront pour l'idée de *l'Hommage à New York* et contribueront personnellement à sa réalisation effective. Marcel Duchamp en parle à son ami William Copley, le peintre milliardaire, qui insiste auprès de Sam Hunter, lequel en parle à Peter Selz, le conservateur des expositions de peinture et de sculpture au Musée d'art

Robert Rauschenberg, *Talisman*, 1958.

moderne (Museum of Modern Art/MOMA). Selz a vu la Biennale de Paris, il a vu Malraux en contemplation devant le *Métamatic n° 15* : il sait de quoi il en retourne. Il va en parler au staff. Le MOMA fait figure à l'époque de Mecque de l'art moderne. Son prestige est indiscutable dans le monde entier, même dans le cercle des chauvins attardés de l'école de Paris. Lorsque le Museum of Modern Art propose à Tinguely de réaliser sa machine autodestructrice dans le jardin de sculpture attenant au Musée, l'artiste saisit la balle au bond.

Ainsi commence une aventure qui devait culminer le 17 mars 1960 par la mise à feu au MOMA de l'*Hommage à New York* : un gigantesque monument de ferraille hétéroclite dans lequel sont incorporés les objets les plus divers, des roues de bicyclettes, des chariots, des postes de radio, un adressographe, deux métamatics et un piano. Cette architecture temporaire couronnée d'un ballon météorologique et d'un nuage de fumée odorante fut vouée, en trente minutes d'animation, à la destruction télécommandée.

L'*Hommage à New York* eut un succès retentissant. L'Amérique se retrouvait dans ce culte apocalyptique de la machine, au moment précis où se cristallisait dans la métropole new-yorkaise autour de Rauschenberg, Jasper Johns, Stankiewicz et Chamberlain le courant néo-dadaiste directement influencé par le folklore industriel urbain, à travers les références historiques au ready-made de Marcel Duchamp et aux collages Merz de Schwitters. Dans le dépliant officiel de présentation de l'*Hommage à New York*, Dore Ashton, Alfred Barr, Peter Selz prennent position aux côtés des dadaistes Marcel Duchamp et Richard

Huelsenbeck. John Canaday, le critique du New York Times aux tendances nettement conservatrices, accuse le coup et entre dans le jeu. Il commentera avec une minutie approbatrice, cette « machine qui tente de mourir pour son art » *(Machine tries to die for its art).*

Quand Tinguely rentre à Paris quelques jours plus tard, c'est un homme changé. Il a découvert ses moyens et sa méthode. Il vivra sur sa lancée appropriative de la ferraille jusqu'au printemps 1963, date où s'amorce un progressif détachement vis-à-vis de l'objet trouvé et une évolution vers des formes de plus en plus achevées, construites, uniformément recouvertes de la peinture noire chère à Calder. Pendant ces trois ans il aura une activité intense, multipliant machines, expositions, évènements. Il prendra une part décisive à la fondation du groupe des nouveaux réalistes en octobre 1960, notamment par ses discussions préliminaires avec Yves Klein, Hains et moi-même. Période d'engagement majeur dans l'action collective, de va-et-vient incessant entre Paris et New York et qui marque aussi le début de sa vie en commun avec Niki de Saint-Phalle, « le peintre qui tire ». De formation franco-américaine, née à Neuilly, élevée à New York, très introduite dans les cénacles littéraires anglo-saxons par son mari l'écrivain Harry Mathews lui-même très proche des poètes Frank O'Hara et John Ashbery (qui gagne sa vie à Paris en faisant la critique d'art de l'Herald Tribune) – Niki contribuera beaucoup auprès de Tinguely au resserrement des rapports entre les artistes parisiens et new-yorkais. Ses tableaux-surprises sont des reliefs-cibles englobant des poches de couleur et sur lesquels le public est invité à tirer au revolver ou à la carabine. Sous l'impact de la balle la couleur jaillit, imprégnant le plâtre d'un « dripping » coloré digne du meilleur Pollock. Sa première exposition *Feu à Volonté,* réalisée en juin 1961 dans la Galerie J transformée en champ de tir, la rend célèbre du jour au lendemain, quatre ans avant l'apparition des Nanas (Iolas, Paris oct. 1965).

Les années 1958-1960 à New York sont exceptionnellement riches en ferments évolutifs de toute sorte. Alors que l'expressionnisme abstrait demeure le « mainstream » officiel, toute une série de phénomènes oppositionnels et expérimentaux voit le jour à une cadence toujours plus accélérée.

On note d'abord une évolution formelle : l'expressionnisme abstrait se rapproche de la figuration du quotidien (Alfred Leslie, Larry Rivers). Cette figuration utilise volontiers des ajouts extra-picturaux qui constituent des assemblages (les combine-paintings de Rauschenberg). Par les biais les plus divers l'objet acquiert son autonomie expressive (dans ses casiers ou des armoires à pharmacie, Georges Brecht reprend le relais des boîtes de Cornell). Les références à Duchamp et à Schwitters (ready-made, Merzbau, Merztheater) sont actualisées et reprises dans des perspectives de libre expérimentation. Dès 1959 Allan Kaprow définit les notions (artforms) d'environnement et de happening et les met en pratique *(18 Happenings in Six Parts,* Reuben gallery oct. 1959), immédiatement suivi de Jim Dine et de Claes Oldenburg (les environnements *La rue* et *La maison,* Judson Gallery).

Le centre le plus actif est la Reuben Gallery qui a pris la suite de la coopérative Hansa, et qui regroupe Lucas Samaras, Brecht, Red Grooms, Jim Dine, Rosalyn Drexler, Robert Whitman, etc. : des artistes spécialisés dans l'art du rebut et la prise directe sur le folklore industriel et qui passeront tout naturellement du « junk » au happening, à un point tel que la galerie consacrera son entière saison 1960-61 à la nouvelle forme d'expression.

Un certain nombre de personnalités émergent de ce bouillon de culture et y occupent une place à part : Rauschenberg, Johns et Stankiewicz, par la qualité et les références culturelles précises de leur travail, leur passé, leurs contacts avec l'Europe et Paris, leur support promotionnel. Les deux premiers sont chez Castelli dont l'associé Ivan Karp est le meilleur talent scout de l'époque. Castelli, Karp et Richard Bellamy (Green galery) seront les premiers à prévoir une évolution d'ensemble de la situation et à en préparer la consécration. Stankiewicz a été un fidèle de la coopérative Hansa et expose ses sculptures d'objets assemblés

Accrochage de l'exposition Niki de Saint-Phalle à la galerie J, Paris, 1961. De gauche à droite : Rauschenberg, Niki de Saint-Phalle, Jasper Johns.

à la Stable gallery (qui sera aussi en un premier temps la galerie de Warhol et d'Indiana). Allan Kaprow, qui enseigne à la Rutgers University en compagnie de Watts, George Segal et Roy Lichtenstein, s'impose d'emblée comme le théoricien-praticien du happening par la rigueur de sa pensée et l'ampleur de sa vision. Il fascinera le critique-poète Alain Jouffroy et son ami (à l'époque du moins) Jean-Jacques Lebel à qui l'on doit l'introduction du happening en Europe, une découverte qui allait faire les beaux jours de l'allemand Vostell et du niçois Ben et virer rapidement au laxisme confus dans le psychodrame mégalomaniaque et les manifestations Fluxus. Depuis 1971, pour marquer ses distances visà-vis d'une encombrante postérité et aussi sa propre évolution intérieure, Kaprow a renoncé au terme de happening qu'il avait forgé pour employer exclusivement le mot d'activities quand il s'agit de son travail actuel.

Derrière ces quelques points de repère se profile la personnalité de John Cage. Si l'on sait que Cage a enseigné au Black Mountain College, qu'il y a réalisé en 1952 la *Concerted action* qui combinait peinture, danse, film, projections, enregistrements, radio, poésie, piano, conférence – « avec le public au milieu » – on peut dire qu'il a réalisé le premier happening ante litteram. L'amitié de Cage et de Rauschenberg date de cette époque. Rauschenberg participait à la *Concerted action* ainsi que Merce Cunningham dont Cage deviendra le directeur musical (et Rauschenberg le directeur artistique) lorsqu'il fondera sa compagnie de ballet. En 1958-59 Allan Kaprow a suivi les cours de John Cage à la New School for Social Research à New York (avec George Brecht, Al Hansen, Dick Higgins). L'influence de Cage a dominé, à la manière d'un gourou dada, la période pré-pop des années 1955-1960, jouant le rôle du catalyseur de synthèse qui aurait pu être celui d'un Erik Satie entre 1920 et 1925, si l'humoriste quinquagénaire d'Arcueil avait eu affaire à des jeunes loups aux dents moins longues que celles de Breton ou de Tzara.

Entre 1960 et 1962 on assiste à la mise en place du « mainstream », du courant dominant qui va succéder à l'expressionnisme abstrait. L'année 1960 est marquée par une série de manifestations collectives importantes comme le *Ray Gun Spex* (Dine, Grooms, Hansen, Higgins, Kaprow, Oldenburg, Whitman) à la Judson Gallery ; *A Concert of New Music* au Living Theater (Kaprow, Brecht, Rauschenberg, Maxfield, Cage, Al Hansen, Mc Dowell), et surtout les deux versions de *New Forms New Media* chez Martha Jackson (juin et sept. 1960), suivies en mai 1961 d'*Environment-Situations-Spaces* (Brecht, Dine, Gaudnek, Kaprow, Oldenburg et Whitman). D'avril à juin 1961 un festival de performances musicales, sonores, visuelles et poétiques est organisé à l'AG gallery par George Maciunas.

Pierre Henri et John Cage, théâtre Sarah Bernhardt, Paris, 1964.

Le grand événement de 1961 à New-York est l'exposition « The Art of Assemblage » organisée par William C. Seitz au MOMA du 2 octobre au 12 novembre. L'entreprise était ambitieuse : dans la perspective ouverte de la tradition cubiste du collage et de l'éclatement subversif des langages pratiqué par dada, rendre compte du sens moderne de la nature, de la vision « assembliste » dérivée du folklore industriel urbain, de notre « ambiance de collage » (collage environment), néons, publicités, cimetières de voitures, décharges publiques, production de masse, etc.

William Seitz avait fort bien pressenti le départ de cette nouvelle aventure de l'objet. Lors de son voyage préliminaire d'étude en Europe, il s'était longuement arrêté à Paris. Il avait vu l'exposition *A 40° au-dessus de dada* que j'avais organisée en mai 1961 à la Galerie J. Nous parlâmes longuement et je lui montrai les œuvres des nouveaux réalistes. Nous commentâmes ensemble le 2e *Manifeste du nouveau réalisme* que j'avais publié à cette occasion. Nous découvrîmes la convergence de nos opinions et je pense que la structure de l'exposition reflète en partie les conclusions de notre rencontre. Cette exposition venait à son heure et elle fut perçue comme telle. Elle confrontait les nouveaux réalistes et leurs proches cousins européens, tels que l'italien Baj et l'anglais John Latham à un vaste échantillonnage d'artistes

1, 2, 3   Merce Cunningham, théâtre Sarah Bernhardt, Paris, 1964.

Soirée au théâtre de l'Ambassade des Etats-Unis à Paris, 1961. Au centre peinture de Jasper Johns, à droite Robert Rauschenberg.

américains de la nouvelle génération, de Rauschenberg à George Brecht ou au Californien Kienholz, en passant par Bruce Conner, Georges Cohen, Robert Moskowitz, Marisol, Watts, Samaras, etc.

L'exposition « The Art of Assemblage » eut une double conséquence. A Paris elle consacra le rapprochement avec les artistes new-yorkais, rapprochement préfiguré par une exposition que j'avais organisée en juin 1961 avec Jean Larcade à la Galerie Rive droite sous le titre « Le nouveau réalisme à Paris et à New York » et qui groupait Klein, Arman, Johns, Rauschenberg, Stankiewicz, Tinguely, Hains, Niki de Saint-Phalle, Chamberlain, Bontecou, Chryssa, César. « Ce que nous sommes en train de découvrir, écrivais-je dans mon introduction – tant en Europe qu'aux USA – c'est un nouveau sens de notre nature contemporaine, industrielle, mécanique et urbaine ». La confrontation se situait à son niveau chronologique et thématique exact : entre une peinture de feu de Klein et une cire de Jasper Johns, entre une composition de fragments de carrosserie (Chamberlain) et une compression de voiture (César), entre un relief de lettres (Chryssa) et une affiche lacérée (Hains), entre un Stankiewicz et un Tinguely.

wood) et de papiers plastifiés *(Ray Gun)* et entre dans la période du *Store* (environnements d'objets en plâtre peint considérés comme des éléments organiques de l'ambiance de sa boutique-atelier du 107 East 2nd Street). Sa polémique avec Allan Kaprow sur la définition du happening le fortifie dans sa vision fragmentée du monde. La conception de Kaprow est résolûment assembliste, la sienne est organique. Organiquement analytique : les données immédiates de sa perception sont celles du fragment de vie quotidienne. Avec le recul du temps je me souviens de nos discussions durant nos longues promenades dans le Lower East Side : l'évolution d'Oldenburg devient exemplaire. Il symbolise ce qui deviendra la *méthode pop* : l'exaltation d'une tranche de vie quotidienne par l'emploi d'une technique socioculturelle appropriée. Lorsque Lichtenstein aura « inventé » son style bandes dessinées, Warhol le report photographique, Rosenquist et Wesselmann leurs panneaux-réclames, lorsqu'enfin Segal aura situé ses silhouettes d'attitudes citadines dans leur contexte fonctionnel, une entière vision américaine du monde se sera cristallisée dans le moule d'un langage, la révolution du regard se sera traduite dans les faits.

A New York la manifestation de Seitz permit de rassembler divers éléments épars de la mouvance « assembliste » et de lui donner une cohérence majeure en portant l'accent sur les possibilités expressives de l'objet et la flexibilité des nouveaux modes de langage ainsi dégagés. Une expression nouvelle, multiforme, pluridimensionnelle se profile à l'horizon de la modernité.

Par rapport au courant assembliste pur, incarné par George Brecht, Ray Johnson (l'ancêtre du mail art) ou Dan Flavin (qui à l'époque n'avait pas encore découvert le néon et écrasait des boîtes de conserves sur des supports peints) – et qui apparaît trop intégré à l'action et à la vie quotidiennes pour être immédiatement récupérable sur le marché de l'art – une lignée plus esthétisante commence à se dégager. Rosenquist se détache de l'expressionnisme en demi-teintes pour découvrir le style des panneaux-réclames et le contraste des images-chocs ; Warhol qui s'apprête à faire entrer le procédé industriel du report photographique dans l'histoire de l'art, n'a pas encore assumé la paternité de ce geste capital dont les conséquences seront pour l'instant de traduire des personnages de bandes dessinées dans le style gestuel de l'action painting ; Lichtenstein récupère les dessins animés ; Segal entreprend ses moulages selon la technique des plâtres médicaux. Quant à Oldenburg, il a terminé sa période des cartons découpés, des assemblages de vieux bois (scrap

Ce langage deviendra un style capable de se substituer en tant que « mainstream », à l'expressionnisme abstrait. A condition que les futurs protagonistes aient le sens de leurs préoccupations communes, ne pensent et n'agissent pas en isolés. Leo Castelli l'a très bien compris et au juste moment : le printemps 1961. Cette politique de regroupement inspira toute l'action de recherche et de promotion qu'il entreprendra dans les mois suivants (1961-62) avec Ivan Karp et Richard Bellamy : visites d'ateliers, rencontres avec les collectionneurs virtuels, manifestations collectives, petites expositions expérimentales à la Green gallery. Ainsi se profile la hiérarchie historique. Les immédiats précurseurs que sont Rauschenberg et Johns seront peu à peu rejoints par la cohorte des protagonistes intégraux du folklore industriel. Mais la différence se maintiendra au niveau du style : transition culturelle chez les premiers, engagement total dans la représentation réaliste chez les autres.

En fait avec « The Art of Assemblage » et sa définition d'une ligne assembliste, William Seitz a accentué le mouvement et repéré le point de clivage. Les évolutions respectives après 1971 des carrières de Kaprow, Brecht, Watts, Whitman ou Grooms par rapport à celles d'Oldenburg, Dine, Warhol, Lichtenstein, Rosenquist, Wesselmann sont éloquentes, elles parlent d'elles-mêmes.

Avril 1961 : c'est le moment que Leo Castelli choisit pour proposer à Yves Klein une exposition de monochromes bleus dans sa galerie. Rééditer l'époque bleue à quatre ans de distance et dans le New York effervescent du néodada, de l'assemblage et du happening, c'était une gageure. Yves Klein s'en rend compte mais tente l'aventure, cédant à la fascination américaine. Il prend la précaution de s'expliquer devant le public new-yorkais et retraçant dans un discours programme les étapes majeures de sa démarche qu'il avait longuement analysées et décrites en 1960 dans son texte pour *Zéro n° 3*, « Le vrai devient réalité ». Il procède au rewriting de ce manifeste à l'Hôtel Chelsea en collaboration avec Neil Levine et John Archambault. Ce texte, aussi lumineux qu'inspiré prendra le nom de *Manifeste de l'Hôtel Chelsea* et sera publié par la suite dans le catalogue de nombreuses expositions posthumes (il devait mourir d'une crise cardiaque à Paris le 6 juin 1962).

Andy Warhol.

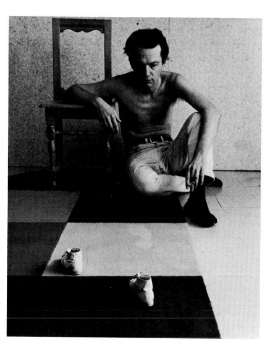

George Brecht en France, 1966.

Le discours ne fit aucun effet, pas plus sur le public new-yorkais que sur le public de Los Angeles où l'exposition fut présentée à la Dwan gallery un mois plus tard. Lorsqu'Yves Klein montre ses monochromes bleus chez Castelli en avril 1961, le décalage entre le contenu de l'exposition et la cosmique diversité de ses préoccupations du moment est frappant. Le ton ne passe pas, surtout lorsque Klein essaie de se définir par rapport à l'action painting, à un moment précis où la partie de son auditoire qui lui serait la plus favorable s'est totalement détachée de l'aspect proprement gestuel et pictural de ce problème. Comme me l'a dit Oldenburg par la suite, « Klein est arrivé trop tôt ou trop tard ». Trop tôt, il ne se trompait pas : les post-minimalists et les conceptuels américains ont découvert l'idée monochrome et le théâtre du vide beaucoup plus tard. Le *Journal du vide (Journal d'un seul jour)* épinglé au mur a été longtemps l'objet-fétiche du studio de Kosuth à Grand Street. Trop tard ? Je n'ai pas eu hélas l'occasion d'en parler avec Barnett Newman.

Yves Klein a raté de son vivant son entrée sur la scène culturelle américaine. Pour y avoir une influence comparable à celle qu'il a exercée en Europe, il lui aurait fallu s'imposer à New York contre New York, exactement comme il l'a fait à Paris contre Paris. La démarche d'Yves Klein était indissociable de sa révélation progressive et de l'application appropriée de sa méthode de démonstration et d'action sur les sensibilités. Coupée de son contexte organique, elle apparut comme l'involontaire caricature d'elle-même. Malgré les efforts déployés par ses amis, Larry Rivers sur le moment, Tinguely et Arman par la suite, l'impression d'ambiguïté, de malaise et de méfiance à l'égard du comportement d'un « entertainer » ou d'un « idea man » qu'il laissera à la suite de son unique séjour américain ne fut guère dissipée par l'exposition anthologique organisée par Iolas dans sa galerie new-yorkaise en novembre 1962, ni par sa participation à l'exposition « The New Realists » chez Sidney Janis (oct. 1962). Lorsque le Jewish Museum lui consacra en janvier 1967 la meilleure rétrospective qu'un musée lui ait jamais organisée, John Canaday pouvait encore écrire dans le New York Times du 5 février 1967, sous le titre « I got the Yves Klein's Blues » : « The prodigious exaltation of non-sens is the really troubling thing about this exhibition ». Ce n'est précisément qu'à partir de 1967-68, avec l'apparition des earth works et la progressive conceptualisation du minimal art que la fraction la plus intellectuelle de l'opinion spécialisée américaine s'est ouverte au message d'Yves Klein et en a reconsidéré la portée.

Arman débarque à l'Hôtel Chelsea au début novembre 1961. Un peu plus d'un an après l'*Hommage à New York* de Tinguely, quelques mois après l'exposition monochrome d'Yves Klein chez Castelli. Daniel Cordier lui a préparé une exposition dans sa galerie de New York (à l'époque Cordier & Warren, par la suite Cordier & Ekstrom). Pour comble de malchance elle est située dans le même immeuble que Parke-Bernet, la Mecque des enchères américaines, la salle n° 1 du continent. Le jour du vernissage, Madison Avenue est bloquée : on vend un Rembrandt chez Parke-Bernet !

Mais le niçois est obstiné. Il ne se tient pas pour battu. Plusieurs éléments militent en sa faveur. Son étiquette provinciale lui permet d'évoluer dans tous les milieux les plus farouchement anti-parisiens. L'intérêt que lui porte William Seitz lui sera d'un grand secours. En le plaçant à la charnière de la ligne assembliste dans « The Art of Assemblage », Seitz a fait prendre conscience à Arman de l'extrême flexibilité de son langage quantitatif basé sur l'accumulation ou la brisure. Arman se situe en fait à l'exacte frontière de ce qui est le junk et de ce qui deviendra le pop : à lui de jouer à sa guise, d'accentuer le misérabilisme de l'objet de rebut ou d'exalter la beauté froide et anonyme de l'objet neuf.

La galerie de Cordier à New York est aussi celle de Duchamp. L'homme des ready-made est revenu en force sur le marché des valeurs new-yorkaises, il apparaît comme le maître à penser par excellence. La fréquentation de Duchamp développera l'instinct tactique d'Arman, son jeune partenaire aux échecs.

Arman prend conscience de la situation et de toutes ses virtualités. Un stage californien sera l'occasion rêvée d'une réflexion et d'une distance, d'un détachement nécessaire à l'assimilation de l'expérience new-yorkaise. Il continue après Yves Klein la série des expositions européennes à la Dwan gallery de Los Angeles, destinée à devenir la terre d'asile et le jardin d'acclimatation des jeunes leaders du nouveau réalisme : Martial Raysse, Niki de Saint-Phalle et Tinguely seront les prochains hôtes de Virginia Dwan, qui a pris comme directeur de galerie un homme particulière-

ment doué, qui saura par la suite s'imposer à New York, John Weber.

Au printemps 1962 Arman et Tinguely se croisent. Tinguely a réalisé en mars dans le désert du Nevada son *Etude pour une fin du monde n° 2*, évènement auto-destructif télévisé (NBC – David Brinkley Television Show), variante de l'*Etude pour une fin du monde n° 1* qui a eu lieu le 22 septembre 1961 au Louisiana Museum d'Humlebaek (Danemark). Il rentre à New York participer avec Niki de Saint-Phalle à un happening « style Cage », organisé par Rauschenberg et Merce Cunningham sur un scénario de Kenneth Koch, *The Construction of Boston,* et auquel participent les suédois de New York, Billy Klüver et Oyvind Fahlström, ainsi qu'Henry Geldzahler, le jeune et brillant conservateur d'art contemporain au Metropolitan.

Pendant que Niki fusille à bout portant la Vénus de Milo au Maidman Playhouse de la 42e rue, à l'autre bout des Etats-Unis Arman réalise à la Dwan gallery un de ses rêves les plus chers, une action-spectacle dans le plus pur style nouveau réaliste : l'accumulation spontanée. Une cuve en plexiglass posée sur un socle et munie dans sa partie supérieure d'un fermoir à couvercle du type standard adopté par la ville de Los Angeles pour ses boîtes à ordures publiques. Les visiteurs y étaient invités à y déposer leurs détritus, mégots, allumettes ou Kleenex, selon une injonction impérative : « Cast your ballots here for a cleaner Dwan Gallery ! »

Cette expérience d'initiation sera le point de départ d'un va-et-vient frénétique entre Paris et New York. Après le succès de son exposition chez Sidney Janis le 1er avril 1963, le va-et-vient fera place à des séjours de plus en plus longs au Chelsea d'abord puis dans différents lofts du bas de la ville. A la résidence succèdera enfin, après 15 ans de loyale présence, la naturalisation américaine.

Au printemps 1962 je reçoit à Paris une visite de marque, celle de Sidney Janis, chef de file du marché de l'expressionnisme abstrait. Intelligent et charmeur, il élève d'emblée le

Mariage d'Yves Klein dans l'atelier de Larry Rivers, impasse Ronsin, Paris, 21 janvier 1962.

débat : la situation internationale brillamment esquissée par Seitz dans son « Art of Assemblage » mérite une illustration plus ponctuelle et plus précise. Du fait des contacts de Janis avec la Galerie Rive droite (Jean Larcade et George Marci), je retire de notre entretien la conviction que la confrontation se fera au niveau historique et thématique auquel j'avais situé « Le nouveau réalisme à Paris et à New York » l'année précédente. Nous nous mettons d'accord sur une sélection des artistes parisiens et sur l'utilisation du terme « New Realists » comme titre général.

Sur ces entrefaites je me rends au Japon, où je participe entre autres à un hommage posthume à Yves Klein avec Shinichi Segi et Yoshiaki Tono : je jette un mini-lingot d'1 gramme d'or dans la baie de Tokyo pour clore le rite des cessions de zones de sensibilité immatérielle. Je rentre à New York via la Californie, juste à temps pour voir l'exposition « The New Realists » qui s'est ouverte le 31 octobre 1962.

Je compris tout en un clin d'œil. Adieu Schwitters, adieu Duchamp, adieu le problème de l'appropriation objective ! Du style, un grand style de la représentation réaliste. Aux interlocuteurs logiques des nouveaux réalistes parisiens (Rauschenberg, Johns, Stankiewicz, Chamberlain) — avaient été substitués les tenants les plus accomplis de la ligne esthético-analytique dont la facture s'était définitivement affirmée durant l'année : Oldenburg, Dine, Segal, Indiana, Lichtenstein, Warhol, Rosenquist (dont le « Silver Skies » venait d'être acheté par Robert Scull, roi des taxis jaunes et futur « patron » du pop art, avant de financer le premier earthwork de Michael Heizer et de commander son portrait hyperréaliste à Alfred Leslie).

Si je fus frappé d'une manière générale par la maîtrise des moyens dont faisaient preuve les américains et notamment par la qualité d'Oldenburg, le *Bus driver* de Segal et le *Black Diamond American Dream* d'Indiana me laissèrent une impression durable. Warhol aussi. Il était moins préoccupé de ses « reports » que de ses films d'amateur, qu'il commençait à tourner avec une caméra d'occasion. Il hantait les couloirs du Chelsea en quête de modèles volontaires : je fus sans doute avec Geldzahler, l'un de ses premiers acteurs.

Les autres participants américains à l'exposition « The New Realists » figuraient pour mémoire : Peter Agostini servait de repoussoir à Segal, Harold Stevenson à Rosenquist, Wayne Thiebaud à Oldenburg. Quant à Moskowitz, sa toile représentant un store passé à la peinture d'aluminium évoquait sur le mode mineur l'un des grands absents, Jasper Johns.

Arman, Christo, Hains, Klein, Raysse, Rotella, Spoerri et Tinguely constituaient un panorama extrêmement compact et cohérent du nouveau réalisme et de ses problèmes d'appropriation objective. Leurs œuvres étaient en évident contraste avec l'esprit de représentation figurative qui était celui de la sélection américaine et leur donnaient l'air de vénérables ancêtres. Ils étaient entourés du côté européen par les suédois Fahlström et Ultvedt, les italiens Baj, Baruchello et Schifano, les anglais Peter Blake, John Latham et Peter Phillips. Cet appendice composite ne manquait pas de qualité mais se justifiait avant tout par la volonté d'accentuer la diversification de la sélection européenne, pour noyer le poisson, comme on dit en français. Le manque de place, invoqué comme prétexte, n'a trompé personne.

Les réactions de la grande presse furent plutôt confuses et parfois délirantes. Le terme de New Realists la choquait terriblement. Le style « réaliste », dans ce pays qui depuis l'époque coloniale jette sur *sa* réalité le même regard ébloui et éperdu que les premiers pionniers, se doit d'être un style noble et non populaire, « new vulgarian » comme disait Max Kozloff, les journalistes se rabattirent sur le terme *pop*. Un label emprunté à l'Angleterre et que Lawrence Alloway avait employé « à un moment donné, entre l'hiver 1954-55 et 1957 » pour désigner les recherches menées au sein de l'Institute of Contemporary Arts de Londres par un petit groupe d'artistes indépendants (Paolozzi, Smithson, Hamilton, Reyner Banham, Henderson) sur le thème de la culture populaire. Pop donc pour popular. Une deuxième vague de jeunes peintres anglais se développa autour de ce noyau pensant, formant une nébuleuse disparate (du super-dessinateur génial David Hockney au mage assembliste Joe Tilson en passant par le pornopoète Allen Jones) qui devait connaître la gloire via les USA après l'opération Janis.

Les critiques spécialisés, eux, avaient compris et c'est ce qui explique leur hargne. Puisque le vieux lion Janis rejoignait la bande à Castelli, il suffisait de quelques mois, peut-être moins même, de quelques collectionneurs seulement — et tout le monde penserait Lichtenstein devant une bande dessinée, Warhol devant une conserve ou une photo de star, Rosenquist devant un panneau-réclame, Oldenburg devant une vitrine du Lower East Side. La partie était gagnée : pop art, pop music, pop song, un véritable phénomène de civilisation... les pronostics se réalisèrent à la vitesse de l'éclair.

Ce qu'ont fait par la suite de leur succès et de leur vie les leaders du pop art n'engage qu'eux-mêmes. Ils ont perdu en tous cas celui qui aurait pu être leur conscience collective et qui fut leur premier défenseur, Gene Swenson, mort d'un accident d'auto sur une route de son Kansas natal, en août 1963, à 33 ans. Il en avait 26 en 1962 lorsqu'il s'enthousiasma pour Indiana et les « new sign painters », et à peine un peu plus lorsqu'il publia dans Art News (en novembre 1963 et février 1964) une enquête-interview en deux parties « What is pop art ? », questionnant Dine, Indiana, Lichtenstein, Warhol, Johns, Durkee, Rosenquist, Wesselmann. Dialogant par écrit avec moi sur Arman dans *Quadrum 17*

(1964) il proclame : « feelings are things », les sentiments sont des objets. Analysant le pop art dans une perspective rigoureusement matérialiste, il y voit la parfaite objectivation de la sensibilité par rapport à la perception de l'environnement quotidien. C'était sans doute là sa revanche contre la bureaucratisation et la commercialisation de l'art, deux phénomènes qu'il haïssait par dessus tout, rejetant son agressivité sur les marchands et les directeurs de musée : si l'émotion s'incarne dans l'objet, elle échappe, elle du moins, à la vente ou à la mise en conserve.

Gene Swenson a été le témoin rageur et impuissant de la consécration officielle du pop art dans les salles de vente et dans les collections publiques. En 1968, au moment de la grande colère contestataire il essaya de prendre sa revanche, en faisant du picketing devant le MOMA, tenant dans ses mains un gigantesque point d'interrogation. Il prend publiquement à partie les critiques de l'establishment (Clement Greenberg), les conservateurs de musée (Geldzahler) et surtout les directeurs de galerie en la personne de Leo Castelli qu'il accuse d'exploitation capitaliste et à qui il menace d'intenter pour ce « crime » un procès en bonne et due forme. Lorsque les artistes new-yorkais prennent la défense de Takis venu exprès de Paris pour retirer de l'exposition de la Machine au MOMA une pièce exposée contre son gré (3 janvier 1969) et s'organisent en « Art Workers Coalition », il en sera l'âme et le cerveau, l'orateur le plus écouté. La mort a fauché cet « irrécupérable » en pleine fureur généreuse.

A vrai dire le pop art a eu dans Gene Swenson son critique et son martyr. S'il avait bien compris le mécanisme d'objectivation sentimentale de l'image pop, il en avait fait le fondement et la fin en soi d'un système de communication. Or la finalité de tout système de communication est le style, qui implique la réduction de l'œuvre à l'état de valeur. Sa générosité foncière l'empêchait de démonter le mécanisme de l'objet-valeur comme il avait démonté le mécanisme de l'objet-signe. « Aujourd'hui que tant de gens souffrent, ne pourrions-nous pas consacrer un peu plus de temps à partager leurs souffrances ? Cela pourrait peut-être influencer notre art, qui à son tour pourrait influencer le cœur et l'âme des hommes... »

Au lieu de le considérer comme un épiphénomène mercantile, il s'était fixé sur le processus de promotion nationa-

1, 2. Exposition *New Realists*, Sidney Janis Gallery, New York, 1962.

2

le et internationale du pop art, la mise en place en Europe avec la Galerie Sonnabend d'une structure d'accueil et de diffusion du produit pop US, l'organisation de l'apothéose à la Biennale de Venise en 1964, sous le couvert de l'attribution tout à fait méritée du Grand Prix à Rauschenberg. Il n'admettait pas cette collusion de la culture et du marché. Et il était extrêmement sensibilisé à l'aspect répressif et policier des institutions culturelles américaines, dénonçant les mécanismes d'intoxication et les forces de pression des institutions culturelles en les identifiant aux méthodes de contrôle et de répression de la police et de l'armée. Bien avant la révolte étudiante, il a popularisé l'idée que l'establishment culturel ne peut prétendre à aucun alibi au titre de sa fonction récupératrice, mais qu'il partage intégralement les responsabilités de la politique du pouvoir.

Familier des artistes dont il avait connu les débuts, il voyait la tyrannie institutionnelle s'insinuer dans le silence de leurs ateliers et à ce niveau il ne faisait aucune différence morale entre un inspecteur de police et un conservateur de la Fondation Guggenheim. Son seul espoir résidait dans l'éternel ferment de subversion de l'art, sa radicale énergie : « Nous voulons tirer la leçon de l'art que nous ont légué nos ancêtres spirituels et non l'apparat critique des catalogues et revues de l'establishment qui en transforment l'esprit en cliché et le cliché en produit directement assimilable. Nous voulons connaître les rituels qui libèrent l'âme, les vraies leçons qui changent un passé collectif en conscience d'homme libre et l'individualité en suprême imagination ». (Allocation de G. R. Swenson à l'Open Hearing de l'AWC, School of Visual Arts, NYC 10 avril 1969).

On croirait entendre parler aujourd'hui Martial Raysse. En 1962 Raysse fut l'un des bénéficiaires du retentissement orchestré de l'exposition des « New Realists ». Il arrive à New York à 26 ans, en pleine forme créatrice, après avoir participé en septembre au *Dylaby* d'Amsterdam (Stedelijk Museum), une exposition d'environnements individuels, avec Tinguely, Spoerri, Rauschenberg et Niki de Saint-Phalle, conçue selon la formule de Martha Jackson *Environment – Situations – Spaces* de mai 1961. Son *Raysse Beach,* qui inaugurait un transfert iconographique très particulier (photos de baigneuses grandeur nature colorées et retouchées avec insertion d'objets divers) et qui avait recours aux enseignes lumineuses en néon, avait eu un grand succès en Hollande. Succès que confirme à New York sa participation à l'exposition de Janis, doublée d'une manifestation personnelle chez Iolas en novembre 1962.

1

Venu de la pure ligne assembliste, sa double évolution sur le plan de l'image et sur le plan du matériau en fera très vite le plus « pop » de tous les nouveaux réalistes. Les expositions qu'il fera en janvier et en mars 1963 à Los Angeles (Dwan gallery) et à San Franscisco (De Young Museum) confirment la réceptivité du public américain à ce « new sign painter ». C'est d'ailleurs à la suite de ces expositions californiennes qu'il prendra ses distances vis-à-vis du nouveau réalisme. Sa participation brillante au pavillon français de la Biennale de Venise en 1964, l'année où les pop artists triomphent au pavillon américain, le consacre comme la grande vedette du mouvement. Grâce à son instinct aigu du pastiche sémiotique, il détourne subtilement de leur signification première les formes des enseignes lumineuses ou les reports photographiques des chefs d'œuvre de l'histoire de l'art. Détournement de sens qui devient « hygiène de la vision ». L'intervention de Martial Raysse donne un impact vital et une surprenante poésie à ces images fonctionnelles, à ces stéréotypes de la culture : cette iconographie banalisée s'humanise et se revitalise. En l'espace de quelques années, et à vrai dire presque plus à Los Angeles et à Nice qu'à Paris et à New York, Martial Raysse a bâti un système esthétique d'une rare efficience ultra-moderniste, basé sur l'alternance du Beau et du Laid (pastiches académiques, tableaux horribles) et une recherche de matière utilisant toutes les possibilités sémiologiques du néon. Mais « l'hygiène de la vision » s'avérera impitoyable pour son propre auteur. Sa lucidité sans merci lui fera pressentir au comble de la gloire avant 30 ans, l'usure fatale de tout système formel de langage. Son art évoluera dès lors au rythme de sa pensée, vers l'épure systématique d'une forme archétypale, un visage de femme (celui de France, qui fut son épouse) qu'il finira par « dématérialiser » en le projetant sur les murs.

En novembre 1966, à New York, après une nuit d'insomnie, il rédige une mise au point (« I have a thousand things to put in order ») dans laquelle il se démarque du pop art dont il dénonce la prétention au faux-modernisme style 1930 et qu'il déclare « closer to Mae West than to Cape Kennedy ». La gloire, tenace, le suivra jusqu'en 1968. Les américains en ont fait une fois pour toutes le super-pop franco-américain. N'a-t-il pas « décodé » à la fois l'*Odalisque* d'Ingres et la *Statue de la liberté ?* En 1968 Raysse occupe encore dans la sémiologie pop la place référentielle que Tinguely avait conquise au sein de l'humanisme technologique néo-dada avec son Hommage à New York en 1960.

De retour de New York à Paris en plein mai 1968, la prise de conscience politique fut pour Martial Raysse une révélation : il rejoint le camp de Gene Swenson, remettant en question son langage et sa place dans le système. Aujourd'hui la peinture de Raysse nous invite à consacrer « un peu plus de temps à partager les souffrances de ceux qui souffrent ». N'avait-il pas écrit en 1966 : « la peinture commence demain... »

En novembre 1962 Arman ne se posait pas ce genre de problèmes. Il n'a jamais caché son refus de contester un système dont il tire profit. Attitude logique qu'il a souvent assumée avec courage, notamment lors de la Biennale contestataire de 1968, dans une Venise quadrillée par les forces d'intervention du bataillon Padova. Il tirera en fait l'avantage le plus immédiat de l'exposition « The New Realists », puisqu'il va exposer chez Sidney Janis quelques mois plus tard, en 1963.

2

1, 2 Exposition Martial Raysse, Iolas Gallery,
New York, 1966.

Le vernissage eut lieu le 1er avril (sic), en présence de deux générations d'artistes réunies malgré elles et vouées à la coexistence, tout au moins temporaire, à cause du virage subit du patron : de Motherwell à Johns. Sidney Janis a bien fait les choses. Tout le clan marchand du pop est là : Castelli, Sonnabend, Bellamy entourent Rauschenberg, leur étoile montante. Marcel Duchamp évolue, impassible et lointain, parmi les officiels de la colonie française et les artistes européens de passage, suivi de son fidèle Copley. Une lettre d'Arman qu'il m'a adressée le soir du même jour résume assez bien la situation : « c'est le printemps. Il tombe de la neige fondue et les gens ont des sourires froids. Dans le fond, c'est lorsque je reviendrai que je saurai si le froid y était pour quelque chose... »

Arman est revenu aux USA et en force. Deux expositions coup sur coup, au Walker Art Center de Minneapolis (sept.-oct. 1964) et chez Sidney Janis (déc. 1964 - janvier 1965) l'imposent définitivement sur la scène américaine. On sait la suite, les étapes tactiques de sa carrière, le jeu de balance e;tre Larry Rubin et Ileana Sonnabend, le passage au stade de la conduite autonome de ses affaires, l'accroissement de la production et des commandes, la frénésie du calendrier. Sa maison de New York pourrait concurrencer le Chelsea : elle est largement ouverte à tous les jeunes artistes européens venus tenter l'aventure new-yorkaise.

Arman a le réflexe généreux de l'émigré que la réussite a laissé sans illusions de dérisoire grandeur. On ne peut pas en dire autant de tous les artistes consacrés.

Tinguely vivra pendant quelques années sur sa lancée américaine. En décembre 1964, James Johnson Sweeney achètera pour le compte du Museum of Fine Arts de Houston et avec le soutien financier de Jean et Dominique de Menil l'entière exposition « Méta » chez Iolas à Paris : une rétrospective de l'œuvre de Tinguely depuis 1954, en 14 pièces. On sent toutefois en parlant avec le sculpteur au retour de chaque voyage, une lassitude croissante à l'égard du milieu américain. Plus qu'au phénomène d'institutionnalisation, c'est à l'industrialisation de la culture que Tinguely est particulièrement sensible. Ce qui peut paraître paradoxal dans son cas, et qui reflète une mutation de sensibilité. Tinguely, à partir de 1963-64 a commencé à vivre la fin de l'âge mécanique. Ses œuvres deviennent de plus en plus « anachroniques ». Elles entendent échapper à l'emprise de la durée quotidienne, elles ignorent les temps nouveaux de la seconde révolution industrielle. Elles retournent avec toutes les élégances du constructivisme cinétique à la sculpture cubiste dont elles étaient issues. En leur accordant la place du cœur dans son exposition sur la machine au MOMA en fin 1968, Hulten leur a rendu justice. Elles chantent la fin d'un monde.

En octobre 1965 Tinguely expose avec Nicolas Schoeffer au Jewish Museum. L'exposition « 2 Kinetic sculptors » a été organisée par Sam Hunter, très lié à Denis René, en pleine vogue du « pop-art ». Tinguely expose une sculpture provocante ad hoc, la *Dissecting Machine* qui découpe, scie et perce un mannequin féminin. Vive réaction de la presse. Hilton Kramer résume la situation dans un article incendiaire du New York Times : « One Inventor, One Pasticheur ». Le plagiaire, c'est bien entendu Tinguely. Nous sommes décidément bien loin de mars 1970. Tinguely aussi. Cette exposition sanctionne l'évolution interne du sculpteur bâlois, son repliement sur l'Europe ou plutôt sur des références à la sensibilité européenne. L'Europe accueillera d'ailleurs triomphalement le retour de l'un de ses fils prodiges. Et sa Suisse natale fera tout pour tenter d'effacer le souvenir de longues années de totale indifférence. Jean Tinguely : une œuvre qui est entrée définitivement dans l'histoire de la sculpture moderne.

Niki de Saint-Phalle a suivi le mouvement tinguelien. Ce sera l'apothéose européenne de leur collaboration : les décors de l'*Eloge de la folie* pour les Ballets Roland Petit (1966, avec Martial Raysse), *Hon,* « Elle, la femme-cathédrale » (avec P.O. Ultvedt, Stockholm 1966), le *Paradis* (Pavillon français à Montréal 1967).

En 1967 Tinguely est invité à participer à New York à un Congrès de futurologie sur le thème « Survie et croissance ». Il saisit l'occasion et construit devant le public du Loeb Student Center une machine à casser les bouteilles de bière que lui apporte une chaîne de montage *(Rotozaza II)*. Un vieux chinois en costume traditionnel avec une longue barbe blanche et un sourire vissé sur les lèvres balaie les tessons de bouteille et les jette dans une boîte à ordures. L'évènement dure quelques minutes, puis Tinguely arrête la machine et remercie le public de son attention. Rotella y assiste et m'écrit : « J'ai rencontré Chamberlain à la séance du *Rotozaza* de Tinguely. Sa réaction : old fashioned. We need another kind of protest now ». *Old fashioned* ou pas Tinguely tenait à régler son compte de haine-amour avec la société de consommation. Il règlera un peu plus tard un autre compte personnel, avec le conformisme religieux cette fois, en faisant exploser un phallus géant en feu d'artifice devant le Dôme de Milan, lors du Xᵉ anniversaire du nouveau réalisme en novembre 1970. Le monument auto-destructif s'appelait la *Victoire* (« Vittoria »). Il n'avait réalisé aucune machine de ce genre depuis Las Vegas.

Exposition Niki de Saint-Phalle, Iolas Gallery, New York, 1966.

Pour nous européens l'Amérique est toujours à découvrir. A n'importe quel moment de notre existence elle est présente dans le sub-conscient de notre mémoire, comme la tentation de l'énergie ou le sursaut de la volonté. C'est dans cette illusoire disponibilité que réside le malentendu et la source de bien des revirements spectaculaires des artistes d'Europe dans leur appréciation du fait américain. On ne prend pas New York comme une aspirine.

Il ne suffit pas de découvrir l'Amérique, il s'agit de la comprendre et de jouer le jeu. L'Europe est un continent divisé en nations qui sont autant de jardins égoïstes et particularistes. L'Europe est le continent des réticences, elles y prolifèrent comme l'ivraie dans le blé. L'Amérique est un continent à la taille d'une seule nation. Elle n'a que faire des réticences. On l'accepte ou on la quitte. Il n'est pas dit qu'en l'acceptant on ne puisse la faire évoluer, mais ça c'est autre chose, c'est une affaire américaine.

Les nouveaux réalistes ont subi la tentation de l'Amérique. Ils étaient sans doute en 1960 les seuls européens capables d'entamer un dialogue de fond avec les artistes new-yorkais de leur génération. Le dialogue a eu lieu. Les leçons subjectives qu'en ont tiré les acteurs demeure leur affaire personnelle. Un Rauschenberg n'en est sans doute pas devenu plus européen et un Tinguely n'en est pas devenu plus américain. Mais les leçons objectives de l'expérience sont positives. L'Amérique s'est auto-démystifiée auprès des artistes européens de 1960. Elle est devenue un milieu ouvert sans conditions. Il ne faut pas lui en demander plus qu'elle ne peut donner et elle-même demande beaucoup.

Tous les nouveaux réalistes n'ont pas saisi l'occasion américaine. Les affichistes parisiens et Deschamps n'ont fait que rêver à New York sans jamais y mettre les pieds. Rotella avait été « artist in residence » à l'Université de Kansas City en 1951-52 et avait enregistré à l'époque un disque de ses poèmes phonétiques. Il retourne à New York 15 ans plus tard en décembre 1967 pour assister chez Sidney Janis à une exposition de groupe sur le thème de Marilyn Monroe dans laquelle figurait son célèbre décollage de 1963. Il y est resté six mois, jusqu'en juin 1968, laissant au Chelsea le souvenir d'un érotomane raffiné. Il s'est contenté de humer l'air de New York, comme César en 1961, qui a exposé chez Saidenberg des pièces en métal soudé classiques, un an après ses compressions de voiture du Salon de mai (faites à Paris sur une presse... américaine) et qui s'en est allé comme il était venu : « C'est beau, mais moi tu sais, la langue... »

Spoerri à New York entre 1964 et 1965 s'est contenté de rééditer pour une soirée le coup des repas-pièges qui avait duré une semaine à la Galerie J en mars 1963. Il invita à dîner des artistes et des critiques puis fixa avec de la colle à leurs places respectives les reliefs du repas, qui furent exposés ensuite à la Galerie Allan Stone. En revanche il a usé et abusé du Chelsea en y présentant en chambre ses propres « collections » de tableaux-pièges avec la complicité de Kaprow et le patronage de la Green gallery. Le printemps 1965 devait d'ailleurs être plutôt gai au Chelsea. Arman, Ayo, Brecht, Christo, Copley, Niki, Filliou, Greko, Kaprow, Lichtenstein, Dieter Rot, Spoerri, Warhol, tous les 13 locataires se prêtèrent le 13 mars à un petit jeu de société : 104 casiers de consigne furent loués à la Pennsylvania Station toute proche. La moitié des casiers contenait une œuvre originale des 13 artistes. Les autres un gadget-souvenir. Le public était invité à s'adresser à la réception pour acheter une clé de consigne. Coût de la clé : 10 dollars. Chance de gain : 1/2. Le gain escompté devait servir à financer un banquet pour les artistes : l'histoire ne dit pas s'ils en furent de leur poche. Spoerri, somme toute, s'est bien amusé au Chelsea.

Christo est arrivé très décontracté à New York, avec sa femme Jeanne-Claude, mais pour des raisons plutôt inverses. Il savait qu'il s'y établirait définitivement et qu'il devrait y mettre « le paquet », c'est bien le cas de le dire. Il réalisa son premier *New York Store Front* (environnement de vitrines drapées grandeur nature) à l'Hôtel Chelsea en fauchant la poignée de la porte de sa chambre pour l'inclure dans son œuvre.

Exposition Alain Jacquet, Iolas Gallery, New York, 1964.

Très vite l'Amérique allait stimuler son imagination et son sens fabuleux de l'organisation. Première étape, les paquets d'air : *42.390 Cubic Feet Package* à Minneapolis en 1966 ; *5.600 Cubic Meter Package* à Cassel, Documenta 4, 1968. Deuxième étape, les empaquetages de monuments. Les premiers édifices empaquetés furent européens, la bureaucratie américaine étant infiniment plus tâtillonne que l'administration italienne ou suisse (bien que les italiens lui aient donné du fil à retordre lorsqu'il emballa la statue équestre de Victor-Emmanuel, « le roi-gentilhomme » sur la place du Dôme à Milan en 1970, à l'occasion de la célébration du Xᵉ anniversaire du nouveau réalisme). Le Museum of Contemporary Art de Chicago, à défaut du Whitney de New York, inaugura la série américaine. Troisième étape : la réalisation in situ des projets d'intervention sur la nature au niveau géographique. Une plage empaquetée en Australie (*Little Bay,* Sydney 1969) ; un rideau tendu à travers un canyon du Colorado (*Valley Curtain,* Rifle 1972-73) ; 24 miles de clôture courant par monts et par vaux, des champs à la mer, à travers routes, autoroutes et villages, au nord de San Francisco (*Running Fence,* Marin and Sonoma Counties, Calif. 1976). Projets grandioses, parfaitement étudiés du point de vue technique, écologique, légal ; auto-financés à travers un système de corporations groupant des « sponsors », le tout étant gagé sur l'œuvre et les activités de Christo.

Christo a élevé l'appropriation du réel à une puissance et à un niveau digne des rêves les plus audacieux d'Yves Klein : avec lui, « le vrai est devenu réalité ». En fait les Christo posent à l'Amérique et à l'establishment new-yorkais plus de problèmes qu'eux-mêmes ne s'en posent vis-à-vis de l'Amérique et de son establishment. L'énergie de ce couple soudé dans l'imagination et l'effort, trouve sa source dans une extraordinaire foi en l'homme et ce genre de foi est capable de soulever des montagnes partout où il y en a dans le monde : à la rigueur de les inventer si elles font défaut.

1964, ce n'est plus 1960. Les jeux sont faits au niveau du pop art et du nouveau réalisme. Les artistes européens qui arrivent désormais à New York ont d'autres problèmes, à commencer par le dépassement du pop. Alain Jacquet arrive en 1964 en vedette précoce du mec-art, tramant l'image sur le report photographique en la fragmentant sur le plan optique, avec l'idée bien arrêtée de battre Warhol sur son propre terrain. Il fera parler de lui dans le domaine de l'image jusqu'au jour où les jeux de la sémiotique symbolique l'emporteront sur le formalisme des données visuelles. Soho l'a beaucoup aidé dans sa traversée du désert. Quand on pousse la porte d'entrée du Chelsea on est frappé par son fameux *Déjeuner sur l'herbe* qui trône dans le hall. Mais Stanley Bard, le directeur, se désole, il ne voit plus Jacquet : quand il est à New York, Alain ne dépasse jamais le nord de Houston Street.

Parmi les autres artistes liés directement ou indirectement au nouveau réalisme, J.-P. Raynaud fut lui aussi un hôte du Chelsea, en 1966 : le temps d'y construire une tour psycho-objet (sans rien voler à l'hôtel). La Tour sera exposée l'année suivante à la Biennale de Sao Paulo.

En 1966 Venet vient tenter sa chance, après avoir fait table rase de son passé artistique. Il s'imposera vite comme le « conceptuel par excellence », du fait de l'extrêmisme de son point de vue d'analyse objective. Le New York Cultural Center a présenté en novembre 1971 « The Five Years of Bernar Venet », les cinq années de son œuvre conceptuelle entièrement conçue en Amérique. Donald Karshan, alors directeur du Centre, en a établi le catalogue raisonné. Depuis lors Venet médite, observe et s'interroge. New York a fait de lui un sociologue de la connaissance. Il paraît pourtant qu'il envisage un imminent retour à l'action picturale.

Chelsea 1960 : un point d'histoire de l'art et une tranche de vie sous le signe du pop. Ce fut pour moi une expérience vécue à travers de multiples voyages et de multiples sensations. Une expérience un peu chaotique et fragmentée mais qui m'a contraint souvent à mettre mes préjugés théoriques à l'épreuve des faits, et qui fut aussi passionnée qu'enrichissante : elle le reste.

222 West 23rd street : c'était en 1960 l'Ellis Island de l'art européen, a coutume de dire Arman. Entre 1960 et 1965, « descendre » au Chelsea quand on venait d'Europe, ça voulait dire au moins une fois sur deux exposer chez Iolas. Aujourd'hui Iolas retourne dans sa Grèce natale après avoir fermé ses galeries à Milan, Genève, Paris. Iolas ferme partout, sauf à Athènes et à New York. Tous ces petits faits méritaient d'être notés en conclusion. On peut être européen jusqu'au bout des ongles et aimer New York en soi et pour soi.

Bernar Venet à la Colombia University, New York, 1968.

Nouveaux contestataires...

PLUS D'ENTRETIEN!

VIVE T!LL!

VIVE CLARKS!

KARATÉ
peausserie velours
Scrub (tabac)
pointures :
du 20 au 41

...plus de lavage :
...un coup de brosse
leur rend
leur velouté
naturel

KARATÉ

la société marchande se perpétue par et dans la substitution d'un objet à la place du sujet. L'art-marchandise de même.

Jean-Jacques Lebel

Dés < ir / ordre

« *And you know something is happening but you don't know what it is do you, Mr Jones ?* »

Bob Dylan

Quelle que soit l'envergure d'un dispositif socio-culturel, un léger coup d'œil suffit pour repérer les manques qu'il instaure. Ceux et celles des visiteurs de l'exposition Paris-New York qui croient savoir ce qui est arrivé à l'art – *what happened to art* – ces quinze dernières années trouveront plus que bizarre que le Happening soit absent de cette rétrospective consacrée aux échanges, aux interférences et aux conflits transatlantiques auxquels le Happening contribua une dérangeante intensité au cours des années 1960. Que les bonnes âmes se rassurent : cette absence ou plutôt cette présence lacunaire est une excellente chose. Cette exposition est « rétro » donc, par définition, entièrement tournée vers un certain passé, vers un ou plusieurs âges d'or mythiques. Qu'est-ce qui fait que tel mythe plutôt qu'un autre ne résiste à l'usure et au temps que sous la forme d'une marchandise momifiée, enterrée dans un musée où défilent des centaines de milliers de touristes aveuglés par ce qu'ils ne voient que de travers ? Les mythes sont passés au crible de la rentabilité (non seulement financière, mais historique et hystérique) avant d'être admis à passer à la postérité comme « valeurs éternelles » invisibles. L'histoire de l'art, comme l'histoire tout court, c'est d'abord l'histoire de la censure, l'histoire du rapport de force que le pouvoir entretient en permanence avec l'imaginaire et le symbolique qui cherchent à se manifester malgré lui sinon en dehors de lui.

Quelle que soit l'attitude pratique - mercenaire ou marginale, servile ou insurrectionnelle – qu'on adopte vis-à-vis de la culture officielle et de sa Loi, on ne peut éviter de se situer par rapport à elle, car, en 1977, il n'existe aucun « ailleurs » paradisiaque (à part la psychose) où la production et la circulation de signes, de traces ou d'affects soient libérées de la censure et de l'auto-censure. Il serait par conséquent par trop simpliste de prétendre que l'absence éclatante du Happening de cette exposition n'est dûe qu'à la censure, à « l'oubli » ou à un mensonge par omission. L'absence du Happening est due surtout à la cohérence et à la logique interne de l'industrie culturelle et, par son absence même, le Happening pose une question de fond à laquelle il n'est possible de répondre, dans un Centre national d'art et de culture, que par l'ignition d'une charge d'explosifs. Réponse d'ailleurs prévue par la technologie de contrôle et de surveillance. Cela n'empêche pas, au contraire, la question de se poser : « Comment se livrer aux plaisirs de l'expression artistique » – irremplaçables pour ce qui est de l'économie libidinale et de la conquête de la souveraineté de l'être – tout en échappant au rôle d'esclave spéculaire prisonnier du maternage sécurisant fourni par l'industrie culturelle à ses employé(e)s ? Les trois premières réponses satisfaisantes, du point de vue de la morale, seront récompensées d'une invitation au prochain déjeuner en tête-à-tête offert par la Président de la République, en présence de Roland Barthes, Philippe Sollers, Madame Soleil, Raymond Poulidor et l'adjointe de Pierre Boulez, Yvette Horner...

Pour ma part, j'avoue être incapable de répondre. Tout ce que je sais c'est qu'il existe au moins deux formes d'art à ne pas confondre. L'art d'intervention directe, immédiate, et l'art-marchandise dont les effets sur et dans le champ social sont médiatisés par la « valeur » accumulée, la plus-value. Or, toute trace d'activité créatrice par sa rareté et sa déviance mêmes, accumule de la plus value si elle ne s'efface et ne disparaît rapidement. L'économie de marché ne valorise que les activités rentables et met hors-la-loi toute énergie qui lui échappe. On ne peut donc « exposer » ou « vendre » après-coup un Happening, pas plus qu'une tapisserie magique faite sur le sable et défaite aussitôt après l'accomplissement du rite de guérison par le « medecin-man », le shaman Navajo. De même l'écrit Taoiste FU se détruit, se trans-forme – au cours d'une mise à feu rituelle – et réintègre le Tao.

Dès que l'art rituel brut, fugitif, anonyme passe dans un circuit de reproduction ou de diffusion industrielle ce n'est pas seulement l'œuvre – « belle » ou « laide », peu importe – qui devient marchandise, mais l'artiste. L'adaptation à l'économie de marché suppose une dépendance quasi-absolue à la loi de l'offre et de la demande libidinale qui fait fonctionner la machine sociale et, je le répète, sauf à se réfugier par légitime défense dans la psychose autistique, je ne vois pas comment on pourrait échapper à cette loi. Considérez l'art du graffitti. A mes yeux c'est une des plus hautes formes de créativité de notre époque. Cela ne se passe pas dans un musée, ni dans une galerie, mais dans le métro de Paris ou de New York, dans les chiottes de l'usine Fiat, à Turin-Mirafiori, dans presque toutes les chiottes de lycées, de high-school ou de gare. Cela n'est rentable pour aucun pouvoir, aucun parti, aucune église, aucune institution. C'est de la parole pleine, du désir pur toujours semblable et toujours différent comme le mouvement des flammes. L'industrie publicitaire, instrument stratégique du capital par excellence, ne parvient pas malgré tous ses efforts à en imiter la sauvagerie. Pour transformer en marchandise les graffitti qui ont littéralement envahi le métro de New York, il a fallu en faire des reproductions photographiques éditées en livre et préfacées, stupidement d'ailleurs, par Norman Mailer. D'innombrables exégètes totalement paumés se sont livrés à la même opération sur le Happening comme si l'art d'intervention directe était voué d'avance, inévitablement, à servir de nourriture aux vampires mercantiles ou universitaires. La tactique du détournement et de la récupération fonctionne d'ailleurs dans les deux sens. Nous sommes des milliers à nous servir à notre tour du circuit de distribution capitaliste pour faire circuler des productions qui se veulent « hors-jeu », schizos et autonomes tout en sâchant que même l'énergie créatrice la plus délirante lubrifie et alimente la machine capitaliste autant qu'elle la sabote. C'est un risque à prendre. Il est inévitable à moins de se résigner à l'isolement catatonique, à la constipation érigée en dogme, à la passivité improductive ce qui, hors des monastères Zen, ou autres lieux de regression asiliaires, n'est jamais que du faux-semblant. Il n'y a d'alternative qu'entre l'implosion mystique et l'explosion socialement échangeable, dans le réel. Il n'y a d'issue pour l'imaginaire que dans le social. C'est là que ça jouit le plus intensément. Apprendre, donc à circuler, à créer sans tomber dans les pièges du système prostitutionnel la tête la première (ou par n'importe quel autre « bon bout »).

La culture n'est pas seulement un terrain de sport et un jardin des supplices, c'est aussi un espace de parade amoureuse. Le Happening, souvent, a poussé cela à l'excès dans le but de faire sauter les dispositifs régulateurs, les cloisonnements (entre l'art et la vie) et la discipline nécessaire au rendement. Le capitalisme, ce n'est un secret pour personne, est anal. Il fonctionne sur la rétention, l'accumulation, la vente, l'achat et la transformation de matières premières. C'est dans ce contexte-là qu'a surgit le Happening : activité ludique renvoyant à la société industrielle ses propres déchets culturels, comme les chimpanzés jettant leurs excréments à la gueule des touristes qui leur tendent une minable cacahuète à travers les barreaux. Zoo, musée, école, caserne ou tribunal, on commence à savoir comment ça fonctionne : « ... Dans tous les registres de l'organisation sociale : économique, scientifique, juridique, religieuse, politique, etc. (artistique aussi, bien sûr) des rites et des cérémonies marquent constamment le caractère anal de cette organisation. On pourrait également dire que la parade est aussi un des traits essentiels. Parade dans son double sens ; parade comme parader et parade comme parer, car la répression agit plus intensément sur l'analité que sur la génitalité. La répression n'est pas le fait d'un pouvoir étranger au sujet, elle se situe dans la structure même et le despote n'apparaît que tardivement, que comme symptôme ou bouc émissaire... » (1). On reviendra plus loin sur ce despote bouc-émissaire, singe pitoyable transformé en spectre de la crise sociale monstrueuse : *le signifiant King-Kong*. Contentons-nous ici de noter que « *l'infracassable noyau de nuit* » autour duquel s'articule tout langage artistique socialisé, est anal et non génital et que l'overdose d'intensité vers laquelle tend cette énergie là serait plutôt mortelle que vitale. Je veux dire que le processus créateur est anal, comme en témoigne un quatrain que m'a chanté il n'y a pas longtemps une petite fille Julie qui donnait là, sans le vouloir, une remarquable description de ce processus :

Connaissez-vous Zouzou
la femme en caoutchouc
qui bouffe des élastiques
et qui chie des bombes atomiques ?

Contrairement à ce que l'on pourrait croire, ce schéma corporel n'a rien de spécifiquement judeo-chrétien car le boudhisme tantrique et le Kundalini Yoga font eux aussi circuler l'énergie cosmique hors de l'appareil génital (consacré à la reproduction de l'espèce et à quelques autres petites activités ludiques).

Quelquefois la parade de l'analité se montre au grand jour comme dans le Happening intitulé *120 minutes dédiées au Divin Marquis (Paris 1965)* : la Religieuse (titre d'un film de Rivette inspiré de Diderot qui venait d'être interdit), c'était Cynthia, un travesti prostitué *presque* transexuel. Après son initiation rituelle au L.S.D. et son intronisation en tant que Reine au double sexe, elle s'est livrée à un double cérémonial à double sens, à la fois religieux et prostitutionnel, confondant la messe et la passe (ablution intime, prières, consécration de l'hostie, préliminaires autoérotiques, etc.) avant de passer à « l'acte » à la fois comme

corps client et comme corps prostitué en se sodomisant, sur son lit, avec diverses carottes et poireaux qu'elle jetait ensuite aux regardeurs ameutés autour d'elle et qui les ont mangé avidement. Cérémonial anal de la « perte des légumes » se référant au récit « royaliste » de Saint-Simon en même temps qu'aux *120 journées de Sodome*. Qu'est-ce qui, dans ce Happening a fait problème au point que même les plus proches témoins, se trouvant à quelques centimètres, n'ont pas *vu* que cette religieuse/prostituée était un « homme » alors que la chose est très visible, même sur les photos ? Problématique de la perception, de la visibilité ou de l'invisibilité des fantasmes, de la possibilité ou de l'impossibilité de les « re-connaître » et de les « réaliser » ? Comment savoir ce qu'on a vu et vécu, puisque cela se passe sur l'autre scène, celle de l'inconscient ? Sartre a justement remarqué que le « *le Happening est ce point où le théâtre explose* ». Quoiqu'il en soit, réel ou imaginaire, ce cérémonial dédié à Sade mit en branle la mécanique de la censure à tous les niveaux : après une campagne de presse frénétique ou la « gauche » et la « droite » rivalisèrent de puritanisme et d'imbécilité, la brigade mondaine (celle des «stups et des putes ») entra en scène à son tour. La répression policière provoqua, bien sûr, une pétition d'intellectuels célèbres, la boucle était bouclée. Il faut dire qu'à cette époque peu de gens éprouvaient un besoin d'autonomie suffisamment puissant pour sortir du cercle vicieux : provocation, répression, protestation.

Toujours est-il que, depuis Dada, il n'y a eu pas mal de « mouvements d'avant-garde » dont l'idée principale a été de « foutre la merde » non seulement dans l'industrie culturelle mais dans l'ensemble de la machine sociale. Les matières premières du Happening – rite animiste qui se situe dans la ligne dadaïste – ce sont les résidus oubliés, les accidents, les actes manqués, les lapsus de la société d'abondance ; ses

Le detournement est une des principales caractéristiques de la "stratégie du désir" développée par le capitalisme selon le théoricien de la publicité H. Dichter. Objectif : la chosification, la reproduction.

160

instruments de cuisine sont des objets trouvés, des souvenirs perdus, des allégories hors d'usage. Le Happening est un peu le discours anal « vulgaire » d'une civilisation dont le discours culturel « noble » a été si nettoyé qu'il n'en reste presque plus rien sinon, sous le déodorant, une faible odeur de cadavre. Reportez-vous aux discours officiels prononcés lors de l'inauguration de Beaubourg, peut-on faire mieux dans le genre oraison funèbre ? C'est aussi à leurs discours, à leur manie de s'élever des mausolées qui ressemblent à d'énormes morgues transparentes, qu'on connaît l'obsession mortifère des gens de pouvoir. Et ce sont ces discours-là, le spectacle funéraire de ces monarques dérisoires qui attirent les foules ! C'est bien la preuve que les mass media mythifient plus qu'ils ne médiatisent les événements.

Avant d'aller plus loin et d'examiner ce qu'il en est de cette odeur de mort que Beaubourg pue à plein nez, il faut bien interroger la demande qui m'a été faite – avec beaucoup de gentillesse de la part d'une personne lucide – d'écrire ici un texte sur le Happening. Pourquoi moi ? Parce que, dit-on, « J'ai introduit le Happening en France », bizarre ! image d'introït qui suppose que le Happening ne pouvait comme Dada, naître un peu partout en même temps, mais plutôt s'introduire (brutalement, par effraction ?) dans une structure trouée, comme un corps étranger. Passons ! « Pape du Happening ? » Tu parles. Il n'y a pape que lorsqu'il y a religion et ce n'est pas le cas. Me demande-t-on alors non de parler d'un mythe mais à la place d'un mythe, bref, de parler pour ne rien dire... sinon les clichés historicistes qui emplissent habituellement les catalogues ? Non, cela se joue d'une autre façon : par rapport à l'absence et à la désertion – la mienne, après 1967, d'un monde de l'art déjà en pleine putréfaction – par rapport au refus radical du système prostitutionnel où « l'artiste » n'est reconnu comme « valeur sûre » que dans la mesure où il assume le rôle masochiste du chien-chien à sa mémère et se met en position, sur le marché de l'art, de subir le désir du Maître et d'en jouir. Quel Maître ? Le maquereau ou la maquerelle, l'intermédiaire, le go-between, le marchand qui gère l'énergie de son poulain comme celle d'un animal domestique. L'artiste comme la putain entretien son proxo, lui obéit et se met au service aussi des corps clients sur lesquels ce pratique *l'abattage*. Il s'agit pour le ou la prostitué(e) de faire fonctionner les fantasmes et les désirs de l'autre tout en refoulant, en étouffant les siens. Le corps client en fin de compte est toujours trompé sur la marchandise, n'achète qu'une valeur abstraite, symbolique, comme le collectionneur n'emmagasine que du désir éteint.

*« I didn't like white music. But when Jagger came along. All of a sudden, I knew what to do :
Drop my pants ».*

Patti Smith (Sounds)

« Ils ont décidé que je serai punie et que je devrais choisir moi-même la punition à m'infliger... »

« Cette idée toujours présente du suicide me paraissait justifier notre vie... »

Xavière (La punition)

Non seulement l'artiste et la putain cherchent pareillement un Maître mais ne trouvent leur « bonheur » que dans le salariat, c'est-à-dire dans une situation d'esclavage conjugal vis-à-vis de la loi (même contestée). Telle est la

Gini. un goût nouveau venu d'ailleurs.

Bitter lemon tonic . à boire glacé.

« Spirale infinie du plaisir et du pouvoir » – dont parle Foucault – qui commence avec le désir masochiste. Spirale dont la force d'attraction sur les individus, les familles, les groupes, est telle qu'elle peut canaliser de véritables mouvements sociaux (comme celui de l'après Mai 1968 qui se dirige vers le trou noir de la sinistrose) ou créer de véritables épidémies libidinales à base d'hystérie spectaculaire comme ce qui oriente d'immenses foules vers le Salon de l'Auto, le Tombeau de l'Empereur, le mausolée de Lénine ou le Centre Beaubourg : le désir masqué de la mort ! D'ailleurs le marché de l'art, l'industrie du spectacle, les lieux de culte et de sport passif (en anglais : spectator sports) et le commerce du sexe finiront par être regroupés dans un seul bâtiment ministériel à la fois Musée/Asile/Eros Center/Eglise où seront centralisées toutes les ergothérapies possibles. Quel bel avenir de castrat fonctionnel et de femme-trou l'industrie culturelle offre à quiconque veut y faire carrière ! Comme le disait une prostituée de luxe à Kate Millett : « Les call-girls font partie du système capitaliste, elles pensent en capitalistes ». C'est vrai que tout corps et toute énergie libidinale appartient à la machine salariale dès lors que le plaisir qu'ils en tirent est devenu aussi indispensable à leur survie – à leur agonie – que la piqûre répétitive l'est au junkie accroché au manque dont il est amoureux. A New York durant les deux dernières années, le nombre des morts par overdose a doublé. Ce virus très contagieux de la necrose est arrivé en Europe, mais il n'est qu'un des agents – plus spectaculaire, plus « culturel » – de cette crise internationale qui fait de terribles dégâts. Un nombre croissant de toxicos se marient avec la mort en s'enfermant dans une relation conjugale et masochiste avec la loi (quelque fois inversée). C'est cela aussi la normalisation, le retour au bercail.

L'actuelle sinistrose quasi générale, c'est du manque-à-créer, du manque-à-jouir, bref de la castration... Maladie institutionnelle, professionnelle qui ne se soigne pas à l'aspirine mais qui n'est pas incurable pourvu que le désir

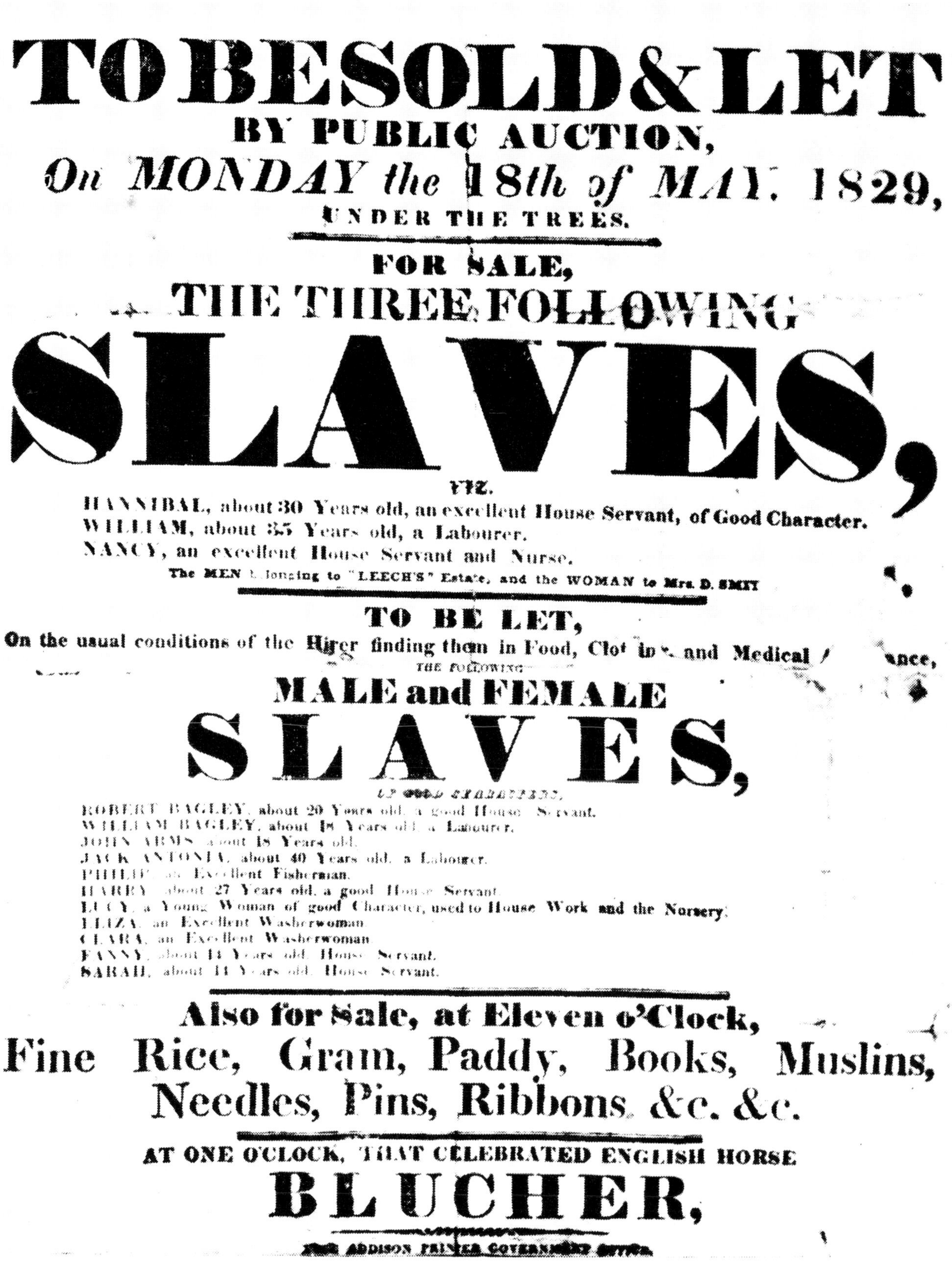

TO BE SOLD & LET

BY PUBLIC AUCTION,

On MONDAY the 18th of MAY, 1829,

UNDER THE TREES.

FOR SALE,

THE THREE FOLLOWING

SLAVES,

VIZ.

HANNIBAL, about 30 Years old, an excellent House Servant, of Good Character.

WILLIAM, about 35 Years old, a Labourer.

NANCY, an excellent House Servant and Nurse.

The MEN belonging to "LEECH'S" Estate, and the WOMAN to Mrs. D. SMIT

TO BE LET,

On the usual conditions of the Hirer finding them in Food, Clothing, and Medical Attendance,

THE FOLLOWING

MALE and FEMALE

SLAVES,

OF GOOD CHARACTERS,

ROBERT BAGLEY, about 20 Years old, a good House Servant.

WILLIAM BAGLEY, about 18 Years old, a Labourer.

JOHN ARMS, about 18 Years old.

JACK ANTONIA, about 40 Years old, a Labourer.

PHILIP, an Excellent Fisherman.

HARRY, about 27 Years old, a good House Servant.

LUCY, a Young Woman of good Character, used to House Work and the Nursery.

ELIZA, an Excellent Washerwoman.

CLARA, an Excellent Washerwoman.

FANNY, about 14 Years old, House Servant.

SARAH, about 14 Years old, House Servant.

Also for Sale, at Eleven o'Clock,

Fine Rice, Gram, Paddy, Books, Muslins, Needles, Pins, Ribbons &c. &c.

AT ONE O'CLOCK, THAT CELEBRATED ENGLISH HORSE

BLUCHER,

ADDISON, PRINTER GOVERNMENT OFFICE.

Page 136 Slave auction bill, 1829, from Wilberforce House, Kingston upon Hull

162

sache dé-jouer ses propres machines de mort (économiques, politiques, sexuelles, artistiques, etc.) même les plus séduisantes, les plus « merveilleuses ». L'issue n'est pas du côté où ça stagne mais du côté où ça bouge, où ça crée. Par exemple, l'autre jour, il y avait une manifestation de rue à la Bastille à laquelle participaient beaucoup de femmes enceintes qui chantaient « Notre corps nous appartient. » Et ce corps parle à haute voix, enfin ! Evidence : la vie danse.

Est-il vraiment si étonnant que le nombre des déserteurs ait tant augmenté depuis 68 ? Beaucoup ont foutu le camp, pas pour « jouer aux échecs » comme tonton Marcel, mais simplement pour être. Et c'est à un déserteur, moi en l'occurence, qu'on demande de parler de Happening et de constater le vide qui se tient à sa place *dans cette* exposition, *dans ce* musée. Ce manque, il ne s'agit pas de « l'expliquer » par un discours-écran, ni de s'en faire une raison selon le procédé industriel classique, qui consiste à remplacer une expérience vécue par une analyse a posteriori et une image plus ou moins photographique de cette expérience. Procédé trop énorme qui se souligne lui-même non seulement d'un fil rouge mais d'un puissant signal d'alarme – une sorte de pet incongru – du fait qu'il n'y a pas de trou plus intensément signifiant ni d'espace plus rempli que là où l'essentiel va se nicher, se planquer, s'incruster, s'éterniser. Qu'attend-t-on donc du Happening sinon qu'il fasse, par son absence même, office de *révélateur* ou (pour emprunter faute de mieux à la psychosociologie un terme déplaisant) d'*analyseur* ? Révéler quoi, analyser quoi, sinon la crise de dépression à la fois sociale et culturelle, l'effondrement des systèmes de valeurs et des structures dont le Happening fut, au début des années 60, un des signes prémontoires ?

C'est évidemment par le canal des mass-media – où s'usinent les mythes et se fabriquent les opinions publiques – que le mot Happening, le signifiant Happening, est sorti de l'underground culturel pour passer dans le langage courant. Il n'y a guère de policitien, de journaliste, de publiciste qui (sur la scène des mass-media où la société revit son histoire immédiate en se parlant, en se hurlant un langage de sourd, qui, par erreur, peut lâcher le morceau et dire le vrai), il n'y a guère de personnage public qui, au cours des quinze dernières années n'ait employé le mot Happening pour désigner ou qualifier un événement quelconque qui échappe au sens commun, qui dépasse les limites du raisonnable, qui défie l'analyse. Dans les discours de ces gens-là, Happening veut dire bordel, foutoir, merdier insupportable, dégueulasse, effrayant, minorités agissantes, agitateurs étrangers, déviants, asociaux, etc. C'est ainsi, que les orateurs et « penseurs » de cette fin de civilisation, de cette fin du monde occupés à s'écouter parler, ont pris un beau matin, mai 68 sur la gueule. Et ça continue, d'ailleurs, de ronronner comme si rien n'avait changé, comme s'ils ne risquaient pas de prendre de nouveau sur la gueule les autres « surprises » que la crise sociale leur réserve.

Au moment où ce texte s'écrit, début mars 1977, il est beaucoup question du Printemps Italien. Il s'agit d'un conflit social et culturel, très profond et massif qui remet en question la discipline de la société industrielle et salariale. Ce qui se joue-là, c'est la notion même du Pouvoir, de sa transformation possible ou impossible. L'invasion de l'université de Bologne – ville que le P.C.I. administre de longue date – par les blindés de l'armée, ainsi que l'assassinat de l'étudiant gauchiste Lorusso par la police est comme un « remake » de la normalisation à Prague, à Budapest, à Gdansk où l'appareil d'Etat n'a pu survivre qu'en massacrant tout ce qui lui résistait. Il est de plus en plus clair que les gestionnaires du capitalisme – d'Etat ou privé, peu importe – qu'ils soient de « gauche » ou de « droite » n'emploient qu'une seule méthode de gouvernement – la violence meurtrière – dès que se dessine un important mouvement d'autonomie. Or, en Italie, il y a actuellement des mouvements autonomes de jeunes prolétaires, de marginaux, de femmes, d'homosexuels, tous et toutes exclus du pouvoir et cela empêche les hommes d'Etat et les bureaucrates de gérer la lutte des classes comme un match de foot-ball dont les résultats, connus d'avance, sont toujours truqués. L'irruption de ces désirs d'autonomie – même ambigus et ambivalents – modifie la règle du jeu social et libidinal.

Le Printemps Italien est un phénomène d'abord marginal, parti de quelques lycées et universités, en train de « dégénérer » en mouvement de masse, en affrontement de classe d'un type nouveau, bouleversant le scénario de la vieille gauche sénile selon lequel il y aurait d'un côté les « bons » – les prolétaires, représentés par de « bons » partis et syndicats – et de l'autre les « mauvais », les bourgeois – représentés par de « mauvais » partis et syndicats. Comme en 1968 et pas seulement en France ou en Italie, explose actuellement dans les villes italiennes une gigantesques force subversive qui refuse toute identification soit avec les « bons » soit avec les « mauvais », en débordant violemment le système binaire, manichéiste qui est censé encadrer, limiter tout conflit social de façon à ce que la machine capitaliste –à la fois patriarcale et matriarcale – puisse continuer à fonctionner plus ou moins normalement, despotiquement.

Ce n'est pas rien qu'une des principales composantes de ce mouvement de masse, les « indiens métropolitains » ait choisi le nom de Happening pour leurs manifestations de rues, notamment le 2 mars au Campo dei Fiori, à Rome. A propos de ce Happening le correspondant du Monde leur a posé la question suivante : « Est-ce une forme d'apolitisme ? » – « Pas du tout, ont répliqué les indiens, ce n'est pas le Carnaval, *c'est une autre façon de faire de la politique* ».

Il est clair que le problème ainsi posé n'est pas interne à la soi-disant « élite » artistique, il ne s'agit plus de la forme ni du contenu d'une expression rétrospective dans un musée, mais d'un problème général qui se pose désormais partout. Loin de constituer un « cas à part » ou une minorité sans importance, ces indiens métropolitains et leurs Happenings sont significatifs de ce que, en 1977, vivent des centaines de milliers, voire des millions de déviants d'origines sociales diverses. Cette crise est internationale et multidimensionnelle (économique, politique, affective, psychique, sexuelle, culturelle), elle affecte toutes relations interpersonnelles, tous les rapports sociaux. C'est pourquoi au lieu de se réfugier dans l'histoire de l'art, il y aurait intérêt à ce que même les visiteurs de musées acceptent d'ENTENDRE et de VOIR ce qui est en train d'arriver – Happening – à leur propre société.

Voilà ce qu'ont dit au journal Libération (le 2 mars 1977) une femme et deux hommes qui participent activement au Printemps Italien :

– « ... Ces dernières années de lutte longue et dure contre l'Etat masculin nous ont appris à ne plus faire de distinction entre travail et sexe, entre le fait d'être femme et de faire de la politique... Nous les femmes nous sommes les premières emarginate (marginalisées exclues) de cette société de merde... Je refuse l'identification femme-mère qui mène depuis toujours à une double exploitation de la femme, de la femme reproduction... »

L'industrie culturelle est ce qui fait fonctionner les signifiants sociaux en piégeant le désir et en l'enfermant dans des stéréotypes dans des codes de comportements aliénés, programmé d'avance.

– « ... Les gens ne connaissent pas notre vie, notre solitude. Les adultes, eux, ils ont des femmes, des familles, des enfants. Tout ça me dégoûte, mais c'est dur de ne pas l'avoir, on se sent comme un sachet de poudre sur le point d'éclater et de se disperser dans toutes les directions... Pas de travail, pas de fric, pas de perspectives. Le couple est en crise, jamais de tendresse. Voilà pourquoi on se pique toute la journée... pour ne pas être obligé de rechercher des choses qui n'existent pas... »

– « ... Je fais partie de la « sous-bourgeoisie », une nouvelle classe qui est à la bourgeoisie ce que le sous-prolétariat est au prolétariat. Mon père est un petit fonctionnaire, moi, je suis un désespéré... Il faut tout détruire et emporter sans avoir peur de notre propre folie... La destruction que prêchent les indiens métropolitains c'est de la légitime défense... »

Qui n'est pas capable d'entendre ces indiens métropolitains ne peut, en effet, que subir comme une agression inexplicable et un désordre social inadmissible les Happenings par quoi se manifestent leur rage à la fois destructrice et constructive. La confusion mentale et la crise de dépression où de telles menaces plongent les pouvoirs publics n'auront-elles d'autres résultats que l'action punitive, la répression policière, ou un vaste contre-coup normalisateur tel que celui qui traverse la France en ce moment ? En tout cas ce n'est pas en éludant à Beaubourg – ou ailleurs – les questions fondamentales que posent ces auteurs de Happening-là qu'on se protégera indéfiniment, bien au chaud, qui au fond de son trou noir, qui dans son berceau ou son lit matrimonial, des ravages que la crise opère d'ores et déjà à tous les niveaux (réel, imaginaire, symbolique) de la Société.

Il n'y a pas, il n'y a jamais eu un seul type de « vrai Happening », il y en a eu des centaines. Je me suis déjà longuement expliqué là-dessus (dans mon livre « épuisé » – *Le*

Happening – Collection les Lettres Nouvelles – éd. Denoël Paris 1966, et la « Lettres Ouverte au Regardeur » dans la revue *Les Lettres Nouvelles* 1967) Allan Kaprow, de même (notamment dans son texte « A Happening in Paris » paru dans *New Writers,* 4 éd. Calder and Boyars, Londres 1967). Ceci dit, à mes yeux, les Happenings les plus pertinents se déroulent – comme ceux des indiens métropolitains – directement sur le champ de bataille social, pas dans les lieux consacrés, les cours de récréation du ghetto culturel. Est-il besoin de préciser que, cela n'engage pas la plupart des auteurs de Happenings, artistes reconnus comme tels par la *tour de contrôle étatique* (évoquée par Burroughs et dont le Centre Beaubourg ne serait qu'une sorte de copie monstrueuse et cauchemardesque, encore que l'instance « supérieure », surmoïque, s'érige *d'abord* dans l'inconscient, comme *death wish*) ? Derrière ce statut privilégié d'artistes concédé par les pouvoirs publics à leurs plus fidèles serviteurs, se profile la sacro-sainte « neutralité » qui n'est pas seulement politiquement conservatrice ou contre-révolutionnaire, mais qui correspond à une ambivalence affective vis-à-vis de la loi, à un agencement libidinal qui s'est cristalisé, une fois pour toutes, autour du Pouvoir (ne serait-ce qu'en s'enfermant dans une contestation formelle et répétitive qui ne fait que le renforcer). Si l'on reconnait l'existence de cette tour de contrôle il faut reconnaître toutes les reproductions, tous les relais, implantés dans la structuration inconsciente de chaque institution, chaque administration, chaque parti, chaque syndicat, chaque groupe, chaque famille, chaque couple, chaque rapport social et affectif, sinon, ne serait-ce que dans le domaine culturel, les consignes venues non seulement « d'en haut » mais de l'intérieur de la machine, ne seraient pas si scrupuleusement respectées. Pour ce qui est du Happening en tout cas, les choses sont claires : la consigne a été de le contenir à tout prix en deçà des limites de l'art et de la décence et de faire, autant que possible, le silence sur ce qu'il peut déclencher de l'ordre de la schizophrénie collective, de la création sociale. On avait déjà fait le coup aux dadaïstes berlinois qui malgré les liens organiques, énergétiques qui les rattachaient à la tendance la plus radicale du mouvement de masse révolutionnaire, le Spartakusbund et les communistes des conseils ouvriers (à ne pas confondre avec la dictature des tsars bureaucratiques qui a triomphé sous l'appellation léniniste ou stalinienne) ont été réduits par les historiens d'art à une vague succursale politique du « vrai mouvement dada », purement esthétique et dont on prévoyait déjà, malgré les difficultés « idéologiques » que cela présentait, l'intégration au marché et à l'histoire de l'art.

Lorsque j'ai commencé à faire des Happenings je ne savais pas ce que je faisais. C'est souvent encore le cas, d'ailleurs – mais, tout en continuant à faire de la peinture, des collages, de la sculpture que j'exposais dans les galeries et les musées, j'étais taraudé en permanence par l'irrépressible dégoût et l'anesthésie hystérique auquel tout système prostitutionnel soumet ceux et celles qui s'y adaptent. J'aurai pu dire comme l'indien métropolitain – et je l'ai dit : « mon père est un petit fonctionnaire (ou un expert en quelque chose) et moi je suis un désespéré ». Sorti avec soulagement du groupe surréaliste qui malgré ou à cause du paternage charismatique d'André Breton – qui fut pendant des années sinon « un père spirituel » du moins un ami irremplaçable, ainsi que Benjamin Péret, poète et révolutionnaire – je me suis retrouvé à la rue non pour y tirer sur n'importe qui mais sur des cibles politiques précises. Le Happening dès le début, fut l'irruption d'une poussée de désir fou qui visait à se propager dans le champ social comme un incendie sans réplique. C'était l'époque de la

Avant le "hard", le "soft": le western "libéré" intitulé "Big Guns (Gros Calibres). Le signifiant Sex Bomb (Raquel Welsh) et le signifiant Super Macho (Jim Brown) constituent le mythe du couple parfait, l'Amour et la Mort, l'idéal hollywoodien modernisé.

guerre d'Algérie et du soulèvement de Watts où les émeutiers, par un désespoir suicidaire qui ne m'était pas totalement étranger à ce moment là, mettaient le feu à leur propre milieu urbain, à leur ghettos. Le Happening s'inscrivait directement dans ma vie, par le militantisme sacrificiel où il me jetait – dans le contexte d'une lutte politique contre l'impérialisme de la classe dominante – désespoir dont l'aspect messianique et répétitif a depuis laissé la place à une stratégie plus lucide et moins suicidaire. Avec le recul, en constatant ce que sont devenus les « mouvements de libération » algérien et afro-américain après avoir méticuleusement singé l'organisation paranoïaque du pouvoir qu'ils voulaient abattre, on peut, on doit se poser des questions sur le masochisme radical, à base de culpabilité et de dénégation, qui a poussé les « vrais héros » et les « vraies héroïnes » – dont les visages ont orné et ornent encore les tee-shirts et les posters – à se jeter dans les flammes pour en jouir. Certains de mes camarades et de mes amours y sont restés. J'y pense ainsi qu'à ses juifs polonais membres d'une troupe théâtrale dont on m'a dit que, le dernier jour du ghetto de Varsovie en train d'être détruit systématiquement maison par maison par l'armée nazie, ils jouaient une pièce de Shakespeare en costumes de scène, pour mourir en beauté.

Sauf à fermer les yeux sur les répétitions, à des degrés divers d'horreur, de cette articulation de l'imaginaire sur le symbolique et le réel autour de chacun et chacune de nous, on ne peut continuer de faire semblant de situer théoriquement et pratiquement le Happening – ni aucune autre activité artistique, affective, sexuelle – ailleurs que dans le champ social et historique où ça se produit. C'est donc, ici dans le contexte précis de la crise de dépression multidirectionnelle qui affecte la société capitaliste « libérale » que réapparait sur la scène politique et économique le spectre du fascime et resurgit, comme après la crise de 1929 le signifiant King-Kong. C'est en effet, l'année de la prise du pouvoir par Hitler, en 1933, que Hollywood produit le premier *King-Kong*. Il n'est plus possible, depuis longtemps, de se contenter du théorème économiste qui attribue mécaniquement toute « montée du fascisme » à une crise générale de chômage, aiguë et prolongée et au chaos social qui résulte de l'angoisse dépersonnalisante, souvent mortifère en effet, que subissent les victimes du chômage. C'est là une vision trop simpliste du fascisme qui, d'ailleurs, ne constitue pas pour l'instant une menace concrète, quantifiable. Il y a, par contre, une ré-apparition sur la scène culturelle et dans l'imaginaire social d'un spectre, d'un visage de fascisme : le signifiant King-Kong. Ce qui est différent. Je veux dire que l'énorme succès commercial d'un film comme le deuxième *King-Kong* et l'exploitation par le cinéma publicitaire du même spectre, loin d'être un fait du hasard, constitue à la fois un retour de refoulé et un remous social qui ne doit pas être ignoré si l'on veut essayer de saisir quelque chose du fonctionnement de la machine capitaliste. « *On trouve tout à la Samaritaine* » (même la mort)... *King-Kong.*

« *Trapped in women's mind,*
  Look through me at the father
I'm here to gather my own kind
  Love don't die or grow old
Come Rise from the blind
  Give me what's mine ».

Charles Manson

« *I myself consider myself the most*
Powerful figure in the world and
That is why I do not let any
Superpower control me ».

Maréchal Amin Dada

165

Nous ne nous éloignons pas du tout, contrairement aux apparences de ce qui a pu être repéré et énoncé au cours de plusieurs Happenings, de la fonction de l'industrie culturelle chargée de produire et distribuer – pas seulement sous la forme de films mais de comportement sociaux – le désir dominant du capitalisme : l'overdose.

Ce n'est pas que l'art – moderne ou non – ait jamais pu se situer hors du champ social mais il s'est trop souvent contenté d'être une sorte de zone d'essai du pouvoir de l'imaginaire et du symbolique, enclos sacré ou jardin intérieur réservé à une poignée d'usagers de l'artistocratie financière ou sacerdotale. Le concept élitiste d' « avant-garde » est maintenant caduc, ce n'était pas le cas durant les années 60 au moment où à New-York et à Tokyo, à Paris et à Prague les Happenings ont commencé. On cherchait en vain quelque conception de l'art ou de la vie qui mette d'accord Oldenburg et Knizak, Higgins et Paik, Kaprow et Pommereulle, Red Grooms et Erro, Martha Minujin et Otto Mühl, Carolee Schneeman et Râlph Ortiz, Allison Knowles et Vostell, le groupe espagnol Zaj et le groupe japonais Zero Dimension, John Latham et Al Hansen, etc... Il n'y a pas de doctrine, ni de règle. A la limite le Happening c'est n'importe quoi, n'importe où. Il n'y a aucune garantie sur la qualité artistique ni sur la « pureté idéologique ». Donc, n'importe quel commerçant cherchant de la publicité, n'importe quel simulateur ou « fou dangereux », même n'importe quels crétins fascistes ou staliniens, pornographe catholique, accordéoniste manchot, strip-teaseur mystique ou jardinier maniaque peuvent baptiser « Happening » ce que bon leur semble. Est-ce vraiment un inconvénient ou bien une ruse apte à décourager d'avance les auteurs de rapports de police et de thèses de doctorat ? Qui se sentirait obligé – on se demande pourquoi – de revenir sur les différentes tendances

KING KONG

INTERNATIONAL n°1

REVUE COMMUNISTE trimestrielle

LA CRISE

des Happenings des années 60 n'a qu'à se référer au reportage bien documenté de Barry Farrell « The Other Culture » (in *Life Magazine,* 17 Février 1967). Pas mal de femmes et d'hommes de nationalités diverses ont créé des Happenings ou bien y ont participé aux *Festivals de la libre expression* que j'organisais à Paris mais, à ma connaissance, la seule occasion où plusieurs dizaines d'auteurs de Happenings d'une dizaine de pays se soient rencontrés spécialement pour parler de leur travail et confronter leurs points de vue, fut le *Destruction in Art Symposium* qui s'est tenu à Londres en 1966 et où, déjà le vandalisme et le sabotage dans tous les domaines furent exaltés comme formes d'expression artistique.

Nous avons pris connaissance, à ce moment là, que quelque chose nous départageait. La « pression sociale » et le « vent de folie » nous taraudaient tous et toutes, mais pas de la même manière ni avec la même force. Certains se situaient dans la lignée de l'avant-garde respectable – dont les évènements référentiels étaient l'*Hommage à New-York* de Tinguely ou tel concert de John Cage – d'autres, déjà, se situaient dans le mouvement social réel, hors ou bien au delà de toute tradition artistique. L'*Hommage à New-York* de Tinguely avait eu lieu en 1960, dans le jardin du Musée d'art moderne de cette ville – vaste et magnifique sculpture en mouvement programmée pour prendre feu et se détruire elle-même devant un auditoire choisi – tandis que les évènements historiques qui importaient le plus aux autres, dont j'étais, c'était par exemple la Révolution des Conseils Ouvriers hongrois (écrasée par les chars russes en 1956) ou bien ce que nous vivions, à Paris même, de la violence meurtrière de la Guerre d'Algérie. On notera, je l'espère, à la fois la différence qualitative et la corrélation entre, d'une part, le suicide spectaculaire d'une sculpture dans un musée, les allégories psychodramatiques de meurtre présentes pratiquement partout dans les Happenings, et, d'autre part, le và et vient ascendant ou descendant de la pulsion de mort qui traverse réellement le champ social.

La réapparition du signifiant King-Kong en pleine crise économique, dans les années 70, est inséparable de la manière dont la pulsion de mort se laisse détourner et rentabiliser par l'industrie culturelle à certaines époques, tandis qu'à d'autres époques elle investit le mouvement social réel (ce qui est actuellement le cas). Le signifiant King-Kong est ce qui unifie et uniformise la pratique d'individus et de groupes sociaux en une sorte de mouvement de masse inconscient situé dans le champ social et produit par lui – qui va vers l'auto destruction, la punition. Le singe monstrueux est la reproduction du spectre de la crise sociale destructrice qui hante l'imaginaire collectif. Ce n'est pas réellement entre la Belle et la Bête que se passe l'histoire d'amour et de mort, mais entre le monstre destructeur et suicidaire qui est à la fois son symptôme et son partenaire et cette civilisation industrielle qui est allée le chercher au fond de sa jungle – au fond du « continent noir » – pour le supplicier et le mettre à mort. Et de quoi est-il puni, de quoi est-il « coupable » sinon d'avoir attaqué de front, naïvement, une organisation sociale hierarchisée, une machine de pouvoir trop complexe et puissante pour lui ? Type même de l'ennemi public à « circonstances atténuantes » le singe amoureux se fait pourtant mettre en pièces et littéralement châtrer par la technologie meurtrière – le terme militaire employé par le Pentagone est « over-kill » sur-mort – comme si pour venir à bout de ce sur-mâle, de ce monstre phallique – que pousse à consommer une publicité raciste en vantant les mérites de l'anormal « goût nouveau venu d'ailleurs » – il fallait employer les grands moyens, ceux de la guerre. Pourquoi pas une bombe atomique contre le prochain King-Kong ? Le Maréchal Amine Dada – autre « colosse sanguinaire » – a été comparé à King Kong par l'horreur qu'inspire son sentiment de surpuissance, son arrogance de despote paranoïaque (il est vrai qu'on l'a aussi comparé à Hitler et à Staline alors que les ignobles exploits meurtriers de ce Frankenstein tribal ne se comparent qu'à ceux des petits dictateurs d'Amérique Latine) (2) et c'est vrai que, d'une certaine façon, il porte un défi comparable à la société blanche, « civilisée » qui, si elle ne cache pas la mort dans ses théâtres, ses musées, ses hôpitaux, ses morgues, etc... et ne parvient pas à dissimuler entièrement son goût du meurtre et du terrorisme d'Etat, ne s'en scandalise pas moins devant la barbarie du « goût nouveau venu d'ailleurs » qui surgit de la pénombre de ses propres fantasmes. King-Kong est l'objet du désir et d'horreur d'une femme – la Belle « aime » la Bête qui la terrorise – mais cette femme est une chose, une marionnette qui obéit au metteur en scène lequel se contente de faire jouer ensemble deux stéréotypes complémentaires, deux signifiants caricaturaux des fantasmes sexuels – sadisme, viol, meurtre et bestialité – qui sont sensés habiter tout couple « normal » et toute féminitude « normale » autrement dit, King-Kong serait une fatalité et le culte phallique une dette à payer avant d'accéder à la jouissance.

L'autre versant de King-Kong, c'est la fécalité. Ce monstre qui ne connaît pas le refoulement de ses instincts ni de ses besoins, c'est « l'étron fou » (nom d'un orchestre de pop music) qui dérange l'organisation sociale et bouleverse les habitudes de propreté de toute une population urbaine. C'est un peu comme ça que les « gens normaux » voient la Révolution : la merde foutue par des enfants irresponsables ou des « fous ». Le chaos fécal. Presque un Happening !!! King-Kong « fout une merde épouvantable » en détruisant la ville et en allant au devant de sa propre destruction comme un somnambule, bonne bête naïve mais malpropre. Sorte de grand Autre, fantasme de la différence horrible, inhumaine, non seulement d'avec les foules qu'il fait fuir mais d'avec la femme blanche qu'il attire et tient dans son poing, comme son jouet, sa minuscule poupée d'amour. Dans les yeux de King-Kong brille à la fois une tendresse bouleversante et le soleil noir de la mort quand il croise le regard de toxico de sa poupée blonde, qui meurt de peur et d'amour non pour lui – puisqu'il n'existe qu'à l'état de fantasme – mais pour son signifiant-image qui produit enfin l'overdose de Pouvoir phallique, l'overdose de jouissance interdite. Qui est le maître, qui est l'esclave ? Qu'adviendra-t-il de ce jeune couple sympathique ? Leur histoire peut-elle se terminer par un happy end ? Non, bien sûr, puisque « la répression n'est pas le fait d'un pouvoir étranger au sujet » et qu'il faut que la transgression se paye au prix fort. C'est aussi l'avis de l'indien métropolitain de tout à l'heure – ce sauvage de l'intérieur, natif d'Europe et non de la jungle africaine mais tout aussi suicidaire – « il faut tout détruire et emporter sans avoir peur de notre propre folie ». King-Kong, suicidé d'une société qui n'est pas la sienne, et où il n'aurait pu vivre son exil que empaillé dans un zoo, un musée ou un cirque, est finalement mis à mort d'avoir ressemblé « comme un frère » à ce despote qui apparaît tardivement, comme « symptôme et bouc émissaire » non seulement d'un désir féminin – réel ou supposé – mais du désir de mort que la société toute entière, la culture industrielle toute entière, projette sur lui, le monstrueux souvenir-écran qui protège les « sales petits secrets » du fascisme quotidien. King-Kong ce n'est pas Superman. C'est un super chien policier qui doit éloigner les témoins gênants et détourner les regards de l'essentiel. Son « destin tragique » ne cache pas grand chose finalement, car King-Kong, à son tour, se réincarne en ceux qui continuent d'en perpétuer le mythe : les Charles Manson (3), les lieutenant Calley, les Amin Dada qui ont tous en commun un don de metteur en scène et de vendeur de spectacle qui font que leurs meurtres – sexuels, presque toujours – et surtout leurs châtiments suprêmes se déroulent en même temps dans le réel et dans l'imaginaire social où les répercutent instantanément les mass média. Il y a eu de grands progrès dans les techniques de contagion de la pulsion de mort depuis qu'Andy Warhol a exposé sa très belle série de tableaux monochromes où figurait une chaise électrique vide. La scène s'est peuplée, le spectacle s'est animé. Ruby a tué Oswald en direct, devant des millions de téléspectateurs. Le spectacle de la destruction finale, par les balles et le feu, des « Héros » du S.L.A. encerclés à Los Angeles par des milliers de policiers, des hélicoptères et un blindé, s'est aussi déroulé en direct et en couleurs devant des dizaines de millions de témoins assis devant leur poste de T.V. Déjà, en 1968, à Chicago, les violents affrontements entre manifestants et policiers cessaient dès que les équipes de télévision partaient manger, comme si le conflits n'avait d'autre réalité, d'autres raisons d'être, que celui d'un jeu hystérique, *d'un spectacle à regarder du dehors*. En montrant, dans leurs moindres détails, les actes perpétrés par le lieutenant Calley et ses semblables sous les ordres du Pentagone (le massacre à Song My de 400 villageois charcutés, sodomisés, carbonisés n'a pas été exceptionnel), par Charles Manson et sa secte sataniste (boucherie rituelle) à Hollywood, par Amin Dada qui hésite encore entre meurtre artisanal et meurtre industriel, la culture de masse s'est fabriqué des héros folkloriques et toute une nou-

velle mythologie sur laquelle le culte modernisé de la mort se fonde.

« Joyce était amoureuse de moi. Elle admirait le truand confondant la cruelle réalité avec ses héros de cinéma... Son amour pour moi était comparable à celui d'une Geisha pour son maître. Pour elle, j'étais le « Caïd » qui domine les autres, mais aussi l'amant délicat... Elle allait me montrer que son amour pouvait aller jusqu'au sacrifice de sa liberté... »

Jacques Mesrine (*L'instinct de mort*)

C'est sur cette scène mondiale que surgit un nouveau type d'assassin – Gary Gilmore et Jacques Mesrine – qui revendiquent hautement leurs crimes de sang, le statut d'Ennemi Public n° 1 et qui exigent le châtiment qui leur revient. Ils invoquent la Loi en avouant publiquement, en écrivant des livres, en mettant leur propre mort en spectacle avec un soin extrême et un goût du grandiose. Ils veulent mourir devant et pour leur public, devant les photographes, les reporters, les cinéastes comme pour « faire participer » des millions de témoins en se sacrifiant à la foule, non pour de l'argent mais pour la gloire, pour le plaisir. Génies de l'autodestruction, méprisants comme tous les grands paranoïaques qui parviennent à leur fin : le pouvoir. Le crime de sang mis en scène comme un opéra et consommé par des millions de spectateurs, c'est çà l'art de l'ère nucléaire ? La peinture a toujours mis la mort en scène de toutes les façons possibles (batailles, cruxifixions, holocaustes, etc...) mais aucun art pictural ne pourra désormais rivaliser avec l'immédiateté et l'intensité du spectacle mortuaire que fournissent journellement les mass média à une population de toxicos qui augmente régulièrement. La culture de masse ne

« On trouve tout à la Samar »... même l'angoisse apocalyptique et ses bouche-trous gros calibre. Publicité clandestine pour l'overdose.

marche plus comme représentation mais comme reproduction industrielle de machines de pouvoir fabriquant des comportements individuels et collectifs rentables.

Ce n'est pas de l'art que les touristes viennent chercher à Beaubourg, c'est autre chose. Ce qui compte ce n'est pas ce qu'on y expose – si vite et si mal regardé qu'on pourrait y exposer n'importe quoi d'autre sans qu'on s'en aperçoive – ce qui compte c'est la fonction sociale de ce mausolée dans « l'opération d'aménagement et de rénovation urbaine » qui expulse des centaines de milliers d'habitants pour conquérir leur territoire, qui détruit des quartiers entiers, qui fait le vide « au cœur de Paris » pour y créer un Centre National d'Art et de Culture et y pratiquer un trou immense comme un cratère de bombe surpuissante. C'est l'odeur de mort qui se dégage de tout ça qui attire les foules. C'est l'odeur du profit sans limite réalisé par les banques dans cette opération de spéculation immobilière et d'urbanisme capitaliste qui va installer la nouvelle bourgeoisie sur un territoire nettoyé de ses anciens habitants, dans des quartiers « que n'encombre aucun vestige », c'est, sur le plan territorial une guerre de reconquête et de remise en ordre qui participe du *contre-coup normalisateur* consécutif aux années 60 et qui veut éliminer ou récupérer tous les lieux où on pourrait respirer. La Faculté de Vincennes (4), la clinique de La Borde, la clinique Des Lilas, des librairies « gauchistes », les endroits communautaires, les écoles parallèles, bref tous les lieux de rencontre, d'utopie, de créativité collective comme les Halles Baltard l'ont été avant d'être détruites. Beaubourg participe de cette contre-révolution vengeresse et pour l'instant, dominante. C'est à cette mort et à ce pouvoir spectaculaires, à ce mouvement destructeur que les foules viennent se frotter en défilant pieusement à Beaubourg.

Une plaque fixée sur un mur du Sacré Cœur rappelle que cette monumentale église dominant Paris a été construite, après la victoire des Versaillais en 1971, « pour expier les crimes de la Commune ». Le Centre national d'art et de culture ne serait-il pas un monument expiatoire du même type, érigé par les versaillais d'aujourd'hui contre tous ceux qui se sont retrouvés dans l'immense et complexe mouvement de la grève générale de 68 et qui ont été jusqu'à écrire sur les murs *« L'art est mort, ne consommez pas son cadavre ? »* Ne s'agit-il pas, grâce à Beaubourg, d'attirer la foule des nécrophiles et même de susciter de nouvelles nécroses ? Centre de pouvoir et de décision réels ? Non. Image réfractée du manque-à-vivre et à-créer général, monumental objet perdu. Mais ce n'est pas tout. Qu'elle soit efficace ou non, il y a, derrière tout ça, une stratégie, une volonté de puissance. L'appareil d'Etat ne laisse rien au hasard (enfin il essaie !) et derrière l'apparence de modernité, de nouveauté, voire de libéralisme culturel qui a été donnée à ce Centre, quelle est la stratégie d'ensemble à laquelle son érection obéit ? Interrogeons sur ce point le discours du Pouvoir tel que l'articulent deux idéologues d'autant mieux informés qu'ils sont (comme on dit) proches de lui :

« Pour s'opposer à l'anarchie les pouvoirs se renforceront. Ils invoqueront l'alibi de la novation mais ne donneront pas davantage satisfaction à tous ceux qui veulent une véritable évolution de la Société. Ils sèmeront les révoltes à venir, plus dangereuses que celle auxquelles nous avons assisté dans les universités et dans certaines usines. Aux secousses de 1968 pourraient succéder de véritables révolutions. Or, le progrès ne consiste-t-il pas à prévoir l'évolution, à l'organiser, pour éviter les révolutions ? »
(in *Le Pari Européen* par Louis Armand & Michel Drancourt) (5)

Au regard de cette stratégie telle qu'elle se concrétise partout, y compris dans les institutions culturelles, que peut-on faire pour échapper à la spirale infinie du plaisir et du pouvoir, pour sortir du masochisme social, pour échapper au trou noir, pour éviter de subir le contre-coup normalisateur et la crise de dépression que le capitalisme traverse actuellement ? (6)

Voici, à prendre ou à laisser, une réponse en forme de scénario de Happening (qui peut se jouer n'importe où, chez vous, dans le métro, au travail ou sur une plage) :

Stratégie de victoire

pour C.

« Produire de nouveaux mouvements d'énergie créatrice. Se débrancher de tout ce qui pue l'intoxication, la dénégation, la mort lente ou rapide.
Se brancher sur tout ce qui fait jouir autrement que pour ou contre la Loi.
Abandonner ce qui est enfermant, destructif et négativement répétitif.
S'ouvrir sur ce qui fait naître et croître l'autonomie.
Mettre ses énergies et ses désirs en position sociale de produire et d'échanger des intensités subversives non-suicidaires.
Déserter, mais positivement ».

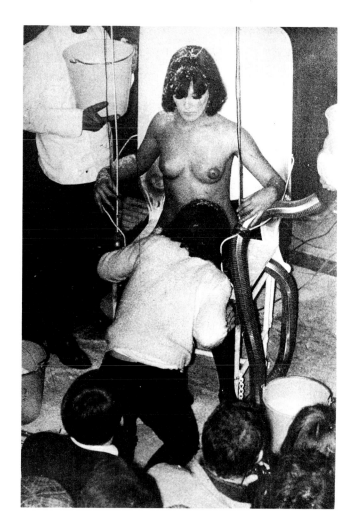

(1) Horace Torrubia in « Politique de l'interdit », article d'un ouvrage collectif intitulé *Sexualité et pouvoir* (Paris, Payot, 1976).

(2) De toute façon, une société industrielle dont comme en France, les « accidents de voiture » produisent 16 000 morts par an (sans que le processus de production de ces morts « accidentelles » soit tiré au clair) n'est pas fondée à invoquer les « progrès de la civilisation » et le « respect de la vie ».

(3) Le poète, musicien, chanteur et auteur de Happenings en tous genres Ed. Sanders a écrit un livre remarquable (Intitulé *The Family*) sur la bande à Manson à laquelle il a consacré une étude longue et approfondie. Après avoir suivi l'interminable procès-spectacle du nouveau Satan, interrogé tous les survivants non-incarcérés, re-examiné tous les « enchaînements de circonstances » qui ont précédé le meurtre rituel de Sharon Tate (enceinte) et de ses amis, Ed. Sanders aurait découvert que Manson et elle étaient amants de longue date. Ce massacre dans lequel tant de journalistes ont vu un conflit politique ou le début d'une guerre sainte des marginaux contre les riches ne serait qu'un acte de vengeance commandé par un gourou jaloux. Que Sanders dise vrai ou non, c'est à se demander à propos des meurtres passionnels dont on apprend tous les jours l'existence et l'augmentation par les journaux, si Lacan n'a pas raison d'affirmer « qu'il n'y a de rapports sexuels qu'incestueux et meurtriers ». Les textes et poèmes de Manson sont, à cet égard, à prendre au sérieux.

(4) Citons un article de *Libération* intitulé « La mise à mort de Vincennes-la-Libre » : « Vincennes-la-Libre meurt d'une mort douce-amère et avec elle tout ce qu'il y avait encore de vivant après 68 risque de disparaître... Les étudiants et de nombreux professeurs, coincés entre l'apathie généralisée et les soubresauts syndicalistes, se sont laissée prendre de court car Alice Saunier - Seité est fermement décidée à remettre « son ordre » dans l'université. » C'est un fait que le pouvoir d'Etat ne peut reconquérir que le territoire qui a déjà été désinvesti sinon abandonné par le mouvement réel, par le désir de révolution. *L'apathie généralisée* des étudiants et des professeurs de Vincennes, épiphénomène de la crise générale de dépression, de refermement, facilite la normalisation et d'une certaine manière la suscite. Le mouvement dépressif produit sa propre répression, son propre trou noir. Ceci dit, l'article dans *Libération* est trop pessimiste ; d'autres lieux, d'autres mouvements sont à créer. Le mouvement peut se transformer d'un instant à l'autre, sans qu'on s'y attende. La pulsion de mort peut-être de nouveau dépassée en intensité par la pulsion de vie et la créativité collective. Qui sait où, quand, pourquoi ? Pour l'instant où les vincennois viennent-ils manifester contre la fermeture de leur zoo universitaire ? A Beaubourg, bien sûr !

(5) L'un est de l'Académie Française, l'autre dirige un magazine patronal.

(6) Cette crise (finale ?) occupe à tel point le devant de la scène politique et culturelle que le pouvoir d'Etat s'avoue hanté par elle et que sa grande presse donne en grand spectacle le suicide d'un ex-ambassadeur de France au Vatican qui, après avoir tué femme et enfants et déclaré « Je suis un monstre..., je veux un châtiment exemplaire », a choisi de se pendre dans les chiottes de l'hôpital psychiatrique de Ste-Anne. Mourir - comme Heliogabale et sa mère - dans les latrines, quelle apothéose politique, quelle réussite en « toilet-training » ! L'apocalypse est à la mode dès lors que Morgue-rite Duras désire dans *Le Monde* « Que le monde aille à sa perte, qu'il aille à sa perte, c'est la seule politique ». Plus question de vous suivre dans cette dévorante machine de mort dont il semble, messieurs-dames, que vous êtes les détenu(e)s. Je est un autre, mon jeu et ma politique aussi.

SATAN CONDUIT LE BAL

En plein cœur de Paris une fête sexuelle où l'amour, c'est ça...

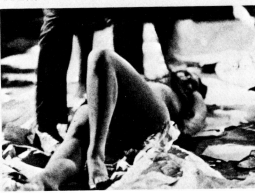

Professeur CAPAR

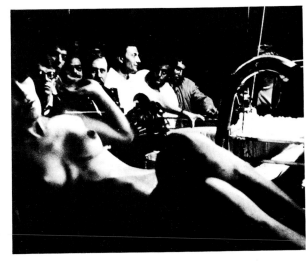

Happening, *120 minutes dédiées au Divin Marquis*, Paris 1965.

Roy Lichtenstein dans son exposition, galerie Sonnabend, Paris, 1965.

Leo Castelli, Daniel Cordier, Ileana Sonnabend : Le rôle des galeries

Propos recueillis par Alfred Pacquement. Août 1976

A.P. Puisque nous sommes réunis pour parler du rôle joué par les marchands dans ces échanges entre Paris et New York, j'aimerais pour commencer évoquer une époque où vous n'avez pas encore, les uns et les autres, de galeries, mais pendant laquelle vous faites déjà preuve d'un intérêt réel pour ce problème. C'est ainsi, Leo Castelli, que vous étiez déjà en 1950 l'initiateur de cette exposition à la Galerie Sidney Janis « Young painters from U.S. and France ».

L.C. C'était une confrontation très arbitraire mais amusante, qu'on m'a d'ailleurs beaucoup reprochée. Il y avait surtout Egan (1) qui était furieux, qui m'avait dit, le soir du vernissage, que c'était une idée absurde, qu'il n'y avait pas de comparaison possible entre les Américains et les Français. Il était très chauvin.

I.S. Tout le monde était contre cette exposition, les Européens aussi.

L.C. Les comparaisons étaient assez curieuses, mais dans un sens, tout de même fondées. Comparer Lanskoy et Pollock peut surprendre aujourd'hui, mais ils avaient, à l'époque, le même genre de surfaces agitées. Il y avait aussi, bien sûr, la relation entre Kline et Soulages, qui était déjà un conflit. Soulages avait des partisans à New York. On le trouvait un peintre infiniment meilleur que Kline. Les collectionneurs américains de l'époque, qui achetaient encore Picasso, Braque, Juan Gris, Giacometti, refusaient en bloc l'art américain. Par conséquent, même à New York, on préférait Soulages à Kline, qui était considéré comme brutal.

I.S. L'art américain n'était pas très apprécié à New York en 1945. C'était le début, et tout ce qui venait de l'étranger était a priori supérieur, de Paris en particulier. Il était très difficile à ce moment-là pour les artistes américains d'avoir des expositions, d'entrer dans des collections américaines.

L.C. ... et au Musée d'art moderne.

I.S. Oui. Au MOMA, Barr n'achetait pas vraiment les artistes américains. Il allait les voir mais était loin d'être enthousiaste.

L.C. La seule exception a été plus tard avec Jasper Johns.

A.P. Pourtant, lorsque le MOMA présente en 1955 à Paris une partie de ses collections sous le titre « 50 ans d'art américain » (l'exposition a lieu au Musée national d'art moderne), on peut dire que l'expressionnisme abstrait est déjà très bien représenté. Il y a déjà *Woman I* de De Kooning, le *N° 1, 1948* de Pollock.

I.S. En tout cas, ils avaient assez peu d'américains et surtout des Tchelitchew, des Matta, des Lam...

L.C. C'étaient les héros de cette époque.

A.P. Quelle était la réception d'artistes parisiens à New York quand ils avaient par exemple une exposition ?
Au début des années 50, beaucoup d'artistes français ont exposé à New York.

I.S. Oui. Surtout De Staël et Dubuffet.

173

A.P. Justement Dubuffet. Comment expliquez-vous son incontestable succès à New York, contrairement à Wols, par exemple, pour prendre deux artistes d'une importance à peu près équivalente ?

L.C. Je comprends mal ce qui s'est passé pour Wols. On l'a considéré à New York comme quelqu'un de très semblable à Pollock...

I.S. A Tobey aussi.

L.C. ... et de très inférieur aussi. Pourtant, il n'a rien à voir avec Pollock.

D.C. La notoriété inégale de Wols et Dubuffet souligne l'importance d'une galerie pour la diffusion et la reconnaissance d'une œuvre. De Durand-Ruel à Pierre Matisse, ce sont les marchands qui ont fait connaître l'art européen aux U.S.A., leur action continue et passionnée a été largement appuyée par les Musées. En France, pour l'art américain, ce travail a été fait par quelques galeries de tableaux, dont celle de Sonnabend est un modèle par la variété et la qualité de ses artistes, ainsi que la persévérance démonstratrice. Dubuffet a été exposé, dès 1946, chez Pierre Matisse, un des marchands de New York des plus influents ; il l'a imposé dans d'innombrables collections privées et publiques. Wols, mort prématurément, n'a jamais été largement ni durablement exposé aux U.S.A. Un tableau, donné au Musée d'art moderne de New York, (fonds de Menil), la présentation de quelques aquarelles ailleurs, ne sont pas suffisants pour faire connaître et comprendre l'apport décisif de cet artiste dans la transformation de la problématique artistique d'une époque. L'influence d'une galerie dépend de la personnalité de son directeur, qui non seulement expose, mais impose les œuvres novatrices. Leo Castelli est le type exemplaire d'un homme dynamique témoin de son époque, qui dégage, en sélectionnant ses artistes, le style d'un mouvement. Dans le meilleur des cas, les galeries deviennent des catalyseurs. Si Wols, Fautrier ou César n'ont pas eu aux U.S.A. la reconnaissance de leur talent, c'est faute d'un marchand efficace qu'ont rencontré Soulages et Mathieu avec Kootz, Alechinsky et Hartung avec Lefevre, Vieira Da Silva et Poliakoff avec Knoedler.

L.C. De Staël, par exemple, a eu Rosenberg qui l'a imposé à une époque.

D.C. De nombreuses collections américaines des années 50 débutent avec des tableaux de Matisse ou Braque, et s'achèvent par Miró, Giacometti, Dubuffet. Après cette date, les collections d'artistes européens s'effacent au profit des artistes américains. Autour des années 60, c'est Leo qui domine, avec Johns, Rauschenberg, Warhol, etc. C'est un autre type de collections, et une nouvelle génération de collectionneurs. Les Etats-Unis sont restés longtemps une colonie de l'esthétique européenne, d'abord classique, impressionniste ensuite, enfin de l'Ecole de Paris. Cette dépendance a été ressentie à la longue, d'autant plus humiliante que, dans les autres domaines, les U.S.A. deviennent le modèle de la société occidentale. Lorsque les collectionneurs américains ont découvert chez eux, tardivement, vers 1955, un art d'une problématique internationale, ils l'ont reconnu et défendu comme symbole de l'indépendance culturelle à l'égard de l'Europe. Largement diffusé par les musées et les galeries, acheté par tous les collectionneurs jusqu'à cette date, l'art de l'Ecole de Paris, après une influence déclinante, a été supplanté en 1962, victime de la politique gaulliste à l'égard des U.S.A.

L.C. Je comprends mal pourquoi certains marchands américains – et en premier Sidney Janis – n'ont pas eu l'envie de présenter certains artistes français. Bien sûr, il y a Rosenberg ou Kootz qui l'ont fait, mais cet art n'a pas été assez bien reconnu en Amérique.

A.P. J'ai, pour ma part, une autre explication à vous proposer. Je me demande si le succès incontestable de Dubuffet à New York, l'échec relatif des abstraits européens, ne tiennent pas simplement à ce que Dubuffet ne « concurrence » aucun peintre américain. Dubuffet n'appartient pas à un groupe, il n'a pas d'équivalent aux Etats-Unis. Le terrain lui était donc plus favorable qu'à Wols, Hartung ou Soulages, qui produisaient une œuvre parallèle à celle des expressionnistes abstraits.

Ce phénomène s'est sans doute reproduit avec les Nouveaux Réalistes et leurs premières expositions à New York.

D.C. Dubuffet est l'un des rares artistes à avoir vécu plusieurs mois à New York dès le début des années 50. A cette époque, il était impensable pour un artiste français d'aller aux U.S.A. puisque les marchands américains, les directeurs des Musées, venaient en France. Dubuffet est parti, il a rencontré les critiques, les artistes...

I.S. Les artistes pas tellement.

D.C. Sa culture, la clarté de ses intentions esthétiques, ont créé autour de lui un groupe d'admirateurs fidèles et passionnés.

I.S. N'y a-t-il pas une explication plus sociologique ? L'Amérique cherchait le raffinement, la culture jusqu'à la guerre. Après, elle s'est détournée de ce qui était subtil, cultivé, nuancé. Elle a cherché une certaine grandeur, peut-être aussi une brutalité. *L'art brut* de Dubuffet correspondait mieux au goût américain que le raffinement d'un Bazaine.

L.C. Peut-être l'expressionnisme abstrait aurait-il été mieux diffusé en Europe si Sidney Janis s'en était plus préoccupé. Mais il y avait aussi des raisons matérielles. Sidney pratiquait le 2/3 - 1/3 ; alors comment pouvait-il partager une commission de 33 % sur un Pollock ou un de Kooning, alors qu'il en avait déjà très peu.

D.C. Nous sommes au cœur du débat. L'une des causes de la diffusion retardée de l'art américain en France est financière. Les musées français, dont c'est la fonction, n'ont pratiquement rien fait pour aider à découvrir et à comprendre ce mouvement étranger. Ce rôle est revenu aux marchands qui ont agi, non pas en historiens, ce qui n'est pas leur rôle, mais en amateurs, c'est-à-dire selon leur goût ; le hasard des rencontres, et des moyens financiers restreints ont été cause d'une action sporadique et restreinte. Les prix des œuvres américaines étaient le double ou le triple de celui de l'art européen, à notoriété égale. Il y avait là un obstacle décourageant, auquel s'ajoutait un transport très onéreux. Quand Jeanne Bucher a fait, en 1946, un long voyage aux U.S.A., elle est rentrée enthousiaste, surtout pour Tobey. Or, elle ne rapportait que des minuscules Tobey, Albers et Motherwell ; c'était une question de moyens.

J'ai eu le projet d'exposer plusieurs américains, dont Cornell et Kienholz ; j'étais en pourparlers avec Cornell, mais j'ai renoncé après l'échec financier des expositions de Rauschenberg et Nevelson, durant lesquelles je n'ai rien vendu. Les prix de Rauschenberg n'étaient pas excessifs, mais ils étaient déjà plus élevés que ceux de Dubuffet, Fautrier, Hartung, Soulages, Wols. Il n'était pas possible, pour moi, de continuer. Rauschenberg et Nevelson étaient pratiquement inconnus en Europe. Ils ont eu un succès d'estime auprès des artistes européens, mais malheureusement, pas auprès des collectionneurs à cette époque-là.

L.C.   Je ne suis pas tout à fait d'accord. D'abord, nous avions envoyé les œuvres à Paris sans obligation d'achat.

I.S.   Il y a deux choses que je voudrais dire. D'abord, je pense que si Jeanne Bucher a rapporté de petites œuvres, c'est parce que Tobey en a fait beaucoup ; c'est presque un miniaturiste. D'autre part, les grands tableaux étaient presque inconnus à cette époque là en Europe. Mathieu était pratiquement la seule exception. Ce n'est donc pas seulement une question de prix, mais aussi l'habitude esthétique de choisir des petits formats. Ensuite, si une exposition de Rauschenberg était tout à fait nouvelle pour Paris, si on le prenait presque pour un débutant et qu'on trouvait les prix trop élevés, c'est parce qu'il avait manqué une continuité. Autrement dit, si on l'avait vu depuis 1953, les prix auraient semblé bon marché.

Dessin sur la Biennale de Venise paru dans *France-Observateur*, 1964.

175

D.C.   C'est vrai. Entre 1952, date de la première exposition d'abstraits expressionnistes à la Galerie de France, de Pollock chez Facchetti, et 1962, quand vous ouvrez votre galerie, pendant ces dix années il y a eu fort peu d'expositions d'artistes américains à Paris : Tobey chez Jeanne Bucher en 1955 ; Johns et Gottlieb chez Larcade en 1959-1961 ; Nevelson et Rauschenberg en 1960 et 1961 chez moi. Je ne parle pas des Américains qui vivaient à Paris, comme Kelly et Sam Francis. L'ouverture de votre galerie marque une ère nouvelle pour les rapports de l'art américain avec l'Europe.

I.S.   Il ne faut pas oublier Lawrence Rubin. La Galerie Neufville ouvre en 1960 (elle deviendra la Galerie Lawrence), et expose Stella, Noland, Louis...

Mais je crois que c'est cette continuité qui a été très importante : avoir pu montrer des artistes plus d'une fois.

D.C.   A partir de cette époque, tous les critiques, les principaux collectionneurs, les artistes, font le voyage aux U.S.A.

I.S.   Un épisode très important a été le Salon de mai, en 1962, lorsque Jasper Johns a été invité. Mathey a alors écrit un article très élogieux.

L.C.   Mathey était le seul voyageur. Il venait souvent, et avait compris tout ça d'une façon parfaite.

Jim Rosenquist avant le vernissage de son exposition, galerie Sonnabend, Paris, 1966.

D.C.   Il est important de faire apparaître cette coupure à partir de l'ouverture de la Galerie Sonnabend, qui correspond à la découverte et à une nouvelle appréciation de l'art américain par l'Europe. La cause principale est le scandale provoqué par l'attribution à Rauschenberg du Grand Prix de la Biennale de Venise en 1964. Pourquoi ce scandale ? Parce que ceux qui auraient dû être concernés, collectionneurs, critiques, marchands, ne connaissaient pas assez bien l'art américain, son importance décisive dans l'évolution de l'art contemporain, la place de Rauschenberg à l'intérieur de cette histoire. Le choix d'un Américain était justifié, pour ceux qui étaient informés et oublieux des querelles nationalistes. On aurait pu choisir Johns ou quelques autres artistes. Après l'action menée par la Galerie Sonnabend, les choses ont évolué très rapidement. Disons que cinq ou six ans après le début de votre activité, qui s'est étendue sur toute l'Europe, le scandale de Venise était inconcevable.

L.C.   Il y a eu aussi l'idée d'Ileana de faire des catalogues avec pas mal de reproductions. Je crois que cela a beaucoup compté.

A.P.   D'ailleurs, il y a quelque chose de frappant dans ces catalogues, c'est que, la plupart du temps, vous avez demandé à un critique parisien d'écrire un texte. Vous ne vous êtes pas contentée de reprendre la préface d'un Américain.

I.S.   Nous avons essayé de donner plusieurs opinions, plusieurs manières de voir.

L.C.   Peut-être y avait-il aussi, en essayant de diffuser l'art américain à Paris, une sorte d'esprit de sacrifice. Nous avions un tel enthousiasme pour nos artistes...

I.S.   Un esprit de sacrifice est un bien grand mot, mais disons que nous ne pensions pas tellement au côté économique. D'ailleurs, pour revenir à la question des prix, on pou-

John Chamberlain à Paris, 1964.

vait acheter à une époque un Jasper Johns pour 500, 700 dollars...

L.C. ... Quand Johns a exposé chez Larcade, en 1959. Il n'y a eu pratiquement aucun achat, et les tableaux sont revenus en Amérique. Mais un monsieur que je ne connaissais pas alors, Robert Scull (2), a vu et acheté des numéros blancs.

A.P. On pourrait comparer Rauschenberg et Johns à Yves Klein que vous avez exposé à New York en 1961. Ce sont des artistes de la même génération.

L.C. Les prix de Klein étaient tout à fait comparables... et bon marché.

D.C. Quand j'ai exposé Arman à New York en 1961, malgré ses prix dérisoires par rapport aux prix des artistes américains, je n'ai rien vendu.

A.P. Comment expliquer ce manque de succès pour Klein et Arman à New York, comme pour Rauschenberg à Paris ? Les collectionneurs devraient pourtant être des gens exempts de tout chauvinisme.

I.S. Je pense que c'est parce que l'on n'a pas eu l'occasion de les voir de façon suivie. Il est très difficile de se lancer dans un achat dès la première confrontation avec une œuvre.

D.C. Si les musées avaient aussi mieux rempli leur rôle, si le Musée d'art moderne avait accordé à l'art américain l'importance relative qu'il avait par rapport à l'art européen, en présentant deux ou trois artistes par an, l'accueil aurait été différent. Il ne faut pas oublier non plus que l'esthétique dominante était, depuis 1945, celle d'une abstraction soit géométrique, soit impressionniste, et que le mouvement Dada était complètement oublié. Wols, Dubuffet,

Fautrier, Mathieu ou Hartung n'étaient pas mieux acceptés à Paris qu'à New York, et même l'inverse pour Dubuffet. Mais il y avait un dédain systématique à l'égard de l'art européen, que j'ai éprouvé en présentant à New York des œuvres aussi différentes que Dado, Fahlström ou Michaux, alors que Lindner, qui vivait à New York, a été un succès.

L.C. Pour revenir à Yves Klein, je crois qu'il était trop en avance pour l'Europe comme pour l'Amérique. S'il était arrivé il y a trois ou quatre ans, il aurait connu un énorme succès. Mais maintenant, les galeries ne peuvent plus rien faire.

A.P. Vous avez senti à l'époque un manque de compréhension.

L.C. Ah oui ! Total, y compris parmi les artistes. Moi, j'avais été intéressé par son côté héritage de Duchamp. Ce qui m'a découragé, c'est que même les artistes à New York n'ont pas compris.

I.S. Deux ou trois ans après, ils auraient dit que c'était une exposition très intéressante.

L.C. Klein n'était pas cher. Une peinture valait 2 000 dollars, mais je n'en ai pas vendu. L'exposition a ensuite eu lieu en Californie, à la Dwan Gallery. Virginia Dwan en a alors acheté quelques-unes, et s'il y a aujourd'hui des Klein en Amérique, c'est grâce à elle. Mais le MOMA qui achetait en général une œuvre à toutes les expositions plus ou moins intéressantes, y compris d'artistes européens, a eu le tort de ne rien acheter.

I.S. Le cas Tinguely est un peu spécial. Les Américains l'ont apprécié pour son côté un peu primitif, et pour son humour. Il a eu un succès foudroyant avec l'exposition chez Staempfli, la soirée au MOMA. Ça s'est arrêté à cause des difficultés de galeries, et il n'a pas pu bénéficier de cette continuité dont je parlais.

A.P. Et puis les Nouveaux Réalistes n'ont pas bénéficié à New York de ce qu'a été la Galerie Sonnabend pour les artistes pop.

L.C. Mais pourquoi ce manque de succès pour les affichistes, par exemple ?

I.S. Je pense qu'ils étaient là encore trop raffinés. Le moyen est brutal, mais ces affiches finissent pas devenir des tableaux trop cultivés, trop intellectuels.

D.C. C'était l'esthétique de l'Ecole de Paris, avec des lambeaux de papier. Même quand l'art européen nie son passé, il finit par l'intégrer. Marcel Duchamp met des moustaches à la Joconde, pas à l'affiche de Banania. Mais Warhol reproduit la Campbell's Soup. C'est le pop qui provoque un séisme esthétique, et une fracture dans l'évolution de la production artistique. Les expressionnistes abstraits, quelles qu'aient été leur audace, leur innovation, appartenaient à une tradition culturelle développée en Europe, de Kandinsky à Michaux, en passant par Hartung et Soulages.

I.S. L'expressionnisme abstrait était sûrement plus accessible aux européens, ne serait-ce que parce que les artistes eux-mêmes sont souvent européens, et travaillent, comme vous le disiez, dans cette tradition.

L.C. Rauschenberg et Johns en font encore partie.

D.C. L'art américain découvre son identité dans le miroir de son environnement. Son modèle n'est pas la culture, mais la vie ; non pas le musée, mais la rue. Quand j'allais chez Leo ou à la Green Gallery, je découvrais des objets d'une nature différente. Il y avait une correspondance nécessaire avec l'environnement quotidien et son expression culturelle. Il n'y avait pas de rupture entre l'art et la vie. Ce qui avait été avec Dada une expérience de laboratoire complètement oubliée, démodée en Europe, se transformait là-bas en une manière de vivre.

I.S. Cela a été aussi une rupture de voir toutes ces œuvres « barbares », comme on les appelait alors à Paris. Certains artistes français se sont sentis anachroniques, ils venaient souvent à la galerie, et étaient très désarçonnés. Il y a eu des crises sérieuses.

A.P. Et le reste du public ?

I.S. La critique était très intéressée ou amusée. Quelques collectionneurs ont marqué très tôt leur intérêt. Il y avait alors à Paris une grande colonie d'artistes étrangers, de poètes, d'écrivains, qui passaient tout leur temps à la galerie. Je pense que l'accueil a été très bon, contrairement au Minimal art ou à ce que je montre aujourd'hui, mais c'est peut-être un art plus difficile.
En France, on est passé à côté du Minimal art. Je crois que ce mouvement a eu une influence plus tardive, qu'il a permis, par exemple, l'art conceptuel.

D.C. A mon avis, (mais peut-être ai-je tort), depuis dix ans il n'y a, malgré les facilités d'échanges et de communications, pratiquement pas d'influence réciproque entre les U.S.A. et l'Europe, mais plutôt des recherches parallèles. Après les moments de tension extrême, après les sanglots de Venise en 1964, la tendre réconciliation a eu lieu, se manifestant par une adhésion tout aussi irraisonnée à l'esthétique américaine qui fait de l'Europe, avec la collection

Andy Warhol à Paris, 1965.

Ludwig et Panza, le conservatoire exemplaire des chefs-d'œuvre de l'art pop.

I.S. Vous ne croyez pas si bien dire. Il y a eu des larmes sur la place San Marco.

D.C. Jusqu'à Venise, les Européens, par ignorance et suffisance, ont cru qu'ils pouvaient nier l'existence de ce nouveau monde esthétique. Après Venise, la vanité d'un combat anti-historique devenait évidente.

I.S. Il y a peut-être aujourd'hui un changement en Amérique et des œuvres esthétiques et culturelles commencent à être appréciées.

L.C. Ryman, par exemple, est très raffiné. Il a d'ailleurs beaucoup de succès en Europe.

A.P. Vous, Ileana, vous avez cessé de vous consacrer exclusivement à l'art américain, et vous exposez depuis quelques années des artistes de Paris comme Boltanski, Sarkis...

I.S. J'avais montré des Européens comme Klapheck, Pistoletto...

A.P. ... Il me paraît tout de même très symbolique que vous n'ayez commencé que récemment. De même que vous, Leo Castelli, vous exposez Louis Cane en 1977. C'est le premier artiste français que vous montrez depuis Yves Klein, il y a plus de quinze ans. Cela signifie-t-il que pour vous il ne s'est rien passé d'intéressant entre ces deux dates à Paris ?

L.C. C'est exact.

I.S. Tu réponds pour moi.

D.C. Mais vous avez fait quelques expositions d'artistes français à New York ?

I.S. J'ai ouvert ma galerie à New York parce que je n'en trouvais pas qui accepte de montrer les artistes européens que je voulais présenter.

D.C. Juste retour des choses. Mon enthousiasme et mon admiration pour l'art américain, le combat esthétique que j'ai mené pour sa reconnaissance, ne m'aveuglent pas au point d'oublier les mérites de l'art européen. L'art européen, de 1945 à 1975, réserve à l'historien d'heureuses surprises. Quand on l'étudiera dans son déroulement, avec la multiplicité de ses tendances, l'imprévu de ses inventions, la maîtrise de ses réussistes, on comprendra qu'il n'est ni un moment mineur, ni une recherche marginale dans l'histoire de l'art contemporain. Aujourd'hui, l'art américain étant reconnu dans sa pleine dimension historique, une réévaluation doit se faire. Le jugement de l'histoire à l'égard de l'art européen, ne sera pas celui, méprisant, que les Américains lui portent aujourd'hui. L'esthétique européenne du XIXe siècle a eu une influence néfaste sur l'art américain, en contraignant leurs artistes à peindre les Montagnes Rocheuses à la manière de Corot peignant les collines italiennes. L'Amérique s'est heureusement libérée de cet asservissement. Les conquêtes coloniales sont achevées. L'Amérique ne doit pas exiger que l'art européen devienne une province de l'art "made in U.S.A."

(1) Directeur d'une galerie à New York, il fut le premier à exposer de Kooning.

(2) L'un des plus importants collectionneurs américains pour l'art des années 60.

Andy Warhol dans son exposition, galerie Sonnabend, Paris, 1965.

1905-1968 : Chronologie

Note

Cette chronologie évoque un ensemble d'événements, de dates, de lieux, de points de repère qui sont la trame des échanges culturels entre la France et les Etats-Unis.

Un fonds culturel commun s'est progressivement élaboré au cours du XXᵉ siècle dont les termes peu traduisibles ont été souvent adoptés non sans quelques déviations linguistiques.

Nous nous sommes efforcés de garder dans cette chronologie l'orthographe originale ou celle qui s'est trouvée plus généralement adoptée, dans l'un où l'autre pays. Livres, revues, associations, œuvres diverses, films et pièces de théâtre sont mentionnés sous leur titre original. Pourtant si la tendance anglo-saxonne est de garder aux œuvres françaises leur titre original, les œuvres anglo-saxonnes sont plus généralement connues en France sous un titre français. Nous avons été ainsi amenés à tenir compte de cette dualité en rédigeant cette chronologie.

Ont collaboré à la réalisation de cette chronologie :

Histoire : Malitte Matta
Arts Plastiques : Agnès Angliviel de la Baumelle, Francine Delaigle, Myriam de Dreuzy, Nathalie du Moulin de Labarthète, Dominique Moyen, Evelyne Pomey, Claude Schweisguth
Danse : Claude Schweisguth, David Vaughan
Théâtre : Jean-Loup Rivière
Architecture : Agnès Angliviel de La Beaumelle
Vie quotidienne : Sylvie Deswarte, Raymond Guidot
Littérature : Serge Fauchereau, Hugh Ford
Cinéma : Gisèle Breteau, Alain Sayag
Photographie : Romeo Martinez, Andrea Perera
Jazz : Jean Wagner
Musique : Bernard Prost
Expositions officielles : Sylvia Lorant-Colle

1905

La guerre russo-japonaise continue. Theodore Roosevelt intervient pour obtenir le traité de Portsmouth. Révolution en Russie. Le discours de Guillaume II à Tanger ouvre la crise diplomatique. Lord Curzon partage le Bengale. Le Sinn Fein est actif en Irlande. Ministère Rouvier en France. Service militaire réduit à deux ans. L'action syndicale obtient la journée de travail de huit heures dans les mines. Première fédération des syndicats d'instituteurs. Passage de la loi sur la séparation de l'Eglise et l'Etat. Theodore Roosevelt Président. Upton Sinclair fonde le *Intercollegiate Socialist Society*. Eugene Debs publie le journal du parti socialiste. Corruption dans les compagnies d'assurances. Les Etats expérimentent les lois électorales et sociales.

Cézanne achève *les Grandes Baigneuses*. Gertrude et Leo Stein s'installent 27 rue de Fleurus. Le Salon d'Automne est un succès de scandale — le critique Louis Vauxcelles parle des «Fauves». Exposition rétrospective de Whistler à l'Ecole de Beaux-Arts. Exposition rétrospective de Seurat au Salon des Artistes Indépendants. A New York, Stieglitz ouvre la galerie de la Photo-Secession au 291 Fifth Avenue. Max Weber, John Marin et Arthur Carles arrivent à Paris.

Tournée de Sarah Bernhardt avec *La Sorcière* de Sardou, *La Dame aux Camélias* et *Adrienne Lecouvreur* de Dumas fils, *Angelo* de Hugo, *Sapho* de Daudet et Belot, *Fedora* de Sardou, *Tosca* de Sardou (De Max joue Scarpia), *Phèdre*, etc.

Arrivée aux Etats-Unis de Louis Kahn. Garage de la rue de Ponthieu de Auguste Perret. Dix illustrations des architectures de Richardson circulent en Europe dans *Neubauten in Nordamerika* de Hinckerdeyn. *Das moderne Landhaus und seine innere Austellung* de Muthesius mentionne des maisons de Wilson Eyre, Alfred Cookman Cass, W.E. Jackson, Wyatt et Nolting, Grosvenor Atterbury, et Alfred Hoyt Grange.

Apparition du premier tracteur aux Etats-Unis. Mobilier de bureau en acier, nouvelle qui mérite d'être relatée par le périodique français *La Nature*. Le New York Times reçoit ses nouvelles par radio. Création des postes de *Art Director* aux Etats-Unis dans les entreprises. Apparition de *Bécassine* en France. Winsor McCay crée pour le New York Tribune *Little Nemo in Slumberland* qui est présentée simultanément à New York et en France par le canal de l'édition française du New York Herald Tribune. Paul Poiret s'installe à son compte.

Ouverture aux U.S.A. du premier Nickelodeon (près de 5 000 salles seront ouvertes en moins de cinq ans).

Participation des Photo-Sécessionnistes au onzième Salon international de la Photographie du Photo-Club de Paris. Cette exposition, soumise à un jury, montre la meilleure photographie pictorialiste américaine de l'époque. Les relations entre Paris et New York reposent sur des amateurs.

Première affaire Ravel; Ravel et Stravinsky à la «Société des Apaches». Debussy compose *La Mer*. D'Indy dirige l'orchestre symphonique de Boston.

1906

La Conférence d'Algésiras donne à la France des droits particuliers au Maroc. Fallières est élu Président de la République Française. Premier congrès de la Fédération des Instituteurs. Les grèves de la fonction publique continuent. Dreyfus est acquitté. Théodore Roosevelt obtient le prix Nobel pour son rôle de médiateur entre les Russes et les Japonais. L'Utah devient le quarante-cinquième état des Etats-Unis. Upton Sinclair fonde une communauté communiste : Helicon Hall. Cuba se rebelle contre le protectorat américain. Tremblement de terre à San Francisco.

Picasso termine le portrait de Gertrude Stein. Arrivée à Paris de Frost, Saÿen, Walkowitz, Schamberg, Steichen, Russell. Exposition rétrospective de Cézanne et Gauguin au Salon d'Automne où la peinture américaine est représentée par Bruce et Weber. Exposition personnelle de Matisse, Galerie Druet. Gertrude Stein présente Picasso à Matisse, Leo Stein achète *Le Bonheur de vivre* de Matisse. Juan Gris et Gino Severini arrivent à Paris. Gaston Lachaise part pour Boston.

Ruth St-Denis danse au Théâtre Marigny, *Radha, Nautch, Yogi.*

Suite de la tournée aux Etats-Unis de Sarah Bernhardt avec *Hamlet, La Sorcière, L'Aiglon*, et *Froufrou*. A partir de novembre jusqu'en 1908, les «French Players» donnent au Bijou Théâtre des pièces de Courteline, Max Maurey, Maurice Hennequin, Georges Olinet, Gavault et Charnay, Sardou, etc...

Maisons Blacher et Irwin, Pasadena, Californie (C. et H. Greene).

Alberto Santos Dumont vole 220 mètres avec «14 bis». Première émission radiophonique aux Etats-Unis. Premier aspirateur français sur le marché, sur le modèle des aspirateurs de la Continental Vacuum Cleaner Company.

The Jungle d'Upton Sinclair fait scandale par sa dénonciation des méthodes industrielles employées dans les abattoirs de Chicago. Ezra Pound, sur les traces des troubadours, voyage à pied dans le sud de la France. *La Multiple splendeur*, recueil de poèmes de Emile Verhaeren, paraît avec une épigraphe whitmanesque qui caractérise son inspiration : «Admirez-nous les uns, les autres».

Construction des Studios Gaumont, qui jusqu'en 1914 seront les plus vastes du monde. Construction à New York des studios Edison et Biograph.

Edward Steichen s'installe à Paris. Ayant appris de lui les détails de procédé couleur «Lumière Autochrome», Stieglitz l'introduit à New York. Aux «Little Galleries of the Photo Secession», Stieglitz montre les travaux des pictorialistes français : Bergon, Bremard, Beguet, Demachy, Le Bègue, Menard, Puyo.

Ravel compose *Miroirs* pour piano et *Histoires naturelles*. Schönberg écrit sa *Kammersymphonie* et George Enesco sa *Première symphonie en mi-bémol majeur*.

Triple entente entre la France, l'Angleterre, et la Russie. Prix Nobel à Louis Renault. Première grève des ouvriers électriciens de Paris, conflit entre le gouvernement et les fonctionnaires, «la révolte des gueux» en Languedoc, loi sur la protection du salaire féminin. L'Oklahoma devient le 46e état des Etats-Unis, Roosevelt obtient la déségrégation des élèves japonais dans les écoles contre la promesse du gouvernement japonais de décourager l'émigration aux Etats-Unis. Crise financière à Wall Street.

Arrivée à Paris de Dove, Demuth, Storrs, Carles, Dasburg, Stieglitz, Macdonald-Wright et Russell. Frost rencontre Bruce et les Stein. Saÿen fréquente les Stein aussi. Rétrospective Cézanne au Salon d'Automne. Participation américaine : Bruce, Frost, Halpert, Marin, Maurer, Steichen et Weber. Exposition Cézanne à la Galerie Bernheim. Publication des «lettres inédites de Paul Cézanne à Emile Bernard» dans le *Mercure de France*, très remarquée par les peintres américains. Picasso peint les *Demoiselles d'Avignon*. Ouverture à la Galerie Kahnweiler à Paris, consacrée essentiellement à l'œuvre de Braque et Picasso. Aux Etats-Unis, Goerges Of, par l'intermédiaire des Stein, achète le *Nu dans le bois*, première toile de Matisse à rentrer dans une collection américaine.

Loïe Fuller danse *La Tragédie de Salomé* à Paris. Première «Ziegfield Follies» à New York.

Arrivée de Le Corbusier à Paris. United Church, Oak Park (Frank Lloyd Wright), Maison Baily, préfabriquée en béton à La Jolla, California (Irving Gill).

Titre : *Wireless Joins Two Worlds*. En France, création de la locomotive «Pacific 251», Farman réalise la première liaison de ville à ville sur «Voisin», Paul Poiret crée des vêtements d'inspiration orientale, après les Ballets Russes. Aux Etats-Unis, Lee de Forest invente la triode, Mutt and Jeff de Bud Fisher est la première bande dessinée quotidienne, paraît dans le San Francisco Examiner.

Edith Wharton s'installe en France où elle restera jusqu'à sa mort; *Madame de Treymes* paraît cette même année.

Pathé tente de monopoliser l'exploitation et la distribution des films. Fondation des «Films d'Art» dont le premier film sera : *L'Assassinat du Duc de Guise*.

Stieglitz rencontre les Stein qui le présentent à Picasso. L'admiration de Picasso pour *Steerage* encourage Stieglitz dans son rejet du pictorialisme. A New York, la saison de «291» ouvre avec une exposition du travail des membres, dont la clé sera les Autochromes de Stieglitz, Steichen, Clarence White et Frank Eugene.

Debussy finit de composer *Images*, commencée en 1905. Schönberg termine ses *Lieder*.

L'Autriche annexe la Bosnie-Herzégovine. En France, graves incidents à Draveil, puis à Villeneuve-Saint-Georges, arrestation des secrétaires de la C.G.T. William Taft élu Président des Etats-Unis.

Ouverture de la «classe» de Matisse sur l'instigation des Stein et de Hans Purrmann : Max Weber y entre aussitôt, rejoint par Frost, Bruce, Russell et Saÿen. Formation de la «New Society of American Artists in Paris», dirigée par Steichen. Banquet en l'honneur de Rousseau, dans l'atelier de Picasso, au Bateau-Lavoir. Participation américaine au Salon d'Automne : Carles, Halpert, Marin, Maurer, Saÿen, Steichen et Weber. A New York, première exposition des dessins de Rodin et de Matisse, au «291». Exposition du «Groupe des Huit» avec Robert Henri à la Macbeth Gallery.

Loïe Fuller publie *Quinze ans de ma vie* à Paris, avec une préface d'Anatole France. Isadora Duncan danse *Iphigénie* au Metropolitan Opera House de New York.

Abattoirs de La Mouche à Lyon par T. Garnier. Maison Gamble, Pasadena (Ch. et H. Greene). Wright publie *In the Cause of Architecture*.

Publication de *La Vie unanime* de Jules Romains. Proche des unanimistes, le traducteur et critique Léon Bazalgette publie les deux volumes de *Walt Whitman, L'homme et son œuvre*. Valéry Larbaud publie *Poèmes par un riche amateur ou Œuvres françaises de M. Barnabooth*.

Premier Pathé-Journal. Jasset réalise pour Eclair la série «Nick Carter», Griffith salue *L'Assassinat du Duc de Guise* comme un chef-d'œuvre. Mack Sennett, s'inspirant de la tenue de Max Linder, crée le personnage du «Gandin français».

Ravel compose *Ma mère l'Oye* et *Gaspard de la nuit*, Stravinsky *Feux d'artifice*, et Schönberg *Le deuxième quatuor* et *Les jardins suspendus*. Première performance à New York de *Pelléas et Mélisande* de Debussy au Manhattan Opera House.

Accord franco-allemand sur le Maroc. Ministère Briand en France. Création du «Comité France-Amérique» à Paris dont le premier Président est Gabriel Hanotaux. Aux Etats-Unis la controverse Ballinger-Pinchot sur la cession des domaines publiques marque le début du mouvement pour la protection de la nature.

Le Figaro publie le 20 février le *Manifeste du futurisme* de Marinetti. Arrivée de Sheeler. Russell, à nouveau à Paris, le 20 février rencontre les Stein, Picasso et Matisse. Steichen et Stieglitz rencontrent les Stein. Banquet d'adieu organisé par Saÿen, Dove, Halpert, Marin, Maurer, Steichen. Aux Etats-Unis, première exposition commune de

Maurer et Marin au «291». Premières expositions de Marius de Zayas et de Marsden Hartley au «291». Première exposition aux U.S.A. de Max Weber à la Haas Gallery.

Première saison des Ballets Russes au Théâtre du Châtelet : Le *Pavillon d'Armide, Les Danses Polovstiennes, Le Festin, Les Sylphides,* et *Cléopâtre.* Isadora Duncan rentre à Paris, Loïe Fuller retourne aux Etats-Unis, puis revient à Paris.

Succès pour Arsène Lupin à New York.

Maison Robie, Chicago (Wright). Départ de Wright pour l'Europe.

En France, commercialisation des premiers appareils de radio très simples, permettant l'audition des signaux horaires. Frank B. Gilbreth publie son *Bricklaying System* à New York. Apparition du fer à repasser électrique aux U.S.A.

Gertrude Stein publie *Three Lives,* écrit à Paris entre 1903 et 1906. Enthousiasmé par Jules Laforgue, T.S. Eliot compose ses premiers poèmes.

Première édition américaine du Pathé-Journal.

A l'occasion du 15e Salon international du Photo-Club de Paris, la participation américaine est particulièrement nombreuse : Stieglitz, Steichen, Eugene, White, Käsebier, F. Holland Day, Annie Brigman.

Schönberg compose les *Cinq pièces pour orchestre, Erwartung,* et commence le *Quatuor Opus 3.*

1910

En France, deuxième ministère Briand, grève générale des cheminots, Jaurès dépose à la chambre son projet d'*Année nouvelle.* Aux Etats-Unis, le «Mann Act» déclare la traite des blanches illégale, les discours progressistes de Roosevelt l'opposent à Taft.

Publication à Paris du *Manifeste des peintres futuristes* et du *Manifeste technique des peintres futuristes,* de Marinetti, Balla, Boccioni, Severini et Carra. Zorach arrive à Paris, Stanton Macdonald-Wright rencontre Morgan Russell, et Marcel Duchamp rencontre Francis Picabia. Rétrospective Matisse à la Galerie Bernheim. Participation américaine au Salon d'Automne : Bruce, Halpert, Macdonald-Wright, Saÿen, Steichen. A New York, au «291», premières expositions de Cézanne, Rousseau et Weber, deuxième de Matisse, et première grande exposition de groupe de l'avant-garde américaine, «Younger American Painters» avec Brinley, Carles, Dove, Fellows, Hartley, Marin, Maurer, Steichen et Weber.

Les Ballets Russes présentent *Le Carnaval, Schéhérazade, L'Oiseau de feu* et *Giselle.* Vernon et Irene Castle au Café de Paris. Anna Pavlova fait sa première tournée aux U.S.A., danse au Metropolitan Opera.

A New York, 125 représentations de *La Femme de X* de Bisson. Sarah Bernhardt joue son répertoire traditionnel.

Conceptions américaines d'architecture et d'urbanisme se répandent en Europe après les expositions internationales de plans de villes à Berlin, Dusseldorf et Londres, l'exposition personnelle de Wright à Berlin, et la publication de *Frank Lloyd Wright, Augesfürthe Bauten und Entwurfe* (introduction de Wright, «The Sovereignty of the Individual», a un grand retentissement) et *Das Amerikanische Haus* de Vogel.

Henri Fabre fait décoller une machine volante d'un plan d'eau, Tabuteau atteint la vitesse de 185 km/h, et Latham dépasse 1 000 m. Aux Etats-Unis, Eugene Ely fait décoller un Curtiss d'un navire. Installation à Paris du «Day Time Register» spécialisé dans la vente d'horloges et d'enregistreurs de présence. C'est le début de ce qui sera plus tard IBM en France. Création de la «Vichyssoise» (soupe à base de poireaux et de pommes de terre) par le Ritz Carlton hôtel à New York. Présentée comme un mets français, c'est en fait une invention américaine qui fut ensuite imitée en France.

Natalie Clifford Barney s'installe rue Jacob. T.S. Eliot suit des cours à la Sorbonne et apprend le français sous la direction d'Alain Fournier. Ezra Pound fait paraître *The Spirit of Romance (L'Esprit des littératures romanes).*

Gaumont présente à l'Académie des Sciences le cinéma parlant. Gaston Méliès s'installe à New York. Guerre des trusts qui aboutit à l'éviction des européens du marché américain.

Des photographes français prennent part à la *International Exhibition of Photography* de la Albright Knox Gallery de Buffalo, New York.

Premier livre des préludes de Debussy. Stravinsky triomphe à Paris avec *L'Oiseau de feu.*

1911

Sun Yat-sen proclame la République à Nankin. Occupation de Fez par les Français, la canonnière allemande *Panther* est envoyée à Agadir, accord franco-allemand sur le Maroc permet à la France d'imposer son protectorat au sultan. Aux Etats-Unis, l'application de la législation «anti-trust» oblige l'American Tobacco Company et la Standard Oil Company of New Jersey à une réorganisation.

Formation du groupe de la *Section d'Or* : réunions à Puteaux avec Gleizes, Metzinger, Léger, Le Fauconnier, Duchamp, Duchamp-Villon, Villon, Lhote, Picabia, Archipenko, Apollinaire, etc... Fondation de la revue *Les Soirées de Paris,* avec Guillaume Apollinaire. *Impressions d'Afrique* de Raymond Roussel, joué au Théâtre Fémina. Steichen, Stieglitz et De Zayas se lient avec tous les milieux de l'avant-garde. Stella arrive à Paris, rencontre Matisse, Picasso, probablement Boccioni et Severini. Arrivée de Storrs à Paris. Au Salon des Indépendants : rétrospective Rousseau; Duchamp y présente le *Nu descendant l'escalier, n° 1*. Au Salon d'Automne, salle «cubiste». A New York, au «291», première exposition personnelle de Weber, deuxième de Cézanne et première de Picasso aux U.S.A. Formation de l'Association of American Painters and Sculptors avec Taylor, Kuhn, McRae, etc. et Arthur B. Davies comme Président.

Les Ballets Russes présentent *Le Spectre de la rose, Narcisse, Sadko et Petrouchka*. Ida Rubinstein donne *Le Martyre de Saint-Sébastien* au Châtelet, Mistinguett apparaît avec Max Dearly dans *La Vie parisienne*. A New York, Gertrude Hoffmann présente une «Saison Russe» au Winter Garden : versions pirates des ballets de Diaghilev, avec quelques-uns de ses danseurs, notamment Lopokova, qui reste aux *U.S.A.* Débuts de Fred et Adele Astaire à *New York*.

A New York, 96 représentations de *Chantecler* de Rostand avec Maud Adams, 312 de *Le Satyre* de Berr et Guilmaud et 126 de *Le Million* des mêmes.

Retour de Wright aux U.S.A. : construction de Spring Green, Taliesin. Le Woolworth Building, à New York, fait sensation à l'étranger pour sa hauteur. Maison Culberson, Pasadena (C. et H. Greene).

Création de la première bande dessinée surréaliste avant la lettre : *Krazy Kat* par Georges Herriman.

Charles Bedaux arrive aux Etats-Unis et étudie, en les développant, les principes de l'organisation rationnelle du travail. Ouverture de la maison de couture Chanel.

Georges Duhamel écrit *La lumière, Dans l'ombre des statues* (1912), *Le combat* (1913), pièces montrant l'influence de Whitman. Blaise Cendrars arrive à New York.

A Paris, Steichen fait des photos de mode pour *Art et Décoration*.

Schönberg édite son *Traité d'harmonie* et compose *Six petites pièces pour piano*.

1912

Début de la première guerre balkanique. Formation du Ministère Poincaré. Lyautey devient Résident général au Maroc. New Mexico et Arizona deviennent Etats. Woodrow Wilson est élu Président, début de l'intervention des U.S.A. en Nicaragua. Naufrage du *Titanic*.

Arrivée à Paris de Covert et de Demuth. Hartley rencontre Demuth. Voyage en Europe de Kuhn et de Davies, venus organiser l'Armory Show de New York. Bruce et Frost rencontrent Delaunay. Storrs travaille avec Rodin jusqu'en 1914. Au Salon des Indépendants : *La Ville de Paris* de Robert Delaunay; participation américaine : Macdonald-Wright, Maurer, Bruce. Participation américaine au Salon d'Automne : Bruce, Sayen, Steichen, Nadelman. Exposition des Futuristes à la Galerie Bernheim Jeune. Exposition de la *Section d'or* à la Galerie La Boëtie. Premiers papiers collés de Braque et Picasso. Cravan fonde la revue *Maintenant*, Kandinsky publie *Du Spirituel dans l'art*, Gleizes et Metzinger *Du Cubisme*. Réunions des «Mardis» de la Closerie des Lilas et des «Dîners de Passy» regroupent l'avant-garde autour de Paul Fort et de Guillaume Apollinaire. A New York, premières expositions personnelles de Carles, Walkowitz et Dove au «291» où a lieu la première exposition de dessins d'enfants. Marius De Zayas déclare «Art is dead» dans Camera Work. Un numéro spécial de Camera Work sur Matisse et Picasso contient les textes de Gertrude Stein.

Aux Ballets Russes : *Le Dieu bleu, Thamar, L'Après-midi d'un faune, Daphnis et Chloé*. Fokine quitte la compagnie.

248 représentations de *La Grimpette* de Bern et Guilmaud à New York.

A Paris, fondation de l'Association de Cités-jardins. Au Salon d'Automne, succès de scandale de «La maison cubiste» de Raymond Duchamp-Villon et André Mare. Aux Etats-Unis, la Maison Lee, à San Diego (Irving Gill) et publication de *Architectural Engineering with Special Reference to High Building Construction* de J.K. Freitag.

Francis Jourdain fonde les Ateliers Modernes spécialisés dans la fabrication de meubles rationnels à bon marché. Aux U.S.A., premiers verres en carton jetables (Charles Gage, Jr.) F.W. Taylor publie *Principles of Scientific Management*.

Les Pâques à New York de Blaise Cendrars est publié à Paris. Gertrude Stein écrit *The Portrait de Mabel Dodge* à Villa Curonia.

Construction des studios Universal-Thomas Ince, à Hollywood. Sarah Bernhardt tourne *La Reine Elizabeth*, Capellani tourne *Les Misérables*, deux films qui sont la source directe de la fortune de la Paramount. Emile Cohl, engagé par Eclair, est envoyé aux U.S.A. pour réaliser avec G. MacManus le premier dessin animé.

Ravel écrit *Daphnis et Chloé*, Satie *Véritables préludes flasques*, Debussy *Deuxième livre des Préludes*, Schönberg *Pierrot lunaire*. Aux U.S.A., Cowell introduit le cluster dans *Adventures in Harmony*.

1913

La Bulgarie attaque ses alliés. La loi militaire est instaurée en Allemagne. Poincaré élu Président de la République, resserre l'alliance avec la Russie, appuye la loi de trois ans, prolongeant le service militaire. Aux Etats-Unis, Bryen commence à négocier des traités de non-belligérance avec trente nations. Vote de l'impôt sur le revenu.

Carles de nouveau à Paris, vit chez Steichen jusqu'en 1914. Salon des Indépendants, participation américaine : Frost, Russell, Macdonald-Wright. Salon d'Automne, participation américaine : Bruce. Exposition des Synchromistes Stanton Macdonald-Wright et Morgan Russell à la Galerie Bernheim-Jeune. Séparation de Léo et Gertrude Stein qui se partagent la collection. Marcel Duchamp crée le premier ready-made avec une roue de bicyclette. Guillaume Apollinaire publie *Les Peintres cubistes*. A New York, *International Exhibition of Modern Art* à l'Armory of the 69th Infantery, Lexington avenue, dite l'*Armory Show*. Participation française : Brancusi, Braque, Cézanne, Delaunay, Derain, Duchamp, Duchamp-Villon, Gauguin, Gleizes, Van Gogh, La Fresnaye, Matisse, Picabia, Picasso, Redon, Rodin, Rousseau et Villon. *La Colline des pauvres* de Cézanne entre au Metropolitan Museum, premier achat d'une peinture moderne française par un musée américain. Début de la formation des grandes collections de la peinture d'avant-garde, telles que celles d'Eddy, Arensberg, Quinn, Barnes et Bliss. Arrivée de Picabia à New York, où il aura une exposition personnelle au «291». Ouverture de la Daniel Gallery.

Les Ballets Russes donnent *Jeux, Le Sacre du printemps, La Tragédie de Salomé*. Départ de Nijinsky des Ballets Russes, rencontre de Diaghilev et de Massine.

Nouvelle tournée de Sarah Bernhardt aux U.S.A. Débuts de la *French Drama Society* de New York, qui présente les pièces de Bataille, Coppée, Bernstein, Méré, de Banville, Racine, d'Annunzio, Wolff, Sandeau et Rostand.

Théâtre des Champs-Elysées, Paris (A. et G. Perret). Pont à arc de 185 mètres de Freyssinet. Parution dans *Cahiers d'Aujourd'hui* d'«Ornement et Crime» d'Adolf Loos. Gropius publie des photos de silos américains dans le *Werkbund Jahrbuch*, qui seront reprises par Le Corbusier dans *Vers une architecture*. W. Club de La Jolla (Gill) préfabriqué en grands panneaux.

Début de l'une des plus célèbres bandes dessinées, *Bringing up Father* par George McManus. Elle sera présentée à partir de 1936 dans le journal *Robinson* sous le titre *La Famille Illico*.

Apparition dans les grands magasins du «Vest Pocket Kodak», de fers à repasser électriques, des ventilateurs. Installations complètes de salles de bains en vente à la Samaritaine à Paris. Apparition du téléphone automatique à Nice. Mise en vente aux Etats-Unis du premier réfrigérateur ménager, fabrication de récipients pour chimistes en verre résistant à la flamme «Pyrex». Christine Frederick applique au travail ménager le Taylorisme; elle publie *The New Housekeeping. Efficiency Studies in Home Management.* (Traduction française : Le Taylorisme chez soi). Henry Ford met en place une chaîne de montage capable de produire 1 000 automobiles par jour.

Les Poésies de A. O. Barnabooth de Valéry Larbaud démontrent l'influence de Whitman. *Poetry*, à Chicago, publie le manifeste *A Few Dont's by an Imagiste* d'Ezra Pound.

Durant l'Armory Show, Stieglitz expose ses photographies au «291».

Debussy écrit les ballets *Jeux* et *La Boîte à joujoux*, Stravinsky *Le Sacre du printemps*, Schönberg *La Main heureuse*, Satie *Le Piège de Méduse*. Première au Théâtre des Arts du *Festin de l'araignée* de Roussel (la Première américaine aura lieu à New York en 1914). Première à Boston de l'opéra *La Forêt bleue* de Aubert.

«Jeanne d'Arc», French Institute at the Museum of French Art, New York.

1914

La première guerre mondiale commence : assassinat de l'archiduc François-Ferdinand à Sarajevo, ultimatum autrichien à la Serbie, guerre austro-serbe, guerre germano-russe, guerre franco-allemande, invasion allemande en Belgique, guerre anglo-allemande. Dans le Pacifique, les Japonais s'emparent des îles Marshall et Carolines. En France, mouvement à gauche aux élections législatives, Ministère Viviani, vote de l'impôt sur le revenu, assassinat de Jaurès, le gouvernement quitte Paris pour Bordeaux. Les Etats-Unis interviennent au Mexique à Vera Cruz, inaugurent le Canal de Panama.

Séjour de Macdonald-Wright à Paris. Salon des Indépendants, participation américaine : Macdonald-Wright, Bruce, Frost, Russell, Nadelman. Salon d'Automne, participation de Storrs. Départ de Paris pour New York de Saÿen, Steichen, Demuth, Frost, Maurer, Nadelman, Carles, Covert et Pach. Aux Etats-Unis, première exposition de Brancusi et première exposition de sculpture africaine au «291», ainsi qu'une exposition «Braque, Picasso and Mexican Pottery» à la fin de l'année. Exposition des synchromistes à la Caroll Gallery. Ouverture de la Stephan Bourgeois Gallery et aussi du Whitney Studio, où sont présentés les artistes américains contemporains. Parution de *The Little Review*. Arthur Jerome Eddy publie *Cubists and Post-Impressionism*.

Les Ballets Russes donnent *Les Papillons, La Légende de Joseph, Le Coq d'or, Le Rossignol, Midas*. Arrivée à Paris de Larionov et Gontcharova. Isadora Duncan fonde son école à Bellevue et présente ses élèves au Trocadéro.

A New York, à partir de la fin de l'année, nombreuses pièces au *Théâtre Français* de Porto-Riche, Lavedan, Labiche, Molière, Richepin, Flershet, Caillavet, etc.

Maison «Domino» (Le Corbusier) à ossature modulée et standardisée. Usine à Lancey (Maillard). Midway Gardens, Chicago (Wright).

L'automobile devient une force de guerre entre 1914 et 1918; taxis parisiens réquisitionnés, achat d'ambulances, de poids lourds, de tracteurs et de motocyclettes aux U.S.A.

Vente en France de la machine à écrire américaine portative «Corona», pliante. Aux Etats-Unis, le «Smith Lever Act» oblige chaque Etat à prélever sur son budget annuel une certaine somme pour l'enseignement de l'économie domestique aux femmes; débuts de la mécanisation de la fabrication du pain. Frank B. Gilbreth publie *Primer of Scientific Management*.

Remy de Gourmont publie *Lettres à l'Amazone* (Nathalie Clifford Barney). Henry James lit *Du côté de chez Swann* avec enthousiasme, écrit *The American Volunteer Motor Ambulances in France*. Gertrude Stein publie *Tender Buttons*. Max Weber publie *Cubist Poems* à Londres. Ezra Pound publie une anthologie, *Des Imagistes*.

Stravinsky écrit *Le Rossignol*, Berg *Trois pièces pour orchestre* et Rabaud *Marouf*.

Salon des humoristes, French Institute, New York.

1915

Annonce de la première guerre sous-marine de l'Allemagne, début de l'offensive navale alliée aux Dardanelles, traité de Londres entre l'Italie et les puissances de l'Entente, torpillage du *Lusitania*, premier emploi des gaz par les Allemands, entrée en guerre de l'Italie, débarquement d'un corps expéditionnaire français à Salonique, entrée en guerre de la Bulgarie. Cabinet Viviani remplacé par un Cabinet Briand. Joffre nommé commandant en chef des armées françaises. Note de Wilson protestant contre le torpillage du *Lusitania* et de l'*Arabic*. U.S. Coast Guard établie, «National Defense Act» voté (augmente les effectifs de l'armée, établit le R.O.T.C.), entre 1915 et 1917 des investisseurs privés prêtent 2,3 milliards de dollars aux Alliés.

Ozenfant fonde la revue *L'Elan*. Arrivée à New York des trois principaux protagonistes de Dada — New York : Picabia, Duchamp et Crotti. Duchamp rencontre Alfred Stieglitz et Man Ray (à Ridgefield, N.J.). Arrivée à New York de Gleizes et Varèse. Tous se retrouvent chez les Arensberg avec Demuth, Stella, Schamberg, et W.C. Williams parmi d'autres. Troisième exposition de Matisse : «Sculpture and Recent Drawings» à la Montross Gallery. Marius De Zayas inaugure la Modern Gallery avec une exposition de groupe : «Braque, Picasso, Picabia, Stieglitz, African sculpture». Première exposition de Man Ray à la Daniel Gallery, première exposition de Bluemner et de Nadelman, au «291». A San Francisco, importante participation française à la Panama Pacific International Exposition. Parution de l'unique numéro de la revue Dada de Man Ray, *The Ridgefield Gazook*. Willard Huntington Wright publie *Modern Painting*.

Ballets Russes : *Le Soleil de nuit*. A San Francisco, Ruth St-Denis et Ted Shawn fondent la Denishawn Company (influence des théories de Delsarte, transmises par Mme Harvey). Isadora Duncan rentre aux U.S.A., danse *La Marseillaise* au Metropolitan Opera House.

Pavillon de Mallet Stevens à la Panama Pacific International Exposition à San Francisco.

Apparition du thermostat aux Etats-Unis. Le Français Georges Claude reçoit un brevet américain pour les améliorations apportées au tube au néon. La Western Electric Telephone and Telegraph Company transmet la parole par radio-téléphone de Vermont à San Francisco, à Hawaï, et à Paris.

En France, Mildred Aldrich écrit *A Hilltop on the Marne*, Edith Wharton travaille parmi les réfugiés, dans les hôpitaux, visite le front et donne son témoignage dans *Fighting France : From Dunkerque to Belfort*. Aux Etats-Unis, Amy Lowell publie *Six French Poets*, un essai sur Verhaeren, Samain, Régnier, Gourmont, Jammes, Paul Fort.

Les premiers films de Charlot arrivent en France. *Les Mystères de New York* adaptés dans le «Matin». *Civilisation* de Thomas Ince est présenté au Criterion Theater à New York.

Man Ray s'installe à New York. Un autre peintre, Charles Sheeler, exerce la profession de photographe avec succès.

Debussy écrit *En blanc et noir* et *Douze études*, Milhaud *La brebis égarée*. Aux Etats-Unis, Ives écrit la *Deuxième Sonate* pour piano, Varèse dirige *Le Requiem* de Berlioz à New York.

«Panama Pacific International Exposition», San Francisco (exposition universelle et internationale).

1916

Les Alliés évacuent Gallipoli, bataille de Verdun, bataille navale de Jutland, début de l'offensive franco-britannique sur la Somme, entrée en guerre de la Roumanie, premier emploi des chars d'assaut, prise de Bucarest par les Austro-Allemands, proposition de paix des empires centraux, Wilson propose sa médiation. En France, taxation du blé, le Parlement refuse au gouvernement le pouvoir de promulguer des décrets-lois. Aux Etats-Unis, Wilson réélu. Des troupes entrent au Mexique, commencent l'occupation militaire de Saint-Domingue. Einstein, dix ans après avoir trouvé la relativité restreinte, imagine la relativité généralisée.

Arrivée à New York de H.P. Roché et Brancusi. Walter Pach, Katherine Dreier, Duchamp, Man Ray et Arensberg créent la Society of Independent Artists. Ouverture de la *Forum Exhibition of Modern American Painters*, Anderson Galleries. Exposition de Duchamp, Crotti, Metzinger et Gleizes à la Montross Gallery. Exposition de Brancusi à la Modern Gallery, Georgia O'Keeffe au «291». Première exposition de Bruce à la Montross Gallery. Parution du premier numéro de *Sic* de Pierre Albert Birot à Paris.

Tour des Ballets Russes aux Etats-Unis, présentent *Till Eulenspiegel*. Adolf Bolm se fixe aux Etats-Unis et fonde le Ballet Intime. Anna Pavlova présente une version abrégée de *La Belle au bois dormant*, à l'Hippodrome de New York, décors de Bakst.

Les Washington Square Players jouent *La Farce de Maître Pathelin*, Maeterlinck, Molière et Porto-Riche. Sarah Bernhardt joue les «classiques» et quelques pièces contemporaines.

Villa Schwob, La Chaux de Fonds (Le Corbusier) : idée d'un foyer central, emploi d'une ossature en béton armé et élaboration du parti toit-terrasse. Deux hangars à Orly (Freyssinet). Imperial Hotel, Tokyo (Wright), School for Girls, La Jolla (I. Gill), Maison Dodge, Hollywood (I. Gill).

Invention en France des engins blindés militaires. Début de la production en série des réfrigérateurs aux Etats-Unis, création de la bouteille de Coca-Cola par Alexander Samuelson. Le *Chicago Tribune* publie une série d'articles intitulés «1917» pour stimuler les Américains et leur faire accepter la préparation industrielle à la guerre.

Publication du *Feu* par Henri Barbusse, un modèle pour John Dos Passos, E.E. Cummings, et Ernest Hemingway. Alan Seeger tué en combattant avec la Légion Etrangère, ses poèmes sont publiés.

Sarah Bernhardt tourne *Mères françaises* pour la propagande française aux U.S.A., *Forfaiture* (juillet 1916 à Paris). Max Linder est appelé aux U.S.A. et y rencontre Chaplin. *Intolerance* de Griffith présenté au Liberty Theater de New York.

Bloch écrit son *Quatuor à cordes n° 1*.

«French Art from 1870 to 1910», Albright Art Gallery, Buffalo. Exposition itinérante de peinture, de sculpture et d'objets décoratifs prêtés par le Musée du Luxembourg, par le Mobilier National, par les Gobelins et par la Manufacture de Sèvres. Cet ensemble d'œuvres a été présenté par le Gouvernement Français à l'Exposition Universelle de San Francisco.

1917

Reprise de la guerre sous-marine sans restriction, rupture des relations diplomatiques entre les Etats-Unis et l'Allemagne, abdication du Tsar, début des mutineries dans l'armée française, abdication de Constantin de Grèce, motion de paix du Reichstag, mutineries dans la flotte allemande, déclaration Balfour sur le sionisme, révolution en Russie, armistice sur le Front Russe. Grandes grèves ouvrières en France, formation du Cabinet Painlevé, puis Clemenceau. Les Etats-Unis déclarent l'état de guerre, envoient des troupes en France. Margaret Sanger incarcérée pour avoir prôné le contrôle des naissances.

Retour de Steichen en France. Deuxième séjour de Picabia à New York. Première exposition de Gino Severini, puis fermeture de la Galerie «291» et fin de la publication de *Camera Work*. Première exposition Robert Delaunay à la Bourgeois Gallery, première exposition de la Society of Independent Artists, Grand Central Palace. La conférence d'Arthur Cravan, poète et boxeur, organisée par Duchamp et Picabia, fait scandale.

Les Ballets Russes donnent *Les Femmes de bonne humeur, Contes russes* et *Parade*. Gaby Deslys et Harry Pilcer introduisent le *ragtime* en France au Casino de Paris, dans *Laissez-les tomber,* puis dans *Boum.*

Copeau fait une tournée de conférences à New York. *Le Garrick Theatre* devient le *Vieux Colombier de New York.* De novembre 1917 à mars 1919, 35 auteurs sont joués. Copeau reçoit un très bon accueil dans la presse, le triomphe public n'a lieu que pour Dullin, Sarah Bernhardt à New York de nouveau.

Maison Bingham, Montecito (Maybeck). A Paris, T. Garnier publie *Une Cité industrielle* et *Etude pour la construction des villes.*

L'armée américaine rend populaire en France l'utilisation de la citerne à essence ou «tank». Popularisation de l'aspirateur aux Etats-Unis.

De nombreux écrivains et étudiants américains s'engagent comme ambulanciers sur le front français et parmi eux John dos Passos, Harry Crosby, Louis Bromfield, E.E. Cummings, Slater Brown. Plusieurs revues bilingues paraissent à New York; *The Blind Man* (Duchamp et H.P. Roché), *Rongwrong* (Duchamp, Roché, Béatrice Wood) et *391* (Picabia). A ces revues collaborent aussi Alfred Stieglitz, Albert Gleizes, Mina Loy, W.C. Arensberg. Picabia compose les poèmes de *Cinquante-deux miroirs*. Le premier recueil de T.S. Eliot, *Prufrock and other observations*, est publié à Londres, Ezra Pound traduit et publie les *Dialogues de Fontenelle.*

Un orchestre militaire, le *Jim Europe Hell Fighters* joue en France, Noble Sissle est à la batterie. Aux Etats-Unis, premier enregistrement de l'Original Dixieland Jazz Band, venue de la Nouvelle-Orléans à Chicago, puis à New York. Ils popularisent le terme de jazz.

Ravel écrit *Le Tombeau de Couperin*, Stravinsky rencontre Picasso à Rome, première à Paris de *Parade* de Satie. Le scandale est tel que Satie est condamné à huit jours de prison pour insultes et diffamations. Bloch dirige la première des *Trois poèmes juifs* à Boston.

«Première Exposition de l'Arc-en-Ciel», Galerie du Luxembourg, Paris. Groupe franco-anglo-américain. Sous le haut patronage de Mr. Sharp, Ambassadeur des Etats-Unis.

Message de Wilson où sont énoncés les Quatorze Points, Foch commandant en chef interallié, traité de Brest-Litovsk, offensives allemandes des Flandres, sur l'Aisne et en Champagne, suivies par l'offensive générale des Alliés. Armistice bulgare, offensive italienne sur la Piave, effondrement de l'Autriche-Hongrie, armistice de Villa-Giusti, puis de Rethondes. Arrivée de Wilson en France.

A Paris, première exposition d'Ozenfant et de Jeanneret, Galerie Thomas. A New York, exposition de la Collection Gallatin, Bourgeois Gallery, première exposition Lachaise, Bourgeois Gallery. A Paris, Ozenfant et Jeanneret publient *Après le Cubisme*.

Le journal *Excelsior* publie une photo prise l'avant-veille à Lille. Développement en France de la motorisation de l'agriculture : introduction des tracteurs agricoles américains. Un an après la popularisation de l'aspirateur à poussière aux Etats-Unis, l'«Electrolux» est fabriqué en France. Louis Renault crée de petits tanks.

Mort de Guillaume Apollinaire, publication de *Calligrammes*. *The Little Review* consacre en février un numéro où Ezra Pound présente la poésie française et particulièrement ses poètes préférés : Laforgue, Corbière et Rimbaud. Publication des *Œuvres choisies* de Walt Whitman dans des traductions prestigieusement signées Jules Laforgue, Louis Fabulet, André Gide, Valéry Larbaud, Jean Schlumberger, Francis Vielé-Griffin. Jean Giraudoux publie *Amica America*.

Sur Charlot, poème d'Aragon publié dans *Le Film*.

Lewis Hine arrive à Paris avec la Croix Rouge américaine. Il photographiera les effets de la guerre en France, Belgique et aux Balkans.

Stravinsky écrit *L'Histoire du soldat* et *Ragtime* pour onze instruments. Satie écrit *Socrate* pour quatre sopranos et orchestre, Poulenc *Mouvements perpétuels*, Milhaud *Deux Poèmes Tupie* pour quatre voix de femmes et battements de mains. Concert au Vieux Colombier du groupe Les Nouveaux Jeunes. Honegger utilise un bouteillophone dans *Le Dit des jeux du monde*.

Conférence de la Paix, traité de Versailles. Création du fascisme en Italie, création de la République de Weimar, Fondation de la IIIe Internationale. En France, attentat contre Clemenceau, loi sur la réparation des dommages de guerre, élection de la chambre «bleu-horizon». Aux Etats-Unis, le Sénat repousse le Traité de Versailles. Wilson est victime d'une attaque de paralysie. Rutherford réalise la transmutation de l'azote en oxygène, se spécialise dans l'étude de la constitution de la matière et de la radioactivité.

Rencontre à Paris de Duchamp, Picabia et Ribemont-Dessaignes. Mondrian s'installe à Paris. Les premiers surréalistes se regroupent autour d'André Breton, se rencontrant au Bar Cintra. Participation américaine au Salon d'Automne : Storrs, Bruce. Arrivée à New York d'Archipenko, ouverture de la De Zayas Gallery, publication de l'unique numéro de *T.N.T.*

Les Ballets Russes donnent *La Boutique fantastique, Le Tricorne*. Mistinguett et Maurice Chevalier introduisent la valse chaloupée dans la *Grande Revue des Folies Bergères*. Fokine chorégraphe *Aphrodite* à New York.

A New York, 256 représentations de *Un mariage sous Louis XV* de Dumas Fils en version musicale. Le *Théâtre d'art* de Carlo Liten joue Verhaeren, Rostand, Musset, Maupassant, Samain, Richepin.

Maison Monol (Le Corbusier), Atelier Esders, Paris (Perret), Stade Olympique, Lyon (Garnier), chambre et bureau pour le Dr. Dalsace, Paris (Chareau).

André Citroën met en application sa connaissance des méthodes américaines de production en série. Importation des produits General Motors en France. Aux Etats-Unis, parution de l'ouvrage de Christine Frederick : *Household Engineering : Scientific Management in the Home*. Premier vol sans escale au-dessus de l'Atlantique nord par Alcock et Brown sur un «Vickers-Vimy». Chanel crée des robes en jersey de laine exportées aux Etats-Unis.

Numéro spécial de *The Little Review* consacré à Rémy de Gourmont. Premier numéro de *Littérature*, édité par Louis Aragon, André Breton et Philippe Soupault : publication des textes automatiques d'André Breton et Philippe Soupault sous le titre : «Les Champs Magnétiques». La revue new yorkaise *T.N.T.*, dirigée par Adolf Wolff et Man Ray, publie des textes en français ou en anglais de Man Ray, Wolff, Duchamp, Arensberg, Soupault.

Présentation de *J'accuse* d'Abel Gance à Paris.

Le clarinettiste Sidney Bechet vient en Europe avec le *William Cook Southern Orchestra*. Il joue à Paris avec le *Benny Payton Orchestra* composé de sept musiciens du précédent ensemble.

Stravinsky s'installe à Paris. Milhaud : début des *Choèphores*, Poulenc écrit *Le Bestiaire*. Varese fonde le *New Symphony Orchestra*, consacré à la musique contemporaine.

«Exposition d'artistes de l'Ecole Américaine» au Musée National du Luxembourg, Paris. Organisée avec le concours d'un Comité américain et français sous le haut patronage de MM. W. Wilson et R. Poincaré. «The Period of Louis XV and Louis XVI». Museum of French Art, New York.

1920

Entrée en vigueur du pacte de la Société des Nations, le Sénat américain s'oppose à l'adhésion des Etats-Unis. Gandhi lance sa première campagne d'opposition non violente en Inde. La conférence de Spa fixe les réparations de guerre. En France Deschanel élu Président de la République, grève des cheminots et des mineurs. Deschanel démissionne, Millerand élu. Formation du Parti Communiste. Aux Etats-Unis, le Congrès américain rejette pour la seconde fois le traité de Versailles, entrée en vigueur du Volmstead Act, prohibant l'alcool, élection de Harding à la présidence.

Arrivée à Paris de Tristan Tzara, rencontre de Picabia et de Breton. Salon des Indépendants, participation américaine : Bruce, Russell et Storrs. Parution du manifeste Dada «Dada est américain» par Arensberg dans *Littérature*. Festival Dada à la Salle Gaveau. Ozenfant et Le Corbusier fondent *L'Esprit Nouveau*. Aux Etats-Unis, départ des Arensberg pour la Californie. Création de la *Société Anonyme*, fondée à New York par Marcel Duchamp, Man Ray et Katherine Dreier, pour présenter l'art moderne international. Première exposition de groupe : Marcel Duchamp, G. Ribemont-Dessaignes, Francis Picabia, Man Ray, Morton Schamberg, Van Gogh, Villon, Stella, Brancusi, etc... Deuxième exposition : les collages de Kurt Schwitters, présentés pour la première fois aux U.S.A. Première exposition personnelle de John Storrs aux Folsom Galleries.

Rolf de Maré fonde les Ballets Suédois, donne *Jeux, Ibéria, Le Tombeau de Couperin* et *El Greco*. Les Ballets Russes donnent *Le Chant du rossignol, Pulcinella* et *Le Sacre du printemps*. Mistinguett au Casino de Paris avec *Cache ton piano* et *Paris qui jazz* (décor de Paul Poiret). Loïe Fuller tourne *Le Lys de la vie. Le Coq d'or* d'après Fokine est donné au Metropolitan Opera.

A New York, 183 représentations d'un «musical» de Rip, *Plus ça change*, 168 représentations de *Algar* de Carré et Barde, un «musical» sur une grève dans un harem, 189 représentations de *Deburau* de Sacha Guitry.

Maison Citrohan (Le Corbusier). Maison Barnsdall, Los Angeles (Wright). Dans le premier numéro de *L'Esprit*, des photos des silos à grains américains.

Aux U.S.A., création de «Winnie Winkle» de Martin Brauner qui paraîtra chaque semaine en 1923 dans le *Dimanche illustré* sous le titre «Bicot et les Rantamplans». «Felix the Cat» de Pat Sullivan qui avait été créé en 1917 pour le cinéma d'animation, passe à la bande dessinée. En France, les «Aventures de Félix le Chat» paraîtront en albums Hachette.

T.J. Watson fonde à Paris la Société Internationale des machines commerciales qui vend en France les machines Hollerith fabriquées aux Etats-Unis, en particulier des appareils de contrôle du personnel. C'est là l'origine de la Société I.B.M. en France. Généralisation en France des pompes à essence automatiques dans les garages. Création à Paris de la Société d'importation La Lampe Philips. Aux Etats-Unis automatisation complète de la chaîne de production par L.R. Smith, industriel de Milwaukee. Une station expérimentale annonce en direct la victoire de Harding aux élections présidentielles des Etats-Unis.

Arrivée à Paris de Djuna Barnes, Nathalie Clifford-Barney publie ses *Pensées d'une amazone*, Sylvia Beach crée sa librairie, *Shakespeare and Company*. Ezra Pound s'installe à Paris, sous le titre *Dust for Sparrows*, il traduit les *Pensées inédites* de Gourmont et les publie dans *The Dial*, il entreprend la composition de son opéra *Le Testament* d'après le poème de François Villon. Avec *Hugh Selwyn Mauberley* de Pound et *Poems 1920* de T.S. Eliot, retour à une poésie plus strictement métrée à la manière de Théophile Gautier et Tristan Corbière. A Boston paraît *Kora in Hell : Improvisations* de William Carlos Williams. John dos Passos publie *One Man's Initiation - 1917.*

Flaherty grâce à l'appui des fourreurs Revillon réalise *Nanook of the North.*

Tournée en Europe de *Plantation Days* avec l'orchestre de Jim Europe, James P. Johnson, piano.

Henri Collet lance le *Groupe des Six*. Stravinsky *Symphonie d'instruments à vent* et *Le Chant du rossignol*, Milhaud *Le Bœuf sur le toit*, Honegger *La Pastorale d'été*. Satie inaugure *La Musique d'ameublement*. Copland étudie chez Nadia Boulanger. Carl Ruggles écrit *Men and Angels*, Ives publie «Essays before a Sonata».

1921

Mutinerie des marins de Cronstadt, famine en Russie. Ultimatum des Alliés à l'Allemagne sur ses dettes de guerre, fixation du montant et des modalités de paiement des réparations à la conférence de Londres, paix séparée germano-américaine. La conférence de Washington traite des problèmes navals de la Chine et du Japon. Formation du Gouvernement Briand, premier congrès du P.C.F. à Marseille, la commission administrative de la C.G.T. constate la scission syndicale. Aux Etats-Unis, Harding est président, une loi restreint l'immigration aux Etats-Unis.

Carles arrive en France pour un an. Arrivée de Man Ray à Paris. Première exposition Max Ernst, Galerie «Au Sans Pareil». Exposition internationale, «Salon Dada», Galerie Montaigne. Breton, Duchamp et Picabia refusent d'y participer. Exposition «Les Maîtres du cubisme» à la Galerie de l'Effort Moderne. A New York, publication de l'unique numéro de *New York Dada* par Duchamp et Man Ray. Marsden Hartley donne une conférence sur le thème «What is Dadaïsm» à la Société Anonyme et publie *Adventures in the Arts.*

Départ de Massine des Ballets Russes, qui donnent *Chout, La Belle au bois dormant*. Les Ballets Suédois donnent *La Boîte à joujoux, L'Homme et son désir, Les Mariés de la Tour Eiffel*. Isadora Duncan part pour la Russie. Dolly Sisters au Casino de Paris. Bolm danse *Krazy Kat* à New York. Fokine crée *Le Rêve de la Marquise* au Metropolitan Opera, *Thunderbird* à l'Hippodrome, *Shaïtan* pour la Gertrude Hoffman Company, au Palace.

Maison Millard, Pasadena (Wright), Maison Schindler, Hollywood (Schindler). T. Garnier publie *Les Grands Travaux de la Ville de Lyon*. Dans le numéro 4 de *l'Esprit Nouveau* apparition de l'idée de la ville-tour chez Le Corbusier (en totale opposition avec la conception de la cité-jardin avancée par Wright). Tube à filaments pour rayons X de William Coolidge.

Hemingway, Harold Stearns et E.E. Cummings s'installent à Paris. Paul Valéry, introduction à *Euréka* de Poe traduit par Baudelaire. *Désobéir* de Thoreau publié par Léon Bazalgette. De 1921 à 1925, T.S. Eliot est correspondant de *La Nouvelle Revue Française*. Séjour de Sherwood Anderson à Paris; il travaille à *A Story Teller's Story* et rédige *Paris Notebook 1921* qui ne sera publié qu'en 1976. Parution du deuxième roman de guerre de Dos Passos, *Three Soldiers*.

Abel Gance achève le tournage de *La Roue*. Mary Pickford et Douglas Fairbanks puis Charlie Chaplin viennent présenter leurs films à Paris. Scandale à Hollywood, Fatty Arbuckle est accusé de « sex murder ». La présidence de la Motion Picture Producers and Distributors of America est offerte à W. Hays qui attachera son nom à un code de la pudeur.

Présentation de *Manahatta*, de Paul Strand et Charles Sheeler, au cours d'une projection de courts-métrages surréalistes.

Première exposition de Man Ray en Europe, à la Galerie Librairie «Six». Lee Miller devient son assistante. Poursuivant ses études de sculpture, Berenice Abbott s'installe à Paris.

Le Groupe de Six produit le ballet *Les Mariés de la Tour Eiffel* sur un argument de Cocteau. Honegger : *Le Roi David* et *Horace victorieux*, Milhaud : *L'Homme et son désir* et *Saudades do Brazil*. Schönberg publie *La Méthode de composition avec douze sons*. Varese fonde avec Carlos Salzedo *L'International Composer's Guide* consacré à la nouvelle musique.

1922

La Conférence de Cannes accorde à l'Allemagne un délai, des accords navals et des accords sur la Chine sont signés à l'issue de la Conférence de Washington. En France, formation du Ministère Poincaré, la SFIO et la CGT dénoncent la politique du gouvernement à l'égard de l'Allemagne. Aux Etats-Unis, plus d'un demi-million de mineurs en grève pour quatre mois, élévation des droits de douane sur les produits industriels, le Ku-Klux-Klan se reconstitue, le Secrétaire d'Etat propose de soumettre le problème des prestations à un comité d'experts. Publication des théories de Louis de Broglie sur la mécanique ondulatoire.

A Paris, «Synthèse et Construction» à la Galerie de l'Effort Moderne. Le Congrès de Paris précipite la rupture Breton-Tzara. Dasburg écrit *Cubism - Its Rise and Influence*.

Ballets Russes, *Le Renard*. Ballets Suédois, *Skating Rink*. Loïe Fuller au Théâtre des Champs-Elysées, *Sorcières gigantesques*. Isadora Duncan rentre à Paris, part pour New York. Fokine crée *Russian Toys* dans le Rendez-vous Night Club de New York.

A New York, *Les Noces d'argent* de Paul Géraldy, tournée de Cécile Sorel avec pièces d'Augier, de Dumas fils et de Molière. *L'Annonce faite à Marie* de Paul Claudel.

Eglise de Notre-Dame de Raincy par Auguste Perret. Salon d'Automne de Paris avec Mallet Stevens, Lurçat, Jourdain, Loos et Chareau. Villa Ozenfant, Paris (Le Corbusier et Jeanneret).

Sylvia Beach publie *Ulysses*. Robert McAlmon fonde Contact Editions, Pound publie *The Natural Philosophy of Love*, traduction de *Physique de l'amour* de Rémy de Gourmont. *The Enormous Room*, de E.E. Cummings, récit de sa captivité à la Ferté-Macé. *The Waste Land*, poème de T.S. Eliot. Kay Boyle s'installe en France. Parution de *Peter Whiffle : His life and Works* de Carl van Vechten.

Premier film technicolor par Herbert Kalmus, *The Toll of the Sea*. *Crainquebille* de Feyder, le film qui pour Griffith symbolise Paris.

A Paris, Man Ray publie ses premières rayographies, Curtis Moffart installe son studio. A New York, Steichen brûle ses toiles et s'oriente définitivement vers la photographie. Commence à travailler pour *Vogue*.

Parution de *Jazz*, d'André Coeuroy et André Schaeffner. Les deux seuls musiciens cités sont Paul Whiteman et Billy Arnold.

Stravinsky écrit *Mavra* et *Renard*. Au cours d'une tournée aux Etats-Unis, Milhaud compose le ballet *La Création du monde*; il écrit la même année *Les Euménides* et *Orestie*.

1923

Echec de la Conférence sur les réparations à Paris, la Ruhr est occupée par les armées françaises et belges, l'inflation atteint son point culminant en Allemagne. Putsch de Hitler à Munich. Poincaré accepte le principe d'un Comité pour l'étude des réparations. Aux Etats-Unis, mort de Harding, Coolidge Président. Le Congrès vote une réduction importante des dettes de guerre. Calmette et Guérin mettent au point le vaccin antituberculeux, B.C.G.

Van Doesburg s'installe à Paris. Exposition «De Stijl» à la Galerie de l'Effort Moderne. Archipenko arrive aux Etats-Unis. Marcel Duchamp renonce au *Grand Verre*.

Ballets Russes : *Les Noces*. Ballets Suédois : *La Création du Monde, Within the Quota* avec décors de Gérald Murphy, tournée aux U.S.A. Loïe Fuller danse *Chimères* à l'Opéra. Débuts de Marion Ford dans *En Douce*, revue au Casino de Paris. Isadora Duncan revient en France. Fokine, Mordkin et Massine s'installent définitivement aux U.S.A. Fokine crée *Farlandjio* et *Frolicking Gods* pour les *Ziegfield Follies*, «Le retour du carnaval» dans *Casanova* et *Santa Claus* pour Gertrude Hoffman.

Soirée du Cœur à Barbe au Théâtre Michel avec films de Man Ray, Richter, une reprise du *Cœur à Gaz* de Tzara, des concerts.

L'Empereur Jones d'Eugene O'Neill est représenté à l'Odéon. Pièces françaises jouées à New York par The Grand Guignol Players.

Maison Laroche, Paris (Le Corbusier), Villas Laroche et Noailles à Hyères (Mallet Stevens). Pueblo Ribera Courts, La Jolla (Schindler), Maisons Lowes, Storer, Millard et Taggart, Los Angeles (Wright). Parution en France de l'ouvrage de Le Corbusier : *Vers une architecture*.

Fondation par Paulette Bernege de la *Ligue de l'organisation ménagère française* sur le modèle de l'organisation ménagère des Etats-Unis fondée par Christine Frederick. Premiers pneus à basse pression de Michelin. Brevet du rasoir électrique fabriqué par Jacob Schick aux Etats-Unis. Charles Francis Jenkins transmet des images télévisées du Président Harding de Washington à Philadelphie.

Fondation de *La Revue européenne* dirigée par Philippe Soupault qui, jusqu'en 1930 publiera notamment Sherwood Anderson, Cummings, et W.C. Williams. Grande activité des Editions Contact de Robert MacAlmon et de Three Mountains Press de William Bird, installées en France ; elles publient notamment *Spring and All* de Williams, *Twenty-Five Poems* de Marsden Hartley et *Indiscretions or une Revue des Deux Mondes* de Pound, *The Great American Novel* de Williams ; de ce dernier, Larbaud rend compte avec chaleur. Langston Hughes arrive à Paris. Archibald MacLeish arrive, rencontre Hemingway, Masson, Larbaud, Romains et Fargue. Parution de *Tulips* and *Chimneys* de Cummings, son premier livre de poèmes influencés par Apollinaire et publié à Paris. Margaret Anderson et Jane Heap s'installent à Paris avec leur *Little Review*, publient six chapitres de *In our Time* de Hemingway. Matthew Josephson traduit *Le Poète assassiné* d'Apollinaire, parution de *Galimathias*, écrit à Paris.

M. L'Herbier tourne *l'Inhumaine* avec Georgette Leblanc. Griffith accueille Gance venu présenter *J'accuse* à New York. Man Ray réalise *Le Retour à la raison* pour la soirée dada du «Cœur à Barbe».

Sheeler travaille avec *Vogue*.

Stravinsky écrit *Les Noces* et *L'Octuor*, Schönberg la *Sérénade Opus 29*, Roussel crée *Padmavati*, Varese *Hyperprisme* et *Intégrales*. Bloch expérimente les quarts de tons dans son *Piano Quintet*. Martinu compose *La Bagarre* à l'occasion de l'arrivée de Lindbergh au Bourget. Création de l'Ecole d'Arcueil avec Satie, Sauguet, et Desormieres. Koussevitsky dirige à l'Opéra de Paris *Pacific 231* de Honegger. Auric : *Sonatines*.

Exposition d'art américain, Hôtel de la Chambre Syndicale de la Curiosité et des Beaux-Arts, Paris. Organisée par l'Association franco-américaine d'exposition de Peinture et de Sculpture et placée sous le haut patronage de M. Alexandre Millerand, Président de la République, de M. le Maréchal Foch, et de l'Ambassadeur des Etats-Unis, au profit de l'Union des Femmes de France. Œuvres de John Singer Sargent, Dodge Macknight, Winslow Homer, Paul Manship. «Le Service de table de Napoléon», Museum of Fine Arts, Boston. Prêté par le French Institute de New York.

1924

Le plan Dawes est proposé pour régler le problème des réparations, entre en vigueur après son acceptation par la Conférence alliée de Londres. En France, élections législatives et succès du Cartel des gauches, démission de Millerand et élection de Doumergue à la présidence de la République, Ministère Herriot, signature à la Société des Nations du «Protocole de Genève». Aux Etats-Unis, le Congrès aggrave les restrictions à l'immigration, la banque Morgan prête à la France pour enrayer l'inflation, élection de Calvin Coolidge. Louis de Broglie conçoit la théorie de la mécanique ondulatoire.

André Breton publie le *Manifeste du surréalisme*. Miró se joint aux surréalistes. Première exposition André Masson, Galerie Simon. Rétrospective Max Weber, Galerie Bernheim Jeune. Fernand Léger et Amédée Ozenfant ouvrent un atelier libre, rue Notre-Dame-des-Champs. A New York Sheeler organise une exposition pour le Whitney Studio Club : œuvres de Picasso, Braque, Duchamp et De Zayas. Fondation de la revue *La Révolution surréaliste*, dirigée par Pierre Mabille, Philippe Soupault, Benjamin Peret, et André Breton. Léonce Rosenberg publie le premier numéro du *Bulletin de l'Effort Moderne*.

Les Ballets Russes donnent : *Les Tentations de la bergère, Les Biches, Cimarosiana, Le Train bleu, Les Fâcheux*. Les Ballets Suédois : *La Jarre, Le Tournoi Singulier*, et *Relâche* de Picabia, avec projections d'*Entracte* de René Clair à l'entracte. Etienne de Beaumont crée les «Soirées de Paris» au théâtre de la Cigale : *Roméo et Juliette, Salade, Mercure, Le beau Danube*. Revue New York-Montmartre, avec les Hoffmann Girls au Moulin Rouge. Aux Etats-Unis, Foline crée *Les Elfes, Medusa, Olé, Toro* au Metropolitan Opera, Mordkin un ballet pour les *Greenwich Village Follies*, et Bolm crée «Chicago Allied Arts», qui produira des spectacles jusqu'en 1927.

A New York, tournée de Mme Simone avec *L'Aiglon* de Rostand, *Vêtir ceux qui sont nus* de Pirandello, *Madame Sans-Gêne* de Sardou. Tournée de Firmin Gémier avec Shakespeare, Frondaie, Lindau et Lenormand.

Maison Poiret, Paris (Mallet Stevens). Immeuble rue des Amiraux, Paris, Cité Pessac (Le Corbusier et Jeanneret). Tour d'orientation, Grenoble (Perret). Maison Freeman, Los Angeles (Wright). Maison Packard (Schindler).

En France, diffusion du premier poste téléphonique à cadran. Aux Etats-Unis, la première voiture Chrysler fait sensation avec ses quatre freins hydrauliques et sa vitesse de 112 km/h. Trois avions Douglas réussissent l'exploit de faire le tour du monde du 6 avril au 28 septembre.

William Carlos Williams passe six semaines à Paris, rencontre Valéry Larbaud et se lie avec Philippe Soupault. *Commerce* publie le premier poème de T.S. Eliot en traduction française, *The Hollow Men*, adapté par Saint-John Perse. Tristan Tzara et Nancy Cunard entreprennent de traduire conjointement le *Faust* de Marlowe pour la *Transatlantic Review*. *Antheil and the treatise on Harmony* d'Ezra Pound et *In Our Time* de Hemingway publiés par Three Mountains Press à Paris. Hemingway donne trois nouvelles à la *Transatlantic Review*.

Sur la Riviera, F.S. Fitzgerald termine *The Great Gatsby* et commence *Tender is the Night*. Parution du *Times* à Paris. Eugène Jolas écrit la rubrique littéraire «Rambles Through Literary Paris» pour le *Chicago Tribune*.

Fernand Léger réalise et produit *Le Ballet mécanique*. Fondation de la Metro-Goldwyn-Mayer.

Reprise du Salon international d'Art Photographique. Le Photo-Club de Paris s'étant dissous, la Société française de Photographie lui succède dans l'organisation de cette manifestation.

Tournée en Europe de l'orchestre Sam Wooding avec Tommy Ladnier à la trompette et Gene Sedric au saxophone. Concert de l'orchestre Billy Arnold.

Schönberg écrit la *Suite pour piano et quintette à vent*, Stravinsky *Sonate*, Honegger *Concertino*, Varese *Octandre*, Ibert *Escales*, Poulenc *Les Biches*, Auric *Les Matelots* et Milhaud compose trois ballets : *Le Train bleu, Les Malheurs d'Oprhée*, et *Salade*. Satie compose deux : *Mercure* et *Relâche*. Première de *Rhapsodie in Blue* de Gershwin, Bloch est naturalisé américain.

1925

Trotsky relevé de ses fonctions. Mussolini proclame son intention d'installer sa dictature. Hindenburg élu Président du Reich. Conférence et accord de Locarno. Abd-el-Krim attaque des postes français au Maroc. Congrès du P.C.F. à Strasbourg, évacuation de la Ruhr. Aux Etats-Unis, le Congrès vote une résolution d'adhésion à la Cour mondiale, cour martiale et destitution de «Billy» Mitchell, défenseur de l'aviation militaire. L'instituteur John Scopes est jugé et condamné pour avoir enseigné les théories de Darwin.

Exposition internationale des Arts Décoratifs. Exposition internationale d'art contemporain «L'art d'aujourd'hui». Y participent G. Murphy, P.H. Bruce, Arp, M. Cahn, Csaky, S. et R. Delaunay, Léger, Ozenfant, Valmier, Mondrian, Van Doesburg, Nicholson. Exposition Joan Miró à la Galerie Pierre, première exposition Paul Klee à la Galerie Vavin-Raspail, Pevsner et Gabo à la Galerie Percier. A la Galerie Pierre «La peinture surréaliste», avec Arp, de Chirico, Ernst, Klee, Masson, Miró, Picasso, Man Ray, Pierre Roy; textes de André Breton, Robert Desnos. A New York, ouverture de la Intimate Gallery de Stieglitz, avec une exposition consacrée à John Marin, «Seven Americans», organisée par Stieglitz aux Anderson Galleries : Demuth, Dove, Hartley, Marin, O'Keeffe, Stieglitz, Strand. Collages de Dove à la Intimate Gallery, exposition personnelle de Léger aux Anderson Galleries, Van Doesburg à la Little Review Gallery. Exposition trinationale de groupe organisée par De Zayas chez Durand-Ruel à Paris, itinérante à Londres et à New York.

Les Ballets Russes donnent *Zéphire et Flore, Les Matelots, Barabau, Le Chant du rossignol*. Balanchine met en scène *L'Enfant et les sortilèges* à Monte-Carlo. Loïe Fuller danse *Les Féeries fantastiques* au Théâtre des Champs-Elysées, *La Mer* à l'exposition des Arts Décoratifs. Josephine Baker introduit le Charleston dans *La Revue nègre* au Théâtre des Champs-Elysées.

A l'exposition des Arts Décoratifs à Paris : Théâtre de A. Perret, Pavillon de Lyon de T. Garnier, Pavillon du Printemps de H. Sauvage, Pavillon de l'Esprit Nouveau de Le Corbusier et Jeanneret, Pavillon de l'Autriche de Hoffman.

En France, Alain St. Ogan, influencé par les Comics américains, introduit la bulle dans la bande dessinée française.

Création de General Motors France, vente en France du premier appareil de réfrigération. A l'occasion de l'Exposition des Arts Décoratifs, la librairie des Arts Décoratifs publie *Le style moderne. Contribution de la France*, dans lequel on trouve aussi bien les hangars d'Orly que les meubles de Robert Delaunay ou un wagon-fumoir de Francis Jourdain. Aux Etats-Unis, enregistrement électrique des sons aux laboratoires du téléphone Bell.

A Paris, *This Quarter* d'Ernest Walsh et Ethel Moorhead, Black Sun Press de Harry et Caresse Crosby. *The Making of Americans* de Gertrude Stein publié par Contact Editions, *A Draft of XVI Cantos* de Ezra Pound publié par Three Mountains Press. Adrienne Monnier et Sylvia Beach traduisent «The Love Song of J. Alfred Prufrock» pour *Le navire d'argent*. William Faulkner séjourne à Paris mais ne cherche à rencontrer aucun écrivain américain ou français. Aux Etats-Unis, parution du New Yorker, première «Paris Letter» de Janet Flanner.

Berenice Abbott fait la connaissance d'Atget au studio de Man Ray, où elle travaille comme assistante. George Hoyningen-Huene est nommé chef de la photographie de *Vogue*.

Le saxophoniste Frank Big Boy Goodie se fixe en France où il restera jusqu'en 1939. Claude Hopkins et Sidney Bechet sont parmi les musiciens qui accompagnent Josephine Baker dans la *Revue nègre*. Quelques musiciens français commencent à s'intéresser à cette «nouvelle musique». Ce sont Léon Vauchant, Philippe Brun, Alex Renard, Christian Wagner, André Ekyan, Alain Romans, Stephan Mougin, Stéphane Grappelli, Jerry Mengo et le chef d'orchestre Ray Ventura, encore étudiant.

Berg crée *Wozzeck*, Gershwin son *Concerto pour piano*, Honegger *Judith*, Auric *Les Fâcheux* et Milhaud ses *Six chants populaires hébraïques*. Ravel emploie une jazzo-flûte et une machine à vent dans *L'Enfant et les sortilèges*. Première du *Roi David* de Honegger à New York. Création de la Franco-American Musical Society. Stravinsky dirige l'Orchestre Philharmonique de New York. L'amplificateur électronique est introduit dans la musique.

Modern French Architecture, Grand Central Palace, New York, organisée par l'Association Française d'Action Artistique, sous les auspices de l'American Institute of Architects.

1926

Ibn Saoud roi du Hedjaz, réunion de la conférence préparatoire du désarmement, reddition d'Abd el-Krim, entrée de l'Allemagne à la S.D.N., entrevue Briand-Stresemann à Thoiry, signature de l'accord Mellon-Beranger sur les dettes de guerre. Le franc atteint son cours le plus bas, la police française découvre des provocations fascistes, *L'Action Française* est mise à l'index. Le Commander Byrd survole le Pôle Nord.

Calder arrive à Paris. La direction du Musée du Luxembourg change : impressionnistes, post-impressionnistes et Matisse à l'honneur. Exposition rétrospective au Salon des Indépendants, «Trente ans d'art indépendant». Ouverture de la Galerie Surréaliste avec une exposition personnelle de Man Ray : «Tableaux de Man Ray et objet des îles». Vente de la collection John Quinn, à l'hôtel Drouot où sont achetés le *Nu bleu* de Matisse et *La Bohémienne endormie* de Rousseau. Première exposition personnelle de Fritz Glarner à la Galerie d'Art Contemporain. A New York, la collection John Quinn exposée au New York Art Center avant son départ pour l'Europe. «The International Exhibition of Modern Art» organisée par la Société Anonyme au Brooklyn Museum». Tri-National Group Exhibition à Wildenstein and Company.

A Paris, Christian Zervos fonde la revue *Cahiers d'Art*.

Les Ballets Russes donnent *Roméo et Juliette, La Pastorale, Jack in the Box, The Triumph of Neptune*. Tournée de Loïe Fuller aux U.S.A. Débuts de Martha Graham au Greenwich Follies de New York, premier concert de sa propre chorégraphie au 48th Street Theatre.

Nouvelle tournée de Cécile Sorel aux Etats-Unis.

Maison Tristan Tzara, Paris (A. Loos). Lowell Beach House, Newport Beach (Schindler).

Produits d'inspiration américaine en vente à la Samaritaine à Paris : des soutiens-gorge, des vibro-masseurs, des séchoirs à cheveux électriques, des bas de fil simili soie. Parution du *Larousse Ménager : Dictionnaire illustré de la vie domestique*. Aux Etats-Unis, l'utilisation d'un procédé de la Radio Corporation of American pour transmettre à Londres des photographies annonce la radio-photographie.

John Peace Bishop s'installe dans la région parisienne. A Paris, publication de *Panorama de la littérature américaine contemporaine* de Régis Michaud. Présentation Salle Pleyel de l'opéra *Le Testament* composé par Ezra Pound. Kahnweiler publie *A Book concluding with As a wife has a cow* de Gertrude Stein, illustrations de Juan Gris. Exposition Walt Whitman à la Shakespeare and Company. Aux Etats-Unis, publication de *The Sun Also Rises* de Hemingway.

Ouverture du studio des Ursulines à Paris.

Première exposition de photographies de Berenice Abbott à la Galerie «Le Sacre du printemps». Walker Evans se rend à Paris pour suivre des cours à la Sorbonne.

Ravel écrit les *Chansons madécasses*, Milhaud *Le Carnaval d'Aix*, Auric *La Pastorale*, Ibert *Angélique*. Varese est naturalisé américain, crée la «Pan American Society» avec Cowell et Ives.

Exhibition of French Art, French Institute, New York. Annual exhibition of the Architectural League of New York, organisée par l'Association Française d'Action Artistique.

1927

Rupture entre les communistes chinois et le Kouomintang, la S.D.N. adopte une proposition prohibant les guerres d'agression, Mao Tsé Toung crée l'armée populaire de libération, Trotsky exclu du Parti. Accord franco-britannique sur les dettes de guerre, les troupes françaises évacuent la Sarre. Lindbergh réussit la première traversée de l'Atlantique sans escale, Sacco et Vanzetti exécutés aux Etats-Unis, le Secrétaire d'Etat Kellogg propose à Briand un pacte de renonciation à la guerre.

Premier voyage de Sidney et Harriet Janis à Paris. Magritte s'installe à Paris. Exposition Yves Tanguy à la Galerie Surréaliste. Stanley William Hayter fonde l'Atelier 17 où de nombreux artistes recherchent de nouvelles techniques de gravure. Calder commence à montrer son cirque. Les *Cahiers d'Art* publient des photographies de gratte-ciel par Charles Sheeler. A New York, «Machine-Age Exposition» organisée par la *The Little Review* au Brooklyn Museum. Deuxième vente de la collection Quinn aux American Art Galleries (Parke-Bernet). A.E. Gallatin installe sa collection à la New York University sous le titre «Gallery of Living Art». Exposition De Chirico à la Valentine Gallery, O'Keeffe, Marin, Dove à l'Intimate Gallery. Première exposition personnelle à New York de Survage, Kraushaar Art Galleries. «Group of American Painters of Paris» au Brooklyn Museum.

Les Ballets Russes donnent *La Chatte, Le Pas d'acier* et reprennent *Mercure*. Josephine Baker danse dans *Un Vent de folie* aux Folies Bergères, les Albertina Rasch Girls dans *la Revue aux étoiles* au Moulin Rouge. Isadora Duncan donne son dernier concert au Théâtre Mogador.

A New York, Yvonne Printemps et Sacha Guitry jouent ses œuvres, *Mozart, Deburau* et *l'Illusionniste*. Pièces adaptées du français au American Grand Guignol.

Les Terrasses (Villa Stein), Garches (Le Corbusier), Appartements rue Mallet Stevens, Paris (Mallet Stevens), projet de maison en acier de H. Sauvage, Club House de Beauvallon (Chareau). *Dymaxion House* (Fuller), Maison Anthony, Los Angeles (Maybeck), *Garden Apartments*, Hollywood (R. Neutra). Grand nombre de photographies et maquettes de l'architecture européenne à la Machine-Age Exposition, Brooklyn Museum.

Voyage en France de Christine Frederick, rédactrice en chef de la rubrique ménagère dans la revue américaine *The Ladies Home Journal*, présidente de «The Homemaker's Association» aux Etats-Unis, fondatrice de la première association de femmes publicistes, elle a lancé aux Etats-Unis des cours de cuisine par TSF et cherche à appliquer la méthode Taylor à la vie ménagère. Application à la vie domestique française des notions de normalisation, rationalisation, standardisation, taylorisation. Création de la Société d'aviation «Panam».

Parution de *The Exile*, revue dirigée par Ezra Pound et imprimée à Dijon, et *transition*, dirigée par Eugène Jolas et Elliott Paul à Paris. *Commerce* publie *Quelques fragments des Marginalia* d'Edgar Poe, traduits et annotés par Paul Valéry. *Quarantième étage* de Luc Durtain célèbre San Francisco et la Côte du Pacifique. *Winesburg-en-Ohio* (Traduction M. Gay) est le premier livre de Sherwood Anderson à paraître en français.

Présentation à l'Opéra de Paris du *Napoléon* d'Abel Gance. Les surréalistes signent le manifeste écrit par Aragon, «Hands off love», pour défendre Chaplin d'un procès à scandale. Breton invite les surréalistes à voir *L'Heure suprême* de Borzage.

L'avènement du parlant avec Al Jolson dans *The Jazz Singer* à New York.

Première exposition d'André Kertesz à la Galerie «Le Sacre du printemps».

Stravinsky compose l'oratorio *Œdipus Rex*, Ravel la *Sonate pour piano et violon*, Bloch la *Rhapsodie symphonique américaine*, Sauguet *La Chatte* et Antheil *Ballet Mécanique*. Milhaud dirige la première de la partition des *Choéphores*, première à Paris de l'opéra *Le Pauvre Matelot*. A New York, la Société Pro-Musica présente quelques mouvements de la *Fourth Symphony* de Ives et *Les Malheurs d'Orphée* de Milhaud dirigé par le compositeur. Ruggles écrit *Portals*. Cowell fonde New Music Edition.

Trotsky exilé. Conférence panaméricaine de la Havane pose la question de l'hégémonie des Etats-Unis après leur intervention au Nicaragua. Tchang Kai Chek prend Pékin, est élu président. Le pacte Briand-Kellog condamne le recours à la guerre. A Genève, création de la commission Young sur le problème des réparations. En France, stabilisation officielle du franc, loi Loucheur sur les habitations à bon marché, les radicaux se retirent du gouvernement d'union nationale. Hoover élu président des Etats-Unis. Einstein formule la théorie du champ unitaire. Fleming découvre la pénicilline.

Exposition «Le surréalisme existe-t-il?» à la galerie le Sacre du Printemps avec Arp, de Chirico, Ernst, Malkine, Masson, Miró, Picabia, Roy, Tanguy. Exposition «Max Ernst, ses Oiseaux, ses Fleurs nouvelles, ses Forêts volantes, ses Malédictions, son Satanas» à la Galerie Georges Bernheim. Exposition rétrospective Giorgio de Chirico à la Galerie Surréaliste. Publication de *Le Surréalisme et la peinture* de André Breton, illustré par des reproductions de Arp, Braque, de Chirico, Ernst, Masson, Miró, Man Ray, Picabia et Picasso.

Les Ballets Russes donnent *Ode, Apollon Musagète* et *Les Dieux mendiants*. Les Ballets Ida Rubinstein à l'Opéra de Paris donnent le *Baiser de la fée, Les Noces de Psyché et de l'Amour, La Bien-Aimée* et *Les Enchantements de la Fée Alcine*. Helen Tamiris à la Salle Rudolf Steiner avec ses *Negro Spirituals*, Anton Dolin dans la *Rhapsody in Blue* de Gershwin au Théâtre des Champs-Elysées. Aux Etats-Unis, Bolm présente *Apollon Musagète* en première à Washington, D.C. Massine s'installe à New York pour travailler au Roxy Théâtre.

A New York, 318 représentations d'une version musicale des *Mousquetaires*.

Daily News Building, Chicago (Holabird et Roche). Cité Radburn (Wright et Stein). Sachs Apartments, Los Angeles (Schindler). Maison Wolfe, Avalon, Catalina Island (Schindler).

Apparition du téléphone automatique à Paris. Création à la Compagnie des Compteurs de Montrouge d'un département de télévision sous la direction de René Barthélémy. Publication de l'ouvrage de Paulette Bernege : *De la méthode ménagère*, très marqué par le modèle américain et préconisation de l'application de la «prime au rendement» aux domestiques dans un article de *L'Art Ménager*, «La Taylorisation des Domestiques». Aux Etats-Unis, machine à couper le pain.

Anthologie de la nouvelle poésie américaine d'Eugène Jolas. *Cinquante mille dollars* (traduction de O. de Weymer), recueil de nouvelles, est le premier livre de Hemingway publié en français. *Manhattan Transfer* (traduction de M.E. Coindreau), second livre de Dos Passos en français, connaît un succès immédiat.

Ombres Blanches, le 1er film sonore de Flaherty et Van Dyke, bouleverse les surréalistes. *L'Etoile de Mer* est présenté aux Ursulines.

Premier Salon Indépendant de la Photographie auquel participent Man Ray, Paul Outerbridge, Jr., Berenice Abbott.

Figuraient également L. Albin-Guillot, Germaine Krull, A. Kertesz, G. Hoyningen-Huene, ainsi que des œuvres de Nadar et d'Atget. Celui-ci n'avait jamais été exposé jusque-là. Premier numéro de *Vu* dirigé par Lucien Vogel.

Stravinsky compose *Apollon musagète* et *Le Baiser de la fée*, Schönberg les *Variations pour orchestre*, Honegger *Antigone* et *Rugby*, et Gershwin *An American in Paris*. Première américaine de l'opéra *Le Roi d'Yvetot* d'Ibert, Koussevitsky dirige à Boston la première de *Bagarre* de Martinu; Partch construit son alto adapté. Présentation de l'onde Martenot par son inventeur.

La Gravure Moderne Américaine, Bibliothèque Nationale, Paris. Sous les auspices de The American Federation of Arts et de l'Association Française d'Expansion et d'Echanges Artistiques. Modern French Engravings, Washington, D.C., itinérante à New York. Organisée par l'American Federation of Art avec le concours de l'Association Française d'Action Artistique.

1929

Expulsion de Trotsky. Staline prend l'Internationale en main. Premier Mai sanglant à Berlin. Accord de La Haye sur le plan Young. En France, Poincaré dénonce des menées autonomistes en Lorraine et en Alsace, le gouvernement approuve le plan Young, la construction de la ligne Maginot votée. Louis de Broglie reçoit le prix Nobel de physique. Aux U.S.A., le Sénat ratifie le pacte Briand-Kellog. Hoover dit que les Etats-Unis n'ont pas à ratifier les accords du plan Young sur les réparations. L'effondrement de la Bourse de New York ouvre la grande crise. Les Etats-Unis adhèrent à la Cour Internationale de justice de La Haye.

Exposition des «Collages» à la Galerie Goemans, catalogue préfacé par «La peinture au défi» d'Aragon. Première exposition Dali à Paris à la Galerie Goemans, Calder à la Galerie Billiet. Fondation du groupe «Cercle et Carré» par Michel Seuphor et Torres-Garcia. «Deuxième manifeste du Surréalisme» publié dans la *Révolution surréaliste*. Parution de *La Femme 100 têtes* de Max Ernst avec un texte de présentation d'André Breton. Georges Bataille fonde la revue *Documents* qui reproduira les œuvres de Miró, Arp, Brancusi, Klee, Giacometti, etc... A New York, ouverture du Museum of Modern Art, première exposition «Cézanne, Gauguin, Seurat, Van Gogh». Première exposition personnelle de Marcoussis à la Valentine Gallery. Exposition de groupe avant la fermeture de la «Intimate Gallery» avec œuvres de O'Keeffe, Demuth, Hartley et Dove. Inauguration de «An American Place», la dernière Galerie de Stieglitz.

Les Ballets Russes donnent *Le Bal, Le Renard* et *Le Fils prodigue*. Mort de Diaghilev à Venise. Massine rentre à Paris pour régler *Amphion* et *David* pour les ballets Ida Rubinstein.

A Paris, projet d'un théâtre américain boulevard Raspail à l'initiative de M. Titus, éditeur et libraire. Projet d'un «American Theatre in Paris» dirigé par Howard Rubien : on annonce O'Neill. Première de *The Road to Rome* de Robert Sherwood au Théâtre Fémina par les «Paris American Players» de Carol Sax. Les Paris American Players jouent après *The Torch Bearers* de George Kelly et *The Barker* (Le Bonimenteur) de Kenneth Nicholson. A New York, la French Musical Comedy Company joue *Trois jeunes filles nues* de Mirande et Willemetz, *Passionnément* de Mirande et Willemetz, *Un bon garçon* de Barde et Yvain et *Pas sur la bouche* de Barde. Le Theatre Guild donne *The Game of love and death* de Romain Rolland.

Villa Savoie, Poissy (Le Corbusier). Maison à Meudon Val Fleury (Van Doesburg). Salle de réception du Grand Hôtel de Tours (Chareau). Maison Lowell, Los Angeles (Richard Neutra).

«Tarzan», première bande dessinée réaliste par Foster d'après Edgar Rice Burroughs. Elle paraît en France dans *Ric et Rac* à partir de 1933. Elzie Crisler Segar introduit dans sa bande dessinée, «The Thimble Theatre», le personnage de Popeye. En France, la bande paraît dans *Robinson* à partir de 1936, Popeye devenant Mathurin. Le belge Hergé crée le personnage de Tintin.

Création de la Société Moulin Légumes, ancêtre de Moulinex et spécialisé dans la fabrication d'appareils ménagers à main. Le Corbusier étudie avec Charlotte Perriand un nouveau mobilier où il utilise, après Marcel Breuer, les tubes métalliques. Aux Etats-Unis, 50 brevets de lave-linge type «Gyrator». Première génération de designers avec W.D. Teague, R. Loewy, H. Dreyfuss. Dreyfuss crée le Super Constellation, est conseiller de la Bell Company, conçoit une série d'appareils téléphoniques, de pyroscaphes indépendants, de réveils, de thermostats, d'extincteurs, de tracteurs; publie un ouvrage, *Industrial Design : A Pictural Accounting*. Raymond Loewy redessine le Duplicateur Gestetner.

Offensive de l'automobile américaine de luxe en France : General Motors, Pierce Arrow, Marmon, Studebaker, Chrysler, Packard, Paige, Reo, Dodge, Ford (qui vient de créer la Lincoln). Les modèles de Cadillac sont dotés, les premiers du monde, d'une boîte de vitesses synchronisées . L'américain Doolittle réalise le premier vol entièrement aveugle.

Edward Titus ressuscite la revue *This Quarter. The Last Nights of Paris*, roman de Philippe Soupault publié dans la traduction de W.C. Williams, ce dernier est le correspondant américain de la revue *Bifur* que dirige Georges Ribemont-Dessaignes. *Bifur* publie «Les collines sont comme des éléphants blancs» de Hemingway. Parution de *L'influence du symbolisme français sur la poésie américaine*, essai de René Taupin. *Transition* publie le manifeste «Revolution of the Word». *Tambour*, revue bilingue, éditée à Paris par Harold Salemson. *Le Pont du Roi Saint Louis*, premier roman de Thornton Wilder paru en France, *Préjugés* de Henry Mencken (traduction de R. Michaud). Les Editions de la Montagne de Georges Hugnet publient *La fabrication des Américains*, une traduction de Georges Hugnet de passages choisis par Gertrude Stein dans *The Making of Americans. Ulysses* (traduction de Valéry Larbaud et August Morel) publié par la «Maison des Amis des Livres» d'Adrienne Monnier. Black Sun Press publie quinze livres. Henri Broca publie la revue *Paris-Montparnasse*.

Projection de *Un Chien andalou* de Buñuel et Dali au Studio 28. Robert Florey fait débuter les Marx Brothers dans le film *Coconuts*.

Charles Sheeler réalise une série de photographies sur la Cathédrale de Chartres. Berenice Abbott retourne à New York avec la part de l'œuvre d'Atget qu'elle a achetée en 1928, l'année qui a suivi la mort de ce dernier.

Lancement par Grégor d'une éphémère *Revue du Jazz* à laquelle succédera *Jazz tango dancing* et création du premier orchestre de jazz professionnel en France : Grégor et ses Grégoriens. Premier séjour à Paris du clarinettiste Milton Mezz Mezzrow. Hugues Panassié fait sa connaissance, commence à fréquenter les musiciens de passage et à correspondre avec eux. Tournées de l'orchestre Noble Sissle avec Buster Bailey, Bubber Miley et Tommy Ladnier et l'orchestre Ted Lewis avec Muggsy Spanier et George Brunies.

Schönberg écrit *d'Aujourd'hui à demain*, Poulenc *Concert champêtre* et *Aubade* et Stravinsky *Capriccio*. Honegger visite les Etats-Unis.

«Les Etats-Unis et la France au XVIIIe siècle», Hôtel Jean Charpentier, Paris. Organisée par la Société des Amis du Musée National de Blérancourt en mémoire de Mrs. A.M. Dike, Présidente-fondatrice du Musée de Blérancourt. Sous le haut patronage de M. Norman Armour, chargé d'affaires des Etats-Unis en France.

1930

Le plan Young adopté à La Haye. Conférence de «L'opposition de gauche» à Paris rassemble les Trotskystes de divers pays européens, le mémorandum de Briand propose la création des Etats-Unis d'Europe, ratification du plan Young, fin de l'évacuation de la Rhénanie. Manifestation des chômeurs aux Etats-Unis. Le Secrétaire d'Etat Kellog obtient le prix Nobel de la Paix.

A Paris, fondation du groupe «Art Concret» avec Carlsund, Van Doesburg, Hélion, Tutundjan-Wantz. Exposition Calder préfacée par Fernand Léger à la Galerie Percier. Exposition du groupe «Cercle et Carré» à la Galerie 23. Création de la revue *Le Surréalisme au Service de la Révolution*. A New York, ouverture du Whitney Museum. Au Museum of Modern Art «Painting in Paris from American Collections», rétrospective Max Weber. «Americans Abroad» à la Downtown Gallery, première exposition de Miró à New York à la Valentine Gallery, première exposition individuelle de Adolph Gottlieb aux Dudensing Galleries, première exposition personnelle de Fritz Glarner au Civic Club.

Joséphine Baker, au Casino de Paris. Feral Benga dans *Un coup de folie* aux Folies-Bargères. Massine reprend *Le Sacre du printemps* au Metropolitan Opera House avec Martha Graham. Florenz Ziegfeld présente *Smiles* avec les Astaire.

The Bourgeois Gentleman, en costumes modernes et avec une musique de jazz à la Comédie Caumartin par les Paris-American Players. *Holiday* de Philip Barry et *Beyond the Horizon* de O'Neill, dernier spectacle des Paris-American Players. A New York, *Topaze* de Marcel Pagnol, Labiche et Cocteau joués par l'American Laboratory Theatre, *Siegfried* de Giraudoux au Civic Repertory Theatre.

Maison du Docteur Dalsace, Paris (Chareau). Pavillon Suisse de la Cité Universitaire, Paris (Le Corbusier). Ecole de tissage à Lyon (T. Garnier). Wright publie *Architecture* and *Democracy*, Le Corbusier *Précisions*.

«Dagwood», le gentil mari américain rencontre «Blondie». Cette bande dessinée crée par Chic Young sera l'une des plus lues dans le monde.

Création en France de l'«Union des Artistes Modernes» réunissant des architectes, des créateurs de meubles, des dessinateurs d'objets usuels. Dans le Pavillon Suisse de la Cité Universitaire et la Cité Refuge de l'Armée du Salut, Le Corbusier prévoit l'installation d'air conditionné et des services collectifs au rez-de-chaussée, équipement alors inédit en France. Aux Etats-Unis, apparition du polysthyrène, plastique à partir de l'acétylène. Popularisation des cuisinières électriques et des grille-pains. Lillian M. Gilbreth commissionnée pour étudier la cuisine comme un problème de production industrielle. La Renault *Vivastella* imite les voitures américaines. Costes et Bellonte traversent l'Atlantique Nord en 37 h 18 mn sur leur Bréguet, «Point d'Interrogation»; inauguration de la transmission des photographies par radiotélégraphie à cette occasion.

Henry Miller arrive à Paris. Hours Press de Nancy Cunard publie *A Draft of XXX Cantos* de Pound et *Whoroscope* de Samuel Beckett. Paul Morand publie *New York*, témoignage sur la vie américaine. *Dix portraits* de Gertrude Stein, traduit et publié par Georges Hugnet aux Editions de la Montagne. Roving Eye Press de Bob Brown publie la première de ses expériences typographiques. Black Sun Press publie *The Bridge* de Hart Crane, *Imaginary Letters* de Ezra Pound, et *New Found Land* de Archibald MacLeish. *Kiki's Memoirs* (traduction de Samuel Putnam) publiés par le Black Manikin Press, préfacés par Hemingway. Aux Etats-Unis, *Anabase* de Saint-John Perse est traduit et présenté par T.S. Eliot. *The American Influence in France*, essai de Philippe Soupault, publié à Seattle. Soupault est aux Etats-Unis, il y compose *Manhattan*, ode à New York. Prix Nobel à Sinclair Lewis.

L'Age d'or de Buñuel et Dali. Maurice Chevalier triomphe à New York avec *Parade d'amour* d'Ernst Lubitsch. Claude Autant-Lara réalise la version française de *Buster Keaton se marie*. Henri Chrétien invente le cinémascope utilisé par la Twentieth Century Fox. Fred Waller invente le cinérama inspiré du triple écran d'Abel Gance.

Parution de *Photographie*, l'album annuel publié par *Arts et Métiers Graphiques*. A New York, première exposition en Amérique (posthume) de l'œuvre d'Atget à la Weyhe Gallery.

Premières émissions radiophoniques consacrées au jazz par Jacques Bureau à Radio LL.

Honegger compose *Le Roi Pausole*, Stravinsky la *Symphonie des Psaumes*, Milhaud, *Christophe Colomb*, Messiaen *Les Offrances oubliées* et Auric, la *Sonate en fa mineur*. Aux Etats-Unis, Copland écrit *Piano Variations* et le *Concours pour violoncelle* de Honegger est joué à Boston sous la direction de Koussevitsky.

1931

La crise touche de plus en plus profondément l'Europe, l'Allemagne se déclare incapable de payer les réparations, moratoire Hoover sur les réparations et les dettes. Fermeture de la Bourse en Allemagne, dévaluation de la livre sterling. En Espagne élections républicaines. En France, Doumer Président de la République, exposition coloniale, voyage de Laval à Washington : entretiens sur l'étalon-or et les dettes de guerre, le gouvernement présente un plan contre le chômage. Aux Etats-Unis la crise s'intensifie, campagne pour l'abolition de la prohibition, Lawrence invente le cyclotron, Urey découvre le deutérium qui permet la fabrication de l'eau lourde utilisée comme modérateur dans les réacteurs nucléaires.

Fondation de l'Association «Abstraction-Création» par Herbin et Vantongerloo. Exposition Walkowitz à la Galerie Brummer, Stella et Don Brown à la Galerie de la Jeune Peinture. Premier voyage de Fernand Léger à New York. Première exposition surréaliste aux Etats-Unis, «Newer Super-Realism», Wadsworth Atheneum, Hartford, Connecticut. Cinquante œuvres par Dali, de Chirico, Cornell, Ernst, Charles Howard, Miró, Masson, Picasso, Roy. Première exposition américaine de Max Ernst à la Julien Levy Gallery. Ouverture de la New School for Social Research avec une exposition de groupe organisée par la Société Anonyme.

Feral Benga dans l'Usine de folie avec les Epp Sisters, aux Folies-Bergères.

Cité des Champs des Oiseaux, Bagneux (Baudoin, Lods). Hôtel de Ville de Boulogne-Billancourt (J. Garnier). Empire State Building, New York. Exposition «International Style Since 1922», Museum of Modern Art, New York.

«Mickey Mousse» de Walt Disney apparaît en bande dessinée. Il avait été créé pour le dessin animé en 1928 et paraîtra en France en 1934 dans le Journal de Mickey et en album Hachette.

Début de la fabrication en France des produits Philips. Naissance des magasins Prisunic, application de la formule des magasins du type «Woolworth» en faveur aux Etats-Unis. Gattu et Post font le tour du monde en huit jours sur un Lockheed-Vega.

Victor Llona publie Les Romanciers américains, anthologie de nouvelles d'Anderson, Bromfield, Cabell, Dos Passos, Dreiser, Hemingway, Lewis, Lewisohn, London, Sinclair, Stein et Wescott. Naissance de The New Review de Samuel Putnam et Peter Neagoe. Bob Brown fait paraître à Cagnes-sur-Mer Readies for Bob Brown's Machine, un recueil auquel ont collaboré James T. Farrell, Kay Boyle, Gertrude Stein, Ezra Pound, Charles Henri Ford, W.C. Williams, Nancy Cunard, Alfred Kreymborg, etc... James T. Farrell vit à Sceaux; il y termine Studs Lonigan. E.E. Cummings traduit Front Rouge d'Aragon. The Black Sun Press de Caresse Crosby publie Mr. Knife, Miss Fork de René Crevel, traduit par Kay Boyle et illustré par Max Ernst. Les Contact Editions de MacAlmon publient leur dernier livre, The Dream Life of Balso Snell de Nathanael West. Lucy Church Amiably de Gertrude Stein publié par l'auteur et Alice B. Toklas sous l'imprimatur des Plain Editions. Publication de L'Amérique inattendue de Maurois. Production de la pièce d'Elmer Rice, The Left Bank, basée sur son séjour à Paris.

René Clair s'inspire de Charlot pour son personnage d'Henri Marchand dans A nous la liberté; Lazare Meerson décore A nous la liberté et Sous les toits de Paris.

Le «Groupe Annuel des Photographes» de la Galerie de la Pléiade expose collectivement. Parmi les participants, des photographes américains résidant à Paris, ainsi que des étrangers et des français : Florence Henri, Ilse Bing, Kertesz, Brassaï, Tabard, Lotar, Sougez, Moral, Cartier-Bresson, Krull, etc... A New York, exposition Atget et Nadar à la Julien Levy Gallery. La Weyhe Gallery diffuse Atget, Photographe de Paris, publié par Jonquières à Paris.

Le violoniste Eddie South joue au Bœuf sur le toit. Concert de Jack Hilton à l'Opéra de Paris. Création de l'orchestre Ray Ventura, fortement teinté de jazz.

Ravel compose le Concerto pour la main gauche et Concerto en sol, Stravinsky le Concerto en ré pour violon, Roussel Bacchus et Ariane, Honegger Cris du monde, Schönberg commence à écrire Moïse et Aaron qui restera inachevé. Première parisienne de Synchrony de Cowell. Première américaine de la Symphonie nº 1 de Honegger à Boston.

Exposition Coloniale Internationale, Bois de Vincennes : Lac Daumesnil, Paris. Sous le Haut Patronage de l'Ambassadeur des U.S.A. Commissaire général : M.B. Slemp, Architecte : M. Bryant, Architecte paysagiste : M. Greber. Reconstitution de la Résidence de Mount-Vernon, maison de George Washington.

1932

Ouverture à Genève de la conférence pour la réduction et la limitation des armements. Hindenburg réélu, le Reichstag dissous. Conférence de Lausanne, abandon des réparations. En France, chute du Cabinet Laval, loi sur les Allocations Familiales, Paul Doumer assassiné, victoire de la gauche aux législatives, pacte de non-agression franco-soviétique. Aux Etats-Unis, moment le plus sombre de la «Grande dépression», 12 000 000 de chômeurs, 5 000 banques ayant fait faillite depuis 1929. Une loi garantit les droits syndicaux, élection de Franklin D. Roosevelt à la présidence.

Grande exposition Picasso à la Galerie Georges Petit. Exposition du Groupe «1940» au Parc des Expositions : Mondrian, Gorin, Van Doesburg, Arp, Vantongerloo, Taeuber-Arp. Exposition de groupe à la Galerie de la Jeune Peinture avec la participation, parmi d'autres américains de Stella, Walkowitz. «All-American Exhibition» organisée par Boris Aronson. Première exposition de Giacometti chez Pierre Colle. Premier voyage aux Etats-Unis de Jean Hélion. L'exposition surréaliste de groupe de Wadesworth Atheneum montré à New York à la Julien Levy Gallery.

Création des Ballets Russes de Monte-Carlo par le Colonel de Basil et René Blum : Le Cotillon, La Concurrence, Jeux d'enfants. Georges Balanchine crée Orphée aux enfers au Théâtre Mogador. The Green Table de Kurt Jooss primé à la Compétition chorégraphique internationale organisée par les Archives Internationales de la Danse au Théâtre des Champs-Elysées. Aux Etats-Unis, Bolm crée Iron Foundry.

A New York, adaptation du *Viol de Lucrèce* d'André Obey, par Thornton Wilder.

Dymaxion Auto (Buckminster Fuller). Rockefeller Center, New York (Reinhart, Hoffmeister). Parution de *The Disappearing Society* de Wright et *The International Style* de Hitchcock et Johnson, New York.

Au Salon de l'Automobile, l'aérodynamisme s'impose. Les ingénieurs travaillaient la question depuis 20 ans. Aux Etats-Unis, création des «Instituts de cuisine» pour diffuser les principes de la cuisine électrique et mécanisée.

This Quarter publie un numéro surréaliste avec des textes de Breton, Eluard, Tzara, Dali, Buñuel, Duchamp, Crevel, Ernst, et de nombreuses illustrations.

Parution de *A Novelette and Other Prose* de W.C. Williams, *How to read* d'Ezra Pound (2e édition augmentée) et *An «Objectivists» Anthology* de Louis Zukofsky, publiés par To Publishers, Toulon et Le Beausset (Mary et Georges Oppen). *Voyage au bout de la nuit* de Céline fait sensation parmi les membres de la colonie américaine. Servire Press publie *Language of Night* d'Eugène Jolas, et *Americans Abroad*, une anthologie du travail de 52 écrivains américains ayant vécu en dehors des Etats-Unis pendant longtemps. Caresse Crosby crée Crosby Continental Editions et publie des traductions de Fournier, Raymond Radiguet, et St-Exupéry, ainsi que des livres par Kay Boyle et Hemingway. Parution de *A Farewell to Arms* de Hemingway, traduit par M.E. Coindreau, et préfacé par Drieu la Rochelle. Parution de *1919* de Dos Passos, qui réexamine la France en guerre.

La Paramount ouvre des studios à Joinville-le-Pont.

Photographies d'Atget, Man Ray, Tabard, Boiffard et Parry dans l'exposition «Surrealism» à la Julien Levy Gallery. Une large représentation française dans «Modern European Photography» à la même galerie.

Création du Hot Club de France par Hugues Panassié, Charles Delaunay et des amateurs. Le Président d'honneur est Louis Armstrong. Emission de jazz de Jacques Canetti au Poste Parisien. Parution de *Aux Frontières du jazz* de Robert Goffin.

Stravinsky compose *Credo*, Poulenc *Le Bal masqué*, Milhaud écrit son deuxième opéra à sujet américain *Maximilien*, Enesco *Œdipe*. Elliott Carter étudie à Paris avec Nadia Boulanger. Theremin présente le rythmicon réalisé aux Etats-Unis avec Cowell. Gershwin crée sa *Second Rhapsody*, Ruggles *The Sun Treader*, Cowell *Rythmicana*.

1933

Hitler devient Chancelier en Allemagne. La France, l'Allemagne, l'Angleterre et l'Italie signent le Pacte à Quatre. Conférence économique et financière de Londres. Le Japon et l'Allemagne se retirent de la Société des Nations. En France, création du Comité d'Amsterdam, Pleyel contre la guerre et le fascisme, chute du Ministère Daladier, début de l'affaire Stavisky. Aux Etats-Unis, dévaluation du dollar, abandon de l'étalon-or, début du *New Deal* : plan de grands travaux et de résorption du chômage. Construction du premier microscope électronique.

Dominguez se joint aux surréalistes. Exposition surréaliste à la Galerie Pierre Colle avec des œuvres de Duchamp, Eluard, Giacometti, Dali, Magritte, Picasso, Man Ray, Tanguy. Création de la revue *Minotaure* par Albert Skira et E. Tériade. Exposition organisée par le groupe Abstraction-Création, 44 avenue de Wagram, Paris. Première exposition de Dali aux U.S.A. chez Julien Levy. Albert Gallatin publie le catalogue de sa collection, préface de Hélion. Première exposition personnelle de Hélion à New York à la John Becker Gallery. Création du «Federal Art Project» destiné à soutenir les artistes par des commandes de l'Etat.

Création des Ballets 1933 au Théâtre des Champs-Elysées par Boris Kochno et Georges Balanchine : *Mozartiana, Songes, Fastes, Les Valses de Beethoven, Errante* et les *Sept péchés capitaux*. Balanchine part à New York. Saisons à Paris, à Londres et à New York pour les Ballets Russes de Monte-Carlo : *Les Présages, Le beau Danube, Beach, Choréartium, Scuola di Ballo*. Premiers films de Fred Astaire : *Dancing Lady* avec Joan Crawford, *Flying Down to Rio* avec Ginger Rogers. Busby Berkley crée les danses pour *42nd Street, Gold Diggers of 1933, Footlight Parade*.

A New York, 116 représentations de *l'Ecole des maris* au Theatre Guild.

Ecole de Villejuif (Lurçat). Maison Oliver, Los Angeles (Schindler).

Christine Frederick publie *The New Housekeeping, Efficiency Studies in Home Management*. Boeing lance le Boeing 247.

Sanctuary, premier livre de Faulkner en français (traduction de Raimbault et Delgove) préfacé par André Malraux. Parution de *The 42nd Parallel* de Dos Passos, traduit par Guterman, et *The Sun Also Rises* de Hemingway, traduit par Coindreau. *The Young and Evil* de Parker Tyler et Charles Henri Ford publié par Obelisk Press. To Publishers, rentrée aux Etats-Unis, devient The Objectivist Press.

Première exposition de Cartier-Bresson aux Etats-Unis à la Julien Levy Gallery. Exposition de Lee Miller à la même galerie.

Premier concert de jazz gratuit organisé par le Hot Club de France dans le sous-sol de «La boîte à musique» avec Freddie Johnson, Garland Wilson et d'autres musiciens de passage. Premier concert payant organisé par le Hot Club de France à la Salle des Petits Hôtels, rue des Petites-Ecuries avec Freddie Johnson et Big Boy Goodie. Trois concerts de l'orchestre Duke Ellington, tournée européenne de l'orchestre Lucky Millinder avec le trompettiste Bill Coleman.

Stravinsky écrit le *Duo concertant*, Varese *Ionisations*, Honegger utilise un enregistrement lu à l'envers pour composer la musique du film *Rapt* et emploie des sons dessinés directement sur la pellicule pour le film *La symphonie du peuple*. Schönberg arrive aux Etats-Unis.

«Les Français aux Etats-Unis d'Amérique (XVIᵉ-XIXᵉ siècle)» Musée de la Coopération Franco-Américaine de Blérancourt, Blérancourt. Organisée par les Musées Nationaux et le Musée de la Coopération Franco-Américaine de Blérancourt, avec le concours de la Berkeley University, California University, et de la John Hopkins University at Baltimore, de la Columbia University, de l'American Institute of Architects, Washington D.C., et de la New York Public Library. Chicago World's Fair (Exposition Universelle), Chicago, Illinois.

1934

Rencontre de Hitler et Mussolini à Venise, «Nuit des longs couteaux» en Allemagne. En France, suicide de Stavisky, émeute antiparlementaire à Paris, grève générale dans toute la France, pacte d'unité d'action entre Partis Communiste et Socialiste, appel à la formation du Front Populaire. Irène et Frédéric Joliot-Curie découvrent la radioactivité artificielle. Aux Etats-Unis, l'acte Johnson interdit tout prêt aux gouvernements étrangers qui n'ont pas remboursé leurs dettes, un grand mouvement de grèves se développe, *New Deal* législation continue, la «Gold Reserve Act» stabilise le dollar.

Première exposition personnelle de Victor Brauner à Paris à la Galerie Pierre. Harry Holtzman et Bourgoyne Diller viennent des Etats-Unis pour rencontrer Mondrian. Premier voyage de Dali aux Etats-Unis. Première exposition américaine de Giacometti à la Julien Levy Gallery. Fondation de la revue *Art Front*, revue de l'Artist's Congress. Stuart Davis en est directeur de 1934 à 1939. Hans Hofmann fonde la Hans Hofmann School of Art. Sweeney organise «A Selection of Works by Twentieth Century Artists» à la Renaissance Society de la University of Chicago.

Création du School of American Ballet par Lincoln Kirstein et Edward Warburg, en collaboration avec Georges Balanchine, qui crée des ballets pour les élèves : *Serenade, Dreams, Transcendance, Alma Mater. Union Pacific*, premier ballet américain de Massine pour les Ballets Russes est un mélange de step-dance et de cake-walk. Astaire et Rogers dansent dans *The Gay Divorcee*. Busby Berkeley crée *Dames*.

A New York, Ethel Barrymore joue *l'Aiglon* (Marie-Louise) avec Eva Le Galienne (Le Duc de Reichstadt).

Ecole de Plein air de Suresnes (Baudouin, Lods).

En France, Paul Winkler lance *Le journal de Mickey* tout en bandes dessinées. La première bande dessinée quotidienne «Le Professeur Nimbus» de Daix est créée sur le modèle américain. Trois des plus célèbres bandes dessinées américaines paraissent : «Terry and the Pirates» de Milton Caniff, «Flash Gordon» de Alex Raymond, «Mandrake» de Falk et Davis. Elles paraîtront en France en 1936, «Flash Gordon» sous le nom de «Guy L'Eclair». Publication du premier «comic book» *Famous Funnies*, formule adoptée par l'industrie européenne sous le nom d'albums.

Aux Etats-Unis, première fibre synthétique en polyamide (nylon) mise au point par Wallace Carothers pour Dupont, V.C.C. Zworykin met au point l'iconoscope, premier tube de prise de vues capable de fonctionner dans les conditions normales. Citroën présente la traction avant, cheval de bataille de la maison jusqu'en 1955, abandonné en 1957. Aux U.S.A., La Chrysler Airflow CU est construite en châssis-coque soudé, dotée d'une ligne aérodynamique. Boeing signe avec le Gouvernement américain le contrat qui prévoit la sortie de la forteresse volante «B-17».

Paris Tribune vendu au *New York Herald. Autobiographie d'Alice B. Toklas* de Gertrude Stein, parue l'année précédente, est publiée en français dans une traduction de Bernard Faÿ. *Young Lonigan* de James T. Farrell (traduction de P.J. Robert) et *As I Lay Dying* de Faulkner (traduction de Coindreau), préfacé par Valéry Larbaud, publiés en français. *Tropic of Cancer* publié par le Obelisk Press. L'essai de Ludwig Lewisohn *Psychologie de la littérature américaine* est traduit par M. Piha. Parution du *Exile's Return* de Malcolm Cowley, sous-titré «Odyssée Littéraire des années vingt». Gertrude Stein parcourt les Etats-Unis, donnant des conférences organisées par le Museum of Modern Art.

Exposition Alfred Stieglitz au Metropolitan Museum de New York. Alexey Brodovitch, qui a quitté Paris un an plus tôt, est nommé Directeur Artistique de *Harper's Bazaar*.

Publication du *Jazz Hot* par Hugues Panassié avec une préface de Louis Armstrong. Création du quintette du Hot Club de France avec Joseph et Django Reinhardt à la guitare et Stéphane Grappelli au violon. Deux concerts de Louis Armstrong à la Salle Pleyel, tournée européenne de l'orchestre Cab Calloway et du quatuor vocal «Les Mills Brothers». Venue à Paris de l'orchestre de Jack Hylton avec le saxophoniste Coleman Hawkins.

Auric compose *Les Matelots*, Jolivet le *Quatuor à Cordes*, Messiaen *l'Ascension*, Ibert *Diane de Poitiers* et *Concerto pour flûte et orchestre*, Sauguet *Concerto pour piano* et Stravinsky *Ave Maria* et *Perséphone*; il prend la nationalité française.

Aux Etats-Unis, Exposition itinérante d'une collection de photographies de monuments historiques français dans des galeries d'art, universités et musées de l'Illinois et l'Indiana organisée par l'Association Française d'Action Artistique.

Accord franco-italien signé à Rome. La Sarre vote son rattachement à l'Allemagne. Pacte d'assistance mutuelle franco-soviétique. L'Italie envahit l'Ethiopie, la Société des Nations recommande l'application des sanctions économiques. En France, élections municipales favorables à la gauche, défilé et serment du Rassemblement Populaire, début de la déflation extrême de Laval, incidents sanglants de Limoges entre Croix-de-Feu et militants de gauche, dissolution des organisations paramilitaires. Aux Etats-Unis, le Président Roosevelt entre en conflit avec la Cour Suprême à propos du rôle économique de l'Etat, la Cour Suprême déclare le «National Industrial Recovery Act» inconstitutionnel, la loi Wagner codifie le droit syndical, création des assurances chômage et vieillesse, deuxième vague de New Deal législation et organisations, le Neutrality Act crée un embargo sur la vente d'armes aux belligérants.

N° 5-6 des Cahiers d'Art entièrement consacré au surréalisme. Exposition de groupe «Les Créateurs du cubisme» à la Galerie des Beaux Arts. Wolfgang Paalen se joint aux Surréalistes. Aux Etats-Unis, «Abstract Painting in America» au Whitney Museum. Dali donne une conférence au Museum of Modern Art : «Peinture surréaliste : images paranoïaques». Première exposition personnelle aux Etats-Unis d'André Masson et peintures de Miró (1933-1934) chez Pierre Matisse. Premier voyage de Giorgio de Chirico aux U.S.A. Julien Levy publie Conquest of the Irrational de Dali, parution de After Picasso de James Thrall Soby. Le «Federal Art Project» est incorporé à la «Works Progress Administration».

Fokine crée Psyché et Mephisto Valse, Lifar Icare (rythmes et chorégraphies de Lifar) à l'Opéra de Paris. Ida Rubinstein : Semiramis, Diane de Poitiers, La Valse et Boléro. Aux Etats-Unis, les Ballets Russes de Monte-Carlo donnent Jardin Public et Le Bal. Astaire et Rogers dansent dans Top Hat et Roberta, Busby Berkeley crée les danses de Gold Diggers of 1935.

Jean-Louis Barrault présente au Théâtre de l'Atelier une adaptation en mime du As I lay Dying de Faulkner.

Prototype de maison de week-end (Prouvé, Lods, Beaudoin). Résisence William Beard, Attadena (Neutra). Parution de La Ville radieuse de Le Corbusier.

Publication de «Li'l Abner» par Al Capp; la popularité de cette bande dessinée fut telle que l'histoire fut adaptée à l'écran.

Première machine à écrire électrique en France. Expérimentation du Radar sur le paquebot Normandie. Aux Etats-Unis, premier appareil photo moulé en bakélite, le «Baby Brownie», très bon marché, premier film Kodachrome. Parution de Designing for people de Henry Dreyfuss.

Testimory Against Gertrude Stein, pamphlet publié par transition avec G. Braque, E. et M. Jolas, H. Matisse, A. Salmon et T. Tzara. Blaise Cendrars exprime son admiration dans la revue Orbes pour Tropic of Cancer de Henry Miller paru l'année précédente. Aller Retour New York de Miller est écrit sous la forme d'une lettre adressée à son ami Alfred Perles, publié par l'Obelisk Press. Light in August de Faulkner, traduit par M.E. Coindreau.

A New York, Julien Levy Gallery : Exposition des photographies de Walker Evans, Manuel Alvarez Bravo et Henri Cartier-Bresson. Ce dernier fait la connaissance de Paul Strand qui l'initie au cinéma. Edward Epstein entreprend la traduction de divers écrits français sur la photographie et notamment L'Histoire de la découverte de la photographie de C. Potonnié.

Concert du saxophoniste Coleman Hawkins à la Salle Pleyel sous l'égide du Hot Club de France. Création de la revue Jazz Hot. Enregistrement à Paris de plusieurs musiciens américains, Benny Carter, Bill Coleman, Coleman Hawkins. Enregistrement de la première anthologie de jazz français.

Création du groupe «La Spirale». Messiaen écrit La Nativité du Seigneur, Ibert Concertino da Camera, Jolivet Mana. Aux Etats-Unis, Gershwin compose Porgy and Bess, Koussevitsky dirige la 4e Symphonie de Roussel.

Remilitarisation de la Rhénanie, succès nazi aux élections. Prise d'Addis-Abeba par les Italiens. Début de la guerre civile en Espagne, formation des brigades internationales. Pacte anti-soviétique germano-japonais. En France, élection du Front populaire, lois sur les conventions collectives, les congés payés, la semaine de 40 heures; la scolarité prolongée jusqu'à 14 ans. Aux Etats-Unis, l'«Agricultural Adjustment Act» condamné par la Cour Suprême, Congrès national des Noirs Américains à Chicago, Roosevelt réélu.

«Exposition surréaliste d'objets», préface d'André Breton, à la Galerie Charles Ratton. Numéro spécial des Cahiers d'Art sur l'objet, numéro spécial du Minotaure consacré au surréalisme. Exposition de groupe des artistes américains : Bidermann, Ferren, Gallatin, Morris et Shaw à la Galerie Pierre. A New York, «Cubism and Abstract Art» et «Fantastic Art, Dada, Surrealism» organisés par Alfred Barr au Museum of Modern Art. Fondation de l'Association «American Abstract Artists». Jean Hélion s'installe. Parution du System and Dialectics of Art de John Graham et du Surrealism, une anthologie de Julien Lévy.

René Blum et le Colonel de Basil se séparent. Créations des Ballets de Monte-Carlo par Blum, chorégraphie de Fokine : L'Epreuve d'amour, Don Juan. Création des Ballets Russes du Colonel de Basil, chorégraphie de Massine et Nijinski. A New York, Les Cent baisers, Schéhérazade, L'Après-midi d'un faune et Le Spectre de la rose sont donnés au Metropolitan Opera de New York. Revue de Jacques Charles au French Casino de New York. Fred Astaire et Ginger Rogers dansent dans Follow the Fleet et Swing Time.

Création de la «French Theatre Guild» qui devient le «French Theatre of New York». Parmi les comédiens, on trouve Jean Dasté, André Frère, Svetlana Pitoëff, André Barsacq, Michel Vitold et André Roussin. Orson Welles adapte et joue Un chapeau de paille d'Italie de Labiche.

Maison Kaufmann (Wright). Maisons Almon et Walker, Los Angeles (Schindler). Parution de *Quand les cathédrales étaient blanches* de Le Corbusier. Le chapitre «Proposition pour Manhattan» reproduit dans *American Architect*.

En France, parution d'un nouveau journal de bandes dessinées, *Robinson*, qui publie les aventures des plus célèbres héros du comic strip américain : «Flash Gordon» (Guy l'Eclair), «Popeye», «Mandrake», «La Famille Illico», «Brick Bradford». Aux Etats-Unis, création du «Phantom» par Lee Falk et Ray Moore; elle paraîtra en France sous le titre «Le Fantôme du Bengale» en 1939 dans *Robinson*.

René Leduc prend le brevet du statoréacteur. Mise en œuvre pour la première fois sous le nom de «Automation», la coordination de plusieurs opérations successives par la machine automatisée elle-même (Harder pour General Motors). Création de la moissonneuse-batteuse «Continuous Agricultural Production Line».

Publication du *Petit arpent du Bon Dieu* d'Erskine Caldwell (traduction de Coindreau), préface d'André Maurois ainsi que *Sur toute la terre* de Dos Passos, traduit par Albine Loisy et May Windett. Parution du *Facteur sonne toujours deux fois* de James M. Cain (traduction S. Berritz). *House of Incest* d'Anaïs Nin et *Black Spring* de Henry Miller publiés par l'Obelisk Press.

La New-York Film Critic's Award décerne le prix du meilleur film étranger à *La Kermesse Héroïque* de Feyder.

Participation américaine à l'exposition internationale de la photographie contemporaine au Musée des Arts Décoratifs. André Kertesz quitte Paris pour New York. Aux Etats-Unis, exposition d'Ansel Adams à la Galerie de Stieglitz, «An American Place». Parution du premier numéro de *Life*.

Parution de la *Hot Discographie* de Charles Delaunay.

Le groupe «La Spirale» devient «La Jeune France». Stravinsky compose le ballet *Jeu de cartes* et publie *Chroniques de ma vie*. Schönberg écrit *Concerto pour violon* et *4e Quatuor*, Poulenc *Litanies à la vierge noire*, Jolivet *Cinq incantations*, Messiaen *Poème pour mi*.

Aux Etats-Unis, «The Technique of French Engraving», Columbia University, New York organisée par l'Association Française d'Action Artistique.

1937

L'Allemagne et l'Italie se retirent de la Commission de non-intervention. Purges dans l'armée soviétique. Conflit sino-japonais commence. L'Italie adhère au pacte «anti-komintern» aux côtés de l'Allemagne et du Japon. En France, le gouvernement interdit l'enrôlement pour l'Espagne, fusillade de Clichy, l'Exposition internationale des Arts et Lettres est inaugurée à Paris, chute du Ministère Blum, dévaluation du franc, création de la S.N.C.F. Aux Etats-Unis, une loi interdit la vente d'armes à des nations en guerre, Roosevelt annonce que les Etats-Unis n'adoptent pas une attitude de neutralité à l'égard d'agresseurs, le syndicalisme se généralise dans l'industrie automobile, achèvement du pont de San Francisco.

«Origines et Développement de l'Art International Indépendant» au Musée du Jeu de Paume. Sophie Taeuber, Hans Arp, César Domela, Georges L.K. Morris et Albert E. Gallatin fondent la revue *Plastique*. A l'Exposition internationale de Paris, grand succès du Pavillon républicain espagnol avec *Guernica*, *La Fontaine de mercure* de Calder et *Le Moissonneur* de Miró. A New York, ouverture du Solomon R. Guggenheim Museum of Non-Objective Painting. Première exposition de l'Association de «American Abstract Artists» au Squibb Building. Exposition de la Collection Sidney Janis au Brooklyn Museum.

Ballets Russes du Colonel de Basil : *Le Coq d'or*. Ballets Russes de Monte-Carlo : *Les Eléments*. Catherine Littlefield's Philadelphia Ballet à Paris avec *Terminal* et *Barn Dance*. A New York, Mikhail Mordkin ouvre une école, puis fonde avec ses élèves le Mordkin Ballet, noyau du Ballet Theatre. Balanchine crée les danses pour *Babes in Arms*. Hanya Holm crée *Trend* sur une musique d'Edgard Varese au Bennington Festival.

A l'Exposition Universelle de Paris, Palais de la Lumière (Mallet Stevens). Escalier en tôle pliée du Pavillon de l'U.A.M. (Jean Prouvé). Aux Etats-Unis, inauguration du Golden Gate Bridge, San Francisco (Strass). Conférences de Le Corbusier; «Méditation sur Ford» à la Cranbrook Academy, «Le Grand Gaspillage» à l'Academy de Chicago. Passage de la Loi Wagner-Steagelle avec attribution de 500 000 000 dollars pour des logements à bas prix. L'enseignement de l'architecture, longtemps dominé par les principes de l'Ecole des Beaux-Arts, sera dorénavant dominé par les professeurs du Bauhaus : Gropius, Breuer, Moholy-Nagy.

Création de la bande dessinée «Prince Valiant» par Harold Foster. Elle paraît en France dans *Hop-La*, tandis que «Tarzan» paraît dans *Junior*.

A l'Exposition internationale de Paris, deux types d'intérieurs français au Pavillon de l'électricité, révélateurs des progrès réalisés depuis trente ans. Pavillon de la télévision. Aux Etats-Unis, mise en service de la locomotive à grande vitesse S1, dessinée par Raymond Loewy. Carothers découvre le nylon.

Alfred Perles et Henry Miller, assistés de Lawrence Durrell et William Saroyan, publient à Paris la revue *The Booster* qui deviendra *Delta*. Publication de *Avant-Hier* de Kay Boyle (traduction M.L. Soupault), de *1919* de Dos Passos (traduction de Maurice Rémon), de *Sartoris* de Faulkner (traduction de Raimbault et Delgove) et aussi de *La Machine à lire les pensées*, d'André Maurois, roman basé sur ses expériences de conférencier à Princeton. Aux Etats-Unis, publication de *U.S.A.* de Dos Passos et *Nightwood* de Djuna Barnes.

Marcel L'Herbier réalise un remake de *Forfaiture*.

Aux Etats-Unis, «Photography 1839-1937» organisé par Beaumont Newhall au Museum of Modern Art. «Pioneers of Modern French Photography» à la Julien Levy Gallery. Parution du premier numéro de *Look*.

Deuxième séjour à Paris du violoniste Eddie South qui enregistre avec Django Reinhardt, Stéphane Grappelli et Michel Warlop. Il joue à l'Exposition internationale où l'on peut assister au spectacle du Cotton Club de New York. Séjour de Teddy Weatherford. Séjour de l'orchestre Teddy Hill avec Bill Coleman, Dizzy Gillespie, Dickie Wells, Sam Allen, Howard Johnson, et Bill Beason. Naissance de la marque de disques «Swing» consacrée uniquement à la musique de jazz. Emissions consacrées au jazz de Hugues Panassié, premier «tournoi» des musiciens amateurs et première «Nuit de jazz» organisés par le H.C.F.

Poulenc écrit, *Tel jour, telle nuit* et *Messe*, Honegger et Ibert composent *Les Petites Cardinales*, Messiaen écrit pour 6 ondes Martenot.

Exposition internationale des Arts et Techniques, Paris. Commissaire Général du Pavillon des Etats-Unis : Mr. Thomas J. Watson, Président de l'International Business Machines Corporation. Architectes américains : Julian Clarence Levi, Paul Lester Weiner, Charles Higgens. «George Washington» à la Bibliothèque Nationale, Paris. Exposition organisée pour la Commémoration du 150e anniversaire de la Constitution Américaine. «Modern Painting and Sculpture» au Rockefeller Center, New York. Exposition organisée par l'Association Française d'Action Artistique.

1938

L'Autriche est rattachée à l'Allemagne (Anschluss). Rupture entre le parti des Sudètes et le gouvernement tchèque, Roosevelt intervient dans le sens de la modération. Procès de Boukharine à Moscou, proclamation de la 4e Internationale. Retrait des Brigades Internationales d'Espagne, réintégration d'Alphonse XIII. En France, rupture du Front populaire, nouvelle dévaluation du franc, grèves, rétablissement partiel de la semaine de 48 heures. Aux Etats-Unis, dernières réformes du *New Deal*, création d'un comité officiel sur «Un-American Activities», participation à la conférence panaméricaine de Lima qui stigmatise le fascisme. Première fission de l'uranium par le physicien italien Fermi.

«Trois Siècles d'art aux Etats-Unis» organisée par Alfred Barr au Musée du Jeu de Paume. Exposition internationale de Surréalisme à la Galerie des Beaux-Arts. Arrivée de Wilfredo Lam à Paris. A New York, les «Concretionists» exposent à la Gallery of Living Art. Première exposition personnelle de Balthus à New York, chez Pierre Matisse.

Maison du Peuple, Clichy (Beaudoin, Lods, Prouvé). Résidence Hagerty, Cohasset (Gropius, Breuer). Parution de *Logis et Loisirs* de Le Corbusier.

Apparition en France des camions américains Bedford commercialisés par General Motors, France. Aux Etats-Unis les premiers grille-pain électriques et les premiers récepteurs de télévision sont vendus. Fondation de la «Industrial Designer's Society». Transmission automatique sur la Cadillac.

Dans ses articles, Jean-Paul Sartre s'enthousiasme pour Dos Passos et Faulkner. Aux U.S.A., parution de *Being Geniuses Together* de Robert Mac Almon.

Films de Porter, Griffith, Ince, Sennett, Niblo, Von Stroheim, Chaplin, Wellmann, Sloan et Selznick à l'exposition «Trois Siècles d'Art aux Etats-Unis». La Cinémathèque Française organise une exposition Méliès à N.Y. ; dans le cadre de l'exposition internationale, elle organise une exposition du cinéma français.

Soixante photographies prêtées par M.O.M.A. figurent à «Trois Siècles d'Art aux Etats-Unis» au Jeu de Paume. Large section de photographie française à l'exposition phtotgraphique internationale au Grand Central Palace où les photos de la Farm Security Administration sont exposées pour la première fois.

Seconde tournée en France des «Mills Brothers», tournée à l'étranger du quintette du Hot Club de France. Premier séjour de Hughes Panassié à N.Y. Il prononce une conférence à l'Université de Yale et produit quatre séances d'enregistrement avec Mezz Mezzrow, Tommy Ladnier, Sidney Bechet, etc.

Honegger écrit *La Danse des Morts*, Stravinsky *Dumbarton Oaks*, Jolivet *Cosmogonie*, Messiaen *Chant de terre et de ciel*. Première audition de la *Second Piano Sonata* de Ives. Nadia Boulanger joue en soliste le *Concerto pour piano* de Françaix.

Trois Siècles d'Art aux Etats-Unis, musée du Jeu de Paume, Paris. Organisée par les Musées Nationaux en collaboration avec le Museum of Modern Art de New York. Exposition de la Carnegie Institution of Washington, Palais de la Découverte, Paris. Organisée avec la collaboration du New York Museum of Science and Industry. Gros-Géricault-Delacroix, Knoedler et Co., N.Y. Exposition au bénéfice de la sauvegarde de l'Art Français. «Exhibition Organised by the Laureats of the Florence Blumenthal Association for French Thought and Art», Wildenstein Gallery, N.Y. Sous les auspices de l'Association française d'Action Artistique.

1939

Hitler occupe la Tchécoslovaquie. Prise de Madrid par Franco, fin de la guerre civile. L'Italie occupe l'Albanie. Pacte germano-soviétique. L'Allemagne envahit la Pologne. Déclaration de guerre de la France et de l'Angleterre à l'Allemagne. En France, Franco reconnu, ouverture des négociations militaires anglo-franco-russes à Moscou : rupture à la suite du pacte germano-soviétique, décrets restreignant la liberté de la presse, les libertés individuelles, accords de collaboration financière franco-britannique. Aux Etats-Unis; arrivée de Benès, message de

Roosevelt à Hitler et à Mussolini pour qu'ils cessent leur agression, convocation extraordinaire du Congrès au début des hostilités, le «Neutrality Act» stipule que les belligérants paieront comptant et transporteront le matériel acheté. Congrès de Panama établit zone de sécurité maritime, proteste contre des activités de guerre dans les eaux américaines. Joliot, Halban et Kowarski observent la désintégration en chaîne de l'atome.

«Réalités Nouvelles» à la Galerie Charpentier. Exposition personnelle de Lam à la Galerie Pierre. Tanguy, Dali, Matta et Seligmann arrivent à New York. Dali crée deux vitrines pour Bonwit Teller et *Le Rêve de Vénus* pour la foire mondiale. «Picasso, Forty Years of his Art» avec *Guernica* et «Art in Our Time» au Museum of Modern Art. «Art of Tomorrow» au Museum of Non-Objective Art. Ouverture de l'Ozenfant School of Fine Arts. Ozenfant enseigne aussi à la New School of Social Research et à la Cooper Union. Création du «Solomon R. Guggenheim Museum of Non-Objective Paintings». Exposition Wilfredo Lam chez Perls, Joseph Cornell chez Julien Levy.

Les Ballets de Monte-Carlo créent *Bacchanale* avec les décors de Dali au Metropolitan Opera. Le colonel de Basil devient directeur-régisseur de l'Educational Ballet et sa compagnie prend le nom d'Original Ballet Russe.

Résidence Chamberlain, Sudbury (Gropius, Breuer). Maison Sturges, Los Angeles (F.L. Wright).

Création de «Batman» par Bob Kane.

Lancement sur le marché français du rasoir électrique qui ne connaîtra une réelle diffusion qu'à partir de 1950. Aux Etats-Unis, création du stylo «Parker 51» par Baker, Parker, Platt et Tefft, et du broyeur d'ordures par la General Electric Co. Le premier vol transatlantique avec passagers est réalisé entre Port Washington et Marseille. *Tropic of Capricorn* de Miller et *Winter of Artifice* d'Anaïs Nin publié par Obelisk. Premier livre de John Steinbeck en français, *Des Souris et des Hommes*, traduction M.E. Coindreau, préface Joseph Kessel. La revue *Mesures* consacre un numéro spécial aux «Lettres américaines». Parution de *Etats-Unis 39 : Journal d'un voyage en Amérique* d'André Maurois et *Usonie : esquisse de la civilisation américaine* de Jean Prévost.

La Règle du Jeu de Jean Renoir fait scandale. Le premier festival de Cannes est annulé en raison des événements. Renoir s'exile à Hollywood.

Paul Valéry prononce le discours de commémoration du centenaire de la photographie au grand amphithéâtre de la Sorbonne, la Société Française de Photographie organise une exposition rétrospective à l'aide de ses archives. Eastman Kodak se rend acquéreur de la collection Cromen, qui constituera le fond de base du futur musée de la Georges Eastman House. «A Century of Photography» à la New York Historical Society. Exposition Atget au Photo League.

Deuxième concert Duke Ellington à Paris.

Honegger écrit *Jeanne au Bûcher* et *Nicolas de Flüe*, Milhaud *Médee*, Poulenc *Concerto pour orgue* et *Quatre motets pour un temps de pénitence*, Sauguet *La Chartreuse de Parme*, Messiaen *Les Corps glorieux* et Françaix *l'Apocalypse de St-Jean*. Cage écrit *First construction in metal* et Carter termine *Pocahontas*. Stravinsky publie *Poetics of Music*.

Five Centuries of History seen through Five Centuries of French Art, Pavillon Français, Exposition Internationale, New York. Exposition de peinture, sculpture et gravure contemporaines organisée par l'Association Française d'Action Artistique au Pavillon Français de l'Exposition Internationale, New York. Exhibition of the International Council of Women, New York. Organisée par l'Association Française d'Action Artistique. Exhibition of Contemporary French Art, Golden Gate International Exposition, San Francisco. Organisée par l'Association Française d'Action Artistique.

1940

Traité de Moscou : la Finlande cède des territoires à l'U.R.S.S. L'Allemagne envahit le Danemark et la Norvège. Offensive générale allemande, capitulation hollandaise, capitulation belge, bataille de Dunkerque. Entrée en guerre de l'Italie. Entrée des Allemands à Paris, appel du général De Gaulle à Londres, la France capitule. L'U.R.S.S. occupe les pays Baltiques. Trotsky est assassiné à Mexico. Début de l'offensive aérienne allemande sur l'Angleterre. Pacte tripartite entre l'Allemagne, l'Italie, et le Japon. Les troupes allemandes entrent en Roumanie. Traité germano-soviétique précise la frontière commune. Guerre gréco-italienne. En France, Pétain devient chef du gouvernement, après l'armistice de Rethondes, installe le gouvernement à Vichy, crée la Légion des Combattants, fait interner de nombreux dirigeants de la IIIe République. Lois sur les juifs de France et d'Algérie. La C.G.T. et le Comité des Forges sont dissous. Pétain remplace Laval, Darlan chef du Gouvernement. Aux Etats-Unis, voyage de Sumner Welles dans les grandes capitales européennes au début de l'année. Arrangements navals avec la Grande-Bretagne, embargo sur les métaux, importants crédits militaires sollicités, comités de défense nationale et de production nationale formés, Roosevelt réélu pour quatre ans.

A New York, ouverture du nouvel immeuble du Museum of Modern Art. «American Abstract Art» à la Saint-Etienne Gallery. Man Ray s'installe en Californie. Mondrian et Léger s'installent. Première exposition de Matta à New York chez Julien Levy. Charles Henri Ford fonde *View*.

Maison Motherwell, East Hampton (Chareau).

Mise au point de la détection électromagnétique appelée radar, en Angleterre et aux Etats-Unis sous la direction de Watson Watt. Les travaux de Norbert Wiener vont fonder la cybernétique.

Gertrude Stein publie *Paris, France*. De nombreux écrivains s'exilent aux Etats-Unis : André Maurois, Julien Green, Saint-John Perse, Jules Romains, Maurice Maeterlinck, Yvan Goll, qui fonde la revue bilingue *Hémisphères* et publie

«Chansons de France». A New York, les Editions de la Maison Française publient *Varouna* de Julien Green et *Tragédie en France* d'André Maurois, elles publieront des livres de Maritain, Romains, Benda et Malaquais.

Chaplin réalise *The Great Dictator*.

Fondation du Département de la Photographie au Museum of Modern Art de New York.

La période de l'occupation voit se lever dans la jeunesse un curieux engouement pour le jazz comme si cette musique symbolisait la liberté perdue. Dès 1940 le Hot Club de France organise un «Festival du Jazz Français». L'orchestre du club devient un orchestre-vedette, les thèmes américains prennent des titres français, les amateurs se réunissent chez Charles Delaunay et étudient les disques d'avant-guerre.

Jolivet écrit *Complainte du soldat*. Bartok se fixe à New York, Schönberg est naturalisé américain et compose la *Second Chamber Symphony*, Stravinsky, la *Symphony in three Movements*, Milhaud son *Xe Quatuor*, l'Orchestre de Chicago lui commande *la Première symphonie*.

Intervention de Rommel en Libye. Les Allemands occupent la Bulgarie, attaquent la Yougoslavie et la Grèce, occupent la Crète, attaquent l'U.R.S.S. Agression Japonaise à Pearl Harbour et en Malaisie. En France, l'Amiral Darlan cumule les Affaires Etrangères, l'Intérieur, la Marine et l'Information. Pétain fait du 1er mai la Fête du Travail. La police parisienne arrête des milliers de juifs, serment de fidélité exigé des fonctionnaires. Le Comité national de la France Libre est constitué. Assassinat de Gabriel Péri, député et journaliste communiste. Aux Etats-Unis, Roosevelt définit l'anti-fascisme américain en quatre points; le Sénat vote la loi Prêt-Bail pour prêter et louer du matériel de guerre américain aux alliés. Roosevelt et Churchill fixent la Charte de l'Atlantique, Roosevelt demande la modification du «Neutrality Act», multiplie les agences pour la stabilisation de la production, des prix et salaires. L'agression japonaise à Pearl Harbor provoque la déclaration de guerre contre le Japon, l'Allemagne et l'Italie. Découverte du caractère sanguin nommé Rhésus par Landsteiner et Wiener. Création des centres de recherches atomiques aux Etats-Unis.

André Breton, Chagall, Max Ernst, Lam, Lipchitz et Masson s'installent aux Etats-Unis. Conférences sur le surréalisme sont données à la New School for Social Research par Gordon Onslow-Ford. Accrochage de «Large Scale Paintings», exposition Dali-Miró et grande rétrospective de Chirico au Museum of Modern Art. Rétrospective Masson à Baltimore, Lam et Matta à Chicago. Numéro spécial de *View* consacré au surréalisme.

Centre résidentiel New Kensington (Gropius, Breuer). Publication de *Space, Time and Architecture* de Seigfried Giedion.

Les héros de bandes dessinées s'engagent dans l'armée (Joe Palooka, Jungle Jim, Dick Tracy, X-9, Charlie Chan, Tarzan, Superman, etc.). En France, dans la zone non-occupée, Prince Valiant, les Katzenjammer, les personnages de Disney, Connie et Popeye se maintiennent jusqu'à l'entrée en guerre des U.S.A.

L'armée américaine popularise le Willys Jeep automobile. Premières émissions de télévision (N.B.C.) à New York.

Jean Giono traduit *Moby Dick* de Herman Melville. Aux Etats-Unis André Breton arrive à New York. La revue *New Directions* fait paraître son numéro annuel consacré cette fois au surréalisme. Les Editions de la Maison Française publient le tome XIX de *Hommes de bonne volonté : Cette grande lueur à l'Est* et plusieurs volumes suivront dans les années suivantes. Saint-John Perse accepte un poste au Library of Congress, écrit *Exile*.

René Clair s'installe aux U.S.A. et réalise *Flame of New Orleans* tandis que Jean Renoir réalise *Swamp Water*.

Messiaen compose le *Quatuor pour la fin du temps* au Stalag VIII de Görlitz en Silésie. Martinu s'installe à New York. Première à Chicago du *Concerto pour orchestre* de Kodaly.

Vingt-cinq «Nations Unies» adhèrent à la Charte de l'Atlantique. Conférence de Wannsee : «Solution finale» contre les juifs. Succès de l'offensive japonaise dans le Pacifique. Bataille de Bir-Hakeim. Début de la Bataille de Stalingrad. Offensive anglaise en Egypte, débarquement allié en Afrique du Nord, victoire à El-Alamein. En France, la police parisienne prête serment au maréchal Pétain, Laval devient chef du gouvernement, l'Ambassadeur des Etats-Unis quitte Vichy, les juifs devront porter l'étoile jaune, «grande rafle» de juifs à Paris, loi sur le travail obligatoire, mission de coordination de la résistance précisée par De Gaulle. Hitler envahit la zone «libre», sabordage de la flotte française à Toulon. Darlan assassiné est remplacé par Giraud. Aux Etats-Unis, MacArthur est commandant en chef dans le Pacifique, rationnement de diverses denrées, extension des accords Prêt-Bail à l'U.R.S.S. Nimitz arrête l'expansion japonaise. Les plans du débarquement allié en Méditerranée sont précisés à Washington. Cordell Hull et Anthony Eden définissent les buts de la guerre. Contre-offensive américaine à Guadalcanal. Cordell Hull expose la doctrine américaine sur l'indépendance des colonies. Enrico Fermi réalise à Chicago la première pile atomique à uranium et graphite. Le «Normandie» brûle dans le port de New York où il se trouve bloqué.

Arrivée de Marcel Duchamp avec «La Boîte en valise». «Artists in Exile» chez Pierre Matisse. Breton et Duchamp organisent «First Papers of Surrealism» à la Reid Mansion au bénéfice du Coordination Council of French Relief Societies. Première exposition particulière de Mondrian à la Valentine Gallery. Masson devient une influence importante. Les surréalistes commencent à s'intégrer dans la vie artistique grâce en grande partie aux activités de Julien Levy. Première exposition particulière de Wols à la Betty Parsons Gallery. Numéros spéciaux de *View* consacrés à Ernst, à Tanguy. Mark Tobey commence à être connu à New York. Peggy Guggenheim ouvre «Art or this Century» et public un catalogue de la collection. Exposition Max Ernst à la Valentine Gallery, Lam à la Pierre Matisse Gallery, Max Ernst - André Masson à l'Arts Club of Chicago.

Popularisation du lave-linge aux U.S.A. et lancement du lave-vaisselle électrique. Afin d'améliorer le taux de production des nécessités de guerre, abolition de la journée de huit heures et de la semaine «à l'anglaise». 5 500 avions sont fabriqués dans l'année.

Fondation de la revue *VVV* par David Hare, avec Breton, Duchamp et Ernst. André Breton prononce une conférence devant les étudiants à Yale : «Situation du surréalisme entre les deux guerres». Les Editions de la Maison Française publient *l'Autre Monde ou le Cadran Stellaire* de Maurice Maeterlinck. Charles Henri Ford publie *The Mirror of Baudelaire*.

The Last Time I Saw Paris, un livre de souvenirs d'Elliot Paul connaît le succès.

Jolivet écrit *Dolorès*, Milhaud *Suite pour harmonica et orchestre*. Schönberg écrit son *Piano Concerto* et *Ode to Napoleon Buonaparte*, il publie *Models for Beginners in Composition*. Cage écrit *Imaginary Landscape N° 3*. Koussevitsky dirige à Boston la *Première Symphonie* de Martinu.

«Contemporary French Language Publications in the United States and Canada», the French Institute, New York.

1943

Capitulation des Allemands à Stalingrad, puis en Tunisie. Conquête de la Sicile par les alliés, destitution et arrestation de Mussolini, armistice entre l'Italie et les alliés, débarquement allié à Salerne. En France, Vichy crée une milice contre les maquis. Ouverture de négociations Giraud-De Gaulle, Giraud dissout la Légion française des combattants en Algérie, le C.N.R. présidé par Jean Moulin s'implante en territoire français, De Gaulle arrive à Alger où le Comité Français de Libération Nationale se constitue. Débarquement français en Corse, libérée. Réorganisation du C.F.L.N. dont Giraud ne fait plus partie. A Casablanca Roosevelt et Churchill demandent la capitulation sans condition des puissances de l'Axe, Goebbels répond par l'annonce de la guerre totale. Tchang Kaï Chek se rend à Washington. Prorogation de la loi Prêt-Bail. Roosevelt suggère que De Gaulle aille gouverner Madagascar. Grève des mineurs aux Etats-Unis. Déclaration de Moscou (Etats-Unis, Grande-Bretagne, U.R.S.S., Chine) sur les projets d'après-guerre. Conférence de Téhéran; Churchill, Roosevelt et Staline envisagent un second front, la division éventuelle de l'Allemagne.

Rétrospective Calder au Museum of Modern Art de New York. Première exposition Jackson Pollock et exposition de collages où Baziotes, Motherwell et Pollock exposent avec les artistes européens à «Art of this Century». Hélion fait des conférences à Richmond, Philadelphie, Baltimore et Washington. «Masters of Abstract Art» à la Helena Rubinstein Art Center.

Aux U.S.A., *Carmen Jones*, comédie musicale adaptée de Meilhac et Halévy d'après Mérimée. Livret et lyrics de Oscar Hammerstein 2nd.

Package House System (Gropius). Bâtiment pour la recherche sur les minéraux et métaux, Chicago I.T.T. (Mies van der Rohe).

Des savants américains parviennent à créer synthétiquement la cortisone, premières applications médicales de la pénicilline.

Jean Giono écrit *Pour saluer Melville. Tropique du Cancer* de Miller, traduction P. Rivert, publié à Paris. A Alger, la revue *Fontaine* de Max-Pol Fouchet consacre un très important numéro spécial aux «Ecrivains et Poètes des Etats-Unis d'Amérique». Une réédition de ce numéro paraîtra en France en 1945. A New York, Yvan Goll commence *Lackawanna Elegy*. Breton fait publier *La Parole est à Péret*, un essai de son ami Péret réfugié au Mexique. *Les Malheurs des Immortels* de Paul Eluard et Max Ernst est publié par Caresse Crosby, traduction de Hugh Chisholm. André Maurois publie *Histoire des Etats-Unis*.

Poulenc écrit *Figure Humaine*, Messiaen *Visions de l'Amen*, Milhaud son troisième opéra à sujet américain : *Bolivar*, Stravinsky écrit *Ode*, Schönberg *Theme and variations*, Cage *Amores for prepared piano*, Ormandy dirige à Philadelphie *le Concerto pour deux pianos* de Martinu; à Boston, Koussevitsky donne le *Concerto pour violon*.

1944

Débarquement allié en Normandie préparé par Eisenhower et Montgomery. Massacre d'Ouradour par les S.S. Prise de Cherbourg. Conférence monétaire de Bretton-Woods crée le Fonds monétaire international et la Banque internationale de Reconstruction et Développement. Conférence tripartite de Dumbarton Oaks, publication du plan allié pour la paix. Dans le Pacifique, les Américains progressent d'île en île, débarquent à Guam et dans les Philippines. Nouveaux accords de Prêt-Bail. Traité d'alliance franco-soviétique. En France, débarquement allié en Provence, libération de Paris. Jonction de forces venues de Normandie et de Provence. Création d'une cour de justice pour les faits de collaboration, gouvernement provisoire reconnu par les Alliés. Leclerc entre à Strasbourg. Nationalisation des Houillères du Nord et du Pas-de-Calais. Aux Etats-Unis, conférence de Philadelphie pour définir l'organisation internationale du travail, intensification de l'effort pour soutenir les Forces Armées, accords pétroliers avec l'Angleterre, Roosevelt est élu pour la quatrième fois.

A Paris, première exposition de Jean Dubuffet à la Galerie René Drouin. Picasso expose 74 peintures et sculptures au Salon d'Automne. Aux Etats-Unis, Tobey peint ses écritures blanches, Gorky rencontre Breton et les surréalistes. Sidney Janis organise «European and American Pioneers in 20th Century Art» pour la Nierendorf Gallery, «Abstract and Surrealist Art in America» pour la Mortimer Brandt Gallery, publie le livre du même titre, aide le San Francisco Museum à préparer «Abstract and Surrealist Art in the United States», itinérante. «European Artists» au Whitney Museum, «Hayter and Studio 17» au Museum of Modern Art. Premières expositions personnelles de Baziotes, Hans Hofmann et Motherwell à «Art of this Century».

Le Marquis de Cuevas crée Ballet International à New York. Merce Cunningham crée *Idyllic Song* sur une musique de Satie.

Après cinq ans de travail avec IBM, Howard Aiken met au point la calculatrice *Harvard Mark I*, la plus grosse calculatrice de son temps, faite à l'unité pour les besoins de la guerre.

Parmi de nombreux écrivains seront sous les drapeaux en France : George Oppen, Richard Wilbur, Louis Simpson, Irwin Shaw, William Eastlake, etc. Publication à Londres de *Pour qui sonne le glas* de Hemingway, traduit par Denise V. Ayme, grand succès en France. Publication clandestine des livres de Steinbeck : *Nuit noire* (The Moon is down), *Lâchez les Bombes* et *Tortilla Flat*. *Confluences* publie «Fuite» et «The Red Pony». Parution aux Etats-Unis de *Eloges and Other Poems* de Saint-John Perse traduit par Louise Varese et préfacé par A. MacLeish.

Reprise d'activité à Paris du Cercle du Cinéma au studio de l'Etoile avec *Modern Times*. A New York, Renoir réalise *Salute to France*, Hans Richter commence *The Dreams That Money Can Buy* avec Calder, Duchamp, Ernst, Léger et Man Ray.

A la Libération, toute une jeune génération de musiciens ont assimilé l'enseignement de la musique de la Nouvelle-Orléans. Le jazz s'installe à St-Germain-des-Prés et Paris devient une étape privilégiée pour les musiciens américains. Glenn Miller donne un concert à Paris.

Milhaud écrit *Le Bal Martiniquais*, Jolivet *Guignol et Pandore*, Ibert *Quatuor* et Messiaen *Trois petites liturgies*; il publie *Technique de mon langage musical*. Stravinsky écrit *Scènes de Ballet* et *Babel*, Copland *Appalachian Spring* et Cage *A Book of Music*.

1945

Conférence de Yalta, sans De Gaulle. Prise de Cologne, le Rhin est franchi. Conférence de San Francisco : création de l'Organisation des Nations-Unies. Jonction des Américains et Russes. Exécution de Mussolini. Suicide d'Hitler, prise de Berlin, capitulation allemande. Conférence de Potsdam. Bombes atomiques à Hiroshima et à Nagasaki. Capitulation japonaise. En France, création des Comités d'entreprise, accords franco-américains de Prêt-Bail, la libération s'achève par la reddition de Dunkerque, la censure est supprimée, les transports aériens nationalisés. Premier procès de criminels de guerre allemands, la Haute-Cour condamne Pétain à mort, peine commuée en détention perpétuelle, procès et exécution de Laval, exécution de Darnand. Référendum, élections, nouveau gouvernement De Gaulle avec participation communiste. Nationalisation des grandes banques, plan de rééquipement industriel, dévaluation. Création du C.N.R.S. et du Commissariat à l'Energie Atomique. Aux Etats-Unis Oppenheimer et Fermi construisent la première bombe atomique. Mort de Roosevelt, Truman président. New York crée la première Agence d'un Etat contre la discrimination raciale. A la fin de la guerre, abolition du rationnement et de la plupart des contrôles sur les prix.

Retour de Masson à Paris. «Art concret» à la Galerie Drouin : Arp, Robert et Sonia Delaunay, Doméla, Freundlich, Gorin, Herbin, Kandinsky, Magnelli, Mondrian, Pevsner, Taeuber-Arp, Van Doesburg. Ouverture de la Galerie Denise René avec une exposition Vasarely. Wols expose à la Galerie Drouin. Premier Salon de Mai. «European Artists in America» au Whitney Museum. Exposition Arshile Gorky, préface d'André Breton à la Julien Levy Gallery. Publication d'une 2ᵉ édition augmentée du : *Surréalisme et la Peinture* de Breton chez Brentano's.

A Paris, *Arsenic et vieille dentelle* de J. Kesselring va se jouer jusqu'en 1952. Reprise de la comédie musicale créé à Mogador en 1927, *Rose-Marie* de Otto Harbach et Oscar Hammerstein 2nd.

Reconstruction du Havre (Perret). Aux Etats-Unis, exposition Le Corbusier au Rockefeller Center, itinérante aux U.S.A. et Canada, exposition rétrospective au Walker Art Center, Minneapolis.

Détendeur C.G. pour la plongée sous-marine conçu par le commandant Cousteau et l'ingénieur Gagnan pour la Spirotechnique S.A. Premier vol «non-stop» autour du monde par Irving et Stanley en Boeing B-29.

Publication de *Le Sursis* de Jean-Paul Sartre. *L'Arbalète* publie une traduction de la pièce de Hemingway, *The Fifth Column*. *Paris-Matin* publie *l'Homme qui croyait à la chance (To Have and Have Not)* de Hemingway en feuilleton. Gallimard le publie sous le titre *En avoir ou pas*. André Breton visite les réserves indiennes du sud-ouest des Etats-Unis, compose l'*Ode à Charles Fourier* et publie à New York *Arcane 17*. Les Editions de la Maison Française publient *Le Temps des Assassins* de Philippe Soupault et *Etudes américaines* d'André Maurois.

Dali dessine la séquence du rêve pour le film d'Alfred Hitchcock *Spellbound*.

Premières émissions de jazz à la Radio française par Bravig Imbs. Le batteur Kenny Clarke, militaire, joue du trombone à Paris. Django Reinhardt enregistre avec Mel Powell. André Hodeir publie son premier livre, *Le jazz, cet inconnu*.

Messiaen écrit *Vingt regards sur l'Enfant Jésus*; la première à Paris des *Trois petites liturgies* soulève de vives controverses. Sauguet écrit *Symphonie expiatoire* et *Les Forains*. Stravinsky prend la nationalité américaine. Première à New York de la *Suite Française* de Milhaud. Le magnétophone atteint son niveau de perfectionnement actuel.

1946

Chute de la monarchie en Italie. Echec des négociations franco-vietnamiennes de Fontainebleau. Conférence de la paix à Paris. Accord anglo-américain sur la fusion des zones d'occupation. Verdict du procès de Nuremberg. Accord anglo-américain sur le partage de la Palestine. Début de la guerre d'Indochine. En France, le général De Gaulle démissionne du gouvernement provisoire, les colonies des Antilles, la Guyane et la Réunion sont intégrées dans le statut départemental, les compagnies du gaz et de l'électricité, puis les houillères et compagnies d'assurances sont nationalisées. Premier projet constitutionnel rejeté, deuxième adopté par référendum à une faible majorité. Succès communiste et M.R.P. aux élections. Rétablissement du principe des conventions collectives pour fixer les conditions de travail. Aux Etats-Unis, grève des aciéries. Aide financière à la France et réduction de la dette de guerre. Secrétaire d'Etat Byrnes annonce la fin de la période répressive d'occupation en Allemagne. Début de la «Guerre froide». Réduction massive des effectifs dans les forces armées, rétablissement de l'Office of Economic Stabilization pour le contrôle des prix et salaires.

Premier Salon des Réalités Nouvelles, consacré à l'art abstrait. Exposition des mobiles de Calder, préfacée par Sartre, à la Galerie Carré. «Mirobolus, Macadam et Cie» de Dubuffet à la Galerie Drouin. A New York «Eleven Europeans in America» au Museum of Modern Art, «Paintings from Paris» à la Pierre Matisse Gallery. Concours organisé par Al Lewin sur le thème de «La Tentation de St.-Antoine».

Création de *Our Town* de Thornton Wilder, souvent repris; adaptation de Jacques Mauclair et mise en scène de Claude Maritz. Reprise du succès créé en 1926, *No, No, Nanette* de Youmans et Harbach. *Des Souris et des Hommes* de John Steinbeck dans une adaptation de Marcel Duhamel. A New York, on joue *Antigone* de Jean Anouilh et *Huis-Clos* de Sartre dans une mise en scène de John Huston.

Arrivée à New York de Le Corbusier, délégué de la France à la «Commission du Site», chargé de trouver l'emplacement du siège futur de l'O.N.U. Il communique ses projets dans un mémoire : «UN Headquarters»; application de la Charte d'Athènes, idée de la «ville-tour», finalement acceptée par la Commission.

Parution de deux nouveaux hebdomadaires : *Coq Hardi* et *Vaillant* qui ne publient que des bandes dessinées françaises. «Lucky Luke» par Maurice de Bévère et Morris. Aux U.S.A. «Rip Kirby», bande dessinée policière par Alex Raymond.

Aux Etats-Unis, le premier accélérateur linéaire de particules et le premier calculateur électronique fonctionnent. L'auréomycine est découverte.

Jean-Paul Sartre fait paraître *l'Existentialisme est un Humanisme*. M.E. Coindreau publie *Aperçus de littérature américaine*. Nombreuses traductions de l'américain : *La toile et le roc* de Thomas Wolfe (traduction Ravita), *Reflets dans un œil d'or* de Carson McCullers (traduction C. Cestre), *On achève bien les chevaux* d'Horace McCoy (traduction Duhamel), *La Grosse galette* de Dos Passos (traduction Castet). Parution de *Journal des Etats-Unis* d'André Maurois. André Breton retourne en France au moment où paraît à New York un choix bilingue de ses poèmes : *Young Cherry Trees Secured Against Hares*, traduit par Edouard Roditi et illustré par Gorky et Duchamp. Yvan Goll fait paraître son unique recueil en anglais, *Fruit From Saturn*. Henry Miller écrit *The Time of the Assassins* sur Rimbaud.

Le tournage de *Colomba* par Max Ophuls pour Howard Hughes est interrompu au bout de quelques jours.

Exposition du photographe américain Gjon Mili à la Galerie du Bac.

Tournée en Europe de l'orchestre Don Redman. Django Reinhardt fait une tournée aux Etats-Unis et Duke Ellington le présente au Carnegie Hall.

Boulez écrit *Sonatine* et *Première Sonate*, Milhaud *Deuxième Concerto pour violoncelle* et Jolivet *Psyché*. Hindemith est naturalisé américain et écrit un *Requiem* à la mémoire de Roosevelt. Kodaly dirige à Philadelphie les *Peacock variations*. Première à New York de *la Symphony n° 3* de Ives, de la *Symphonie pour cordes* de Honegger, de la *Symphony in Three Movements* de Stravinsky et du *Quatuor pour la fin du temps* de Messiaen. Copland écrit sa *Symphonie n° 3*, Cage commence la composition des *Sonatas and Interludes* pour piano préparé et Babitt applique les principes sériels à d'autres composantes que les hauteurs dans ses *Three Compositions for Piano*; il publie *The Function of Set Structure in the 12 Tone System*.

Exposition internationale d'Art Moderne, Musée d'art moderne, Paris. Organisée par l'U.N.E.S.C.O. Gemmeaux de Jean Crotti, New York. Organisée par l'Association Française d'Action Artistique. French Painting from 1939 to 1946, Whitney Museum, New York. Organisée par l'Association Française d'Action Artistique. Itinérante en 1947 à Philadelphie, Boston, Minneapolis, San Francisco, Saint-Louis, Providence. French American Exhibition, Museum of Art, Toledo. Organisée par l'Association Française d'Action Artistique.

1947

Traité de paix avec l'Italie et les alliés de l'Allemagne. Proposition du Plan Marshall, l'U.R.S.S. et les pays de l'Est refusent de participer. La conférence du Plan Marshall adopte un programme économique intégrant l'Allemagne. En France, Auriol élu Président de la République. Le Gouvernement est divisé sur la possibilité de négociations avec Ho Chi Minh, les députés communistes s'abstiennent de voter des crédits militaires pour l'Indochine. Création du salaire minimum vital. De Gaulle fonde le Rassemblement du Peuple Français. Conflit sur le blocage des salaires, hausse des prix et rationnement, vague de grèves, plan financier destiné à limiter l'inflation, suspension des importations payables en dollars. Le général de Gaulle demande la dissolution de l'Assemblée et la révision de la constitution. Aux Etats-Unis, Marshall devient secrétaire d'Etat, la «doctrine Truman» inaugure une politique d'aide à l'Europe dirigée contre les progrès du communisme. Livraison du matériel de guerre à la France pour le corps expéditionnaire d'Indochine. La loi Taft-Hartley limite les pouvoirs des syndicats. Fin des accords Prêt-Bail, le congrès accorde une aide financière immédiate à l'Europe. Fin du rationnement du sucre. Proposition du contrôle international des armes atomiques. Premiers signaux radar reviennent de la lune.

Première peinture «informelle» de Wols au Salon des Réalités Nouvelles; participation américaine : Baziotes, Motherwell. «Introduction à la peinture américaine» à la Galerie Maeght à laquelle participent Baziotes, Gottlieb, Motherwell, etc. Première exposition Hartung chez Lydia Conti. Exposition internationale du surréalisme, présentée par Breton et Duchamp à la Galerie Maeght. A New York, première exposition Dubuffet chez Pierre Matisse, Nicolas Calas organise «Blood Flames» pour la Hugo Gallery, Motherwell publie la revue *Possibilities*.

Balanchine crée *Le Palais de Cristal* à l'Opéra, reprend *Apollon, Sérénade, Le Baiser de la Fée*. L'original Ballet Russe de Basil danse au Théâtre de Chaillot. Le Marquis de Cuevas crée son Grand Ballet de Monte-Carlo avec le répertoire et la plupart des danseurs de sa compagnie américaine.

A Paris, *Le Deuil sied à Electre* de O'Neill dans une adaptation de Paul Blanchard et une mise en scène de Marguerite Jamois. *La Route au tabac* de John Kirkland d'après Caldwell, adaptation de Marcel Duhamel, mise en scène de Jean Darcante. *Ménagerie de verre* de T. Williams, adaptation de Marcel Duhamel, mise en scène de Claude Maritz.

Le Corbusier est parmi les 10 experts chargés d'élaborer les plans du bâtiment de l'U.N.E.S.C.O. Son projet est adopté, l'exécution confiée à l'américain Harrison avec qui il se brouille en cours de réalisation.

A Paris, Christian Dior crée le «New-Look», mode longue. Invention du disque microsillon aux U.S.A. Premier vol supersonique contrôlé effectué par le capitaine Charles Yeager sur «Bell X-I».

Richard Wright s'installe à Paris, rencontre Sartre et Simone de Beauvoir, traduction de trois de ses livres : *Les enfants de l'oncle Tom, Un enfant du Pays, Black Boy* (traduction Duhamel et Bokanowski). Parution des *Poèmes 1910-1930* de T.S. Eliot (traduction Pierre Leyris).

Nancy Cunard fait paraître en France et en français ses *Poèmes à la France*. Pierre Brodin publie *Ecrivains américains du XXᵉ siècle*, essai, et Maurice Merleau-Ponty *Humanisme et terreur*. Aux U.S.A. Samuel Putnam fait paraître ses souvenirs parisiens, *Paris Was Our Mistress*.

Le silence est d'or marque le retour de René Clair en France. A Hollywood, dix personnes refusent de témoigner devant la commission des Affaires Anti-Américaines : le producteur Adrian Scott, le réalisateur Edward Dmytryk et Herbert Biberman, Ring Lardner, J.H. Lawson, S. Ormitz, A. Bessie, L. Cole, A. Matz et Dalton Trumbo, scénaristes. Chaplin réalise *Monsieur Verdoux*. Dans *Fireworks* Anger se souvient du *Sang d'un poète* de Cocteau avec lequel il devait travailler quelque temps.

Fondation de l'Agence Magnum, ouverture de son bureau à Paris. Steichen est nommé Directeur du département de la photographie du M.O.M.A. Exposition Henri Cartier-Bresson au M.O.M.A., catalogue sous forme de livre préfacé par Lincoln Kirstein.

Les «V-Discs» deviennent la proie des collectionneurs et le moyen de connaître le Be-bop et le jazz moderne. Concert de Rex Stewart. Premières émissions régulières à la radio française : «Panorama du jazz» et «Negro spiritual».

Milhaud écrit *Concerto pour Marimba, vibraphone et orchestre*, Jolivet *Concerto pour onde Martenot et orchestre* et Poulenc *Les mamelles de Tirésias*. Hindemith écrit *Sinfonia Serena*, Schönberg *A Survivor from Warsaw* et Stravinsky *Orpheus*. Carter présente son 2ᵉ ballet à New York : *The Minotaur*. Munch dirige à New York la *Symphonie nᵒ 3* de Honegger. Schönberg publie *Structural Functions of Harmony*.

Masterpieces of Modern French Bookbinding, New York. Organisée par les services culturels français. International Biennal of Watercolors, the Brooklyn Museum, New York. La section française a été organisée par l'Association Française d'Action Artistique. Exhibition of French Drawings, Palais de la Légion d'Honneur, San Francisco. Exposition organisée par l'Association Française d'Action Artistique.

Traité de Bruxelles. Rupture entre les alliés et l'U.R.S.S. en Allemagne, début du blocus de Berlin. Conférence des Seize à Paris fonde l'O.E.C.E. pour l'application du plan Marshall. Création de l'Organisation des Etats Américains. A La Haye, participation de dix-neuf Etats au «Congrès pour une Europe Unie». La décision anglo-américaine de rendre la gestion des mines et aciéries de la Ruhr aux Allemands soulève des protestations françaises, les cinq du traité de Bruxelles et les Etats-Unis décident un contrôle de sa gestion et de sa démilitarisation. L'O.N.U. adopte la Déclaration universelle des Droits de l'Homme. En France, plan Mayer d'assainissement financier, dévaluation du franc. Le général De Gaulle se dit prêt à assumer le pouvoir, la centralisation administrative est renforcée. Grève dans les mines, suivie par une vague de grèves jugées insurrectionnelles et réprimées par la police et l'armée; des réservistes sont rappelés. Nouvelle dévaluation du franc. Mise en marche de la première pile atomique française. Aux Etats-Unis, avec l'O.N.U. abandon du plan de partage de la Palestine. L'Agence juive se prononce pour la création de l'Etat d'Israël à la fin du mandat britannique. Création du pont aérien afin d'assurer le ravitaillement de Berlin-Ouest. Blocus financier de Berlin-Est. Le Congrès refuse au président Truman des mesures fiscales qui devaient enrayer l'inflation croissante. General Motors signe les premiers contrats d'emploi aux salaires indexés. Ouverture de l'aéroport d'Idlewild (maintenant Kennedy), le plus grand du monde.

Exposition «H.W.P.S.M.T.B.» (Hartung, Wols, Picabia, Stahly, Mathieu, Tudor, Bryen) organisé par Mathieu à la Galerie Colette Allendy. Mathieu projette d'intégrer à une exposition de la Galerie Montparnasse : Pollock, Rothko, de Kooning, Gorky, Tobey. Fondation de la Compagnie de l'Art Brut par Dubuffet. A New York, ouverture de la Sidney and Harriet Janis Gallery. Max Ernst publie *Beyond Painting and other Writings by the Artist and his Friends*, préface de Motherwell.

Katherine Dunham danse *Shango* et *Rhapsodie Caraïbe* au Théâtre de Paris. Le Ballet de l'Opéra de Paris danse au New York City Center.

La Forêt pétrifiée de Robert Sherwood, adaptation de Marcel Duhamel, mise en scène de Jean Darcante. *Abraham Lincoln en Illinois* de Robert Sherwood, adaptation de Maurice Clavel et Jean de Rigault, mise en scène de Raymond Hermantier. A New York, *La Folle de Chaillot* dans une mise en scène de Alfred de Liagre Jr.

Exposition itinérante sur Le Corbusier organisée par l'Institute of Contemporary Art, Boston.

La lampe fluorescente commence à être diffusée en France. Aux Etats-Unis, acceptation de la cybernétique comme science mathématique. Invention du transistor par Bardeen, Brattain et Shockley. Ouverture de l'Observatoire à Mount Palomar avec un télescope de 5 mètres de diamètre.

James Baldwin s'installe à Paris, termine *Go Tell It on the Mountain* et écrit *Giovanni's Room*. Parution de *l'Amérique au jour le jour* de Simone de Beauvoir, *L'Age du roman américain* de Claude-Edmonde Magny, *Etudes sur la littérature classique américaine* de D.H. Lawrence (traduction T. Aubray) et de *Rendez-vous à Samarra* de John O'Hara (traduction M. Sibon). Aux U.S.A., parution de *The Autobiography of William Carlos Williams*.

William Klein se joint à la colonie renaissante de jeunes artistes américains étudiant ou travaillant à Paris. A New York, salles de la Photo-League : «The French Show», photographies de Brassaï, Boubat, René Jacques, Nora Dumas, Papillon, etc.

Mezz Mezzrow s'installe en France. Premier festival de Nice avec des musiciens américains; Armstrong, Stewart, Mezzrow et Thompson et des français; Luter, Grappelli, Barelli. Concerts de Dizzy Gillespie, Duke Ellington, Erroll Garner, Howard McGhee.

Création du «Studio d'essai de la R.T.F.» qui deviendra le G.R.M. Sauguet écrit *La rencontre*, Boulez *Le Soleil des eaux* et la *2e Sonate pour piano* et Schaeffer *Concert de Bruits*. Stravinsky écrit *Mass*, Schaeffer et Cage *Suite for prepared piano*. David Tudor s'associe à Cage et Feldman.

«The French Court and the Opera Ballet (1581-1948)». French Embassy, New York. Organisée par les services culturels de l'Ambassade de France. «Masterpieces of French Tapestry from the Middle Ages to our Time», The Art Institute, Chicago. Sous les auspices de l'Association Française d'Action Artistique. Itinérante à New York. «Contemporary French Engravings», New York. Organisée sous les auspices de l'Association Française d'Action Artistique. Itinérante à Détroit.

1949

Conclusion du Pacte Atlantique, protestations soviétiques. Unification des zones d'occupation franco-anglo-américaines en Allemagne, levée du blocus de Berlin, naissance de la République fédérale Allemande et vote de la constitution de la République démocratique Allemande. Création du Conseil de l'Europe. En France, émission d'un emprunt pour la reconstruction et suppression du Commissariat au Ravitaillement; Journée d'action syndicale pour la généralisation des conventions collectives. Le Pacte Atlantique est ratifié par l'Assemblée Nationale. Scandale de «l'affaire des fuites» : Revers est destitué de ses fonctions. Aux Etats-Unis, Truman envisage une aide au Tiers-Monde dans son «Point Four Plan». Salaire minimum relevé de 40 à 75 centimes l'heure. Truman souhaite le réarmement de l'Europe, proteste contre la réduction des crédits Marshall. Le Sénat vote des crédits d'un milliard de dollars aux pays signataires du Pacte Atlantique et un prêt à la Yougoslavie. A la fin de l'année, l'Allemagne Fédérale reçoit un milliard de dollars de l'aide Marshall. Onze leaders du parti communiste américain condamnés à des peines de prison.

Présence à Paris de nombreux artistes américains grâce aux « G.I. Bills ». Grande exposition de l'Art Brut sous l'impulsion de Dubuffet chez Drouin. La collection Peggy Guggenheim circule dans les musées européens jusqu'en 1951. «Les Premiers maîtres de l'art abstrait» chez Maeght. Premières expositions : Soulages à la Galerie Colette Allendy, Riopelle chez Nina Dausset, Noland à la Galerie Creuze. Publication de la revue *Art d'Aujourd'hui*. A New York, «Painted in 1949, European and American Painters» (Deyrolle, Hartung, Schneider, Soulages, Vasarely) à la Betty Parsons Gallery. Fondation du «Artist's Club».

Merce Cunningham et John Cage au Théâtre du Vieux Colombier avec Tanaquil LeClercq et Betty Nichols : *Effusions avant l'heure, Amores*. Les Ballets de Paris créent «La Croqueuse de Diamants» à New York. Howard Hughes engage Roland Petit et Zizi Jeanmaire à Hollywood.

Tous mes fils de Arthur Miller, adapté par Marcel Duhamel, *Un Tramway nommé désir* de T. Williams adapté par Cocteau et mis en scène par Raymond Rouleau. *Waiting for Lefty (En attendant Lefty)* de Clifford Odets. *The Happy Journey to Trenton and Camden* de Thornton Wilder et *The Lady of Larkspur Lotion* de T. Williams joués par le «American Club Theatre» à Paris.

Promontory, Chicago (Mies Van Der Rohe). Laboratoire de la Johnson Wax Company, Racine, Wisconsin (Wright).

Création de IBM World Trade Corporation. Apparition d'une Citroën révolutionnaire : la 2 cv Boulanger. Mise au point de la télévision par câble.

Parution de l'essai de Claude Roy, *Clés pour l'Amérique*. En janvier, Jean Cocteau va présenter son film *l'Aigle à deux têtes* aux Etats-Unis; dans l'avion qui le ramène il écrit sa *Lettre aux Américains* publiée la même année Paul Eluard se voit refuser un visa pour se rendre à New York en raison de son adhésion au parti communiste. Aux U.S.A. Faulkner prix Nobel de littérature.

Parution du premier numéro de *Match*. «The Roots of French Photography» au M.O.M.A. Inauguration de la George Eastman House à Rochester, New York devenue depuis The International Museum of Photography at George Eastman House.

Bill Coleman et Sidney Bechet s'installent en France. Bechet est la vedette d'un festival à la salle Pleyel. Concerts de Charlie Parker, Miles Davis, Leadbelly, Willie the Lion Smith et Hot Lips Page. Jacques Becker réalise *Rendez-vous de Juillet* dont l'action se passe dans les caves de St-Germain-des-Prés et où apparaissent musiciens français et américains.

Schaeffer et Henry écrivent *Symphonie pour un homme seul*, Boulez *Livre pour quatuor*, Messiaen *Cinq rechants* et *Quatre études de rythme*, Bernstein dirige la *Turangalila Symphonie* commandée par la fondation Koussevitsky. Partch publie *Genesis of a Music*.

«Œuvres graphiques américaines», Centre Américain de Documentation, Paris. «The French Book», French Embassy, New York, organisée par les services culturels de l'Ambassade de France. «The Works of Auguste Perret», Chicago. Organisée par l'Association Française d'Action Artistique. «Paintings by Young French Painters», Memphis. Organisée par l'Association Française d'Action Artistique. Itinérante à New Orleans, Charlotte et en 1950, Washington, New York, Stanford, Santa Barbara, Kansas City, Des Moines. «Masterpieces from French Museums», Palace of the Legion of Honour, San Francisco. Pour commémorer le 25ᵉ anniversaire du Palais de la Légion d'Honneur.

1950

Proposition d'une Communauté européenne du charbon et de l'acier lancée par Schuman. Début de la guerre de Corée — intervention américaine. L'Allemagne Fédérale est autorisée à réarmer, vives protestations en France. S.H.A.P.E., le quartier général de l'O.T.A.N. est créé. Le général de Lattre de Tassigny est nommé Haut-Commissaire en Indochine. Le général Eisenhower est nommé Commandant suprême des Forces de l'O.T.A.N. En France, l'Assemblée Nationale crée une commission d'enquête sur «l'affaire des généraux», approuve les conventions signées avec les Etats d'Indochine. Démission des ministres socialistes en désaccord sur la politique sociale du gouvernement Bidault, grève de la métallurgie, grève des dockers, grève du bâtiment. Joliot-Curie, haut-commissaire à l'Energie Atomique est révoqué en raison de son appartenance au Parti communiste. Chute de Bidault, le gouvernement Pleven fait un emprunt de 225 millions de dollars aux Etats-Unis, décide l'envoi d'un bataillon en Corée. 300 expulsions de communistes étrangers, dissolution d'organisations communistes espagnoles réfugiées. Mendès-France demande une solution politique au Viet-Nam. Le service militaire passe de douze à dix-huit mois, augmentation importante des crédits militaires. Aux Etats-Unis, la loi Taft-Hartley est invoquée pour mettre fin à la grève des mineurs. Le sénateur MacCarthy demande une épuration des communistes qui seraient au Département d'Etat. Les deux tiers de l'aide à l'étranger sont affectés à l'Europe. Ethel et Julius Rosenberg sont arrêtés, accusés d'espionnage au profit de l'U.R.S.S. Augmentation du budget militaire, reconquête de la Corée du Sud, pénétration en Corée du Nord. Lois de répression votées contre les communistes. Truman proclame l'état d'urgence contre la menace communiste, demande le développement de la bombe H. Ralph J. Bunche reçoit le Prix Nobel de la Paix.

Importante participation des peintres de l'Ecole de Paris à la Biennale de Venise. A New York, première exposition personnelle de De Staël. «Young Painters in U.S. and France» organisée par Leo Castelli à la Sidney Janis Gallery. «Advancing French Art» à la Louis Carré Gallery circulera dans les musées américains jusqu'en 1951. «Black or White : Paintings by European and American Artists» à la Kootz Gallery. Première exposition Kline à la Egan Gallery.

Les Ballets Américains (Ruth Page, Bentley Stone, José Limon) au Théâtre des Champs-Elysées. Au Palais de Chaillot, l'American Ballet Theatre avec un programme de chorégraphie américaine : *Jeux, Designs with Strings, Caprichos et Rodeo*. Une seule performance de Martha Graham à Paris. *La Croqueuse de Diamants* des Ballets de Paris connaît un grand succès. Aux Etats-Unis, le New York City Ballet reprend *Le Fils Prodigue* de Balanchine-Prokofiev-Rouault. Merce Cunningham crée *Rag-Time Parade* sur une musique de Satie.

A Paris, l'American Club Theatre joue six pièces de Tennessee Williams, Irvin Shaw, Saroyan, Lewin, Wilder, Kurt Weill et Maxwell Anderson. Reprise de *The Emperor Jones* de O'Neill créé en 1923, *The Blessed and the Damned* par Orson Welles.

Utilisation de coques monobloc en métal (Jean Prouvé). Aux Etats-Unis, Harvard Graduate Center, Cambridge (Gropius et TAC). Maison Tischler, Los Angeles (Schindler).

Charles Schulz crée *Peanuts*, bande qui sera reprise par de nombreux journaux en France à partir de 1964.

Popularisation en Europe du rasoir électrique, introduction de la télévision noir et blanc (diffusion réelle vers 1960) implantation en France de la firme Knoll Associates. Jacques Vienot fonde l'Institut d'Esthétique Industrielle dont Gropius devient membre. Parution de la revue *Esthétique Industrielle*.

Publication intégrale des *Quatre Quatuors* de T.S. Eliot (traduction P. Leyris) et de ses *Essais choisis* (traduction H. Fluchère). Parution de *Les nus et les morts* de Norman Mailer (traduction J. Malaquais) et de *Le matin se fait attendre* de Nelson Algren, préfacé par Richard Wright (traduction R. Guyonnet). Eugene MacCown écrit *The Siege of Innocence*, basé sur ses quatorze ans de résidence à Paris.

Première exposition de l'œuvre de Edward Weston à Paris.

A partir de 1950, tous les musiciens américains de quelque renom vont faire des séjours plus ou moins longs à

Paris. Le saxophoniste Benny Waters s'installe pour plusieurs années à «La Cigale» près de Pigalle. Parution de *La Rage de vivre* de Mezz Mezzrow.

Messiaen écrit la *Messe de la Pentecôte* et *Modes de valeurs et d'intensité*, Auric *Phèdre*, Poulenc *Stabat Mater* et Boulez *Visage nuptial*. Tudor joue la première américaine de la *Deuxième Sonate pour piano* de Boulez, Schönberg publie *Style and Idea*.

«Exposition : 125 dessins de Lesueur», 41 faubourg St-Honoré Paris. Organisé sous les auspices des Services Culturels de l'Ambassade des U.S.A. Exposition des œuvres de onze artistes américains, exposition des peintures de Grandma Moses, 41 faubourg St-Honoré, Paris. Organisé sous l'égide des Services Culturels de l'Ambassade des U.S.A. Aux Etats-Unis, «Balzac and His Time», French Embassy, New York. «Collection of the Toulouse-Lautrec Museum of Albi», Knoedler and Co. New York. Itinérante aux musées de Minneapolis, Cleveland, San Francisco et Houston. Participation française à l'Exposition internationale de Chicago.

1951

Le gouvernement américain se déclare solidaire de la politique de la France. La France contraint le sultan du Maroc à renvoyer ses ministres nationalistes. La Communauté européenne du Charbon et Acier est créé. En Corée, MacArthur parle de l'utilisation de la bombe atomique, est remplacé par Ridgway; la conférence de la paix est suivie par un accord sur la ligne de cessez-le-feu. Fin du régime d'occupation en Allemagne fédérale. En France, interdiction de la Fédération syndicale mondiale, considérée pro-communiste. Le S.H.A.P.E. s'installe près de Versailles. Le Président Auriol voyage aux Etats-Unis. Une base américaine est installée à Châteauroux. Violence entre policiers et ouvriers algériens, le premier mai à Paris. L'Assemblée nationale ne comporte pas de majorité véritable, les socialistes passent à l'opposition, après les échecs de quatre personnalités Pleven forme un gouvernement, Mayer propose un plan d'austérité contre l'inflation, la C.E.C.A. est approuvé. Aux Etats-Unis, Truman annonce un plan de lutte contre l'inflation, les Rosenberg sont condamnés à mort, le Sénat américain propose la suppression de l'aide aux pays qui commercent avec les pays communistes. Des dirigeants communistes font l'objet de menaces et poursuites.

«Véhémences confrontées» exposition organisée par Michel Tapié à la Galerie du Dragon. Ouverture de la Galerie Arnaud avec une exposition personnelle d'Ellsworth Kelly. Un numéro d'*Art d'Aujourd'hui* est consacré à l'art américain. A Chicago, Jean Dubuffet fait une conférence, «Anticultural Positions», à l'occasion de son séjour aux Etats-Unis. Rétrospective Mark Tobey au Whitney Museum, New York.

Babilée et Philippart sont invitées par l'American Ballet Theatre : *Le Jeune homme et la Mort, l'Amour et son amour, Tyl Eulenspiegel,* et *Schuman Concerto.*

A Paris, *Yes is for a very young man* de Gertrude Stein par le *Centre Dramatique des Etudiants et Artistes Américains.* A New York, tournée de la Compagnie Louis Jouvet avec *l'Ecole des Femmes* de Molière.

Le Ricolais devient professeur à l'Université d'Illinois, puis à l'Université de Pennsylvanie. Exposition Le Corbusier au Museum of Modern Art de New York.

La première tabulatrice LS 421 est réalisée dans les ateliers d'IBM à Vincennes. Aux Etats-Unis, croissance rapide des industries du livre de poche et du disque 33 tours, 19.308.000 femmes employées, American Telephone and Telegraph devient la première compagnie avec plus d'un million d'actionnaires.

Malcolm Cowley fait paraître la deuxième édition américaine, revue et complétée de *Exile's return.*

Hommage à Flaherty à la Cinémathèque Française. Vincente Minnelli tourne *Un américain à Paris.*

Retour de Man Ray à Paris, où Paul Strand s'installe et commence à travailler à son livre *La France de profil.* «Five French Photographers» — Brassaï, Cartier-Bresson, Doisneau, Izis, Ronis — au Museum of Modern Art, New York. *Life* publie «The Spanish Village» et «The Mid-Wife» de W. Eugène Smith.

Le guitariste Jimmy Gourly s'installe en France, Ernie Royal devient membre de l'orchestre Jacques Hélian, mariage en France de Sidney Bechet.

Jolivet écrit le *Concerto pour piano et orchestre*, Auric *Le Peintre et son modèle*, Messiaen *Le livre d'orgue* et Boulez *Polyphonie X* (à Donaueschingen). Aux Etats-Unis, Stravinsky compose *The Rake's Progress*, Earle Brown *Three pieces*, John Cage *Imaginary Landscape number 4*. Munch dirige à Boston la *Symphonie n° 5* de Honegger. Leonard Bernstein dirige la première américaine de la *Symphonie n° 2* de Charles Ives, composée en 1900.

Gravures Contemporaines Américaines, 41 faubourg St-Honoré, Paris. Organisée sous l'égide des Services Culturels de l'Ambassade des U.S.A. Itinérante à Reims, Bordeaux, Tunis. Le Jardin Botanique de New York, Trianon de Bagatelle, Paris. La Gravure Américaine, U.S.A. Building, Paris. Itinérante à Lille, Berne, Strasbourg, Sarrebruck. Seize peintures d'un groupe d'artistes américains de Washington, 41 faubourg St-Honoré, Paris. Sous l'égide des Services Culturels de l'Ambassade des U.S.A. Exposition réalisée avec le concours de la Corcoran Gallery of Art, Washington, D.C. 1951-1956. Gravures contemporaines aux Etats-Unis, Bibliothèque Nationale, Paris. Sous l'égide de la Section Culturelle de l'Ambassade des Etats-Unis. Itinérante à Lille, Lyon, Toulouse, Perpignan, Narbonne, Albi, Montpellier, Montauban, Orléans, Calais, Reims, Saint-Brieuc. Exposition de dessins originaux exécutés par des Artistes Américains, 41 faubourg St-Honoré, Paris. Organisé par les Services Culturels de l'Ambassade des U.S.A. Itinérante à Paris, Lyon, Rouen. Illustrations by Roger Morel, French Embassy, New York. «Paris», French Embassy, New York. Exposition organisée par les Services Culturels de l'Ambassade de France. Itinérante au Brooklyn Museum. French Medals fron the 14th to 20th century, French Embassy, New York. «Matisse : A Retrospective Exhibition», Museum of Modern Art, New York. Sous les auspices de l'Association Française d'Action Artistique. Itinérante à Cleveland, Chicago, San Francisco.

Un plan de réarmement de l'Europe est adopté à la Conférence Atlantique. Le sultan du Maroc demande la révision du traité de protectorat, quarante personnalités tunisiennes rejettent un projet français de réformes, le délégué des Etats-Unis à l'O.N.U. demande à la France de prendre contact avec les nationalistes tunisiens, l'Assemblée Générale inscrit les questions marocaine et tunisienne à son ordre du jour. Les Etats-Unis bombardent la Corée du Nord, s'engagent à une aide accrue pour la France en Indochine. Staline se déclare prêt à rencontrer Eisenhower. En France, Antoine Pinay forme un gouvernement sur un programme de stabilisation financière, lance un emprunt gagé sur l'or. Jacques Duclos est arrêté et inculpé de complot lors des manifestations organisées par le Parti Communiste pendant le voyage de Ridgway en France : il sera libéré un mois plus tard, mais en octobre le secrétaire de la C.G.T. et cinq députés communistes seront accusés de complot. Création d'un plan pour le développement pacifique de l'énergie atomique. L'Assemblée adopte l'échelle mobile des salaires. Pinay bloque les prix. En désaccord avec le M.R.P. sur le problème d'allocations familiales, Pinay démissionne. Aux Etats-Unis, explosion de la première bombe atomique tactique. Les Américains doivent avoir une autorisation spéciale pour se rendre dans un pays communiste. La grève des aciéries dure près de deux mois. L'expropriation de la «United Fruit Company» par le gouvernement du Guatémala provoque de vives protestations aux U.S.A. Eisenhower est élu Président, part en Corée pour un voyage d'inspection militaire. John Foster Dulles devient chef de la diplomatie américaine.

«Signifiants de l'Informel» exposition organisée par Michel Tapié à la Galerie Paul Facchetti. Premières expositions personnelles : Jackson Pollock à la Galerie Facchetti, Sam Francis à la Galerie du Dragon de Nina Dausset. «Regards sur la peinture américaine» à la Galerie de France. Alcopley et Seuphor créent une antenne à Paris du «Club». Premières expositions personnelles aux Etats-Unis de Georges Mathieu à la Stable Gallery, de Poliakoff à la Galerie Circle and Square. Premier «Happening» de John Cage à Black Mountain College avec la participation de Merce Cunningham, Robert Rauschenberg et David Tudor.

Le New York City Ballet donne un programme Robbins-Balanchine au Festival du XXe siècle à Paris. Aux Etats-Unis, Merce Cunningham crée *Collage* sur une musique de Pierre Schaeffer et Pierre Henry. Roland Petit crée les danses pour *Hans Christian Andersen*, film dirigé par Vidor, avec Danny Kaye et Renée Jeanmaire.

A Paris, *Mort d'un commis voyageur* d'Arthur Miller est adapté par Raymond Gérôme et mis en scène par J. Huisman, *Médée* de Robinson Jeffers est mis en scène par Georges Vitaly. A New York, tournée de la Compagnie Renaud-Barrault avec *Les Fausses confidences* de Marivaux, *Les Fourberies de Scapin* de Molière, *Pantomime* de Prévert et Kosma, *Occupe-toi d'Amélie* de Feydeau, *La Répétition ou l'amour puni* d'Anouilh et *Hamlet* de Shakespeare. Le Living Theatre joue *Le Désir attrapé par la queue* de Picasso et *Ubu Roi* au Cherry Lane Theatre.

Unité d'habitation de Marseille (Le Corbusier). Le Ricolais installe un cabinet d'études aux U.S.A. Courtyard Apartment, Los Angeles (Craig Ellwood).

A Paris, Jacques Vienot fonde le bureau de design Technès. Aux Etats-Unis, IBM fabrique la première calculatrice électronique 604 et la première 701 de série pour les problèmes scientifiques. Début de la fabrication des machines à écrire électriques. Parution de *Art and Technics* de Lewis Mumford. Le Zodiac M3 d'Alain Bombard traverse l'Atlantique. Développement du bombardier B-52 aux Etats-Unis.

Publication de *Le Vieil homme et la mer* de Hemingway, traduit par Jean Dutour, qui aura un grand succès en France.

Limelight est présenté au Biarritz à Paris. Présentation du 1er programme de Cinérama, au Broadway Theatre de N.Y.

Parution d'*Images à la Sauvette* de H. Cartier-Bresson et de sa version américaine sous le titre de *The Decisive Moment*. A New York, parution de la revue *Aperture*.

Certains musiciens français, tels Georges Arvanitas ou Raymond Fol, deviennent les accompagnateurs habituels de musiciens américains.

Auric écrit *Chemins de lumière*, Messiaen et Schaeffer *Timbres-Durées*, Boulez *Structures*, Poulenc *Sonate pour deux pianos* et *Quatre motets pour un temps de Noël* et Sauguet *Cordélia*. Aux Etats-Unis, Cage écrit *Water Music, Williams Mix* et *4'33"*. Création par Luening et Ussachevsky du Columbia University Electronic Center.

Sous l'égide de la Section Culturelle de l'Ambassade des U.S.A. à Paris : Exposition des œuvres d'un groupe de sculpteurs américains, 41 faubourg St-Honoré, Paris. «Formes Utiles, U.S.A.», XXIe Salon des Arts Ménagers, Grand Palais, Paris. «Frank Lloyd Wright», Ecole Supérieure des Beaux-Arts, Paris. Sérigraphies Américaines, 41, faubourg Saint-Honoré, Paris. Itinérante à Limoges, Rouen, Clermont-Ferrand, Valenciennes, Lyon, Saint-Etienne, Strasbourg, Poitiers, La Napoule, Cognac. «Gastronomy in Art», French Embassy, New York. Organisée par les Services Culturels de l'Ambassade de France. «French Lithography», The Print Department of the Boston Public Library, Boston. Organisé par l'Association Française d'Action Artistique.

Tournée en Europe du secrétaire d'Etat américain Dulles. Durcissement de l'attitude américaine vis-à-vis de l'U.R.S.S., Eisenhower menace de dénoncer les accords de Yalta. Mort de Staline, destitution et éventuellement exécution de Béria, Khrouchtchev premier secrétaire du Parti Communiste soviétique. Le chancelier Adenauer se rend aux Etats-Unis. Armistice en Corée. Traité d'assistance mutuelle entre les Etats-Unis et la Corée du Sud. Explosion de la première bombe H soviétique. En France, René Mayer forme le gouvernement, procès d'Oradour-sur-Glane. Plusieurs dirigeants du P.C. et de la C.G.T. sont arrêtés, Benoît Frachon, secrétaire de la C.G.T., passe dans la clandestinité, retour en France de Thorez. De Gaulle quitte le R.P.F. Le gouvernement démissionne, échecs successifs de Reynaud, Mendès-France, Bidault. Marie Laniel forme un gouvernement sur une majorité de droite. Sept morts lors de heurts entre la police et les travailleurs nord-africains le 14 juillet, manifestations de viticulteurs, grèves dans les services publics. Démission de Mitterrand, en désaccord avec la politique marocaine. Frachon est arrêté. René Coty élu président de la République à l'issue du 13e tour de scrutin. Aux Etats-Unis, *Departement of Health, Education and Welfare* établi, refus de la proposition de Churchill pour une réunion au sommet des «quatre grands», Dulles voyage au Proche-Orient. Les Rosenberg sont exécutés, en dépit d'une campagne de solidarité internationale. Earl Warren devient *Chief Justice* de la Cour suprême. Eisenhower propose un pool international de l'énergie atomique. George C. Marshall reçoit le Prix Nobel de la Paix.

Retour de Max Ernst en France. «12 Peintres et sculpteurs américains contemporains» au Musée national d'art moderne : Albright, Calder, Davis, Gorky, Graves, Hopper, Kane, Marin, Pollock, Roszak, Shahn, Smith. «Un Art Autre» organisée par Michel Tapié à la Galerie Paul Facchetti. «Peintres américains en France» à la Galerie Craven. Fondation de la revue *Cimaise*, Mathieu publie la revue bilingue *United States Lines Paris Review* dont le premier numéro est consacré à «L'Art et la Connaissance des deux côtés de l'Atlantique». Première exposition à New York de Soulages, à la Kootz Gallery.

L'American Ballet Theatre danse à Paris. Formation de la Merce Cunningham Dance Company; dans le répertoire on trouve *Septet* sur une musique de Satie et *Fragments* sur une musique de Boulez. James Waring crée *Burlesca* sur une musique de Debussy. Michael Kidd crée les danses pour *The Band Wagon*, film de Vincente Minnelli avec Fred Astaire, Jack Buchanan et Cyd Charisse.

Porgy and Bess de Du Bose Heyward et George Gershwin joué en anglais au Théâtre des Champs-Elysées.

Ford Rotunda, Dearborn (Buckminster Fuller).

Aux Etats-Unis, parution de *Mad Comics* de Elder Davis, Wood et Kurtzman. René Goscinny les rencontre à New York et travaille avec eux.

Début de la fabrication en France des reproductrices I.B.M. Fondation par Raymond Loewy de la Compagnie d'Esthétique Industrielle. Congrès International d'Esthétique Industrielle à Paris. Aux Etats-Unis, valises en plastique moulé «Tri-taper» par John W. Hauser, parution de *Chairs* de George Nelson.

Fondation de la revue américaine *The Paris Review*, dirigée par D. Hall, P. Matthiessen et G.A. Plimpton, dont pendant une quinzaine d'années le siège sera à Paris. Parution de *Un Lit de ténèbres* de William Styron, traduit par M. Arnaud. Aux Etats-Unis, Caresse Crosby fait paraître ses souvenirs, *The Passionate Years*.

La 20th Century Fox réalise le film *La tunique* de Koster en panoramique cinémascope d'après le procédé d'Henri Chrétien.

De nombreux français participent à «Post-War European Photography» au Museum of Modern Art à New York.

Le clarinettiste Albert Nicholas et le batteur Kansas Fields s'installent à Paris.

Jolivet écrit sa *Première Symphonie*, Honegger la *Cantate de Noël*, Stravinsky *Septuor* et *Three Songs from William Shakespeare*, Xenakis *Métastase* et Dutilleux *Le Loup*. Earle Brown compose *Octet 1* pour huit pistes et Luening et Ussachevsky *Rhapsodie Variations* pour bande et orchestre.

Douze Peintres et Sculpteurs Américains Contemporains, Musée national d'art moderne, Paris. Exposition d'art moderne, Paris. Exposition organisée sous les auspices de la Direction Générale des Arts et Lettres, de la Direction des Relations Culturelles au Ministère des Affaires Etrangères et de la Direction des Musées de France, a été réalisée par le Museum of Modern Art de New York et par le Musée national d'art moderne de Paris avec le concours de l'Association Française d'Action Artistique et des Services Culturels de l'Ambassade des Etats-Unis. Exposition de décorations de guerre offertes par Miss Morgan au Gouvernement de France, Musée Franco-américain de Blérancourt, Blérancourt. Paintings and Drawings by Ingres from the Ingres Museum in Montauban, The Detroit Institute of Arts, Detroit. «From Fouquet to Cézanne» The Metropolitan Museum, New York. Sous les auspices de l'Association Française d'Action Artistique et diffusée par The Smithsonian Institution of Washington. Itinérante à Cleveland, Saint-Louis, Cambridge, Chicago, Minneapolis. «Rouault : A Retrospective Exhibition» the Museum of Modern Art, New York. Sous les auspices de l'Association Française d'Action Artistique, organisée par le Museum of Modern Art. Itinérante à Los Angeles. «Artists and Potters of Vallauris», The Art Institute, Chicago. Exposition organisée par l'Association Française d'Action Artistique. Itinérante à Columbia University, Los Angeles Museum of Art, Cordova Museum, Lincoln. «Five Centuries of French Painting», New Orléans. Exposition organisée par l'Association Française d'Action Artistique.

1954

Pacte d'aide mutuelle entre les Etats-Unis et le Japon. Dulles accuse la Chine d'intervention au Viet-Nam, annonce un pacte pour la défense de l'Asie du Sud-Est; conférence sur la Corée et l'Indochine à Genève, refus d'une aide directe à la France à Diên Biên Phu. Victoire du Viet-Minh à Diên Biên Phu. Echec de la Conférence de Genève sur la Corée mais les accords mettent fin à la guerre d'Indochine. L'autonomie interne est accordée à la Tunisie. Création de l'O.T.A.S.E. par la conférence de Manille : protestation du Nord-Viet-Nam. Rejet de la C.E.D. par la France. Les accords de Paris mettent fin à l'occupation en Allemagne Fédérale, admise à l'O.T.A.N. Création du Front de Libération Nationale en Algérie. Voyage de P. Mendès-France aux Etats-Unis. En France, plan de dix-huit mois pour relancer l'économie. Laniel et Pleven molestés lors d'une cérémonie à l'Etoile, le gouvernement Laniel est mis en minorité sur le problème indochinois, Mendès-France assume la responsabilité des Affaires Etrangères et s'engage à obtenir un cessez-le-feu; les accords de Genève sont approuvés à l'Assemblée par 462 voix contre 13. Démission des ministres lors de l'examen du projet de C.E.D. Mitterrand accusé d'être l'auteur d'une nouvelle «affaire des fuites» concernant la politique indochinoise. Aux Etats-Unis, le physicien Oppenheimer accusé d'être pro-communiste est suspendu de ses fonctions à la tête de la commission de l'énergie atomique. La ségrégation devient illégale dans les écoles. Le Parti communiste est mis hors-la-loi. Attentat contre cinq membres du congrès par des nationalistes portoricains. Construction du St-Lawrence Seaway entreprise. Succès démocrate aux élections législatives. Le Sénat condamne les agissements anti-communistes du sénateur MacCarthy. Ernest Hemingway Prix Nobel de Littérature.

Rétrospective Dubuffet au Cercle Volney. Premières expositions personnelles de César à la Galerie Durand et de Jean Tinguely à la Galerie Arnaud. «Les Capétiens partout» exposition de Georges Mathieu à la Galerie Rive Droite. A New York «Younger European Painters» au Guggenheim Museum. Rétrospective Matisse au Museum of Modern Art.

Martha Graham danse à Paris. A New York, James Waring crée *Freaks* sur *Three Pieces for Solo Clarinet* de Stravinsky.

Les Sorcières de Salem d'Arthur Miller est adapté par Marcel Aymé, mise en scène de Raymond Rouleau ; se joue jusqu'en 1956. A New York, le Living Theatre joue *Orpheus* de Cocteau.

Couvertures suspendues (Lafaille et Sarger).

Réalisation du premier enregistreur de présence par l'I.B.M. française. Parution de *Index of Contemporary Design* par K.M. Knoll aux U.S.A. Code de l'auto-censure adopté par l'industrie de la bande dessinée. Premier vol du Boeing 707, premier clipper à réaction. Lancement du Nautilus, premier sous-marin atomique.

Panorama de la littérature contemporaine aux Etats-Unis, essai et anthologie de John Brown. Première traduction de Saul Bellow, *L'Homme de Buridan* (traduction M. Déon). Première traduction de H.P. Lovecraft qui connaîtra une grande faveur auprès du public français une douzaine d'années plus tard : *La Couleur tombée du ciel* (traduction J. Papy).

Nouveaux Horizons, le 1er film français réalisé en cinémascope. Les réalisateurs Jules Dassin et John Berry émigrent en France. Aux Etats-Unis Fritz Lang réalise *Human Desire*, remake de la *Bête Humaine*.

Mary Lou Williams s'installe à Paris pour un an. Fondation de *Jazz-Magazine* et parution de *Hommes et problèmes de jazz* d'André Hodeir. Les pianistes Bernard Pfeiffer et Henri Renaud s'installent aux Etats-Unis. Inauguration du Newport Jazz Festival.

Création du «Domaine Musical» par Boulez. Première à Jérusalem de l'opéra de Milhaud, *David*, commandé par Koussevitsky. Scandale à Paris à l'occasion de la première de *Désert*, pour bande magnétique, de Varese. L'orchestre de Louisville commande à Sauguet les *Trois lys*, celui-ci compose la même année *Les Caprices de Marianne*. Munch dirige la *Première symphonie* de Dutilleux à Boston. Brown utilise une table de nombres au hasard pour composer *Indices*.

«Tissus des Etats-Unis», 23e salon des Arts Ménagers, Grand Palais des Champs-Elysées, Paris. Exposition présentée par les Services Culturels de l'Ambassade des U.S.A. «Mies van der Rohe», Musée Pédagogique, Paris. Exposition présentée par la Section Culturelle de l'Ambassade des Etats-Unis. Itinérante à Besançon. Exposition Mies van der Rohe et Le Corbusier. Itinérante à Tours, Nice et Aix-en-Provence. «Le Livre Américain de 1655 à 1954», Centre Américain de Documentation, Paris. Exposition organisée par les Services Culturels de l'Ambassade des Etats-Unis. «Louisiane», Ambassade des Etats-Unis, 41 faubourg St-Honoré, Paris. Exposition présentée par les Services Culturels de l'Ambassade des U.S.A., «Chez les Indiens avec Georges Catlin», Musée des Beaux-Arts, Valenciennes. Exposition organisée par l'Institut Smithsonian de Washington présentée avec le concours de la Section Culturelle de l'Ambassade des U.S.A. Dessins américains du XVIIIe siècle à nos jours, Musée des Beaux-Arts, Rouen. Exposition organisée par le Smithsonian Institute avec le concours du Cooper Union Museum, présentée par les Services Culturels de l'Ambassade des Etats-Unis. Le Dessin Contemporain aux Etats-Unis, Pavillon Vendôme, Aix-en-Provence. Exposition sous les auspices de l'Association Française d'Action Artistique avec le concours du Chicago Art Institute et des services des Relations Culturelles de l'Ambassade des U.S.A. Itinérante à Grenoble, Paris, Nice, Aix-en-Provence. «L'aquarelle contemporaine aux Etats-Unis», Musée Paul Dupuy, Toulouse. Exposition préparée par Miss Doris Meltzer, Directrice des Serigraph Galleries, et présentée sous les auspices de l'Association Française d'Action Artistique et des Services culturels de l'Ambassade des Etats-Unis. Itinérante à Bordeaux, Toulouse, Dijon, Pau, Perpignan, Narbonne. «Paul Gauguin», Houston Museum of Fine Arts, Houston. 30 tableaux prêtés par le Louvre. «Paintings and Drawings from the Museum of Besançon», Detroit Institute of Arts, Detroit. Exposition itinérante à New York, Manchester, Cincinnati, San Francisco. «French Universities and their Quest for Liberty», Columbia University, New York. Sous les auspices du Ministère de l'Education Nationale et du Comité représentatif des Universités françaises. Exposition préparée par le Musée Pédagogique, supervisée par Louis Cros et Jean Adhémar.

Entretiens Hammarskjöld-Chou En Lai à propos des aviateurs américains détenus en Chine, intervention des troupes américaines à Formose. La France propose la création d'une agence de production d'armements en Europe occidentale. Le C.E.C.A. décide l'établissement de tarifs ferroviaires communautaires. La France évacue ses troupes du Viet-Nam. Les Etats-Unis signent un accord militaire avec le Cambodge. Les accords de Paris sont appliqués, l'U.R.S.S. s'estime menacée, accepte la proposition d'une conférence à quatre. Relance à la conférence de Messine des projets européens : Euratom et Marché Commun. Les dangers de l'armement atomique sont signalés par dix-huit Prix Nobel. La conférence des Quatre à Genève symbolise la détente sans aboutir à des accords précis. Fin du protectorat français au Maroc. Les élus musulmans de l'Assemblée algérienne refusent de siéger. Les Sarrois votent le retour à l'Allemagne. En France, une grève de l'impôt est décidée par l'Union pour la défense des commerçants et artisans créée par P. Poujade qui sera inculpé pour l'avoir organisée. Jacques Soustelle devient gouverneur de l'Algérie. Le gouvernement Mendès-France est renversé à cause de sa politique en Afrique du Nord, échecs de Pinay, Pflimlin et Pineau, Edgar Faure forme le gouvernement, obtient pleins pouvoirs en matière économique, sociale et fiscale. Ratification des conventions franco-tunisiennes. Maintien de l'état d'urgence en Algérie, rappel des soldats libérés en avril. Violents affrontements entre la police et les grévistes de Saint-Nazaire, grève générale dans la région nantaise. Approbation de la politique marocaine du gouvernement par l'Assemblée. Le Gouvernement Faure est renversé, l'Assemblée est dissoute, les ministres radicaux quittent le gouvernement et Faure est exclu du Parti Radical. Aux Etats-Unis, les centrales syndicales A.F.L. et C.I.O. signent

1955

un accord de fusion. Le compte rendu de la conférence de Yalta est rendu public. Un salaire annuel garanti, sans précédent aux U.S.A. est obtenu par les ouvriers de Ford. La lutte pour l'exploitation publique du Snake River dans le Nord-Ouest s'engage. Marion Anderson est la première noire à chanter au Metropolitan Opera.

«Le Mouvement» organisé par Pontus Hulten à la Galerie Denise René avec «Le manifeste jaune» de Vasarely marque les débuts du cinétisme à Paris. «50 Ans d'Arts aux Etats-Unis» au Musée national d'art moderne. Exposition Glarner à la Galerie Louis Carré, première exposition à Paris de Mark Tobey à la Galerie Jeanne Bucher. *Cimaise* consacre un numéro à l'art américain. A New York, «The New Decade» au Museum of Modern Art.

Paul Taylor crée *Little Circus* sur une musique de Stravinsky. Roland Petit crée les danses pour *Daddy Long Legs*, un film de Jean Negulesco avec Fred Astaire et Leslie Caron.

Pour le meilleur et pour le pire (The Country Girls) de Cliffords Odets mis en scène par Raymond Rouleau. The American National Theatre and Academy donne *Medea* de Robinson Jeffers et *The Skin of our Teeth* de Thornton Wilder au Théâtre des Nations. A New York, tournée de la Compagnie Marceau, ainsi que la Comédie Française avec *le Bourgeois Gentilhomme, Le Jeu de l'amour et du hasard, Arlequin poli par l'amour, Le Barbier de Séville* et *Un Caprice*. Le Living Theatre joue *Phèdre* de Racine.

Notre-Dame de Ronchamp (Le Corbusier).

Création du mot «ordinateur» à la demande de la Compagnie IBM France. Premier vol de la Caravelle de Sud-Aviation. Lancement en France de la machine à laver le linge. Citroën lance la DS 19. Aux Etats-Unis, diffusion de la pilule contraceptive de Pincus et du vaccin Salk contre la poliomyélite; l'utilisation des tranquillisants se généralise. La télévision filme une conférence de presse présidentielle pour la première fois.

Première traduction française de Ray Bradbury, *Farenheit 451* (traduction de H. Robillot).

«Place au cinérama» présenté à Paris. Kenneth Anger réalise en France *Histoire d'O*. Aux Etats-Unis, naissance de *Film Culture*, prônant l'avant-garde française des années 20. Warner et MGM entreprennent la fabrication de spectacles télévisés.

Des œuvres par 36 photographes figurent dans «50 Ans d'Art aux Etats-Unis». «Un Siècle de vision nouvelle» à la Bibliothèque Nationale. Participation américaine à la «Biennale Internationale Photo-Cinéma». A New York, «The Family of Man» organisée par Edward Steichen au Museum of Modern Art.

Chet Baker s'installe en Europe. Louis Armstrong joue trois semaines à Paris. *Série Noire* de Pierre Foucaud avec une musique de Sidney Bechet est le premier film français accompagné par le jazz.

Boulez crée *le Marteau sans maître* à Baden-Baden, Auric écrit *Partita pour deux pianos*, Baraque *Séquences*. Stravinsky écrit *Canticum Sacrum*, Brown *Music for violin, cello and piano* et Babitt publie *Some aspects of 12 tone compositions*.

La lithographie contemporaine aux Etats-Unis, Lunéville. Exposition préparée par le Musée d'Art de Cincinnati et présentée sous les auspices de l'Association Française d'Action Artistique par les services des Relations Culturelles de l'Ambassade des Etats-Unis. «Art et publicité dans le monde», Musée des Arts Décoratifs, Paris. Exposition organisée sous le patronage de son Excellence l'Honorable Douglas Dillon, Ambassadeur des U.S.A. «Salut à la France : histoire d'une amitié franco-américaine», 41 faubourg St-Honoré, Paris. Exposition de souvenirs et documents qui retracent les rapports franco-américains depuis 1778. «Salut à la France : Cinquante ans d'art aux Etats-Unis». Musée national d'art moderne, Paris. Organisée par le Museum of Modern Art de New York. «Salut à la France : Peinture française dans les collections américaines de David à Toulouse-Lautrec». Musée de l'Orangerie, Paris. Dix-sept aquarellistes américains contemporains, Hôtel de Ville, Rennes. Exposition organisée par l'American Federation of Arts avec le concours de l'Intercultural Publications, présentée sous les auspices de l'Association Française d'Action Artistique et des Services culturels de l'Ambassade des Etats-Unis. Itinérante à La Napoule, Limoges, Castres, Strasbourg, Colmar, Rennes, Besançon, Mulhouse, Nancy, Caen, Lille. «Les Peintres américains d'aujourd'hui», Henry Clews Foundation, La Napoule. Organisée sous les auspices de l'Association Française d'Action Artistique par les Services Culturels de l'Ambassade des U.S.A. Dix peintres américains Fulbright, 9-11 avenue Franklin-Roosevelt, Paris. Organisée par les Services Culturels de l'Ambassade des Etats-Unis. Humoristes américains, Foyer du Théâtre des Mathurins, Paris. Exposition préparée par l'American Federation of Arts et présentée sous les auspices des Services Culturels de l'Ambassade des Etats-Unis. Itinérante à la Napoule. Petroglyphes Amérindiens, Musée de l'Homme, Paris. Exposition présentée par les Services des Relations Culturelles de l'Ambassade des U.S.A. Itinérante à Lyon, Le Havre, Angoulême. «French Masterpieces of the XIXth Century from French Museums», The Museum of Modern Art, New York. «The Comédie Française and French Theatre», the Metropolitan Museum, New York. En collaboration avec la Comédie Française.

1956

En U.R.S.S. le 20e Congrès du Parti communiste approuve le rapport Kroutchev. Le Maroc, la Tunisie accèdent à l'indépendance. L'armée française quitte l'Indochine. Voyage à Moscou de Mollet et Pineau. Voyage de Pineau à Washington pour obtenir un accord sur l'utilisation pacifique de l'énergie atomique. Accords franco-allemands sur la Sarre. La nationalisation du Canal de Suez faillit provoquer une intervention militaire franco-britannique, des accords secrets dirigés contre l'Egypte sont signés par la France, l'Angleterre et Israël. Israël attaque l'Egypte, des troupes franco-britanniques attaquent à Suez. Un cessez-le-feu imposé par l'U.R.S.S. et les Etats-Unis est suivi du blocage du canal par l'Egypte et l'installation des forces de l'O.N.U. L'armée soviétique intervient pour réprimer l'insurrection en Hongrie. En France, Mollet forme un gouvernement, obtient les pouvoirs spéciaux pour la pacification de l'Algérie, augmente les effectifs militaires. Mendès-France démissionne de la vice-présidence du Conseil, scission du Parti Radical. L'avion transportant cinq chefs du F.L.N. est arraisonné par l'armée, Savary démissionne du gouvernement pour protester. Salan est nommé commandant en chef en Algérie. Aux Etats-Unis, Martin Luther King soutient le boycottage des transports en commun par la population noire de Montgomery, Alabama. Lancement de la bombe H au-dessus de Bikini. Annulation des prêts pour le barrage d'Assouan. Application des tarifs contrôlés aux producteurs indépendants du gaz. Les pouvoirs des Etats en matière d'investigation des forces subversives sont limités par la Cour Suprême. La *Soil-Bank Act* encourage la limitation des terres cultivables. Eisenhower réélu Président.

Premier Festival de l'Avant-Garde dans l'unité d'habitation de Le Corbusier à Marseille. Œuvres d'Agam, Degottex, Francis, Hantaï, Klein, Soto, Tinguely. Première exposition d'Yves Klein chez Colette Allendy, Arman à la Galerie du Haut-Pavé. A New York, premières expositions de Sam Francis et Ellsworth Kelly.

Saison du New York City Ballet à l'Opéra de Paris avec *Allegro Brillante*, *The Concert* et *Divertimento n° 15*. A New York, Merce Cunningham crée *Nocturnes* et James Waring *Phrases* sur des musiques de Satie.

Une chatte sur un toit brûlant de Tennessee Williams adapté par André Obey, mise en scène de Peter Brook. A New York, *Candide* de Voltaire devient une opérette avec la musique de Léonard Bernstein.

Maison Jaoul, Neuilly et Chandigarh (Le Corbusier).

«Passage de la manivelle au moteur électrique» dans la firme Moulinex. Réalisation de l'ordinateur électronique IBM/650 en France.

Requiem pour une nonne, pièce d'après Faulkner, adaptée par Albert Camus. *Anthologie de la poésie américaine* par Alain Bosquet. *Le Peuple, oui*, poèmes choisis de Carl Sandburg, traduit par Alain Bosquet. Nathalie Sarraute publie *L'ère du soupçon*. Sylvia Beach publie *Shakespeare and Company*.

Robert Breer réalisant *Recréation I* se souvient du *Ballet Mécanique*.

«The Family of Man» devenue «La Grande Famille des Hommes» est montrée au Musée d'art moderne. Parution à Paris de *New York* de William Klein. A New York «Les Graffiti de Brassaï», exposition au Museum of Modern Art.

Kenny Clarice s'installe à Paris. Tournée de Miles Davis et Lester Young accompagnés par René Vertreger et Pierre Michelot. Le Modern Jazz Quartet compose la musique de *Sait-on jamais*, film de Roger Vadim.

Messiaen écrit *Les oiseaux exotiques*, Jolivet *Epithalame*. Aux Etats-Unis, Ussachevsky écrit *Music for tape recorder*, première américaine de *Mathis der Mahler* de Hindemith et première du ballet *Agon* de Stravinsky à Los Angeles.

Première Exposition Internationale de l'Art Plastique Contemporain, Musée des Beaux-Arts de la Ville de Paris. Avec la participation de 41 nations. «Noël vu par les enfants américains», Musée Goya, Castres. Exposition présentée par les Services Culturels de l'Ambassade des Etats-Unis. «L'évolution du gratte-ciel», Ecole des Beaux-Arts, Paris. Organisée par la Grande Masse des Beaux-Arts et l'Attaché Culturel de l'Ambassade Américaine. Itinérante à Dunkerque, Arles, Marseille, Paris. Exposition Internationale de la sculpture contemporaine, Musée Rodin, Paris. Exposition sous l'égide de l'Association Française d'Action Artistique et des Services Culturels de l'Ambassade des Etats-Unis. La céramique américaine contemporaine, Palais des Archevêques, Narbonne. Les Services Culturels de l'Ambassade des U.S.A. Itinérante à Toulon. «Onze peintres américains», Henry Clews Memorial Foundation, La Napoule. Présentée par l'Ambassade des U.S.A. sous les auspices de l'Association Française d'Action Artistique. Itinérante à Toulon, Rouen, Besançon, Amiens. «Dessins américains contemporains», Château des Rohan, Strasbourg. Exposition choisie et préparée par la Boston Public Library présentée sous les auspices de l'Association Française d'Action Artistique, avec le concours des Services Culturels de l'Ambassade des U.S.A. Itinérante à Metz, Dunkerque, Arles, Brive-la-Gaillarde, Rodez, La Napoule, Toulouse. «Peintres américains contemporains», Musée des Beaux-Arts, Lille. Exposition organisée par l'International Association of Plastic Arts de New York, sous les auspices de l'Association Française d'Action Artistique, et les Services Culturels de l'Ambassade des U.S.A. Itinérante à Marseille, Narbonne, Paris, Tours, Toulouse, Rouen. «41 Aquarellistes américains d'aujourd'hui», Musée Municipal de Laon, Laon. Organisée dans le cadre du programme international du Museum of Modern Art de New York, présentée sous les auspices de l'Association Française d'Action Artistique. Itinérante à Saint-Quentin, Clermont-Ferrand, Nice. «La grande famille des hommes», Musée d'Art Moderne de la Ville de Paris, Paris. Exposition présentée par les Services Culturels de l'Ambassade des U.S.A. Aux Etats-Unis, «Treasures of the Jacquemart André Museum», Wildenstein Gallery, New York. «Toulouse-Lautrec», Philadelphia Museum of Art, Philadelphia. Itinérante à Chicago et New York. The Guggenheim International Exhibition, The Solomon R. Guggenheim Museum, New York. Organisée avec le concours de la I.C.O.M. Exhibition of the French Section of the Third Biennal of Sao-Paulo. Exposition organisée par l'Association Française d'Action Artistique. Itinérante à la Jolla et Los Angeles.

1957

Adhésion des Etats-Unis au pacte de Bagdad. La loi Defferre crée douze républiques avec autonomie interne à la place de l'Afrique Noire Française. Les Etats-Unis obtiennent le retrait des troupes israéliennes de Gaza et Charm-El-Cheik, les «Casques Bleus» de l'O.N.U. s'installent. Discussion du problème algérien à l'O.N.U. Le traité de Rome crée le Marché Commun et l'Euratom. Etablissement de la République en Tunisie, Bourguiba élu président. Lancement du *Spoutnik* par l'U.R.S.S. Arrestation du Yacef Saadi à Alger, le Maroc et la Tunisie proposent leurs «bons offices» pour l'Algérie, l'O.N.U. adopte une résolution sur le droit des peuples à l'auto-détermination. Décision de l'O.T.A.N. d'adopter des armes nucléaires et fusées. En France, voyage de Mollet et Pineau aux Etats-Unis. Le général de Bollardière demande à être relevé de ses fonctions et proteste contre les méthodes employées en Algérie, il est mis aux arrêts. Accusations de torture, le gouvernement crée une Commission de sauvegarde des libertés. Le gouvernement Mollet est renversé, Bourgès-Maunoury forme un gouvernement de tendance «Algérie Française», augmente la pression fiscale. La construction d'un barrage électrifié entre l'Algérie et la Tunisie est décidé. Chute du gouvernement Bourgès-Maunoury; après l'échec de Pinay et de Mollet, Gaillard forme un gouvernement. Aux Etats-Unis, les troupes fédérales interviennent pour imposer la fin de la ségrégation scolaire à Little Rock, Arkansas. La Civil Rights Act prévoit une surveillance fédérale du vote. Investigation par le Congrès des activités syndicales : le A.F.L.-C.I.O. expulse le Teamster's Union pour corruption. Une récession économique importante commence.

A New York, ouverture de la Galerie Leo Castelli qui organise la même année une exposition Claude Viseux. Premières expositions personnelles de Hartung et Johns à New York.

L'American Ballet Theatre crée *The Maids* d'après *Les Bonnes* de Genet. Jerôme Robbins crée les danses pour *West Side Story*.

Comme une flamme (Burning Bright) de Steinbeck est mis en scène par André Villiers. *Long Day's Journey into Night* de O'Neill par The American National Theatre and Academy au Théâtre des Nations. *The Big Knife* de Clifford Odets est adapté par Jean Renoir, mise en scène de J. Serge. *Ouragan sur le Caine (The Caine Mutiny Court Martial)* de H. Wouk est adapté par José André Lacour, mis en scène par André Villiers, se joue jusqu'en 1966. A New York, tournée de la Compagnie Renaud-Barrault avec *Christophe Colomb* de Claudel, *Volpone* et *Le Misanthrope* de Molière, *Les nuits de la colère* de Salacrou, *Feu la mère de Madame* de Feydeau, *Intermezzo* de Giraudoux et *Le Chien du jardinier* de Neveux d'après Lope de Vega. *Les Chaises* et *La Leçon* de Ionesco, mise en scène de Tony Richardson. *La valse des toréadors* de Jean Anouilh gagne le prix de la meilleure pièce étrangère du New York Drama Critic's Circle.

Fondation de l'International Council of Societies of Industrial Design. Premier avion-fusée, «X-15», mis au point par North American. La télévision couleur devient opérationnelle aux Etats-Unis.

Publication française de *l'Arbre de nuit (Nightwood)* de Djuna Barnes, traduit par P. Leyris.

Ouverture de la Limelight Gallery à New York. «The Interpretative Photography of Lewis Hine» à George Eastman House, Rochester, N.Y.

Quincy Jones suit les cours de Nadia Boulanger, devient directeur artistique chez Barclay puis forme un grand orchestre qui accompagne une comédie musicale *Free and Easy*. Miles Davis accompagné de musiciens français compose la musique de *Ascenseur pour l'échafaud* de Louis Malle. Voyage de Jean-Christophe Averty aux Etats-Unis où il se livre à une enquête minutieuse sur les débuts du jazz.

Boulez écrit sa *Troisième Sonate pour piano*, Poulenc *Dialogue des Carmélites*, Sauguet *La Dame aux Camélias*. Aux Etats-Unis, Cowell écrit *Persian Set*, Hiller, à l'aide d'un ordinateur, *Illiac Suite for String Quartet*. Première à Boston du *Te Deum* de Barraud sous la direction de Münch. Création du studio de musique expérimentale de l'Université de l'Illinois.

Œuvres d'Art des Musées Universitaires Américains, Musée des Beaux-Arts, Lyon. Exposition préparée par la College Art Association of America avec le concours de l'American Federation of Arts, présentée au Musée des Beaux-Arts de Lyon sous les auspices de l'Association Française d'Action Artistique et de l'Association des Amis du Musée. Itinérante à Besançon. «Peintres Américains Fulbright»; 41, rue du Fbg. Saint-Hororé, Paris. Organisée par le Centre Culturel Américain et par la Commission Franco-Américaine d'échanges Universitaires. «La Sérigraphie», Ecole Nationale des Beaux-Arts, Lyon. Exposition présentée par l'Ecole Nationale des Beaux-Arts de Lyon et les Services Culturels de l'Ambassade des U.S.A. «53 Peintres de Chicago», Musée des Beaux-Arts, Nancy. Exposition présentée par l'Ambassade des Etats-Unis sous les auspices de l'Association Française d'Action Artistique. Itinérante à Arras, Rouen, Nantes, Limoges, La Napoule. «Aaron Siskind-Harry Callahan», Centre Culturel Américain, Paris. Exposition organisée par les Services Culturels de l'Ambassade des Etats-Unis. Itinérante à Marseille. «Soixante-quinze Peintres Américains Contemporains», Musée Galliéra, Paris. Exposition organisée sous les auspices des Services des Relations Culturelles de l'Ambassade des Etats-Unis. Exposition itinérante à Marseille. «La gravure américaine aujourd'hui», Centre Culturel Américain, Paris. Exposition organisée par le Centre Culturel Américain sous les auspices de l'Association Française d'Action Artistique. Itinérante à Toulon, Strasbourg, Tours, Montpellier. «Dessins Américains Contemporains», Musée Paul Dupuy, Toulouse. Exposition préparée par le Conservateur du Cabinet des Estampes à la Boston Public Library et présentée sous les auspices de l'Association Française d'Action Artistique. «French Drawings from the Louvre», Detroit Institute of Art, Detroit. «Forty Works from the Museum of Modern Art of Paris», Boston Museum of Fine Arts, Boston. Itinérante à Minneapolis et Pittsburgh.

1958

Lancement du premier satellite américain. Raid de l'aviation française sur le village de Sakiet. Formation de la République Arabe Unie. Le Maroc devient un Etat constitutionnel. Nixon est conspué en Amérique Latine. De Gaulle fait deux voyages en Algérie, puis une tournée en Afrique Noire. Création du «Gouvernement Provisoire de la République Algérienne». Troisième voyage de de Gaulle en Algérie. Ultimatum à Berlin de Krouchtchev. Indépendance des Républiques de l'Afrique Noire. En France, une loi-cadre définit l'Algérie comme Française. L'Assemblée Nationale envisage des réformes constitutionnelles. Appel du Conseil National des Républicains Sociaux au Général de Gaulle. Chute du Gouvernement Gaillard, victime de la situation en Algérie. La crise durera près d'un mois. Investiture de Pflimlin, de Gaulle se déclare «prêt à assumer les pouvoirs de la République», démission de Pflimlin. Manifestation anti-fasciste à Paris. Installation du gouvernement de Gaulle avec des pouvoirs spéciaux y compris celui de réformer la Constitution. Création d'une commission destinée à assurer l'exercice des libertés en Algérie et la régularité du scrutin du référendum constitutionnel. Le projet de constitution qui renforce l'exécutif est adopté par 80 % des votants. De Gaulle offre la «Paix des Braves» au F.L.N. Le Général de Gaulle est élu président de la République et de la Communauté. Pinay décide une dévaluation du Franc. Aux Etats-Unis, accord avec l'Euratom sur le développement de l'énergie nucléaire. Mise en service de la canalisation du Saint Laurent qui ouvre les Great Lakes à la navigation maritime. Accords avec le Canada sur leur politique militaire. Discussions avec l'Angleterre et l'U.R.S.S. sur la fin des essais nucléaires. Evacuation des troupes du Proche-Orient. Succès démocrate aux élections législatives.

Yves Klein expose «Le Vide» à la Galerie Iris Clert. Mark Tobey reçoit le Grand Prix de la Biennale de Venise. Saul Steinberg crée un immense collage mural à l'Exposition Internationale de Bruxelles.

L'American Ballet Theatre danse à Paris.

Vu du Pont d'Arthur Miller, adapté par Marcel Aymé, mise en scène de Peter Brook. Deux sur la balançoire de William Gibson, adapté par Louise de Vilmorin, mise en scène de Luchino Visconti. A New York, tournée du T.N.P. avec Don Juan, Le Cid, Le triomphe de l'amour, Lorenzaccio, Marie Tudor et Henri IV de Pirandello. Tournée de la Compagnie Marguerite Jamois avec Britannicus de Racine.

Pavillon Phillips, Bruxelles (Le Corbusier).

Robert Crumb et son frère Charles réalisent Foo, un fanzine tiré à 150 exemplaires. En France, les bandes de Crumb paraîtront dans Actuel en 1970. Mise à la mer du pétrolier géant Esso-Parentis — 38.000 tonnes. Fondation de la NASA, agence civile américaine chargée d'entreprendre l'exploration de l'espace. Aux Etats-Unis et en France, travaux décisifs sur le laser.

Premier livre d'Ezra Pound en français, Cantos et poèmes choisis, traduit par René Laubies. Allen Ginsberg, Peter Orlovsky et Gregory Corso séjournent à Paris.

A Paris, publication de Les Américains de Robert Frank. A New York, «Photography in the Fine Arts» au Métropolitan Museum. «Look at America» à Eastman House, Rochester, N.Y.

Oscar Pettiford s'installe en Europe et joue souvent à Paris. Donald Byrd joue au Festival de Cannes, s'installe à Paris et suit les cours de Nadia Boulanger au Conservatoire. Tournée «Jazz from Carnegie Hall».

Boulez écrit Poésie pour pouvoir et Doubles, Jolivet Sonate pour flûte, Schaeffer Nouvelles Etudes, Xenakis Analogique A + B et Achorripsis, Varese écrit en collaboration avec Le Corbusier Poème électronique dans lequel il fait appel à 425 hauts-parleurs et Pierre Henry crée le studio Apsome. Cage écrit Variations I, Tudor joue en soliste la première américaine de son Concert for Piano and Orchestra sous la direction de Merce Cunningham. Robert Craft publie Conversations with Igor Stravinsky.

Artisans-Techniciens aux Etats-Unis, Musée Municipal d'Art Moderne, Paris. Préparée par Edgar Kaufmann Junior pour les Services Américains d'Information de Washington. Itinérante à Limoges et Strasbourg. Urbanisme aux U.S.A., Centre Culturel Américain, Paris. Exposition organisée sous les auspices des Services Culturels de l'Ambassade des U.S.A. «Louisville : expérience artistique d'une ville américaine», Musée Fabre, Montpellier. Itinérante à Nîmes, Arles, Alès, Toulon, Aix-en-Provence. «Peintures de l'Ouest, Sculptures de l'Est des Etats-Unis», Bordeaux. Organisée par le Seattle Art Museum sous l'égide des Services Culturels de l'Ambassade des Etats-Unis et de l'Association Française d'Action Artistique. Itinérante à Paris. «4 Artistes Américains de Paris», Centre Culturel Américain, Paris. Collection du Solomon Guggenheim Museum, Musée des Arts Décoratifs, Paris. Organisée sous les auspices des Services Culturels de l'Ambassade des Etats-Unis. «Sam Francis, Shirley Jaffe, Kimber Smith : trois peintres américains vivant à Paris», Centre Culturel Américain, Paris. Exposition organisée par les Services Culturels de l'Ambassade des U.S.A. «De Clouet à Matisse dans les collections américaines», Musée de l'Orangerie, Paris. Exposition organisée sous les auspices de l'Association Française d'Action Artistique et présentée par les Services Culturels de l'Ambassade des U.S.A. Exposition présentée au Metropolitan Museum of Art en février 1959. L'Art indien aux Etats-Unis du Ve siècle à nos jours, Centre Culturel Américain, Paris. Exposition organisée pour «l'Exposition Universelle et Internationale» de Bruxelles, sélectionnée par le Musée de l'Art primitif de New York sous la direction de René d'Harnoncourt, sous les auspices des Services Culturels de l'Ambassade des Etats-Unis. «Aristide Maillol», Galerie Paul Rosenberg, New York. En collaboration avec le Musée national d'art moderne de Paris et avec Dina Vierny. Itinérante à Philadelphie, Cleveland, Toledo, Boston, Minneapolis, Saint-Louis, San Francisco, Los Angeles, Dallas. «Marquet, A Retrospective Exhibition», San Francisco : exposition organisée par l'Association Française d'Action Artistique.

Lancement de la première fusée lunaire soviétique. Fidel Castro prend La Havane. Arrestation de dix membres de l'Ambassade de France à Tunis. Visite de Fidel Castro aux Etats-Unis. Ouverture de la Conférence des Quatre Grands : échec sur l'Allemagne et Berlin. Krouchtchev prend la parole à l'O.N.U., rencontre Eisenhower à Camp David, où ils signent des accords de co-existence. Raid aérien des Etats-Unis sur La Havane. De Gaulle propose l'auto-détermination «aux populations d'Algérie». La France refuse de négocier la paix avec Ben Bella et ses co-détenus. Echec de la Communauté avec la demande de l'indépendance totale pour six Etats Africains. Eisenhower fait une tournée dans onze nations d'Europe, du Proche-Orient et d'Asie. En France, «l'intéressement des travailleurs» fait l'objet d'une ordonnance. Debré premier ministre, mise en place du Conseil Constitutionnel. Vives protestations contre la suppression de la retraite des Anciens Combattants. Vote des lois sur l'équipement agricole, scolaire et sanitaire. Plusieurs bases de l'O.T.A.N. sont évacuées quand la France refuse l'installation de rampes de lancement. Le P.S.A. et le P.C. réclament la paix en Algérie, Bidault crée le «Rassemblement pour l'Algérie Française», agitation des «groupuscules» de droite, Mitterrand victime d'un «attentat». Le Parti Communiste et l'U.N.R. approuvent la proposition d'autodétermination. La loi Debré consacre l'aide de l'Etat à l'enseignement privé. Aux Etats-Unis, Alaska et les Iles Hawaï deviennent Etats. Violente campagne de presse contre Fidel Castro. Les sous-marins atomiques seront équipés avec des fusées Polaris. La grève dans les aciéries durera quatre mois.

«Jackson Pollock et la Nouvelle Peinture Américaine» au Musée national d'art moderne à Paris, 1re Biennale de

Paris : *Talisman* de Rauschenberg et un tableau de Frankenthaler sont reproduits dans le catalogue. Hains expose *La Palissade des emplacements réservés*, Klein une proposition monochrome, Dufrêne et Villeglé des affiches lacérées et Tinguely présente le *Métamatic géant n° 17*. La 8ᵉ Exposition Internationale du Surréalisme inaugure la Galerie Daniel Cordier (participation de Rauschenberg, Stankiewicz et Johns). Ouverture de la Galerie Neufville (plus tard Galerie Lawrence) consacrée à l'art abstrait américain. A New York, inauguration du Solomon R. Guggenheim Museum dans le bâtiment de Frank Lloyd Wright. *18 Happenings in six parts* de Allan Kaprow à la Reuben Gallery.

Ballets U.S.A. au Théâtre des Nations : *Moves* de Jérôme Robbins, en silence. La Compagnie Katherine Dunham en tournée au Théâtre Sarah Bernhardt.

La descente d'Orphée de Tennessee Williams, mise en scène de Raymond Rouleau. *Long voyage dans la nuit* de O'Neill, adapté par Pol Quentin, mise en scène de Marcelle Tassencourt. A New York, conférence démonstration de Decroux et *l'Otage* de Claudel, joué par la Compagnie du Théâtre du Vieux Colombier.

Sainte Marie de la Tourette, Evreux-sur-Arbesle (Le Corbusier), Guggenheim Museum, New York (F.L. Wright).

A Paris, création de la revue *Pilote* par René Goscinny, Uderzo et J.M. Charlier, paraîtront en particulier «Lucky Luke» de Morris et Goscinny et «Les aventures d'Astérix» d'Uderzo et Goscinny ainsi que «Fort Navajo» de Gir et Charlier.

Premier congrès de l'I.C.S.I.D. L'ordinateur IBM 1401 (France) de la génération des transistors est livré dans le monde à plus de 10 000 exemplaires.

«Photography at Mid-Century» Eastman House, Rochester, N.Y. Participation française : Boubat, Brassaï, Cartier-Bresson, Doisneau, Riboud, etc...

Bud Powell et Champion Jack Dupree se fixent à Paris. Kenny Dorham compose la musique de *Un témoin dans la ville* de Molinaro, Thelonius Monk, Art Blakey et Barney Willen composent la musique de *Liaisons dangereuses* de Vadim, Jimmy Mundy devient directeur artistique d'un éditeur parisien. Création des *Cahiers du jazz* sous la direction de Lucien Malson.

Poulenc écrit *La Voix Humaine*, Jolivet la *Deuxième Symphonie*, Messiaen *Premier catalogue d'oiseaux*, Philippot *Ambiance II*, Baraque *Au-delà du hasard* et Boulez *Improvisation sur Mallarmé*. Aux Etats-Unis, Elliot Carter écrit son *String Quartet n° 2*, Hindemith dirige la *Pittsburgh Symphony* à Pittsburgh.

«Jackson Pollock et la nouvelle peinture américaine», Musée national d'art moderne, Paris. Exposition organisée par l'international program du Museum of Modern Art de New York. Sous les auspices des Services Culturels de l'Ambassade des Etats-Unis. «Les Années Vingt, écrivains américains à Paris et leurs amis français : 1920-1930», Centre Culturel Américain, Paris. Exposition organisée par les Services Culturels de l'Ambassade des U.S.A. «Théodore Appleby et Ralph Stackpole», Centre Culturel Américain, Paris. Exposition organisée par les Services Culturels de l'Ambassade des U.S.A. «Confusion linéaire : Frany Whitney», Centre Culturel Américain, Paris. «Mary Cassatt, peintre et graveur», Centre Culturel Américain, Paris. Œuvres provenant de la Bibliothèque Nationale et du Cabinet des Estampes. Documents choisis par les Services Culturels de l'Ambassade des U.S.A. dans les Musées français et dans des Collections particulières. «Contemporary French Tapestry» Museum of Contemporary Crafts of the American Craftman's Council, New York. Sous les auspices de l'Association Française d'Action Artistique diffusée par la Smithsonian Institution. Organisée grâce à la courtoisie de l'Association des Peintres-Cartonniers de Tapisseries. Exhibition of Contemporary French Painting, National Gallery of Art, Washington. Exposition organisée par l'Association Française d'Action Artistique. Itinérante à Saint-Louis, Chicago, San Francisco. «Courbet», Boston. Organisée sous les auspices de l'Association Française d'Action Artistique. Itinérante à Philadelphie.

1960

«Semaine des Barricades» à Alger. Première explosion atomique française au Sahara : le Maroc suspend les relations diplomatiques. Ferhat Abbas propose de construire la République algérienne avec les Européens, de Gaulle propose une Algérie algérienne liée à la France. Tournée d'Eisenhower en Amérique Latine. Entretiens Krouchtchev-de Gaulle à Paris, suivis par des accords de coopération scientifique. Voyage de de Gaulle en Angleterre, au Canada, aux Etats-Unis et aux Antilles. Un avion américain «U2» est abattu au-dessus de l'U.R.S.S., Eisenhower refuse de présenter ses regrets, Krouchtchev quitte la conférence de Paris. Eisenhower empêché de visiter le Japon par de violentes manifestations anti-américaines. Nationalisation des entreprises américaines à Cuba. L'Assemblée de l'O.N.U. reconnaît le droit à l'indépendance du peuple algérien. Création du Front National de Libération au Viet-Nam du Sud. En France, Pinay et Soustelle quittent le gouvernement, le général Massu est relevé de ses fonctions en Algérie. De Gaulle refuse de convoquer l'Assemblée. Fondation du P.S.U. Manifestations paysannes, grèves chez les cheminots, dans la métallurgie et à Rhône-Poulenc. Echec des entretiens G.R.P.A.-France à Melun. 121 personnalités demandent le droit à l'insoumission dans la guerre d'Algérie. Vote de la loi-programme prévoyant la création d'une force de dissuasion nucléaire. De Gaulle annonce un référendum sur l'Algérie, sanctionne le Général Salan, dissout les organisations activistes et révoque des fonctionnaires d'Alger. Aux Etats-Unis, le «Civil Rights Act» donne le droit de vote effectif aux Noirs. Suspension des importations de sucre cubain. L'U.R.S.S. est accusée de livrer des armes offensives à Cuba — large campagne de presse. Rémunération annuelle par habitant la plus haute de l'histoire. John F. Kennedy élu président.

Fondation du Groupe de Recherche d'Art Visuel. Création par Restany du groupe «Nouveaux Réalistes» qui fait sa première exposition à Paris. Arman expose «Le Plein» chez Iris Clert. Compressions de César au Salon de Mai. «Antagonismes» au Musée des Arts Décoratifs, organisée par Julien Alvard. Participation américaine : Sam Francis, Franz Kline, Joan Mitchell. Louise Nevelson expose chez Daniel Cordier. «La peinture à Paris et New York», Galerie «Les Quatre Saisons». Hartung et Fautrier, grands prix de la Biennale de Venise. A New York, «Cobra 1960» à la Lefebre Gallery, l'Hôtel Chelsea devient le point de rencontre pour de nombreux artistes français, *Hommage à New York* de Jean Tinguely au Museum of Modern Art.

Gene Kelly crée *Pas de Dieux* à l'Opéra de Paris.

A New York, *Le Balcon* de Jean Genet mis en scène par José Quintero. *The Fantasticks*, comédie musicale inspirée de *Les Romanesques* de Edmond Rostand. *Becket* de Jean Anouilh mise en scène de Peter Glenville. *Ubu Roi* d'Alfred Jarry est monté à Take 3.

Lancement du paquebot «France». Aux Etats-Unis, première campagne présidentielle télévisée, premier satellite de météorologie lancé, réalisation du premier laser.

William Burroughs est à Paris où Brion Gysin l'intéresse à la technique des «cut-ups»; Burroughs, Gysin, Sinclair Beiles et Gregory Corso publient *Minutes To Go* aux éditions de la revue *Two Cities* à Paris. *Les Lettres Nouvelles* consacre un numéro spécial aux «Beatniks et jeunes écrivains américains». Adrienne Monnier publie ses souvenirs, *Rue de l'Odéon*. Parution de *Eros et Thanatos* de Norman O. Brown, traduction R. Villoteau; *Sur la route* de Jack Kerouac, traduction J. Houbard et de *En traduction*, poèmes choisis de E.E. Cummings, traduction D.J. Grossman.

Godard tourne «façon américaine» *A bout de souffle*. Robert Breer réalise *Hommage to Tinguely's Hommage to New York*. François Reichenbach réalise *Impressions de New York*, puis *Amérique insolite*. New York acclame *L'année dernière à Marienbad*. R. Leacock réalise *Primary*.

La nouvelle vague de photographes de mode français, J.L. Sieff, L. Kazan et J. Ducrot se lance à New York.

Premières émissions de jazz à la télévision française par Jean-Christophe Averty. Premier festival d'Antibes Juan-les-Pins. Tournage à Paris de *Paris Blues* de Martin Ritt avec Louis Armstrong et Duke Ellington.

Cage crée *Cartridge Music*, apparition des premiers synthétiseurs, parution de *Les Musiques expérimentales* de Abraham A. Moles.

«Leon Golub-Balcomb Greene», Centre Culturel Américain, Paris. Exposition organisée par les Services Culturels de l'Ambassade des Etats-Unis. Artistes Américains en France, Musée des Beaux-Arts, Rouen. Exposition organisée sous les auspices de l'Association Française d'Action Artistique et du Centre Culturel Américain. Itinérante à Rennes, Nancy, St-Etienne. «John James Audubon, peintre naturaliste américain» Centre Culturel Américain, Paris. Peintures, gravures et documents provenant des collections publiques et privées américaines et françaises. «Tajiri - Manchester», Centre Culturel Américain, Paris. Exposition organisée par les Services Culturels des Etats-Unis. «New York vu par 40 photographes américains», Centre Culturel Américain, Paris. «Le Grand Siècle : French Art from 1600 to 1715», The National Gallery of Art, Washington. Organisée sous les auspices de l'Association Française d'Action Artistique. Itinérante à Toledo, New York, St-Louis.

1961

Premiers vols de l'homme dans l'espace : Gagarine (U.R.S.S.) puis Shepard (U.S.A.). Rupture des relations diplomatiques entre les Etats-Unis et Cuba. Création de l'O.A.S. en Algérie. Accord franco-américain sur la construction d'un satellite. Tentative de débarquement contre-révolutionnaire à Cuba appuyé par les Etats-Unis. Echec d'un putsch militaire à Alger : grève générale et manifestations. Entretien Kennedy-de Gaulle à Paris sur Berlin. Rupture franco-tunisienne après une tentative de dégagement de Bizerte. Terrorisme F.L.N. et O.A.S. augmente en Algérie. Edification du mur de Berlin. En France 75 % des Français se prononcent pour l'autodétermination en Algérie, après le putsch de Gaulle assume les pleins pouvoirs, le gouvernement procède à des arrestations. Conférence d'Evian, puis suspension due à des désaccords sur le sort des européens d'Algérie et le Sahara. Attentat O.A.S. contre de Gaulle. Une manifestation anti-O.A.S. pour la paix est violemment réprimée par la police. Aux Etats-Unis, Kennedy crée un «Corps de la Paix» et propose une «Alliance pour le Progrès» en faveur de l'Amérique Latine, approuve un programme d'opérations militaires américaines au Viet-Nam. Législation sur un salaire minimum repoussée par le Congrès.

Rétrospective Mark Tobey au Musée des Arts Décoratifs. Exposition Stella à la Galerie Lawrence, Sam Francis à la Galerie de Seine et à la Galerie Jacques Dubourg. Exposition Rauschenberg à la Galerie Daniel Cordier. Ouverture de la Galerie J avec «40° au-dessus de Dada», puis «Feu à volonté», action de Niki de Saint Phalle. «La Réalité dépasse la fiction» (Le Nouveau Réalisme à Paris et à New York) à la Galerie Rive Droite. Happening à l'Ambassade Américaine avec Rauschenberg, Johns, Tinguely et St-Phalle. Aux Etats-Unis, *The Art of Assemblage* et les papiers découpés de Matisse au Museum of Modern Art. Premières expositions personnelles de César et de Klein. Lichtenstein commence à peindre dans un style dérivé des bandes dessinées.

West Side Story de Tabori, Stevens, Hecht et McArthur, présentée en anglais à l'Alhambra. Dans le cadre du Théâtre des Nations, la Theatre Guild Repertory Company donne *The Glass Menagerie* de Williams, *The Skin of Our Teeth* de Wilder et *The Miracle Worker* de Gibson. Le Living Theatre donne *The Connection* de Gelber, *Many Loves* de W.C. Williams et *Dans la jungle des villes* de Brecht. *The Miracle Worker* de William Gibson est adapté par Marguerite Duras, mise en scène de F. Maistre. Aux Etats-Unis, tournée de la Comédie Française avec *Les Fourberies de Scapin* et *Tartuffe* de Molière, *Britannicus* de Racine et *Le Dindon* de Feydeau. A New York, *Les Nègres* de Jean Genet mise en scène de Gene Frankel. Tournée des universités par la Compagnie Robert Marcy avec *l'Ecole des Femmes* de Molière.

Maison à Cap Benet. Carpenter Center for the Visual Arts, Cambridge, Mass (Le Corbusier).

Création de la machine à écrire électrique S 72 IBM, design Eliot Noyes, Bureau d'études Bel Geddes.

Parution de la revue *Locus Solus* dirigée par Harry Mathews. Edition collective en français des *Romans* de Nathanael West, traduction de M. Sibon. Numéro spécial de la revue *The Sixties*, dirigée par Robert Bly : «Fourteen Poets of France».

IIe Biennale Internationale Photo-Cinéma. Participation américaine individuelle, exposition de la NASA ainsi qu'une sélection de *Photography in the Fine Arts*.

Kenny Drew et Ron Jefferson s'installent à Paris. Création d'un bureau de jazz à l'O.R.T.F. : Lucien Malson est nommé conseiller technique pour le jazz à la direction des programmes de radio. Parution de *Histoire du jazz moderne* de Malson.

Poulenc écrit *Sept répons des ténèbres* pour orchestre, Messiaen *Chronochromie* et Boulez *Pli selon Pli*. Première au Festival de New York consacré à Hindemith, de l'opéra *The Long Christmas Dinner*. Babitt écrit *Composition for Synthesizer* et *Vision and Prayer*, Carter *Double Concerto*, John Cage *Variations II* ; il publie *Silence*.

«Prélude à Whistler (James McNeil)», Centre Culturel Américain, Paris. Exposition organisée par les Services Culturels de l'Ambassade des Etats-Unis, sous le haut patronage de son Excellence Monsieur l'Ambassadeur des Etats-Unis d'Amérique à Paris. Rétrospective Mark Tobey, Musée des Arts Décoratifs, Paris. Exposition présentée par les Services Culturels de l'Ambassade des U.S.A. IIe Exposition Internationale de Sculpture Contemporaine, Musée Rodin, Paris. Exposition sous les auspices des Services Culturels de l'Ambassade des Etats-Unis et de l'Association Française d'Action Artistique. «Leonard Baskin», Centre Culturel Américain, Paris. Exposition organisée sous l'égide des Services Culturels de l'Ambassade des Etats-Unis et de l'Association Française d'Action Artistique. «Beauford Delaney - Downing - Lee», Centre Culturel Américain, Paris. Exposition organisée par les Services Culturels de l'Ambassade des Etats-Unis. «Yektai - Diska - Metcalf». Centre Culturel Américain, Paris. Exposition organisée par les Services Culturels de l'Ambassade des Etats-Unis. «Le nouveau roman», French Embassy, New York. Organisée par les Services Culturels de l'Ambassade de France. International Exhibition of Ceramics, Washington. Participation française. Œuvres choisies par l'Association Française d'Action Artistique.

1962

Conférence de Punta del Este : exclusion de Cuba de l'O.E.A. Kennedy propose aux Soviétiques une collaboration pour le programme spatial. Accords d'Evian, indépendance de l'Algérie. Rétablissement des relations franco-tunisiennes, puis des relations avec la Syrie, l'Arabie Séoudite et la Jordanie. Crise de Cuba : l'U.R.S.S. retire ses fusées et les Etats-Unis s'engagent à ne pas attaquer l'île. Blocus et inspection aérienne par les U.S.A. Accord franco-anglais pour la construction du Concorde. En France, vaste mobilisation policière en réponse à l'activité O.A.S. en métropole. Huit personnes tuées à la station du métro Charonne. Condamnation des généraux Jouhaud et Salan. Pompidou forme le nouveau gouvernement. De Gaulle s'oppose à l'intégration européenne. Voyage d'Adenauer à Paris puis de de Gaulle en R.F.A. Attentat du Petit-Clamart contre de Gaulle. Dissolution de l'Assemblée par de Gaulle, référendum sur l'élection du président au suffrage universel, Pompidou forme le gouvernement. Aux Etats-Unis, Kennedy propose un programme de réformes, une aide accentuée au Tiers-Monde. Premier noir inscrit à l'Université du Mississippi, en dépit d'une manifestation violente. Début des opérations contre le Vietcong au Viet-Nam du Sud. Exposition à l'O.T.A.N. de la doctrine de dissuasion par étapes. Crise à la Bourse. Début de la grève de la presse new yorkaise qui durera 114 jours. John Steinbeck Prix Nobel de littérature.

«Antagonismes 2 : l'objet» au Musée des Arts Décoratifs. Mark Rothko au Musée d'art moderne de la Ville de Paris. *Le Rideau de Fer* de Christo, rue Visconti. Premières expositions personnelles de Franz Kline à la Galerie Lawrence, Jasper Johns à la Galerie Sonnabend, Léon Golub chez Iris Clert, Oyvind Fahlstrom chez Cordier. «8 Artists de Chicago» à la Galerie du Dragon. Première manifestation Fluxus : Robert Filliou réalise le «Voyage de la Galerie Légitime» qui se termine avec un concert à la Galerie Girardon. A New York, «New Realists» à la Galerie Sidney Janis. Rétrospective Dubuffet au Museum of Modern Art. «Geometric Abstraction in America» au Whitney Museum.

Paul Taylor danse au Théâtre de Lutèce : *Auréole, Piece, Period, Tracer*.

The Beast in the Jungle de James Lord, adapté par M. Duras, mise en scène de Jean Leuvrais. Tournée de la Comédie Française avec *Le Bourgeois Gentilhomme* de Molière à Seattle, San Francisco, Los Angeles. Tournée dans 36 universités du Tréteau de Paris avec *Huis-clos* de Sartre et *La Cantatrice chauve* de Ionesco.

Aménagement de Flaine, ZUP de Sainte-Croix à Bayonne (Breuer).

Création en France du Club de la bande dessinée. «Barbarella» de Jean-Claude Forest.

Réalisation de la première machine à écrire à sphère par I.B.M. France. Diffusion du lave-vaisselle. Telstar utilisé pour des essais de communication.

Mobile de Michel Butor, sous-titré «Etude pour une représentation des Etats-Unis». *Les Miroirs dans le jardin* d'Anaïs Nin, traduit par A. Laurel.

Orson Welles tourne à Paris, *Le Procès* et *Falstaff*. Fondation, à New York, de la «Film Makers Coop», coopérative des cinéastes indépendants.

«The Bitter Years : 1935-1941» au Museum of Modern Art de New York. A cette occasion *Camera* consacre un numéro aux photographes de la F.S.A. que l'Europe connaissait peu et mal.

Sonny Criss, Mickey Baker et Herb Geller s'installent en Europe. *Toward Jazz* d'André Hodeir paraît aux U.S.A.

Boulez publie *Relevés d'apprentis*. Cage écrit *Atlas Eclipticalis*. *Première symphonie* de Kodaly joué par l'orchestre de Cleveland.

«Brustlein - Goldfarb - Haas», Centre Culturel Américain, Paris. Exposition organisée par les Services Culturels de l'Ambassade des U.S.A. Dessins américains contemporains, Centre Culturel Américain, Paris. Exposition organisée par le Museum of Modern Art de New York; sous les auspices de The International Council of the Museum of Modern Art et des Services Culturels de l'Ambassade des Etats-Unis. Sept Américains de Paris, Centre Culturel Américain, Paris. Exposition organisée par les Services Culturels de l'Ambassade des Etats-Unis. «Mark Rothko» Musée d'art moderne de la Ville de Paris, Paris. Exposition présentée sous l'égide des Services Culturels de Ambassade Américaine. «Treasures of Versailles», Chicago. Exposition organisée par l'Association Française d'Action Artistique. «International Art Around 1400», Baltimore Museum of Art, Baltimore. Participation française : choix établi par l'Association Française d'Action Artistique. «Gislebertus, sculptor of Autun», San Francisco. Exposition organisée par l'Association Française d'Action Artistique. Itinérante à Santa Fe.

1963

Traité franco-allemand de coopération. De Gaulle met son veto à l'entrée de l'Angleterre dans l'Europe des Six. «Cordon sanitaire» établi autour de Cuba par les Etats-Unis. Protestation de Ben Bella contre les expériences nucléaires françaises au Sahara. Installation du «téléphone rouge» entre Washington et Moscou. Voyage de Kennedy à Berlin, en Irlande, en Angleterre et en Italie. Traité anglo-américano-soviétique contre les explosions nucléaires dans l'atmosphère. Les Etats-Unis, puis l'O.N.U. s'engagent à ne plus livrer d'armes à l'Afrique du Sud. Coup d'état à Saïgon : Diem est tué. Le Cambodge renonce à l'aide américaine. Accord des Six sur la politique agricole. En France, création d'une Cour de Sûreté de l'Etat. Grève des mineurs du Nord et de Lorraine. De Gaulle rencontre Willy Brandt à Saint-Dizier. Inauguration du Centre d'Etudes Nucléaires de Cadarache. Accord franco-algérien de coopération culturelle. Le Ministre des Finances, Valéry Giscard d'Estaing, lance un plan pour combattre l'inflation. Grève dans les services publics. Le statut d'objecteur de conscience est adopté à l'Assemblée. Aux Etats-Unis, la Cour Suprême confirme la légalité des manifestations pacifiques pour l'égalité raciale. Des manifestations violentes à Birmingham, Alabama, sont réprimées par la police fédérale. A Washington, marche pacifique en faveur de l'intégration raciale. Importante vente de blé à l'U.R.S.S. Kennedy assassiné à Dallas, Johnson devient président.

Découverte du Pop Art Anglais à la Biennale de Paris. Dine, Lichtenstein, Rauschenberg à la Galerie Sonnabend. Rétrospective Rauschenberg au Jewish Museum. «Post-Painterly Abstraction» organisé par Clément Greenberg pour le Los Angeles County Museum.

Balanchine à l'Opéra de Paris : *Concerto Barocco, Bourrée fantasque, Four Temperaments, Scotch Symphony*.

A Paris, *Les Dactylos* et *Le Tigre* de Murray Schisgal adaptées par Laurent Terzieff. *Phèdre* et *Bérénice* de Racine présentées par la Compagnie Marie Bell à New York. Tournée du Tréteau de Paris avec *Orphée* de Cocteau et *L'Apollon de Bellac* de Giraudoux.

Diffusion en France des premiers congélateurs. Kodak lance ses quatre appareils «Instamatic». Aux U.S.A., première loi limitant la pollution.

Première parution en français de *Eros et civilisation* de Herbert Marcuse, traduit par Nény et Fraenkel, *Poèmes* de W.C. Williams, traduction W. King, *Poèmes* de Wallace Stevens, traduction Beraud-Villars et Kavaute, *Les enfants de Sanchez* d'Oscar Lewis, traduction C. Zins et *La prochaine fois le feu* de James Baldwin, traduction M. Sciama. Parution de *Pour un nouveau roman* d'Alain Robbe-Grillet. Aux U.S.A., Man Ray publie ses mémoires, *Self Portrait*.

Exposition André Kertesz à la Bibliothèque Nationale. Jacques Henri Lartigue au Museum of Modern Art, New York. «Photography 63 : An International Exhibition» au George Eastman House. Parmi les français : Boubat, Clergue, Gautrand, Riboud, Swinners.

Art Taylor et Johnny Griffin s'installent en France. Parution de *Le jazz et ses musiciens* de Gérard Montarlot. Le pianiste français Martial Solal joue au Festival de Newport et à l'Hickory House de New York.

Xenakis écrit *Eonta, Stratégie pour deux orchestres*, publie *Musiques formelles*. Hiller écrit *Computer Cantata*, Partch *Delusion of the Fury*, Boucourechliev *Grodek* et Brown *Times five* pour orchestre et bande. Boulez est à Harvard. Parution de *Introduction to the Sociology of Music* de Adorno.

«John Singer Sargent», Centre Culturel Américain, Paris. Exposition organisée par les Services Culturels de l'Ambassade des Etats-Unis. «Vers l'Ouest, la frontière dans l'histoire et la littérature américaine», Centre Culturel Américain, Paris. Exposition organisée par les Services Culturels de l'Ambassade des Etats-Unis. «De A à Z», Centre Culturel Américain, Paris. Sous l'égide des Services Culturels de l'Ambassade des Etats-Unis. Formes industrielles, Musée des Arts Décoratifs, Paris. Exposition organisée par l'Institut d'Esthétique Industrielle, l'Association Formes utiles et l'Union Centrale des Arts Décoratifs. «George Catlin : peintre des Indiens (1796-1872)», Centre Culturel Américain, Paris. Exposition organisée par les Services Culturels de l'Ambassade des U.S.A. «La Marine américaine : deux siècles d'histoire», Musée de la Marine, Paris. Exposition sous l'égide de l'Ambassade des Etats-Unis. «Les Bijoux de Brague», «Tapisserie française», «Adam-Idoux-Le Normand-Stahly-Zwoboda», dans le cadre de la semaine française à San Francisco. Expositions organisées par l'Association Française d'Action Artistique. «Masques, Mimes, et Marionnettes», New York. Exposition organisée par l'Association Française d'Action Artistique.

1964

Les U.S.A. négocient de nouveau des traités concernant le Canal de Panamá. La France reconnaît la Chine Populaire. Tension américano-cubaine après la saisie de bateaux de pêche cubains par les Américains. Décision franco-anglaise de construire un tunnel sous la Manche. Voyage de de Gaulle au Mexique, en Guyane et aux Antilles. La France désavoue la politique américaine au Sud Viet-Nam. L'U.R.S.S., les Etats-Unis et l'Angleterre s'engagent à limiter la production des matières servant à la fabrication des armes nucléaires. Début du «Kennedy Round», négociation des droits de douane entre les Etats-Unis et le Marché Commun. Création de l'O.L.P. Renforcement du blocus de Cuba. Violents incidents entre les Etats-Unis et le Nord Viet-Nam dans le golfe du Tonkin; les Américains font appel au Conseil de Sécurité. De Gaulle visite l'Amérique Latine. Explosion de la première bombe atomique chinoise. Les Six abaissent les droits de douane sur des importations industrielles en provenance des Etats-Unis. Accords anglo-américains sur une politique de défense commune. En France, création de 21 régions économiques placées sous la direction d'un «Préfet de région». «Listes bloquées» introduites pour les élections municipales dans les villes de plus de 30 000 habitants. Le gouvernement fait d'un accord sur les prix agricoles la condition de sa présence dans le Marché Commun. L'Assemblée vote le financement de l'équipement militaire nucléaire. Les cendres de Jean Moulin sont transférées au Panthéon. Aux Etats-Unis, législation sur les droits civiques et programme anti-pauvreté promulgué. Trois travailleurs pour les droits civiques sont assassinés; violentes manifestations à Harlem et diverses villes du Nord-Est. Le Congrès vote une réduction des impôts. Premières photographies de la lune prises par Ranger III. Tremblement de terre dans l'Alaska. Johnson élu président. Martin Luther King reçoit le Prix Nobel de la Paix.

Au Musée d'art moderne de la Ville de Paris, «Art U.S.A. Now : the Johnson Collection of Contemporary American Paintings» ainsi que «Mythologies quotidiennes» et Franz Kline. «Hors dimension» organisée par Pierre Schneider à l'American Students and Artists Center. Découverte du Pop américain au Salon de Mai avec Dine, Johns, Lichtenstein, Rauschenberg, Rivers, Rosenquist, Segal, Warhol. «L'Hourloupe» de Jean Dubuffet chez Jeanne Bucher, Oldenburg chez Sonnabend.

Merce Cunningham et Compagnie à Strasbourg, au Théâtre de l'Est Parisien, puis à Bourges et Les Baux : *Rune, Sept, Trois morceaux en forme de poire, L'Autre, Story*. Alvin Ailey Dance Theatre danse à Paris.

Le Living Theatre crée *Mysteries and Smaller Pieces* à l'American Students and Artists Center et joue *Frankenstein* à Cassis. Dans le cadre du Théâtre des Nations, le Dallas Theatre Center joue *Journey to Jefferson*. *La Pomme* de Jack Gelber adapté par Rafael Rodríguez au Théâtre de Poche Montparnasse. *Qui a peur de Virginia Woolf* de Edward Albee adapté par Jean Cau et mis en scène par Franco Zefirelli se joue jusqu'en 1966. A New York, Washington, Philadelphia, Boston et Princeton, le Théâtre de l'Odéon donne des représentations de *Andromaque* de Racine, *Le Mariage de Figaro* de Beaumarchais, *Le Piéton de l'air* de Ionesco, *La Vie Parisienne* d'Offenbach et *Oh, Les Beaux Jours* de Beckett.

Création de la SOCERLID à Paris pour l'étude de la bande dessinée et sa promotion dans le monde. Parution aux U.S.A. de «Barbarella» dans *Evergreen*.

En France, ordinateur I.B.M. de la troisième génération. Téléviseur portatif Téléavia de Thomson, design : Roger Tallon. Aux U.S.A. «Action Office System» créé par George Nelson, Herman Miller Company.

Parution à Paris de la revue *Art and Literature* dirigée par John Ashbery. *Poèmes* de Marianne Moore, traduction de Lafeuille. *Essais critiques* de Roland Barthes. Hemingway publie ses souvenirs parisiens : *A Moveable Feast*.

Empire d'Andy Warhol. *Le Chant d'amour* de Jean Genet est saisi au Writer's Stage. «The Photographer's Eye» et une exposition André Kertesz au Museum of Modern Art de New York.

Premier «Paris Jazz Festival» qui se reproduira chaque année sous des noms différents, «Newport à Paris» par exemple. Enregistrement de Dizzy Gillespie avec les Double Six. Parution de *Mais oui, vous comprenez le jazz* de Daniel Filipacchi, Frank Tenot et Jean Wagner et de *Mister Jerry Roll* de Jerry Roll Morton.

Sauguet écrit *Mélodie concertante pour violon et orchestre*. Aux U.S.A., Stravinsky écrit les *Huxley Variations*, Babitt *Ensembles for synthesizer* et *Philomel*, Ashley *Kittyhawk* et *The Wolfman*, La Monte Young *The Tortoise, his dreams and his journeys*.

«8 Américains de Paris», Centre Culturel Américain, Paris. Exposition organisée sous l'égide des Services Culturels de l'Ambassade des Etats-Unis. «Signal : six artistes américains de Paris et d'Amsterdam», Centre Culturel Américain, Paris. Exposition organisée par les Services Culturels de l'Ambassade des Etats-Unis. Modern French Bookbinding, Museum of Contemporary Crafts, New York. Organisée sous les auspices de l'Association Française d'Action Artistique et de la «Société de la reliure originale». «Albert Gleizes», The Solomon R. Guggenheim Foundation, New York. Prêts du Musée Cantini, Marseille, du Musée d'art moderne et du Musée de la Ville de Paris, du Musée des Beaux-Arts de Lyon, et du Musée de Dijon. «Twenty Eighteenth Century French Paintings from the Louvre», Kansas City. Exposition organisée par l'Association Française d'Action Artistique. Itinérante à Nashville, Atlanta, Baltimore.

1965

Désaccord entre les Etats-Unis et l'U.R.S.S. sur le financement de l'O.N.U. Les Etats-Unis bombardent le Nord Viet-Nam systématiquement, l'U.R.S.S. fournit des fusées au Nord Viet-Nam. Rupture des relations diplomatiques entre le Cambodge et les Etats-Unis. Création d'un exécutif commun à la C.E.C.A., à l'Euratom et au Marché Commun. L'O.N.U. condamne l'intervention américaine à St-Domingue. La France annonce qu'elle ne participera pas aux manœuvres de l'O.T.A.N. en 1966, cesse de participer aux réunions du Marché Commun. Incident franco-américain lors du survol de l'usine atomique de Pierrelatte. A l'O.N.U., Couve de Murville, demande l'admission de la Chine et l'application des accords de Genève de 1954 pour un règlement vietnamien. Visite de Couve de Murville en U.R.S.S. En France, le gouvernement convertit 150 millions de dollars en or, de Gaulle demande un retour à l'étalon-or. Le service militaire est ramené à seize mois. Inauguration du tunnel du Mont-Blanc. Mitterrand constitue la Fédération de la gauche, soutenue par le P.C.F. Ben Barka est enlevé à Paris. De Gaulle est réélu Président de la République. Troupes fédérales envoyées à Alabama pour protéger les manifestants pour les droits civiques, actes de terrorisme contre les militants, puis violentes émeutes à Los Angeles. Promulgation du «Medicare». Lancement du premier satellite commercial qui sert de relais pour la télévision et le téléphone. Trève de bombardements au Viet-Nam. Aux Etats-Unis, assassinat de Malcom X, leader des Black Muslims. Lwoff, Monod et Jacob Prix Nobel de médecine.

«La Salle Verte» au Salon de la Jeune Peinture, «Hommage à Niepce» à la Galerie J, «Les Objecteurs» à la Galerie Larcade, «La figuration narrative» à la Galerie Creuze, «Etats-Unis : sculptures du XXᵉ siècle» au Musée Rodin, «U.S.A. nouvelle peinture» par l'Ambassade américaine en province, Lichtenstein chez Sonnabend. Rétrospective Tinguely au Jewish Museum de New York.

Le New York City Ballet danse à l'Opéra de Paris : *Aagon, Episode, Bugaku.*

Après la Chute d'Arthur Miller, mise en scène de Luchino Visconti. *The Zoo Story* et *The American Dream* de Edward Albee, mise en scène de Terzieff, Emilfork et Garrel. *Les Enchaînés (Welded)* de O'Neill, mise en scène de Jorge Lavelli; *Le Métro fantôme (Dutchman)* et *l'Esclave* de Leroi Jones, mise en scène de Bourseiller. La production Hazel Stoiber donne *The Amen Corner* dans le cadre du Théâtre des Nations. Aux U.S.A., tournée du Tréteau de Paris avec *Poil de Carotte* de Jules Renard et *l'Annonce faite à Marie* de Paul Claudel.

Grands progrès soviétiques et américains dans la technologie de l'espace. Premier réseau transatlantique de communications par satellite, créé par l'organisation internationale Intelsat.

Parution de *Satori in Paris* de Jack Kerouac, *Au pont de Brooklyn* de Hart Crane, traduction Guiget, *Le Festin nu* de William Burroughs, traduction Kahane, *Le Groupe* de Mary MacCarthy, traduction Levi.

Film de Samuel Beckett est tourné aux Etats-Unis avec Buster Keaton et mis en scène par Alan Schneider.

«Un Siècle de photographie : de Niepce à Man Ray» au Musée des Arts Décoratifs. «Photography in the Fine Arts III» au Metropolitan Museum et à l'Exposition Mondiale de New York.

Stuff Smith, Steve Lacy, Don Cherry, Slide Hampton et Ornette Coleman s'installent en Europe. Premier festival de blues, The American Folk Blues Festival.

Sauguet écrit *Le Prince et le mendiant*. Kodaly enseigne aux Etats-Unis. Première à New York de la *Symphony Number 4* de Ives. Szell dirige *Métaboles* de Dutilleux à Cleveland.

«Abraham Rattner», Musée Fabre, Montpellier. Exposition organisée sous les auspices des Services Culturels de l'Ambassade des Etats-Unis. Présentation des œuvres primées en 1964 par l'American Institute of Architects, Conservatoire National des Arts et Métiers, Paris. Exposition organisée sous l'égide des Services Culturels de l'Ambassade des Etats-Unis. «Alexander Calder», Musée national d'art moderne, Paris. Exposition organisée par le Musée national d'art moderne de Paris avec la collaboration du S.R. Guggenheim Museum. «U.S.A. Nouvelle peinture», Lyon. Exposition organisée par les Services Culturels de l'Ambassade des Etats-Unis. Itinérante à Dijon, Strasbourg.

1966

La France revient au Conseil des Six. Reprise des bombardements au Nord-Viet-Nam : de Gaulle dénonce les bombardements et offre ses «bons offices» à Ho Chi Minh. Le Conseil de Sécurité étudie le problème. De Gaulle précise pourquoi et comment la France quittera l'O.T.A.N. Les Etats-Unis demandent un délai de deux ans pour retirer leurs bases. Différend entre Bonn et Paris au sujet des troupes françaises maintenues en Allemagne. Bombardements intensifs sur Hanoï et Haïphong. Visite de de Gaulle en U.R.S.S. Un télétype reliera l'Elysée et le Kremlin. Condamnation de l'escalade américaine au Viet-Nam par le Conseil des Eglises. «Discours de Pnom-Penh» de de Gaulle : impossibilité d'une solution militaire au Viet-Nam, nécessité d'un retrait américain précédant un accord garantissant l'autonomie des peuples. L'aide soviétique au Viet-Nam est renforcée. Bombardement américain de la zone démilitarisée, bombardement de Saïgon par le Vietcong, bombardement de Hanoï par les B52 américains. Révolution culturelle en Chine, rebondissement de l'affaire Ben Barka, le ministre marocain Oufkir est incriminé. Fouchet présente son plan de réforme pour l'enseignement. Mitterrand suggère la formation d'un contre-gouvernement, motion de censure socialiste contre la décision de quitter l'O.T.A.N., les communistes s'opposent au projet de contre-gouvernement. Une loi définit le rôle des comités d'entreprise dans la formation professionnelle. Le programme de la Fédération de la Gauche rencontre du succès auprès des communistes, qui demandent à discuter un programme commun; accord électoral entre le P.C. et la Fédération de la Gauche pour «le succès du candidat de gauche le mieux placé». Alfred Kastler reçoit le Prix Nobel de physique. Aux Etats-Unis, début des manifestations contre la guerre au Viet-Nam, campagne pour encourager la désertion. Stokley Carmichael regroupe les militants noirs avec le mot d'ordre «Black Power», émeutes raciales à Chicago, puis à San Francisco. Perte et récupération de quatre bombes H perdues dans un accident d'avion en Espagne. L'inflation inquiète le gouvernement.

Rétrospective Picasso aux Grand et Petit Palais. Takis expose chez Iolas. «Journée dans la rue» organisée par le Groupe de Recherche de l'Art Visuel. *L'Hourloupe* de Dubuffet au Guggenheim Museum. «Primary Structures» au Jewish Museum.

Merce Cunningham et Compagnie à la Fondation Maeght, St-Paul de Vence, et au Festival International de Danse au Théâtre des Champs-Elysées : *Rune Suite for 5, Place, How to Pass, Kick, Fall and Run, Winterbranch, Variations V.*

Dans le cadre du Théâtre des Nations, le Living Theatre joue *The Brig* de Kenneth H. Brown et *Mysteries and Smaller Pieces.* Aux U.S.A., tournée de la Comédie Française avec *Le fil à la patte* de Feydeau, *Le Cid* de Corneille, *L'Avare* de Molière, *La Reine morte* de Montherlant. Tournée du Tréteau de Paris avec *L'Annonce faite* à *Marie* de Claudel, *Poil de carotte* de Jules Renard, *Feu la mère de Madame* de Feydeau.

Tour Nobel, La Défense, Paris (De Mailly, Depussy, Prouvé). Parution de *l'Avenir de l'architecture. Vers l'éclatement des villes* de F.L. Wright.

«10 millions d'images», première exposition sur la bande dessinée américaine organisée en France, à la Galerie de la Société Française de Photographie. Exposition Burne Hogarth, dessinateur de «Tarzan». Parution de la revue *Phenix*, création des Editions Serg, spécialisée dans la réédition des comics américains.

Aux Etats-Unis, naissance du mouvement Hippy, qui gagne toute l'Europe occidentale avec «l'anti-mode» des vêtements folkloriques, usagés, une relance du blue-jean. Timothy Leary prône l'utilisation du L.S.D.

La revue *L'Herne* consacre deux numéros spéciaux à Ezra Pound. Parution de *La Poésie négro-américaine*, anthologie établie par Langston Hugues, *V* de Thomas Pyncheon (traduction M. Danzas). Aux U.S.A., *The Best Times* de Dos Passos et *Life Among the Surrealists* de Matthew Josephson, livres de souvenirs.

Godard réalise *Made in U.S.A.*

Aux U.S.A. participation française à «Contemporary Photography since 1950», George Eastman House. Parution de *Photographers on Photography*, compilé par Nathan Lyons.

Bayle écrit *Espaces inhabitables. Relata I* de Babitt joué par l'orchestre de Cleveland, dirigé par Shuller. Riley crée *Dorian Reeds*, Tudor *Bandonéon !*.

IIIe Exposition internationale de sculpture contemporaine, Musée Rodin, Paris. Exposition organisée sous les auspices des Services Culturels de l'Ambassade des U.S.A. «Deux siècles d'amitié franco-américaine», Centre Culturel Américain, Paris. Enrichissement récent du Musée national de Blérancourt. «Stuart Davis», Musée d'art moderne de la Ville de Paris, Paris. Exposition organisée sous les auspices des Services Culturels de l'Ambassade des Etats-Unis. «Ellsworth Kelly», Centre Culturel Américain, Paris. Organisée par les Services Culturels de l'Ambassade des Etats-Unis. «U.S.A. : Art vivant», Musée des Augustins, Toulouse. Organisée par les Services Culturels de l'Ambassade des Etats-Unis. «Architecture sans architectes», Musée des Arts Décoratifs, Paris. Exposition présentée au Musée d'art moderne de New York. Sous les auspices de l'International Council of the Museum of Modern Art, financée par le John Simon Guggenheim Memorial Foundation et la Ford Foundation.

1967

Evacuation des forces de l'O.T.A.N. qui s'installent aux Pays-Bas et en R.F.A. Installation d'une base américaine en Thaïlande. Rupture diplomatique entre la Chine et l'U.R.S.S. Accord sur le commerce international (Kennedy Round) ; baisse de 40 % sur la plupart des produits industriels. L'Angleterre, l'Irlande, le Danemark et la Norvège posent leur candidature pour entrer dans le Marché Commun, la C.E.C.A. et l'Euratom. La France maintient ses objections à l'entrée de l'Angleterre, la Suède pose sa candidature. Guerre éclair d'Israël contre l'Egypte, la Syrie et la Jordanie ; la France, les Etats-Unis et l'U.R.S.S. proclament leur neutralité, le Conseil de Sécurité vote le cessez-le-feu, Israël garde les positions acquises et annexe la partie arabe de Jérusalem. Les Etats-Unis envoient au Viet-Nam un contingent supplémentaire de 45 000 hommes. Voyage de de Gaulle en Pologne. L'U.R.S.S. annonce une aide supplémentaire au Nord Viet-Nam. Mort de «Che» Guevara en Bolivie. Il y a 474 000 militaires américains au Viet-Nam. Nouveau veto de la France à l'entrée de l'Angleterre dans le Marché Commun. En France, réunion de la commission de coopération franco-soviétique, accords monétaires avec le Mali, recul des Gaullistes lors des élections législatives. Manifestation des viticulteurs contre l'importation des vins d'Algérie. Le gouvernement demande les pleins pouvoirs pour six mois provoquant une grève générale. Proposition de la loi sur les pouvoirs spéciaux. Publication de trois ordonnances concernant l'intéressement des salariés aux bénéfices des entreprises. Le service militaire est ramené de 16 à 12 mois. Présentation du «Concorde» à Toulouse. Vote de la loi Neuwirth. Libération du Général Jouhaud et d'autres condamnés O.A.S. Aux Etats-Unis, la population dépasse 200 000 000. L'escalade au Viet-Nam provoque une «Marche de la Paix» devant l'O.N.U. à New York avec Martin Luther King et 100 000 manifestants. Grandes émeutes raciales à Newark, à Detroit et autres grandes villes. Entretiens Johnson-Kossyguine à Glassboro, New Jersey.

«Lumière et Mouvement» au Musée d'art moderne de la Ville de Paris. «Bande dessinée et figuration narrative» et «La Donation Dubuffet» au Musée des Arts Décoratifs : première exposition d'«Art Brut» dans un musée. A la Biennale de Paris, Buren, Mosset, Parmentier et Roni exposent en groupe. Larry Bell expose chez Sonnabend. «Six peintres américains» chez Knoedler. «L'Art Vivant aux U.S.A. 1948-1968» à la Fondation Maeght, St-Paul de Vence. A New York, «Central Park Kinetic Environnent». Rétrospective Dubuffet au Guggenheim Museum, Yves Klein au Jewish Museum. Création de la revue *Opus International*. Fondation de l'ARC au Musée d'art moderne de la Ville de Paris.

Le Living Theatre joue *Mysteries and Smaller Pieces, The Brig, Frankenstein* et *Les Bonnes* à Caen, *Mysteries and Smaller Pieces* à Paris, *Antigone* et *All'Italia* à Bordeaux, puis *Antigone* à Paris. Dans le cadre du Théâtre des Nations, le Circle in the Square donne *Trumpets of the Lord. Le Marchand de glace est passé* de O'Neill, adapté par Jean Paris et mis en scène par G. Garran. *A Delicate Balance* de Edward Albee, mise en scène de Jean-Louis Barrault. *Les Fantasticks* de Schmidt et Jones, adapté de la pièce américaine tirée de *Les Romanesques* de Rostand.

«Astérix» de Goscinny et Uderzo devient un phénomène international. La première exposition de bandes dessinées présentée dans un musée est réalisée aux Arts Décoratifs avec un livre, *Bande dessinée et figuration narrative*, qui sera traduit aux U.S.A. Parution aux U.S.A. des premières publications «Underground», *ZAP* de Robert Crumb.

Début de la télévision couleur en France.

Parution de *Kaddish*, poème d'Allen Ginsberg, traduit par C. Pélieu.

«A European Experiment» au MOMA : photographies de Denis Brihat, J.P. Sudre et Pierre Cordier. «The Concerned Photographer» organisée par Cornell Capa, au Riverside Museum.

Sauguet écrit *Chant pour une ville meurtrie*. Brown écrit *Synergy II* pour orchestre de chambre, Schuller *The Visitation*, Kirchner *String Quartet n° 3*. Première du *Piano Concerto* de Carter à Boston. *Visions de l'amen* à New York pour les 55 ans de Messiaen.

Huit Américains à Paris, Centre Culturel Américain, Paris. Organisée par les Services Culturels de l'Ambassade des Etats-Unis. «U.S.A. Groupe 67», Maison de la Culture, Amiens. Organisée par les Services Culturels de l'Ambassade des Etats-Unis. Itinérante à Montpellier, Besançon, Nancy, Bourges. French Painting of the XVII and XVIIIth Centuries, Palace of the Legion of Honour, San Francisco. Exposition organisée par l'Association Française d'Action Artistique. Itinérante à San Diego, Atlanta, Nouvelle-Orléans, San Antonio.

1968

La Marine nord-coréenne saisit le patrouilleur américain «Pueblo», état d'alerte de la 7e flotte américaine, discussion devant la commission mixte d'armistice. «Offensive de Têt» au Viet-Nam, massacre de Song-My; Johnson propose des pourparlers de paix, annonce l'arrêt des bombardements. Fermeture du marché de l'or à Londres; l'étalon-or remplace l'étalon-dollar. Conférence entre les Etats-Unis et le Viet-Nam du Nord à Paris. Traité de non-prolifération des armes nucléaires est signé par 62 nations. La France ne signe pas. Les troupes du Pacte de Varsovie envahissent la Tchécoslovaquie; les P.C. de France, d'Italie, d'Autriche et d'Espagne se désolidarisent de l'intervention soviétique, U Thant la condamne au nom de la Charte des Nations-Unies. Johnson arrête les bombardements au Nord-Viet-Nam, exige la présence d'un délégué sud-Vietnamien à la conférence de Paris. Le Plan Mansholt est adopté à Bruxelles. En France, la Fédération de la Gauche et le Parti communiste adoptent un programme commun. Agitation étudiante dans les cités universitaires, sérieux incidents à Nanterre, création du «Mouvement du 22 Mars» par Daniel Cohn-Bendit, suspension des cours. Violentes manifestations des étudiants au mois de mai et grève générale des travailleurs. Les Accords de Grenelle sont signés le 27 mai. Victoire des «Gaullistes» aux législatives, Couve de Murville remplace Pompidou comme Premier Ministre. Epurations à l'O.R.T.F. La première bombe H française explose dans le Pacifique. De Gaulle refuse de dévaluer le franc, propose des mesures d'austérité. Aux Etats-Unis, assassinat de Marthin Luther King, suivi par des émeutes violentes. Assassinat de Robert Kennedy. Une «marche des pauvres» a lieu à Washington. Contestation et manifestations des étudiants à Columbia University. Nixon est élu président. Libération des marins du «Pueblo».

Robert Rauschenberg expose à l'ARC, Musée d'art moderne de la Ville de Paris. «L'Art du réel aux U.S.A., 1948-1968» au Centre National d'Art Contemporain. Robert Morris expose chez Sonnabend, *Wandering Rocks* de Tony Smith chez Yvon Lambert. Première exposition de Kooning à Paris. Création de la revue *Chroniques de l'Art Vivant*. «The Machine» au Museum of Modern Art, New York.

Julian Beck participe à la prise de l'Odéon et va préparer à Avignon *Paradise Now* qui sera interdit.

La nouvelle équipe de *Pilote*, sous la direction de Goscinny, change de ton, s'inspirant de *Mad*.

Pompe à essence Mobil Oil, design Eliot Noyes. Le lancement d'unités de 200 000 tonnes et plus confirme la tendance au gigantisme des pétroliers. Le satellite américain Apollo VIII tourne avec ses passagers autour de la Lune.

Parution de *Lecture de la poésie américaine* de Serge Fauchereau. *Pour comprendre le média* de Marshall McLuhan, traduction J. Paré; *Les Américains* de Roger Peyrefitte.

Expositions Brassaï et Cartier-Bresson au Museum of Modern Art, New York.

Xenakis écrit *Nomos Gamma*, Milhaud *Musique pour New-Orleans* pour le 250e anniversaire de la Nouvelle-Orléans. Hiller écrit *Algorithm I et II*, Tudor *Rainforest*, *Video 3* et *Assemblage*. Première à New York de *Reunion*, œuvre collective de Cage, Cross, Mumma et Duchamp. Cage publie *A Year from Monday*.

Peintures Naïves Américaines du XVIIIe et XIXe siècle, Grand Palais, Paris. Organisée par les Services Culturels de l'Ambassade des Etats-Unis. «U.S.A. Groupe 68 : Hommage à Loren MacIver», Musée des Beaux-Arts, Lyon. Organisée par les Services Culturels de l'Ambassade des Etats-Unis. Itinérante à Paris, Nice. «Sheila Hicks - Warren Platner : formes tissées, architecture», Centre Culturel Américain, Paris. Organisée par les Services Culturels de l'Ambassade des U.S.A. «Peintres Européens d'aujourd'hui», Musée des Arts Décoratifs, Paris. Organisée sous les auspices de la Mead Corporation. Exposition itinérante à New York, Washington, Chicago, Atlanta et Dayton avant son arrivée en France. «21 Peintres Américains», Musée de Brest, Brest. Organisée par les Services Culturels de l'Ambassade des Etats-Unis. «L'Œil Intérieur», Musée de Brest, Brest. Organisée par les Services Culturels de l'Ambassade des Etats-Unis. Itinérante à Firminy. «Quarante-huit Posters Californiens», Musée de Brest, Brest. Organisée par les Services Culturels de l'Ambassade des Etats-Unis en collaboration avec René Le Bihan, Conservateur du Musée de Brest. Itinérante à Rennes, Troyes, Angoulême, Vichy. «L'Art du Réel U.S.A. : 1948-1968», Centre National d'Art Contemporain, Paris. Organisée par le Museum of Modern Art de New York, sous les auspices de l'International Council du Museum of Modern Art. «Edgar Allan Poe», Centre Culturel Américain, Paris. Organisée par les Services Culturels de l'Ambassade des Etats-Unis. «James Legros», Institut Franco-Américain, Rennes. Organisée par les Services Culturels de l'Ambassade des Etats-Unis. «Visionary Architects : Boulle, Ledoux, Lequeu», Metropolitan Museum, New York. Organisée par la Bibliothèque Nationale. (Montrée à Paris sous le titre «Architectes visionnaires»). «Parisian Taste from Poussin to Picasso», the High Museum of Art, Atlanta. Œuvres du XVIIIe au XXe siècles prêtées par les Musées de Paris à l'occasion de la consécration de «l'Atlanta Memorial Art Center». Commissaire : Mlle A. Cacan, Conservateur du Petit-Palais. «Painting in France from 1900 to 1967», Metropolitan Museum, New York. Organisée par le Musée d'art moderne de Paris.

27 rue de Fleurus, 58 rue Madame.
Les Stein à Paris

1905 : Matisse expose au Salon d'Automne – celui, mémorable, où les Fauves prirent leur nom – un tableau qui excite l'hilarité et la colère du public. Cependant il y a là quatre Américains qui se portent acquéreurs de l'œuvre. C'est ainsi que *La femme au chapeau* entre dans la collection de la famille Stein : Gertrude, Leo son frère, Michael l'aîné et Sarah, la femme de ce dernier.

Les jeunes années des trois Stein qui nous intéressent, Michael, né en 1865, Leo en 1872, Gertrude en 1874 (deux autres enfants de Daniel et Amelia Stein, Simon et Bertha, « n'ont rien donné » !) sont mouvementées : voyage en Europe, retour aux États-Unis, Baltimore, Oakland près de San Francisco (où Leo et Gertrude voient leur premier chef-d'œuvre de la peinture française, *L'homme à la houe* de Millet), retour à Baltimore des deux plus jeunes à la mort des parents (1891) date à laquelle Michael, l'aîné, se trouve être leur tuteur, (rôle qu'il jouera un peu toute sa vie, élément modérateur face à l'exubérance des deux autres) et successeur du père dans la gestion d'une compagnie de tramways, à Oakland. Leo entre à Harvard en 1892 ; Michael épouse Sarah Samuels en 1893 au moment où Gertrude commence ses études à Radcliffe, avant d'entreprendre des études de médecine à la John Hopkins University. Leo s'ennuie à l'Université et part en 1895 à la découverte du monde et du Louvre. Puis de l'Italie : il s'installe à Florence, abandonnant la biologie, s'apprête à écrire un livre sur Mantegna qu'il n'écrira pas. C'est là qu'en 1900 il rencontre Berenson. En 1902 il est à Londres avec Gertrude qui chaque année est venue passer un moment avec son frère en Europe. C'est peu de temps après, à Paris, en dînant avec Pablo Casals, que Leo se découvre une vocation de peintre. Au printemps 1903, il est installé dans un atelier, 27 rue de Fleurus. Bientôt rejoint par Gertrude, puis par Michael lassé du monde des affaires, qui vient habiter Paris avec sa femme et son fils Allan, 58 rue Madame. Et enfin, en 1907, c'est l'arrivée d'Alice B. Toklas, qui a connu Michael et Sarah à San Francisco et qui en 1910 s'installe rue de Fleurus, auprès de Gertrude dont elle sera la compagne jusqu'à sa mort. Les protagonistes de notre histoire sont en place.

C'est alors, dès 1904, que vont se constituer deux étonnantes collections, celle de Michael et Sarah presque exclusivement occupée par l'œuvre de Matisse, celle de Leo et Gertrude, commune au frère et à la sœur jusqu'en 1913, peu à peu dévouée, sous l'influence de Gertrude, à l'œuvre de Picasso. Leo, qui collectionnait un peu, comme les autres membres de sa famille, des estampes japonaises, du mobilier ancien, çà et là un tableau, était insatisfait : « J'attendais une aventure. » (1). L'aventure vint : Berenson envoie Leo chez Ambroise Vollard, à la découverte d'un peintre : Cézanne. Et Leo achète *La conduite d'eau*. L'été suivant, à Florence, Leo et Gertrude se livrent à une « débauche de Cézanne », selon les termes mêmes de Leo, en y voyant l'impressionnante collection d'un Américain, Charles Loeser.

Matisse faisant le portrait de Michael Stein, Paris, début 1916.
The Museum of Modern Art, New York.

Disposant d'une confortable fortune, ils commencent à acheter : Toulouse-Lautrec (à qui le Salon d'Automne de 1904 consacre une salle spéciale), Vallotton, Manguin ; chez Vollard, Leo achète Gauguin, Cézanne, Renoir, Maurice Denis ; et espère acheter Manet, Degas, Vuillard, Bonnard, Van Gogh. Au début de l'année 1905, premier achat retentissant de Leo et Gertrude : un *Portrait de Madame Cézanne* (vers 1879-1882). Mais la grande affaire est l'acquisition au Salon d'Automne de *La femme au chapeau* de Matisse, à la suite de quoi des liens d'amitié s'établissent entre l'artiste et les quatre Américains, plus particulièrement Michael et Sarah. Matisse avait une estime très vive pour Sarah avec qui il aimait s'entretenir des problèmes que lui posait son travail : « Madame Michel Stein que Gertrude Stein néglige de mentionner [à propos de l'acquisition de *La femme au chapeau*] était celle de la famille qui avait la sensibilité la plus vive. Grâce à cette qualité qui éveillait en lui de profondes résonances, Leo Stein la tenait en très haute estime. » (2). C'est elle qui introduit l'œuvre de Matisse aux États-Unis, emportant avec elle le *Portrait à la raie verte* (1905) et le *Nu devant un paravent*, lorsqu'en 1906 elle retourne à San Francisco avec son époux, à la suite du tremblement de terre qui a frappé la ville. Si elle ne recueille guère que des sarcasmes, le peintre George Of toutefois lui demande de lui procurer une toile de Matisse : Sarah choisit pour lui le *Nu dans les bois* (1905), le premier Matisse à être acquis par un collectionneur aux États-Unis, maintenant au Brooklyn Museum.

Cet enthousiasme de Michael et Sarah pour Matisse s'est traduit par l'acquisition d'œuvres nombreuses, dont on ne citera ici que les plus remarquables : plusieurs études pour *Le bonheur de vivre, Les oignons roses* (1906), le *Portrait à la raie verte* (1906), l'*Autoportrait* (1906), la première version du *Jeune marin* (1906), *La gitane* (1906), la grande *Nature morte bleue* (1907), *La coiffure* (1907), la première version du *Luxe* (1907), *Le madras rouge* (1907-1908), l'*Intérieur aux aubergines* (1911) sans compter les chefs-d'œuvres de l'après-guerre, tel *Le thé* (1919). Aux toiles s'ajoutent de nombreuses pièces sculptées : *Le serf* (1900-1903), la *Femme appuyée sur ses mains* (1905), le *Portrait de Pierre Matisse* (1905), celui de *Marguerite* (1906), le *Nu couché* (1907), le *Petit nu accroupi avec un bras* (1907). Certaines de ces pièces prendront place dans la maison que Michael et Sarah se font construire par Le Corbusier à Garches en 1927. De leur côté Leo et Gertrude achètent quelques-uns des chefs-d'œuvres de Matisse : en 1906 *Le bonheur de vivre* (1905-1906), en 1907 l'esquisse de *La musique* (1907), *Margot* (1907) et le *Nu bleu* (1907), le dernier Matisse qu'ils acquièrent. Leo trouve le peintre « rythmiquement insuffisant ». Quant à Gertrude elle pense qu'avec des toiles comme *Le bonheur de vivre,* Matisse renonce à une certaine rigueur et cesse d'être un combattant : « Il n'y a rien en vous qui lutte contre soi-même, alors que jusqu'ici vous aviez d'instinct créé autour de vous des antagonismes qui vous stimulaient et faisaient de vous un combattant. Maintenant vous êtes entouré de disciples. » (3).

Mais surtout Matisse a auprès de Gertrude un concurrent de taille : Picasso. En 1905, Leo achète chez Sagot deux toiles : la *Famille d'acrobates avec un singe* (1905) et la *Fillette nue à la corbeille fleurie* (1905). C'est Henri-Pierre Roché « un de ces types que l'on rencontre toujours à Paris » (4) qui introduit alors les Stein dans l'atelier du peintre. « Gertrude Stein et Pablo Picasso se comprirent l'un l'autre tout de suite. » (5). Et Picasso demande à Gertrude de poser pour lui. Nombre de ses toiles viennent par la suite prendre place sur les murs de l'atelier de la rue de Fleurus. De la période bleue : *Pierreuses au bar* (1902), *Femme assise au capuchon* (1902), la *Buveuse assoupie* (1902), *Figure de femme aux cheveux frangés* (1902). De la période rose : *Meneur de cheval nu* (1905), *Femme au bras levé* (1905), *L'acrobate à la boule* (1905), *Nu assis* (1905), *Femme nue debout* (1906). Sans compter de nombreux dessins et aquarelles. Une réelle intimité s'établit entre Picasso et Gertrude, charmée par ce « beau costaud » (6) bohême, qui fait régner le désordre dans son atelier comme dans sa vie sentimentale... L'intérêt qu'elle lui porte se fait de plus en plus vif au fur et à mesure qu'il avance dans ses recherches vers le cubisme. Elle suit avec enthousiasme la naissance de ce mouvement, et de nombreux tableaux viennent s'ajouter à la collection : des études pour *Les demoiselles d'Avignon*, le *Nu à la draperie* (1907), les *Trois femmes* (1908), des paysages d'Espagne de 1909, *Le réservoir, Horta* et *Maisons sur la colline, Horta*, à propos desquels elle explique qu'en tant qu'Américaine, elle est particulièrement bien placée pour comprendre le cubisme : « Chez les Américains [l'abstraction] s'exprime par une sorte d'inhumanité littéraire et mé-

canique, en Espagne par un rituel si abstrait qu'il ne se rattache plus à rien qu'à un rituel. » (7). De plus elle écrit comme Picasso peint : « J'étais à cette époque la seule à comprendre Picasso, peut-être aussi parce que j'exprimais la même chose en littérature. » (8). Ce qui attire Gertrude chez Picasso, fait que Leo s'en détourne : « Je pense qu'il aurait véritablement pu être un grand artiste, s'il avait été plus authentique [...] L'avenir de Picasso était imprévisible, parce que sa création n'indiquait pas de direction bien définie. » (9). Le cubisme est, à son sens, une « drôle d'affaire » (ce dont Matisse a su se garder : « Il joua un peu avec le cubisme [...] l'expérimenta, mais sut en garder le contrôle » (10). Aux alentours de 1910 Leo cesse d'acheter Picasso et c'est Gertrude, seule, qui continue d'accroître la collection : *La bouteille de marc (Ma Jolie)* (1912), *Guitare sur une table* (1912-1913), *L'homme à la guitare* (1913), l'*Étudiant à la pipe* (1913-1914), *Femme à la guitare* (1913-1914), sont les principaux achats de l'avant-guerre. Le désaccord entre Leo et Gertrude au sujet du cubisme fut sans doute l'une des raisons de leur séparation en 1913. Ils partagèrent la collection ; Gertrude garda Picasso et Cézanne, Leo prit Renoir et Matisse (à l'exception de *La femme au chapeau*). Il partit s'installer à Settignano, quelque peu désenchanté semble-t-il : « Je vais à Florence, simple héritier de la "vieille école", sans un seul Picasso, presque aucun Matisse, seulement deux toiles de Cézanne et quelques aquarelles, et seize Renoir. Quel insolite bagage pour qui se tient aux avant-postes du combat de l'art moderne. Mais *que voulez-vous**. Tout était déjà joué. » (11).

* En français dans le texte (N.d.T.)

C'est à une date étonnamment tardive que Gertrude découvre Juan Gris (qui pourtant vivait au Bateau Lavoir, qui avait exposé chez Sagot en 1912, aux Indépendants et à la Section d'or). Ce n'est qu'au début de l'été 1914 qu'elle achète trois toiles de l'artiste : *Verre et bouteille* (1913-1914), *Livre et verres* (1914) et *Fleurs* (1914). Même si elle n'éprouve pas immédiatement de l'amitié pour le peintre, « une nature torturée et point particulièrement sympathique » (12), toutefois l'Américaine se sent proche de l'Espagnol : « Seuls les Espagnols peuvent être cubistes et [...] le seul vrai cubisme est celui de Picasso et Juan Gris. » (13). Une triste et complexe histoire d'argent les brouille un moment (histoire que Matisse n'a jamais pardonnée à Gertrude et à laquelle s'est trouvé mêlé le sculpteur et marchand de tableaux Michael Brenner, qui avait acheté avant-guerre une toile à l'artiste, *Violon et gravure accrochée* (1913). Ce n'est qu'après 1920 qu'elle recommence à acheter des toiles de Gris : *Le guéridon devant la fenêtre* (1921), *La femme aux mains jointes* (1924), *Le tapis vert* (1925), *Compotier aux poires* (1926). En 1926, elle lui demande d'illustrer un de ses livres, *A book concluding with as a wife has a cow, a love story*. A la mort du peintre, en 1927, elle publie dans *Transition* un texte : « The life of Juan Gris. The life and death of Juan Gris » (14), en hommage à « celui qui fut l'un de ses deux plus chers amis, Picasso et Juan Gris, tous deux espagnols. » (15).

On peut s'étonner, au terme de cette rapide et incomplète revue de la collection de la rue de Fleurus, de l'absence d'un certain nombre d'artistes : ni Derain « jamais ils ne devin-

Leo, Gertrude et Michael Stein dans la cour du 27 rue de Fleurus, Paris vers 1906.
The Baltimore Museum of Art.

L'atelier de Leo et Gertrude Stein, 27 rue de Fleurus, Paris, début 1906.
The Baltimore Museum of Art.

185

sement empilés [...] Sur les murs qu'ils couvraient jusqu'au plafond étaient accrochés des tableaux [...] Ils étaient si étranges que d'abord on regardait partout sauf de leur côté [...] En ce temps-là [en 1907], il y avait beaucoup de Matisse, de Picasso, de Renoir, de Cézanne, mais il y avait encore des toiles de beaucoup d'autres peintres. » (18).

Voyons maintenant les hôtes : « Leo était toujours debout devant les toiles, ses yeux brillaient derrière ses lunettes et il avait dans le regard comme l'obstination d'un vieux bélier [...] C'est avec une flamme que personne ne pouvait soupçonner chez cet érudit réfléchi et obstiné qu'il cherchait par tous les moyens à percer le secret de ces toiles [...] luttant patiemment, nuit après nuit, avec l'inertie de ses invités, expliquant, enseignant et interprétant. » (19). Tel le décrit Mabel Dodge, « femme fatale », collectionnant les maris et les célébrités, et que nous retrouverons plus tard tenant salon à New York. Quant à Gertrude – telle que Vollard l'a vue – « avec sa robe de gros velours de coton, ses sandales à lanières de cuir et toute son allure bonasse, on dirait une ménagère dont l'horizon est borné aux relations avec le fruitier, le crémier, l'épicier. Mais que ses yeux se croisent avec les vôtres, on se rend compte tout de suite qu'il y a en Mademoiselle Stein autre chose qu'une "bourgeoise". » (20).

Tout le monde est venu rue de Fleurus, des Hongrois, des Allemands, « toutes sortes de gens de toutes sortes de pays » (21), des peintres, des collectionneurs, des critiques d'art, des écrivains, des touristes américains. Les époux Matisse, Picasso et Fernande, sont jusqu'à la guerre les piliers de ces soirées. Tout le monde amenait des gens. Matisse amène Manguin, Derain et Braque. Picasso amène Apollinaire et avec lui, Marie Laurencin. Et Salmon, Max Jacob, Henri-Pierre Roché, Juan Gris, le sculpteur Manolo, Pascin, Uhde et sa fiancée Sonia Terk. Et celui qu'elle épousa ensuite : « Delaunay était amusant. Il avait quelque talent et beaucoup d'ambition. » (22). Et plus tard Satie, Cendrars, Cocteau. Au fond tous ceux qui firent les grandes heures de Paris pendant le premier quart du siècle. Gertrude était d'ailleurs de toutes les fêtes : le banquet donné en l'honneur du Douanier Rousseau dans l'atelier de Picasso en 1908, la soirée épique où le *Sacre du Printemps* fut donné au Théâtre des Champs-Élysées en 1913, où elle vit pour la première fois le critique Carl van Vechten qui devint un de ses grands amis et l'un de ses ardents hagiographes. C'est rue de Fleurus que toute une génération de jeunes peintres américains a eu l'occasion de se « frotter » à l'avant-garde française. Beaucoup d'entre-eux en effet sont venus à Paris au début du siècle, un peu comme au XVIIe siècle les artistes faisaient le voyage d'Italie. Le salon de Gertrude Stein était un des hauts lieux de ce pèlerinage, en même temps qu'un petit morceau de l'Amérique à Paris, où ils se sentaient moins étrangers. Alfred Maurer, « Alfy », était l'un des fidèles. Un autre habitué était Lyman Saÿen. Patrick Henry Bruce et Arthur B. Frost Jr. connurent là Matisse. Vinrent aussi Morgan Russell, Stanton Macdonald-Wright, Max Weber, Maurice Sterne, Arthur Dove, Charles Sheeler, Manierre Dawson, Walter Pach, Joseph Stella, Marsden Hartley, Charles Demuth, d'autres encore. C'est dans ce salon, au milieu des Cézanne, des Matisse et des Picasso, beaucoup plus que dans les académies diverses, Julian ou Colarossi, où presque tous ils travaillèrent un temps, qu'ils prirent réellement contact avec ce qui était l'art moderne. Il faut citer, pour rendre compte de l'atmosphère de la rue de Fleurus, encore beaucoup d'Américains, certains venus seulement après-guerre : les sœurs Cone, Mabel Dodge, déjà citées, Mina Loy qui devait épouser Arthur Cravan, le critique Henry Mc Bride. Et des gens qui di-

rent amis, lui et Gertrude, et jamais elle ne s'intéressa à son œuvre » (16) ; ni Braque, pourtant visiteur assidu chez les Stein, dont ce n'est qu'après 1920, semble-t-il, que Gertrude a acheté deux petites toiles. De quoi il ressort que la collection de la rue de Fleurus, comme celle de la rue Madame, est une collection « sentimentale » composée de tableaux aimés, et non systématiquement d'échantillons de l'avant-garde.

L'importance très remarquable des Stein dans l'histoire qui nous occupe ne se limite pas au fait qu'ils ont été collectionneurs : en tenant salon les uns et les autres tous les samedis soir, ils ont fait de leurs demeures des lieux de rencontre privilégiés où régnait, selon le mot de Leo, une atmosphère de propagande.

58 rue Madame : « Assise sur un divan dans un coin de la pièce, Sarah expliquait à tout le monde en quoi consistait le génie de Matisse. On l'écoutait sans conviction mais subjugué par son enthousiasme et son autorité. » (17). Matisse y vient fréquemment, accompagné de l'un ou l'autre de ses disciples. On y rencontre le collectionneur russe Chtchoukine ; Harriet Levy, amie d'Alice Toklas, qui acquiert des toiles de Matisse. Et aussi deux Américaines de Baltimore, Claribel et Etta Cone, deux fortes femmes, amateurs d'art, amies des Stein, qui, guidées par les conseils de Sarah, vont constituer une étonnante collection de Matisse (quarante-trois toiles se trouvent maintenant au musée de Baltimore). Mais c'est Gertrude qui fait connaître Picasso aux sœurs Cone (que le peintre appelait « the Miss Etta Cones » !) et là aussi ce fut le début d'une collection, constituée par la suite d'œuvres rachetées aux Stein, les deux sœurs étant assurées d'acquérir des pièces de premier ordre choisies en fonction du goût infaillible de leurs amis, collection qui fit beaucoup de bruit dans la paisible ville de Baltimore.

27 rue de Fleurus : « Le long des murs étaient de lourds meubles Renaissance italienne et, au milieu de la chambre, une table Renaissance sur laquelle on voyait un ravissant encrier, et à une extrémité une pyramide de cahiers soigneu-

rigeaient des revues d'avant-garde de langue anglaise, qui ont propagé – ou contesté – les mouvements novateurs : Robert Coady qui publiait *The Soil* (1916-1917) ; Alfred Kreymborg et Harold Loeb, *Broom* (1921-1924) ; Allan et Louise Norton, *The Rogue* (1915), Jane Heap, *Little Review* (1914-1929) ; Eugene Jolas et Eliot Paul, *Transition* (qui commence à paraître en 1927). Il y eut aussi des écrivains : William Carlos Williams, Hemingway, Scott Fitzgerald, Ezra Pound, Sherwood Anderson, ce dernier introduit par Sylvia Beach, qui amena à son tour Adrienne Monnier, Valery Larbaud, Tristan Tzara. Et toujours, auprès de Gertrude, la fidèle Alice, à laquelle Gertrude se substitue au début des années 30 pour écrire un livre qui fit beaucoup de bruit, parfait best-seller, où elle se fait, avec talent et complaisance, son propre agent de publicité, l'*Autobiographie d'Alice Toklas*, livre qui laisse au lecteur une sorte de vertige : que de gens célèbres rencontrés en 30 ans et en moins de 300 pages !

Ce livre a suscité de violentes réactions de la part de ceux qu'il touchait de près. Lettre de Leo Stein à Mabel Weeks, 28 décembre 1933 : « J'ai lu l'autre jour l'autobiographie de Gertrude et je pense qu'elle a très bien rendu le ton enjoué d'un commérage qui atteint parfois le niveau d'une assez bonne comédie. Mais Dieu, quelle menteuse ! Une partie de sa chronologie est trop belle pour être vraie. Pratiquement tout ce qui est dit de nos activités avant 1911 est

Leo Stein par Alfred Stieglitz.
The Metropolitan Museum of Art, Coll. Alfred Stieglitz, New York.

Michael et Sarah Stein, Henri Matisse, Allan Stein et Hans Purrmann chez les Stein, rue Madame, Paris, vers 1908.
The Baltimore Museum of Art, Archives Cone.

Claribel Cone, Gertrude Stein, Etta Cone à Florence, juin 1903.
Beinecke Rare Book and Manuscript Library, Yale University, New Haven, Conn.

faux. » (23). Leo s'étonne d'apprendre après tant d'années que c'est Gertrude qui a découvert Renoir, Cézanne, Matisse et Picasso, que c'est elle qui a décidé de l'achat de *La femme au chapeau* : « Jusqu'au moment où Gertrude acheta un tableau cubiste de Picasso, elle ne fut à l'origine d'aucune de nos acquisitions. » (24). L'*Autobiographie* a suscité la publication d'une série de témoignages de gens impliqués eux aussi très directement dans ce livre, Braque, Eugene et Maria Jolas, Matisse, André Salmon, Tzara, parus sous le titre « Testimony against Gertrude Stein » dans un supplément à *Transition* en février 1935. Les reproches sont sévères : « Elle n'a rien compris à ce qui se passait réellement autour d'elle. » (Jolas) (25). « Les mémoires d'A. Toklas nous donnent l'occasion d'apprécier jusqu'à quel point l'indécence peut aller [...] L'esprit en est si grossier, habitué qu'il est aux artifices de la plus basse prostitution littéraire, que je ne crois pas nécessaire d'insister sur le fait qu'on se trouve en présence d'un cas clinique de mégalomanie. » (Tzara) (26). « Manifestement, Mademoiselle Stein voyait les choses de l'extérieur et n'a jamais compris la nature du combat que nous [Picasso et Braque] menions. De quelqu'un qui prétend faire autorité sur l'époque, on peut affirmer sans risque qu'elle n'a pas dépassé le niveau du touriste. » (Braque) (27).

Une lecture critique de l'*Autobiographie* ou d'ouvrages tels que *Picasso* paru en 1938, où Gertrude Stein porte témoignage sur ce qu'elle a vécu et connu, bien davantage que dans les « portraits » qu'elle a écrits, *Henri Matisse* (28), *Pablo Picasso* (29), *Cézanne* (30), laisse effectivement rêveur. En effet l'approche des gens et des mouvements artistiques se fait chez elle selon un mode très particulier : « Son intérêt critique se porte uniquement sur le caractère et la personnalité des gens. » (31). Ce qui explique le côté « gossip » de ses écrits, cette façon rapide et sans appel avec laquelle elle définit les gens : « Tzara, quand il venait

chez nous me parlait d'une façon gentille, mais pas très amusante, comme un cousin de province en visite. » (32). Mais ce qui n'excuse pas les affirmations souvent très contestables qu'elle émet sur les mouvements artistiques qu'elle a cotoyés : « Les surréalistes sont la vulgarisation de Picabia, comme Delaunay et ses disciples les futuristes étaient la vulgarisation de Picasso. » (33) ! Et que dire de ses théories racistes sur le cubisme qui serait dans son essence même, espagnol, ce qui permet, tout simplement, d'oublier Braque... Tout cela affirmé sur le ton du plus parfait contentement de soi. Mais Gertrude n'était-elle pas consciente de ce qui lui fait dire sans cesse Picasso et moi, Matisse et moi, Juan Gris et moi, laissant dans l'ombre Leo, Michael et Sarah, elle qui écrit en 1946, un mois avant de mourir : « Dès ma plus tendre enfance, j'ai voulu entrer dans l'histoire. » (34).

Au-delà de ce qu'elle a pu écrire, il n'en reste pas moins que Gertrude Stein a fait preuve, à temps, d'une étonnante reconnaissance – même si elle est naïve ou incomplète – de ce qui était l'avant-garde et que tant d'autres, à l'époque, ont refusé : « Personne n'est en avance sur son temps ; en réalité chacun crée son propre temps à sa manière, et cette création n'est pas acceptée par les contemporains qui sont eux aussi en train de créer leur propre temps [...]. Bien sûr on ne reconnaît l'importance des authentiques créateurs de la modernité qu'après leur mort, car, appartenant alors au passé, l'art moderne est catalogué et ses caractéristiques deviennent classiques [...] Si les gens n'étaient pas si indifférents, ils comprendraient que la beauté est la beauté, même lorsqu'elle irrite, et qu'elle peut stimuler même si elle n'est pas reconnue comme classique. » (35). Ce qui valait bien une histoire revue, corrigée et pourquoi pas, améliorée !

(1) Leo Stein, *Appreciation : painting, poetry and prose*, New York, Crown Publ., 1947, p. 147 (abrégé par la suite : *Appreciation*).

(2) « Testimony against Gertrude Stein » *Transition pamphlet* n° 1, La Haye, février 1935, suppl. à *Transition* n° 23, Paris 1934/35, p. 3 (abrégé par la suite : *Testimony*).

(3) Gertrude Stein, *Autobiographie d'Alice Toklas*, Paris, Gallimard, 1973, p. 73 (abrégé par la suite : *A.A.T.*).

(4) *A.A.T.*, p. 52.

(5) *A.A.T.*, p. 53.

(6) Id., ibid.

(7) *A.A.T.*, p. 99.

(8) Gertrude Stein, *Picasso*, Paris, Floury, 1938, p. 62 (abrégé par la suite : *Picasso*).

(9) *Appreciation*, p. 173 et 175.

(10) *Appreciation*, p. 191-192.

(11) Leo Stein, Lettre à Mabel Foote Weeks, 2 avril 1914 (collection of American Literature, Beinecke Rare Book and Manuscript Library, Yale University).

(12) *A.A.T.*, p. 169.

(13) *A.A.T.*, p. 99.

(14) Gertrude Stein, « The life of Juan Gris. The life and death of Juan Gris », *Transition* n° 4, juillet 1927.

(15) *A.A.T.*, p. 99.

(16) *A.A.T.*, p. 50.

(17) Harriet Lane Levy [*Recollections*], texte dactylographié, (Berkeley, Bancroft Library).

(18) *A.A.T.*, p. 15-16.

(19) Mabel Dodge, *Intimate Memories, 2 : European Experiences*, New York, Harcourt Brace, 1935, p. 321-22.

(20) Ambroise Vollard, *Souvenirs d'un marchand de tableaux*, Paris, Albin Michel, 1948, p. 159 (abrégé par la suite : *Souvenirs*).

(21) *A.A.T.*, p. 102-103.

(22) *A.A.T.*, p. 106.

(23) Leo Stein, *Journey into the self*, New York, Crown Publ., 1950, p. 134 (abrégé par la suite : *Journey*).

(24) *Journey*, p. 148.

(25) *Testimony*, p. 2.

(26) *Testimony*, p. 13.

(27) *Testimony*, p. 14.

(28) Gertrude Stein, « Henri Matisse », *Camera Work*, New York, special number, août 1912, p. 23-25.

(29) Gertrude Stein, « Pablo Picasso », *Camera Work*, New York, special number, août 1912, p. 29-30.

(30) Gertrude Stein, « Cézanne », publié dans *Portraits and Prayers*, New York, Random House, 1934, p. 11.

(31) *Journey*, p. 298.

(32) *A.A.T.*, p. 207.

(33) *A.A.T.*, p. 222.

(34) « I wanted to be historical, from almost a baby on. » Gertrude Stein, *Selected writings*, edited by Carl van Vechten, New York, Random House, 1946, p. VII.

(35) Gertrude Stein, *What are masterpieces*, Los Angeles, The conference press, 1940, p. 27-29.

L'appartement de Michael et Sarah Stein, 58 rue Madame, Paris, début 1908. *The Baltimore Museum of Art, Archives Cone.*

Marie Laurencin

Apollinaire et ses amis *ou* Réunion à la campagne, 1909.

Huile sur toile, 130 × 194 cm.
Musée national d'art moderne, Paris.
Remis à l'Etat en paiement des droits de succession.

« Au début Marie Laurencin faisait de curieux tableaux, des portraits de Guillaume, de Picasso, de Fernande et d'elle-même. Fernande en parla à Gertrude Stein. Gertrude Stein acheta le portrait et Marie Laurencin en fut charmée. C'était la première toile d'elle qui trouvait un acheteur. » (1).

Il ne s'agit pas de la toile ici présentée, mais d'une autre, un peu antérieure (1908) et légèrement différente, *Groupe d'artistes,* qui se trouve actuellement dans la collection des sœurs Cone, au musée de Baltimore (elles achetèrent la toile à Gertrude en 1925). On peut y voir Apollinaire, Marie Laurencin, Picasso et Fernande. La seconde version, *Apollinaire et ses amis*, qui se trouvait dans la collection du poète, donne une idée plus complète des rencontres et des amitiés où Gertrude Stein se trouvait impliquée : elle figure en personne sur la gauche du tableau, de profil, les yeux fermés, portant de façon quasi prémonitoire la coupe de cheveux monacale qui sera la sienne des années plus tard. Vient ensuite Fernande Olivier. « Fernande était une grande et belle femme [...] une "femme décorative". » (2). Puis une muse dont la chevelure est chargée de fruits. Au centre du tableau Guillaume Apollinaire qui, comme Gertrude, écrivait sans signes de ponctuation, que l'un et l'autre considéraient comme des accessoires inutiles : « Guillaume était

extraordinairement brillant, et de quelque sujet que l'on parlât, qu'il le connût ou ne le connût pas, tout de suite il voyait de quoi il retournait et grâce à son imagination prompte et féconde, il en disait, il en savait plus que tous les autres, plus même que ceux qui connaissaient le sujet à fond. Et c'est drôle, mais il se trompait rarement. » (3).
Immédiatement à côté d'Apollinaire, Picasso : « petit, plein de vivacité, mais sans agitation, ses yeux doués d'une curieuse faculté de s'ouvrir tout grands et d'engloutir ce qu'il cherchait à voir » (4). Vient ensuite une jeune femme non identifiée, le poète Cremnitz et Marie Laurencin elle-même : « "Je ressemble à un Clouet". Ce qui était tout à fait vrai, elle était un Clouet. Elle avait les formes délicates et anguleuses des femmes françaises du Moyen-Age, telles qu'on les voit dans les primitifs. Elle avait une voix placée très haut, aux modulations charmantes. » (5).

(1) *A.A.T.,* p. 70.

(2) *A.A.T.,* p. 18 et 20.

(3) *A.A.T.,* p. 67.

(4) *A.A.T.,* p. 18.

(5) *A.A.T.,* p. 68-69.

Alice Toklas et Gertrude Stein, 27 rue de Fleurus, Paris 1922, *photographiées par Man Ray.*
Edward Burns, New York.

Paul Cézanne

Portrait de Madame Cézanne, *encore appelé* La dame à l'éventail, *ou* Madame Cézanne assise dans un fauteuil, vers 1879-1882.

Huile sur toile, 92,5 × 73 cm.
Fondation Bührle, Zürich.
(Ne figure pas à l'exposition.)

Le tableau, un portrait d'Hortense Fiquet, est acheté par Leo et Gertrude au début de l'année 1905, chez Ambroise Vollard. Ce dernier rappelle, dans les *Souvenirs d'un marchand de tableaux* cette mémorable acquisition : « Quand j'évoque ces temps anciens, je revois, chez les Stein, aux murs de l'appartement, des Matisse, des Picasso, et de Cézanne, un portrait de Madame Cézanne en gris dans un fauteuil rouge. Cette toile m'avait appartenu et je l'avais prêtée à une rétrospective du Maître d'Aix organisée au Salon d'Automne de 1905. Comme j'allais fréquemment à cette exposition, il m'arrivait d'apercevoir les Stein, les deux frères et leur sœur, assis sur une banquette en face de ce portrait. Ils le contemplaient silencieusement jusqu'au jour où, le Salon ayant fermé, M. Leo Stein vint m'apporter le prix de la toile. Il était accompagné de Mlle Stein : "Maintenant, dit celle-ci, le tableau est à nous." On aurait dit que le frère et la sœur venaient d'acquitter la rançon d'un être cher. » (1). Gertrude raconte elle aussi l'histoire : « Avant la fin de l'hiver Gertrude Stein et son frère, emportés par leur bel élan, décidèrent d'aller jusqu'au bout. Ils décidèrent d'acheter un grand Cézanne. Ensuite ce serait fini. Ensuite ils seraient raisonnables. Ils convainquirent leur frère aîné que cette dernière extravagance était nécessaire, et cela était nécessaire en effet, comme on le verra bientôt clairement. Ils dirent à Vollard qu'ils voulaient acheter un portrait par Cézanne. A cette époque pratiquement aucun grand portrait de Cézanne n'avait été vendu. Vollard les possédait presque tous. Il fut tout à fait ravi de cette décision. Et il les fit pénétrer dans la pièce du premier, celle où l'on montait par l'escalier dérobé, et où Gertrude Stein avait affirmé que

les vieilles femmes de charge se réunissaient pour peindre des Cézanne. Là ils passèrent des jours à discuter et à choisir le portrait de Cézanne qu'ils achèteraient. Il y en avait une huitaine environ parmi lesquels on pouvait choisir, et le choix était difficile. Il leur fallait souvent sortir et se réconforter chez Fouquet en mangeant des gâteaux au miel. Enfin ils n'hésitaient plus qu'entre deux toiles, un portrait d'homme et un portrait de femme, mais cette fois ils ne pouvaient point s'offrir le luxe d'acheter les deux, et enfin ils choisirent le portrait de femme. Vollard disait : "Bien entendu, d'ordinaire, un portrait de femme coûte toujours plus cher qu'un portrait d'homme, mais, ajoutait-il en considérant la toile avec beaucoup d'attention, je suppose qu'avec Cézanne ça n'a pas d'importance." Ils le chargèrent dans une voiture et ils l'emportèrent chez eux. C'est ce tableau qui faisait dire à Alfy Maurer que l'on pouvait affirmer qu'il était fini, entièrement fini parce qu'il avait un cadre. » (2).

L'histoire du cadre ici n'est pas une simple plaisanterie. Ce tableau représente pour Gertrude quelque chose de tout à fait révolutionnaire en matière de composition, problème qui la préoccupe beaucoup sur le plan de l'écriture (c'est en regardant le tableau qu'elle écrit *Three Lives*) : « J'acquis grâce à Cézanne... un nouveau sens de la composition... Cette idée de composition m'obsédait... L'important n'était pas seulement le réalisme des personnages, mais surtout le réalisme de la composition. Ceci... personne ne l'avait fait avant moi, mais c'est en grande partie Cézanne qui m'en a donné l'idée. » (3). Le cadre n'est plus une limite : « Le plus grand espoir d'un peintre qui véritablement espère en la peinture est que son tableau s'animera, qu'il vivra hors de son cadre. » (4).

Leo, de son côté, a été fort impressionné par Cézanne, fasciné lui aussi par ses qualités de composition. Se sentant préparé à cela d'ailleurs par le long apprentissage qu'il avait eu des peintres italiens de la Renaissance : la *Crucifixion* de Mantegna, au Louvre, était pour lui « comme une préfiguration des travaux de Cézanne, inondée de couleurs » (5). Il en parle longuement dans une lettre à Mabel Weeks, faisant de Cézanne le plus grand parmi les quatre grands qui sont à l'époque pour lui Manet, Renoir, Degas et Cézanne : « Cézanne se préoccupe essentiellement de la masse et il a réussi à l'exprimer avec une vie dont l'intensité reste sans égale dans toute l'histoire de la peinture. Peu importe le sujet – portrait, paysage ou nature morte – il y a toujours cette intensité impitoyable, cette quête incessante et sans fin de la forme, l'effort sans relâche pour la contraindre à se dévoiler dans la pureté absolue de sa nature même de masse. Un Cézanne achevé est à peine concevable. Chaque toile est un champ de bataille et la victoire reste un idéal hors de portée. Cézanne fait rarement plus d'une chose à la fois et, quand il passe à la composition, il est tout entier à l'affût de cette même intensité, accordant sa composition jusqu'à la faire résonner comme une harpe. Sa palette, bien qu'aussi âpre que ses formes, est presque aussi vibrante. En bref, c'est le plus robuste, le plus intense et, au sens noble, le plus idéal des quatre. » (6).

(1) Ambroise Vollard, *Souvenirs* p. 159 ; il faut noter ici une erreur de date, il s'agit en réalité du Salon d'Automne de 1904.

(2) *A.A.T.,* p. 40.

(3) Robert Bartlett Haas, « Gertrude Stein talking - a Transatlantic Interview », *Uclan Review,* Los Angeles, University of California, été 1962, p. 8-9.

(4) Gertrude Stein, *Lectures in America,* New York, Random House, 1935, p. 87.

(5) Cité par Leon Katz, « Matisse Picasso and Gertrude Stein » dans le catalogue de l'exposition *Four Americans in Paris,* New York, Museum of Modern Art, 1970, p. 52.

(6) Lettre non datée, fin 1904, à Mabel Weeks (collection of American Literature, Beinecke Rare Book and Manuscript Library, Yale University).

Henri Matisse

La Femme au chapeau, 1905.
Huile sur toile, 81,5 × 65 cm.
Mrs Walter A. Haas, San Francisco.
(Ne figure pas à l'exposition.)

Il fallait être audacieux, peut-être fallait-il être américain, pour oser acheter le portrait de Madame Matisse, aux cheveux rouges (elle avait les cheveux noirs), au nez vert, coiffée d'un invraisemblable chapeau, vêtue d'une robe bigarrée, hurlante de couleurs. Hans Purrmann, un élève de Matisse, rapporte dans ses mémoires que Matisse répondait à ceux qui l'interrogeaient sur la couleur réelle du vêtement que portait le modèle : « évidemment noir » (1).

Bien des controverses ont entouré l'acquisition de cette toile (qui faisait dire à André Gide que Matisse avait dépassé la mesure (2) : lequel des quatre Stein en avait-il décidé l'achat ? Gertrude ? : « [L'exposition] contenait un grand nombre de tableaux très jolis, et aussi un tableau qui n'était pas joli. Cela mit le public en fureur, et on tâcha de le lacérer. Ce tableau plaisait à Gertrude Stein, c'était le portrait d'une femme avec un visage allongé et un éventail. C'était d'une couleur et d'une anatomie très étranges. Elle dit qu'elle voulait l'acheter. » (3).

Matisse raconte la chose autrement : « C'est entre Madame Michel Stein et son [beau-]frère qu'eut lieu la discussion sur l'opportunité de l'acquisition de *La femme au chapeau*. Une fois l'achat effectué, Leo dit à Madame Michel Stein : "Je te demanderai de me le laisser car je veux connaître les raisons exactes de mon choix." » (4).

Leo de son côté affirme en avoir été l'acquéreur : « C'était... un tableau plein d'éclat et de force, mais jamais je n'ai vu un si vilain barbouillage de peinture... Je m'en serais emparé immédiatement s'il ne m'avait pas fallu quelques jours pour surmonter le malaise que provoquait en moi cette manière de peindre. Après les quelques jours qui furent nécessaires pour que je m'habitue à ce barbouillage, je fis une offre d'achat... » (5).

Peu importe au fond. Ils furent tous fascinés : « En jetant un regard dans la pièce nous trouvâmes nos amis plongés dans la contemplation d'une toile. La toile d'une femme portant un chapeau effrontément incliné. Le dessin en est cru et la couleur bizarre. » (6). Ce sont les Stein dans la « cage aux Fauves » du Salon d'Automne de 1905, vus par Claribel Cone. Matisse demandait cinq cents francs pour le tableau. Les Stein en proposaient quatre cents. Matisse refusa : « Ils décidèrent d'aller de nouveau au Salon et de regarder le tableau encore un peu [...] Gertrude Stein ne pouvait pas comprendre pourquoi, le tableau lui semblait parfaitement naturel. Le portrait de Cézanne ne lui avait pas paru d'abord naturel, il lui avait fallu quelque temps pour se rendre compte qu'il était naturel, mais la toile de Matisse lui paraissait tout à fait naturelle, et elle ne pouvait point comprendre pourquoi elle mettait en rage tout le monde. Son frère était moins attiré par le tableau mais il était d'accord qu'il fallait l'acheter et ils l'achetèrent. Ça l'irritait et ça l'ennuyait, parce qu'elle ne pouvait pas comprendre pourquoi elle la trouvait si naturelle, pendant que les autres trouvaient si naturel de la trouver absurde. » (7). Ils l'achetèrent cinq cents francs. La toile fut accrochée dix ans au mur du salon de la rue de Fleurus où toute une génération de jeunes artistes américains put la contempler. Gertrude, après s'être séparée de Leo, la vendit à Michael et Sarah en 1915. Elle se trouva parmi les quelques pièces que ceux-ci remportèrent aux États-Unis en 1935.

(1) Hans Purrmann, « Ueber Henri Matisse » dans *Henri Matisse Farbe und Gleichnis*, Zürich, Arche, 1955, p. 125.

(2) André Gide, « Promenade au Salon d'Automne », *Gazette des Beaux-Arts* n° 34, décembre 1905, p. 483.

(3) *A.A.T.*, p. 41.

(4) *Testimony*, p. 3.

(5) *Appreciation*, p. 158-159.

(6) Cité par Irene Gordon, « A world beyond the world : the discovery of Leo Stein », *Four Americans in Paris*, New York, Museum of Modern Art, 1970, p. 26.

(7) *A.A.T.*, p. 42.

L'atelier de Leo et Gertude Stein, 27 rue de Fleurus, Paris, début 1906.
The Baltimore Museum of Art, Archives Cone.

Pablo Picasso

Portrait de Gertrude Stein, 1905-1906.
Huile sur toile, 100 × 81,3 cm.
The Metropolitan Museum of Art, legs Gertrude Stein 1946, New York.

« Personne n'avait jamais posé pour Picasso depuis qu'il avait l'âge de 16 ans, il en avait 24 alors ; de son côté Gertrude Stein n'avait jamais songé à faire peindre son portrait [...] Elle posa pour ce portrait et elle posa quatre-vingt-dix fois [...] Vint la première séance de pose. J'ai déjà décrit l'atelier de Picasso. A cette époque il y avait encore plus de désordre chez lui, de remue-ménage, de poêles chauffés au rouge, de cuisine impromptue et d'interruptions. Il y avait un grand fauteuil cassé dans lequel Gertrude posait [...] Picasso, assis sur le rebord de sa chaise, le nez contre sa toile, tenant à la main une très petite palette couverte d'un gris brun uniforme, auquel il ne cessait d'ajouter encore du gris brun, commença à peindre [...] Vers la fin de l'après-midi, les deux frères et la belle-sœur de Gertrude Stein et André Green vinrent voir l'esquisse. Ils furent électrisés par sa beauté, et André Green pria et supplia Picasso de la laisser comme elle était ; mais Picasso secoua la tête et répondit "Non".» (1). « Le printemps arrivait et les séances de pose touchaient à leur fin. Un beau jour, brusquement, Picasso peignit toute la tête : "Je ne vous vois plus grand quand je vous regarde", dit-il en colère. Et ainsi on laissa le portrait comme ça. » (2). « Les Picasso allèrent en Espagne. » (3). « Le jour de son retour d'Espagne, Picasso prit sa palette, et sans hésiter, de souvenir, sans revoir Gertrude Stein, il peignit la tête. Quand elle la vit, elle et lui en furent satisfaits. C'est très curieux, mais ni lui ni elle ne peuvent se rappeler à quoi ressemblait la tête avant qu'il la repeignît ainsi. » (4). « J'étais et je suis toujours contente de mon portrait. Pour moi, c'est moi. C'est la seule reproduction de moi qui soit toujours moi. » (5). Telle est l'histoire de ce surprenant portrait racontée par Gertrude Stein.

On comprend la gêne première qu'on éprouve en voyant le tableau, cette impression de tête « rapportée », le « masque » déroutant. C'est la raison pour laquelle Leo n'aimait pas ce portrait : « Les ressources intérieures de Picasso ne suffisaient pas à ses besoins du moment et il lui fallait chercher un appui ailleurs. Il le trouva dans l'art nègre qui lui servit en quelque sorte de thème d'inspiration. Ainsi il s'arrangea pour "achever" le portrait de Gertrude pendant que nous étions à Fiesole. Cependant, comme il le laissa tel quel à l'exception du masque, le tableau, envisagé dans sa totalité, est incohérent. » (6). Masque nègre ou masque ibérique ? (Il y avait eu au Louvre, au printemps 1906, une exposition de sculpture pré-romane ibérique.) C'est une querelle d'historiens d'art...

Et puis, le portrait était-il ressemblant ? Tout au début, Picasso disait : « Tout le monde prétend qu'il n'est pas ressemblant, mais ça ne fait rien, elle finira par lui ressembler. » (7). Les choses ont failli se gâter des années plus tard, lorsque Gertrude se fit couper les cheveux, ce qui lui donnait un air monacal : « Gertrude Stein ne portait plus qu'une calotte de cheveux. [...] Quand Picasso vit cela, il fut d'abord furieux et s'écria : "Mais mon portrait ?" Mais bien vite il ajouta : "Après tout, tout y est." » (8). Ce portrait séduisit profondément le critique anglais Roger Fry, qui le fit reproduire en vis-à-vis de la *Donna Gravida* de Raphaël

pour illustrer un article qu'il publia dans le *Burlington Magazine* (9).

D'autres artistes, peintres et sculpteurs, ont par la suite réalisé des portraits de Gertrude Stein : Vallotton, qui expose au Salon d'Automne de 1907 un portrait de Gertrude Stein (aujourd'hui dans la collection Cone à Baltimore) « qui avait l'air d'un David, mais qui n'était pas un David » (10) et à propos duquel Apollinaire écrivit : « Il expose six tableaux parmi lesquels un portrait de *Mademoiselle Stein*, cette Américaine qui avec ses frères et une partie de sa parenté forme le mécénat le plus imprévu de notre temps.

Leurs pieds nus sont chaussés de sandales delphiques.

Ils lèvent vers le ciel des fronts scientifiques.

Les sandales leur ont parfois causé du tort chez les traiteurs et les limonadiers. Ces millionnaires veulent-ils prendre le frais à la terrasse d'un café des boulevards, les garçons refusent de les servir et poliment leur font comprendre qu'on ne sert que des consommations trop chères pour des gens à sandales. Au demeurant, ils s'en moquent et poursuivent calmement leurs expériences esthétiques. » (11). Il y eut aussi Lipschitz (1920), Jo Davidson (vers 1923), Marcoussis (vers 1933), Picabia (vers 1933)...

Paru dans le *Burlington Magazine*, CLXXII, vol. XXXI, juillet 1917, p. 162.

(1) *A.A.T.*, p. 53-54.

(2) *A.A.T.*, p. 60.

(3) *A.A.T.*, p. 62.

(4) *A.A.T.*, p. 65.

(5) *Picasso*, p. 31.

(6) *Appreciation*, p. 174.

(7) *A.A.T.*, p. 18.

(8) *A.A.T.*, p. 259.

(9) Roger Fry, « The new movement in art in its relation to life », *Burlington Magazine*, CLXXII, vol XXXI, juillet 1917, p. 162.

(10) *A.A.T.*, p. 16.

(11) Guillaume Apollinaire, *Chroniques d'art*, Paris, Gallimard, 1960, p. 42.

196

Pablo Picasso

La bouteille de marc (Ma jolie), *ou* La table d'architecte, 1912.

Huile sur toile, 72,7 × 59,7 cm.
The Museum of Modern Art, New York, don William S.
Paley, 1971.

Au printemps 1912, Gertrude Stein achète cette toile chez Kahnweiler. C'est le premier achat qu'elle fait indépendamment de son frère Leo. Elle considérait les toiles de cette période comme de « bons crus » : « Picasso était gai, il travaillait énormément, comme il a toujours travaillé, mais dans une atmosphère heureuse [...] De 1910 à 1912, ce furent de bonnes années. C'était le temps de *Ma jolie* ; l'époque de toutes les natures mortes. Les tables avec leur couleur grise, leurs variétés de tons gris... » (1). Elle n'est d'ailleurs pas étrangère à la création de l'œuvre : « Un jour nous allâmes voir [Picasso]. Il était sorti et Gertrude Stein, en guise de plaisanterie laissa sa carte de visite. Peu de jours après nous nous y rendîmes une seconde fois, et trouvâmes Picasso au travail, en train de peindre une toile sur laquelle était écrit "ma jolie" et où se trouvait peinte, dans le coin du bas la carte de visite de Gertrude Stein. » (2). Ce n'est pas la seule fois que la carte de visite de Gertrude apparaît sur une toile ; on la retrouve aussi dans un collage de Picasso, *Dés et paquets de tabac* (1914).

« Ma jolie », qu'on peut voit souvent dans les toiles de l'époque fait référence à une chanson populaire « O Manon ma jolie, mon cœur te dit bonjour » (il s'agit aussi, selon Gertrude, de nouvel amour de Picasso, Ève).

(1) *Picasso*, p. 76-77.
(2) *A.A.T.*, p. 119-120.

Pablo Picasso

Nu assis, 1905.

Huile sur carton, 106 × 76 cm.
Musée national d'art moderne, Paris.

Ce n'est pas le Picasso de la période bleue ou de la période rose – à laquelle se rattache ce nu – qui a le plus fasciné Gertrude Stein. Elle avait même marqué une opposition assez vive à l'acquisition du second Picasso acheté par Leo, et non le premier comme elle le prétend, la *Fillette nue à la corbeille fleurie* : « Gertrude Stein n'aimait pas ce tableau : elle disait qu'elle trouvait quelque chose d'horrible à la façon dont les jambes et les pieds étaient dessinés, quelque chose qui la dégoûtait et la repoussait. Elle et son frère se querellèrent presque à propos de ce tableau. Il le voulait et elle ne voulait point le voir dans la maison. » (1). Le marchand, Sagot, alla jusqu'à proposer de couper les jambes ! Ce qui, Dieu merci, ne se fit pas et le tableau entra entier dans la collection. Leo lui-même marqua plus tard une certaine déception devant les œuvres de la période rose : « Pour la première fois Picasso s'essaya à quelque chose qui n'était plus du tout de l'illustration. Le résultat fut d'une médiocrité lamentable. C'était la période rose, sa plus mauvaise période. Il faisait des personnages qui n'étaient que des personnages et la pauvreté du résultat justifiait à peine le travail qu'il y consacrait. » (2).

(1) *A.A.T.*, p. 50.

(2) *Appreciation*, p. 174.

198

Pablo Picasso

Maisons sur la colline, Horta de Ebro, 1909.
Huile sur toile, 65,4 × 81,4 cm.
Nelson A. Rockefeller, New York.
(Ne figure pas à l'exposition.)

C'est à propos des paysages faits par Picasso en Espagne que Gertrude Stein a abondamment développé sa théorie du cubisme espagnol : « 1909. Nouveau voyage en Espagne. Cette fois Picasso rapporte des paysages qui étaient certainement le commencement du cubisme. Ces trois peintures étaient extraordinairement réalistes. Picasso ayant pris, par hasard, quelques photographies du village dont il avait fait des tableaux, quand tout le monde s'élevait contre la fantaisie de ces paysages, c'était toujours un amusement pour moi de montrer les photos. On comprenait alors que ces tableaux en étaient presque de fidèles reproductions. Oscar Wilde a dit que "la nature ne fait rien que copier les tableaux". En effet, il y a une vérité en cela et certainement les villages d'Espagne étaient aussi cubistes que les tableaux. » (1). Ce que tend à souligner la publication sur deux pages se faisant face d'une des photographies prises par Picasso à Horta de Ebro et du tableau, *Maisons sur la colline*, dans *Transition* (2). « Son traitement des maisons était tout espagnol, et par conséquent bien propre à Picasso. Dans ces tableaux il mettait en relief pour la première fois la méthode de construction des villages espagnols où les lignes des maisons ne suivent point les lignes du paysage, mais semblent le découper, et semblent se perdre dans le paysage en découpant le paysage. [...] La couleur elle aussi était typiquement espagnole, ce jaune pâle et argenté avec un soupçon de vert... » (3).

(1) *Picasso*, p. 32.

(2) *Transition*, nº 11, février 1928, entre p. 90 et 93.

(3) *A.A.T.*, p. 98.

Juan Gris

Fleurs, 1914.

Huile, papier collé et crayon sur toile, 55 × 46 cm.
M. et Mme Harold Diamond, New York.

« Ce fut seulement deux mois avant le début de la guerre que Gertrude Stein vit les premières toiles de Juan Gris chez Kahnweiler et en acheta trois. » (1). La troisième, qui est achetée peu de temps après les deux autres, est ce collage : « Les peintres cubistes se sont servis d'objets véritables. L'objet réel fournissait l'élément stable, le contraste rigide avec le reste du tableau. Ces artistes voulaient se rendre compte si par la force d'intensité avec laquelle ils peindraient avec réalisme certains de ces objets, une pipe, un journal, le reste du tableau ne s'y opposerait pas. » (2). Là encore, le collage est « une production naturelle de l'Espagne. Dans les boutiques de Barcelone, au lieu de cartes postales, on vendait de petits cadres carrés à l'intérieur desquels il y avait un cigare, un vrai cigare, une pipe, un mouchoir, etc., le tout rehaussé par des bouts de papier découpés qui représentaient d'autres objets, exactement l'arrangement de tant de peintures cubistes. » (3).

Pourtant Juan Gris, en peignant une nature morte, faillit un peu à son espagnolisme : « Comme la plupart de ses compatriotes, Picasso n'était vraiment intéressé que par les êtres : les paysages, les natures mortes, la volupté des fleurs étaient plus séduisantes pour un Français que pour un Espagnol. Juan Gris, toutefois, a toujours fait des natures mortes ; pour lui la nature morte n'était pas une séduction mais une religion. » (4). Ce qui s'explique, Juan Gris étant espagnol sans l'être : « La culture française m'a toujours séduit, aimait à dire Juan Gris. » (5). Tout comme il y avait des affinités entre l'écriture de Gertrude Stein et la peinture de Cézanne, aussi bien que celle de Picasso, elle affirme une communauté de recherches entre son propre travail et celui de Juan Gris : « Gertrude Stein dans son œuvre a toujours été dominée par la passion intellectuelle de l'exactitude dans toutes les descriptions des réalités extérieures ou intimes. C'est cette conception exigeante de l'exactitude qui créa entre Gertrude Stein et Juan Gris un lien si fort. Juan Gris avait le besoin de l'exactitude, mais son exactitude avait une base mystique. Comme mystique, il avait besoin d'exactitude. Chez Gertrude Stein, la nécessité était d'ordre intellectuel, une passion pure pour l'exactitude. » (6).

(1) *A.A.T.*, p. 116.

(2) *Picasso*, p. 71.

(3) *A.A.T.*, p. 99.

(4) *Picasso*, p. 49.

(5) Gertrude Stein « The Life of Juan Gris », *Transition* n° 4, juillet 1927, p. 160.

(6) *A.A.T.*, p. 223.

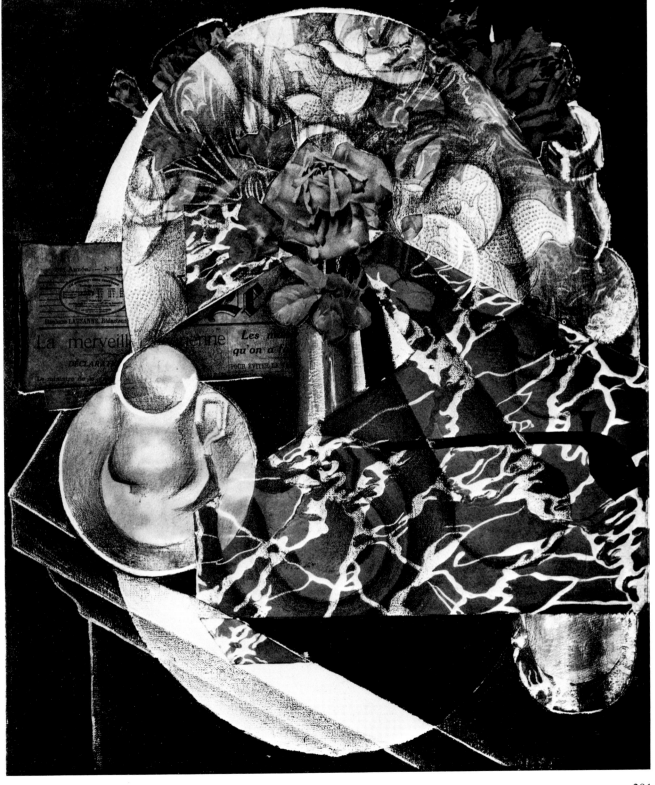

Henri Matisse

Le jeune marin I, 1906.
Huile sur toile, 98,7 × 77,5 cm.
Collection particulière, Norvège.

C'est pendant l'été 1906, qu'il passe à Collioure, que Matisse exécute cette toile, représentation fauve d'un thème dont il peint au même moment une seconde version, où s'affirme sa recherche d'un style décoratif. Leo Stein rapporte une curieuse anecdote à propos des deux versions du *Jeune marin*, dont Michael et Sarah Stein achetèrent la première : « Un été [Matisse] rapporta de la campagne une étude d'un jeune pêcheur, ainsi qu'une copie libre faite à partir de celle-ci et qui présentait des déformations très accentuées. Il prétendit d'abord que c'était le facteur de Collioure qui l'avait faite, mais finalement il avoua que l'expérience était de lui. C'était son premier travail comportant des déformations volontairement exagérées. » (1).

En juillet 1914, la Galerie Gurlitt de Berlin organise une exposition Matisse, à laquelle, sur l'insistance du peintre, Michael et Sarah acceptent de prêter dix-neuf toiles. Ces quelques notes d'introduction au catalogue de cette exposition montrent bien la renommée internationale qu'avait leur collection : « Les tableaux d'Henri Matisse ici exposés font partie de la collection bien connue de Monsieur Michel Stein à Paris... » (2). L'exposition ferme ses portes au moment où la guerre éclate, et lorsqu'en 1917 l'Amérique entre en guerre elle aussi, les tableaux des Stein sont saisis comme bien ennemis ! Ils sont alors mis en vente, mais Hans Purrmann, peintre allemand, élève de Matisse et ami des Stein, réussit en 1918 à en récupérer la quasi totalité et à les rendre à leurs propriétaires. Et parmi ces toiles, le *Jeune marin* qui fut par la suite acheté aux Stein par le collectionneur norvégien Trygve Sagen (3).

(1) *Appreciation*, p. 192.

(2) Ce catalogue nous a été aimablement communiqué par Monsieur Dominique Fourcade.

(3) Cf. Alfred Barr Jr., *Matisse, his Art and his Public*, N.Y., 1951, p. 178 et 199.

202

Henri Matisse

La gitane, 1906.
Huile sur toile, 55 × 46,5 cm.
Musée de l'Annonciade, St-Tropez.

S'il a fait moins de bruit que l'acquisition de *La femme au chapeau*, l'achat de *La gitane*, par Michael et Sarah, est tout aussi audacieux. Cette toile est sans doute l'une des plus férocement fauves de Matisse (Matisse aurait été allemand, on aurait avec joie parlé ici d'expressionnisme !) : « Ce que je poursuis par-dessus tout c'est l'expression [...] la tendance dominante de la couleur doit être de servir le mieux possible l'expression. Je pose mes tons sans parti pris [...] le côté expressif des couleurs s'impose à moi de façon purement instinctive. Pour moi, je cherche simplement à poser des couleurs qui rendent ma sensation. » (1). A cette diablesse au sourire ambigu on peut appliquer sans peine les mots de Matisse : « Ce qui m'intéresse le plus, ce n'est ni la nature morte ni le paysage, c'est la figure. C'est elle qui me permet le mieux d'exprimer le sentiment pour ainsi dire religieux que je possède de la vie. Je ne m'attache pas à détailler tous les traits du visage, à les rendre un à un dans leur exactitude anatomique. Si j'ai un modèle italien, dont le premier aspect ne suggère que l'idée d'une existence purement animale, je découvre cependant chez lui des traits essentiels, je pénètre, parmi les lignes de son visage, celles qui traduisent ce caractère de haute gravité qui persiste dans tout être humain. Une œuvre doit porter en elle-même sa signification entière et l'imposer au spectateur avant même qu'il en connaisse le sujet. » (2).

(1) Henri Matisse, « Notes d'un peintre », repris dans Henri Matisse, *Écrits et propos sur l'art*, Paris, Hermann, 1972, p. 42 et 48-49.

(2) Ibidem, p. 49.

Henri Matisse

Nu couché, 1er état, 1907.
Bronze (7/10), 36 × 51 × 27 cm.
Musée d'art moderne de la ville de Paris, legs Girardin 1953.

Michael et Sarah Stein ont acquis plusieurs sculptures de Matisse, dont ce *Nu couché*. La version, en argile, à laquelle Matisse travaillait en 1907, ayant été endommagée, le peintre, furieux de cet accident, se mit à peindre le *Nu bleu*, dont le sujet, une femme étendue au corps déformé, est tout à fait similaire. Puis l'artiste se remit à la sculpture (selon un processus de création auquel il tenait beaucoup) : « J'aime modeler autant que peindre – je n'ai pas de préférence. Si la recherche est la même, quand je me fatigue d'un moyen, alors je me tourne vers l'autre – et je fais souvent "pour me nourrir" la copie en terre d'une figure anatomique. » (1).

C'est une sculpture que Matisse devait aimer particulièrement car on la retrouve dans plusieurs de ses toiles. Sarah Stein, dans les notes qu'elle a prises lorsqu'elle était l'élève de Matisse, au Couvent des Oiseaux où il avait ouvert une académie pendant l'hiver 1907-1908, relève l'expression des conceptions de Matisse sur la sculpture, à l'époque précisément où il prend le parti de déformer la figure : « Il ne faut à aucun prix faire coïncider le modèle avec une théorie ou un effet préconçu. Le modèle doit vous marquer, éveiller en vous une émotion, qu'à votre tour vous cherchez à exprimer. Devant le sujet, vous devez oublier toutes vos théories, toutes vos idées. La part de celles-ci qui vous revient réellement ressortira dans l'expression de l'émotion éveillée en vous par le sujet [...] Votre imagination se trouve ainsi stimulée et contribue à la conception plastique du modèle avant que vous ne commenciez. Cette jambe, si ce n'était l'accident de la courbe du mollet, décrirait une forme ovale plus allongée, plus mince ; et il faudra insister sur cette

forme, comme dans les antiques pour aider à l'unité de la figure [...] Exprimez par des rapports de masses et de grands mouvements de lignes en corrélation. Il faut déterminer la forme caractéristique des différentes parties du corps et la direction des contours qui donneront cette forme [...] On peut diviser son travail en opposant les lignes (ou axes) indiquant la direction des parties et construire ainsi le corps d'une manière qui suggère immédiatement son caractère général et son mouvement. Outre les sensations que l'on tire d'un dessin, une sculpture doit nous inviter à la manier en tant qu'objet ; de la même façon le sculpteur doit éprouver en cours d'exécution les exigences particulières que sa sculpture pose en matière de volume et de masse. Plus la sculpture est petite, plus l'essentiel de la forme doit s'imposer. » (2).

Le *Nu couché* a été reproduit dans la revue d'Alfred Stieglitz *Camera Work* (3) et a fait partie d'une grande exposition Matisse qui eut lieu en 1915 dans une galerie d'avant-garde de New York, la Montross Gallery, où toute une salle était consacrée à la sculpture de l'artiste. On en trouve également une fonte parmi les œuvres qui ont appartenu au grand collectionneur américain John Quinn.

(1) Interview par Clara T. Mac Chesney, « A talk with Matisse, leader of post-impressionnists », *The New York Times*, 9 mars 1913, cité par D. Fourcade dans *Henri Matisse, Écrits et propos sur l'art*, Paris, Hermann, 1972, p. 70, note 45.

(2) Notes de Sarah Stein, dans *Henri Matisse, Écrits et propos sur l'art*, Paris, 1972, p. 69-70.

(3) *Camera Work*, n° 39, New York, juillet 1912.

Henri Matisse

Le luxe I, 1907.
Huile sur toile, 210 × 138 cm.
Musée national d'art moderne, Paris.

Quand, comment, pendant combien de temps, la première version du *Luxe* de Matisse s'est-elle trouvée chez Michael et Sarah Stein ? Une photographie non datée, mais vraisemblablement prise, comme les autres photographies de l'appartement de la rue Madame, en 1908, montre cette toile accrochée dans la grande pièce qui servait de salle à manger, sur le mur à droite de la fenêtre, face à celui devant lequel se trouve, sur une table basse, la sculpture de Matisse, *Le serf.*

Dans un livre, paru en 1911, *The Post-Impressionists* (1), C. Lewis Hind, l'auteur, rapporte une visite qu'il fit chez Michael et Sarah Stein, visite qui se situe entre le printemps 1910 et la date de parution de l'ouvrage. Il rapporte ses premières impressions : « Le grand studio était bourré de visiteurs. On y entendait les petits rires et les protestations d'usage, les habituelles considérations de dédain et de dégoût. Ça et là, on rencontrait des gens à demi convaincus ; peu l'étaient totalement. Ma première réaction fut la consternation, presque l'horreur. Ce groupe de nus, cette matière plate – de la couleur de peintre en bâtiment – un nu vert, un nu rose, un nu jaune pâle ! Ces monstres, nés de formes féminines, ces caricatures de nus ! » (2). Ce texte pouvait laisser supposer qu'il s'agissait de la première version du *Luxe*, la photographie le prouve. Toutefois de nombreuses inconnues restent à éclaircir : on sait que le tableau a été exposé au Salon d'Automne de 1907. A-t-il été acheté à cette occasion par les Stein, qui l'auraient revendu plus tard à Matisse, peut-être au moment de leur retour aux États-Unis en 1935 ? Ou bien Matisse l'aurait-il laissé en dépôt pendant un temps rue Madame, comme il semble l'avoir fait plusieurs fois ? Toujours est-il que c'est à Matisse lui-même que la toile a été achetée en 1945 par le Musée national d'art moderne à Paris.

On se trouve ici devant un problème proche de celui que pose une autre toile de Matisse, l'*Intérieur aux aubergines,* qui a appartenu également à Michael et Sarah Stein, et qui fut donnée par Matisse au Musée de Grenoble en 1922. Comme l'écrit Dominique Fourcade dans un article paru dans *Critique,* « Rêver à trois aubergines... » (3), il semble que les Stein aient acheté et revendu ce tableau à Matisse. Mais on ne sait toujours pas pourquoi, ni quand ils se sont défaits de cette œuvre pour la rendre à l'artiste.

(1) C. Lewis Hind, *The Post-Impressionists,* London, Methuen and Cᵒ, Ltd, 1911. Ce texte précieux nous a été aimablement communiqué par Madame Isabelle Monod-Fontaine.

(2) Id. p. 45-46.

(3) Dominique Fourcade, « Rêver à trois aubergines... » *Critique,* nᵒ 324, mai 1974, pp. 446 à 489.

L'appartement de Michael et Sarah Stein, 58 rue Madame, Paris, vers 1908.
Galerie Zabriskie, Paris.

Autour de Cézanne

« Cézanne est notre maître à tous », disait Matisse. Et il l'a été effectivement de la plupart des jeunes peintres américains venus à Paris au début de ce siècle (avant que Cézanne ne soit « exporté » aux États-Unis et exposé pour la première fois sur l'autre continent, à la galerie d'Alfred Stieglitz en 1910 – une exposition de lithographies – suivie en 1911 d'une exposition d'aquarelles). Si le maître d'Aix s'est volontairement tenu à l'écart de la scène parisienne, un certain nombre de manifestations, depuis 1900, y ont fait connaître sa peinture. A commencer par les Salons : deux toiles figurent aux Indépendants de 1901, trois aux Indépendants de 1902 ; au Salon d'Automne de 1904 une salle spéciale est consacrée à Cézanne, où l'on peut voir trente et une toiles ; dix peintures s'y trouvent l'année suivante, dix également en 1906 ; et en 1907, après la mort de l'artiste, le Salon d'Automne lui consacre une exposition rétrospective comportant cinquante-six numéros, peintures et aquarelles : Rilke s'émerveillait alors devant « l'équilibre intime des couleurs de Cézanne qui ne sont nulle part saillantes ou indiscrètes, [qui] produisent justement cette apparence paisible et en quelque sorte veloutée, ce qui n'est certes pas chose facile dans cet espace inhospitalier du Grand Palais » (1). Et puis, il y a les marchands : la galerie d'Ambroise Vollard où Leo Stein a découvert Cézanne ; la Galerie Bernheim-Jeune qui organise plusieurs manifestations consacrées au peintre : une exposition d'aquarelles en juin 1907, une autre en 1909. Soixante-huit peintures et aquarelles y sont présentées en janvier 1910 ; plus de trente œuvres en 1914. Il y a aussi l'atelier des Stein de la rue de Fleurus où, depuis 1905, figure en bonne place le *Portrait de Madame Cézanne* qu'accompagnent, accrochées au mur ou resserrées dans des cartons, de nombreuses aquarelles, baigneurs et Sainte Victoire. Et chez les Stein on peut rencontrer Matisse, ardent défenseur, voir propagandiste du peintre aixois. Voilà pour les lieux cézanniens.

Pour tenter de percevoir davantage l'étonnante nouveauté de ce qu'a pu représenter pour les artistes américains la rencontre de Cézanne, tout comme celle de Matisse, il faut donner ici un aperçu de ce qu'ils avaient connu sur le continent américain. Depuis le XIXᵉ siècle, le monde de l'art était régi par la National Academy of Design, qui organisait des expositions annuelles, fourches caudines sous lesquelles devaient passer tous les jeunes artistes qui souhaitaient être reconnus. C'est contre cette institution rétrograde que se révoltent un certain nombre de peintres regroupés autour de Robert Henri et connus sous le nom d'Ash Can School (École de la poubelle – bien qu'ils n'aient jamais formé une « école » au sens strict du terme), révolte qu'on pourrait qualifier autant de sociale – réagir contre les privilèges, la contrainte des institutions – que d'artistique – donner la prééminence au vrai sur le beau, à la vie sur l'art, au réel sur l'artificiel : « Peintre un tableau qui ne ressemble pas à un tableau » (2), telle est la recommandation de Robert Henri. On a appelé « apôtres de la laideur » ces peintres qui, renonçant aux sujets nobles, choisissent de peindre la réalité de la vie quotidienne américaine – ce qu'explique la grande transformation économique due à l'expansion industrielle du pays au tournant du siècle –, avec des intentions « sociales » très évidentes (et il n'est pas indifférent que ce soit l'influence de Franz Hals, de Goya ou du Manet « espagnol » que l'on perçoive derrière ces scènes de rue, ces figures appartenant au monde d'une classe moyenne sinon miséreuse...). Voilà l'avant-garde américaine de la première décennie du siècle, telle qu'on a pu la

voir par exemple à New York en 1908, à l'occasion d'une exposition qui regroupait Robert Henri, William Glackens, John Sloan, George Luks, Everett Shinn, Arthur B. Davies, Ernest Lawson, Maurice Prendergast, ceux qu'on a nommés les « Huit » (certains d'entre eux, tels Lawson et Prendergast se rattachant à l'impressionnisme, dont le grand maître américain était Childe Hassam, et Davies s'attardant du côté d'un romantisme visionnaire). Ce mouvement, de sursaut et de révolte, a incontestablement préparé le terrain pour un renouvellement de l'art américain. Mais tout cela est bien loin de Cézanne.

Cézanne était une sorte de « Nouveau Monde » pour les peintres américains qui le découvraient ; ils y ont trouvé l'enseignement d'un nouvel art de peindre : forme, couleur, structure, lumière. « Tout au long de sa vie Monet s'est préoccupé de la *surface* des choses, alors que Cézanne s'est penché sur la *substance* des choses. » (3). C'est le second que nos peintres ont suivi : « Ils s'efforçaient de rendre la structure plutôt que la surface des choses. Ils peignaient comme Cézanne plutôt que comme Monet. » (4). Cézanne fut aussi une mode : « La mort de Cézanne coïncida avec son apothéose. Comme il l'avait prédit, innombrables furent ceux qui s'empressèrent d'imiter habilement sa façon de traiter les surfaces, sa palette et la distorsion de ses lignes. Ses tables en bois blanc, ses pommes rouges, ses compotiers déformés sont devenus par la suite un parangon de sophistication. » (5). Avec les inévitables erreurs d'interprétation qu'entraîne avec soi l'influence qu'un artiste peut exercer sur un autre : « Ce culte [de Cézanne] n'a abouti qu'à égarer les jeunes artistes par la publication d'ouvrages truffés d'interprétations erronées et qui étaient en outre souvent étayées par des contresens faits sur les propos même de Cézanne ; ce culte a conduit d'innombrables peintres contemporains au fétichisme de ce qu'il y a d'évident et de superficiel dans le dessin de Cézanne. » (6).

L'histoire de l'impact de Cézanne sur la peinture américaine serait à soi seule le thème d'une exposition vaste et sinueuse, c'est pourquoi on a pris ici le parti – quelque peu ironique – de jouer au jeu – délicat – des influences à travers deux thèmes – cézanniens s'il en fut – la nature morte et les baigneuses (c'est-à-dire la figure humaine dans la nature), et à travers seulement quatre peintres américains : Morgan Russell, Patrick Henry Bruce, Max Weber et Abraham Walkowitz. Bien d'autres auraient pu figurer ici, cette histoire étant un peu celle des animaux malades de la peste : « Ils ne mouraient pas tous, mais tous étaient frappés. » Nommons toutefois, et même ici parmi d'autres : Thomas Hart Benton (qui est à Paris de 1908 à 1911), Oscar Bluemner (qui ne vient en France qu'en 1912, mais qui a pu voir Cézanne exposé chez Stieglitz à New York), Andrew Dasburg, Manierre Dawson (à Paris en 1910), Charles Demuth, Preston Dickinson (à Paris de 1911 à 1914), Arthur Dove, Marsden Hartley (qui, délibérément, sur les traces de Cézanne, s'installe à Aix en 1927 !), John Marin (arrivé en France en 1905, il n'aurait découvert Cézanne qu'en 1911 chez Stieglitz, à New York), Stanton Macdonald-Wright (qui possédait des aquarelles de Cézanne), Alfred Maurer, Morton Schamberg, Charles Sheeler... Notons aussi que nous n'avons retenu ici que les répercussions immédiates que l'œuvre de Cézanne a pu avoir sur la peinture américaine, dans une tranche chronologique très limitée, l'histoire de l'influence du maître d'Aix étant bien loin d'être vers 1915, ou vers 1930, une affaire classée !

(1) Rainer Maria Rilke, *Lettres sur Cézanne*, Paris, Correa, 1944, p. 171 (abrégé par la suite : Rilke).

(2) Robert Henri, *The Art Spirit*, Philadelphie, 1923, p. 103 ; cité par Milton Brown, *American Painting from the Armory Show to the Depression*, Princeton, Princeton University Press, 1955, p. 12.

(3) Arthur Jerome Eddy, *Cubists and Post-Impressionism*, Chicago, A.C. Mc - Clurg, et London, Grant Richards, 1914, p. 35 (abrégé par la suite : Eddy).

(4) Eddy, p. 195.

(5) Willard Huntington Wright, *Modern Painting, its tendency and meaning*, New York, John Lane Company et London, John Lane, 1915, p. 162-163, (abrégé par la suite : Wright).

(6) Albert C. Barnes et Violette De Mazia, *The Art of Cezanne*, Meryon, Pa., Barnes Foundation, 1939, p. 114.

Paul Cézanne

Pommes, vers 1873-1877.
Huile sur toile, 12,7 × 26,7 cm.
Collection particulière, New York.
(Ne figure pas à l'exposition.)

« Avec une pomme, proclamait [Cézanne], je veux étonner Paris. » (1). Ces pommes ont appartenu à Leo et Gertrude Stein. Leo avait beaucoup d'affection pour cette toile, qu'il a tenu à garder lorsqu'il s'est séparé de Gertrude : « Les pommes de Cézanne sont pour moi d'une importance unique, rien ne peut les remplacer [...] Il fallait partager les Cézanne. Je consens à te laisser l'œuvre de Picasso, en contrepartie de celle de Renoir. Tu peux garder tout le reste excepté les quelques dessins qui m'appartiennent et que je désire conserver... je crains que tu n'aies à accepter la perte des pommes comme un cas de force majeure. » (2).

Cézanne est avec Matisse celui qui enseigne un nouvel art de la nature morte aux artistes américains venus à Paris au début du siècle : « Immobile, mais dotée de couleurs intenses et toujours changeantes, tout en offrant sur de petites formes arrondies une gamme infinie de tons, sa nature morte est un monde en miniature qu'il isole sur la table qui lui sert de support, comme le stratège médite, sur une table, d'imaginaires batailles entre des soldats de plomb disposés sur un terrain qu'il arrange à sa guise. On peut comparer la nature morte de Cézanne à un jeu d'échecs solitaire où l'artiste recherche toujours la meilleure position pour chacune des pièces qu'il a choisies librement [...] Les pommes de Cézanne (de même que plus rarement les poires et les pêches) sont des objets qu'il caresse tendrement du regard. » (3).

(1) Gustave Geffroy, *Claude Monet*, Paris, 1922, p. 198.

(2) Leo Stein, *Journey into the Self*, New York, Crown Publ., 1950, p. 57.

(3) Meyer-Shapiro, « Les pommes de Cézanne », *La Revue de l'art*, n° 1-2, 1968, p. 85 (abrégé par la suite : Meyer-Shapiro, « Les pommes de Cézanne »).

Morgan Russell

Three apples, 1910.
Huile sur carton, 24,6 × 32,4 cm.
The Museum of Modern Art, New York.

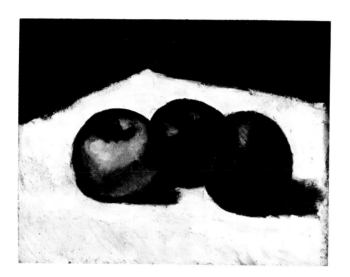

« Les peintres de natures mortes avaient eu à combattre le préjugé selon lequel leur art appartenait à un genre inférieur en raison du caractère inférieur de ses éléments ; des sujets nobles et idéalisés trouvaient, comme les philosophies idéalistes, une plus grande audience, même après que l'on eut admis le principe que tous les sujets se valaient et que la valeur résidait dans l'art du peintre. » (1). Russell, avec cette toile, rentre dans cette catégorie toujours un peu maudite des peintres de natures mortes, et le choix d'un tel thème est une conquête pour un peintre qui a travaillé sous la férule de Robert Henri (dont le réalisme « social » est assurément un genre « noble ») et qui ose ici s'accorder le luxe de peindre ces trois pommes parfaitement superflues. A quoi Russell est sans doute parvenu à la suite de plusieurs voyages en Europe : en 1906, en 1907, en 1908, avant qu'il ne s'installe à Paris en 1909. Ces voyages étant l'occasion de rencontres : l'impressionnisme, l'œuvre de Cézanne, celle de Monet, Leo et Gertrude Stein, Matisse. Séduit un temps par la sculpture mais ne tardant pas à se considérer comme un sculpteur manqué, Russell se remet en 1910 à la peinture et à l'étude de l'œuvre de Cézanne (il achète une aquarelle du peintre aixois à Leo Stein) : « Sous la seule et unique influence de Cézanne, Russell s'efforça de rendre la sensation de la couleur, les modulations de tons chauds et froids et les relations parfaitement abstraites des couleurs entre elles pour "faire surgir la forme de la lumière et donner ainsi une impression de masse et de solidité". (Lettre à Dasburg, octobre 1910). » (2).

On trouve ici, comme chez Cézanne, une construction de la forme par la couleur : « le dessin et la couleur ne sont plus distincts ; au fur et à mesure que l'on peint, on dessine ; plus la couleur s'harmonise, plus le dessin se précise... quand la couleur est à sa richesse, la forme est à sa plénitude » (3), mots célèbres du peintre aixois qui conviennent parfaitement ici. Cette technique confère à l'objet représenté un étonnant aspect de solidité : « la pomme a l'air solide, pesante et ronde comme elle pourrait l'être à la main d'un aveugle, mais ces propriétés sont exprimées au moyen de touches palpables dont chacune, tout en rendant une sensation visuelle, nous fait prendre conscience d'une décision de l'esprit et d'un geste de la main. » (4).

A propos des pommes de Cézanne encore, dont Rilke relevait qu'elles avaient « l'indigence [...] des pommes à cuire » (5), mais pourquoi pas des pommes de Russell : « [ces fruits] cessent d'être comestibles tant ils sont devenus des choses réelles et tant leur présence obstinée les rend indestructibles. » (6).

Cette toile est vraisemblablement celle qui a figuré à l'exposition des Synchromistes chez Bernheim-Jeune en 1913 (nº 1 du catalogue).

(1) Meyer-Shapiro, « Les pommes de Cézanne », p. 82.

(2) William C. Agee, *Synchromism and Color Principles in American Painting 1910-1930*, New York, Knoedler, 1965, p. 11.

(3) Cité dans Maurice Merleau-Ponty, *Sens et non-sens*, Paris, Nagel, 1966, p. 26.

(4) Meyer-Shapiro, *Paul Cézanne*, Paris, Nouvelles Éditions Françaises, 1973, p. 5.

(5) Rilke, p. 54.

(6) Rilke, p. 63.

Patrick Henry Bruce

Plums, vers 1910-1914.

Huile sur toile, 32,4 × 40,6 cm.
Don de la collection de la Société Anonyme, Yale University Art Gallery, New Haven, Conn.

Le cheminement de Bruce est proche de celui de Russell. Lui aussi est l'élève de Robert Henri à l'Art Students League à New York, élève brillant et admiré du maître, sous l'influence duquel il reste jusque vers 1907, bien qu'il soit venu s'installer à Paris en 1904. C'est au milieu de l'année 1907 qu'il rencontre les Stein et devient l'un des visiteurs de la rue de Fleurus, où il découvre tout à la fois l'impressionnisme, Cézanne et Matisse, Cézanne par l'intermédiaire de Matisse dont, tout comme Russell il est l'élève. Autour des années 1910-1912, avant la rencontre avec Delaunay, Cézanne est pour Bruce la référence première. On le perçoit aisément dans ce tableau non daté, mais très vraisemblablement exécuté à ce moment-là : la couleur est posée en coups de brosse parallèles, les volumes étant créés par la couleur. On a, comme chez Cézanne, l'impression que la lumière émane du sujet peint : « une sensation optique se produit dans notre organe visuel qui nous fait classer par lumière, demi-ton ou quart de ton les plans représentés par des sensations colorantes (la lumière n'existe donc pas pour le peintre) » (1). « Dessinez ; mais c'est le reflet qui est enveloppant, la lumière, par le reflet général, c'est l'enveloppe » (2) conseille Cézanne à Émile Bernard, à qui il recommande aussi de ne pas circonscrire « les contours d'un trait noir, défaut qu'il faut combattre à toute force. » (3).

Autant de leçons que le peintre américain n'a pas reçues oralement (il aurait pu connaître Cézanne), mais qu'il a partiellement perçues. C'est en partie à travers Cézanne que Bruce tout comme Russell parviendra quelques années plus tard à des recherches de non-figuration colorée.

(1) Paul Cézanne, *Correspondance*, Paris, Grasset, 1937, p. 269, à Émile Bernard.

(2) Idem, p. 276.

(3) Idem, p. 277.

Paul Cézanne

Trois baigneuses, vers 1879-1882.
Huile sur toile, 52 × 55 cm.
Musée du Petit Palais, Paris.

C'est en 1899 que Matisse acquiert, en même temps qu'un Gauguin et qu'une sculpture de Rodin, ces *Baigneuses* de Cézanne, le tout acheté chez Vollard, au prix d'un sacrifice financier assez considérable pour l'artiste qui, à l'époque, était loin d'être un peintre à succès (Gertrude Stein prétendait qu'il avait acheté la toile avec la dot de sa femme, ce qu'il récusa vivement !). Il semble avoir accordé à ce tableau une importance toute particulière : « Laissez-moi vous dire que ce tableau est de première importance dans l'œuvre de Cézanne, car il est la réalisation très dense, très complète d'une composition qu'il a beaucoup étudiée dans plusieurs toiles qui, bien que placées dans des collections importantes, ne sont que des études qui ont abouti à cette œuvre », écrit-il à Raymond Escholier, Conservateur du Musée du Petit Palais auquel il donne le tableau en 1936. « Depuis 37 ans que je la possède, je connais assez bien cette toile, pas entièrement, je l'espère ; elle m'a soutenu moralement dans des moments critiques de mon aventure d'artiste ; j'y ai puisé ma foi et ma persévérance [...] Elle est savoureuse de couleur et de métier, et par le recul elle met en évidence la puissance de l'élan de ses lignes et la sobriété exceptionnelle de ses rapports. » (1).

Il est important que ce soit Matisse qui ait possédé cette toile. En effet il a eu des contacts personnels avec un certain nombre d'artistes américains venus suivre son enseignement à l'académie qu'il ouvre pendant l'hiver 1907-1908, ou rencontrés chez les Stein, et il est sûr qu'il leur a expliqué et transmis son admiration pour Cézanne : « Cézanne, voyez-vous, est bien une sorte de bon Dieu de la peinture. » (2). Ce que confirme Hans Purrmann, l'un des élèves de Matisse : « Toute la génération des peintres de cette époque et Matisse lui-même étaient prêts à reconnaître Cézanne pour leur père ; dès ses jeunes années il fit l'acquisition d'un merveilleux tableau de Cézanne, dont il lui fut impossible de se séparer même à des époques de restrictions, quelle que soit la somme offerte pour son achat. Ce tableau était pour lui un soutien moral : dans les périodes de doute et de travail malheureux, il lui servait de bain pour les yeux et de moyen pour recouvrer un certain ordre spirituel. » (3).

Willard Huntington Wright notait l'importance de la construction dans les toiles de baigneuses de Cézanne : « Même dans ses toiles de baigneuses, dont bien des gens ont déploré les disproportions, la composition est soigneusement étudiée ; à l'harmonie de la représentation s'ajoutent de complexes oppositions de plans. Non seulement les formes s'adaptent parfaitement à un espace donné, mais le mouvement qu'elles prennent est aussi affirmé et plein que dans les toiles de Rubens. » (4).

(1) Henri Matisse, *Écrits et propos sur l'art,* Paris, Hermann, 1972, p. 133-134 (abrégé par la suite : *EEPSA*).

(2) Henri Matisse, *EEPSA*, p. 84.

(3) Hans Purrmann, « Ueber Henri Matisse » dans *Henri Matisse, Farbe und Gleichnis*, Zürich, Arche, 1955, p. 134.

(4) W.H. Wright, p. 158.

Max Weber

The bathers, 1909.

Huile sur toile, 38,1 × 46,1 cm.
Collection Cone, The Baltimore Museum of Art.

Weber, arrivé en France à la fin de l'année 1905, découvre Cézanne chez les Stein, et surtout à la rétrospective du Salon d'Automne de 1907 ; son enthousiasme pour le peintre est très vif : « Cézanne, ce géant, cet homme merveilleux ; chaque centimètre de son œuvre est superbe. Quel œil il avait ! Quelle sensibilité ! ! Je suis sûr que Giotto et tous les autres l'auraient accueilli comme l'un des leurs et lui auraient serré la main. » (1).

Max Weber dit lui-même que cette rencontre des toiles de Cézanne modifie sa conception, sa pratique de la peinture : « Dès que je les vis, elles me saisirent immédiatement et à jamais. Je commençai à peindre au couteau, à me servir de la brosse comme d'un outil, et non plus comme d'un stylo, pour obtenir de la solidité. » (2).

Ces baigneuses de 1909 sont un souvenir évident de celles de Cézanne, par le choix même du thème et par l'architecture très marquée de la toile suivant deux obliques de direction opposée, alors qu'une ligne de fond détermine l'horizon. « Les lignes parallèles à l'horizon donnent l'étendue [...] Les lignes perpendiculaires à cet horizon donnent la profondeur. Or la nature, pour nous hommes, est plus en profondeur qu'en surface, d'où la nécessité d'introduire dans nos vibrations de lumière représentées par les rouges et les jaunes, une somme suffisante de bleutés, pour faire sentir l'air. » (3).

C'est là que Max Weber s'éloigne de Cézanne en utilisant à l'arrière-plan un paysage anecdotique, destiné à créer la profondeur par l'artifice d'un changement d'échelle. Et puis, de façon assez remarquable, cette toile est aussi une œuvre marquée par Matisse (dont on se souvient qu'il possédait des *Baigneuses* de Cézanne souvent citées en exemple à ses élèves) : le modelé des corps féminins cernés d'un contour, dont les formes sont exagérées (plus particulièrement celui de la femme de droite) font immédiatement penser à Matisse, au *Nu couché* ou au *Nu bleu* de 1907, que Weber a pu voir chez les Stein. De plus, alors qu'il était son élève, Weber avait acquis une plaque de céramique faite par Matisse, reprenant le thème du *Nu couché* : une femme au bras levé par derrière la tête et dont le dessin de la hanche est très accentué. Cette œuvre est ainsi l'image d'un détournement de Cézanne à travers Matisse.

(1) Lettre à Abraham Walkowitz, 3 octobre 1907, cité par John R. Lane, « The sources of Max Weber's Cubism », *Art Journal*, printemps 1976, vol. XXXV, n° 3, p. 231.

(2) Cité par Holger Cahill, *Max Weber*, New York, The Downtown Gallery, 1930, p. 14.

(3) Paul Cézanne, *Correspondance*, p. 259, à Émile Bernard.

Abraham Walkowitz

Rest day, vers 1911.

Aquarelle sur papier, 25 × 35 cm.
Courtesy Zabriskie Gallery, New York.

Willard H. Wright dit de Cézanne : « Ses plus grandes œuvres, ses aquarelles sont pour ainsi dire sans postérité [...] Dans celles-ci [les] touches sont placées côte à côte sans que soit envisagé – ou si peu – leur importance objective dernière. Elles se transforment en des surfaces plus larges de teintes pures juxtaposées de telle sorte qu'en résulte un volume. » (1).

Si Walkowitz, arrivé à Paris en 1906, ami de Max Weber, se souvient ici d'une technique – l'aquarelle –, d'un thème – les baigneuses – et peut-être même d'un schéma – nous ne pouvons que nous réjouir de la disposition des arbres et des personnages –, la manière reste très loin de Cézanne, par l'absence justement de la construction des volumes par la touche.

(1) W.H. Wright, p. 159-160.

La classe de Matisse dans l'ancien couvent du Sacré-Cœur, boulevard des Invalides, Paris, vers 1909, de g. à dr. : Heiberg, une femme non identifiée, Sarah Stein, Hans Purrmann et Patrick Henry Bruce.
The Museum of Modern Art, New York.

La classe de Matisse, Paris, vers 1909-1910.
Gyldendal Norsk Forlag, Oslo.

Atelier Henri Matisse 1909

L'académie Matisse

C'est tout au début de l'année 1908 que s'ouvre l'académie Matisse. Sarah Stein, qui faisait de la peinture, et Hans Purrmann, peintre allemand qui avait été introduit chez les Stein par Maurice Sterne, qui l'une et l'autre profitaient déjà des conseils que Matisse leur donnait en privé (il existe des tableaux peints par Matisse et Sarah Stein), le poussent à ouvrir une classe. C'est Michael Stein qui, une fois de plus, sert de grand argentier. On loue un atelier au Couvent des Oiseaux, 56 rue de Rennes (où d'ailleurs Matisse avait un petit atelier depuis 1905). Aux deux élèves déjà nommés s'adjoignent dès le début, Max Weber et Patrick Henry Bruce. Morgan Russell, pendant un moment, étudie la sculpture à l'atelier. Un autre américain vient se joindre au groupe : Arthur B. Frost Jr. Le père de ce dernier « fit de durs reproches à Pat Bruce qui avait conduit Frost chez Matisse et lui déclara qu'il était bien malheureux de voir Arthur si incapable de devenir un artiste académique comme tous les autres, ce qui lui aurait permis d'arriver à la gloire et à la fortune. » (1). Leo Stein, Maurice Sterne et Walter Pach y viennent quelquefois en visiteurs. C'est sans doute la présence de ce groupe d'Américains qui avait fait que dans un article de journal où, à propos des élèves de Matisse on posait la question : « D'où viennent tous ces gens ? », la réponse donnée avait été : « Du Massachussets. » (2). Cependant les Américains ne sont pas les plus nombreux dans cette classe. Si au début il n'y a guère plus d'une dizaine d'élèves, leur nombre augmente très vite ; y viennent des Allemands, des Hongrois, des Suédois, des Norvégiens. « Il y eut des candidats de toutes les nationalités et Matisse fut d'abord épouvanté de leur nombre et de leur variété. » (3).

Il semble que pendant les trois années où fonctionna l'académie, près de cent-vingt élèves y aient travaillé. Lorsqu'au début de l'été 1908 le couvent des Oiseaux est vendu, l'académie Matisse déménage au couvent du Sacré-cœur, boulevard des Invalides. Matisse y vient régulièrement jusqu'au début de l'été 1909, lorsqu'il part pour le Midi ; puis il s'installe à Issy-les-Moulineaux, à l'automne. Et dès lors il ne s'occupe plus guère de sa classe, de plus en plus absorbé par son travail personnel. C'est en 1911 que, faute de maître, la classe de Matisse se dissout.

Comment Matisse a-t-il conçu son enseignement : nous avons là-dessus plusieurs témoignages de ses élèves, Hans Purrmann, Isaac Grünewald et surtout des notes prises par Sarah Stein (4), pendant les cours à l'académie, aussi bien qu'à l'occasion de conversations privées avec Matisse. Ces notes rendent compte à la fois des idées de l'artiste sur son propre travail et de la façon dont il concevait son enseignement du dessin, de la peinture et de la sculpture, les trois techniques étant pratiquées à l'atelier. Matisse passe le samedi à l'atelier avec ses élèves afin d'examiner le travail que chacun a fait pendant la semaine. Il y revient aussi l'après-midi du lundi, qui est le jour réservé aux visiteurs. Son enseignement semble avoir été très libre : « Les élèves qui venaient à l'atelier dans la croyance que l'on y copierait des Matisse ou qu'on leur distillerait un art de la plus haute modernité, devaient être bien déçus ; il n'y avait pas de programme. »(5).

L'intervention de Matisse se limite à des conseils ; jamais il n'intervient sur le travail d'un de ses élèves : « Matisse se limitait à donner conseils et avis, sans jamais y mettre personnellement la main. Comme presque tous les élèves venaient de pays où les beaux arts étaient très fortement soumis à l'influence française, ils ne s'échauffaient que trop facilement la tête à toutes les tendances les plus modernes de l'art dont le déferlement venait juste de se produire. Mais Matisse ne laissait aucun doute à ces modernistes sur le fait qu'on ne pouvait ni l'effrayer ni l'intimider. Quel que soit le degré d'exagération et de hardiesse de ce qui lui était présenté, c'est dans le plus grand calme qu'il permettait à ses élèves ces mascarades pour se donner la possibilité de voir et de juger l'ensemble de ces œuvres dépouillées de tout artifice. Mais s'il venait à trouver quelque talent ainsi qu'un matériau susceptible d'être développé, c'est alors qu'il apportait son aide tout en ne supportant ni ne favorisant d'imitateurs. » (6). C'est un enseignement essentiellement académique, Matisse redoutant les débordements « fauves » des élèves qui voudraient imiter le maître : « En matière de couleur, de l'ordre avant tout. » (7). « En tant que professeur, Matisse eut dès le premier jour une attitude bien arrêtée. Maurice Sterne, bien qu'il ne fût pas un de ses élèves, accompagna Matisse lors de sa première visite à la nouvelle académie. Sterne garde un vif souvenir de la circonstance. Les élèves avaient peint avec application toute la semaine dans l'attente des critiques que ferait le maître le samedi. Lorsque Matisse entra dans la salle, il fut consterné de découvrir un alignement de grandes toiles aux formes tourmentées, éclaboussées de couleurs criardes. Sans un mot il quitta l'atelier, rejoignit ses quartiers qui se trouvaient dans le même bâtiment, et revint avec la copie en plâtre d'une tête grecque. Il la posa sur un socle au milieu de la classe et dit à ses élèves de laisser là les efforts inexpérimentés qu'ils avaient faits et de se mettre à dessiner "d'après l'antique" » (8). Il insiste beaucoup sur la nécessité d'un long chemin, voire d'un détour pour arriver à une œuvre riche de nouveauté : il emmène ses élèves au Louvre voir les vieux maîtres, Poussin, Chardin ; fait remarquer l'importance du dessin ; enseigne la convention plutôt que l'avant-garde : « Matisse affirmait à son interlocuteur, d'une manière qui nous semblait admirable, qu'il fallait débuter par le conventionnel, que commencer en excitant l'intérêt était une monstruosité et que l'intéressant prenait corps à partir du conventionnel. » (9). Tous les conseils donnés par le peintre à ses élèves sont empreints de modération, recommandant de manière très stricte d'apprendre à voir le sujet, avant de l'interpréter : « On doit d'abord se soumettre à la nature, quitte à se ressaisir ensuite, à la motiver, peut-être aussi à l'embellir. » (10). « La statuaire antique, par dessus tout, vous aidera à réaliser la plénitude de la forme [...] Dès l'abord voyez vos proportions, et ne les perdez plus [...] Les lignes ne peuvent jamais être lâchées en liberté ; chaque ligne doit avoir sa fonction [...] observez comment [...] Vous ne pourrez que profiter du fait de prendre conscience avant de commencer que ce modèle par exemple a un large bassin [...] Pour peindre, commencez par regarder longtemps et attentivement votre modèle. » (11).

De nombreuses histoires ont couru sur la vie quotidienne à l'atelier, dont Gertrude Stein s'est fait l'écho : « Malgré mille querelles intestines, l'école fleurit et prospéra. Non sans difficultés du reste. Un des Hongrois voulait gagner sa vie en posant comme modèle pour la classe, mais il voulait aussi, quand il y avait un autre modèle, retourner à sa place et peindre avec la classe. Quelques-unes parmi les élèves féminines protestèrent, c'était très bien d'avoir un modèle nu sur une estrade, mais c'était un peu gênant d'avoir un camarade qui circulait tout nu dans la classe. [...] De temps à autre aussi, un des étudiants disait à Matisse quelque phrase que sa mauvaise prononciation rendait inintelligible et Matisse qui comprenait de travers se mettait en colère ; le malheureux étranger devait alors faire des excuses et apprendre à les faire décemment. Tous les étudiants étaient dans un tel état de surexcitation nerveuse que les explosions étaient fréquentes. Ils s'accusaient les uns les autres d'intriguer auprès du maître, et il en résultait des scènes longues et compliquées au bout desquelles d'ordinaire on échangeait des excuses. Et tout était rendu beaucoup plus compliqué par le fait que l'atelier était organisé et tenu par les étu-

diants. » (12). C'est cette atmosphère désordonnée qui semble avoir écarté de l'académie Matisse Walter Pach, qui était peintre, mais que l'on connait plutôt comme l'un des organisateurs de l'Armory Show : « Je me demande souvent ce que serait devenu mon travail si j'avais eu le bon sens de tirer profit de son enseignement pendant le peu de temps où il accueillit des élèves. C'est en grande partie à cause d'eux que je ne suis pas allé à son académie. Cela semble aujourd'hui une mauvaise raison, mais, à quelques exceptions près, ils ne valaient pas cher ; c'était le genre illuminé ; en majorité ils n'étaient pas français ; ils prenaient apparemment Matisse pour un fou et voulaient lui ressembler. » (13). W. Pach était d'ailleurs fort sceptique sur ce que pouvait donner l'enseignement de Matisse, qui avait en face de lui des élèves qui attendaient le grand choc d'une initiation qu'allait leur apporter le « Roi des Fauves » : « Les néophytes étaient convaincus qu'il dissimulait quelque chose, qu'il possédait quelque botte secrète, lui permettant de semer la discorde dans tout Paris. Incapable de venir à bout d'une telle incompréhension, Matisse ferma son académie. » (14). Il prononce quelques années plus tard un jugement sévère sur les « élèves » de Matisse : « Nulle tentative ne pouvait être plus vaine que celle des élèves qui s'étaient mis dans la tête de "peindre exactement comme Matisse". De remarquables artistes s'y sont appliqués ; aucun d'eux n'a jamais réussi. » (15).

Parmi les peintres ici réunis dans le sillage de Matisse (mais aussi, plus largement de ce qu'on appelle traditionnellement le fauvisme) certains ont été ses élèves, d'autres ont prétendu l'être, certains l'ont connu personnellement, d'autres n'ont eu que le loisir de voir ses tableaux au Salon des Indépendants, au Salon d'Automne, chez les Stein, dans différentes galeries parisiennes, chez Vollard, chez Druet, et aussi, de l'autre côté de l'océan, à la Little Gallery of Photo-Secession où Alfred Stieglitz organise les premières expositions Matisse outre-Atlantique. Il est assez remarquable que certains de ces peintres aient constitué en France, dès 1908, un groupe qui se définissait comme étant l'avant-garde américaine à Paris : il s'agit de la New Society of American Artists in Paris, où l'on trouve Edward Steichen (dont on oublie, tant il est célèbre comme photographe, qu'il a fait de la peinture), Alfred Maurer, Max Weber, Patrick Henry Bruce, John Marin et le sculpteur Jo Davidson. Et cela en opposition à la Society of American Artists in Paris, image, en exil, de la National Academy de New York. On retrouve, groupés dans une exposition, « The Younger American Painters », organisée à New York par Alfred Stieglitz en mars-avril 1910, certains de ces avant-gardistes, élèves ou non de Matisse, mais qui furent pour la plupart considérés comme des suiveurs du maître par la critique animée – comme nous le sommes ! – du rassurant besoin de classer : « L'exemple des travaux de G. Putnam Brinley, Arthur Beecher Carles, Arthur Dove, Lawrence Fellows, Marsden Hartley, John Marin, Alfred Maurer, Edward J. Steichen et Max Weber, qui furent accrochés ensemble sur les murs de la Little Gallery du 21 Mars au 15 Avril, fut la meilleure réponse possible à ceux qui présentaient ces jeunes pionniers comme de vulgaires disciples de Matisse. » (16). Eternel problème de la classification que dénonce aussi, dès 1915, le critique Willard Huntington Wright : « Les étiquettes sont déplaisantes et mal venues lorsqu'on les applique à des recherches esthétiques sérieuses, et peuvent conduire à des malentendus et à des jugements erronés. Ce sont les toiles qui doivent en dernière analyse apporter la preuve de l'endurance et de la vitalité d'un mouvement. » (17).

On peut redire ici ce qui a déjà été dit de l'itinéraire céza-
nien des peintres américains : leur aventure fauve est une
grande aventure, difficile à cerner, aussi bien par sa durée,
que par le nombre des artistes qui s'y sont trouvés mêlés, et
qu'on est loin d'avoir tous retenus ici. Il faut citer Andrew
Dasburg, qui arrive à Paris en 1907 ; Hans Hofmann qui
s'y trouve de 1904 à 1914, qui rencontre Matisse et qui, par
son enseignement dans les années 30, sera l'un de ceux à
travers qui Matisse sera le mieux perçu par toute une nouvelle génération d'artistes américains ; George Of, premier
acquéreur de Matisse aux États-Unis, dont les recherches
dans le domaine de la couleur sont très proches de celle des
fauves ; Abraham Walkowitz, William Zorach et sans
doute encore davantage son épouse Marguerite Thompson
Zorach, qui se rattachent l'un et l'autre un temps à la tradition du fauvisme.

(1) Gertrude Stein, *Autobiographie d'Alice Toklas*, Paris, Gallimard, 1973,
p. 123 (abrégé par la suite : *A.A.T*).

(2) *A.A.T.*, p. 74.

(3) *A.A.T.*, p. 74.

(4) Ces notes furent publiées pour la première fois en anglais par Alfred H. Barr
Jr., *Matisse his Art and his Public*, New York, the Museum of Modern Art, 1951,
p. 550 à 552 (abrégé par la suite : Barr, *Matisse*). Elles ont reparu en français
dans Henri Matisse, *Écrits et propos sur l'art*, Paris, Hermann, 1972, p. 64 à 74
(abrégé par la suite : Notes de S. Stein, *EEPSA*).

(5) Hans Purrmann, « Aus dem Werkstatt Henri Matisse », *Kunst und Künstler*,
t. 20, n° 5, février 1922, p. 169 (abrégé par la suite : Purrmann, « Aus dem Werkstatt... »).

(6) Hans Purrmann, « Ueber Henri Matisse », repris dans *Henri Matisse, Farbe
und Gleichnts*, Zürich, Arche, 1955, p. 133.

(7) Notes de S. Stein, *EEPSA*, p. 71.

(8) Barr, *Matisse*, p. 118.

(9) Purrmann, « Aus dem Werkstatt... », p. 170.

(10) Matisse cité dans Purrmann, « Aus dem Werkstatt... », p. 170.

(11) Notes de S. Stein, *EEPSA*, passim.

(12) *A.A.T.*, p. 74-75.

(13) Walter pach, *Queer thing : Painting*, New York, Harper and Brothers, 1938,
p. 119 (abrégé par la suite : W. Pach, *Queer thing*).

(14) W. Pach, *Queer thing*, p. 120.

(15) W. Pach, « Why Matisse ? », *Century Magazine*, vol. 89, février 1915,
p. 636.

(16) *Camera Work*, n° 30, avril 1910, p. 54.

(17) Willard Huntington Wright, *Modern Painting, its tendency and meaning*,
New York, John Lane Company et London, John Lane, 1915, p. 234.

Max Weber

Figure study, 1908.
Huile, 56,2 × 30,5 cm.
Forum Gallery, New York.

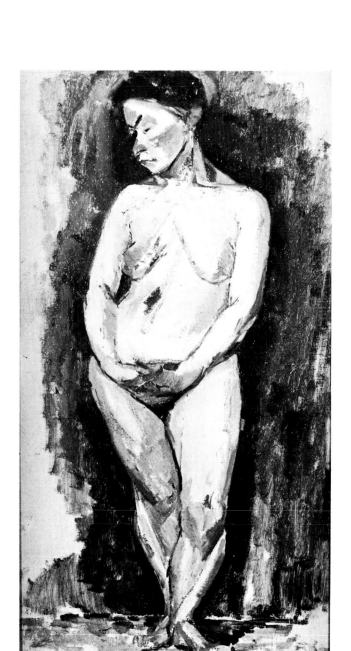

Après avoir travaillé à l'académie Julian sous la direction de Jean-Paul Laurens, puis à l'académie Colarossi et à la Grande Chaumière où personne ne dirige son travail, Max Weber est à la recherche d'un maître. C'est Hans Purrmann qui l'introduit auprès de Matisse, et Weber suivra son enseignement jusqu'en août 1908 : « Construisez votre figure comme un charpentier sa maison » (1) disait Matisse. « Tout doit être construit, composé de parties qui forment un tout : un arbre comme un corps humain, un corps humain comme une cathédrale. » (1). On ressent bien ce réel travail d'architecture fait à partir du modèle dans ce nu exécuté dans la classe de Matisse, étude que ce dernier appréciait beaucoup, à laquelle on peut sans fin appliquer les termes de son enseignement : « Il peut être nécessaire d'exagérer les lignes entre l'abdomen et la cuisse pour raffermir une pose debout. » (2). Il s'agit bien ici d'une œuvre d'école, obéissante. La soumission de Weber n'a pas été facile, comme le rapporte Sandra Leonard : « Matisse demandait à ses élèves d'exécuter d'interminables séries de dessins de chacune des parties de l'anatomie. Les semaines s'écoulaient sans qu'ils soient autorisés à dessiner le corps tout entier. Dans son impatience, Weber désobéit et fit une étude du modèle de la tête aux pieds. Matisse le surprit en plein travail et lui demanda pourquoi il n'avait pas respecté ses instructions. Weber rétorqua : "Il ne me reste que peu de temps et d'argent, Monsieur Matisse, et je ne peux pas rester ici éternellement à dessiner des mains, des pieds et des nez". Ensuite, courageusement, il demanda à Matisse son avis sur le dessin. Matisse maugréa : "Il a la force d'un bœuf." » (3).

Arthur B. Carles

Interior with woman at piano, vers 1912-1913.
Huile sur toile, 81,3 × 99,1 cm.
The Baltimore Museum of Art, achat du musée.

Même si le maître reconnaissait à son élève un talent réel, leurs relations ne furent jamais vraiment cordiales. Le tempérament vif de Weber s'accordait mal avec celui, mesuré, de Matisse. De plus Weber avait rencontré le Douanier Rousseau en octobre 1907, lui portait une admiration passionnée, et s'intéressait de plus en plus au primitivisme, goût que ne partageait pas son maître.

L'œuvre est bâtie sur l'opposition des couleurs complémentaires rouge-vert, jaune-violet. La forme toutefois, reste pour Weber la recherche primordiale, et en 1910 il critique vivement ce qu'à ses yeux ont pu être les excès du fauvisme : « Il existe aujourd'hui des peintres qui disposent directement sur la toile les tubes de couleurs rangés suivant l'échelle chromatique moderne et les écrasent du pied jusqu'à ce que la toile soit complètement recouverte, toute partie restée vierge apparaissant comme le fruit d'un heureux hasard. Après avoir accompli cette prouesse ils espèrent que ce ne sont pas seulement des arbres, des pots, des têtes, des personnages ou que sais-je encore qui surgiront, mais que l' ”*expression absolue*”* se dégagera également de leurs semelles colorées. Impossible ! Jamais un barbouillage de vert Véronèse à côté d'éclaboussures vermillon ou d'autres tâches informes ne pourra, si flatteur qu'en soit l'éclat, égaler un tableau construit, même si les couleurs en sont ternes ou médiocres. Il n'est pas de couleur sans une forme qui la porte dans l'espace et la lumière avec toute sa substance et son poids. Je préfère une forme, même en noir et blanc, à une tache de couleur informe. Ces réflexions nous inspirent la question : ”existera-t-il un jour une science de l'art ?” » (4).

Elève de William M. Chase et de Thomas Anshutz à la Pennsylvania Academy of Fine Arts de Philadelphie, Carles, venu une première fois rapidement en Europe en 1905, revient à Paris en 1907. Il se lie avec son compatriote Alfred Maurer, partage son studio rue Falguière et par son intermédiaire entre en relation avec les peintres de la New Society of American Artists in Paris, mais aussi avec les Stein. Et bien entendu avec Matisse. Carles a prétendu, des années plus tard, avoir été son élève. Toutefois entre 1907 et 1910, date à laquelle il retourne aux États-Unis, c'est tout au plus aux premiers travaux de Matisse qu'il a pu être sensible. Et aussi à l'œuvre de Manet, dont il a pu voir une exposition en juin 1910 chez Bernheim-Jeune. C'est à l'occasion de son troisième voyage à Paris, où il revient en été 1912, qu'il découvre – et qu'il ose – la couleur. Il s'installe chez Edward Steichen à Voulangis, et dans cette toile qu'il peint alors, assez unique en son genre dans tout son œuvre, les critiques, qui avaient apprécié sa modération lors de son exposition chez Stieglitz en janvier-février 1912 : « Monsieur Carles [...] n'a pas encore abandonné toute représentation de la forme humaine et l'emploi qu'il fait de la couleur n'outrepasse pas encore les limites du raisonnable » (1), n'auraient sans doute plus reconnu le sage artiste de Philadelphie. « C'est la seule composition de Carles où apparaissent plusieurs personnages et la seule scène d'intérieur qu'il ait peinte sans avoir fait poser de modèles. Le personnage assis au piano est la femme de l'artiste, Mercedes, et la disposition de la pièce est celle du salon des Steichen à Voulangis. » (2).

* En français dans le texte. (N.d.T.)

(1) Notes de Sarah Stein, *EEPSA*, p. 65.

(2) Idem, p. 67.

(3) Sandra E. Leonard, *Henri Rousseau and Max Weber*, New York, Richard L. Feigen and Co., 1970, p. 24.

(4) Max Weber, « Chinese dolls and modern colorists », *Camera Work* n° 31, juillet 1910, p. 51.

(1) Arthur Hoeber, dans *The New York Globe,* repris dans *Camera Work* n° 38, avril 1912, p. 41.

(2) Henry G. Gardiner, *Arthur B. Carles ; a Critical and Biographical Study,* Philadelphia Museum of Art, 1970, p. 152.

Patrick Henry Bruce

Still life, vers 1911-1912.

Huile sur toile, 49 × 68,6 cm.
M. et Mme Henry H. Reed, Caldwell, N. J.

« Bruce, Patrick Henry Bruce, était un des premiers et des plus ardents élèves de Matisse et bientôt il réussit à faire des petits Matisse, mais cela ne suffisait pas à le rendre heureux. En expliquant son infortune à Gertrude Stein il lui dit : "On parle toujours des malheurs des grands artistes, mais après tout ce sont de grands artistes. Un petit artiste a tous les malheurs tragiques et tous les chagrins des grands artistes, mais il n'est pas un grand artiste." » (1). Voilà l'artiste vu par lui-même (et par Gertrude Stein...). Le maître, Matisse, avec qui Bruce était intime (ils étaient voisins dans l'ancien Couvent du Sacré-Cœur) (2), émit bien des années plus tard, en 1931, des réserves sur le travail de son élève, disant que « Bruce ne promettait guère, pas plus que ses autres élèves. » (3). Tristes doutes – regrets ? – d'un maître sur son enseignement. Que dire de l'œuvre ? Au jeu des influences, il y a plusieurs réponses à la question : les impressionnistes, Cézanne, Matisse et Robert Delaunay (que Bruce rencontre au printemps 1912). L'œuvre a été retenue dans cette section en raison de la gamme colorée chatoyante qui y est utilisée, et du côté décoratif – de la nappe, du fond – si fondamental chez Matisse.

(1) *A.A.T.*, p. 123.

(2) Cette information nous a été aimablement communiquée par Madame Marguerite Duthuit.

(3) George L. K. Morisse, « A brief encounter with Matisse », *Life* (domestic edition), 28 août 1970, p. 46.

Arthur G. Dove

The lobster, 1908.

Huile sur toile, 66 × 81,3 cm.
M. et Mme Hubbard H. Cobb, Old Lyme, Conn.

Dove arrive en France en 1907, l'année où Matisse peint la *Nature Morte bleue,* qu'achètent Michael et Sarah Stein. C'est son ami Alfred Maurer qui l'introduit dans le cercle des Stein. Rien d'étonnant alors à ce qu'on retrouve ici sinon l'influence, du moins quelque chose qui rappelle Matisse, dans la simplification des lignes et l'usage des couleurs éclatantes. *The lobster* a figuré à Paris, au Salon d'Automne de 1909 (n° 450) puis, en 1910, chez Stieglitz, lors de l'exposition « The Younger American Painters », où la toile suscite des commentaires divers. On relève alors que Dove, comme tant d'autres, est atteint de « matissite » : « L'illustrateur Arthur Dove partit pour l'Europe et il fut, lui aussi, assez sérieusement touché par l'épidémie, à en juger par ses peintures de fruits. » (1). On note, comme chez Matisse, le côté décoratif, oriental (2). « La table de Monsieur Dove, sur laquelle sont disposés des homards et des raisins sur fond de cotonnade indienne élégamment rendue, compte parmi les toiles les plus saisissantes ; mais il nous faut avouer que la signification de l'ensemble nous échappe, à moins qu'elle ne réside tout entière dans l'utilisation des couleurs et du motif ; le contraste des clairs et des sombres ne joue plus et le symbole se substitue à la représentation. » (3). La couleur est en effet l'un des éléments déterminants des œuvres présentées à la Galerie 291 en 1910 : « Pendant des années nous avons vécu dans une cave et maintenant nous voilà soudain transportés en quelque paysage oriental de lumière vibrante et de rêve aux couleurs barbares [...] Tous ces hommes aiment la couleur, ils l'absorbent, ils y baignent, ils l'adorent à genoux et s'enivrent de sa joie et de son éclat. » (4).

(1) B. P. Stephenson, dans *The New York Evening Post,* repris dans *Camera Work,* n° 31, juillet 1910, p. 44.

(2) A quoi Albert C. Barnes et Violette De Mazia consacrent près de vingt pages dans leur ouvrage, *The Art of Henri Matisse,* New York, London, Scribner's, 1933.

(3) Elizabeth L. Carey, dans *The New York Times,* repris dans *Camera Work,* n° 31, juillet 1910, p. 45.

(4) Sadakichi Hartmann, dans *Camera Work,* n° 31, juillet 1910, p. 47-48.

Henry Lyman Saÿen

In the Luxembourg gardens, vers 1910-1912.

Huile sur bois, 26,7 × 35 cm.
The National Collection of Fine Arts, Smithsonian Institu-
tion, don de H. Lyman Saÿen à la Nation, Washington D.C.

Henry Lyman Saÿen

St-Germain des Prés, vers 1909-1912.

Huile sur bois, 35 × 26,2 cm.
The National Collection of Fine Arts, Smithsonian Institution, don de H. Lyman Saÿen à la Nation, Washington D.C.

« Homme de science et artiste » (1). C'est ainsi qu'Adelyn D. Breeskin définit Saÿen dans le catalogue de l'exposition consacrée à cet artiste, qui eut lieu à Washington en 1970. Saÿen est en effet ingénieur, fait des recherches sur les rayons X, mais il est aussi, à partir de 1899, l'élève de Thomas Anshutz à la Pennsylvania Academy of Fine Arts. Peintre – parfaitement académique – et homme de science, c'est en tant que tel qu'il fait des expériences sur les réactions de l'œil humain au mélange des couleurs en mouvement. En 1906, il est à Paris. Il fait la connaissance de Leo et Gertrude Stein, dont il devient l'un des familiers : il joue au billard avec Leo Stein au café du Dôme, installe un allumage automatique pour l'éclairage au gaz dans l'atelier de la rue de Fleurus, encadre d'une latte métallique (en plein règne du cadre rococo en plâtre doré) un Soutine appartenant aux Stein. Et il rencontre Matisse ! Sur l'insistance de Leo, semble-t-il, il travaille en 1908 à l'académie Matisse. « Mr. Saÿen fut un élève d'Henri Matisse et est un ardent disciple du nouveau mouvement » (2) dit-on de lui dans la presse américaine en 1914. Ces images de St. Germain des Prés ou du jardin du Luxembourg (cette dernière toile est un vrai pot de couleur jeté à la figure de celui qui la regarde !) sont assurément liées à la rencontre avec Matisse et le fauvisme. Si le succès de Saÿen en France est remarquable (il expose au Salon d'Automne de 1909 à 1913 et est honoré du titre de Sociétaire en 1912), la critique américaine a été quelque peu réticente : « Si assurément Monsieur Saÿen peint des objets qui sont en général parfaitement reconnaissables, il introduit pourtant dans ses tableaux d'étranges combinaisons de couleurs et des formes obscures dont la présence est inexplicable et gène la compréhension. » (3).

Le peintre poursuit ses recherches « scientifiques » et colorées, achète une broyeuse de couleurs, fait des mélanges de médiums (où il inclut en particulier du pastel). Ses travaux se poursuivront après 1914, date de son retour aux États-Unis – comme tant d'autres – lorsque la guerre éclate. En novembre 1914, il fait une conférence – dont certains termes sont très proches de ceux de Matisse – intitulée « The United States and Modern Art » : « Le sens commun s'imagine que l'art moderne représente des émotions particulières. Il y a plus, car l'art moderne *c'est* l'émotion même. En réalité l'émotion n'est plus synonyme de l'acte, ni de sa création ni de sa compréhension. La perception se rapproche de ce qu'elle vise. Son rythme est celui du cœur, sa beauté, la loi de Dieu. Tel est l'art auquel se confronte aujourd'hui cette moitié atrophiée de la mentalité des États-Unis... » (4). Conférence à l'issue de laquelle il présente ses expériences : « Il démontra sa théorie sur la vision des couleurs de la façon suivante : l'observation d'un disque tournant sur lequel sont peintes différentes couleurs aboutit à une certaine perception que l'on peut modifier à volonté en changeant simplement la proportion des couleurs sur le disque, même si leur nombre et leur intensité restent inchangés. Lorsque la vitesse de rotation du disque est modifiée ou lorsque l'on ne regarde que d'un seul œil, la perception change également. Alors qu'il se trouvait encore à Paris, il avait persuadé sa femme de se prêter à ces expériences de longues heures durant, tandis qu'il recueillait lui-même les résultats. Malheureusement ses notes ainsi que tout l'appareillage expérimental furent soit perdus soit détruits par la suite, après la mort de Saÿen. » (5).

(1) Adelyn D. Breeskin, *H. Lyman Saÿen*, catalogue de l'exposition à la National Collection of Fine Arts, Washington City, Smithsonian Institution Press, 1970, p. 11.

(2) *American Art News*, 21 novembre 1914, p. 5.

(3) *The Philadelphia Record*, 22 novembre 1914, p. 4.

(4) « The United States and Modern Art », conférence faite au Philadelphia Sketch Club, novembre 1914, cité par A. Breeskin (cf. note 1), p. 19.

(5) Cf. note 1, p. 20.

Alfred Henry Maurer

Woman with hat, 1907.

Huile sur toile, 54,6 × 45,7 cm.
University of Nebraska, Lincoln Art Galleries, Lincoln.

« Monsieur Alfred H. Maurer se souvient visiblement de Matisse, et jusque dans la signature » (1) écrit Apollinaire (à propos d'une exposition « fort agréable à visiter » organisée par un groupe d'Américains de Paris chez Devambez en 1911. « Ces Américains ont pour ainsi dire tous subi l'influence de la peinture française contemporaine » (1). Mieux encore, cette toile s'intitule *La femme au chapeau*. Pourtant ce peintre qui arrive à Paris en 1897, âgé de 30 ans, fervent admirateur de Whistler et de Sargent, n'a jamais été l'élève de Matisse. Mais il a connu l'homme, et l'œuvre, chez les Stein de la rue de Fleurus, qu'il rencontre vraisemblablement en 1905 et qu'il fréquente assidûment jusqu'à son retour aux États-Unis en 1914. Cette multiple rencontre, les Stein, Matisse et, ne l'oublions pas, l'œuvre de Cézanne, provoque un profond changement dans la manière de peindre de l'artiste. Tout en reconnaissant ce que dit Alice B. Toklas : « A.M. n'allait pas à l'atelier de Matisse lorsque celui-ci critiquait les travaux d'une vingtaine de peintres quelconques. Mais il était profondément intéressé par la peinture de Matisse et particulièrement par sa manière de travailler. A.M. n'était pas du genre à se laisser influencer et à changer sa façon de peindre. C'était la peinture qui l'influençait et non les théories » (2), il faut admettre que Maurer n'a pas dû être sourd aux recommandations de Matisse : « Il s'agit de représenter le modèle ou tout autre sujet, et non de le copier ; et il ne peut y avoir de rapport de couleurs entre lui et votre tableau ; il ne faut considérer que l'équivalence des rapports de couleurs de votre tableau avec les rapports de couleurs du modèle. » (3). Voilà pour la couleur, le rouge des cheveux, le vert du trait qui cerne le nez. On trouve ici, selon un procédé bien propre à Matisse, et à une date étonnamment précoce, (c'est l'année du *Nu bleu*), un travail de déformation du modèle, à la recherche des lignes essentielles qui le définissent : « Je ne dis pas que vous ne devez pas exagérer, mais je dis que votre exagération doit être en harmonie avec le caractère du modèle – et non point une exagération dénuée de sens qui ne fasse que vous éloigner de l'expression particulière que vous cherchez à fixer. » (4).

Conseil au fond bien modéré. Et c'est sans doute justement parce qu'il n'a pas été l'élève de Matisse que Maurer a pu peindre cette toile audacieuse. Le peintre semblait lui-même inquiet de ses recherches nouvelles, puisqu'il déclarait en 1908, dans le *New York Times :* « J'admets que pour l'instant je suis dans le doute le plus complet. Auparavant, je croyais voir juste, mais je suis tout aussi sûr que maintenant je vois juste. Je ne peux expliquer la différence. Les peintures que je fais aujourd'hui, je n'oserais pas les exposer aux États-Unis [...] Je peins maintenant des toiles que je n'aurais pas osé imaginer il y a seulement un an. » (5). Ses craintes vis-à-vis de la réaction des États-Unis étaient justifiées et la critique l'a joyeusement éreinté, à la suite de l'exposition qu'il fait à la galerie de Stieglitz en 1909 : « Le pauvre Maurer a quitté le droit chemin et fraye avec les prophètes, les fous illuminés, les voyants. Matisse a ouvert les yeux à l'ancien élève de Mr. Chase » (6), tout en reconnaissant d'ailleurs à Maurer un réel sens de la couleur : « [ses études] doivent être considérées d'abord comme de belles petites créations de couleur. » (6).

(1) Guillaume Apollinaire, *Chroniques d'art,* Paris, Gallimard, 1960, p. 149.

(2) Lettre d'Alice B. Toklas à Mc Causland, 9 avril 1948, citée par Sheldon Reich dans le catalogue de l'exposition *Alfred H. Maurer,* National Collection of Fine Arts, Smithsonian Institution, 23 février – 13 mai 1973, Washington D.C., p. 31.

(3) Notes de Sarah Stein, *EEPSA,* p. 72.

(4) Idem, p. 65.

(5) « Artist Maurer now an Impressionist », *New York Times,* 19 avril 1908, cité par S. Reich (cf. note 2), p. 40.

(6) Charles H. Caffin, dans *Camera Work,* n° 27, juillet 1909, p. 41.

Alfred Henry Maurer

Autumn, vers 1912.

Huile sur toile, 45,1 × 36,8 cm.
Anne et Ira Glackens, Washington D.C.

« Monsieur Stieglitz le grand chasseur de la Photo-Secession a capturé un autre "sauvage". Son nom est Alfred Maurer... Cet artiste s'efforce d'exprimer quelque chose qui est en lui, et par là-même mérite le respect » (1), écrit un critique à propos de l'exposition Maurer chez Stieglitz en 1909. Toutefois les toiles qu'il expose provoquent l'indignation : « Mais ses toiles ! Il est impossible de les comprendre [...] En voici une où l'on voit au premier plan un amas de couleurs ; qu'est-ce que c'est ? Une tomate écrasée ? Un casque de pompier ? Un rocher de couleur rouge ? Un couple sous un parapluie ? Personne ne peut le dire ». (1).

Maurer, qui a eu droit à tous les noms, impressionniste, post-impressionniste, expressionniste, matissiste (il est reconnu comme tel à l'occasion d'une exposition de groupe chez Stieglitz en mars-avril 1910, « The Younger American Painters », dont la plupart ont été considérés comme des suiveurs de Matisse). Notons ici que c'est précisément parce qu'elle le considérait comme un « suiveur » que Gertrude Stein, qui aimait beaucoup Maurer, n'a jamais acquis aucune toile de l'artiste. A propos de ce paysage, *Autumn*, qui date au plus tard de 1912, puisqu'il figure en 1913 à l'Armory Show, on peut reprendre la déclaration de Maurer dans le catalogue de la *Forum Exhibition* (2) où le peintre, dont on a dit qu'il était atteint du « bacille de la matissite » (3), expose une toile très proche de la nôtre : *In the Vineyards,* qui tout comme *Autumn* fait penser aux paysages peints par Matisse à Collioure ou à Alger dans les années 1905-1907 : « L'organisation réussie des valeurs, c'est-à-dire le partage harmonieux de masses de couleurs plus ou moins pures, est mon principal souci en peinture. Pour cette raison, il est impossible de donner de la nature une transcription exacte, car les masses de couleur dans la nature sont brisées par de nombreuses et minuscules notes de couleurs, qui tendent à éliminer l'effet de masse. Par conséquent, j'utilise souvent la couleur dominante d'un objet naturel, en laissant de côté les tonalités secondaires. Par ce procédé, *l'effet* naturel est conservé et en même temps le tableau devient une entité colorée distincte de la simple représentation ; ainsi j'obtiens un volume de couleur qui prendra sa place dans la composition d'ensemble du tableau. Cela aurait été naturellement perdu si tous les détails avaient été soigneusement consignés ; toute rupture dans la continuité de l'objet nuirait à la pureté de l'impression que doit produire sur l'œil l'œuvre achevée [...] Le peintre doit être libre de traduire ce qu'il ressent. Il ne doit pas être lié par la nature, car il serait alors amené à négliger ce qui, selon lui, mérite d'être exprimé au profit de ce qu'il a sous les yeux. En ce qui me concerne, lorsque mon intérêt se porte sur les harmoniques unissant des volumes de couleurs, je considère d'abord leur valeur tonale. C'est pourquoi mes peintures diffèrent des scènes qu'elles sont censées représenter. » (4).

(1) J.-F. Chamberlain, dans *The Evening Mail,* 3 avril 1909, repris dans *Camera Work,* nº 27, juillet 1909, p. 43.

(2) *The Forum Exhibition of Modern American Painters,* 13 mars – 25 mars 1916, The Anderson Galleries, New York.

(3) Arthur Hoeber, dans *The Globe,* 6 avril 1909, repris dans *Camera Work,* nº 27, juillet 1909, p. 43.

(4) *The Forum Exhibition...,* p. 60.

Samuel Halpert

Fruit, vers 1912.

Huile sur toile, 61 × 50,8 cm.
The Whitney Museum of American Art, New York.

Morton L. Schamberg

Study of a girl, vers 1909-1911.

Huile sur toile, 78,2 × 57,8 cm.
Museum of Art, Williams College, Lawrence Hall, Williamstown, Mass.

Cézanne, Matisse... l'histoire est toujours la même : celle d'un jeune peintre américain qui arrive, âgé de dix-huit ans en France en 1902, qui n'a pas manqué d'y fréquenter ses compatriotes et qui comme eux a suivi le « cursus ». Man Ray rapporte ceci : « Un soir, un petit homme au long visage et aux yeux gris entra et s'assit à ma table. Il s'appelait Halpert ; il revenait tout juste de Paris où il avait travaillé avec Matisse. Il avait quelques années de plus que moi et parlait avec la complaisance d'un homme du monde. Je l'écoutais attentivement quand il me racontait ses exploits parisiens et me parlait de l'œuvre qu'il avait apportée pour l'exposer. Il ne peignait pas comme Matisse ; il avait été plus impressionné par l'œuvre d'un peintre dont je n'avais jamais entendu parler : Marquet. » (1).

Que Marquet ait beaucoup « impressionné » Halpert, cela apparait dans d'autres toiles du peintre, en particulier dans différentes œuvres où l'on voit Notre-Dame de Paris, les quais de la Seine... Qu'il ait « travaillé avec » Matisse cela est moins sûr. Il est évident qu'il ne peint pas « comme » Matisse. (On pourrait toutefois, si l'on veut, discourir sur le côté décoratif de la nappe, du dallage du sol dans cette nature morte, vraisemblablement contemporaine de celle que l'artiste expose à l'*Armory Show* en 1913). Halpert fait cependant partie de la génération des avant-gardistes américains ; il eut l'honneur d'être nommé Sociétaire du Salon d'Automne en 1911, et l'amitié profonde qui le liait à Robert Delaunay (dont le nom, pour l'œuvre qui nous intéresse, est aussi bienvenu) autorise ici, pour des raisons qu'on pourrait dire sentimentales, sa présence.

« Laissez-moi ajouter que je n'ai jamais travaillé sous la direction des peintres modernes mentionnés plus haut [Cézanne, Matisse, Picasso], et que je ne les ai jamais rencontrés. J'ai vu bon nombre de leurs tableaux. Je les apprécie : ils m'ont beaucoup influencé et stimulé, mais pas autant que l'art classique [...]. Le travail de l'artiste ne consiste pas à imiter ou à représenter la nature. L'art est création, ou plutôt, interprétation. » (1).

C'est ce que déclare Schamberg dans un article paru peu avant l'*Armory Show*, où il exposait, entre autres, ce portrait de Fanette Reider.

(1) Man Ray, *Autoportrait,* Paris, Laffont, 1964, p. 34.

(1) Morton Schamberg, dans *The Philadelphia Inquirer,* 19 janvier 1913, repris dans Ben Wolf, *Morton Schamberg,* Philadelphia, University of Pennsylvania Press, 1963, p. 27.

Charles Sheeler

Still life, spanish shawl, 1912.

Huile sur toile, 25,4 × 35,6 cm.
Lane Collection, Leominster, Mass.

Ce qui frappe d'abord Sheeler lorsqu'il arrive en Europe pendant l'hiver 1907-1908, ce sont les artistes du quattrocento italien. Et c'est à travers eux qu'il perçoit Cézanne, les fauves, le début du cubisme, lorsqu'avec Schamberg, qui l'a rejoint en Italie, il se rend à Paris en 1909. Il y fréquente Michael et Sarah Stein : « Michael Stein et sa femme possédaient un grand appartement avec un grand salon dont les murs étaient tapissés de tableaux [...] Je m'y rendis un soir, sur la seule recommandation verbale d'un ami commun. J'y suis allé et je me suis simplement promené un peu partout. Il y avait une pièce pleine de monde, une grande pièce pleine de monde, et puis [...] on pouvait bavarder avec quiconque se trouvait comprendre l'anglais – ceux qui étaient là étaient en majorité Français. J'ai visité depuis quelques galeries, mais jamais je n'ai vu autant de choses que ce soir-là chez les Stein. » (1).

Pourtant ce n'est pas immédiatement qu'il assimile tout ce qu'il peut voir alors, et les peintres de l'avant-garde européenne semblent l'avoir beaucoup désorienté : « Je ne les avais pas le moins du monde compris, mais j'étais fermement convaincu que ces artistes savaient ce qu'ils faisaient. Et si j'y trouvais assez d'intérêt, c'était à mois d'essayer de découvrir ce qu'ils faisaient. » (2). De retour à Philadelphie en 1910, il travaille dans un style éclectique qui traduit cette perturbation : « Il m'a fallu environ dix ans pour m'en remettre et prendre un nouveau départ. » (2).

(1) Interview de Charles Sheeler par Martin Friedman, dans *Charles Sheeler*, New York, Watson-Guptill Publications, 1975, p. 212, note 5.

(2) Charles Sheeler, dans Friedman, p. 17.

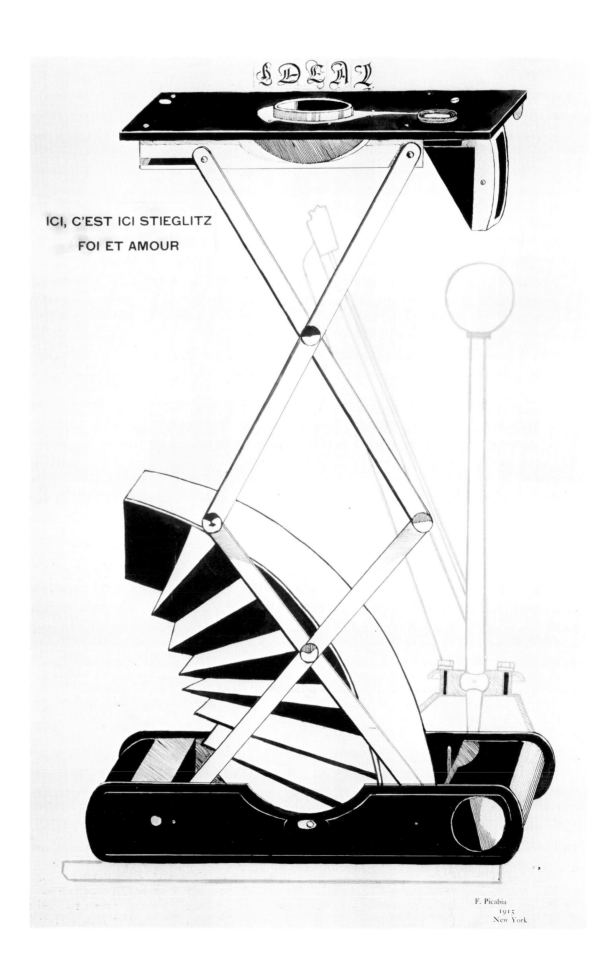

ICI, C'EST ICI STIEGLITZ

FOI ET AMOUR

F. Picabia
1915
New York

Alfred Stieglitz et la Photo-Secession : 291 Fifth Avenue, New York.

« Le 25 novembre 1905 fut la date la plus importante de l'histoire de la "Photo-Secession". Le soir de ce jour, les "sécessionnistes" et quelques-uns de leurs amis ouvrirent sans cérémonie la petite galerie de la "Photo-Secession", au 291 de la cinquième Avenue à New York. Contrairement aux usages, ils n'invitèrent pas la presse, ne donnèrent aucune réception et l'ouverture de la galerie se fit sans tambour ni trompette. » (1). C'est ainsi que s'ouvre, à l'instigation du photographe Alfred Stieglitz, une petite galerie, « dans son genre, la plus grande au monde des petites galeries » (2), et une grande aventure qui va durer jusqu'en 1917.

Au départ, et comme son nom l'indique, il s'agit d'une galerie consacrée à la photographie. Dans ce domaine, comme dans celui de la peinture, se manifeste au début du siècle aux États-Unis un besoin de rupture avec la tradition. Le mot de « sécessionistes » avait été proposé par Stieglitz à l'occasion d'une exposition de photographies organisée en 1902 au National Arts Club à New York, et c'est sous ce nom et sous la direction de Stieglitz que se regroupent alors un certain nombre de photographes, dont Alvin Langdon Coburn, Frank Eugene, Gertrude Käsebier, Edward Steichen, Clarence H. White... Si le programme de la galerie à ses débuts est prioritairement consacré à la photographie, l'orientation en change très vite : dès 1907-1908, on peut y voir des expositions de dessins, de gravures, de peintures, de sculpture. On trouvera en appendice le tableau des expositions qui ont eu lieu dans cette galerie, dont le nom, et c'est significatif, devient, sorte de diminutif affectueux, « 291 », (c'est-à-dire une adresse). Ce tableau, en dehors du fait qu'il montre très clairement, typographiquement pourrait-on dire, l'évolution vers une prédominance des expositions ne concernant pas la photographie, appelle d'autres commentaires : « 291 » a été le lieu des premières expositions individuelles aux États-Unis des artistes de l'avant-garde européenne : Rodin, Matisse, Cézanne, Picasso, Picabia, Brancusi, Severini.

Francis Picabia

Ici, c'est ici Stieglitz, 1915.
Encre sur papier, 75,2 × 49,2 cm.
The Metropolitan Museum of Art, collection Alfred Stieglitz, New York.

Les contacts de Stieglitz avec l'Europe se sont faits à l'occasion de ses voyages outre-Atlantique en 1907, en 1909, en 1911, mais aussi par l'intermédiaire de Steichen qui vit en France de 1908 jusqu'à la guerre et qui est en quelque sorte le correspondant à l'étranger de la Little Gallery, proposant avec entêtement et passion des expositions à Stieglitz, d'artistes français, comme d'ailleurs d'artistes américains à Paris. En effet nombre d'artistes de l'avant-garde aux États-Unis pendant les vingt premières années de ce siècle ont participé à des expositions de groupe, ou ont eu des expositions individuelles à « 291 », devenu ainsi bien avant l'*Armory Show*, le lieu privilégié de rencontre et de confrontation des artistes des deux continents. Notons enfin des expositions aujourd'hui fort à la mode, mais qui à l'époque ne l'étaient guère, celles de dessins d'enfants et d'art africain. Tout un numéro de *Camera Work* (n° 47, juillet 1914) regroupe les témoignages enthousiastes d'artistes, de critiques et d'écrivains, répondant à la question « Que signifie pour vous "291" ? ». L'un d'entre eux, Hutchins Hapgood, définit ainsi la galerie : « "291" est pour moi un "salon", un laboratoire et un refuge – un lieu où les gens peuvent échanger leurs idées et leurs sentiments, où les artistes peuvent mener à bien leurs expériences et les présenter, un lieu enfin où ceux qui sont fatigués de ce qu'on appelle la vie "pratique" peuvent trouver une nouvelle atmosphère spirituelle. Quand je me sens très énervé, je vais à la galerie comme à une oasis apaisante. J'y vais aussi pour me joindre à un cercle d'hommes éminents qui font preuve d'un amour intense pour toute forme d'expression humaine. J'y vais enfin pour voir Alfred Stieglitz, vivre une heure en communion avec lui et mesurer la pureté de son courage, l'authenticité de sa démarche vers ce qu'on appelle la vérité, que l'on peut toujours ressentir mais jamais définir. Parce qu'il aime la vérité, il accueille tous ceux qui se sentent un tant soit peu voyants, et même ceux qui ne le sont pas et désirent le devenir. » (3).

Il faut maintenant décrire les lieux dont l'agencement et l'utilisation sont au moins aussi étonnants que ce qui y a été exposé. 291 Fifth Avenue : « Au 291 de la cinquième Avenue se trouvait une vieille maison en grès construite à la période "élégante" ; comme tant d'immeubles de ce genre, elle avait connu des fortunes diverses au gré des circonstances et différentes sociétés l'avaient successivement occupée. Au pied de l'escalier en fer conduisant aux étages supérieurs de la maison, il y avait une petite vitrine contenant une photographie et l'inscription "PHOTO-SECESSION"

avec, entre les deux mots, un disque d'or. La photo représentait un personnage célèbre, je ne me souviens plus s'il s'agissait de Maeterlinck, de La Duse ou de Rodin ; c'était certainement l'un d'entre eux, mais on avait voulu donner à la photographie l'aspect et les qualités d'un tableau, ce qui, comme nous ne le savons que trop maintenant, correspondait au goût de l'époque, la tendance actuelle étant bien sûr exclusivement à la photographie « pure », dont le grand maître en titre est encore Alfred Stieglitz qui, malgré son grand âge, fait autorité et n'a certainement jamais été dépassé par personne. Finalement O'Sheel m'introduisit dans une petite pièce au dernier étage de cet immeuble ; on y accédait par un ascenseur minuscule qui ne pouvait pas contenir plus de trois ou quatre personnes à la fois. Des tablettes faisaient le tour de cette pièce et on y avait fixé des rideaux en toile de jute vert foncé, derrière lesquels se dissimulaient bien des secrets concernant les progrès de la photographie à cette époque. Au centre de cette petite pièce il y avait une estrade carrée, également recouverte de toile de jute, et en son milieu se trouvait une énorme coupe en cuivre. » (4).

C'est ainsi que Marsden Hartley évoque ces lieux, la première fois qu'il y vient, en compagnie du poète irlandais O'Sheel. La galerie se trouvait jusqu'au début de l'année 1908 d'un côté du palier du dernier étage. Exproprié, Stieglitz eut alors la possibilité, grâce à la générosité de Paul Haviland, de réinstaller la galerie de l'autre côté du palier, où les espaces furent arrangés de façon à les recréer tels qu'ils étaient à l'origine. C'est-à-dire, au départ, pour des expositions de photographies : « Jusqu'à maintenant, à deux ou trois exceptions près, on n'a pas montré les photographies sous leur meilleur jour ; l'affluence aux expositions, les lumières trop fortes ou, pire, trop faibles, les couleurs mal assorties, tout cela a certainement empêché le public d'étudier de façon satisfaisante les photographies

d'art. Conscients de telles erreurs, les responsables de la galerie "Secession" aménagèrent les lieux d'exposition de sorte que chaque photographie soit présentée à son avantage. L'éclairage est fait de telle sorte que le visiteur se trouve dans une lumière douce et diffuse, tandis que les tableaux reçoivent la lumière du jour à travers une verrière ; les spots en dehors de leur usage propre ont aussi une valeur décorative. L'une des plus grandes pièces est dans les tons mats, vert olive, et la toile de jute gris vert recouvrant les murs donne une impression de chaleur ; les boiseries et les moulures sont de même couleur, mais beaucoup plus sombres. Les rideaux sont en satinette dans les tons sépia et olive, le plafond et le velum sont d'un gris crème très soutenu. La petite pièce est spécialement conçue pour exposer des photos sur des supports très légers ou dans des cadres blancs. Les murs de cette salle sont recouverts de toile de jute blanchie ; les boiseries et les moulures sont d'un blanc pur ; les rideaux sont en toile écrue. La troisième pièce est décorée dans les tons bleu gris, saumon foncé et gris vert. Dans toutes les salles la couleur des abats-jour est assortie à celle des murs. » (5).

Ces témoignages, et les photographies qu'on possède, nous permettent de conclure à l'existence de trois petites pièces, dont l'une au moins était éclairée par une verrière, la lumière du jour étant diffusée à travers un velum, et renforcée par l'éclairage ponctuel de spots. Le long des murs, couraient des tablettes, à un mètre du sol, auxquelles étaient fixés des rideaux, ménageant ainsi un espace pour le stockage des œuvres le long du mur. Ces tablettes étaient soulignées, le long du mur, comme à l'endroit où venait s'attacher le rideau, d'une baguette, tantôt blanche, tantôt sombre, selon les réaménagements faits à l'occasion des diverses expositions. Deux de ces installations sont bien connues : celle de l'exposition d'art africain en novembre-décembre 1914, à laquelle succéda l'exposition Picasso-Braque, en décembre 1914-janvier 1915, dont Steichen s'occupa : « A mon retour à New York, c'était le calme plat à la "Photo-Secession". Il y avait alors une exposition de sculptures africaines rassemblées par De Zayas. Les murs en toile de jute étaient couverts de poussière et l'atmosphère de l'endroit avait elle-même quelque chose de poussiéreux. Personne ne venait en dehors des quelques habitués de "291". Je demandai à Stieglitz si je pouvais donner plus d'éclat à la présentation de cette belle exposition et il accepta. J'achetai plusieurs rames de papier jaune, orange et noir. J'enlevai toutes les sculptures et je fixai sur les murs les feuilles de couleur vive selon un dessin géométrique abstrait, avant de remettre les sculptures à leur place. Toute la pièce s'anima grâce à ces papiers de couleur qui créaient comme une atmosphère de jungle et de tam-tams. Notre moral s'en trouva, semble-t-il, quelque peu remonté et c'est alors que Stieglitz me demanda : "Et maintenant, que vas-tu faire ?" Je lui répondis que c'était bien la première fois qu'il m'interrogeait sur mes intentions.

Nous avions quelques dessins de Braque et de Picasso, et j'étais d'avis qu'ils méritaient de figurer dans la prochaine exposition. J'achetai au meilleur prix des bandes de gaze dont nous recouvrîmes la toile de jute ternie par la poussière. Un certain Zoler qui suivait Stieglitz comme son ombre m'aida à placer la gaze. Je décrochai les rideaux en cotonnade qui cachaient les étagères de rangement et je les fis porter chez le teinturier pour les faire teindre en noir. Puis j'accrochai aux murs les quelques dessins de Braque et de Picasso à côté de plusieurs sculptures africaines qui s'harmonisaient plus ou moins bien avec eux. L'endroit paraissait propre, net et à nouveau plein de vie, pourtant je sentais que quelque chose manquait. L'exposition avait besoin d'un objet bien réel, une pierre, un morceau de bois ou que sais-je encore. Quand j'en parlai aux autres, Zoler dit qu'il possédait un grand nid de guêpes bien conservé. Cela convenait parfaitement, surtout par rapport aux œuvres accrochées aux murs ; on décida donc de le faire figurer dans l'exposition. Celle-ci inspira mon ami Charles Sheeler qui y prit deux de ses plus belles photographies. » (6).

Au centre de l'une des pièces, une table, recouverte d'un tapis allant jusqu'au sol, servait de socle au bol de bronze comme aux sculptures de Brancusi. Les objets exposés étaient présentés très espacés – à hauteur des yeux. Accrochage admirable, étonnant de modernité. On est là très loin des velours, des tentures lourdes, des pompons, des dorures et des présentations étouffantes, genre Palais Pitti, qui avaient cours à ce moment-là.

La démolition de l'immeuble, l'absence de plans et de relevés précis datant de l'époque, l'absence de photographies en couleurs de la galerie rend incertaine toute tentative de reconstitution. Celle proposée ici, à l'occasion de l'ex-

Alfred Stieglitz par Edward Steichen, 1907.
The Museum of Modern Art, New York.

Marius de Zayas, par Alfred Stieglitz, 1914.
Doris Bry, New York.

Edward Steichen par lui-même, 1898.
The Metropolitan Museum of Art, New York.

229

position Paris-New York, est bien davantage une allusion à ce qu'a pu être "291", qu'une reconstitution.

L'activité de la galerie se doublait de la publication d'une revue, *Camera Work*, qui eut 50 numéros, un supplément (avril 1906) et deux numéros spéciaux (août 1912 et juin 1913), dont la parution commence avant l'ouverture de Little Gallery, en janvier 1903, suite à une première revue éditée par Stieglitz, *Camera Notes*, pour s'achever en juin 1917, avec la fermeture de la galerie. Luxueuse revue d'un grand raffinement, consacrée d'abord à la photographie, qui suit l'évolution de la Little Gallery et rend compte de ses activités, à laquelle collaborent des écrivains, des peintres, des critiques, des photographes, qui font de *Camera Work* le véhicule d'une pensée neuve, audacieuse, vitriolante : Benjamin de Casseres, Marius De Zayas, Sadakichi Hartmann, Paul Haviland, J.B. Kerfoot, Alfred Kreymborg et bien entendu Stieglitz et Steichen. Une autre revue, portant le nom de la galerie, *291*, parait pendant la guerre (12 - numéros, dont 3 doubles, publiés de mars 1915 à février 1916) à l'instigation de Haviland, De Zayas et Agnes Meyer, pour relancer l'activité de la Little Gallery à un moment où la conjoncture politique et économique la menaçait. Revue à l'allure plus délurée (mais non moins luxueuse et raffinée) plus corrosive encore – ce à quoi n'est pas étrangère l'arrivée à New York, en mai 1915 de Picabia. Stieglitz avait accueilli avec plaisir la proposition : « Ils pensaient que nous devions publier un magazine mensuel consacré aux formes les plus modernes de l'art et de la satire. J'avais toujours espéré qu'il existerait aux États-Unis un vrai magazine satirique, mais malheureusement notre pays ignorait cette forme d'expression. Les Américains semblaient avoir peur de la satire, peur de la caricature. Ils apprécient les sempiternels dessins humoristiques. Je m'interrogeais : l'expression satirique n'avait-elle pas sa place aux États-Unis ? Et De Zayas n'avait-il pas réussi quelques chefs-d'œuvre dans ce domaine ? N'avaient-ils pas été exposés à "291" ? Ils n'avaient suscité que peu d'écho. La proposition de Haviland et de De Zayas reçut mon plein accord. Peut-être la publication envisagée allait-elle apporter un second souffle à "291". Les deux hommes, ainsi que Madame Meyer, étaient prêts à agir immédiatement. Ils me demandèrent si la galerie pouvait donner son nom au magazine, lui servir de bureaux, et si je voulais participer à la fondation et à la publication de la revue. J'acquiesçai sur tous ces points. » (7).

En juin 1917, la galerie ferme ses portes, Stieglitz ne pouvant plus faire face à une situation financière insoutenable. Il y avait la guerre bien sûr ; mais aussi le magnifique – mais bien utopique – désintéressement de Stieglitz qui s'était toujours refusé à rentabiliser sa galerie : en effet il ne faisait pas payer de frais de location aux artistes qu'il exposait, pas plus qu'il ne prélevait de commissions sur les ventes de tableaux qu'il faisait ! En 1915, De Zayas avait de son côté ouvert une galerie, Modern Gallery, avec l'appui financier d'Agnes Meyer et de Picabia, qui devait, elle, être rentable, le temps de l'expérience et de la chevalerie étant passé. Stieglitz, sollicité à cette occasion ne put se décider à entrer dans les affaires. L'activité de la Modern Gallery devait d'ailleurs être parallèle à celle de « 291 », puisqu'on y vit des expositions de photographies, d'art nègre, de Picasso, Braque, Picabia, Brancusi, et aussi d'artistes américains, Adelheid Roosevelt, Alice Morgan Wright, Sheeler, Schamberg... Toutefois le rôle de Stieglitz ne cesse pas avec la fin de « 291 », bien qu'il en eût été très éprouvé : « Je restais assis dans un réduit qui faisait à l'origine partie de "291". L'endroit était vide, laissé à l'abandon et crasseux ;

les rats y avaient fait leurs trous et il y régnait une odeur abominable. Il m'arrivait aussi de parcourir l'endroit de long en large, le chapeau sur la tête, le pardessus et la cape sur les épaules, ce qui ne m'empêchait pas d'être gelé. Il n'y avait pas du tout de chauffage, bien qu'il y ait eu là deux radiateurs. Je n'avais pas d'autre endroit où aller – pas de lieu de travail, pas de cercle d'amis, pas d'argent. Je ressentais en quelque sorte ce que Napoléon avait dû éprouver pendant sa retraite de Russie. » (8).

De 1921 à 1925, il organise des expositions aux Anderson Galleries, puis ouvre successivement deux galeries, The Intimate Gallery, de 1925 à 1929, puis An American Place de 1929 à 1946, date de sa mort. Le nom de cette dernière est significatif : en effet Stieglitz ne montre alors, à peu près exclusivement, que des artistes américains.

Pour rendre compte de façon rigoureuse de l'activité de « 291 », il eût fallu présenter ici tous les artistes qui y ont exposé. Un choix a été fait, tant parmi les Français que parmi les Américains, en fonction du retentissement qu'ils ont eu au moment même où ils étaient exposés, des relations privilégiées qu'ils avaient avec Stieglitz, ou de lacunes non comblées à ce jour (il n'a par exemple pas été possible de retrouver aucune œuvre de Braque exposée à « 291 » en décembre 1914-janvier 1915).

Dans la mesure du possible, les œuvres ici présentées sont celles qui ont été exposées par Stieglitz, dont la plupart se trouvent actuellement dans sa collection répartie entre divers musées américains.

(1) Editorial, *Camera Work* nº 14, avril 1906, p. 17.

(2) « The largest small room of its kind in the world », Marsden Hartley, cité par George Heard Hamilton, dans « The Alfred Stieglitz Collection », *Metropolitan Museum Journal*, New York, vol. 3, 1970, p. 374.

(3) Hutchins Hapgood, « What 291 is to me », *Camera Work*, nº 47, juillet 1914, p. 11.

(4) Marsden Hartley, « 291-and the brass bowl » dans *America and Alfred Stieglitz, a collective portrait*, edited by Waldo Frank, Lewis Mumford, Dorothy Norman, Paul Rosenfeld and Harold Rugg, New York, The Literary Guild, 1934, p. 236.

(5) Editorial, *Camera Work*, nº 14, avril 1906, p. 48.

(6) Edward Steichen, *A Life in Photography*, New York, Doubleday and Company Inc., 1963, chapitre 5, face planche 62 (abrégé par la suite : E. Steichen, *A Life...*).

(7) Alfred Stieglitz, cité dans Dorothy Norman, *Alfred Stieglitz, an american seer*, New York, Random House, [1973], p. 125.

(8) Id., ibid. p. 134 (abrégé par la suite : D. Norman).

Man Ray

Portrait de Stieglitz, 1913.
Huile sur toile, 26,7 × 21,6 cm.
The Beinecke Rare Book and Manuscript Library, the
Alfred Stieglitz Archive in the Collection of American Lite-
rature, Yale University, New Haven, Conn.

Liste des expositions de la Gallery of the Photo-Secession

Dates	Expositions de photographies	Autres expositions
24 nov. 1905 - 5 janv. 1906	Œuvres des membres de la Photo-Secession : Jeanne E. Bennett, Alice Boughton, Annie W. Brigman, John G. Bullock, A. L. Coburn, Sydney Carter, Mary Devens, W. B. Dyer, J. M. Elliot, Frank Eugene, Herbert G. French, W. F. James, F. D. Jamieson, Gertrude Käsebier, Joseph T. Keiley, M. R. Kernochan, J. B. Kerfoot, C. A. Lawrence, Helen Lohman, William J. Mullins, Jeanne E. Peabody, Fred H. Pratt, W. B. Post, Landon Rives, H. C. Rubincam, Eva Watson-Schütze, Sarah C. Sears, Katharine A. Stanbery, Mary R. Stanbery, Eduard J. Steichen, Alfred Stieglitz, W. P. Stokes, J. F. Strauss, Orson Underwood, Mary Vaux, S. S. Webber, Clarence H. White, W. E. Wilmerding, S. L. Willard	
10 janv. - 24 janv. 1906	Exposants français : Maurice Brémard, G. Besson, Robert Demachy, Georges Grimprel, A. Hachette, Celine Laguarde, René Le Bègue, C. Puyo	
26 janv. - 2 févr. 1906	Herbert G. French	
5 févr. - 19 févr. 1906	Gertrude Käsebier, Clarence H. White	
21 févr. - 7 mars 1906	Exposants britanniques : D. O. Hill, J. Craig Annan, Frederick H. Evans	
17 mars - 5 avr. 1906	Eduard J. Steichen	
7 avr. - 28 avr. 1906	Exposants autrichiens et allemands : Heinrich Kühn, Hugo Henneberg, Hans Watzek, Theodore et Oscar Hofmeister	
8 nov. 1906 - 1er janv. 1907	Œuvres des membres de la Photo-Secession	
5 janv. - 22 janv. 1907		Dessins : Pamela Colman Smith
25 janv. - 12 févr. 1907	Baron A. de Meyer, George H. Seeley	
19 févr. - 5 mars 1907	Alice Boughton, William B. Dyer, C. Yarnall Abbott	
10 mars - 10 avr. 1907	Alvin Langdon Coburn	
18 nov. - 30 déc. 1907	Œuvres des membres de la Photo-Secession	
2 janv. - 21 janv. 1908		Dessins : Auguste Rodin
7 févr. - 25 févr. 1908	George H. Seeley	
26 févr. - 11 mars 1908		Eaux fortes, pointes sèches, ex-libris : Willi Geiger ; eaux fortes : D. S. McLaughlan ; dessins : Pamela Colman Smith
12 mars - 2 avr. 1908	Eduard J. Steichen	
6 avr. - 27 avr. 1908		Dessins, lithographies, aquarelles, eaux-fortes : Henri Matisse
1er déc. - 30 déc. 1908	Œuvres des membres de la Photo-Secession	
4 janv. - 16 janv. 1909	J. Nilsen Laurvik	Caricatures : Marius De Zayas
18 janv. - 1er févr. 1909	Alvin Langdon Coburn	
4 févr. - 22 févr. 1909	Baron A. de Meyer	
26 févr. - 15 mars 1909		Eaux-fortes, pointes sèches, ex-libris : Allen Lewis
16 mars - 27 mars 1909		Dessins : Pamela Colman Smith
30 mars - 17 avr. 1909		Huiles : Alfred Maurer ; aquarelles : John Marin
21 avr. - 7 mai 1909	Eduard J. Steichen	
8 mai - 18 mai 1909		Huiles : Marsden Hartley

18 mai - 2 juin 1909		Estampes japonaises de la collection F. W. Hunter : Shiba Kokan, Suzuki Harunobu, Ippitsusai Buncho, Katsukawa Shunsho, Kitagawa Utamaro, Toshiusai Sharaku, Utagawa Toyokuni, Katsushika Hokusai
24 nov. - 17 déc. 1909		Monotypes, dessins : Eugene Higgins
20 déc. 1909 - 14 janv. 1910		Lithographies : Henri de Toulouse-Lautrec

21 janv. - 5 févr. 1910	Eduard J. Steichen	
7 févr. - 25 févr. 1910		Aquarelles, pastels, eaux-fortes : John Marin
27 févr. - 20 mars 1910		Dessins, photographies de peintures : Henri Matisse
21 mars - 15 avr. 1910		Peintures, esquisses : Younger American Painters : G. Putnam Brinley, Arthur B. Carles, Arthur Dove, Lawrence Fellows, Marsden Hartley, John Marin, Alfred Maurer, Eduard Steichen, Max Weber
31 mars - 18 avr. 1910		Dessins : Auguste Rodin
26 avr. 1910 - exposition permanente		Caricatures : Marius De Zayas
18 nov. - 8 déc. 1910		Lithographies : Paul Cézanne, Auguste Renoir, Edouard Manet, Henri de Toulouse-Lautrec ; dessins : Auguste Rodin ; peintures et dessins : Henri Rousseau
10 déc. 1910 - 8 janv. 1911		Dessins, eaux-fortes : Gordon Craig

11 janv. - 31 janv. 1911		Peintures, dessins : Max Weber
2 févr. - 22 févr. 1911		Aquarelles : John Marin
1er mars - 25 mars 1911		Aquarelles : Paul Cézanne
28 mars - 25 avr. 1911 (prolongée)		Dessins, aquarelles : Pablo Picasso
18 nov. - 8 déc. 1911		Aquarelles : Gelett Burgess
18 déc. 1911 - 15 janv. 1912	Baron A. de Meyer	

17 janv. - 3 févr. 1912		Peintures : Arthur B. Carles
7 févr. - 26 févr. 1912		Peintures, dessins : Marsden Hartley
27 févr. - 12 mars 1912		Peintures : Arthur G. Dove
14 mars - 6 avr. 1912		Sculpture, dessins : Henri Matisse
11 avr.-10 mai 1912		Œuvres d'enfants non scolarisés âgés de 2 à 11 ans
20 nov. - 12 déc. 1912		Caricatures : Alfred J. Frueh
15 déc. 1912 - 14 janv. 1913		Peintures, dessins : Abraham Walkowitz

20 janv. - 15 févr. 1913		Aquarelles, huiles : John Marin
24 févr. - 15 mars 1913	Alfred Stieglitz	
17 mars - 5 avr. 1913		Etudes : François Picabia
8 avr. - 20 mai 1913		Caricatures : Marius De Zayas
19 nov. 1913 - 3 janv. 1914		Dessins, pastels, aquarelles : Abraham Walkowitz

12 janv. - 14 févr. 1914		Peintures : Marsden Hartley ; bronze : Arnold Rönnebeck
18 févr. - 11 mars 1914		Dessins d'enfants non scolarisés (2e exposition)
12 mars - 1er avr. 1914		Sculpture : Constantin Brancusi
6 avr. - 6 mai 1914		Peintures, dessins : Frank Burty
3 nov. - 8 déc. 1914		Sculpture africaine
9 déc. 1914 - 11 janv. 1915		Dessins, peintures : Pablo Picasso, Georges Braque ; poteries archaïques du Mexique, œuvres sculptées ; « Kalogramas » : Torres Palomar

12 janv. - 26 janv. 1915		Peintures : Francis Picabia
27 janv. - 22 févr. 1915		Peintures : Marion H. Beckett, Katharine N. Rhoades
23 févr. - 26 mars 1915		Aquarelles, huiles, eaux-fortes, dessins : John Marin

27 mars - 17 avr. 1915		Œuvres d'enfants (3e exposition)
10 nov. - 7 déc. 1915		Peintures, dessins : Oscar Bluemner
8 déc. 1915 - 18 janv. 1916		Sculpture, dessins : Elie Nadelman

18 janv. - 12 févr. 1916		Aquarelles : John Marin
14 févr. - 12 mars 1916		Dessins, aquarelles : Abraham Walkowitz
13 mars - 3 avr. 1916	Paul Strand	
4 avr. - 22 mai 1916		Huiles : Marsden Hartley
23 mai - 5 juil. 1916		Dessins : Georgia O'Keeffe ; aquarelles, dessins : Charles Duncan ; huiles : René Lafferty
22 nov. - 20 déc. 1916		Aquarelles, dessins : Georgia S. Engelhard, 10 ans ; peintures, dessins : Marsden Hartley, John Marin, Abraham Walkowitz, S. Macdonald-Wright, Georgia O'Keeffe
27 déc. 1916 - 17 janv. 1917		Aquarelles : Abraham Walkowitz

22 janv. - 7 févr. 1917		Peintures : Marsden Hartley
14 févr. - 3 mars 1917		Aquarelles : John Marin
6 mars - 17 mars 1917		Peintures, dessins, pastels : Gino Severini
20 mars - 31 mars 1917		Aquarelles, dessins, huiles : S. Macdonald-Wright
3 avr. - 14 mai 1917		Aquarelles, dessins, huiles : Georgia O'Keeffe.

Note : Parmi les artistes dont les œuvres ont été montrées à différentes époques à la galerie 291 figurent Kandinsky, Manolo, Félicien Rops, Théophile Steinlen et Man Ray. Toutefois ces œuvres n'ont pas été officiellement exposées ou cataloguées. (9).

(9) Le tableau a été repris de l'ouvrage de Dorothy Norman, cf. note 7, p. 232 à 235.

Marius De Zayas

Portrait d'Alfred Stieglitz, 1913.
Fusain sur papier, 61,6 × 47,3 cm.
The Metropolitan Museum of Art, collection Alfred Stieglitz, New York.

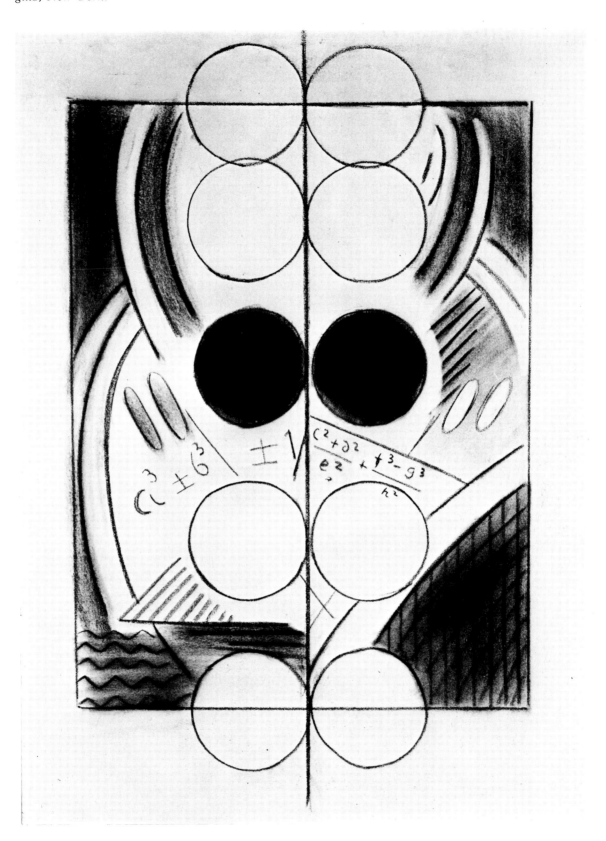

Les membres de la Photo-Secession, de g. à dr. : Eugene, Stieglitz, Kuhn, Steichen. 1905-1907. Photo Frank Eugene.
Beinecke Rare Book and Manuscript Library, Yale University, New Haven, Conn.

Arthur Dove

Portrait d'Alfred Stieglitz, 1926.
Collage sur carton, 41,6 × 31,4 cm.
The Museum of Modern Art, fonds Edward M.M. Warburg, New York.
(Ne figure pas à l'exposition.)

The Little Galleries of the Photo-Secession et *Camera Work* ont vu le jour pour défendre un nouvel art de la photographie, pour définir comment la photographie pouvait exister avec des qualités qui lui soient spécifiques et qui lui permettent de sortir de l'ornière qu'était pour elle une certaine façon de ressembler à la peinture. Et le débat s'engagea sur la controverse entre la « photographie pure » et la « photographie artistique »*. Débat complexe qui est resté ouvert...

De Zayas écrit, dans *Camera Work,* n° 41 : « La Photographie n'est pas l'Art. Ce n'est même pas un art. L'Art est l'expression de la genèse d'une idée. La Photographie est la vérification plastique d'un fait. La différence entre l'Art et la Photographie est la différence essentielle qui existe entre l'Idée et la Nature. La Nature nous fournit l'Idée. L'Art, grâce à l'imagination, exprime cette idée afin de provoquer des émotions. » (1). L'ambiguïté apparaît dans un texte du même De Zayas, publié dans le numéro suivant de *Camera Work* : « La Photographie n'est pas l'Art, mais on peut en faire quelque chose d'artistique. Il existe une différence entre la Photographie et la Photographie d'Art : tandis que, dans la première, on recherche cette objectivité de la Forme qui engendre les différentes conceptions que l'homme a de celle-ci, dans le second cas on utilise l'objectivité de la Forme pour exprimer une idée pré-conçue et ainsi faire partager une émotion. La Photographie fixe la Forme dans son état réel, la Photographie d'Art exprime l'objectivité de la forme, subordonnée à un système de représentation. Moyen d'information d'une part : moyen d'expression d'autre part. Dans la Photographie on cherche à exprimer le monde extérieur ; dans la Photographie d'Art c'est la subjectivité qui est recherchée. Recherche libre et impersonnelle d'une part ; représentation systématique et personnelle d'autre part. [...] Jusqu'à présent, Steichen en tant qu'artiste et Stieglitz en tant qu'expérimentateur sont les figures de proue de ces deux domaines de la Photographie. L'œuvre de Steichen porte à sa plus haute expression la représentation réaliste de la Forme. Dans ses photographies, il a réussi à rendre parfaite la fusion du sujet et de l'objet. Il a mené à sa perfection un système de représentation : le réalisme. Stieglitz a commencé par supprimer la représentation du sujet afin d'atteindre l'expression pure de l'objet. Il essaye d'obtenir synthétiquement, au moyen d'un processus mécanique, ce que certains artistes modernes parmi les plus avancés, ont essayé d'obtenir analytiquement au moyen de l'Art. » (2).

* « straight photography » et « pictorial photography ».
* En français dans le texte (N.d.t.)

236

On n'a retenu ici sur les nombreux photographes exposés à « 291 » et dont les photographies ont été publiées dans *Camera Work* que trois noms : ceux d'Alfred Stieglitz et Edward Steichen, nommés ci-dessus et celui d'un photographe plus jeune, Paul Strand.

Stieglitz a été, entre autres, le photographe de New York, dont il a inlassablement fixé les images, été comme hiver, de nuit comme de jour. Par exemple, celle du *Flat-iron Building* (3) : « Me souvenant de cette époque, je revois mon père venant à ma rencontre alors que j'étais en train de prendre des photographies au beau milieu de la cinquième Avenue. "Alfred", dit-il, "comment peux-tu t'intéresser à cet affreux bâtiment" ? "Pourquoi dis-tu cela", répliquais-je, "ce n'est pas affreux, c'est l'Amérique nouvelle. Le Flat Iron est aux États-Unis ce que le Parthénon fut à la Grèce." Mon père eut l'air horrifié. » (4).

Mais la photographie incontestablement la plus célèbre de Stieglitz est *The steerage* (5), photographie prise en juin 1907 sur le bateau qui l'emmène en Europe : « Parvenu au bout du pont, je restais seul, à regarder en bas. Sur le pont inférieur il y avait des hommes, des femmes et des enfants. Un escalier étroit menait à un petit pont situé à la proue du bateau. Un jeune homme, avec un chapeau de paille de forme arrondie, regardait par-dessus la balustrade un groupe de gens qui se trouvait au-dessous de lui. On voyait sur la gauche la ligne oblique d'une cheminée. Une passerelle étincelante fraîchement repeinte en blanc menait au pont supérieur. La scène me fascina : un chapeau de paille rond ; la cheminée inclinée sur la gauche ; l'escalier incliné sur la droite ; la passerelle blanche avec sa rampe tendue de chaînes ; plus bas un homme aux bretelles blanches croisées dans le dos ; les courbes des tuyaux métalliques. Un mât se découpant sur le ciel complétait un triangle. Pendant un moment je restai fasciné. Je vis une composition de formes qui faisaient un tableau. » (6). Et Stieglitz de conclure : « Si toutes mes photos étaient perdues et qu'il ne restait de moi que *The steerage*, ça serait déjà bien. » (6).

L'amitié entre Rodin et Steichen repose en partie sur l'admiration qu'ils avaient chacun pour l'art de l'autre. La photographie représentant Rodin, Victor Hugo et le Penseur (7) réalisée par Steichen en 1902, un de ces samedis où il se rend comme de coutume chez Rodin à Meudon, est un photomontage. Comme il ne disposait pas d'un objectif à grand angle qui lui permette, dans l'espace étroit de l'atelier, de rassembler ses trois personnages sur une seule image, il photographia d'abord Rodin et Hugo (8), puis le Penseur, et plus tard ayant trouvé la technique pour faire une photographie à partir de deux, il obtint le tirage où on voit à la fois les trois figures : « Quand je montrai à Rodin le photomontage, il exulta. Judith Cladel, qui écrivit plus tard une magnifique biographie de Rodin, regarda la photo et lui dit : "Ah, c'est Rodin. C'est vous entre Dieu et le Démon." Il répliqua simplement : "Mais oui" *, et rit de bon cœur. Il était très fier de la photo et la montrait à tout le monde. » (9). Quant au Balzac (10), Steichen passa une nuit à le photographier, pendant l'été 1908, à la lumière de la lune, sous des angles différents et pendant des temps d'exposition variant d'un quart d'heure à une heure. Rodin en dit, lorsqu'il vit les tirages : « Vos photos aideront les gens à comprendre mon Balzac. Elles sont paroles d'évangile, dans un désert d'ignorance. » (11).

Les deux photographies de Paul Strand, *Porch shadows* et *Bowls* (12), encore appelées *Photography* ou *Abstraction*, sont un exemple de recherche abstraite (comme en

Les derniers jours de 291, 1917. Photo Alfred Stieglitz.
Philadelphia Museum of Art, coll. Dorothy Norman.

fera aussi Charles Sheeler) : « On peut organiser les objets de manière à évoquer les causes de ce dont ils sont les effets, ou bien on peut les utiliser comme des formes abstraites, pour susciter une émotion sans lien avec l'objectivité elle-même. Cette organisation est obtenue soit par le mouvement de l'appareil par rapport aux objets eux-mêmes, soit grâce à la disposition réelle de ces derniers dans l'espace ; mais ici, comme toujours, l'expression est simplement le reflet de la vision, qu'elle soit, selon les cas, superficielle ou profonde. La photographie n'est qu'une voie nouvelle venant d'ailleurs qui débouche cependant sur un but commun, qui est la Vie. » (13).

(1) Marius De Zayas, « Photography », *Camera Work*, n° 41, janvier 1913, p. 17.

(2) Marius De Zayas, « Photography and artistic photography », *Camera Work*, n° 42-43, novembre 1913, p. 13-14.

(3) Reproduit dans *Camera Work*, n° 4, octobre 1903, p. 49.

(4) Alfred Stieglitz, cité dans Norman, p. 45.

(5) Reproduit dans *Camera Work*, n° 36, octobre 1911, p. 37 et dans *291*, n° 7-8, septembre-octobre 1915.

(6) Alfred Stieglitz cité dans Norman, p. 75-77.

(7) Reproduit dans *Camera Work*, n° 11, juillet 1905, p. 35, et *Steichen Supplement*, avril 1906, pl. 10.

(8) Reproduit dans *Camera Work*, n° 2, avril 1903, pl. 1.

(9) E. Steichen, *A Life...*, entre pl. 12 et 13.

(10) Différentes prises de vue reproduites dans *Camera Work*, n° 34-35, avril-juillet 1911, p. 7, 9, 11.

(11) Rodin, cité dans Steichen, *A Life...*, entre pl. 43 et 44.

(12) Reproduites dans *Camera Work*, n° 49-50, juin 1917, p. 27 et 29.

(13) Paul Strand, « Photography », *ibid*, p. 3.

Alfred Stieglitz

Wet day on the Boulevard, Paris, 1894.
(Ne figure pas à l'exposition.)

A snapshot, Paris, 1911.
Photogravure, 13,6 × 17,6 cm.
The Metropolitan Museum of Art, don de J.B. Neunann,
1958, New York.

The flat-iron building, New York, 1903.
Photogravure, 32,9 × 16,7 cm.
The Art Institute of Chicago, collection Alfred Stieglitz.

The steerage, 1907.
Photogravure, 32,8 × 26,5 cm.
The Art Institute of Chicago, collection Alfred Stieglitz.

Old and new New York, 1910.
Photogravure, 33,3 × 25,6 cm.
The Art Institute of Chicago, collection Alfred Stieglitz.

Edward Steichen

Rodin, le Penseur, Paris, 1902.
Photographie.
Musée Rodin, Paris.
(Ne figure pas à l'exposition.)

Henri Matisse, Issy-les-Moulineaux, 1909.
Photogravure, 21 × 16,5 cm.
Collection particulière, Paris.

242

The open sky, Meudon, 1908.
Photographie, 48,6 × 38,3 cm.
The Metropolitan Museum of Art, New York.

Paul Strand

Abstraction, Bowls, 1915.
Photographie, 25,4 × 20,3 cm.
Succession Paul et Hazel Strand.
© *1971 by Aperture, Inc.*

Auguste Rodin

L'homme qui marche, 1877-1878.
Bronze, 85 × 28 × 58 cm.
(fonte copyright Musée Rodin, 1964)
Musée Rodin, Paris.

Les trois dessins de Rodin ici présentés ont été exposés à « 291 » en 1910 et tous trois reproduits dans *Camera Work* (1). Mais la première exposition Rodin eut lieu chez Stieglitz en 1908, à l'instigation de Steichen, qui connaissait Rodin depuis 1901, et qui, en 1905 à New York, avait soumis à Stieglitz un projet d'exposition de dessins de Rodin, laquelle eut enfin lieu à la suite d'un télégramme fameux envoyé par Steichen à Stieglitz : « Voulez-vous des dessins de Rodin ? » (2). On pouvait lire au catalogue de cette première exposition : « Cette exposition donne pour la première fois au public américain la possibilité d'étudier les dessins de Rodin. Dans ce but, les 58 œuvres actuellement présentées ont été choisies par Rodin et M. Steichen. Afin d'aider à une plus complète compréhension de celles-ci, nous reproduisons ci-dessous un extrait du chaleureux essai d'Arthur Symons consacré à Rodin "Studies in Seven Arts" : "Dans les dessins, qui constituent en eux-mêmes un prolongement si intéressant de son art, on ne trouve guère cette délicatesse de la beauté. Ce sont des études pour sa sculpture, des « instantanés » qui se contentent d'indiquer le mouvement et l'expression. L'artiste les exécute en 2 minutes, d'un simple mouvement rapide de la main sur le papier, attentif aux poses sans affectation du modèle. Il semblerait ainsi (si toutefois l'accidentel ne tenait un si grand rôle dans sa création) qu'on parvienne à une nouvelle forme de sensibilité où l'idéalisme pervers de Baudelaire a disparu au profit d'un genre plus simple de cynisme. Dans ces nus étonnants, la femme accède à un degré de simplicité plus grand que chez Degas même : la femme devenue animal ; la femme devenue, bizarrement, idole." » (3).

Les extraits des critiques parues dans la presse à cette occasion (4) témoignent de l'étonnement devant l'œuvre graphique d'un artiste considéré comme un grand sculpteur et qui venait balayer les conventions esthétiques – et morales ! – établies : « Rodin affirme être parvenu au point où tout lui semble beau. Il nous apprend qu'il n'y a plus rien de laid. La nature toute entière est belle – la silhouette d'une lavandière comme celle de Diane. Mais nous autres savons bien qu'il est quelquefois irrésistiblement poussé à parer toute chose d'une beauté et d'une grâce célestes ; et bien qu'il ne puisse se permettre de l'avouer, il obéit à un pouvoir qui le possède et qui se montre plus fort que sa raison. » (5). « L'exposition des dessins de Rodin aux Little Galleries of the Photo-Secession, au 291 de la cinquième Avenue, est d'une valeur artistique et humaine exceptionnelle. C'est aussi un défi lancé à la pruderie pudibonde de notre puritanisme. Lorsqu'on contemple ces stupéfiants témoignages de l'observation sans concession d'un artiste – qui est aussi un homme – on s'étonne de ce que la sottise aveugle qui protège nos mœurs n'ait pas déjà fait une descente dans cette "petite galerie" ». (6). Notons que le *Nu debout* appartenait à Steichen.

Il n'y a pas eu d'exposition de sculptures de Rodin chez Stieglitz, sans doute à cause des problèmes qu'aurait posés le transport. *L'homme qui marche* est ici présent comme témoignage de l'amitié qui liait Rodin et Steichen : le sculpteur avait offert au photographe, pour le remercier des photographies du Balzac qu'il avait faites, un bronze de *L'homme qui marche* (la fonte ici présentée est une fonte récente) : « Lorsque je remerciai Rodin, il me dit que la statue n'était qu'un témoignage de sa gratitude et que *L'homme qui marche* devait être le symbole de la vie qu'il me souhaitait – une continuelle marche en avant. » (7).

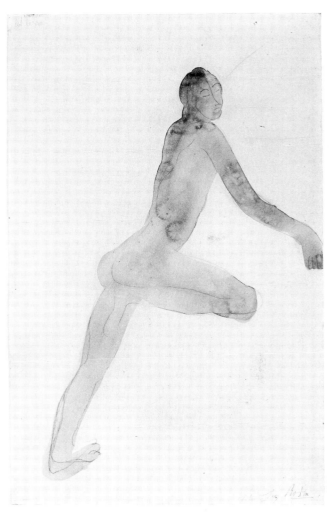

Nu debout.
Graphite et aquarelle, 44,5 × 31,5 cm.
The Art Institute of Chicago, collection Alfred Stieglitz.

Quittant la terre.
Graphite et aquarelle, 48,3 × 31,8 cm.
The Art Institute of Chicago, collection Alfred Stieglitz.

Bas. Soleil.
Graphite et aquarelle, 32,8 × 50,4 cm.
The Art Institute of Chicago, collection Alfred Stieglitz.

(1) *Camera Work*, nº 34-35, avril-juillet 1911, p. 43, 57 et 59.

(2) « Dou you want Rodin drawings », Edward Steichen, *A life...*, chap. 4, face pl. 43.

(3) Repris dans *Camera Work*, nº 22, avril 1908, p. 35.

(4) Ibid, p. 36 à 41.

(5) J.E. Chamberlain dans *The Evening Mail*, repris ibid p. 37.

(6) J.N. Laurvik dans *The Times*, repris ibid p. 36.

(7) Edward Steichen, *A life...* chapitre 4.

Henri Matisse

Femme sur la plage.
Aquarelle et crayon sur papier, 27 × 21 cm.
The Metropolitan Museum of Art, collection Alfred Stieglitz, New York.

Nu assis appuyé sur le bras.
Crayon sur papier, 30,5 × 23 cm.
The Metropolitan Museum of Art, collection Alfred Stieglitz, New York.

Nu appuyé sur un genou.
Encre sur papier, 31,9 × 22,4 cm.
The Metropolitan Museum of Art, collection Alfred Stieglitz, New York.

La serpentine, 1909.
Bronze, 56,5 cm.
Moderna Museet, Stockholm.

Trois expositions Matisse à « 291 » : en 1908, première exposition personnelle de l'artiste aux États-Unis (et même plus simplement hors de Paris !), à laquelle figurait la *Femme sur la plage* ; en 1910, deuxième exposition, où fut montré le *Nu assis,* que Stieglitz prêta en 1913 à l'*Armory Show* (1) ; en 1912 première exposition de sculptures de Matisse aux États-Unis, accompagnées de quelques dessins récents, où étaient exposés 5 bronzes et quelques moulages (2) dont un moulage de *La serpentine* et parmi les dessins, le *Nu appuyé sur un genou*. Tout cela grâce à l'infatigable Steichen qui de Paris, probablement en janvier 1908, écrivait à Stieglitz : « Mon cher A. S. je t'ai trouvé une autre exposition épatante qui sera aussi belle dans son genre que celle de Rodin. Des dessins d'Henri Matisse, le plus moderne des modernes : ils sont à sa peinture ce que les dessins de Rodin sont à sa sculpture. Demande au jeune Of des renseignements sur lui. Je ne sais pas si tu te souviens de ses tableaux chez Bernheim. Eh bien ! ils sont au portrait ce que les Cézanne sont au paysage. Tout simplement admirables. Certains sont plus achevés que les Rodin, des études de la forme plutôt que du mouvement – ils frisent l'abstraction pure. Je les apporterai avec moi » (3).

Cette première exposition, où figurait des dessins infiniment plus audacieux que la *Femme sur la plage,* suscita des critiques très virulentes : si la dame à l'ombrelle a pu plaire, les autres dessins de Matisse ont été assimilés à des caricatures provocantes. Ou à une impuissance à conduire correctement une ligne. Extrait de presse : James Huneker : « Le peintre français est intelligent, d'une intelligence diabolique. Séduit par les néo-impressionnistes, par les paysages polynésiens de Gauguin, il les a tous surpassés par ses extravagances. Sa ligne, dont les simplifications en zig zag sont manifestement héritées de l'art japonais, est virevoltante et vigoureuse. En trois traits rageurs il réussit à esquisser une femme dans toute son animalité, sa honte et son horreur. Comparés à ces croquis de bas-fonds et de maisons closes, les dessins de Rodin (auparavant exposés dans cette même galerie) paraissent académiques et même soignés. Il y a un nu que l'imagination de l'artiste a métamorphosé en un masque hideux. Sur le mur opposé on voit le dos d'un personnage allongé, et on ne peut que saluer l'artiste, tant le trait en est viril et souverain » (4).

L'exaspération de la critique est légèrement amoindrie lors de la seconde exposition. James Huneker : « Bref, un artiste étonnant, un observateur original qui dédaigne les lignes faciles, celles que l'on dit gracieuses, harmonieuses, élégantes ; ou pire, des lignes "morales" » (5). Un autre critique, J. Edgar Chamberlain, semble plus convaincu : « Matisse est tout simplement un homme d'une grande force et un artiste doué qui, guidé par son inspiration, cherche à saisir et comme à empoigner les données essentielles et fondamentales de ce qui s'offre à sa vue. S'il dessine un portrait, on sent immédiatement qu'il a représenté non seulement l'ossature, les muscles et la chair qui l'entoure et l'éclat de la peau, mais aussi les traits les plus caractéristiques et les plus représentatifs du modèle en chair et en os. La magie de l'art est ici à l'œuvre ; son regard, traversant les apparences, semble atteindre au cœur même des choses et nous sommes, on ne sait comment, convaincus qu'il a fait paraître au grand jour leur intimité. S'il ne recherche pas le beau, ses dessins sont quelque fois d'une grande, d'une étonnante beauté parce qu'il trouve la vérité et que la vérité est souvent – pas toujours – la beauté même. En tout cas ces dessins de Matisse donnent l'exemple stupéfiant d'un art vif, clairvoyant et expressif, et ils méritent amplement d'être vus. Et ce n'est certes pas parce que l'on aime quelqu'un d'autre qu'il faudrait détester Matisse. C'est un artiste à ne pas négliger » (6).

Matisse sculpteur fit à nouveau en 1912, l'unanimité de la critique contre lui ; Arthur Hoeber : « A vrai dire, il est à peine croyable qu'il y ait des individus pour défendre ses œuvres à quelque titre que ce soit. Pourtant un homme du sérieux de Roger Fry, récemment associé au Metropolitan Museum of Art [voilà en réalité le scandale !], prend ce même Matisse au sérieux et il ne s'est pas caché pour l'écrire noir sur blanc [...]. Tout cela est décadent, malsain, certainement aussi irréel qu'un horrible cauchemar, et c'est déprimant au possible » (7). Huneker aboie : « Qui succèdera à Rodin ? Sûrement pas Henri Matisse » (8). Et Chamberlain n'épargne pas *La serpentine* : « Matisse ne cherche certainement pas à faire joli ; il ne cherche manifestement qu'à représenter, autant que la nature le lui permet, ses propres lubies et ses visions [...]. *La serpentine* est une œuvre grotesque qui a pour motif une femme aux formes sinueuses » (9).

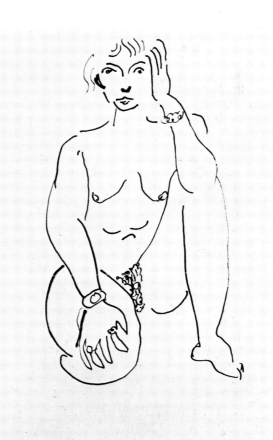

(1) Ce dessin a été reproduit dans *Camera Work*, n° 32, octobre 1910, p. 29.

(2) Liste donnée dans A. Barr, *Matisse, His Art and his Public*, New York, the Museum of Modern Art, 1951, p. 148 (abrégé par la suite : Barr).

(3) Cité dans Barr, p. 113.

(4) James Huneker dans *The New York Sun*, repris dans *Camera Work*, n° 23, juillet 1908, p. 11.

(5) James Huneker dans *The New York Sun*, repris dans *Camera Work*, n° 30, avril 1910, p. 49.

(6) J. Edgar Chamberlain, dans *The New York Mail*, ibid, p. 51.

(7) Arthur Hoeber dans *The New York Globe*, repris dans *Camera Work*, n° 38, avril 1912, p. 45.

(8) James Huneker dans *The New York Sun*, ibid, p. 45.

(9) J. Edgar Chamberlain dans *The Evening Mail*, ibid, p. 45-46.

John Marin

Trois images de New York. Un peintre venu à 35 ans à Paris, en 1905, où il reste jusqu'en 1911, à qui en 1907 le Musée du Luxembourg achète une toile, *Moulins à Meaux ;* il est lié au milieu des artistes américains à Paris, et comme eux se trouve confronté à l'œuvre de Cézanne, de Picasso, de Robert Delaunay, noms qu'on ne manquera sans doute pas d'évoquer devant ces trois aquarelles. En 1907 et 1908, Marin expose aux Indépendants et de 1907 à 1909 au Salon d'Automne. C'est vraisemblablement au Salon d'Automne de 1908 que Steichen, en compagnie d'Arthur B. Carles, voit les aquarelles de Marin. Il fait la connaissance du peintre, et plein d'enthousiasme, propose à Stieglitz d'organiser une exposition Marin à « 291 ». Une première présentation d'œuvres faites en France a lieu, en même temps que sont montrées des toiles de Maurer, en mars-avril 1909. Charles Caffin écrit au catalogue : « John Marin est un de ces jeunes Américains de Paris, plus absorbés par leur recherche personnelle qu'intéressés par les chemins battus qui mènent aux honneurs officiels. Il est atteint de cette fièvre créatrice, née avec Cézanne, s'amplifiant avec Matisse et qui a permis à l'artiste de retrouver l'ancien secret : voir le monde de ses propres yeux » (1).

Brooklyn Bridge, vers 1912.
Aquarelle sur papier, 46,9 × 39,3 cm.
The Metropolitan Museum of Art, collection Alfred Stieglitz, New York.

Alors que Maurer provoque l'indignation, Marin est bien accueilli par la critique : « Toutes ses couleurs, ses touches et ses formes sont belles et élégantes » (2). Et Marin devient ainsi l'un des artistes bien aimés de « 291 », y exposant presque tous les ans, en 1910, 1911, 1913, 1915, 1916, 1917. Stieglitz continue à montrer régulièrement la production de Marin, à la Intimate Gallery, puis à An American Place. Il est remarquable que dans ce qui constitue actuellement la Collection Stieglitz, John Marin soit l'artiste le plus représenté.

Brooklyn Bridge et *Saint Paul's, Lower Manhattan* figuraient à l'exposition Marin à « 291 » en 1913 (la seconde aquarelle fut d'ailleurs exposée immédiatement après à l'*Armory Show*), en même temps qu'une série d'aquarelles sur le thème du Woolworth Building, dont la construction s'était achevée en 1912. John Marin explique, dans une note accompagnant le catalogue, ces images mouvantes et éclatées : « Estimerons-nous que la vie d'une grande ville se réduit à celle des gens et des animaux qui peuplent ses rues et ses bâtiments ? Les bâtiments eux-mêmes sont-ils sans vie ? On nous a appris quelque part qu'une œuvre d'art est une chose vivante [...]. Je vois de grandes forces à l'œuvre ; de grands mouvements ; des bâtiments grands et petits ; la lutte de David contre Goliath ; je vois aussi les influences s'exerçant entre les masses inégales. Des émotions s'éveillent en moi et me donnent l'envie d'exprimer ces "forces d'attraction" et le jeu de leur influence réciproque ; les grandes masses attirent les petites, et toutes sont inévitablement soumises les unes aux autres. Le magnétisme régit la vie de toutes les choses ; les grandes s'affirment avec force, les petites à un moindre degré, s'affirment également, et bien qu'inaperçues elles luttent pour exister, ce qui modifie leurs trajectoires. Tandis que ces forces d'attraction et de répulsion sont à l'œuvre et s'exercent en tous sens, j'entends les échos de cette lutte qui compose une grande symphonie. Voilà comment j'essaye d'exprimer graphiquement l'activité d'une grande ville. Le tableau doit manifester un équilibre de ces forces qui luttent, s'attirent et se repoussent. C'est ce que j'essaye de faire. Mais nous ne sommes que des hommes » (3). Dorothy Norman rapporte que Cass Gilbert, l'architecte du Woolworth Building, aurait été absolument consterné par l'exposition, ne reconnaissant plus son œuvre d'architecte dans celle du peintre ! (4).

(1) Charles H. Caffin, « John Marin », repris dans *Camera Work,* n° 27, juillet 1909, p. 42.

(2) J.E. Chamberlain dans *The Evening Mail,* 3 avril 1909, repris dans *Camera Work,* ibid., p. 43.

(3) John Marin, cité par Arthur Hoeber dans *The New York Globe,* repris dans *Camera Work,* n° 42-43, avril-juillet 1913, p. 22-23.

(4) Norman, p. 99.

Movement – Fifth Avenue, 1912.
Aquarelle sur papier, 43 × 34,5 cm.
The Art Institute of Chicago, collection Alfred Stieglitz.

Saint Paul's, Lower Manhattan, 1912.
Aquarelle sur papier, 47,3 × 39 cm.
Delaware Art Museum, don John L. Mc Hugh, Wilmington.

Arthur Dove

Nature symbolized n° 2, 1911 ?
Pastel sur toile, 45,8 × 54,9 cm.
The Art Institute of Chicago, collection Alfred Stieglitz,
avec l'autorisation spéciale de Miss Georgia O'Keeffe.

Arthur Dove est de retour aux États-Unis au printemps 1909. Il entre en contact avec le cercle de Stieglitz, participe en 1910 à l'exposition de groupe *Younger American Painters*, a une exposition particulière à « 291 » en 1912 (il exposera par la suite tous les ans à la Intimate Gallery et An American Place). A cette occasion, Haviland le définit comme un artiste indépendant ; et c'est effectivement dans ce sens que dès 1911 Dove se met à l'abstraction : « Il suit une voie très personnelle et indépendante et, en outre, il peut se révéler être un novateur » (1).

Deux textes de l'artiste définissent son propos ; l'un est une lettre à Arthur Eddy, publiée dans son livre *Cubists and Post-Impressionism* en 1914 : « La première étape consistait à choisir un motif coloré dans la nature et à le peindre d'après elle, tout en conservant l'objectivité des formes. La seconde étape, d'appliquer ce même principe à la forme ; sa dépendance effective à l'égard de l'objet (représentation) disparaît alors, et les moyens d'expression deviennent purement subjectifs. Après avoir travaillé un certain temps dans cette direction, je portai sur les choses un regard neuf, et je commençai non seulement à penser *subjectivement,* mais aussi à me souvenir de certaines sensations *uniquement à travers leurs formes et leur couleurs,* ou plus précisément à travers une configuration particulière des zones de lumière ou des lignes de force déterminées par la rencontre de telles zones. Avec l'introduction du motif linéaire, l'expression devint plus plastique et la lutte avec les moyens utilisés moins évidente » (2).

L'autre texte a été publié en 1916 dans le catalogue de la *Forum Exhibition,* en regard de *Nature symbolized n° 2 :* « J'aimerais tirer de la vie ce qu'elle a de meilleur pour intégrer à mes moyens d'expression tout ce qu'elle m'a donné, c'est-à-dire rendre, au moyen de la forme et de la couleur, le reflet des objets et des sensations lumineuses, subjectives ou objectives, que réfléchit ma conscience intime. Les théories sont dépassées, les moyens disparaissent, seule demeure la réalité de la sensation. Voilà ce que, dans son essence, je cherche à établir. Ce devrait être une aventure merveilleuse. Je souhaite que mon travail ait une solidité telle que l'on puisse laisser libre cours à ses pires instincts, non dans un but de révolution ou de réforme, mais simplement pour apprécier pleinement la vie. Voici ce dont j'ai besoin et ce qui indique le sens de mon travail » (3).

(1) Paul B. Haviland, « Photo-Secession Notes », *Camera Work,* n° 38, avril 1912, p. 36.

(2) Arthur Dove, cité dans Arthur J. Eddy, *Cubists and Post-Impressionism,* Chicago, A.C. Mc Clurg et London, Grant Richards, 1914, p. 48.

(3) Arthur Dove, dans le catalogue de la *Forum Exhibition of Modern American Painters,* 13-25 mars 1916, the Anderson Galleries, New York, reprinted by Arno Press, 1968, p. 52.

Max Weber

Soloist at Wanamaker's, 1910.
Gouache, 76,2 × 45,7 cm.
Forum Gallery, New York.

Weber rentre aux États-Unis au début de 1909 ; il a vu les collections d'art africain au Trocadéro, a connu Picasso et quitte la France, muni de la recommandation du Douanier Rousseau, donnée sur le quai de la gare Saint Lazare, le 21 décembre 1908 : « N'oubliez pas la nature, Weber ! » (1). Il fait la connaissance de Stieglitz, qui l'expose parmi les *Younger American Painters* en 1910, et, seul, en janvier 1911. Amitié qui sera d'ailleurs de courte durée, entre deux hommes au tempérament très différent. *The Soloist* figurait à l'exposition de 1911, sous le titre *Soprano Soloist* (image du concert hebdomadaire qui avait lieu tous les vendredis après-midi aux grands magasins Wanamaker à New York) qui provoqua le déchaînement de la presse, prête à tout pardonner à Matisse, devant le scandale de ce qui est alors exposé chez Stieglitz et qui se situe aux limites de l'interdit : non à l'art barbare. C'en est trop pour J. Edgar Chamberlain, critique de bonne volonté et généralement modéré : « Nous sommes enclins à penser que Monsieur Stieglitz est allé trop loin en permettant l'exposition des toiles de Max Weber. Voici assurément un artiste qui a peint une œuvre très forte mais qui est revenu à une sorte de symbolisme aztèque primitif qui semble n'avoir de signification que pour lui-même. Des profils grotesques, des yeux énormes, des corps de poupées articulées, des motifs barbares tenant lieu de paysages – tels sont les éléments de la peinture de M. Weber et tout cela est d'une laideur épouvantable. Sur les mystérieux temples de pierre des Mayas, ces figures auraient peut-être signifié quelque chose. Elles ne sont pour nous que le signe d'une obsession étrange et folle chez leur créateur » (2). Arthur Hoeber s'indigne : « Voici une caricature de l'humain, voici des formes sans justification naturelle, mais qui semblent à tous le fruit du délire d'un cerveau malade, tel qu'on pourrait l'attendre d'un pensionnaire de maison de fous [...]. Il est difficile de garder son calme devant de telles horreurs, car elles sont une véritable insulte à l'entendement commun et présupposent par dessus tout de la part de l'auteur comme du public un manque total d'humour – péché impardonnable, s'il en est » (3).

(1) Cité dans Sandra E. Leonard, *Henri Rousseau and Max Weber*, New York, Richard L. Feigen, 1970, p. 42.

(2) J. Edgar Chamberlain, dans *The Evening Mail,* repris dans *Camera Work,* n° 36, octobre 1911, p. 32.

(3) Arthur Hoeber dans *The New York Globe,* ibid, p. 31.

La maison, environs de Paris, vers 1905.
Huile sur toile, 35 × 46 cm.
Museum of Art, Carnegie Institute, Pittsburgh, Pa.

Nature morte aux cerises vers 1903-1907. Collection particulière, New York.

Henri Rousseau dit le Douanier

C'est à la mi-octobre 1907, à l'occasion d'une soirée donnée chez la mère de Robert Delaunay que Max Weber rencontre le Douanier Rousseau (1). Weber a 26 ans, Rousseau en a 63. Et c'est le début d'une grande amitié. Rousseau donne à son ami en août 1908 un petit tableau, *Nature morte aux cerises,* au revers duquel on peut lire, : « Offert à mon ami Max Weber/20 août 1908/Union de l'Amérique et de la France/les 2 Républiques ». Un jeu d'échanges touchant s'établit entre les deux hommes : Weber donne des dessins ; Rousseau une *Étude pour une vue de Malakoff, environs de Paris* et deux dessins, un vase – souvent présent dans les toiles de Weber –, une photo de lui-même (portant au dos « offert à mon ami/Weber artiste peintre, Paris le 14/12 1908/H. Rousseau/artiste peintre/Paris Rue Perrel 2 bis ») et sa canne en bois, le jour même du départ de Weber, qui laisse Rousseau les larmes aux yeux sur le quai de la gare Saint-Lazare. Weber lui a acheté *La maison, environs de Paris* (ici exposée), et une autre petite toile *Mère et enfant.* C'est Weber qui introduit Rousseau auprès de Joseph Brummer qui sera son premier marchand aux États-Unis. C'est Weber aussi qui emmène Picasso dans l'atelier du Douanier, où Apollinaire pose pour la première version de *La muse inspirant le poète.* Et pour célébrer cette rencontre, Picasso organise, à la fin de novembre 1908, le banquet en l'honneur du Douanier Rousseau, au Bateau Lavoir, auquel assistaient, outre l'invitant et l'invité, Fernande Olivier, Apollinaire, Marie Laurencin, Gertrude Stein, André Salmon... Weber n'était pas à ce banquet. Un autre banquet eut lieu le 19 décembre 1908, organisé cette fois par le Douanier, « soirée donnée en l'honneur des adieux de M. Weber » (2), avec au programme « La Marseillaise, la Paloma, Babillage, Cecilette, le Tam-Tam (solo), Reginette » (2), et parmi les 25 invités, Apollinaire et Marie Laurencin, Picasso et Fernande Olivier. Le programme indique, face au nom de Max Weber « tenor » et face à celui de Rousseau « chant » ! (2). C'est Weber encore qui, après la mort de Rousseau le 2 septembre 1910, propose à Stieglitz de faire une exposition commémorative, première exposition individuelle du Douanier à travers le monde, où Weber montre sa propre collection, qui regroupe alors les seules œuvres de Rousseau à avoir traversé l'Atlantique à cette date (et qui seront à nouveau montrées, avec d'autres, à l'*Armory Show*). Le texte du catalogue est de la main de Weber : « L'œuvre d'Henri Rousseau, qui est mort le 5 septembre de cette année, est ici présentée pour la première fois dans notre pays. Depuis de nombreuses années, son œuvre comptait parmi les plus intéressantes du Salon des Artistes Indépendants de Paris, où il exposait régulièrement depuis 1886, et pour l'existence duquel il se battit dès sa création. Les quelques toiles de cette exposition ont été prêtées par M. Max Weber, ami dévoué d'Henri Rousseau. Ce dernier commença sa carrière au service des douanes du gouvernement français, mais, du fait de ses dons artistiques, il chercha finalement à s'exprimer dans le domaine des arts plastiques. A Paris son œuvre intéressa au plus haut point les fauves, jeune groupe de peintres et de critiques qui furent jusqu'à la fin de sa vie ses plus ardents admirateurs et amis. C'était un artiste personnel et sincèrement naïf, un vrai "primitif" de notre époque. Il aimait passionnément la nature et la peignait comme elle lui apparaissait. La plus grande partie de son œuvre est résolument décorative et d'inspiration fantastique, et rappelle Giotto et d'autres peintres primitifs. Sa vie fut toute de simplicité et de pureté, et ce sont là les traits caractéristiques de son œuvre » (3). Les critiques, déconcertés, ironisent sur tant de naïveté.

Henri Rousseau dans son atelier, rue Perrel, Paris, vers 1907-1908.
Avec l'autorisation de Richard L. Feigen and Co, New York.

(1) Voir pour tout ce qui concerne l'histoire commune des deux artistes, l'ouvrage de Sandra E. Leonard, *Henri Rousseau and Max Weber,* New York, Richard L. Feigen, 1970.

(2) *Les Soirées de Paris,* nº 20, p. 15-16.

(3) Max Weber, cité dans *Camera Work,* nº 33, janvier 1911, p. 46. Il y a ici une erreur sur la date de la mort du Douanier : le 2 septembre, et non le 5.

Paul Cézanne

Baigneurs, 1897.

Lithographie, 41 × 51 cm.
Paul Prouté, S.A., Paris.

Première image de Cézanne aux États-Unis. En 1907, Stieglitz et Steichen étaient allés ensemble voir l'exposition Cézanne chez Bernheim-Jeune : « Un orage menaçait, mais il ne nous a pas empêché d'aller tous les 4 à la galerie. En entrant, je vis comme des centaines de morceaux de papier blanc sur lesquels se trouvaient éparpillées des taches de couleur. Chaque feuille devait avoir à peu près 45 centimètres sur 60 de côté. La salle était devenue trop sombre à cause de l'orage pour qu'on puisse voir quelque chose, mais je sentis qu'il n'y avait rien à voir, que du papier blanc. Quand Steichen me suggéra d'évaluer les aquarelles, je demandai leur prix au responsable. (J'appris seulement plus tard qu'il était un des éminents connaisseurs du marché de l'art français). Il me répondit : "Mille francs". Je répliquai malicieusement : "Vous voulez dire 12 francs ? (1) Ce n'est que du papier blanc avec quelques taches de couleur". L'homme tourna les talons. Je m'aperçus que j'avais été complètement stupide » (1).

Malgré cette réaction première, Stieglitz expose en 1910 trois lithographies de Cézanne, dont les *Baigneurs* (la lithographie ici montrée n'est pas précisément celle exposée à « 291 », mais un tirage de la même série). Deuxième exposition, en mars 1911, d'aquarelles choisies par Steichen à Paris, à laquelle se rattachent un certain nombre d'anecdotes : le préposé aux douanes à New York s'étonne que Stieglitz s'apprête à exposer des feuilles de papier ne portant que quelques taches de couleur, et doute qu'il puisse y avoir des acquéreurs (il y en eut un, Arthur B. Davies). Pour éprouver le public, Steichen peignit un faux Cézanne, qui fut accroché avec les vrais, et qui eut, dit-il, plus de succès que les vrais ! Un long texte de Charles Caffin parut dans *Camera Work,* introduction à Cézanne, définissant l'importance de son œuvre et ses répercussions sur la nouvelle génération d'artistes : « C'est grâce à l'exemple de Cézanne que les artistes de la jeune génération ont découvert ce triple credo : Simplification, Organisation, Expression » (2). Les critiques furent aussi surpris que Stieglitz lui-même en 1907, et que le douanier (3).

(1) A. Stieglitz, cité dans Norman, p. 104. Stieglitz fait ici un jeu de mots intraduisible sur « thousand » et « dozen ».
(2) Charles H. Caffin« A note on Paul Cezanne », *Camera Work*, n° 34-35, avriljuillet 1911, p. 51.
(3) Cf. *Camera Work* n° 36, octobre 1911, p. 47-48.

Pablo Picasso

Dès 1908, Steichen suggère à Stieglitz de faire une exposition Picasso. En 1910, Marius De Zayas fait la même proposition. Une première exposition, la première aux États-Unis, a lieu en mars-avril 1911 à la Little Gallery, regroupant quatre-vingt trois dessins et aquarelles montrant l'évolution de l'œuvre de Picasso jusqu'à cette date. A ce sujet, Stieglitz écrivait à Sadakichi Hartmann, le 22 décembre 1911 : « Picasso me semble être le plus grand. Je pense que son horizon est plus vaste ; peut-être n'a-t-il pas encore tout à fait trouvé sa voie, mais je suis sûr que c'est l'artiste avec qui il faudra compter. Quel dommage que vous ayiez manqué sa petite exposition à "291" ! Ce fut sans doute la plus intéressante qui ait eu lieu dans cette galerie, ce qui n'est pas peu dire si l'on se souvient de la remarquable série d'expositions qui s'y sont tenues ; incontestablement ce fut la plus intéressante des manifestations artistiques qu'on ait vues dans ce pays. Nous avons certainement exposé les plus belles œuvres de nombreux grands artistes. Il n'existe rien de semblable à notre galerie en Europe. Des expositions plus grandes, plus importante s'y sont déroulées, mais jamais on n'y a vu une telle succession de manifestations présentant des œuvres d'une aussi grande qualité. A mon retour d'Europe, il me fallut environ trois semaines pour me réconcilier avec les New Yorkais. La ville elle-même était toujours aussi merveilleuse. J'éprouvais ce que Tannhäuser avait dû ressentir quand il perdit patience, à son retour du Venusberg, en entendant ses compagnons discourir sur l'amour. Aujourd'hui il n'y a certainement pas d'art digne de ce nom aux États-Unis » (1).

Un article de Marius De Zayas sur Picasso dans le numéro d'avril-juillet 1911 de *Camera Work* (2), la publication d'un numéro spécial de *Camera Work* en août 1912, où était publié le texte de Gertrude Stein « Picasso » (3), et reproduites 6 œuvres de Picasso montrent bien l'importance que Stieglitz y accordait. Parmi les œuvres exposées en 1911, figurait la *Femme nue* (4) que Stieglitz acheta pour sa propre collection et qu'il prêta à l'*Armory Show* en 1913. Les critiques ne peuvent que constater que les limites de l'avant-garde auxquelles ils sont confrontés, à l'occasion de chacune des expositions qui a lieu à « 291 », ne font que reculer. Ils tentent de se rassurer (quand ils ne s'indignent pas) : « Pablo Picasso, espagnol domicilié à Paris, dont les tableaux sont exposés à la Photo-Secession, est certainement allé jusqu'au bout de l'ésotérisme dans son combat contre la tradition. Peut-être pourrions-nous qualifier ces œuvres d'expression ultime du post-impressionnisme, le combat contre la tradition ne pouvant sûrement pas aller au-delà » (5).

Une seconde exposition, Braque et Picasso, a lieu pendant l'hiver 1914-1915. Exposition célèbre, dont l'installation a été décrite plus haut (il en reste de magnifiques photographies). Parmi les œuvres exposées, *Bouteille et verre sur un guéridon*. Stieglitz acheta le collage à Picabia en 1915 et porta au dos du carton sur lequel le dessin était monté : « Je considère que ce dessin de Picasso est le plus important que j'aie jamais vu. Une de ses œuvres essentielles... l' "abstraction" la plus achevée de l'art moderne. Alfred Stieglitz 20 mai 1917 » (6). Les critiques qui entre-temps ont eu à faire face à l'*Armory Show* ne cherchent même plus à se rassurer : « Peut-être est-ce le dernier mot des futuristes – ou peut-être pas ! » (7). Quant à la *Tête de femme*, elle fût prêtée par Stieglitz à l'*Armory Show* (la fonte de la collection Stieglitz se trouve actuellement à l'Art Institute de Chicago) et reproduite, photographiée sous deux angles différents dans *Camera Work* (8).

Bouteille et verre sur un guéridon, 1912-1913.
Fusain, encre et papier collé, 62,6 × 47,3 cm.
The Metropolitan Museum of Art, collection Alfred Stieglitz, New York.

(1) A. Stieglitz, cité dans Norman, p. 110.

(2) *Camera Work*, n° 34-35, avril-juillet 1911, p. 65-67.

(3) Gertrude Stein, « Picasso », *Camera Work*, n° spécial, août 1912, p. 29-30.

(4) L'œuvre a été reproduite trois fois dans *Camera Work* : n° 36, octobre 1911, p. 71 ; n° spécial, août 1912, p. 39 ; n° spécial, juin 1913, p. 53.

(5) J. Edgar Chamberlain dans *The Evening Mail*, repris dans *Camera Work*, n° 36, octobre 1911, p. 50.

(6) Noté dans le dossier de l'œuvre au Metropolitan Museum of Art, New York.

(7) Manuel Komroff dans *The New York Call*, repris dans *Camera Work*, n° 48, octobre 1916, p. 17.

(8) *Camera Work*, n° spécial, août 1912, p. 41 et 43.

Femme nue, 1910.
Fusain, 48,4 × 31,2 cm.
The Metropolitan Museum of Art, collection Alfred Stieglitz, New York.

Tête de femme, 1909.
Bronze, 40,5 × 23,5 × 26 cm.
Kunsthaus, Zürich.

Abraham Walkowitz

Isadora Duncan, 1911.

6 dessins encre et aquarelle, 21,5 × 14,5 cm chacun.
Courtesy Zabriskie Gallery, New York.
(Ne figure pas à l'exposition.)

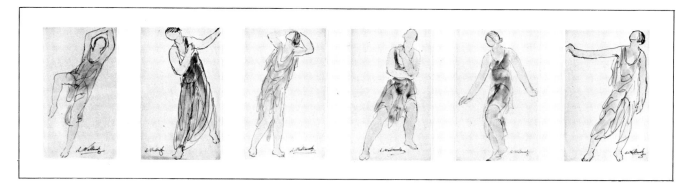

Walkowitz a eu quatre expositions individuelles à « 291 ». Aucun des dessins montrés ici ne figuraient dans ces expositions. L'un d'eux, *From life to life n° 1*, a été reproduit, avec d'autres, dont un *Baiser* qui fait immédiatement songer à Rodin, dans *Camera Work* (1).

Rodin. Walkowitz fait sa connaissance par l'intermédiaire de Steichen, visite son atelier en 1906. Au même moment, il assiste à Paris à une soirée donnée par Isadora Duncan. L'exposition de novembre 1913-janvier 1914 comportait des dessins abstraits, « sans nom » dit la critique, lignes et taches colorées où l'on devine parfois le souvenir d'une anatomie (2), et aussi des dessins sur le thème d'Isadora. Carl van Vechten écrivait là-dessus à Walkowitz : « J'étais dans tous mes états en examinant votre livre de dessins sur Isadora Duncan ; je n'ai cessé de me surprendre à pousser des exclamations involontaires, reprenant les termes mêmes qui m'étaient venus en voyant danser la grande Isadora Duncan ! Il me semble que toute votre vie n'a été qu'une tentative, couronnée de succès, pour présenter à la postérité l'essence même de la danseuse. Vous avez réussi à exprimer son art de façon beaucoup plus véridique que ne l'aurait fait une caméra. Vous rendez à la perfection le sentiment du rythme, la précision et l'intensité de son mouvement, la grâce aérienne de la danseuse et l'harmonie exacte qui lui confèrent sa noblesse. Vous nous la montrez telle qu'elle est, car vous en avez une compréhension intime que vous réussissez à exprimer. Je pense dès lors que dans votre livre de dessins, vous avez poussé aussi loin que possible dans votre propre domaine artistique l'analyse, la description et la transposition d'un autre art. » (3).

(1) *Camera Work*, n° 44, octobre 1913, p. 49.

(2) Cf. Oscar Bluemner, *Walkowitz*, ibid p. 25-26 et 37-38.

(3) Carl van Vechten to Walkowitz, cité dans le catalogue *Collection of the Société Anonyme ; Museum of Modern Art 1920*, Yale University Art Gallery, New Haven, Conn., 1950, p. 31.

Abraham Walkowitz, par Alfred Stieglitz, vers 1915.
The Museum of Modern Art, don Abraham Walkowitz, New York.

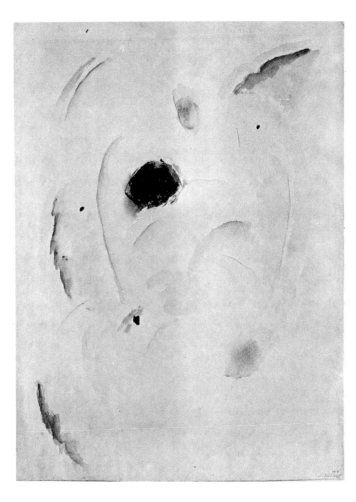

Nude, 1910.
Aquarelle, 48,6 × 35,6 cm.
The Museum of Modern Art, don de l'artiste, New York.

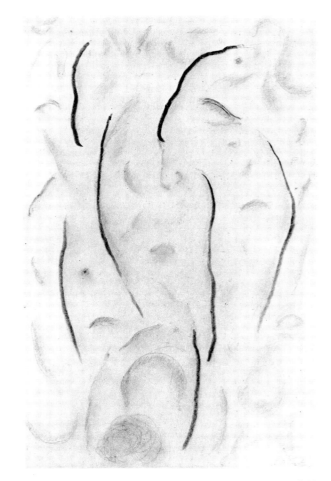

From life to life n° 1, 1912.
Crayon, 31,7 × 21,5 cm.
The Metropolitan Museum of Art, collection Alfred Stieglitz, New York.

Francis Picabia

New York, 1913.

Aquarelle sur papier, 75 × 55 cm.
The Art Institute of Chicago, collection Alfred Stieglitz.
(Non reproduit.)

New York, 1913.

Aquarelle sur papier, 75 × 55 cm.
The Art Institute of Chicago, collection Alfred Stieglitz.
(Ne figure pas à l'exposition.)

Picabia débarque au début de l'année 1913 à New York où il vient à l'occasion de l'*Armory Show*. Il rencontre Stieglitz qui, impressionné par les œuvres que Picabia y présente – et sans doute aussi par le personnage – lui propose une exposition à « 291 », immédiatement après la fermeture de l'*Armory Show*. Et c'est dans sa chambre d'hôtel, en l'espace d'un mois, que Picabia fabrique son exposition : « Cette ambiance vivifiante ne devait pas tarder à manifester ses effets, c'est-à-dire un irrésistible désir de peindre. Il revint un jour à l'hôtel Brevoort où nous habitions, avec l'outillage nécessaire à son travail, organisa une installation de fortune, et les murs se couvrirent bientôt d'une série d'aquarelles de grandes dimensions qui recréaient aussi un climat inconnu par la richesse de leurs inventions et l'éloquence plastique de leurs "abstractions". » (1).

Autant d'images de New York, toutes neuves dans la production de l'artiste, qui découvre un Nouveau Monde : « L'esprit de votre New York est si insaisissable, si magnifiquement, si immensément atmosphérique, tandis que la cité elle-même est si concrète, qu'il m'est difficile de décrire uniquement au moyen de mots l'effet qu'il a sur moi. Aussi mes tableaux le diront-ils peut-être mieux que je ne le peux moi-même. » (2). Puzzles colorés qui ont suscité l'étonnement, voire l'hilarité. Picabia avait écrit lui-même la préface du catalogue, et dans le numéro spécial de *Camera Work* publié en juin 1913, deux articles, l'un de Gabrielle Buffet (3), épouse de Picabia, l'autre de Marius De Zayas (4), présentaient avec enthousiasme le nouvel élu de « 291 ». La collaboration de Picabia et de Stieglitz se traduit par une deuxième exposition, en janvier 1915, et par la publication de *291*, revue pour laquelle Picabia fournit de nombreux dessins, dont la fameuse *Fille née sans mère*, cheval de bataille des historiens de la machine dans la peinture. Le numéro 5-6 de *291* (5) est entièrement consacré à Picabia : c'est là que fut reproduit, entre autres, le célèbre portrait mécanique d'Alfred Stieglitz, *Ici, c'est ici Stieglitz,* appareil photographique au fonctionnement impossible, muni d'un levier de vitesse et d'un frein à main (ces deux derniers éléments étant au moins autant une allusion à Picabia lui-même, grand amoureux d'automobiles).

(1) Gabrielle Buffet-Picabia, *Aires Abstraites*, Genève, Pierre Cailler, 1957, p. 31.

(2) Francis Picabia, interview, « How New York looks to me », *New York American*, 30 mars 1913, magazine section, p. 11.

(3) Gabrielle Buffet-Picabia, « Modern Art and the public », *Camera Work*, n° spécial, juin 1913, p. 10-14.

(4) Marius de Zayas, « The latest evolution in art and Picabia », ibid, p. 14-21.

(5) *291* n° 5-6, juillet-août 1915.

Constantin Brancusi

Le premier pas, 1913 (appelé par la suite *Tête d'enfant*).
Bois, 25,9 × 16,5 × 17 cm.
Musée national d'art moderne, atelier Brancusi, legs de l'artiste, 1957, Paris.

L'exposition Brancusi à la Little Gallery en mars 1914 est la première exposition individuelle de l'artiste aux États-Unis. Des moulages de ses sculptures avaient été exposés à l'*Armory Show*. Mais cette fois ce sont des originaux qui sont présentés, toujours sur la proposition de Steichen qui avait rendu visite à Brancusi dans son atelier : « Les œuvres que Steichen avait apportées avec lui étaient vraiment de toute beauté. L'exposition Brancusi à la galerie "291" en 1914 n'était guère importante, mais Steichen la présenta admirablement bien. Plusieurs sculptures furent achetées, dont une par moi une fois l'exposition finie », rapporte Stieglitz. « Certains originaux de Brancusi en bronze, en marbre et en bois n'avaient jamais auparavant été montrés aux États-Unis et seuls quelques moulages de ceux-ci avaient été exposés à l'*Armory Show* ; aux dires de Steichen, ces copies étaient aux modèles ce qu'une reproduction de troisième ordre est à une belle photographie originale. » (1).

L'exposition eut lieu grâce à la générosité d'Eugene et Agnes Meyer, qui acquittèrent les frais de transport des œuvres. Huit pièces étaient exposées : un marbre et un bronze de la *Muse endormie*, un marbre et un bronze de *Danaïde*, un marbre de *Mademoiselle Pogany*, un bronze de la *Maiastra (Pasarea Maiastra)*, un marbre de *Naïade*, et *Le premier pas*, (et non comme il a été quelquefois dit *Le fils prodigue*) dont il ne reste aujourd'hui que la tête, et qui était présenté au milieu d'une des pièces de la Little Gallery, sur la table où se trouvait habituellement le bol de bronze (2).

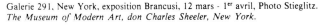

Galerie 291, New York, exposition Brancusi, 12 mars - 1er avril, Photo Stieglitz.
The Museum of Modern Art, don Charles Sheeler, New York.

Mademoiselle Pogany avait suffisamment fait rire le public et les critiques lors de l'*Armory Show*, pour que Brancusi soit, cette fois, davantage apprécié (même si d'inévitables résistants s'entêtent à se demander ce qu'il peut y avoir de beau dans un art qu'ils jugent primitif, déconcertés par la fragilité du fil qui le relie au réel) : « Jamais la sculpture moderne n'a réussi à exprimer aussi parfaitement l'abstraction pure. Il faut, en fait, remonter à la sculpture égyptienne ou, peut-être, à la sculpture chinoise de la période Song pour en trouver l'équivalent. Mais si ces œuvres de Brancusi rappellent l'impersonnalité et l'abstraction de l'art antique, elles témoignent néanmoins d'une rare modernité pour la subtilité, voire l'intimité de ce qu'elles évoquent. » (3).

(1) Alfred Stieglitz, cité dans Norman, p. 122.

(2) Une photographie de cette présentation a été publiée dans *Camera Work*, n° 48, octobre 1916, p.66.

(3) Charles H. Caffin, dans *The New York American*, repris dans *Camera Work*, n° 45, janvier 1914, p. 26.

Head, vers 1906-1907.
Encre, 18,1 × 14 cm.
The Museum of Modern Art, fonds Mrs Cornelius J. Sullivan, New York.

Tête, vers 1908 (détruit).

Elie Nadelman

Arrivé à Paris en 1904, Nadelman est tout de suite attiré par l'œuvre de Rodin. Il se lie avec les Stein de la rue de Fleurus (le plâtre du *Standing female nude* faisait partie de leur collection), fait la connaissance en 1908 de Brancusi et d'Archipenko. Peu apprécié par Matisse qui avait affiché à l'entrée de son atelier « Défense de parler de Nadelman ici », il recueille les éloges d'André Gide et d'Apollinaire. Dès 1906, Nadelman développe des recherches de simplification des volumes, d'abstraction des formes, définis par des oppositions de lignes courbes. Il est d'usage de mettre en rapport avec Brancusi, mais aussi avec Picasso, certaines têtes sculptées de Nadelman, généralement datées 1908 et aujourd'hui détruites. C'est Leo Stein qui, au courant de l'été 1908, emmène Picasso dans l'atelier de Nadelman. Ce dernier, conscient de la concurrence que pouvait lui faire la *Tête de femme* de Picasso (datée 1909) a énergiquement défendu son brevet d'invention : « Avant que Picasso ait jamais pensé au cubisme, mon œuvre avait révélé un nouveau principe jusque-là inconnu dans le domaine de l'art plastique. Ce principe que j'avais découvert était celui de la *forme abstraite*, mais je ne m'éloignais pas pour autant de la nature, me contentant de l'interpréter suivant une forme abstraite, ce qui introduisait dans ma sculpture et mes dessins une *beauté plastique* qui faisait complètement défaut aux arts plastiques de notre époque jusqu'à cette découverte.

Picasso n'est pas le créateur de la forme abstraite, il a simplement poussé jusqu'à leurs conséquences extrêmes, les formes abstraites que j'avais découvertes et, sans connaître leurs fonctions, il les a accumulées pêle-mêle, la nature étant plus ou moins et parfois même complètement abandonnée ; le résultat n'a pas de sens, il est dérisoire du point de vue des arts plastiques et ce n'est qu'une nouveauté qui fait sensation. » (1).

Nadelman expose pour la première fois à New York à l'*Armory Show*. Dès 1909, Steichen avait proposé à Stieglitz d'exposer Nadelman. En 1910, Stieglitz fait imprimer dans *Camera Work* le texte que Nadelman a écrit pour une exposition de dessins qui aurait dû avoir lieu en 1910 à « 291 » (qui fut annulée en raison de problèmes de transports) : « On me demande d'expliquer mes dessins [...].Voici comment je procède. Je n'utilise pas d'autre ligne que la courbe qui possède vivacité et force. Je les organise de manière à les mettre en accord ou en opposition les unes avec les autres. De cette façon, j'obtiens une forme vivante, c'est-à-dire une harmonie. Je cherche ainsi à faire surgir la vie du cœur même de l'œuvre. Le sujet de toute œuvre d'art me sert simplement de prétexte pour créer des formes signifiantes et suggérer des relations entre les formes donnant naissance à une nouvelle vie sans aucun rapport avec celle de la nature ; cette vie rend possible l'apparition de l'art et le jaillissement du style et de l'unité. » (2).

Ce n'est finalement que pendant l'hiver 1915-1916 qu'eut lieu l'exposition à la Little Gallery, bien accueillie par la critique.

(1) Elie Nadelman, réponse à la question « Pure Art or pure Nonsense », publié dans *The Forum*, juillet 1925, repris dans Lincoln Kirstein, *Elie Nadelman*, New York, The Eakins Press, 1973, p. 270.

(2) Elie Nadelman, dans *Camera Work*, n° 32, octobre 1910, p. 41.

Standing female nude, vers 1907.
Bronze, 76,1 cm.
E. Jan Nadelman, New York.

Two figures, vers 1907-1910.
Encre, 36,8 × 30,8 cm.
The Museum of Modern Art, fonds Mrs Cornelius J. Sulli-
van, New York.

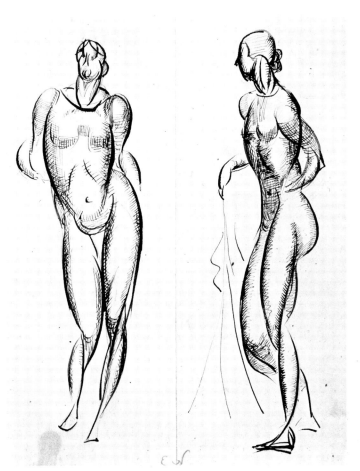

Georgia O'Keeffe

Georgia O'Keeffe : c'est le nom à la fois le plus et le moins attendu ici. Attendu parce que, tant sur le plan artistique que sur le plan sentimental, la vie de O'Keeffe est étroitement liée à celle de Stieglitz : ils se marient en 1924, et de 1916 à 1946, Stieglitz exposera régulièrement son œuvre. Inattendu, parce que le travail de O'Keeffe s'est fait tout à fait indépendamment des recherches plastiques qui se faisaient en Europe.

A la fin de l'année 1915, une amie de Georgia O'Keeffe avait apporté à Stieglitz quelques dessins d'une artiste dont elle ne divulga pas le nom. Stieglitz fasciné garda les dessins : « Examinant le premier dessin, je compris que je n'avais rien vu de tel auparavant. Toute ma fatigue disparut. J'étudiai le second et le troisième en m'exclamant : "Enfin une femme qui dessine ; une femme qui se donne. Le miracle s'est produit." Je regardais encore quelques fusains, de plus en plus impressionné par ce que je voyais. » (1). Georgia O'Keeffe vint réclamer avec véhémence ses dessins. Mais en mai 1916, elle était exposée une première fois à « 291 ».

« ... Les dessins mystiques et musicaux de Georgia O'Keeffe. Voici des formes dont la charge émotionnelle est telle qu'elles dépassent tout ce que la conscience ou la raison peuvent atteindre ; pourtant elles touchent profondément cette sensibilité qui, échappant apparemment à toute analyse, nous fait percevoir la grandeur et le sublime de la vie. » (2).

(1) A. Stieglitz, cité dans Norman, p. 130.

(2) Wm. Murrell Fisher, « The Georgia O'Keeffe drawings and paintings at "291" », *Camera Work*, n° 49-50, juin 1917, p. 5.

Evening Star n° VI, 1917.
Aquarelle sur papier, 22,8 × 30,5 cm.
Georgia O'Keeffe. Abiquiú, N.M.

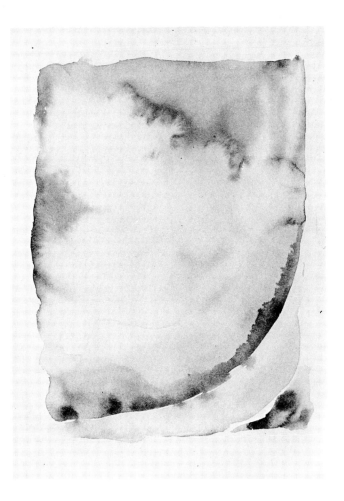

Red and green n° 1, 1916.
Aquarelle sur papier, 30,5 × 22,8 cm.
Collection particulière, Paris.

Gino Severini

Train traversant une rue, 1915-1916.
Fusain sur papier, 55,5 × 46,5 cm.
The Art Institute of Chicago, collection Alfred Stieglitz.

Les futuristes, qui sont absents de l'*Armory Show*, sont montrés pour la première fois semble-t-il, aux États-Unis lors de l'exposition Panama-Pacific à San Francisco en 1915 (1). C'est De Zayas cette fois – à qui Walter Pach avait envoyé des photographies d'œuvres de Severini – qui suggère à Stieglitz de lui consacrer une exposition, la première exposition individuelle de Severini aux États-Unis : Walter Pach sert d'intermédiaire et Severini fait lui-même le choix des onze toiles, trois pastels et onze dessins qui constituent l'exposition de mars 1917 (2). L'exposition connut un grand succès. C'est là que John Quinn acheta les dix Severini de sa collection, les 3 pastels exposés, 1 dessin et 6 toiles, dont le *Train blindé en action* et le *Train de la croix rouge traversant un village.*

(1) Dans l'ouvrage *Archivi del Futurismo* (archives rassemblées par Maria Drudi Gambillo et Teresa Fiori) Roma, De Luca, 1958, il est dit (p. 481 du vol. 1), que l'exposition futuriste qui avait été présentée chez Bernheim-Jeune en 1912 a été montrée à l'Académie des Beaux-Arts de Chicago, à partir du 27 mars 1913, en même temps que des œuvres de « peintres cubistes ». Nous n'avons pas pu vérifier cette référence, ni pour la confirmer, ni pour l'infirmer. Il n'est pas exclu, le mot « futuriste » ayant souvent été employé abusivement aux États-Unis, qu'il s'agisse en fait de l'*Armory Show*, présentée à l'Art Institute de Chicago du 24 mars au 16 avril 1913, exposition à laquelle les futuristes ne figuraient pas.

(2) Cf. L'article de Joan M. Lukach, « Severini's 1917 exhibition at Stieglitz's "291" », *The Burlington Magazine*, n° LXIII, avril 1971, p. 196 à 207.

265

INTERNATIONAL EXHIBITION OF MODERN ART
ASSOCIATION OF AMERICAN PAINTERS AND SCULPTORS
69th INF'T'Y REGT ARMORY, NEW YORK CITY
FEBRUARY 15th TO MARCH 15th 1913
AMERICAN & FOREIGN ART.

AMONG THE GUESTS WILL BE — INGRES, DELACROIX, DEGAS, CÉZANNE, REDON, RENOIR, MONET, SEURAT, VAN GOGH, HODLER, SLEVOGT, JOHN, PRYDE, SICKERT, MAILLOL, BRANCUSI, LEHMBRUCK, BERNARD, MATISSE, MANET, SIGNAC, LAUTREC, CONDER, DENIS, RUSSELL, DUFY, BRAQUE, HERBIN, GLEIZES, SOUZA-CARDOZO, ZAK, DU CHAMP-VILLON, GAUGUIN, ARCHIPENKO, BOURDELLE, C. DE SEGONZAC.

LEXINGTON AVE.—25th ST.

L'Armory Show

Le 17 février 1913 s'ouvre l'*International Exhibition of Modern Art,* dans un gigantesque bâtiment – toujours existant – qui servait de salle d'armes – Armory – au soixante-neuvième régiment d'infanterie, à New York, dans Lexington Avenue, entre la 25ᵉ et la 26ᵉ rue. De là le nom sous lequel est plus souvent connu cet événement, l'*Armory Show* (1). Quatre mille invités, le tout New York, le monde de l'art : « On circule avec peine, la lumière est ébouissante, les toilettes sont éblouissantes, les femmes ultra décolletées, couvertes de perles et de diamants. Les hommes ultra corrects en "evening dresses" ; un orchestre (presque une fanfare) joue des airs de *Carmen*, de temps à autre. » (2). Mais le Président des États-Unis, le Gouverneur de l'État de New York et le Maire de la ville ont décliné l'invitation.

Exposition organisée par l'Association of American Painters and Sculptors (AAPS), avec pour emblême le pin du drapeau de la Révolution américaine qu'accompagnait la devise « The new spirit », et en exergue au catalogue un vers tiré d'*Iphigénie à Aulis :* « κακῶς ζῆν κρεῖσσον ἤ καλῶς θανεῖν », vivre dans la honte vaut mieux que mourir avec gloire, il faut préférer les chemins malaisés de l'avant-garde à la mort dorée qu'est l'académisme. Depuis plusieurs années déjà, nombre d'artistes étaient partis en guerre contre l'académisme ; le travail entrepris par le groupe des Huit qui exposèrent ensemble à la Macbeth Gallery en février 1908, fut relayé par celui des organisateurs (Robert Henri, John Sloan, A. B. Davies et Walt Kuhn) de l'exposition des Artistes Indépendants, en avril 1910, exposition sans jury ni prix, qui regroupait près de cinq cents œuvres d'artistes américains refusés au Salon de l'Academy, mais qui ne connut guère de succès.

L'idée d'organiser une Société qui se chargerait d'exposer les œuvres d'artistes vivants et d'avant-garde, américains ou étrangers, fut lancée en décembre 1911 par quatre peintres, Henry Fitch Taylor, Jerome Myers, Elmer Mac Rae et Walt Kuhn, qui fondèrent l'Association of American Painters and Sculptors ; très vite d'autres artistes – tous relativement conservateurs – vinrent grossir les rangs de cette association dont la composition fut plusieurs fois modifiée et où l'on trouvait suivant la liste qui fut imprimée dans le catalogue de l'*Armory Show* : A. B. Davies président, Walt Kuhn secrétaire, douze vice-présidents honoraires (dont Monet, Renoir, Redon et Stieglitz qui restera à l'écart du projet de l'*Armory Show*), vingt-cinq artistes membres, et deux membres honoraires, l'avocat John Quinn et le critique Frederick James Gregg. C'est alors, en janvier 1912, que commence à prendre forme l'idée d'une grande exposition internationale, destinée à éduquer le goût d'un public encore très mal informé, à faire connaître l'art européen comme l'art américain. John Quinn, dans le discours qu'il prononce à l'occasion de l'inauguration de l'*Armory Show*, en définit clairement le propos : « Les membres de cette association vous ont montré que les artistes américains – les jeunes artistes américains – ne redoutent pas et n'ont nulle raison de redouter les idées ou la culture européennes. Ils croient que dans le domaine des arts, on ne doit conserver que le meilleur. Cette exposition fera date dans l'histoire de l'art américain. Cette soirée sera marquée d'une pierre blanche, non seulement dans l'histoire de l'art moderne américain, mais encore dans l'histoire de l'art moderne tout court. Les

L'affiche de l'Armory Show.
The Hirshhorn Museum and Sculpture Garden, Smithsonian Institution, Washington D.C.

267

membres de l'Association ont pensé qu'il était temps que le public américain ait la possibilité de voir et de juger par lui-même les œuvres des Européens qui créent un art nouveau. Aujourd'hui, c'est chose faite, et nous pouvons dire, non sans fierté, que cette exposition est la plus complète réalisée dans le monde durant ces 25 dernières années. Et en disant cela, nous n'exceptons aucun pays, ni aucune capitale. » (3). Le modèle de cette exposition était l'exposition des Indépendants de 1910 à New York, élargi à un projet plus vaste, dont Davies eut l'idée après avoir reçu le catalogue de l'exposition du Sonderbund de Cologne.

Mandaté par Davies, Walt Kuhn part alors pour l'Europe, voit l'exposition de Cologne le jour même où elle ferme ses portes (30 septembre 1912). De là il se rend à La Haye, à Munich, à Berlin, où il contacte des marchands susceptibles de prêter des œuvres. Il arrive enfin à Paris, fait la connaissance de Vollard par l'intermédiaire de Maurer, et, grâce à Walter Pach, rencontre les Stein et à peu près tous les artistes de l'avant-garde parisienne : « Cela devenait de plus en plus passionnant. Nous allions de collection en collection et de galerie en galerie avec un succès toujours croissant. La rumeur se répandait dans Paris. Jo Davidson me présenta à Arthur T. Aldis qui nous demanda de monter l'exposition à Chicago. Un soir à l'hôtel, je fus saisi par l'importance et l'énormité de notre entreprise. Je compris soudain qu'il eût été injuste de prendre le projet en main moi-même, sans Davies. Je lui télégraphiai pour lui demander de se joindre à moi. Il acquiesca et me rejoignit moins d'une semaine après. La première nuit à l'hôtel, nous n'avons pas fermé l'œil, considérant les perspectives qui s'offraient à nous quant à l'action que nous pouvions mener pour nos compatriotes. Ce fut un moment formidable. Puis vinrent plusieurs semaines de démarches incessantes. Nous vivions pratiquement dans les taxis. Pach nous présenta les frères Duchamp-Villon. C'est alors que nous avons vu pour la première fois le célèbre *Nu descendant un escalier* qui devint "le succès de scandale" de notre exposition, aussi bien à New York qu'à Chicago et à Boston. On décida aussi Brancusi à faire ses débuts aux États-Unis. Pach resta à Paris pour achever de réunir les œuvres et s'occuper du transport et des assurances, tâche pour le moins difficile, dont il se tira comme personne. » (4). Laissant Walter Pach organiser les choses de son côté à Paris, Kuhn et Davies se rendent à Londres où ils voient l'exposition organisée aux Grafton Galleries par Roger Fry. Là encore, ils retiennent certaines œuvres. De retour à New York fin novembre, il leur reste à peine trois mois pour contacter collectionneurs et artistes américains, préparer la publicité et faire le catalogue de l'exposition, John Quinn étant leur conseiller juridique.

Lorsque l'exposition ouvre, près de mille six cents œuvres sont exposées, dont seulement 1 112 sont enregistrées dans le catalogue et dans son supplément. Environ un tiers des œuvres exposées venait d'Europe, essentiellement de France ; le tableau européen le plus ancien était un Goya, miniature prêtée par John Quinn ; de Delacroix à Picasso, près de soixante ans de production artistique française était représentée. Du côté américain, on trouvait à la fois les artistes plutôt conservateurs se rattachant au groupe des Huit, et les artistes plus radicaux qui avaient eu des contacts avec l'Europe et qui évoluaient dans l'entourage de Stieglitz. Au départ ne devaient exposer que les artistes invités. Puis, au fur et à mesure que l'exposition approchait, les non-invités envoyaient des œuvres qui furent acceptées ou refusées (ce qui fut le cas de Louis Eilshemius, peintre « primitif », plus tard célébré avec enthousiasme par

Walt Kuhn.
Walt Kuhn Papers, Archives of American Art, Smithsonian Institution, Washington D.C.

Arthur B. Davies.
Photo Peter A. Juley and Son, Archives Juley, National Collection of Fine Arts, Smithsonian Institution, Washington D.C.

Beefsteack dinner for the press at Healy's restaurant, 8 mars 1913.
Photo Peter A. Juley and Son.

Marcel Duchamp). Il y eut des « découvertes », comme celle par exemple du peintre américain Albert Pinkham Ryder. Il y eut des absents : les Allemands, pour qui Davies avait peu de goût, représentés seulement par Kandinsky (la toile fut achetée par Stieglitz 500 dollars) et Kirchner ; les futuristes italiens (Severini avait été invité par Walter Pach à figurer dans l'exposition, il avait alors demandé que tout le groupe soit représenté et exposé en tant que tel ; à la suite d'un refus de Marinetti, le groupe renonça à exposer, comme le rapporte Severini lui-même dans *Tutta la vita di un pittore,* p. 165) ; des artistes qui retirèrent leurs toiles : Bruce, parce que la grande (trop grande) toile de son ami Robert Delaunay, *La ville de Paris,* n'avait pas été incluse dans l'accrochage ; Max Weber, parce que deux de ses toiles seulement avaient été acceptées. La sculpture en général était mal représentée, au point que le sculpteur Gutzon Borglum se retira de l'Association of American Painters and Sculptors peu avant l'ouverture de l'*Armory Show.* Les listes furent closes le 31 janvier 1913 et l'accrochage fait en un temps record, dans les dix-huit espaces, numérotés de A à R, qui furent ménagés à l'intérieur de l'Armory. La présentation était réalisée de façon à montrer un développement continu, chronologique, de l'art moderne. Davies avait établi une classification des artistes en trois grandes catégories (avec tout ce qu'il y a de contestable dans ce genre de procédé didactique) : les « classicists » parmi lesquels on trouve Cézanne, Gauguin, Matisse, les post-impressionnistes, les cubistes et/dont Picasso (à propos duquel il est précisé, entre parenthèses, « classic ») ; les « realists » : dont Courbet, Manet, les impressionnistes, à nouveau Cézanne, et les futuristes (appelés eux, entre parenthèses, « feeble realists ») ; les « romanticists », où sont inclus entre autres Redon, Van Gogh et à nouveau Gauguin (5). Autant que le lui permettait la topographie des lieux, Davies tenta de donner une représentation de ces catégories dans l'accrochage, en maintenant, par salles, une nette séparation entre les diverses nationalités des artistes présentés. Ce qui venait remettre en cause la tirade inaugurale de Quinn concernant les craintes que les artistes américains ne devaient pas avoir face à l'art européen (mais que signifiait vraisemblablement le choix d'un cloisonnement dans la présentation). D'autres avaient déjà formulé des doutes face à l'enthousiasme de Quinn, pensant plutôt que l'*Armory Show,* qui allait dévoiler les trésors d'outre-Atlantique, devait donner naissance à un nouvel art américain, celui existant en 1913 étant à peine digne de ce nom : « Ce fut avant tout pour mieux définir ce qui est vivant que l'*Armory Show* fut organisée. L'Amérique vivait d'art en conserve, de produits conservés depuis plusieurs années. Elle savait vaguement qu'il y avait des fruits frais, de la viande fraîche sur les tables de Paris et elle en réclamait sa part. » (6).

C'est cette idée, accompagnée du fait que ce furent les artistes français qui connurent le plus de retentissement, qui a autorisé le choix très limité fait ici des œuvres exposées à l'*Armory Show* (7) : on n'a gardé que des artistes français ou vivant en France, et parmi eux, en fonction de leur représentation en nombre et de leur impact, les « vieux maîtres », tels Van Gogh, Gauguin, Redon, Cézanne ; Matisse ; et les cubistes, adhérents ou affiliés, qui étaient regroupés dans la Salle I de l'*Armory Show,* haut-lieu de l'exposition, « the chamber of horrors ». L'exposition ferma ses portes à New York le samedi 15 mars, ayant reçu ce jour-là entre dix et douze mille visiteurs : « Jamais nulle part je n'ai vu foule aussi agitée, aussi folle, aussi déchaînée et aussi peu soucieuse des convenances. L'élite new yorkaise – et pas seulement elle – s'entassait à cette immense exposition de l'Armory. Il y avait tant de célébrités qu'il était impossible de les dénombrer. Tout le monde était présent le jour de la fermeture, et le public formait un spectacle aussi étonnant que l'exposition elle-même. » (8).

L'exposition eut lieu ensuite du 24 mars au 16 avril à l'Art Institute de Chicago, avec un certain nombre de modifications, puis, encore amoindrie, vint échouer à Boston, à la Copley Society, du 28 avril au 19 mai. Trois cata-

269

logues ont été publiés : celui de New York, accompagné d'un supplément, donnait une liste de 1 112 œuvres, contenait un plan de l'exposition, mais aucune reproduction (il y eut de nombreuses cartes postales). Celui de Chicago, illustré cette fois, dénombrait 453 œuvres et celui de Boston seulement 244. On pouvait se procurer, en même temps que le catalogue, un certain nombre de textes, édités ou réédités à cette occasion : le texte d'Élie Faure, *Cézanne,* traduit par Walter Pach ; des extraits de *Noa-Noa*, de Gauguin, traduits par Walt Kuhn ; deux essais de Walter Pach, *Odilon Redon* et *A Sculptor's Architecture* (concernant *La maison cubiste* de Duchamp-Villon) ; et sous le titre *For and Against,* un certain nombre de textes critiques rassemblés par Frederick James Gregg, certains de sa main, d'autres de celle de Walter Pach, de Picabia... Les réactions du public furent différentes dans les trois villes ; le public new yorkais fut incontestablement le plus réceptif, bien que souvent désorienté, inquiet, horrifié de ce qu'on lui donnait à voir. Ce public se laissa d'ailleurs vite entraîner par l'ironie facile

liste à l'*American* (9). Il faut citer aussi, se situant plutôt parmi les défenseurs de l'exposition, avec toutefois des réticences, Christian Brinton qui publia un article « Evolution not Revolution in Art » (10), et J. Nilsen Laurvik qui écrivit un essai intitulé « Is it art ? Post-Impressionism, Futurism, Cubism » (11). De plus, un numéro spécial d'*Arts and Decoration* (12), que publiait le peintre Guy Pène du Bois, parut en mars 1913, véritable organe de propagande de l'exposition. Enfin, mentionnons deux ouvrages très importants parus à la suite de l'*Armory Show* : en 1914, *Cubists and Post-Impressionism* (13), de l'avocat et collectionneur Arthur Jerome Eddy, qui est une présentation, quelquefois naïve, de l'art européen et de l'art américain depuis le post-impressionnisme, et qu'on perçoit comme une réaction immédiate (on n'ose pas dire une analyse) à l'*Armory Show*. En 1915, Willard Huntington Wright, critique, et frère du peintre Stanton Macdonald-Wright, publie *Modern Painting, its tendency and meaning* (14), ouvrage critique qui est une histoire de l'art de Courbet à Kandinsky (ce der-

PLAN OF EXHIBITION FLOOR

Plan de l'*Armory Show* à New York.

Extérieur de la salle d'armes du 69ᵉ Régiment d'Infanterie, Lexington Avenue, New York, février-mars 1913.
Armory Show Papers, Archives of American Art, Smithsonian Institution, Washington D.C.

et le goût souvent douteux pour la caricature et la plaisanterie que maniait une certaine presse. Il fut aussi question d'immoralité, de dégénérescence intellectuelle, d'anarchisme. A Chicago, un sénateur vint faire une inspection de l'exposition, pour s'assurer que sans rien censurer, on pouvait y laisser circuler le public. Ce fut à Chicago aussi que furent pendus en effigie Matisse, Brancusi et Walter Pach.

L'*Armory Show* eut, est-il besoin de le dire, un grand retentissement auprès des critiques dont les avis furent mitigés, mais qui de toute façon ont eu un grand rôle d'information. Approuvant en général le projet, mais déplorant la façon dont il avait été mis à exécution, défendant le côté « sain » de l'art américain : telle fut la position, par exemple de Royal Cortissoz qui écrivait dans *The Tribune,* de Joseph Edgar Chamberlain du *Mail,* de Kenyon Cox et Frank Jewett Mather Jr... Parmi les critiques davantage favorables à l'*Armory Show,* Frederick J. Gregg, Samuel Swift et Henry Mc Bride du *Sun,* Charles H. Caffin, journa-

nier étant classé dans un chapitre intitulé « The lesser Moderns » !). Ces deux livres, avec leurs défauts – classification hâtive et un irrépressible besoin d'envisager l'art sans limite d'espace et de temps, de l'Antiquité à nos jours et sur toute la planète – sont les premiers ouvrages parus aux État-Unis traitant de l'art moderne. En 1938 parurent les souvenirs, relatifs à l'*Armory Show*, de Walt Kuhn, *The Story of the Armory Show* (15), et de Walter Pach, *Queer thing, Painting* (16).

Un des résultats spectaculaires de l'*Armory Show* fut la relance – sinon la naissance – du marché de l'art. 174 œuvres vendues – car une grande partie des œuvres exposées était à vendre – sans compter les lithographies et gravures. C'est là que sont nées, ou se sont enrichies, les grandes collections américaines d'art moderne : Arensberg et Barnes achètent timidement ; Lillie Bliss acquiert des lithographies, début d'une collection qui sera le noyau du futur Museum of Modern Art de New York, créé en 1929 ;

Katherine Dreier n'est pas encore la femme audacieuse qui fondera la Société Anonyme en 1920 ; Arthur Eddy n'hésite pas à acheter Duchamp, Picabia et d'autres pour 4 888,50 dollars ; John Quinn, qui possédait déjà une importante collection, l'acheteur le plus important de l'*Armory Show*, à qui il en coûta 5 808,75 dollars (17), oriente son choix du côté de l'avant-garde européenne. On vit au même moment s'ouvrir de nouvelles galeries (en 1913 la Daniel Gallery ; en 1914, Montross Gallery, Bourgeois Gallery, Caroll Gallery ; en 1915 la Modern Gallery de Marius De Zayas. Toutes ces galeries allaient être, dans les années à venir, les lieux d'exposition de l'avant-garde tant européenne qu'américaine). « Il s'ensuivit bien évidemment l'ouverture d'un nouveau marché de l'art. Cela prit du temps, mais les marchands comprirent que l'art moderne s'était définitivement imposé et qu'il y avait de l'argent à faire, une fois le marché convenablement préparé. Plus tard, ce marché devint tout aussi actif que celui de Wall Street et il connut, tout comme celui de ce que l'on appelle si bizarre-

Forum Exhibition of Modern American Painters en 1916 et la première exposition de la Society of Independent Artists en 1917 à New York. D'aucuns furent inquiets de cette brutale révélation de l'art européen (les expositions chez Stieglitz n'ayant pas eu, de loin, l'audience qu'eut l'*Armory Show*). Jerome Myers, pourtant membre de l'Association of American Painters and Sculptors, écrivit : « Davies avait ouvert la porte à l'art étranger et en avait jeté la clef. Notre terre bénie s'ouvrait à l'art étranger et s'abandonnait totalement à l'envahisseur triomphant ; plus que jamais notre grand pays était devenu une colonie artistique ; plus que jamais nous étions devenus de simples provinciaux. » (21). Et Walter Pach note bien ce malentendu plus ou moins profond sur lequel repose une partie de l'art américain avant 1920 : « Après l'*Armory Show*, on assista à l'essor d'un académisme post-impressionniste et cubiste. Les Allemands ont pour cela une bonne expression : "un animal mort attire bientôt les vautours". » (22).

Il est très difficile de cerner l'impact réel de l'*Armory*

L'*Armory Show* à New York, vue prise de l'entrée de Lexington Avenue.
Archives of American Art, Smithsonian Institution, Washington D.C.

ment les "securities" – les titres –, des fluctuations, des hausses et des baisses. » (18).

Qu'advint-il, après la fête, de l'art américain ? Comme le dit Walter Pach : « L'effet essentiel de la grande exposition se fit bien sûr sentir sur le travail des artistes. » (19). L'*Armory Show* fut incontestablement le début de quelque chose, mais sans doute davantage d'une ouverture de la vie artistique que d'un changement radical de l'art lui-même. Walt Kuhn, vingt-cinq ans après : « A un dîner offert aux journalistes par le service de presse de l'Association, l'un des critiques conservateurs déclara, non sans bonne humeur : "Quelle épatante exposition vous avez réalisée là, mais ne recommencez pas". Nous n'avions pas besoin de recommencer. Le mouvement a continué sur sa lancée et aujourd'hui il est plus prospère que jamais. Bien des grandes expositions qui ont eu lieu depuis n'auraient pu voir le jour sans elle. » (20). On peut mentionner par exemple la

Show, et plus particulièrement du cubisme, sur les artistes américains. Beaucoup d'entre eux, qui avaient voyagé en Europe, ou qui fréquentaient la galerie d'Alfred Stieglitz, ne firent qu'en voir davantage à ce moment-là et reconnaître quelque chose qu'ils connaissaient déjà. Pour d'autres ce fut une découverte, et l'apprentissage d'un langage nouveau. Il y eut aussi des réfractaires. On peut dire que l'effet de l'*Armory Show* se fit sentir dans deux directions opposées : à la fois une ouverture vers l'Europe et une tentative d'appréhender – souvent superficiellement – ce qui s'y passait, et en même temps un repli, un isolationnisme artistique, à la recherche d'un art américain.

Les références au catalogue de l'Armory Show sont données sous la rubrique « catalogue A.S. ». On trouve d'abord le nº du catalogue de l'exposition à New York (NY), puis, si l'œuvre a circulé, du catalogue de l'exposition à Chicago (C) et à Boston (B). La salle où l'œuvre était exposée à New York est mentionnée d'après la lettre qui la désignait.

James Abbot Mc Neill Whistler - *Portrait d'Arthur Jerome Eddy.*
The Art Institute of Chicago, Arthur Jerome Eddy Memorial Collection.

(1) Cf. l'ouvrage de Milton Brown, *The Story of the Armory Show,* The Joseph H. Hirshhorn Foundation, 1963 - (abrégé par la suite : Brown) et le catalogue de l'exposition du Cinquantenaire *1913 - Armory Show - 50th Anniversary Exhibition - 1963,* organisée par le Munson-Williams-Proctor Institute, 1963, 17 février-31 mars, Utica ; 6-28 avril, New York - (abrégé par la suite : cat. 50th Anniversary, A.S.).

(2) Gabrielle Buffet-Picabia, « A propos de vernissage », *Les Soirées de Paris,* n° 19, 1913, p. 5.

(3) John Quinn, cité dans Brown, p. 26-27.

(4) Walt Kuhn, *The Story of the Armory Show,* 1938, p. 11-12 (abrégé par la suite : Kuhn), repris dans *The Armory Show, International Exhibition of Modern Art,* New York, Arno Press, 1972 (abrégé par la suite : reprint A.S.), volume III.

(5) Cf. « Chronological chart made by Arthur B. Davies, showing the growth of Modern Art », *Arts and Decoration,* numéro spécial, mars 1913, p. 150, dans reprint AS vol. III.

(6) Walter Pach, *Queer thing, Painting,* New York and London, Harper and Brothers Publishers, 1938, p. 177 (abrégé par la suite : Pach).

(7) Les artistes figurant au catalogue étaient les suivants : A. Abendschein, R.I. Aitken, J.H. Alger, K. Anderson, A. Archipenko, E.M. Ashe, F.H. Barkley, G.G. Barnard, C. Beach, G. Beal, W. von Bechtejeff, M. Becker, M.H. Beckett, G. Bellows, H. Berlin, J. Bernard, N.N. Bickford, K. Bitter, O. Bjorman, A. Blanchet, O. Bluemner, H. Bolz, P. Bonnard, S. Borglum, H. Boss, E.A. Bourdelle, C. Brancusi, G. Braque, B.M. Brewer, D.P. Brinley, B. Brown, F.M Brown, P.H. Bruce, P. Burlin, Mrs B. Burroughs, T.E. Butler, C. Camoin, A.B. Carles, Mrs M.M. Carr, A. Casarini, M. Cassatt, O.E. Cesare, P. Cézanne, A.E. Chabaud, O.N. Chaffee, R.W. Chanler, E. Charmy, A. Chew, A.V. Churchill, G. Cimiotti Jr., E.S. Clymer, H.W. Coate, N. Cohen, G.O. Coleman, H. Coluzzi, C. Conder, J.B.C. Corot, K.T. Cory, G. Courbet, A. Crisp, H.E. Cross, H. Crowley, J.F. Currier, C.G. Cutler, L. Dabo, A. Dasburg, H. Daumier, R. Davey, J. Davidson, A.B. Davies, C.H. Davis, S. Davis, H.G.E. Degas, E. Delacroix, R. Delaunay, M. Denis, A. Derain, E. Dimock, R. Dirks, N. Dolinsky, G.R. Donoho, H.L. Doucet, K.S. Dreier, A. Dresser, L.T. Dresser, F. Dreyfous, G.P. Du Bois, M. Duchamp, R. Duchamp-Villon, R.H. Duffy, G.L. Dufrenoy, R. Dufy, A.St.L. Eberle, H.B. Eddy, J. Eels, A.W. Engle, J. Epstein, F. Esté, L. Everett, J. Flandrin, M.A.H. Foote, J.E. Fraser, K. Frazier, A.E. Freund, O. Friesz, S.E. Fry, E. Fuhr, P. Gauguin, S.W. Gaylor, P. Gibb, W. Gimmi, P. Girieud, W.J. Glackens, A. Gleizes, H.I. Glintenkamp, A. Goldthwaite, F. Goya, C. Guerin, B. Gussow, Gutman, B. Gutmann, P.L. Hale, S. Halpert, C.R. Harley, M. Hartley, C. Hassam, E. Haworth, W. Helbig, R. Henri, J. Hess, E. Higgins, M. Hoard, F. Hodler, N. Hone, C. Hopkinson, E. Hopper, C. de B. Howard, A. Humphreys, Mrs T. Hunt, M.W. Huntington, J.A.D. Ingres, J.D. Innes, F.M. Jansen, A.E. John, G. John, G.M. Johnson, J.P. Junghanns, W. Kandinsky, B. Karfiol, H.G. Keller, E.L. King, E.L. Kirchner, A. Kirstein, A. Kleiminger, H.E. Kleinert, E.A. Kramer, L. Kroll, W. Kuhn, G. Lachaise, R. de La Fresnaye, P. Laprade, M. Laurencin, E. Lawson, A. Lee, D. Lees, F. Léger, W. Lehmbruck, R. Levy, J. Lie, A. Londoner, G.B. Lucks, A.F. Lundberg, D. Mac Knight, E.L. Mac Rae, G. Mager, A. Maillol, E. Manet, H. Manguin, E.M. Manigault, (M.M.H.) Manolo, J. Marin, M. Marris, A. Marquet, J. Marval, C.C. Mase, H. Matisse, A. Maurer, M. Mayrshofer, F. McComas, K. McEnery, H. McLane, H. McLean, C. Meltzer, O. Miestchaninoff, K.H. Miller, D.B. Milne, C. Monet, A. Monticelli, J. Mowbray-Clarke, H. Muhrmann, E. Munch, H.D. Murphy, E. Myers, J. Myers, E. Nadelman, F.A. Nankivell, H.J. Niles, O. Oppenheimer, M. Organ, W. Pach, J. Paddock, J. Pascin, A. Pelton, C.E. Pepper, V.D. Perrine, H.S. Phillips, F. Picabia, P. Picasso, Pietro, C. Pissarro, W.K. Pleuthner, L. Pope, L. Potter, T.E. Powers, M.B. Prendergast, J. Preston, M.W. Preston, J. Pryde, A. Putnam, P.C. Puvis de Chavannes, B. Rasmussen, O. Redon, P.A. Renoir, H. Reuterdahl, C.N. Rhoades, Dr. W. Rimmer, B. Robinson, T. Robinson, A. Rodin, M.C. Rogers, P. Rohland, J.E. Roiné, E.F. Rook, G. Rouault, H.J. Rousseau, K.X. Roussel, C.C. Rumsey, G.W. Russell, M. Russell, A.P. Ryder, V.D. Salvatore, M.L. Schamberg, W.E. Schumacher, A.D. de Segonzac, G. Seurat, J. Seyler, C.H. Shannon, S.D. Shaw, C.R. Sheeler, W. Sickert, P. Signac, A. Sisley, M. Slevogt, J. Sloan, A. de Souza-Cardozo, C. Sprinchorn, P.W. Steer, J. Stella, F.S. Stevens, M. Stinemetz, N. Tarkhoff, H.F. Taylor, W.L. Taylor, F.E. Tobeen, H. de Toulouse-Lautrec, G. Toussaint, A. Tucker, A. Twachtman, J.H. Twachtman, F.E. Vallotton, V. Van Gogh, J. Villon, M. de Vlaminck, B.P. Vonnoh, E. Vuillard, F. Wagner, A. Walkowitz, F.M. Walts, H. Ward, A.L. Warshawsky, F.B. Weber, E.A. Webster, F.A. Weinzheimer, J.A. Weir, A. Weisgerber, J. Wentscher, J.A. McNeill Whistler, C.H. White, C. Wilson, L. Wolf, D. Wortman Jr., E. Yandell, J.B. Yeats, A. Young, M. Young, E. Zak, M. Zorach, W. Zorach.

(8) Jerome Myers, cité dans Brown. p. 161.

(9) De nombreux articles critiques ont été republiés, rassemblés dans le reprint AS, vol. III.

(10) Dans reprint A.S., vol. III.

(11) Idem.

(12) Idem.

(13) Arthur Jerome Eddy, *Cubists and Post-Impressionism,* Chicago, Mc Clurg et London, Grant Richards, 1914.

(14) Willard Huntington Wright, *Modern Painting, its tendency and meaning,* New York, John Lane Company et London, John Lane, 1915.

(15) Cf. note 4.

(16) Cf. note 6.

(17) A titre de référence, le *New York Times* coûtait un cent, le numéro spécial de *Arts and Decoration,* publié à l'occasion de l'*Armory Show,* 20 cents, le ticket qui permettait d'entrer dans l'exposition pendant toute sa durée, 5 dollars. La location du bâtiment à New York avait coûté 5 500 dollars et les plantes vertes qui le décoraient 1 000 dollars.

(18) Pach, p. 201.

(19) Id., ibid.

(20) Kuhn, p. 25, dans reprint A.S., vol. III.

(21) Jerome Myers, cité dans Brown, p. 195.

(22) Pach, p. 217.

Alexandre Archipenko

La vie familiale, 1912 (détruit).

Catalogue A.S. n° 604 (NY), n° 6 (C), n° 2 (B). Salle I.

Archipenko était représenté à l'*Armory Show* par 5 dessins qui furent achetés par Stieglitz, et 4 plâtres, dont certains, *Négresse* et *Salomé* étaient sans doute des moulages, les deux autres, *Le repos* et *La vie familiale*, les plâtres originaux. L'artiste rappelle comment il a été invité à exposer : « Une délégation américaine vint à Paris pour inviter des artistes d'avant-garde à exposer à New York. A l'époque, cela revenait à envoyer ses œuvres vers une contrée inconnue. Elles parvinrent pourtant bien à l'Armory à New York. Les artistes parisiens ne savaient pas alors quelles reactions attendre du public new yorkais. C'était comme un voyage d'exploration, une expérience spirituelle. Il n'existait à l'époque ni musée d'art moderne, ni département d'art moderne à l'université, ni ouvrages anglais traitant de la nouvelle révolution artistique si fertile en innovations. En 1912, le délégué, M. Walter Pach, vint me voir un matin dans mon atelier et choisit pour l'exposition trois statues parmi les moins novatrices et quelques dessins. C'était la première fois que mes amis et moi avions l'occasion d'exposer aux États-Unis. » (1).

Il est intéressant de relever qu'Archipenko lui-même insiste sur le fait que les sculptures choisies par W. Pach n'étaient pas les plus audacieuses qu'il ait produites à cette date. *La vie familiale*, détruite pendant la première guerre mondiale, était sans doute la plus avancée, encore qu'assez ambiguë, dans une recherche de l'abstraction qui n'ose pas s'affirmer totalement. C'est cette ambiguté sans doute – ces corps enchevêtrés de l'homme, de la femme et de l'enfant, qu'on ne peut pas ne pas percevoir, mais qu'on perçoit mal – qui a suscité une amusante caricature parue dans *The World* (2). La reproduction de l'œuvre dut être largement diffusée, car une carte postale en avait été faite.

(1) Archipenko, catalogue 50th Anniversary A.S., p. 93.

(2) *The World*, 17 février 1913.

Constantin Brancusi

Mademoiselle Pogany I, 1912-1913.

Plâtre, 44 × 24,5 × 30,5 cm.
Musée national d'art moderne, Atelier Brancusi, legs de l'artiste 1957, Paris.
Catalogue A.S. n° 619 (NY), n° 27 (C), n° 9 (B) : moulage.
Salle H.

Erik Satie, John Quinn, Constantin Brancusi et Henri-Pierre Roché au Golf de Saint-Cloud, 1921.
Musée National d'Art Moderne, Paris.

Non loin de Lehmbruck, de Maillol et de Joseph Bernard, on peut voir sur une photographie célèbre de la salle H de l'*Armory Show* à New York, entassées – parmi d'autres ! – sur un socle, cinq sculptures de Brancusi. *Le baiser*, la *Muse endormie*, *Une muse* et *Mademoiselle Pogany*, étaient des moulages, ce qui avait beaucoup désolé Brancusi : « Brancusi fut profondément troublé lorsqu'il apprit que les clauses de la police d'assurance ne l'autorisaient pas à envoyer les originaux de ses œuvres à l'*Armory Show*. Après avoir prodigué tant de soins et de talent à polir ses marbres, l'idée d'être représenté par des moulages lui paraissait odieuse. » (1). La cinquième pièce, *Torse*, était le marbre acheté par Davies lorsqu'avec Walter Pach, en 1912, il se rendit à Paris à l'atelier de Brancusi ; Walter Pach raconte : « Lorsque nous sommes allés rendre visite à Brancusi et qu'il [A.B. Davies] vit cet ermite si absorbé par son travail, si oublieux de toutes les manigances des *arrivistes* dont la seule ambition est la réussite matérielle, il s'exclama : "Voici le type d'homme pour qui je monte l'exposition." » (2). Brancusi fit beaucoup rire le public et l'extrême simplification des formes dont il usait fut vite tournée en dérision. *Mademoiselle Pogany* a été décrite par un critique comme « un œuf dur en équilibre sur un morceau de sucre » (3) et un « poème » parut dans *The Evening Sun* : « Lines to a Lady Egg », dont la dernière strophe était :
« Ladies builded like a bottle
Carrot, beet or sweet potato-
Quaint designs that Aristotle
Idly drew to tickle Plato-
Ladies sculptured thus, I beg
You will save your tense emotion ;
I am constant in devotion
O my egg ! » (4).

Elle trouva toutefois un amateur en la personne du peintre Robert W. Chanler, qui exposait lui aussi à l'*Armory Show*, et qui acheta un bronze de *Pogany* le 7 juin 1913 pour 550 dollars. *Une muse* et *Mademoiselle Pogany* furent reproduites en cartes postales.

(1) Pach, p. 172.
(2) Pach, p. 178.
(3) Cité dans Brown, p. 112.
(4) Cité dans Brown, p. 113 : *Stances à une Dame Œuf :*
« Femmes au galbe de bouteille,
De carotte, de betterave ou de patate -
Silhouettes fantasques qu'Aristote
Griffonna pour amuser Platon -
Femmes ainsi modelées, gardez-vous,
Je vous prie, d'épancher vos tendres sentiments ;
Je te suis à jamais dévoué,
O mon œuf ! ».

Georges Braque

Le violon *ou* L'affiche de Kubelick, 1912.

Huile sur toile, 47 × 61 cm.
Collection particulière, Bâle.
Catalogue A.S. n° 205 (NY), n° 28 (C), n° 10 (B). Salle I.

Le violon est sans doute le seul tableau cubiste de Braque exposé à l'*Armory Show*. Deux autres toiles, *Anvers*, 1906 et *La forêt*, 1908, rendaient compte de la période fauve de l'artiste et peut-être de ses débuts dans le cubisme (ces deux œuvres n'ont pas été retrouvées – ou du moins ne l'étaient pas en 1963. (1). Ces trois œuvres avaient été prêtées par Kahnweiler. *L'affiche de Kubelick* dut être remarquée, car elle fut l'objet de caricatures et de jeux de mots : Milton Brown en cite un : « Deux hommes regardaient la toile et l'un dit : "Braque est le peintre qui a fourré des cubes dans Kubelick." "Non", répondit l'autre, "il a fourré d' l'art dans Mozart." » (2). Le tableau fut reproduit en carte postale.

(1) Cf. Brown.
(2) Brown, p. 112.

THIS POST-IMPRESSION PORTRAIT OF KUBELIK PLAYING MOZARTIAN RAG-TIME IMPRESSED US MOST.

Caricature de L'affiche de Kubelick de Braque, dans The World, 17 février 1913.
Archives of American Art, Smithsonian Institution, Washington D.C.

Paul Cézanne

La colline des pauvres, vers 1877.

Huile sur toile, 65,1 × 81,3 cm.
The Metropolitan Museum of Art, fonds Lorillard Wolfe,
1913, New York.
Catalogue A.S. nº 217 (NY). Salle Q.

Cézanne est, en 1913, un artiste quasi-reconnu aux États-Unis. Sans doute parce qu'il l'est en Europe, où de nombreuses expositions, dont celle, commémorative, du Salon d'Automne de 1907, l'ont consacré. Ceci explique son importante représentation à l'*Armory Show* : 13 huiles, une aquarelle et des lithographies, vraisemblablement les petits et les grands tirages des *Baigneurs*. Ces lithographies ont trouvé de nombreux acquéreurs : Davies, Stieglitz, Lillie Bliss, Charles C. Rumsey, John Quinn, Arensberg, Walt Kuhn. Les toiles avaient été prêtées par des marchands, Ambroise Vollard, Émile Druet – et en ce cas elles étaient à vendre – et par des collectionneurs américains : Stephan Bourgeois (qui était aussi marchand à New York), Sir William van Horne, grand collectionneur canadien, John Quinn qui prêtait un *Portrait de Madame Cézanne*.

Une seule de ces toiles trouva un acquéreur : ce fut *La colline des pauvres*, achetée 6 700 dollars par le Metropolitan Museum de New York, le 16 mars 1913. C'est le prix le plus élevé payé pour une œuvre acquise à l'*Armory Show* (d'autres, de Cézanne, mais aussi de Gauguin, Van Gogh...

ont été estimées plus cher, mais n'ont pas été vendues. Le prix initialement demandé pour *La colline des pauvres* était d'ailleurs de 8 000 dollars). L'achat d'un Cézanne, par le Metropolitan, première toile de l'artiste à entrer dans un musée américain, fit sensation. C'était incontestablement un renouveau dans la vie artistique. Stieglitz détestait le Metropolitan : « Une atmosphère de cimetière réservé aux riches. Un cimetière où l'on continue d'inhumer. Quelque chose que j'ai toujours instinctivement exécré depuis mon enfance. Et aujourd'hui plus que jamais. Comment ne pas rêver d'un cimetière de campagne laissé à l'abandon que son abandon même rend à la vie – à la vie de la nature ! » (1). Mais il pensait que c'était là, dans une institution officielle disposant de vastes espaces, que devait se faire la diffusion de l'art moderne. Dans une lettre adressée à l'*Evening Sun*, du 14 décembre 1911, qui fut publiée le 18, il disait ceci : « Je suis persuadé qu'une exposition Cézanne, dont les toiles auraient été soigneusement choisies, serait, précisément aujourd'hui, plus indispensable qu'une exposition Rembrandt [...] J'espère que vous userez de votre influence pour promouvoir l'organisation d'une telle exposition au Metropolitan, ou du moins, en quelqu'autre haut lieu artistique. » (2).

(1) A. Stieglitz, lettre du 31 mai 1916, citée dans D. Norman, *A. Stieglitz, an american seer*, New York, Random House, [1973], p. 109.

(2) Id., ibid.

Robert Delaunay

Les fenêtres sur la ville, 1re partie, 2e motif, 1912.

Huile sur carton, 39 × 29,6 cm.
Sonia Delaunay, Paris.
Catalogue A.S. nº 256 (NY). Salle I.

On pourrait presque parler d'une « affaire Delaunay »... Trois œuvres avaient été retenues, dont *La ville de Paris*, grande toile de plus de deux mètres cinquante sur quatre, qui avait été envoyée à New York mais non exposée, en raison de sa taille. Samuel Halpert, grand ami de Delaunay, veillait au bon déroulement des choses et lui écrivait en décembre 1912 : « Mon cher Robert, Tu peux avoir confiance en moi ; je prendrai autant de soin de ta grande toile comme si elle était la mienne. Je suivrai tes instructions. Si tu ne l'as pas encore envoyé adresse la à l'adresse ci-dessus et n'oublie pas le chassis avec. L'adress a laquelle tu m'écrivait jusqu'à présent est celle de mes parents et celle que je te donne est de mon atelier. Je suis très heureux de voir que tu vas exposer ici. Cette exposition va etre tout a fait foudroyante pour les paisibles et très occupés citoyens de notre ville. Enfin, j'espère que cela les réveillerai un peu de leur abrutissement. Le président de cette nouvelle société qui organise cette exposition m'a demandé avant son depart une list de noms des peintres intéressants alors je lui ai parlé de toi de Metzinger de Le Fauconnier et plusieurs autres dont les noms lui était tout à fait inconnu quoiqu'il ai déjà entendu parler du "cubisme" et Picasso. » (1).

Une seconde lettre, furieuse et désolée, relatait le scandale : « Il est regrettable que tu sois un de ceux qui souffrent le plus du mauvais arrangement de nos meneurs de l'exposition. Tu verras d'après les documents ci-inclus que je me suis occupé de ta grande toile, et maintenant ils me disent qu'ils n'ont pas de la place pour la mettre à cause de sa grandeur. Vraiment, si la grande toile était la mienne je n'aurais pas pu faire mieux dans mes efforts pour la faire placer. Du commencement de l'organisation de l'exposition l'esprit m'en a dégoûté parce que c'est un groupe de peintres bien médiocres qui veulent se refléter la gloire des révolutionnaires dans l'art. Des peintres qui comprennent vraiment un peu l'esprit moderne de la peinture sont soigneusement exclus comme membres de la société, par conséquent n'ont rien à y dire, ainsi Weber n'y expose même pas parce qu'il est dégoûté avec l'esprit de l'organisation. Moi, j'y suis représenté par deux petites toiles disséminées dans deux salles différentes. » (2).

Halpert toutefois ne perdait pas espoir : « Tu as fait les arrangements avec un certain M. Pach et il en est responsable. Il faudrait que tu leur écrives ; l'exposition va dans plusieurs autres villes et ils pourront y faire des changements et placer la toile. Elle mérite d'être vue en place d'honneur car elle est mille fois plus intéressante que les Picabia, Gleizes et Duchamp-Villon. Tes deux petites toiles sont accrochées, elles sont très jolies de couleur. Picabia fait fureur ici. Metzinger n'est pas représenté. Vlaminck est dispersé ainsi que Picasso. Matisse est très bien représenté ainsi que Redon, Archipenko et Picabia sont ceux qui font le plus de bruit. Enfin cela me fait de la peine de te voir ainsi privé de montrer ta toile au public d'ici. *Personnellement je crois que tu n'y perds rien*. Je t'écrirai encore bientôt. Je vais faire encore un effort pour la justice qui t'est *due*. » (2).

Finalement, comme les choses ne s'arrangeaient pas, Halpert retira les deux toiles restantes de Delaunay qui ne furent pas exposées, ni à Chicago, ni à Boston. Et pour comble de malheur, *La ville de Paris* fut endommagée lors de son voyage de retour en France !

Cette histoire provoqua la publication d'un article virulent contre l'*Armory Show* dans *Montjoie !* : « Un scandale à New York. On sait qu'une exposition d'art français moderne a lieu en ce moment à New York. Les jeunes peintres ont été invités. Ils ont envoyé leurs toiles. Or, on vient d'apprendre que cette exposition n'a été qu'un prétexte pour mettre en bonne place les tableaux de certains mauvais peintres américains qui se trouvent parmi les organisateurs de l'exposition. Les peintres français mal placés, dispersés, ne servent qu'à attirer le public. La grande toile de Delaunay, *La ville de Paris*, n'a pas été accrochée, les toiles de Picasso n'ayant pas été groupées, on ne peut avoir idée du talent de l'artiste ; il en est de même des envois de Mlle Laurencin, de Derain, de Gleizes, de Léger. Plusieurs jeunes peintres américains, conscients du tort que l'on fait à des confrères dont le talent de premier ordre a une importance unique dans l'art contemporain, ont décidé de retirer leurs toiles. Ce doit être fait à l'heure qu'il est. *New Spirit* dit la devise de cette exposition. Il semble que ce nouvel esprit dont on se vante est fort ancien – c'est l'esprit des affaires. » (3).

(1) Lettre de Samuel Halpert à Robert Delaunay, 23 décembre 1912. Ce document nous a été aimablement communiqué par Madame Sonia Delaunay.

(2) Lettre de Samuel Halpert à Robert Delaunay, 18 février 1913. Publiée par Michel Hoog, dans le catalogue de l'exposition *Robert Delaunay*, Paris 25 mai-30 août 1976, p. 62.

(3) Le simple, « Memento de la vie à Paris », *Montjoie !*, nº 3, 14 mars 1913, p. 8.

André Derain

La forêt à Martigues, vers 1908-1909.

Huile sur toile, 82,6 × 100,3 cm.
The Art Institute of Chicago, Arthur Jerome Eddy Memorial Collection.
Catalogue A.S. nº 343 (NY), nº 94 (C). Salle I.

Trois œuvres de Derain : *Le pot bleu, La forêt à Martigues* et *La fenêtre sur le parc.* Cette dernière fut achetée par John Quinn, et la précédente par Arthur Eddy, qui, ayant appris que John Quinn achetait beaucoup à l'*Armory Show,* pour ne pas être de reste, vint de Chicago à New York pour voir et acheter. Le jour où il acheta Derain, le 2 mars, il acquit, dans la foulée, *Danses à la source* de Picabia, *Le roi et la reine entourés de nus vites* de Duchamp et *Rueil* de Vlaminck. Dans son livre, *Cubists and Post-Impressionism,* il oppose deux de ses acquisitions d'un jour : *Le roi et la reine* qu'il range dans la catégorie – encore... – du « cubisme scientifique » (catégorie forgée par Apollinaire qui le définit ainsi : « C'est l'art de peindre des ensembles nouveaux avec des éléments empruntés, non à la réalité de vision, mais à la réalité de connaissance. » (1) ; *La forêt à Martigues* entre dans la catégorie du « cubisme physique » (d'Apollinaire toujours, « qui est l'art de peindre des ensembles nouveaux avec des éléments empruntés pour la plupart à la réalité de vision. Cet art ressortit cependant au

cubisme par la discipline constructive. Il a un grand avenir comme peinture d'histoire. Son rôle social est bien marqué, mais ce n'est pas un art pur. On y confond le sujet avec les images » ! (2) . Et Arthur Eddy d'ajouter à la confusion : « C'est là que l'on trouvera quelques-unes des toiles cubistes les plus intéressantes et aussi les plus exaspérantes. Tant que les personnages et les objets sont esquissés à grands traits et forment des plans et des masses compacts, réduits à l'essentiel, l'effet qui en résulte peut être à la fois beau et impressionnant. *La forêt à Martigues* de Derain en est un bon exemple ; mais si le tableau est un *puzzle* échappant partiellement à la compréhension, l'effet en est exaspérant ; le spectateur, quelle que soit sa bonne volonté, est détourné de la jouissance que peut lui procurer l'art du peintre, tout occupé qu'il est à reconstituer les figures du puzzle. » (3).

(1) Guillaume Apollinaire, *Les peintres cubistes,* Paris, Hermann, 1965, p. 57.

(2) Id., ibid.

(3) Eddy, p. 68-69. *La forêt à Martigues* y est reproduite p. 154.

Marcel Duchamp

Nu descendant un escalier n° 3, 1916.

Aquarelle, encre, crayon et pastel sur photographie, 147,3 × 90,2 cm.
Signé dans le bas à droite : Marcel Duchamp [fils] 1912-1916.
Philadelphia Museum of Art, Collection Louise et Walter Arensberg.
Le Nu descendant un escalier n° 2, au catalogue de l'A.S. n° 241 (NY), n° 107 (C), n° 39 (B). Salle I.

Des quatre toiles de Duchamp exposées, *Le roi et la reine entourés de nus vites*, le *Portrait de joueurs d'échecs* (les deux toiles ont été achetées par Eddy), le *Nu (Jeune homme triste dans un train*, acquis par le peintre Manierre Dawson), ce fut incontestablement le *Nu descendant un escalier n° 2* qui fut le plus remarqué et qui devint le point de mire de toute l'exposition. Une foule hilare ou furieuse, qui trouvait l'œuvre grotesque ou indécente, n'a cessé de se presser dans la salle I où elle était présentée : « La salle des cubistes était toujours bondée, et pour voir le *Nu descendant un escalier*, il fallait assurément attendre son tour. » (1).

Ce fut entre autres à cause de cette toile qu'un sénateur vint inspecter l'exposition à Chicago : « La toile de Duchamp, si alléchante qu'en fût le titre, inquiéta encore moins la commission de censure, car il suffit au sénateur d'un seul coup d'œil à cet enchevêtrement de formes "abstraites" pour être persuadé que la toile ne détournerait pas la jeunesse vertueuse du droit chemin. » (2).

L'œuvre, qui devait faire le renom immédiat de Duchamp aux États-Unis et qui fut largement diffusée sous forme de carte postale, provoqua le déchaînement des caricaturistes et faiseurs de bons mots. Une caricature célèbre parut dans *The Evening Sun* : « The Rude descending a staircase (heure de pointe dans le métro). » (3). D'innombrables quolibets furent prononcés à ce sujet : « des clubs et des sacs de golf usés », « une armure japonaise dynamitée », « un amas bien ordonné de violons cassés », « la représentation académique d'un artichaut », « une explosion dans une usine de tuiles ». Le sculpteur Borglum, qui avait participé à l'organisation de l'*Armory Show* proposa le titre : « Un escalier descendant un nu. » Un concours du genre « Cherchez la femme » fut organisé par l'*American Art News* ; l'heureux gagnant proposait la solution suivante, sous le titre : « It's only a man » :
« You've tried to find her,
And you've looked in vain
Up the picture and down again,
You've tried to fashion her of broken bits,
And you've worked yourself into seventeen fits ;
The reason you've failed to tell you I can,
It isn't a lady but only a man. » (4).

Le *Nu descendant un escalier* a été acheté pour 324 dollars par Frederic C. Torrey, marchand de tableaux à San Francisco, qui envoya un télégramme d'Albuquerque pour retenir l'œuvre. D'autres acquéreurs se présentèrent, mais Torrey ne céda pas. Parmi eux sans doute Walter Arensberg, pour qui Duchamp exécuta la réplique ici exposée. Ce n'est que vers 1930 que les Arensberg purent acheter l'original.

(1) Pach, p. 193.

(2) Id., ibid.

(3) *The Evening Sun*, 20 mars 1913. Jeu de mots intraduisible.

(4) Cité dans Brown, p. 110 :
Ce n'est qu'un homme.
« Vous avez voulu la trouver,
Et vous l'avez cherchée en vain
De haut en bas et de bas en haut du tableau,
Vous avez tenté d'en rassembler les morceaux,
Et, à tant vous mettre en quatre, vous avez fini par éclater ;
Les raisons de votre échec, je puis vous les dire,
Ce n'est pas une femme, ce n'est qu'un homme. »

Raymond Duchamp-Villon

Façade architecturale, 1912. (Copie de la maquette
originale, 1970.)

Plâtre, 50 × 70 × 16 cm.
Madame A.F. Mare-Vène, Paris.
Catalogue A.S. nº 609 (NY). Salle I.

Au moment où en Europe des architectes comme Perret,
Gropius et aux États-Unis Frank Lloyd Wright proposaient
une réelle révolution dans le domaine architectural, on peut
s'étonner de l'enthousiasme de Walter Pach pour un projet
aussi conventionnel que celui de la façade de *La maison cubiste* proposé par Duchamp-Villon : « Les deux aspects
qu'il faut souligner pour comprendre ce type d'architecture
sont, d'une part la clarté avec laquelle on nous fait sentir
que la surface extérieure dépend d'une structure interne qui
la supporte, et d'autre part que les éléments décoratifs ne
découlent pas simplement du ″goût et de la fantaisie″ de
l'architecte, mais aussi des caractéristiques mêmes de la
construction. Ceux-ci répondent aussi bien à ce que l'on
exige de la pierre – le soutien et l'équilibre – qu'aux exigences de l'œil – l'harmonie des proportions. » (1). Les critiques ont d'ailleurs ressenti le manque de nouveauté de cette
architecture : sous une reproduction de *La maison cubiste*
on pouvait lire, dans *The Independent* : « On s'attendrait à
trouver une conception d'un genre plus original pour un bâtiment destiné à abriter les personnages non-conformistes
des tableaux post-impressionnistes, mais il est plus difficile
de prendre des libertés avec la brique et la pierre qu'avec
l'anatomie qu'on représente sur la toile. » (2). Ironie facile,
mais qui souligne bien cette espèce de confusion des genres
qui devait mener au projet d'une maison « cubiste ». Le projet, qui avait été celui d'une équipe qui regroupait sous la
direction d'André Mare, Duchamp-Villon pour l'architecture et la sculpture, La Fresnaye, Villon, Marie Laurencin,
Duchamp, Metzinger, Gleizes, Léger pour la décoration et
d'autres encore pour le mobilier, les papiers peints, etc.,
avait abouti à la réalisation présentée au Salon d'Automne
de 1912, du rez-de-chaussée de *La Maison cubiste*, grandeur nature, avec une façade derrière laquelle on pénétrait
dans une entrée et un « salon bourgeois » ! (3).

Duchamp-Villon exposait aussi, à l'*Armory Show*, un
plâtre du *Torse de jeune homme* (John Quinn en acheta un
bronze), un bronze de la *Fille des bois*, vendu à John Quinn,
un bas-relief en terre cuite, *Danseurs*, vendu à A.B. Davies,
et une terre cuite du *Baudelaire*.

(1) Walter pach, *A Sculptor's Architecture*, édité par l'Association of American
Painters and Sculptors à l'occasion de l'*Armory Show*, New York, 1913, p. 13-14,
dans reprint A.S. vol. II.

(2) Frank Jewett Mather Jr., « Newest Tendencies in Art », *The Independent*,
6 mars 1913, p. 506, dans reprint A.S. vol. III.

(3) Cf. Marie-Noëlle Pradel, « La maison cubiste en 1912 », *Art de France*, nº 1,
Paris 1961, p. 176-186.

Gaston Lachaise

Woman, 1912.
Plâtre, 27,3 cm.
The Lachaise Foundation, Boston, Mass.
Catalogue A.S. n° 671 (NY). Salle A.

Né à Paris en 1882, Lachaise part en 1906 pour Boston, retrouver une femme rencontrée à Paris, Isabel Nagle, qu'il épousera en 1913 et qui est, dès cette rencontre, l'obsédant modèle : « A vingt ans, je fis à Paris la rencontre d'une jeune Américaine qui devint immédiatement mon inspiratrice principale. Elle éveilla ma vision et eut une profonde influence sur l'orientation de mon travail. Pendant toute ma carrière d'artiste, j'ai utilisé le mot "Femme" pour la désigner. » (1). C'est A. B. Davies qui propose à Lachaise de l'inclure dans l'*Armory Show*. Cet artiste n'est assurément pas l'un de ceux qui fut le plus remarqué, ni le plus représenté car il ne figurait dans l'exposition qu'avec une seule pièce, *Woman*. C'était toutefois l'occasion ici de l'introduire, en contrepoint. Il est assez frappant que le prix de l'œuvre (qui ne fut pas vendue) ait été de 1 000 dollars.

(1) Gaston Lachaise, cité dans Hilton Kramer, *The Age of Avant Garde*, New York, Farrar, Straus and Giroux 1973, p. 271.

Paul Gauguin

L'esprit du mal *ou* **Parau na te Varua ino, 1892.**
Huile sur toile, 91,7 × 68,5 cm.
National Gallery of Art, don de la Fondation Averell Harriman en mémoire de Marie N. Harriman, 1972, Washington D.C.
Catalogue A.S. n° 175 (NY), n° 138 (C), n° 55 (B). Salle R.

Gauguin, dont huit toiles avaient été montrées au Salon d'Automne de 1903, et auquel une grande rétrospective (227 numéros) avait été consacrée, au même Salon, en 1906, était alors un artiste très largement reconnu. Huit peintures, un dessin, une sculpture et 3 aquarelles, et de nombreuses lithographies étaient montrées à l'*Armory Show*. Les prêteurs étaient Ambroise Vollard et Émile Druet, mais aussi, et c'est significatif de l'audience que Gauguin avait déjà trouvée aux États-Unis, des collectionneurs américains : John Quinn, Mrs Chadbourne, et Mrs Alexander Tison. Les prix de vente attribués aux œuvres étaient élevés (9 450 dollars pour *L'atelier*) et seules furent vendues, en assez grand nombre, les lithographies. Toutefois Gauguin fut en butte à bien des critiques : la prude Amérique s'indignait de la vie de bohême menée par le peintre ; le sexe toujours présent dans sa peinture comme dans ses écrits (*Noa-Noa*, dont des extraits avaient été traduits par Walt Kuhn, fut saisi à Chicago), ne manqua pas de choquer. Mais il fut dit aussi que Gauguin ne savait pas peindre, et que ce qu'il faisait était laid. Et à propos de *L'esprit du mal*, dans un journal de Chicago : « *L'esprit du mal* de Paul Gauguin est aussi obscène que vil. La femme nue est suggestive et indécente, et même la diabolique expression de son regard lascif est exécrable. » (1).

(1) H. Effa Webster, *The Examiner*, 1er avril 1913, cité dans Brown, p. 174.

Albert Gleizes

L'homme au balcon, 1912.
Huile sur toile, 195,5 × 114,8 cm.
Philadelphia Museum of Art, Collection Louise et Walter Arensberg.
Catalogue A.S. n° 196 (NY), n° 153 (C). Salle I.

Gleizes sans Metzinger, non représenté à l'*Armory Show*. Le 1er mars 1913, Eddy achetait deux toiles de Dunoyer de Segonzac, *Jeune femme* de Villon, les *Joueurs d'échecs* de Duchamp et *L'homme au balcon* de Gleizes. Une seconde toile de ce dernier, la *Femme au phlox,* figurait à l'*Armory Show*.

Arthur Eddy : « Parmi toutes les toiles cubistes exposées, les préférences du public sont allées à *L'homme au balcon*. Pourquoi ? Parce qu'il ressemblait à une bonne peinture d'homme en armure. On entendait souvent dire : "J'aime bien *L'homme à l'armure*". Tout cela tend à montrer que les préférences sont bien plus une question d'association d'idées qu'une question de connaissance et de goût.

Allez dire aux gens que ce n'est pas un homme en armure, et immédiatement ils vous demanderont d'un air dégoûté : "Alors qu'est-ce que c'est ?", et le tableau qu'ils aimaient un instant auparavant leur semblera grotesque.

L'esquisse originale est un dessin à main levée, presque académique, d'un homme – un artiste ou un ouvrier (1) – s'appuyant contre la rambarde d'un balcon, avec les toits de la ville derrière lui. Presque rien ne rappelle le cubisme, si ce n'est le traitement des mains et des pieds.

Le dessin est inintéressant, la peinture est inintéressante (2). En esquissant à grands traits les détails, en soulignant les plans et en accentuant les masses, l'artiste a donné à sa toile une dignité et une force sans commune mesure avec son étude.

S'il avait peint une toile académique en se contentant de recopier les lignes de son esquisse originale, le tableau serait demeuré tout à fait banal. » (3).

(1) Il s'agit du *Portrait du Docteur Morinaud* !

(2) Terrible coquille ! Il faut lire – bien sûr – « la peinture est intéressante ».

(3) Eddy, p. 70-71. *L'homme au balcon* y est reproduit en frontispice.

Roger De La Fresnaye

Paysage n° 1 *ou* Le village de Meulan, 1912.
Huile sur toile, 47,7 × 60,3 cm.
Philadelphia Museum of Art, collection Louise et Walter Arensberg.
Catalogue A.S. n° 394 (NY). Salle I.

L'*Armory Show* à l'Art Institute de Chicago, salle 53.
The Art Institute of Chicago.

La Fresnaye exposait deux dessins et trois peintures, parmi lesquelles un paysage de Meulan, *Paysage n° 1* et un paysage de la Ferté-sous-Jouarre, *Paysage n° 2*.

A Chicago ne figurait plus qu'un seul des paysages. Une photographie de l'accrochage de l'exposition à l'Art Institute permet de voir, dans un angle de l'une des salles, le paysage de la Ferté-sous-Jouarre. C'est donc celui-là, le *Paysage n° 2*, qui portait le numéro 393 au catalogue de l'*Armory Show* à New York qui fut exposé, sous le titre *Landscape* et portant le numéro 128 à Chicago, et très vraisemblablement le même qui a été montré ensuite à Boston (n° 49 du catalogue de l'exposition à la Copley Society.) (1).

Le *Paysage n° 1*, qui figurait à l'exposition de la Section d'or en 1912, fut acheté plus tard par Louise et Walter Arensberg, qui acquirent aussi, de La Fresnaye, un *Nu* de 1911.

(1) Le *Paysage n° 2* figure sous le titre *Paysage au clocher* dans le catalogue raisonné de l'œuvre de La Fresnaye : Germain Seligman, *Roger de La Fresnaye*, Neuchâtel, Ides et Calendes, 1969, p. 141.

284

Henri Matisse

La femme bleue *ou* Le nu bleu – Souvenir de Biskra,
1907.
Huile sur toile, 92 × 147,7 cm.
The Baltimore Museum of Art, Collection Cone.
Catalogue A.S. n° 411 (NY), n° 248 (C), n° 129 (B). Sal-
le H.

C'est à Londres, à l'automne 1912, à l'occasion de la
Second Post-Impressionnist Exhibition, que Davies et
Kuhn, très frappés par l'œuvre de Matisse qu'il voyaient là
en nombre, retinrent une partie des œuvres qu'ils souhai-
taient présenter à New York, avec l'appui de Matisse et des
Stein. Furent envoyés directement de Londres à New York,
La coiffeuse (encore appelé *La coiffure*, prêté par Michael
Stein) ; le *Jeune marin II*, le *Panneau rouge* (le plus cher des
Matisse qui étaient à vendre à l'*Armory Show*, estimé 4 050
dollars), *Le luxe II*, *Les capucines* (ou *Les capucines à « la
danse »*, *II*) ainsi que le plâtre du *Dos I*, toutes ces pièces
étant prêtées par l'artiste. A cela s'ajoutaient *Le madras
rouge* prêté par Michael Stein ; *Joaquina* prêté par Bernheim-Jeune, les *Poissons*, le *Portrait de Marguerite (jeune
fille au chat)*, une *Nature morte* (ces trois toiles étaient prêtées par Matisse) ; *Le nu bleu* prêté par Leo Stein ; deux
dessins prêtés par Émile Druet ; un troisième, *Nu assis*,
prêté par Stieglitz qui l'avait exposé à « 291 » en 1910 ;
ainsi que deux huiles prêtées par des américains d'Amérique, *Fleurs* de la collection de Mrs Howard Gans, et le *Nu
dans les bois* que George Of avait acheté par l'intermédiaire
de Sarah Stein en 1906. C'était la première fois qu'on pouvait voir exposées aux États-Unis des toiles de Matisse.

Aragon rapporte une jolie anecdote au sujet du *Nu bleu*,
que Leo et Gertrude Stein avaient acheté en 1907 : « ”Quel
dommage” disait sa bonne à Gertrude Stein en regardant
une femme nue de Matisse – ”Avoir fait ça d'une jolie femme !” – Et Gertrude Stein : ”Elle avait donc vu que c'était
une jolie femme !” » (1). Matisse avait expliqué sa volonté
délibérée de déformer les corps : « J'ai à peindre un corps de
femme : d'abord je lui donne de la grâce, un charme, et il
s'agit de lui donner quelque chose de plus. Je vais conden-
ser la signification de ce corps, en recherchant ses lignes
essentielles. » (2). C'est cela surtout qui souleva l'indigna-

tion. Matisse fut qualifié d'apôtre de la laideur. Et Gertrude Stein ne fut pas épargnée non plus :
« I called the canvas cow with cud
And hung it on the line
Altho' to me 'twas vague as mud
'Twas clear to Gertrude Stein. » (3).
A Chicago, les étudiants de l'Institute's Art School brûlèrent des copies du *Nu bleu* et du *Luxe*. Sorti indemne de la tourmente, *Le nu bleu* fut acheté par John Quinn aux Stein en 1915, revint à Paris pour être vendu, à la mort de Quinn, à l'Hôtel Drouot, le 28 octobre 1926 (vente à laquelle figurait aussi *La bohémienne endormie* du Douanier Rousseau) où il fut adjugé 101 000 francs à Claribel Cone qui le remporta à Baltimore !

Une très importante interview de Matisse parut dans le *New York Times* : « Conversation avec Matisse, chef de file des post-impressionnistes. Le fameux artiste français, dont les toiles sont l'une des attractions de l'exposition internationale qui se déroule ici, parle de ses théories et de son travail », (accompagnée de la reproduction de quatre des tableaux exposés à l'*Armory Show,* dont *L'atelier rouge*), où on pouvait lire une certaine inquiétude de l'artiste : « Oh ! surtout dites aux Américains que je suis un homme normal, un mari et un père dévoué, que j'ai trois beaux enfants, que je vais au théâtre, que je monte à cheval, que j'ai une maison confortable, un joli jardin que j'aime, des fleurs, etc., comme n'importe qui. » (4).

(1) Louis Aragon, *Henri Matisse – Roman,* Paris, Gallimard, 1971, t. I, p. 64.

(2) Henri Matisse, *Écrits et propos sur l'art,* Paris, Hermann, 1972, p. 44.

(3) Pamphlet paru dans *The Chicago Tribune,* 8 février 1913, cité dans Brown, p. 111.
« Je baptisai la toile Vache qui rumine
Et la fixai sur la cimaise
Dans cet informe chaos je n'ai vu que du feu
Mais pour Gertrude Stein c'était clair et lumineux ».

(4) Henri Matisse, interview par Clara T. Mac Chesney, *The New York Times,* 3 mars 1913, p. 12, dans reprint A.S. vol. III.

Henri Matisse

Panneau rouge *ou* L'atelier rouge, 1911.
Huile sur toile, 181 × 219,1 cm.
The Museum of Modern Art, fonds Mrs. Simon Guggenheim, 1949, New York.
Catalogue A.S. nº 406 (NY), nº 242 (C), nº 123 (B). Salle H.

Francis Picabia

Danses à la source, 1912.
Huile sur toile, 120,6 × 120,6 cm.
Philadelphia Museum of Art, Collection Louise et Walter
Arensberg.
Catalogue A.S. nº 415 (NY), nº 283 (C). Salle I.

Le retentissement que connut Picabia aux États-Unis est dû pour une bonne part à sa présence à New York au moment de l'*Armory Show* (il était le seul artiste européen assez riche pour pouvoir se payer le voyage). Son brio et sa séduction, les interviews qu'il donna, les articles qu'il écrivit firent de lui l'ambassadeur de l'avant-garde française aux États-Unis : « La France est quasi finie en matière d'art. Je crois que c'est en Amérique que les théories de l'art nouveau s'enracineront avec le plus de ténacité. Je suis venu ici pour demander au peuple américain d'accueillir le nouveau mouvement en art dans le même esprit avec lequel ils ont accueilli des mouvements politiques envers lesquels au début ils ont pu se sentir en antagonisme, mais que dans leur amour authentique de la liberté d'expression dans tous les domaines du "discours sur" ils ont toujours traité avec une rare ouverture d'esprit. » (1). Dans l'un des fascicules accompagnant le catalogue de l'exposition, on pouvait trouver le texte écrit par Picabia pour son exposition chez Stieglitz, sous le titre « Cubism by a Cubist » (2).

Sa non-orthodoxie en matière de cubisme, au plan de la couleur comme à celui de la forme, fit en sorte qu'il fut perçu plus aisément que Braque ou Picasso, et même considéré comme l'un des leaders du mouvement. Où l'on retrouve le malentendu qui de façon générale définit la compréhension du cubisme par l'Amérique. Willard Huntington Wright toutefois ne s'y trompa point : « Picabia, malgré sa popularité, n'est qu'un cubiste de second rang. Il comprit rapidement que le travail des cubistes les éloignait du figuratif et il chercha à les dépasser. Là où ils s'étaient efforcés de parvenir à une stylisation minutieuse de la forme, il se contenta de simples rubans de couleurs, de taches sans contour, sans forme, sans proportion ni volume. » (3). Une carte postale permettait à chacun d'avoir une image des *Danses à la source*. Sa fortune permit à Eddy d'acheter le tableau pour 400 dollars.

(1) Francis Picabia, interview dans le *New York Times*, 16 février 1913, section 5, p. 9, repris dans *Écrits 1913-1920*, Paris, Belfond, 1975, p. 19-20.

(2) Francis Picabia, « Cubism by a Cubist » dans *For and Against*, recueil de textes rassemblés par Frederick James Gregg à l'occasion de l'*Armory Show*, New York, AAPS, 1913, p. 45 à 48, reprint AS vol. II.

(3) Wright, p. 258.

Pablo Picasso

La femme au pot de moutarde, 1910.

Huile sur toile, 73 × 60 cm.
Haags Gemeentemuseum, La Haye.
Catalogue A.S. n° 350 (NY), n° 292 (C), n° 149 (B). Salle I.

(1) Frank Jewett Mather Jr., « Newest Tendencies in Art », *The Independent,* 6 mars 1913, p. 504, dans reprint A.S. vol. III.

(2) Christian Brinton, « Evolution not revolution in Art », *The International Studio,* avril 1913, p. XXXII, dans reprint A.S. vol. III.

Leo Stein avait prêté deux natures mortes ; Kahnweiler *Les arbres* de 1907 (vendus à A.B. Davies), un tableau de la période bleue, *Madame Soler,* une *Tête d'homme* de 1912, *La femme au pot de moutarde ;* et Stieglitz un fusain de 1910, la *Femme nue,* qu'il avait exposée en 1911, et le bronze de la *Tête de femme.* A propos de cette sculpture F.J. Mather Jr. parlait d'un « cruel traitement par un cubiste » (1), et Christian Brinton, lyrique et récalcitrant, se permettait de subtils glissements : « Tout aussi logiquement que précédemment, Pablo Picasso, dont on peut déjà déceler les principes chez Pythagore et dont la méthode a été depuis longtemps formulée par Platon, fit un pas de plus. La divine géométrie se substitue au sublime des éléments, de telle sorte que nous sommes enfin débarrassés des derniers relents de l'art imitatif et que nous voyons se déployer devant nous un monde d'images existant en soi et pour soi. L'austère tempérament ibérique de Picasso, dont la seule séduction réside dans la plasticité propre de ses formes, s'augmente dans l'œuvre de Picabia d'accents plus chauds et plus émouvants. On trouve chez celui-ci le même désir de créer et non d'imiter. Appelez cela musique pour l'œil, mathématiques de l'émotion ou comme vous voudrez, mais les œuvres de Picasso, Picabia, Bracque [sic], Duchamp et de leurs confrères ne peuvent pas être rejetées comme de simples facéties ingénieuses et impertinentes. » (2).

Braque et Picasso ne furent en général pas reçus différemment de Gleizes ou de Villon, dans une Amérique où très vite on appela beaucoup de choses « cubistes », voire « futuristes », ce qui semblait revenir au même.

Odilon Redon

Le silence, vers 1911.

Huile sur gesso sur papier, 54 × 54,6 cm.
The Museum of Modern Art, collection Lillie P. Bliss,
1934, New York.
Catalogue A.S. nº 300 (NY), nº 329 (C), nº 180 (B). Salle J.

Lorsque Walt Kuhn se rendit à la Haye en 1912, il fut enthousiasmé en voyant pour la première fois de sa vie des œuvres d'Odilon Redon chez Artz et de Bois : « Je reçus des lettres de recommandation pour des collectionneurs hollandais, et je partis à La Haye, où je vis pour la première fois des œuvres d'Odilon Redon, ce peintre français jusqu'alors inconnu en Amérique, et peu apprécié à Paris. J'étais tellement convaincu des qualités de Redon, que je pris personnellement la responsabilité de consacrer, lors de notre exposition, une salle entière à ce peintre. Ce fut une aubaine, car Redon fit sensation à New York. » (1). Cette passion fut partagée par Davies quand, avec Walter Pach, il rendirent visite à Redon dans son atelier à Paris, où tout était agréable, la peinture, les bouquets de fleurs et les rafraîchissements servis par Madame Redon. Si l'on ajoute aux 37 huiles et pastels exposés, les lithographies et gravures de Re-

don montrées à l'*Armory Show*, on totalise le plus grand nombre d'œuvres d'un même artiste présentées à cette occasion. Exemple flagrant du choix orienté – pourquoi pas – dont fut l'objet la sélection des œuvres pour l'*Armory Show*, et dont témoigne aussi, à des degrés divers, le nombre d'œuvres qui représentait le peintre anglais Augustus John (38 pièces dont 37 prêtées par John Quinn, auxquelles vinrent s'adjoindre 6 autres prêtées par l'artiste à Boston), Van Gogh (18 pièces), Matisse (17 pièces), Puvis de Chavannes (15 pièces dont 13 prêtées par Quinn), Cézanne (14 pièces), Gauguin (13 pièces). Mis à part Mrs Chadbourne (qui prêtait aussi des Gauguin) et Redon lui-même, les prêteurs étaient des marchands : Artz et de Bois, Marcel Kapferer, Joseph Hessel, Wilhelm Uhde. Douze huiles ou pastels furent vendus, notamment à John Quinn et à Lillie Bliss (qui acquit *Le silence* pour 540 dollars et *Roger et Angélique* pour 810 dollars), mais aussi à d'autres collectionneurs plus obscurs, qui bien souvent n'achetèrent que Redon. Il y eut en outre des acquéreurs (dont à nouveau Quinn et Lillie Bliss) pour vingt lithographies ou gravures. Un texte de Walter Pach (2) parut dans un fascicule vendu avec le catalogue, qui servit – s'il en était besoin – la compréhension avec laquelle fut reçue l'œuvre de Redon.

(1) Kuhn, p. 9, dans reprint A.S., vol. III.

(2) Walter Pach, *Odilon Redon*, publié par l'AAPS, à l'occasion de l'*Armory Show*, New York, 1913, dans reprint A.S., vol. II.

Henri Rousseau

Cheval attaqué par un jaguar, 1910.
Huile sur toile, 89 × 116 cm.
Musée Pouchkine, Moscou.
Catalogue A.S. n° 382 (NY), n° 382 (C), n° 192 (B). Salle P.
(Ne figure pas à l'exposition.)

Le marchand allemand Alfred Flechtheim prêtait *Le centenaire de la Révolution,* exposé en octobre 1912 chez Bernheim-Jeune ; Léonce Rosenberg refusa de prêter *Scène de forêt* que Davies et Kuhn eurent l'occasion de voir à Londres aux Grafton Galleries ; le *Cheval attaqué par un jaguar* venait de chez Vollard. Ce fut Max Weber, passionné défenseur de Rousseau, qui vint renforcer la représentation de l'artiste à l'*Armory Show,* en prêtant cinq huiles et deux dessins qu'il avait rapportés de France et qui lui appartenaient. Robert Coady y contribua avec un tableau de sa collection. Un peu plus de deux ans après l'exposition Rousseau chez Stieglitz, l'attitude de la critique et du public restait la même : incompréhension, hostilité. On disait du peintre qu'il était « parfaitement innocent, totalement inepte » et que son art était « semblable, sur une plus grande échelle, à la production d'un enfant de sept ans » (1). Il fut aussi question une fois, à propos de la *Nature morte aux cerises,* de « la Morte de nature » (2). Mais de son côté, Frederick James Gregg écrivait : « Henri Rousseau [...] est enfin reconnu comme un grand maître, par ceux dont le jugement fait autorité. » (3).

(1) Cité dans Brown, p. 132.

(2) Id., p. 119.

(3) Frederick James Gregg, « Letting in the light », *Harpers' Weekly,* 15 février 1913, dans catalogue 50th Anniversary A.S., p. 171.

Amadeo De Souza-Cardozo

Le saut du lapin, 1911.
Huile sur toile, 50 × 61,3 cm.
The Art Institute of Chicago, Arthur Jerome Eddy Memorial Collection.
Catalogue A.S. n° 467 (NY), n° 386 (C). Salle J.

Si l'on a aujourd'hui l'impression que cet artiste portugais – dont le nom est généralement lié à celui de son ami Delaunay –, venu à Paris en 1906 où il fréquente Walter Pach et Gertrude Stein, dont il est le voisin rue de Fleurus, a connu quelque retentissement aux États-Unis, c'est sans doute à cause de la publicité que lui fit Arthur Eddy qui acheta trois Souza-Cardozo à l'*Armory Show* (dont *Le saut du lapin,* pour 67,50 dollars). On peut parler de succès pour cet artiste – vraisemblablement perçu comme un peintre cubiste – qui présentait huit toiles à l'exposition et qui en vendit sept. Trois d'entre elles sont reproduites en couleurs dans le livre d'Eddy, *Cubists and Post-Impressionism* (1) et il en est dit, dans le chapitre « What is Cubism ? » : « Prenez les trois peintures de Souza Cardoza [sic]. Supposez qu'elles n'aient pas plus de signification que ces illustrations que l'on trouve à foison dans les contes de fées ; le trait en est intéressant et la couleur fascinante. Si le *Chateau fort* avait été peint sur un plat de Delft ou si *Le saut du lapin* l'avait été sur une poterie persane, tout le monde aurait fait l'éloge de leur beauté, et les collectionneurs auraient donné, pour les acquérir, dix à vingt fois plus que le prix modeste de ces tableaux. » (2).

(1) Eddy, p. 4, 84 et 148.
(2) Eddy, p. 85.

Vincent Van Gogh.

Le bal à Arles, 1888.
Huile sur toile, 65 × 81 cm.
Musée du Louvre, Galerie du Jeu de Paume, Paris.
Catalogue A.S. n° 425 (NY), n° 409 (C), n° 214 (B). Salle Q.

Walt Kuhn avait pu voir au Sonderbund de Cologne 125 œuvres de Van Gogh et, plein d'enthousiasme, avait entrepris la traduction d'une partie de la correspondance de l'artiste, qui devait être publiée à l'occasion de l'*Armory Show*, mais qui ne le fut pas, par manque de crédits. Le peintre était bien représenté, par 18 toiles, et le fait qu'on trouve, comme prêteurs, à côté des marchands européens, Druet, Artz et de Bois, des collectionneurs américains, John Quinn (qui prêtait un *Autoportrait*), Katherine Dreier (qui prêtait *Mademoiselle Ravoux*) et Stephan Bourgeois, signifie que Van Gogh avait une certaine audience aux États-Unis. Toutefois, pas une toile ne fut vendue, sans doute parce que les prix étaient très élevés (l'un des tableaux, *Collines à Arles,* est estimé sur le livre d'entrée des œuvres 16 200 dollars, et *Le bal à Arles* 9 450 dollars). Royal Cortissoz, qui ne se prive pas de rapporter avec horreur l'histoire de l'oreille coupée, formule la gêne qui fut ressentie devant l'œuvre d'un peintre que Nilson Laurvik qualifie de « pseudo-primitif » : « Passionnément épris de la couleur et s'efforçant de la mettre au service de la vérité, il nous offre quelquefois, grâce à la consistance épaisse de sa pâte, des tons éclatants d'une belle sensualité. Mais comme il s'est de plus en plus replié sur lui-même, toujours plus indifférent aux enseignements des siècles précédents, ses tableaux se sont de plus en plus éloignés de la représentation de la nature et ils relèvent maintenant d'une conception arbitraire et capricieuse de l'art. Les lois de la perspective sont faussées. Les paysages et les autres formes naturelles sont représentées de travers. Un objet aussi simple qu'un vase contenant quelques fleurs est dessiné avec la gaucherie d'un jeune enfant immature. A en croire le prophète du Post-Impressionnisme, tout ceci peut être attribué au génie inventif de qui se forge un nouveau langage artistique. Je soupçonne, quant à moi, que cette explication est le fruit d'un esprit incompétent imprégné de suffisance. » (1).

(1) Royal Cortissoz, « The Post-Impressionist illusion », *The Century Magazine,* n° 6, avril 1913, p. 809, dans reprint A.S., vol. III.

Jacques Villon

Puteaux : les fumées et les arbres en fleur, 1912.
Huile sur toile, 114,9 × 147,9 cm.
M. et Mme Dan R. Johnson, New York.
Catalogue A.S. nº 444 (NY), nº 426 (C), nº 231 (B). Salle I.

(Ne figure pas à l'exposition.)

Villon connut un franc succès à l'*Armory Show* : les 9 toiles exposées furent vendues (pour de modestes sommes il est vrai, les plus chères ayant été payées 270 dollars). Les acheteurs : A. B. Davies pour *Puteaux : les fumées et les arbres en fleurs*, John Quinn pour *Fillette au piano*, *Étude pour Jeune femme*, *Étude pour Fillette au piano*, Arthur Eddy pour *Jeune Femme*. Walter Arensberg, arrivé trop tard pour acheter le *Nu descendant un escalier* de Duchamp, acquit in extremis à Boston le dernier des Villon qui restait à vendre, une *Étude pour Puteaux* ! Et Walter Pach, qui avait bien connu les trois frères à Puteaux et avait veillé à ce qu'ils fussent bien représentés à l'*Armory Show*, écrivait des années plus tard que s'il y avait eu davantage d'œuvres de Villon exposées, elle auraient trouvé des acquéreurs (1).

(1) Pach, p. 193.

Jeune femme (Jeune fille), 1912.
Huile sur toile, 146 × 88 cm.
Philadelphia Museum of Art, Collection Louise et Walter
Arensberg.
Catalogue A.S. nº 452 (NY), nº 434 (C). Salle I.

L'*Armory Show* à New York, salle H.
The Museum of Modern Art, New York.

A propos de futurisme

Ce n'est pas le lieu ici de faire l'historique du futurisme, mais de rappeler quelques jalons de l'histoire parisienne de ce mouvement italien et d'établir comment, dans ce contexte, à travers deux artistes, Severini, le « parisien » et Joseph Stella, le « new yorkais », le futurisme a fait son chemin jusque de l'autre côté de l'Atlantique.

Le premier ballon lâché par le futurisme à Paris est le premier « Manifeste du futurisme » publié par Marinetti dans *Le Figaro* du 20 février 1909. Mais l'événement qui nous importe ici est sans conteste l'exposition *Les peintres futuristes italiens* qui eut lieu en février 1912 à la Galerie Bernheim-Jeune, qui regroupait Boccioni, Carrà, Russolo, Balla et Severini (il vit à Paris depuis 1906), tout prêts à défier les étoiles : « Nous pouvons déclarer sans vantardise que cette première Exposition de Peinture futuriste à Paris est aussi la plus importante exposition de peinture italienne qui ait été offerte jusqu'ici au jugement de l'Europe. En effet, nous sommes jeunes et notre art est violemment révolutionnaire. » (1).

Parti pour l'Italie en 1909, c'est en 1911, sur l'insistance de Walter Pach, que Stella vient à Paris : « Un de mes bons amis, Monsieur Pach, artiste de qualité et homme d'une grande sincérité, me pressa d'aller à Paris afin d'y trouver de nouvelles sources d'inspiration. Ayant besoin de soutien, je ne tardai pas à rejoindre le véritable royaume de l'art moderne. » (2).

C'est alors que Stella se trouve confronté à de multiples découvertes : « Paris était devenu La Mecque de tous les artistes ambitieux à la recherche d'un langage nouveau, et c'est avec une grande joie que je m'empressai, en 1911, de me rendre dans la "ville lumière". Cézanne avait achevé son œuvre monumentale de même que Renoir, Van Gogh et Gauguin dont le travail magnifique résumait les conquêtes de la lumière impressionniste. A mon arrivée, le fauvisme, le cubisme et le futurisme battaient leur plein. On sentait dans l'atmosphère l'éclat d'une bataille sacrée qui faisait rage pour l'affirmation d'une vérité nouvelle. Je m'y engageai pleinement, de toute l'ardeur de ma jeunesse. Je me mis à travailler avec une véritable frénésie [...] A cette époque, n'importe qui à Paris pouvait connaître les artistes les plus en vue, en se rendant directement à leur atelier sans autre forme de procès. Je profitais au maximum de cette occasion. Je pus ainsi rencontrer Matisse et m'entretenir avec lui. L'extraordinaire éclat de ses couleurs et leur vivacité me séduisirent, tout comme le regard pénétrant qu'il portait sur Cimabue et Giotto. Au cirque Médrano j'eus le plaisir de dire à Picasso, qui était en compagnie du poète Max Jacob, combien j'admirais sa période bleue. Chaque vendredi j'allais à la Closerie des Lilas à Montparnasse, près de l'Observatoire ; les principaux peintres et écrivains s'y rendaient en foule, avec à leur tête Paul Fort, le prince des poètes. Je devins l'ami de nombreux jeunes talents : Gromaire, Pascin, Dubreuil, les futuristes Boccioni, Carrà, Severini. Modigliani peignait dans un atelier près du mien, impasse Falguière. » (3).

C'est par l'intermédiaire de Modigliani que Stella entre en contact avec Severini. Il est probable que, fréquentant l'atelier de ce dernier, il y a vu, en 1912, la toile à laquelle Severini travaillait alors : *Hiéroglyphe dynamique du Bal Tabarin* (qui ne figurait pas à l'exposition chez Bernheim-Jeune). C'est essentiellement aux recherches des cubistes et des futuristes que Stella a été sensible : « Bien qu'il me fût impossible de saisir d'emblée la grandeur de Cézanne, je compris ce qui n'allait pas dans mon travail [...] La couleur de Matisse me hanta pendant des mois : je sentais en elle une grande force et une grande vitalité qui étaient sans égales [...] Le cubisme et le futurisme m'intéressent énormément. Bien qu'ils aient apparemment beaucoup de points communs et que tous deux tendent vers des buts similaires, ils se distinguent en bien des manières. Le cubisme est statique, le futurisme dynamique. Le cubisme essaie de trouver et trouve effectivement ses origines * dans le travail des anciens maîtres. Le futurisme tente de rompre toute attache avec la tradition : il s'efforce essentiellement de créer une nouvelle forme de langage pour exprimer les sentiments et les émotions de l'artiste moderne [...] Les futuristes et les cubistes sont à la recherche d'une nouvelle forme de langage et il est logique que ce langage soit au début chaotique. Nous vivons une époque de transition, mais son importance est peut-être d'autant plus grande qu'un gigantesque projet futuriste est aujourd'hui en gestation. » (4).

Ces différents témoignages de Stella appellent ici deux considérations : la première est que, si Stella a connu les futuristes à Paris, s'il a vu leur exposition chez Bernheim-Jeune, il n'a pas été intimement lié avec eux. En témoigne une lettre de Stella à Carrà, citée par Irma Jaffé dans son ouvrage sur le peintre américain : « Nous nous sommes rencontrés à la Galerie Bernheim-Jeune à Paris, lors de la première exposition futuriste ; peut-être ne vous souvenez-vous pas de moi, car nous ne nous sommes jamais revus. » (5). Une note, toujours dans l'ouvrage d'Irma Jaffé, tend à prouver que même entre Severini et Stella il n'y a pas eu, en 1911-1912, de réelle intimité : « [Stella] ne se lia apparemment d'amitié avec Severini que tardivement, comme en témoigne une lettre que Madame Gino Severini m'adressa. » (6). L'origine italienne de Stella aura sans doute contribué au fait qu'il a été quelquefois, et trop rapidement, « rangé » parmi les futuristes.

Il faut noter, en second lieu, l'ambiguïté avec laquelle le futurisme a été perçu. Par Stella d'abord, qui parle de cubisme et de futurisme sur un mode qui n'est pas rigoureusement celui de l'opposition. Puis par les artistes et critiques américains. Les futuristes n'étaient pas représentés à l'*Armory Show* en 1913 ; ils figuraient en revanche à la *Panama-Pacific International Exposition* de 1915 à San Francisco, et Severini eut sa première exposition individuelle aux Etats-Unis en 1917, chez Stieglitz. C'est souvent par des voies détournées – et trompeuses – que le mouvement a été

---

* Le texte anglais parle de « descendence » ; il s'agit évidemment d'un lapsus (N.d.T.).

connu outre-Atlantique. En témoigne Arthur J. Eddy :
« Aucun tableau futuriste ne fut présenté à l'exposition [Armory show], bien que ce mouvement ait plus ou moins influencé plusieurs œuvres, notamment le *Nu descendant un escalier* de Duchamp. A bien des égards, c'est le plus décevant de ses tableaux car il n'est ni vraiment cubiste ni vraiment futuriste. » (7). De cette confusion naîtra toute une production, plus ou moins abstraite, se situant quelque part entre le futurisme et le cubisme, et qui sera étudiée plus loin.

D'une manière générale, le futurisme n'a pas suscité l'enthousiasme auprès des Américains. Gertrude Stein : « C'est vers cette époque que les futuristes, les futuristes italiens, eurent à Paris leur grande exposition, qui fit tant de bruit. Tout le monde était surexcité, et, comme l'exposition se tenait dans une galerie de tableaux fort connue, tout le monde y alla. Jacques-Émile blanche en était tout troublé. Nous le trouvâmes dans le jardin des Tuileries où il se promenait en tremblant, et il nous dit : ''Ça a l'air bien, mais l'est-ce en réalité ? – Mais non, répondit Gertrude Stein – Vous me réconfortez'', répartit Jacques-Émile Blanche. Les futuristes, menés par Severini, se pressèrent tous autour de Picasso ; il nous les amena tous. Marinetti vint aussi, seul, plus tard, je me rappelle ; mais en somme tout le monde trouva les futuristes ennuyeux. » (8).
De son côté, Willard Huntington Wright, non content de ne pas leur reconnaître des qualités, ne ressent pas même la spécificité des futuristes : « Leurs tableaux ne sont ni jolis ni agréables. » Ces peintres « n'ont jamais réussi à exprimer l'essence même de l'énergie [...] En eux-mêmes ils n'étaient pas représentatifs. » Leur peinture n'est que « confusion visuelle, [...] un artifice puéril pour donner l'impression de mouvement. » (9). Walter Pach, qui a connu personnellement Severini en 1911 ou 1912, ne voit lui aussi, dans les œuvres futuristes que des « peintures grossièrement dessinées et de couleurs barbares » (10), et ne sent dans le mouvement qu'une revendication nationaliste : « Aux frontières de l'art, le futurisme fut pour l'Italie une façon de réclamer une place au soleil. » (11).

Le mot toutefois, « futuriste », fit fortune aux États-Unis, et tout ce qui, de loin ou de près, avait l'air un peu « moderne », fut ainsi nommé après l'*Armory Show* où, paradoxalement les futuristes n'exposaient pas !

Caricature par Carlo de Fornaro, dans *The New York Sun*, 1914.

(1) « Les exposants au public », Catalogue de l'exposition *Les peintres futuristes italiens,* 5-24 février 1912, Paris, Galerie Bernheim-Jeune, p. 1.

(2) Joseph Stella, « The new art », *The Trend*, juin 1913, p. 394 (abrégé plus loin : « The new art »).

(3) Joseph Stella, « Discovery of America », *Art News,* novembre 1960, vol. 50 n° 7, p. 42 et 64 (abrégé plus loin : « Discovery »).

(4) Joseph Stella, « The new art », p. 394-395.

(5) Joseph Stella, Lettera a Carlo Carrà, citée par Irma B. Jaffé, dans *Joseph Stella*, Cambridge, Mass., Harvard University Press, 1970, p. 141 (abrégé par la suite : Irma B. Jaffé, *Joseph Stella*).

(6) Irma B. Jaffé, *Joseph Stella*, p. 34.

(7) Arthur J. Eddy, *Cubists and post-Impressionism*, Chicago, A.C. Mc Clurg et London, Grant Richards, 1914, p. 164.

(8) Gertrude Stein, *Autobiographie d'Alice Toklas*, Paris, Gallimard, 1973, p. 134.

(9) Willard Huntington Wright, *Modern Painting, its tendency and meaning,* New York, John Lane Company et London, John Lane, 1915, p. 263 à 276, passim. (abrégé par la suite : Wright).

(10) Walter Pach, *Queer thing, painting*, New York and London, Harper and Brothers Publishers, 1938, p. 296.

(11) Id., ibid., p. 295.

Gino Severini

Hiéroglyphe dynamique du Bal Tabarin, 1912.
Huile et paillettes sur toile, 161,6 × 156,2 cm.
The Museum of Modern Art, acquis grâce au legs Lillie
P. Bliss, 1949, New York.

« Nous chanterons les grandes foules agitées par le travail, le plaisir ou la révolte » (1), écrit Marinetti dans le « Manifeste du futurisme » publié dans *Le Figaro* du 20 février 1909. C'est de plaisir qu'il s'agit ici, le plaisir du bal : « Les ''samedis'' du Tabarin étaient célèbres à Paris pour ce qu'on y trouvait de beautés fort peu vêtues et d'inventions carnavalesques. Ces soirées comportaient toujours une fête sur un thème donné, par exemple ''la prise de Fez'' (on comptait sur l'inévitable ''calembour''*), et il y avait des concours de beauté, de belles jambes, de grains de beauté nichés dans des endroits stratégiques, etc. C'était au fond un carnaval avec des carrioles pleines de belles femmes masquées et peu habillées, qui jetaient des confetti, des rubans multicolores, etc., une frénésie qu'alimentait évidemment le champagne. » (2).

Laissons la parole au peintre : « Pour faire vivre le spectateur au centre du tableau, selon l'expression de notre manifeste, il faut que le tableau soit la synthèse de *ce dont on se souvient* et de *ce que l'on voit*. Il faut donner l'invisible qui s'agite et qui vit au-delà des épaisseurs, ce que nous avons à droite, à gauche et derrière nous, et non pas le petit carré de vie artificiellement serré comme entre les décors d'un théâtre. Nous avons déclaré, dans notre manifeste, qu'il faut donner la *sensation dynamique* c'est-à-dire le rythme particulier de chaque objet, son penchant, son mouvement, ou, pour mieux dire, sa force intérieure [...] Chaque objet influence son voisin, non par des réflexions de lumière (fondement du *primitivisme impressionniste*) mais par une réelle concurrence de lignes et de réelles batailles de plans, en suivant la loi d'émotion qui gouverne le tableau (fondement du *primitivisme futuriste*) [...] Ce sont les *lignes forces* qu'il nous faut dessiner, pour reconduire l'œuvre d'art à la vraie peinture. Nous interprétons la nature en donnant sur la toile ces objets comme les commencements ou les prolongements des rythmes que ces objets mêmes impriment à notre sensibilité. » (3). Il faut noter que *le Bal Tabarin* a été reproduit très tôt, en 1915, dans l'ouvrage de Willard Huntington Wright, *Modern Painting, its tendency and meaning* (4), pour illustrer le chapitre que l'auteur consacre au futurisme.

* En français dans le texte (N.d.T.)

(1) F.T. Marinetti, « Manifeste du futurisme », *Le Figaro*, Paris, 20 février 1909.

(2) Gino Severini, *Tutta la vita di un pittore*, Milano, Garzanti, 1946, p. 73-74.

(3) « Les exposants au public », catalogue de l'exposition *Les peintres futuristes italiens*, Galerie Bernheim-Jeune, Paris, 1912, p. 6-9.

(4) Wright, p. 274.

Joseph Stella

Battle of Lights, Coney Island, 1913.
Huile sur toile, 198,1 × 213,3 cm.
Yale University Art Gallery, don de la collection de la
Société Anonyme, New Haven, Conn.

« Joseph Stella conquit le monde de l'art en 1913 lorsqu'il présenta à un public étonné son tableau, *Battle of Lights, Coney Island* à la célèbre exposition de l'*Armory Show*. » (1). Ce sont ces mots de Katherine Dreier qui ont pu faire croire que la toile figurait à l'*Armory Show*. Or c'est précisément après avoir vu l'exposition à New York que Stella a peint cette toile : « Peu après je fus très occupé à peindre mon tout premier sujet américain : *Battle of Lights, Mardi Gras, Coney Island*. Je sentais qu'il aurait mieux valu peindre ce sujet sur un grand mur, mais je dus me contenter de la plus gigantesque toile que je pus trouver. Faisant appel à mes ambitions les plus hautes – pour obtenir les meilleurs résultats, l'artiste doit exacerber ses facultés et les porter à leur maximum – je construisis l'arabesque la plus vive que je pouvais imaginer, afin de rendre la fièvre de la foule houleuse et la rotation des machines qui, pour la première fois, suscitaient, non pas l'angoisse et la souffrance, mais de violents et dangereux plaisirs. J'utilisais la pureté limpide du vermillon pour souligner la frénésie charnelle de la nouvelle bacchanale et toute l'acidité du jaune citron pour rendre l'éclat des lumières se déchaînant tout autour. » (2).

« Nous déclarons [...] qu'il faut balayer tous les sujets déjà usés, pour exprimer notre tourbillonnante vie d'acier, d'orgueil, de fièvre et de vitesse [...] que le complémentarisme inné est une nécessité absolue en peinture [...] que le dynamisme universel doit être donné en peinture comme sensation dynamique [...] que le mouvement et la lumière détruisent la matérialité des corps. Nous combattons contre les teintes bitumeuses par lesquelles on s'efforce d'obtenir la patine du temps sur des tableaux modernes. » (3).

Toutes ces déclarations fracassantes, tirées du « Manifeste des peintres futuristes » publié dans le catalogue de leur exposition chez Bernheim-Jeune, peuvent venir résonner à côté de la toile de Stella. En effet le choix du thème de la fête, la fiesta, pourrait-on dire, Mardi-Gras à Coney Island, violente et exacerbée, la construction de l'œuvre en « lignes-forces » (4), l'éclatement de l'image par le mouvement et la couleur, l'utilisation de couleurs éclatantes et jusqu'aux « mots dans la peinture », tous ces éléments rapprochent Stella de Severini. Toutefois, d'autres œuvres, qui figuraient à l'*Armory Show* sont en relation avec la toile de Stella, tout particulièrement *Puteaux : les fumées et les arbres en fleurs* de Jacques Villon, où l'on retrouve les mêmes arabesques que chez Stella.

C'est avec cette toile indéniablement que s'est établie la renommée de Stella : « Ce tableau, selon De Fornaro, souleva une émotion unanime et bouleversa le monde artistique d'une façon aussi soudaine et inattendue que générale. Jamais pendant une période de dix ans on ne discuta autant d'une œuvre d'art ; la colère et la consternation se répandirent parmi les fossiles académiques. » (5). On peut lire dans le numéro d'avril 1914 de *The Century* : « Ce tableau, qui incarne, selon toute probabilité, l'expression ultime du modernisme, est une interprétation audacieuse de ce que ressent l'artiste devant la vivacité des lumières, le bruit, le désordre et le mouvement incessant de Coney Island. Il représente une tentative pour exprimer l'éclat, le dynamisme et l'énergie de la vie moderne qui sont si évidents en Amérique. » (6).

(1) Katherine Dreier, dans *Collection of the Société Anonyme : Museum of Modern Art 1920*, Yale University Art Gallery, New Haven, Conn, Associates in Fine Art et Yale University, 1950, p. 6.

(2) Joseph Stella, « Discovery », p. 65.

(3) « Manifeste des peintres futuristes » publié dans le catalogue de l'exposition *Les peintres futuristes italiens*, chez Bernheim-Jeune, Paris, 1912, p. 20-21.

(4) « Les exposants au public », ibid, p. 8.

(5) Irma B. Jaffé, *Joseph Stella*, p. 47.

(6) Cité par Irma B. Jaffé, ibid.

Orphisme, simultanisme, synchromisme

Orphisme, simultanisme, synchromisme... Ces mots qui ont été souvent mal définis – par les artistes eux-mêmes, la plupart du temps – recouvrent l'histoire – et la pratique – d'une peinture qu'on pourrait appeler, plutôt qu'abstraction, non figuration colorée. Ont été mêlés à cette histoire entre autres : Patrick Henry Bruce, Robert et Sonia Delaunay, Arthur B. Frost Jr., Frantisek Kupka, Stanton Macdonald-Wright, Francis Picabia, Morgan Russell.

Patrick Henry Bruce arrive à Paris en janvier 1904, Arthur Frost en 1907. C'est Walter Pach qui les présente l'un à l'autre en 1908. En 1912 les deux américains font la connaissance des Delaunay. Bruce et Frost ont quelquefois eu droit au titre d' « élèves » de Robert Delaunay, titre abusif, mais qui recouvre la réalité d'un travail en étroite relation – et d'une amitié – avec le peintre français. Notons ici que curieusement Sonia Delaunay, dans tous les documents de l'époque, est sinon complètement oubliée, du moins mise au second rang. Elle n'expose pas à l'*Armory Show* en 1913. Il est tout de même frappant que son nom n'apparaisse qu'une fois dans les *Chroniques d'art* d'Apollinaire qui ne reconnait à celle qui exposait pourtant le *Bal Bullier* au Herbstsalon de Berlin en 1913 (1), qu'un don dans le domaine des arts appliqués : « L'exposition de Madame Sonia Delaunay Terck n'est pas moins attachante. Ce sont la première affiche simultanée, les premières reliures simultanées, les premiers objets usuels ressortissant à la décoration simultanée » (2).

Autre rencontre importante, celle en 1911 de Morgan Russell, qui après plusieurs voyages d'été en France s'installe à Paris en 1909, et de Stanton Macdonald-Wright qui y est arrivé en 1907. Entre les deux peintres « synchromistes » (nom sous lequel ils exposent ensemble à la Galerie Bernheim-Jeune à Paris en octobre 1913) et Delaunay, il ne semble pas qu'il y ait eu de liens réels : Macdonald-Wright écrivait à Michel Seuphor en 1956 : « Je ne sais pas si Russell connaissait bien Delaunay ; mais je suis sûr quant à moi de ne l'avoir jamais bien connu. Nos relations furent brèves et je pense qu'en tout et pour tout nous n'avons pas discuté ensemble plus d'une demi-heure » (3).

Sans remonter jusqu'à la parution de l'*Optique* de Newton, on peut prendre comme point de départ de l'histoire de l'orphisme et du synchromisme la publication du livre de Michel Eugène Chevreul, *De la loi du contraste simultané des couleurs* en 1839 (4) ; il faut mentionner aussi les recherches de Charles Blanc, Helmholtz, Ogden N. Rood, Charles Henry, qui ont tous publié sur la couleur et son utilisation dans la peinture ; de leur côté, des peintres, Seurat et Signac, se sont appliqués à utiliser les ressources de luminosité, de coloration et d'harmonie que leur apportait la technique du divisionnisme, dont un des éléments est le mélange optique, sur la toile, de pigments purs. En 1899, Seurat publie *D'Eugène Delacroix au néo-impressionnisme*. On peut joindre à tout cela le mot de Cézanne : « la lumière n'existe pas pour le peintre » (5). Rappeler, s'il en est besoin, l'exposition du futurisme chez Bernheim-Jeune en février 1912, et l'un des points de la déclaration célèbre qui l'accompagnait : « Nous en concluons qu'il ne peut aujourd'hui exister de peinture sans divisionnisme. Il ne s'agit pas d'un procédé que l'on peut apprendre et appliquer à volonté. Le

divisionisme, pour le peintre moderne, doit être un *complémentarisme inné,* que nous déclarons essentiel et nécessaire » (6). Et mentionner aussi que Russell et Stanton Macdonald-Wright rencontrent à Paris le peintre canadien Tudor-Hart qui travaille sur les théories de la couleur.

C'est au début de l'année 1912, vraisemblablement au moment où il achève *La ville de Paris* qui est exposée au Salon des Indépendants, que Delaunay, avec la série des *Fenêtres,* se met à travailler précisément sur les contrastes simultanés. Des notes rédigées par le peintre à l'intention de Guillaume Apollinaire (7) permettent de cerner la recherche de Delaunay. Avec la distance qu'il y a presque toujours entre ce qui est dit et ce qui est peint, lorsqu'on veut mettre en rapport le discours et la pratique d'un peintre, parce que le peintre est souvent piètre théoricien et qu'il n'a en général à sa disposition que des mots inadéquats. On peut relever, pour Delaunay, qui part lui-même de Seurat : « Le contraste devient un moyen d'expression [...]. La "simultanéité des couleurs" par le contraste simultané [...] est la seule réalité pour construire en peinture. Il ne s'agit plus ni de l'Effet [...], ni de l'Objet [...], ni de l'Image [...] nous arrivons à un art de peinture purement expressive [...]. La Lumière n'est pas un procédé et elle nous vient de la sensibilité. Sans la sensibilité (l'œil), aucun mouvement » (8). Où Delaunay rejoint Cézanne, mais en usant d'un vocabulaire plus ambigu (Cézanne parle de sensation optique là où Delaunay dit sensibilité, dans un texte où il est aussi dit que « les proportions de la lumière arrivent à l'âme par nos yeux, sens suprême » (8). A propos des *Fenêtres,* Delaunay insiste sur la nouveauté qu'elles constituent, en même temps que sur le fait qu'elles viennent prendre place dans un grand mouvement de « la couleur pour la couleur », dont Delaunay soulignera l'internationalisme : « le rayonnisme en Russie, le synchronisme [sic] en Amérique, l'orphisme en France, le simultanéisme en France... » (9). « *A ce moment, vers* 1912-1913, j'eus l'idée d'une peinture qui ne tiendrait techniquement que de la couleur, des contrastes de couleur, mais se développant dans le temps et se percevant simultanément, d'un seul coup. J'employais le mot scientifique de Chevreul : *les contrastes simultanés.* Je jouais avec les couleurs comme on pourrait s'exprimer en musique par la fugue des phrases colorées, fuguées. Certains formats de toiles étaient très larges par rapport à la hauteur – je les appelais les *Fenêtres* » (10). La même année, en 1912, Delaunay peint les *Disques* et les *Soleils* « où la couleur est employée dans son sens giratoire : la forme se développe dans le rythme circulaire dynamique de la couleur. Toute représentation en dehors des objets ou des formes de la nature : art abstrait » (11). Le mot est dit. Et il est précisé ailleurs : « la peinture abstraite vivante n'est pas constituée d'éléments géométriques parce que la nouveauté n'est pas dans la distribution des *figures* géométriques, mais dans la mobilité des éléments constitutifs rythmiquement des éléments colorés de l'œuvre » (12). C'est à ce propos qu'Apollinaire inventa le beau – et malheureux – mot d'orphisme, l'un des membres écartelés du cubisme, qui fut à l'origine de bien des confusions. Delaunay lui-même dénonça plus tard le terme : « Apollinaire a parlé d'orphisme, mais c'est de la littérature » (13). Et un ami de Delaunay, le peintre américain Samuel Halpert lui écrivait au début de 1913 : « le mot orphism nous est déjà arrivé et on en parle sans savoir ce que c'est » (14).

Au Salon d'Automne de 1912, Picabia expose *La source* et l'une des versions de *Danses à la source,* l'autre version figurant au même moment au *Salon de « la Section d'or »,* au mois d'octobre, à la Galerie La Boétie. Au même Salon d'Automne, Kupka expose *Amorpha, Fugue à deux couleurs* et *Amorpha, Chromatique chaude,* toiles qu'a préparées toute une série d'études, dont les *Disques de Newton.* Picabia reste encore attaché à une vague figuration ; Kupka, qui sera présenté comme le créateur de l'orphisme dans le *New York Times* du 19 octobre 1913, est non figuratif. Insistons sur le fait que tout le monde éprouve le besoin d'utiliser le langage de la musique : Delaunay et Kupka emploient le mot « fugue », Delaunay parle de « rythme » ; Picabia dira des toiles qu'il montre au Salon d'Automne de l'année suivante, 1913, *Edtaonisl* et *Udnie,* qui sont cette fois non figuratives : « Ce sont des souvenirs d'Amérique, des évocations de là-bas qui, subtilement apposés comme des accords musicaux deviennent représentatifs d'une idée, d'une nostalgie, d'une fugitive impression » (15). En 1913, le 3 novembre, Henri Valensi fait une conférence sur « la couleur et les formes » où revient plusieurs fois la comparaison entre la musique et la « peinture pure », la couleur étant comme un équivalent des notes de musique (16) (Valensi publiera en 1932 un « Manifeste musicaliste »). Et au même moment, dans le texte qu'il publie au catalogue de l'exposition des synchromistes chez Bernheim-Jeune, Morgan Russell dénonce un problème de vocabulaire : « Je suis arrivé ainsi à ce que j'appellerai, faute d'un meilleur mot, l'orchestration du noir au blanc, – ceux-ci admis à la dignité de couleurs. Un phénomène analogue à celui sur lequel j'insiste ici, c'est l'impression de "couleur" que nous éprouvons aux différentes régions de l'orchestre, du grave à l'aigu » (17).

C'est en 1913 que les Américains dévoilent au public français leurs recherches sur la couleur : au Salon des Indépendants, Russell expose une *Synchromie en vert,* aujourd'hui perdue (c'est ici que le mot apparait pour la première fois), vraisemblablement le n° 13 de l'exposition chez Bernheim-Jeune, qui est une vue d'atelier où l'on distingue un piano, un personnage lisant, des fruits dans un compotier et une figure debout, modèle ou sculpture (18). Apollinaire salue cette « peinture vaguement orphique » (19). Au Salon d'Automne, Bruce envoie deux *Compositions,* où là encore Apollinaire reconnait des contrastes simultanés (20), toiles non figuratives, aujourd'hui perdues, dont l'une fut reproduite dans *Les Soirées de Paris* en décembre 1913 (21).

En juin 1913, Russell et Macdonald-Wright exposent ensemble au Neuer Kunstsalon à Munich. Une série de toiles figuratives, scènes d'intérieur ou natures mortes, où le problème de la construction par la couleur n'est que partiellement abordé. Mais la question est traitée dans un texte signé des deux peintres, au catalogue de l'exposition, texte vraisemblablement tellement en avance par rapport à la peinture qu'il dut susciter bien des malentendus, au point que Russell, dans une lettre à Leo Stein, parle de « l'affaire de Munich » (22). Le même décalage se fait sentir à Paris, où la même exposition, mais enrichie de l'apport considérable que constituent deux toiles non figuratives réalisées par Russell pendant l'été, a lieu à la Galerie Bernheim-Jeune, du 27 octobre au 8 novembre 1913. Deux textes, l'un de Russell, l'autre de Macdonald-Wright, viennent s'adjoindre à l'« Introduction générale », définissant plus ou moins bien la théorie d'une pratique. Dans l'« Introduction générale » (qui, soit dit en passant, ne s'appelle pas « manifeste », mais en présente les caractéristiques : éduquer le public et faire profession d'un savoir), le mot synchromisme n'est pas précisément défini. (Il l'est dans une version très proche du texte, citée par Coquiot : « Le mot synchromie veut dire "avec couleur" et doit son introduction dans la langue artistique, au fait que l'un de nous, M. Morgan Russell, en cherchant un titre pour sa *Synchromie en vert* qui s'appliquerait à la nature même de la peinture et non au sujet, a eu l'idée de substituer le mot "couleur" au mot "phoné (son)" dans "symphonie" » (23).

Les deux artistes expriment ensuite leur dette – et leurs critiques – envers l'impressionnisme, trouvent « secondaires » mais « légitimes » les « efforts » des cubistes et des futuristes, affirment que « l'orientation vers la couleur est la seule direction où puissent pour le moment s'engager les peintres », mais à ce propos se défendent bien d'avoir des affinités profondes avec l'orphisme : « Une ressemblance superficielle entre les œuvres de cette école et une toile synchromiste exposée au dernier Salon des Indépendants a permis à certaine critique de les confondre ; c'était prendre un tigre pour un zèbre, sous prétexte que tous deux ont un pelage rayé ». Il semble que la querelle s'établisse sur la non-concordance entre la perspective des couleurs (le jaune marque une prééminence, le violet une profondeur) et la perspective des objets, et qu'il soit reproché à Delaunay (non cité ici mais qui est nommé dans Coquiot) de ne pas renoncer à la seconde au profit de la première, et « d'obliger les couleurs à servir n'importe où » (24). L'étude des rapports de la couleur et de la forme devant permettre une meilleure appréhension de la réalité.

Les « introductions particulières » sont intéressantes en ce qu'elles définissent, sous un même vocable, deux recherches différentes (que confirme d'ailleurs la différence entre les toiles de Morgan Russell et celles de Stanton Macdonald-Wright, qu'on ne saurait confondre). Les deux peintres se trouvent pris malgré eux au piège de la définition qu'ils tentaient d'écarter : « Nous ne prétendons pas à désigner une école. Mais nous avons tenu à adopter une appellation qui nous fût propre : de la sorte nous échapperons peut-être à l'ennui de voir des maniaques de la classification nous enrôler sous une étiquette qui corresponde mal à nos tendances » (24).

Morgan Russell propose, au catalogue et dans sa *Synchromie en bleu violacé,* seule œuvre non figurative exposée, avec l'esquisse qui l'accompagne, une peinture dont le sujet est radicalement neuf : « son sujet est le bleu foncé » (25). Il cherche à introduire dans la peinture la notion de durée (le contraire d'une perception simultanée) : « Pour résoudre le problème d'une construction nouvelle du tableau, nous avons considéré la lumière comme des ondulations chromatiques conjuguées et nous avons soumis à une étude plus serrée les rapports harmoniques entre couleurs. Ces "couleurs rythmes" incorporent, en quelque sorte, à la peinture, la notion de temps : elles donnent l'illusion que le tableau se développe, comme une musique, dans la durée, alors que l'ancienne peinture s'étalait strictement dans l'espace et que, d'un regard, le spectateur en embrassait simultanément tous les termes. Il y a là une innovation sur laquelle j'ai systématiquement spéculé, l'estimant de nature à exalter et intensifier la puissance d'expression de la peinture » (25). Le texte de Stanton Macdonald-Wright se termine par une affirmation difficilement soutenable : « En opposition aux théories purement logiques, nous prétendons rester fidèles à la réalité. En elle est l'appui de toute œuvre picturale. Mais je condamne le sujet illustratif affecté par les orphistes et ne me soucie pas plus de faire des "contes peints" que de suggérer des effusions musicales. Il ne me déplairait pas que mon art fût terre à terre : l'essentiel est qu'il ne soit pas abstrait » (26). C'est dire qu'ils sont arrivés malgré eux, et plus tard, à l'abstraction. On distingue encore le sujet dans la *Still-life synchromy* de Macdonald-

Wright, datée 1913. *Abstraction on spectrum* est en revanche une œuvre non-figurative ; s'il s'agit de l'œuvre présentée sous le titre *Organization 5* à la *Forum Exhibition* de 1916, on a là un terminus ante quem. Mais c'est peut-être une œuvre plus tardive, faite à New York en 1917 (27). Cette toile provient de la collection Stieglitz, qui n'exposa jamais Delaunay, qui refusa d'exposer Bruce, mais qui, in extremis trois mois avant la fermeture de sa galerie, montra l'œuvre de Macdonald-Wright. Pour Russell le cheminement est le même : de la *Synchromie avec nu en jaune* (qui est vraisemblablement le *Nu en jaune* n° 8 du catalogue Bernheim-Jeune) à la *Synchromie n° 3* et surtout à la gigantesque toile qui porte aujourd'hui le titre de *Synchromie en orange : à la forme*.

Le Salon des Indépendants de 1914 fut un événement. Y figurait : de Patrick Henri Bruce une grande toile *Mouvement, couleurs, l'Espace. Simultané*, aujourd'hui perdue, reproduite dans *Montjoie !* en mars 1914 (à l'envers ; le bas est sur la doite...) ainsi accueillie par Apollinaire : « le sujet de sa toile est si vaste que je ne m'étonne point si le peintre n'a pu l'embrasser. » (28). Fidélité à Delaunay dans les mots, sinon dans la peinture. Qu'on trouve tout autant (que permet d'en juger une photographie en noir et blanc parue dans *Comœdia* le 2 juin 1914) dans une toile non exposée au Salon, disparue elle aussi, qui s'intitule *Le bal Bullier*. Il ne reste aujourd'hui, se rapprochant le plus – dans le temps – des œuvres de Bruce de l'avant-guerre que cinq compositions dont une ici exposée (*Composition n° 1*), envoyée par Bruce à Frost aux États-Unis au début de l'année 1917, qui furent montrées cette année-là à la Montross Gallery avant d'être acquises par Katherine Dreier, en 1924. De Frost, aux Indépendants de 1914, trois *Natures mortes* dont on ne sait ce qu'elles étaient. Mais du même, sans doute non exposés au Salon, on connaît (en noir et blanc, dans *Montjoie !* mars 1914 et dans *Comœdia* 15 avril 1914), des *Soleils (Simultanés)*, et une *Descente de croix*, (reproduite dans *Comœdia*, 2 juin 1914). Toujours au Salon des Indépendants de 1914, de Robert Delaunay, *Disques solaires simultané forme ; au grand constructeur Blériot, 1913-1914*, où l'on trouve le « sujet illustratif » qui gêne Russell. De Sonia Delaunay, *Prismes électriques (couleurs simultanées)*.

André Salmon, dans un article sur le Salon des Indépendants paru dans le numéro déjà cité de *Montjoie !*, adjoint à « Delaunay et son groupe » Picabia, qui expose cette année-là *Chanson nègre et Culture physique*, « un homme à système et sans méthode », dont il est bien dit qu'il n'est pas simultaniste mais qu'il pavoise ! Face au groupe simultaniste, Salmon dénonce « la fausse audace des synchromistes » : Stanton Macdonald-Wright est représenté par le *Synchromate en pourpre* et Morgan Russell par la grande toile déjà nommée dont le titre d'origine était : *Synchromie en orange : la création de l'homme conçue comme le résultat d'une force génératrice naturelle*. Il semble que cette œuvre ait subi quelques modifications, pas seulement dans le titre, et on peut relever, grâce à l'image ancienne parue dans *Montjoie !*, toujours en mars 1914, quelques retouches. Salmon annonçait mais sans en donner de raisons satisfaisantes, la mort du synchromisme : « Le public à demi prévenu croira – on ne fera jamais assez pour le détromper – que le synchromisme est la dernière étape du grand mouvement dont on l'a instruit. Le synchromisme n'est que la pire des reculades. Art vulgaire, sans noblesse, peu redoutable en somme parce que portant en soi son principe de mort. » (29).

Mais n'est-ce pas ce qui les menaçait tous ? Sauf Kupka sans doute. Arrivés entre 1912 et 1914 à éliminer la figure

et à donner réalité à un tableau seulement par la couleur, ils reviennent à la figure (pourquoi s'agit-il ici de retour, de régression ?). Et ce qu'ils ont pu dire ne nous renseigne guère sur ce qu'ils faisaient. Les Delaunay n'ont pas pratiqué scientifiquement (ce n'était pas leur métier) les contrastes simultanés. Pas plus que Russell n'a réellement construit ses tableaux avec de la couleur : de nombreuses esquisses préparatoires, à la plume ou au crayon, sans couleurs donc, donnent en premier lieu des indications de forme. Il n'en reste pas moins qu'au même moment, qu'il y ait eu ou non entre eux une certaine connivence, un certain nombre de peintres, qu'ils se soient réclamés ou non d'un titre, synchromistes, simultanistes, orphistes, ont, à partir de la couleur, produit une peinture non figurative.

Les retombées aux États-Unis de ce qui se passait à Paris ont été importantes. Par des truchements divers : les expositions : l'*Armory Show* d'abord, où Picabia est l'un des artistes les plus remarqués ; la dernière exposition commune des synchromistes à la Carroll Gallery à New York, en mars 1914 ; la *Forum Exhibition of Modern American Painters* aux Anderson Galleries en mars 1916, à laquelle Russell et Macdonald-Wright participent, avec au catalogue un texte de chacun d'eux, où ils parlent, le premier de peinture non-illustrative, et le second d'abstraction.

Dans le livre qu'il publie en 1915, le frère de Stanton Macdonald-Wright, Willard Huntington Wright consacre un long chapitre au synchromisme, qu'il considère comme l'aboutissement, porté à son point le plus haut, des recherches de Cézanne et de Matisse : « Avant l'avènement du synchromisme, dont la première exposition publique eut lieu à Munich en 1913, nul autre progrès marquant n'avait été réalisé. » (30). C'est incontestablement à travers eux, et non à travers les Delaunay, que la non-figuration colorée s'est installée aux États-Unis. Halpert était près d'en être fâché : il écrit à Delaunay : « Mr Willard Wright a écrit un grand livre sur la peinture moderne et dans lequel il parle *beaucoup* de toi et souvent avec *beaucoup d'éloges*. Mais l'idée de son livre est de démontrer que son frère et Russel [sic] sont les plus grands peintres de notre temps et le synchromisme est le dernier mot dans la peinture moderne. » (31). Les peintres eux-mêmes se sont occupés d'importer la couleur en Amérique : si Russell et Bruce restent en France, Frost en 1914, Macdonald-Wright en 1916 rentrent aux États-Unis et s'occupent de propager leurs idées : la couleur est passée de Frost à son voisin d'atelier, James Henry Daugherty, et de ce dernier à Jay van Everen. Il faut citer d'autres noms encore : Thomas Hart Benton, A.B. Davies, Arnold Friedman, Morton Schamberg, qui avec plus ou moins de bonheur jouent de la forme et de la couleur. Un seul a été retenu ici : Andrew Dasburg qui travaille à Paris avec Russell pendant les premiers mois de l'année 1914 et qui l'année suivante, aux États-Unis, se met à peindre des *Improvisations*. Ce qu'il écrit à ce sujet dans le catalogue de la *Forum Exhibition* rappelle un air connu : « Dans mon utilisation de la couleur, je cherche à renforcer la sensation provoquée par le jeu des clairs et des obscurs, c'est-à-dire à développer le rythme du flux et du reflux de la vision, en plaçant sur la toile des couleurs qui, grâce à l'effet déprimant ou réconfortant qu'elles provoquent, se rapprochent ou s'éloignent de l'œil, en symbiose avec les formes représentées [...]. Je fais une différence entre la réalité esthétique et la simple reproduction imagée de la réalité. Cette dernière oblige à représenter la nature comme un ensemble d'objets reconnaissables. La première, quant à elle, nécessite seulement qu'on perçoive une *impression* ou une *sensation* d'objectivité. C'est pourquoi j'ai cessé de représenter des objets reconnaissables. » (32).

(1) Erster Herbstsalon, 20 septembre-1er novembre 1913, Berlin. Parmi les exposants : Robert et Sonia Delaunay, Patrick Henry Bruce.

(2) Guillaume Apollinaire, *Chroniques d'art*, Paris, Gallimard, 1960, p. 345 (abrégé par la suite : Apollinaire). Toutefois Cravan consacre plusieurs lignes à Sonia Delaunay en qui il reconnaît une « cérébrâââle » dans son article sur le Salon des Indépendants de 1914, dans *Maintenant*, 3e année, no 4 (no spécial), mars-avril 1914.

(3) Stanton Macdonald Wright, lettre à Michel Seuphor, 27 décembre 1956. Ce document nous a été aimablement communiqué par Monsieur Michel Seuphor.

(4) On peut rappeler ici la définition de Chevreul : « Si l'on regarde à la fois deux zones inégalement foncées d'une même couleur, ou deux zones également foncées de couleurs différentes qui soient juxtaposées, c'est-à-dire contiguës par un de leurs bords, l'œil apercevra, si les zones ne sont pas trop larges, des modifications qui porteront dans le premier cas sur l'intensité de la couleur, et dans le second sur la composition optique des deux couleurs respectives juxtaposées. Or, comme ces modifications font paraître les zones, regardées en même temps, plus différentes qu'elles ne sont réellement, je leur donne le nom de *contraste simultané des couleurs* ; et j'appelle *contraste de ton* la modification qui porte sur l'intensité de la couleur, et *contraste de couleur* celle qui porte sur la composition optique de chaque couleur juxtaposée. » Dans M.E. Chevreul, *De la loi du contraste simultané des couleurs et de l'assortiment des objets colorés d'après cette loi*, reprint de l'édition de 1889, Paris, L. Laget, 1969, p. 5.

(5) Paul Cézanne, *Correspondance*, Paris, Grasset, 1937, p. 269. A Émile Bernard, no CLXXV, 23 décembre 1904.

(6) Manifeste des peintres futuristes, catalogue de l'exposition *Les peintres futuristes italiens*, chez Bernheim-Jeune, 5-24 février 1912, p. 20.

(7) Apollinaire devait publier plusieurs fois ces notes avec des retouches, dans *Der Sturm* en décembre 1912, et dans *Les Soirées de Paris*, no 11.

(8) Robert Delaunay, *Du cubisme à l'art abstrait*, documents inédits publiés par P. Francastel, Paris, S.E.V.P.E.N. 1957, p. 158-159 (abrégé par la suite : R. Delaunay).

(9) R. Delaunay, p. 63.

(10) Idem, p. 81.

(11) Idem, p. 97.

(12) Idem, p. 95.

(13) Idem, p. 97.

(14) Samuel Halpert, lettre à Robert Delaunay, 1913. Ce document nous a été aimablement communiqué par Madame Sonia Delaunay.

(15) Francis Picabia, « Ne riez pas, c'est de la peinture et ça représente une jeune américaine », *Le Matin*, Paris, 1er décembre 1913, p. 1.

(16) Cf. *L'année 1913*, travaux et documents inédits réunis sous la direction de L. Brion-Guerry, Paris, Klincksieck, 1973, tome 3, p. 175-177 : « Henri Valensi : la couleur et les formes » (Introduction de Noëmi Blumenkranz-Onimus).

(17) Morgan Russell. Catalogue de l'exposition *Les synchromistes Morgan Russell et S. Macdonald-Wright*, Paris, Galerie Bernheim-Jeune, 27 octobre-8 novembre 1913. Le catalogue, non paginé, contient une « Introduction générale », signée par les deux peintres, et deux « Introductions particulières », signées indépendamment par chacun d'eux. (abrégé par la suite : cat. Synchromistes).

(18) Reproduit dans Gustave Coquiot, *Cubistes, futuristes, passéistes*, Paris, Ollendorf, 1914, entre p. 176 et p. 177 (abrégé par la suite : Coquiot).

(19) Apollinaire, p. 304.

(20) Idem, p. 337.

(21) *Les Soirées de Paris*, no 19, 15 décembre 1913, p. 48.

(22) Cf. William C. Agee, *Synchromism and color principles in American painting, 1910-1930*, catalogue de l'exposition chez Knoedler and Co, New York, 12 octobre-6 novembre 1965, p. 19.

(23) Coquiot, p. 178.

(24) Citations extraites de l' « Introduction générale », catalogue des Synchromistes.

(25) Morgan Russell, « Introduction particulière », catalogue des Synchromistes.

(26) Stanton Macdonald-Wright, « Introduction particulière », catalogue des Synchromistes.

(27) Cf. archives du musée de Des Moines, Iowa, U.S.A., lettre de Stanton Macdonald-Wright.

(28) Apollinaire, p. 352.

(29) André Salmon, « le Salon », *Montjoie !*, 2e année, no 3, mars 1914, p. 21 à 28.

(30) Willard Huntington Wright, *Modern Painting, its tendency and meaning*, New York, John Lane Company et London, John Lane, 1915, p. 32.

(31) Lettre de Samuel Halpert à Robert Delaunay, 28 juillet 1916. Collection Sonia Delaunay. Il y a d'ailleurs dans les archives Delaunay, un manuscrit de 22 pages intitulé *Synchromisme* qui est la traduction partielle, de l'anglais en français, avec référence aux pages, du chapitre du même nom dans le livre de Wright.

(32) Andrew Dasburg, catalogue de la *Forum Exhibition of Modern American Painters*, 13-25 mars 1916, New York, The Anderson Galleries, Reprint Arno Press 1968, [p. 50].

Composition, 1913 (perdu).

Le bal Bullier, 1914 (perdu).

Mouvements, couleurs, l'Espace. Simultané, 1913-1914 (perdu).

Composition n° I, 1916-1917.
Huile sur toile, 115,6 × 88,2 cm.
Yale University Art Gallery, don de la collection de la
Société Anonyme, New Haven, Conn.

Robert Delaunay

Disques solaires simultané forme ; au grand constructeur Blériot, 1913-1914.

Huile sur toile, 250 × 250 cm.
Kunstmuseum, Bâle.

(Ne figure pas à l'exposition.)

L'équipe de Cardiff, 1912-1913.

Huile sur toile, 193,5 × 131 cm.
Van Abbemuseum, Eindhoven.

Sonia Delaunay

Prismes électriques (couleurs simultanées), 1914.
Huile sur toile, 248 × 250 cm.
Musée national d'art moderne, Paris.

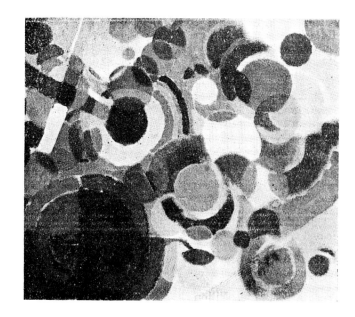

Arthur B. Frost Jr.

Soleils (simultanés), vers 1914 (perdu).

Descente de croix, vers 1914. (perdu).

Andrew Dasburg

Improvisation, 1915-1916.
Huile sur toile, 90,2 × 74,9 cm.
M. et Mme Henry Reed, Caldwell, N. J.

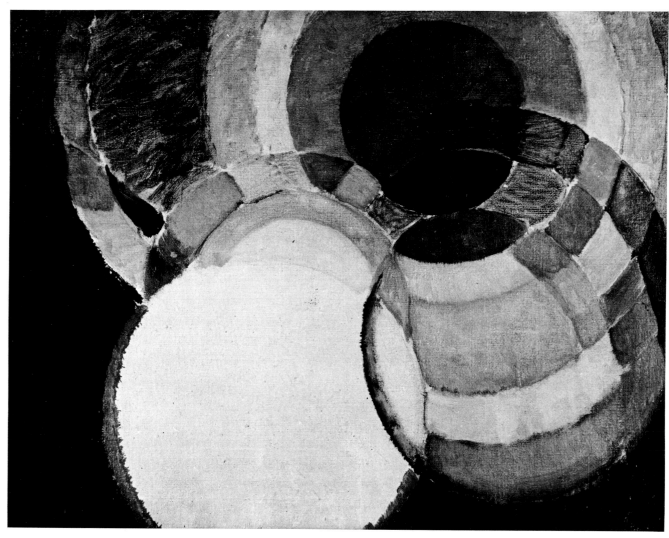

Frantisek Kupka

Disques de Newton, 1911.

Huile sur toile, 49,5 × 65 cm.
Musée national d'art moderne, Paris.

Francis Picabia

Je revois en souvenir ma chère Udnie, vers 1914.

Huile sur toile, 250 × 198,8 cm.
The Museum of Modern Art, Hillman Periodicals Fund,
1954, New York.

310

Francis Picabia

La source, 1912.

Huile sur toile, 249,5 × 249,2 cm.
The Museum of Modern Art, don des enfants de Eugene et
Agnes E. Meyer : Elizabeth Lorentz, Eugene Meyer III,
Katherine Graham et Ruth M. Epstein, 1974, New York.
(Ne figure pas à l'exposition.)

Morgan Russell

Synchromie avec nu en jaune, 1913.
Huile sur toile, 99,7 × 78 cm.
Fine Arts Gallery of San Diego, Ca.

Morgan Russell, *Synchromie en orange : à la forme*, dans *Montjoie !*, mars 1914, p. 28.

Creavit Deus Hominem (Synchromy n° 3 : color counterpoint), 1913.
Huile sur toile, 30,2 × 26 cm.
The Museum of Modern Art, don anonyme, 1951, New York.

Synchromie en orange : à la forme, 1913-1914.

Huile sur toile, 343 × 308 cm.
Albright-Knox Art Gallery, don Seymour Knox, Buffalo.

Morgan Russell et sa femme devant la *Synchromie en orange : à la forme.*
Michel Seuphor, Paris.

Stanton Macdonald-Wright

Still life synchromy, 1913.

Huile sur toile, 50,8 × 50,8 cm.
Signé, daté en bas à droite : SMW van Vranken, 1913 (nom qui rappelle les origines hollandaises de l'artiste).
The Museum of Modern Art, don anonyme, 1949, New York.

Stanton Macdonald - Wright à Paris, 1912.
Michel Seuphor, Paris.

Abstraction on spectrum (organization, 5), 1914-1917.
Huile sur toile, 76,5 × 61,4 cm.
Des Moines Art Center, Coffin Fine Arts Trust Fund,
1962.

Du cubisme à l'art abstrait ?

Cézanne, Matisse et Picasso : telle est la triade qui préside aux destinées de l'art au XXᵉ siècle. Au nom du troisième est indéfectiblement lié le mot « cubisme ». Quelque chose est ici figé, le nom d'un homme, celui d'un mouvement, et la relation qui les unit. Et Duchamp dénonce cette proposition, pour en donner une autre, tout aussi malheureuse dans son affirmation – le cubisme, c'est Gleizes et Metzinger – mais qu'accompagne la remise en cause du vocable même, cubisme : « Ils considèrent Picasso comme le chef de file des cubistes, mais ce n'est pas un cubiste au sens propre du terme. Il est cubiste aujourd'hui – demain il sera autre chose. Les seuls vrais cubistes aujourd'hui sont Gleizes et Metzinger. Mais ce mot de cubisme ne signifie rien du tout – il a tellement peu de sens qu'on aurait pu le remplacer par polycarpisme. C'est Matisse, qui, par ironie, a créé le terme. Il y a aujourd'hui une foule de petits cubistes, qui singent les moindres gestes du chef de file sans en comprendre la signification. Ils n'ont à la bouche que le mot discipline, qui pour eux signifie tout et rien. » (1). Ceci, dans la presse américaine, où il est bien précisé qu'il s'agit de l'opinion d'un iconoclaste.

Il est bien difficile d'étudier de façon rigoureuse ce qui lie l'Europe et l'Amérique, autour d'un mot dont le sens est multiple et dont l'usage, de ce fait, est souvent abusif. On peut énumérer des faits d'histoire qui permettront peut-être ensuite de cerner un peu mieux la question. Beaucoup de choses ont déjà été dites ici, préalablement, qu'il convient toutefois de rappeler : que les Stein, Gertrude et Leo, rencontrent Picasso en 1905, lui achètent régulièrement des toiles ; et que, rue de Fleurus, les peintres américains à Paris, avant la guerre, ont l'occasion de connaître Picasso, l'homme et l'œuvre. S'ajoutent à cela bien sûr toutes les manifestations parisiennes, expositions dans les galeries (l'exposition Braque chez Kahnweiler en novembre 1908, les expositions Picasso, chez Vollard en 1909, à la galerie Notre-Dame-des-Champs et chez Vollard en 1910) ; les Salons annuels : pour le mouvement qui nous importe, il est de tradition de mentionner la salle 41 du Salon des Indépendants de 1911 : « Dans la salle 41, nous nous groupâmes, Le Fauconnier, Léger, Delaunay, Metzinger et moi-même », rapporte Albert Gleizes, « en nous adjoignant, sur la demande de Guillaume Apollinaire qui suivait cette organisation avec le plus vif intérêt, Marie Laurencin. » (2). La même année, au Salon d'Automne, la salle VIII regroupe Léger, Lhote, Villon, Luc-Albert Moreau, Duchamp, Metzinger, La Fresnaye, Gleizes, Le Fauconnier et Dunoyer de Segonzac. Gleizes constate : « L'ensemble ne présente plus l'homogénéité de la Salle 41. Les représentants du cubisme orthodoxe, Le Fauconnier, Léger, Metzinger et moi-même se trouvent côte à côte avec des artistes qui n'ont avec eux que de lointaines ressemblances. » (3). Ni Braque, ni Picasso, ni Derain ne sont représentés là.

En octobre 1912 a lieu, à la Galerie La Boétie, l'exposition de la Section d'Or regroupant sous ce titre, qui définit la perfection, des artistes très divers, qui souhaitaient précisément ne pas exposer sous un nom d'école : « Ils n'ont pas de tendances communes, ni entre eux, d'affinités profondes, mais une unique pensée les dirige : dégager l'art de sa tradition, de ses liens surannés, le libérer, en un mot, car c'est le libérer que l'asservir étroitement à la personnalité de l'artiste » (4) écrivait René Blum au catalogue. C'est à cette occasion qu'Apollinaire a prononcé sa conférence, « Le cubisme écartelé », disant en deux mots l'unité et la diversité, au sujet des exposants qui étaient Auguste Agero, Alexandre Archipenko, Honoré Auclair, Marcel Duchamp, Raymond Duchamp-Villon, Pierre Dumont, Demetrius Galanis, Albert Gleizes, Juan Gris, Rena Hassenberg, Marie Laurencin, Alcide Le Beau, Fernand Léger, Sonia Lewiskà, André Lhote, Jean-Hippolyte Marchand, Louis Marcoussis, André Mare, Luc-Albert Moreau, Jean Metzinger, Francis Picabia, Eugène Tirvert, Tobeen, Henry Valensi, Paul Véra, Jacques Villon, Ernest-Frédéric Wield, Dunoyer de Segonzac, Roger de La Fresnaye, Georges Ribemont-Dessaignes, Alexandra Exter. Cette même année 1912, paraît le livre de Gleizes et Metzinger, *Du cubisme*, avec, dès les premiers mots, des réserves : « Le mot "cubisme" n'est ici qu'afin d'épargner au lecteur toute hésitation quant à l'objet de cette étude, et nous nous empressons de déclarer que l'idée qu'il suscite, celle de volume, ne saurait à elle seule définir un mouvement qui tend vers la réalisation intégrale de la peinture. » (5). Cézanne, Picasso, Derain, Braque, Metzinger, Laurencin, Gleizes, Léger, Duchamp, Gris, figurent avec des reproductions dans ce livre qui, dès 1913, est publié en anglais à Londres. 1913 est l'année de parution de l'ouvrage d'Apollinaire, *Méditations esthétiques, les peintres cubistes*, où sont définies les catégories fameuses qui n'ont pas cessé de faire couler de l'encre : cubisme scientifique, cubisme physique, cubisme orphique, cubisme instinctif...

De l'autre côté de l'Atlantique, que se passe-t-il ? Les artistes qui n'ont pas traversé l'Océan, ou qui sont revenus trop tôt d'Europe pour avoir pu vivre les événements mentionnés ci-dessus, ont en mai 1910, la possibilité de lire un article de Gelett Burgess, « The wild men of Paris », paru dans *The Architectural Record,* compte-rendu des visites que l'auteur fit, sans doute en 1908 (6), dans les ateliers de Matisse, Czobel, Herbin, Othon Friesz, Chabaud, Derain, Metzinger, et surtout Braque et Picasso. On y trouve reproduites les *Trois femmes* et, sans doute pour la première fois, *Les demoiselles d'Avignon*, de Picasso : « Picasso est un démon [...] Picasso est d'une audace colossale. Picasso représente le comble de l'arrogance. De ses toiles s'exhalent tous les relents d'une jeunesse insolente ; elles sont un outrage à la nature, à la tradition et à la décence. Elles sont abominables. Lorsque vous lui demandez s'il se sert de modèles, il tourne vers vous un œil pétillant et répond : "Où les trouverais-je ?" » (7). Dans le même article se trouve une déclaration de Braque : « Je ne parvenais pas à faire le portrait d'une femme en lui gardant toute sa beauté naturelle. Je n'étais pas suffisamment habile. Et personne ne l'était. Je devais donc inventer un nouveau type de beauté qui pourrait s'exprimer pour moi en termes de volume, de ligne, de masse, et de poids, et qui traduirait mon impression subjective. La nature est un simple prétexte pour une composition décorative à laquelle s'ajoute le sentiment. Elle suggère l'émotion, et je métamorphose cette émotion en art. Je veux peindre l'Absolu, et non pas seulement la femme dans ce qu'elle a de factice. » (8). On peut mentionner encore, une fois de plus, deux ouvrages importants parus avant 1920 aux États-Unis : celui de Arthur J. Eddy, publié en 1914, *Cubists and Post-Impressionism* (9) qui consacre deux chapitres au cubisme (« What is Cubism ? » et « The Theory of Cubism »), où sont reproduites des œuvres de Duchamp, Gleizes, Gris, Léger, Metzinger, Picabia, Picasso et Villon ;

et surtout l'ouvrage de Willard Huntington Wright, *Modern Painting, its tendency and meaning* (10), publié en 1915, qui contient un chapitre intitulé « Picasso and Cubism », et la reproduction d'une œuvre de Léger et d'une œuvre de Picasso.

C'est en mars-avril 1911, dans la galerie d'Alfred Stieglitz qu'a lieu la première exposition Picasso aux États-Unis ; là aussi que sont exposés en mars-avril 1913, Picabia, en décembre 1914-janvier 1915, Picasso et Braque. De Zayas, à la Modern Gallery, présente Picabia, Braque, Picasso en octobre-novembre 1915, Picasso en décembre de la même année ; Picabia, Picasso, Braque et Rivera en février-mars 1916, Picasso et Rivera en avril-juin de la même année ; Picasso, Derain, Gris et Rivera en mars 1918. Stieglitz, comme De Zayas, organise des expositions d'art africain. Albert Gleizes, qui est à New York en 1915, y expose trois fois cette année-là aux Carroll Galleries, dans des expositions collectives ; il participe à une exposition de groupe en 1916 aux Bourgeois Galleries et la même année, au même moment, en avril, avec Crotti, Duchamp et Metzinger expose à la Montross Gallery ; il est présent dans deux expositions de groupe en 1917 aux Bourgeois Galleries et à nouveau en 1919... Ceci dit, mise à part l'exposition Picasso chez Stieglitz en 1911, c'est en 1913 à l'occasion de l'*Armory Show*, que le cubisme fait pour ainsi dire officiellement son entrée aux États-Unis. Et ce n'est pas, à ce moment-là, Braque et Picasso, mais bien plutôt Duchamp, Picabia, Gleizes, Villon, qui sont remarqués. En 1917, à la première exposition de la Society of Independent Artists, sont présents Braque, Gleizes, Metzinger, Picabia, Picasso, Villon. Si on ajoute à tout cela une dose non négligeable de futurisme, d'orphisme et de synchromisme, on aura rassemblé à peu près tous les ingrédients nécessaires à la fabrication de ce qu'il n'est guère licite d'appeler « cubisme » chez les peintres américains.

A cause de la multiplicité des exemples qui étaient proposés, et du regroupement sous un même label de choses au fond très différentes, ce sont les éléments superficiels du cubisme qui ont été perçus et utilisés par les Américains : c'est-à-dire essentiellement la géométrisation des formes, souvent arbitraire, même si l'intention est de rechercher la réalité de la forme. Mais l'espoir majeur du cubisme, renoncer à l'illusionnisme spatial de la perspective unique, et réorganiser librement l'image qui serait perçue de points de vue multiples, dresser l'inventaire complet de l'objet, pour aboutir à une représentation qui soit absolument réaliste, faire ainsi de la peinture un mode de connaissance du réel, cela n'a pas été reconnu. Sans doute parce que les modèles européens eux-mêmes étaient hésitants, sinon réticents, sur la question.

L'amalgame qui a été fait entre le cubisme et le futurisme est à l'origine de la plus grande partie de la production des peintres américains. Ce qui repose au départ sur une antinomie : le cubisme étant par essence statique, et le futurisme, par essence aussi, représentation du mouvement.

Un des traits caractéristiques du « cubisme américain » est la couleur. On trouve très rarement la monochromie qui définit une certaine époque de ce mouvement en France. En cela, les Américains ont peut-être suivi, autant que celle des synchromistes, la proposition de Gleizes et Metzinger : « Aimant la couleur, nous nous refusons à la limiter et, ternes ou éclatantes, fraîches ou terreuses, nous agréons toutes les possibilités comprises entre les points extrêmes du spectre, entre le ton froid et le ton chaud. » (11).

(1) Marchel Duchamp, interview, « A complete reversal of art opinions by Marcel Duchamp, iconoclast », *Arts and Decoration,* vol. 5, septembre 1915, p. 428.

(2) Albert Gleizes [Deux Salons en 1911], tiré de *Souvenirs - Le cubisme 1908-1914,* repris dans Edward Fry, *Le cubisme,* Bruxelles, Éditions de la Connaissance, [1968], p. 171 (abrégé par la suite : E. Fry).

(3) Id., p. 173.

(4) René Blum, Préface au catalogue de l'exposition *Salon de la « Section d'or »,* Paris, Galerie La Boétie, 10-30 octobre 1912, p. 3.

(5) Albert Gleizes et Jean Metzinger, *Du cubisme,* Paris, Figuière, 1912, p. 5 (abrégé par la suite : Gleizes et Metzinger).

(6) Cf. E. Fry, p. 53.

(7) Gelett Burgess, « The wild men of Paris », *The Architectural Record,* nº 27, mai 1910, p. 408 (abrégé par la suite : Burgess).

(8) Georges Braque, dans Burgess, p. 405.

(9) Arthur Jerome Eddy, *Cubists and Post-Impressionism,* Chicago, A.C. Mc Clurg, et London, Grant Richards, 1914.

(10) Willard Huntington Wright, *Modern Painting, its tendency and meaning,* New York, John Lane Company et London, John Lane, 1915.

(11) Gleizes et Metzinger, p. 26.

318

C'est vraisemblablement à l'occasion de l'exposition Picasso chez Stieglitz en 1911 que Hartley a, pour la première fois, l'occasion de voir des œuvres cubistes (ce n'est qu'en 1912 qu'il fait son premier voyage en Europe), encore que l'exposition semble avoir été constituée surtout de dessins et d'aquarelles de la période bleue et de la période rose. On a vu cependant qu'y figurait un dessin, *Femme nue*, de 1910, considéré comme la première œuvre cubiste exposée aux États-Unis. On peut imaginer à partir de là que Hartley cherche à assimiler une nouvelle façon de peindre, mais aussi, pourquoi pas, que des recherches personnelles l'ont conduit à une simplification des formes, une recherche des lignes essentielles de construction d'un paysage, qui n'est pas éloignée des recherches de Picasso, Braque ou Derain en 1908-1909, comme cela apparait dans le *Paysage nº 32*. Hartley continue à travailler dans ce sens à Paris, où il se trouve en 1912, fréquentant la cercle de Gertrude Stein. C'est à Berlin, où il séjourne de 1913 à 1915, qu'il exécute ses toiles les plus célèbres, *Portrait of a german officer*, *Military*, représentations symboliques qui, malgré l'utilisation de lettres et de chiffres, l'abandon de la perspective traditionnelle, l'accumulation d'éléments disparates qui fait penser à la technique du collage (mais il s'agit ici de peinture), sont sans rapport avec le cubisme. De retour aux États-Unis en 1915, Hartley entreprend une série d'œuvres intitulées le plus souvent *Movement* (qui sont parfaitement statiques), assemblage de plans aux formes géométriques, traités en aplats de couleurs éteintes, qui conduisent à des représentations plus ou moins figuratives – quelque chose qui rappellerait l'image d'un bateau à voiles.

Landscape nº 32, vers 1911.
Aquarelle sur papier, 35,8 × 25,5 cm.
University Gallery, University of Minnesota, legs Hudson Walker, Minneapolis.

Marsden Hartley par Alfred Stieglitz, 1914.
The Museum of Modern Art, New York.

Man Ray

Man Ray 1914, 1914.
Huile sur toile, 17 × 12 cm.
Collection particulière, Londres.

Man Ray est l'un de ces artistes qui a appris le cubisme en Amérique : chez Stieglitz : « A l'heure du déjeuner, je courais aux expositions des galeries de la Cinquième Avenue, non loin de mon bureau. Une de ces galeries s'appelait "291" d'après le numéro de l'avenue. » (1). C'est là qu'il voit entre autres l'œuvre de Picasso : « Les lignes de Picasso très franches, tracées au fusain, avec ça et là un morceau de journal collé – à l'époque cela paraissait très audacieux, quoique assez incompréhensible. » (1). (Il s'agit sans doute ici de l'exposition de l'hiver 1914-1915). Ce que Man Ray put voir à l'*Armory Show* décida d'une nouvelle orientation dans sa recherche : « Un autre événement vint, cette année-là, donner à mon œuvre un nouveau départ : l'exposition de peinture moderne à l'Armory. Toutes les écoles européennes étaient représentées, même les plus extrémistes. » (2). C'est le peintre lui-même qui affirme une différence : « Je commençais une série de grandes toiles – des compositions de formes légèrement cubistes et pourtant très colorées, contrairement aux tableaux cubistes presque monochromes que j'avais vus un jour à l'exposition internationale de l'Armory. » (3). Toutefois en 1914 Man Ray travaille aussi, sinon dans la monochromie, du moins dans des gammes de couleurs limitées.

Man Ray 1914 est la mise en cubes d'une signature et d'une date. Les oppositions de teintes sombres et de teintes claires déterminent des volumes. On ne perçoit pas immédiatement les lettres et les chiffres, déguisés par l'épaisseur que leur donne la couleur. Tableau-piège, qu'on peut considérer aussi comme une œuvre dada, où le tableau est la signature. Idée qu'on retrouvera chez Picabia, dans *l'Œil cacodylate*, tableau couvert des signatures du peintre et de ses amis.

(1) Man Ray, *Autoportrait*, Paris, Laffont, 1964, p. 26.
(2) Id., p. 37.
(3) Id., p. 50.

Alfred H. Maurer à Paris, vers 1902-1905.
National Collection of Fine Arts, Smithsonian Institution, Washington D.C.

Alfred Maurer

Abstraction, vers 1919.
Huile sur carton, 55,9 × 45,7 cm.
Mme A.M. Adler, New York.

Maurer est de retour aux États-Unis en 1914 ; l'année
suivante il travaille à Westport, dans le Connecticut, avec
Arthur Dove qui fait, lui, depuis quelques années déjà, de la
peinture non figurative. En 1916, à la Forum Exhibition,
Maurer présente des paysages et des natures mortes qu'il
est commode de qualifier de « fauves ». Ce n'est que quelques années plus tard, peut-être vers 1919, qu'ils exécute un
certain nombre d'œuvres, malheureusement non datées,
appelées *Abstraction*.

Celle ici exposée est sans doute non figurative (on a
voulu y voir un masque déformé, pour pouvoir introduire le
cubisme et l'art nègre...), mais se rattache au cubisme par sa
monochromie et l'utilisation de formes géométriques, dont
le volume est rendu par des différences d'intensité de la couleur.

Henri Lyman Saÿen

The thundershower, vers 1916.

Collage, tempera et crayon sur carton 55,8 × 70,7 cm.
National Collection of Fine Arts, Smithsonian Institution,
don de H. Lyman Saÿen à la Nation, Washington, D.C.

Philadelphie est, autour de 1915, une place forte de l'avant-garde aux États-Unis, aux mains d'un certain nombre d'artistes comme Demuth, Sheeler, Schamberg et Saÿen. Sans pour cela qu'il s'agisse de provincialisme, tout ces artistes étant plus ou moins étroitement en contact avec le laboratoire central qu'est la galerie de Stieglitz à New York. C'est dans ce contexte que se situe la peinture de Saÿen, qui cherche à se détacher de Matisse, même si le peintre reste, très fondamentalement, un coloriste. Il y a dans *The thundershower*, une tentative manifeste d'utilisation d'un nouveau langage apparenté au cubisme, géométrisation des formes et technique de collage, dont résulte une peinture absolument plate. Une seconde version, plus grande, entièrement réalisée à la tempera, où le papier peint n'est pas rapporté sur un support, mais imité en trompe-l'œil, fut exécutée un peu plus tard vers 1917-1918 (la première version doit dater de 1916) et exposée au deuxième Salon de la Society of Independent Artists à New York en 1918.

Henry Lyman Saÿen à Paris, 1914.
National Collection of Fine Arts, Smithsonian Institution, Washington D.C.

Adelheid Roosevelt

Tennis player–Serving, avant 1916 (perdu).

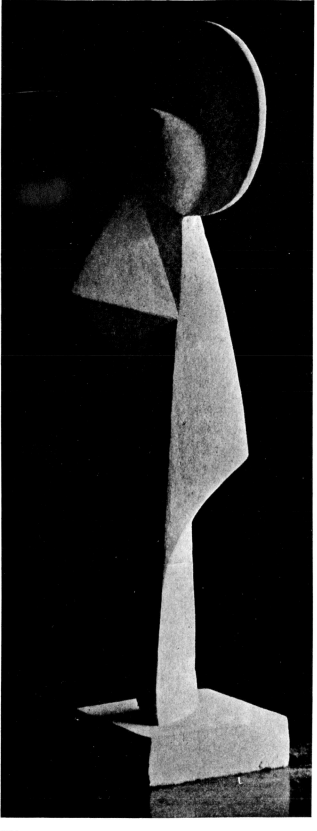

Tennis player–Serving a été reproduit, pour la première fois semble-t-il, dans la petite revue éditée en 1915-1916 par Alfred Stieglitz, *291*, n° 12, février 1916, sans commentaire aucun, au voisinage d'un texte de De Zayas sur l'art nègre, et d'un texte de Picabia où il est question de concret, d'abstrait, d'objectivité et de subjectivité, en tout cas de modernité. L'œuvre – considérée comme l'une des plus audacieuses de la sculpture américaine à cette date, autant qu'on puisse en juger par une photographie assurément fort belle – fut exposée en 1917 au premier Salon de la Society of Independent Artists et reproduite à cette occasion dans le numéro de juin 1917 d'*International Studio*. En 1916, Adelheid Roosevelt avait exposé à la Modern Gallery de De Zayas, en même temps que Alice Morgan-Wright, Adolf Wolff, Modigliani et Brancusi. On sait aujourd'hui peu de choses sur Adelheid -Heidi- Lange née en 1878 à Saint-Louis dans le Missouri, et qui, jusqu'à la guerre, a vraisemblablement passé de longs moments en France où elle a sans doute rencontré son mari, André Roosevelt, dont le père était cousin germain de Theodore Roosevelt. C'est là que par l'intermédiaire de Picabia elle entre en contact avec Duchamp-Villon qui lui donne des leçons de sculpture (1). C'est elle aussi, la malheureuse, qui, à New York en 1917, demande à Picabia et à Duchamp d'organiser la conférence de Cravan, où ce dernier se déshabille devant un public qui regroupait la meilleure société new yorkaise. (1).

(1) Ces renseignements nous ont été aimablement communiqués par Madame Gabrielle Buffet-Picabia.

Morton Schamberg

Landscape, bridge, vers 1915.
Huile sur panneau, 35 × 25,4 cm.
Philadelphia Museum of Art, don du Dr et Mme Ira L.
Schamberg.

Morton Schamberg par lui-même.
Mrs Morton J. Meyers, Philadelphie.

Entre 1913 et 1915, Schamberg travaille sur la forme et la couleur dans une voie assez proche de celle des synchromistes, même s'il n'a pas eu de relations directes avec eux, produisant plusieurs œuvres aux couleurs très vives, dont le point de départ est la figure humaine, qui, à force de couleur et de géométrisation des formes, disparait quelquefois complètement.

Henry Mc Bride, en 1919, un an après la mort de l'artiste écrivait : « Ses tableaux, aux couleurs prismatiques, sont assez séduisants pour convaincre quelques amateurs que ces couleurs suffisent à elles seules à composer une toile » (1), et Walter Pach : « Ses tableaux à la manière des cubistes furent parmi les premiers réalisés en Amérique, et ils compteront probablement pendant longtemps parmi les modèles du genre » (2) ceci, à l'occasion d'une exposition posthume consacrée à Schamberg à la Galerie Knoedler à New York. Ses paysages des années 1915-1916, appelés tantôt cubistes tantôt abstraits, ne sont ni l'un ni l'autre, mais une fois encore la simplification d'une image à ses lignes géométriques essentielles.

(1) Henry Mc Bride, dans *The New York Sun*, 25 mai 1919, repris dans Ben Wolf, *Morton Livingston Schamberg*, Philadelphia, University of Pennsylvania Press, 1963, p. 35.

(2) Walter Pach, dans *The Dial*, 17 mai 1919, repris dans Ben Wolf, p. 38.

Charles Sheeler

Landscape, 1915.

Huile sur panneau, 26,7 × 35,5 cm.
The William H. Lane Foundation, Leominster, Mass.

« Alors que la représentation des formes naturelles a en grande partie dominé ma peinture, j'ai entrepris une brève incursion dans l'abstraction. Ces études abstraites étaient toujours une pure et simple transposition des formes que j'avais vues dans la nature. » (1).

L'utilisation du mot « abstrait » à propos de certaines œuvres de Sheeler n'est pas à comprendre au sens habituel du mot. Mais si l'on retourne au sens premier, pourquoi ne pas appeler abstrait le *Landscape* de 1915, où l'artiste reproduit sur la toile un certain nombre d'éléments constitutifs d'une réalité de laquelle ils sont retirés, pour donner une image partielle, mais suffisante d'un paysage. Tout comme dans les œuvres, très proches, de Schamberg, son voisin d'atelier à Philadelphie, Sheeler insiste sur le dessin géométrique des lignes qu'il conserve. C'est cette même recherche de ce qui est essentiel à la perception des choses qu'on retrouve dans les *Barn abstraction* (les deux ici exposées ont été achetées très tôt, avant 1921, par les Arenberg), dessins que Sheeler fait des fermes de Pennsylvanie, dont l'architecture très stricte et dépouillée se prête tout particulièrement bien au dessin de l'artiste, rendre « les plans essentiels de l'émotion formelle » (2). Sheeler aborde les mêmes sujets par la technique de la photographie qu'il pratique, avec Schamberg, depuis 1912, pour subvenir à ses besoins. Les photographies de Sheeler sont dans la plus pure tradition de la « Straight photography » (à travers son ami Marius De Zayas, il est en rapport avec le milieu qui gravite autour de Stieglitz). Sheeler travaille comme photographe à la Modern Gallery, en même temps qu'il y expose (ses photographies y sont montrées en 1918). « Mon intérêt pour la photographie, qui n'est pas moindre que ma passion pour la peinture, provient de mon admiration pour les possibilités qu'elle offre de rendre compte du monde visible avec une exactitude qu'aucun autre procédé n'égale. Ces deux procédés ne peuvent se faire concurrence car ils parviennent à leur but par des moyens différents – la peinture étant le résultat d'une image composée, la photographie le résultat d'une image simple. » (3).

Barn abstraction, 1917.
Crayon sur papier, 35,9 × 49,6 cm.
Philadelphia Museum of Art, collection Louise et Walter Arensberg.
(Ne figure pas à l'exposition.)

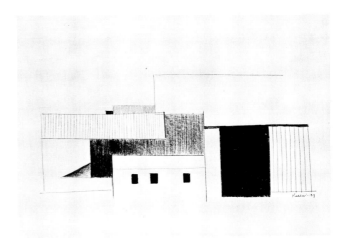

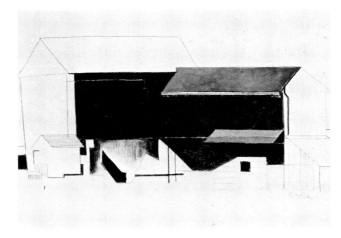

Barn abstraction, 1918.
Crayon et caséine sur papier 45,1 × 61,6 cm.
Philadelphia Museum of Art, collection Louise et Walter Arensberg.

Pennsylvania barn, 1915.
Photographie, 19 × 24,1 cm.
The William H. Lane Foundation, Leominster, Mass.

(1) Charles Sheeler, « A brief note on the exhibition », catalogue de l'exposition *Charles Sheeler, paintings, drawings, photographs*, New York, The Museum of Modern Art, 1939, p. 10.

(2) Charles Sheeler, dans catalogue de l'exposition *Charles Sheeler, The works on paper*, Museum of Art, The Pennsylvania State University, 1974, p. 53.

(3) Charles Sheeler, cf. note 1, p. 11.

John Storrs

The dancer, avant 1922.

Plâtre polychrome, 16 cm.
Yale University Art Gallery, legs de Katherine Dreier
à la Société Anonyme, New Haven, Conn.

De 1910 à 1929, John Storrs vit à Paris, très proche de Rodin avec qui il travaille pendant les années 1912-1914, qu'il assiste dans l'installation de son musée en 1914 à l'hôtel Biron, et dont il grave le portrait, à la mort du sculpteur français en 1917. C'est au contact de ce dernier, qui ne fut pas un maître tyrannique, qu'il développe un style qui lui est propre : « Rodin possédait ce mérite insigne de n'influencer les jeunes talents, et particulièrement ceux qui pouvaient être considérés comme ses élèves, qu'en leur enseignant l'essence la plus haute de la vérité [...] Libéré de toutes les erreurs académiques, John Storrs fut amené à s'interroger sur son travail, et cela, de la manière la plus profitable, alors qu'il n'était encore qu'un fervent disciple. » (1). A partir de 1917, il use dans ses sculptures d'une stylisation de formes qui annonce l'Art Déco des années 25.

Un certain nombre de sculptures, comme *Le sergent de ville*, traitent la figure humaine avec une grande simplification des lignes de construction, à propos desquelles il est tentant de citer Boccioni : « Nous donnerons la vie à la ligne musculaire statique, en la fondant avec la ligne-force dynamique. Ce sera presque toujours la ligne droite, qui est la seule ligne correspondante [sic] à la simplicité intérieure de la synthèse que nous opposons à l'extériorité baroque de l'analyse. » (2). Toujours dans la ligne du futurisme, on peut mentionner le fait que Storrs travaille à partir de matériaux variés, mêlant pierres et métaux, jouant sur les différences de couleurs et de matière. Il utilise souvent le plâtre polychrome (« il faut détruire la prétendue noblesse, toute littéraire et traditionnelle du marbre et du bronze, et nier carrément que l'on doive se servir exclusivement d'une seule matière pour un ensemble sculptural » (2) dit Boccioni), pour réaliser des œuvres où la couleur ajoute à la forme dans le jeu des volumes. Et là encore (ce qui ne veut pas dire que Storrs ait forcément subi une influence du futurisme, mais bien qu'il travaille dans le même sens), on entend Boccioni, à propos par exemple de la petite sculpture que Katherine Dreier avait achetée pour sa propre collection, *The dancer* (3) : « La sculpture doit donner la vie aux objets en rendant sensible, systématique et plastique leur prolongement dans l'espace, car personne ne peut plus nier aujourd'hui qu'un objet continue là où un autre commence, et que toutes les choses qui environnent notre corps (bouteille, automobile, maison, arbre, rue) le tranchent et le sectionnent en formant une arabesque de courbes et de lignes droites [...] Il faut partir du noyau central de l'objet que l'on veut créer pour découvrir les nouvelles formes qui le rattachent invisiblement et mathématiquement à l'*infini plastique apparent* et à l'*infini plastique intérieur*. » (4).

(1) André Salmon, *John Storrs and modern sculpture,* published by The Société Anonyme, New York, février 1923, p. 4-6.

(2) Umberto Boccioni, Manifeste technique de la sculpture futuriste, 11 avril 1912, repris dans Giovanni Lista, *Futurisme*, Lausanne, l'Age d'Homme, 1973, p. 172-177 (abrégé par la suite Boccioni, Manifeste technique).

(3) Cette sculpture a été reproduite, sans titre, dans *Little Review*, Hiver 1922, entre p. 16 et 17, puis en 1923 dans l'opuscule édité par la Société Anonyme (cf. n° 1) sous le titre *Study in abstract form*, p. 5. Au dos de ce même opuscule est reproduite une sculpture représentant trois hommes en un, actuellement conservée au Chateau Dunois à Beaugency, qui, de même que le Chateau de Blois, possède un fonds important d'œuvres de Storrs.

(4) Boccioni, Manifeste technique.

Le sergent de ville, vers 1920.

Bronze (patine argentée), 22,3 cm.
M. et Mme George Blow, Washington, D.C.

Henry Fitch Taylor

Figure with guitar I, vers 1914.

Huile sur toile, 91,7 × 66,3 cm.
*Hirshhorn Museum and Sculpture Garden, Smithsonian
Institution, Washington, D.C.*

Lorsqu'il réalise cette toile, vers 1914, Henry Fitch Taylor, l'un des membres de la première heure de l'Association of American Painters and Sculptors qui organisa l'*Armory Show*, est âgé de plus de soixante ans. Et ce n'est pas du séjour qu'il fait à Barbizon, en 1885-1888, qu'est sortie l'œuvre ici exposée. Mais bien de l'*Armory Show*, à la suite de quoi il abandonne ses paysages et natures mortes impressionnistes pour s'essayer au cubisme. *Figure with guitar I* est sans conteste une toile apparentée aux recherches de Braque et Picasso, par le choix du thème, l'utilisation de la monochromie ; toutefois l'apparente décomposition de l'image est plutôt perçue comme un rassemblement assez hétéroclite de formes géométriques, et il n'est pas exclu que le peintre ait cherché, selon les vieilles techniques, à créer une profondeur artificielle par la zone claire qui entoure le dessin de la figure. Taylor poursuit pendant douze ans encore son travail sur le problème de la forme (s'il n'a pas connu Gleizes personnellement à New York entre 1915 et 1918, il a eu l'occasion de voir sa peinture) et de la couleur (il publie un traité de la couleur en 1916, *The Taylor system of organized color*).

Max Weber

Chinese restaurant, 1915.
Huile sur toile, 101,6 × 122 cm.
The Whitney Museum of American Art, New York.

Spiral rythm, 1915.
Plâtre, 61 × 46,6 × 46,6 cm.
Forum Gallery, New York.

On pense bien sûr aux *Trois femmes* de Picasso de 1908, au *Grand nu* de Braque de 1908, et aussi au *Nu* de La Fesnaye de 1911 qui se trouve dans la collection Arensberg, en voyant les trois femmes de Max Weber. Ceci pour marquer, plutôt qu'une antériorité du travail de Picasso et Braque, une simultanéité de recherches de tous ces artistes (d'autant plus que Weber quitte la France en décembre 1908). Il faut dire aussi qu'au contact de Matisse, Weber n'a pas dû manquer d'entendre parler d'art nègre et qu'il a eu l'occasion de voir, au Trocadéro, les collections d'art africain. Qu'enfin le primitivisme du Douanier Rousseau l'a profondément séduit.

Toutefois à propos de la *Composition with three figures,* John R. Lane, dans un article intitulé « The sources of Max Weber's Cubism » (1) propose un rapprochement frappant, celui de la toile de Weber et d'un dessin de Braque paru dans l'article de Gelett Burgess, « The wild men of Paris » (2) en mai 1910. Le dessin de Braque représente trois femmes dans une pose très proche de celle des figures de Weber. On trouve chez Weber le même traitement des ombres par traits parallèles, et les « pieds carrés » des femmes, détail souligné par Burgess qui fait de Braque « le créateur de ces nus architecturaux, aux pieds carrés, aussi carrés que des boîtes, aux épaules à angle droit. » (3). De plus, l'espace créé ici par Weber est bien l'espace cubiste, plein, complètement occupé par ce qui y est représenté. Cinq ans plus tard, avec *Chinese restaurant* c'est davantage au futurisme que se réfère Max Weber puisqu'il s'agit, comme il le dit lui-même, de lumière et de mouvement : « En laissant derrière moi l'obscurité de la nuit pour entrer dans un restaurant chinois, il me sembla alors qu'un jeu inextricable de lumières flamboyantes dispersait en mille éclats les hommes et les choses qui se trouvaient là. Pendant un moment, l'immobile se fit changeant et fugitif – l'oblique des formes et des surfaces devint vertical ou horizontal, et l'horizontal et le vertical devinrent obliques. Comme la lumière apparut alors vive et pénétrante, la couleur fluide, la vie et le mouvement enchanteurs ! Pour exprimer cela, il fallait recourir aux techniques du kaléidoscope. L'évocation du modèle éclaté apparaissait avec moins de force que l'esprit, la beauté joyeuse, l'allégresse et le mouvement pour ainsi dire exotique. C'est pourquoi l'accent était mis sur l'incandescence, le charme et la poésie de la géométrie. Tout le tableau est encore rendu plus significatif par les éclats de lumière disposés judicieusement çà et là à la place d'une main, d'un œil ou d'une tête penchée. » (4).

C'est au même moment que Weber produit des sculptures dont les titres autant que les formes s'apparentent au futurisme, *Figure in rotation, Air, Light, Shadow, Spiral rythm.* Comme pour celle de John Storrs, on peut, au sujet de la sculpture de Weber mentionner Boccioni : « Proclamons l'abolition complète de la ligne finie et de la statue fermée. Ouvrons la figure comme une fenêtre et enfermons en elle le milieu où elle vit. » (5).

(1) John R. Lane, « The sources of Max Weber's Cubism », *Art Journal,* printemps 1976, vol. XXXV, n° 3, p. 231 à 236.

(2) Gelett Burgess, p. 400 à 414.

(3) Id., p. 405.

(4) Max Weber, note à propos de *Chinese restaurant,* n° 34 du catalogue de l'exposition *Max Weber,* 13 mars-2 avril 1930, New York, The Museum of Modern Art.

(5) Umberto Boccioni, « Manifeste technique de la sculpture futuriste ».

Composition with three figures, 1910.

Gouache sur carton, 119,4 × 58,5 cm.
William Hayes Ackland Memorial Art Center, University
of North Carolina, Chapell Hill.

Alice Morgan Wright

Medea, vers 1920.

Plâtre, 99,3 × 54,7 × 42,4 cm.
Elinor Wright Fleming (Mme Clark M. Fleming), Buffalo.

C'est encore à Boccioni, mais aussi à Archipenko que fait songer la sculpture d'Alice Morgan Wright, qui utilise la figure humaine comme point de départ de la construction architecturée et stylisée d'une forme en mouvement. L'œuvre ici exposée, *Medea*, remporta le National Arts Club Prize à l'exposition de la National Association of Women Painters and Sculptors.

Alice Morgan Wright, qui est à Paris de 1909 à 1914, expose en 1912 au Salon des Beaux-Arts et en 1913 au Salon d'Automne. Femme et sculpteur, donc sans doute dans une situation difficile à cette date, elle fut aussi militante, et participa à la lutte pour que le droit de vote fût accordé aux femmes. Elle rencontra deux fois Emmeline Pankhurst et fut avec elle emprisonnée pendant deux mois à Londres.

« Pourquoi New York est la seule ville cubiste au monde. »

Pendant son séjour à New York en 1913, Picabia accorde au *New York American* une interview qui s'intitule : « Comment je vois New York. Pourquoi New York est la seule ville cubiste au monde », où il exprime la fascination que la ville exerce sur lui, et comment il a été amené à créer toute une série d'œuvres sur le thème de New York, qui ont été exposées chez Stieglitz en mars 1913 : « Votre New York est la cité cubiste, la cité futuriste. Il exprime la pensée moderne dans son architecture, sa vie, son esprit. Vous êtes passés par toutes les écoles anciennes, et vous êtes futuristes en paroles, en actes et en pensées. Vous avez été influencés par ces écoles comme nous avons été influencés par nos écoles anciennes [...] Aussi en raison de votre extrême modernité, devriez-vous comprendre rapidement les études que j'ai exécutées depuis mon arrivée à New York. Elles expriment l'esprit de New York tel que je le sens, et les rues bondées de votre ville telles que je les sens, leur houle, leur agitation, leurs commerces, le charme de leur ambiance. » (1).

Deux ans plus tard, Duchamp disait lui aussi son admiration devant la cité et la modernité qu'elle portait en elle : « New York est en soi une œuvre d'art, une œuvre d'art achevée. Sa croissance est aussi harmonieuse que celle des rides qui se forment à la surface de l'eau quand on y jette une pierre. Et je crois que vous avez eu la bonne idée de démolir les vieux immeubles, les souvenirs du passé. Elle s'accorde avec le manifeste – toujours si mal compris – des futuristes italiens qui exigeaient la destruction, symbolique il est vrai mais on les a pris au mot, des musées et des bibliothèques. Il ne faudrait pas laisser les morts se montrer plus forts que les vivants. Nous devons apprendre à oublier le passé, à vivre notre propre vie à notre propre époque. » (2). C'est dire que les artistes nombreux, peintres, sculpteurs, photographes, qui ont été inspirés par la ville, ont eu là la possibilité de faire œuvre nouvelle, doublement, usant de la modernité d'un style à propos de la modernité d'un sujet.

Abraham Walkowitz entreprend en 1915 une série de *New York*, où l'image du gratte-ciel est retravaillée, interprétée et détournée en un dessin nouveau de formes géométriques, à propos desquelles il est d'usage d'invoquer les termes de cubisme et de futurisme. Au sujet d'une œuvre de ce type présentée à la *Forum Exhibition* en 1916, Walkowitz écrit : « Quand je parle de mon art, je me réfère à quelque chose qui se dissimule sous la surface des choses, sous l'objectivité, sous l'abstraction, sous l'organisation. J'ai conscience d'une relation personnelle aux objets que j'intègre à mon art. Cette relation personnelle engendre l'impression que j'essaye de traduire graphiquement. Je ne cherche pas à éviter l'objectivité, pas plus que je ne recherche la subjectivité ; je m'efforce de trouver l'équivalent de l'impression, quelle qu'elle soit, qui naît de ma relation à un objet, ou à une partie de cet objet, ou à ce qu'il évoque après coup pour moi. » (3). L'intention didactique de ce travail apparait dans un livre publié en 1945, par le peintre, *A demonstration of objective, abstract and non-objective art* (4), où il montre à travers plusieurs images l'évolution qui l'a mené à une forme géométrisée.

Max Weber a lui aussi interprété la ville, dans des toiles qui s'intitulent *Grand Central Terminal*, 1915, *Rush hour New York*, 1915, ou *New York at night*, 1915, images décomposées qui cherchent à traduire la forme audacieuse des architectures, l'éclat de la lumière électrique (spectacle des nuits à New York) et le mouvement des grandes foules. Là aussi les futuristes ne sont pas loin.

John Storrs rejoint l'architecture dans une série de sculptures des années 1920-1925, intitulées *Forme dans l'espace*, *Forme architecturale*, ou *New York*. La pièce de ce nom, exposée ici, a été réalisée au plus tard en 1926, car elle figure en couverture du catalogue de l'*International Exhibition of Modern Art* organisée par la Société Anonyme au Brooklyn Museum (5) en novembre de cette même année. André Salmon disait du sculpteur : « Plus John Storrs avance dans ses recherches sur la construction, plus il se rapproche du grand système architectural qui constitue la véritable finalité de la sculpture. » (6).

Le pont suspendu qui reliait Manhattan à Brooklyn, Brooklyn Bridge, entrepris en 1868, fut l'un des thèmes de prédilection des artistes : Leon Kroll, Samuel Halpert, John Marin, et surtout Albert Gleizes et Joseph Stella.

Pour échapper à la guerre, Gleizes démobilisé en 1915, part pour New York. Il est significatif qu'une interview qu'il accorde au *New York Tribune* soit introduite de la façon suivante : « Pour la première fois c'est l'art américain qui attire l'Europe. Pour la première fois les artistes européens abordent nos rivages en quête de cette force vitale qu'exige tout art vivant, tout art dynamique. » (7). Le peintre a été dès son arrivée séduit par New York, ce dont témoignent de nombreuses œuvres exécutées en 1915, puis en 1917, lors de son deuxième séjour à New York, et plus particulièrement trois peintures du *Brooklyn Bridge* – il en existe plusieurs esquisses – dont deux ont été faites en 1915, la troisième en 1917. Gleizes parle de New York : « New York m'inspire de façon incroyable. Je trouve la vie déroutante à bien des égards [...] Les gratte-ciel sont des œuvres d'art. Ce sont des constructions de fer et de pierre qui égalent les œuvres d'art les plus admirées du vieux monde. Et les grands ponts qu'on a construits ici sont aussi admirables que les cathédrales les plus illustres. Le génie qui a construit le pont de Brooklyn doit prendre place aux côtés de celui qui a construit Notre-Dame de Paris. » (8).

Le pont devint le symbole de la civilisation américaine et Joseph Stella en dit dans un texte intitulé « The Brooklyn Bridge (A page of my life) » la signification lyrique et métaphysique :
« J'ai choisi l'objet sur lequel je pouvais déverser tout le savoir qui jaillissait de mes expériences actuelles – "THE BROOKLYN BRIDGE".
Depuis des années j'avais attendu le moment exaltant où je pourrais enfin me confronter à ce sujet, car le BROOKLYN BRIDGE m'obséda dès mon arrivée en Amérique avec toujours plus d'insistance.
La première fois, j'y ai vu une étrange Apparition métallique sous un ciel métallique, sans commune mesure avec la légèreté ailée de son arche conçue pour rapprocher des MONDES et soutenue par des pylônes sombres et massifs

qui dominent la houle tumultueuse des gratte-ciel environ-
nants avec leur majesté gothique, scellée dans la pureté de
leurs arches ; les câbles, comme des messages divins venus
du ciel, transmettent leurs frémissements aux points d'an-
crage, découpant et fragmentant l'immensité nue du ciel en
d'innombrables espaces musicaux. J'ai eu l'impression d'un
sanctuaire abritant tous les efforts de la nouvelle civilisation de l'AMÉRIQUE – d'un point de rencontre symbolique de toutes les forces qui surgissent et manifestent leur
puissance en une sublime APOTHÉOSE. [...]
    Pendant des nuits je suis resté sur le pont [...] Je me sen-
tais profondément ému, comme à l'orée d'une nouvelle religion, comme en présence d'une nouvelle DIVINITÉ [...]
Une immense clarté annonçait la paix, proclamait l'aube
lumineuse d'une ÈRE NOUVELLE. » (9).
    C'est le même enthousiasme, la même foi que proclame
le poète Hart Crane, dans un long poème intitulé « The
Bridge » entrepris en 1923. Le thème semble avoir été réellement obsédant pour Stella, qui en fit plusieurs représentations, celle ici exposée, datant de 1919, et une autre des
années 1920-1922, qui fait partie d'un polyptyque de cinq
panneaux, *New York Interpreted,* hommage à New York.

Hart Crane devant Brooklyn Bridge, New York.
Library for Rare Books and Manuscripts, Columbia University, New York.

    Au-delà de l'interprétation de la ville, c'est la glorifica-
tion du monde industriel qui apparait dans les œuvres des
artistes américains qu'on a appelés « précisionnistes », dont
la peinture est proche d'un réalisme photographique durci
en une schématisation très stricte des lignes, donnant l'image d'un monde rigide, irréel dans sa précision. Parmi ces
peintres, on trouve Morton Schamberg, Charles Sheeler
(tous deux photographes en même temps que peintres. Le
second a d'ailleurs, avec la collaboration de Paul Strand,
réalisé un film, *Manhatta,* qui fut projeté pour la première
fois en juillet 1921 sous le titre riche de sens : *New York the
Magnificent.*) A ce groupe – qui n'en n'est pas un, qu'aucun
manifeste n'a jamais fondé, que nul programme ne rassemble – se rattache aussi Charles Demuth.
    Aquarelliste, illustrateur (en particulier de Zola et Wede-
kind), Demuth rencontre, pendant qu'ils sont à New York,
Picabia, Gleizes, Duchamp, dont il devient l'ami et l'admirateur (une aquarelle de 1919 de Demuth, *At « The Golden
Swan » sometimes called « Hell Hole »,* représente l'artiste
en compagnie de Duchamp dans une taverne du « Village »). C'est vers 1917, qu'il entreprend ses représentations
du paysage américain, dans des images réalisées à l'aquarelle, puis vers 1920, à l'huile, – c'est le cas pour *Incense of
a new church* – images brisées qui réfléchissent comme les
facettes d'innombrables miroirs, le visage des temps modernes.

(1) Francis Picabia, interview « How New York looks to me », *The New York
American*, 30 mars 1913, p. 11, repris dans *Écrits 1913-1920*, Paris, Belfond,
1975, p. 24.

(2) Marcel Duchamp, interview « A complete reversal of art opinion by Marcel
Duchamp, iconoclast », *Arts and Decoration*, vol. 5, septembre 1915, p. 428.

(3) Abraham Walkowitz, dans le Catalogue de la *Forum Exhibition of Modern
American Painters*, New York, Anderson Galleries, 13-25 mars 1916, reprint
Arno Press, 1968, p. 72.

(4) Abraham Walkowitz, *A demonstration of objective, abstract and non-
objective Art*, Girard, Kansas, Haldeman-Julius Publications, 1945.

(5) Catalogue de *An International Exhibition of Modern Art* assembled by the
Société Anonyme, Brooklyn Museum, 19 novembre 1926- 1er janvier 1927 ;
l'œuvre *New York* porte le n° 291 au catalogue.

(6) André Salmon, *John Storrs and Modern Sculpture*, New York, published by
the Société Anonyme, février 1923.

(7) « French artists spur on american art », *The New York Tribune,* 24 octobre 1915, part IV, p. 2.

(8) Albert Gleizes, interview in *The New York Tribune,* cf. note 7.

(9) Joseph Stella, « The Brooklyn Bridge (A page of my life) », *Transition*, n° 16-
17, juin 1929, p. 87-88.

Joseph Stella

Brooklyn Bridge, vers 1919.
Huile sur toile, 213,4 × 193 cm.
Yale University Art Gallery, don de la collection de la
Société Anonyme, New Haven, Conn.

Brooklyn Bridge, 1915.
Huile et sable sur carton, 150 × 120 cm.
Madame P. de Gavardie, Paris.

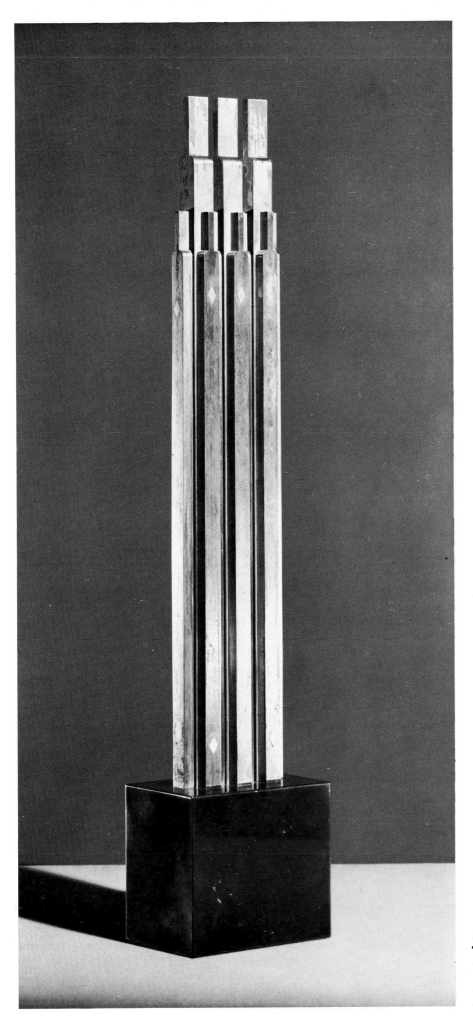

John Storrs

New York, vers 1925.
Bronze et acier, 53,4 × 10 × 3,8 cm.
Indianapolis Museum of Art.

New York, 1915.
Crayon sur papier, 46,4 × 28,6 cm.
Courtesy Zabriskie Gallery, New York.

New York, 1915.
Crayon sur papier, 46,4 × 28,6 cm.
Courtesy Zabriskie Gallery, New York.

Improvisation of New York City, vers 1916.
Huile sur toile, 111,8 × 83,8 cm.
Zabriskie Gallery, New York.

Charles Demuth

Incense of a new church, 1921.
Huile sur toile, 64,8 × 50,3 cm.
Columbus Gallery of Fine Arts, don Ferdinand Howald,
Colombus, Ohio.

Max Weber

Rush hour, New York, 1915.
Huile sur toile, 92 × 76,9 cm.
National Gallery of Art, don de la Fondation Avalon 1970,
Washington D.C.

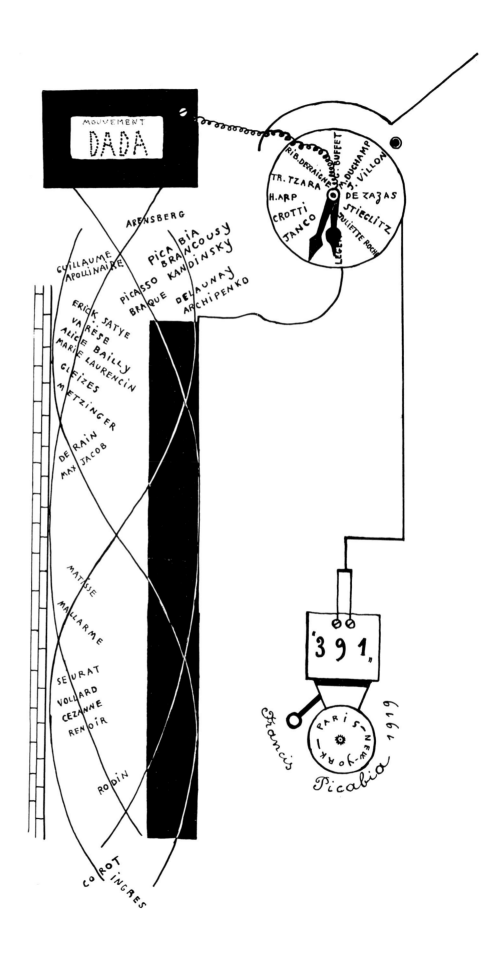

Dada New York

Pierre Cabanne : « Quand avez-vous entendu parler de Dada pour la première fois ? » Marcel Duchamp : « Par le livre de Tzara : *la première aventure céleste de Monsieur Antipyrine*. Je crois qu'il nous l'a envoyé, à moi ou à Picabia, assez tôt, en 1917 je crois, ou fin 1916. Ça nous a intéressés, mais je ne savais pas qui était Dada, je ne savais même pas que le mot existait » (1). Il est commode de regrouper sous le terme « dada » un certain nombre d'événements qui ont eu lieu à New York entre 1915 et 1920, avant donc que le mot fameux ne soit prononcé, à des milliers de kilomètres de là, à Zürich, en 1916. Dada a existé à New York, sans nom, sans manifeste, sans que les protagonistes de cette histoire ne s'engagent sous sa bannière, même une fois que le mouvement européen a été connu de l'autre côté de l'Atlantique. Parler de Dada à New York est au fond un abus de langage, et les déclarations de Picabia ou de Tzara sont moins appropriées aux événements new yorkais qu'aux événements européens, ou, plus précisément aux artistes new yorkais qu'aux artistes européens que la guerre a chassés du vieux continent.

Toutefois, s'il est vrai que Dada commence à New York avec l'arrivée, en 1915, de Picabia, puis de Duchamp, de Gabrielle Buffet-Picabia, d'Albert et Juliette Gleizes, de Jean et Yvonne Crotti, d'Edgar Varèse, rejoints en 1916 par Henri-Pierre Roché et en 1917 par Arthur Cravan, la remise en cause radicale de l'art qui est à l'origine du mouvement avait été formulée déjà par des gens comme Benjamin De Casseres ou Marius De Zayas, proches collaborateurs de Stieglitz. Alors que De Casseres, en 1911, insistait sur le rôle de l'inconscient dans la création artistique (2), De Zayas, en 1912, annonçait la mort de l'art : « L'art est mort. Les mouvements qui l'agitent aujourd'hui ne sont nullement un signe de vitalité ; ce ne sont même pas les convulsions de l'agonie qui annoncent la mort ; ce sont les réflexes automatiques d'un cadavre galvanisé. Oui, l'art est mort. » (3). Si la formulation de ces idées témoigne d'un état d'esprit propre à favoriser l'éclosion de Dada à New York, on reste loin cependant du nihilisme endiablé et de la provocation à tout crin des Européens : « L'art est un produit pharmaceutique pour imbéciles [...] DADA lui ne veut rien, rien, rien, il fait quelque chose pour que le public dise : "nous ne comprenons rien, rien, rien". Les dadaïstes ne sont rien, rien, rien, bien certainement ils n'arriveront à rien, rien, rien » (4). Et cette distance entre les artistes européens et américains ne sera pas réellement abolie, sauf pour Man Ray, dadaïste de la première heure. Les autres « dadaïstes américains », Schamberg, Dove, Stella ou Covert n'ont jamais témoigné réellement d'un esprit dada.

Picabia retrouve New York. Gabrielle Buffet rapporte : « Nous fûmes dès notre arrivée incorporés dans une bande hétéroclite et internationale où l'on faisait de la nuit le jour, où se côtoyaient des objecteurs de conscience de toute condition et de toute nationalité, dans un déchaînement inimaginable de sexualité, de jazz et d'alcool » (5). Marcel Duchamp : « Quand je suis arrivé, Walter Pach qui était au bateau m'a conduit immédiatement chez Arensberg » (6). C'est autour de Louise et Walter Arensberg, que se rassemblent ceux qui ont contribué au mouvement dada à New York. Dans l'appartement du 33 West 67 th Street dont les murs sont couverts de chefs-d'œuvre de l'art moderne – Cé-

343

zanne, Matisse, Braque, Picasso et aussi la production la plus récente de Picabia, Duchamp, Sheeler, Schamberg, Stella – se retrouvent selon le hasard de leur présence à New York jusqu'en 1921, date du départ des Arensberg pour la Californie, des gens de tous bords : « on jouait aux échecs – Arensberg jouait beaucoup aux échecs – on buvait surtout pas mal de whisky. Vers minuit on mangeait un gâteau et ça se terminait vers trois heures du matin ; quelquefois c'était de véritables soulographies, mais enfin pas toujours... C'était vraiment un salon artistique, assez amusant d'ailleurs » (7). C'est là que ce sont nouées des rencontres. Duchamp, Gleizes, Picabia, Varèse, Roché, Crotti, Barzun ont connu là Sheeler, Demuth, Schamberg, Stella, Covert – un cousin d'Arensberg – et Man Ray. Il y avait là aussi des poètes : Alfred Kreymborg, William Carlos Williams, Mina Loy. Et des outsiders en tous genres : Cravan, et la baronne Elsa von Freytag-Loringhoven, authentique dadaïste, poétesse à la tête rasée ; Isadora Duncan ; Béatrice Wood, officiellement amoureuse de Roché, et officieusement de Duchamp, et qui n'épousera ni l'un, ni l'autre. Dada vint aux soirées chez les Arensberg sans se faire reconnaître, comme en témoigne Man Ray : « Ce n'était pas dada. C'était des gens venus d'horizons divers qui étaient eux-mêmes sympathiques, ou qui pensaient que l'endroit était propice pour rencontrer d'autres gens. C'était un salon où se mêlaient toutes sortes d'individus. » (8).

Il y eut autour des Arensberg des rencontres réussies – celle de Duchamp et de Man Ray – ou inexistantes – celle de Picabia et de Man Ray, qui n'eurent rien à se dire, l'un ignorant l'anglais autant que l'autre ignorait le français. Autre cercle, tout aussi – et tout aussi peu – dada, autour d'Alfred Stieglitz, et surtout de son collaborateur proche, Marius De Zayas, qui ouvre en octobre 1915 la Modern Gallery. Haviland, Agnes Meyer, Katharine N. Rhoades, De Zayas, Picabia, Stieglitz lancent la revue *291*, la première en date des revues dada new yorkaises (où on trouve cependant des choses aussi peu dada que Braque, Picasso ou l'art nègre) qui paraît de mars 1915 à février 1916. C'est le 31 mars 1915 que, de son côté, à Ridgefield, dans le New Jersey, où il vit avec d'autres artistes, Man Ray fait paraître l'unique numéro de *The Ridgefield Gazook*, qui porte sous le titre la formule « we are *not* neutral » et où l'on peut voir sous la rubrique « Art Motes », une tache d'encre, signée Kumoff, qui précède de cinq ans une autre tache d'encre, *La Sainte Vierge* de Picabia.

Un des moyens mis en œuvre par Duchamp pour gagner sa vie à New York était de donner des leçons de français. D'une étrange manière, bien sûr : « Il semblait [...] s'amuser beaucoup en apprenant à de charmantes jeunes américaines les mots les plus orduriers de la langue française et en leur conseillant de les employer lorsqu'au Brevoort ou au Lafayette, elles commandaient leur dîner à un garçon français. Elles le faisaient avec innocence et le garçon affolé laissait tomber une pile d'assiettes ou une saucière pleine de mayonnaise » (9). Parmi ses élèves, les sœurs Stettheimer, Florine, Ettie et Carrie, qui tenaient salon à Alwyn Court à New York. C'était toujours un peu le même monde qui se rencontrait : Duchamp, Gleizes, Picabia, Roché, Carl van Vechten, Jo Davidson. Florine, qui était peintre, a immortalisé ces rencontres, souvent organisées à la campagne, dans ses tableaux : *La fête à Duchamp* (28 juillet 1917), *Sunday afternoon in the country*. Il faut enfin mentionner, comme lieu de rencontre, le salon où jusqu'en 1917 Mabel Dodge reçoit à New York ; comme elle le dit elle-même, « des socialistes, des syndicalistes, des anarchistes, des suffragettes, des poètes, des relations, des avocats, des meurtriers, des

vieux amis, des psychanalystes, des membres de l'*IWW*, des contribuables célibataires, des partisans du contrôle des naissances, des journalistes, des artistes, des artistes modernes, des femmes du monde, des femmes style "femme-au-foyer", des clergymen et tout simplement des hommes ordinaires se rencontraient là, tenaient, en bredouillant et avec une franchise inhabituelle, des discours qualifiés de libres et échangeaient des propos variés que l'on peut qualifier, par un euphémisme optimiste, d'opinions. » (10).

C'est chez les Arensberg aussi qu'au courant de l'année 1916 naît l'idée de la Society of Independent Artists dont le but est semblable à celui du groupe des Independent Artists de 1910 : faire pièce aux organisations académiques et permettre à tous les artistes d'exposer dans des salons annuels dont la devise est à nouveau « sans jury ni prix ». Parmi les organisateurs, Duchamp, Roché, Crotti, Glackens, Covert, George Bellows, Arensberg, Man Ray, les frères Prendergast, Walter Pach, Marin, Schamberg, Stella, etc. La Society of Independent Artists, ayant à sa tête 21 directeurs, expose pour la première fois à New York, au Grand Central Palace, du 17 avril au 6 mai 1917. 1 100 exposants, 2 500 œuvres. La veille de l'inauguration, le comité d'organisation, qui comprend entre autres Duchamp, Arensberg, Rockwell Kent et George Bellows est confronté à un grave problème, n'osant exposer et ne pouvant refuser une sculpture envoyée par un artiste qui répondait au nom de Richard Mutt (qui – c'est assez mystérieux – ne figure pas au catalogue...) : un urinoir en porcelaine, intitulé *Fontaine*. La « sculpture » est subtilisée pendant la durée de l'exposition, et Duchamp, alias R. Mutt, se brouille avec les organisateurs : « La *Fontaine* a simplement été placée derrière une cloison et, pendant toute la durée de l'exposition, je n'ai pas su où elle était. Je ne pouvais pas dire que c'était moi qui avais envoyé cet objet mais je pense que les organisateurs le savaient par des ragots. Personne n'osait en parler » (11). L'œuvre est reproduite, photographiée par Alfred

Mabel Dodge à la Villa Curonia. Photo Jacques Emile Blanche.
Mabel Dodge Luhan Collection, Collection of American Literature, the Beinecke Rare Book and Manuscript Library, Yale University, New Haven, Conn.

Stieglitz, accompagnée d'une apologie de Richard Mutt et de la liberté, dans le n° 2 de la revue *Blind Man*, en mai 1917, (le premier numéro est daté du 10 avril) publiée par Henri Pierre Roché (avec Duchamp et Béatrice Wood) où toute une page est consacrée à la dernière découverte de Duchamp : le peintre Louis M. Eilshemius. Pour financer la revue, qui est bien sûr déficitaire, un grand bal masqué est organisé, The Blind Man's Ball, le vendredi 25 mai 1917. L'affiche est faite par Béatrice Wood. Folle nuit qui se termine au matin, avec des œufs brouillés chez les Arensberg, et pour Béatrice Wood, et d'autres – 4 ou 5 –, à l'étage au-dessus, chez Duchamp, où comme elle le rapporte, tout le monde s'écroule sur le seul et unique lit qui se trouve dans l'atelier : « ...Mina Loy, Demuth, Marcel et moi-même. J'ai oublié qui était le 5ᵉ, c'était peut-être Stella. Le lit était plein de monde, Marcel s'était serré contre le mur et moi [... j'avais] la tête à moitié posée sur sa poitrine. » (12). Béatrice Wood fut vertement réprimandée par sa mère pour avoir découché.

De toute façon, avec ou sans subsides, la revue était appelée à disparaître, son existence ayant été mise en jeu dans une partie d'échecs entre Roché et Picabia, qui défendait sa revue à lui, *391* (appelée ainsi en mémoire de *291*). Picabia, vainqueur, fait paraître à New York les numéros 5 (juin 1917), 6 (juillet 1917), et 7 (août 1917) de sa revue dont les premiers numéros avaient paru à Barcelone, où il se trouvait pendant l'hiver 1916-1917. De leur côté, Roché, Duchamp et Béatrice Wood lancent une nouvelle revue,

L'appartement des Arensberg à New York, 33 West 67 th Street, avant 1921.
Philadelphia Museum of Art.

Rongwrong, qui n'aura qu'un seul numéro. Duchamp : « Ce n'était pas dada mais c'était le même esprit sans être pourtant dans l'esprit zurichois [...] Dans l'ensemble, il n'y avait rien, rien, c'était surprenant. C'étaient de petites choses [...]. Plus tard, en mars 1919, Man Ray publia un autre magazine qui, lui aussi, ne dura pas très longtemps, *TNT revue explosive* : il faisait ça avec un sculpteur, Adolf Wolff qui fut emprisonné comme anarchiste » (13). *TNT* n'eut qu'un numéro et 12 pages, avec en couverture une sculpture d'Adolf Wolff, et à l'intérieur le *Combat de boxe* de Duchamp, une des *Barn abstraction* de Sheeler qui appartenait aux Arensberg (celle de 1917), une « machine » de Man Ray, *My first-born*, et des textes de Man Ray, Arensberg, Soupault... (14). Une dernière revue dada fut publiée par Duchamp, *New York Dada*, en avril 1921, où étaient reproduites une photographie de Stieglitz, *Dorothy True* (une jambe et un visage de femme superposés) et deux photographies représentant Elsa von Freytag-Loringhoven, la baronne aux seins nus. Bien d'autres revues ont vu le jour à New York entre 1915 et 1925, revues d'avant-garde défendant un art américain, souvent opposées à Dada, mais dont les idées n'en sont pas toujours éloignées : *The Rogue* publié par Allan et Louise Norton en 1915 ; *The Soil* de Robert Coady, dont 5 numéros paraissent en 1916-1917 (où, dans le numéro 2, un monument aux morts, « Maine Monument » et une énorme machine « Chambersburg double frame steam hammer » sont mis en vis-à-vis, avec la question – qui peut être dada – « lequel est le monument ? » (15) ; *Contact* publié entre 1920 et 1923 par Robert Mc Almon et William Carlos Williams ; *Broom* qui paraît entre 1921 et 1924 sous la direction de Harold Loeb ; *Secession* entre 1922 et 1924 sous la direction de Gorham Munson. Sans oublier *Little Review* que Margaret Anderson et Jane Heap font paraître de 1914 à 1929 (16).

Le plus bel événement dada à New York fut sans conteste la conférence que fit Arthur Cravan le 12 juin 1917, coup monté de Picabia et Duchamp, Adelheid Roosevelt leur ayant demandé d'organiser des conférences sur

Marcel Duchamp par Edward Steichen.
The Philadelphia Museum of Art, Collection Louise et Walter Arensberg.

Arthur Cravan. Photo publiée dans *The Soil*, n° 4, avril 1917.

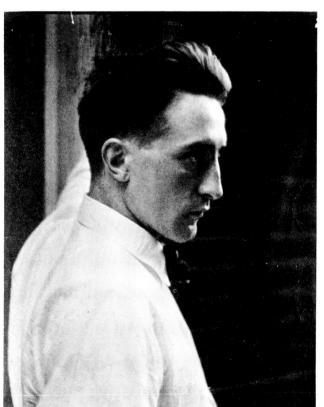

l'art... « Les choses se présentèrent tout autrement qu'ils ne l'escomptaient et dépassèrent tous leurs espoirs et prévisions. Cravan qui avait déjeuné avec nous au Brevoort et qu'on avait déjà copieusement abreuvé, arriva fort en retard, se frayant avec peine un chemin entre les nombreux auditeurs d'une salle particulièrement élégante. Visiblement ivre, il eut grand-peine à monter sur l'estrade du speaker. Ses gestes et son expression ne pouvaient laisser aucun doute sur son état de quasi-inconscience : une toile du peintre Steichen avait été accrochée derrière lui et l'incohérence de ses mouvements nous fit craindre que, avec ou sans intention, il ne réussît à la faire tomber ; puis il commença à se déshabiller, ôta sa veste et ses bretelles. La première réaction du public à cette extravagante entrée en matière fut une stupeur qui se transforma bientôt en un ensemble de protestations véhémentes. Les autorités alertèrent la police et au moment où penché sur la table du conférencier il lançait à l'assistance l'une des épithètes les plus injurieuses de la langue anglaise, plusieurs cops sortis je ne sais d'où, s'emparèrent de lui, lui passèrent les menottes avec une adresse toute professionnelle, l'entraînèrent au dehors tandis que la salle se vidait dans la plus complète confusion des esprits et des corps. Il aurait été jeté en prison sans l'intervention d'Arensberg qui paya sur place l'amende exigée et l'emmena chez lui, le mettant ainsi à l'abri d'une foule indignée. Si nous ajoutons que cette audience se composait surtout de femmes élégantes, mécènes des arts, spécialement invitées à venir s'initier aux mystères de la peinture "futuriste" comme on disait alors à New York, on comprendra que le scandale ne pouvait être plus réussi » (17).

Dans les années 20, Dada fut reconnu, théorisé, enseigné à New York. Reconnu par Marsden Hartley, entre autres, qui en 1921, dans son livre *Adventures in the Arts*, intitule un chapitre « L'importance d'être "dada"» : « Le dadaïsme représente le premier dogme joyeux que j'ai rencontré ; il a été inventé pour la délivrance et la vraie liberté de l'art. » (18). Théorisé par le Manifeste qu'écrit Walter Arensberg : « DADA est américain, DADA est russe, DADA est espagnol, DADA est suisse, DADA est allemand, DADA est français, belge, norvégien, suédois, monégasque. Tous ceux qui vivent sans formule, qui n'aiment des musées que le parquet, sont DADA ; les murs des musées sont Père Lachaise ou Père la Colique, ils ne seront jamais Père Dada. Les vraies œuvres dada ne doivent vivre que six heures. Moi, Walter Conrad Arensberg, poète américain, je déclare que je suis contre Dada, ne voyant que ce moyen d'être sur dada, sur dada, sur dada, sur dada. Bravo, bravo, bravo, Vive Dada. » (19). Enseigné (?) à l'occasion du symposium organisé sur le thème du dadaïsme le 1er avril 1921 sous les auspices de la Société Anonyme (musée d'art moderne créé le 29 avril 1920 par Katherine Dreier, Marcel Duchamp et Man Ray qui en trouva le nom).

Dada s'est défait comme il s'était fait, au hasard des allées et venues de chacun : Picabia part pour Barcelone en août 1916 pour retourner à New York en mars 1917, qu'il quittera pour l'Europe en septembre 1917 ; Crotti change de capitale et d'épouse, laissant Yvonne à New York en 1916 pour retrouver Suzanne Duchamp à Paris ; il est à New York avec Yvonne à Noël de l'année 1917 et épouse Suzanne à Paris en avril 1919 ; Cravan quitte New York en 1917. Juliette et Albert Gleizes sont à New York en 1915, à Barcelone en 1916, à nouveau à New York en 1917. Duchamp s'embarque en août 1918 pour Buenos Aires, d'où il repart en juin 1919 pour regagner la France, qu'il quitte à nouveau au début de l'année 1920, à destination de New

York, pour retourner, en juin 1921 à Paris... où il est suivi de peu par Man Ray qui s'y installe le 14 juillet, l'année même où les Arensberg quittent New York pour la Californie.

Charles Demuth.
« *The Golden Swan* » sometimes called « *Hell Hole* », *1919*. Au premier plan Duchamp et Demuth.

(1) Pierre Cabanne, *Entretiens avec Marcel Duchamp*, Paris, Belfond, 1967, p. 99 (abrégé par la suite : Entretiens Cabanne-Duchamp).

(2) Benjamin de Casseres, « The unconscious in Art », *Camera Work*, n° 36, octobre 1911, p. 17.

(3) Marius De Zayas,« The sun has set », *Camera Work*, n° 39, juillet 1912, p. 17.

(4) Francis Picabia, « Manifeste Dada », *391*, n° 12, mars 1920, p. 1.

(5) Gabrielle Buffet-Picabia, *Aires abstraites*, Genève, Cailler, 1957, p. 161 (abrégé par la suite : GBP, *Aires abstraites*).

(6) Entretiens Cabanne-Duchamp, p. 91.

(7) Id., p. 95.

(8) Man Ray, Interview par Arturo Schwarz, dans *New York Dada*, catalogue de l'exposition à la Städtische Galerie im Lenbachhaus, München, 15 décembre 1974 - 27 janvier 1975, p. 94.

(9) Juliette Roche-Gleizes, Mémoires inédits. Ce passage a été reproduit ici avec l'aimable autorisation de l'auteur.

(10) Mabel Dodge, citée par Williams Innes Homer dans « Mabel Dodge and her Salon », catalogue de l'exposition *Avant-garde, Painting and sculpture in America 1910-1925*, Delaware Art Museum, 4 avril-18 mai 1975, p. 19.

(11) Entretiens Cabanne-Duchamp, p. 98.

(12) Béatrice Wood, extrait d'une réponse à Monsieur William A. Camfield, juin 1962. Ce document nous a été aimablement communiqué par Monsieur William A. Camfield.

(13) Entretiens Cabanne-Duchamp, p. 101.

(14) Une photocopie de cette revue nous a été aimablement communiquée par Monsieur Michel Sanouillet et le sommaire nous en a été précisé par Monsieur Arturo Schwarz.

(15) *The Soil*, vol. 1 n° 2, janvier 1917, entre les pp. 72 et 73.

(16) Cf. pour l'histoire et l'orientation de toutes ces revues, Dickran Tashjian, *Skyscraper primitives, Dada and the american avant-garde 1910-1925*, Middletown, Conn., Wesleyan University Press, 1975 (abrégé par la suite : Tashjian).

(17) GBP, *Aires abstraites*, p. 96-97.

(18) Marsden Hartley, *Adventures in the Arts*, New York, Boni et Liveright, 1921, p. 254.

(19) Walter Arensberg, « Dada est américain », *Littérature*, Paris, 1re série, n° 13, mai 1920, p. 15-16.

Katherine Dreier

Abstract portrait of Marcel Duchamp, 1918.
Huile sur toile, 45,7 × 81,3 cm.
The Museum of Modern Art, fonds Abby Aldrich Rocke-
feller 1949, New York.

La machine

Choisir pour thème d'un tableau la machine n'est pas en soi un geste dada. Qu'on pense aux futuristes... C'est à travers un détournement, une perversion, lorsqu'une intention de dérision et de provocation s'y rajoute que la machine devient dada. Et c'est ce qui fait la différence entre Picabia et Man Ray d'une part, Dove, Schamberg, Sheeler de l'autre.

Le XXe siècle est incontestablement celui de la machine, et l'Amérique en est le lieu privilégié : « Nous vivons dans l'âge de la machine. L'homme a fait la machine à son image. Elle a des membres qui agissent, des poumons qui respirent, un cœur qui bat, un système nerveux où court l'électricité. Le phonographe est l'image de sa voix ; l'appareil photographique est l'image de son œil » (1). La découverte de l'Amérique a déterminé chez les Européens l'élection de ce thème. Picabia est le héros parfait de cette histoire : c'est à New York, en 1913 ou en 1915, qu'a vu le jour *La fille née sans mère*. C'est entre ces deux dates que Picabia peint trois grandes toiles qui contiennent des éléments mécanomorphes : *Je revois en souvenir ma chère Udnie*, *Mariage comique* et *C'est de moi qu'il s'agit*, toutes trois exposées en janvier 1915 chez Stieglitz, et actuellement conservées au Museum of Modern Art de New York, les deux dernières provenant de la succession d'Eugene et Agnes Meyer. Un article peu élogieux paru dans le *New York Times* du 24 janvier 1915 les mentionne : « Les titres de trois toiles ont peut-être un lien direct avec les intentions de l'artiste, mais seule leur désinvolture sera remarquée de ceux qui passent sans s'arrêter ; l'une s'appelle *Mariage comique* et l'autre *Je revois en souvenir ma chère Udnie*, et toutes deux sont des compositions extrêmement désagréables aux formes abstraites étrangement sinistres qui nous donnent l'impression du mal en ne faisant que le suggérer. *C'est de moi qu'il s'agit* est le titre d'une composition plus vivante, quoiqu'encore abstraite. » (2). Le numéro 5-6 de la revue *291*, qui paraît en juillet-août 1915 est composé d'une série de portraits-machines réalisés par Picabia, *Ici, c'est ici Stieglitz* (un appareil de photo détraqué), *Portrait d'une jeune fille américaine dans l'état de nudité* (une bougie d'automobile), *Voilà Haviland* (une lampe). En janvier 1916, une éblouissante série de machines, souvent peintes à l'or et à l'argent, est présentée à la Modern Gallery : *Machine sans nom, Cette chose est faite pour perpétuer mon souvenir, Révérence, Petite solitude au milieu des soleils, Très rare tableau sur la terre, Paroxyme de la douleur, Voilà la femme, Gabrielle Buffet, elle corrige les mœurs en riant*. Picabia avait préalablement déclaré en octobre 1915 : « J'ai été profondément impressionné par l'immense essor du machinisme aux États-Unis. La machine est devenue plus qu'un simple auxiliaire de la vie humaine. Elle en est vraiment partie intégrante – et c'est peut-être l'âme même de l'humanité. En recherchant des formes à l'aide desquelles interpréter les idées ou exposer des qualités humaines, j'en suis enfin venu à adopter la forme qui semble la plus résolument plastique et la plus chargée de symbolisme. J'ai fait mien le machinisme du monde moderne et l'ai introduit dans mon atelier. » (3). C'est au niveau de ce symbolisme, où la machine signifie autre chose qu'elle-même (ainsi la symbolique sexuelle de *Voilà la femme*) que se situe l'intention dada, l'image étant de surplus accompagnée d'un texte – inscription sur le tableau – qui est un complément de sens sans redondance pour l'image, et qui a souvent l'incongruité de formules tirées des pages roses du *Petit Larousse* et récupérées elles aussi dans un sens qui n'est pas le leur (4). *Voilà la femme* renvoie à Ecce Homo. A propos de *Gabrielle Buffet*, castigat ridendo mores.

Machine au fonctionnement impossible, roues dentées que leur engrenage immobilise à jamais, *Danger* de Man Ray, qui peut aussi être lu « Dancer » (danseur) énigme de la forme figée et du mot alternatif qui l'accompagne, le tout exécuté dans une technique très rigoureuse – peinture sur verre, « à regarder (l'autre côté du verre) d'un œil », *Grand verre*, Marcel Duchamp – sur une grille dont on ne sait si elle est une mise au carré ou une mise en perspective. La mise en perspective rejoindrait les recherches, qui n'ont rien de dadaïste, de Marcel Duchamp, perspecteur d'une *Broyeuse de chocolat* (n° 2) où des fils, cousus sur la toile viennent rendre tangibles les lignes de fuites sur lesquelles l'image est construite.

Les machines de Schamberg sont d'admirables exercices de style (réalisme fantastique) sur un thème donné, c'est-à-dire que ces machines, aussi précises soient-elles, sont absolument irréelles ; elles s'intitulent d'ailleurs souvent *Mechanical Abstraction* ou *Untitled*. L'une d'elles, vraisemblablement reprise dans un catalogue de manufacture – procédé cher à Picabia – a suscité l'étonnement du frère de l'artiste : « ce damné truc ne voulait pas marcher » (5). Si en cela, Schamberg est proche de Picabia, il en est loin cependant par l'absence de sous-entendus et de connotations, donnant en ce sens à ses machines une présence réelle immédiate qui est la seule chose donnée à percevoir dans l'œuvre.

On peut imaginer une intention dadaïste dans *The hand sewing machine* d'Arthur Dove, peintre dont Katherine Dreier a dit « c'est le seul dadaïste américain » (6). L'utilisation du matériau renvoie au sujet : tissu – ce qui est donné à coudre – et métal du fond – la machine. On pense en outre à la phrase fameuse de Lautréamont : « beau [...] comme la rencontre sur une table de dissection d'une machine à coudre et d'un parapluie » (7).

Sans s'appesantir sur la symbolique d'un téléphone représentant l'artiste – qu'est-ce que la communication – et en reconnaissant au *Selfportrait* de Sheeler les qualités du précisionnisme – sujet emprunté au monde industriel, rigueur du dessin – on trouve dans cette œuvre le détournement dada, où est mis en scène de façon manifeste un objet, le téléphone, qui renvoie au sujet – image à peine perceptible – le portrait de l'artiste par lui-même se reflétant dans une vitre qui occupe le fond du dessin. Et de toute façon impossible à identifier, à reconnaître, puisque seuls sont visibles les épaules et le cou du peintre décapité par le bord du tableau. Sheeler, qui fréquentait les Arensberg, semble être resté à l'écart des Français qui y venaient aussi – « Ils ne savaient pas que j'existais » – malgré lui, et malgré toute l'admiration qu'il portait à Duchamp : « Sa créativité semblait infinie. Tout ce qu'il touchait – même ce qu'il y avait de plus fou – devenait entre ses mains d'une précision tout à fait admirable. » (8).

(1) Paul Haviland, dans *291*, n° 7-8, septembre-octobre 1915.

(2) Elizabeth Luther Carey, « Art at home and abroad : news and comments », *The New York Times*, 24 janvier 1915, Section 5, p. 11 – repris dans *Camera Work* n° 18, octobre 1916, p. 17. Cet article, précisément daté, nous a été signalé et aimablement communiqué par Monsieur William A. Camfield.

(3) Francis Picabia, interview « French artists spur on american art », *New York Tribune*, 24 octobre 1915, part IV, p. 2.

(4) Cf. Jean-Hubert Martin, « Locutions latines et étrangères extraites du *Petit Larousse* », dans le catalogue de l'exposition *Francis Picabia*, Paris, Galeries nationales du Grand Palais, 23 janvier-29 mars 1976.

(5) Cité dans K.G. Pontus Hultén, *The Machine, as seen at the end of the mechanical age*, New York, The Museum of Modern Art, 1969, p. 100.

(6) Katherine Dreier, *Modern Art*, New York, Société Anonyme, Museum of Modern Art, 1926, p. 93.

(7) Lautréamont, Les chants de Maldoror, chant VI.

(8) Charles Sheeler, cité par Martin Friedman dans *Charles Sheeler*, New York, Watson Guptill Public., 1975, p. 29.

Arthur Dove

Hand sewing machine, 1927.
Tissu et peinture sur métal, 37,8 × 50,2 cm.
The Metropolitan Museum of Art, collection Alfred Stie-
glitz, New York.

350

Marcel Duchamp

Broyeuse de chocolat nº 2, 1914.
Huile, fil et mine de plomb sur toile, 65 × 54 cm.
Philadelphia Museum of Art, collection Louise et Walter
Arensberg.

(Ne figure pas à l'exposition.)

BROYEUSE DE CHOCOLAT - 1914

Francis Picabia

Voilà la femme, 1915.
Aquarelle, gouache et huile sur papier, 73 × 48,5 cm.
Robert Lebel, Paris.

Man Ray

Danger/Dancer, 1920.
Verre peint, 60 × 35,5 cm.
Collection particulière, Paris.

Morton Schamberg

Mechanical abstraction, 1916.
Huile sur toile, 76,2 × 51,4 cm.
Philadelphia Museum of Art, collection Louise et Walter
Arensberg.

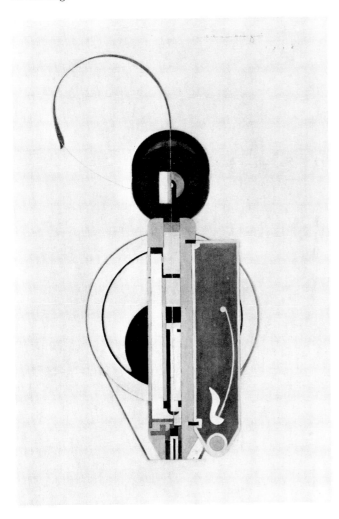

Untitled, 1916.
Huile sur panneau, 49,5 × 39,4 cm.
Mme Jean L. Whitehill, New York.

Charles Sheeler

Selfportrait, 1923.
Crayon et aquarelle, 50,1 × 65,2 cm.
The Museum of Modern Art, don Abby Aldrich Rockefel-
ler, New York.

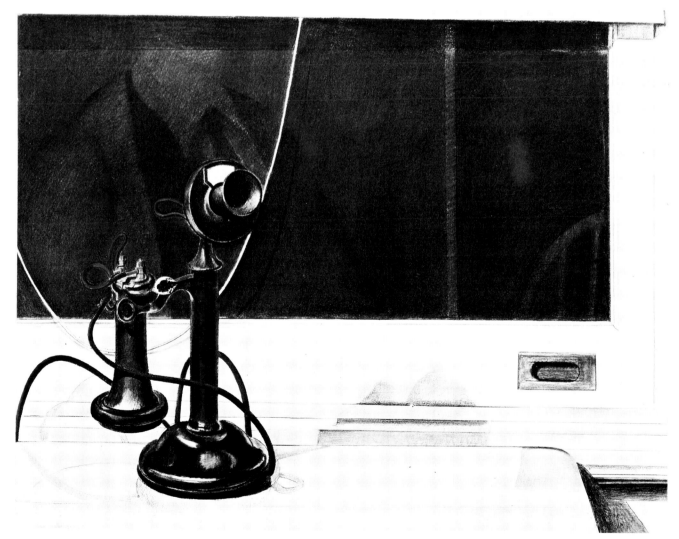

L'objet

Tous les objets ici rassemblés peuvent prétendre au nom de dada, en ce sens qu'ils sont tous le résultats de l'utilisation d'objets ou de matériaux courants, utilisés tels quels ou assemblés, étant à la fois ce qu'ils sont et autre chose, détournés de leur identité première par le jeu de l'assemblage, assemblage d'un objet et d'un titre, ou assemblage d'objets entre eux d'abord, auquel est aussi donné un titre.

Marcel Duchamp – le ready-made. Duchamp commence à faire des ready-mades sans le savoir, lorsqu'en 1913, il installe une roue de bicyclette, la fourche à l'envers, sur un tabouret, ou qu'en 1914 il achète au Bazar de l'Hôtel de Ville un porte-bouteille. Dans ces gestes « il n'y avait aucune idée de ready-made ni même de quelque chose d'autre, c'était simplement une distraction. Je n'avais pas de raison déterminée pour faire cela, ni d'intention d'exposition, de description. Non, rien de tout cela... – Mais un peu de provocation tout de même. – Non, non [...]. Le mot de "ready-made" n'est apparu qu'en 1915 quand je suis allé aux États-Unis » (1). Là d'ailleurs la définition du mot, « tout fait », est quelque peu altérée, en ce que cette fois, et bien qu'il s'agisse d'objets « anartistiques » (selon le mot de Duchamp), l'artiste y met la main, en l'occurence des mots : « In advance of the broken arm » est l'inscription que porte une pelle à neige, objet typiquement américain, acheté à New York en 1915 dans une quincaillerie. Juliette Gleizes, témoin de cette histoire, un soir chez les Arensberg : « "Mâcel" vers une heure du matin, une nuit de tempête de neige, arrivant chez Walter Arensberg suivi d'un avocat de droit international très respectacle et âgé de cinquante ans. Tous deux portaient sur leur épaule une de ces énormes pelles qui servaient à déblayer la neige dont Marcel avait entouré le manche d'une mince feuille de métal sur laquelle il avait gravé : "In advance of the broken arm". Ces pelles et ce texte assez obscur déchaînaient parmi les assistants et surtout les assistantes un délire d'enthousiasme que j'aurais voulu partager, ou simplement comprendre » (2). Et Duchamp lui-même : « C'est surtout en 1915, aux États-Unis, que j'ai fait d'autres objets à inscription comme la pelle à neige sur laquelle j'ai écrit quelque chose en anglais. Le mot "ready-made" s'est imposé à moi à ce moment-là, il paraissait convenir très bien à ces choses qui n'étaient pas des œuvres d'art, qui n'étaient pas des esquisses, qui ne s'appliquaient à aucun des termes acceptés dans le monde artistique. C'est pour cela que ça m'a tenté de le faire ». (3).

Autre ready-made fameux, la *Fontaine*, urinoir en porcelaine que Duchamp ne peut exposer à la première exposition de la Society of Independent Artists en 1917, qui devait être montré à l'envers, la partie habituellement scellée au mur se trouvant reposer sur un socle, devenant ainsi « sculpture », premier détournement auquel s'ajoute celui de la signature, R. Mutt, pseudonyme qui est lui-même un emprunt, falsifié, « Mott Works » étant le nom de l'entreprise d'objets sanitaires où l'urinoir fut acheté. « Ma fontaine-pissotière, partait de l'idée de jouer un exercice sur la question du goût : choisir l'objet qui ait le moins de chance d'être aimé. Une pissotière, il y a très peu de gens qui trouvent cela merveilleux. Car le danger, c'est la délectation artistique. Mais on peut faire avaler n'importe quoi aux gens : c'est ce qui est arrivé » (4). Cadeau rapporté de France par Duchamp en 1920 aux Arensberg, *Air de Paris* est une am-

poule qui contenait du sérum physiologique, qui a été vidée et rescellée (et cassée et recollée par la suite, celle ici exposée étant une réplique).

Avant son départ pour la France en 1921, Man Ray exécute de nombreux objets, moins bruts, moins idéaux aussi que les ready-mades de Duchamp : l'*Autoportrait* qui fut exposé en 1917 à la Daniel Gallery à New York : « Sur un fond de peinture noire et aluminium, j'avais attaché deux sonnettes électriques et un vrai bouton. Puis j'avais tout simplement posé la main sur la palette, ensuite sur la toile. Cette empreinte, qui se trouvait au milieu du tableau, servait de signature. Tous ceux qui appuyèrent sur le bouton furent déçus, car la sonnette ne sonnait pas » (5). En 1917, avec des lattes de bois et un serre-joint, Man Ray crée *New York* (qui sera exposé en 1921 à Paris, à la Galerie 6) ; et en 1919, il récupère dans une poubelle un abat-jour cassé, « spirale agréable à regarder » (6), dont il décide de faire sa contribution, en tant que sculpteur, à la première exposition de la Société Anonyme. Le jour de l'inauguration, la « sculpture » fut introuvable : le concierge de l'immeuble l'avait jetée aux ordures, croyant qu'il s'agissait d'un emballage. Man Ray fit découper chez un ferblantier une plaque de métal qu'il tordit en spirale : « Satisfait, je contemplai mon œuvre, heureux de constater qu'elle résisterait à toute tentative de destruction. D'autres objets que j'ai fabriqués ont été détruits par des visiteurs, non seulement par ignorance ou par mégarde, mais volontairement, en guise de protestation. Mais j'ai réussi à fabriquer des objets indestructibles ; autrement dit, j'en ai fait de nombreuses copies sans aucune difficulté » (7).

C'est en collaboration avec la Baroness Elsa von Freytag-Loringhoven que Morton Schamberg a réalisé l'un des plus remarquables objets dada new yorkais, un siphon de plomberie et un morceau de bois, associant ainsi les insondables mystères de la face cachée des installations sanitaires, aux mystères non moins insondables de la divinité, *God*. Quant à la Baroness, un portrait qu'elle fit de Duchamp, assemblage de plumes, de rouages, de ressorts, aujourd'hui perdu, est cependant connu grâce à une photographie de Charles Sheeler (8). Le poète Hart Crane écrivait en 1921 : « J'entends dire que New York raffole de "dada" et qu'une revue des plus excentriques et sans aucune valeur est concoctée par Man Ray et Duchamp [...] Et quoi encore ! C'est pire que la Baronne. A propos, j'aime la manière dont on a subitement découvert qu'elle a toujours été, inconsciemment, une dadaïste. Je ne peux me représenter ce que le dadaïsme est au juste, sinon un embrouillamini insensé des quatre vents, des six sens et de plum pudding. Mais si la Baronne doit en être une égérie, – alors je pense qu'il me sera possible de prévoir le moment où ce mouvement arrivera ici et ainsi de l'éviter. » (9).

(1) Entretiens Cabanne-Duchamp, p. 82.

(2) Juliette Roche-Gleizes, Mémoires inédits. Ce passage a été reproduit ici avec l'aimable autorisation de l'auteur.

(3) Entretiens Cabanne-Duchamp, p. 83.

(4) Marcel Duchamp à Otto Hahn dans l'*Express*, 23 juillet 1964, n° 684, cité par Jean Clair, *Marcel Duchamp, catalogue raisonné*, Paris, Musée national d'art moderne, 1977, p. 90.

(5) Man Ray, *Autoportrait*, Paris, Laffont, 1964, p. 74 (abrégé par la suite : Man Ray, *Autoportrait*).

(6) Id. p. 93.

(7) Id. p. 97.

(8) Reproduit dans *Little Review*, Hiver 1922, vol. 9, n° 2, face à la p. 40. On connaît d'elle aussi un collage, *Portrait de Berenice Abbott*, ordonnance sur un support de matériaux divers, cellophane, tissu, objets métalliques, pierre, papier, etc., aujourd'hui conservé au Museum of Modern Art à New York.

(9) Hart Crane, lettre du 14 janvier 1921 à Matthew Josephson, citée dans Dickran Tashjian, p. 144.

Marcel Duchamp

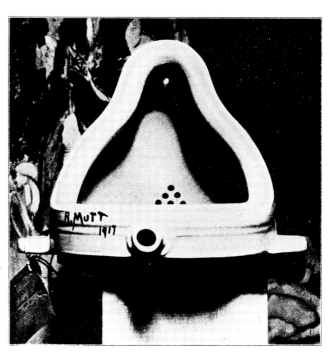

Fontaine, 1917.
Ready-made : urinoir en porcelaine 33 × 42 × 52 cm (réplique U. Linde 1963). Moderna Museet, Stockholm.

In advance of the broken arm, 1915.
Ready-made : bois et fer galvanisé - pelle à neige 121,3 cm (réplique Galerie Schwarz 1964). Collection particulière, Paris.

Air de Paris, 1919.
Ready-made : ampoule de verre de 50 cm³ ; 17,5 × 7 cm. (réplique U. Linde 1974). Moderna Museet, Stockholm.

Elsa von Freytag-Loringhoven

Portrait of Marcel Duchamp, avant 1922 (perdu).

Dada portrait of Berenice Abbott, avant 1918.

Collage, 21,8 × 23,5 cm.
The Museum of Modern Art, don Frank B. Hubachek,
New York.
(Ne figure pas à l'exposition.)

Man Ray

Lampshade 1919.
Métal peint (réplique).
Collection particulière, Paris.

New York 17, 1917.
Assemblage de lattes de bois retenu par un serre-joint
posé sur un plateau, 46 × 24,5 × 24,5 cm.
Philippe Rein, Paris.
Collection particulière, Paris.

Morton Schamberg

od, vers 1917.

ssemblage : boîte en bois à onglets et siphon de plomberie
1 fonte, 26,7 × 29,5 × 10,2 cm.
hiladelphia Museum of Art, collection Louise et Walter
rensberg.

Le collage

Marcel Duchamp à propos de John Covert : « Parmi les jeunes peintres américains qui, en 1915, s'allièrent aux pionniers des nouveaux mouvements artistiques, John Covert, fut dès le début un personnage éminent. Au lieu de suivre et d'adopter l'un des nouveaux modes d'expression, il découvrit sa formule personnelle en combinant peinture et sculpture dans des reliefs faits de plans surimposés. Si cette technique suffit à elle seule à démontrer l'imagination de Covert, beaucoup plus important encore fut le rôle assigné aux matériaux par cette idée : le déroulement des surfaces entrelacées. Le même procédé devait être utilisé ultérieurement dans plusieurs instituts de mathématiques pour illustrer les géométries non-euclidiennes » (1). Les préoccupations de Covert, dans des œuvres comme *Time* ou *Brass band* sont sans doute peu dadaïstes, mais proches de celles de Duchamp, que Covert eut maintes fois l'occasion de voir chez les Arensberg. On peut ainsi relever, de façon superficielle, l'utilisation de ficelle, dans *Brass band*, qu'on peut rapprocher de celle employée par Duchamp dans la *Broyeuse de chocolat n° 2* ; et dans *Time* la référence aux sciences – définition de points géométriques A, B, C ; éléments trigonométriques 40°, 30° ; indication de repères géodésiques N, E, W ; paraboles diverses, arcs de cercle ; formules : x, l'inconnue, t, le temps, c, la vitesse de la lumière, peut-être une allusion aux théories d'Einstein – toute une mathématique semée de clous de tapisserie (2). Et ce ne fut pas par dadaïsme, mais sous la contrainte de pressions économiques que Covert abandonna la peinture pour les affaires en 1923.

Duchamp et Crotti ont exposé, avec Gleizes et Metzinger, « les quatre mousquetaires », en avril 1916, à la Montross Gallery : entre autres, un ready-made de Duchamp, *Pharmacie* ; de Crotti le *Portrait de Marcel Duchamp*, aujourd'hui perdu, fait de fil de fer, avec des yeux de poupée (3) et le collage ici exposé où se lisait jadis le mot « clown ».

Au même moment Man Ray utilise la technique du collage – qui, est-il besoin de le dire, n'a en soi rien de dada – pour la réalisation d'œuvres comme *Theatr*, collage à rebours en ce sens que ce qui est d'habitude papier collé incorporé à une composition sert ici de fond : « je fis d'autres compositions avec des pages entières de journaux et découpai, dans d'autres sortes de papier, des formes ovales ou rectangulaires, que je mettais tout simplement sous verre » (4). Cette technique permet à Man Ray de ne pas peindre, comme si ce geste était devenu difficile à faire. Et c'est le besoin de ne pas contribuer, d'une façon qui engage trop l'artiste, à la création d'une œuvre, qui préside à l'élaboration de la série des *Revolving doors*, 10 collages exécutés en 1916-1917. « Je commençai une série de toiles abstraites, pseudo-scientifiques. Je traçais les formes sur du papier de toutes les couleurs avant de les mettre sur la toile. J'obéissais à une certaine logique : les couleurs primaires et secondaires se chevauchaient. Puis je découpais soigneusement le papier et le collais sur du carton blanc. Le résultat était assez satisfaisant et je n'éprouvais pas, dans l'immédiat, le besoin de traduire mes collages en peinture. J'entendais les présenter tels quels lors de ma prochaine exposition et j'écrivis, pour les accompagner, un texte long et décousu. Ces compositions portaient des titres élégants, tels que : *La rencontre, Légende, Carafe, Ombres, Orchestre, Tonneau à*

béton, *Mime, Jeune fille,* et *Grandes Lignes.* Je baptisai tout *Porte-tambour* parce que les collages étaient mont[és] sur un stand avec des gonds, de sorte qu'on pouvait l[es] tourner et les regarder l'un après l'autre. J'étais soulagé [de] ne pas peindre pendant quelque temps » (5). Man Ray [fait] une autre tentative de « non-intervention » : les aérographi[es] – peinture au pistolet faite avec l'aérographe, appareil à a[ir] comprimé, dont il se servait pour faire du dessin industrie[l]. « Je peignais une toile sans jamais en toucher la surface[.] C'était très excitant. Un acte purement cérébral, en quelq[ue] sorte » (6).

Le collage de Dove, *The critic,* est de tous ceux ici pr[é]sentés, celui qui s'apparente le plus au dadaïsme, portra[it] charge d'un critique d'art, dont le corps est découpé da[ns] un article de presse où il est question de Eakins, Luks[,] Sargent, peintres qui, en 1925, date du collage, représe[n]tent la vieille garde, alors que, sur la gauche, une annon[ce] fait part de la première exposition individuelle de Léger au[x] États-Unis, organisée en novembre 1925 par la Sociét[é] Anonyme aux Anderson Galleries. Le critique est affub[lé] d'attributs grotesques et symboliques : un énorme lorgno[n,] des patins à roulettes, un aspirateur. Les collages de Do[ve] sont dans l'esprit de ceux que Picabia réalise au même m[o]ment en France, et dont un des plus beaux exemples, un co[l]lage appelé *Midi,* bord de mer planté de palmiers faits [de] plumes et de macaronis, a été donné par l'artiste à la colle[c]tion de la Société Anonyme en 1937. On connaît de Do[ve] plusieurs collages dont certains ne sont pas une allusion [à] un sujet ou à une forme connue, mais l'assemblage hétéro[c]lite de matériaux bruts, ressorts, morceaux de bois, tiss[u,] fil de fer, liège, dans la plus pure tradition des collag[es] « Merz » de Kurt Schwitters, qui expose pour la premiè[re] fois aux États-Unis en mars-avril 1921 aux Galleries of t[he] Société Anonyme. C'est à cette même tradition que se ratt[a]chent les collages de Stella, où l'artiste utilise souvent d[es] éléments empruntés à la vie courante américaine (p[ar] exemple des paquets de Chiclets). *The bookman,* ici expos[é,] est l'un des rares collages de Stella qu'on puisse dater, car [il] a été reproduit dans *Little Review* en 1922 (7).

(1) Marcel Duchamp, « John Covert », texte écrit pour le catalogue de la *Colle[c-] tion of the Societé Anonyme : Museum of Modern Art 1920,* Yale University A[rt] Gallery, 1950, p. 192, trad. française dans Marcel Duchamp *Duchamp du sign[e], écrits,* Paris, Flammarion, 1976, p. 197.

(2) Voir l'article de Michael Klein, « John Covert's *Time* : Cubism, Ducham[p,] Einstein. A quasi scientific fantasy », *Art journal,* été 1974, vol. XXXII, n° [?,] p. 314-320.

(3) Reproduit dans *The Soil,* vol. 1, n° 1, décembre 1916, entre les pp. 32 et 3[3.] – Un dessin de ce portrait est actuellement conservé au Museum of Modern Art[,] New York.

(4) Man Ray, *Autoportrait,* p. 72.

(5) Id. ibid. ; cf. aussi un texte de Man Ray, *Revolving doors,* dans *T.N.T.,* Ne[w] York, mars 1919.

(6) Man Ray, *Autoportrait,* p. 76.

(7) *Little Review,* automne 1922, vol. IX, n° 3, entre les pp. 32 et 33.

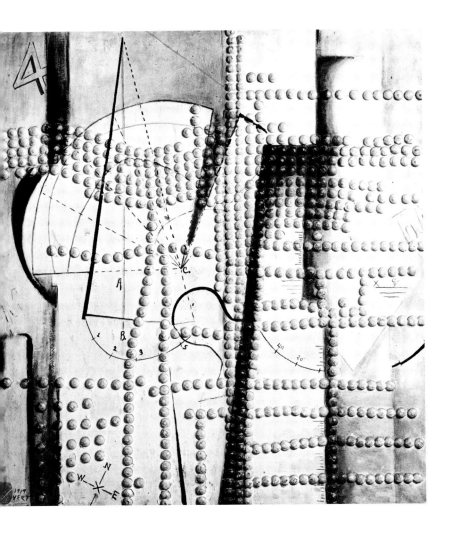

John Covert

ime, 1919.

uile et clous de tapissier sur carton, 65,1 × 59,8 cm.
ale University Art Gallery, don de la collection de la So-
iété Anonyme, New Haven, Conn.

Brass band, 1919.

Huile et ficelle sur carton, 66 × 61 cm.
Yale University Art Gallery, don de la collection de la So-
ciété Anonyme, New Haven, Conn.

Jean Crotti

Portrait de Marcel Duchamp, 1916 (perdu).

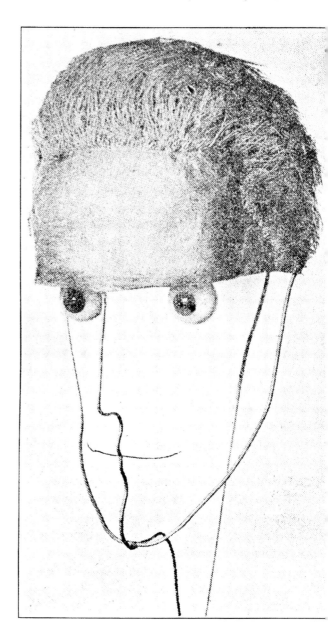

Clown, 1916.
Papier collé, yeux de poupées, spirale d'argent sur verre, 35 × 23,5 cm.
Musée d'art moderne de la ville de Paris, legs de Mme Crotti.

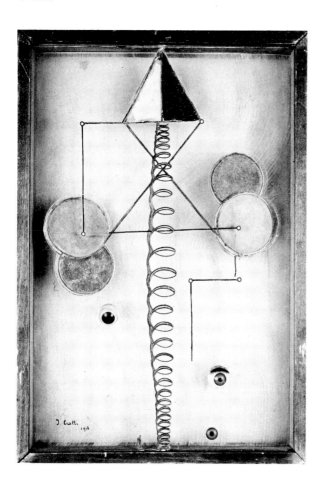

Arthur Dove

The critic, 1925.
Papier journal, ficelle, velours collé sur carto. 49,5 × 31,7 cm.
The Whitney Museum of American Art, don de la Histor Art Association du Whitney Museum, New York.

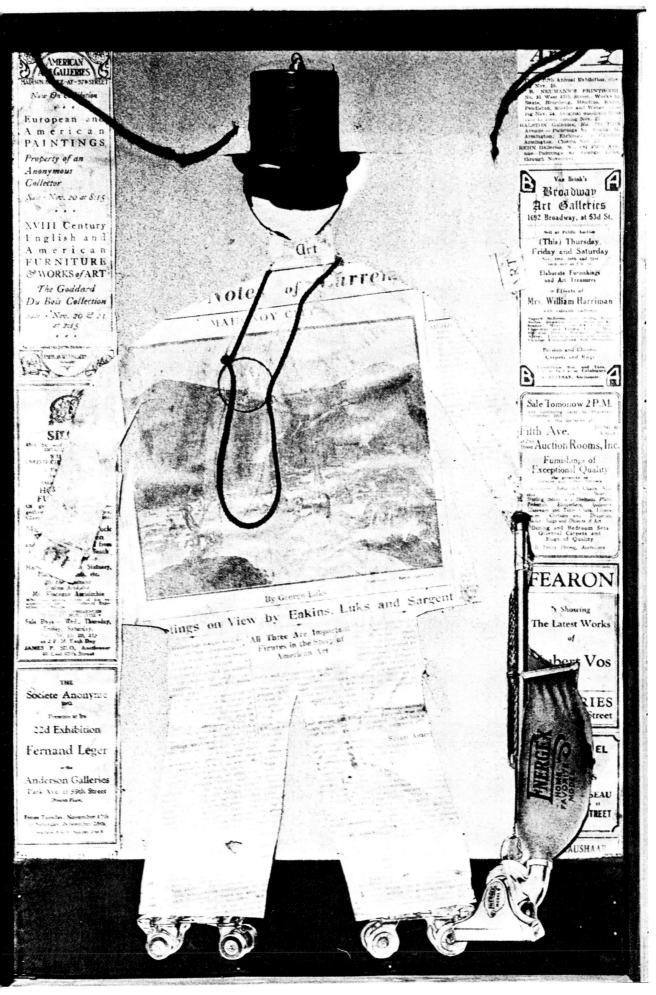

363

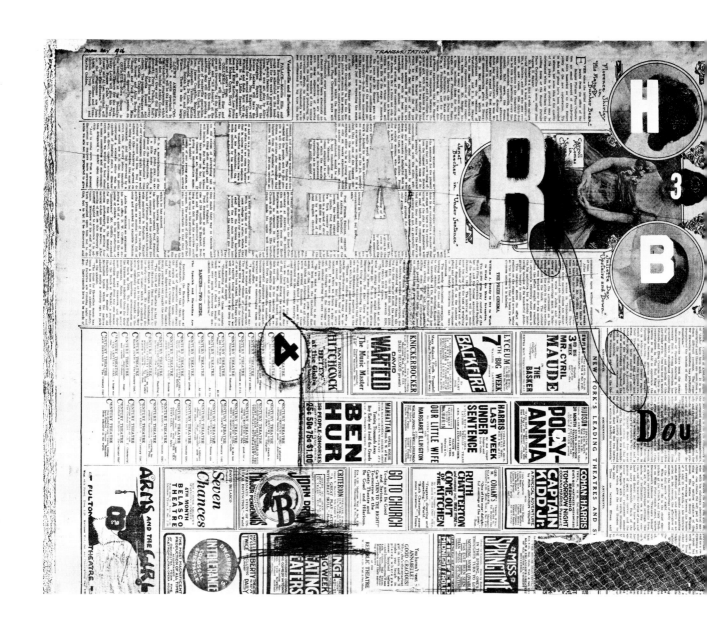

Theatr, 1916.
Collage, 44,5 × 60,5 cm.
Moderna Museet, Stockholm.

The rope dancer accompanies herself with her
shadows, 1917.
Aérographie, 34 × 44,1 cm.
M. et Mme Morton G. Neumann, Chicago.
(Ne figure pas à l'exposition.)

Man Ray

Revolving doors IV : The meeting, 1916-1917.
Papier découpé collé sur carton, 54 × 34 cm.
Richard S. Zeisler, New York.

Joseph Stella

Number 21.
Collage, 25,2 × 19,1 cm.
The Whitney Museum of American Art, New York

The bookman, avant 1922.
Collage, 17,8 × 11,9 cm.
Hirshhorn Museum and Sculpture Garden, Smithsonian
Institution, Washington, D.C.

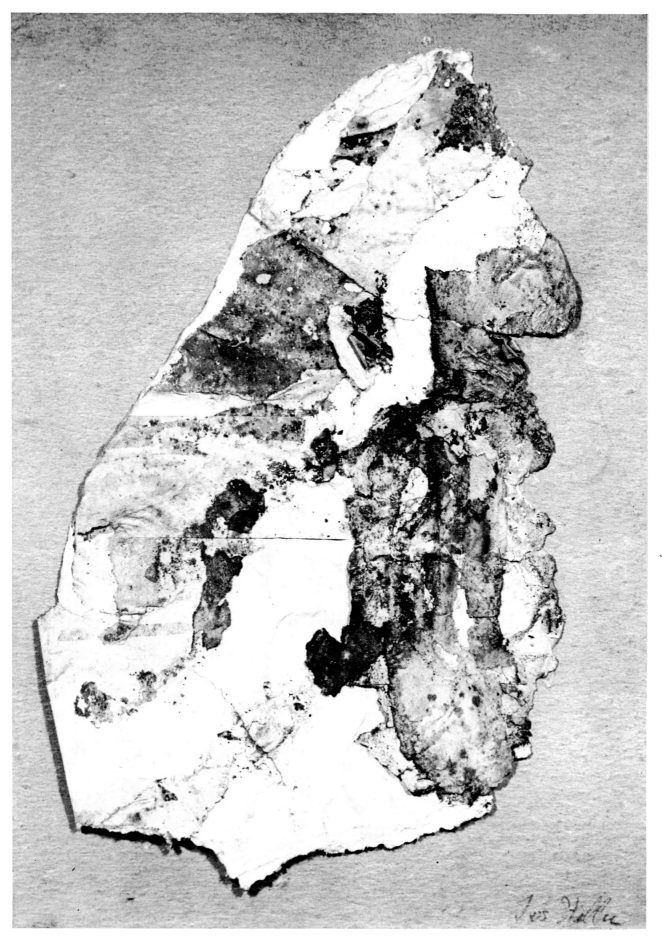

Ce ne peut être que par goût de la provocation telle que [M]an Ray se plaisait à la pratiquer que fut donné par celui-le nom de « Société Anonyme » à l'association qu'il [fo]rma avec Katherine Dreier et Marcel Duchamp pour [l'o]uverture en 1920 du premier musée d'art moderne à New [Y]ork, musée qui allait rassembler quelques uns des noms [le]s plus importants de l'art moderne. Certes, dans l'idée de [K]atherine Dreier, il s'agissait de « promouvoir l'art et non [le]s artistes » et, plus tard, Man Ray soutint qu'il ignorait [al]ors que cette dénomination recouvrait une réalité juri[di]que et qu'il s'agissait seulement pour lui d'une « société [sa]ns nom ». Dans un texte « Its why and its wherefore », les [or]ganisateurs de la Société Anonyme expliquaient, en 1920, [le]s conditions de formation de la collection. L'idée didacti[qu]e, toujours puissante dans les pays anglo-saxons, est [in]discutablement le moteur essentiel de cette action. L'igno[ra]nce des données de l'art moderne, jusqu'à la présentation [en] 1913 de l'Armory Show, y est expliquée pour des raisons [do]uanières, l'absence de possibilité d'étude des mouvements [co]ntemporains présentée comme une carence à laquelle il [fa]llait porter remède. « Les gens qui viennent à New York [d]e l'Ouest ou du Sud, qui ont entendu parler de cette nou[ve]lle expression en Art et souhaitent en être mieux infor[m]és, n'ont pas d'endroits où ils peuvent l'étudier (...). Les [ét]udiants qui souhaitent augmenter leurs connaissances, [q]ue les répétitions du passé laissent insatisfaits et ne [s]achant pas cependant comment s'exprimer eux mêmes [d]ans le présent, avaient seulement des possibilités occasion[ne]lles d'étudier ce que les autres avaient fait pour rencon[tr]er ce nouveau désir d'art ». Aussi le musée, ouvert 19 East 7th Street, ne comportait-il pas seulement des salles d'ex[p]ositions mais une bibliothèque rassemblant livres et revues [d]es différentes tendances de l'avant garde, information que [c]omplétaient des séries de conférences.

Le principe objectif – d'indifférence, pourrait-on dire en [p]ensant à Marcel Duchamp et aux notices sur les artistes [qu]'il réalisa pour le catalogue de la collection – était affir[m]é comme une donnée fondamentale. « Nous ne procla[m]ons pas que tous les mouvements que nous montrons [d]ureront ou deviendront part constitutive de l'art, mais [n]ous avons le sentiment que les formes d'expression sérieu[s]es doivent être vues et étudiées. L'un des principaux objec[ti]fs des directeurs de la Société Anonyme est de s'élever [a]u-dessus des goûts personnels et de diriger un lieu d'expo[si]tion hors de tout jugement préalable. » Si la finalité que se [p]roposaient les fondateurs de la Société Anonyme – une [c]haine de galeries qui « libéreraient les pensées dans le [m]onde de l'art » – resta utopique, le rôle joué par la collec[ti]on n'en fut pas moins considérable dans la formation de la [c]onscience artistique américaine.

La Société Anonyme ouvrit le 30 avril 1920 avec une [e]xposition internationale d'art moderne débutant avec le [p]ost-impressionnisme et présentant des artistes cubistes, [e]xpressionnistes, simultanéistes, futuristes et dadaïstes. [D]ans cette classification, Marcel Duchamp relève simulta[n]ément du cubisme et de Dada, quant à Morton Scham[b]erg, comme Matisse, il est classé parmi « ceux qui n'appar[ti]ennent à aucune école, mais sont pénétrés du nouvel esprit [e]n art ». Il n'en reste pas moins que, malgré le didactisme [p]rimaire des catégories, furent présentées en l'espace d'une [a]nnée des œuvres de Van Gogh, Villon, Vogeler, Joseph [S]tella, Ribemont-Dessaignes, Picabia, Man Ray, Bruce, [M]orton Schamberg, Gris, Marcel Duchamp, James Dau[g]herty, Brancusi, Jay van Everen, Matulka, Picasso, Matis[s]e, Gauguin, Braque, Rousseau, Eilshemius, Kandinsky, [K]arl Mense, Walkowitz, Rudolph Bauer, Jacoba van [H]eemskerck, Derain, Molzahn, Fritz Stuckenberg, Tour

Donas, Dorothea Dreier, Duchamp-Villon, Katherine Dreier, Godewds, Muche, Arnold Topp, John Covert, Garvey et Henry Fitch Taylor.

Présentant la collection de la Société Anonyme dans un texte qu'elle écrivit en 1949, après en avoir fait don à Yale University, Katherine Dreier écrivait : « Personne n'aurait plus surpris Marcel Duchamp, Man Ray ou moi qu'en disant que la Société Anonyme, que nous avions créée avec tant de gaieté en 1920, se développperait, avec le temps, en une organisation possédant une collection unique parce qu'elle est devenue une expression de l'histoire du nouveau mouvement en art qui a balayé l'Europe ». L'origine de la collection fut la donation par John Covert de six de ses peintures. Jusqu'alors, les œuvres présentées par la Société Anonyme appartenaient soit à la collection personnelle de Katherine Dreier, soit étaient des prêts des artistes. Katherine Dreier explique ainsi, qu'après la donation de John Covert « un sentiment de *noblesse oblige* de notre part envers les artistes qui avaient prêté leurs œuvres pour nos fins éducatives nous amena à continuer la collection ».

La plus grande renommée de la Société Anonyme coïncide, en fait, avec l'exposition organisée en 1926 par Katherine Dreier au Brooklyn Museum de New York. Là encore, le goût du classement triomphait : les artistes figuraient par pays d'origine, de manière à donner une image aussi internationale que possible des nouvelles tendances. Dans la préface anonyme, mais ou se reconnaît le style de Katherine Dreier, est réaffirmé que « le but de la Société Anonyme est éducatif ». Parallèlement au catalogue de cette exposition fut publié, à l'occasion du soixantième anniversaire de Kandinsky, un album comportant une reproduction d'une œuvre de chacun des artistes exposants. Ainsi la Société Anonyme poursuivait-elle son ambition de diffusion et de propagande des différentes tendances de l'art moderne.

Il a semblé important de réunir les œuvres des artistes français, ou vivant à Paris, que Katherine Dreier acheta pour sa propre collection ou pour celle de la Société Anonyme ainsi que celles qu'elle exposa au Brooklyn Museum. Dans ce choix se définit une image de l'avant-garde, « sélection inhabituelle en art faite par des penseurs et des créateurs indépendants » ainsi que l'écrivait Katherine Dreier elle-même.

L'influence de Marcel Duchamp s'y fait jour dans la présence de son entourage familial : ses frères Jacques Villon et Raymond Duchamp-Villon, sa sœur Suzanne Duchamp, son beau-frère Jean Crotti et dans celle de ses amis proches : Jean Metzinger et la femme de celui-ci Suzanne Phocas, Marcoussis et Alice Halicka. La production cubiste y est présentée sous forme d'exemples plus que de chefs d'œuvre (qu'il s'agisse de Survage, d'Archipenko, de Czaky ou de Valmier) ponctuée de quelques pièces majeures de Braque, de Léger ou de Picasso. La présence de Picabia, celle de Max Ernst, de Arp ou de Miro ouvrent les voies du dadaïsme et du surréalisme. C'est enfin, sans aucun doute grâce au système d'invitation mis en place pour l'exposition du Brooklyn Museum – des artistes servant de correspondants pour les divers pays d'Europe – et à l'appel fait à Léger que s'explique la participation importante de ses élèves : Otto Carlsund, Franciska Clausen et Marcelle Cahn. La dépression économique de 1929 et les difficultés financières qu'elles provoquèrent pour la famille Dreier coïncidant avec l'ouverture du Museum of Modern Art de New York amenèrent Katherine Dreier à suspendre progressivement son action dans le domaine artistique jusqu'à la dissolution définitive, en 1951, de la Société Anonyme.

Alexandre Archipenko

The metal lady, 1923.

Bronze et cuivre, 74 × 49 cm.
Yale University Art Gallery, don de la Collection de
Société Anonyme, New Haven, Conn.

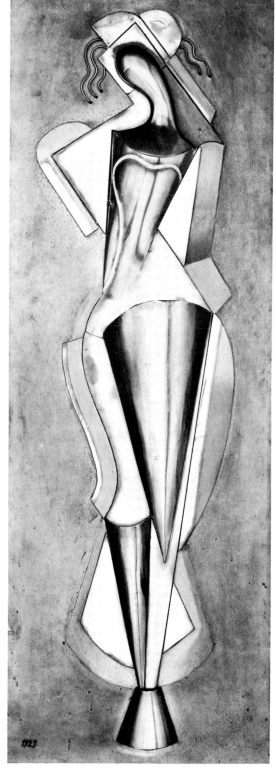

Jean Arp

Tête, 1924-25.

Peinture sur bois, hauteur 28 cm.
Yale University Art Gallery, don de la Collection de la
Société Anonyme, New Haven, Conn.

Constantin Brancusi

éda, 1920-25.
lâtre, 55 × 70 × 25 cm.
Musée national d'art moderne, Paris (Atelier Brancusi, legs
e l'artiste, 1957).

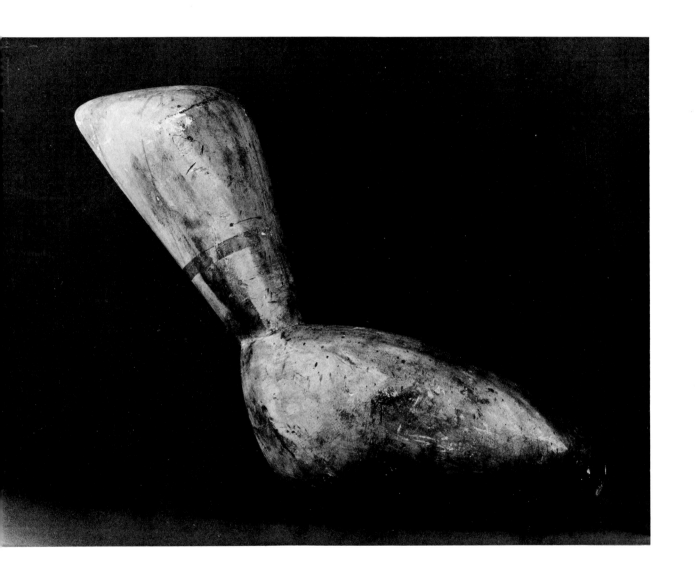

Georges Braque

Musique, 1914.

Huile, fusain, crayon et sable sur toile, 92 × 60 cm.
The Phillips Collection, don de Katherine S. Dreier, Was-
hington.

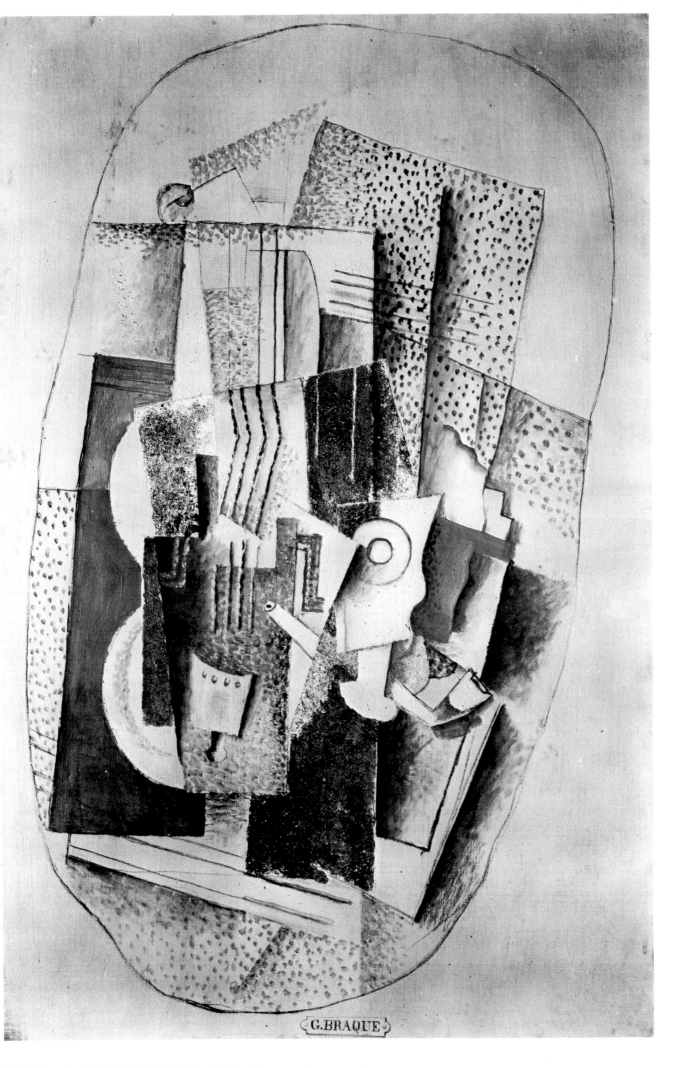

G.BRAQUE

Marcelle Cahn

Le pot, c. 1925.
Huile sur toile, 100 × 85 cm.
Collection particulière, Belgique

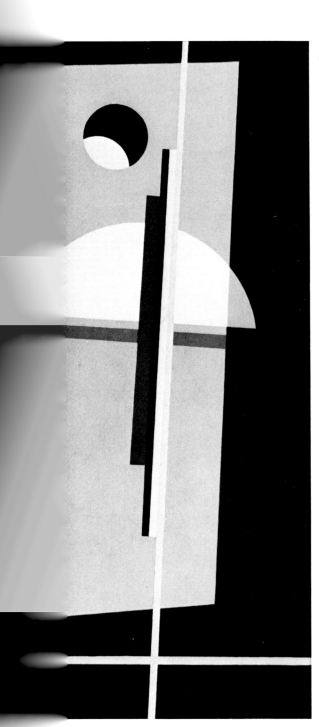

◄ Otto Carlsund

Décoration murale pour un observatoire, 1925.

Huile sur toile, 140 × 75 cm.
Arkiv för Dekorativ Konst-Museum of Sketches, Lund
(Suède).

Franciska Clausen

Composition, 1925.

Huile sur toile, 56 × 40 cm.
Collection de l'artiste, Abenraa (Danemark).

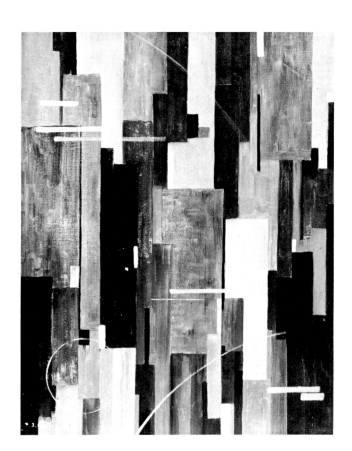

Jean Crotti

Orchestration, 1924.
Huile sur toile, 81 × 65 cm.
Gimpel et Hanover Galerie, Zurich.

Joseph Czaky

Abstraction, 1922.
Plume, encre et aquarelle, 46 × 28 cm
Yale University Art Gallery, don de la Collection
de la Société Anonyme, New Haven, Conn

André Derain

Femme et montagne, c. 1907.
Aquarelle sur papier, 20 × 22 cm.
Yale University Art Gallery, don de la Collection de la
Société Anonyme, New Haven, Conn.

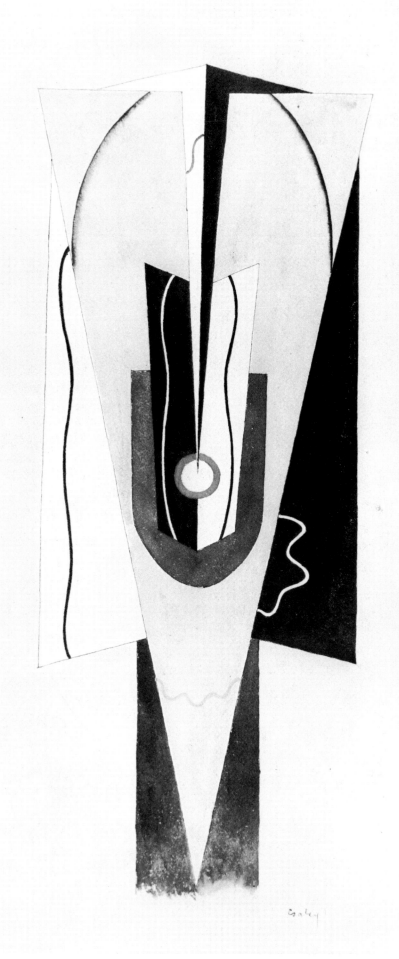

Raymond Duchamp-Villon

Femme assise, 1914.
Bronze, 71 × 22 × 28 cm.
Musée national d'art moderne, Paris.

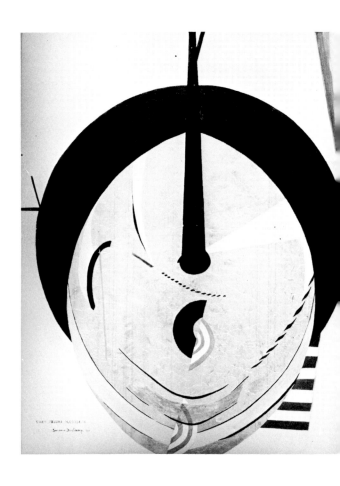

Suzanne Duchamp

Chef d'œuvre accordéon, 1921.
Huile sur toile, 99 × 80 cm.
Yale University Art Gallery, don de la Collection de la
Société Anonyme, New Haven, Conn.

Marcel Duchamp

A regarder de près, 1918.
The Museum of Modern Art, New York.
(Ne figure pas à l'exposition.)

379

Max Ernst

Forêt, 1925.
Huile sur toile, 115,5 × 73,5 cm.
Galerie Isy Brachot, Bruxelles – Knokke-le-Zoute.

Juan Gris

Verre et carafe, 1912.
Huile sur toile.
(Ne figure pas dans l'exposition).

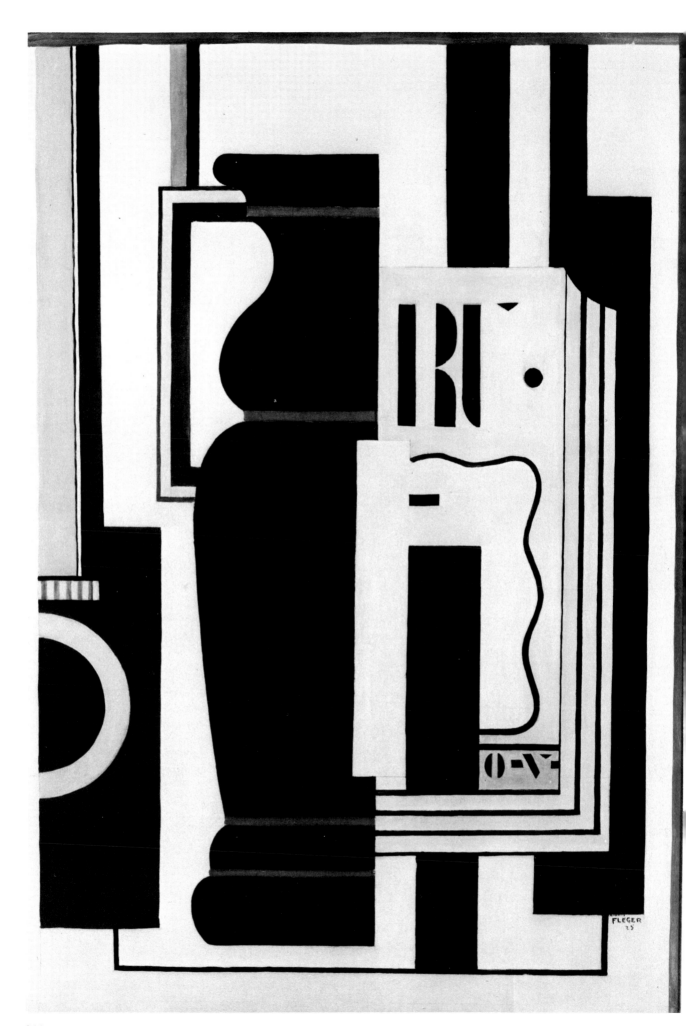

Fernand Léger

Composition nº 7, 1925.
Huile sur toile, 130 × 89 cm.
Yale University Art Gallery, don de la Collection de la
Société Anonyme, New Haven, Conn.

Alice Halicka

Sur la plage, c. 1925.
Huile sur toile, 59 × 76 cm.
Yale University Art Gallery, don de la Collection de la
Société Anonyme, New Haven, Conn.

Henri Matisse

Nu assis, 1922.
Lithographie, 43 × 27 cm.
Yale University Art 'Gallery, don de la Collection de la
Société Anonyme, New Haven, Conn.

Albert Gleizes

Peinture abstraite, c. 1923.
Localisation inconnue.
(Ne figure pas à l'exposition).

383

Louis Marcoussis

Nature morte : étude n° 10, 1920.

Gouache sur papier, 46 × 28 cm.
Yale University Art Gallery, don de la Collection de la
Société Anonyme, New Haven, Conn.

Jean Metzinger

Le port, 1920.

Huile sur toile, 80 × 53 cm.
Yale University Art Gallery, don de la Collection de la
Société Anonyme, New Haven, Conn.

Suzanne Phocas

Enfant au chien, 1941.

Huile sur toile, 72 × 99 cm.
Yale University Art Gallery, don de la Collection de la
Société Anonyme, New Haven, Conn.

Joan Miró

Le renversement, 1924.

Huile, crayon, fusain et tempera sur toile, 91 × 72 cm.
Yale University Art Gallery, don de la Collection de la
Société Anonyme, New Haven. Conn.

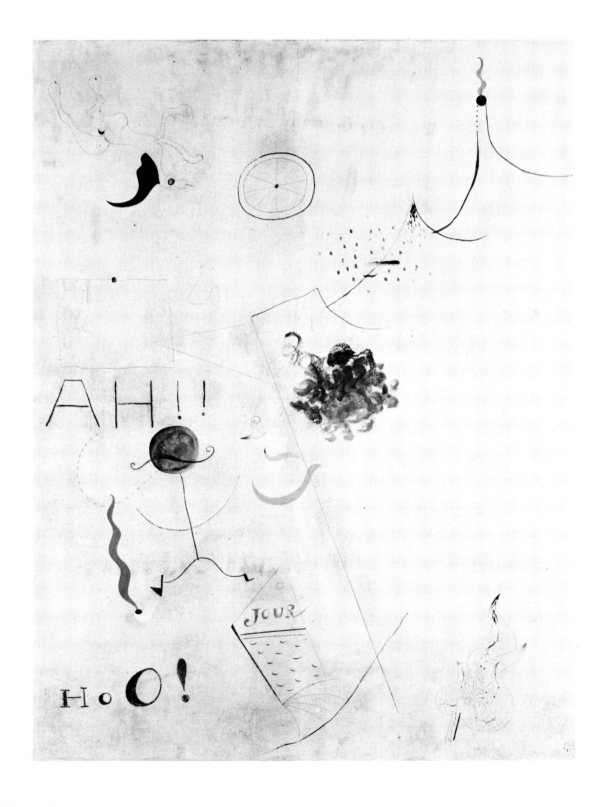

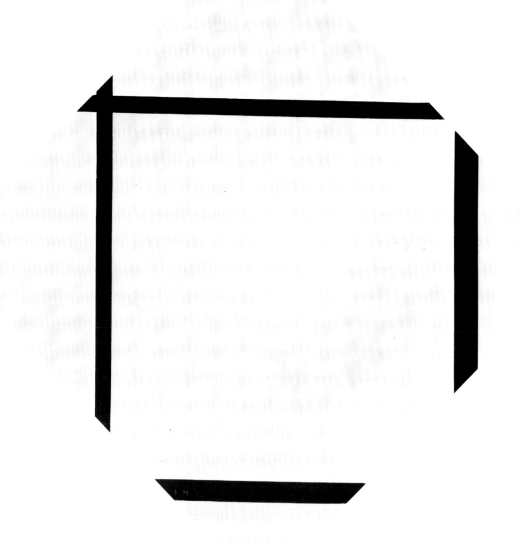

Piet Mondrian

Composition, 1926.

The Museum of Modern Art, New York.
(Ne figure pas à l'exposition.)

Antoine Pevsner

Portrait de Marcel Duchamp.

Celluloïd sur zinc.
Commande de la Société Anonyme, 1926.
(Ne figure pas à l'exposition.)

Antoine Pevsner 1923

Pablo Picasso

Bouteille et instruments de musique, 1914.
Indianapolis Museum of Art.
(Ne figure pas à l'exposition).

Odilon Redon

Idole astrale, 1891.

Lithographie, 27 × 19 cm.
Yale University Art Gallery, don de la Collection de la
Société Anonyme, New Haven, Conn.

◄ Gino Severini

Abstraction, 1918.
Huile sur toile.
Localisation inconnue.
(Ne figure pas dans l'exposition).

Georges Ribemont-Dessaignes

Jeune femme, c. 1918.
Huile sur toile, 73 × 59 cm.
(Ne figure pas dans l'exposition).

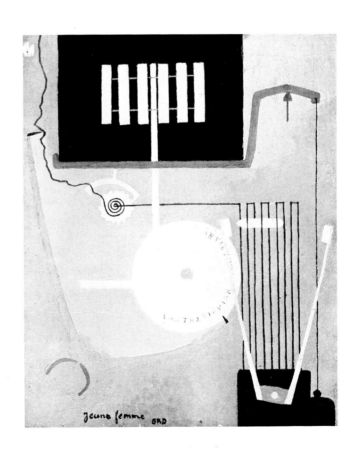

Léopold Survage

Paysage, 1921.
Huile sur toile, 38 × 54 cm.
Yale University Art Gallery, don de la Collection de la
Société Anonyme, New Haven, Conn.

Marthe Tour Donas

Nature morte avec bouteille et tasse, c. 1920.
Huile, ficelle, tissus sur carton, 52 × 38 cm.
Yale University Art Gallery, don de la Collection de la
Société Anonyme, New Haven, Conn.

Georges Valmier

Composition n° 7888, 1923.
Gouache sur papier, 24 × 17 cm.
Yale University Art Gallery, don de la Collection de la
Société Anonyme, New Haven, Conn.

Jacques Villon

Chanson, 1926.
Huile sur toile, 59 × 80 cm.
The Solomon R. Guggenheim Museum, New York.

395

Georges Vantongerloo

Composition III émanant du triangle équilatéra
accentué d'indigo-violet, 1921.

Huile sur bois, 48 × 55 cm.
Musée Szutki, Lods.

utour de Léger et du purisme

A plusieurs reprises, Fernand Léger s'est expliqué, entre ; deux guerres, sur l'apparition d'une nouvelle forme de alisme. Dans un texte consacré au cinéma et publié en 33 dans les *Cahiers d'Art,* il écrit ainsi : « Le cinéma per-nnalise le « fragment », il l'encadre et c'est un « *nouveau alisme* » dont les conséquences peuvent être incalculables. i bouton de faux-col sous le projecteur et projeté, grossi nt fois, devient une planète irradiante. Un lyrisme tout uf de l'objet transformé vient au monde, une plastique va chafauder sur ces faits nouveaux, sur cette nouvelle véri-».

tte conception si directement annonciatrice du pop'art, si e a tiré sa claire formulation de l'usage, par le cinéma, du os plan n'en est pas moins très directement annoncée ns l'œuvre de Léger par les peintures de la période puriste ns lesquelles l'accent est mis sur l'objet courant, banal, le is éloigné possible du « sujet » traditionnel de peinture. irtraits de parapluie ou de siphon, là se trouve la base de tte nouvelle esthétique : « le sujet détruit, il fallait trouver tre chose, c'est l'*objet* et la couleur pure qui deviennent la leur de remplacement ».

C'est en 1920 que Léger rencontra Charles-Edouard anneret (qui devait prendre par la suite le nom de Le Cor-isier) et que la revue l'Esprit Nouveau que celui-ci diri-ait avec Ozenfant republia un essai de Maurice Raynal r Fernand Léger, soulignant ainsi les parentés spirituelles ie les artistes puristes se découvraient avec l'œuvre de iger. Christopher Green, dans la préface à l'exposition Léger and Purist Paris » a parfaitement analysé les rap-irts entre l'esthétique de Léger et celle de Le Corbusier et Ozenfant : « Dans l'œuvre de Léger de 1921 à 1923 il y a i goût puriste secret, caché par sa force et sa variété de yle. Bien des éléments indiquent une infiltration précoce ais clandestine des attitudes puristes dans son conscient. eci se manifeste à plusieurs niveaux, mais on peut douter e ce qui était vraiment conscient. Peut-être le lien le plus ofond entre l'approche puriste et Léger se trouve dans aspect mécanique de son travail après 1920. La méca-que était un vieil amour de Léger, mais ce qui l'avait ené avant 1914 et immédiatement après son service mili-ire à une démonstration spontanée d'excitation dûe à l'ex-rience intense rendue possible par la machine, mena pro-essivement après 1920 à une peinture dont les compo-ints, les méthodes de conception et de réalisation, dont la écision de finition étaient en elles-mêmes mécaniques.

« Les machines », écrivaient Ozenfant et Jeanneret dans l'*Esprit Nouveau* nº 14, « sont les solutions aux problèmes donnés, une leçon de méthode. »

L'enseignement à l'atelier de Léger, la revue d'Ozenfant et de Le Corbusier contribuèrent à diffuser largement ces idées. Née à New York, Florence Henri appartient à cette catégorie des élèves de Léger, profondément marquée par son influence, utilisant tant son répertoire de thèmes : celui de la vie quotidienne, du paysage urbain, du monde du tra-vail, que son vocabulaire de formes, cette simplication des éléments qui semblait reprendre à la lettre la célèbre phrase de Paul Cézanne à Emile Bernard : « Il faut traiter la nature par le cylindre, la sphère, le cône ». Comme pour nombre des élèves de Léger, c'est dans un domaine extra-pictural, celui de la photographie, que se sont développées les meil-leures productions de Florence Henri. A partir des années 30, ses photographies proposent un monde d'objets sim-ples : boules, bobines, flacons aux formes pures que des jeux de miroirs multiplient en des compositions savantes et efficaces. A travers celles-ci s'affirment la primauté de l'ob-jet, base de l'esthétique de Léger et de son cercle.

C'est aussi l'affirmation de l'objet usuel comme sujet du tableau qui fournit le point de départ des œuvres les plus significatives de Gerald Murphy ou de Stuart Davis. Le per-sonnage de Murphy, dont Scott Fitzgerald s'inspira pour la figure de Dick Diver dans *Tendre est la nuit* a longtemps masqué l'importance du peintre dont l'œuvre extrêmement limitée en nombre – et dont la plus grande part est aujourd'hui perdue – a été remise en lumière par l'exposi-tion organisée en 1974 au Museum of Modern Art de New York et l'étude que lui a consacrée William Rubin. L'agran-dissement d'objets usuels : rasoir mécanique, stylo, boîte d'allumettes ou de fragments – qu'il s'agisse d'un œil ou d'une cheminée de paquebot –, l'utilisation d'empreintes directes (comme celle d'un pied dans *Portrait,* 1928) préfi-gurent avec force les moyens mis en œuvre ultérieurement par les pop'artistes. Le rapport le plus flagrant consiste, sans conteste dans le parallélisme qui s'établit entre le rideau de scène réalisé en 1923 pour les Ballets Suédois et qui « reproduit », aux dimensions de la scène du Théâtre des Champs-Elysées, la première page d'un journal imaginaire à grand tirage et l'œuvre de Andy Warhol *Plane Crash* de 1963 utilisant comme document initial la manchette du New York Mirror.

Cette préfiguration du pop'art, H.H. Arnason la souli-gnait chez Stuart Davis : « Nombre de peintures du début des années vingt qui n'avaient jamais été montées au préa-lable pourrait prendre naturellement place dans une exposi-tion faite en 1965 de tableaux pop. » De toute cette part de l'œuvre de Stuart Davis, *Odol* est certainement l'œuvre la plus caractéristique. Réalisée en 1924, cette peinture repré-sente un flacon de produit médicinal peint de façon imper-sonnelle et schématique, à la façon des images publicitaires. Stuart Davis ne s'est jamais directement réclamé de l'œuvre de Léger et cette peinture est antérieure au voyage qu'il fit à Paris en 1928-29. Pourtant, dans cette fusion d'une écriture abstraite et de l'objet, il est difficile de ne pas voir la marque de celui qui entendait fonder un « nouveau réalisme ». Il est juste aussi de voir là une systématisation et un radicalisme qui sont un aspect majeur de l'originalité de l'art américain. C'est à ce titre que Stuart Davis pouvait dire de lui-même : « Je suis un Américain né à Philadelphie d'ancêtres améri-cains. J'ai étudié l'art en Amérique. Je peins ce que je vois en Amérique, en d'autres termes, je peins la scène américai-ne... ».

Florence Henri

Usine, 1925.
Huile sur toile, 62 × 50 cm.
Collection Gladys Fabre, Paris.

Stuart Davis

Odol, 1924.
Huile sur toile, 60,9 × 45,7 cm.
Succession Stuart Davis. Courtesy Andrew Crispo Gallery,
New York.

Le Corbusier (Charles Edouard Jeanneret)

Nature morte à la cruche blanche sur fond bleu, non
daté.

Huile sur toile, 65,5 × 81 cm.
Kunstmuseum, Bâle.

Fernand Léger

L'homme au chandail, 1925.
Huile sur toile, 65 × 92 cm.
Collection particulière, Paris.

Fernand Léger

La lecture, 1924.

Huile sur toile, 113 × 146 cm.
Musée national d'art moderne, Paris.

401

Gerald Murphy

Razor, 1924.
Huile sur toile, 82,9 × 92,7 cm.
Dallas Museum of Fine Arts, Foundation for the Arts Collection, don de G. Murphy, Texas.

Amédée Ozenfant

Nature morte bleue sur fond foncé, 1922-27.
Huile sur toile, 130 × 97 cm.
Collection particulière.

403

Art abstrait / art concret

1930 fut incontestablement, à Paris, la date de reconnaissance de l'abstraction géométrique. La fondation du groupe « Cercle et Carré » aussi bien que celle d' « Art Concret » prétendait à la généralisation des concepts établis par Mondrian et van Doesburg. La création le 15 février 1931 du groupe « Abstraction-Création » devait assurer celle-ci par le nombre des artistes concernés, par son internationalisme volontaire. Pas moins de 33 artistes américains figuraient au sommaire du dernier numéro de cette revue. On a, par ailleurs souvent relevé la coïncidence qui fait qu'au moment même où s'arrête à Paris l'activité d' « Abstraction-Création » se fonde à New York l'association des « American Abstract Artists » dont les buts sont similaires et dont le rôle fut important pour l'implantation de l'art abstrait aux Etats-Unis.

Jean Arp

Un grand, deux petits, 1931.
Bois peint, hauteur : 63 cm.
Collection particulière.

Il est difficile de situer l'œuvre de Arp dans les limites de l'esthétique d'un groupe ou d'une tendance. Protéiforme, elle se prête aux interprétations, aux annexions. Dada pour les dadaïstes, surréalistes pour les amis d'André Breton, elle n'en relevait pas moins des courants constructivistes pour les partisans de l'abstraction géométrique. Arp lui-même se plaisait à nourrir l'ambiguïté exposant tour à tour ou simultanément avec l'un ou l'autre groupe. Exposant du groupe « Cercle et Carré » et d' « Abstraction-Création », Arp, dans les œuvres de cette époque, montre la marque de l'esthétique constructiviste. « Un grand et deux petits » est particulièrement caractéristique de cette époque de transition : la splendeur colorée de la période dadaïste fait place à l'austérité du blanc, les formes, même si elles conservent quelque allusion au réel – *un grand* semble l'empreinte agrandie d'un trou de serrure – se dépouillent à la limite de l'abstraction. Cette œuvre témoigne également de la période transitoire des années 30 entre le relief plat et la forme tridimensionnelle à caractère biomorphique. C'est également de 1931 que date « Cloche et nombrils » (collection du Museum of modern art, New York) dont les formes, comme celles des *deux petits* évoquent la série des « concrétions humaines ». Dans « Cubism et Abstract art », Alfred Barr notait au sujet des œuvres de cette période :

« Récemment, Arp a abandonné le relief plat pour la sculpture en ronde bosse. Sa *concrétion humaine* est une sorte de sculpture protoplasmique ou l'organique se mêle à la pierre blanche polie par l'eau. Ses concrétions ont été en partie anticipées par une œuvre extraordinaire de Vantongerloo, *composition à l'intérieur d'une sphère,* réalisée en 1917. Vantongerloo, un des membres du groupe *de Stijl* si strictement attaché à la ligne droite, ne revint jamais à de telles formes biomorphiques. Arp avait fait ses *collages* rectangulaires juste avant 1916 et il ne revint jamais à la forme géométrique. Les « formes » à la Arp, silhouettes douces, irrégulières, toutes en courbes, à mi-chemin entre un cercle et l'objet représenté, apparaissent maintes et maintes fois dans les œuvres de Miro, Tanguy, Calder, Moore et de bien d'autres artistes de moindre envergure. »

Alexander Calder

The arc and the quadrant, 1932-1933.
Sculpture mobile, 82,5 × 28,6 × 29,2 cm.
The Berkshire Museum, Pittsfield, Mass.

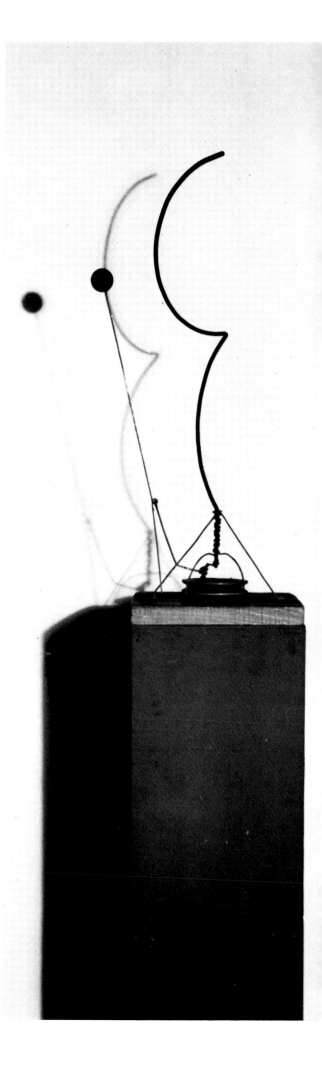

« Devant ces nouvelles œuvres transparentes, objectives, exactes, je pense à Satie, Mondrian, Marcel Duchamp, Brancusi, Arp, ces maîtres incontestés du beau inexpressif et silencieux, Calder est de cette ligne là. C'est un Américain 100/100. Satie et Duchamp sont 100/100 Français. Comme on se rencontre ? » Ainsi Fernand Léger terminait-il la préface du catalogue de l'exposition des premières sculptures abstraites de Calder en 1931 à la galerie Percier. Dans cette manifestation capitale, Calder exposait son premier mobile (autrefois dans la collection du Musée de Lodz, Pologne, et disparu pendant la guerre). Tout l'hiver de 1931-1932, l'idée continua son chemin et il réalisa une série d'œuvres incluant le mouvement, celui-ci étant réalisé au moyen d'un petit moteur électrique. Ces œuvres, exposées en 1932 à la Galerie Vignon, dirigée par Marie Cuttoli, furent baptisées « mobiles » par Marcel Duchamp. Dans son « Autobiographie », Calder note : « Je pense que tous les membres d'Abstraction-Création sont venus voir mon exposition. Leur revue sortait environ à cette époque. Ils l'ont maintenue quelques années, un numéro par an. Finalement les fonds ont manqué et quelqu'un a suggéré d'inviter les artistes à succès dont la photo serait publiée à côté des nôtres. Ils paieraient un peu plus que nous pour permettre de continuer la publication. Quelqu'un a suggéré d'inviter Picasso et cela a rendu Delaunay furieux. Ils ont invité Brancusi et il a envoyé une photo, mais pas de fonds (...).

Les journalistes ne semblaient rien comprendre à ce que je cherchais à faire. Il y a eu des notes sur « l'art automobile », et la photographie d'un des objets, comparé à un changement de vitesse. Ils ne comprenaient rien ou ne voulaient rien comprendre. Les membres et amis du groupe semblaient comprendre. Cependant quelques unes des lumières les moins brillantes m'ont demandé : « quelle formule utilises-tu ? ».

The Arc and the Quadrant appartient à une série de mobiles réalisés selon le même schéma : d'un socle supportant un moteur sortent des éléments isolés, à forme géométrique simple dont le mouvement est généralement de rotation. Interrogé par Katherine Kuh en 1960 sur son sentiment quant aux premiers mobiles motorisés, Calder répondit : « Ceux qui sont motorisés sont trop pénibles – beaucoup trop cauchemardesques – et même les meilleurs ont tendance à se répéter mécaniquement ».

Theo Van Doesburg

Composition arithmétique, 1930.
Huile sur toile, 100 × 100 cm.
Collection particulière, Suisse.

Cette peinture exceptionnelle, la dernière de van Doesburg avant sa mort, semble résumer à la fois ses principes et ouvrir le chemin d'un art sériel qu'il n'explora jamais. La clarté de la composition : quatre carrés en progression géométrique selon la diagonale contenant chacun dans leur quart inférieur droit un carré d'une surface équivalente à ce quart décalé de quarante-cinq degrés. La limitation de la gamme colorée : blanc, gris et noir achève de donner à ce schéma austère un caractère dépouillé et une authentique grandeur. Le « Dessin arithmétique IV », également de 1930, tend à prouver que parvenu à ce stade de son évolution, van Doesburg envisageait la systématisation des principes de l'*Elémentarisme* en appuyant sur les progressions mathématiques le pouvoir dynamique de la diagonale. Reproduite après sa mort dans le premier numéro d'Abstraction-Création dont les séances constitutives s'étaient tenues chez lui en janvier 1931, cette œuvre figura également dans l'exposition « Cubism and abstract art » organisée en 1936 au Museum of modern art par Alfred Barr. L'action permanente d'animateur menée par van Doesburg tant sous la forme d'articles que d'organisation d'expositions, de conférences lui donna à Paris dans les années 30 figure de tête de file. Pour opposer une image plus stricte de l'abstraction géométrique à celle proposée par Michel Seuphor et « Cercle et Carré », van Doesburg créa en retour « Art Concret ». « Abstraction-Création », conservant les initiales d' « Art Concret » fut l'ultime tentative à laquelle collabora van Doesburg dans son action de promoteur de l'abstraction géométrique. Dans une lettre à Kupka, van Doesburg écrit : « Comme il est absolument impossible d'arranger des expositions ou des publications intéressantes en limitant trop strictement les participants, nous sommes obligés de nous unir sur une base plus large. Les meilleurs artistes de Paris et de l'étranger devraient participer même si leurs tendances ne sont pas les nôtres. » Faut-il voir l'écho de cette préoccupation, ainsi que le remarque John Elderfield, dans le fait que dans le compte-rendu de 1935 d'Abstraction-Création, on avait remarqué *l'intérêt* que les Etats-Unis portaient à l'art abstrait : la contribution américaine à Abstraction-Création occupait la seconde place parmi les pays représentés bien qu'assurément on eût affirmé : « ... Paris est le centre du mouvement... Nous souhaitons sincèrement que cette ville garde ce rang et ce privilège ».

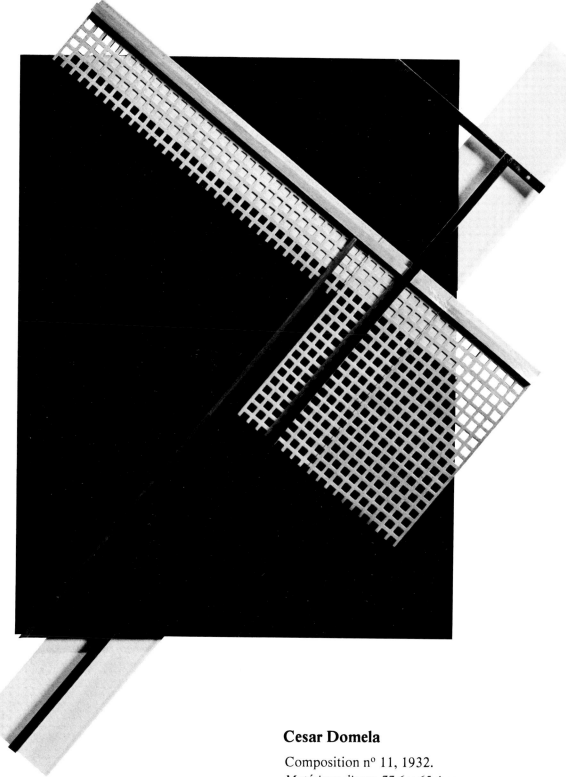

Cesar Domela

Composition n° 11, 1932.
Matériaux divers, 77,6 × 65,4 cm.
Bayerische Staatsgemäldesammlungen, Munich.

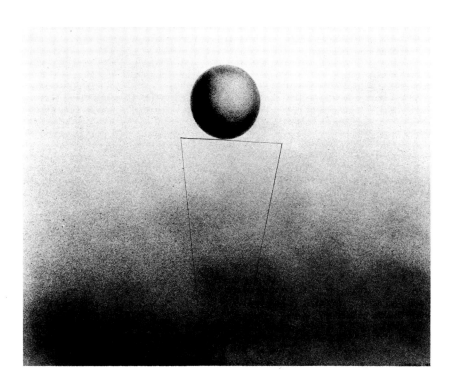

« Domela fut un élève du groupe *de Stijl* dès 1926. Il passa d'une peinture à la manière de Mondrian aux reliefs en verre et en métal qui sont des variations libres s'inspirant de la « géométrie » néo-plastique. (...) Mondrian, le héros ascétique et déterminé du rectangle, avait été délaissé par ses plus brillants disciples, Hélion et Domela, qui avaient introduit dans leurs plus récents travaux diverses impuretés : matériaux variés, lignes irrégulièrement gravées et tons dégradés ». C'est ainsi qu'Alfred Barr présentait, dans « Cubism and Abstract Art », Domela dont il avait retenu pour l'exposition et la reproduction au catalogue, le Relief n° 11. C'est pendant son séjour à Berlin (de 1927 à 1933) que Domela réalisa ses reliefs, trouvant ainsi le mode d'expression selon lequel il allait développer son travail et s'écartant encore plus profondément de l'orthodoxie néo-plastique définie par Mondrian, à laquelle il avait souscrit dès 1924. Parlant dans un entretien avec Roger van Gindertael, en 1970, du respect du plan bi-dimensionnel, Domela expliquait ainsi sa position : « C'est sur ce point que par la suite je me suis trouvé en contradiction avec Mondrian au cours de nos discussions amicales, car je pensais – et je pense toujours – que deux couleurs même cernées et contenues par un trait noir, ne se situent pas visuellement sur un même plan (...).

Plus importante encore a été pour le développement de toute mon œuvre l'initiative que j'ai prise par la suite d'insister sur le fait d'une troisième dimension en matérialisant celle-ci dans les premières compositions néo-plastiques en relief que j'ai créées à Berlin vers 1929, dans des matières solides peintes mais en utilisant aussi la transparence de plaques de verre ou de plexiglas ».

Participant du groupe « Cercle et Carré » puis d' « Abstraction-Création », ses reliefs furent tôt connus à Paris comme à New York où Gallatin acheta « Construction, 1929 » exposé avec l'ensemble de sa collection au Museum of Living Art (New York University). C'est là que Domela bénéficiera d'une exposition personnelle de son œuvre en 1936.

Arthur Tutundjian

Composition, 1928.
Dessin, 38 × 48 cm.
M. et Mme Joseph Ascher, New York.

Ce dessin est particulièrement caractéristique des premières œuvres présentées par l'artiste, à Paris, lors de son exposition à la Galerie Nay, en 1929. Les éléments de son répertoire – la ligne et la boule – se combinent ici dans un déséquilibre statique ; une pulvérisation en dégradé situe les éléments dans un espace abstrait qui suggère cependant une relation atmosphérique. Parmi les témoignages recueillis dans le catalogue d'une des ventes publiques de l'atelier de l'artiste en 1970, on peut relever celui de Jean Hélion : « Léon Tutundjian venait d'Orient après des séjours en Grèce et en Italie. C'était le plus intérieur, le plus mystérieux et le plus surréaliste. Son exposition faite de lignes minces et de boules, à la Galerie Nay, rue Bonaparte en 1929 avait fait une violente impression sur le petit monde de personnes que tourmentaient un art nouveau, ses œuvres ne ressemblaient à rien que l'on connût ici. Je puis témoigner de l'admiration que lui portaient alors des artistes devenus depuis très célèbres ».

Fondateur avec Carlsund, Hélion, et Van Doesburg du groupe « Art Concret », Tutundjian a, dans ses œuvres, de 1927 à 1932, date à laquelle il rallia le surréalisme, préfiguré par ses constructions linéaires, ses sphères en contrepoids, les premières sculptures abstraites de Calder.

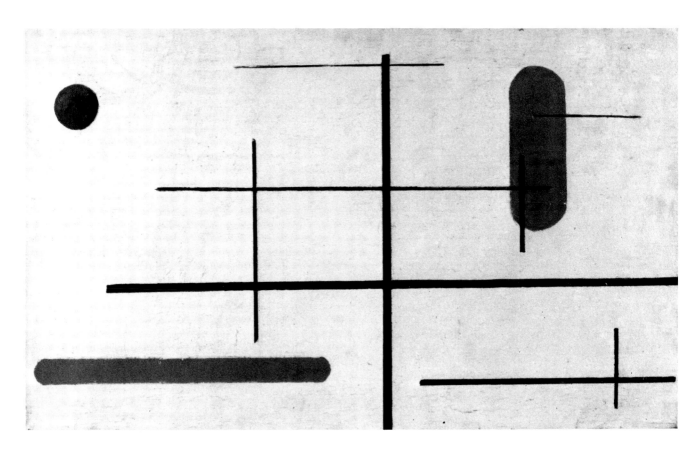

William Einstein

Concrétion nº 1, 1931.
Huile sur panneau de bois, 55 × 33 cm.
Collection Mme Josette Einstein.

Dans le premier numéro d'Abstraction-Création furent publiées deux reproductions d'un jeune artiste américain William Einstein. Dans ses notes « Einstein on Einstein », il écrit : « Finalement il ne pouvait qu'abandonner la liberté d'expression de Soutine après avoir compris qu'il avait besoin d'une base plus solide que l'expressionisme pur pour atteindre la grande aisance technique exigée par son œuvre future. A l'origine, l'abstraction fut pour lui une discipline. Il fut attiré par elle au début des années 30 lorsqu'il devint très proche de Mondrian, Arp, Freundlich, Delaunay, Pevsner, Calder et Hélion et lorsqu'il participa aux premières manifestations du « groupe » Abstraction-Création ». Ses œuvres de l'époque, aujourd'hui presque toutes détruites pendant la guerre, relèvent d'un double appel, l'un vers l'abstraction post-cubiste à caractère ornemental qu'il poursuivra pendant plusieurs années avant de revenir à la figuration, l'autre vers l'esthétique néo-plastique, l'une des œuvres reproduites dans Abstraction-Création évoquant fortement la « Danse Russe » (1918) de Theo van Doesburg. Neveu de Stieglitz, William Einstein retourna dès 1934 aux Etats-Unis ou il aida Stieglitz dans les activités de sa galerie « An american place ».

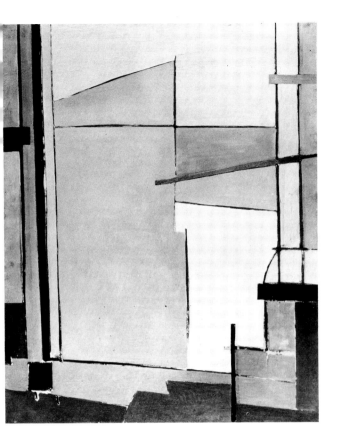

Fritz Glarner

Composition abstraite, 1932-35.
Huile sur toile, 115 × 92 cm.
Kunstmuseum, Winterthur.

L'exposition de Fritz Glarner en 1930 à la galerie Povolotzky, auquel il était apparenté, montrait bien à quel point d'abstraction étaient parvenues certaines œuvres de cet artiste comme « l'Equerre » (1928). Si les tableaux qui suivirent comme « Le contour oval » (1931) témoignaient d'une encore plus totale liberté d'écriture, il n'en restait pas moins un support d'image figuratif. C'est au vu de ces œuvres et malgré une figuration relative que Glarner fut invité à participer à la première manifestation du groupe « Abstraction-Création ». La « Composition abstraite » (1932-1935) appartient à une série d'œuvres qualifiées par Glarner lui-même « peintures inachevées ». Il s'agit pourtant d'œuvres abouties, les plus avancées dans l'abstraction qu'il ait produites avant la dernière période abstraite (de 1942 à sa mort).On peut y déceler, à l'état embryonnaire, les éléments des « rationnal paintings » – long jeu de droites traversant la surface, inclinaison diagonale des éléments, stabilité et dynamisme de la composition – de la même façon que Glarner se plaisait à voir l'origine de ses « Tondi » dans la table ronde, élément central du tableau « l'Equerre ». Par sa gamme colorée très spécifique à dominante de tons beiges et rosés, cette peinture appartient à la tradition post-cubiste à laquelle se rattachent également les œuvres qui lui sont postérieures et ou l'espace central constitutif des œuvres de cette époque se définit comme contour d'une sculpture de Giacometti gagnée par Fritz Glarner à un concours de palettes organisé par la Galerie Pierre au début des années 30.

C'est la rencontre de Mondrian qui fit franchir, en 1926-1927, le pas décisif à l'œuvre de Jean Gorin. Si celui-ci jusqu'alors avait donné la primauté dans sa peinture à ce que Maurice Besset a appelé « une volonté de composition », c'était plus à partir d'une réflexion menée solitairement en Bretagne sur les découvertes du cubisme et du purisme. Il fallut d'abord la lecture en 1926 d'un texte de Mondrian sur le néo-plasticisme, et la rencontre l'année suivante de l'artiste pour que Jean Gorin adhère aux principes définis par Mondrian. En 1930, il publie un texte sur l'architecture néo-plastique « La Fonction plastique dans l'architecture future » dans le troisième numéro de la revue Cercle et Carré et participe avec trois œuvres à l'exposition du groupe.

Dès 1927, en effet et sous l'influence des tentatives d'inscription dans l'architecture des recherches néo-plastiques faites par le groupe De Stijl qu'il a découvertes en exposant avec J.J.P. Oud et Rietveld à Lille avec le groupe Vouloir, il entreprend en effet la construction de meubles et d'une ambiance néo-plastique. Ce sens très fort de l'espace qui marque l'œuvre de Gorin ne va pas tarder à se faire également jour dans sa peinture. A partir de 1929, il réalise en effet ses peintures-relief dans lesquelles l'évidement de la ligne par le jeu d'ombre qu'il provoque remplace la « grille » orthogonale traditionnelle de couleur noire. Les plans colorés limités aux couleurs primaires – principes qu'il applique depuis sa rencontre avec Mondrian – y gagnent une mobilité dans l'espace qui est fonction des variations de la lumière. Dès la fondation du groupe Abstraction-Création, Jean Gorin participera à ses activités en tant que membre du Comité directeur. C'est dans le numéro de 1933 que seront reproduits ses premiers grands reliefs plans dont « Composition n° 4 » est un exemple caractéristique.

Jean Gorin

Composition néo-plastique à lignes en creux n° 4, 1931.
Huile sur bois, 67 × 67 cm.
Mme Jean Gorin.

Jean Hélion

Composition, 1932.

Huile sur toile, 64 × 49 cm.
Philadelphia Museum of Art, Collection A.E. Gallatin,
Penn.

Achetée par Gallatin dès 1932 lors de la première exposition de Hélion à la galerie Pierre et exposée dès cette date à New York University, cette peinture est caractéristique de l'itinéraire que celui-ci suivit à ses débuts dans l'abstraction. Dès 1929, l'image des choses s'effaçait de sa peinture pour laisser place à une organisation de la surface encore empreinte de la violence gestuelle des œuvres précédentes. La découverte de l'œuvre de Mondrian, l'assimilation des principes néo-plastiques, l'arrivée de van Doesburg – le tout en un court laps de temps entre 1929 et 1930 – allaient permettre à Hélion de clarifier pour lui-même le sens de son évolution sans la laisser se figer en une formule. Du néoplasticisme, il retiendra essentiellement le souci de clarté et d'exactitude dans la mise en place des éléments, la limitation des couleurs en aplats (sans pourtant s'en tenir aux couleurs primaires), de van Doesburg la notion d'image dynamique, le refus d'une théorie figée : dès 1930, date de la fondation du groupe « Art Concret », sa peinture, si elle organise le plus souvent la division de la surface sur des partitions mathématiques, montre l'apparition d'un signe qui se développera par la suite jusqu'à devenir figure abstraite, puis image. A l'inverse de l'équilibre statique des œuvres de Mondrian, les peintures de Hélion jouent sur la tension d'éléments contradictoires, opposant la droite à la courbe, le balancement des larges surfaces par de courtes sécantes...

Membre fondateur du groupe Abstraction-Création, Hélion en dirigea en 1932 le premier cahier. La rencontre de Gallatin, l'amitié qui le lia à celui-ci, son influence quant à la constitution de sa collection ainsi que ses nombreux articles ont fait de Hélion l'un des principaux introducteurs de l'art abstrait géométrique aux Etats-Unis, et Henry Mac Bride n'hésitait pas à écrire, dans le « New York Sun » à l'occasion de l'une de ses expositions new-yorkaises : « Comparé aux autres adeptes du non-réalisme, Hélion a plus de charmes abstraits susceptibles de séduire la sensibilité américaine ».

Harry Holtzman

Equilibrium of movement and countermovement, 1933.

Dessin, 48 × 64 cm.
Collection Harry Holtzman, Lyme, Conn.

Cette œuvre, l'une des plus anciennes de Harry Holtzman est antérieure à sa rencontre avec Mondrian à Paris. Ainsi que l'écrit John Elderfield : « Ce fut après avoir vu les Mondrian (de la collection Gallatin) que Holtzman vint à Paris pour obtenir des informations de première main sur les principes néo-plastiques et qu'il retourna aux Etats-Unis comme exégète de Mondrian ». Le rôle de Harry Holtzman en tant que promoteur de l'art abstrait aux Etats-Unis fut considérable aussi bien en tant que professeur à l'Ecole de Hans Hofmann qu'en tant que secrétaire des American Abstract Artists.

Franz Kupka

Points d'attache, 1934.

Huile sur toile, 75 × 85 cm.
Louis Carré et Cie, Paris.

Au début des années 30, le style de Kupka évolue considérablement et tend à la grande simplification. L'influence du néo-plasticisme s'y fait évidente et si Kupka n'adhère pas totalement à la norme orthogonale, il intègre d'autant plus facilement à son œuvre les principes de celle-ci que, depuis « Plans verticaux I » de 1912, son travail s'est plusieurs fois porté sur « le monde rectiligne ». Adhérant au groupe « Abstraction-Création », il publie dans le second numéro en 1933, une série de douze dessins, datés 1928-1932, qui semble devoir servir de ligne directrice à ses recherches ultérieures. Combinant plusieurs de ces directions, « Points d'attache » est l'un des plus purs exemples de la période géométrique de Kupka. Exposée lors de la rétrospective Kupka/Mucha au musée du Jeu de Paume en juin 1936, cette œuvre fut présentée à New York lors de la première exposition personnelle de Kupka aux Etats-Unis par la Louis Carré Gallery en 1951. Dès avant la guerre cependant, la reconnaissance de Kupka y était grande : Alfred Barr l'incluant dans l'exposition « Cubism and abstract art » en 1936 au Museum of Modern Art, notait dans la préface : « A la fin de l'année (1912), Kupka commença la version définitive de *Plans verticaux,* dont il avait entrepris les premières études en 1911. Ses rectangles d'un gris froid mis en valeur par un unique plan violet anticipent les compositions géométriques de Malevitch, Arp et Mondrian ; *Plans verticaux* a été exposé au salon des Indépendants au printemps 1913. En moins d'un an, Kupka a probablement peint les premières abstractions géométriques pures aussi bien curvilignes que rectilignes de l'art moderne.

Comparées à ces œuvres accomplies et décisives, les abstractions légèrement antérieures de Kandinsky et de Larionov apparaissent comme des coups d'essai ».

414

Joachim Torrès-Garcia

Composition, 1923.
Huile sur toile, 81 × 100 cm.
Philadelphia Museum of Art, Collection A.E. Gallatin,
Pen.

L'œuvre de Torres Garcia peut sembler, de prime abord, restreinte dans ses ambitions par rapport à l'extrémisme des positions des autres artistes des groupes « Cercle et Carré », « Art Concret » et « Abstraction-Création ». Son rôle n'en fut pas moins déterminant. Dans sa préface extrêmement documentée à la rétrospective de l'artiste au Guggenheim Museum en 1970, Daniel Robbins rappelle ainsi les moments-clés de ce séjour parisien qui commença en 1926 :

« En 1928, l'œuvre qu'il avait proposée au Salon d'Automne fut refusée. La même mésaventure était arrivée à Hélion et à un groupe d'autres amis. Hélion eut l'idée de monter un salon des Refusés dans la grande tradition de 1863. Ainsi les *condamnés,* cinq artistes de nationalités différentes, exposèrent en novembre à la galerie Marck. A cette exposition, Torres Garcia rencontra Theo van Doesburg qui fut enthousiasmé par son œuvre et qui l'invita à son atelier. Jusqu'alors Torres Garcia ignorait tout du néo-plasticisme et du groupe *de Stijl,* « ce mouvement artistique si moderne... aux confins de la peinture ». Par la suite, Torres Garcia rencontra à une exposition de Vordemberge-Gildewart un jeune artiste hollandais, Michel Seuphor, qui lui donna à entendre que van Doesburg avait tiré la plupart de ses idées de l'œuvre de Mondrian, artiste bien plus important. Torres Garcia rencontra bientôt Mondrian et ne put que se ranger à cet avis.

Il ne fait aucun doute que la rencontre avec Mondrian fut d'une importance extrême, sinon décisive, pour Torres Garcia. Si l'origine des compositions verticales et horizontales de Torres Garcia peut déjà être décelée dans la période de Barcelone-New York de 1917-22, ce n'est qu'en 1928-29 qu'il commença à se mesurer effectivement avec l'idée pure d'un art totalement dénué de tout sentiment personnel, art dont la valeur réside entièrement en un dessin rigoureux et sans profondeur, à l'équilibre asymétrique ».

Si la peinture de Torres Garcia se situe par rapport au courant d'idées que provoqua l'œuvre de Mondrian, son rôle dans le milieu de l'art n'en fut pas moins actif, comme le note également Daniel Robbins :

« Il envisagea dans ses discussions avec van Doesburg de créer un magazine et de fonder un groupe. Torres Garcia jugea l'idée excellente mais il s'aperçut vite que pratiquement personne n'avait de point commun avec van Doesburg et qu'en outre ce dernier n'accepterait que des artistes de sa propre tendance Elémentariste pure et dure, « c'est-à-dire environ cinq ou six artistes ». C'est pourquoi, afin que le groupe soit aussi ouvert que possible, van Doesburg ne fut pas admis, et Torres Garcia fonda en 1930, avec l'aide de Seuphor, le groupe « Cercle et Carré » (...). Mais il fut contraint de quitter le groupe « Cercle et Carré » avant la mi-octobre 1930, après avoir confié la direction du magazine à Seuphor et être parti en Suisse près d'Ascona pour de longues vacances d'été. A son retour, il trouva un nouveau groupe comprenant Gabo et Arp (qu'il admirait) et ceux-ci s'apprêtaient à élargir le mouvement au-delà des options de « Cercle et Carré ». Gabo et Arp projetèrent d'unir les tendances constructivistes et celles du Dadaïsme originel en un seul groupe à la fois ouvert, pur et diversifié. Cependant le titre même et le style de « Cercle et Carré » portent vraiment la marque de Torres Garcia ; il y a là l'incarnation de sa propre théorie dans sa phase initiale la plus authentique, l'adéquation d'une idée abstraite avec le symbole d'une chose ».

La « Composition, 1929 » fit partie des œuvres exposées par Torres Garcia à « Cercle et Carré » ; elle fut acquise par Gallatin et exposée avec trois autres de la même époque à New York University.

Biomorphisme

Si l'abstraction emprunte surtout jusqu'aux années 50 le visage de l'art constructiviste, quelques artistes présents dans des groupes comme Abstraction-Création ou au premier Salon des Réalités Nouvelles (1939) proposaient un style abstrait plus libre, pour une part dérivé de la période expressionniste de Picasso, pour une autre inaugurant une liberté d'écriture qui contribuera largement à l'apparition de l'*Action-painting*.

Dans la troisième livraison d'Abstraction-Création, publiée en 1934, était reproduit un dessin d'Arshile Gorky de 1931-32 appartenant à une importante série dont l'œuvre maîtresse est *Nighttime, enigma and nostalgia*. Cette participation reste, dans l'état actuel des recherches, mystérieuse et semble s'être limitée à l'envoi d'un document photographique. Gorky ne figure pas en effet dans la liste des exposants à la manifestation permanente des artistes de l'Association « Abstraction-Création » au 44 de l'avenue de Wagram pour l'année 1934. Le caractère picassien du dessin reproduit est caractéristique de la confusion faite par le comité du groupe « Abstraction-Création » entre l'expression abstraite et les vocabulaires divers de l'avant-garde. Il peut sembler, au premier abord, que cette peinture n'est qu'une citation de l'œuvre de Picasso, tant les formes en sont proches. Les éléments du visage de gauche se réfèrent clairement aux figures de Picasso des années 1926-1927 et tout spécialement à la *Femme assise, 1927* de la collection James Thrall Soby. La spécificité du travail de Gorky se fait en réalité jour en cette œuvre dans l'amalgame qu'il réalise entre les formes de Picasso, l'utilisation d'une matière épaisse et riche, d'une gamme colorée dense et puissante, à la manière de Braque et la situation spatiale des éléments proche de Miro plus que dans la création d'une image originale. C'est dans la maîtrise absolue de ce langage ambigu, lorsque s'y sera ajouté l'espace pictural de Matta, que Gorky parviendra à partir de 1941 à réaliser ses œuvres majeures. C'est en ce sens que Clement Greenberg a écrit de lui, en 1955, dans *Partisan Review* : « A mon avis, c'est l'un des plus grands artistes que nous ayons eu dans ce pays ».

Arshile Gorky

Nightime enigma and nostalgia, c. 1934.
Huile sur toile, 91 × 116 cm.
Succession Arshile Gorky.

418

Pendant les années d'avant-guerre, Hartung réalisa, par souci d'économie des toiles et des matériaux, une esquisse préalable de ses œuvres de grand format. Celles-ci ne sont que le scrupuleux agrandissement au carreau de petites toiles où se donnait libre cours l'invention d'une écriture gestuelle et totalement libérée. La toile ici présentée est la version en grande dimension de celle acquise par A.E. Gallatin et qui figura dès 1936 dans la présentation de sa collection à New York University. Si c'est surtout après-guerre que Hartung put confronter son travail à celui des américains, il serait contraire à la réalité historique d'affirmer que son travail était auparavant inconnu aux Etats-Unis, les deux œuvres ici présentes ayant été reproduites respectivement dans *Partisan Review*, dans *Transition* et au catalogue de la collection Gallatin. S'il est impossible de juger précisément leur impact sur l'art américain d'après-guerre, on n'en peut pas moins noter, ainsi que l'a dit, à plusieurs reprises, Hartung à ce propos, qu'il « suffit d'un grain de semence pour faire germer les idées ».

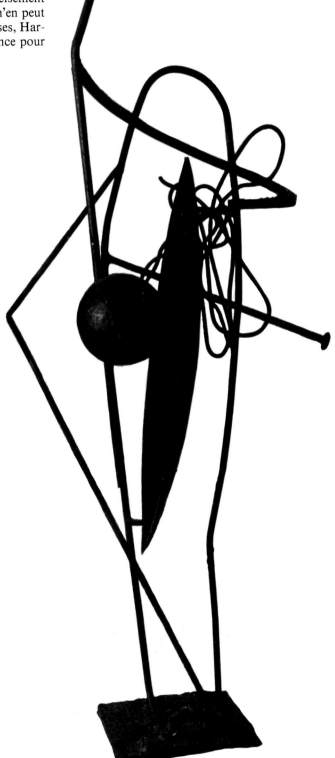

Hans Hartung

Peinture T., 1936-2.
Huile sur toile, 171 × 115 cm.
Hans Hartung, Paris.

Sculpture, 1938.
Fer, 96 × 37 × 43 cm.
Hans Hartung, Paris.

Jean Hélion

Figure bleue, 1937.
Peinture sur toile, 114 × 91 cm.
Collection particulière, Paris.

Cette toile appartient à la série des « Figures » que Hélion réalisa pendant son troisième séjour aux Etats-Unis et qu'il s'est toujours plu à considérer, dans son ensemble, comme une galerie de portraits de famille. Dans ses carnets de 1933-34, il note, en pleine période abstraite : « La supériorité de la nature est d'offrir le maximum de complexité de rapports. C'est vers elle que je vais à grands pas. Je m'en rends compte chaque fois que j'augmente mes éléments. Je n'imagine pas du tout comment se fera la rencontre ni même si elle se fera de mon vivant ou à travers mes successeurs ». Œuvres de transition en ce sens, les « Figures » abstraites n'en eurent pas moins une large audience dès leur réalisation. Présentées dans les expositions personnelles à la Valentine Gallery (1936 et 1937), à la Galerie Georgette Passedoit (1940) et à Art of this Century (1943) pour ne mentionner que les expositions new yorkaises ; préfacées par Meyer Shapiro et James Johnson Sweeney, ces œuvres eurent un grand retentissement sur les peintres américains. Dans sa thèse, extrêmement documentée sur *Jean Hélion : the Abstract years : 1929-1939,* Merle Schipper mentionne ainsi les rapports avec l'œuvre de George L.K. Morris, Ilya Bolotowsky, John Ferren ainsi que celle de Carl Holty et de son élève d'alors Ad Reinhardt. Parmi les témoignages rassemblés par Merle Schipper, celui de Robert Motherwell traduit bien la situation de cette œuvre reçue comme « merveilleuse, celle d'un des trois meilleurs peintres abstraits de New York en ce moment avec ce qu'on appelle maintenant des formes *hard-edge* ».

A ce stade de son évolution formelle, Hélion devenu l'ami et le conseiller du collectionneur A.E. Gallatin joua également un rôle important de diffuseur des tendances de l'art abstrait européen tant géométrique que bio-morphique en amenant celui-ci à inclure dans sa collection présentée à la bibliothèque de New York University des œuvres importantes de Léger, Mondrian, Arp, Delaunay... La conférence-promenade que, à la demande de Gallatin, Hélion prononça en octobre 1933 et qui fut reprise en avant-propos du catalogue de la collection est l'un des textes par lesquels se diffusèrent le plus sûrement aux Etats-Unis les recherches des artistes européens.

Stanley W. Hayter

Ophélie, 1936.
Huile sur toile, 100 × 148 cm.
Collection particulière, Paris.

La figure de Stanley W. Hayter est une de celles qui se trouve au cœur des rapports entre artistes européens et américains. Par l'intermédiaire de l'Atelier 17 – un atelier de gravure installé au 17 de la rue Campagne Première, origine de son nom – Hayter contribua à faire rencontrer non de manière sociale, mais au cœur même de leur travail, artistes parisiens et américains de Paris pendant son installation à Paris de 1927 à 1939, puis peintres new-yorkais et artistes en exil lorsque l'Atelier 17 s'installa de 1940 à 1955 au 43 East 8th St, et à poursuivre ce brassage depuis la réouverture de l'Atelier 17 à Paris en 1950. S'il est impossible d'établir la liste exacte des quatre centaines d'artistes qui y travaillèrent, épisodiquement ou avec constance, on peut cependant faire certaines remarques. Dans les années d'avant-guerre prédominent les peintres de tendance surréaliste (Brauner, Dominguez, Max Ernst, Giacometti, Miro, Paalen, Tanguy, Ubac ou le sculpteur américain David Smith) ; à New York, ce sont les jeunes artistes américains (Baziotes, Motherwell, Nevelson, Pollock, Rothko) qui sont mis au contact des peintres européens célèbres réfugiés (Chagall, Le Corbusier, Dali, Masson, Miro ou Lipchitz) ; la dernière période de l'Atelier 17, bénéficiant de la renommée acquise, attire surtout les jeunes artistes. Si le mélange s'y fait plus international, les américains y sont encore très présents où se retrouvent George Ball, Gail Singer ou Hans Haake. Bien plus que simple imprimerie de gravures, de par la personnalité de Hayter, par sa capacité à associer les

participants à un véritable travail collectif, l'Atelier 17, sans ligne esthétique définie, a eu valeur de groupe, bénéficiant de nombreuses expositions tant à Paris (Galerie Pierre en 1934 ; Galerie des 4 Chemins, 1936 ; Galerie de Beaune, 1937) qu'à New York (Wakefield Gallery, 1942 ; Museum of Modern Art, 1944). L'activité d'animateur de S.W. Hayter à l'Atelier 17 ne l'a cependant jamais détourné de son œuvre picturale. *Ophélie* est caractéristique de cette abstraction proche par certains aspects du surréalisme (aux activités duquel, à cette époque, Hayter participait) mais annonce déjà la gestualité plus libre qui marquera son travail dans les années d'après-guerre. Cette œuvre fut reproduite par Sidney Janis dans son ouvrage *Abstract and surrealist Art in America* publié en 1944 à New York.

Alberto Magnelli

Peinture F.G., Paris 1935.
Huile sur toile d'emballage, 100 × 81 cm.
Susi Magnelli, Meudon-Bellevue.

L'œuvre de Magnelli n'a connu aux Etats-Unis qu'une audience restreinte. Cependant deux expositions personnelles à New York avant-guerre (Nierendorf Gallery en 1937 ; Boyer Galleries l'année suivante), des œuvres présentées dans la galerie de Peggy Guggenheim ou dans la collection Gallatin, reproduites dans *Transition, Plastique* ou *Partisan Review* ont permis au public américain de prendre connaissance de cette époque de l'œuvre de Magnelli, transitoire entre les « Pierres » et la seconde période abstraite dont les formes hiératiques, les mises en place de volumes clairement structurés semblent préfigurer certaines œuvres des artistes abstraits américains comme Christie. L'évolution ultérieure de l'œuvre de Magnelli, si elle a donné sa marque à nombre d'artistes européens n'a, par contre, semblé avoir aucune répercussion aux Etats-Unis.

Joan Miró

Peinture, 1933.

Huile sur toile, 174 × 196,2 cm.
Museum of Modern Art, don du Comité d'acquisition par
échange en 1937, New York.

Cette toile qui dès 1937 fit partie des collections du
Museum of Modern Art après quelques péripéties d'acquisitions – (Pendant l'été 1937, Alfred Barr et le comité d'acquisition achetèrent à la Galerie Pierre à Paris une grande
peinture de Miro qui fut échangée contre cette œuvre appartenant alors au *chairman* du comité, le peintre et coll
ectionneur George L.K. Morris, neveu de A.E. Gallatin) –
est parmi les œuvre de Miro qui trouvèrent dans la peinture
américaine d'après guerre un écho considérable. Dans une
très précise analyse de l'œuvre, William Rubin écrit :

« Comme les dix-sept autres huiles de cette série, la toile
du Musée était inspirée par un collage d'images représentant des machines et d'autres objets utilitaires, découpées
dans des catalogues et des journaux. L'ensemble des dix-
huit collages fut réalisé avant qu'aucune des peintures ne
soit commencée et Miro les accrocha sur les murs de son
petit atelier afin de pouvoir les étudier. Les peintures furent
réalisées entre mars et juin 1933, souvent même à quelques
jours d'intervalle. Chaque fois qu'il achevait une toile, Miro
devait l'enlever de son cadre et la rouler afin d'avoir suffisamment de place pour travailler sur la suivante.

Le collage préparatoire pour *Painting* représente des éléments de machines-outils de taille et de complexité variées
collés sur un fond blanc uni. Ces formes exercèrent une
influence minime, voire nulle, sur la première phase du travail du peintre qui consistait à diviser le fond de la toile en
rectangles aux couleurs doucement dégradées allant du vert
bouteille au brun en passant par le bleu foncé et le rouille
sombre. De telles transitions lumineuses et aérées servaient
à rehausser les motifs biomorphiques évoqués par les éléments du collage. Ces motifs furent peints sur les fonds rectangulaires : c'était soit des surfaces en aplat de couleur
opaque (le plus généralement en noir) qui se découpaient
sur l'espace lumineux, soit des formes 'transparentes' laissant voir le fond à travers leurs contours nettement dessinés. Si certaines divisions du fond – le rectangle vert en
haut par exemple – semblent avoir été suggérées par la
répartition spécifique des éléments dans le collage, la relation entre les panneaux du fond et les motifs du premier
plan semble quelque peu arbitraire ». (*Miro in the collection
of the Museum of Modern Art,* page 60).

C'est surtout l'ambiguité d'un espace flottant dans lequel
se situent des éléments à la fois dégagés de toute représenta-
tivité – les formes abstraites ne présentent plus qu'une référence de structure par rapport au collage de machines dont
elles s'inspirent – mais évoquant d'autres transcriptions du
bestiaire de Miro et – très précisément pour Alfred Barr –
des bêtes cornées et un chien assis qui marquera la peinture
américaine. C'est dans ce même espace non-focal auquel
ces formes organiques donnent en quelque sorte valeur
atmosphérique que travaillera une grande partie des peintres abstraits américains d'après guerre, Arshile Gorky
aussi bien que Rothko.

L'atelier de Mondrian au 15 E 59 St. New York.

L'intérieur de l'atelier.

Mondrian à New York

Parti de Londres le 20 septembre 1940, Piet Mondrian débarque à New York le 3 octobre : dernier point sur le chemin de l'exil, dans le souci d'éviter les conditions de la guerre et les bombardements aériens de Londres. C'est Harry Holtzman dont il a fait connaissance à Paris vers 1934 qui lui a fourni la somme nécessaire au voyage ; c'est lui également qui se chargera de lui trouver son premier atelier au 353 East 52nd Street à l'angle de la cinquième Avenue. Charmion von Wiegand le décrit ainsi : « Sur les murs, il y a des esquisses ; sur un seul mur des rectangles bleus, rouges et jaunes. Le rouge domine. Les esquisses sont vieilles sur du papier jaunissant et faites au fusain, à l'encre ou au crayon. Il y a une table, un tabouret au siège en plastique rouge brillant, une paire de tabourets ordinaires ; nul meuble bourgeois, nul ornement ». Il restera là jusqu'en octobre 1943, date à laquelle il prend un autre atelier au 15 East 59th Street. Autour de Mondrian s'établit très vite un petit groupe de fidèles : Harry Holtzman bien sûr, mais aussi Fritz Glarner, retrouvé à New York, Carl Holty, Charmion von Wiegand... Sur les instances de Holtzman, Mondrian s'inscrit au groupe des American Abstract Artists, mais il ne prendra pas réellement part aux activités du mouvement. La situation de Mondrian à New York semble paradoxalement plus intégrée à la vie du monde artistique qu'elle ne l'était à Paris. Les contacts se renouent avec les autres artistes en exil parmi lesquels figurent certains de ses amis parisiens : Fernand Léger, Hélion ou Ozenfant. L'importance de Mondrian, plus facilement reconnue par les jeunes artistes américains lui donne figure de maître : c'est à New York qu'auront lieu les deux seules expositions personnelles tenues de son vivant à la Valentine Dudensing Gallery, la première en janvier-février 1942 (Mondrian avait alors 70 ans), la seconde en mars-avril 1943. C'est à cette dernière exposition qu'il présentera le *Broadway Boogie-Woogie* ainsi que cinq autres œuvres importantes (dont *New York 1941-42*), car si ce séjour à New York marqua la reconnaissance sociale de Mondrian, cette ville fut surtout le témoin de la plus profonde transformation de sa peinture. La solution de continuité entre les œuvres européennes et celles entreprises aux Etats-Unis, l'accélération de la mutation dont témoignent les dernières peintures par rapport à la lente évolution des œuvres précédentes ont suscité interprétations et commentaires contradictoires. Il n'est aujourd'hui plus possible d'écrire à ce sujet : « Que s'est-il passé pour légitimer cet important changement ? Un peintre a changé de continent, voilà tout », de voir dans la fragmentation colorée la transcription des lumières clignotantes des cinémas de la 42ᵉ rue, de penser que l'adjonction du terme « Boogie-Woogie » est la marque de l'Amérique (alors qu'une toile de 1929 peinte à Paris s'appelle *Fox Trot B*). Mondrian lui-même s'est clairement expliqué au cours de la conférence « Un nouveau réalisme » qu'il prononça en avril 1943 devant les American Abstract Artists : « La nature même de l'art est l'expression de la pure vitalité qui se manifeste à travers le mouvement dynamique de la réalité. La vie qui s'exprime dans le monde environnant nous donne le sentiment de notre propre existence et c'est de ce sentiment que l'art surgit. Une œuvre n'est cependant véritablement une œuvre d' « art » que dans la mesure où elle présente ce que la vie a d'immuable, la vitalité à l'état pur ».

L'évolution formelle de l'œuvre de Mondrian est inséparable de la transformation de sa technique de peintre. L'utilisation de « tapes » modifia profondément le mode de réalisation des peintures, coïncidant avec l'apparition de la ligne colorée, ou en étant peut-être même la source. *New York* est la première des œuvres de Mondrian où la couleur ne vient pas s'inscrire dans les réserves déterminées par la grille des lignes noires. Le contrepoint qui s'établit entre la structure *classique* de lignes noires et les éléments colorés – trois lignes rouges, dont deux parallèles, s'intersectant, huit petits rectangles de couleurs primaires partant du bord extérieur de la toile et s'interrompant à la rencontre de la première ligne parallèle à celle-ci –, Harold Diamond l'explique, par les temps successifs de la composition : dans un premier état ne comportant que les lignes noires, Mondrian a exposé, en 1941 avec les American Abstract Artists, cette toile telle qu'il l'avait apportée de Paris ; celle-ci le laissant insatisfait, il l'a alors reprise à New York, lui ajoutant les éléments colorés.

New York City I et les autres œuvres inachevées de la même série marquent le pas décisif dans l'évolution de l'œuvre se réduisant à une structure de lignes de couleurs située sur la toile brossée en blanc. L'utilisation des « tapes », légèrement déplacés jusqu'à parvenir à la plus grande tension, à l'efficacité visuelle maximale, est sans doute à l'origine de l'effet de tissage que provoque le jeu des grilles superposées – la bleue d'abord, puis la rouge et la jaune – cette dernière étant en plusieurs points recouverte par la structure rouge qui ainsi passe au premier plan, alors que la bleue ne le fait que sur l'un des côtés du tableau. Par le jeu de tressage, se crée un plan virtuel où, à l'analyse, se situe la peinture alors qu'un certain flottement optique dû aux qualités différentes d'expansion des couleurs donne au tableau une mobilité très étrangère aux peintures des années 30.

On peut supposer que c'est également à partir du phénomène optique provoqué par le croisement des lignes colorées que s'est élaborée la composition du *Broadway Boogie-Woogie :* à l'intersection des lignes rouges et jaunes, lorsque cette dernière passe au-dessus de la première, le pouvoir expansif du rouge tend à donner dans la continuité de la ligne jaune l'illusion d'un carré jaune plus clair : c'est ainsi que s'établit sur la grille de *New York City I* un léger papillottement à partir duquel l'espace se fractionne. Ainsi que l'écrit Hans L.-C. Jaffé : « Dans les études préliminaires au *Broadway Boogie Woogie* le rythme de la peinture est déterminé par des lignes qui la traversent tandis que d'autres accents du dessin indiquent l'insertion de petites bandes de couleur non cernées qui sont caractéristiques des changements que Mondrian apporta, à New York, aux peintures de ses dernières années en Europe, et qui leur donnent un caractère différent et plus animé (...) Initialement la base de la peinture semble avoir été constituée par des lignes généralement jaunes, qui la traversaient et par quelques bandes de couleur qui les reliaient entre elles et qui produisaient un changement des directions et des relations ». Ce n'est pas par hasard que c'est à partir du jaune, la couleur primaire la plus sensible au phénomène d'expansion et de rétraction, que Mondrian a organisé l'éclatement du *Broadway Boogie Woogie.* Ce n'est pas non plus par défaut, chacun s'accordant à reconnaître la virtuosité de Mondrian peintre, que

dans cette dernière œuvre nombre des petits éléments – carrés ou rectangles – de couleur jaune sont peints sur un ton gris et ne recouvrent pas parfaitement la couche première. Le jaune, alors, joue de son pouvoir expansif pour créer une vibration colorée que le contour gris réfrène, permettant ainsi de donner à la ligne sa plus grande mobilité sans pour autant la fractionner en une simple succession de plans de couleur.

« Tout est espace » a pu dire Mondrian à New York et il est étonnant que l'un de ses plus fervents exégètes qualifia encore récemment cette formule de « dérobade ».
Le *Victory Boogie-Woogie,* dernier tableau de Mondrian que sa mort le 1er février 1944 laissa inachevé, montre clairement le sens de cette évolution : *l'animation* complète de la surface, l'intégration du blanc comme plan de couleur. Cette œuvre semble presque être le négatif de celles qui l'ont précédées : les surfaces blanches et grises créent une structure fragmentée qui donne sa lisibilité à l'ensemble des points colorés. Ainsi s'éclairent les termes d'une lettre adressée en 1943 par Mondrian à James Johnson Sweeney : « Je me rends compte seulement maintenant que mon travail en noir et blanc avec des petits plans de couleurs a été seulement du dessin en peinture à l'huile. Dans le dessin les lignes sont le principal moyen d'expression. En peinture ce sont les plans de couleurs eux-mêmes dont les limitations gardent cependant toute leur valeur de lignes ».

Œuvres capitales remettant en question tout l'acquis de la période précédente, la période américaine de Mondrian reste certainement l'une des moins clairement comprises. L'accueil accordé par la critique à ces œuvres fut souvent réservé et Clement Greenberg n'hésitait pas à écrire lors de la présentation du *Broadway Boogie-Woogie* dans les acquisitions récentes du Museum of Modern Art en 1943 : « Mondrian n'est pas encore en pleine possession de ses moyens ». Les collectionneurs cependant réservèrent à ces œuvres une meilleure appréciation : c'est ainsi que, dès 1942, *New York, 1941-42* était acquis par Miss Mary Johnston, que le *Broadway Boogie-Woogie* entrait l'année suivante dans les collections du Museum of Modern Art et qu'en 1944 M. et Mme Burton Tremaine se rendaient acquéreurs du *Victory Boogie-Woogie.*

La place de Mondrian dans la société new yorkaise, on peut en prendre la juste mesure en regardant la liste des personnalités qui figuraient parmi les presque deux cents personnes qui assistèrent aux obsèques : Max Ernst, Marcel Duchamp, Chagall, Léger, Lipchitz, Archipenko, Calder, Hélion, Glarner, José-Luis Sert, Moholy-Nagy, Peggy Guggenheim, Kurt Seligman, Kisling, Ozenfant, Hans Richter, Herbert Bayer, Matta, Jean Xcéron, Kiesler, G.L.K. Morris, Harry Holtzman, Stuart Davis, Burgoyne Diller, Motherwell, Bolotowsky, James Johnson Sweeney, Clement Greenberg, Meyer Shapiro, Katherine Dreier...

Dans la préface de la rétrospective Mondrian à l'Orangerie des Tuileries en 1969, Michel Seuphor écrivait : « Quand il mourut – il y a juste vingt cinq ans de cela – beaucoup d'amis se déclarèrent dont il n'avait jamais su l'existence. Le jour des obsèques, ce fut une véritable foule. Toute la presse de New York parla du « plus grand peintre hollandais de ce temps » qui venait de disparaître. Quelques semaines plus tard, les tableaux valaient déjà vingt fois le prix que Mondrian en recevait ».

Mondrian qui vécut plus de vingt ans ignoré à Paris était en trois ans devenu l'un des peintres les plus célèbres de New York.

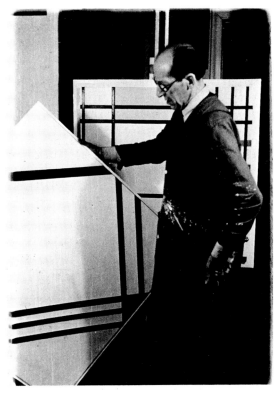

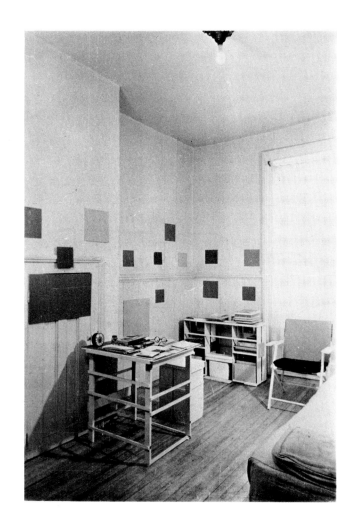

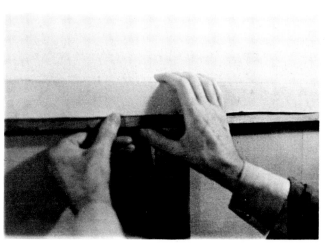

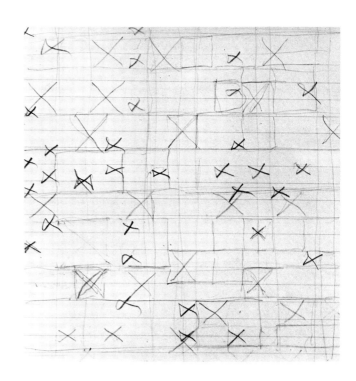

Piet Mondrian

Etude pour Broadway Boogie Woogie, 1942-1943.
Crayon, 19 × 19 cm.
Sidney Janis Gallery, New York.

Piet Mondrian

Etude pour Broadway Boogie Woogie, 1942-1943.
Crayon, 19 × 19 cm.
Sidney Janis Gallery, New York.

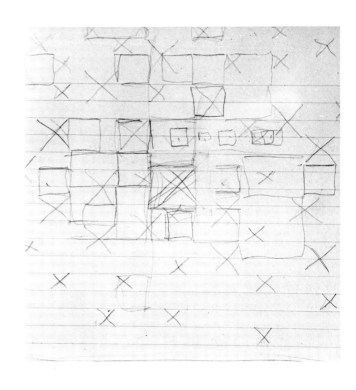

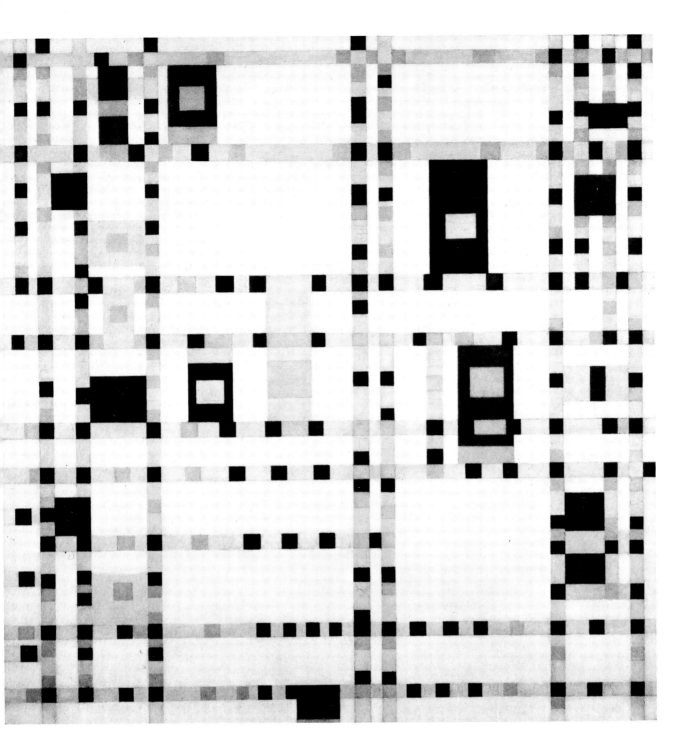

Piet Mondrian

Broadway Boogie Woogie, 1942-1943.

Huile sur toile, 127 × 127 cm.
The Museum of Modern Art, New York, don anonyme,
1943.

Piet Mondrian

New York – New York City, 1940-1941.
Huile et « tapes », 116 × 110 cm.
Harry Holtzman , Lyme, Conn.

Piet Mondrian

New York City III, 1942-1943.
Huile et « tapes », 114 × 99 cm.
Sidney Janis Gallery, New York.

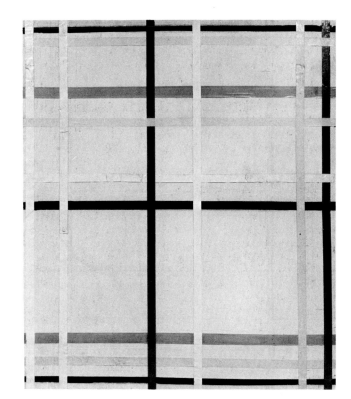

Piet Mondrian

New York City II, 1942-1944.
Huile et « tapes », 119 × 114 cm.
Sidney Janis Gallery, New York.

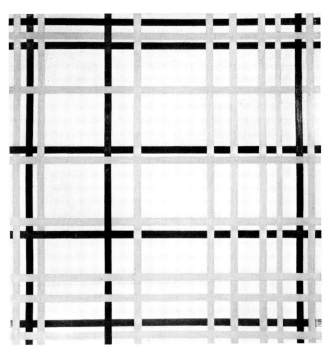

Piet Mondrian

New York City I, 1942.
Huile et « tapes », 119 × 114 cm.
Sidney Janis Gallery, New York.

435

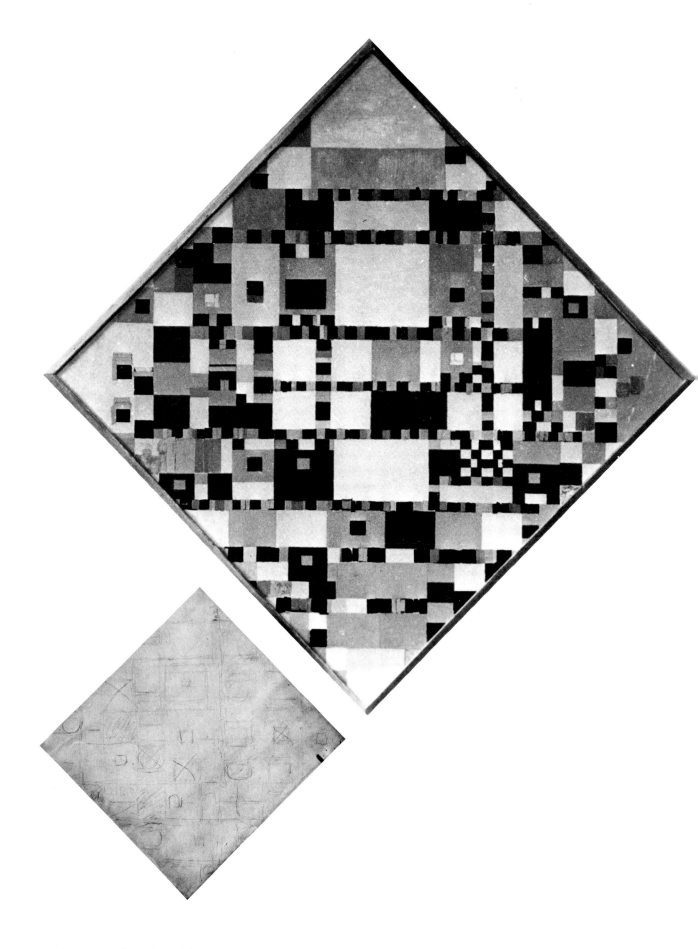

Piet Mondrian

Etude pour Victory Boogie Woogie, 1943.
Crayon, diagonale, 48 cm.
Sidney Janis Gallery, New York.

Piet Mondrian Victory Boogie Woogie, 1943.
Huile sur toile, diagonale : 178 cm.
M. et Mme Burton Tremaine, Merider, Conn.

Autour de Mondrian

Si la révélation de New York eut sur Mondrian les conséquences que l'on connaît, la présence de ce dernier dans la ville modifia en partie le jeu artistique. Dès son arrivée, Mondrian fit figure de père constructeur. Sa curiosité d'esprit et son intérêt pour les formes plastiques les plus étrangères à sa peinture lui permit d'établir le dialogue avec les jeunes artistes américaines : il fut l'un des premier *supporters* de Jackson Pollock, reconnaissant en celui-ci, dès ses premières manifestations un authentique peintre. Selon Lee Krasner : « Jackson Pollock participa pour la première fois à une exposition organisée par Peggy Guggenheim grâce à l'appui de Mondrian. Pollock exposa sa *Stenographic Figure, 1942* que Peggy Guggenheim n'appréciait guère jusqu'à ce que Mondrian ait déclaré que c'était une toile pleine de promesses ».

La place de Mondrian parmi les artistes abstraits américains fut par là même de premier plan. L'amitié le lia à nombre d'entre-eux. L'aventure qu'ouvrait sa période américaine, si elle lui laissait son statut de maître, lui donnait à nouveau figure de chercheur. Il n'est donc pas étonnant que ce double rôle de mentor et de découvreur ait donné aux œuvres de la période américaine un relief particulier. L'influence, sensible sur son entourage immédiat : Harry Holtzman, Fritz Glarner ou Charmion von Wiegand ne l'est pas moins pour des peintres comme Leon Polk Smith qui ne rencontrèrent jamais Mondrian.

Burgoyne Diller

Third thème, 1946-1948.

Huile sur toile, 106 × 106 cm.
The Whitney Museum of American Art, don de Mme May
Walter, New York.

Dès 1934, Burgoyne Diller assimile dans son œuvre les
éléments néo-plastiques. Les peintures de cette époque mettent en œuvre les principes établis par Mondrian : respect
de l'opposition orthogonale des éléments comme moteur
dramatique de l'œuvre, utilisation des couleurs primaires
jouant en aplats sur le blanc de la toile. A partir de la fin
des années 30, Diller met au point les trois « thèmes » qui
forment les bases de son travail et dont sa peinture établira
la liste des variations. Le « Premier thème » utilise des éléments isolés sur un fond, le plus souvent sombre, créant un
flottement dans l'espace, et forme l'aspect le plus original
de son travail. Le « Second thème » comprend l'utilisation
de lignes droites se coudant de manière orthogonale sans
solution de continuité. Enfin, le « Troisème thème » qui
apparaît vers 1938 dans l'œuvre de Diller montre une nette
référence à la période américaine de l'œuvre de Mondrian.
La ligne est fractionnée en une succession d'étroits rectangles colorés selon le schéma établi par le *Broadway Boogie-
Woogie*. Pourtant à la différence de Mondrian, Diller refuse, dans ses tableaux, le plan coloré, conservant le caractère
linéaire de la progression de la couleur. Outre la qualité du
peintre, l'un des meilleurs parmi les artistes géométriques,
le rôle de Diller fut capital en tant que promoteur de l'art
abstrait par le rôle qu'il joua dans le WPA. A ce propos
Ilya Bolotowsky, dans un entretien avec Louise A. Svend-
sen, déclarait : « Il se consacrait entièrement à la tâche de
promouvoir l'art abstrait dans la peinture murale avant que
ce style ne fût accepté aux Etats-Unis ».

La production extrêmement réduite de Diller et sa mort
prématurée ont, sans aucun doute, empêché d'accorder à
son œuvre, jusqu'à présent, la place qui lui revient.

Fritz Glarner

Tondo n° 3, 1945.

Huile sur panneau, 96 cm de diamètre.
Lucie Glarner, Locarno.

Ce n'est, sans conteste, qu'à partir des années 40 que la
peinture de Fritz Glarner trouve son efficacité propre et
l'originalité de son style. Si les premiers tableaux de cette
époque peuvent montrer des parentés avec les œuvres abstraites de Hélion datant de 1931-1932, c'est très clairement
en fonction des œuvres de la période américaine de Mondrian que se franchit, en ce qui concerne Glarner, le pas
décisif. Ainsi que l'écrit, dans la monographie qu'elle a
consacrée à Glarner, Margit Staber : « C'est en vain qu'on
tenterait de déterminer qui a influencé qui. Mondrian et
Glarner étaient en relations étroites grâce à leur travail pendant ces années new-yorkaises où leurs routes se croisèrent.
Chacun se préoccupait de la création de l'autre. Comme l'a
remarqué Lucie Glarner, cet intérêt mutuel se passait de
grands discours car ils avaient une compréhension tacite de
leurs problèmes ». La *Peinture (blanche) 1945* fait clairement écho par sa construction de bandes colorées rouges,
jaunes et bleues autour d'un carré central aux peintures de
Mondrian de la série des *New York City*. La première des
Relationnal Paintings qui, chronologiquement, lui est
immédiatement postérieure introduit soudain par le biais
d'une partition originale des surfaces rectangulaires le phénomène dynamique qui sera la marque propre du style de
Glarner. *Tondo n° 3* est la première œuvre de Glarner à
combiner la forme circulaire utilisée préalablement dans
deux peintures de 1944 et la division de surface des *Relationnal Paintings*. Comme pour les autres œuvres de Glarner – et à l'inverse des peintures américaines de Mondrian –
la couleur n'est pas l'élément moteur de l'œuvre ; elle n'est
qu'une grille arbitraire, invariable, permettant de moduler
les gris intersticiels, l'effectif travail de peinture de Fritz
Glarner.

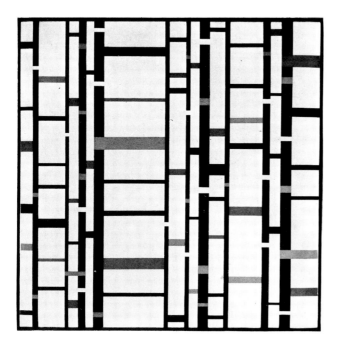

439

Harry Holtzman

Sculpture, 1940.
Bois, peinture, plexiglas.
Harry Holtzman, Lyme, Connecticut.

La définition du néo-plasticisme telle que la formula Mondrian fut si parfaite et si stricte que dès celle-ci mise au point, tous les artistes qui y avaient souscrit cherchèrent comment, sans y renoncer, la dépasser. Dans un certain sens, les œuvres mêmes de la période américaine de Mondrian, rompant avec les solutions antérieures, relèvent de ce problème. Pour Harry Holtzman qui, dès 1933, appliquait dans sa peinture les règles néo-plastiques, le dépassement du néo-plasticisme devait se faire dans des réalisations intermédiaires entre la peinture et la sculpture : Mondrian travaillait dans le plan, il chercha donc à inscrire les principes néo-plastiques dans l'espace. C'est de cette recherche que participe la *Sculpture, 1940*. Bloc rectangulaire inscrit dans l'espace, sans base, il consiste à vrai dire de quatre faces peintes qui se lisent à la fois dans leur singularité et leur dépendance. Légataire de Mondrian, Harry Holtzman a progressivement délaissé la peinture se contentant d'assurer la gestion et la reconnaissance de l'œuvre de Mondrian. Pourtant, qui considère aujourd'hui ses œuvres de l'immédiat après-guerre, s'aperçoit que, à travers ses colonnes comme à travers ses peintures au champ épais simplement constituées d'une alternance de bandes blanches ou colorées espacées de barres noires, il a mis au point un système pictural extrêmement personnel dont les meilleures réussites annoncent les sculptures de Don Judd et le minimal art. C'était là un dépassement des œuvres de Mondrian de 1935-36 dont seul il eut l'intuition et que l'on ne peut que regretter qu'il n'ait pas poursuivi.

Leon Polk Smith

Homage to Victory Boogie Woogie n° 1, 1946-1947.
Huile sur toile, 106 × 94 cm.
Leon Polk Smith, New York.

Si la plupart des artistes américains proches de Mondrian se trouvèrent réunis dans le groupe des American Abstract Artists, Leon-Polk Smith n'appartint toutefois jamais à celui-ci. C'est, selon la tradition, dans la collection Gallatin que celui-ci fit la découverte de l'œuvre de Mondrian, s'intéressant moins à l'équilibre plastique du tableau qu'à son caractère de reversibilité. Ainsi que le note Edward B. Henning « Ceci montre que les formes définies par des lignes et des couleurs peuvent être appréhendées tantôt comme des surfaces où l'espace est suggéré, tantôt comme une matière palpable (...) Smith fut stimulé par la forme rectangulaire que Mondrian donnait invariablement à ses toiles (même celles en losange sont en fait des carrés placés sur un de leurs sommets) qu'il divisait en espaces délimités par des lignes verticales et horizontales. Il essaya de trouver une solution propre à remplacer les rectangles de Mondrian tout en préservant le « ou bien – ou bien » visuellement suggéré par le couple espace-forme ». En 1946-1947, Leon Polk Smith, qui n'eut jamais de contact personnel avec Mondrian, peint un *Homage to Victory Boogie-Woogie*. De manière caractéristique, il retient essentiellement de l'œuvre son caractère de papillotement visuel distribuant les carrés colorés, de dimensions variables, sur la surface blanche où, seul, les maintient un fin réseau de lignes. A l'inverse du *Victory Boogie-Woogie* dans lequel les zones blanches sont inhérentes à la composition du tableau, permettant la circulation du regard au milieu de la densité colorée, les éléments de couleur flottent ici dans l'espace, sans situation dans le plan : la jonction se fait entre Mondrian et l'op-art.

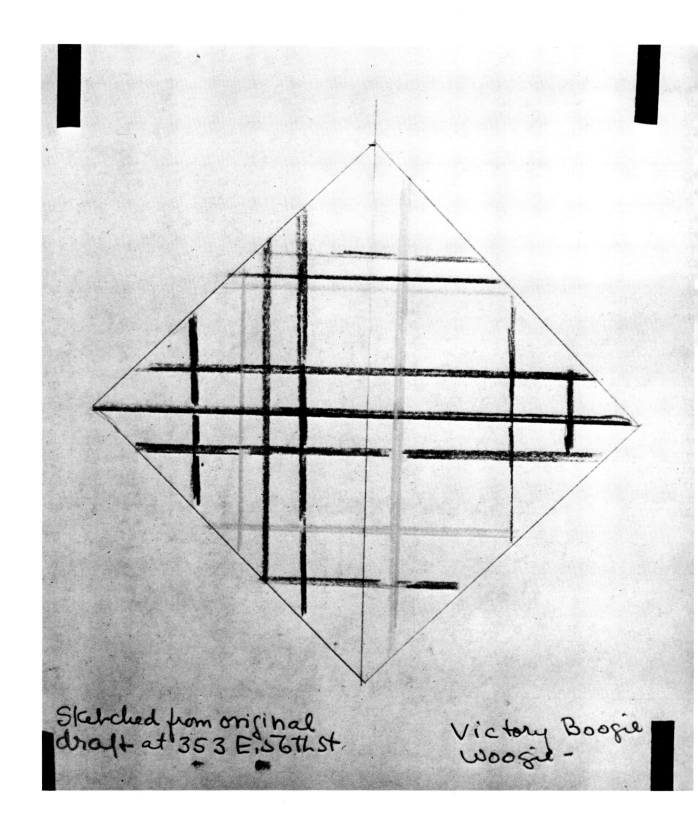

Charmion von Wiegand

Etude pour Victory Boogie Woogie, 1942.

Crayon sur papier, 10 × 10 cm.
Charmion von Wiegand, New York.

442

Le 12 avril 1941, Charmion von Wiegand qui parallèlement à son activité de peintre pratiquait également la critique d'art faisait la connaissance de Mondrian. Devenue familière de l'atelier de l'artiste, elle fut un témoin privilégié de la réalisation des deux dernières peintures de Mondrian. Dans une interview réalisée en 1971 par Margit Rowell, Charmion von Wiegand explique les circonstances dans lesquelles elle réalisa ce dessin.

« Je me souviens de la première esquisse de *Broadway Boogie-Woogie*. Elle se composait de lignes colorées et lumineuses, pleines de mouvement. Par certains côtés elle n'était pas sans rappeler *New York City I*, mais elle était plus aérée en son milieu et Mondrian avait ajouté de petits rectangles noirs. Mon plus ancien souvenir de *Victory Boogie-Woogie* remonte à une de mes visites chez Mondrian : il vint à ma rencontre dans le couloir et, volubile, il me dit en agitant un petit bout de papier : « Cette nuit j'ai rêvé d'une belle composition ». Il me mit alors sous le nez ce qui était l'esquisse préparatoire de *Victory Boogie-Woogie*. C'était au début de l'année 1942.

Je me souviens, pour l'avoir noté, que j'ai vu pour la première fois Mondrian travailler à la toile même le 13 juin 1942. Une grande toile en forme de losange était appuyée contre le mur sud, mais il ne l'avait pas encore peinte en blanc. Nous commençâmes à en discuter. « J'ai trop tendance à vouloir établir un équilibre entre les choses » me dit-il en montrant ses premières toiles tout autour de l'atelier. Il se mit alors à déplacer les bandes sur la nouvelle toile en losange. L'atmosphère de l'atelier était renfermée et désagréable et, au début, je fus décontenancée par son approche de la toile. Je mis une heure pour comprendre et je fus alors en mesure de suivre ce qu'il faisait. Je lui suggérai de déplacer la toile dans l'alcôve où nous pourrions l'examiner avec plus de recul. Avançant puis reculant péniblement, il disposait les petites lignes colorées, collait les bandes aux intersections et arrangeait les lignes pour les faire passer soit au-dessus soit au-dessous. A l'extrémité du coin gauche on voyait une ligne jaune. Elle fut enlevée. A proximité, les deux intersections rouges furent changées en jaune, en bleu puis à nouveau en rouge. Les lignes horizontales furent placées *au-dessus* de la longue ligne jaune toute proche. C'est le côté droit qui offrit le plus de difficultés : une intersection bleue entourée d'horizontales rouges. Il trouva la solution en coupant les lignes bleues en haut et en bas, et en laissant un espace vide au-dessus et au-dessous de l'intersection. L'entrelacement des lignes était difficile et subtil, tout comme les différences créées par les croisements d'axes horizontaux. Chaque petit bout de bande modifiait une couleur à une intersection et boulversait du même coup l'harmonie de l'ensemble.

Mondrian voulait une toile libre, asymétrique et d'un équilibre qui ne soit pas celui du classicisme. « Je vous donne bien du travail » disait-il. Je lui faisais spontanément des suggestions, et il les essaya toutes. « Non, je n'aime pas ça, ça à l'air moins victorieux » me dit-il lorsque fut changée la longue ligne verticale rouge qui équilibrait l'axe central de couleur jaune.

Ce premier état du *Victory Boogie-Woogie* comportait des lignes colorées rouges, bleues et jaunes et, au soir de ce jour (13 juin 1942), il me dit qu'il était achevé ; j'en fis un croquis au crayon. Néanmoins, il se montra mécontent lorsque je le lui dis. Quand je revis la toile, il avait déjà commencé à fractionner les lignes en petits carrés, en des mosaïques de couleur et à changer la taille des différentes surfaces. Celles-ci à leur tour s'affranchirent des lignes et adoptèrent leur propre rythme qui apparut comme le contrepoint du staccato des verticales et des horizontales. »

Charmion von Wiegand

Sanctuary of the four directions, 1959-1960.
Huile sur toile, 91 × 81 cm.
Mc Crory Corporation, New York.

C'est, comme pour la plus grande partie des artistes américains, par le canal de la collection Gallatin que Charmion von Wiegand prit contact, à la fin des années 30, avec l'œuvre de Mondrian. Pour le peintre paysagiste qu'elle était – même préoccupée de rapports spatiaux – elle se souvient que sa « première réaction fut que ces tableaux avaient quelque chose de mathématique qui ne correspondait pas à l'art qui m'intéressait et je ne les compris pas ». A partir de 1941, Charmion von Wiegand subit très fortement l'emprise des œuvres de Mondrian qu'elle n'a pas hésité à appeler, dans son interview par Margit Rowell « son gourou ». *Sanctuary of the four directions* s'inspire directement de l'utilisation par Mondrian dans le *Broadway Boogie-Woogie* et le *Victory Boogie-Woogie* de rectangles colorés comportant à l'intérieur une sous-division. A ce sujet Charmion von Wiegand rapporte : « Je fus très frappé par ces rectangles la première fois que je les vis. Je n'arrivais pas à croire qu'il ferait quelque chose comme ça. J'avais étudié tout ce qui avait été publié et que j'avais pu trouver sur le néoplasticisme et la première fois que je vis ces nouvelles œuvres, je m'écriai : « Mais Mondrian, ça va à l'encontre de la théorie ! » Je le revois prendre du recul, jeter un coup d'œil à sa toile et dire : « Et pourtant ça marche ».

Stage Beauties

Fernand Léger a raconté comment, en 1916, Guillaume Apollinaire l'emmena au cinéma voir, pour la première fois, un film de Chaplin et l'impression puissante que celui-ci avait faite sur lui. Cet intérêt, on peut en voir encore directement la marque, sept ans plus tard, dans un petit assemblage de bois peint représentant Charlot et dont il existe trois autres versions. Léger utilisa cette construction dont il envisageait la diffusion en grande quantité sous forme de jouets pour une séquence d'animation de son film réalisé l'année suivante : le *Ballet mécanique*. Prisonniers de l'image fixe, les peintres ont, dès son origine, manifesté un grand intérêt pour le cinéma. Premier film d'artiste parvenu au stade de la réalisation, le *Ballet mécanique* fut exécuté avec le concours d'un jeune réalisateur américain, Dudley Murphy. Dans son *Autoportrait,* Man Ray raconte comment se sont établies les bases de cette collaboration : « Le bruit courait toujours que je me livrais à des expériences cinématographiques. Un grand jeune homme, accompagné de sa jolie femme blonde, entra chez moi un jour et se présenta : il était, dit-il, opérateur à Hollywood. Katherine, sa femme, avait été l'aînée des élèves de l'Ecole de danse d'Elisabeth Duncan, à l'époque où Esther, ma belle-fille, en était la benjamine. Dudley Murphy émit, sur mon œuvre, des propos très flatteurs, et me suggéra que nous pourrions faire un film ensemble. Il avait tout le matériel professionnel, dit-il ; avec mes idées et sa technique, on pourrait faire quelque chose de neuf. Nous nous liâmes d'amitié, et passâmes quelques jours ensemble à discuter du sujet. Je tenais à faire un film dans l'esprit Dada, ce à quoi Murphy consentit volontier quand je lui expliquais la chose assez longuement. Nous fîmes quelques promenades ensemble ; j'emportai ma petite caméra et tournai quelques séquences sans prendre soin de choisir les personnages ni les décors, afin de faire valoir la notion d'improvisation. Pour obtenir certains effets délicats, nous allâmes tourner à l'intérieur ; Dudley monta une vieille caméra Pathé sur un trépied : c'était ce genre d'appareils qu'on employait à l'époque pour faire de courts métrages comiques. Il me montra des objectifs compliqués, qui pouvaient déformer ou multiplier les images, et dont nous pourrions nous servir pour les portraits et les gros plans. La caméra demeura quelques jours dans mon studio, ce qui m'agaça, car je n'aimais pas mettre mes outils en évidence. En général, je les rangeais quand je ne m'en servais pas, ou les fourrais discrètement dans un coin, sous un bout de tissu. Dudley revint enfin, me déclara qu'il était prêt à se mettre au travail, et attendait que j'achète la pellicule. Croyant que celle-ci était comprise dans son matériel technique, et que je ne devais fournir que des idées, je manifestai mon étonnement. Dudley emballa sa caméra, l'emmena avec lui dans l'atelier du peintre Léger. Avant de partir, il m'expliqua que lui, Dudley, n'avait pas d'argent et que Léger avait promis de financer le film. Je n'élevai pas d'objection : j'étais content de voir disparaître la boîte noire et l'idée que je ne m'étais pas engagé dans une entreprise nécessitant une collaboration m'était d'un grand soulagement. Et c'est ainsi que Dudley réalisa le Ballet mécanique, qui eut un certain succès, avec Léger au générique ».

Si les arts plastiques américains n'eurent guère jusqu'à la seconde guerre mondiale d'audience auprès des artistes parisiens, il n'en fut pas de même du cinéma et du music hall dont les productions firent sensation à Paris, révélant une nouvelle esthétique, un rythme et une sensibilité dont les œuvres des artistes allaient se faire l'écho. Le « star system » donnait aux vedettes de cinéma figures de mythes et Max Ernst pouvait demander au personnage emblématique de ses peintures, l'oiseau Loplop, de présenter W.C. Fields, l'un des rares artistes de cinéma reconnu par André Breton, dont l'opposition aux arts du spectacle fut toujours profonde. Fasciné par le phénomène de la fabrication du mythe, Salvador Dali a consacré plusieurs œuvres aux acteurs du cinéma américain. C'est ainsi que dans son œuvre se rencontrent des portraits de Mae West, de Shirley Temple ou de Groucho Marx. L'intérêt de Dali pour l'humour délirant des Marx Brothers fut tel qu'il imagina en 1939 un scénario pour un film dans lequel ils avaient la vedette et qui ne fut jamais tourné. Un autre projet, très élaboré, n'aboutit pas non plus : celui d'un dessin animé de Salvador Dali que devait réaliser Walt Disney. Les cartons de ce film, qui datent de 1946, pour ce qu'il est possible d'en connaître, semblent ne pas être étrangers à l'esprit de certaines séquences du film *Fantasia* de Disney.

De ces rapports étroits entre les artistes et l'industrie cinématographique américaine, le concours sur le thème de « la Tentation de Saint Antoine » reste exemplaire par le nombre d'artistes mis en jeu et l'importance de ceux-ci. Souhaitant, pour son film *La vie secrète de Bel Ami,* orner l'une des pièces dans lesquelles se déroulait l'action d'une peinture sur le thème de la « Tentation », le producteur américain Albert Levin organisa en 1946 un concours entre artistes en exil et peintres new yorkais. Le jury, composé de Alfred Barr, Marcel Duchamp et Sidney Janis eut à choisir parmi des œuvres de Eugène Berman, Leonora Carrington, Salvador Dali, Paul Delvaux, Max Ernst, Louis Guglielmi, Horace Pippin, Abraham Rattner, Stanley Spencer et Dorothea Tanning. Le prix fut décerné à Max Ernst dont l'œuvre fut ainsi utilisée comme élément de décor.

Si le cinéma exerça sur les artistes un attrait considérable, le music hall américain fut aussi l'une des révélations de l'entre-deux guerres. Dans *La Deltheillerie,* Joseph Delteil rappelle : « Elle faisait fureur cette *Revue nègre.* Le Tout Paris, et tout Paris, accourait chaque soir au Théâtre des Champs-Elysées. Non seulement le grand public, mais la jeunesse littéraire, les grands artistes, l'avant-garde. Cocteau en tête, qui l'alla voir cinq ou six fois d'affilée, Crevel qui s'y abonna pour un mois, Fernand Léger, etc... Il faut dire que cette revue pullulait d'étoiles : en tête bien sûr Joséphine Baker, une Négresse de tous les diables mais aussi Sidney Bechet et Louis Douglas, avec des décors prodigieux de Covarrubias et un affichiste de génie : Paul Colin. Le spectacle d'ailleurs arrivait à son heure. Cette conjonction des « charmes » de la vieille Afrique et de l'esprit moderne, c'est un des carrefours de 1925, un rendez-vous (...) Mais où est l'auteur ? Qui avait ramassé à New York cette trentaine de Noirs, de Négresses, emmené tout ça à Paris, qui avait inventé le texte, monté le spectacle, où est l'auteur ? Une espèce de miss, disait-on, une jeune américaine dans le vent, qui se nommait Caroline Dudley. Qui m'eût dit alors que cette étrange miss deviendrait un jour ma femme, princesse de Chicago et vicomtesse de Pieusse ! » Américain de Paris, Calder a consacré deux de ses sculptures en fil de fer à Joséphine Baker. La première réalisée en 1927, et qui est également la première œuvre de Calder réalisée selon cette technique, fut vendue à New York lors de son exposition l'année suivante. Ces deux œuvres appartiennent maintenant respectivement au Musée national d'art moderne de Paris et au Museum of modern art de New York.

L'intérêt de Calder pour le music-hall a sans doute pris naissance dans son goût pour le Cirque. En 1923, illustrateur pour la *National Police Gazette,* Calder entreprit une série de dessins sur ce thème. Dans son *Autobiographie,* il raconte : « Je suis allé aussi au cirque chez les Ringling Brothers, et Barnum et Bailey. Je passais deux semaines d'affilée au cirque pratiquement toute la journée et toute la nuit. Selon la musique je pouvais dire quel numéro allait être présenté et je me précipitais à l'endroit précis d'où le spectacle se verrait le mieux. Il était préférable de regarder certains numéros du haut des gradins et d'autres de la piste par en dessous. A la fin de ces deux semaines, j'amenais un montage d'une demi-page à la *Police Gazette* et Robinson a déclaré : « Nous ne pouvons rien tirer de ces gens là, ces salauds ne nous envoient même jamais de billets ».

Calder cependant en tira l'inspiration de son *Cirque,* vaste sculpture-performance, composée de personnages et d'animaux en fil de fer que, dans des valises devenues presque aussi célèbres que les sculptures mêmes, Calder transporta de part et d'autre de l'Atlantique afin de donner, dans des cercles d'amis, des représentations. Un film de Carlos Villardebo, réalisé en 1961, permet d'imaginer le sentiment que provoquèrent les premières représentations, dans l'atelier de Calder rue Daguerre, en 1927. Aux nombreuses représentations qui eurent lieu à Paris et à New York, Jean Lipman a recensé la présence de Isamu Noguchi – qui pour les premières d'entre elles s'occupa de la musique –, de Edward Steichen, Foujita, Albert Fratellini, Mondrian, Miro, Léger, Cocteau, Alfred Barr, Edgar Varèse, Saul Steinberg, James Thrall Soby... Michel Seuphor a relaté l'une de ces présentations dont la presse à l'époque ne tarda pas à rendre compte. L'humour du *Cirque,* son réalisme tout à la fois vulgaire et subtil, l'animation des personnages, tout ce qui devait faire le caractère unique de l'œuvre de Calder est là, présent, dans l'une des premières œuvres majeures de l'art américain.

Eugène Berman

La tentation de Saint Antoine, 1946.
Huile sur toile, 129 × 96 cm.
The Galleries of Frank J. Oehlschlaeger, Sarasota, Floride.

Alexander Calder

The Circus.

Alexander Calder

Précision.

Encre sur papier, 42 × 33 cm.
Philadelphia Museum of Art, Pennsylvanie.

Alexander Calder

Lion Tamer, 1932.
Encre sur papier, 31 × 35 cm.
Philadelphia Museum of Art, Penn.

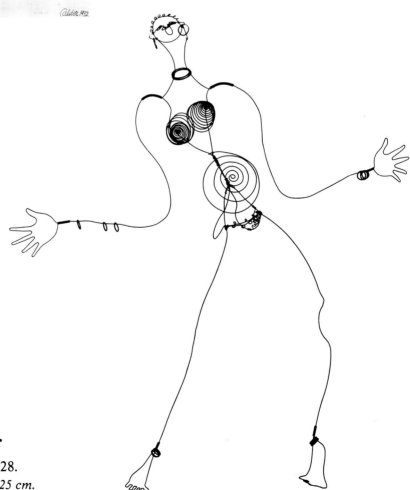

Alexander Calder

Joséphine Baker, 1928.
Fil de fer, 101 × 95 × 25 cm.
Musée national d'art moderne, Paris.

Salvador Dali

Portrait de Mae West, 1934.

Gouache sur une image imprimée (photographie de Mae-West), 31 × 17 cm, don de M. et Mme Gilbert W. Chapman, The Art Institute of Chicago. Photodiorama stéréoscopique de Robert Descharnes, 1976-1977.

Salvador Dali

Shirley Temple, 1939.

Gouache, pastel, 75 × 100 cm.
Musée Boymans-Van-Beuningen, Rotterdam.

Salvador Dali

La tentation de Saint Antoine, 1946.

Huile sur toile, 89,7 × 119,5 cm.
Musées royaux des Beaux-Arts de Belgique, Bruxelles.

450

Salvador Dali

Portrait de Harpo Marx, 1937.
Crayon et gouache sur papier, 64 × 48 cm.
M. et Mme Edward M.M. Warburg, New York.

Paul Delvaux

La tentation de Saint Antoine, 1945.
Huile sur toile, 114 × 147 cm.
Collection particulière, New York.

Max Ernst

Loplop présente W.C. Fields, 1929-1968.
Plâtre et huile sur bois, 98 × 121 cm.
D. et S. de Menil, Houston, Texas.

Max Ernst

La tentation de Saint Antoine, 1945.
Huile sur toile, 108 × 128 cm.
Wilhelm-Lehmbruck Museum der Stadt, Duisburg.

Fernand Léger

Charlot, 1923.

Peinture sur construction en bois, 70 × 30 cm.
Galerie Jan Krugier, Genève.

Abraham Rattner

La tentation de Saint Antoine, 1943.

Encre sur papier, 43 × 57 cm.
Courtesy Kenney Galleries, Inc. New York.

Dorothea Tanning

La tentation de Saint Antoine, 1945.

Collection Ira Geinstein, Philadelphie.
(Ne figure pas à l'exposition.)

Surréalismes

Si un événement précis – exposition, formation d'un groupe... – semble toujours faire, dans l'histoire des relations entre Paris et New York, référence, il n'en est pas de même en ce qui concerne la peinture surréaliste. Est-ce le fait de la durée du mouvement – ou plutôt le maintien de la dénomination « surréaliste » au travail de certains quelle que soit la forme dans laquelle il s'exprime – ; est-ce le fait des péripéties du groupe, de son jeu d'exclusions et d'entrées qui fait que, Breton et quelques fidèles mis à part, les artistes surréalistes ne sont plus les mêmes en 1924 ou après guerre ; est-ce enfin le fait que si Breton, Max Ernst, Masson... ont fait partie des « artistes en exil » l'activité surréaliste n'en fut pas moins grande à New York qu'à Paris ?

A une image fixe du surréalisme ne tardent pas à venir se succéder les propositions de multiples surréalismes. C'est de ceux-ci que ce rassemblement s'est voulu faire le témoin mettant l'accent sur certains axes plus particuliers : la perversion de l'objet telle que la mettait en évidence l'exposition surréaliste d'objets chez Charles Ratton en 1936, la découverte à travers les différents automatismes d'un nouvel espace pictural, les confins aussi du surréalisme avec son intérêt pour l'art primitif et la magie, le hasard objectif et le merveilleux naturel.

Dans son livre « Abstract and surrealist art in America », Sidney Janis rappelle les principaux moments de la découverte, aux Etats-Unis, des œuvres surréalistes. C'est en 1931 que le Wadsworth Atheneum de Hartford présenta la première exposition exclusivement consacrée au surréalisme et ne contenant que des artistes européens. A New York même, il rappelle : « Les premiers exemples d'art venant du groupe surréaliste officiel à atteindre le public de New York fut montré à la galerie de Julien Levy sur Madison Avenue en 1932 – œuvres de Man Ray, Dali, Ernst, Tanguy et Chirico, entre autres. Les objets de fantaisie et de jeu de l'Américain Cornell furent montrés plus tard, et après le déménagement à la 57e rue, Matta, Paalen, Magritte et plusieurs autres s'ajoutèrent à la liste d'expositions. Les catalogues de Julien Levy, souvent des brochures de caractère surréaliste, établissaient l'ambiance et animaient les expositions. Les autres galeries ouvertes aux surréalistes européens furent : Valentine, Matisse, Becker, Bucholz, et celles qui montrèrent plus tard des Américains ralliés à cette optique furent : Willard, Pinacotheca, The Artist's Gallery, Norlyst, Durlacher et Art of this century de Peggy Guggenheim (...) Une exposition surréaliste plus importante eut lieu en 1936 quand le Museum of Modern Art présenta dans une suite chronologique : *Fantastic Art, Dada and Surrealism*, qui, en suite, sous une forme réduite, voyagea dans d'autres musées. Cette fois on y présentait quelques Américains. »

Il est tentant de voir dans les reliefs de Arp un moment transitoire entre le collage cubiste et l'assemblage surréaliste : du premier, Arp emprunte la technique mais la transforme en donnant aux couches successives une épaisseur qui leur confère une valeur autonome. On peut, à cet égard, considérer comme significatif que nombre de reliefs aient été réalisés à partir de collages préalables. Le relief, par son ambiguïté entre peinture et sculpture a été dans l'art moderne l'un des moyens privilégiés d'introduction de l'objet. S'il est presque impossible de découper l'œuvre de Arp en périodes : dada, surréaliste, construite... (– la plupart de ses commentateurs la divisent en techniques : peintures, reliefs, sculptures... –) il n'en reste pas moins que certaines formes au niveau du vocabulaire, témoignent chez Arp d'une dominante proche de l'esprit surréaliste, ou de l'esprit constructiviste, par exemple. L'utilisation dans les reliefs dada et surréalistes de formes traduites du réel : moustaches, nombril ou ancre de navire font montre d'un humour qui fait défaut aux formes biomorphiques légèrement inquiétantes des concrétions. L'utilisation de couleurs vives, ou au contraire du bois naturel, accentuent encore le décalage par rapport au réel qui face à l'existence plastique de ces œuvres ne semble plus qu'un commentaire saugrenu du monde de Arp. La réputation de Arp aux Etats-Unis fut très vite grande et si son œuvre ne semble guère avoir fait école, l'admiration fut toujours vive pour celui que Alfred Barr appelait « un centre de recherches à lui tout seul pour la découverte de formes nouvelles ».

Jean Arp

Forêt, 1916-1917.
Bois peint, 32,5 × 19,5 × 7,5 cm.
Collection particulière.

Balthus

La toilette de Cathy, 1933.
Huile sur toile, 165 × 180 cm.
Musée National d'Art Moderne, Paris.

460

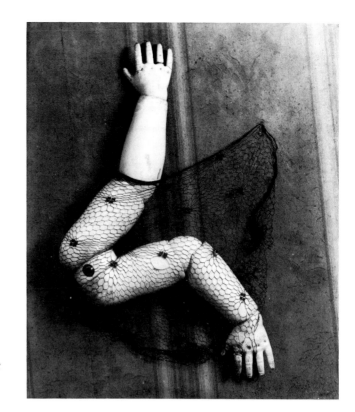

Hans Bellmer

Jointure à boule, 1936.
Bois peint, verre, voilette en tissu sur fond de papier peint collé sur bois, 52 × 45 × 0,7 cm.
Charles Ratton, Paris.

L'année de la parution de son livre « La Poupée » aux éditions G.L.M., Hans Bellmer, réalisait pour l'exposition surréaliste d'objets chez Charles Ratton cette version réduite à l'essentiel de l'assemblage sur lequel il travaillait depuis près de trois ans. On sait que les données initiales de la poupée tiennent à l'étude des mannequins de l'Ecole de Dürer, découverts au Musée de Berlin et qui, par l'intermédiaire de boules de buis aux jointures, s'articulent.

Peu de choses pourtant restent finalement communes entre l'objet d'études des artistes renaissants et l'invention bellmérienne. La transgression se fera, chez Bellmer, par l'usage de la symétrie et d'une jointure centrale à partir de laquelle s'articulent deux éléments identiques du corps. Le malaise naît alors de l'impossibilité de déterminer un sens usuel du corps, du travestissement que provoque, par là-même, tout habillage de la poupée. L'objet présenté chez Charles Ratton ramène à sa plus simple expression ce problème. Deux bras s'articulent autour d'une boule dans laquelle se cache un œil. Selon un amalgame courant chez les surréalistes, celui-ci est aussi sexe et les bras prennent ainsi valeur de jambe, la voilette noire qui les recouvre devenant rappel de sous-vêtement : la mécanique érotique se met en mouvement, le corps se redistribue selon les combinaisons du désir. Toute l'œuvre de Bellmer n'est plus ensuite, qu'il s'agisse de mises en scène photographiées ou de dessins, qu'un inventaire de ces possibles. C'est de la même conception que relève « la Mitrailleuse en état de grâce » aujourd'hui dans les collections du Museum of Modern Art de New York, et qui combine, dans une manière plus emblématique, érotisme et précision mécanique.

Ayant participé à toutes les manifestations internationales du surréalisme, l'œuvre de Bellmer n'en est pas moins restée, malgré le prix de la Copley Foundation et une exposition chez Sidney Janis, confidentielle aux Etats-Unis comme en France.

Victor Brauner

L'étrange cas de Monsieur K, 1934.

Huile sur toile, petits objets, 300 × 150 cm.
Collection particulière, Paris.

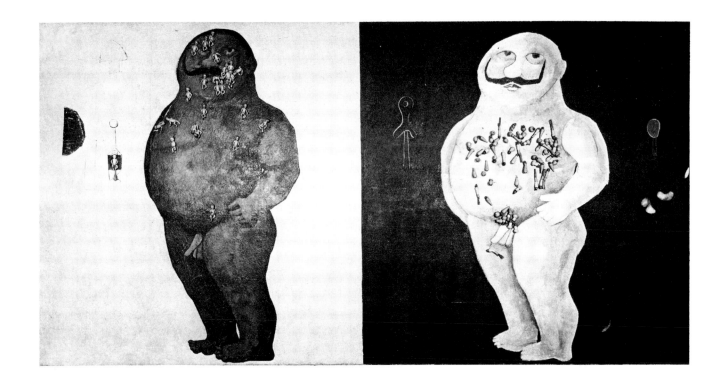

Giorgio de Chirico

L'atelier du peintre, 1917.
Huile sur toile, 44 × 34 cm.
Collection particulière, Paris.

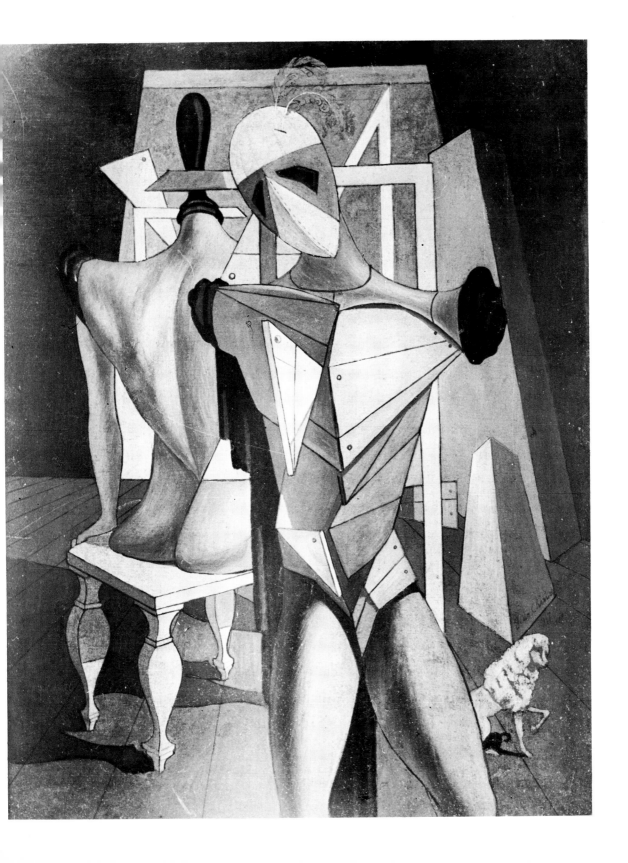

Joseph Cornell

Museum, 1943.
Bois, verre, matériaux divers, 9,5 × 22,9 × 15,2 cm.
Richard L. Feigen, New York.

Pharmacie, 1944.
Verre et bois,
Collection particulière.

L'œuvre de Joseph Cornell, si elle est longtemps parue périphérique, trouve de plus en plus sa place au premier rang des productions surréalistes. La fabrication de boîtes qui – avec la réalisation de collages – fut sa principale activité plastique lui a donné peu à peu figure de précurseur parmi tous les artistes préoccupés de mythologies individuelles, de musées personnels, de collections. La première exposition personnelle de Joseph Cornell eut lieu en 1939 à la Julien Levy's Gallery, mais il fallut longtemps pour que son œuvre retienne l'attention d'un public plus vaste que celui des initiés. André Breton cependant le mentionne dans « le Surréalisme et la Peinture » ; Marcel Duchamp, pour qui il exécuta la fabrication matérielle des premières « Boîtes en valise », conserva dans sa collection plusieurs de ses œuvres. Il participa même en 1938 à l'Exposition Internationale du Surréalisme à la Galerie des Beaux Arts, à Paris.

On peut s'étonner que la résonance de l'œuvre de Cornell ait été si tardive à Paris, car la base même de sa culture est inséparable de l'époque romantique et de la France. Nombre de boîtes de Cornell sont tapissées de pages de livres français, des étiquettes d'hôtels disparus accentuent la nostalgie littéraire qui se dégage de ces œuvres : Hôtel de la Boule d'Or, Hôtel de la Duchesse Anne, Hôtel des Voyageurs...

De tous les artistes surréalistes, c'est vers Magritte que se portait le plus grand intérêt de Cornell. Dans « A Joseph Cornell Album », Dore Ashton écrit : « Il y avait toutefois un surréaliste que Cornell admirait sans réserve. C'était René Magritte. Quand le frère invalide de Cornell, Robert, mourut, ce fut une peinture de Magritte que Cornell choisit en souvenir. Robert, que Cornell soignait assidûment, et pour qui il collectionnait jeux et images amusantes, aimait les trains miniatures. Cornell choisit *Le Temps transpercé* de Magritte de 1932, dans lequel Magritte avait peint une locomotive à vapeur flottante devant une sévère cheminée. Il plaça une reproduction de ce tableau dans un cadre fêlé et l'entoura d'anges enguirlandés et de formes sous des suaires. » Ne faut-il pas rappeler que « aussi longtemps qu'il vit et travaille, l'Europe ne peut pas ignorer l'art de notre pays », écrivait de Cornell, en 1953, Robert Motherwell.

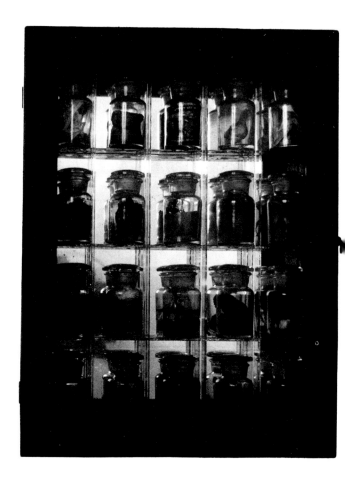

Salvador Dali

La persistance de la mémoire, 1931.

Huile sur toile, 24,1 × 33 cm.
The Museum of Modern Art, don anonyme, 1934, New York.

465

Oscar Dominguez

Ouverture, 1937.
Plaque de zinc, lettres découpées à l'aide de clés de boîte de sardines, montre suspendue, 15 × 26,5 × 16,5 cm.
Marcel Jean, Paris.

Max Ernst

La fuite, 1941.
Huile sur toile, 92 × 73 cm.
Collection particulière.

Alberto Giacometti

Le circuit, 1931.
Bois.
Henriette Gomès, Paris.

Marcel Jean

Le spectre du gardénia, *édition 1971 de l'original de 1938.*

Plâtre recouvert d'un flocage noir. Fermeture éclair en argent à la place des yeux. Film photographique autour du cou. Socle gainé daim rouge, 36,5 × 17 × 20,5 cm.
Marcel Jean, Paris.

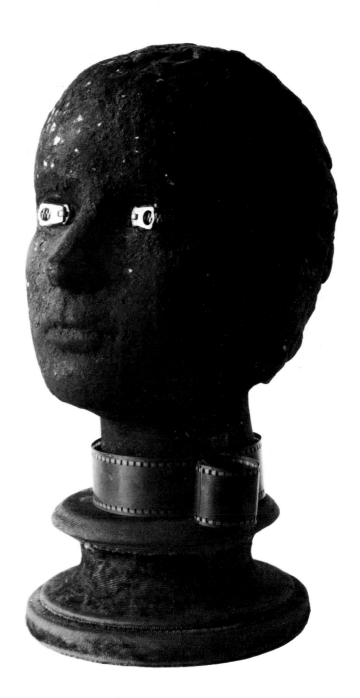

Si l'influence de Giacometti a pu se faire sentir aux Etats-Unis, c'est d'abord et surtout par l'intermédiaire de la période surréaliste de son œuvre. On sait combien David Smith apporta d'attention à des œuvres comme « Le Palais à 4 heures du matin » (1932-1933) ou la « Femme couchée qui rêve » (1929).

La contribution de Giacometti au surréalisme reste l'une des plus marginales parmi celles des artistes de ce mouvement. Même si Giacometti participa, jusque dans les années 40, aux principales manifestations du groupe, les rapports plastiques de son œuvre sont plus évidents avec la sculpture cubiste ou l'œuvre des artistes du groupe « Abstraction-Création » qu'avec les assemblages d'objets surréalistes. C'est à ce titre qu'il put figurer, en 1936, dans les deux grandes manifestations organisées par Alfred Barr au Museum of Modern Art de New York « Cubism and abstract art » et « Fantastic art, dada and surrealism ». « Circuit » est, à cet égard une pièce exceptionnelle : ce simple plateau de bois, rainé en *loop,* supporte une boule de même matière dont le réceptacle naturel est une petite cuvette creusée un peu plus loin. Ainsi présentée l'œuvre semblerait plus justement relever des tendances minimalistes de l'époque ; cependant le jeu entre le mouvement réel de la boule dans le circuit et son immobilité supputée crée un climat d'instabilité mentale par la claire manifestation d'un élément non visualisé. Le même principe fut appliqué par Giacometti à des œuvres telles que « Fleur en danger », « Boule suspendue » ou « l'Objet invisible », dans lesquelles l'élément principal est suggéré par son absence ou sa possibilité. « Circuit » semble avoir trouvé un écho dans les œuvres de Walter de Maria « Cercle, Carré, Triangle » (1972) dans lesquelles une bille métallique parcourt la forme, lui donnant ainsi réalité.

David Hare

Sculpture, c. 1945.
Fer, hauteur : 19 cm.
Aimé Maeght, Paris.

Dans l'immédiat après-guerre, Clement Greenberg écrivait de David Hare : « l'art de David Hare est le plus intensément surréaliste que j'aie jamais vu – en ce sens qu'il suit toujours la direction surréaliste et qu'il la dépasse même, développant les prémisses surréalistes avec une sûreté et un aplomb que les théoriciens mêmes du surréalisme ont à peine imaginés ». Lié par sa famille avec Tanguy lorsque celui-ci vint aux Etats-Unis, David Hare se trouva à vingt trois ans en contact avec les artistes surréalistes réfugiés à New York. Il prit ainsi part à l'exposition « First papers of surrealism ». Sa première exposition personnelle eut lieu à New York dans la Galerie de Peggy Guggenheim « Art of this Century » en 1943. Il participa, à la demande d'André Breton, à l'Exposition Internationale du Surréalisme à la Galerie Maeght en 1947. L'année suivante eut lieu, à cette même galerie, une exposition personnelle où figurait cette sculpture. Comme pour Noguchi, on peut trouver par moment dans les sculptures de David Hare, des références aux formes des dernières œuvres de Tanguy : un rappel d'éléments verticaux, évidés par endroits, où viennent se glisser des formes organiques.

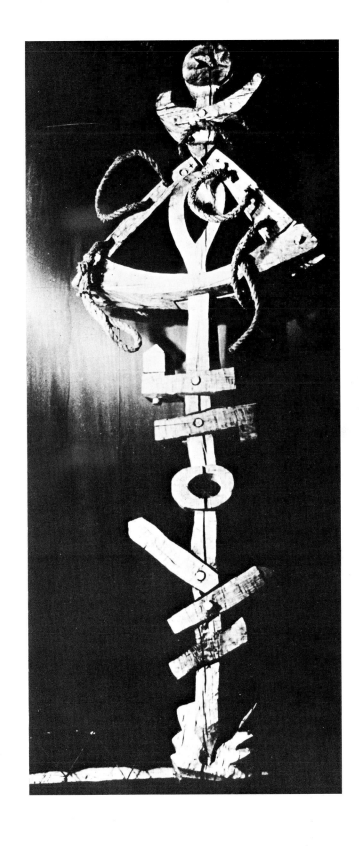

Frederick Kiesler

Totem for all religions, 1947.

Bois et corde, 285 × 86,6 × 78,4 cm.
The Museum of Modern Art, don de M. et Mme Armand
P. Bartos, 1971, New York.

Wifredo Lam

Les noces, 1947.

Huile sur toile, 215 × 197 cm.
Staatliche Museum Preussicher Kulturbesitz National
Galerie, Berlin.

472

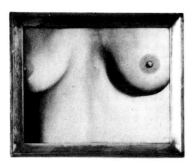

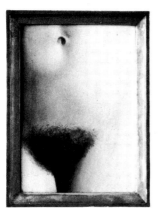

René Magritte

L'évidence éternelle, 1930.
Huile sur toile en 5 panneaux fixés sur plaque de verre,
22 × 12 cm, 18 × 23 cm, 26,5 × 18,5 cm, 21,5 × 15,5 cm,
21,5 × 11,5 cm.
William Copley, New York.

Ceci est un morceau de fromage, 1936.
Peinture à l'huile collée sur carton, 14 × 18 cm.
Charles Ratton, Paris.

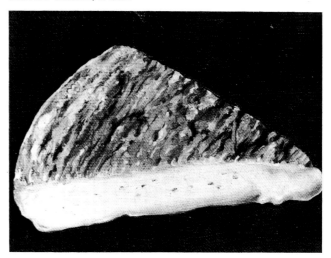

Exposée à l'exposition surréaliste d'objets chez Charles Ratton en 1936, la petite peinture « Ceci est un morceau de fromage » est une variation curieuse sur le thème du célèbre tableau « Ceci n'est pas une pipe » dont la première version date de 1926. Participant à une exposition d'*objets,* Magritte choisit d'objectiver sa peinture, en la plaçant sous une cloche à fromage. Il faut voir là une parfaite illustration de cet extrait de Magritte : « Parfois le nom d'un objet tient lieu d'une image. Un mot peut prendre la place d'un objet dans la réalité. Une image peut prendre la place d'un mot dans une proposition. » C'est cette même ambiguïté qui se retrouve dans la partition en cinq fragments du corps de femme nue de « l'Evidence Eternelle ». Bien que tronqué, réduit à cinq petits panneaux autonomes, le sujet *fonctionne* comme identité et impose la notion de l'objet représenté. L'alternative s'inverse dès que cette notion devient claire : il n'y a plus là que de la peinture, de la toile et des cadres.

Tôt connue aux Etats-Unis, – « Le Faux Miroir » fut acheté dès 1933 par le Museum of Modern Art de New York, et devint, après de légères transformations, le symbole des programmes de télévision de la chaine C.B.S. – l'œuvre de Magritte, si elle n'a pas directement marqué la peinture américaine, semble trouver des échos dans des œuvres comme celle de Jasper Johns ou de Joseph Kosuth. Dans la monographie qu'il a consacrée à Johns, Max Kozloff peut ainsi écrire : « René Magritte avait déjà démontré dans *Le Vent et la Chanson* de 1929 qu'un objet et sa représentation ne peuvent pas, à proprement parler, être définis par un même mot. Il a souligné l'irréalisme de l'art de peindre en montrant la différence entre les deux données. Johns intensifie le même problème en éliminant la représentation, mais en donnant toutefois une équivalence entre la donnée textuelle et un élément physique : le mot rouge peut être vu comme un nouveau support de la couleur orange. Des glissements peuvent se produire dans un triple sens, mais ne sont ni plus vrais ni plus faux pourtant, telle est la provocation épistémologique de *False Start.* »

Man Ray

Portrait du Marquis de Sade.
Huile sur toile, 60 × 45 cm.
William Copley, New York.

Des figures tutélaires du surréalisme, Sade est sans doute l'une des plus marquantes. André Breton invoquait, à son égard, « ce qui ne trompe jamais, l'ardent regard des poètes (Borel, Swinburne, puis Apollinaire) sur ces pourpres lacérées qui assignent l'avenir, la réhabilitation très lente d'une mémoire envers laquelle la biologie et une science des mœurs encore balbutiante seront contraintes de reconnaître leur dette ». Plus loin, il notait encore :« L'absence de tout portrait autre que conjectural était faite pour stimuler l'imagination qui, à de bien moindres frais, convenons-en, se perd à la poursuite de l' « abominable homme des neiges ». Où ne l'entraînera pas celui des volcans ! ». C'est à partir d'une série de dessins réalisés en 1936-1937 et illustrés de poèmes par Paul Eluard : « Les mains libres » que se fait jour, chez Man Ray, l'idée du Portrait du marquis de Sade. Il en réalisera également en 1938 et 1940 deux versions peintes très proches. La seconde, toutefois, remplace l'image de la Bastille en feu par une vue de la prison en construction. Les deux lignes de texte, tirées du testament de Sade, ne figurent pas dans cette seconde version réalisée à l'occasion du bi-centenaire de la naissance du Divin Marquis. Roland Penrose a souligné que : « sous la lourde arcade sourcilière du personnage, à la place de l'œil gauche, s'ouvre un trou béant : Man Ray ne devait apprendre que plus tard que son modèle était effectivement borgne de ce côté ». Ainsi cette peinture s'inscrit-elle dans la série des portraits prémonitoires du surréalisme où elle voisine avec le « Portrait de Guillaume Apollinaire » de Giorgio de Chirico ou « l'Autoportrait » de Victor Brauner. Le même système de figure arcimboldesque à base de pierres sera repris par Bellmer pour une série de portraits de Max Ernst en 1940.

Cette première version du « Portrait du marquis de Sade » fut acquise par le peintre et collectionneur Bill Copley qui organisa, en 1948, dans sa galerie à Beverly Hills une très importante manifestation de Man Ray.

André Masson

Il n'y a pas de monde achevé, 1942.
Huile sur toile, 53 × 68 cm.
The Baltimore Museum of Art, legs de Mlle Saidie A. May,
Maryland.

Dans ses entretiens avec Gilbert Brownstone, André Masson rappelle : « J'ai participé également à la grande Exposition Surréaliste : New Papers, en 1942, je crois, avec un très grand tableau – maintenant au Musée de Baltimore – « Il n'y a pas de monde achevé ». Cette exposition fut quelque chose d'extraordinaire. Elle se tint dans un immense ancien hôtel particulier alors inoccupé de la 5e Avenue. La décoration et la mise en scène, comme dans toute exposition surréaliste, étaient très importantes. Aussi, unanimement, nous avons fait appel à Marcel Duchamp. Il décida de tendre devant les toiles un réseau de ficelles, comme des toiles d'araignées, fort joliment disposées et qui mettaient évidemment les tableaux comme dans un camp de concentration. Au travers de ces toiles d'araignées, on pouvait tout de même voir les tableaux. Mais Marcel Duchamp estimant que cela manquait encore d'imagination, fit appel à Calder pour compléter la décoration – mise en scène. Après des kilomètres de ficelles, nous avons donc vu arriver un ou deux mètres cubes de papier journal avec lesquels Calder confectionna ce que l'on appelle des papillottes – un rectangle de papier découpé d'une certaine manière auquel on imprime une torsion.

Calder accrocha ces petits bouts de papiers tordus sur les fils et le résultat était qu'on n'y voyait plus rien ! Breton reprit alors son rôle de directeur pour faire cesser ce qu'il appelait une plaisanterie. Le pauvre Sandy dut retirer ses papillotes et rengainer son papier journal ».

André Masson

Enchevêtrement, 1941.
Détrempe sur carton, 33 × 25 cm.
Collection de l'artiste.

Parallèlement aux œuvres surréalistes « classiques » telle qu'« Il n'y a pas de monde achevé » et sous l'influence de son voyage aux Antilles, André Masson réalisa quelques œuvres de facture extrêmement libre où les signes peints prolifèrent sans hiérarchie d'un bord à l'autre de la toile. Personne n'a mieux que William Rubin analysé l'étroite relation entre l'œuvre d'André Masson et celle de Jackson Pollock. D'une étude qu'il faudrait citer en son entier, on peut retenir les derniers termes : « Ce qui rapproche Pollock de Masson est essentiellement une affaire de tracé, de tracé qui refuse la description, et par là, refuse de donner contour et modelé à la surface. Le tracé de Picasso, même lorsqu'il est des plus improvisés, est celui du sculpteur. Il mord dans la surface du tableau donnant naissance à des creux et des bosses, tout autant qu'à des formes. Au cours de la période 1943-47, le tracé de Pollock acquit son indépendance, sa vélocité, son pouvoir de galvanisation, précisément par l'abandon progressif de cette littéralité de la figuration, et de cette qualité sculpturale, en faveur d'une plus grande abstraction et d'une extension de la bidimensionnalité, ce qui lui conféra finalement un rôle plus ornemental. Dès les années vingt, Masson allait déjà loin dans la direction de ce genre de dessin. « La ligne », remarquait-il à propos des tableaux de sable, « n'est plus essentiellement significative : elle est pur élan ; elle suit son chemin (ou sa trajectoire) ; elle n'a plus fonction de contour ». Toutefois la description de Masson n'est exacte que jusqu'à un certain point. En réalité son tracé n'est jamais devenu abstrait au point de perdre sa fonction « signifiante ». Pour en arriver là, Pollock devait non seulement recourir à la ligne obtenue par coulage, mais surtout former un réseau si serré de tracés qu'aucun d'entre eux ne pût être interprété comme le contour d'une forme.

L'automatisme de Masson, comme celui de Pollock au cours de la période 1942-46, est donc finalement resté figuratif en dépit de son degré élevé d'abstraction. Lorsque Pollock mit sa technique au service d'une peinture non-figurative, dans ses tableaux « classiques » de 1947-50, il transforma comme le note Masson, l'automatisme en quelque chose qu'aucun des peintres surréalistes n'aurait pu prévoir. Par la suite, lorsque les « drippings » de Pollock furent connus en Europe, il semble qu'ils aient à leur tour influencé Masson (dans des tableaux comme « La Chevauchée ») et Miro (dans « La Baigneuse de Calamayor » par exemple) quoique les peintres surréalistes n'aient jamais accepté le geste du peintre comme un tracé purement abstrait dépourvu de caractère connotatif. Le retour d'une figuration fragmentée (évocation d'anciennes formes totémiques, éléments partiels d'anatomie humaine) à l'intérieur des tableaux noirs de Pollock en 1951 semble suggérer que la disparition de cette figuration du niveau manifeste de l'œuvre de 1947-50 ne signifiait aucunement l'éradication des forces psychiques et poétiques qu'elle incarnait. Au contraire, la présence de ces forces est pressentie dans l'esprit de ses œuvres « classiques » où elle constitue la contrepartie non-plastique de leur infrastructure cubiste. C'est le contenu mythique et psychique de cette poésie – autre aspect de sa parenté avec Masson et le surréalisme en général – qui donne à la peinture purement abstraite de Pollock un caractère visionnaire, apocalyptique que l'on chercherait en vain chez un Mondrian, un Delaunay et dans d'autres formes antérieures de peinture non-figurative d'inspiration cubiste ».

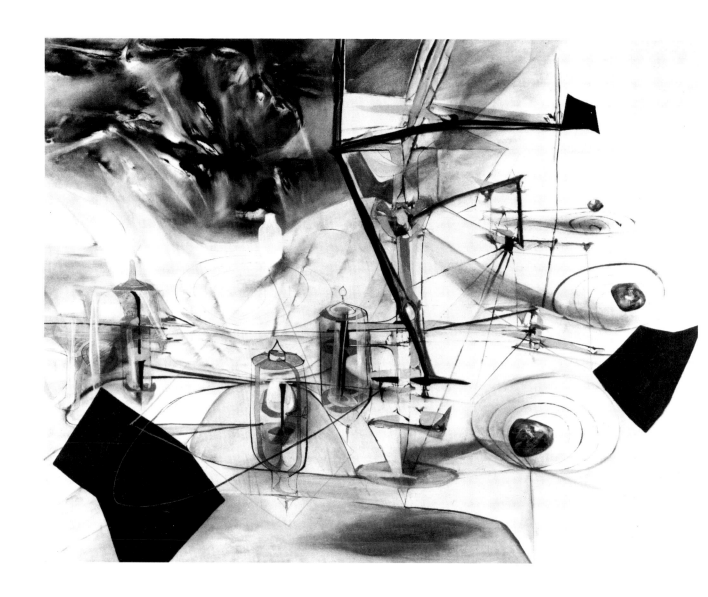

Roberto Matta

The Bachelors Twenty Years after, 1943.
Huile sur toile, 96,3 × 127 cm.
Collection particulière, USA.

Joan Miró

Table à moustaches, 1927.
Techniques mixtes, 90 × 56 cm.
William Copley, New York.

Meret Oppenheim

Le déjeuner en fourrure, 1936.

Fourrure recouvrant tasse, soucoupe et cuillère,
tasse : 8,5 × 13,8 × 10,9 cm,
soucoupe : 23,7 cm de diamètre,
cuillère : 20,2 cm de long.
The Museum of Modern Art, New York, achat 1945.

Exposé en 1936 chez Charles Ratton, cet objet devint immédiatement l'un des plus célèbres et des plus scandaleux de l'imagerie surréaliste. Le refus qu'il provoque se situe à un stade instinctif et la force de perturbation qu'il possède tient à ce que, avant même que l'analyse en révèle le mécanisme, l'individu rejette par répulsion physique l'assimilation du fait de boire et le contact de la muqueuse buccale avec la fourrure. Dans un entretien récent, Meret Oppenheim a fixé les conditions dans lesquelles elle réalisa cet objet.

« En 1936, j'avais 22 ans et j'ai essayé de gagner ma vie en faisant des bijoux « haute-fantaisie » pour Schiaparelli et Rochas. J'avais fait couper par un serrurier un morceau de tuyau de laiton souple de six centimètres et j'en ai fait diminuer l'épaisseur aux extrémités de façon que celle-ci ne dépasse pas un millimètre. Puis je l'ai fait plaquer en or et j'ai collé entre les deux bords un morceau de fourrure de phoque.

« Un soir, au café de Flore, je portais ce bracelet et j'ai rencontré Picasso et Dora Maar. Ils ont regardé le bracelet et Picasso l'a trouvé amusant. Il a dit : « Au fond, on pourrait tout couvrir de fourrures ». En riant, il montrait des objets : « et ça... et ça... et ça... ». J'ai dit : « Et cette tasse ». Quelques jours plus tard, André Breton m'a invité à participer à une exposition d'objets surréalistes à la Galerie Ratton. Je suis allée à Uniprix et j'ai acheté une tasse, une petite assiette et une cuillère. De retour j'ai couvert ces trois objets d'une mince couche de fourrure que j'avais par hasard à la maison – je crois que c'était de la gazelle de Chine. Cet objet fut exposé aux Cahiers d'Art et fut acheté là par Alfred Barr pour le Museum of Modern Art de New York. L'objet fut également montré plus tard à l'exposition surréaliste aux New Burlington Galleries à Londres, puis à l'exposition « Fantastic Art, Dada and Surrealism », au Museum of Modern Art de New York. Comme le dit David Sylvester, c'est là que cet objet est devenu l'objet fétiche du surréalisme ».

Wolfgang Paalen

Nuage articulé, 1938.
Éponge, hauteur : 50 cm.
Moderna Museet, Stockholm.

Dans l'œuvre de Paalen, les objets semblent jouir d'une autonomie particulière par rapport à l'œuvre peinte. Alors que pour le plus grand nombre des artistes surréalistes ceux-ci sont surtout matérialisation tri-dimensionnelle des phantasmes peints, chez Paalen, ils ne trouvent pas de références dans les tableaux. C'est avec un de ses objets qu'il participa à l'exposition « Fantastic Art, Dada and Surrealism ». Ceux-ci, et tout particulièrement le « Nuage articulé » – un parapluie recouvert d'éponges naturelles – possèdent un rare pouvoir dépaysant. Comme la tasse en fourrure de Meret Oppenheim, cette œuvre joue sur le glissement du sens : le parapluie loin de protéger appelle l'eau pour l'emmagasiner. Sans perdre son identité, l'objet véhicule une signification, sinon contraire, étrangère pour le moins à celle qui lui est habituelle. La peinture de Paalen ne possède pas ce pouvoir subversif malgré l'utilisation de techniques inaccoutumées comme celle du fumage. – (ce mode de travail utilisé par Paalen à partir de 1938 trouve son antécédent direct dans une œuvre de Camille Bryen « Cire et Fumée » exposée au Salon des Surindépendants de 1936) –. Émigré au Mexique, Paalen entretiendra un contact assez étroit avec le milieu new-yorkais grâce à l'édition de la revue « Dyn » et à des expositions personnelles, une en particulier ayant eu lieu à « Art of this Century ».

Pierre Roy

Le danger dans l'escalier, 1927-1928.

Huile sur toile, 91,4 × 60 cm.
The Museum of Modern Art, don Abby Aldrich Rocke-
feller, 1935, New York.

Yves Tanguy

Fear, 1949.
Huile sur toile, 152,4 × 101,6 cm.
The Whitney Museum of American Art, New York.

Cette œuvre de Tanguy fut achetée l'année même de sa réalisation par le Whitney Museum of Art. Ainsi se manifestait de façon évidente l'adoption de Tanguy parmi les artistes américains, un an après sa naturalisation survenue en 1948. Les dernières années de la vie de Tanguy sont en effet inséparables du monde américain où il s'installe en 1939, l'année de son mariage avec le peintre Kay Sage. Ses expositions successives chez Peggy Guggenheim, puis chez Pierre Matisse qui le prit en contrat dès 1939 et exposa ses œuvres en 1939, 1942, 1943, 1945, 1946 et 1950 avaient familiarisé le public américain avec ses œuvres. On ne peut que conjecturer les changements que l'Amérique produisit dans l'œuvre d'Yves Tanguy, le Breton. Lui même, s'en explique ainsi : « Ici, aux Etats-Unis, le seul changement que je peux déterminer dans mon œuvre est, possiblement, dans ma palette. Ce qui a causé cette intensification de la couleur, je ne peux le dire. Mais je dois reconnaître un changement considérable. Peut-être est-il dû à la lumière. J'ai aussi un sentiment de plus grand espace, ici, de plus de volume. Mais c'était pour cela que je suis venu ici ». John Ashberry, pour sa part, note : « Ce n'était pas seulement la palette de Tanguy qui s'intensifia en Amérique. Grâce sans doute au mode d'existence paisible dont il jouissait à Woodbury, la libération des problèmes matériels qui l'avaient toujours tourmenté et l'éloignement de la guerre, il fut capable de se lancer dans une série de tableaux toujours plus complexes et plus étranges. »

Les œuvres de la période américaine de Tanguy, avec leurs formes plus écrites, leur évidence d'objets ne furent pas sans écho auprès des sculpteurs américains et en particulier de Noguchi, dont les œuvres de l'après-guerre, évoquent les éléments biomorphiques de Tanguy. Les rapports sont plus complexes avec la peinture de Matta, comme lui familier de la galerie Pierre Matisse, et dont les œuvres des années 40, comme « The hanged man », « Here Sir Fire, Eat », ou « Le Vertige d'Eros » semblent être à l'origine des larges brossages de blanc qui, essentiellement dans les gouaches, viennent se superposer aux transparences de l'espace. « Qu'est-ce que le Surréalisme ? » demandait André Breton. « C'est l'apparition d'Yves Tanguy coiffé du paradisier grand émeraude ».

Dorothea Tanning

Birthday, 1942.
Huile sur toile, 102 × 65,5 cm.
Collection particulière, Paris.

Ayant été chargé, à l'instigation de son fils le peintre Jimmy Ernst, alors secrétaire de la galerie de Peggy Guggenheim, de réunir des œuvres de femmes peintres pour l'une des premières manifestations de « Art of this Century », Max Ernst fit ainsi la connaissance de Dorothea Tanning dont il avait admiré ce tableau. On connait la suite de l'histoire : le divorce avec Peggy Guggenheim, l'installation en Arizona, à Sedona avec Dorothea Tanning. Cette peinture est très vite devenue l'une des mieux connues de l'artiste. Reproduite dans « View », elle a figuré dans les principales expositions surréalistes, en particulier celle organisée en 1947 par André Breton à la Galerie Maeght. C'est également cette œuvre que Sidney Janis choisit de reproduire dans son ouvrage « Abstract and surrealist art in America » publié en 1944. Comme nombre d'œuvres surréalistes de l'époque, « Birthday » utilise une technique traditionnelle au service d'une image inusuelle. Mélange de pure rêverie et de symbolisme, cet autoportrait avec ses enfilades de portes qui bientôt se libéreront du mur pour devenir simples chassis dans l'espace, préfigure le même thème de la porte ouverte sur le vide qui se retrouve également chez Magritte et Delvaux.

Art of this Century

Le 26 février 1942, Peggy Guggenheim écrivait à Frederick Kiesler : « Cher Monsieur Kiesler. J'ai besoin de votre aide. Me donnerez-vous quelques conseils pour transformer deux boutiques de tailleur en galeries d'art ? Pourrais-je vous montrer les lieux et tout d'abord vous montrer ma collection afin que vous ayiez une idée précise de ce dont j'ai besoin. Je vous serai très reconnaissante de me téléphoner à Eldorado 5-3559, aussitôt que possible. Très sincèrement vôtre, Peggy Guggenheim ».

Ainsi trouvait enfin place à New York l'une des plus étonnantes collections d'avant-garde tant pour la qualité de ses œuvres que pour la manière dont elle avait été formée. Peggy Guggenheim a souvent raconté, avec beaucoup de franchise et un sens certain de la provocation, l'origine de l'aventure : « Me sentant isolée et désœuvrée, vivant seule en Angleterre à la campagne, je me mis à réfléchir aux moyens de m'occuper et si possible de me rendre utile. Mon amie Peggy Waldman me suggéra de me lancer dans l'édition, mais craignant que cela ne soit trop coûteux, j'optais pour son autre suggestion : ouvrir une galerie d'art moderne. Je ne songeais alors guère aux milliers de dollars que j'allais engloutir dans cette entreprise. Ma mère venait de mourir et me laissait à peu près autant que ce que j'avais hérité de mon père, mais, hélas, je ne pouvais pas disposer de cet argent comme je le voulais. »

Dans l'introduction au catalogue de la présentation de sa collection au Musée de l'Orangerie, elle précise :

« En 1938, j'ouvris dans Cork Street, à Londres, une galerie d'art moderne que ma secrétaire Wyn Henderson baptisa du nom de Guggenheim Jeune. A cette époque, j'ignorais tout de l'art qui a suivi le post-impressionnisme. Je dus donc compter entièrement sur l'aide de mon vieil ami Marcel Duchamp. C'est lui qui me fit connaître tous les artistes que nous devions exposer. Il organisa aussi à Paris des expositions qu'il m'expédia à Londres. Nous voulions commencer par Brancusi, mais il était absent de Paris. A sa place nous invitâmes Cocteau. Les manifestations suivantes furent consacrées à Kandinsky, à Tanguy, à John Tunnard et à divers autres artistes moins connus, ainsi qu'à des expositions de groupes. L'une de celles-ci comprenait les sculpteurs Pevsner, Moore, Laurens, Calder, Duchamp-Villon, Brancusi, Arp et sa femme Taeuber-Arp. Il y eut aussi une exposition des collages d'Ernst, Picasso, Braque, Miro, Schwitters et de beaucoup d'autres.

Comme il était très difficile de vendre les œuvres exposées, j'achetais habituellement à chaque exposition une peinture ou sculpture afin d'encourager l'artiste. C'est ainsi que, sans le savoir, je commençais ma collection.

La galerie se révéla trop coûteuse pour son résultat. Au bout d'un an et demi, je décidai donc de la fermer et de créer à Londres un musée d'art moderne. Je fis appel aux services de Herbert Read qui devait en être le directeur. Beaucoup de gens lui promirent des dons ou des prêts de tableaux. Il m'envoya à Paris pour constituer l'exposition d'ouverture. Elle aurait couvert toutes les tendances non réalistes dans l'art depuis le cubisme en 1910. Le constructivisme, le futurisme, le purisme, le suprématisme, le dadaïsme, le surréalisme, Merz et le mouvement De Stijl y auraient été représentés. Nous en étions là quand la guerre éclata. Je décidai alors de renoncer à notre projet, même si Herbert Read voyait dans Londres la ville idéale pour constituer un musée en temps de guerre.

De la sorte, je me trouvai à Paris sans rien à faire, avec les fonds du musée à ma disposition. Utilisant la liste de Herbert Read, qu'avaient révisée Marcel Duchamp et Petra van Doesburg (la veuve de Theo van Doesburg, leader avec Mondrian du mouvement De Stijl), je décidai d'acheter toutes les œuvres d'art que nous avions envisagé de nous faire prêter. Je me mis au régime d'acquisition d'une œuvre par jour. Rien alors de plus facile. Les Parisiens, s'attendant à une invasion allemande, ne désiraient qu'une chose : tout vendre et fuir. Je fus aidée dans ma tâche par Petra Van Doesburg et par Howard Putzell, un marchand d'œuvres d'art.

On sut vite à Paris ma présence sur le marché comme acheteuse, de sorte que tout le monde se mit à me pourchasser sans répit. Mon téléphone sonnait toute la journée et l'on venait m'apporter des toiles jusque dans mon lit, le matin avant mon lever. Je visitai tous les ateliers d'artistes, toutes les galeries, et m'y fis un tas de nouveaux amis. Bientôt, je me trouvai en possession de *l'Oiseau dans l'espace* de Brancusi et d'un oiseau antérieur nommé *Maiastra* (1912). Giacometti fit mouler pour moi dans le bronze une figure en plâtre de femme à la gorge tranchée, la première de ses œuvres qui ait été coulée. J'achetai également un des premiers tableaux futuristes de Severini, un Balla, un Braque cubiste, des œuvres de Léger, Marcoussis, Villon, Gleizes, Duchamp-Villon, Laurens, un Delaunay orphiste, un Pevsner constructiviste et un Vantongerloo, un Picabia dadaïste et plusieurs Arp, ainsi que des toiles de Tanguy, Miro, Klee, Schwitters et un Chirico métaphysique. J'habitais un appartement mansardé dans l'Ile Saint-Louis, sans espace mural, et j'avais hâte de pouvoir accrocher ma collection toute neuve. Je découvris un délicieux appartement place Vendôme, mais le propriétaire me crut folle de songer à créer un musée au moment où chacun s'attendait à voir les Allemands occuper Paris. Néanmoins il consentit finalement à me céder les locaux dont je commençai par faire refaire la décoration par Vantongerloo. Peu après, je demandai, en échange, d'utiliser les caves comme galerie, mais le propriétaire déclara qu'il devait les conserver libres pour servir d'abri antiaérien. Il devenait désormais évident qu'il fallait garer mes trésors en lieu sûr. Léger demanda pour moi l'aide du Louvre. On m'offrit un espace d'un mètre cube quelque part en province, où l'on envoyait les peintures du musée. Mes toiles furent séparées de leur châssis et roulées pour occuper moins de volume. Mais le Louvre changea d'avis, ayant décidé que ma collection ne valait pas la peine d'être sauvée.

Il me fallait trouver une autre solution. Une amie, Maria Jolas, qui possédait un château près de Vichy, entreposa les caisses dans sa grange. Les Allemands y vinrent et repartirent sans les remarquer. Les toiles ainsi mises à l'abri, je décidai de quitter Paris, ce que je fis au milieu de l'exode général, deux jours avant l'arrivée des Allemands. J'aboutis à Annecy où les caisses me suivirent, sans que j'eusse encore la moindre idée de ce que j'allais en faire. Expédiées de Vichy, elles passèrent des semaines sur un wagon de marchandises à mon insu. Quand je les découvris, nous allâmes les bâcher, Petra Van Doesburg et moi, mais elles ne pouvaient évidemment pas rester là.

Petra se rendit à Grenoble et convainquit Andry Farcy, le directeur du Musée de Grenoble, de les héberger. Il mit deux pièces à ma disposition, mais sans m'autoriser à accrocher les toiles qui demeurèrent appuyées en tas contre les murs. Je passais le plus clair de mon temps à les cataloguer et à les faire photographier, avec la permission de les montrer à mes amis. Farcy aurait désiré organiser une exposition, mais il redoutait terriblement d'exposer cet art dégénéré, vu qu'il s'attendait à une visite de Pétain. Cependant il me dissuada de les emporter quand je finis par me décider à partir pour l'Amérique.

Il n'était pas question de rester en France sous l'occupation allemande car, en qualité de juive, je me serais retrouvée dans un camp de concentration. Mais je ne voulais pas partir sans mes tableaux. J'ignorais absolument comment les envoyer à New York. Le problème fut résolu par René Lefebvre-Foinet, un associé de la firme qui avait effectué toutes les expéditions de Paris pour Guggenheim Jeune. La chance voulut qu'il débarquât à Grenoble. Il emballa immédiatement toute la collection et la fit passer, en l'expédiant, comme objets de déménagement, accompagnés de quelques casseroles et couvertures, ainsi que d'une vieille voiture remisée, faute d'essence, dans un garage grenoblois. Ceci

fait, rien ne m'empêchait de suivre le mouvement. On pourra juger ce récit bien frivole, alors que toute l'Europe était en guerre. Toutefois, je croyais de mon devoir de sauver les œuvres d'art que j'avais acquises. Le temps a montré que j'avais raison de persister à les mettre en sûreté.

J'avais collaboré à un comité qui aidait les artistes européens à gagner l'Amérique. C'est ainsi que j'eus affaire à André Breton et à Max Ernst, dont j'acquis dix ou onze toiles, représentant différentes périodes. Breton partit le premier. Max et moi arrivâmes ensuite à New York durant l'été 1941. Nous sillonnâmes les Etats-Unis à la recherche d'un lieu enfin convenable pour le musée, pour échouer enfin à New York ».

Aux deux principaux axes de la collection, constructivisme et surréalisme, Kiesler adapta son programme d'installation. Dans une lettre-contrat en date du 9 mars 1942, celui-ci en rappelait les principaux points :

« Chère Madame,
Suite à notre conversation de la semaine dernière, j'aimerais esquisser les grandes lignes du projet dont nous avons débattu :

1 – Les deux étages du 30 West 57 Street, New York City, que vous désirez louer, doivent être transformés en galeries d'exposition. L'aménagement, ainsi que les travaux d'architecture intérieure doivent être réalisés par mes soins. Nous ferons de notre mieux pour que la plus grande partie soit prête pour le 1er mai. Cependant, dans la mesure où les projets concernant la galerie d'art et les aspects techniques de son aménagement intérieur ne sont ici qu'ébauchés, toutes les prévisions concernant la durée et le prix des travaux ne sont données qu'à titre indicatif.
2 – Vous désirez qu'on applique de nouvelles méthodes pour l'exposition de peintures, de dessins, de sculptures, de collages et de tout ce que l'on appelle « objets »,
3 – que ce soit réservé un espace suffisant pour entreposer le matériel d'exposition,
4 – que soit aménagé un espace suffisant pour votre bureau et pour une autre pièce réservée à votre usage personnel,
5 – que les dispositions nécessaires soient prises pour transformer une partie des lieux en auditorium d'une capacité approximative de 150 places, en vue de soirées musicales.
6 – L'aménagement des deux espaces devrait permettre la disposition suivante : une section d'expositions permanentes, une section d'expositions semi-permanentes pour les œuvres provenant de votre collection et une section pour les expositions temporaires et les expositions d'œuvres prêtées ».

Le montant total du devis s'élevait à la somme de $ 4489.

Ce n'est finalement que le 24 octobre, avec une réception au bénéfice de la Croix Rouge américaine, que s'ouvrit la galerie sous le nom de « Art of this Century ». L'impression en fut saisissante. « Une Révolution dans les techniques d'exposition » fut le titre de l'United Press Sunday Letter. Dans le New York World Telegramme, le critique américain Emily Genauer écrivait :

« Frederick J. Kiesler, architecte et décorateur moderne de grand renom qui est aussi le directeur des recherches appliquées au Département d'architecture de l'Université de Columbia, est responsable de la construction de « *Art of this Century* » ; son travail fera date dans la manière de présenter les œuvres d'art. La galerie est divisée en quatre parties : la première est consacrée à l'art abstrait, les toiles y sont accrochées à des colonnes triangulaires dont on peut aisément accroître le nombre ou changer la disposition et l'un des murs n'est qu'une longue surface ondoyante de toile bleu marine. La seconde expose les tableaux surréalistes et ses murs sont en bois convexe d'où sortent des tiges spécialement conçues (des battes de base-ball sciées) que l'on peut ajuster pour que les visiteurs puissent examiner les tableaux sous tous les angles. Dans la troisième partie, l'exposition des tableaux est automatiquement réglée et les œuvres de Klee sont montées sur un carrousel dont la rotation est contrôlée par un rayon lumineux invisible. Enfin, la quatrième salle, qui est une véritable bibliothèque picturale, est équipée de stands et de casiers mobiles spécialement conçus pour permettre aux visiteurs de composer leur petite exposition personnelle.

Traverser ces salles est une aventure qui déconcerte et ravit à la fois. On se sent comme un enfant devant un nouveau jouet capable de toutes sortes de prodiges imprévisibles. Tout ceci est évidemment destiné à faciliter l'accès aux toiles, ou, comme le dit monsieur Kiesler, non sans une certaine affectation, à permettre à « l'œuvre d'art de se manifester comme une entité vitale dans un univers spatial et à l'art de se manifester comme un lien vital dans la structure d'un nouveau mythe ».

Le succès public de la galerie fut d'autant plus grand que son statut était celui d'un musée. Parallèlement à la collection permanente furent présentées jusqu'en 1947, date à laquelle Peggy Guggenheim ferma la galerie, nombre de manifestations importantes. Des expositions personnelles de Arp, Chirico, Giacometti, David Hare, Hélion, Hirschfield, Hans Hofmann, Motherwell, Paalen, Pollock, Hans Richter, Rothko, Theo van Doesburg y eurent lieu. Chaque année également, Peggy Guggenheim proposait un Salon de Printemps et un Salon d'Automne où nombre de jeunes peintres trouvèrent leur première possibilité d'exposition. James Thrall Soby, James Johnson Sweeney et Max Ernst, alors marié à Peggy Guggenheim, étaient les plus actifs quant à la proposition de nouveaux artistes. C'est cependant par l'intermédiaire de Howard Putzel que Peggy Guggenheim entra en contact avec la génération des jeunes artistes américains qu'elle fut la première à exposer : Robert Motherwell, Mark Rothko, Clifford Still...

Ainsi la galerie de Peggy Guggenheim devint-elle un lieu de brassage entre jeunes peintres américains et artistes en exil, surréalistes et abstraits, constructivistes et expressionnistes. Sidney Janis se rappelle y avoir fait rencontrer Jackson Pollock à Max Ernst qui lui expliqua comment à l'aide d'une boîte de conserve préalablement trouée, puis suspendue à une corde et remplie de peinture, il avait réalisé les giclures du *Jeune homme intrigué par le vol d'une mouche non-euclidienne*. Il serait sans doute présumé de voir là la source directe du « dripping » mais on peut penser que, conjugué à l'influence des fresques de Orozco, aux œuvres gestuelles d'André Masson et aux dessins de sable indiens, cet évènement contribua à la formation du style de Pollock.

C'est sans doute à son inhabituelle relation avec les artistes en tant que collectionneuse, marchand et femme que Peggy Guggenheim dut d'acquérir la place qui fut la sienne dans l'art de ce siècle. « Art of this Century », au départ passe-temps d'une jeune femme désœuvrée, fut dans la richesse de ses contradictions le reflet même de l'art dans les années de la guerre.

L'installation et les meubles de Frederick Kiesler pour « Art of this Century ».

Salvador Dali

La vache spectrale, 1928.
Huile sur contreplaqué, 50 × 64,5 cm.
Musée national d'art moderne, Paris.

Yves Tanguy

If it were, 1939.
Huile sur toile, 117 × 78 cm.
Collection particulière, Paris.

Jean Arp

Tête et coquille, 1933.
Bronze, 20 × 25 × 18,5 cm.
Dr. W.A. Bechtler, Zollinkon (Suisse).

Robert Delaunay

Contrastes simultanés : soleil et lune, 1912-1913.
Huile sur toile, 134,5 cm de diamètre.
The Museum of Modern Art, fonds de Mme Simon Gug-
genheim, New York.

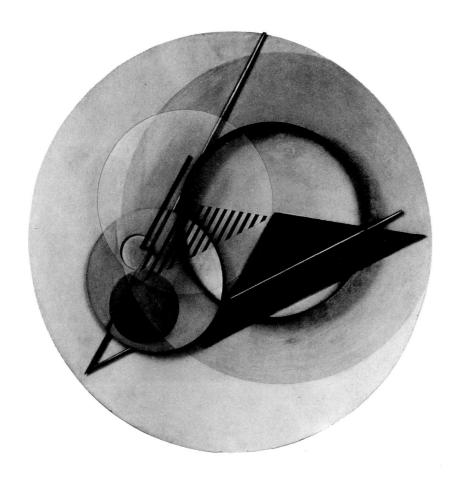

Cesar Domela

Composition on a round base, 1936.

Bois, plastique, différents matériaux, diamètre : 104 cm.
Lilian M. Florsheim, Fondation des Beaux-Arts, Chicago.

Theo Van Doesburg

Contre composition n° 8, 1924.

Huile sur toile, 100 × 100 cm.
The Art Institute of Chicago, don de Peggy Guggenheim,
Ill.

493

Marcel Duchamp

La boîte en valise, 1938.
Montage, 40 × 37 × 8 cm.
Musée national d'art moderne, Paris.

Oscar Dominguez

Nostalgia of space, 1939.
Huile sur toile, 73 × 91 cm.
The Museum of Modern Art, don de Peggy Guggenheim
1952, New York.

Alberto Giacometti

Femme égorgée, 1932.
Bronze, 20 × 75 × 38 cm.
Kunstmuseum, Fondation Alberto Giacometti, Bâle.

Jean Hélion

Figure tombée, 1939.
Huile sur toile, 126 × 126 cm.
Galerie Flinker, Paris.

Morris Hirshfield

Stage beauties, 1944.
Huile sur toile, 101 × 121 cm.
Avec l'autorisation de Sidney Janis Gallery, New York.

Paul Klee

Weibliche und märliche pflanze, 1921.
Aquarelle, 47 × 42 cm.
M. et Mme Daniel Saidenberg, New York.

Vasily Kandinsky

Dominant Curve, 1936.
Huile sur toile, 129 × 193 cm.
The Solomon R. Guggenheim, New York.

René Magritte

La clé des songes, 1936.
Huile sur toile, 41 × 27 cm.
Jasper Johns, New York.

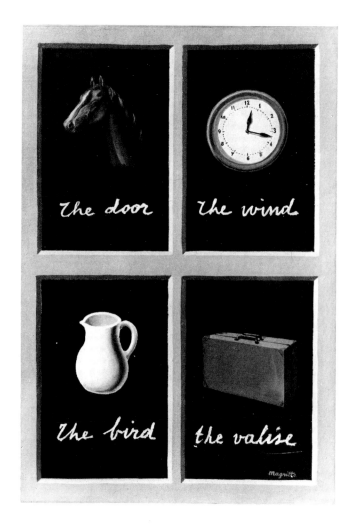

Robert Motherwell

Collage n° 2, 1945.
Peinture et papier sur bois, 55,5 × 38 cm.
Robert Motherwell, Greenwich, New York.

Man Ray

The rope dancer accompanies herself with her shadow, 1916.

Huile sur toile, 132,1 × 186,4 cm.
The Museum of Modern Art, don de G. David Thompson, 1954, New York.

Ben Nicholson

White relief, 1938.
Huile sur bois, 108 × 104 cm.
The Tel Aviv Museum.

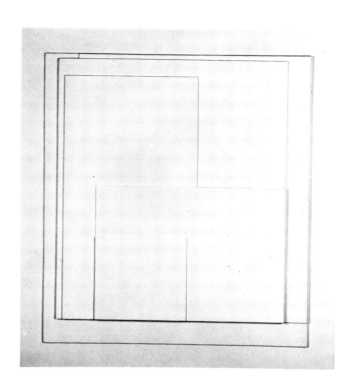

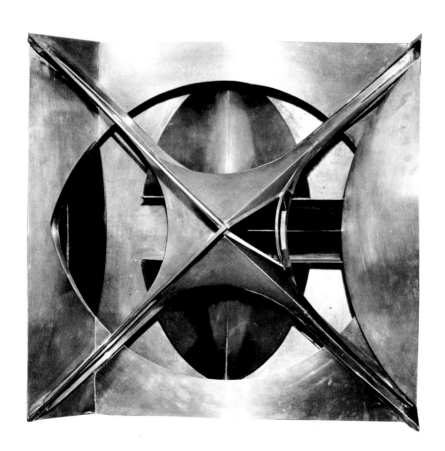

Antoine Pevsner

Bas relief en creux, 1926-1927.
Cuivre et bronze, 59 × 60 cm.
Washington University Gallery of Art, Saint-Louis, Missouri.

500

Hans Richter

Dragon fly, 1942.
Huile sur toile, 75 × 40 cm.
Collection particulière.

New York vu par les peintres

La rencontre avec New York et les Etats-Unis, le choc physique de la ville et du paysage c'est ce que dans leurs œuvres ont traduit des artistes comme Salvador Dali, Hélion, Léger ou Masson qui, à un moment ou à un autre pour une durée assez longue, ont fait l'expérience de l'espace américain et de Manhattan comme une réalité vécue. Parallèlement aux œuvres, des textes, ici, en témoignent.

Salvador Dali

Gangsterism and goofy visions of New York, 1935.
Crayon, 54,6 × 40 cm.
Menil Foundation, Houston.

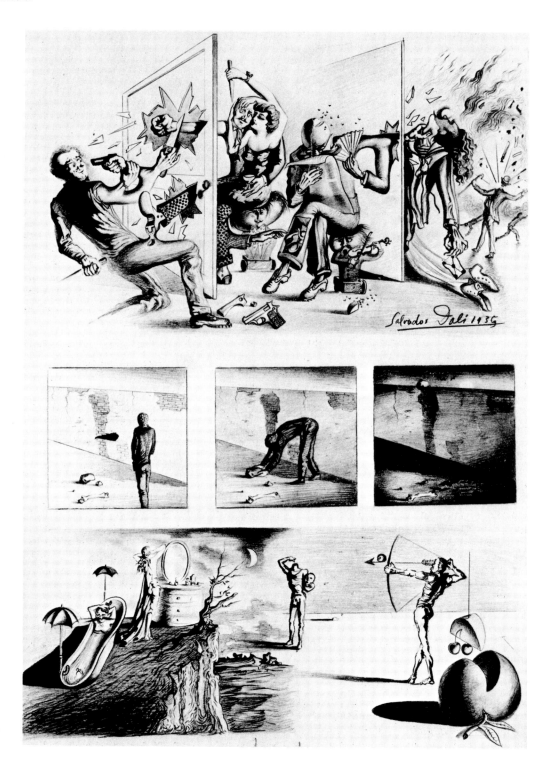

« Ma rencontre chez les Noailles avec Alfred Barr, directeur du musée d'Art moderne à New York, me décida à agir. C'était un jeune homme nerveux à la pâleur cadavérique, d'une stupéfiante culture plastique, véritable radar de l'art moderne, curieux de toutes les recherches et qui gérait un budget plus important que celui de tous les budgets des musées français réunis. « Venez aux Etats-Unis, me dit-il avec énergie, votre succès sera fulgurant ». Il exposait ainsi l'écho de ma conviction. (...)

A New York, une exposition de mes *Montres molles* avait eu un succès critique encourageant. La presse s'excitait beaucoup sur ma vision originale du monde. J'apparaissais comme la plus moderne nouveauté du vieux monde. A Paris je n'avais plus grand-chose à espérer. Le trou était fait. Comme Alexandre tranchant le nœud gordien, il y avait désormais un surréalisme à jamais marqué par mon passage. J'en avais transformé les structures en y introduisant le gluant et la putréfaction, le bizarre, l'angoissant et l'impossible. Mais ici, tout tournait à la guerilla byzantine et scolastique. Mon nom devenait une sorte d'épouvantail à moineaux. Le bon sens français était un peu petit pour ma dimension. J'avais faim et soif à l'échelle d'un continent où je savais que je pourrais me rassasier de gloire et de succès comestibles. Seule l'Amérique avait assez de richesse, d'intelligence neuve, d'énergie disponible, pour contenter mon hypertrophie de moi et subir mes caprices. (...)

Nous avions choisi de voyager sur le *Champlain* avec Caresse Crosby qui revenait aux U.S.A. et nous servirait de chaperon. Je lui rappelai qu'elle me devait un pain de quinze mètres dont elle m'avait promis la cuisson à Ermenonville. Elle intervint auprès du capitaine, malheureusement le four du bord ne permettait pas un tel exploit et je dus accepter de recevoir un pain de deux mètres cinquante, encore dut-on lui confectionner une colonne vertébrale en bois. Mais pour moi, ce pain était une baguette magique qui me rendit à la joie. Avant lui je me sentais émasculé, impuissant, sans cordon ombilical. Lorsque le chef, en grande pompe, vint me remettre mon pain enveloppé de cellophane, je fus transformé. Je le pris en main, comme un sexe que l'on veut masturber et je le caressai avec un plaisir profond. Il était mince et ferme, un peu flexible et cartilagineux comme une bitte, avec un croûton bien formé. Je sentis la salive du désir m'humecter la gorge. Je le pris solennellement dans mes deux mains et le brandis à bout de bras. On venait de me rendre mon phallus.

Mon premier soin fut de lui mettre un pantalon, je veux dire que je l'enveloppai de papier journal pour le dissimuler aux regards et accroître le désir des autres. Je le déposai ensuite au centre de la cabine dans l'attente du grand jour : mon mariage avec l'Amérique ! J'allais débarquer, jeune marié tenant son sexe à bout de bras et invitant le monde entier à ses noces.

J'étais sur le pont supérieur lorsqu'on nous annonça New York. Je vis soudain surgir de la brume une masse noire et je compris que sur notre coquille lilliputienne nous abordions un monstre couché dont on apercevait les sexes multiformes en érection. Comme des morpions, nous allions nous accrocher à ces bittes creuses pour y chercher une niche. Quand le soleil éclaboussa de lumière les milliers de vitres, un frémissement parut monter tout au long des gratte-ciel, comme si un massage libidineux maintenait en tension ces masses énormes qui se fondaient dans le vagin du ciel. Le *Champlain* se mouvait très lentement, porté par la houle, et j'avais le sentiment que nous assistions à la lente pénétration amoureuse de la terre et des nuages. La sirène hurla pour annoncer le coït. Je sentis mon sexe se rétrécir entre mes jambes et me précipitai dans ma cabine pour retrouver ma bitte panifiée et dégustable. (...)

Je posai mon pain dressé sur la terre d'Amérique comme on plante un arbre, retirai lentement les enveloppes de journaux qui l'habillaient puis jetai ces nouvelles déjà mortes. La croûte dorée brillait au soleil. Je pris mon pain comme une hampe de drapeau et, le phallus brandi, je partis dans la ville... La difficulté fut de le faire entrer dans un taxi malgré son invisibilité – qui cependant ne cessa de croître. Je me promenai dans New York, le pain à la main, gênant les passants sans que personne me dît rien. Je m'immobilisai sur le trottoir en m'appuyant sur mon pain, je stationnai devant les vitrines. On me photographiait mais comme les deux extrémités du pain dépassaient du document, nul ne remarquait sa présence sur la photo.

Le dernier jour cependant un miracle se produisit. Comme le pain s'effritait en vieillissant, je décidai un matin de le manger. En allant prendre mon petit déjeuner dans un drugstore de la 50ᵉ rue, je me mis à casser le croûton de ma baguette pour accompagner mes œufs sur le plat. La foule du bar me cerna bientôt pour assister à ce repas. Les questions fusèrent, mais comme j'étais seul et ne parlais pas l'anglais, l'invisibilité fut remplacée par l'incompréhension et le mystère du pain demeura pour les Américain en ce jour de novembre 1934.

Comme je traversais la rue, je glissai, lâchai mon pain. Un agent de police m'aida à gagner le trottoir. Quand je me retournai, mon pain avait disparu, devenu complètement invisible, même pour moi. Je sus qu'il avait été assimilé, digéré par la ville et que son ferment était en circulation dans les ventres de ces immenses phallus qui me cernaient et qu'il fabriquait déjà le sperme dalinien de mon futur succès. (...)

Je tournais le dos à l'Europe pour me libérer de la glu haineuse qu'elle sécrétait comme une morve. Je ne savais pas encore que mon dos était aussi transparent que celui de ma nourrice. Lorsque j'arrivai pour la troisième fois à New York, en 1936, la gloire m'attendait. La pénicilline de mon pain, en germant, avait fait un excellent travail. L'Amérique avait une dalinite aiguë.

Le *New York Times Magazine* m'accueillit avec mon portrait par Man Ray sur la couverture. Comme je ne connaissais rien de ce journal, je n'appréciai pas exactement l'intérêt de l'événement et mon air blasé n'était pas affecté. En vérité, je ne connaissais pas le chiffre de tirage de ce magazine mais je devais bientôt comprendre la portée de sa diffusion : je ne pouvais plus traverser une rue sans être accosté et mon bras me faisait mal de devoir autographier les chiffons de papier les plus extravagants. La gloire me grisa comme un matin de printemps. Je vendis tous mes tableaux le jour même de mon vernissage et les magasins Benwit-Teller me commandèrent un étalage surréaliste. Je décapitai un mannequin en remplaçant la tête par un bouquet de roses rouges et prolongeai ses ongles par des poils d'hermine. Un homard transformé en téléphone et mon Veston aphrodisiaque à menthe verte composèrent les trois personnages de ma mise en scène qui eut un grand succès. Mais ces petits jeux et même cet encens de gloire ne me contentèrent pas. Je restais sur mon balcon à regarder la vie passer sans y adhérer, mal à l'aise. (...)

C'est en renversant une baignoire que j'ai lancé mon gant à une Amérique vaniteusement dressée dans sa suffisance.

Le succès de ma première vitrine chez Benwit-Teller suscita un mouvement de plagiat dans la 5e Avenue elle-même. Je ne pus résister au plaisir de montrer ce qu'était l'inspiration dalinienne et acceptai la proposition des mêmes de réaliser deux nouvelles vitrines.

Je n'avais pas la moindre intention d'utiliser les affreux mannequins habituels. Dans le grenier de ce grand magasin, je découvris deux femmes de cire aux longs cheveux d'Ophélie, constellées d'araignées et de leurs filets arachnéens. La poussière leur donnait une patine aussi superbe que celle d'une bouteille de fine champagne. Sur le thème du Jour et du mythe de Narcisse, je disposai tapis et meubles et plaçai un des mannequins dans une baignoire gainée d'astrakan et remplie d'eau. En parallèle, j'imaginai la Nuit blottie dans un lit à baldaquin recouvert d'un drap de satin noir que les brûlures avaient percé de trous à travers lesquels on apercevait le mannequin dont l'oreiller était fait de charbons ardents – évidemment artificiels. Un fantôme couvert de bijoux se trouvait au chevet de la dormeuse.

Après une nuit épuisante qui se termina à deux heures du matin, l'ensemble avait belle allure. Mais lorsque le lendemain à cinq heures de l'après-midi, Gala et moi constatâmes la disparition du mannequin et que le baldaquin était sans doute remonté au grenier, ma colère fut également superbe.

Je me fis annoncer à la direction. Faisant fi des compliments dont le directeur m'abreuva, j'exigeai que l'on rétablît le décor que j'avais imaginé, ou que l'on retirât mon nom. On déclina ma proposition avec beaucoup de hauteur. Lorsque je compris que rien ne changerait, je saluai et partis très calmement – avec la force du rhinocéros qui trottine avant de charger.

Avec la même tranquille assurance, je pénétrai dans la vitrine de la belle de jour, et me tins immobile, mobilisant ainsi l'attention des passants. Quand l'attroupement fut suffisant, je posai mes deux mains sur la baignoire pleine d'eau, tentai de la soulever avec l'idée de la retourner, mais elle glissa sous ma pression et avec une grande force heurta la vitre qui se volatilisa sous le choc. L'eau et le verre éclaboussèrent la foule qui hurla. Quand à moi, guilleret, la badine sur l'épaule, je sautai dans la rue par la brèche. A peine avais-je franchi la herse de verre brisé qu'un énorme éclat se détacha et se fracassa sur le sol. Je me retournai au moment même où un détective me posait une main potelée sur l'épaule, me demandant de le suivre.

Je devais passer deux heures dans une salle de police avec les ivrognes et les vagabonds avant que le juge ne prononce ma relaxation en exigeant que je paie la vitre cassée. Mais c'est la presse qui le lendemain me rendit les honneurs. Dès ce jour j'incarnai pour les artistes américains le geste de défense du créateur. Et la vitrine brisée fit plus pour ma gloire que si j'avais dévoré la 5e Avenue tout entière.

Salvador Dali
« Comment on devient Dali » Paris, 1973.

Jean Hélion

Les Salueurs, 1945.
Gouache, 58 × 70 cm.
Collection particulière, Paris.

Mon cheminement à New York a commencé à Washington Square. Au bout se dresse l'Université d'Etat. Dans la salle de lecture, au rez-de-chaussée, A.E. Gallatin avait installé, dès 1930, la Gallery of Living Art. D'un côté de larges fenêtres sur le parc. De l'autre, une suite de boxes où les tableaux étaient accrochés : fenêtres sur l'avenir, m'a-t-il semblé en 1932, dans l'émerveillement de l'arrivée. Il y avait déjà Picasso, Gris, Braque, Léger et Delaunay. Et puis une abstraction de moi peinte et achetée à Paris cette année là. J'allais avoir le bonheur de mener Gallatin chez Mondrian et Arp. Ce grand monsieur élégant, plus haut que hautain, un peu perdu dans le monde, avait l'air de chercher un niveau, une altitude au-dessus de la ville : il se prit heureusement de passion pour ce qui s'élaborait à Paris dans ces années là et m'écouta pendant quelque temps. En 1933 il me fit faire, dans son musée, une conférence sur l'art moderne. Dans l'assistance il y avait Marcel Duchamp, A. Gorky, John Marin, Calder, Gaston Lachaise et le peintre et collectionneur G.L.K. Morris qui plus tard aida Gallatin à acheter les 3 Musiciens de Picasso. Je le persuadai d'acquérir la Ville de Léger, alors roulée dans son atelier. Et tout à coup cela devint un grand musée.

Pris au piège de leurs livres, les étudiants dans la salle ne semblaient pas le remarquer et c'est d'un doigt bien distrait que l'un d'entre eux, parfois, manœuvrait le tourniquet où des aquarelles étaient présentées comme des cartes postales. Il y avait des Klee ! Ça faisait étrangement un contrepoids moderne au Metropolitan Museum accroché à l'autre bout de la 5ᵉ Avenue qui semblait reposer au milieu comme un fléau de balance sur la 57ᵉ rue. En ce moment là toutes les galeries importantes s'y trouvaient.

J'allais à pied, ou en autobus, de l'un à l'autre (quelle trotte) avec le sentiment de parcourir l'épine dorsale de cette ville coupée de l'est à l'ouest par des rues transversales qui faisaient comme des arêtes allant d'un côté à la Rivière Est et de l'autre à la Rivière Hudson jusqu'aux quais ouverts comme des pinces où se piègeaient les grands bateaux venus du bout du monde.

Ça et là de grandes transversales scandent la ville et la définissent. La 8ᵉ rue et tout le gentil fouillis de Greenwich Village autour de Washington Square. Avec Edgar Varèse qui habitait par là, j'ai parcouru ces rues alors charmantes. Varèse connaissait des haltes possibles avec des boissons agréables. De sa voix bourguignonne bien articulée il invectivait affectueusement l'Amérique, comme pouvait le faire un étranger bien adapté pour moi, nouvel arrivant éberlué. On allait retrouver Kiesler, architecte et plus tard sculpteur, professeur, capable de tout, dans un dernier étage avec des balcons d'où l'on voyait la rivière Hudson, les hangars, les quais et les bateaux. Le vent mêlait les rumeurs de la mer et de la ville aux mugissements bateliers. Le petit Kiesler règnait là-haut comme un orateur sur un piedestal, environné de figures attentives et sympathiques. Il y avait là Arschille Gorky qu'il protégeait : grand, asiatique, sonore, il disait : « Nous, américains, nous vivons d'idées empruntées (borrowed ideas). Je n'ai pas réussi à lui dire : « mais c'est fait pour ça, les idées ». Ce sont les sentiments qui voyagent mal.

Gorky avait un bel atelier sur Union Square qui donne dans la 14ᵉ rue ; ce square où se trouvait, au sous-sol, le grand lavatory exploré par Céline : à « perte de vue » les grands bols blancs sans couvercles, ponctués ça et là de figures accroupies, toutes garnies de vêtements écartés, avec des morceaux nus et pâles, effrayants, effrayés. Je n'ai revu cela qu'en captivité, sans les bols blancs, une grande planche seulement, et des loques militaires de toute l'Europe, au fond de la Poméranie.

C'est chouette une ville où, plus qu'ailleurs, se heurtent et voisinent des cruautés et des richesses, des filles superbes et des clochards, de grands policiers et des rabins, enfin tout ce qu'il faut pour faire une foule, au bout du monde. Mais ne faudrait-il pas, plutôt, au commencement ?

Comme j'aimais la succession des boutiques de la rue 14 : une sorte de cascade ; un vacarme de choses offertes, bruyantes, clinquantes, inutiles et tentantes formidablement. Au milieu, soudain, un magnifique restaurant où l'on savourait l'alose de la rivière Hudson, servie avec ses œufs et du vin de Moselle. Par là aussi Marcel Duchamp a longtemps gardé un atelier. Le père de Calder, sculpteur aussi, en avait un magnifique. Plus beau encore que Sandy et très modeste, il martelait de grands monuments pompiers et gentils. Son célèbre fils n'est-il pas allé en inaugurer un, à sa place, en Islande ?

J'aimerais avoir le temps de rechercher dans ces rues transversales de New York les traces des amis qui travaillèrent dans des ateliers curieusement répandus dans cette ville là où on ne les attendait pas. Parfois improvisés admirablement dans ce qu'on appelle des lofts ou des appartements chemins de fer : des tas de pièces à la queue leu leu, celle du bout éclairée sur la rue, l'autre sur la cour ou peut-être un jardin comme celui de Lee Bell où poussent des tomates. Au milieu il fait noir, à moins qu'on ait la chance d'être en haut et d'avoir ouvert une verrière dans le toit. Alors il fait très clair. Il y a des plantes vertes, des oiseaux, des gens qui vivent joyeusement, travaillent, boivent, palabrent jusqu'à l'aube. Il y règne une atmosphère d'enthousiasme et de critique acerbe que je n'ai connue que là.

Apparemment la ville est dominée par des banques énormes, des gratte-ciels de bureaux avec des étages que Steinberg nous a montrés comme des tiroirs pleins de papiers qu'on jette dans la rue certains jours de fête. En fait, les choses de l'esprit, les vrais sommets, nichent dans des coins imprévus, en haut comme en bas, au fond, voire dans des lieux magnifiques, misérables ou spectaculaires. Comme j'ai aimé ces enchevêtrements de ferrailles qui inventent, sur des façades qui allaient être mornes, des manières de chateaux où le perron est un donjon, et les galeries des sous-sols, bordés de fontes joliment contournées, font des douves. Plus loin un monte-charge sort en plein trottoir, avec des gens dont on voit d'abord émerger la tête effarée, puis la silhouette ; et des systèmes de porte-manteaux à roulettes garnis de vêtements qu'on emmène à travers les rues, plus loin, pour les terminer ou pour les vendre.

Dans nulle autre ville que je sache ne se passe, à tout instant, des choses si « rares », si provocantes.

Rue 23, Lipchitz avait un atelier. Léger en 45, en avait un du côté de la rue 34 après avoir quitté celui, immense et spectaculaire, que lui avait sous-loué le photographe Herbert Matter, rue 42.

Est-ce à cause de Dos Passos, qu'on voyait du reste chez Léger, que je rêve que cette rue 42 coure justement sur le 42ᵉ parallèle ? Ça serait si juste, si plaisant ! Un peu plus loin, dressé comme une flèche, grimpait l'hôtel Tudor où Léger habita aussi une chambre si petite que, pour aller du lit à la salle de bain, il fallait pratiquer astucieusement un jeu de portes dans lesquelles notre grand normand se cognait irrémédiablement. Et puis la gare Centrale et le buffet où l'on mangeait l'exquise soupe aux huitres avant de prendre, vers le nord, des trains qui n'en finissaient pas de traverser des blocs de tours, des maisons tristes où l'on gueulait, des grillages où l'on jouait ? De superbes immeubles aussi, plantés avec insolence dans des quartiers affreux, noirs de suie, de misère, de délinquance et d'esclavage.

Mais, remontant encore la 5ᵉ avenue, après la rue 42, on rencontrait bientôt la rue 57. Pendant un temps toutes les grandes galeries s'y trouvèrent.

Ma première exposition à New York, en 1933, ce n'était pas loin, Madison avenue et la rue 56 (?) chez John Becker. Il montra mes premiers *Equilibre* simplement. J'allais dire avec courage, mais « avec gaité » est plus juste et plus profond. Il fit aussi la première exposition de Arp : de merveilleuses choses sur papier.

C'est en 1936 que j'accèdais à la rue 57, chez Valentine Dudensing qui me fit une exposition et me permit d'amener Arp et Mondrian, et ce dernier y resta jusqu'à sa mort.

En 39 arriva Tanguy qui prit un atelier sur Washington Square South. Il m'accompagna sur le port en janvier 40 où j'embarquai sur le *De Grasse* pour aller réclamer ma part du malheur qui arrivait à tous. Quelques mois plus tard, Kay Sage sa femme, organisa une exposition de moi chez Georgette Passedoit, rue 57 encore.

Après mon évasion de Poméranie, je repris contact avec New York, dans la même rue, chez Peggy Guggenheim, à la galerie Art of this Century, dont la partie musée était splendidement agencée par Kiesler.

Mais comme allait écrire Michel Georges Michel, en me sauvant d'Allemagne je m'étais aussi évadé de l'abstraction et ce fut Paul Rosenberg qui accueillit avec un bel enthousiasme l'*Homme au chapeau baissé ; ... à la joue rouge ; Défense D'*... etc. Cela fit du bruit. On cria un peu au génie ; on écrivit beaucoup « au fou » ! Je fus si formidablement assommé par la critique que je perdis toute ma réputation pour longtemps ; et l'amitié de Paul Rosenberg en trois expositions.

On avait fêté la dernière à Harlem avec Léger et quelques amis. On aimait l'endroit, les gens, la bruyante cordialité des noirs et leur humour dans toutes les directions à propos de tous et de tout. Un humour libre, comme nous qui nous sentions indépendants du succès ou de la défaite. Succès pour Léger qui le méritait bien. Défaite pour moi, qui n'en fus en rien découragé.

Rue 125, on allait au cinéma, au music-hall. Les noirs voulaient bien. Ils nous faisaient place, nous prenaient par le cou et palabraient. Léger était admirablement à l'aise. Il faisait mieux que de comprendre, il était d'accord. Avec.

Mais ce n'est plus seulement rue 57 que se montrent les choses d'art. C'est aussi bien au-dessus, entre les rues 70 et 80, que sous Washington Square. La ville oscille, monte et descend comme un curseur, entre la 5e avenue et Madison.

Ma dernière halte, en 1976, était une galerie de la rue 76, tout près du Metropolitan Museum où j'allai avec Jacqueline attendre l'heure du vol de retour. A la sortie, on avait la tête pleine de ce rêve, avec les moyens du présent atteindre à la grandeur passée.

Nous suivions la rue 82, vers l'est, comme si on revenait à pied vers le vieux bout du monde. Un trottoir vaste, de belles maisons, une superbe voiture. Assis sur le capot un énorme clochard. Il coupait noblement ses ongles de pied. Ses hardes entassées contre le réverbère. La scène était profonde et juste comme peut l'être un tableau. Au retour, dans l'atelier d'ici, j'ai continué la chose en bleu et or.

Jean Hélion, mai 1977.

Fernand Léger

Adieu New York, 1946.
Huile sur toie, 130 × 162 cm.
Musée National d'Art Moderne, Paris.

A Sara Murphy.

Le plus colossal spectacle du monde. Ni le cinéma ni la photographie, ni le reportage n'ont pu ternir cet évènement surprenant qui est New York, la nuit, vu d'un quarantième étage. Cette ville a pu résister à toutes les vulgarisations, à toutes les curiosités des hommes qui ont essayé de la décrire, de la copier. Elle garde sa fraîcheur, son inattendu, sa surprise pour le voyageur qui la regarde pour la première fois.

Le paquebot, au ralenti, déplace doucement les perspectives ; on cherche la statue de la Liberté, le cadeau de la France ; c'est une petite statuette modeste, oubliée au milieu du port devant ce nouveau continent audacieux et vertical. On ne la voit pas, elle a beau lever le bras le plus haut possible. C'est inutile, elle éclaire un peu comme une veilleuse des choses énormes qui bougent, des formes qui, indifférentes et majestueuses, la couvrent de leur ombre...

Six heures du soir. Le paquebot avance lentement. Une masse droite, haute, élégante comme une église, apparaît au loin, enveloppée de brume, bleue et rose, estompée comme un pastel, étroitement serrée dans un ordre gothique, projetée vers le ciel comme un défi. Quelle est cette nouvelle religion ?

C'est Wall Street qui domine de toute sa hauteur ce monde nouveau. Après six jours de traversée, dans l'eau fluide et insaisissable, mobile, souple, on arrive devant cette montagne, abrupte, œuvre des hommes qui, lentement, se dégage, devient plus nette, se précise avec ses angles coupants, ses fenêtres en ordre, sa couleur métallique. Elle se dresse violemment au-dessus du niveau de la mer. Le bateau tourne... elle disparaît lentement, de profil luisant comme une armure.

C'est l'apothéose de l'architecture verticale ; une combinaison hardie d'architectes et de banquiers sans scrupules, poussés par la nécessité. Une élégance inconnue, pas voulue, se dégage de cette abstraction géométrique. Serrés dans deux angles en métal, ce sont les chiffres, des nombres qui montent rigides vers le ciel, domptés par la perspective déformante...

Un monde nouveau !...

... Brooklyn ! ses quais massifs, jeux d'ombre et de lumière, les ponts avec leurs projections de lignes verticales, horizontales, obliques... La naissance de New York dans la lumière qui augmente petit à petit, à mesure qu'on avance dans la ville... New York aux millions de fenêtres lumineuses... Combien de fenêtres ? Quel Allemand établira cette originale statistique ?

Étonnant pays où les maisons sont plus hautes que les églises, où les nettoyeurs de fenêtres sont millionnaires, où l'on organise des matches de football entre les prisonniers et la police !

La beauté de New York, le soir, est faite de ces innombrables points lumineux et du jeu infini de la publicité mobile.

La rigueur des architectures est brisée par la fantaisie sans limite de feux colorés. Le grand spectacle commence lorsqu'on s'élève et cette vision radieuse a ceci de particulier, qu'aucun artiste, le plus génial soit-il, n'y a mis la main, aucun metteur en scène n'y a contribué. Personne n'en a « réglé le jeu ». Cette pièce émouvante est jouée par des maisons qu'habitent des locataires comme vous et moi. Ces milliers de feux, qui nous étonnent, éclairent des gens qui travaillent modestement à leur besogne ingrate et journalière. Ces architectures cyclopéennes sont strictement utiles, rationnelles ; la poussée verticale est d'ordre économique.

On a élevé des étages, parce que le terrain est petit et cher, et qu'on ne peut pas s'étendre ; obligatoirement, on s'est échaffaudé en hauteur. Il n'y a aucun sentiment romantique dans tout cela, pas l'ombre d'un orgueil mal placé. Toute cette orchestration surprenante est strictement utile. Le plus beau spectacle « in the world » n'est pas le fait d'un artiste.

New York a une beauté naturelle, comme les éléments de la nature, comme les arbres, les montagnes, les fleurs. C'est sa force et sa variété. Vouloir tirer parti artistiquement d'un pareil sujet est une folie. On admire modestement et c'est tout.

A l'intérieur de cette vie multiple et organisée, court un personnage indispensable à cette ville illimitée : le téléphone, acteur principal. Il fait partie de la famille. L'enfant américain en fait son jouet ; il le traîne comme une poupée et cette poupée parle, sonne, rit. C'est une chaîne ininterrompue qui relie, comme des alpinistes, tout ce monde rapide et pressé.

... S'il meurt un jour subitement, il n'y aura personne à son enterrement, car on ne saura pas le jour et l'heure de ses funérailles !

New York et le téléphone sont venus au monde le même jour, par le même bateau, pour la conquête du monde.

La vie mécanique est là à son apogée. Elle a « touché le plafond », dépassé le but... crise !

La vie américaine est une succession d'aventures poussées avec optimisme jusqu'au bout.

On y a tout risqué, tout essayé, ses réalisations sont définitives. Naturellement, le volume de l'architecture devait les tenter. *Tout ce qui se voit,* avant tout. L'architecture et la lumière sont les deux pôles de leur expression plastique ; dans le baroque, ils atteignent le monstrueux.

New York et Atlantic City possèdent des cinémas qu'il est difficile de décrire, si l'on n'a pas vu ; un entassement invraisemblable de tous les styles européens et asiatiques ; un chaos de colossal, pour frapper l'imagination, pour faire publicité, pour faire « plus qu'en face » ; l'Énormité dans « le plus riche que toi ».

Des escaliers inutiles, des employés en nombre incalculable, étonner, attirer et encaisser. C'est le but de tout ce vertige qui va jusqu'à l'écœurement et jusqu'à la Beauté.

J'aime tout ce débordement de spectacles, toute cette force non contenue, cette virulence même dans l'erreur. C'est très jeune. Avaler un sabre en souriant, se couper un doigt parce qu'il est sale...

Jusqu'au bout, c'est l'Amérique. Naturellement, si je m'arrête à réfléchir, si je ferme les yeux, j'entrevois des drames qui rôdent autour de ce dynamisme exagéré, mais je suis venu pour *regarder* et je continue.

Les lettres jetées dans les tubes postaux du cinquantième étage s'échauffent par le frottement et prennent feu en arrivant au rez-de-chaussée. Nécessité de glacer les tubes – trop froid, elles arriveront dans la neige.

Tout le monde fume, à New York, « même les rues ». Des jeunes filles m'ont soutenu que fumer pendant le repas vous distrait et empêche de grossir, un rapport inattendu entre la cigarette et l'élégance.

... Le jour, New York est trop sévère ; il manque de couleurs et si le temps est gris, c'est une ville en plomb.

Pourquoi ne pas colorer les maisons ? Au pays de toutes les inventions, quelle est cette lacune ?

Fifth avenue, Rouge – Madison, Bleue – Park Avenue, Jaune ? Pourquoi pas ? Et le manque de verdure ? New York n'a pas d'arbre. La médecine a décrété depuis longtemps que le vert, en particulier, est une couleur indispensable à la vie ; on doit vivre dans la couleur ; c'est nécessaire comme l'eau et le feu.

... On pourrait obliger les fabricants de costumes à lancer en séries les robes vertes, les costumes verts...

Tous les mois un dictateur à la couleur décréterait les couleurs mensuelles ou trimestrielles ; le trimestre bleu ; la quinzaine rose ! On promènerait les arbres dans les rues pour ceux qui ne peuvent pas aller à la campagne. Des paysages mobiles ornés de fleurs tropicales, promenés lentement par des chevaux empanachés.

. . . .

Deux heures du matin, au hasard des rues... quartier populaire... Avenue « A » ou « B »... un immense garage de camions, tous pareils, par rangs de six, astiqués comme pour une parade, comme des éléphants, une lumière fixe. Rien ne bouge : j'entre et je regarde... un bruit de grelots ridicule... au fond, à gauche, je découvre un cheval tout attelé. La seule chose vivante dans ce silence de fer... Le plaisir de le toucher, de le voir remuer, de le sentir chaud. Cette bête prenait une telle valeur par contraste, que j'aurais pu enregistrer tous les bruits que peut faire un cheval au repos ; bruits minuscules, jamais alternés ; j'entendais sa respiration... des mouvements délicats... ses oreilles... ses yeux nègres... une tache blanche sur le front... son sabot ciré et le genou qui, de temps en temps, remuait lentement.

. . . .

Le dernier cheval de transport, bientôt. On l'exposera dans une vitrine, le dimanche et les enfants seront étonnés que Napoléon ait conquis le monde, monté là-dessus.

... Chez l'architecte Corbett avec Kiessler. C'est un des plus grand constructeurs de l'édifice américain. Un grand bonhomme, long, souple... 20.000 personnes à faire vivre dans un building, me dit-il, voilà mon travail actuel. Ne croyez pas que la solution soit une question d'étage ? Non, c'est plus compliqué, c'est une question d'ascenseur. Faire manœuvrer verticalement cette armée ! Les descendre tous les jours dans les quatre salles à manger qui se trouvent à vingt mètres sous terre... Faire glisser tout cela aux heures voulues.

Comme jeu la seconde, pas plus ; les projeter au dehors sans arrêter la circulation... Six mois de travail. Dix ingénieurs spécialisés, pas encore trouvé la solution.

Problème spécifique américain, ils sont imbattables dans la rationalisation, dans la série, dans les nombres. Partir du nombre pour donner le confortable à l'unité... Nouveau monde !

. . . .

Ils donnent l'impression de ne s'attarder sur rien ; vie successive et rapide. Détruisez New York ; ils le reconstruiront tout autrement. D'ailleurs, ses architectures, quelles cibles admirables. Démolir New York ! Il n'est pas possible que le maréchal Pétain n'en ait eu, une seconde, une demi seconde, la tentation. Quel boulot magnifique pour un artilleur ! Pas question de guerre, n'est-ce pas mon Général ? J'ai fait Verdun sous ses ordres, c'est suffisant, mais pour le sport, pour l'amour du métier ! Les Américains seraient les premiers à applaudir et alors que verriez-vous ? Quelque temps après une nouvelle ville s'édifierait, devinez comment ? Je vous le donne en mille ! En verre, en verre !

Leur dernière invention est celle-ci. Des ingénieurs ont trouvé le moyen de faire du verre avec du « lait caillé » moins cher que le béton. Vous imaginez le problème ! Toutes les vaches d'Amérique travaillant à la reconstruction de la capitale !

New York transparent, translucide, les étages bleus, rouges, jaunes ! Une féerie sans exemple, la lumière déchaînée par Edison transperçant tout cela et pulvérisant les architectures.

. . . .

Les quartiers populaires sont beaux à toutes les heures. Il y a une crédulité, une telle richesse de matières premières. Quartiers russes, juifs, italiens, chinois 3e Avenue, le samedi soir et le dimanche, c'est Marseille !

Des chapeaux roses pour les nègres. Des vitrines où vous trouvez une bicyclette accrochée au-dessus d'une douzaine d'œufs, piqués en ordre dans du sable vert...

Des poulets plumés, suspendus à contre-jour, présentés sur fond noir... danse macabre !

. . . .

Une vie décorative intense, valorise à l'infini l'objet à vendre.

La tenue des sans-travail. Rien ne les distingue que le fait qu'ils marchent moins vite que les autres. Entassés dans les squares, coude à coude, ils ne se causent pas. Ces foules sont silencieuses ; l'individu reste isolé, ne communique pas ; il lit ou dort !

. . . .

Wall Street, le jour, trop décrit, mais allez-y voir !

Wall Street, la nuit, Wall Street, à deux heures du matin. Une lune éclatante et sèche. Le silence est absolu. Personne dans ces rues étroites et étranglées par la projection violente des lignes coupantes et des perspectives multipliées à l'infini vers le ciel. Quel spectacle ! Où est-on ? Un sentiment de solitude vous oppresse comme dans une immense nécropole. Le pas résonne sur le pavé. Rien ne bouge. Anéanti au milieu de cette forêt de granit, un tout petit cimetière avec des toutes petites tombes, si humbles, si modestes, la mort se faisant petite devant l'exubérance de vie qui l'entoure. Le terrain de ce petit cimetière est certainement le plus cher du monde. Les « business men » n'y ont pas touché. Il reste là comme un point d'arrêt, une cassure dans le torrent vital... Solutionner la mort, ultime problème !

Wall Street dort. Continuons la promenade... j'entends un faible murmure régulier. Wall Street ronfle ? Non, c'est une perforeuse qui, harmonieusement, commence son travail, comme un travail de termite. Aucun bruit ! C'est la seule partie de New York qui dorme vraiment. Il faut digérer les chiffres de la journée, les additions, les multiplications, l'algèbre financier et abstrait de ces milliers d'individus, tendus vers le grand problème de l'or. Wall Street dort profondément. Ne le réveillons pas. A trente mètres sous terre, dans le rocher, les caves d'acier de l'Irving Bank. Au centre, des coffres-forts, aux serrures magnifiques et brillantes, complexes comme la vie même, un poste de police, où quelques hommes veillent. Des microphones ultra sensibles leur apportent les moindres bruits de la rue, et les bruits perçus sous les voûtes d'acier de la banque moderne. Une mouche qui vole... Ils entendent voler la mouche... Un vieux nègre déambule dans les rues en chantant doucement une vieille mélodie du sud. La chanson monte, se perd dans les architectures, mais elle aussi elle descend aux microphones qui, sous terre, enregistrent discrètement la vieille chanson du sud.

Wall Street ne dort pas... Wall Street est mort. Je repasse devant le petit cimetière. Ce ne sont pas les plus grandes banques du monde ! Non, ce sont les orgueilleux tombeaux des familles des grands milliardaires. Là, reposeront les Morgan, les Rockefeller, les Carnegie. Comme de nouveaux Pharaons, ils ont édifié leurs pyramides. Ils seront enterrés debout, comme des demi-dieux ; et comme ces géants modernes deviennent légendaires et immortels, on leur a creusé mille fenêtres pour que le peuple sache que, peut-être, ils ne sont pas morts, qu'ils respirent, qu'ils reviendront encore une fois pour étonner le monde par de nouvelles conceptions cyclopéennes.

Wall Street est l'image de l'Amérique audacieuse, de ce peuple qui agit toujours et ne regarde jamais derrière lui.

New York... Moscou !

Moscou... New York !

Paris en observateur !

Georges Duhamel est venu en Amérique avec, dans sa valise, sa conception de Français moyen et, à côté, dans la même valise, il avait des pantoufles. Peut-être n'a-t-il pu s'en servir ! et cela l'a mis de mauvaise humeur. On ne se sert pas encore de cela ici. C'est pour cela que les Américaines ont de jolis pieds et sont des reines. Il ne faut jamais en vouloir à la locomotive qui, en passant à 100 à l'heure, fait envoler votre chapeau.

Fernand Léger,
Cahiers d'art, Paris 1931

André Masson

Paysage iroquois, 1943.
Tempera sur toile et huile, 77 × 108 cm.
Simone Collinet, Paris.

J'ai alors pu quitter New York – où je suis resté très peu de temps – pour m'installer à la campagne. Curt Valentin m'aida à chercher une maison dans le Massachussets, mais la trouva à New Preston dans le Connecticut, pas très loin de Roxebury où il habitait. En m'installant sur les bords du lac Waramug, j'étais à la fois le voisin de Calder et de Tanguy – voisin, car en Amérique, à vingt kilomètres près, on est voisins.

Dès ce moment, je n'ai plus quitté ce village de Nouvelle-Angleterre où ma femme, mes enfants et moi-même menions une vie particulièrement saine, très bien adoptés par les autochtones. Nous avions très souvent la visite d'amis qui venaient de New York, sans compter Calder, Tanguy, Chagall et Gorki. A cette époque, Gorki faisait une peinture que nous considérions tous comme surréalisante. D'ailleurs, Breton n'a pas hésité, dans sa deuxième édition du *Surréalisme et la Peinture,* à introduire Gorki et lui donner une place considérable. C'est le seul artiste américain qui ait pénétré dans le groupe. Il avait commencé par faire des toiles cézanniennes, puis il s'est intéressé au cubisme. En fait, il a fait ce que doit faire tout artiste véritable : interroger ses prédécesseurs. Nous trouvions qu'il était très à son aise parmi nous. Rien ne nous gênait dans ce qu'il faisait. Au contraire, nous trouvions cela très attractif (...). En fait, je n'ai pas changé de vie en Amérique. Lorsque j'étais à Lyons-La-Forêt, je ne fréquentais que des surréalistes et c'était d'ailleurs eux qui venaient me voir. A part la période du début du surréalisme, pendant laquelle j'ai presque toujours été à Paris en participant vraiment aux événements, j'ai toujours préféré la vie à la campagne, dans la nature.

Quand je me suis installé à la campagne, le climat m'a beaucoup frappé. Je me suis trouvé dans une nature qui était presque vierge. Nous étions à proximité de la forêt qui entourait le lac Waramug et nous avions été prévenus qu'une partie de cette forêt était une véritable réserve de serpents à sonnettes. Je voyais toutes sortes de bêtes, des tortues d'eau, des skunks, des chats sauvages. La force de la nature m'a énormément impressionné, force due en partie aux incroyables différences de température qu'il y a dans le Connecticut.

L'ensemble présente un aspect sauvage rythmé par la puissance des orages, des ouragans, le côté cataclysmal des tempêtes de neige, avec, en été, une extraordinaire chaleur qui fait sortir de terre des insectes trois fois plus gros que ceux d'Europe. Je cultivais un jardin. Je me sentais très proche du sous-sol et c'est pour cette raison que j'ai peint des tableaux comme *Le paysage iroquois,* qui est vraiment un paysage souterrain.

En somme, très curieusement, c'est la nature profonde qui m'a inspiré aux Etats-Unis. Plus que les paysages, ce sont les forces naturelles que j'ai senties là-bas, comme nulle part ailleurs. Le court séjour aux Antilles avec Breton m'avait servi de prélude. Là aussi, sans transition, je m'étais trouvé aux prises avec un climat tout à fait nouveau et qui m'inspirait. J'ai d'ailleurs beaucoup dessiné à la Martinique. Mais c'est aux Etats-Unis que j'ai voulu faire cette

sorte de peinture que j'appellerai, d'une manière ambitieuse, chtonienne, la peinture des forces souterraines (...).

L'Amérique a vraiment été pour moi une époque d'acquisitions. Je n'abandonnais pas le surréalisme, mais je lui donnais un sens nouveau, tellurique.

J'ai donc poursuivi ce thème de la mythologie de la nature que j'avais commencé à Lyons-La-Forêt. Des tableaux comme *Il n'y a pas de monde achevé, Contemplation de l'abîme* ou *Le démon de l'incertitude* caractérisant cette peinture des forces naturelles, cette réflexion sur l'univers, propre à ma période américaine.

Quelquefois, il y a des réminiscences de tableaux anciens, en particulier ceux des meubles animés. En arrivant aux Etats-Unis, j'ai peint un tableau de meubles animés, *Hôtel des automates,* très admiré par mes camarades surréalistes, car on n'interrompt pas une période, elle se prolonge. De même qu'à mon retour en France, ma période américaine s'est prolongée quelque temps, et si je ne les avais pas datées, on aurait pu penser que certaines toiles, peintes en France, l'avaient été en Amérique. Les différentes manières, les différents thèmes se perpétuent malgré les changements de vie, de climat, de perspective. Il y a un certain élan qu'on ne peut jamais briser.

Ma peinture américaine se divise nettement en deux thèmes : les forces qui régissent l'univers, la nature, d'une part, et une méditation sur ces forces, d'autre part. Dans cette méditation, l'homme apparaît et se trouve en proie à l'énigme. Dans une version dessinée de *Contemplation de l'abîme* qui est au Musée de Buffalo, on voit un personnage se pencher sur un abîme et y contempler des créatures innommées. L'intention était nettement métaphysique. On ne peut pas parler là d'automatisme, c'était prémédité. Tandis que la découverte de la force du monde végétal, animal, le vent, la foudre... m'a imprégné à ce point que cela a tout de même donné lieu à un certain automatisme.

L'interrogation métaphysique, thème que j'avais pratiqué avant mon séjour américain, a été transformée par ce sentiment de possession véritable de la nature, que nulle part ailleurs je n'avais éprouvé d'une manière aussi forte et aussi continue. Ce qui fait que pour moi, maintenant, avec le recul, je pense que mon époque américaine est mon époque pivot. Quel que soit le nombre d'années qui me restent encore à vivre, c'est en Amérique que, pour moi, les choses se sont concentrées, là où je suis allé le plus loin, où j'ai mûri. C'est le point central. Un peintre a toujours un noyau vers lequel il est attiré. Là-bas, dès le début, je me suis débarrassé de la verticale. Le pays est plus cosmique que la France, par le climat, les météores, la foudre, la puissance de la terre.

J'ai donc accompli aux Etats-Unis quelque chose que je devais ruminer depuis longtemps, mais dont j'ai eu la révélation sur place.

André Masson.
Vagabond du surréalisme,
Editions St-Germain-des-Prés, Paris 1975.

BRYEN   Paris

CAPOGROSSI   Italie

DE KOONING   U.S.A.

HARTUNG   Paris

MATHIEU   Paris

POLLOCK   U.S.A

RIOPELLE   Paris

RUSSELL   U.S.A.

WOLS   Paris

VÉHÉMENCES

For the first time in France the confrontation of the mo.: advanced American, Italian and Paris painters of to-day presented by Michel Tapié.

Pour la première fois en France, la confrontation des tendances extrêmes de la peinture non-figurative américaine, italienne et de Paris présentée par Michel Tapié.

CONFRONTÉES

VERNISSAGE LE JEUDI 8 MARS 1951, A 17 HEURES
GALERIE NINA DAUSSET, 19, RUE DU DRAGON-VIe, LIT. 24-19
DU 8 MARS AU 31 MARS 1951

Confrontations 1950-1953

Exposition *Young Painters from U.S. and France*, Sidney Janis Gallery, New York, 1950.
De gauche à droite : Soulages, Kline, Lanskoy, Pollock, Cavallon, Coulon.
De gauche à droite : Dubuffet, De Kooning, Rothko, de Staël.
De gauche à droite : Bazaine, Tobey, Ubac, Tomlin, Matta, Gorky, Wols, Brooks.

A Paris comme à New York, les dix premières années de l'après-guerre sont essentiellement marquées par un profond renouveau de l'art abstrait : « art informel », « abstraction lyrique » d'un côté, « expressionisme abstrait », « action painting » de l'autre. Ce ne sont certes pas là les seuls catalyseurs de la création artistique à cette époque qui voit également surgir de nouvelles attitudes figuratives (Dubuffet, De Kooning) et certains prolongements de l'abstraction géométrique avec Vasarely, Dewasne et son atelier d'art abstrait, ou à New York les artistes influencés par Mondrian. Mais le déferlement d'une abstraction non-géométrique, d'une peinture spontanée et gestuelle est le phénomène d'ensemble le plus important de cette immédiate après-guerre.

Ce qui frappe aujourd'hui d'emblée est le *parallélisme* de cette découverte, pourtant amenée dans les deux villes par des voies bien différentes. Les peintres abstraits américains sont presque tous issus du surréalisme dont ils ont retenu certains principes comme l'écriture automatique. A Paris, les adeptes de l'abstraction gestuelle cherchent surtout à éviter la géométrie et se réfèrent à quelques aînés comme Kandinsky (1) et Hartung. Curieusement, ils vont aboutir à des résultats similaires guidés par des préoccupations plastiques extrêmement proches.

C'est justement ce parallélisme qui va avoir d'importantes conséquences, continuant à peser dans les rapports Paris-New York. Après tout, il n'y a rien d'extraordinaire à l'époque dans cette présence de Paris au premier plan de l'avant-garde. Mais ce qui surprend les américains eux-mêmes, et bien entendu le public parisien, est que les peintres New Yorkais occupent eux-aussi cette position privilégiée. Jamais encore, la peinture américaine n'avait pris une place si importante. Le monde de l'art n'avait jusque là qu'un seul centre incontesté ; on commence à s'apercevoir qu'il en existe au moins deux. Ce sera là source de profondes querelles loin d'être éteintes aujourd'hui. Il sera en effet bien difficile au monde de l'art parisien d'accepter ce nouveau partage. Les peintres américains souffriront, à leurs débuts, de cette prépondérance de Paris qui les gênera pour imposer leurs œuvres. Peu à peu la tendance va s'inverser et pendant que Paris et l'Europe s'ouvrent à l'art américain, le monde de l'art New Yorkais se ferme de plus en plus à toute création artistique venant d'Europe et de Paris en particulier, au point qu'aujourd'hui encore, si les noms de Pollock ou de Rothko ne souffrent plus d'aucune contestation à Paris, ceux d'Hartung et de Wols continuent d'être trop ignorés en Amérique. L'histoire de l'art dans ces 30 dernières années est celle d'un *nouvel équilibre,* à commencer entre Paris et New York.

Le « passage » réciproque entre l'art des deux continents a en fait été – en théorie tout au moins – beaucoup plus rapide que l'on ne l'imagine aujourd'hui. Au tout début des années cinquante, il était possible de se faire une très bonne idée de l'art américain à Paris. De même les artistes parisiens s'étaient manifestés à plusieurs reprises à New York. Dès ces années 1950-1953, date que l'on a retenu pour présenter les peintres de cette époque, le courant d'échanges était complètement amorcé, tandis que l'œuvre des artistes concernés atteignait une complète maturité.

PARIS

Peu après la fin de la Seconde Guerre mondiale, des expositions collectives d'art américain commencent à être organisées en Europe. La première manifestation de ce type a lieu à la Tate Gallery de Londres en 1946 sous le titre « American Painting, from the 18th Century to the present day ». Parmi les très nombreux exposants, choisis entre autres par Alfred Barr, on relève les noms de Gottlieb, Motherwell et Tobey, seuls représentants de la nouvelle génération américaine.

Gottlieb et Motherwell à nouveau font partie, avec Baziotes et quelques autres d'une « Introduction à l'art américain » à la Galerie Maeght, l'année suivante. Il s'agissait en fait d'un groupe d'artistes appartenant à la Galerie Kootz (qui devait plus tard défendre à New York l'œuvre de plusieurs peintres français : Soulages, Schneider, Zao Wouki). La presse parisienne fut plutôt négative, qualifiant de « simpliste » (2) les envois de Motherwell et s'efforçant surtout de rapprocher ces peintres d'artistes européens (Gottlieb-Klee/Motherwell-Miro), de n'y rien voir de spécifiquement américain. (3).

Pourtant les jeunes artistes de Paris étaient pour leur part très intéressés par cette avant-garde d'outre-atlantique. Georges Mathieu tenta d'organiser une première exposition de confrontation entre la peinture américaine et celle de Paris dès 1948. La liste des invités américains comporte : De Kooning, Gorky, Pollock, Reinhardt, Rothko et Russel. Mais l'exposition ne peut être présentée intégralement à cause de problèmes avec les galeries américaines. Il faut attendre mars 1951 pour que ce projet soit repris par Mathieu et Tapié à la galerie Nina Dausset sous le titre de « Véhémences confrontées » ; les participants américains se réduisent à De Kooning, Pollock et Russel. Quelques mois plus tard, la revue *Art d'aujourd'hui* consacre un numéro spécial à l'art américain. Michel Seuphor, de retour de New York, signe un article intitulé « Paris-New York 1951 » et on trouve également dans ce numéro des textes de plusieurs artistes américains (De Kooning, Motherwell). L'exemple sera suivi par *Cimaise* en 1956.

Au début de l'année 1952, en même temps que la première exposition Pollock à Paris, la Galerie de France réunit vingt des principaux représentants de l'avant-garde américaine sous le titre de « Regards sur la peinture américaine ». Cette exposition avait auparavant été présentée à New York à la galerie Sidney Janis comme « American Vanguard Art for Paris » et la presse américaine s'était montrée inquiète, déclarant par exemple « Survivra-t-elle au voyage ? » (4). Les critiques parisiens furent effectivement assez réservés et si Georges Boudaille trouvait quelque intérêt à Kline, Motherwell et De Kooning (5), Jean-Pierre, dans les Lettres Françaises, n'hésitait pas à parler de « puérilités déconcertantes et d'effarants barbouillages » (6).

Quant aux musées parisiens, ils ne prennent pas de véritables initiatives et attendent que s'offrent des expositions d'art américain. L'état et les musées New Yorkais étaient, il faut dire, très bien organisés pour défendre leurs artistes. En 1946 le MOMA expose « 14 americans » dont Gorky, Motherwell, Tobey... et en 1951 il organise une très importante exposition « Abstract Painting and Sculpture in America » accompagnée d'un imposant catalogue. C'est le MOMA qui présente en 1953 « 12 peintres et sculpteurs américains » au Musée national d'art moderne et qui expose au même endroit en 1955 une grande partie de ses collections : « 50 ans d'art américain ». Enfin, en 1959, la double exposition « Jackson Pollock et la nouvelle peinture américaine », toujours au Musée national d'art moderne et aussi organisée par le MOMA, offre un panorama d'une importance jamais égalée à Paris.

NEW YORK

A New York également les initiatives privées se multiplient au lendemain de la guerre pour exposer les jeunes peintres abstraits de Paris. Quelques galeries se montrent particulièrement actives pour la diffusion de cette école de Paris comme on l'appelle alors. Pierre Matisse, en exposant quasi-annuellement Jean Dubuffet, assure à cet artiste une place considérable en Amérique ; plus tard, il défendra également Riopelle. Louis Carré, l'un des marchands les plus importants de la scène parisienne, ouvre une galerie à New York et présente en 1950 l'« Advancing French Art » (avec Hartung, Lanskoy, de Staël, etc.). Augmentée d'autres peintres, dont Soulages, cette exposition circule dans différents musées américains et est l'une des premières occasions pour l'abstraction parisienne d'être largement diffusée en Amérique. D'autres galeries de New York offrent une large place à l'art européen : Kootz, Iolas, Rosenberg, Knoedler, etc.

Comme « Véhémences confrontées » à Paris, une exposition de confrontations Paris-New York a lieu à New York dès 1950 à la Galerie Sidney Janis. Leo Castelli se chargea d'organiser cette présentation de « Young Painters in U.S. and France » sous la forme d'une quinzaine de rapprochements comme De Kooning-Dubuffet, Kline-Soulages, Pollock-Lanskoy, Rothko-De Staël, Tobey-Bazaine, etc. Ainsi une galerie qui prenait systématiquement le parti de l'école de New York, pouvait de temps en temps faire une petite place à l'art venant de Paris. Même Betty Parsons exposait en 1949 Soulages, Hartung, Schneider, Deyrolle, Vasarely, dans une exposition collective d'art européen et américain : « Painted in 1949 ».

Les musées américains prennent leur part dans ces échanges et à la différence de Paris, en sont les initiateurs. Le Guggenheim, dont le directeur de l'époque, J.-J. Sweeney, est extrêmement attentif aux recherches de certains peintres parisiens, présente en 1953 une exposition consacrée aux « Younger European Painters » (parallèlement aux jeunes américains exposés quelque temps plus tôt). A cette occasion le Guggenheim achète des œuvres de Soulages, Hartung, Riopelle, Vieira da Silva et bien d'autres. De même le MOMA présente en 1955 « The New Decade », 22 peintres et sculpteurs européens dont une dizaine de parisiens et enrichit dès le début des années cinquante ses collections d'œuvres de la même tendance : Bryen, Soulages, Staël, Ubac, par exemple. Ceci est à comparer avec la situation parisienne où il faudra attendre 1968 pour voir un Rothko entrer dans les collections nationales, 1971 pour De Kooning et Gorky, 1972 pour Pollock !

(1) Le terme « expressionisme abstrait » est utilisé pour la première fois par Alfred Barr en 1929 pour décrire les premières abstractions de Kandinsky.

(2) *Arts* 4.4.1947 (D.C.).

(3) *Combat* 9.4.1947 (J.-J. Marchand).

(4) J. Fitzimmons « Art for export. Will it survive the voyage ? » *Art Digest* 1.1.1952.

(5) *Arts* 29.2.1952.

(6) *Les Lettres Françaises* 28.2.1952.

Exposition *The New Decade*, Museum of Modern Art, New York, 1955.
De gauche à droite : Soulages, Germaine Richier.
De gauche à droite : Vieira da Silva, Dubuffet.
De gauche à droite : Dubuffet, Vieira da Silva.

Jackson Pollock

Number 32, 1950.
Huile sur toile, 269,2 × 457,2 cm.
Kunstsammlung Nordrhein-Westfalen Düsseldorf.

« Je ne fais pas une peinture de chevalet. Je ne tends pratiquement jamais ma toile avant de la peindre. Je préfère clouer ma toile non tendue sur le mur ou le plancher. J'ai besoin de la résistance d'une surface dure. Sur le plancher je me sens plus à l'aise. Je me sens plus proche de la peinture, je m'y intègre davantage puisque je peux ainsi en faire le tour, travailler à partir des quatre côtés et littéralement être *dans* la peinture. Cette méthode s'apparente à celle des Indiens de l'Ouest des Etats-Unis qui créent des formes sur le sol avec des sables de couleur.

De plus en plus, j'abandonne les instruments de la peinture traditionnelle tels que le chevalet, la palette, les pinceaux etc. Je préfère les bâtons, les truelles, les couteaux, faire couler (« dripping ») de la peinture liquide ou bien une pâte épaisse mélangée de sable, de verre pilé et d'autres matières.

Quand je ne suis pas *dans* ma peinture, je n'ai pas conscience de ce que je suis en train de faire. C'est seulement après une période où, en quelque sorte, je « fais connaissance », que je vois où j'en suis. Je n'ai pas peur de faire des changements, de détruire l'image, etc., parce que la peinture a une vie qui lui est propre. J'essaie de la laisser se manifes-

ter. C'est seulement quand je perds contact avec la peinture que le résultat est un gâchis. Autrement, il y a une harmonie pure, un échange facile et la peinture sort bien » (1).

Ainsi Pollock définit-il son œuvre, quelques années avant de peindre le *Number 32*. L'action painting, comme l'appellera l'historien américain Harold Rosenberg, fut connue très tôt à Paris à travers Pollock. Dès 1951, on trouve dans la revue *Art d'aujourd'hui* une photo pleine page de Pollock en train de peindre devant le *Number 32*. La découverte de Pollock en Europe n'est pas seulement celle des œuvres elles-mêmes, mais aussi cette gestualité peu commune, ces techniques très particulières comme le « dripping » (emprunté selon certains à Max Ernst) révélés grâce aux célèbres photographies de Hans Namuth.

Number 32 est également l'une des cinq peintures de très grand format exposées en 1959 lors de la rétrospective Pollock au Musée national d'art moderne. Après Bâle, Amsterdam, Hambourg, cette exposition eut finalement lieu à Paris, augmentée pour l'occasion d'une autre exposition itinérante organisée par le MOMA sur la « Nouvelle peinture américaine » ; double présentation qui fut diversement accueillie par la presse parisienne. « Salir les plus grandes surfaces possibles », « batiks et papier de garde », « éclaboussures et peintures au lasso », « déjections colorées », « médiocres succédanés » : telles sont quelques unes des formules employées alors par la critique. Seuls quelques uns, dont Françoise Choay et Pierre Restany, prirent le parti de Pollock et de cette nouvelle peinture américaine. En 1964, *Number 32* était acquis par la Kunstsammlung Nordrhein Westfalen de Düsseldorf, premier Pollock de très grandes dimensions à entrer dans une collection publique européenne.

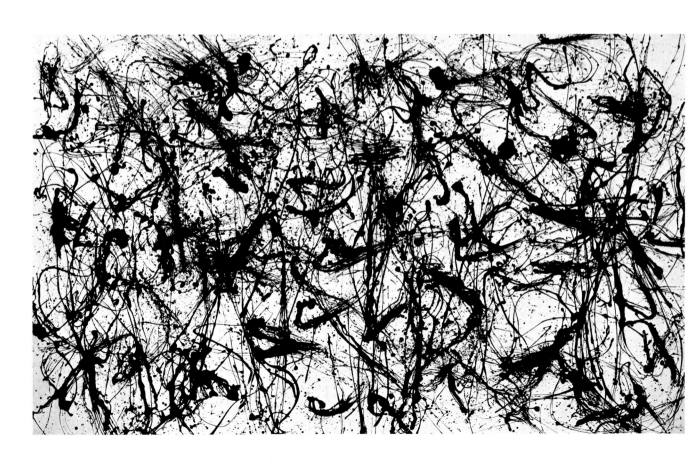

(1) In *Possibilities* n° 1, New York, Wittenborn, (Motherwell, Rosenberg, Chareau et Cage Ed.), hiver 1947-48.

Wols

Les voyelles, 1949.
Huile sur toile, 61 × 46 cm.
Wallraf Richartz Museum, Cologne.

Mort prématurément en 1951, à l'âge de 38 ans, Wols se place incontestablement comme le chef de file européen de l'art informel. Il est souvent considéré par ses contemporains à Paris comme une sorte d'équivalent de Jackson Pollock, disparu lui-aussi en pleine carrière et « leader » de la nouvelle peinture américaine. La querelle entre Paris et New York s'est parfois greffée sur les deux artistes : André Malraux ne déclare-t-il pas : « Pollock ne s'est jamais caché de ce qu'il devait à un Fautrier, à un Wols, à un Masson également » (1).

Pollock n'a pourtant jamais rencontré Wols et il est très improbable qu'il ait eu connaissance de son œuvre avant 1947, date des premiers drippings. Ceci n'a de toute manière rien à voir avec l'importance respective de ces deux artistes qui parviennent à des résultats relativement comparables à la même époque. Mais il manquera à Wols pour s'imposer en Amérique le « gigantisme » cher aux new yorkais. Connue outre-atlantique par des expositions personnelles précoces en 1950 et 1952 (*Les voyelles* figurent dans cette dernière exposition), appréciée du public américain, l'œuvre de Wols ne parviendra pourtant jamais à s'imposer complètement à New York. Toutefois une peinture (entrée dans ses collections en 1956) figure régulièrement dans l'accrochage du MOMA.

Cette attitude n'est pas nouvelle. Dès 1952, Mathieu déclarait aux peintres américains d'avant-garde : « J'ai été très surpris d'apprendre qu'à New York vous n'aviez pas immédiatement reconnu Wols comme un de vos plus dignes frères, le Rimbaud de la peinture. Je me refuse à croire qu'un chauvinisme étroit fut à l'origine de la réserve qui entoura son exposition. J'en suis d'autant plus surpris qu'aucun autre lieu au monde n'aurait pu être mieux choisi ni mieux préparé pour apprécier son œuvre que New York, où Pollock, Tobey, Tomlin (suit une longue liste de peintres américains), travaillent et exposent » (2).

(1) *Le Monde,* 6 octobre 1959.

(2) Georges Mathieu, *Au-delà du tachisme,* Paris, Julliard, 1963, P. 175-176.

Georges Mathieu

Peinture, 1952.
Huile sur toile, 200 × 300 cm.
The Solomon R. Guggenheim Museum, New York.

Le rôle de Georges Mathieu dans les relations entre Paris et New York est tout particulièrement important. Il écrit des textes et organise des expositions avec son ami Michel Tapié. Dès 1948, ayant découvert les œuvres de Pollock, Tobey et de De Kooning, il cherche à les montrer à Paris et organise une première confrontation franco-américaine à la Galerie de Montparnasse : « La liste est établie, elle comprend : Bryen, de Kooning, Gorky, Hartung, Mathieu, Picabia, Pollock, Reinhardt, Rothko, Russel, Sauer, Tobey et Wols. Elle a lieu en novembre, mais assez incomplètement étant donné alors les difficultés de coopération avec des galeries américaines (1) ».

Trois ans plus tard, avec une liste plus réduite pour les américains, l'exposition aura lieu sous le titre « Véhémences confrontées », toujours à l'initiative de Mathieu. Il s'intéresse aussi aux « Américains de Paris », comme Sam Francis, Jenkins, Ossorio ; contribue par la revue qu'il dirige, *United States Lines Paris Review,* à faire connaître l'art et les critiques américains. Dans ces années 1952-53, Mathieu commence à exposer ses œuvres à New York, soit individuellement à la Stable Gallery, soit en groupe à la Galerie Kootz ou au Musée Guggenheim. Cette *Peinture* de 1952 fait partie de la présentation des « Younger European Painters » dans ce dernier musée qui en fait l'acquisition. A la même époque, Mathieu publie deux textes : « Déclaration aux peintres américains d'avant-garde » où il manifeste sa sympathie envers la peinture d'outre-atlantique tout en

émettant certaines réserves, sur les œuvres récentes de Pollock, par exemple, et « L'avant-garde américaine est-elle surestimée ? » paru dans *Art Digest* où il met l'accent sur l'œuvre de Mark Tobey.

Mathieu continuera par la suite à entretenir des rapports étroits avec l'Amérique, exposant fréquemment à New York dans les années cinquante et s'intéressant à la nouvelle génération de l'art américain, comme Louise Nevelson.

(1) Georges Mathieu, *Au-delà du tachisme,* Paris, Julliard, 1963, P. 59-60.

Exposition *Younger European Painters*, The Solomon R. Guggenheim Museum, New York, 1953. De gauche à droite : Piaubert, Hillaireau, Mathieu.

Mark Tobey

Edge of August, 1953.
Caseine sur carton durci, 122 × 71 cm.
The Museum of Modern Art, New York.

Dans la préface du catalogue de la rétrospective Tobey au MOMA en 1962, William C. Seitz souligne la place très particulière de cet artiste vis-à-vis de Paris : depuis Whistler, dit-il, Tobey est le premier peintre américain dont la renommée soit internationale : « Après son exposition rétrospective au Musée des arts décoratifs en 1961, un critique anglais écrivit que « Tobey est considéré aussi bien par les peintres éminents de l'école de Paris que par les plus grands marchands européens, comme le premier artiste américain ». Un critique français – ce pays qui dans le passé a parfois été moins qu'hospitalier envers les étrangers – a écrit « Tobey est sans doute le peintre le plus important de notre temps ». (1) ».

Pourtant Tobey doit attendre 1955 pour que la Galerie Jeanne Bucher organise sa première exposition personnelle à Paris. Il vient en Europe à cette occasion, séjourne à Paris et à Nice. (Trente années plus tôt, il avait déjà passé plusieurs mois en France. Il y retournera en 1959, juste avant de s'installer à Bâle où il vivra jusqu'à sa mort). Tobey est déjà bien connu à Paris pour ses multiples participations à des expositions (Galerie de France 1952, Galerie Rive droite 1954, Musée national d'art moderne 1955, où figure *Edge of August,* etc.). Il a écrit une préface pour Georges Mathieu en 1954. L'accueil de Paris lui est donc extrêmement favorable. Julien Alvard ne modère pas son enthousiasme : « L'aspect surprenant de cette peinture à Paris c'est probablement l'extrême discrétion de sa présence. Face à l'ego exaspéré des peintres de la concentration subjective, cet art tire toute sa densité de la grisaille et toute sa force de la sérénité. C'est dire à quel point il tranche devant le parti-pris de la singularité et la volonté de rupture, non parmi les moins valables, des œuvres actuelles (2) ».

Il en sera de même lorsqu'en 1961 le Musée des arts décoratifs présentera une très importante rétrospective de Tobey, comprenant près de 300 œuvres. Contrairement aux autres rétrospectives de peintres américains à la même époque (Pollock, Rothko, Kline), cette exposition est une initiative française en la personne de François Mathey, qui insiste dans la préface du catalogue, sur l'isolement de Tobey par rapport à la peinture américaine. Sans doute cette œuvre intimiste secrète, toujours de petits formats, convenait-elle mieux à la sensibilité parisienne.

William C. Seitz, Foreword, catalogue Tobey, MOMA, New York 1962, p. 7.
Julien Alvard, *Cimaise* n° 6, deuxième série, mai 1955.

Pierre Soulages

Peinture, 1949.
Huile sur toile, 195 × 130 cm.
Appartient à l'artiste.

En 1948 j'eus la visite à l'improviste de James J. Sweeney, alors conservateur du Museum of modern art. J'avais 28 ans, c'était le premier conservateur de musée à entrer dans mon atelier et à s'intéresser à mon travail ; ce contact fut à la fois stimulant et très encourageant.

L'année suivante, la Galerie Betty Parsons organisa l'exposition « Painted in 1949 » dans laquelle j'étais un des cinq peintres de Paris représentés, et je reçus aussi la visite d'un jeune américain Herman Cherry qui faisait des diapositives pour des conférences qu'il préparait sur la peinture en Europe. Lorsqu'il retourna à New-York il accrocha au Club des artistes l'affiche que je lui avais donnée de l'exposition de peinture abstraite française qui circulait dans les musées allemands depuis 1948. Cette affiche qui reproduisait une de mes peintures fit sans doute plus que l'exposition « Painted in 1949 » qui ne rencontra que peu d'échos.

En 1950, Sidney Janis, pour l'exposition « France-Amérique » qui eut lieu l'hiver suivant dans sa galerie choisit à l'atelier une grande toile, jugée plus tard, trop grande et remplacée sur sa demande par celle qui figura à l'exposition.

Bien que la Phillips Gallery de Washington ait acquis une peinture en 1951, le Museum of Modern Art en 1952, le Guggenheim Museum en 1953, ce n'est que cette même année 1953 à la suite de l'importante exposition « Younger european painters » au Guggenheim Museum que se sont considérablement développés mes rapports avec New York, plus précisément avec les collectionneurs grâce à la Galerie Kootz qui dès cette époque montra mes peintures, cela durant douze ans jusqu'à la retraite de Sam Kootz. J'ai eu dans cette galerie une dizaine d'expositions personnelles. Mais il y eut aussi dans cette période des expositions de groupe marquantes comme « The new decade » en 1955, choix restreint d'artistes fait par le Museum of Modern Art où je figurai avec un ensemble de plusieurs toiles.

Aussi quand j'allais pour la première fois à New York en 1957 je n'y étais pas un inconnu, j'y avais des amis, j'y rencontrai beaucoup de mes collectionneurs et aussi la plupart des artistes américains du moment : Baziotes, Brooks, Ferber, Frankenthaler, Gottlieb, Guston, Hoffmann, Kiesler, Kline, de Kooning, Lassaw, Liberman, Lippold, Motherwell, Nevelson, Reinhardt, Reznick, Rothko, Steinberg, Tobey, Yunkers, etc. et plus tard Bontecou, Indiana, Jenkins, Marcarelli, Newmann, Rosenthal, Sander, Tony Smith, etc. L'acueil des artistes, réticent d'abord pour certains, fut finalement chaleureux et je me liai d'amitié avec plusieurs d'entre eux.

N.B. Je ne mentionne que mes rapports avec New York et non pas avec les U.S.A. car il m'aurait fallu citer beaucoup de musées qui dès 1951 montrèrent mes peintures dans des groupes et où plus tard j'eus des expositions d'ensemble comme à Houston, Buffalo, Pittsburgh, etc.

Soulages, janvier 1977

Franz Kline

Chief, 1950.

Huile sur toile, 148 × 186 cm.
The Museum of Modern Art, New York, don de M. et
Mme David M. Solinger, 1952.

Figure majeure de l'expressionnisme abstrait américain, Kline suivit pourtant un cheminement très différent de ses contemporains new yorkais. Il ne passe pas par cette étape surréaliste, si décisive pour d'autres peintres comme Pollock, mais entre brutalement dans une abstraction violemment gestuelle, après une longue période figurative dans un style très traditionnel. La date exacte de ce passage est difficile à établir : il est possible que Kline ait pendant quelque temps peint simultanément des œuvres abstraites et figuratives, et c'est vers 1950 qu'il se consacre exclusivement à l'art abstrait.

Le parallèle a souvent été établi entre son œuvre et celle de Pierre Soulages en raison de certaines ressemblances formelles. Il explique ces polémiques de dates, symboliques de la querelle Paris-New York en ces années où l'art américain prend corps. Il est certain que Soulages a peint ses premières toiles abstraites avant Franz Kline, mais n'est-il pas possible, comme cela s'est souvent produit dans l'histoire, que deux artistes parviennent à la même époque, à des résultats assez similaires, sans pour autant s'influencer mu-

tuellement ? D'autre part, si le terme d'expressionniste convient assez bien à l'œuvre de Kline, celle de Soulages est beaucoup plus contrôlée, la couleur se répandant sur la surface de la toile posée au sol. Si Kline et Soulages se trouvent confrontés dès 1950 à New York lors de l'exposition « Young Painters from US and France », il faut attendre 1952 pour que Kline soit présenté pour la première fois à Paris (« Regards sur la peinture américaine », Galerie de France). « Chief » fut exposé au Musée national d'art moderne de Paris en 1955, à l'occasion de la grande exposition d'art américain organisée par le MOMA, puis à nouveau en 1959 dans le cadre de la « Nouvelle peinture américaine ».

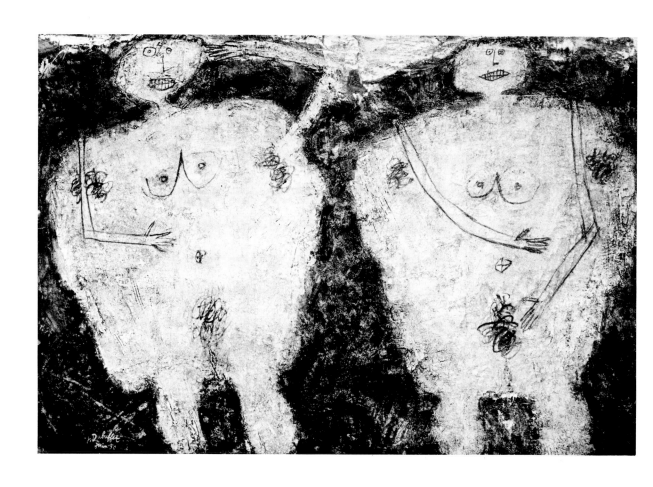

Jean Dubuffet

Gymnosophie, 1950.
Huile sur toile, 97 × 146 cm.
Collection particulière, New York.

En janvier 1951 s'ouvre à New York, Galerie Pierre Matisse, une exposition de Jean Dubuffet consacrée aux « Intermèdes » et surtout aux « Corps de dames », deux suites d'œuvres exécutées l'année précédente et exposées alors pour la première fois. Parmi les 12 « Corps de dames » figure *Gymnosophie,* seule peinture de cette série où sont représentés deux personnages.

Un an plus tôt à la Galerie Sidney Janis, De Kooning et Dubuffet avaient été accrochés côte à côte. Curieusement, ces deux artistes vont à cette époque s'attaquer au même thème, chacun dans son propre style ; et ils font preuve tous deux d'une rare agressivité envers le corps féminin, jadis objet chéri des peintres. De plus ce sujet est prétexte, pour chacun d'eux, à des œuvres parmi les plus fortes et les plus décisives qu'ils aient jamais exécutées.

Le parallélisme, dû au hasard seul, a malgré tout l'intérêt de porter simultanément l'attention sur deux artistes qui, tout en ayant été associés aux mouvements « informel » et « expressionniste abstrait », restent essentiellement à l'époque les chefs de file de nouvelles approches figuratives.

524

Willem de Kooning

Woman I, 1950-1952.

Huile sur toile, 193 × 147 cm.
The Museum of Modern Art, New York.

Les « Corps de dames » sont ainsi définis par Dubuffet lui-même : « Dans les quarante ou cinquante tableaux que j'ai peints entre avril 1950 et février 1951 sous la rubrique « Corps de dames » il y a lieu de ne pas prendre à la lettre le dessin, toujours outrancièrement grossier et négligé, dans lequel est enfermée la figure de femme nue, et qui, pris au mot, impliquerait des personnes abominablement obèses et déformées. Mon intention était que ce dessin ne confère à la figure aucune forme définie, qu'il empêche au contraire cette figure de prendre telle ou telle forme particulière, qu'il la maintienne dans une position de concept général et d'immatérialité. Il me plaisait (et je crois que cette inclination doit être à peu près constante dans toutes mes peintures) de juxtaposer brutalement, dans ces corps féminins, du très général et du très particulier, du très subjectif et du très objectif, du métaphysique et du trivial grotesque. L'un se trouve considérablement renforcé par la présence de l'autre, à ce que je crois ressentir. Procédant encore de cette même impulsion, les rapprochements apparemment illogiques qu'on trouvera dans ces nus, de textures évoquant de la chair humaine (voire au point de violenter peut-être un peu parfois le sentiment de décence, mais cela aussi me semblait efficace) avec d'autres textures n'ayant plus rien à voir avec l'humain, mais suggérant plutôt des sols ou toutes sortes de choses telles que des écorces, des roches, des faits botaniques ou géographiques. Je dois dire que j'éprouve une sorte de plaisir à memer ainsi des faits qui n'appartiennent pas aux mêmes registres. Il me semble que cela occasionne toutes manières de transports et de polarisations à la faveur de quoi les objets se trouvent éclairés par des lumières inhabituelles susceptibles d'en révéler des sens inconnus. Du même ordre sont aussi les très apparentes fautes, que je me sens enclin (trop, sans doute) à laisser dans mes tableaux, je veux dire par exemple des taches involontaires, des maladresses grossières, des formes nettement fausses, antiréelles, des couleurs mal venues, mal appropriées, toutes choses qui doivent probablement paraître insupportables à certaines personnes, et qui m'occasionnent à moi-même certain malaise, en ce qu'en bien des cas elles brisent l'effet. Mais c'est un malaise que je maintiens volontiers. C'est qu'en effet il rend très présente dans le tableau la main du peintre ; il empêche l'objectif de dominer, il s'oppose à ce que les choses prennent trop corps. Il établit une espèce de courant dans les deux sens entre les objets évoqués et le peintre qui les évoque, les deux pôles s'en trouvant fortifiés. Et je dois même encore ajouter ceci : cette manifestation brutale dans le tableau, des moyens matériels employés par le peintre pour la suscitation des objets représentés, et qui sembleraient empêcher ceux-ci, comme je le disais ci-dessus, de prendre corps, fonctionne en réalité pour moi à l'inverse : elle me paraît, au contraire paradoxalement, donner à ces objets une présence accrue, ou bien, pour mieux dire, rendre cette présence plus étonnante, plus impressionniste » (1).

Deux années s'écoulent entre les premières ébauches de *Woman I* et l'achèvement de cette œuvre, l'une des plus célèbres de de Kooning. Acquise par le Musée d'art moderne de New York dès 1953, elle fut largement reproduite et exposée, entre autre, à Paris au Musée national d'art moderne en 1955 et 1959.

De Kooning s'est expliqué sur cette œuvre – qui appartient en fait à une série de peintures sur le même thème exécutées entre 1948 et 1955 – dans une conversation avec David Sylvester : « Si l'on y pense, il est vraiment absurde aujourd'hui de peindre une image, l'image d'un personnage... Mais tout d'un coup il m'est apparu qu'il était encore plus absurde de ne pas le faire... Cela (peindre *Woman I*) m'a permis de supprimer les problèmes de composition, d'organisation, de relations, de lumière – tous les bavardages sur la ligne, la couleur et la forme – et c'est précisément ce à quoi je voulais parvenir. J'ai mis la femme au milieu de la toile car il n'y avait aucune raison de la décaler légèrement sur le côté. Alors j'ai pensé que je pouvais aussi bien m'en tenir à l'idée qu'elle avait deux yeux, un nez, une bouche et un cou... » (1).

Bien que sa première exposition personnelle à Paris n'ait eu lieu qu'en 1968 à la Galerie Knoedler, de Kooning est associé très tôt à certaines expositions collectives, comme « Véhémences confrontées » ou « Regards sur la peinture américaine ». Devenant bientôt plus expressionniste qu'abstrait (en particulier avec cette série de « Femmes »), les artistes informels se désintéresseront un peu de son œuvre. Mais de Kooning sera présent à chaque grande exposition d'art américain Paris dans les années cinquante.

(1) Jean Dubuffet, Notes du peintre, in : Georges Limbour, *L'art brut de Jean Dubuffet, Tableau bon levain à vous de cuire la pâte*, New York, Pierre Matisse, 1953.

(1) Cité *in* catalogue de Kooning, MOMA, New York 1968.

Hans Hartung

T. 50 peinture 8, 1950.

Huile sur toile, 97,2 × 146 cm.
The Solomon R. Guggenheim Museum, New York.

Lorsqu'il participe à l'exposition des « Younger European Painters » au Musée Guggenheim en 1953, avec *T 50, Peinture 8,* Hartung n'est pas encore connu et reconnu outre-atlantique. Sa première exposition personnelle à New York n'a lieu qu'en 1957, soit plus tard que ses jeunes collègues de Paris comme Soulages et Mathieu.

Pourtant Hartung se familiarise très tôt avec la peinture abstraite américaine. A l'époque de sa première exposition personnelle à Paris en 1947, il rencontre Rothko, alors en voyage en France : « Je me rappelle bien la visite qu'il me fit, cela devait être en 1946 ou 1947, dans mon atelier à Arcueil. Il s'était intéressé tout spécialement à de larges taches horizontales que j'étais en train de peindre sur le fond d'une toile et sur lesquelles une fois séchées, j'avais l'intention d'exécuter des graphismes comme j'en faisais à cette époque. Il trouvait que la toile, en cet état, était déjà parfaitement viable. Ce en quoi je pense maintenant qu'il avait raison » (1).

Avant 1950, il fait également la connaissance de Robert Motherwell. Il s'intéresse beaucoup à la jeune peinture américaine qu'il découvre à Paris au début des années 50 à travers les expositions qui ont lieu à cette époque : « En voyant pour la première fois les travaux des Américains, après 1950, je fus surpris par la taille imposante des toiles, ce qui me rendit quelque peu jaloux de la fécondité de ce milieu artistique qui montrait tant de succès dans l'audace et qui empruntait des voies différentes des nôtres. Les grandes peintures (qui n'avaient pas moins de 6 mètres) de Pollock, Still, Newman et Kline étaient inconcevables pour un Européen et c'était pourtant précisément cet aspect de leur travail – l'échelle et la dimension nouvelles – qui apportaient un souffle d'air frais. Les dimensions m'impressionnèrent d'autant plus que durant la guerre j'avais perdu une jambe et que peindre des toiles de très grande dimension était devenu extrêmement difficile pour moi » (2).

(1) Extrait de Hans Hartung « *Autoportrait* », Paris, Grasset, 1976.

(2) Extrait du catalogue Hans Hartung, Metropolitan Museum, New York, 1975 (conversation avec Henry Geldzahler).

Mark Rothko photographié par Hans Hartung, New York, 1964.

Mark Rothko

Number 10, 1950.
Huile sur toile, 229 × 145 cm.
The Museum of Modern Art, New York, don de Philip Johnson, 1952.

Premier peintre américain après Pollock à bénéficier d'une rétrospective à Paris en 1962 (c'est l'occasion pour Marcelin Pleynet d'écrire l'un de ses premiers articles sur la peinture américaine), (1) Rothko est certainement l'un des peintres américains les plus admirés par ses confrères de Paris. La subtilité chromatique des tons, le velouté des formes touchent peut-être plus la sensibilité européenne que d'autres artistes plus violemment expressionnistes. D'abord séduit par l'expérience Surréaliste, avec des œuvres qui rappellent certains Max Ernst, Rothko crée ses premières abstractions en 1947. Ce sont déjà de large aplats colorés qui très vite vont envahir la surface, sous la forme de rectangles superposés d'une couleur.

Rothko se rend en France à l'occasion de ses voyages à travers l'Europe en 1950 et 1959. Il est l'ami très proche de certains peintres comme Hartung et Soulages. Le passage du surréalisme à l'abstrait, étape décisive dans son œuvre, est d'autre part dû, au moins en partie, à la découverte de Matisse. En 1953, Rothko donne pour titre à l'une de ses peintures *Hommage à Matisse*.

Rothko est connu en Europe par sa participation à la Biennale de Venise en 1948 et à nouveau en 1958. Dans le catalogue de cette dernière exposition, Sam Hunter insiste justement sur le rapport avec Matisse : « Il est difficile de penser à d'autres peintures modernes où une telle intensité colorée se relie à une structure aussi accentuée, sauf peut-être certains Matisse de 1911. (Deux exemples marquants de cette période : *La fenêtre* et l'*Atelier rouge* sont accrochés depuis de nombreuses années au Museum of Modern Art de New York). Là encore, l'espace s'exprime simultanément à la puissance suspendue et à la couleur orphique, le tout restant dans les limites de quelques plans simplifiés » (2).

Number 10, 1950 figurera aux deux grandes expositions d'art américain à Paris au Musée national d'art moderne (1955 et 1959).

(1) Marcelin Pleynet, exposition Mark Rothko, *Tel Quel* n° 12, hiver 1963.

(2) Préface du catalogue Lipton, Rothko, Smith, Tobey, XXIXe Biennale de Venise, 1958.

Nicolas de Staël

Le Lavandou, 1952.

Huile sur toile, 195 × 97 cm.
Musée national d'art moderne, Paris, don Noémi et Jacques Dubourg

En février 1953, Nicolas de Staël se rend à New York à bord du paquebot « Ile de France » pour son exposition à la Galerie Knoedler, où figure *Le Lavandou*. Staël a déjà exposé à New York deux ans plus tôt chez Théodore Schempp ; il a participé à plusieurs expositions de groupe dans la galerie américaine de Louis Carré (dont « Advancing French Art »). Son œuvre est donc déjà connue du public new yorkais.

Staël débarque à New York et va être très déçu par la ville américaine : « Hors la musique, il n'y a rien à New York », « Ville invivable », « Ne suis pas fait pour ce pays. Rentre par avion dare-dare vers notre chère vieille Europe » écrit-il à quelques amis (1).

L'exposition pourtant est un grand succès, la presse américaine en rend compte avec un réel intérêt, les collectionneurs sont nombreux. Staël ne rencontre que quelques personnalités : l'éditeur Wittenborn, le directeur du Musée Guggenheim J.-J. Sweeney, et s'intéresse plutôt aux chefs d'œuvres de l'art européen qu'il a l'occasion de voir (les Cézanne et les Matisse des musées de New York et de la Collection Barnes), qu'à ses contemporains d'outre-atlantique.

Après sa mort en 1955, les expositions se multiplient en Amérique en particulier à la Galerie Paul Rosenberg, et aussi dans des musées (Forth Worth, Washington). A Paris comme à New York, l'œuvre de Nicolas de Staël connaît une immense renommée appuyée par un grand succès commercial tout au long des années cinquante.

(1) André Chastel, Germain Viatte, *Nicolas de Staël*, Paris, Le Temps, 1968, p. 256, 266.

De tous les peintres américains appartenant à la génération des expressionnistes abstraits, Robert Motherwell est sans doute celui dont les références culturelles doivent le plus à l'Europe. Jeune étudiant, il découvre l'œuvre de Matisse chez Michael Stein et en est profondément marqué. A 20 ans il visite l'Europe pour la première fois et commence à étudier la littérature française, en particulier Baudelaire et Gide. Peu après, sa thèse sur le journal de Delacroix achevée, il retourne en France, à l'université de Grenoble pour étudier cette fois la littérature symboliste.

Robert Motherwell

The Voyage, 1949.

Huile et tempera sur papier monté sur panneau, 122 × 238,8 cm.
The Museum of Modern Art, New York, don de Mme John D. Rockfeller, 3rd.

Il est donc déjà très ouvert à la culture européenne lorsque les premiers surréalistes arrivent à New York au début de la guerre. Il se lie tout de suite d'amitié avec eux, Matta en particulier. Sa peinture doit alors surtout à Picasso, dont des œuvres comme « l'atelier » l'influencent visiblement. Il commence également à faire des collages et continue à écrire de nombreux textes sur l'art (Mondrian, de Chirico, Apollinaire...). D'autre part, après sa rencontre avec Pollock en 1942, il devient très rapidement l'un des membres les plus actifs du groupe des abstraits américains : son activité d'éditeur lui permet de prendre la défense de ce mouvement, il sera aussi l'un des fondateurs de « Subjects of the Artist », puis du « Club ». Si la structure des formes chez Picasso avait au premier chef intéressé Motherwell, la liberté de la couleur, l'utilisation du papier découpé vont faire de Matisse une autre référence déterminante. *The Voyage* (qui fut peint avec *Granada* pendant des périodes ininterrompues de 18 heures entre décembre 1948 et janvier 1949) est peut-être l'une des œuvres les plus « Matissiennes » de Motherwell, proche des papiers découpés. Il ne s'agit pas ici de voir une influence directe, puisque la première exposition à New York des gouaches découpées date de février 1949, mais plutôt de sentir comment un peintre américain pouvait alors appliquer certaines données esthétiques européennes, sans rien renier de son propre travail.

Présent dès 1947, lors d'une exposition de groupe à la Galerie Maeght, puis à nouveau à la Galerie de France en 1952, Motherwell fait aussi partie des tous premiers peintres américains dont l'œuvre peut être vue en Europe au lendemain de la guerre. Sa première exposition personnelle à Paris n'aura pourtant lieu qu'en 1961, à la Galerie Berggruen.

Serge Poliakoff

Composition, 1949.
Huile sur bois, 142 × 91 cm.
Alexis Poliakoff, Paris.

Poliakoff appartient à cette génération de peintres européens qui parviennent à l'abstraction avant la guerre. En 1938, un an après avoir fait la connaissance de Kandinsky, il expose ses premières toiles abstraites, d'ailleurs beaucoup plus « informelles » que ses œuvres ultérieures. Dès la fin des années quarante en effet, ses peintures se caractérisent par une structure formelle assez géométrique dans laquelle viennent s'inscrire les couleurs aux valeurs extrêmement proches. La visite d'une exposition au Musée national d'art moderne en 1952, où est exposé le *Carré blanc sur fond blanc* de Malevitch est à cet égard déterminante : « Il m'a démontré une fois de plus le rôle capital de la vibration de la matière. Même s'il n'y a pas de couleur, un tableau où la matière vibre, reste vivante ».

Cette même année il expose pour la première fois à New York à la Galerie Circle and Square. Trois ans plus tard, il expose à nouveau à la Galerie Knoedler et cette *Composition* de 1949 figure dans l'accrochage. Entre temps, le Musée Guggenheim qui l'a présenté parmi les « Younger European Painters », fait l'acquisition d'une importante toile de 1949, également. La presse américaine rend compte avec un réel intérêt de ces différentes expositions, relevant la force picturale et l'originalité de ces œuvres.

Jean-Paul Riopelle

Sans titre, 1953.
Huile sur toile, 130 × 162 cm.
Galerie Jean Fournier, Paris.

Invité à « Véhémences confrontées », ami de la première heure de Sam Francis lorsque ce dernier arrive à Paris, le canadien Jean-Paul Riopelle tient une place importante dans les rapports entre les deux continents. Après avoir séjourné, tout de suite après la guerre, à Paris, en Allemagne et aussi à New York, il s'installe définitivement à Paris en 1947. Ses peintures tachistes et gestuelles intéressent alors vivement d'autres artistes comme Mathieu. Très vite Riopelle va s'attaquer à de très grands formats (une toile comme *Chevreuse,* 1954, appartenant au Musée national d'art moderne de Paris, ne mesure pas moins de 3 × 4 m), recouverts uniformément de traces de peinture enchevêtrées. Cette technique n'est pas sans rappeler l'utilisation du « Dripping » et du « All over » en Amérique. De tous les peintres de Paris, Riopelle est sans doute celui qui fait le moins appel à une composition formelle ; il est aussi, selon le critique américain Thomas B. Hess : « Le plus familier avec l'expérience expressionniste abstraite à New York. Il a été l'ami de Franz Kline, de Willem de Kooning, de Norman Bluhm, et de beaucoup d'autres. Superficiellement, son œuvre se rapproche des leurs par la manipulation théâtrale de la peinture, l'extrémité troublée des surfaces, la qualité de l'objet, laide, ébouriffée, immédiate » (1).

Exposant à New York de nombreuses fois chez Pierre Matisse à partir de 1954, Riopelle est également inclus parmi les « Younger European Painters » au Musée Guggenheim dès 1953.

(1) Thomas B. Hess, préface du catalogue Riopelle, Galerie Pierre Matisse, New York, 1974.

Il serait très abusif de considérer l'art informel et l'expressionnisme abstrait comme les seules tendances picturales de l'immédiat après-guerre. L'art abstrait de tendance géométrique prend à Paris à partir de 1945 un essor considérable. La Galerie Denise René qui ouvre en 1944, s'y consacre entièrement, de même que le Salon des réalités nouvelles à partir de 1946. Cette forme d'art trouve aussi des ardents défenseurs en la personne du critique des *Lettres Françaises* Léon Degand, ou grâce à la revue *Art d'aujourd'hui* fondée par André Bloc et plus particulièrement orientée vers cette tendance. Enfin l'Académie d'art abstrait de Dewasne et Pillet fait office de véritable « école » d'art géométrique.

Baertling, Dewasne, Deyrolle, Mortensen, Vasarely, ainsi que d'autres peintres dont les débuts remontent à l'avant-guerre et dont certains ont appartenu aux mouvements d'art géométrique d'alors, comme « Cercle et carré » : Domela, Herbin, Gorin, Magnelli..., sont les principaux représentants à Paris de cette tendance. Quelques années plus tard l'art cinétique avec Agam, Soto, Schöffer, le Groupe de recherche d'art visuel... viendra y apporter une dimension nouvelle. Auparavant, quelques artistes américains vivant à Paris comme Breer et Kelly ont eux-aussi adopté l'art abstrait sous des formes géométriques.

Il n'y a pas à New York de « mouvement » comparable voué à l'abstraction géométrique. Certains artistes sont des héritiers plus ou moins directs de Mondrian : Diller, Glarner, Holtzman... D'autres entament entre 1945 et 1950 une peinture plus ou moins géométrique : Newman, Reinhardt, Leon Polk Smith, Liberman sans oublier quelques antécédents historiques comme Albers et David Smith. Mais leurs œuvres restent dans l'ensemble assez mal connues à Paris. D'une manière générale, cette tendance ne joue pas quelle que soit son importance « nationale », un rôle déterminant dans les relations entre Paris et New York.

Vasarely est l'un des rares artistes parisiens de sa génération dans la tendance géométrique dont l'œuvre soit connue à New York dans les années cinquante. Il participe à des expositions chez Betty Parsons et au Musée Guggenheim, mais sa première exposition individuelle n'a lieu qu'en 1958 à la Rose Fried Gallery. Mais Vasarely doit aussi sa renommée internationale aux nombreux textes qu'il a publiés, le situant comme véritable théoricien du cinétisme.

En 1952, la première exposition individuelle d'Herbin à New York a lieu dans l'une des plus puissantes galeries new yorkaises, celle qui expose alors Gorky, De Kooning, Pollock, etc. : la galerie Sidney Janis. Parmi les 19 œuvres exposées, figure *Vendredi,* l'une des toiles majeures de l'artiste après la guerre. Herbin a alors 70 ans. Il a travaillé au Bateau-Lavoir avec Picasso et Braque, participé à la naissance d' « Abstraction-création » en 1931 et ne trouve donc en Amérique qu'une reconnaissance tardive.

La démarche d'Ad Reinhardt, qui, contrairement à la plupart de ses contemporains new yorkais, ne passe pas par l'étape surréaliste, mais aborde directement l'art abstrait dans les années trente, est assez parallèle à celle des européens. Au début des années cinquante, il peint ses premières toiles géométriques monochromes (rouge, bleu, noir) qui tendront peu à peu vers une saturation de la surface. Inclus parmi les « Young Painters from US and France » chez Sidney Janis, Reinhardt sera connu à Paris à travers les expositions individuelles que lui consacre la Galerie Iris Clert en 1960 et 1963, et dix ans plus tard par une rétrospective organisée par le CNAC au Grand Palais.

Victor Vasarely

HO 2, 1948-52.
Huile sur toile, 130 × 89 cm.
Musée national d'art moderne, Paris, don Claude Pompidou, 1977.

Auguste Herbin

Vendredi I, 1951.

Huile sur toile, 96 × 129 cm.
Musée national d'art moderne, Paris.

Ad Reinhardt

Abstract Painting, Blue, 1951.
Huile sur toile, 127 × 51 cm.
Collection particulière. (Ne figure pas à l'exposition)

La première exposition Pollock à Paris
Studio Paul Facchetti, mars 1952

Notre projet primitif était de reconstituer intégralement la première exposition Pollock à Paris. Devant les difficultés rencontrées pour obtenir le prêt de ces œuvres, nous avons dû y renoncer. Mais les circonstances de cette exposition méritaient au moins d'être ici retracées.

Number 3, 1950.

Le nom de Jackson Pollock commence à être connu en Europe au lendemain de la guerre. Dès 1948, la XXIVᵉ Biennale de Venise présente la collection Peggy Guggenheim où figurent six œuvres de Pollock. Peggy Guggenheim tente d'ailleurs en vain d'organiser une exposition individuelle de Pollock à Paris, l'année suivante et il faut attendre 1951 pour qu'à l'initiative de Georges Mathieu et avec l'aide d'Alfonso Ossorio, le *Number 8, 1950* soit exposé à Paris à l'occasion de « Véhémences confrontées ». Parallèlement, Pollock fait partie du pavillon américain à la XXVᵉ Biennale de Venise.

W. Sandberg, directeur du Stedelijk Museum d'Amsterdam, organise d'autre part une exposition circulante de la collection Peggy Guggenheim en Europe, qui est montrée, après Amsterdam, à Bruxelles et à Zürich. Pour l'en remercier, celle-ci fit don dès 1950 de deux toiles de Pollock au musée d'Amsterdam. Ce sont là les premières peintures abstraites américaines acquises par un musée européen.

L'œuvre de Pollock se faisait donc peu à peu connaître en Europe. Elle allait atteindre Paris le 7 mars 1952. Le Studio Paul Facchetti accueillit cette première exposition individuelle d'un expressionniste abstrait à Paris, grâce à l'aide de Michel Tapié et d'Alfonso Ossorio, qui tous deux contribuèrent au catalogue.

Jackson Pollock en train de peindre.

La liste exacte des 15 œuvres figurant à cette exposition a pu être établie à partir des dossiers d'Alfonso Ossorio (1) :

Number 17A, 1948. Ancienne coll. Dotremont, collection actuelle inconnue.
Number 26A, 1948. Lee Krasner Pollock, New-York.
Number 1, 1949. Coll. Mr. et Mme Taft Schreiber, Beverly Hills, Cal. U.S.A.
Number 3, 1950. Coll. Mr. et Mme Joseph Pulitzer Jr., St-Louis, Missouri, U.S.A.
Number 11, 1950. Coll. Thyssen-Bornemisza, Lugano, Suisse.
Number 14, 1950. Coll. R.D. Judah, Londres.
Number 20, 1950. University of Arizona, Museum of Art, Tucson, U.S.A.
One : Number 31, 1950. Museum of Modern Art, New-York.
Number 2, 1951. Betty Parsons Gallery, New-York.
Number 7, 1951. Coll. Reginald Isaacs, Cambridge, Mass. U.S.A.
Number 8, 1951. Musée national d'art occidental, Tokyo.
Number 14, 1951. Lee Krasner Pollock, New-York.
Number 19, 1951. Pace Gallery, New-York.
Number 23, 1951. (Frogman). Chrysler Museum, Norfolk, Virginia, U.S.A.
Number 28, 1951. Coll. David N. Pincus, Wynewood, Penn. U.S.A.

One : Number 31, 1950 ne fut pas accroché en raison de ses dimensions mais Paul Facchetti se souvient l'avoir déroulé dans la galerie pour André Malraux venu voir l'exposition.

Le catalogue avait été préparé à New-York, ce qui explique que certaines œuvres qui s'y trouvent reproduites (comme *Number 16, 1950)* n'aient pas effectivement figuré chez Facchetti.

Number one, 1949.

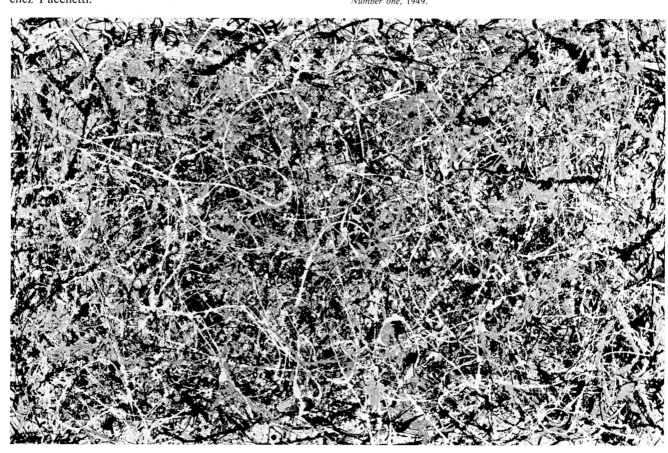

Dans la biographie de Pollock, B.H. Friedman décrit cette exposition comme « un travail d'amour » (a labor of love).

« ... Toutefois peut-être y avait-il trop de modération et d'amateurisme (au sens le plus propre) dans tout cela. La galerie n'existait que depuis peu ; auparavant c'était un atelier de photographe, d'où son nom. Le catalogue broché de huit pages était plutôt pauvre et mal imprimé. Et la préface de Tapié était hérissée d'expressions du style : « un des plus prestigieux représentants de l'aventure de la peinture américaine... une bombe dans les milieux artistiques parisiens... une place de premier ordre dans la grande aventure de la peinture actuelle... d'immenses toiles qui sont parmi les créations les plus imposantes de notre époque... » Rien qui n'ait été de nature à séduire la presse française dont on connaît le chauvinisme. Non, ce furent plutôt les artistes qui se montrèrent réceptifs : Mathieu par exemple qui avait longtemps auparavant écrit à Betty Parsons que Pollock était à ses yeux « le plus grand peintre américain vivant », et le poète et peintre Henri Michaux à qui Tapié faisait référence dans son texte. (Dubuffet n'était pas alors à Paris. Il était retourné à New-York après un voyage à Chicago. Mais en 1950 il écrivit à Ossorio : « Pollock est l'un des rares peintres vivants... dont l'œuvre m'intéresse. »)

« Seules deux toiles furent achetées par des collectionneurs : *Number 14, 1951* par un Suisse qui – pure coïncidence – s'appelait Pollak, et *Number 19, 1951* par le grand collectionneur milanais Carlo Frua de Angeli. Tapié acheta pour lui deux œuvres plus petites – *Number 17, 1949* (2) (qui avait été reproduit dans *Life*) et *Number 8, 1951* – mais avec une réduction de 50 % qu'on accorde au marchand. Avec la réduction, la commission habituelle d'un tiers sur les autres ventes et le remboursement des frais d'emballage, de transport et de catalogue, il ne restait plus que 1300 ` pour Pollock. A Paris, la véritable réaction, celle qui fut plus large et plus favorable, se produisit un ou deux ans plus tard lorsque des Américains encore plus jeunes recueillirent les fruits de ce travail de précurseur et lorsque des marchands européens commencèrent à voir et à acheter des tableaux d'artistes américains (3) ».

Ces ventes furent pour Pollock une grande satisfaction dont il fit part à Alfonso Ossorio dans une lettre du 30 mars 1952 :

« D'abord nous aimons le catalogue comme tous ceux qui l'ont vu. Nous n'avons aucune traduction convenable de la préface de Tapié, même Dubuffet n'a pas tout à fait réussi. Tapié m'a aussi envoyé la lettre la plus aimable qui soit avant l'ouverture de l'exposition. J'espère que vous le remercierez de ma part (je lui écrirai cette semaine). Et bien sûr les ventes sont fantastiques, je ne m'y attendais vraiment pas, et tout le reste est bien entendu satisfaisant ; et s'il y a encore des décisions à prendre, tu peux te fier à ton propre jugement (4) ».

A la fin de cette lettre, Pollock s'inquiète des réactions de la presse parisienne. Les critiques furent effectivement peu nombreuses et négatives dans l'ensemble. Pourtant, quelques jours plus tôt, la Galerie de France avait ouvert une importante exposition consacrée à la peinture américaine où figuraient deux toiles de Pollock. En ce mois de mars

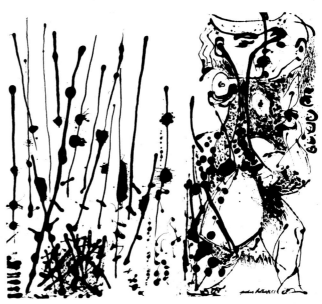

Number 7, 1951.

1952, le public parisien avait donc pour la première fois l'occasion de se familiariser avec l'art d'outre-atlantique. Claude Gregory dans *Arts* dénonçait en quelques lignes ce calcul du « scandale dévotement appelé par chaque pouce carré de toile... Par chance, l'Europe de 52 est civilisée et Monsieur Pollock ne court aucun risque. Il pourra, jusqu'à sa mort naturelle, se consumer en traînées et en graffiti d'encre, de ripolin caillé, de gris métallisé-pour-tuyaux-de-poêle... Il aura loisir d'errer à pied, à cheval, la tête en bas (ou dans toute autre posture à sa convenance) sur des kilomètres de coton tissé ; personne ne l'en inquiètera. Il lui viendra peut-être même beaucoup d'admirateurs... Heureux Jackson ! (5) »

Quant à Pierre Descargues, il se montrait, dans les *Lettres Françaises* plutôt intéressé par cet « atomiste de l'art moderne ». Si l'exposition eut un impact, ce fut beaucoup plus envers les artistes qui la visitèrent. On relève dans le livre d'or de la galerie les signatures de Sam Francis, Goetz, Bryen, Soulages, Bertini, Quentin, Tal Coat, Hosiasson, Koenig, Bertholle, Degottex, Miro, Appel, Arnal, Falkenstein...

Le texte d'Alfonso Ossorio publié dans le catalogue avait été écrit en 1951, en préface de l'exposition Pollock à la Galerie Betty Parsons ; celui de Tapié, par contre, était inédit et mérite d'être repris ici :

Number 28, 1951.

(1) Il nous faut remercier très vivement Mr. Francis O'Connor, éditeur du catalogue raisonné de Jackson Pollock, qui nous a fourni ces précieux renseignements, ainsi que Monsieur et Madame Paul Facchetti pour leur aide constante dans ces recherches.

(2) Il s'agit en fait du *Number 17 A, 1948* N.D.L.R.

(3) B.H. Friedman « *Jackson Pollock : Energy Made Visible* », Londres, Weidenfeld and Nicholson, 1973, p. 191-192.

(4) Citée par B.H. Friedman, op. cit.

(5) *Arts* n° 351, 21 mars 1952.

JACKSON POLLOCK AVEC NOUS

Voici pour la première fois à Paris un ensemble d'œuvres de Jackson Pollock, l'un des plus prestigieux représentants de l'aventure picturale américaine de maintenant. Il me plait de lancer une telle bombe dans le monde artistique parisien trop souvent sûr, quant à lui, d'une garantie de tout repos : les jeux ne sont jamais définitivement faits, et les meilleures organisations publicitaires ont tort de s'endormir sur leurs propres œillères, quel que soit le nombre de clans à qui elles aient pu, momentanément, imposer ces mêmes opportunes œillères.

Je pense que, pour des expériences sincères et profondes de la non-figuration, l'Amérique aura bénéficié d'un climat spécialement propice, dû à un départ à zéro réel, hors de toute proposition facile à des poncifs et autres démarcages bien en cours que nous ne connaissons que trop dans nos paniers de crabes traditionnalo-historiques, à un comportement très libre vis-à-vis de cette non figuration, hors de tout sectarisme insupportable et de tout purisme hors de propos ; enfin – à un moment où le devenir artistique, comme bien d'autres, se situe sur un plan mondial – l'Amérique est devenue le carrefour géographique réel de la confrontation des problèmes les plus profonds des grands courants artistiques d'Orient et d'Occident, dans des interférences où le jaillissement de la signifiante calligraphique et l'intensité colorale du drame plastico-pictural se compénètrent dans une véhémence de choc d'où l'on ne peut dissocier le plus complexe Amour d'avec la plus inexorablement implacable Pureté (voire Cruauté, car ici la pédale douce de l'humanisme est absolument hors de question).

De « La Louve » du Museum of Modern Art de New-York de 1943 aux dernières œuvres en blanc et noir, Jackson Pollock a conquis une place de tout premier ordre dans la grande aventure picturale actuelle, qui demande des personnalités à l'échelle de notre fantastique et passionnante époque pour en témoigner avec l'envergure suffisante, tout en faisant aussi que l'artiste soit de taille à transmettre son message personnel qui ne vaut que s'il domine et dépasse les nécessaires limites des collectivités auxquelles il s'adresse. Les œuvres de Pollock de cette première période précédant son passage à la non-figuration semblaient portées par un souffle expressionniste exceptionnel, suffisant pour en faire un authentique peintre. Nous pouvons maintenant y voir déjà, en profondeur, toute la puissance et l'exceptionnelle signifiance de son graphisme coloré qui, livré à l'état pur lorsqu'il quitta la figuration, représentèrent une nouvelle limite du possible pictural, une nouvelle conquête sur l'inconnu visuel à l'échelle de ce psychisme humain dont les limites, longtemps contenues, ordonnancées mais très limitées par les civilisations occidentales, semblent devoir pouvoir être indéfiniment reculées quand des Individus, dignes de ce nom dans notre siècle qui les prend trop souvent en défiance, veulent bien s'en mêler : il me plait de saluer en Pollock l'un de ces Individus. Avec lui, dans cette « She-Wolf » de 1943 qui est, grâce aux reproductions, son œuvre la plus connue en Europe, la Violence devient Peinture : cette transmutation est justement le fait du véritable peintre, ce fait que l'on classe sous les vocables de magie, thaumaturgie, transcendance et qui, au fond, est bien tout cela, car sans lui Violence autant que Peinture ne seraient pour nous d'aucun intérêt.

En ces années 1945-1946 qui ont vu l'éclosion d'une nouvelle génération d'œuvres non figuratives dans tous les coins du monde, Pollock passe de peintures à motifs titrées à des œuvres où le sujet n'est plus, ou tout au moins où le sujet transcendé lui-même est d'un illisible indéfini, sans que sa peinture souffre de la moindre discontinuité, en profondeur comme en surface : le fait est rare, alors, car les peintres jusque-là figuratifs, passent à « l'abstrait » comme en se reniant, ou comme ayant pris une maladie (ou surtout pour de bien mauvaises raisons qu'il n'est plus besoin de remettre sur le tapis, le complexe de culpabilité des jeunes abstraits devenu si flagrant que l'on pourrait croire à des maladies honteuses, alors qu'au fond ce n'est vraiment pas grave, n'est-ce pas ?). Sa graphie colorée ne devant, une fois le saut non-figuratif accompli, se référer qu'à son lyrisme propre, ne pouvant s'étayer que sur elle-même, n'exprimant qu'elle-même sans aucune nécessité plastico-esthétique extérieure, donne à son tempérament toutes les audaces que peut lui permettre son exceptionnelle envergure. Tous les matériaux, tous les formats, toutes les gageures artisanales et visuelles à sa portée sont expérimentées, d'abord dans un monde d'espace coloré extrêmement complexe où trouve son compte, hors de tout humanisme et rationalisme : tout prétexte à complexité le met à l'aise, et jamais il ne perd pied avec l'infinitésimale évidence du plus grand raffinement.

Puis l'expérience se tend, s'impose d'apparentes limites permettant à l'élément dramatique de son message de s'intensifier : ce grand coloriste de la complexité rompit, il y a à peu près deux ans avec les couleurs, pour s'imposer l'illimité des seuls noir et blanc. Cette contrainte, pour un tel tempérament, ne peut que faire office de tremplin, et lui permet de pousser l'expérience de son exploration d'un informel graphique jusqu'à ses limites extrêmes qui, une fois atteintes – et il les a vite atteintes, dans quelques immenses peintures qui resteront parmi les plus bouleversants témoignages de notre temps – l'obligeront à se dépasser, et pour cela à changer de plan, ou de registre, ou, à l'échelle de sa courageuse envergure, de démarche.

Et voici sa période actuelle, où un retour au figuratif n'a pas fini de mettre le public en défiance et de remuer la mauvaise conscience d'artistes pour qui sectarisme intransigeant est trop synonyme de garantie qualitative. Mais plus que toute justification dialectique, ce sont les œuvres d'abord qui donnent raison à de telles contraintes extérieures qui, en regard de quelques apparences perdues, donnent, en même temps qu'une courageuse leçon de liberté de grande allure, d'infinies possibilités nouvelles d'explorations en profondeur, de réel devenir. D'autant qu'ici, une fois de plus, toutes ces querelles de figuration ou non-figuration n'ont que faire. Ce nouveau sort au figuré n'interrompt pas plus la continuité de son aventure que son renoncement au figuré de 1945. Il ne peut qu'enrichir le message d'un artiste qui, ayant pris conscience de certaines limites de son monde totalement développé dans l'ivresse anarchique, ne peut pas se contraindre à ignorer une expérience acquise, ce qui serait une attitude de tricheur absolument incompatible avec son tempérament d'Individu en Devenir. Pollock sait qu'il n'a maintenant rien à perdre à rejeter, si elle se présente dans le geste de ses créations graphiques, l'apparition d'une signifiante psychique particulièrement évocatrice de tel signe ou telle forme à l'échelle de notre psychisme et de la part de romantisme qu'il comporte nécessairement. Ce « fantômisme », pour reprendre une passionnante proposition d'Henri Michaux, abordé avec tout l'acquis graphique d'une expérience en profondeur dégagée de tout piège humaniste, après de longues années d'ascèse vis-à-vis des si tentantes propositions de notre illimité psychisme, nous permet de considérer le comportement de Jackson Pollock et son œuvre élaborée avant ce jour non comme une œuvre complète qu'il ne reste plus qu'à exposer, à admirer ou à piller, mais comme étant actuellement au cœur d'un extraordinaire devenir : ce n'est pas le compte rendu d'une aventure que l'on nous demande d'enregistrer, c'est en pleine aventure que l'on nous propose non la sécurité d'une œuvre faite, mais l'excitant vertige, voire l'angoisse vertigineuse, d'un geste dont il n'est pas question de voir la limite.

Michel Tapié – Février 1952

Jean Dubuffet dans son atelier à New York, 1952.

Jean Dubuffet à New York

Américains à Paris dans les années 50

Les 10 années qui suivent la fin de la seconde guerre mondiale voient paraallèlement la naissance d'un art américain autonome et pourtant la venue massive des jeunes peintres américains vers l'Europe. Peu d'artistes français font par contre à cette époque le voyage vers New York, encore moins y restent quelque temps pour travailler. Jean Dubuffet est la rare exception et sa présence aux Etats-Unis aura un retentissement réel sur certains jeunes peintres, à Chicago en particulier. Il faut dire que le terrain était en quelque sorte préparé pour Dubuffet, qui avait exposé à plusieurs reprises à New York avec succès et dont l'œuvre avait déjà suscité un réel écho de la part de certains critiques ou collectionneurs, comme Maurice Culberg ou Alfonso Ossorio.

De New York à Paris, au contraire, le mouvement prend un caractère d'ensemble. La guerre de 1939-45 avait entrainé l'exil des artistes européens vers New York. Mais les Etats-Unis s'engagent dans la guerre en 1942, et les jeunes américains découvrent l'Europe dans des circonstances très particulières, tel Kelly qui débarque en Normandie et visite Paris pour la première fois, ou Roy Lichtenstein qui reste à Paris quelques mois. A la fin des hostilités, le gouvernement américain vote la loi publique 346 ou « loi des droits des G.I. » rendant l'enseignement supérieur accessible à un grand nombre de jeunes gens. Ces « G.I. bills » permettent à de nombreux jeunes artistes d'aller étudier à Paris qui reste alors le lieu privilégié pour apprendre la peinture. La plupart d'entre eux choisissent les ateliers de Léger ou de Zadkine, d'autres ceux de Metzinger et de Lhote.

En 1949, on compte ainsi 208 étudiants « G.I. » en peinture ou en sculpture à Paris. Parmi les artistes américains qui séjournent à Paris entre 1947 et 1950, on relève des noms aujourd'hui célèbres : Breer, Al Held, Kelly, Noland, Olitsky, Rauschenberg, Stankiewicz, Youngerman... Plusieurs d'entre eux exposent individuellement pour la première fois à la Galerie Arnaud (Kelly, Youngerman), à la Galerie Creuze (Noland) ou à la Galerie Huit, sorte de coopérative pour les artistes américains (Olitsky).

La Galerie Saint-Placide présente d'autre part en 1949 une exposition de groupe consacrée à ces étudiants G.I.. La revue New Yorkaise, *Art News* lui fait une large place en publiant des photos de Léger parmi ses jeunes élèves américains (1). La presse française est également consciente de ce phénomène à l'image de Julien Alvard qui écrit sur « Quelques jeunes américains de Paris (2) ».

Tout au long des années 50, la « colonie » américaine à Paris ne fait que s'agrandir. Si beaucoup de peintres ne restent que quelques années à Paris, d'autres y font un séjour plus prolongé ou même s'y fixent définitivement. Certains d'entre eux ont alors une place à part entière dans l'avant-garde parisienne, tel Sam Francis, que Michel Tapié intègre au groupe des informels ou Alfred Russel qui participe à « Véhémences confrontées ». La Galerie Craven, en 1953, ne présente pas moins de 35 « Peintres américains en France », dont Norman Bluhm, William Copley, Claire Falkenstein, Ruth Francken, John Levee, Hugh Weiss... Bien d'autres noms mériteraient d'être cités pour compléter cette liste bien loin d'être exhaustive. Parmi les plus célèbres : Beauford-Delaney, Bishop, Jaffe, Jenkins, Koenig, Lee, Stackpole, Sugarman...

Les artistes exposés ici ne sont donc que quelques exemples parmi tant d'autres. Ils ont été choisis en tenant compte du rôle particulièrement important qu'ils ont pu jouer dans les relations entre Paris et New York, pour la diffusion des types de recherches qu'ils représentent.

(1) Arnold Herstand : « G.I. Students Show the Left Bank », *Art News*, été 1949.

(2) Julien Alvard : « Quelques jeunes américains de Paris », *Art d'aujourd'hui*, série 2, n° 6, juin 1951.

I give these manuscript notes to Maurice E. Culberg as a very friendly souvenir Jean Dubuffet Chicago December 21 1951

ANTICULTURAL POSITIONS   1

Lecture given by Jean Dubuffet at the "Arts Club of Chicago" Thursday December 20th 1951 at 11.30

I think ~~that~~, not only in the arts, but also in many other fields, an important change is ~~not of~~ taking place, now, in our time, in the ~~positions~~ frame of mind of many persons.

It seems to me ~~that~~ certain values, which had ~~have~~ been considered for a long time as very certain ~~and firm~~ and beyond discussion, begin now to appear doubtful, and even quite false to many persons. And that, ~~on the contrary, certain~~ on the other hand, other values which ~~are~~ were neglected, or held in contempt, or even quite unknown, begin to appear ~~to certain persons~~ of great worth.

! have the impression that a complete liquidation of all the ways of thinking whose sum constituted what has been called Humanism ~~and~~ has been ~~was~~ fundamental for ~~of~~ our ~~occidental~~ culture since the Renaissance,

Jean Dubuffet

Promeneuse au parapluie, 1945.

Huile sur toile, 92 × 65 cm.
Mr. and Mrs. Sidney Clyman, New York.
(Ne figure pas à l'exposition.)

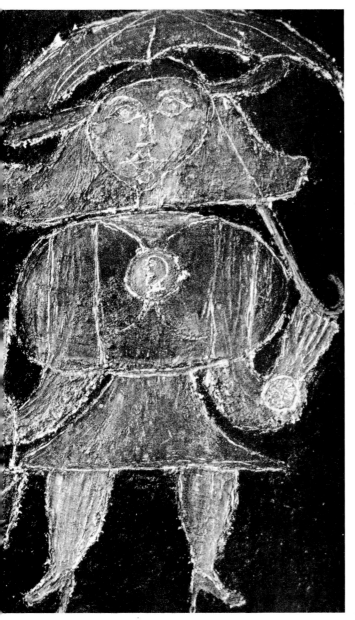

Jean Dubuffet connut à New York un succès extrêmement rapide, puisque deux années s'écoulent seulement entre sa première exposition personnelle à Paris chez René Drouin (oct. 1944) et sa première exposition personnelle à New York chez Pierre Matisse (janvier 1947).

La toute première occasion qu'eut le public new yorkais de se familiariser avec l'œuvre de Dubuffet fut une exposition à la Galerie Pierre Matisse en mai 1946. Outre les trois œuvres de Dubuffet *(Mur et passant, Le Président, Promeneuse au parapluie)* on pouvait voir dans cet accrochage des œuvres de Bonnard, Marchand, Matisse, Picasso et Rouault.

Dès cette première prise de contact avec le monde de l'art new yorkais, la présence de Dubuffet fut loin de passer inaperçue. Quelques critiques américains vont très tôt s'intéresser à son œuvre. Henry Mc Bride et Robert Johnston dès 1947, mais surtout Clement Greenberg qui écrit à propos de cette exposition dans *The Nation* :

« Jean Dubuffet n'est pas Marchand ; pas plus qu'il n'est Gischia, Lapicque, Pigneron, Estève ou quelqu'autre de ces plus jeunes artistes de Paris qui paient leur dette à la matière picturale en alliant le dessin de Picasso avec les couleurs de Matisse et donnent tous pareillement dans la confiserie. S'il y a bien chez Dubuffet des penchants littéraires, la littérature, je dois en convenir, est d'un ordre supérieur. A ma connaissance, il est le seul peintre français qui se soit sérieusement intéressé à Klee et cette influence s'est traduite chez lui par des œuvres imposantes et bien plus physiques que ce que l'on pouvait attendre. De surcroît, il a usé de la liberté, partiellement dérivée des dessins d'enfants, que Klee s'était acquise par sa fantaisie, pour mener une furieuse offensive contre la représentation humaine. Parmi les toiles de la Galerie Matisse, seule la *Promeneuse au parapluie* (aujourd'hui dans la collection de Mademoiselle Katherine Viviano) est pleinement réussie ; c'est un tableau puissant dont l'épaisse surface goudronneuse est rayée d'un héroïque graffiti. Mais les deux autres tableaux de Dubuffet sont cependant suffisamment intéressants pour nous donner l'envie de voir le reste de son œuvre. Vu d'ici, il paraît être le peintre le plus original qui nous soit venu de l'Ecole de Paris depuis Miro. Ce qui me semble particulièrement significatif est, qu'à l'instar de nombreux peintres américains de moindre envergure, il ait dû suivre les traces de Klee en cherchant à s'affranchir de la matérialité pour parvenir au « poétique ». Il est trop tôt pour porter un jugement définitif – et à trop longtemps suivre Klee on risque de s'égarer – mais si l'art de Dubuffet devait se maintenir au niveau atteint par ces trois œuvres, alors il se peut que la peinture de chevalet avec un thème bien défini bénéficie d'un nouveau sursis (1) ».

---

(1) Clement Greenberg, *The Nation*, New York, 29 juin 1946, p. 793, repris in *Art and Culture*, Boston, Beacon Press, 1961.

Jean Dubuffet

Bowery Bum, 1952.
Aquarelle et encre sur papier, 47 × 33 cm.
Musée des arts décoratifs, Paris, donation Dubuffet.

Bum de Bowery, déc. 1951-janv. 1952.
Aquarelle et encre sur papier, 47 × 33 cm.
Collection particulière, Paris.

Bowery Bum, 1951.
Encre de Chine sur papier, 30 × 23 cm.
The Museum of Modern Art, New York, don de M. et Mme
Lester Francis Avnet.

Rares furent les peintres européens qui, au début des années 50, furent tentés d'aller travailler à New York. Le voyage restait onéreux, l'accueil plutôt défavorable au moment où la peinture américaine commençait à de,enir un mouvement d'ensemble.

Le succès et la publicité dont bénéficient ses premières expositions en Amérique conduisent Jean Dubuffet à partir pour New York en novembre 1951 en compagnie d'Ossorio. Il va y rester jusqu'en avril 1952 et poursuivre pendant cette période les *Tables paysagées, Paysages du mental* et *Pierres philosophiques,* séries qu'il avait entamées à Paris un peu plus tôt.

L'un des événements majeurs marquant ce séjour américain, fut la rétrospective organisée par l'Arts Club de Chicago en décembre. C'était sa première exposition dans un musée, sa première rétrospective aussi. Dubuffet y prononça une conférence, « Anti-cultural Positions », qui devait faire grand bruit.

Peu d'œuvres de cette période se réfèrent directement par leur titre ou leur thème, à la ville américaine. Seule une série d'œuvres sur papier intitulées *Bum* ou *Bowery Bum* sont en rapport avec l'environnement new yorkais. L'atelier de Dubuffet se trouvait en effet sur la « Bowery », grande artère du Sud de Manhattan, dans un quartier pauvre où logent encore actuellement beaucoup d'artistes et où traînent fréquemment des clochards (« Bums »). 8 dessins, aquarelles et gouaches portent sur ce thème, parmi la centaine d'œuvres que Dubuffet exécuta alors.

Dubuffet fréquente assez peu d'artistes à New York. Il y retrouve Marcel Duchamp qui l'aidera d'ailleurs à traduire en anglais la préface pour son exposition à la Galerie Pierre Matisse, texte consacré aux peintures de 1950-1951, dont certaines œuvres faites à New York. Il rencontre aussi Jackson Pollock, grâce à leur ami commun Alfonso Ossorio. Pollock écrit, dans une lettre à Ossorio de 1951 : « J'ai été très enthousiasmé par l'exposition de Dubuffet contrairement à ce que j'aurais cru (1) ». Dubuffet traduit pour Pollock le texte de Michel Tapié publié dans le catalogue de l'exposition au Studio Facchetti.

(1) Tandis que Dubuffet écrivait de Paris à Ossorio, un an plus tôt : « Il (Pollock) est l'un des rares peintres vivants dont l'œuvre m'intéresse ».

Jean Dubuffet

Table de travail avec lettre, 1952.

Techniques mixtes, 92 × *122 cm.*
The Museum of Modern Art, New York, don de M. et Mme
Ralph F. Colin, 1952.

Exécutée à New York en janvier 1952, cette *Table de tra-vail avec lettre* est l'objet, comme toutes les œuvres de cette époque, d'une technique picturale très complexe : le support est constitué d'un mélange de plâtre, de craie, de colle et d'eau (« Swedish putty ») et est traité par des peintures plastiques employées en pâtes épaisses à la façon des mastics (1).

Dans la préface qu'il écrit pour l'exposition de ses *Tables paysagées, Paysages du mental, Pierres philosophiques* à la Galerie Pierre Matisse (New York, février-mars 1952), et où figure cette œuvre, Dubuffet insiste particulièrement sur les matériaux :

« Les peintures faites en 1950 et 1951 qui sont présentées dans cette exposition sont étroitement liées, comme tous mes travaux de ces dernières années, au caractère propre du matériau employé. Je dis son caractère dans le sens où l'on parle du caractère d'un animal, car je dois dire dès à présent que je ne fais pas grande différence (métaphysiquement s'entend) entre la pâte que j'étends et par exemple un chat, une truite ou un taureau. Ma pâte est un être autant qu'eux. Moins circonscrit sans doute, plus émulsionné, d'un statut étrange, plus étranger c'est sûr, je veux dire étranger à nous, hommes, qui sommes si circonscrits, si loin de l'informe – du moins le croyons-nous. D'autant plus intéressant donc, porteur d'un savoir auquel nous ne saurions sans son aide prétendre. Qui croit ces pâtes inertes se trompe grandement. Informe ne veut pas dire inerte, c'en est loin ! Mes rapports

avec le matériau que j'emploie sont ceux du danseur à sa partenaire, du cavalier à son cheval, de la voyante à ses tarots. On peut alors comprendre l'intérêt que je porte à un nouvel enduit et quelle impatience j'ai d'en faire l'essai. Je me suis servi longtemps cette année d'une pâte faite par moi-même au moment de l'emploi (elle sèche très vite) ; c'est un mélange d'oxyde de zinc et d'un vernis maigre mais épais, très chargé en résine, similaire à celui qu'on vend à New York sous le nom de vernis Dammar. Cette pâte, quand elle est fraîche, refuse l'huile, et les glacis gras dont on veut la couvrir se constituent de ce fait en énigmatiques ramages. A mesure qu'elle sèche, sa résistance aux sauces colorées grasses s'affaiblit et leur comportement s'en trouve modifié. L'effet obtenu change de quart d'heure en quart d'heure...

Parmi les peintures qui m'ont occupé l'an dernier s'en trouve bon nombre qui ne représentent rien que le dessus d'une table : celle-ci est parfois porteuse d'objets indéterminés, mais le plus souvent nue. Ces tables, de texture croûteuse et hérissée, comme celle des paysages, sont avec ces derniers en étroit rapport. Elles répondent à l'idée que n'importe quel lieu du monde est, aussi bien qu'un morceau de terrain (et spécialement quand il s'agit d'objets qui sont à l'homme si chers et inséparables compagnons que lui est sa table), peuplé d'un fourmillement de faits : pas seulement ceux qui appartiennent à la vie de la table elle-même mais aussi, mêlés à ceux-ci, d'autres qui occupent la pensée de l'homme et qu'il projette sur sa table au moment qu'il la

Jean Dubuffet avec Claes Oldenburg à New York.

regarde. Je suis persuadé que n'importe quelle table peut être pour chacun de nous un pays aussi vaste que toute la chaîne des Andes, et pour cette raison – tout lieu en valant à mes yeux tout autre – je ne vois pas grande utilité à voyager. Je dois dire que j'ai toute ma vie beaucoup aimé les tables (2) ».

La *Table de travail avec lettre* faisait partie de la première rétrospective Jean Dubuffet à New York (Museum of Modern Art, 1962).

(1) *In* Max Loreau : présentation du fascicule VII, catalogue des travaux de Jean Dubuffet, Paris, Jean-Jacques Pauvert, 1966.

(2) Idem.

Claes Oldenburg, *Hommage to Celine and Dubuffet* (Dessin préparatoire), 1959.

Claes Oldenburg

Celine Backwards, 1959.

Papier journal, fer, caséine, 78 × 101 × 13 cm.
Appartient à l'artiste.

Lorsqu'il réside à Chicago (jusqu'en 1956), Claes Oldenburg se familiarise avec l'œuvre de Jean Dubuffet, fréquente les collections privées de cette ville et admire des peintres de Chicago comme Golub, George Cohen ou Rosofsky.

Ce n'est que plus tard, à New York, que l'œuvre d'Oldenburg se rapproche de celle de Dubuffet, en particulier dans l'environnement appelé « The Street » qui fait parfois penser au cycle postérieur de l'Hourloupe.

En fait, c'est une double rencontre qui va être déterminante dans l'œuvre d'Oldenburg à cette époque : celle de Dubuffet et de Céline.

« Au début de 1959, si mes souvenirs sont exacts, je lus le roman de Saül Bellow : *Les aventures d'Augie March ;* on me dit alors que si j'aimais ce livre, j'aimerais aussi celui de Céline : *Mort à crédit.* Jusqu'à cette date, je n'avais jamais entendu parler de Céline. Je lus *Mort à crédit* en anglais et en fus vivement impressionné comme je le fus par le *Voyage au bout de la nuit* dont je fis la lecture peu après. Un peu plus tard dans l'année, j'eus l'idée de rapprocher l'expérience de la pauvreté à Paris telle que pouvait la présenter Céline dans ses livres, aux surfaces et aux graffiti des rues représentés dans les tableaux de Dubuffet. Ces deux éléments étaient reliés aux expériences que je faisais à ce moment-là à New York. L'hommage que je voulus rendre, prit la forme de deux plaques superposées ; j'utilisais du papier journal et du fil de fer, matériaux dont je me servais à l'époque. On aurait dû lire sur la plaque du dessus « Dubuffet » écrit de gauche à droite, et sur celle du dessous « Céline » écrit de droite à gauche. Cette présentation avait d'un côté pour but d'établir un équilibre, mais elle manifestait aussi le fait que l'art de Céline semblait créer des valeurs à partir de composants négatifs. Cela s'exprime dans l'idée d'inversion et c'est pourquoi Céline est écrit à l'envers. Les lettres ressemblent à celles des bandes dessinées, style de lettres qui, plus tard, devint courant sur les rames de métros new yorkais. Je ne finis jamais le côté Dubuffet, mais je fis un dessin de ce que je me proposais de réaliser à l'origine. Je fis aussi un autre dessin qui montre ensemble les noms de Dubuffet et de Céline sur lequel est écrit « Frenchmen » comme fiche signalétique (1) ».

(1) Claes Oldenburg, entretien inédit avec A.P. et P.H., novembre 1976.

Leon Golub à Paris, 1964.

Leon Golub

Fallen Figure, 1960.

Laque et huile sur toile, 235 × 185 cm.
Darthea Speyer, Paris.

Parmi les auditeurs attentifs de la conférence de Dubuffet à Chicago, se trouvent quelques jeunes peintres comme Leon Golub. Dès la fin des années 40, au moment où l'*Action-Painting* occupe une place prépondérante dans l'avant-garde américaine, Golub se tourne vers une peinture figurative, proche des dessins d'enfants ou d'aliénés, et correspondant aux recherches contemporaines de Dubuffet.

En 1959, Golub se fixe pour plusieurs années à Paris. Il y peint entre autres cette *Fallen Figure* qui fait partie de son exposition personnelle (avec Balcomb Greene) au Centre Culturel Américain. (Les services culturels américains et leur responsable de l'époque, Darthea Speyer, jouèrent un rôle très important pour la découverte de l'art des Etats-Unis en Europe, en favorisant un grand nombre d'expositions). Peter Selz écrit dans le catalogue :

« Ses figures robustes, viriles, pleines d'autorité, avec leur audacieuse articulation et leur regard fixé sur l'intérieur, ont un impact psychologique, une monumentalité dirais-je même, rares dans l'art de notre temps. Les images de Golub sont vulnérables ; leurs corps semblent mutilés et leur peau rongée. Malgré cela, la toile elle-même, raclée, sculptée et construite en couches successives, devient une fête de la peinture. Ses tableaux représentent des héros qui affrontent impassiblement leur destin. Ce sont des effigies de l'endurance et de l'affirmation profonde. » (1)

Ce réalisme « politique » de Golub – fort éloigné des thèmes de Dubuffet – qui traduit l'horreur des camps de concentration ou des victimes du napalm au Vietnam, est sans doute plus fréquent chez les peintres européens – que l'on pense à *Guernica* – que dans la figuration américaine. C'est ce qui explique que Golub ait été avec Peter Saul le seul participant américain des « Mythologies quotidiennes » en 1964, confronté avec cette figuration narrative et politique de l'Europe des années 60.

(1) Catalogue Leon Golub/Balcomb Greene, Centre culturel américain, Paris, janvier-février 1960.

Alfonso Ossorio

Rose Mother, 1951.

Peinture à l'eau sur papier découpé et collé, 78 × 56 cm.
Collection de l'Art brut, Lausanne.

En 1949, Alfonso Ossorio achète sa première toile de Pollock. Il va devenir l'un des plus proches amis du peintre et aussi l'un de ses plus importants collectionneurs. Dans leurs conversations revient fréquemment le nom d'un autre artiste : Jean Dubuffet.

A la fin de l'année 1949, Ossorio se rend spécialement à Paris pour y rencontrer Dubuffet. Là aussi une profonde amitié va naître et Ossorio achète les trois premières des quelques 50 œuvres de Dubuffet qu'il va acquérir peu à peu. Les deux artistes parlent beaucoup de l'Art brut, où ils retrouvent une préoccupation commune.

Ossorio travaille alors à la décoration d'une église construite par sa famille aux Philippines. Il en envoie des photographies à Dubuffet qui lui répond :

« Les photos des tableaux de l'église m'ont très fortement impressionné. Dans son état d'achèvement, la totalité de l'œuvre déploie une extraordinaire puissance. Je considère que c'est du très grand art, absolument original... J'espère que lorsque vous viendrez à Paris, vous publierez un livre reproduisant les photographies que vous m'avez envoyées. » (1)

En décembre 1950, Ossorio retourne à Paris avec plusieurs centaines d'œuvres qu'il montre à Dubuffet. L'enthousiasme de Dubuffet est tel qu'il décide d'écrire un livre sur Ossorio. Ils séjournent à l'Ile du Levant : Ossorio peint et Dubuffet écrit sur lui. Le livre paraîtra en 1951 sous le titre *Peintures initiatiques d'Alfonso Ossorio*. L'une des illustrations commentées dans ce livre concerne *Rose Mother*, œuvre exécutée à Paris et qui appartiendra à Dubuffet :

« Cette pièce... appartient à un groupe de quatorze peintures exécutées en janvier 1951, qui sont beaucoup plus fragmentées et chargées de détails (et ceux-ci plus minutieusement dessinés) que les précédentes. Moins de rôle y est dévolu au langage muet des coups de pinceau, des textures, et des gestes traduits par la seule allure des graphismes. Ou plutôt le peintre a tenté, tout en continuant à mettre en œuvre ce langage, de lui associer tout un ample registre d'éléments symboliques, figurés d'une manière beaucoup plus objective que dans les peintures antérieures. L'écartement se fait plus grand (l'angle s'ouvre) entre le caractère de la métaphysique qui souffle dans ces œuvres (elle devient encore plus abstraite et délirante), et les moyens d'expression employés, qui deviennent au contraire plus précis et plus réalistes.

L'ensemble de la pièce est découpé pour figurer – très abstraitement – le corps d'une femme. Il s'agit d'une mère primordiale et sa fécondité est manifestée par huit seins : quatre au thorax et quatre au ventre. Son visage prend la forme d'un soleil, enveloppé d'une espèce de voile, dans lequel, à gauche et à droite, apparaissent ses deux mains – dont chacune a forme de visage. Mais de nombreuses autres

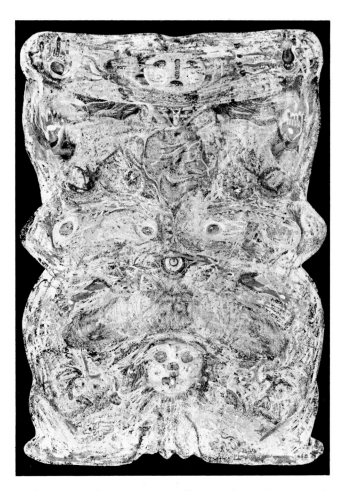

mains sortent de son corps en d'autres places. Au creux de la poitrine apparaît une sorte de viscère qui, dans la pensée de l'auteur, est un embryon double ; il est environné des quatre seins pectoraux, horizontalement rangés, de part et d'autre desquels deux mains surgissent, dans un geste prophétique. Au-dessous de ces quatre seins sont quatre tumeurs, qu'on prendrait bien pour d'autres seins, mais sont, en réalité, des embryons ; ils sont environnés de mains. Dans le nombril s'insère un œil, et, dessous, un élément anatomique en forme de longue saucisse figure encore une masse d'embryons. Au bas, juste au-dessus du sexe, se montre un visage à bouche cruciforme cadenassée d'une pierre bleue ; et autour de ce visage ventral, dont l'expression est assez effrayante, sont à nouveau alignés, par groupes de deux de chaque côté, les quatre seins inférieurs, qui ont forme aussi de visages. » (2)

L'amitié entre Dubuffet et Ossorio restera vive par la suite. Elle aura ainsi pour conséquence de loger toute la collection de l'Art Brut chez Ossorio à East Hampton en 1952.

(1) B.H. Friedman, *Ossorio*, New York, Abrams, pp. 39-40.

(2) Jean Dubuffet, *Peintures initiatiques d'Alfonso Assorio*, Paris, La Pierre Volante, 1951.

Joan Mitchell

Sans titre, 1956.

Huile sur toile, 185 × 195 cm.
Galerie Jean Fournier, Paris.

Avec Sam Francis, Joan Mitchell est sans doute l'un des plus importants peintres abstraits américains à avoir consacré la majeure partie de son existence à Paris. Après un séjour de deux années en Europe, au lendemain de la guerre, elle s'installe à Paris en 1955. Depuis lors elle partage sa vie entre les deux villes. De même que son mari, Jean-Paul Riopelle, elle trouve, dès sa première exposition personnelle à la Galerie Neufville, un ardent défenseur en la personne de Pierre Schneider. En tant que correspondant parisien de la revue *Art News*, il rendra compte à plusieurs reprises de ses expositions au public américain, et préfacera certains catalogues d'expositions.

« La première génération des expressionnistes abstraits évitait l'art et le mode de vie européens. Un vif sentiment de chauvinisme caractérisait les Etats-Unis à la fin des années quarante et au début des années cinquante, lorsque l'art américain, pour la première fois, rompit résolument et définitivement avec l'esthétique européenne. Néanmoins, dès que cette indépendance fut conquise à la fin des années cinquante, nombre d'artistes (parmi lesquels Al Held, Norman Bluhm, Jack Youngerman et Sam Francis) visitèrent l'Europe ou s'y installèrent. Barbara Rose souligne que « l'une des différences les plus marquantes entre les artistes de la première et de la seconde génération fut leur attitude envers l'Europe. Etre loin de New York donnait aux jeunes peintres de la seconde génération... une indépendance dont ne pouvaient quasiment pas bénéficier leurs aînés qui marchaient sur les traces de la "génération héroïque". » (1)

Plutôt qu'« expressionniste », la peinture de Joan Mitchell devrait être définie comme une représentation abstraite du paysage, en étroite liaison avec Monet et ses nymphéas, de même que chez Sam Francis.

(1) Marcia Tucker *in* catalogue Joan Mitchell, Whitney Museum, New York, 1974 (la citation de B. Rose est extraite d'un article dans *Artforum*, vol. IV, n° 1, sept. 1965).

am **Francis**

)eep Orange and Black, 1954-55.
Huile sur toile, 371 × 312 cm.
Kunstmuseum, Bâle.

En 1950, las de sa Californie natale et désireux de mieux connaître la culture européenne, Sam Francis part pour Paris avec Muriel Goodwin qu'il épouse à son arrivée. Il fréquente pendant quelques mois l'académie Fernand Léger en compagnie d'autres jeunes peintres américains. Mais il va surtout se lier d'amitié avec quelques personnalités parisiennes : Riopelle, fraîchement débarqué du Canada, qui, après avoir vu la toile de Francis au Salon de mai en 1950, lui fait rencontrer Nina Dausset pour organiser sa première exposition personnelle ; Georges Duthuit, qui écrira une préface pour l'exposition à la Galerie Rive droite et chez lequel il voit presque quotidiennement des Matisse. D'autres rencontres jalonnent ces premières années parisiennes : Shirley Jaffe, Pierre Schneider, Michel Tapié, qui l'invite à participer à d'importantes expositions de groupe comme « Un art autre », Bram van Velde, Giacometti enfin, qui, avec Matisse, sera l'un de ses premiers collectionneurs.

Sam Francis découvre aussi à Paris l'œuvre de Bonnard et surtout les Nymphéas de Monet. Les premières peintures parisiennes étaient presque monochromes dans les tonalités grises ou blanches. L'introduction de la couleur coïncide à peu près avec sa première visite à l'Orangerie. Le noir va aussi faire son apparition et devenir dominant comme dans ce *Deep Orange and Black* commencé en 1953.

« D'abord, Francis couvrit la surface de la toile d'un voile de brume aux contours indistincts qui rappelle le cycle de peintures murales de Monet à l'Orangerie. Mais ensuite, il délimita à nouveau cet espace plutôt imprécis en peignant un cadre noir. Le noir ici est comme la coulée de lave qui projette sur la fenêtre des particules sombres et incandescentes. Le noir avait pour fonction d'accroître l'intensité de l'orange et, pour Francis il "brûle avec toutes les possibilités de la couleur". » (1)

Cette toile fut acquise dès 1955 par Arnold Rüdlinger pour un groupe de collectionneurs suisses. Rüdlinger, alors directeur du Kunsthalle de Berne avant d'être à la tête du musée de Bâle jusqu'en 1967, devait être le premier à introduire l'art américain dans un musée européen. Il invita Francis à participer aux « Tendances actuelles » à Berne, acheta pour le musée de Bâle des œuvres de peintres américains avant 1960 et commanda à Sam Francis sa première peinture monumentale pour l'escalier de ce même musée (1956-1958).

La présence à Paris de Sam Francis eut de très importantes conséquences pour la découverte de l'art américain par l'Europe dans les années 50. E. de Wilde, aujourd'hui directeur du Stedelijk Museum d'Amsterdam, témoigne :

« Dans les années cinquante, j'ai fait la connaissance de Francis à Paris. Il travaillait sur des toiles de dimensions que nous ne connaissons plus depuis le dix-neuvième siècle. Sam Francis parlait souvent des artistes américains qu'il admirait, mais que nous, nous ne connaissions pas. » (2)

A partir de 1957, Sam Francis commence à faire de longs voyages en particulier en Asie, puis s'installe de nouveau aux Etats-Unis. Mais il ne délaissera jamais complètement Paris où il continue à séjourner régulièrement.

(1) Peter Selz, *Sam Francis,* New York, Harry N. Abrams, 1975.
(2) *Amerikanische Kunst von 1945 bis Heute,* Cologne, Dumont, 1976.

Sam Francis dans son atelier à Paris, 1958.

Robert Breer

Mutascope, 1958-64.

Boîte en plastique, papier, etc., 16,5 × 6,5 × 16 cm.
Appartient à l'artiste.

Mutascope, 1958-64.

Boîte en plastique, papier, etc., 16,5 × 6,5 × 16 cm.
Appartient à l'artiste.

Mutascope, 1958-64.

Boîte en plastique, papier, etc., 16,5 × 6,5 × 16 cm.
Appartient à l'artiste.

Mutascope, 1958-64.

Boîte en plastique, papier, etc., 28 × 13 × 27 cm.
Appartient à l'artiste.

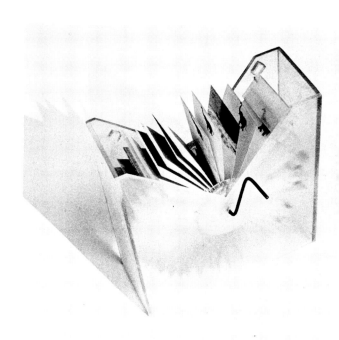

Notes de Paris 1949-1959.

Arrivé à Paris au printemps 1949, j'ai passé mes premiers mois à l'hôtel Liberia (Siberia en hiver), rue de la Grande-Chaumière à Montparnasse. Tous les mois je faisais une apparition à l'Académie Julian pour toucher les versements qui m'étaient dus au titre du « G.I. Bill » mais je peignais dans ma chambre d'hôtel. Mes cours de sculpture avec Zadkine à l'Académie Colorossi furent brutalement interrompus le jour où il me dit que je devais choisir entre la peinture et la sculpture.

Je rencontrai d'abord le peintre américain Leo Zimmerman (plus tard connu sous le nom de Monsieur Popcorn), il me présenta Edgar Pillet et bientôt je fis la connaissance de tous les artistes de la Galerie Denise René. En 1950 on organisa une exposition collective avec Chesnay, Dimitrienko, Gadegoard, Jack Youngerman, Zimmerman et moi-même. Je me joignis à la galerie après avoir embrassé la cause de l'orthodoxie néoplastique et joyeusement banni les « soft edges » et la figuration pour toujours. Des années plus tard, on m'a dit que j'avais parmi les exilés de Montparnasse une solide réputation de travailleur. J'ai toujours la plupart des toiles qui en fournissent la preuve.

Etant en quelque sorte la jeune mascotte américaine de la galerie, je prenais part au rassemblement du clan. Les sorties et les dîners avec des artistes comme Deyrolle, Dewasne, Jacobsen, Mortensen et bien sûr Vasarely étaient fréquents. Je me souviens du passe-temps favori de Vasarely : dessiner sur les nappes en papier des paraboles pour représenter le monde artistique, avec lui au sommet et les autres plus bas sur les courbes. Plus discrètement, il donnait aussi un coup de main quand il le fallait.

Le groupe était international et on y parlait toutes les langues. Jacobsen parlait de « le l'art ». Au moins Poliakoff ne prétendait pas maîtriser le français. Un jour à la galerie on lui a montré un article sur son exposition en cours. Au lieu de le lire, il a pris une règle pour en mesurer la longueur en centimètres. Cela m'a impressionné.

Quand on exécuta les Rosenberg, Lucienne, qui était la sœur de Denise, et moi avons passé la nuit au poste dans les sous-sols du Grand Palais sous la garde des C.R.S. avec cinq cents autres personnes, y compris un étudiant chinois et sa Vespa, tous arrêtés dans une rafle préventive effectuée autour de l'ambassade des Etats-Unis. Par la suite je devais être interrogé de temps à autre par un fonctionnaire de police français qui avait une grande photo de Marilyn Monroe nue affichée au-dessus de son bureau. Il ne lui portait, disait-il, d'intérêt qu'en tant que « phénomène sociologique ».

Je vis pour la première fois les œuvres de Jean Tinguely à travers les vitres de la Galerie Arnaud et je le rencontrai peu après. Nous nous intéressions tous deux aux machines. A l'époque, j'apprenais à piloter un biplan datant de la première guerre mondiale à l'aérodrome de Villacoublay. Pendant que je faisais des vrilles dans le ciel, Jean apprenait à conduire notre Volkswagen avec ma femme terrifiée à ses côtés.

En 1952 je réalisai *Form Phases*, mon premier film. Les absolus étaient tout relatifs. Pontus Hulten faisait l'aller-retour entre Paris et Stockholm sur son énorme Norton monocylindre.

Pontus et moi avons collaboré au moins en deux occasions. La première fois en essayant de glisser un poisson rouge dans le bénitier de l'église Montparnasse et la seconde pour réaliser un très court film de collage intitulé *Un miracle* dans lequel on voit notamment Pie XI jongler avec sa tête. Les penchants dadaïstes de Pontus s'alliaient à merveille avec mes compulsions antipapales. Par la suite nous avons encore collaboré une fois pour réaliser un film sur l'exposition de 1955, *Le mouvement*, pour Denise René. En complément à cette exposition, Pontus organisa des projections à la Cinémathèque française et il inscrivit au programme notre film papal sous le titre « *Un miracle...*, régisseur : B. Dieu ». Après la projection Mary Meerson se montra très intéressée par le film et me demanda de joindre pour elle ce monsieur Dieu. Je répondis que je ferais mon possible.

L'exposition *Le mouvement* fut à l'origine de bien des manigances, chacun voulant se placer à la première place prétendant avoir déployé, le premier, le plus de « mouvement ». Apparemment, l'inventeur de la roue reste encore inconnu.

A l'époque je m'occupais moi-même de mouvement en tant que réalisateur de films, préoccupation annexe pour la galerie, mais de quelque importance en dehors d'elle. Denise René finança peut-être le premier « flip book » abstrait, un de ces livres qui donnent l'illusion du mouvement quand on les feuillette rapidement, et je le baptisai *Image par images*. On en tira cinq cents exemplaires.

Avec la ruine du Musée d'art moderne, le Salon des réalités nouvelles parut perdre de sa nouveauté : un toit percé, de la toile tachée sur les murs et des ampoules nues de 60 watts suspendues aux fils électriques. Une exposition – celle de Matisse ? – était si mal éclairée que je m'étais muni d'une torche électrique pour regarder les toiles. Les gardiens ronchonnèrent, mais ils me laissèrent faire. Ils n'y voyaient rien non plus.

Un tableau arrivé en dernière extrémité à un Salon était couvert d'une peinture si épaisse qu'un morceau de pigment humide était tombé par terre de la toile. On lisait sur un panneau placé à côté : « hors catalogue ». Un peu plus loin sur le mur on avait écrit : « hors cadre ». La peinture d'Herbin justifiait pour ainsi dire toujours tout, comme elle justifiait ma propre participation dans la mesure où j'étais concerné.

Un beau matin, à la fin des années 50, Yves Klein me rendit visite avec un de ses amis pour voir mon atelier

d'animation, rudimentaire mais fonctionnel. Il dit qu'il lui convenait pour un film qu'il allait réaliser. Je lui répondis que j'étais en plein dans mon propre travail et que l'atelier n'était pas libre. Après mon départ je me suis rendu compte que pendant l'entrevue ma femme avait continué à passer l'aspirateur et que nous avions été obligés de crier tout le temps. Plus tard il réalisa son film *Bleu* sans mon aide. Le film était tout bleu et Charles Estienne psalmodiait le titre sur la bande son. J'aimerais l'avoir vu.

A l'une de mes nombreuses visites à l'impasse Ronsin, Eva Tinguely me fit entrer en me disant que Jean serait de retour dans un instant. Dans l'intervalle, un Américain au visage plutôt rond avec un pardessus à martingale et un chapeau melon marron entra suivi d'un autre type. Apparemment les œuvres de Jean lui étaient bien connues, mais il me prit par erreur pour lui et il insista pour me parler, ce qu'il fit, je m'en rappelle, dans un français plutôt hésitant malgré les réponses que je lui faisais dans un anglais tout à fait correct. Eva était charmante. Par la suite j'appris que c'était Bill Copley. Une autre fois, alors que j'attendais devant la porte de Jean, une porte s'ouvrit juste en face et un vieil homme sur des béquilles, avec une longue barbe blanche, apparut sur le seuil et leva pendant quelques instants les yeux vers le soleil. C'était Brancusi au crépuscule de sa vie.

La première exposition entièrement consacrée à mon œuvre eut lieu en 1956 à la Galerie Aujourd'hui à Bruxelles. Malheureusement tout le monde semblait perplexe devant mes tableaux hybrides, mi-américains et mi-européens, mais mon film *Form Phases IV* attira beaucoup l'attention. Je fis encore trois autres films cette année-là, et en 1958 j'en avais entièrement terminé avec la peinture. La même année je retournai à Bruxelles pour le festival du film expérimental organisé par Jacques Ledoux, directeur de la Cinémathèque royale belge. Cela me permit de faire la connaissance d'autres réalisateurs indépendants comme Stan Brakhage, Kenneth Anger et Peter Kubelka et d'avoir la chance de rencontrer Man Ray qui était membre du jury et qui se lamentait en déclarant « montrez-moi du nouveau », après avoir vu tout ce qui était supposé l'être. Quoi qu'il en soit, depuis ce moment-là les réalisateurs indépendants comme moi ne se sentent plus complètement isolés.

En 1956 j'exposai des peintures et je montrai des films au Centre américain du boulevard Raspail. Poussé par Annette Michelson, Noel Burch est venu me voir et nous sommes devenus amis.

Une autre exposition, de « mutascopes » et de films cette fois-ci, fut prévue dans la minuscule galerie d'Iris Clert à Saint-Germain-des-Prés ; elle devait se dérouler entre les expositions de Tinguely et d'Yves Klein à la fin de la saison 1959. Je réalisai *Eyewash*, film spécialement conçu pour être projeté sur la vitrine de la galerie, mais Yves décida qu'il lui fallait plus de temps et mon exposition fut reportée à l'automne suivant. Cet été-là nous sommes retournés aux Etats-Unis, en simples visiteurs pensions-nous, et nous ne sommes jamais revenus. Nous étions ici le printemps suivant pour accueillir Jean quand il traversa l'Atlantique pour rendre son *Hommage à New York*.

En fin de compte, durant ces dix années formidables où j'ai vécu à Paris, je me suis senti Américain, et maintenant depuis mon retour je me sens Européen. Je pense qu'on ne peut rien y faire.

Robert Breer à Paris avec un *Mutascope*, 1958.

Robert Breer, 14 septembre 1976

Ellsworth Kelly

64 Panels : Colors for a large Wall, 1951.

Huile sur toile, 244 × 244 cm.
The Museum of Modern Art, New York, don de l'artiste.

Ellsworth Kelly à Paris, Hôtel de Bourgogne, 1949.
Derrière lui *Windo*, Museum of Modern Art.

64 Panels : Colors for a large Wall est l'une des nombreuses œuvres exécutées par Kelly lors de son séjour de six années en France, à partir de 1948. Lorsqu'il arrive à Paris, grâce à son « G.I. bill », Kelly s'intéresse essentiellement à l'art médiéval. L'une de ses toutes premières visites sera à Colmar, le rétable d'Isenheim de Matthias Grünewald. Peu après, il se rendra à Chartres, à Saint-Savin et au Mont Saint-Michel pour compléter ses connaissances en art roman.

A Paris, Kelly étudie aux Beaux-Arts, il déménage d'hôtel en hôtel pour finalement s'installer à l'hôtel de Bourgogne dans l'île Saint-Louis. Il visite tous les musées de Paris et passe à l'Institut Byzantin une bonne partie de son temps.

L'arrivée à Paris de son ami Ralph Coburn en juin 1949 va être déterminante pour sa peinture. Coburn lui parle des dessins automatiques, l'emmène voir la collection Stein. Ensemble, ils passent l'été à Belle-Ile-en-Mer, puis une partie de l'hiver dans le Midi. Outre Coburn, il rencontre d'autres peintres américains en séjour en France, comme Youngerman, le mari de Delphine Seyrig et, bien sûr, rend visite à quelques grandes figures parisiennes : Arp, Brancusi, Magnelli, Picabia, Vantongerloo.

Kelly vit de travaux divers : il enseigne à l'école américaine, il est aussi veilleur de nuit. Il voyage fréquemment en France, passant ses étés à La Combe, villa d'Henri Seyrig en Charente ou à Sanary dans le sud de la France, séjour qui lui donne l'occasion de se familiariser avec l'architecture méditerranéenne (en particulier Le Corbusier à Marseille).

Peu à peu Kelly commence à exposer ses œuvres, soit à la Galerie Arnaud, soit à la Galerie Maeght et à se faire connaître du monde de l'art parisien. Si, en arrivant à Paris il se dirige résolument vers l'abstraction, de nombreuses peintures de cette époque gardent une référence à la réalité. Ces formes géométriques trouvent leurs sources dans une borne kilométrique, la fenêtre d'un musée, un mur de Paris. Pendant ces années parisiennes, Kelly s'intéresse beaucoup à la photographie, fixant dans l'objectif des ombres, des cheminées... qui lui servent souvent de point de départ pour ses peintures. La *Fenêtre* est l'une des premières œuvres « abstraites » de ce genre et Kelly l'explique ainsi :

« En octobre 1949, au Musée d'art moderne à Paris, je remarquai que les grandes fenêtres entre les tableaux m'intéressaient plus que l'art exposé dans les salles. Je dessinai la fenêtre et plus tard, dans mon atelier, je fis ce que je considérais comme mon premier objet : *Fenêtre, Musée d'art moderne, Paris*. Dès lors, la peinture telle que je l'avais connue n'existait plus pour moi. Les nouvelles œuvres seraient des objets-peintures, non signées et anonymes. » (1)

D'autres œuvres de Kelly à la même époque atteignent uns abstraction totale, tels des carrés de couleurs juxtaposés à l'image de certaines peintures de Mondrian, ou des collages arrangés au hasard, influencés sans doute par la visite de Kelly à Jean Arp. Dans les dernières années de son séjour, Kelly se dirige vers une peinture géométrique aux couleurs vives qu'il poursuivra dans les années qui suivront. *64 Panels* est l'une des premières œuvres de ce type, également l'une des premières à atteindre un format monumental.

(1) in John Coplans, *Ellsworth Kelly,* New York, Abrams, 1971.

De l'abstrait à l'objet, 1955-1960

Un incontestable tournant se produit vers le milieu des années 50 à Paris comme à New York. A l'abstraction gestuelle et informelle qui domine depuis une dizaine d'années les courants artistiques d'avant-garde, succède un mode d'approche différent qui, tout en poursuivant certaines données de l'abstraction, intègre l'objet à la peinture. Cette nouvelle attitude est également remarquable par les références historiques qu'elle suppose, et d'abord le retour à l'avant-scène du mouvement Dada, tout spécialement Schwitters et Duchamp.

Marcel Duchamp vit à l'époque en Amérique. Pour quelques peintres comme Rauschenberg et Jasper Johns, de même que dans d'autres sphères, John Cage et Merce Cunningham, il sera une rencontre déterminante. Au moment où l'abstraction américaine trouve à Paris sa consécration au Musée national d'art moderne, Duchamp organise dans une galerie l'Exposition internationale du surréalisme qui comprend Rauschenberg, Johns et Nevelson. Toujours en 1959, s'ouvre la 1re Biennale de Paris réservée aux jeunes artistes avec la présence remarquée de Tinguely, Klein, Hains, et Rauschenberg. André Malraux y proclame l'avènement définitif de l'art informel, alors que celui-ci semble remis en question par les artistes eux-mêmes.

Ce retour à l'objet prend bien entendu des formes très différentes selon les cas, et ne peut être considéré comme un véritable mouvement. Les artistes américains restent dans la tradition de l'expressionnisme abstrait (Rauschenberg en particulier), mais y apportent parallèlement des éléments destructeurs. A Paris, on assiste à la naissance de ce Nouveau Réalisme qui sera consacré en 1960 avec les premiers monochromes d'Yves Klein en 1956, les premières machines de Tinguely en 1954, les affiches lacérées enfin, dont les origines remontent à 1949.

Peu d'expositions à New York donnent l'occasion de confronter ces nouvelles tendances. Il faut attendre 1961 pour que soit organisée au MOMA la très importante exposition « The Art of Assemblage », où se trouvent présentées les diverses formes de l'art de l'objet tout au long du XXe siècle, y compris les plus récentes comme le Nouveau Réalisme européen.

Robert Rauschenberg

Bed, 1955.

Combine painting, 188 × 79 cm.
M. et Mme Leo Castelli, New York.

561

Jasper Johns

Target with Plaster Casts, 1955.
Encaustique et collage sur toile avec des moulages de plâtre, 130 × 112 × 9 cm.
M. et Mme Leo Castelli, New York.

Depuis 1959-60, beaucoup d'eau a coulé sous un très grand nombre de ponts. Les temps changent, et c'est leur grande beauté. L'histoire de notre vie n'est jamais ce qu'elle fut hier. L'histoire bouge. De nouveaux historiens surgissent, avec de nouvelles méthodes, pour décrypter ce qui a été censuré – ou simplement « négligé » par les historiens précédents. Je suis toujours plus attentif aux nouveaux historiens, quoiqu'ils disent, parce qu'en eux réside quelque chose d'absolument nouveau par rapport à ce que nous croyons savoir. Avec Rauschenberg et Johns, comme avec Yves Klein et Jean Tinguely, ça se passera comme pour les autres. Leur immense talent ne sera pas vu de la même manière, et l'on ne jouera pas à l'avant- et après-Rauschenberg, comme à l'avant- et l'après-Yves Klein, parce qu'on verra des liens, des rapports, des correspondances, des influences, des faiblesses aussi, qu'on n'avait pas remarqués, et que personne ne s'est encore donné la peine de souligner.

Il ne m'appartient pas de trancher aujourd'hui dans le vif. J'ai rencontré Marcel Duchamp en 1954, et j'ai rencontré Rauschenberg et Yves Klein quelques années plus tard. Je dois préciser que Duchamp m'a appris beaucoup plus que les autres, et qu'il m'a aidé à prendre un peu de « champ » par rapport à beaucoup de choses. Mais cela ne m'a pas empêché de faire faire la première interview importante de Rauschenberg, à l'occasion de sa première exposition chez Daniel Cordier, en 1961. L'intelligence de Rauschenberg, son humour, m'ont toujours séduit. L'élégance est une vertu de la pensée, et il y a beaucoup d'élégance dans l'attitude de Rauschenberg. Quand André Breton et Marcel Duchamp ont discuté ensemble de l'exposition que Daniel Cordier a proposé au premier de réaliser – c'était en automne 1959 –, Duchamp a parlé de Rauschenberg et de Johns de telle manière que leur participation à cette exposition était inévitable. Breton, dans sa lettre aux participants, avait défini l'érotisme, qui était le thème choisi pour cette exposition, comme un « théâtre d'incitations et de prohibitions », et tenté de montrer qu'il pouvait servir de « liaison organique » entre le regardeur et le créateur. Mais ce qu'il y eut pour moi de plus étonnant, c'est que Rauschenberg et Johns aient accepté cette invitation, fût-ce par Duchamp interposé. Car enfin, depuis que j'avais vu les premiers Rauschenberg, le 2 octobre 1959, lors de l'inauguration de la « Première Biennale de Paris », je savais que ses « combinés » (on appelait ses *combine-paintings* de cette manière dans le catalogue) n'avaient pas grand chose à voir avec le surréalisme. Oh je sais : tout a toujours à avoir avec tout. Mais tout de même... Quant à la « liaison organique » établie par l'érotisme dans les trois œuvres exposées de Rauschenberg, inutile de dire que je ne la voyais pas non plus. Mais cela m'amusait d'autant plus qu'à l'exposition du 15 décembre 1959 chez Daniel Cordier, où se rua le Tout-Paris, sinon le Tout-Occident, Rauschenberg exposa ce *Lit* qui n'est rien d'autre qu'un divan à une place (1). Erotisme d'autant plus solitaire que la toile en était entièrement recouverte de couleurs, et qu'on n'y aurait pas fait dormir un clochard. Quelle insolence. Et quelle liberté. Mais cela ne m'empêchait pas de

m'étonner de la participation de Rauschenberg à une exposition du surréalisme. Quel besoin un homme aussi jeune, aussi triomphant, déjà, avait-il de se lier si tard à une aventure européenne ? Rauschenberg devait renouveler la même disponibilité à l'égard des avant-gardes européennes, lors de l'exposition « Collages et Objets » que j'ai organisée avec Robert Lebel en octobre 1962, et pour laquelle il nous a prêté le même *Lit,* mais aussi à l'occasion de l'*Anti-Procès III,* que Jean-Jacques Lebel a organisé avec moi à Milan en juin 1961, et pour lequel il a conçu une œuvre particulièrement agressive. Je n'en dirai pas autant de Johns, qui s'est toujours tenu plus en retrait, comme s'il estimait n'avoir besoin d'aucun soutien européen pour se faire reconnaître. La vie présente chaque jour de telles contradictions, où l'un fait naturellement ce que l'autre n'a pas besoin de faire. Il n'y a aucune conclusion à en tirer. « C'est ainsi », comme disait Hegel devant une belle montagne. Mais il faut dire aussi qu'on ne regarde pas toujours la même montagne, et que les oiseaux volent en tous sens, partout. J'entends chaque nuit leur chant dans ma cour, où le jeune marronnier vient de faire éclater ses bourgeons.

Alain Jouffroy, avril 1977

(1) Jasper Johns présentait dans cette même exposition *Target with Plaster Casts.*

Jean Tinguely

Méta-matic n° 19, 1959.
Fer, caoutchouc, moteur électrique, 100 × 130 × 50 cm.
Appartient à l'artiste.

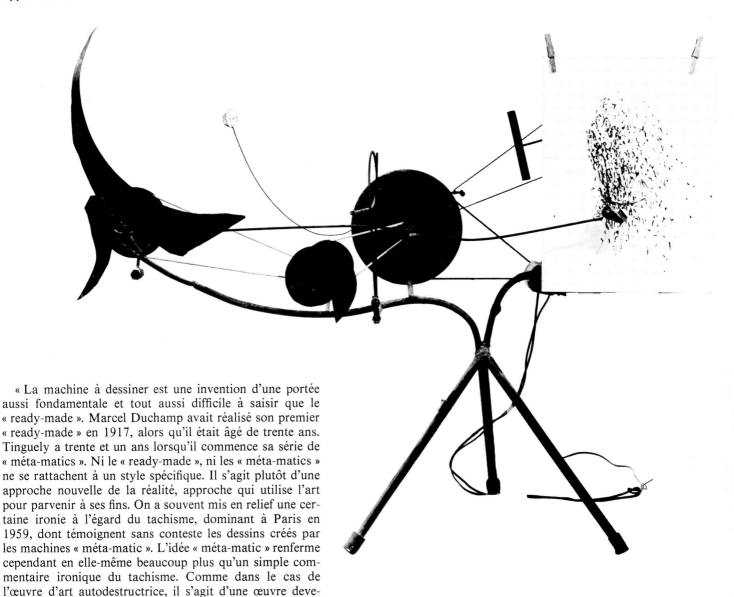

« La machine à dessiner est une invention d'une portée aussi fondamentale et tout aussi difficile à saisir que le « ready-made ». Marcel Duchamp avait réalisé son premier « ready-made » en 1917, alors qu'il était âgé de trente ans. Tinguely a trente et un ans lorsqu'il commence sa série de « méta-matics ». Ni le « ready-made », ni les « méta-matics » ne se rattachent à un style spécifique. Il s'agit plutôt d'une approche nouvelle de la réalité, approche qui utilise l'art pour parvenir à ses fins. On a souvent mis en relief une certaine ironie à l'égard du tachisme, dominant à Paris en 1959, dont témoignent sans conteste les dessins créés par les machines « méta-matic ». L'idée « méta-matic » renferme cependant en elle-même beaucoup plus qu'un simple commentaire ironique du tachisme. Comme dans le cas de l'œuvre d'art autodestructrice, il s'agit d'une œuvre devenant objet de méditation métaphysique et dont le contexte esthétique s'élargit. Pas plus que le « ready-made », l'idée « méta-matic » ne peut être utilisée telle quelle par un autre artiste, mais les chances qu'elle exerce sur lui quelque influence n'en sont que plus grandes. Si le « ready-made » pouvait constituer, d'après André Breton, le sujet d'une thèse de doctorat, on peut probablement en dire autant de la « méta-matic ».

Tinguely monte une trentaine de machines « méta-matic » en 1959. Il en détruira très rapidement quelques-unes non parce qu'elles sont laides, mais parce qu'elles dessinent mal (1) ».

D'abord exposées chez Iris Clert en 1959, puis la même année lors de la 1ʳᵉ Biennale de Paris où la *Méta-matic n° 17* est aux côtés d'œuvres de Klein et Rauschenberg, les Machines à dessiner remportent un très grand succès à Paris. Peu après, une exposition Galerie Staempfli à New York réunit plusieurs de ces machines (dont la Méta-matic n° 19) qui étonnent le public américain, confronté pour la première fois à l'œuvre de Tinguely.

(1) K.G. Pontus Hulten, *Jean Tinguely « Méta »*, Paris, Pierre Horay, 1973

Richard Stankiewicz

Panel, 1955.

Fer, 170 × 300 cm.
Musée national d'art moderne, Paris.

Je m'assis pour reprendre mon souffle et mon regard tomba par hasard sur les objets en fer rouillé qui se trouvaient là où je les avais jetés, au pied du mur, dans la lumière oblique du soleil. Je sentis qu'ils me regardaient fixement et j'en éprouvai véritablement un choc dû non pas à la peur, mais à une certaine connivence. J'étais pour ainsi dire subjugué par leur présence, leur vie.

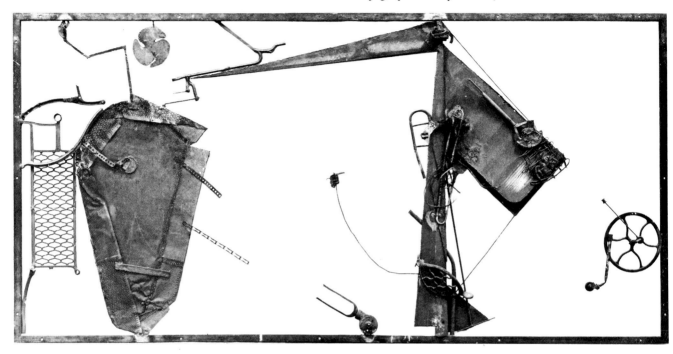

Lorsqu'il vit à Paris, grâce au « G.I. Bill », Stankiewicz travaille dans l'atelier de Zadkine. Les sculptures qu'il exécute à cette époque sont des insectes en fer, prévus pour pouvoir être entièrement repliés et facilement rapatriés aux Etats-Unis.

Stankiewicz retourne à New York au début des années 50 et le hasard veut qu'il y retrouve indirectement une relation avec Paris :

« En 1951 Dubuffet occupait l'un des ateliers d'un vieil immeuble de Manhattan. A l'étage inférieur se trouvait l'atelier d'un jeune sculpteur américain qui avait étudié avec Léger et Ossip Zadkine à Paris. A ce moment-là il était aux prises avec la tradition qu'on lui avait enseignée ; sa sculpture refusait de prendre forme. Vint le printemps. Dubuffet déménagea sans que les deux artistes aient fait connaissance. Leurs créations sont également restées étrangères l'une à l'autre, bien qu'il s'agisse dans les deux cas d'un art fortement imagé. La sculpture de Richard Stankiewicz ne trouve son origine ni dans l'homme, ni dans la terre, mais dans la machine.

Stankiewicz examina la cour de l'immeuble qui ressemblait à un terrain vague et décida d'en faire un jardin. Il enleva les détritus : boîtes de conserve, cartons usagés, journaux et tous les autres sédiments anthropo-géologiques qui recouvrent pour toujours le sol de New York. Il commença à creuser.

« Tout à coup ma bêche heurta un mur en briques, puis une allée en briques. Je creusai plus vite. Je butai contre des morceaux de ferraille que je balançai contre l'immeuble. Bientôt je découvris que l'ouvrage de maçonnerie dessinait les contours des parterres et des allées d'un jardin vieux de cent cinquante ans. Je me dis : pourquoi ne pas recréer le jardin tel qu'il était ?

Je sus immédiatement ce que je devais faire. J'achetai un équipement de soudeur, un masque et des gants, et un livre de vulgarisation, « Comment apprendre à souder pendant ses loisirs ». Ma première sculpture fut finie en un jour. »

Stankiewicz n'utilise pas des matériaux neufs ; ils doivent être rouillés et laissés à l'abandon. C'est pourtant à partir d'eux qu'il construit les personnages d'un art vivant. Collages dans l'espace, dont les roues, les rouages et les leviers se fondent avec la vie organique et animale. On y trouve de l'esprit – parfois sardonique – mais la signification va au-delà. Comme Dubuffet, Stankiewicz s'est intégré dans un cycle affirmatif et ascendant. Ses machines sans vie sont aussi essentielles à son cycle que la chute des feuilles et la putréfaction hivernale le sont à la germination de la nature dans le jardin de Dubuffet. Dans l'univers mythique de Stankiewicz la vie humaine commence avec la mort de la machine (1) ».

Bien qu'elle ne compte qu'une seule sculpture en mouvement *The Apple*, l'œuvre de Stankiewicz se rapproche surtout de celle de Tinguely qui, comme lui, utilise des déchets rouillés et des fragments de machine. Tinguely le découvrit lors de son premier séjour à New York en 1960. « Cependant il existe une différence frappante dans la manière dont les deux artistes utilisent leurs matériaux de récupération. La découverte des possibilités liées à ces déchets conduisit Tinguely à se lancer dans un joyeux festival de mouvements empreints d'un heureux laisser-aller et Stankiewicz à créer un ensemble de statues effrayantes d'où émanent horreur et crainte (2) ».

(1) H. Janis and R. Blesh, *Collage, personalities, concepts, techniques,* Philadelphie, Chilton Book Company, 1967 (1re édition 1962).

(2) Catalogue *The Machine,* Museum of Modern Art, New York, 1968, p. 117.

Yves Klein

Monochrome IKB 3, 1960.

Huile sur toile, 199 × 153 cm.
Musée national d'art moderne, Paris.

(1) Jack Kroll, *Art News* n° 60, mai 1961.
(2) *Art News*, vol. 65, n° 10, février 1967.

Bien peu d'américains reconnaissent l'importance d'Yves Klein lorsqu'il expose à New York pour la première fois chez Leo Castelli. Les artistes eux-mêmes – et pourtant cette galerie regroupe alors toute l'avant-garde américaine – se montrent fort réticents devant cette série de peintures monochromes de format identique. Seuls Ed Kienholz qu'il rencontre en Californie et Larry Rivers vont se lier d'amitié avec Yves le Monochrome.

Klein projetait de réaliser un portrait-moulage de Rivers et la réception qui suivit son mariage eut lieu, le 21 janvier 1962, dans l'atelier parisien de Rivers, impasse Ronsin.

Lorsque l'exposition d'Yves a lieu à New York en décembre 1961, les rapports entre les deux continents commencent tout juste à se détériorer. La génération pop est en train d'apparaître et l'Amérique a tendance à rejeter tout ce qui vient de Paris. Le vernissage est un échec – de l'avis même des témoins comme François Mathey. La presse se montre très hostile traitant Klein de « dernier dada en sucre projeté par le marché commun parisien (1) ».

S'étant rendu à New York pour le vernissage, Klein y séjourne deux mois et rédige à l'hôtel Chelsea son « manifeste » (Due to the fact that I have...). Il ira ensuite en Californie avant de rentrer en Europe. C'est à son retour qu'il écrit un texte inédit intitulé « *Paris-New York* ».

5 ans après la mort de Klein, Kynaton Mc Shine et Sam Hunter organiseront une rétrospective de Klein au Jewish Museum. L'accueil sera cette fois plus favorable et Larry Rivers publie à cette occasion un long texte sous le titre de « Blues for Yves Klein (2) ».

Exposition Yves Klein, Leo Castelli Gallery, New York, 1961.

l'Humanité
ORGANE CENTRAL DU PARTI COMMUNISTE FRANÇAIS
6, Bd POISSON
PARIS

L'Humanité, c'est la Vérité
sur la Guerre et la Pacification en Algérie,
La Vérité sur la Baisse des Prix
et le Blocage des Salaires!

... les profits des Trusts
et la ... Travailleurs et de Travailleuses!

... les Raisons de la Crise
du Logement, ... manque d'Écoles,
d'Hôpitaux, de Stades...

La Vérité ... Moyens d'en sortir
par l'Unité d'... la Classe
Ouvrière, ... rassemblement
de Tout ... les ... cratiques!

... nez R... us quotidien
avec la Vérité!

Marcel Cachin
Directeur de l'...

Bruce Conner

Spider Lady, 1959.
Assemblage de bois, roue de bicyclette, bas féminins, ficelles..., 94 × 78 cm.
Collection particulière, Paris.

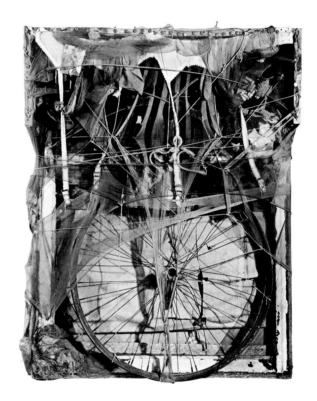

Raymond Hains
Jacques de la Villeglé

6, Bd Poissonnière (l'Humanité c'est la vérité), mai 1957.
Affiches lacérées trouvées telles quelles, 88 × 59 cm.
Galerie Beaubourg, Paris.

Les « affichistes », Hains, Dufrêne, Villeglé et l'italien Rotella, pourtant tous les quatres intégrés au mouvement des Nouveaux Réalistes, restent relativement peu connus à New York au début des années soixante. Ils font pourtant partie de l'importante exposition du MOMA « The Art of Assemblage » qui rend compte très largement de l'utilisation de l'objet en Amérique comme en Europe. *6 bd Poissonnière* attribuée à Villeglé seul, figure d'ailleurs à l'exposition. D'autre part, il semble qu'à l'époque certains artistes américains s'intéressent au décollage d'affiches, tels William Getman qui compte parmi les exposants. Mais ces « morceaux de l'environnement présentés comme des tableaux » – ainsi que les décrit William C. Seitz dans le catalogue – correspondent d'assez loin à l'esthétique américaine. Les affiches sont bien différentes des deux côtés de l'Atlantique et les artistes pop s'y intéresseront d'une manière bien peu comparable, n'en retenant que l'image et non la destruction temporelle.

Les œuvres de Hains et de Villeglé sont pourtant bien symboliques de ce passage de l'abstrait à l'objet, amorcé en ce qui les concerne dès 1949. Rares sont les œuvres signées par les deux artistes simultanément : une en 1950 et ce *6 bd Poissonnière* en 1957.

Les assemblages de Conner, qui ont d'ailleurs leur place aux côtés de nombreuses œuvres européennes à l'exposition de 1961 « The Art of Assemblage », relèvent d'une esthétique post-dadaïste caractéristique de cette fin des années cinquante. La roue de bicyclette, intégrée avec d'autres objets comme des bas féminins à cette *Spider Lady* (Miss Araignée), fait évidemment référence à Marcel Duchamp, dont les ready-made exercent alors une influence considérable. Jean Tinguely, qui rencontre Conner à New York en 1960, intégrera lui-aussi une roue de bicyclette dans une sculpture intitulée *Hommage à Marcel Duchamp*.

Vivant alors aux Etats-Unis, Duchamp est redécouvert par cette génération de jeunes artistes américains qui recherchent d'autres formules que l'expressionnisme abstrait à partir de 1955-1960. Il s'intéresse d'ailleurs vivement à leur travail. Mais les objets de Conner témoignent également d'un certain misérabilisme dans la pauvreté du matériau, bien différent de ce que sera l'esthétique pop. Ils se rapprochent en ce sens beaucoup plus de cette première génération post-dadaïste américaine, ou encore d'œuvres contemporaines des Nouveaux Réalistes européens comme Christo et Spoerri.

Louise Nevelson

Wedding Chapel IV, 1960.
Eléments en bois, 259 × 206 cm.
Collection particulière, Paris.

Un an avant d'offrir à Rauschenberg sa première exposition parisienne, Daniel Cordier expose en 1960 un autre artiste américain : Louise Nevelson. *Wedding Chapel IV* figure à cette exposition dont le catalogue comprend un très long texte de Georges Mathieu. Mathieu, qui avait pris quelques dix ans auparavant le parti de l'abstraction américaine, voit en Nevelson un nouvel exemple de la vitalité de l'art d'outre-atlantique. Il raconte dans ce texte sa première visite à l'artiste et décrit longuement une boîte noire acquise chez elle et rapportée en Europe.

Mathieu ne fut pas le seul à s'enthousiasmer pour Nevelson. La presse parisienne, pour une fois unanime, la considère alors comme l'un des plus grands sculpteurs actuels. Tout particulièrement Michel Ragon qui, à plusieurs reprises, avait fait son éloge dans *Cimaise,* parle de « l'un des plus grands événements dans le domaine de la sculpture depuis quinze ans (1) ». On peut sans doute assez simplement expliquer cette attitude : Louise Nevelson intègre certes des objets à ses sculptures mais l'esthétique y reste relativement classique, dans la lignée du cubisme. Si les post-dadaïstes recherchent un choc visuel, les boîtes de Nevelson répandent un trouble, agréable à l'œil européen. L'objet y disparaît plutôt que d'être mis en évidence, puisque la sculpture est uniformément recouverte de noir, d'or ou, comme ici, de couleur blanche. De même que Tobey était plus facile à accepter à Paris que Pollock par exemple, Nevelson remporte un véritable succès d'estime, alors que celui de Rauschenberg aura un parfum de scandale.

Wedding Chapel IV est à nouveau exposé à Paris en 1974, lors de la rétrospective Nevelson au CNAC.

(1) *Cimaise*, février 1961.

568

« En janvier 1960, Tinguely se rend à New York. Pendant la traversée – qu'il effectue sur le transatlantique *Queen Elizabeth* – il a déjà pris la décision de construire une grande *machine autodestructrice*.

Peu après son arrivée, Tinguely rencontre Billy Klüver, un ingénieur suédois qui vit à New York et lui apportera une aide considérable dans la réalisation technique de ses projets. Klüver avait travaillé déjà avec Robert Rauschenberg et Jasper Johns.

Tinguely est invité à exposer à la Galerie Staempfli, 77e rue. L'exposition qui s'ouvre le 25 janvier comporte notamment quatre machines « méta-matic », les nos 8, 9, 11 et 12. La presse new-yorkaise lui réserve un accueil assez favorable bien qu'elle soit amenée à poser la question cruciale : « est-ce vraiment de l'art ? »

New York produit une impression inouïe sur Tinguely. Il y voit des œuvres de Louise Nevelson, Frank Stella, Robert Rauschenberg, Richard Stankiewicz, John Chamberlain, Bruce Conner et fait aussi la connaissance de leurs auteurs. « Ils ont une formidable façon de faire – GRAND – mais justement GRAND. »

Marcel Duchamp avait vu l'exposition « méta-matic » à Paris. Tinguely le rencontre à New York et ils se rendent ensemble au début de février à Philadelphie dont le musée possède les œuvres de Duchamp. Les conversations avec Duchamp renforcent Tinguely dans sa conviction d'avoir choisi la bonne voie. En 1960, le Museum of Modern Art occupe une position très importante dans la vie artistique internationale. Vu d'Europe, son prestige est peut-être encore plus indiscutable. Quelques-uns des peintres américains de la jeune génération le considèrent comme un bastion qui défend avec trop d'acharnement la génération précédente et ils éprouvent à son égard des sentiments assez ambivalents.

Tinguely s'élance à l'assaut de cette forteresse. Un an auparavant, le musée avait reçu en donation son œuvre intitulée *Œuf en éclosion no 2*. Une personnalité du musée, Sam Hunter, avait eu l'occasion de voir certains des travaux de Tinguely par l'intermédiaire du peintre américain William Copley et il avait adressé au musée une carte postale pleine d'enthousiasme.

Tinguely avait tout d'abord pensé louer, dans le centre de New York, une salle de réunion ou un parking pour y exposer sa machine autodestructrice. Lorsque ses intentions s'ébruitèrent, le Museum of Modern Art s'offrit à ouvrir son jardin de sculptures pour permettre la réalisation du projet. Tinguely vit dans ce jardin, entouré de gratte-ciel et flanqué d'un côté d'une église néo-gothique, un emplacement idéal. En ce lieu, New York lui apparaissait, avec son architecture, comme la gigantesque tentative de consacrer une civilisation, de définir la formation d'une culture, et l'idée d'y situer une petite machine au comportement incongru lui plaisait énormément. Il ne lui était certainement pas désagréable, non plus, de figurer entre le *Balzac* de Rodin et le *Grand Cheval* de Duchamp-Villon.

Peut-être Tinguely avait-il aussi le pressentiment de ce qui allait se passer et qui n'était pas pour lui déplaire : voir son œuvre terminer sa brève existence dans les poubelles du musée.

C'est Billy Klüver qui, deux jours après l'événement, décrivit et analysa le mieux *l'Hommage à New York*. Il avait tout d'abord pris des notes à son usage personnel. Celles-ci parurent pour la première fois en suédois, dans le catalogue de l'exposition « Rörelse i konsten » qui se tint à Stockholm en 1961. Le titre, « La garden-party », est emprunté à un article de la revue *The Nation*.

Pontus Hulten

570

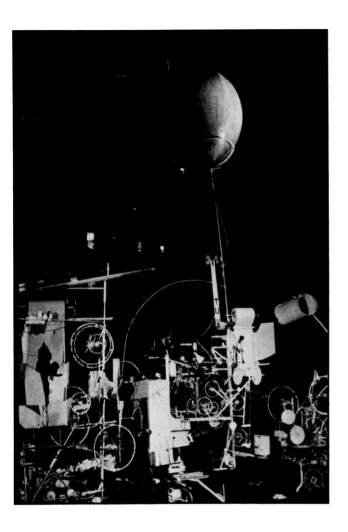

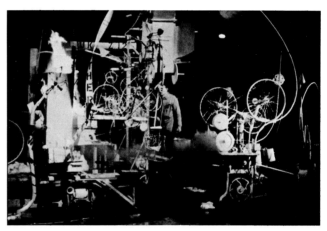

« La Garden party » par Billy Klüver

La construction autodestructrice n° 1 de Jean Tinguely fut érigée en l'espace de trois semaines sous le dôme de Buckminster Fuller, dans le jardin du Museum of Modern Art. Mise en mouvement le 17 mars 1960, elle déploya, sous les yeux des spectateurs, un spectacle plein d'humour, échevelé et poétique. Son apparition ne dura qu'une demi-heure. Aujourd'hui, elle n'existe plus.

Lorsque Jean m'entretint pour la première fois de son idée d'une machine autodestructrice, il pensait la présenter dans une grande salle de congrès à Manhattan. La machine se serait livrée à toutes sortes de facéties avant de se détruire. Un grillage en fil de fer devait épargner un sort analogue aux spectateurs. Mais entre-temps, le Museum of Modern Art offrit son jardin de sculptures pour servir de cadre à la manifestation et le dôme pour l'exécution du travail.

Les plans originels de la machine n'avaient presque rien de commun avec le résultat final. Une machine à peindre « méta-matic » devait produire une peinture toujours croissante, qui disparaîtrait à mesure que le papier se réembobinerait. L'apparition d'un texte obscène et le découpage à la scie d'une sainte vierge étaient également prévus. Tandis que des douzaines de scies attaqueraient l'échafaudage en acier, la machine se désagrégerait en pièces détachées et s'écroulerait sur le sol dans un vacarme épouvantable.

Au début, le travail ne progressait que lentement. Jean achetait de vieux moteurs dans les curieuses boutiques de Canal Street. Il découvrit chez un brocanteur un ballon météorologique et des fusées fumigènes inutilisables. Il récoltait aussi des tubes d'acier pour les échafaudages et des outils de travail. Les roues motrices coûtaient cher, aussi tenait-il à acheter des roues de bicyclettes, mais il était impossible de trouver à travers tous les Etats-Unis un seul marchand de ferraille qui fît le commerce de telles babioles. Je rencontrai à Plainfield un marchand qui vidait son hangar et je réussis ainsi à me procurer de vieilles roues toutes rouillées. Jean fut pris d'une exubérance enfantine pendant que nous transportions, le soir, les roues dans le musée désert. Le dôme n'était pas chauffé et la température était tombée au dessous de zéro, mais le travail allait bon train. « Il me faudrait encore des roues », disait Jean. Le lendemain, ma femme et moi nous fîmes une descente sur le dépôt d'ordures de Summit, où nous habitions. C'était une véritable mine d'or.

Nous chargeâmes à ras bords la voiture et la garâmes derrière la palissade de la 54e rue. Un pot de chambre d'enfant, une baignoire pour bébé, un tambour de machine à laver ainsi que vingt-cinq roues de voitures d'enfant et de bicyclettes voltigèrent par-dessus la palissade. Les promeneurs du samedi soir demandaient inévitablement : « Mais qu'est-ce qui se passe ? » De l'autre côté de la palissade, Jean riait.

Le lendemain, le premier échafaudage était presque terminé. Il contenait un grand « méta-matic », avec le petit pot de chambre, la baignoire et le tambour faisant office d'instrument de percussion. Un boulon martelait le pot de chambre, un cavalier gambadait dans la baignoire et le moteur d'un ventilateur se déchaînait sur le tambour. Du papier se déviderait d'un rouleau horizontal et glisserait à travers un conduit en tôle. A cet endroit précis, un bras d'une grande adresse, dont la perfection avait coûté à Jean deux journées de travail, se mettrait à peindre le papier. Dans le bas de l'échafaudage, le papier qui se déroulerait sans interruption serait soufflé au nez des spectateurs. La machine commençait à prendre forme.

Nous fîmes encore une excursion à un dépôt d'ordures, Jean et moi, mais cette fois à Newark City qui reflète ses parages aussi bien que le dépôt d'ordures à Summit. On eut dit que cet immense dépotoir avait été créé à l'intention de Jean, qui en extirpait inlassablement les objets et les formes les plus bizarres. Des flaques de couleurs renversées auraient pu tenir lieu de tableaux dans une galerie mondaine. Quelqu'un avait abandonné une chambre à coucher complète. Lorsque Jean rencontrerait une jeune fille consentante (ce qui, admettait-il, serait difficile), c'est là qu'il aurait pu vivre avec elle. « Je le ferais, tu sais », affirmait-il. En tant qu'homme libre, il voulait passer sa vie sur le tas d'immondices. Il ferait surgir des décombres de grandes constructions compliquées et persuaderait, petit à petit, les vagabonds installés dans les petites cabanes proches du dépôt d'ordures qu'il travaillait à des projets grandioses. Peut-être se joindraient-ils à lui et l'aideraient-ils à construire ? Il ne serait naturellement jamais question d'art et ses machines n'auraient d'autre vocation que celle de faire partie du tas d'immondices. L'anarchie et le chaos qui y régnaient constituaient, me semblait-il, un terrain propice au développement de la Machine.

Les vagabonds nous aidèrent effectivement et nous levâmes le camp en emportant un tambour à câble, des drapeaux américains, un bidon à essence rouillé et de nouvelles roues de voitures d'enfant, qui pour une raison inconnue se trouvaient en surnombre. Jean n'arrêtait pas de dire : « Nous pouvons utiliser tout pour la machine », ce qui ne se vérifia nullement lors de la sélection définitive. Sur le chemin du retour, alors que nous traversions la plaine de Jersey avec notre chargement, Jean eut la réaction d'un étranger qui contemple le Grand Canyon pour la première fois de sa vie. Le paysage lui parut fabuleux.

Jean se mit alors à travailler à une vitesse accélérée. Une poussée de fièvre due à la température régnant dans le Dôme ne ralentit pas son ardeur. Il réclamait sans cesse les entrailles d'un vieux piano et un poste récepteur de radio. J'eus de la chance. Un marchand d'instruments de musique installé près du musée avait un vieux piano qui faisait l'affaire. « Dix dollars, si vous l'enlevez vous-même. » Au musée, Jean acheta pour deux dollars une machine à écrire les adresses, un « adressographe ». Il disposait enfin de tout ce dont il avait besoin. Il fixa au piano une dizaine de bras, provenant de pièces de vieilles bicyclettes, qui frappaient les touches du clavier. Un petit « méta-matic », au bras à dessiner muni d'une éponge, était également joint au piano tandis qu'un rouleau débitait et réembobinait du papier. C'était de « l'art éphémère ». Deux textes, semblables aux journaux lumineux de Times Square, défileraient à l'horizontale et à la verticale. Ils fanfaronnaient : « Je fais l'angle droit, tu sais. » Un tube métallique de huit mètres de haut, destiné à soutenir le ballon météorologique, se dressait au-dessus de la construction. Accrochée au flanc du piano, une vieille radio en bois serait coupée en deux par une grande scie à main. Plusieurs douzaines de roues présidaient aux diverses fonctions de la partie comprenant le piano et le deuxième « méta-matic ». Métamorphosé en batterie au moyen de bidons et d'une grande cloche, l'adressographe produisait un vacarme épouvantable. Lorsque le grand moteur serait mis en marche, un cric se glisserait en dessous du support et renverserait la machine. Ce système ne fut jamais éprouvé. Pendant les derniers jours, Jean mit au point deux petits véhicules automobiles. L'un d'entre eux était pourvu d'un moteur gigantesque et d'un avertisseur long de 60 cm, fixé à une poulie et à deux roues de voiture d'enfant. Placé sous le clavier, il devait démarrer à un instant précis en traînant

derrière lui des objets bizarres. Création très insolite, le second engin mobile était conçu pour se mouvoir latéralement et se jeter finalement dans la pièce d'eau du jardin : un véritable suicide.

Le véhicule se composait d'un tambour à câble, d'un bidon et d'une foule de roues. Au sommet se dressait un bâton avec un lambeau de drapeau américain. L'avant-veille de l'exposition, un essai fut tenté. Quel spectacle émouvant que de voir cette créature singulière se déplacer péniblement à travers les salles ! Au rythme du mouvement, un levier tambourinait une marche militaire sur le bidon vide, tandis que le chiffon rouge et blanc s'agitait frénétiquement. Des témoins étonnés contemplaient, à travers la fenêtre de la 53e rue, ce spectacle d'une beauté magique.

La destruction de la machine semblait jouer un rôle de moins en moins important. Les scies furent remplacées par des joints appelés à se briser lorsque le métal dont ils étaient constitués commencerait à fondre au contact des résistances surchauffées. Ainsi les tubes d'acier originels étaient-ils sciés et réassemblés pour soutenir l'échafaudage. Jean paraissait satisfait de ne plus avoir à s'occuper des scies, mais les joints ne s'intégraient pas réellement à la construction. Lorsque le premier « méta-matic » s'effondrerait, l'échafaudage devait basculer en arrière ; posé sur une estrade, à 60 cm du sol, le piano connaîtrait le même sort et entraînerait dans sa chute le second « méta-matic » et le support du ballon. Derrière le piano, Jean avait monté un extincteur à mousse dissimulé par des planches. Mis en marche par un levier, l'extincteur se viderait avec un sifflement strident, tandis que la cloche de l'adressographe se mettrait à tinter.

Aucune manipulation ne serait possible lorsque la machine fonctionnerait ; aussi fallait-il que ses divers éléments fussent mis en route par des relais pourvus de minuteries. Tout reposait sur la mécanique et l'électronique, jusqu'à la flamme qui devait s'allumer électriquement sur le piano. Des éclairs et des signaux fumigènes jaunes monteraient de toute la construction sans la moindre intervention directe. Ce système combiné de contrôle électronique et mécanique permettait à Jean de développer sa machine dans la plus grande liberté.

Le piano commencerait à tourner lentement par l'entremise d'un système complexe de roues dentées. Au bout de quelques instants, des seaux d'essence se déverseraient sur la flamme d'une bougie, incendiant le piano. Dans le premier « méta-matic », un second dispositif mécanique viderait le contenu de trois boîtes remplies de couleur sur du papier qui se déroulerait en direction du public. Du sommet de la première construction partait une rigole à travers laquelle glisseraient des bouteilles d'un gallon (4 l. 54) mues par un levier, qui dégageraient une odeur pestilentielle lorsqu'elles se fracasseraient sur le sol, alors qu'à l'avant-plan une voiture d'enfant effectuerait un incessant mouvement de va-et-vient. Ainsi, la machine devait comporter un système d'une centaine de processus, au moins.

Il fallut attendre les derniers jours pour que Jean se décidât à badigeonner toute la machine en blanc. Il semblait fasciné par cette couleur, dont il craignait cependant qu'elle parût trop esthétisante. Restait seulement le ballon comme contrepoids, sa fonction était d'exploser et de laisser pendre au-dessus du piano des débris crasseux. C'est le soir précédant le vernissage que les deux textes furent composés au premier étage du musée, travail auquel les veilleurs de nuit et quelques employés tardifs du musée apportèrent leur concours.

La température monta pour la première fois au-dessus de zéro le jour J de la destruction de la machine. On pataugeait dans la boue et le défilé organisé à l'occasion de la St. Patrick résistait bravement aux assauts de la pluie qui tombait sur la 5e avenue. Lorsque j'arrivai le matin, les gardiens, habitués à manipuler des toiles fragiles, se colletaient avec la machine pour la faire passer du dôme au jardin. Le sol était glissant et il y eut quelques dégâts. L'adressographe fut endommagé et Jean commençait à s'énerver. Je craignis un instant qu'il ne laissât tout tomber, mais rien ne pouvait entamer son énergie et au début de l'après-midi, son excitation nous avait gagnés. Les gardiens se mettaient en quatre pour la dernière mise au point. Jean, à qui le musée avait donné carte blanche, obtenait sans peine ce qu'il réclamait. Il cessa de pleuvoir.

Robert Rauschenberg, qui avait promis d'apporter une mascotte pour la machine, fit son apparition avec un objet qu'il avait baptisé Boîte lance-sous. On allumait un peu de poudre dans une boîte ouverte et le coup, en partant, libérait deux ressorts dans lesquels on avait glissé une douzaine de dollars en argent. Rauschenberg attendit patiemment, pendant des heures, qu'on raccordât sa boîte lance-sous.

Tôt le matin, j'avais pu me procurer enfin plusieurs liquides nauséabonds, que je mis en bouteilles. Jean avait déjà refusé le nitrogène-butyl-mercaptan et l'odeur de mouffette, bien qu'il recherchât la puanteur la plus immonde qui pût exister. J'avais cherché aussi comment produire une épaisse fumée blanche. Comme toute une série d'essais s'était déjà soldée par autant d'échecs, je me gardai d'expliquer clairement à Jean ce que j'avais préparé, lui demandant simplement si je pouvais me servir de la baignoire d'enfant. « O.K. », me dit-il.

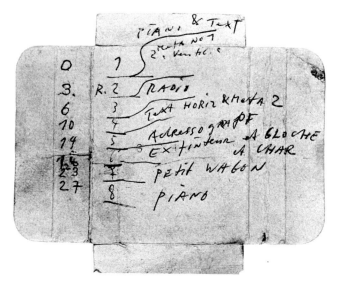

Programme de l'Hommage à New York.

L'avertisseur ne marchait pas. Robert Breer se lança, à la dernière minute, dans une course effrénée pour en trouver un de six volts et le découvrit sur une vieille auto, car aucun avertisseur neuf n'aurait pu convenir. Il était, après cet exploit, si mouillé et si sale qu'aucun taxi ne voulut le reconduire au musée.

Le public entrait peu à peu, mais personne n'y faisait attention. Jean préparait les « méta-matics », montait les engins fumigènes et faisait marcher son monde. Ce n'est qu'à six heures qu'on m'apporta enfin un fil électrique pour brancher la machine. Tous les circuits étaient raccordés. Robert Breer fit fonctionner par mégarde l'extincteur à mousse près du piano. Le secret était éventé, mais personne n'avait compris ce qui s'était passé. Je découvris que l'un des pieds supportant l'échafaudage n'avait pas été scié et nous fûmes obligés, par une ironie du sort, de scier ce pied à la dernière minute, faute de quoi la construction ne se serait probablement pas renversée. A sept heures et demie, j'étais prêt. « On va ? » « On va. » dit Jean. Il était aussi imperturbable que s'il avait attendu l'autobus. Nous n'avions ni essayé ni contrôlé une seule fois l'ensemble du programme. La fin du montage et le début de la destruction étaient inséparables. Bob Breer versa le chlorure de titane dans la baignoire d'enfant. Un ami, qui m'avait aidé pour l'installation électrique, mit la fiche dans la prise et je branchai les relais. La machine démarra, conformément à sa construction. Jean dominait complètement son sujet.

Il avait été prévu que le piano se mettrait à jouer lentement quand la flamme s'allumerait sur le clavier. Le régulateur de vitesse ayant été détruit lors du transport, le moteur démarra à plein régime. Cet incident eut pour conséquence que la courroie de transmission sauta de la roue du piano. J'eus des sueurs froides. Plus de piano ! J'essayai nerveusement de remettre la courroie en place. J'entendis la voix calme de Jean : « Laisse-moi faire, Billy. » Un plomb avait sauté. On le changea. Le piano marchait à nouveau, mais seulement sur trois notes, trois notes pleines de tristesse. Je ne voyais que la machine. Les spectateurs demeuraient pour moi invisibles.

Au bout de trois minutes, le premier « méta-matic » démarra, mais Jean avait mis les courroies à l'envers, de sorte que le papier en se déroulant montait au lieu de descendre. L'effet produit était bizarre. Jean venait pourtant de disposer très soigneusement le papier et d'ajuster le bras. Le public devait attendre beaucoup de choses de cette machine ! Le moteur qui avait pour office d'actionner le bras n'était pas branché ; la situation devint encore plus invraisemblable. Même si Jean avait correctement placé la courroie de transmission, le « méta-matic » n'aurait pas fonctionné, car du papier vierge serait apparu à travers la gouttière. Jean riait, comme toujours lorsque la situation se tendait. Le « méta-matic n° 21 » cracha un mètre de peinture lorsque les pots de bière se répandirent sur le papier qui se déroulait à l'envers. Le bras, auquel Jean avait pourtant consacré tous ses soins, ne fonctionnait pas. Le ventilateur, en dessous de la construction, lui, remplissait son office. Il soufflait en direction du public l'épaisse fumée blanche qui s'élevait de la baignoire d'enfant. A la cafétéria, la fumée aveuglait les dames en vison. La batterie fonctionnait à la perfection.

A la sixième minute, la radio se mit en marche. Il y avait tant de bruit que personne ne pouvait s'entendre. Le récipient d'essence se renversa sur le piano qui prit feu. La « boîte à sous » de Rauschenberg démarra avec une secousse terrible et on ne revit plus jamais les dollars d'argent. Le moteur du ventilateur commença à taper sur le tambour de la machine à laver mais les bouteilles refusaient de tomber. Jean avait utilisé un fil trop faible. Pourquoi ? Après toutes nos discussions sur les odeurs. Pour Jean, le seul motif d'inquiétude était le ballon qui n'éclatait pas. La bouteille d'air comprimé était vide. A l'avant du « méta-matic », le petit véhicule à deux roues entreprit son incessant mouvement de va-et-vient.

A la dixième minute, le deuxième « méta-matic » démarra. Il fonctionnait à merveille. L'éponge fixée au bras décrivait un trait épais et noir. Le texte horizontal apparut. Quelque chose ne marchait pas, car c'était beaucoup trop lent. Jean s'approcha. « Tu te souviens du petit anneau que tu as ramassé en me demandant à quoi il servait. C'était justement pour ça, pour maintenir le rouleau de papier làhaut. » Le texte vertical était passé entre-temps et la dernière feuille de papier voltigeait au-dessus du piano en flammes.

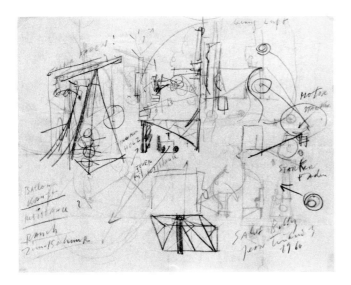
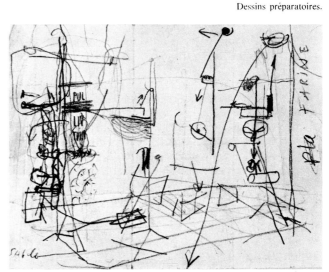

Jean déambulait impassible. Il s'immobilisa devant la machine et se fit photographier en prenant une pose d'acteur. Pendant qu'il était planté là, la bande horizontale reproduisit le texte « Ying is Yang ». On peut voir ce texte au-dessus de sa tête sur les photos qui le représentent avec sa machine autodestructrice à l'arrière-plan.

A la dix-huitième minute, l'extincteur d'incendie devait se mettre en marche derrière le piano, ce qu'il ne fit pas pour la simple raison que le piano s'était enflammé et que le tuyau de caoutchouc, brûlé, avait bouché l'extincteur. Mais le véhicule suicidaire se propulsa de trois mètres en avant. Le moteur était si faible que Jean dut lui donner un coup de pouce. Il avait toujours su qu'il n'arriverait pas à lui faire parcourir la distance jusqu'à la pièce d'eau. Il ne remplaça cependant jamais le moteur par un autre, plus puissant, ce qui eut été une opération facile, pour la simple raison qu'en tant qu'objet fonctionnel il aurait fallu que le véhicule suicidaire se meuve, mais pas en tant qu'objet d'art.

C'était typique de l'attitude de Jean à l'égard du moteur. La machine comportait, à d'autres endroits, de gros moteurs qui ne faisaient pratiquement rien ; l'un d'entre eux servait même de contrepoids ! Pour Jean, le moteur faisait partie de la sculpture.

L'adressographe se mit en marche. Le signal fumigène jaune s'alluma, et les leviers tambourinèrent sur le bidon à essence vide. La cloche n'émit aucun son. Elle se comportait comme un gong, qui ne bat qu'une fois. Après le traitement brutal qu'elle avait subi lors de son transport, toute la construction était devenue branlante et elle s'effondra au bout de quelques minutes.

A la vingtième minute, on brancha les résistances de la première construction. Le métal était en fusion ; au bout de quelques minutes, tout l'échafaudage cédait sans s'affaisser cependant et ne menaçait aucunement de se renverser, du fait que les barres transversales étaient suffisamment solides pour le maintenir debout. Mais les bombes fumigènes s'enflammèrent au contact de la chaleur des résistances.

A la vingt-troisième minute, le petit véhicule dissimulé sous le piano s'élança à une vitesse alarmante. L'avertisseur se mit à beugler et le véhicule s'arrêta devant une échelle sur laquelle un correspondant de Paris-Match avait pris place. Ce dernier retourna l'engin qui poursuivit sa course folle vers l'installation de haut-parleurs de la NBC, laissant un sillage de fumée et de flammes.

Le feu gagna rapidement tout le piano. Jean avait essayé de l'étouffer avec un extincteur, mais le piano était déjà largement entamé par les flammes et il eut soudain peur que l'extincteur à mousse, qui se trouvait derrière lui, n'explosât. Il me demanda alors d'aller chercher le pompier de service.

Le pompier n'avait pas bougé de son poste de tout l'après-midi. Lorsque le piano prit feu, je me trouvais à côté de lui. Il ne réagissait pas et peut-être jouissait-il du spectacle. Par la suite, il appela la caserne des pompiers. Ma femme entendit les explications qu'il tenta de donner. « You see, Joe, there is a fire... » Il fut décidé qu'un feu de piano n'était pas un incendie. Jean le qualifia de « théoricien du feu ».

Lorsque j'eus saisi les intentions de Jean, j'essayai d'expliquer la situation au pompier. Celui-ci ne comprit rien lorsque je lui parlai d'un extincteur dans le piano. On apporta un extincteur appartenant au musée. Le pompier était parfaitement calme, comme si rien ne pouvait arriver. Au bout de trois minutes, les plus longues de ma vie, on commença enfin à éteindre le feu. A ce moment précis, nous étions, Jean et moi, au comble de l'exaspération tandis que le public se faisait une idée tout à fait fausse des événements, croyant que c'était le pompier qui avait décidé d'éteindre le feu et que nous essayions de l'en empêcher. Le pauvre homme faillit être lynché lorsqu'il arriva avec son extincteur. Il s'agissait d'une énorme méprise que le pompier était d'ailleurs le seul à accueillir avec une totale indifférence. Il m'expliqua plus tard que l'explosion d'un extincteur au contact de la chaleur était impensable. Les craintes de Jean étaient sans fondement, le danger inexistant. Il se déclara, d'autre part, très satisfait du spectacle.

Je détachai l'extincteur du piano et le public, en quête de souvenirs, se rua sur les débris. Les gens s'en allaient avec la radio, la scie, les peintures exécutées par les « métamatics » et une foule d'autres choses. Par la suite, la construction fut mise en pièces et réduite en un fantastique tas de ferraille. Les bouteilles se brisèrent et pendant deux jours une odeur nauséabonde flotta dans le jardin. Le lendemain, il fallut à nouveau déverser la ferraille au dépotoir et seules survécurent quelques rares pièces détachées. Un photographe du musée reçut l'adressographe endommagé et paya très cher pour le faire enlever. Il rouillera dans son jardin. Le musée accueillit le véhicule suicidaire et Robert Breer hérita d'une bizarre construction à roues que des spectateurs impatients avaient mise hors d'usage dès le début. Quant à la petite voiture avec le gros moteur et l'avertisseur, elle se trouve sous ma table. Le reste n'est que souvenirs et photographies.

Pas plus qu'une expérience scientifique, cette expérience artistique ne pouvait se solder par un échec complet. La machine n'était pas traitée comme un objet fonctionnel et n'avait jamais été considérée comme tel. C'est pourquoi des formules comme « ceci ou cela a marché » et « ceci ou cela n'a pas marché » ne s'appliquaient guère à notre action. Pendant que nous construisions la machine, je ne cessais de m'étonner du mépris total de Jean à l'égard des principes fondamentaux de la mécanique. Il exigeait soudain qu'un élément fonctionne, pour le détruire aussitôt après par une intervention triviale. Jean travaillait en artiste et c'est en artiste qu'il choisissait et posait moteurs et courroies de transmission. Seules l'intéressaient les fonctions qui lui étaient accessibles et il les utilisait ou les rejetait à sa guise. Il était séduit, cependant, par les possibilités de la technique et conscient de pouvoir en tirer parti tant qu'il les maîtrisait entièrement. En tant qu'ingénieur et collaborateur, je faisais partie de la machine et j'étais investi d'une responsabilité proportionnelle à ses dimensions et à la complexité de sa construction.

La machine de Jean était, comme il le disait lui-même, le produit « de l'anarchie et de la liberté la plus totale ». Le climat de liberté et de chaos dans lequel elle avait été conçue, certes nécessaire, n'en était pas moins aussi d'un luxe démesuré. Régnant en maître sur le chaos, Jean déployait une énergie que seule la liberté engendre. Lorsque cette énergie se libérait, tout ce qui arrivait dépendait des décisions de Jean. Il est difficile de faire la distinction dans une action de ce genre, entre les séquences fortuites, les incidents et les événements contrôlés. Tout y est, en effet, issu de la liberté et de l'innocence. Les bouteilles arrêtées dans leur chute, le papier se déroulant à l'envers, le pompier et le public, tout faisait partie du spectacle. Il s'ensuit que le paradoxe, le doute, l'absurdité, l'évidence et le chaos n'y trouvaient pas de place. C'était une représentation unique, pleine de tendresse et d'humour, dénuée de toute ambition philosophique.

Contrairement à de nombreux critiques, je voudrais me garder d'interpréter la machine autodestructrice de Jean comme un acte de protestation contre la machine, ou comme l'expression d'un nihilisme, ou d'une volonté suicidaire. L'autodestruction ou le suicide représentent, pour une machine, l'idéal de la bonne conduite. C'est une évidence pour tous ceux que préoccupe le problème des rapports de l'homme à la machine. Claude Shannon a illustré cette idée avec sa boîte noire : lorsqu'on appuie sur un bouton, le couvercle se soulève, une main apparaît, presse à son tour le bouton et le couvercle se referme sur la main.

Au même titre que l'homme crée et vit, à tout instant, un monde nouveau, toujours mouvant, la machine de Jean se crée et se détruit à l'image d'un moment de la vie. L'art des musées relève d'une époque révolue, que nous ne voyons plus, que nous ne connaissons plus. Depuis longtemps, l'artiste s'est détourné de la toile. Cet art est conditionné par le langage dont nous avons hérité et sa relation avec notre monde est différente de celle que nous entretenons avec la réalité quotidienne. Par opposition, l' « art éphémère » crée un rapport direct entre l'acte créateur et la création du public, entre création et destruction. Il nous contraint à abandonner l'image de type traditionnel et nous met en prise directe avec le réel, perpétuellement changeant. Dans l'un de ses manifestes, Jean déclare qu'il faut « être statique dans le mouvement ». Nous devons être les maîtres créateurs de la réalité changeante à laquelle nous appartenons, en tant qu'hommes. Issues du chaos d'un dépotoir, les pièces de la machine de Jean sont destinées à y retourner.

Jean répétait inlassablement qu'il n'avait cessé de penser à New York, pendant qu'il construisait sa machine. De nombreuses associations d'idées peuvent sans doute surgir dans une telle situation, en particulier, celle née de la machine qui se nie elle-même et se métamorphose en humour et poésie. New York est, en effet, ville d'humour et de poésie, malgré la présence de la machine tandis qu'une société purement technocratique n'admettrait que le rôle d'objet fonctionnel. Une société de ce type n'est pas viable sans contrôle et ne tolère pas que la machine commette des erreurs. S'il faut que la machine fonctionne « à tout prix », l'*Hommage à New York* ne peut plus exister. » (1)

(1) *in* Pontus Hulten « Jean Tinguely Méta », Paris, Pierre Horay, 1973.

Le lendemain...

Jean Tinguely

Hommage à New York (fragment), 1960.
Métal peint, 203,7 × 75,1 × 223,2 cm.
The Museum of Modern Art, New York, don de l'artiste.

Jean Tinguely

Hommage à New York (fragment), 1960.
Métal peint, 80 × 60 × 60 cm environ.
Robert Breer, New York.

Jean Tinguely

Hommage à New York (fragment), 1960.
Métal peint, 120 × 40 × 40 cm environ.
Dr Billy Klüver, New York.

Robert Rauschenberg

The money thrower (fragment de l'Hommage à New York), 1960.
Métal, ressorts,... 17 × 57 × 10 cm.
Collection particulière, Paris.

Le 17 mars 1960, dernier jour des préparatifs de « l'Hommage à New York », Robert Rauschenberg est venu lui donner une « mascotte » à intégrer dans sa grande construction auto-destructrice. « The money thrower » est fait d'un petit chauffe-eau avec deux ressorts d'acier en spirale attachés des deux côtés. Quand le « jet d'argent » a été « armé », les deux ressorts ont été pliés en deux et attachés au réchaud avec une ficelle. Dans les spirales des ressorts ont été mises des pièces de un dollar en argent.

Ce qui avait entre autre choses frappé Rauschenberg dans le projet de Tinguely était sans doute que Tinguely payait lui-même cette grande construction, d'ailleurs très belle, uniquement pour que cette machine puisse se détruire elle-même. Peut-être Rauschenberg voulait-il ajouter une réflexion typqiquement américaine à cet hommage typiquement européen.

De toute façon, Tinguely a branché le jet d'argent dans les innombrables circuits électriques de son complexe mécanique et, à un moment donné, pendant la vie de cette sculpture, les dollars en argent ont volé dans toutes les directions. On ne les a jamais retrouvés.

Pontus Hulten

Jean Tinguely

Dessin Metamatic (fragment de l'hommage à New York), 1960.
Encre sur papier, 53,3 × 9,2 cm.
Dr Billy Klüver, New York.

Jean Tinguely

Dessin du Metamatic n° 21 (fragment de l'hommage à New York), 1960.
Encre sur papier, 50 × 140 cm.
Dr Billy Klüver, New York.

Jean Tinguely

3 dessins préparatoires pour l'Hommage à New York.
Crayon et encre sur papier, 10,1 × 13,7 cm, 11,6 × 14,4 cm, 21,5 × 27,2 cm.
Dr Billy Klüver, New York.

les cendres du
»HOMMAGE à NEW YORK«
le ZIZI qui à mis en marche les POMPIER

l'HOMMAGE aux HOMMAGE
de Robert RAUSCHEN-
berg le Grand

MONEY THROWER
FOR TINGUELYS
H. à N.Y. 60. RAUSCHENBERG

»le BAT-
teur«
c'est jeté
dans le ruis-
seau du
MOMA

La première exposition Rauschenberg à Paris, Galerie Daniel Cordier, mai 1961

L'Hommage à New York de Jean Tinguely fut sans aucun doute pour l'Amérique l'événement le plus spectaculaire venant d'Europe en ce début des années soixante. Il marquait la naissance d'un *nouveau réalisme*, post-dadaïste et sous l'influence profonde de Marcel Duchamp. Si l'on cherche un moment comparable et parallèle à Paris, il faut le trouver chez Daniel Cordier en 1961 avec la première exposition parisienne de Robert Rauschenberg.

De 1959 à 1964, Rauschenberg est en Europe le catalyseur de nouvelles formes d'art américain, qui prennent entre ces deux dates une place de plus en plus importante sur le vieux continent. En 1959, avec le *Bed* à l'Exposition internationale du surréalisme chez Daniel Cordier, et trois autres « Combine Paintings » dans le cadre de la 1re Biennale de Paris, Rauschenberg apparaît déjà comme une figure primordiale de ce nouvel art américain. Le public ne s'y trompe pas et ses expositions successives à Paris, d'abord à la Galerie Daniel Cordier puis chez Ileana Sonnabend en 1963, ne feront que confirmer cette impression. Enfin, lorsqu'il remporte le premier prix de la Biennale de Venise en 1964, il symbolise l'avènement de l'art américain et le scandale se répand sur toute l'Europe, à commencer par Paris.

Outre quelques gouaches, 12 « Combine Paintings » de Rauschenberg sont présentées à la Galerie Daniel Cordier en 1961 :

Hymnal, 1955 ; *Diplomat*, 1960 ; *Rebus*, 1955 ; *Allegory*, 1960 ; *K24976.S*, 1956 ; *Pilgrim*, 1960 ; *Gloria*, 1956 ; *Summer Rental*, 1960 ; *Forge*, 1959 ; *Trophy III (to Teeny and Marcel Duchamp)*, 1960-61 ; *Hawk*, 1960 ; *Untitled*, 1960-61.

La qualité des œuvres exposées (il serait aujourd'hui bien difficile de réunir autant de peintures de cette importance) ne fait qu'accentuer l'impression générale. Seuls les collectionneurs se montrent très réticents, puisqu'à deux exceptions près (1 peinture et 1 gouache) le succès est nul sous cet angle. Mais les artistes et la critique se montrent extrêmement intéressés.

La presse fit un sort tout particulier à « Pilgrim », cette peinture devant laquelle est posée une vulgaire chaise. José Pierre dans un article enthousiaste y voyait un siège qui « tourne le dos à l'art », et donc à l'action-painting (1). André Parinaud considérait lui aussi cette « toile pour s'asseoir » comme l'objet le plus provoquant de l'exposition. Dans une longue interview de l'artiste (2) très caractéristique de l'impact que pouvait alors avoir l'œuvre de Rauschenberg, il lui pose les questions les plus diverses :

(1) *Combat*, Paris, 5 juin 1961.

(2) *Arts*, Paris, n° 802, 10 mai 1961.

Robert Rauschenberg à Paris, 1961.

Un "misfit" de la peinture new-yorkaise se confesse

ARTS

● *POURQUOI INTÉGREZ-VOUS DANS VOTRE ŒUVRE DES CHAISES DE LA FICELLE, DES LÉGUMES ?*
– Afin que l'on puisse voir les choses d'une manière neuve et fraîche

● *SI ON VOUS PROPOSAIT LE POSTE DE PRÉSIDENT DE LA GENERAL MOTORS, RENONCERIEZ-VOUS A LA PEINTURE ?*
– Pourquoi pas? C'est un bon job

André Parinaud. – Vous intégrez des objets dans vos tableaux. Avez-vous déjà peint d'une manière plus traditionnelle ?

Robert Rauschenberg. – La peinture même est un objet, et la toile aussi. A mon avis, le vide qui doit être rempli n'existe pas.

P. – Vous reconnaissez-vous des maîtres spirituels, des maîtres à penser, des maîtres à peindre ?

R. – Mes préjugés changent de temps en temps. Je trouve aussi importantes les choses que l'on aime que celles que l'on n'aime pas et, naturellement, ces choses changent. L'art du passé est trop souvent une continuation du paysage. Les peintres qui m'ont influencé ne font pas de paysages. C'est Léonard de Vinci, par exemple. Sa peinture était la vie. Une de ces œuvres essentielles qui m'a marqué, est « l'Annonciation », à Florence. Dans cette toile, l'arbre, le rocher, la Vierge, ont tous la même importance, en même temps. Il n'y a pas de hiérarchie. C'est ce qui m'intéresse. C'est de l'Annonciation de Léonard de Vinci que part le « choc » qui a suscité ma volonté de peindre selon ma manière actuelle.

P. – Comment appelez-vous ce que vous faites ?

R. – Je les appelle « des combines », c'est-à-dire des œuvres combinées, des « combinaisons ». Je veux ainsi éviter les catégories. Si j'avais appelé peintures ce que je fais, on m'aurait dit que c'étaient des sculptures, et si j'avais appelé cela des sculptures, on m'aurait dit qu'il s'agissait de bas-reliefs ou de peintures.

P. – Pourquoi intégrez-vous dans vos œuvres, dans vos « combines », des bouteilles, des ficelles, des chaises, des objets divers ?

R. – Je n'ai aucun but. Les peintres emploient des couleurs qui, elles aussi, sont fabriquées. Je désire intégrer à ma toile n'importe quels objets de la vie.

P. – Est-ce une tentative poétique ?

R. – C'est une actualité.

P. – Quels sens donnez-vous à ce mot ?

R. – Mes toiles ont la valeur de la réalité. A un moment donné, la perspective fut une actualité. Maintenant, nous savons que c'est une illusion. De la même manière, ces combinaisons sont, maintenant, des actualités.

P. – Mais vous n'êtes peut-être qu'une mode ?

R. – Un peintre doit être un chercheur, un inventeur perpétuel parce que la compréhension de ses tableaux serait l'enterrement de sa vie active. Si on le comprend parfaitement, il est mort.

P. – Considérez-vous être arrivé au point ultime de vos recherches, de votre expérience, ou bien souhaitez-vous aller plus loin encore ?

R. – Je n'y suis pas encore.

P. – Quelle est la part d'humour dans votre peinture ?

R. – L'humour, c'est peut-être l'objectivité de la vue. L'admiration ne permet pas l'attention, la concentration, et le pessimisme est un autre genre d'aveuglement. L'humour est l'amour et la brutalité du moment en même temps.

P. – Par humour entendez-vous une certaine façon de vous moquer de vous-même ? Une façon de vous moquer des autres ?

R. – L'humour est une forme esthétique d'objectivité artistique. Autrement, c'est burlesque, grotesque ! C'est donc la dérision de soi et des autres.

P. – Vous considérez-vous comme une victime de l'ordre social ou un révolutionnaire ? Appartenez-vous au passé ou à l'avenir ? Etes-vous une fin ou un commencement ?

Robert Rauschenberg

Pilgrim, 1960.

Combine painting, 200 × 143 × 50 cm.
Reinhard Onnasch, Berlin.

R. – Je suis dans le présent. Je cherche à célébrer le présent avec mes limites mais en utilisant toutes mes ressources. Le passé n'existe pas comme l'avenir qui est une supposition. Le passé fait partie du présent. Il est présomptueux de penser au passé et à l'avenir sans se dire que l'idée qu'on en a n'est qu'une interprétation du moment. La preuve en est que, pour moi, le passé change continuellement, alors que l'avenir, lui, demeure toujours le même.

P. – Avez-vous l'intention de vous intégrer dans un mouvement existant, ou, au contraire, êtes-vous en rupture avec tout ce qui est ?

R. – Si trop de gens sont du même avis sur une même chose, cela devient une généralité, et la généralité est l'ennemi du mouvement. Les mouvements de peinture sont le contraire du mouvement.

P. – Si vous n'aviez pas de critiques et d'acheteurs qui vous aident matériellement et intellectuellement, si vous étiez totalement seul, continueriez-vous à peindre comme vous le faites – seul comme un Van Gogh, par exemple ? Cette peinture-là vous est-elle intimement et rigoureusement essentielle ?

R. – Evidemment. On commence toujours plus ou moins de cette manière. Au début, je n'avais pas d'invitation à travailler de la manière dont je travaille maintenant. Le grand reproche que l'on peut m'adresser est d'employer des matériaux que l'on considère séparés du contenu de la peinture. J'ai maintenant l'intention de peindre sans la présence physique des objets que j'ai intégrés dans les peintures, ou bien de le faire à un tel degré qu'on ne puisse plus les appeler des peintures, mais que ce soit un environnement, un milieu. Il n'y a pas de raison de ne pas considérer que le monde entier est une gigantesque peinture. L'inutilité est la noblesse et la liberté de l'individu.

P. – Y a-t-il un rapport entre votre démarche et celle de la Beat génération ?

R. – Pas consciemment.

P. – Votre Art n'est-il pas un Art de clochard si on le compare à celui des architectes de la General Motors qui, eux aussi, vivent dans le même contexte social ?

R. – Ma peinture est une réaction à l'idée qu'un stéréotype est une généralité, comme un clochard et un milliardaire existent. En somme, je suis contre les catégories.

P. – Ne peut-on pas dire que votre peinture est inspirée par une sorte d'esthétique du déchet, dans votre façon d'utiliser les objets, de les magnifier, de les exalter ?

R. – Oui, mais le fait même que le matériel est réemployé est, en somme, le paradoxe. Cela cesse d'être un déchet.

P. – Votre Art peut-il provoquer ?

R. – Je l'espère ! Je ne voudrais pas vous réveiller si je n'avais pas quelque chose à dire !

P. – Concevez-vous la provocation comme une paire de gifles au bourgeois, ou, au contraire, voulez-vous faire circuler un message personnel ? Voulez-vous communiquer ou voulez-vous rompre ?

R. – Ni l'un ni l'autre, car je ne suis pas intéressé par la moralité. Je ne veux pas réformer le monde. Je veux simplement être là. Je désirerais que mon œuvre soit aussi claire et aussi intéressante et aussi vivante que le fait que vous avez mis cette cravate, aujourd'hui, plutôt qu'une autre.

P. – De nombreux amateurs d'Art sont masochistes, n'est-ce pas leur complexe que vous exploitez ?

R. – Ils savent en même temps que l'Art est le meilleur investissement ; ils ne perdent pas grand-chose de toute façon.

P. – Des inventions plastiques semblables aux vôtres sont apparues il y a longtemps en Europe. En fait, vous vous situez dans une tradition, au même titre que n'importe quel autre peintre figuratif. Faites-vous autre chose que de continuer Dada ?

R. – Comme je continue aussi la tradition figurative. C'est inévitable. L'erreur c'est d'isoler la peinture, c'est de la classifier.
J'ai employé des matériaux autres que la peinture, afin que l'on puisse voir les choses d'une manière neuve, fraîche. Je sens maintenant l'obligation de m'excuser d'employer des matériaux qui peuvent être isolés du contexte pictural. L'utilisation de ces nouveaux matériaux amènent les mêmes malentendus qu'auparavant. Car lorsqu'une technique est reconnue, l'art est mort.

P. – Vous faites de l'anti-peinture ?

R. – Ce n'est ni de l'Art pour l'Art, ni de l'Art contre l'Art. Je suis pour l'Art, mais pour l'Art qui n'a rien à voir avec l'Art. L'Art a tout à voir avec la vie, mais il n'a rien à voir avec l'Art.

P. – Comprenne qui pourra, mais plus précisément avez-vous le désir de faire « une carrière » ? de réussir à tout prix, pour joindre le plus grand nombre de gens possible ?

R. – La raison pour laquelle j'aime vendre des tableaux, c'est pour l'argent. J'ai quantité de moyens de l'employer : avec lui, je peux faire quantités de choses. Mais mes peintures sont peintes pour rien et elles ne valent rien. Elles sont faites gratuitement et elles sont gratuites à mes yeux.

P. – Mais elles ont un cours à la Bourse... Accepteriez-vous de vous commercialiser ?

R. – J'ai appris à connaître la valeur de l'argent et à savoir l'employer lorsque je n'en avais pas. Je n'en n'ai plus besoin, mais je peux l'employer... Je ne peux pas me commercialiser, au sens de produire en série, par exemple, ou de répondre au désir d'un acheteur, parce que je considère que si l'on n'est pas (contre) ce que l'on a déjà fait, on n'a rien accompli. Il faut être en continuelle évolution par rapport à soi-même. La continuation elle-même est une illusion, car il faut être conscient que c'est la première fois qu'on le fait. Il faut se débarrasser de l'habitude et des manies.

P. – Aimez-vous votre époque ?

R. – Je n'ai pas le choix !

P. – Méprisez-vous les formules de la société actuelle ? Etes-vous révolté ou êtes-vous indifférent ?

R. – Vivre est un problème.

P. – Que répondrez-vous si l'on vous dit que votre art peut être considéré comme une fausse monnaie ?

R. – Je dis merci et je me demande ce qu'est la vraie monnaie de l'époque.

P. – Que pensez-vous de l'évolution du monde ? Etes-vous intéressé par votre époque ?

R. – Je ne comprends pas la marche du temps.

P. – Comment situez-vous votre peinture dans l'époque ?

R. – C'est une crise. Tout l'art est une crise, non réaliste, non pratique, mais qui est LA, devant vous. Il n'y a pas de programme général. D'ailleurs, pourquoi avoir des intentions ?

P. – Quelles sont, actuellement, les préoccupations des jeunes peintres américains de votre âge ?

R. – Ils commencent à trouver le moyen d'aller au-delà de leurs moyens techniques d'expression.
De nombreux peintres américains pratiquent ce que nous appelons « un événement », qui a pour eux la valeur d'un tableau. Il y a, certes, beaucoup d'affectation dans ce jeu, qui est aussi limité que ce qu'ils veulent éviter, mais c'est une expérience intéressante.

Les « événements » sont des espèces de pièces de théâtre pour lesquelles on compose un décor où les gens participent spontanément. Ils donnent alors l'impression de vivre un événement irrationnel organisé. A New York, on compose ainsi des tableaux vivants. Plusieurs peintres y collaborent, comme des amis, comme des couleurs arrivent sur la palette.

Il n'y a pas de thème. Les gens participent à l'action et tout est également important. Par exemple, quelqu'un monte sur une chaise et fait un discours ; un autre personnage arrive avec une cloche, fait du bruit ; une jeune femme distribue des cartes postales ou des images ; des personnages dansent dans le fond. Il n'y a pas tellement de musique, il s'agit plutôt de sons. Cela dure de dix minutes à vingt minutes, selon les cas. Une telle expérience est déjà devenue académique. Le miracle du moment n'a de sens qu'aussi longtemps que le mouvement continue.

P. – Pensez-vous que cette situation de la peinture soit un état de crise, comme une fièvre ou qu'elle soit plutôt l'annonce de quelque chose qui vient, ou, au contraire, une fin ?

R. – Le mot « fièvre » décrirait assez bien la situation. Il y a une urgence dans ce mot ; mais il est un peu romantique.
C'est un début en tout cas. On n'a pas vu cela avant. Ou ce sera la fin ou cela se développera. Mais, en ce qui me concerne, le passé et l'avenir ne m'intéressent pas.

*P. – Vous n'ignorez pas qu'il y a eu, dans l'histoire de la peinture moderne, une période passionnante, analogue à celle que vous décrivez. Elle se situe entre 1917 et 1925, en France, en Russie, en Allemagne.
J'ai un peu l'impression, personnellement, que vous nous racontez une vieille histoire, qui recommence, avec d'autres adolescents. Quelle est votre opinion ?*

R. – Je n'ai pas vu les autres... Je ne connais cela qu'à travers les livres. Il me semble que l'esprit en est complètement différent. Pour Dada, il s'agissait d'exclure. C'était la censure contre le passé, son effacement. Aujourd'hui, pour nous, il s'agit d'inclure un mouvement, d'introduire le passé dans le présent, la totalité dans le moment. Il y a là toute la différence entre l'exclusion et l'inclusion.

P. – Qu'est-ce que l'avant-garde pour vous ?

R. – Le mot « avant-garde », c'est de la bouse de taureau...

P. – Que voulez-vous communiquer avec un tableau ?

R. – Si vous me demandiez si je veux plaire ou déplaire, provoquer ou convaincre et si vous donniez encore une dizaine d'autres raisons, je serais obligé de dire que c'est, exactement, tout cela à la fois. La moitié de mes raisons serait négative et l'autre moitié positive. Mais l'effort de concentration de mon énergie sur un message me limiterait et je préfère aller vers l'inconnu.

P. – *Voulez-vous insinuer que vous ne savez pas ce que vous voulez dire et que vous ne cherchez rien que ce que l'on veut trouver dans vos toiles ?*

R. – S'il y avait un message spécifique, je serais limité par mes moyens, mes idéaux, mes préjugés.

Or, ce qui m'intéresse, c'est un contact, ce n'est pas d'exprimer un message.

P. – *Quelle différence faites-vous entre la peinture automatique et votre propre peinture ?*

R. – Je ne vois aucune différence entre la peinture automatique et l'autre. En ce qui me concerne, je cherche délibérément à surpasser le message et à aller au-delà. Je voudrais faire un tableau créant une situation qui laisserait autant de place pour le regardeur que pour l'artiste.

P. – *Considérez-vous votre œuvre comme une expérience intime ou comme une œuvre d'art ? Quelle valeur plastique lui accordez-vous ?*

R. – Peindre c'est d'abord important pour moi. Il se peut qu'il y ait une autre personne pour laquelle ce soit également important. L'un n'exclut pas l'autre. Il n'y a pas de frontière entre la valeur intime de la peinture et sa valeur plastique.

P. – *Qu'est-ce qui a provoqué votre position actuelle ? Sont-ce les découvertes scientifiques, l'évolution des mœurs ? Comment vous expliquez-vous vous-même dans la chaîne d'évolution artistique ?*

R. – C'est mon problème. Je suis entré en difficulté lorsque je me suis aperçu que je ne voulais pas aimer une couleur plutôt qu'une autre et j'ai encore rencontré davantage de difficultés lorsqu'il s'agissait de rendre le vert encore plus vert en le mettant à côté du rouge.

P. – *Mais c'est le problème de tous les peintres !*

R. – Je n'ai pas voulu préférer une couleur à une autre. Toutes les couleurs et les formes se trouvent en chômage, non employées.

P. – *Quelle différence faites-vous entre la peinture moderne actuelle à New York et à Paris ?*

R. – En Amérique, la peinture est définie par l'opposition qui consiste à être peintre. Il n'y a pas de continuation, mais il y a une résistance. Etre peintre signifie être opposant. En France, il y a une continuité, une liaison entre les paysages, les rues et les peintres. Tout baigne dans la patine. On ne voit pas ce manque de talent que l'on voit en Amérique. Ici, il y a trop de grâce et de talent. A un point qui est vraiment pénible...

P. – *Si l'on vous proposait de devenir président des Etats-Unis ou président de la General Motors, cesseriez-vous d'être peintre ?*

R. – Ce sont de bons jobs ! Je considérerais la chose avec intérêt. Si cela arrivait, j'y penserais sérieusement. C'est un autre moyen d'expression.

P. – *Certains sujets pourraient-ils vous inspirer : tels que la mort de Lumumba, par exemple, l'accession de Kennedy à la présidence des Etats-Unis ? Accepteriez-vous une commande ?*

R. – Certainement. Je préférerais même être reporter plutôt que d'être un artiste ou un génie, mais avec mes propres moyens d'expression. Evidemment, je ne voudrais pas être un journaliste comme les autres !

P. – *Dessinez-vous d'une façon réaliste pour vous ? Faites-vous des croquis ?*

R. – Je le faisais autrefois car j'adore le dessin. C'est quelque chose d'intime, de très différent de la peinture. L'aquarelle également. Mais j'ai été incapable de trouver le contenu en faisant le contour. Je n'étais pas assez fort pour y traduire en même temps le sujet et ce qui se passait dans la pièce voisine.

P. – *Vous êtes-vous déjà fait psychanalyser ?*

R. – Non.

P. – *Vous reconnaissez-vous des complexes ?*

R. – Oui, bien sûr. Je l'espère !

P. – *Etes-vous heureux de vivre aujourd'hui ?*

R. – C'est une question difficile : très difficile.

Robert Rauschenberg

Allegory, 1959-60.

Combine painting, 183 × 305 cm.
Museum Ludwig, Cologne.

Nouveau réalisme et pop'art
Le début des années 60

Fondé le 27 octobre 1960 par Pierre Restany au domicile d'Yves Klein, le groupe initial des Nouveaux Réalistes comprend Arman, César, Dufrêne, Hains, Klein, Raysse, Rotella, Spoerri, Tinguely et Villeglé. Trois autres artistes viendront peu après s'y joindre : Niki de Saint Phalle, Deschamps et Christo. Quelques mois plus tôt Restany publie à Milan le premier manifeste du groupe insistant sur cette nouvelle aventure de l'objet.

L'une des premières expositions du groupe est consacrée au « Nouveau réalisme à Paris et à New York ». Elle a lieu en juin 1961 à la Galerie Rive droite accompagnée d'un catalogue préfacé par Pierre Restany : « Ce que nous sommes en train de redécouvrir, tant en Europe qu'aux Etats-Unis, c'est un nouveau sens de la nature, de notre nature contemporaine, industrielle, mécanique, publicitaire. Les paysages d'Arcadie sont désormais refoulés dans les zones les plus mythiques de notre vision. Ce qui est la réalité de notre contexte quotidien c'est la ville ou l'usine. L'extroversion est la règle de ce monde placé sous le double signe de la standardisation et de l'efficience. Nous ne pouvons plus nous permettre ni le recul du temps ni la distance objective. L'appropriation directe du réel est la loi de notre présent » (1).

Restany met également l'accent sur les différences entre les Européens, « plus directement appropriatifs » et les américains représentés (Bontecou, Chamberlain, Chryssa, Johns, Rauschenberg, Stankiewicz) « déjà "néo-dadas", en train de reconstituer un fétischisme moderne de l'objet ». Ce qui importe le plus, c'est, comme le souligne Michel Ragon à propos de cette exposition : « L'avant-garde française n'était alors nullement considérée comme en retard sur l'avant-garde américaine. Toutes deux étaient absolument parallèles. Si New-York avançait sur l'échiquier international Rauschenberg et Jasper Johns, Paris pouvait sans complexe y répondre en plaçant des pions non moins importants : Yves Klein et Arman. Chamberlain avait César comme parallèle. Quant à Tinguely, Niki de Saint Phalle, et Hains, on aurait pu difficilement leur opposer des pions sur l'échiquier international. Il y avait à ce moment-là une chance extraordinaire de renouvellement pour l'Ecole de Paris. Mais l'Ecole de Paris, qui avait résisté pendant cinquante ans à l'art abstrait, découvrait enfin l'art abstrait avec ravissement. Et elle tenait à ce qu'elle croyait être « son » avant-garde. Elle n'en voulait pas d'autres. Elle s'était embarquée sur le bateau de l'art abstrait, et vogue la galère ! Restany s'est alors battu pour imposer ce qu'il savait être une nouvelle étape de l'art, pour que Paris la prenne au sérieux. Mais on lui riait au nez...

Et alors, il arriva ce qui devait arriver. En 1962, New-York s'empara du nouveau réalisme. L'une des plus importantes galeries new-yorkaises, Sidney Janis, organisa une exposition intitulée : « New Realists ». Même si la préface de cette exposition était demandée à Pierre Restany, on lui enlevait néanmoins le bénéfice moral de l'exposition en noyant littéralement les Parisiens dans les New Yorkais. Il ne restera plus, aux Parisiens, quelques années plus tard, qu'à émigrer à New-York qui voulait bien les accueillir alors que Paris les boudait. Ce que feront Arman, Tinguely,

Niki de Saint Phalle, Martial Raysse. Quant à Yves Klein, qui aurait pu être, qui était déjà, beaucoup plus que l'équivalent de Rauschenberg, il mourait en 1962, à trente quatre ans » (2).

En effet, si certains des nouveaux réalistes obtiennent un succès individuel à New-York, le groupe dans son ensemble se verra nettement occulté au profit de la nouvelle école américaine : le Pop'art. Cette dernière tendance, dont les principaux représentants sont Roy Lichtenstein, Claes Oldenburg, James Rosenquist, Andy Warhol et Tom Wesselman, auxquels on peut joindre des artistes comme Jim Dine, George Segal, va être découverte très tôt à Paris. En effet, après la Galerie Leo Castelli qui en est à New York le principal support, la Galerie Sonnabend, qui s'ouvre à Paris fin 1962, se consacre entièrement à l'art américain et organise dès 1963 une exposition de Pop'art où l'on trouve des œuvres de Bontecou, Chamberlain, Rosenquist, Oldenburg. Chacune de ces expositions donne lieu à la publication d'un catalogue auquel contribuent souvent des critiques d'art parisiens : Otto Hahn, Alain Jouffroy, ou l'américain de Paris John Ashbery. Le Salon de Mai se fait l'écho de ce mouvement en consacrant une grande salle au Pop'art en 1964.

Paris est donc déjà conscient de cette « invasion » artistique lorsque se produit le « scandale » de Venise. La XXXIIe Biennale voit le triomphe de l'art américain avec l'attribution du premier prix de peinture à Rauschenberg. A Paris où Rauschenberg a pourtant exposé à plusieurs reprises avec succès, on s'indigne de cette trahison à la suprématie de l'Ecole de Paris. On fait valoir que les responsables américains ont triché, en quelque sorte, prolongeant l'exposition dans leur consulat ; on estime aussi que ce prix est dû à la politique américaine inflationniste et à coups de dollars. Mais le pavillon américain est aussi très habilement sélectionné avec des représentants de la nouvelle abstraction (Louis, Noland, Stella), du néo-dadaïsme (Johns, Rauschenberg) et du Pop'art (Chamberlain, Dine, Oldenburg), alors qu'aucun des nouveaux réalistes ne figure dans la sélection française.

Sommet de la crise entre Paris et New York, Venise marque une étape décisive dans les rapports entre les deux villes. Cela n'empêchera pas la Galerie Sonnabend de permettre à Paris de découvrir au fur et à mesure les nouvelles tandances de l'art américain ou européen : Minimal art (1967-68), Arte Povera (1969) ; action bientôt prolongée par d'autres galeries parisiennes.

N.B. : Plusieurs des nouveaux réalistes européens sont représentés dans l'exposition par des œuvres exécutées aux Etats-Unis. Ils sont donc absents de cette section mais présents dans la suivante consacrée aux « Européens à New York ».

(1) Pierre Restany, *La réalité dépasse la fiction (le nouveau réalisme à Paris et à New York)*, Paris, Galerie Rive droite, 1961.

(2) Michel Ragon, « De la critique considérée comme une création », préface du livre de Pierre Restany, *Les nouveaux réalistes*, Paris, Planète, 1968.

Jasper Johns

Flag, 1958

Encaustique sur toile, 105 × 155 cm.
M. et Mme Leo Castelli, New York.

De 1959 à 1962, à une époque où les expositions d'artistes américains à Paris commençaient tout juste à se multiplier, Jasper Johns eut trois expositions individuelles à Paris : à la Galerie Rive droite (1959, 1961) et à l'ouverture de la Galerie Sonnabend (1962). Rares furent les critiques à considérer avec intérêt l'œuvre de ce jeune peintre américain. Seul Pierre Restany lui consacra un article important et élogieux, où il rappelle comment l'Europe eut l'occasion de découvrir Johns :

« Mon premier contact avec l'œuvre de Jasper Johns date de la Biennale de Venise de 1958. L'Italie avait fait appel dans son pavillon central à un certain nombre de jeunes artistes internationaux parmi lesquels figurait Johns. Le drapeau des Etats-Unis fit sensation. Mais cette sensation était ambigüe en elle-même. Pour le spectateur européen, le drapeau étoilé n'est pas un emblème comme les autres. Il symbolise tout le mythe américain, un genre de vie, une hiérarchie de valeurs, une position de la politique mondiale. Il est devenu un peu comme le drapeau rouge, un sur-symbole. D'où le contexte polémique qui entourait l'œuvre de Johns à Venise et qui en altérait la résonance.

Ce n'est qu'avec l'exposition organisée par Jean Larcade en janvier 1959 que le public parisien a pu se faire une idée plus exacte de cette démarche : tout au moins l'occasion lui en était donnée, et il ne l'a pas saisie. Cette première mani-festation est passée pratiquement inaperçue, et ce n'est que deux ans plus tard, toujours grâce à la même galerie, que Jasper Johns fait enfin figure à Paris de valeur neuve » (1).

La Galerie Rive droite présentait un effet dès janvier 1959 un ensemble très important de Johns, dont plusieurs cibles, *Flag on Orange Field* 1957 et *Large White Numbers* 1958 (tous deux aujourd'hui dans la collection Ludwig à Cologne). Accroché dans la vitrine du Faubourg Saint-Honoré, le *Flag* de 1958 faisait figure de symbole de ce nouvel art américain. La critique ne fut pourtant pas enthousiaste ; *Arts* se contentant de quelques lignes signées Luce Hoctin pour affirmer que « cet ironique défi à la peinture en cours en vaut bien d'autres ».

Pour son exposition inaugurale, la galerie d'Ileana Sonnabend exposait à nouveau ce même drapeau de Jasper Johns. L'impact fut alors plus réel, en particulier sur les jeunes artistes, à l'image d'Alain Jacquet qui, dans l'un de ses « camouflages », juxtaposait le drapeau de Johns et le chien de « His master's voice ».

(1) Pierre Restany : « Jasper Johns et la métaphysique du lieu commun », *Cimaise* n° 55, Paris, septembre-octobre 1961.

Jasper Johns

Painted Bronze, 1960.
Bronze peint, 34,3 × 20,4 cm de diamètre.
Appartient à l'artiste.

Outre ses peintures, Jasper Johns a exécuté quelques petites sculptures en bronze dont les plus célèbres représentent deux cannettes de bière, une ampoule électrique et cette boîte remplie de pinceaux.

Cette dernière œuvre est exposée à Paris lors du « Nouveau réalisme à Paris et à New York » (Galerie Rive droite, 1960) puis, toujours chez Jean Larcade, lors de la deuxième exposition personnelle de Jasper Johns à Paris (1961).

Comme dans les autres sculptures de l'artiste, on se trouve ici en présence d'une ambigüité visuelle : l'œuvre présentée a toutes les apparences d'un objet quotidien et manufacturé. Pourtant il ne s'agit pas de l'objet lui-même mais de sa reproduction très fidèle en bronze, matériau « classique » pour la sculpture. A la différence des nouveaux réalistes européens qui utilisent des objets réels (Arman, Raysse..) les artistes américains fabriquent ou font fabriquer industriellement des copies d'objets (Johns, Warhol, Oldenburg...) à moins que, comme Rauschenberg, ils n'intègrent des objets existant à des compositions picturales.

Jasper Johns
Niki de Saint-Phalle

Sans titre, 1961.
Techniques mixtes, 120 × 58,5 × 24 cm.
Collection particulière, Paris.

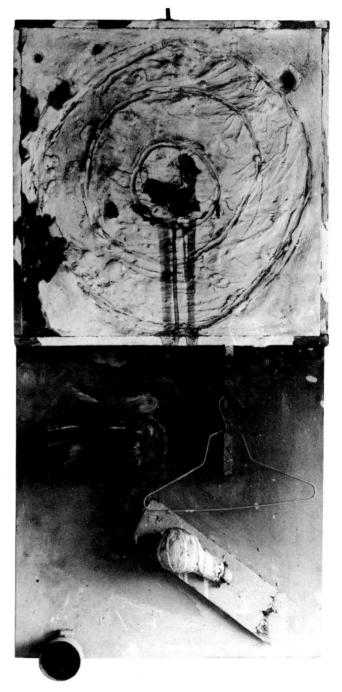

Dans sa série de grands tableaux du printemps et de l'été 1961, Niki de Saint Phalle décida de faire un « Rauschenberg » et un « Jasper Johns » ; Hommages doublés en quelque sorte d'une quantité d'amour et d'agressivité. Elle a soigneusement imité un tableau de Jasper Johns, sa taille, son esprit. Elle y a mis tous les éléments iconographiques de Jasper Johns de l'époque : la cible, le pot avec les pinceaux, le porte-manteau, l'ampoule et la boîte de bière. La partie basse a été peinte dans le gris caractéristique du Maitre.

L'objet de cet hommage a beaucoup aimé le résultat. Il l'a très longtemps contemplé pour savoir où il allait mettre les balles, car c'était évidemment lui qui devait tirer sur cette œuvre. Après deux ou trois heures de réflexion, il a finalement placé un certain nombre de balles qui ont fait couler un blanc (sale), puis un orange qui a ensuite été appliqué (avec le doigt ?) sur les cibles. Toutes les autres possibilités de couleur – il y a des dizaines de sachets de couleur cachés dans le plâtre – sont restées intactes. Tout cela se passait pendant l'été 1961, dans le jardin de l'impasse Ronsin, à côté de l'atelier de Brancusi.

Pontus Hulten

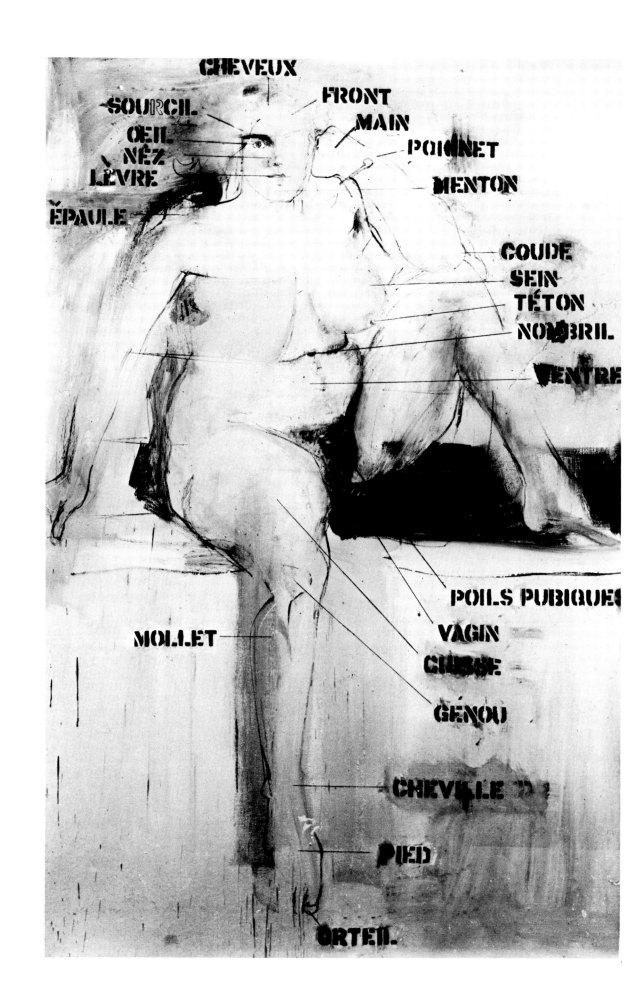

Larry Rivers

Parts of the body : French Vocabulary lesson III, 1962.
Huile sur toile, 182 × 122 cm.
Gérald S. Elliot, Chicago.

Mariage d'Yves Klein dans l'atelier de Larry Rivers, impasse Ronsin, Paris, 21 janvier 1962.

Larry Rivers-Jean Tinguely

Turning Friendship of America and France, 1961.

Techniques mixtes, 204 × 104 × 81 cm.
Reinhard Onnasch, Berlin.

Ce ne fut pas comme lorsque je revins, en 1961, où je rencontrai tous les nouveaux réalistes, Restany, Arman, Raysse, Deschamps... J'avais déjà auparavant passé quelques jours de vacances à Saint Germain des Prés en 1958, pour me changer les idées et m'éloigner quelque temps de New York où je travaillais très dur. En 1961, je connaissais déjà Yves Klein depuis un an. Il était venu me voir à New-York, et j'avais à cette époque été très impressioné par sa forte personnalité et sa ceinture noire de judo ! C'était réellement quelqu'un chez qui le rôle de l'individu, de la puissance était très important ; toute sa personnalité gravitait autour de cette notion de l'ego, et lui-même en parlait tout le temps. Si j'ai appris quelque chose directement de lui, c'est bien cela. C'était aussi un fanatique de soupe, et il venait le soir impasse Ronsin nous faire la soupe à Tinguely, à Niki et à moi. C'est dans cette rue que je fis la connaissance de Tinguely ; d'abord parce que j'avais remarqué, peint près de sa boite aux lettres le nom de Pollock, et puis parce qu'il vivait dans une espèce d'endroit à mi-chemin entre un garage et un dépôt à ordures. Il y travaillait dans le froid, au milieu d'une accumulation invraisemblable de bouts de métal, de pièces de caoutchouc de toutes sortes, de fragments difficilement identifiables. Quand je m'installai impasse Ronsin, Brancusi était mort, et Tinguely habitait, depuis plusieurs années déjà son premier atelier. Nous étions en relation permanente, car Niki de Saint-Phalle avec laquelle il vivait, et lui-même faisaient énormément de manifestations en dehors de chez eux ; aussi parce qu'ils passaient leur temps à bombarder le mur de leur atelier, contigu au mien, et à tirer à la carabine.

Nous étions très liés et j'ai à cette époque réalisé un dessin en collaboration avec Niki, celui de ma femme enceinte dont j'ai tracé les contours et dont elle a peint l'intérieur. Avec Tinguely, j'ai fait deux œuvres, deux peintures représentant des paquets de cigarettes françaises et américaines qu'il a mis sur un socle rotatif : *Turning Friendship between America and France I and II*, 1961. J'ai peint un portrait d'Yves Klein et dessiné celui d'Arman, puis plus tard, je fis à Southampton deux portraits de Tinguely en collaboration avec Niki : *Tinguely : Storm window portrait I and II*, 1965.

Larcade est venu me voir et m'a proposé de faire dans sa galerie une exposition de mes œuvres en avril 1962. J'y montrai essentiellement le portrait de ma femme Clarisse : *Parts of the body : French vocabulary lesson*, 1962 et la série des *French money*. Je n'ai d'ailleurs aucune idée de l'impact que peut avoir eu une telle exposition, car j'étais trop paresseux pour lire la presse française.

De retour à New York, j'ai commencé à faire des lampes entourées de quantité de fils qui pendaient. Il y a depuis, dans mon entourage et dans mon travail, beaucoup de choses qui viennent de cet irrespect qu'avait Tinguely vis-à-vis des choses et des objets.

Larry Rivers, février 1977
(propos recueillis par Jean-François de Canchy)

Mon premier séjour en France date de 1950. J'y étais venu afin d'y voir des œuvres de Bonnard et des impressionnistes, mais aussi, peut-être, les endroits où ces peintres avaient vécu, ce qu'ils avaient eu devant les yeux, comment ils peignaient ; c'était pour moi une sorte de voyage sentimental, l'escapade d'un jeune peintre inconnu désireux de mieux connaître l'œuvre et l'environnement des artistes qu'il admirait. J'habitais Paris dans l'atelier d'un ami, un peintre post-cubiste venu avec moi des Etats-Unis afin de constater l'état de son atelier qu'il avait quitté dix ans auparavant. Lui excepté, je n'y vis personne des artistes de l'époque. Nous peignions ensemble des modèles que nous louions, je me promenais au Louvre, bien souvent je m'arrêtais de travailler pour écrire des poèmes ; bref je faisais tout ce qu'on peut faire à cet âge et dans cette situation, mais je ne pense pas que ce séjour ait eu une influence sur ma peinture.

Kienholz a fait cette petite valise pour Yves Klein avant de l'avoir rencontré. Il s'agit sans doute d'un commentaire assez ironique et sceptique sur les prétentions très internationales et même universelles de l'œuvre d'Yves Klein.

Sur l'étiquette en cuir attachée à la poignée de la valise figure :
NAME : YVES KLEIN   ADRESS : THE UNIVERSE

C'est un article de *Time* sur Yves Klein du 27 janvier 1961 qui a donné à Kienholz l'envie de faire cet objet, réflexion sur une activité artistique qui lui paraissait alors dangereusement coupée des attaches régionales ou nationales. Cet article est d'ailleurs découpé et collé dans le livre de presse (« Album ») contenu dans la valise.

La valise contient également entre autre, un morceau de toile, une éponge, comme en utilisait Yves Klein pour ses reliefs, des crochets X, une page d'agenda datée mai 1961 avec des rendez-vous, une petite poupée (allusion aux empreintes de corps féminins), une bombe de couleur IKB (International Klein Blue) et un pot de verre contenant du sable. Kienholz précise qu'il s'agit bien de sable venant de Los Angeles, nouvelle allusion aux aspirations universelles d'Yves Klein.

Quand Klein s'est rendu en Californie, au moment de son exposition à la Dwan gallery en 1961, Kienholz lui a été présentée par Virginia Dwan. Les deux artistes sont tout de suite devenus de proches amis et Kienholz a échangé la valise contre un « immatériel » d'Yves Klein, également présenté à l'exposition à titre documentaire.

Pendant plusieurs années, Kienholz a été le cicerone attitré et bienveillant faisant découvrir aux artistes européens de passage en Californie les merveilles et les bas-fonds de Los Angeles : Arman, Tinguely, Niki de Saint Phalle, Martial Raysse... l'ont ainsi rencontré. La Valise est une sorte de petit monument du début de cette époque riche d'échanges.

Pontus Hulten

Edward Kienholz

Travelling Art Show Kit, 1961.
Valise et objets, 20,5 × 36 × 25,5 cm.
Collection particulière, Paris.

César

Compression Sunbeam, 1960.

Fer, 156 × 75 × 75 cm.
Baron Urvater, Bruxelles.

En 1961, un an après le Salon de Mai où César présente pour la première fois ses compressions, William C. Seitz invite César à participer à « The Art of Assemblage », au Museum of Modern Art de New York. Il y expose des œuvres dont la compression « Yellow Buick » qui fait aujourd'hui partie des collections du MOMA.

Cette même année, César a pour la première fois une exposition individuelle à New York, où sont présentées des œuvres plus anciennes dans l'ensemble. Il profite de cette occasion pour se rendre en Amérique.

« En 1961, j'ai eu une exposition à New York à la Saidenberg Gallery. Entre-temps, j'avais eu un des prix Carnegie. Je ne savais même pas qu'une de mes œuvres avait été présentée au jury où il y avait Duchamp et Ubac ; les deux premiers prix étaient donnés à Calder et à Henry Moore. C'était extraordinaire, cette promotion tout d'un coup, mais ça ne m'a pas apporté grand-chose, quoiqu'on m'ait donné un chèque de mille dollars...

Pour mon exposition, je suis allé aux Etats-Unis. J'ai pris l'avion, et d'un seul coup, j'ai découvert ce que, pendant « toute ma jeunesse », j'avais vu au cinéma de mon quartier. J'ai une culture de l'Amérique, comme on peut en avoir quand on a une culture populaire, c'est-à-dire par le cinéma grâce aux films de Cary Grant, Robert Taylor, John Wayne, Henry Fonda, Gary Cooper. On reste marqué par les images que l'on a vues dans sa jeunesse.

Pour moi qui était resté à un niveau visuel, j'ai découvert l'Amérique d'une manière physique. J'étais dans l'espace, je voyais cet aéroport effrayant, monstrueusement beau, mais monstrueusement angoissant ; je n'avais jamais pris l'avion, j'avais peur, j'ai vécu dix heures d'angoisse mais il y avait heureusement l'exaltation d'aller aux Etats-Unis. J'étais encore très enfant pour mon âge...

En arrivant là-bas, j'ai découvert les buildings, New York, j'ai eu un grand choc. J'ai vu quelques événements de la vie culturelle américaine, de la vie artistique. J'ai un peu fouiné. Mais j'étais très limité, je ne parlais pas un mot d'anglais. J'ai vu New York, comme un parent de province que l'on fait venir à Paris. Je l'ai vu surtout à travers Claude Bernard. Il m'a dit : « Voilà l'hôtel où tu habiteras » Puis : « Voilà la galerie où tu exposes ». Ce n'était pas moi qui décidais, c'était lui.

...Je suis resté un mois aux Etats-Unis, mais je n'ai pas vu tellement de choses. Un mois à New York, ce n'est rien, mais cela fait prendre conscience de ce que peut dégager cette ville, très importante d'abord par l'environnement : une espèce d'atmosphère écrasante, mais aussi de dynamisme. On sent que c'est une ville qui est très passionnante... Pour la vivre vraiment, il faudrait parler l'anglais...

Ce mois passé en Amérique, cette rencontre de la vie moderne à l'échelle américaine n'ont pas influé sur mon travail. J'ai pris conscience du XXe siècle. Orly, c'est le XXe siècle. New York, c'est Orly. D'un seul coup, on est dans un monde contemporain, le monde de l'automobile, alors que, dans les rues de Paris, de Rome, de Suisse ou de Belgique, on pourrait très bien voir encore des calèches.

J'ai été heureux de rentrer. J'ai trouvé l'Europe plus paisible, plus humaine. Bien sûr, comme je n'ai vu que New York, on ne peut pas dire que je connaisse l'Amérique, mais c'est une ville qui donne l'idée de ce que peut être le reste. On dit que l'on ne peut pas juger l'Amérique par rapport à New York, mais c'est tout de même un petit aperçu.

...Duchamp m'avait invité à dîner avec Klein. J'ai trouvé cet homme très beau ; sa femme et lui vivaient dans une maison très attachante où j'ai passé une soirée très douce, très calme, avec un repas très bon, c'était sans prétention. Pour moi, il représentait ce que peut représenter Duchamp, avec les actes qu'il a assumés à partir du moment où il a fait de la peinture, jusqu'au moment où il l'a abandonnée, et a pris possession de l'objet, où il a joué aux échecs pendant je ne sais combien d'années. C'était une figure » (1).

(1) Extrait de *César par César* présenté par Pierre Cabanne, Paris, Ed. Denoël 1971.

Arman

Home Sweet Home, 1960.
Accumulation de masques à gaz dans une boite,
160 × 140 × 20 cm.
Appartient à l'artiste.

Arman est sans doute, avec Christo, celui des nouveaux réalistes européens dont la renommée est la plus grande aux Etats-Unis. Il s'y installe à partir de 1963 et y réside depuis lors à intervalles réguliers.

Parmi les œuvres qui figurent à sa première exposition new yorkaise en 1961, se trouve *Home Sweet Home,* la première grande accumulation d'objets, exécutée à Nice un an plus tôt. « Arman débarque à New York en novembre 1961. Un peu plus d'un an après le triomphal *Hommage à New York* de Tinguely, quelques mois à peine après l'accueil très froid réservé à Yves Klein lors de son exposition monochrome chez Leo Castelli. Malgré les contacts établis au niveau des deux avant-gardes, l'ambiance new yorkaise, traumatisée par l'action-painting, se ressent encore avec amertume et méfiance de l'absurde rivalité picturale franco-américaine. Pour comble de malchance sa galerie new yorkaise est située dans le même immeuble que Parke-Bernet, la Mecque des enchères américaines, la salle des ventes n° 1 du continent. Le jour du vernissage Arman chez Cordier et Warren, Madison-Avenue est bloquée : on vent un Rembrandt chez Parke-Bernet ! » (1). 1960 est l'année où Arman expose *Le plein* à la Galerie Iris Clert, remplie d'objets et de détritus pour l'occasion. *Poubelles* et *Accumulations* sont les premières œuvres d'Arman symboliques de ce nouveau réalisme. Dans la lignée de Dada (Duchamp et Schwitters), elles s'en distinguent toutefois selon Arman par leurs différences esthétiques :

« J'affirme que l'expression des détritus, des objets, possède sa valeur en soi, directement, sans volonté d'agencement esthétique les oblitérant et les rendant pareils aux couleurs d'une palette ; en outre j'introduis le sens du geste global sans rémission ni remords. Dans les inutilisés, un moyen d'expression attire tout particulièrement mon attention et mes soins ; il s'agit des accumulations, c'est-à-dire la multiplication et blocage dans un volume correspondant à la forme, au nombre et à la dimension des objets manufacturés. Dans cette démarche nous pouvons considérer que l'objet choisi ne l'est pas en fonctions des critères dada ou surréalistes ; il ne s'agit pas là de décontexter un objet de son substrat utilitaire, industriel ou autre pour lui donner, par un choix de présentation ou une inclinaison de son aspect, une détermination ou une inclinaison de son aspect, une détermination tout autre que la sienne propre ; par exemple : anthropomorphisme, analogie, réminiscences, etc., mais il est question bien au contraire de le recontexter en lui-même dans une surface sensibilisée x fois par sa présence multipliée ; rappelons la phrase historique : mille mètres carrés de bleu sont plus bleus qu'un mètre carré de bleu, je dis donc que mille compte-gouttes sont plus compte-gouttes qu'un seul compte-gouttes » (2).

(1) Pierre Restany, *Arman,* Paris Pierre Horay, 1973.

(2) Arman, *Réalisme des accumulations,* Juillet 1960, repris dans Restany, op. cité.

Chamberlain

Dandy Dan D, 1963.

Tôle, 113,5 × 118,5 cm.
Kaiser Wilhem Museum, Krefeld.

Michel Seuphor fut sans doute le premier européen à mentionner Chamberlain, lorsqu'il l'inclut dans son « Dictionnaire de la sculpture moderne » publié en 1959 (1). A cette époque John Chamberlain avait commencé à travailler exclusivement à partir de carrosseries d'automobiles broyées, ce que d'ailleurs ne signale pas Seuphor dans sa notice purement biographique.

L'utilisation privilégiée de ce matériau peut faire penser à César qui décidait en 1960 d'exposer des compressions d'automobiles. Mais si l'on constate un curieux parallélisme dans les matériaux choisis par ces deux sculpteurs (plexiglas, uréthane,...), la comparaison s'arrête là. L'œuvre de Chamberlain se réfère formellement à l'expressionisme abstrait, elle adopte des contours se rapprochant de Kline ou de De Kooning : c'est une sorte d' « Action-Sculpture ». Si, comme César, Chamberlain fut marqué par Giacometti, il le fut encore beaucoup plus par David Smith. Au début des années 60, deux expositions confrontèrent César et Chamberlain : « Le nouveau réalisme à Paris et à New York » (Galerie Rive droite, 1960) et « The Art of Assemblage » (MOMA, 1961). *Dandy Dan D* faisait partie de la première exposition individuelle de Chamberlain à Paris à la Galerie Sonnabend. Chamberlain vint à Paris à cette occasion et y tourna un film auto-portrait sur les toits de la Samaritaine.

(1) Michel Seuphor, *La sculpture de ce siècle, Dictionnaire de la sculpture moderne.* Neuchâtel, Ed. du Griffon, 1959.

Claes Oldenburg

En 1964, Oldenburg fut invité, à la suite de Dine, Lichtenstein Segal, Warhol, par la Galerie Sonnabend à faire sa première exposition personnelle à Paris. S'étant rendu à Venise pour l' « ouverture de la XXXIIᵉ Biennale où il représentait les Etats-Unis, Oldenburg vint à Paris quelques mois pour travailler à son exposition. Outre les sculptures d'aliments, il y exécute également une sculpture molle représentant les lustres de « La Coupole » (1).

« Nous arrivâmes à Paris, Pat et moi-même, aux alentours du 10 juillet et y séjournâmes jusqu'à la fin octobre, autant qu'il m'en souvienne. Nous habitions l'atelier de Toti Scialoia, rue de la Tombe Issoire. C'est à cette époque que je réalisai tout ce qui allait être exposé, à l'exception d'une « Leopard Chair » qui avait été faite en Californie quelque temps auparavant cette année-là. J'achetai une Simca, que je vendis plus tard à Alain Jacquet, et me baladai dans Paris. Je passai les deux premiers mois à explorer les environs et je me familiarisai avec Paris, que je n'avais jamais visité. Ce fut une période de gestation. Apparemment il ne se passait rien. Ileana devenait de plus en plus soucieuse. Je flanais. Je regardais partout, je touchais tout, j'écoutais ce qu'on me racontait, je respirais des odeurs, j'allais dans les magasins. J'aime faire des courses, apprendre à faire des achats dans des endroits que je ne connais pas. Après un certain temps, je m'habituais à voir les choses sous un certain angle. Les repas par exemple devinrent très importants, ainsi que leur côté théâtral. Chaque restaurant est comme un théâtre. Les murs aussi étaient importants. Les murs influençaient le style de mes œuvres. Le plâtre de Paris est célèbre. Qu'il vienne ou non de Paris, je l'ignore, mais je prétendais alors qu'il en était ainsi. J'avais toujours utilisé du plâtre, mais ici à Paris j'étais dans le Saint des Saints. Un emplâtre de dentiste d'un rose délicat fut mon premier plâtre parisien et cela donna à mon travail une certaine orientation. J'utilisais le plâtre de Paris pour « faire de la nourriture ». Je voulais lui donner un caractère particulier, différent de la nourriture américaine, aussi utilisai-je une autre coloration en harmonie avec ce que je voulais en ville, i.e., des couleurs grises, poussiéreuses, des couleurs pastel. J'utilisais des tempera à la place des peintures à l'émail afin de donner une apparence de sécheresse à mon travail.

A cause du manque de temps et des ressources limitées, tout devait être réalisé à une échelle réduite, mais la taille de Paris n'a rien à voir avec celle de New-York ; aussi était-il naturel de réaliser une « œuvre d'art » à la dimension exacte d'un Ice Cream Dessert. L'idée de décoration est bien acceptée à Paris. J'allais acheter une poche à douille avec des douilles de différentes formes. Ce fut comme si j'injectais du plâtre à travers la tradition française.

Je désirais une mise en scène inspirée de la manière dont la nourriture est présentée à Paris – les assiettes, les verres, le marbre. J'achetais des plaques de marbre à la Samaritaine. Toutes ces compositions avaient leur caractère propre et dans mon idée elles devaient être partie intégrante de l'œuvre et non simples accessoires. Je voulais montrer un certain aspect de la réalité environnante. A travers toute mon expérience parisienne, je tentais de traduire mon esthétique dans les termes d'une nouvelle situation » (2).

(1) Célèbre restaurant parisien, rendez-vous des artistes et des intellectuels.

(2) Claes Oldenburg, novembre 1976, entretien inédit avec A.P. et P.H.

Meat Counter, 1964.
Marbre, plâtre peint, 94 × 94 × 41 cm.
Docteur Peeters, Bruges.

Pain et fromage, 1964.
Plâtre peint, 55 × 21 × 16 cm.
Gérard Bonnier, Stockholm.

Meringue Chantilly, 1964.
Plâtre peint, 10 × 40 × 28 cm.
Collection particulière, New York.

Omelette tombante, 1964.
Plâtre peint, 38 × 40 × 40 cm.
Collection particulière, New York.

Soft Ceiling Lights at La Coupole, 1964-1973.
Toile, bois, kapok, 3 parties de 230 × 92 cm.
Appartient à l'artiste.

598

Andy Warhol

The Twenty Marylins, 1962.

Sérigraphie sur toile, 197 × 116 cm.
Collection particulière, Paris.

En avril 1963, Ileana Sonnabend dont la galerie vient de s'ouvrir quai des Grands Augustins, présente le « Pop'art américain » en regroupant Bontecou, Chamberlain, Oldenburg, Rosenquist, Wesselman et Warhol avec les *Twenty Marylins*. C'était la première fois qu'une peinture de Warhol était exposée à Paris.

L'année suivante, la Galerie Sonnabend toujours, présente la première exposition individuelle de Warhol, consacrée aux séries des accidents et des chaises électriques. Alain Jouffroy et Jean-Jacques Lebel préfaçaient le catalogue, ce dernier concluant que « Warhol situe la mort à un niveau que l'Occident a eu beaucoup de mal à atteindre ».

Twenty Marylins date de 1962, l'année où Warhol commence ses répétitions d'images (portraits, *Campbell's, Dollar, Coca-Cola*...). Dans un article sur Arman, Jan van Der Marck rappelle qu'Arman, qui avait exécuté ses premières accumulations en 1959-60, exposa à New York pour la première fois en 1961. Rauschenberg aurait alors affirmé que la « répétition automatique n'est pas création » ; Van Der Marck ajoute : « ... tandis qu'Arman et Warhol ont en commun la même notion de quantités (Arman aurait adoré « Piller le Frigo » *(Raid the Icebox)* à la Rhode Island School of Design Museum of Art, geste qu'il aurait considéré comme lui convenant mieux qu'à Warhol) (1), il devrait être clair que le second travaille à partir de clichés tandis qu'Arman travaille à partir d'objets usuels et que Warhol accumule des images sans se préoccuper de leur échelle réelle tandis qu'Arman accumule des objets grandeur nature » (2).

L'œuvre de Warhol est d'autre part profondément américaine. Ses thèmes privilégiés (à l'exception de Mona Lisa et plus récemment des portraits de Mao ou de Marcel Proust) se rattachent à la culture et surtout à la société de consommation américaine. C'est essentiellement par là qu'elle a pu frapper le public et les peintres européens qui ont découvert avec Warhol une nouvelle image de l'Amérique et de son art.

(1) Allusion à une exposition en 1970 où Warhol fut invité à exposer les réserves d'un musée en classant les objets par catégorie.

(2) Jan van der Marck : « Arman, The Parisian avant-garde in New York », *Art in America, New York, novembre-décembre 1973.*

Nombreuses sont dans l'œuvre de Lichtenstein les références à l'art européen : des temples grecs aux reprises de Picasso, Mondrian ou Monet, Lichtenstein est l'un des seuls artistes pop dont l'imagerie emprunte parfois ses sources à une « tradition » européenne.

Lichtenstein a ainsi successivement repeint entre 1962 et 1969 deux diagrammes d'après Cézanne, plusieurs toiles de Picasso comme des portraits de femmes ou cette nature morte, trois toiles de Mondrian qu'il intitule *Non-objective* et de Monet la série des cathédrales de Rouen ainsi que les meules de foin. Plus récemment, il a de nouveau repris la même idée avec Ozenfant ou en incorporant des Matisse à ses « ateliers ».

Cette attitude ne doit pas être ressentie comme un geste post-dadaïste (Duchamp mettant des moustaches à la Joconde), Lichtenstein n'y voit rien de scandaleux et l'explique par la logique thématique et plastique de son œuvre : « Quand je fais du « Mondrian » ou du « Picasso », il en résulte à mon avis un gain d'intensité parce que j'essaie de faire, disons, du Picasso ou Mondrian commercial ou de l'expressionisme abstrait commercial. En même temps, je suis très soucieux de faire de mon propre travail une œuvre d'art de sorte qu'on trouve pour ainsi dire une reconstitution. Ainsi tout est complètement réorganisé : c'est devenu commercial parce que le style dans lequel je donne l'est également. En même temps, je reconnais que c'est seulement une mode ou un style, et non la vérité de mon propre travail parce que celui-ci est lié à un souci d'organisation. Je ne veux pas que cela soit apparent dans mon travail. Mais le résultat auquel je tends est la création d'une nouvelle œuvre d'art qui possède d'autres qualités que la peinture de Picasso, de Mondrian ou de l'expressionisme abstrait... » (1).

« Un Picasso est devenu une sorte d'objet populaire ; on a l'impression qu'il devrait y avoir une reproduction de Picasso dans chaque maison.

Vous voulez dire qu'il est un héros populaire et que tout le monde pense qu'il représente l'art d'aujourd'hui ?

Oui je pense que Picasso est le plus grand artiste de ce siècle, mais je pense aussi qu'il est intéressant de faire du « Picasso » très simplifié afin de subvertir la signification des formes qu'il a créées, tout en produisant encore de l'art. Le travail de Cézanne est à vrai dire diamétralement opposé à quelque chose qui ressemblerait à un diagramme. Mais ce n'est le cas ni chez Picasso ni chez Mondrian. Mondrian utilisait les couleurs fondamentales et Picasso celles qui s'en rapprochent – couleurs argileuses – quoique cela ne fut pas toujours vrai. Mais il y a une sorte d'accentuation du tracé, une expression par diagrammes ou schémas qui rejoignent mes préoccupations. Ce que je veux faire, c'est le ratelier à pipes – simplifié – de Picasso, quelque chose qui paraisse mal conçu et qui pourtant possède une valeur intrinsèque.

Quelle différence y a-t-il en ce qui concerne le dessin et la conception entre le vrai Picasso et le vôtre ?

D'ordinaire je me contente de simplifier l'ensemble tant en ce qui concerne la couleur que la forme. Je ne pense pas que cette simplification soit bonne ou mauvaise – c'est seulement ce que je veux faire pour l'instant. Picasso a peint *La femme d'Alger* en s'inspirant d'une toile de Delacroix et j'ai fait, quant à moi, ma toile en m'inspirant de la sienne » (2).

Roy Lichtenstein, Oho Hahn, Martial Raysse au vernissage de l'exposition Lichtenstein, Galerie Sonnabend, Paris, 1965.

Roy Lichtenstein

Still Life after Picasso, 1964.

Magma sur plexiglas, 122 × 153 cm.
M. et Mme Leo Castelli, New York.

(1) Alan Salomon : « Conversation with Lichtenstein », *in* John Coplans, *Roy Lichtenstein*, New York, Praeger, 1972.

(2) John Coplans : « Talking with Roy Lichtenstein », *Artforum*, V, 9, mai 1967.

Roy Lichtenstein

I know... Brad, 1963.

Crayon et huile sur papier, 169 × 96 cm.
Collection Ludwig, Aix-la-Chapelle.

La première exposition de Lichtenstein à Paris (Galerie Sonnabend, 1963) est essentiellement consacrée aux peintures de bandes dessinées et *I know... Brad* y figure en bonne place. Lichtenstein a commencé à introduire dans son œuvre des personnages de « Comics » en 1961 et le Pop'art américain n'en est alors qu'à ses débuts. Paris découvre donc – grâce à la Galerie Sonnabend – cette nouvelle peinture américaine très peu de temps après New York.

Si ces tableaux surprennent Paris, l'introduction picturale de la bande dessinée va être également à cette époque le thème privilégié de certains peintres parisiens (cf. Erro, Rancillac, Télémaque...). Mais Lichtenstein n'associe pas différentes images, il se contente de les recopier agrandies pour leur donner une présence plastique. Ce qui ne leur donne pas moins de sens comme l'explique Robert Rosenblum dans un texte repris dans le catalogue de cette première exposition :

« Lichtenstein aujourd'hui explore les images – produites en séries – de la plus vile illustration commerciale. En agrandissant ces images, il révèle un vocabulaire d'une rudesse et d'une force peu communes. Contours maladroits et noirs d'encre, livides couleurs primaires, écran de points minuscules, arides surfaces, émergent tout à coup comme un défi aux raffinements précieux de couleur, de matière, de ligne et de plan, que l'on trouve dans le vocabulaire expressionniste-abstrait.

Comme tout artiste, pourtant, Lichtenstein a choisi très soigneusement ses sources visuelles et il a appris à les utiliser pour créer son style propre. L'illustration commerciale offrait de multiples possibilités : il en choisit ce qui produit le plus possible d'aplats ; épais contours noirs cernant toujours un plan unique ; surfaces opaques dont la rigueur n'admet aucune trace d'artisanat, motifs décoratifs instamment bi-dimensionnels ; arabesques xylographiques et rangées de points mécaniquement ordonnées – qui symbolisent matière et modelé » (1).

(1) Robert Rosenblum, *Roy Lichtenstein and the Realist Revolt*, Metro n° 8, avril 1963.

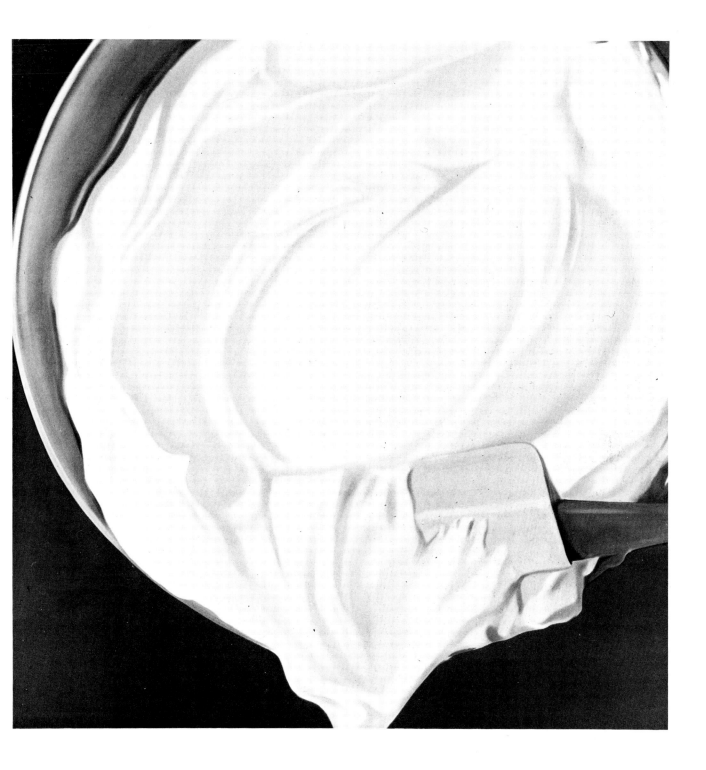

James Rosenquist

Frosting, 1964.
Huile sur toile, 168 × 168 cm.
Stedelijk Museum, Amsterdam.

Présenté lors de la première exposition personnelle de Rosenquist à Paris en 1964, *Frosting* est acheté la même année par le Musée d'Amsterdam. C'est la première œuvre de cet artiste qui entre dans une collection publique européenne. Le catalogue édité alors par la Galerie Sonnabend comprend une préface de José Pierre qui le situe dans la double lignée du Pop'art et du surréalisme (Magritte en particulier).

Peintre publicitaire à la fin des années cinquante, Rosenquist représente des objets quotidiens démesurément agrandis. Mais sa technique reste traditionnelle, contrairement à la reproduction sérigraphique chez Warhol. D'autre part il associe dans la plupart de ses toiles des objets, des fragments de visage, etc... au point que l'image se lit d'abord comme abstraite et ce n'est qu'après un plus long examen que l'on parvient à identifier les éléments représentés. Rosenquist a d'ailleurs écrit qu'il voyait de l'abstraction partout, par exemple en regardant un paysage. Cette attitude explique sans doute l'intérêt manifesté pour Rosenquist de la part de nombreux artistes européens. Quoique fondamentalement pop, sa démarche est certainement plus familière aux artistes qui vivent alors dans l'héritage du surréalisme.

Jim Dine

Black Saw, 1962.

Huile sur toile, bois et objet, 185,4 × 80 cm.
Collection particulière, New York.

Comme la plupart des artistes américains de sa génération, Dine voit sa première exposition parisienne organisée par la Galerie Sonnabend. Il apparaît alors comme un artiste assez marginal par rapport au Pop'art, mettant en scène des objets pour leur qualité visuelle, et non en privilégiant l'esthétique d'une société industrialisée. Beaucoup d'entre eux se trouvent être des outils que Dine intègre à ses tableaux : scie, vilebrequin, marteau, etc... « Avec des outils flambant neufs ou avec ceux que renouvelle une couche de peinture, Jim Dine crée des formes classiques à l'encontre de ceux qui manipulent le corps même de la machine... Dans *Saw,* l'unité esthétique tripartite consiste en une toile noire, et deux parties d'une scie divisée par le bord du tableau. La Combinaison d'un instrument dangereusement aiguisé et d'une toile lourdement enduite de noir met en scène le conflit entre production et destruction, peinture et mutilation » (1).

Ce traitement poétique, et souvent ironique de l'objet peut être rapproché de la démarche de certains des nouveaux réalistes qui mettent eux-aussi l'accent sur la propre fonction esthétique de l'objet trouvé. Il situe Dine hors du contexte Pop, ce que l'artiste lui-même tient à souligner : « Je n'ai jamais été un artiste « pop ». Je suis arrivé à une époque où, ni moi, ni mes contemporains ne trouvions rien d'extraordinaire à utiliser des objets quotidiens dans le tableau au lieu de les peindre. Certains ont fait de ces objets une surenchère, un véritable exercice de « gigantisme ». Je les ai utilisés en tant que métaphores et réceptacles de mes pensées et de mes sentiments les plus profonds et les plus originaux. Franchement, il est très souvent plus efficace de manipuler des objets (de vrais objets) que de les peindre. C'est aussi beaucoup plus rapide et nous étions tous coincés par cette notion si américaine du « more is more » (2) ».

(1) Nicolas Calas, catalogue de l'exposition Jim Dine, Galerie Sonnabend, 1963.

(2) Lettre de Jim Dine, catalogue de l'exposition, C.A.P.C., Bordeaux 1975.

604

George Segal

Gottlieb's Wishing Well, 1963.
Plâtre et flipper, 162,5 × 232,5 × 62,5 cm.
Collection particulière, Bruxelles.

« Seule œuvre que Segal ait réalisée à l'étranger. Elle témoigne, et ce n'est guère surprenant, des origines américaines de son auteur par le choix du sujet, le plus « pop » que l'on puisse trouver dans toute l'œuvre de Segal. Créer cette œuvre à Paris semble être un refus aussi vigoureux de la culture et des mœurs européennes que de commander un hamburger dans un restaurant gastronomique. L'œuvre représente un flipper américain, avec un joueur américain (Michael Sonnabend) et, commandée par une galerie américaine, elle fut sans doute conçue pour plaire à un amateur d'art européen dont les préférences vont à un pop art pur et dur.

Pendant son premier voyage en Europe – pour aider aux préparatifs de la première exposition qui lui était entièrement consacrée à l'étranger à la galerie Ileana Sonnabend – Segal reconnut qu'il avait le goût du scandale : « Quel culot de ma part d'avoir montré mes œuvres dans la patrie même des arts ! » A Paris, c'est le baroque, les décorations outrancières et la grisaille pesante à laquelle il n'était pas habitué qui l'ont frappé. En attendant le dédouanement de *Woman in a Restaurant Booth* – l'œuvre, considérée comme du mobilier usagé, s'était égarée – il se mit au travail, son passe-temps et son délassement préféré.

A l'époque c'était à Paris la folie des flippers. Avec Michael Sonnabend, Segal se rendit dans un garage de Pigalle où étaient entreposés une centaine de vieux flippers. Il put choisir selon son goût, tous les modèles étant à deux cents francs, et il en prit un qu'il aimait tout particulièrement pour sa décoration tape-à-l'œil qui lui rappelait la peinture futuriste. L'appareil s'allumait quand on le mettait en marche, et ainsi germa timidement en lui une idée dont il n'allait pas tarder à tirer profit : faire de la lumière une composante active et pleinement intégrée à ses œuvres. Pour mouler le personnage il ne put se procurer que du plâtre couleur argile provenant d'un laboratoire dentaire. En le peignant en blanc il lui donna cet aspect si caractéristique des œuvres de Segal auquel nous sommes aujourd'hui habitués » (1).

(1) Jan van der Marck, *George Segal,* New York, Harry N. Abrams, 1975.

Les Européens à New York, l'hôtel Chelsea

Happening et Fluxus

L'année 1960 voit s'amorcer pour la première fois depuis la guerre un mouvement d'ensemble d'artistes européens vers l'Amérique. Ce phénomène, comparable, même s'il ne prend pas la même ampleur, aux G.I. bills d'après-guerre, est dû pour une grande part à un nouveau parallélisme entre les options créatrices parisiennes et new yorkaises. Les jeunes Nouveaux Réalistes ont entendu parler d'artistes américains comme Rauschenberg et Johns, et ont commencé à voir leurs œuvres à Paris. Dès qu'une occasion se présente – exposition, manifestation –, ils prennent l'avion ou le bateau pour New York. Marcel Duchamp y réside alors : lui rendre visite s'impose dès l'arrivée à New York.

Encouragés par le succès que connait en 1960 Jean Tinguely avec son *Hommage à New York,* la première génération des Nouveaux Réalistes se rend à New York au tout début des années 60, y expose avec plus ou moins de succès, s'y installe parfois définitivement (Christo, Arman), toujours pour plusieurs mois.

Il est vrai qu'à l'époque les expositions sont rares à Paris. Seules quelques galeries s'intéressent à l'avant-garde et les musées n'ont pas encore ces antennes consacrées à l'art contemporain qui ne seront créées qu'à la fin des années 60 (ARC, CNAC). Le voyage d'autre part n'est plus un véritable obstacle matériel, les « charters » ayant rapproché les deux continents. La mouvance ne touche d'ailleurs pas que les Nouveaux Réalistes mais des artistes de toute origine, comme Bury, Takis, Alechinsky, Maryan ou même des très jeunes : Brusse, Raynaud, Jacquet, Venet... Elle va se dérouler tout au long des années 60 et se prolonge jusqu'à aujourd'hui.

Le point de chute quasi-inévitable est l'Hôtel Chelsea. Yves Klein y rédige son manifeste, d'autres y installent leur atelier, y organise diverses actions : « Le Chelsea Hôtel est la plaque tournante de l'émigration parisienne. Grande bâtisse modern' style, située en plein quartier grec, au coin de la 23ᵉ rue et de la 7ᵉ avenue, l'ambiance fait très rive gauche : on peut y louer un atelier pour 300 dollars par mois et une chambre pour 8 dollars par jour. Ce n'est pas cher pour New York et surtout on n'y est pas dépaysé : toute la nouvelle vague de l'école de Fluxus y transite. Néanmoins, il existe des solutions plus économiques mais plus contrai-

gnantes. Dans le bas-Manhattan (downtown), du côté de Canal street ou de Howard Street, il existe des « lofts » au loyer très modique, qui sont d'anciens ateliers industriels ou d'anciens dépôts. L'installation y est rudimentaire et les tuyauteries sont le paradis des rats. On y survit si l'on a le cœur bien accroché et si un voisin méfiant ne vous dénonce pas au capitaine des pompiers du coin. La bohème artistique est l'obsession de cette ville qui vit dans la crainte perpétuelle du feu (1) ».

Pour nombre de ces artistes, le séjour en Amérique aura une influence déterminante sur l'évolution de leur œuvre. Les uns y trouveront de nouvelles techniques, d'autres matériaux ; pour d'autres ce contact avec la ville américaine et ce nouveau type de paysage aura des répercussions sur les formats ou les options créatrices en général.

Il nous a paru nécessaire de joindre à cette section quelques exemples d'œuvres ou de documents issus du « Happening » ou de « Fluxus ». Ces deux mouvements jouent alors en effet, l'un à New York, l'autre en Europe, un très grand rôle dans ces échanges entre les deux continents. Leurs défenseurs font fréquemment le voyage Europe-Amérique, ou inversement, pour participer à des manifestations et rencontrer d'autres artistes. Ils sont aussi à l'origine de nouveaux types d'échanges qui ne prennent plus la forme d'exposition proprement dites, mais d'envois postaux (« Mail Art »), d'échanges d'idées ou de simples participations à des spectacles. Tout au long des années 60, Kaprow, Brecht, Filliou, mais aussi Ray Johnson, J.-J. Lebel, Maciunas, David Tudor, John Cage, Merce Cunningham qui se rattachent de près ou de loin aux Happenings, prennent leur part dans les relations Paris-New York.

(1) Pierre Restany, « Qu'est ce qui fait fuir nos peintres en Amérique ? », *Arts-Loisirs,* n° 64, 14-20 décembre 1966.

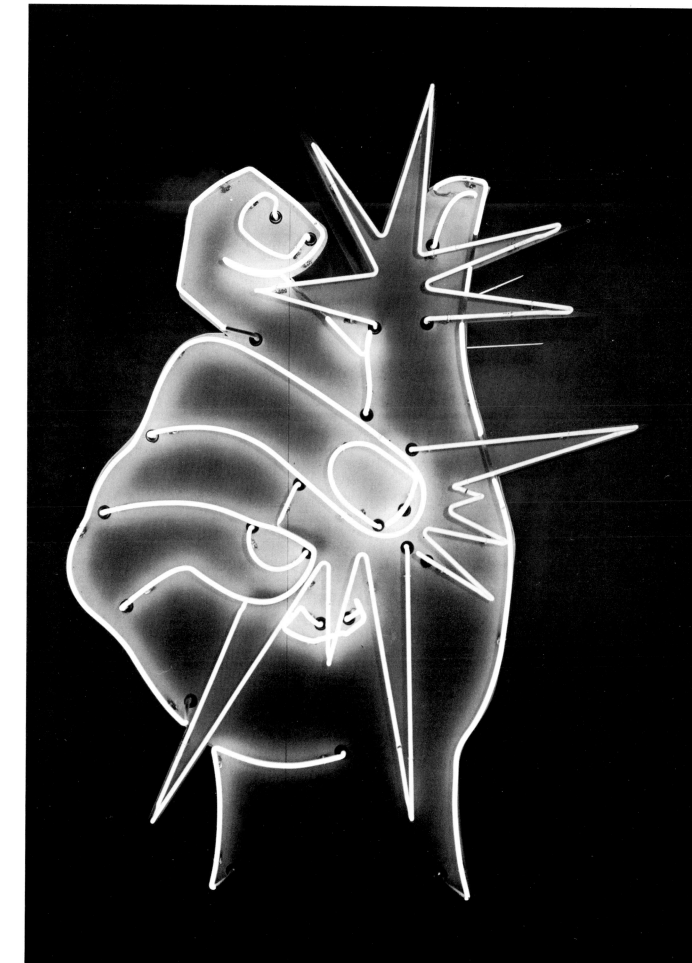

Martial Raysse

America, America, 1964.
Néon et métal peint, 240 × 165 × 45 cm.
Brooks Jackson Gallery Iolas, New York.

Au début des années 60, Martial Raysse est associé avec les autres membres du Nouveau Réalisme aux premières expositions de groupe à New York où est montrée cette nouvelle tendance : « Art of Assemblage » 1961, « New Realists » 1962. Il bénéficie également très vite de plusieurs expositions personnelles à New York (1962, 64) et à Los Angeles (1963, 64). En fait l'Amérique le découvre avant Paris où sa première exposition n'a lieu qu'en 1965.

Ce rappel de quelques dates est très symbolique du changement d'attitude qui se produit alors. Pour un artiste qui n'a pas 25 ans lorsqu'il commence à assembler des objets en matière plastique, optant pour une voie radicalement opposée à l'abstraction informelle et tachiste, l'Amérique exerce une attraction immense. Des premières coulées de peintures, dont Pierre Restany affirme qu'elles « préfigurent curieusement en 1957-58 le *post-painterly abstraction* de Morris Louis (1) », au *Raysse Beach* exposé à New York en 1962 et où entre en jeu le néon pour la première fois, l'œuvre de Raysse offre de multiples correspondances avec les créations américaines contemporaines. Contrairement aux autres Nouveaux Réalistes, Raysse intègre à l'*Hygiène de la vision* ou au *Raysse Beach,* des objets neufs, non-usagés, achetés dans les supermarchés, attitude proche du pop'art. De même l'utilisation de la lumière du néon – comme dans cette transcription de la Statue de la Liberté qu'est *America, America* – trouvera son véritable épanouissement dans la découverte de la Californie à partir de 1963 :

« C'est alors que se produit en lui l'épanouissement libérateur, que jaillit l'intuition d'un seuil de qualité au-delà de la quantité, et pourtant inséparable d'elle. Comme Yves Klein, c'est à travers la couleur et son « imprégnation » qu'il cherchera sa voie. La couleur d'abord comme réalité tangible : ses Baigneuses sur la plage sont saturées de lumière. Mais cette couleur s'insère dans le cadre d'une réalité organisée, créée par les hommes à leur usage et à leur image. De Nice à Los Angeles, la « nature » de Raysse déploie ses richesses fastueuses, ses perles de néon, le luxe de ses villes, l'éclat de son soleil, le bleu apprivoisé de son ciel et de sa mer. Nature sophistiquées à l'extrême : mais le secret de la beauté Raysse-made réside dans cet artifice-même.

Sur ces bases « naturalistes », Martial Raysse a échafaudé avec la flugurante précocité qui est l'apanage des grands une véritable philosophie de la vision : un instinct vital incarné dans un regard sur le monde. Les moyens mis en œuvre à cette fin sont aussi simples qu'efficients : ils concernent la structuration interne de l'image, l'emploi de la couleur vaporisée et fluorescente, le recours à des effets lumineux artificiels (lumière électrique et néon) (2) ».

(1) et (2) Pierre Restany, « Martial Raysse et l'Hygiène de la vision », catalogue du Palais des Beaux-Arts Bruxelles, 1967.

Arman

In another galaxy, 1964.
Accumulation de rouages dans polyester sur plexiglas,
91,1 × 79,6 cm.
Joan Lee Smith, New York.

1961-1962 : Une accumulation dans tous les sens ; une grosse accumulation, « l'accumulation » ; je débarque et je me retrouve au centre de mes rêves, les vitrines de vitrines, profusion des cristaux à fenêtres sur le rocher de Manhattan ; alors au passé je dis : au revoir, bye bye la cueillette archéologique dans les décharges publiques, les achats anémiques au marché aux puces, l'empire de la production sous les yeux et sous la main.

Lorsqu'en 1963 je me suis enfin installé pour de bon, je partageai 84 Walker street un atelier avec Niki de Saint Phalle et Jean Tinguely ; ce studio qui nous était loué par Frank Stella était parallèle « down south » à Canal Street.

Canal Street le terminus de toute la mécanique soldée, les « jobs lots », les reliquats de l'industrie et du commerce, des cartons et des boîtes pleins d'objets témoins des faillites et des échecs de la production, en somme des trottoirs entiers d'accumulations ready-made, alors il s'est passé une simple chose, toute la mécanique, tous les outils l'environnement des buildings, les kms de fenêtres ont commencé à déteindre sur mes surfaces.

En 63-64 pour l'exposition chez Janis mon travail a pris cette direction, l'accumulation mécanique, les rouages dans le plastique, les vis, les roulements à billes, etc., etc.

C'est d'ailleurs de cette impulsion qu'est issue, toute armée de la cuisse de Canal Street, l'expérience Renault, après une tentative avortée avec Ford ; j'ai en 66 rencontré Claude Renard et cette rencontre a permis de développer cette aventure commencée à Canal Street.

Et aujourd'hui avec les sculptures d'outils soudés l'affaire progresse en file indienne, droit depuis New York ; je crois que sans le choc new yorkais, il aurait manqué à mon travail une inclinaison métallique et une volonté de murs de verre.

Arman, mars 1977

L'appartement d'Arman à l'Hotel Chelsea, New York, 1967.

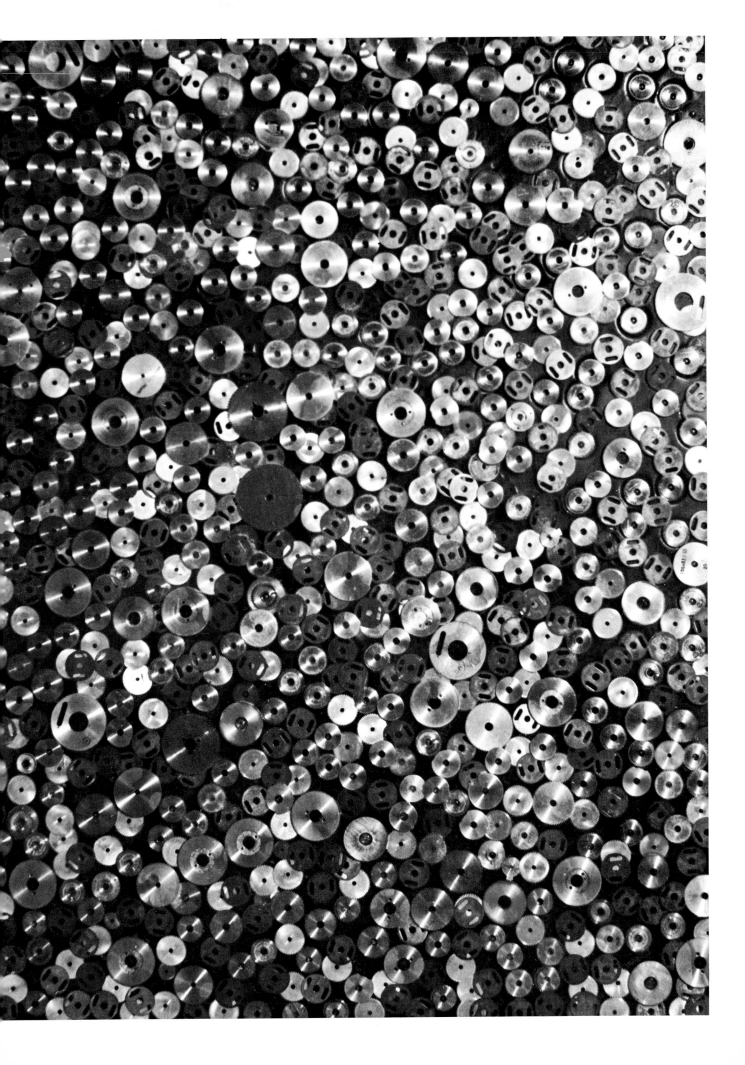

Niki de Saint Phalle

Crucifixion, 1963.

Techniques mixtes, 245 × 160 × 50 cm.
Musée national d'art moderne, Paris.

Bien que née en France, Niki de Saint Phalle vit à New York jusqu'à l'âge de 20 ans. Lorsqu'elle retourne en Europe en 1951, elle commence à peindre et découvre bientôt l'œuvre de quelques artistes contemporains comme Yves Klein, Tinguely et Rauschenberg. C'est en 1961 qu'a lieu sa première exposition personnelle à Paris à la Galerie J. sous le titre de « Feu à volonté ». Elle y expose des « autels » qu'elle macule de couleur en tirant à la carabine sur des petites outres pleines de peinture. Elle réagit ainsi à sa manière contre l'art informel et le « Dripping », comme ses amis Nouveaux Réalistes. La même année elle participe à l'exposition du MOMA « The Art of Assemblage ».

En 1962, elle retourne aux Etats-Unis pour une séance de tir monumental à Los Angeles et participer à New York au ballet « Construction of Boston » avec Merce Cunningham, Tinguely et Rauschenberg. Elle expose aussi pour la première fois à New York, à la Galerie Iolas, des œuvres de très grandes dimensions : *The Shooting Gallery,* ou *Hommage au facteur Cheval,* et *Gorgo in New York.* L'année suivante elle expose une autre œuvre monumentale *King-Kong* à Los Angeles. Elle travaille également à l'Hôtel Chelsea où elle réalise entre autres cette *crucifixion* de 1963 qui figurera à son exposition en 1966 à la Iolas gallery.

Dès ces premiers assemblages, l'œuvre de Niki de Saint Phalle se place ainsi d'emblée dans le contexte Paris-New York. Fréquentes seront ses collaborations avec des artistes européens, comme Jean Tinguely, et américains (Rauschenberg, Johns, Rivers). Ses *Nanas* seront également familières au public new yorkais qui verra pendant un an *Le paradis fantastique* exposé à Central Park, et pourra acheter ses *Nana-ballons* à partir de 1968.

Niki de Saint-Phalle et Jean Tinguely : *Le Jardin fantastique* à Central Park, New York, 1968.

Jean-Pierre Raynaud

Psycho-objet/Tour, janvier-mars 1967.
Bois, fer, matière plastique, émail, peinture, lumière électrique, 455 × 91 × 91 cm.
Jean Larcade, Paris.

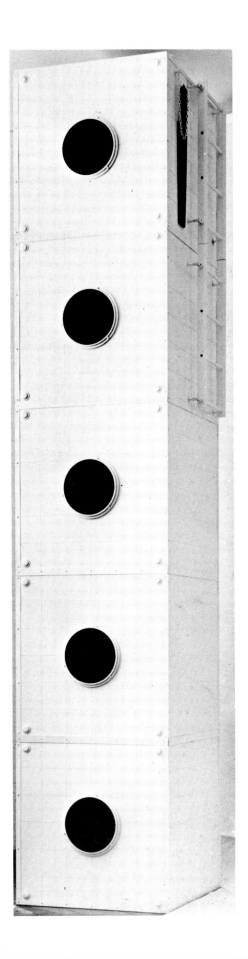

Pour un tout jeune artiste, d'un peu plus de 25 ans, attiré par le monde des objets, le voyage à New York s'impose en ce milieu des années soixante. A peine révélé à Paris par deux expositions personnelles, Raynaud part pour l'Amérique en octobre 1966. Il y reste trois mois, fait la connaissance d'Arman et y dessine le projet de ce *Psycho-objet/Tour* exécuté dès son retour à Paris. Les *Murs,* les *Coins* qui voient le jour tout au long de l'année 1967, ce passage de l'objet à son environnement amorcé avec la *Tour* trouvent sûrement en partie leur source dans la découverte du paysage urbain new yorkais.

Tel qu'il le décrit, l'univers plastique de Raynaud est en liaison directe avec la société industrielle tant américaine qu'européenne :

« Sur la route nous sommes sensibles à ce que nous avons appris à regarder : les arbres, les panneaux publicitaires, les grands ensembles... Tout ce qui nous impressionne hors du spectacle regarder parait inutile...

Dans les groupes sanitaires, rien n'est gratuit : lavabo, baignoire, bidet, glace... Tout a une fonction. Au contraire, la salle de séjour c'est le culte de la personnalité.

La réalité se mesure au mètre, pourquoi pas les tableaux ? D'habitude on accroche les tableaux contre les murs et puis c'est tout. J'ai voulu faire un mur et pas un tableau. Les gens vont passer devant une porte, une grille d'aération, une échelle de secours... Comme s'ils suivaient un couloir de métro.

J'utilise les quatre coins d'une pièce, une portion de mur, une partie du plafond... Le dialogue s'établit entre les surfaces comme dans la retraite...

... Regardez 400 mètres de canalisation (1) ».

(1) *In* catalogue Raynaud, CNAC, Paris 1969.

Jean-Pierre Raynaud à New York photographié par Arman, 1966.

Daniel Spoerri

Marcel Duchamp's Dinner, 1964.
Collage de couverts sur panneau de bois, 63,4 × 53,7 cm.
Arman, New York.

Der Verranderungsweg des Menschen, 1964.
Bois, plastique, assemblage, 120 × 200 × 20 cm.
Appartient à l'artiste.

Mon premier séjour à New York date de 1964. La mode provoquée par l'exposition « The Art of Assemblage », où j'avais participé avec la Chaise du petit déjeuner de Kichka, était déjà dépassée... Dans les galeries on voyait partout l'influence qu'allait avoir la nouvelle exposition se préparant au MOMA « The Responsive Eye ». « L'optical art ». L'art comme la mode d'une saison.

Arman me présente à Allan Stone qui me propose une exposition. Je décide de considérer la notion du tableau piège sous l'angle des variations sur un thème : 33 personnes sont invitées à manger sur des supports identiques, de même que la quantité de vaisselle. Seule la position de ces objets dans le résultat définitif, c'est-à-dire après le repas, sera différente et considérée comme la « création » ou le « reflet » de chaque personne. A cet effet un « Brevet de garantie » sera signé par l'invité.

Parmi les 33 tableaux finalement signés, on relève les noms de Ray Johnson, Marcel Duchamp, Roy Lichtenstein, Andy Warhol (qui fit un petit film de la séance du diner), Bill Copley, Arman, Bruce Conner, Dick Higgins, Erro, Kate Millett (à cette époque pas du tout féministe et faisant des assemblages d'objets), Letty Eisenhower (dans l'atelier de qui ont eu lieu ces diners).

Pour remercier Arman, je lui fis choisir l'une des tables et il prit au hasard (dit-il) celle signée par Duchamp. Une sorte de double ready-made puisque la notion du tableau piège est une extension de l'objet trouvé, appliqué à une situation.

Il me manquait encore une pièce qui résumerait le tout. Ce fut ce *Monument pour les 33 variations* avec la lunette de la toilette au centre, seule lunette qui me manquait dans la collection de l'*Optique moderne* accompagnée de notules inutiles par François Dufrêne. Ce sont surtout les fleurs en plastique qui symbolisaient ma réaction envers et contre l'Amérique : l'artificiel, le fabriqué, le rationalisé. D'où le deuxième titre : *Why don't you live with me ?*

Mais cette œuvre veut aussi indiquer le renouvellement cyclique de l'homme et aussi bien de la nature, donc de ce qui nourrit l'homme, la mort de l'animal qui précède sa cuisson comme sa digestion, qui s'achève avec la défection, où la « merde » constitue de nouveau un engrais qui permet le renouveau. C'est pourquoi je changeais encore une fois son titre lorsqu'elle fut à nouveau exposée au Stedelijk Museum d'Amsterdam en 1970, pour la première fois en Europe : *Der Verranderungsweg des Menschen* (Le chemin de la digestion chez l'homme). J'ai repris ce thème dans mon film *Résurrection*, réalisé plus tard par Tony Morgan.

Avoir mis des fleurs artificielles à cette époque voulait démontrer que l'Amérique me semblait manquer de ce contact direct, ou tout au moins mon impossibilité de m'identifier avec ce mode de vie.

Je revins pourtant l'année suivante pour une période de neuf mois à New York, avant de retourner définitivement en Europe, convaincu que je devais rester ici pour résoudre mes problèmes.

Daniel Spoerri, 3 mars 1977

Pierre Alechinsky

Central Park, 1965.

Acrylique sur papier pelure, remarques marginales sur papier Japon, marouflés sur toile, 162 × 193 .cm
Appartient à l'artiste.

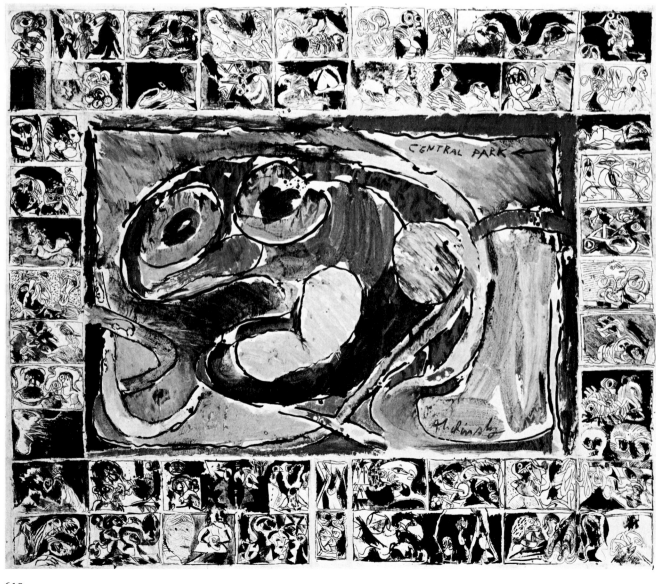

« Ma première peinture à l'acrylique date de 1965, je peignais sur une feuille de papier dans l'atelier de Walasse Ting à New York ; j'emportai cette feuille en France. Je me mis à l'observer, punaisée au mur, tout en dessinant à la queue leu leu sur de longues bandes de papier japon. J'épinglai celles-ci à l'entour : *Central Park,* ma première peinture à remarques marginales. Je collai le tout sur une toile : permier marouflage. J'allais bientôt me déshabituer de la peinture à l'huile. Elle ne m'avait jamais permis ces regroupements, allitérations et va-et-vient (1) ».

« *Don't cross Central Park by night,* tout ce que vous voulez, mais ne vous promenez jamais seul dans Central Park la nuit ». Tout ce que vous voulez – implore Jeannot-Lapin, l'esprit vif jusque dans la gueule du loup – brûlez, noyez écrasez-moi entre deux pierres, mais ne me jetez pas dans les ronces. Le loup le lâche dans les ronces. Il est sauf. (Malcolm Lowry l'a dit : Tout est dans Jeannot-Lapin). Alors se sauver par là ? Dans le ventre ouvert et vert de la ville ?

Fenêtres écarquillées, New York à l'affût rêve de sauvagerie. *Don't cross...* La phrase prend, elle panique, gagne les sceptiques. Pourtant, qui attendrait qui ? Plus personne, et peut-être bien que j'oserais flatter l'Alice de bronze polie par tant de caresses diurnes, franchir en solitaire le miroir horizontal maintenant vide de patineuses. Mais non.

Déjà leur peur de l'attaque quand ils se déplacent, les New Yorkais, avec plus de dix dollars dans le gousset. *Dans le vieux parc solitaire et glacé...* Ne sortons pas du sujet. Mais si, la voix de Jouvet récitant Verlaine dans « Carnet de bal », et plus loin : *Ah les beaux jours...* Oh, le titre de Beckett ! Trouvaille, je ramasse. Et l'autre hiver, dans le silence des rues sans voitures à cause de la neige, ils se lamentaient : « Nous n'aurons plus de lait devant la porte, c'est comme à la guerre ! »

Ce matin-là : lait maternel définitivement en poudre, pelade continentale, bribes, filaments, gravois. Nous, suspendus au-dessus, invisibles poussières de spectres, rassemblées, dispersées par le vent. Mais soufflera-t-il encore ?

J'en étais là quand Marlène et Jerry m'entraînèrent vers la baie vitrée : – Venez donc admirer notre vue sur le parc. D'en haut nous voyons tout. On domine.

J'étais venu revoir à leur mur mes deux tableaux : *Avec Lewis Carroll* et *Diffusion du paysage.* Je les quittai des yeux et me penchai. *Don't cross...* En bas, une gueule de monstre m'apparut tapie dans la fixité topographique. Méandres de Cobra ? Anamorphose ? Terrible avec sa chevelure de fouillis d'arbres, son profil dessiné par l'ample découpe des chemins, joues coloriées en vrai. Terrible car naturelle, crachant ou remettant en jeu Alice et Lapin monumentaux, écureuils et curieux, flâneurs et écolières, ribambelles de taxis jeunes et fiacres rares. Central Park, dragonne aux yeux de rochers plats, mère à la peau de prairie un peu chauve. Mais décidée, mais prometteuse (2) ».

Pierre Alechinsky

(1) Pierre Alechinsky, extrait de *Les moyens du bord,* cat. Alechinsky, Musée d'art moderne de la ville de Paris, 1975.

(2) Pierre Alechinsky, extrait de *Peintures et Écrits,* Paris, Yves Rivière – Arts et Métiers graphiques, 1977.

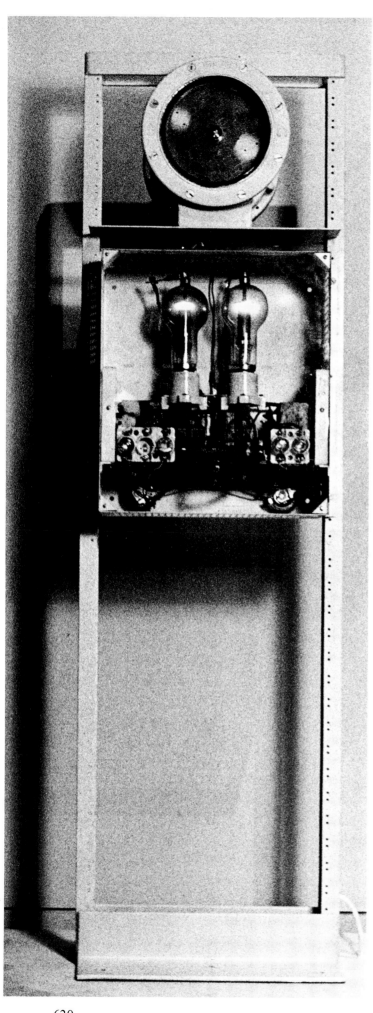

Takis

Blue Telephota, 1968.
Techniques mixtes, 175,3 × 50,8 × 38 cm.
Appartient à l'artiste.

Le premier séjour à New York de Takis date de 1959. Il s'installe alors à Greenwich Village pour préparer sa première exposition individuelle à New York, Galerie Iolas. Tout au long des années 60, comme d'autres artistes européens de sa génération, Takis fera des séjours quasi-annuels à New York en exposant fréquemment soit à la Galerie Iolas, soit chez Howard Wise.

Invité au « Center for Advanced Visual Studies » au M.I.T., (Massachussets Institute of Technology) à Cambridge, Mass., il y travaille pendant toute l'année universitaire 1968-69. Ses contacts avec de nombreux scientifiques l'aident à mettre au point une machine qui tire son énergie de l'oscillation de la mer. C'est en utilisant le même procédé qu'il réalise, en hommage à Marcel Duchamp, le mouvement perpétuel d'une roue de bicyclette.

Faisant ainsi appel à diverses techniques, les sculptures de Takis magnétiques, sonores ou lumineuses doivent sans doute beaucoup à ces séjours répétés en Amérique. Il y découvre des technologies avancées qui lui permettent de poursuivre ses recherches, en particulier pendant ce séjour à Cambridge.

Pol Bury

182 boules sur 2 plans opposés, 1967.
Bois et moteur, 240 × 120 × 60 .cm
galerie Maeght, Paris.

Les nuages d'Americ Vespuce.

Si des artistes avaient accompagné Americ Vespuce, lorsqu'il alla faire ce qu'on sait, sans doute n'auraient-ils rien ramené qui ait pu changer l'art de l'époque. Ils auraient aperçu des nuages semblables à ceux d'ici et n'auraient vu que du bariolage dans l'art des Indiens. Il fallait encore attendre quelques siècles pour que les primitifs aient droit au chevalet.

Lorsqu'en 1964 je traversai à mon tour l'océan, je constatai que les nuages étaient semblables à ceux d'Europe. Par contre, les gratte-ciels étaient bien de chez eux. Quant aux bariolages qui avaient acquis droit de cimaise en Europe, ils étaient, à peu de chose près, similaires.

Les mêmes « ismes » se faisaient sur une plus grande échelle. Faisant de plus grosses voitures, élevant de plus grands murs, il était normal qu'ils fassent de plus grands tableaux. Le gigantisme était l' « isme » le plus originellement américain.

Pour l'artiste venu d'Europe, ces Gullivers de toutes sortes étaient fascinants et le lilliputisme lourd à porter.

J'ai donc loué sur Union Square un petit atelier où j'ai fait de petites sculptures. Je voyais des grands gratte-ciels avec des fenêtres minuscules, comme les gens qui traversaient le parc où j'allais parfois m'asseoir. Des vieux juifs d'Europe parlaient des pogroms, des jeunes « Wasp » du Vietnam. J'apprenais l'anglais avec Humphrey Bogart et Batman.

Plus encore, j'y pris femme et eut une fille à deux pas du Campus de Berkeley.

Ma sculpture devait-elle raconter tout cela ou en être le témoin ?

Comme l'iconologie peut faire dire n'importe quoi et même aussi le contraire, il n'y a pas de raison que *182 boules sur 2 plans opposés* y échappent.

Pol Bury, janvier 1977

621

Mark Brusse

Double relief in 18 colors, New York, 1966-67.
Bois et métal, 40 × 122 × 11 cm.
Appartient à l'artiste.

Deux jours après être arrivé à New York, je rendis visite à Leo Castelli avec le catalogue de ma dernière exposition chez Mathias Fels et un mot d'introduction de M. de Wilde du Stedelijk Museum. Castelli se montra très aimable avec moi : il regarda le catalogue, me fit visiter l'exposition (les vaches de Warhol) et, au moment où je prenais congé de lui, il me tendit mon catalogue. Je luis dis : « Non, non, vous pouvez le garder » et Leo me répondit : « Prenez-le, il pourra peut-être vous servir dans d'autres galeries. De toute façon ici on le mettra à la poubelle ». Voyant mon embarras il me dit : « Mark, croyez-moi, ce n'est pas comme ça qu'il faut s'y prendre, même avec un mot d'introduction du directeur d'un des plus grands musées européens. Et si ce soir vous veniez avec moi à une réception chez Claes Oldenburg ? » Le soir je suis donc allé chez Oldenburg et je me suis fait des amis qui ont influencé ma manière de penser. Des artistes comme Paik, Ray Johnson, Al Hansen, Carolee Schneeman et bien d'autres me sont devenus très proches. A l'époque, je voulais supprimer la couleur ou lui donner une note plus personnelle.

Emmett Williams, qui vivait non loin de là, chez Dick Higgins, se montra très enthousiasmé par mon idée de demander aux amis de peindre pour moi une de leurs couleurs préférées. Filliou, Martha Minujin, Arman, Spoerri (qui n'accéda à ma demande que dix ans plus tard à La Ruche où je vis aujourd'hui) étaient là parmi bien d'autres. Alors j'ai préparé mes planches, j'ai rassemblé toutes ces couleurs et en un tournemain, grâce à mes amis, l'œuvre était prête.

Mark Brusse, Paris, février 1977

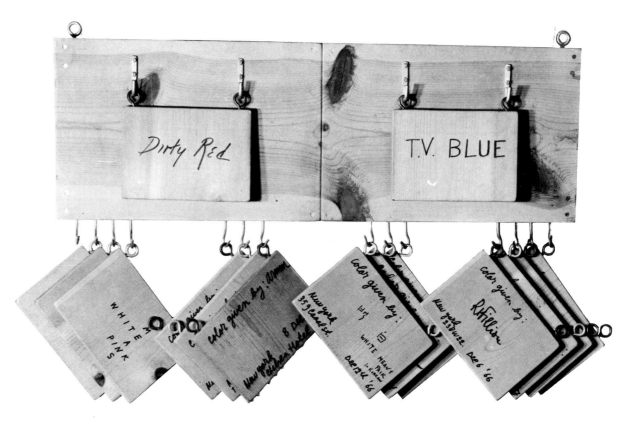

Christo

Wrapped Building, project for number One Times Square, New York, 1968.
Techniques mixtes, 83 × 122 × 76 cm.
Appartient à l'artiste.

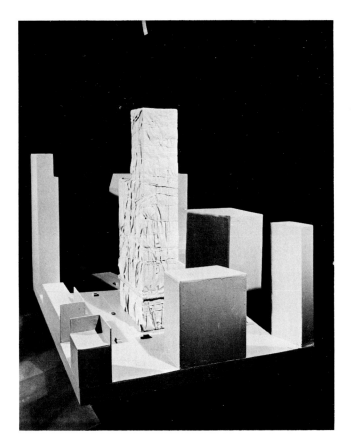

Christo dans son « loft », New York, 1969.

Dès son arrivée à New York en 1964, Christo commence à s'attaquer à l'environnement, et non plus à emballer de simples objets. Les premières œuvres qu'il y réalise (*Storefronts,* vitrines grandeur nature) sont déjà à une échelle différente. Certes Christo, lorsqu'il vit à Paris entre 1957 et 1964, conçoit déjà certains projets monumentaux. Il barre par exemple une rue de Paris avec un mur de barils d'essence : *le rideau de fer.* Mais son œuvre trouve incontestablement une dimension nouvelle en Amérique.

Aux projets d'emballage de monuments publics (Tours de Manhattan, Musée d'art moderne de New York) succèdent plusieurs réalisations en Europe comme aux Etats-Unis. Le premier emballage d'un bâtiment sera celui du Kunsthalle de Berne en 1968, suivi un an plus tard du Musée d'art contemporain de Chicago. Mais déjà Christo songe à une autre étape, celle du paysage. Depuis 1969, il est parvenu à réaliser plusieurs projets de ce type : *Wrapped Coast* en Australie, *Valley Curtain* et *Running Fence* aux Etats-Unis. Cette progression de l'œuvre de Christo vers une échelle de plus en plus monumentale n'aurait sans doute jamais eu lieu sans cette vision du paysage américain. Il offre l'un des exemples les plus symboliques d'un artiste décidant de s'installer définitivement à New York, à moins de trente ans, et dont l'œuvre en subit de profonds changements.

George Brecht

Water yam, 1962.
Boîte en bois et textes imprimés, 19,5 × 14,5 cm.
Musée national d'art Moderne, Paris.

Donc en 1964, ayant péniblement ramassé l'argent d'un voyage, je partis à New York rencontrer George Brecht. Mais il n'était pas à New York. Je décidais d'aller le voir chez lui dans sa petite maison de New Jersey. J'avais au départ de Nice, dans le cadre de mon jeu Art = agressivité, fait imprimer des cartes qui disaient : Je vais à New York tuer George Brecht.

C'était ma dernière carte.

Arrivé à New Jersey on marcha parmi un tas de petites maisons pour arriver enfin à une petite, encore plus petite maison perdue dans l'anonymat. Là je rencontrais l'homme dont l'event simple avait d'un clin d'œil mis en déroute la mégalomanie de Klein. George me dit : hallo, how are you ? et puis me parla de tout sauf d'art. J'en était malade.

Avant de partir il voulu me faire un cadeau en vue d'un échange œuvre à œuvre et me tendit une petite boîte en plastique dans laquelle il y avait la tête découpée dans un journal de Benjamin Franklin et une petite bille. C'était vraiment petit et j'étais très déçu malgré moi.

En fait je n'ai jamais pu avaler l'épine George Brecht. Comment pouvait on faire de l'impersonalité une personalité ? du ratage une réussite ? du détail insignifiant une œuvre importante ?

Et pourtant c'était son œuvre.

Donc, si on me demande aujourd'hui quel est l'artiste américain le plus important, plus important que Warhol, plus important que Lichtenstein, que Rauschenberg, que Stella, que Pollock, je réponds : c'est George Brecht.

Et parmi toutes ces œuvres d'américains, lourdes, clinquantes, belles, cherchez donc le clin d'œil qui a changé l'art.

Ben, 1976

Le plus important des artistes américains « The most inforgettable character I ever met ».

Un jour à Londres, lors de l'exposition des Misfitts organisée par Daniel Spoerri, j'ai rencontré un curieux personnage qui s'appelait George Maciunas.

A l'époque, j'avais eu le choc Duchamp, c'est-à-dire que pour moi tout était art, j'étais en plein dans la frénésie des appropriations.

Il fallait tout signer, il fallait prendre le monde, l'Univers, Dieu. Tous, tout ce que les autres n'avaient pas signé. Et voilà que George Maciunas me parle et dit : « Ton travail est très intéressant mais il y a quelqu'un à New York qui va plus loin que toi. Il s'occupe des clins d'œil. Au lieu de se montrer il se cache, c'est George Brecht. Le créateur de l'Event (il voit un verre d'eau et c'est là son art). Là ou toi, dans ton jeu, la plus forte carte gagne dans le jeu de George c'est la plus insignifiante, la plus subtile, le détail qui gagne ».

Cette conversation a pour moi été révélatrice. Sur le champ je décidais que j'étais battu, que celui qui avait le plus changé les choses devait être George Brecht, et que j'irais spécialement à New York le voir.

Allan Kaprow

Happening Au Bon Marché, 11 juillet 1963.

Les premiers « Happenings » d'Allan Kaprow ont lieu en 1958-59 à New York. Ce mouvement difficile à définir en raison de ses multiples ramifications trouve à la fois ses sources aux États-Unis (Cage, Kaprow, Grooms, Whitman), en Europe avec Jean-Jacques Lebel, certaines manifestations d'Arman et de Klein, le groupe Fluxus, au Japon enfin avec les activités du groupe Gutai en 1955-57. Dès le départ le Happening est un mouvement international, qui trouve ainsi sa place dans les relations entre Paris et New York. Plusieurs artistes américains, qui se feront plus tard connaître par le pop'art, y sont associés : Dine et Oldenburg en particulier.

De 1959 à 1963, plusieurs événements que l'on peut associer au Happening ont lieu à Paris, dûs à Robert Filliou, J.-J. Lebel et Kudo. *Au Bon Marché* est le premier Happening d'Allan Kaprow à Paris.

Comme l'indique ce titre, ce Happening eut lieu au célèbre grand magasin parisien, dans le cadre du festival annuel du théâtre des Nations. Kaprow raconte que le thème lui fut suggéré par le contraste entre l'effervescence du magasin dans la journée et son aspect de morgue, de linceuls, pendant la nuit. Le public se voyait confier un petit paquet contenant des pierres et assistait à divers événements, fondés sur le rituel de l'emballage et du déballage, propre aux grands magasins (1).

(1) Une description détaillée de ce Happening par Allan Kaprow a paru sous le titre de « A Happening in Paris » dans *New Writers 4, Plays and Happenings*, Londres, Calder and Boyars, 1967., p. 92-100.

Robert Filliou
Scott Hyde

Hand Show, 1967.
Boîte contenant 24 photographies, 30,5 × 24,5 × 4 cm.
Robert Filliou, Flayosc.

Le Handshow par Robert Filliou et Scott Hyde, New-York 1966-67.

J'ai rencontré Scott Hyde, l'auteur des photographies du Handshow (des « pics » comme il les appelait) grâce à George Brecht. Je crois que George a rencontré Scott aux cours mémorables de John Cage à l'Art Students League (auxquels assistaient aussi Al Hansen, Dick Higgins, Allan Kaprow et Jackson Maclow). A l'époque (1966), George Brecht, Donna Brewer, Marianne Staffeldt (aujourd'hui Marianne Filliou) et moi, nous nous occupions de *La cedille qui sourit* à Villefranche-sur-Mer ; (au fait, *La cedille qui sourit* n'est qu'un des nombreux exemples des relations « underground » qui rapprochaient New York et Paris au début des années soixante, grâce à *Fluxus* ; peu de temps après notre première rencontre à New York (1964), George et Donna quittaient le Big Apple et Marianne et moi quittions Paname, pour unir nos forces dans « la Non-Ecole de Villefranche »).

Voici l'invitation au *Handshow* qui fut mis en page et diffusée par George Maciunas, le magicien de *Fluxus :*

« La Clé de l'art (?) :

L'idée m'est venue qu'on peut trouver la clé de l'art en étudiant la signification ou le sens de chaque partie, de chaque ligne, de chaque signe et de chaque forme des mains des artistes. En tant que groupe, les artistes ont en commun beaucoup de particularités qui les distinguent des autres groupes (les militaires par exemple). Néanmoins, à observer individuellement les mains des artistes, on ne tarde pas à constater d'énormes différences. On remarquera qu'il y en a de grandes, de petites et aussi que certaines sont fermes et d'autres souples. Grâce à de prudentes interprétations et à des indications glânées ça et là, on pourra se former sa propre opinion sur leurs œuvres sans avoir recours à ces intermédiaires que sont les critiques. C'est avec cette idée en tête que Scott Hyde, le photographe, et moi avons demandé et obtenu la collaboration de 22 artistes américains ou étrangers. Nous avons photographié les mains d'Arman, Ayo, Mark Brusse, Pol Bury, John Cage, Christo, Jasper Johns, Dick Higgins, Red Grooms, Alain Jacquet, Robert Breer, Ray Johnson, Alison Knowles, Roy Lichtenstein, Jackson Maclow, Marisol, Claes Oldenburg, Benjamin Patterson, Takis, Andy Warhol, Robert Watts et Emmett Williams. Nous avons inclus nos propres mains, ce qui fait au total 24 artistes photographiés ».

C'est grâce à l'intervention d'Andy Warhol, qui connaissait l'étalagiste du magasin, que le *Handshow* a été exposé dans les vitrines de chez Tiffany. (Je pensais alors – et cela m'arrive encore quelquefois – que les œuvres d'art tant anciennes que modernes devraient être exposées dans la rue, dans les vitrines des magasins, pour que l'on puisse se passer des musées et des galeries). Je vivais dans la chambre d'Arman au Chelsea Hôtel pendant qu'il était en Europe. (Arman est la première personne à qui j'ai parlé de mon projet, et sans ses encouragements celui-ci n'aurait sans doute jamais vu le jour. A coup sûr les temps changeaient, mais ça ne se faisait pas tout seul. J'ai ramassé du blé en abattant les cloisons d'une maison de la dixième rue et, à mes heures creuses, j'ai commencé à rédiger *Teaching and Learning as performing Arts* avec la participation de John Cage, Benjamin Patterson, George Brecht, Allan Kaprow, Marcelle Filliou, Vera, Bjoessi et Karl Rot, Dorothy Iannone, Diter Rot et Joseph Beuys, travail qui est un autre exemple d'une collaboration entre l'Europe et les Etats-Unis en dehors des circuits officiels. Pol Bury me laissa son atelier d'Union Square pour que je puisse y travailler en son absence, et Takis et Karl Gerstner ont payé mon billet de retour à Villefranche-sur-Mer. Wow !)

Robert Filliou, Flayosc, printemps 1977

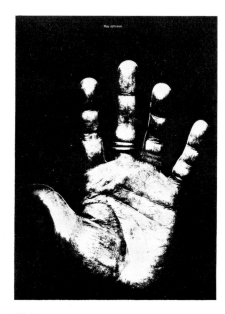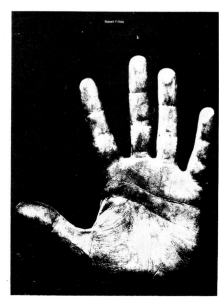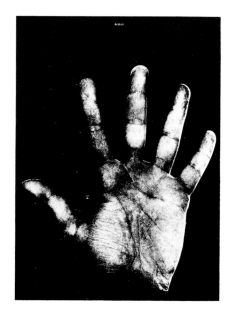

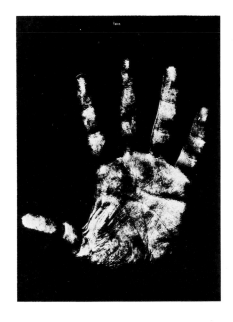
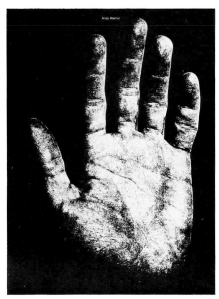
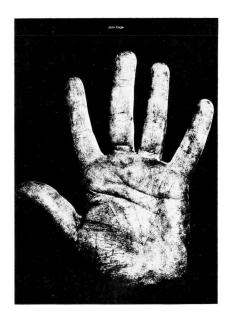

Scott Hyde :

Born : Oct. 10, 1926 Montevideo, Minesota

Studied : Art Center School, Los Angeles, California 1944-1955 ; Art Students League, New-York, N.Y. 1947-1947 ; Columbia Univ. (Art Materials course) 1950 ; Pratt Graphics Center (silk Screen, Lithog.) 1973.

Awards : Guggenheim Fellow, 1965 ; N.Y. state Council on the Arts 1972 ; N.Y. state Council on the Arts 1975.

Collections : Metropolitan Museum of Art, New York City ; Museum of Modern Art, New-York City ; Museum of the City of New-York, N.Y.C. ; International Museum of Photography, Rochester, N.Y. ; Pasadena Art Museum, Pasadena, Calif. ; Bibliothèque Nationale, Paris ; Musée Français de la Photographie, Bièvres ; National Gallery, Ottawa, Canada.

Publication : *Caps Book, Scott Hyde,* ten original offset lithographs unlimited, unnumbered, and unsigned, published by the artist.

Robert Filliou :
Cévenol-born in Sauve, Gard, France, 17-1-1926
A LOVERS' QUARRELL
(continued)
to Louis, his memory

In 1966-67, at the time of the Handshow, I was living in New-York as an American citizen. Today, for the second time in my life, I've lost my American citizenship.

I emigrated non-quota to the United States in 1946, at the age of 20 fresh out of the French underground and army, to join my father, Louis Paul Filliou, an adventurous French-born American tailor. As the New-York train pulled in the Los Angeles railroad station, Louis was waiving a newspaper so I would identify him amidst the crowd – I had been a year old when he left France for good. I was naturalised in 1951, and left Los Angeles a few months later for the Far East. I saw Louis a last time in 1953 – we had become great friends – on a brief visit to L.A. from Tokyo. He died in 1964 in San Bernardion, Calif...

Those years in California were formative ones ; English – the wonder of it – became my language, and I melted into a new sensibility – without losing my hard core of « cévenolness », of course, nor failing later on to discover and cherish other roots, all-inclusive, in the Far East. I worked at the Coca-Cola Company for over a year while learning English, the studied Economics at U.C.L.A. for 3 or 4 years, typically going through all kinds of jobs to support myself (nightwatchman, babysitter, busboy, research assistant, etc...) before graduating with a Master's Degree.

I lost my American citizenship in 1959 for failing to return to the States within 5 years, as was then required of naturalized citizens. This requirement having been declared unconstitutional by the U.S. Supreme Court, the American Embassy in Paris gave me back my U.S. passport in December 1964, for my first visit to America (New-York) in 11 years (but Bruce and Marcelle, my two children, born in Spain and Denmark, of an English and a Danish mother, respectively, were never recognized as Americans, another example of discrimination).

In the meantime (1960-1964) I hadn't been stateless. Having recovered my French identification card and passport, I had become a « French artist » – while in the Far East, first with the University of California Extension Program, then with the United Nations Korean Reconstruction Agency, I had been an « American economist » (before dropping out in 1954 and, as an American until 1959, moving on writing plays, to Egypt, Spain, Denmark, and finally, Paris, France), so a « French artist » I kept being in France and the European community, and even in the eyes of those, Americans and Europeans alike, who knew of my dual citizenship. In 1969, I was about to go back to the States for good, with Marianne my – 3d – wife and our daughter getting their immigration visas from the U.S. Consulate in Düsseldorf... but my going back was depending upon having a source of income – we had been broke for the past 10 years – and the teaching job with the Los Angeles Institute of the Arts I was counting on did not materialize. And so we stayed on in Germany where, for the first time, I was given a break and started earning a living as an artist.

In early 1975, I went through a spiritual crisis, in the depth of which I proceeded on impulse (possibly following a not quite legal procedure) to turn in my American citizenship, as a first step, I thought, towards transparency.
(to be continued ?)

627

Nouvelles figurations à Paris

Pendant l'été 1964 a lieu au Musée d'art moderne de la Ville de Paris, parallèlement à une rétrospective Franz Kline, une exposition de groupe qui, sous le titre de « Mythologies quotidiennes » rassemble une trentaine d'artistes représentatifs de la nouvelle figuration.

Parmi les participants se trouvent certains des Nouveaux Réalistes (Raysse, Niki de Saint Phalle), d'autres artistes qui s'inspirent plutôt d'une tradition néo-surréaliste (Dado, Bettencourt), mais dans leur grande majorité, les invités représentent un nouveau type d'images, non sans rapport avec l'art américain contemporain.

Le comité d'organisation se compose entre autres de trois peintres, Foldès, Rancillac et Télémaque, et d'un critique, Gérald Gassiot-Talabot, qui tente dans la préface du catalogue d'éclairer la démarche de ces artistes, notamment par rapport au pop'art :

« Parmi ces tendances qui se disputent les antichambres de l'avant-garde, le pop a le mérite d'avoir mis l'accent sur la sourde nécessité de réintroduire dans l'art contemporain le phénomène humain, ne serait-ce que par une simple désignation du produit de la civilisation urbaine, agrandi à la dimension d'une monstrueuse icône, ou d'une enseigne publicitaire, ce qui dans l'état actuel de la confusion des valeurs signifie exactement la même chose. Parallèlement au déferlement de l'école américaine, puissamment soutenue par le concert des galeries, un certain nombre d'artistes européens dont la plupart appartiennent à l'Ecole de Paris et sont soumis aux exigences d'un travail solitaire, ont senti la nécessité de rendre compte d'une réalité quotidienne de plus en plus complexe et riche, qui mêlât les jeux de la cité, les objets sacrés d'une civilisation vouée au culte des biens de consommation, les gestes brutaux d'un ordre fondé sur la force et sur la ruse, le choc des signaux, des mouvements et des sommations qui traumatisent journellement l'homme moderne. Ces artistes qui n'ignorent pas les précédents de Picasso, de Dubuffet, de Matta, de Michaux, souvent proches de leur sensibilité et de leurs recherches, ont ceci de commun qu'ils se sont refusés à être de simples témoins indifférents ou blasés, auxquels la réalité s'imposait par sa propre inertie, par son envahissante et obsédante présence. Ils ont tous cherché à en donner une relation qui gardât la saveur, le charme particulier, la puissance de conviction de tout ce qui relève de la confidence ou du cri, de la célébration ou du réquisitoire...

A la dérision statique du pop américain, ils opposent « tous » la précieuse mouvance de la vie, cernée dans sa continuité ou dans l'un de ses moments privilégié. En effet, que ces peintres sacrifient, par un déroulement ou par un cloisonnement de scènes successives, à l'art narratif, comme le font Foldès, Reutersward, Perilli, Voss, Gaïtis, Novelli, Recalcati, Fahlström (avec son « Opéra »), ou qu'à l'instar de Bertholo, de Saul, de Golub, de Klasen, de Télémaque, d'Arroyo, de Gironella, de Rancillac, de Dado, de Crémonini, de Bettencourt ou de Monory, ils vous imposent même de la vie, la vision d'une image-choc prise dans le mouvement ou même que, à la manière de Berni, ils poursuivent de tableaux en tableaux l'histoire de personnages romanesques, ils réintroduisent tous le sens de la durée dans le contexte pictural (1) ».

Si cette manifestation cristallise de nouvelles attitudes picturales à Paris, à l'heure où Rauschenberg remporte le premier prix de la Biennale de Venise, elle omet néanmoins certains peintres qui se sont aussi tournés vers l'image. Parmi ceux-ci, Erro, Jacquet ou Stämpfli offrent d'autres exemples d'une figuration dans l'optique générale du pop, bien que reposant sur des bases assez différentes (2).

(1) Gérald Gassiot-Talabot, préface du catalogue des « Mythologies quotidiennes », Musée d'art moderne de la Ville de Paris, juillet-octobre 1964.

(2) Nous regrettons ici l'absence d'œuvres d'Alain Jacquet qui n'a pas donné suite à notre invitation pour la présente exposition.

Erro

Pop's history, 1966-67.

Huile sur toile 116 × 170 cm.
Galerie Semiha Huber, Zürich.

Dans sa profonde diversité, l'imagerie d'Erro, fondée sur la confrontation d'éléments hétéroclites, emprunte fréquemment ses thèmes à l'Amérique, parfois même aux rapports Paris – New York. Une toile de 1959 intitulée *The School of NewPar-Yorkis* voit déjà un affrontement d'images où les monstres new yorkais attaquent l'Ecole de Paris.

Les fréquents séjours d'Erro à New York, à partir de 1963, auront tout naturellement pour conséquence de multiplier les emprunts à l'Amérique. Associant des images symboliques de l'iconographie américaine, telles bandes dessinées, dessins animés ou publicité, et des reproductions de peintures européeennes des plus classiques, il exécute deux séries d'œuvres : *Retour d'USA,* 1962-63 et *Collage New York,* 1963. Van Eyck, Velasquez ou Picasso se trouvent associés aux héros de Walt Disney ou de Tex Avery. Ce *Retour d'USA* voit aussi l'apparition du premier paysage d'objets *(Foodscape)* qui sera suivi de plusieurs autres peintures *(Carscape, Planescape,...)*

Pop's history appartient à une série postérieure : *La peinture en groupes,* condensé ironique de l'histoire de l'art du XXe siècle. Deux œuvres s'y réfèrent à l'art américain d'après-guerre : *The Background of Jackson Pollock* et cette histoire du pop'art où l'on retrouve des images de Segal, Oldenburg, Wesselman, Lichtenstein et Warhol, vues à travers une bande dessinée russo-américaine. Plusieurs autres séries suivront, directement inspirées de l'Amérique : *New York* 1968, *Intérieurs américains* 1968...

Peter Stämpfli

Party, 1964.

Huile sur toile, 168 × 185 cm.
Collection particulière, Paris.

Hervé Télémaque

My darling Clementine, 1963.

Acrylique sur toile, 195 × 130 cm + 80 × 80 cm.
Gaetano Formica, Milan.

Quelque temps après son arrivée à Paris en 1960, Peter Stämpfli peint ses premières œuvres où l'objet quotidien, sorti de son contexte, est neutralisé sur le fond blanc de la toile. C'est la vision des affiches publicitaires dans les rues et le métro qui est la source de ces peintures de 1963-64. La démarche de Stämpfli est donc comparable – et d'ailleurs à peu près contemporaine – à celle de certains peintres pop américains qui partent eux aussi d'images publicitaires. Le traitement pictural des objets, leur mise en scène peuvent être rapprochés de Rosenquist ou de Wesselman. Mais il n'y a jamais chez Stämpfli d'associations d'images, pas plus que l'objet n'est exalté dans son environnement sociologique. Au contraire Stämpfli se « (borne) à représenter des objets utiles, des objets qui sont devenus de première ou de seconde nécessité, et à projeter leur image sur le blanc pur de la toile, en les isolant de tout contexte publicitaire. Et pourtant, sa peinture ne saurait être confondue avec la volonté de faire revivre la nature morte : ses objets sont également isolés de leur contexte topologique, ils n'appartiennent à aucune rue, à aucune maison, à aucun « extérieur » particulier. Dans ce blanc uniforme, ils semblent planer dans l'univers mental, et pourtant ils ne se présentent nullement comme des phantasmes, leur pseudo-réalité est flagrante, et leur identité indubitable. Il n'insiste jamais ni sur leur caractère « commercial », ni sur leur fonction symbolique, telle qu'une connaissance même superficielle de la psychanalyse permettrait de la reconnaître. A aucun moment, il ne cherche à nous suggérer l'idée que ces objets sont admirables ou grotesques : sa peinture n'implique aucun jugement de valeur, aucun jugement moral quant à leur beauté, à leur utilité, ou à leur nocivité éventuelles. Il nous présente simplement les objets – 'tels quels' (1) ».

(1) Alain Jouffroy, *La peinture de Stämpfli*, Turin, Fratelli Pozzo, 1970.

Je suis né en 1937, dans un Port-Au-Prince « mulâtre » – grande maison blanche, dominée par la présence d'un petit homme à la moustache impeccable, habillé toujours de blanc, gilet. C'est mon grand-père maternel, Raphaël Brouard, et il m'explique d'emblée : « Méfie-toi des noirs, méfie-toi des blancs ». Il avait subi lui-même l'occupation américaine à Haïti, et il signifiait vraisemblablement : « les Gringos ».

Arrivée à New-York en 1957. Quoique né dans la zone dollar, je comprends progressivement que je ne pourrai jamais devenir un peintre à plein titre. Impossible de trouver un atelier, etc..., aucune présence « noire » dans les galeries, musées, à part quelques gouaches discrètes de Jacob Lawrence. Fidel Castro descend de la Sierra Maestra, psychothérapie en français avec Georges Devereux vivant à cette époque à New-York, rencontre décevante avec Larry Rivers. Seule compte l'amitié de mon professeur Julian Levi, de mon copain canadien Clifford La Fontaine, avec qui je rêve d'un art de synthèse, violent, critique, sexuel.

L'expressionisme abstrait sombre dans la contradiction ; élégance avant tout. Grosso modo, ce sont tous des esthètes, puritains, asexués. L'ambiance est homosexuelle. Moins il y a à voir, plus on atteint les sommets de l'élégance plus il y a à dire. Même De Kooning finit par faire du paysage !

Gorky m'éblouit par sa richesse allusive, me pousse vers le surréalisme ; à Kline, Rothko, Newman, les autres, je préfère Franck Lobdell qui prépare douloureusement le Funk du West Coast.
Je laisse New York sans regrets.

My Darling Clementine ! Au héros classique, retenu devant sa belle, de John Ford, il fallait opposer un cow-boy nègre, ayant perdu jambe, avec béquille, les cheveux décrépés comme il faut, vulgaire, éclairé de colère ! Mettant en doute de surcroît, l'œil « rectangulaire » de la caméra, du peintre ! Ce cow-boy abimé, c'est moi.

Hervé Télémaque, 21 janvier 1977.

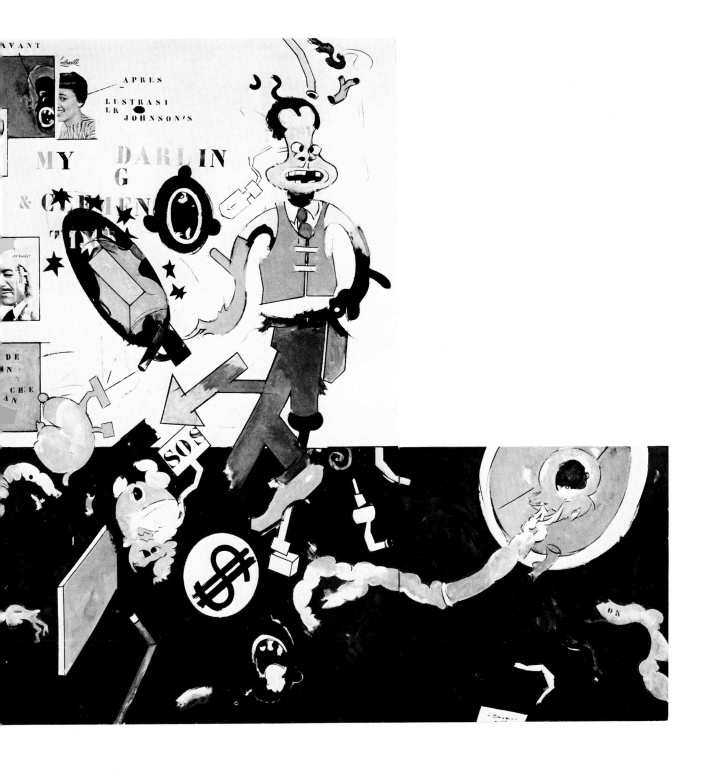

Peter Saul

Captain Crime, 1962.
Huile sur toile, 120 × 160 cm.
J. et S. Duvivier, Ostende.

Peintre américain, Peter Saul peut cependant être associé à la peinture figurative de Paris au début des années soixante, puisqu'il ne retourne qu'en 1964 à San Francisco après un séjour de huit années en Europe, dont quatre à Paris (1958-62). Il apporte d'Amérique un autre mode figuratif, très différent du pop'art, volontairement critique et destructeur, profondément politique aussi. Ceci explique qu'il ait autant intéressé les adeptes de la « Figuration narrative », comme Rancillac et Télémaque pour qui le pop reste avant tout une glorification de la société américaine et qu'il ait donc été associé à certaines manifestations de groupe comme « Mythologies quotidiennes », où figurait d'ailleurs « Captain Crime », et le Salon de la jeune peinture.

Les images de Peter Saul portent la marque de la bande dessinée américaine, qui joue un rôle considérable dans ces nouvelles formules figuratives en Europe.

« Son désir d'atteindre à la communication la plus simple, la plus directe, la plus évidente possible, va l'amener à faire sien le langage familier de la bande dessinée, à emprunter aussi beaucoup à son iconographie (Donald Duck, Superman...) ; car Saul n'utilise jamais le langage des « Comic Strips » par dérision ou constat, mais seulement comme un moyen qu'il porte à ses conséquences extrêmes. De son côté, la thématique – violente, pornographique, scatologique – associée à un style « bâclé », volontairement sommaire et « sale » (bavures, giclures...) agrippe, avec sa vulgarité sauvage, le regard du spectateur et le conduit à travers une suite de représentations, parfois délicates à interpréter (1) ».

(1) Jacques Beauffet, préface du catalogue Peter Saul, Musée d'art et d'industrie, Saint-Etienne, 1971.

Bernard Rancillac

Sans paroles VI, où es-tu, que fais-tu ? 1965.

Acrylique sur toile, 178 × 195 cm.
Madame Calleux, Paris.

En 1964 et 1965, Rancillac adopte une imagerie proche de la bande dessinée. Ces peintures dont *Sans paroles VI* sont exposées à la Galerie Mathias Fels, accompagnées d'un texte de Gérald Gassiot-Talabot qui écrit par ailleurs :

« En 1965, il présentait, en exposition particulière, un ensemble de toiles qui firent scandale ; il y affirmait la découverte d'un nouveau vocabulaire, emprunté en partie aux « cartoons » et à l'univers disneyen, mais où se mêlaient des créatures purement imaginaires, sortes de schématisations des impulsions et des souvenirs issus de l'expérience profonde de l'enfance (1) ».

Avec Télémaque et Gassiot-Talabot, Rancillac fut le principal animateur des « Mythologies quotidiennes ». Il est l'un des plus typiques représentants de cette figuration narrative, révélée en 1964, et qui fut alors considérée – à tort sans doute – comme une réponse à l'offensive américaine de Venise. En fait après le nouveau réalisme, il s'agissait pour un assez grand nombre d'artistes européens d'adopter un nouveau type de figuration picturale, sans concession à l'esthétique et avec un regard critique vis-à-vis des images issues de la société de consommation.

(1) Gérald Gassiot-Talabot, « Les Mythologies quotidiennes »; *Depuis 45, l'art de notre temps (II)*, Bruxelles, La Connaissance, 1970.

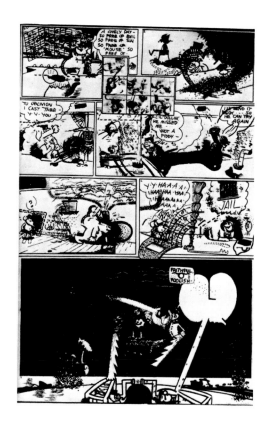

Oyvind Fahlström

Performing Krazy Kat (une semaine sur la mer), 1961.
Encre de Chine et gouache sur papier, 79 × 50 cm, 7 fois 23 × 30 cm.
Collection particulière, Paris.

Révélé au public parisien lors de sa première exposition personnelle en 1959 à la Galerie Daniel Cordier, Fahlström se rend deux ans plus tard à New York. Il y passera jusqu'à sa mort la majeure partie de son temps, tout en exposant assez fréquemment à Paris. Bien que très difficile à « classer » dans un mouvement contemporain, son œuvre est tout à fait caractéristique de cette nouvelle figuration européenne des années 60, dont les emprunts à l'Amérique sont fréquents. L'utilisation d'éléments issus de la bande dessinée joue ici encore et dès le début, un rôle important. Si les *Performing Krazy Kats* parodient la bande de Heriman, nombreuses sont aussi les inclusions d'images de ce média typiquement américain. D'autre part, la prise de position politique est une constante fondamentale dans son œuvre, ce qui le rapproche beaucoup plus de la figuration narrative européenne que du pop'art américain. Ami de toujours, Rauschenberg écrivait la préface de l'exposition de Fahlström en 1962 :

« Les rapports logiques ou illogiques entre une chose et une autre ne constituent plus, désormais, un sujet satisfaisant pour l'artiste, qui prend conscience de plus en plus que, même au plus fort de sa fièvre dévastatrice ou héroïque, il est parti d'une continuité dense et incontrôlée qui n'a ni commencement ni fin dépendant d'une décision ou d'une action de sa part.

Je trouve la reconnaissance de cet état de fait dans l'œuvre de Fahlström, dont les figures dans le complexe peint, peuvent prendre n'importe quelle forme, répondant aux fondements dramatiques clairement posés dans le projet pictural. Ces figures sont libres d'agir, de réagir, de s'intégrer, de se heurter ou d'être détruites, chacune répondant toujours localement sans qu'intervienne un sens esthétique de la composition quadrilatérale de la toile, qui joue seulement le rôle de la feuille de papier servant à noter n'importe quelle information. La technique est aussi bien ce qui est produit que ce qui se produit, elle a sa propre identité, sa propre individualité, mais demeure aussi vulnérable que le signe qu'elle fixe sur la toile. On peut se rendre compte de la frustration que doit éprouver un peintre comme Fahlström de ne pas pouvoir étendre le registre de son écriture à l'invisible et au continu. L'usage familier est obscur, l'usage exotique est familier. Ni l'un ni l'autre ne sacrifie tout à fait son origine, mais c'est l'esprit qui doit faire l'effort d'accommodation pour comprendre, tout comme l'œil pour s'adapter à différents foyers.

Finalement, la peinture telle qu'elle apparaît est le résultat d'une invitation, non d'une intimation, mais elle est peinte d'une manière telle qu'on ne peut la voir qu'à condition d'admettre les données du concept. Il n'y a pas de séparation entre le littéral et le littéraire. Aucune rivalité n'existe entre la qualité physique de la matière utilisée et la fonction du signe. L'une et l'autre demeurent éminemment impures (1) ».

(1) catalogue Fahlström, Galerie Daniel Cordier, Paris 1962.

Brancusi et l'art américain des années 60

Brancusi et la sculpture américaine contemporaine : Aspects d'une relation artistique.

Si l'art américain des années 50 se plaçait encore surtout sous le signe de la peinture, la décennie suivante s'est caractérisée par l'importance croissante des formes plastiques d'expression. Le sculpteur européen qui a exercé le plus d'influence en Amérique, dans ce contexte où la sculpture prend le pas sur la peinture, est assurément Constantin Brancusi (1).

L'analyse de cette relation artistique à Brancusi permettra, d'une part, de définir plus précisément certains aspects majeurs de la sculpture américaine contemporaine et fournira, d'autre part, des bases nouvelles à l'interprétation de l'œuvre de Brancusi : la nature fort différente des liens unissant les artistes américains à Brancusi rendra, en effet, attentif à la complexité de la démarche de Brancusi lui-même.

Pour certains jeunes artistes comme Tom Doyle, la méthode de la taille directe du bois pratiquée par Brancusi a représenté une première orientation artistique. L'effet de Brancusi tendant à libérer la sculpture de ses attaches à la pesanteur de la matière – par des états d'équilibre précaires ou par l'érection verticale des formes – a, en outre, représenté pour divers sculpteurs américains une première impulsion vers des créations personnelles. Il conviendrait de citer ici *Twisted Column* (1963) ou *Spring Fragment* (1964) de David von Schlegell, *BC before 3C* (1965) de Tom Doyle, *Floatile II* (1967) d'Alberto Collie, *Hommage à Brancusi* de Mark di Suvero ainsi que *Endless Column* (1968/69) de Tal Streeter.

Claes Oldenburg fait également partie, comme le montrent des projets tels que *Drainpipe* (1966) ou *Monument to Mayor Daley* (1968), de ceux pour qui Brancusi a représenté la première impulsion vers des créations personnelles. Dans bien des cas (comme dans *Proposal for a colossal structure in form of a Clothespin – compared to Brancusi's Kiss* [1972], par exemple), la relation soulignée par Oldenburg lui-même se présente pourtant moins comme un véritable rapport d'influence que comme une association formelle notée par Oldenburg après coup. Voulant renvoyer à l'appartenance commune, à l'identité structurelle entre l'homme et la nature des choses, Oldenburg s'intéressait plus particulièrement, chez Brancusi, à la manière dont celui-ci contribuait – en réintégrant les traits humains et individuels dans les formes plastiques élémentaires – à réconcilier l'homme et la nature. Mais cette proximité dans l'intention fondamentale attire précisément l'attention sur ce qu'il y a de différent dans la situation historique des deux artistes : dans le « système iconologique » d'Oldenburg, il

Constantin Brancusi

La colonne sans fin II, avant 1925.

Bois, 315 × 29 × 29 cm.
Atelier Brancusi, Musée national d'art moderne, Paris legs de l'artiste 1957.

ne s'agit justement pas de la nature, mais de la nature artificielle, de la nature « seconde » d'un monde technique chosifié, face auquel il faut que l'homme cesse d'être comme étranger.

Ainsi que le montre le relief de Dan Flavin intitulé *Brancusi* (1959-60), l'intérêt de cet artiste portait, au départ, sur la « filiation totémique » chez Brancusi, c'est-à-dire sur la manière dont celui-ci construisait ses sculptures à partir d'éléments séparés. Que Flavin ait initialement dédié à Brancusi sa première œuvre au néon, *Diagonal of May 25, 1963,* semble indiquer qu'au moment où il abordait la sculpture fluorescente Flavin était conscient de sa dette envers les bronzes polis de Brancusi, où lumière et matière ne font qu'un. De plus, Flavin a fait lui-même le rapprochement entre sa *Diagonal*, au caractère de fétiche, et la *Colonne sans fin* de Brancusi (2).

En 1966, Richard Serra allait passer plusieurs mois dans l'atelier de Brancusi reconstitué au Musée national d'art moderne à Paris. « Ce qui m'intéressait, dit-il (3), c'est que le plan, la masse et le volume de pièces telles que la *Colonne sans fin,* les *Coqs* et les *Caryatides* étaient délimités et avaient un contour précis. Le dessin restait une considération primordiale ». En même temps, Serra a souligné toute l'importance pour sa *House of Cards* (1969) du *Projet architectonique* de Brancusi, dont l'empilement vertical des volumes a peut-être aussi incité Serra à réaliser ses *stackpieces* de 1969.

Au premier chef, enfin, l'art minimal n'a pas seulement reçu une impulsion majeure de l'art de Brancusi : il a, de son côté, par l'intérêt spécifique qu'il portait à la démarche sérielle de Brancusi, à ses socles (4) et à ses structures en bois comme l'*Arche* et le *Banc* de Philadelphie, orienté la critique brancusienne vers une nouvelle problématique.

Des pièces datant des années 1958/59 comme *Ladder I* ou *Plexiglas and Wood* attestent la première forme d'intérêt de Carl Andre pour l'œuvre de Brancusi. Par la suite, Andre a plus particulièrement été influencé par les sculptures en bois et par les socles de bois de Brancusi dont l'élévation hiérarchique de volumes ayant chacun une forme différente a été reprise par lui, dans ses *Pyramids* ou dans *Cedar Piece* (1959), sur le mode plus radical d'un empilement d'éléments identiques. Il est nécessaire et informatif de mentionner que, dans des parties essentielles, l'influence de Frank Stella, et cela veut dire l'orientation vers la peinture, est responsable du changement le plus radical des possibilités de la sculpture brancusienne par Andre (5). Il faudrait aussi citer ici son *Cock* (1963), – référence directe au *Coq* de Brancusi. Pourtant, si la formule d'Andre selon laquelle « Brancusi est minimal, la même sorte de rigueur, de clarté, de simplicité (6) » incite à ne considérer la simplicité chez Andre, par rapport à la simplicité chez Brancusi, que comme la radicalisation d'une potentialité formelle du modelé en sculpture, peut-être conviendrait-il ici d'aller plus loin et de mettre en évidence la « non-identité du semblable ». Les nombreuses œuvres de Brancusi présentent de remarquables dysrégularités, comme *Maiastra, la Tortue volante* et *la Sagesse,* donnent à penser non seulement qu'une grande partie des œuvres de Brancusi se caractérise par la symétrie dans la répartition des volumes (comme on ne se fait pas faute de le souligner), mais que les manquements à une rigoureuse symétrie ressortissent, pour ainsi dire, chez Brancusi au principe même de la symétrie. Aussi, la question qui s'impose pour comprendre l'œuvre de Brancusi, quand on considère à quelle extrême géométrisation la *simplicité* a été poussée dans l'art minimal, est de savoir s'il ne faut pas d'abord remettre en question l'interprétation (souvent prévalante dans la critique brancusienne) et l'*essence* comme *forme en soi* chez Brancusi, – dans la mesure où une telle interprétation tend à poser comme critère de jugement l'harmonie qui naît de la régularité géométrique (7).

Comme le montre son *Portal* de 1967, Robert Morris a, lui aussi, été influencé par les sculptures en bois de Brancusi. La possibilité de reprendre l'assemblage des volumes en y apportant des variantes qu'offre la méthode combinatoire de Brancusi a également constitué un apport considérable pour Morris dans l'élaboration de ses propres conceptions artistiques. Mais la façon dont Morris comprend la *Colonne du baiser* de Brancusi (8) fera, en même temps, mesurer la différence entre ses *Permutation pieces* (1967) et le phénomène de la variation chez Brancusi. Selon Morris, les quatre éléments de cette *Colonne du baiser* permettent une suite de vingt-quatre séquences différentes, autrement dit vingt-quatre sculptures différentes (9). Il s'agit là d'une conception de la variation correspondant davantage aux préoccupations esthétiques propres à Morris qu'à la démarche de Brancusi conformément à laquelle l'élément formel supérieur n'aurait certainement jamais pu se trouver indifféremment à la place inférieure. Ce qu'on pourrait qualifier de « variation » dans l'habitude qu'avait Brancusi d'associer une même sculpture à des socles chaque fois différents ou dans le modelé donné aux socles eux-mêmes a été isolé par Morris, élevé au rang de principe mathématique, systématisé et, au cours de cette radicalisation, fondamentalement altéré.

Il est évident que les artistes du minimal art, tout en se tournant vers Brancusi, se détournent complètement de certaines qualités centrales à son œuvre, qu'ils s'écartent en réalité de ce qu'il y a de poétique et de transcendant dans son art. Quand Andre prétend n'avoir rien fait d'autre avec son *Lever* (1966) – une série de cent trente sept tuiles – que coucher au sol la *Colonne sans fin* de Brancusi, il symbolise quasiment cet écart fondamental. Le fait que toute relation créatrice implique nécessairement aussi ce mouvement de rejet devrait nous empêcher de considérer avant tout que, dans cette attitude, quelque chose se perd. Si l'on pense, maintenant, en termes de tendances et d'évolution de l'art, certaines caractéristiques de l'œuvre de Brancusi telles que son aspiration à l'*essence* dans le domaine de la forme ou sa lutte contre la pesanteur de la matière apparaîtront comme les étapes d'une évolution qui s'est poursuivie de manière plus radicale dans l'art de l'avant-garde américaine. Mais le phénomène de dématérialisation si visible dans l'art d'aujourd'hui doit peut-être, en retour, nous amener à mettre en question l'idée aujourd'hui répandue selon laquelle il y a une dématérialisation dans l'œuvre de Brancusi lui-même. Car, quand Brancusi transcende la matérialité, il reste proche de la matière tout en la dépassant. En cela, il est aussi éloigné des multiples aspects de la dématérialisation dans l'art de l'avant-garde que l'est – pour lui emprunter une de ses propres images – un oiseau d'un avion : l'*Oiseau dans l'espace* de Brancusi prend son essor et emporte avec lui dans son modelé et dans la pulsation organique de son envol tout ce qu'il y a en l'oiseau de créature animale, alors qu'un avion s'élève dans l'air en laissant derrière lui la terre comme lésée.

Friedrich Teja Bach

L'atelier de Constantin Brancusi, impasse Ronsin, Paris.

L'auteur du présent article prépare actuellement un exposé systématique de la relation unissant la sculpture américaine contemporaine à l'œuvre de Brancusi.

(1) Limiter l'analyse du rôle de Brancusi à son influence directe et aux répercussions immédiates pose un problème fondamental qu'on se contentera d'évoquer ici en renvoyant à une phrase de Th. W. Adorno : « Les œuvres d'art... se critiquent aussi mutuellement. Cela, et non la continuité historique de leur dépendance, lie les œuvres d'art les unes aux autres ». (Th. W. Adorno, *Théorie esthétique*, trad. de l'all., Klincksieck, 1974, p. 54).

(2) Brydon Smith, *Dan Flavin* (catalogue d'exposition), Ottawa, National Gallery of Canada, 1969, p. 18 et suiv.

(3) Ainsi s'exprimait Richard Serra dans une conversation non encore publiée avec l'auteur.

(4) On ne pouvait malheureusement pas exposer ici en détail la part qui revient à Brancusi dans le refus de la présentation traditionnelle des sculptures sur des socles. Tant en présentant des œuvres directement sur le sol qu'en prenant soin de modeler lui-même les socles et de les intégrer chaque fois dans l'ensemble qu'ils formaient avec la sculpture, Brancusi a, là aussi, donné une importante impulsion.

(5) Andre est amicalement lié avec Stella depuis la fin des années 50 et était intensément influencé par les « stripe paintings », « black paintings » et « shaped canvases » de celui-ci dans ses propres efforts concernant les structures additives et « non-relational », la simplicité des arrangements des éléments plastiques et un « art d'isolation ». Les affinités entre la peinture de Stella et la sculpture d'Andre suggèrent de porter la confrontation entre la peinture moderne européenne et la nouvelle peinture américaine, proposée par Stella, comme « relational art » opposé à « non-relational art » ; pour la sculpture : la différence entre Brancusi et Andre correspondrait alors aux antipodes Mondrian/Stella.

(6) Achille Bonito Oliva, « Interview avec Carl Andre », in *Domus*, oct. 1972, p. 52.

(7) Resterait alors la question de savoir si on ne peut pas tirer de Platon lui-même, auquel on sait combien Brancusi était attaché, une autre interprétation de l'*essence*. Sur le problème de la forme absolue chez Brancusi, voir aussi Rosalind E. Krauss, « Brancusi and the Myth of Ideal Form », in *Artforum*, janv. 1970, pp. 35-39.

(8) Dans ce contexte, savoir si cette *Colonne du baiser* (1933, coll. Istrati) a véritablement été assemblée par Brancusi lui-même sous cette forme est une question secondaire.

(9) Robert Morris, *Form-classes in the Work of Constantin Brancusi*, thèse présentée à Hunter College, New York, 1966, p. 81 et suiv. (manuscrit non publié).

Robert Morris

Columns, 1961-73.

Aluminium peint, 244 × 61 × 61 cm.
Sonnabend Gallery, New York.

Si Morris n'est pas autant influencé par Brancusi que d'autres sculpteurs américains comme Carl Andre, il n'en a pas moins marqué un intérêt réel pour l'auteur de la *Colonne sans fin*, en particulier dans ses textes. Il termine en 1966 sa thèse : « Classes de formes dans l'œuvre de C. - Brancusi » accompagnée de diagrammes.

La relation formelle entre Brancusi et Morris ne s'établit que dans les *structures primaires* que ce dernier réalise à partir de 1961. Dans cette recherche de formes aussi minimalistes que possible, la colonne est peut-être le plus parfait exemple d'une simplification de la structure. Conçue à l'origine comme un élément dans une pièce de théâtre, elle devait être placée 3 minutes et demie debout et 3 minutes et demie couchée. Ceci explique sa double présentation actuelle :

« Les objets d'art sont constitués d'éléments que l'on peut aisément décomposer et qui permettent à tout un ensemble de relations de s'instaurer. D'où une autre question : une œuvre ne possédant qu'une seule propriété pourrait-elle exister ? Manifestement non, puisque rien n'existe qui n'ait qu'une seule propriété. Une sensation unique ne peut pas être communiquée dans toute sa pureté précisément parce qu'on perçoit plus d'une sensation à la fois, ces sensations étant les composantes multiples de toute réalité : la couleur implique la dimension, la surface, la substance, etc... Il existe cependant certaines formes qui, si elles ne sont pas la négation de la multiplicité des sensations reliant couleur et substance, dimension et masse, ne présentent cependant pas d'éléments nettement séparés pour ce qui est des relations devant s'instaurer entre les formes. C'est le cas des formes les plus simples où la perception reconnaît spontanément des structures « gestaltistes ». Leurs éléments sont reliés de manière à offrir une résistance maximale à toute fragmentation par la perception. En ce qui concerne les solides ou les formes qui se prêtent à la sculpture, ces structures sont les polyèdres les plus simples (1) ».

(1) Robert Morris, « Notes on Sculpture I », *Artforum,* février 1966, p. 43.

Richard Serra

House of Cards, 1969.
Plomb, 150 × 150 × 150 cm.
Georges and Wendy Waterman, New York.

Lorsqu'il vit à Paris pendant l'année 1966, Richard Serra se rend pendant quatre mois, quotidiennement ou presque, dans la reconstitution de l'atelier de Brancusi au Musée national d'art moderne. Il y exécute chaque jour de très nombreux dessins. Serra vit alors dans un atelier à Montparnasse en compagnie de Phil Glass et de Nancy Graves, qu'il va épouser pendant son séjour. Il rencontre quelques artistes comme Alechinsky, Giacometti et surtout Jean Hélion auquel il rend visite dans son atelier. D'autre part, il profite de ce séjour en France pour se rendre à Antibes et y visiter une exposition de Nicolas de Staël.

« Ce qui m'intéressait (dans ce travail à l'atelier de Brancusi), c'était que le plan, la masse et le volume d'œuvres comme la *Colonne sans fin*, les *Coqs* et les *Caryatides* étaient délimités et avaient un contour précis. Le dessin était de première importance (1) ».

La sculpture de Richard Serra, depuis une dizaine d'année, n'a pas de liaison directe avec celle de Brancusi. Toutefois, certains principes des œuvres de Brancusi, telles les notions de masse et d'équilibre, ainsi que la simplification des structures, continuent d'intéresser vivement Richard Serra.

« Les meilleures œuvres de Brancusi parviennent en quelque sorte à une absence de pesanteur. J'ai trouvé qu'à certains points d'équilibre, la pesanteur parait effectivement s'annuler (2) ».

House of Cards est très symbolique d'une telle attitude, assez fréquente dans les sculptures anciennes de Serra. Cette œuvre est, d'autre part :
« influencée par le dessin de ces œuvres de Brancusi, où la verticalité est définie par un axe central mais non par une ligne verticale (3) ».

(1), (2), (3) Citations de Richard Serra extraites d'entretiens inédits avec Friedrich Teja Bach.

641

```
C B R A
N C U S
I C A N
D R E
```

```
S E E    S L O
K I N    W T H
G T O    E R A
```

CARL ANDRE
Otis Art Institute Gallery,
2401 Wilshire Boulevard, Los Angeles
Jan. 20 - Feb. 27, 1977
Tues. - Sat. 10:30 am to 5 pm, Sun. 1 to 5 pm

1 FEB 77 PO BOX 1001 NY NY 10003 USA

This Project is Supported by the Otis Art Associates and The National
Endowment for the Arts in Washington, D.C., a Federal Agency

ALFRED PACQUEMENT
CENTRE G. POMPIDOU
75004 PARIS
FRANCE

```
C B R A
N C U S
I C C
D R E
```

```
T E O    T I O
F A T    N T O
T E N    T H E
```

CARL ANDRE
Otis Art Institute Gallery,
2401 Wilshire Boulevard, Los Angeles
Jan. 20 - Feb. 27, 1977
Tues. - Sat. 10:30 am to 5 pm, Sun. 1 to 5 pm

2 FEB 77 PO BOX 1001 NY NY 10003 USA

This Project is Supported by the Otis Art Associates and The National
Endowment for the Arts in Washington, D.C., a Federal Agency

ALFRED PACQUEMENT
CENTRE G. POMPIDOU
75004 PARIS
FRANCE

```
C B R A
N C S
I C A N
D R E @
```

```
S P E    A G I
E D O    N A T
F I M    I O N
```

CARL ANDRE
Otis Art Institute Gallery,
2401 Wilshire Boulevard, Los Angeles
Jan. 20 - Feb. 27, 1977
Tues. - Sat. 10:30 am to 5 pm, Sun. 1 to 5 pm

3 FEB 77 PO BOX 1001 NY NY 10003 USA

This Project is Supported by the Otis Art Associates and The National
Endowment for the Arts in Washington, D.C., a Federal Agency

ALFRED PACQUEMENT
CENTRE G. POMPIDOU
75004 PARIS
FRANCE

Carl Andre

Cedar piece, 1959-64.
Bois, 101,5 × 96,5 × 96,5 cm.
Kunstmuseum, Bâle.

Dan Flavin

The diagonal of May 25, 1963.

Tube fluorescent, 244 × 9,5 cm.
Margot Krätz, Frankfurt-Buchschlag.

Dans ses œuvres antérieures à l'utilisation du tube fluo-rescent, Dan Flavin se réfère à plusieurs reprises à Bran-cusi. Il exécute dès 1960 un relief en carton peint et en bois intitulé *Brancusi*.

Lorsqu'il décide en 1963 d'utiliser le tube fluorescent comme matériau artistique, Flavin se réfère immédiatement à Brancusi. Il lui dédie sa diagonale de mai 1963 (1), ainsi que sa première exposition d'icônes l'année suivante à New York.

« Au cours du printemps 1963, je maîtrisais suffisam-ment ma nouvelle technique pour passer à autre chose. Dans un récent diagramme, j'ai appelé *Diagonale de l'ex-tase personnelle* le dispositif installé le 25 mai 1963. C'est une lampe ordinaire de huit pieds de long munie de tubes fluorescents pouvant avoir toutes les couleurs disponibles dans le commerce. Pour commencer, j'ai choisi la couleur or. Le tube fluorescent et l'ombre portée du support sem-blaient tenir comme par miracle sur le mur. Il n'était abso-lument pas nécessaire de donner une structure définitive à ce système qui semblait pouvoir s'adapter de lui-même, di-rectement, dynamiquement et formidablement au mur de mon atelier : image persistante et vaporeuse, dont l'éclat ar-rivait à fondre sa présence physique dans une relative invi-sibilité. (J'ai placé le tube et son support dans une position oblique, selon un angle de 45 degrés par rapport à l'hori-zontale, parce que cela semblait être une position appro-priée pour l'équilibre, mais n'importe quelle autre position aurait pu convenir tout aussi bien).

J'ai eu l'idée de comparer la nouvelle diagonale avec le chef-d'œuvre ancien de Constantin Brancusi, la *Colonne sans fin*. Cette « colonne » artificielle était disposée comme une suite régulière et formelle de nombreux segments identi-ques en bois, coupés en biseau et placés verticalement, en somme une sculpture équarrie. La « diagonale » dans la grande simplicité de sa forme n'était qu'une ligne lumineuse dimensionnelle et dilatée provenant d'un dispositif indus-triel standard. Ce genre d'installation ne permet pas beau-coup de façonnage artistique.

La *Colonne sans fin* de Brancusi et ma « diagonale » avaient toutes deux une nature visuelle, élémentaire et uni-forme, mais toutes deux cherchaient à transcender leurs évi-dentes limites de longueur et leur apparente simplicité. La *Colonne sans fin* était une sorte de totem mythologique im-posant qui se dressait vers le ciel. La « diagonale », quant à elle, avait la possibilité de jouer un rôle de fétiche technolo-gique ordinaire pour tout le monde. Mais qui pourrait dire que ce projet serait compris ? (2) »

(1) Qui sera dédiée par la suite à Robert Rosenblum.

(2) Catalogue Dan Flavin, Galerie nationale du Canada, Ottawa, 1969.

Frank Stella

Gezira, 1960.

Peinture émaillée sur toile, 309,8 × 185,5 cm.
Jean Christophe Castelli, New York.

La première toile de Stella exposée à Paris en 1960, *Tomlinson Court Park,* appartient comme *Gezira* à la série des « Peintures noires », premières œuvres réellement importantes de cet artiste. Une exposition personnelle allait suivre un an plus tard, toujours à la Galerie Lawrence, sans grand écho de la part du public parisien. Seul John Ashbery, écrivain américain alors installé en France en rendait compte avec un réel intérêt sous le titre « Can Art be excellent if Anybody could do it ? »

« Il n'y a rien d'autre dans les tableaux de Stella que couleur solide et lignes parallèles apparemment tracées à l'aide d'un mètre. Certains se composent de carrés concentriques délimités par le blanc de la toile vierge ; d'autres ont l'air de rouleaux de tissu qui pourraient servir à confectionner un complet rayé. Stella utilisait précédemment la seule couleur noire. Il s'est maintenant libéré au point d'utiliser la couleur, mais une seule par toile (1) »

Stella fut alors sans doute considéré à Paris comme un « suiveur » de l'abstraction géométrique européenne, un jeune équivalent new yorkais de Vasarely. C'était ignorer l'origine de sa démarche. Stella est en fait un pur produit de l'école américaine : il découvre à 20 ans les expressionnistes abstraits comme Rothko, Kline, Motherwell et un peu plus tard les cibles et drapeaux de Jasper Johns, qui auront une influence déterminante sur son œuvre. Seul un rapprochement formel permet ici de présenter côte à côte *Gezira* avec sa structure symétrique qui pourrait se poursuivre au-delà du cadre, et la *Colonne sans fin* de Brancusi. Enfin l'amitié de longue date entre Stella et Carl Andre justifie d'une autre façon (anecdotique sans doute) la présence de Stella dans cette section.

(1) New York Herald Tribune, Paris, 8 novembre 1961.

Paris – New York, un autre itinéraire

Le schéma général de l'exposition « Paris – New York » est celui d'une histoire commençant avec l'année 1905 pour s'achever, soixante ans plus tard, en 1965. Ces dates peuvent paraître, à première vue, arbitraires. Elles correspondent, cependant, à des faits assez précis et assez marquants pour justifier l'origine d'une histoire qui ne coïncide pas forcément avec le changement de siècle : c'est en 1905 qu'éclate au Salon d'Automne le plus spectaculaire scandale de l'art moderne depuis l'impressionnisme : la « Cage aux fauves » où Matisse présente *la Femme au chapeau* que les Stein récemment installés à Paris achètent cette année là. De la même façon, l'attribution du grand Prix de la Biennale de Venise à Rauschenberg en 1964 marqua, de l'avis unanime, un changement capital, la reconnaissance officielle de l'avant-garde dans la nomination d'un de ses chefs de file, la suprématie momentanée du pop'art dont on pouvait voir en Europe influences et équivalences. Par la volonté même d'établir une *histoire,* « Paris – New York » s'est situé dans une suite d'évènements, de recherches de parentés, d'influences, de confrontations qui semblent, en fin de compte, établir une logique : la présence de certains peintres américains à l'académie Matisse paraît expliquer l'apparence ultérieure de leur peinture ; la venue des surréalistes à New York, le commencement de l'abstraction expressionniste américaine ; de la même façon que les artistes français venus s'installer à l'hôtel Chelsea devaient *naturellement* être marqués du sceau du pop'art. Il n'en restait pas moins qu'un certain caractère matissien de la peinture pouvait également transparaître chez des peintres qui n'avaient pas traversé l'Atlantique ; que si Masson et Max Ernst avaient contribué à l'évolution de Pollock, c'était au même titre que Orozco ou les dessins de sable indiens ; que, enfin des expositions comme « Le nouveau réalisme à Paris et à New York » avaient démontré l'apparition simultanée de tendances parallèles.

Sous le courant continu d'avant-gardes successives, d'autres questions pointaient, peu faciles à résoudre dans l'évidence visuelle d'une exposition : celle des choix et des prédilections de certains collectionneurs (les Stein achètent, à Paris, Cézanne, Matisse, Picasso et non Jacques-Emile Blanche dont pourtant à l'époque la renommée est grande), de leur influence (la collection de John et Dominique de Menil a fortement contribué à la reconnaissance de Max Ernst aux Etats-Unis), du marché de l'art avec tout ce qu'il suppose de promotion de certains artistes au dépens des autres. Ainsi se faisait jour une histoire moins évènementielle, celle qui tient compte de la réalité du travail de l'artiste dans son atelier, des revues qu'il lit, de l'information visuelle qui est la sienne : l'histoire du pop'art est aussi dépendante de l'évolution du style de la publicité et des affiches que de l'œuvre de Fernand Léger ou de Schwitters. Si l'aspect chronologique s'est révélé indispensable, c'est parce

que – aussi considérables et évidentes qu'aient pu être les relations entre Paris et New York – celles-ci n'avaient jamais été étudiées et qu'il importait d'abord de les considérer dans leur développement. Toutefois, au terme de ce parcours qui s'inscrit de Gertrude Stein aux pop'artistes et aux sculpteurs minimalistes américains, un doute naît : Peut-on vraiment accepter comme fait du hasard l'apparition synchrone des œuvres, s'émerveiller que Patrick Henry Bruce ait peint un *Bal Bullier* alors même que Sonia Delaunay peignait le sien. Dès qu'apparaissait la notion, chère à Clement Greenberg, de qualité, les rapprochements devenaient plus ambigus.

L'histoire de l'art ignore le plus souvent l'histoire des artistes, ne coupant souvent leurs parcours qu'en un point, rarement – sauf pour Picasso, Matisse ou Bonnard – en plusieurs. L'évènement qui permet d'inscrire l'artiste dans l'histoire des échanges entre les deux capitales ne correspond pas forcément au plus grand effet de sa peinture. *L'atelier rouge* de Matisse fut présenté en 1913 à l'Armory Show à côté d'œuvres de Monet et de Bonnard ; c'est pourtant bien plus par rapport aux œuvres abstraites de l'aprèsguerre que ces œuvres prennent toute leur signification. La peinture, si elle se manifeste au moyen d'expositions, d'articles ou de livres, n'en est pas moins, d'abord, révélation personnelle. L'œuvre de Schwitters, présente à New York dès les premières manifestations de la Société Anonyme trouve un écho, à trente ans de différence, chez Joseph Stella et dans l'œuvre de Rauschenberg. D'autres œuvres, au contraire, semblent permanentes et toujours différentes, tant l'approche en varie selon les époques, sans que l'on puisse pourtant déterminer une date particulière d'émergence. L'œuvre de Seurat, tôt appréciée aux Etats-Unis – on n'en voudra pour preuve que l'achat du *Cirque* par John Quinn – a pu marquer des peintres aussi différents que Hélion ou Lichtenstein. A quelle manifestation fallait-il rattacher l'œuvre de Soutine ou celle de Pascin, celle de Hans Hofmann ou celle de Milton Avery ? Devant ces questions, une autre exposition se faisait jour, ignorant la chronologie, mais non les antériorités, cherchant les échos plus que les influences, mettant en évidence les axes de pensée : la couleur, l'imaginaire, l'expression... plus que les regroupements d'école. Dans ces histoires sans Histoire, le plaisir de la peinture l'emportait : la pulvérisation de la surface en une multitude de signes d'une toile de Tobey dialoguait avec la fragmentation en petites taches juxtaposées d'une peinture de Bryen. Les mêmes questions se posaient à travers des civilisations et des cultures différentes, la peinture devenait langage commun. Il est vite apparu indispensable d'introduire – aussi succinctement que ce fût – cet autre aspect de « Paris – New York ». Loin d'entendre résoudre ces questions, nous ne cherchons ici qu'à les poser.

Hans Hartung

Centre Violet, 1922.
Aquarelle, 31 × 23,4 cm.
Hans Hartung, Paris.

Trou jaune, 1922.
Aquarelle, 31 × 22,8 cm.
Hans Hartung, Paris.

Jaune, rouge et bleu, 1922.
Aquarelle, 22,2 × 17,9 cm.
Hans Hartung, Paris.

Jaune vers la droite en haut, 1922.
Aquarelle, 30 × 22,2 cm.
Hans Hartung, Paris.

T. 1938-32.
Huile sur bois, 18 × 14 cm.
Hans Hartung, Paris.

T. 1938-31.
Encre de chine sur fond blanc, sur bois.
Hans Hartung, Paris 33 × 22 cm.

Encre de chine, 1927.
Encre de chine, 7, 1 × 7,9 cm.
Hans Hartung, Paris.

Hans Hartung

Encre de chine, 1927.
Encre de chine, 7 × 10,5 cm.
Hans Hartung, Paris.

Hans Hartung

Encre de chine, 1938.
Encre de chine, 16,3 × 22,8 cm.
Hans Hartung, Paris.

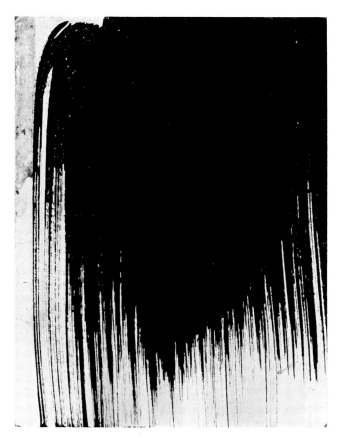

Sonia Delaunay

Rayures 2003 et 2004, 1928.
Aquarelles, 28 × 15 cm et 31,5 × 16,5 cm.
Sonia Delaunay, Paris.

Rayures n° 1660, 1928.
Gouache, 33 × 23 cm.
Sonia Delaunay, Paris.

Rayures, 6 projets, 1928.
Gouache, 64,5 × 116 cm.
Sonia Delaunay, Paris.

Sonia Delaunay

Projet de tissus, (n° 1745), 1928.
Gouache, 38 × 27 cm.
Sonia Delaunay, Paris.

Sonia Delaunay

Rayures, projet de tissu n° 1746, 1928.
Gouache, 38 × 27 cm.
Sonia Delaunay, Paris.

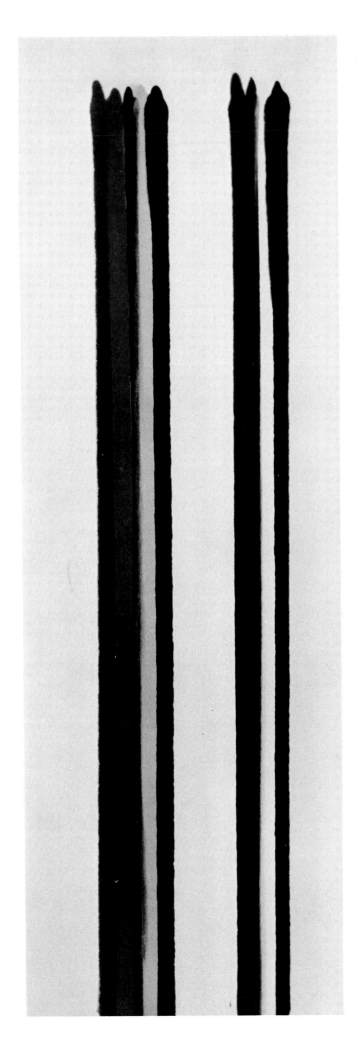

Morris Louis

Sans titre, 1962.
Acrylique sur toile, 219,6 × 73 cm.
Galerie Piltzer-Rheims, Paris.

Barnett Newman

Tertia, 1964.
Huile sur toile, 198 × 89 cm.
Moderna Museet, Stockholm.

Pablo Picasso

L'atelier, 1927-28.
Huile sur toile, 149,9 cm × 231,2 cm.
The Museum of Modern Art, New York, don de Walter
P. Chrysler Jr, 1935.

Henri Matisse

Nu bleu 1, 1952.
Gouache, 116 × 78 cm.
Ernst Beyeler, Bâle.

654

Robert Motherwell

The French Line, 1960.
Collage, 75 × 57,5 cm.
M. et Mme Bagley Wright, Washington.

Georges Rouault

L'ivrognesse, 1905.
Musée d'art moderne de la Ville de Paris, legs Girardin,
1953.

Chaïm Soutine

La volaille, vers 1925-26.
Huile sur carton parqueté, 125 × 80 cm.
Musée national d'art moderne, Paris.

Willem de Kooning

Woman, vers 1952.
Pastel et fusain, 74,9 × 50,1 cm.
Musée national d'art moderne, Paris.

656

Camille Bryen

Coupe-couleurs, 1958.
Huile sur toile, 146 × 114 cm.
Collection particulière.

Mark Tobey

White Journey, 1956.
Tempera, 113,5 × 89,5 cm.
Ernst Beyeler, Bâle.

Éléments biographiques
et bibliographiques

Établis par la Documentation du Musée national d'art moderne

Agnès Angliviel de La Beaumelle : A.L.B.
Francine Delaigle : F.D.
Myriam de Dreuzy : M.D.
Nathalie du Moulin de Labarthète : N.M.L.
Dominique Moyen : D.M.
Evelyne Pomey : E.P.
Claude Schweisguth : C.S.

N'ont été retenus que les faits concernant principalement les relations entre Paris et New York.

Abréviations utilisées :

Musée des Arts Décoratifs : Arts Déco
Centre National d'Art et de Culture Georges Pompidou : CNAC GP
Exposition collective : exp. coll.
Exposition individuelle : exp. indiv.
Métropolitan Museum : Met.
Musée d'Art Moderne de la Ville de Paris : MAM
Musée National d'Art Moderne : MNAM
Museum of Modern Art : MOMA

PIERRE ALECHINSKY

Bruxelles 1927
Vit à Bougival (France).

1948   Séjour de 5 mois à Paris. Paris, Galerie Maeght, *Les Mains éblouies*. 1re exp. coll. à Paris. 1951   S'installe à Paris. 1956   Paris, Galerie du Dragon, expose des dessins, 1re exp. indiv. à Paris. J. J. Sweeney achète *La Fourmilière* 1954, pour le Guggenheim ; c'est le 1er tableau acheté par les USA. 1959   Minneapolis, Institute of Art, *European art today*, 1re exp. coll. aux USA. 1960   N.Y., Lefebre Gallery, *Cobra 1960*. Lauréat du Prix Hallmark. 1961   A partir de cette année voyage régulièrement aux Etats-Unis. Travaille à l'hôtel Chelsea, puis à l'atelier de Walasse Ting. 1962 à 1976   P. Alechinsky aura 9 exp. indiv. à la Lefebre Gallery, N.Y. Participe à l'illustration de *One cent life* de Walasse Ting, publié par S. Francis. 1964   N.Y., Guggenheim, *Guggenheim International Award*, exp. coll. 1965   Long séjour aux Etats-Unis, commence la peinture à l'acrylique. N.Y., Jewish Museum, 42 peintures de P. A. dans les collections américaines. 1966   N.Y., Guggenheim, *European drawings*. N.Y., Cordier - Ekstrom Gallery, *Seven Decades 1895-1965*, exp. coll. 1968   N.Y., Met., *Painting in France 1900-1967*, exp. itinérante aux USA.

Bibliographie

Putman Jacques, *Alechinsky*, Milan-Paris, Fratelli Fabri, 1907. Catalogue de l'exposition *Alechinsky*, Paris, MAM, 1975.

E.P.

CARL ANDRE

Quincy (Mass., USA) 1935
Vit à New York.

1965   N.Y., Tibor de Nagy Gallery. 1re expo. indiv. à N.Y. 1968   Paris, Grand Palais, *Art du réel USA 1948-1968*. 1re expo. coll. à Paris. Kassel, Documenta 4, 1970. Saint Paul de Vence, Fondation Maeght, *l'Art vivant aux Etats-Unis*. 1971   Paris, Galerie Yvon Lambert. 1re exp. indiv. à Paris. 1972   Paris, Rue de Paradis, *Actualité d'un bilan*, exp. organisée par la galerie Yvon Lambert. 1972   Paris, galerie Lambert, *un groupe*, exp. coll. 1974   Paris, MAM, ARC 2, *Art conceptuel et hyperréaliste*. 1976   Paris, Galerie Yvon Lambert, exp. indiv. Paris, rue Campagne Première, exp. indiv. Le MNAM achète *Hexagone de 4 segments*, 1974.

Bibliographie

Catalogue de l'exposition *Carl André : sculpture 1958-1974*, Kunsthalle, Berne, 1975.

E.P.

ALEXANDRE ARCHIPENKO

Kiev, 1887, Russie – New York, 1964.

1906   1re exp. personnelle en Ukraine. Participe à des expositions de groupe à Moscou. 1908   Arrivée à Paris. S'installe dans un atelier à la Ruche, proche de celui de Léger. Contacts avec Modigliani et Gaudier-Brzeska. 1910-1914   Paris, Salon des Indépendants. 1911   Paris, Salon d'Automne (ainsi qu'en 1912-13-19). 1912   Paris, galerie la Boétie, *Salon de la Section d'Or*, (oct.). Reçoit dans son atelier la visite de Walter Pach pour la sélection des œuvres en vue de l'Armory Show. 1913   N.Y., Chicago, Boston, *Armory Show*, 4 sculptures : *Négresse, Le Repos, Salomé, La Vie Familiale*, et 5 dessins achetés par Alfred Stieglitz. *La Vie Familiale* fait l'objet d'une carte postale et d'une caricature dans *The World*. 1920   Paris, galerie B. Weill, expose avec la Section d'Or. 1921   N.Y., Galleries of the Société Anonyme, *Archipenko*, (fév.-mars), 1re expo. indiv. en Amérique, sculptures abstraites. La Société Anonyme publie une monographie d'Ivan Goll sur Archipenko, et organise un symposium *Pshychology of Modern Art and Archipenko*. Achat par la Société Anonyme de 2 gouaches. N.Y., Daniel galleries, *Archipenko : realistic work*, (fév.), expo. indiv., organisée par la Société Anonyme. 1923   Arrivée à N.Y., où il restera jusqu'à la fin de sa vie. Ouvre une école d'art. Brooklyn Museum, *Russian Exhibition*, (janv.-mars), expo. collect. 1924   Peintures mobiles appelées *Archipentura*.

Ouvre l'été une école d'art à Woodstock (N.Y.). N.Y., Kingore galleries (janv.-fév.), expo. indiv. 1926   N.Y., Brooklyn Museum, *International Exhibition of modern Art*. 1928   Devient citoyen américain. N.Y., Anderson Galleries, expo. indiv. Entre 1910 et 1937, on compte 58 expositions individuelles d'Archipenko dans différentes villes des États-Unis. 1929   Achète un terrain à Woodstock, où il commence à construire son propre atelier et un complexe d'ateliers pour l'enseignement. Exposition des œuvres de ses étudiants à Arko, école de céramique créée par Archipenko à N.Y. 1932   Nombreuses tournées de conférences dans des collèges et des universités sur la côte Pacifique, le Middle West et l'Est. 1933   Enseigne à Mills College, Ca. et à Chouinard School, Los Angeles. 1934   N.Y., MOMA, *Modern works of art*, (nov.-janv. 1935), expo. coll. 1935   S'établit en Californie et ouvre une école d'art à Los Angeles. Nombreuses expositions. 1935-1936   Enseigne à la Washington State University. 1937   Chicago, enseigne à la New Bauhaus School of Industrial Arts. 1939   Retourne à N.Y., où il re-ouvre son école et où il recommence ses cours d'été à Woodstock. Pendant toute cette période 1939-1955, expose largement aux Etats-Unis et en Europe. De même, il enseigne dans de nombreux collèges et universités américaines : New York, Chicago, Kansas-City, Delaware, etc... 1953   Élu membre de l'International Institute of Arts and Letters, N.Y. 1955   Commence à travailler sur le livre *Archipenko : fifty years 1908-1958*. 1957   N.Y., Perls gallery, expo. indiv. 1960   Publication du livre *Archipenko : fifty years 1908-1958* à N.Y. 1967-1969   Los Angeles, The UCLA Art galleries organisent une grande rétrospective *Alexandre Archipenko : A Memorial Exhibition* qui se tient dans dix musées américains. 1969-1970   Washington, The International Art Program, Smithsonian Institution, organise une expo. itinérante à travers 11 musées européens dont le musée Rodin à Paris, *Alexander Archipenko : International Visionary*. 1970   N.Y., MOMA, *Alexander Archipenko : The Parisian Years*, 1re expo. indiv. dans un musée à N.Y.

Bibliographie

The World, N.Y., 17 février 1913. *Les Soirées de Paris*, Paris, 15 juin 1914. A.J. Eddy, *Cubists and Post-Impressionism*, Chicago, A.C. Mac Clurg et London, Grant Richards, 1914. Ivan Goll, *Archipenko*, N.Y., The Société Anonyme, 1921. Ivan Goll, T. Daübler, B. Cendrars, *Archipenko*, Gustav Kiepenheuer Verlag, Postdam, 1921. Maurice Raynal, *Archipenko*, Rome, Valori Plastici, 1923. Katherine Dreier, *Western Art and the New Era*, New York, Brentano's, 1923. Hans Hildebrandt, *Alexander Archipenko*, Berlin : Ukrainske Slowa, 1923. Christian Brinton, *Archipenko*, N.Y., The Société Anonyme, 1924. *Archipenko, Catalogue of Exhibition and Description of Archipentura*, N.Y., The Anderson Galleries, 1928. *Collection of the Société Anonyme : Museum of Modern Art 1920*, Yale University Art Gallery, New Haven, 1950

Ouvrages de référence

Alexandre Archipenko and Fifty Art Historians, *Archipenko : fifty creative years 1908-1958*, N.Y., Tekhne, 1960. (Bibliographie à consulter). Frederick Wight, Katharine Kuh and Donald Karshan, *Alexander Archipenko : A memorial exhibition 1967-1969*, catalogue de l'exposition UCLA Art Gallery, Los Angeles, 1967. *Archipenko : International Visionary*, a retrospective travelling exhibition organized by the International Art Program, Smithsonian Institution, NCFA, Washington D.C., 1969, Donald Karshan Ed. Donald Karshan, *Archipenko*, Ernst Wasmuth Verlag, Tübingen, 1974. (Biographie à consulter).

M.D.

ARMAN (Armand Fernandez dit)

Nice, France, 1928
Vit à Paris et à New York.

1949   Vient à Paris. 1952   Voit l'exposition Pollock à la Galerie Paul Fachetti, Paris. 1955-59   Les Cachets : premiers essais d'estampages de tampons encreurs sur papier ; première tentative de libération du geste de l'expression. 1956   Paris, Galerie du Haut Pavé. 1re exp. indiv. à Paris. 1960   Membre et co-fondateur du Nouveau Réalisme. 1961   Paris, Impasse Ronsin, *Premières colères* : destruction d'une contrebasse devant les caméras de la télévision américaine NBC. Va à New York à l'occasion de sa première exposition personnelle à la Cordier-Warren Gallery. N.Y., MOMA, *The Art of Assemblage*. 1re exp. coll. à N.Y. 1962   N.Y. Sidney Janis Gallery, *New Realists* exp. coll. Prépare une exposition d'accumulations avec Edward Kienholz pour inaugurer la Dwan Gallery à Los Angeles. Entre 1962 et 1964 Arman répartit sa vie et ses expositions entre l'Europe et l'Amérique. 1962 Paris, Galerie Lawrence, exp. indiv. 1965 N.Y., manifestation publique, Artist Key Club : des œuvres d'art et des objets sans valeur étaient enfermés dans une consigne d'une station de métro New yorkaise ; les clés sont vendues à prix fixe et le hasard désigne les gagnants. 1966 N.Y. Allan Stone Gallery, *Le Grand Tas des Echanges*. Les objets ne sont pas vendus mais échangés. N.Y., Cordier-Ekstrom Gallery, *Seven decades 1895-1965* exp. coll. 1968 N.Y., Sydney Janis Gallery, exp. indiv. 1968 N.Y., Met., *Painting in France 1900-1967*, exp. itinérante aux USA. 1970 *L'Amérique coupée en deux* : contre paiement d'une taxe allant à l'organisation des Black Panthers, Arman se charge de couper en deux et de signer n'importe quel objet qu'on lui apporterait. 1971 N.Y., Lawrence Rubin Gallery. 1972 Acquiert la citoyenneté américaine. 1973 N.Y., Gibson Gallery, 2 exp. indiv. N.Y., Andrew Crispo Gallery, exp. indiv. N.Y., Rosa Esman Gallery, exp. indiv. 1974 N.Y., Andrew Crispo Gallery, 2 exp. indiv.

Bibliographie

Henri Martin, *Arman*, N.Y., Abrams, 1973.

E.P.

JEAN ARP
Strasbourg, 1887 – Bâle, 1966.

1904 Premier séjour à Paris. Suit les cours de l'Ecole des Arts Appliqués à Strasbourg. 1905-1907 Suit les cours de l'Ecole des Beaux-Arts de Weimar. 1908 Suit les cours de l'Académie Julian à Paris. 1909 Fait la connaissance de Paul Klee à Weggis, en Suisse. 1912 Münich : participe à la deuxième exp. du Blaue Reiter. Fait la connaissance de Robert et Sonia Delaunay. 1913 Berlin, dirige la Galerie Der Sturm quelques mois et participe au premier Salon d'Automne à Berlin. 1914 Rencontre Max Ernst à l'exp. du Werkbund à Cologne. A Paris, fait la connaissance de Max Jacob, Modigliani, Arthur Cravan, Picasso, Apollinaire... 1915 Zürich, expose Galerie Tanner des collages et des tapisseries. 1916-1919 Zürich, se joint au groupe Dada. Illustre des œuvres de Huelsenbeck, de Tzara et des publications dada tels que *Cabaret Voltaire, Dada 1-3, der Zeltweg...* Commence ses premiers reliefs en bois, fait des costumes de théâtre... 1919-1920 Publie la revue *Die Shammade* avec Max Ernst et Baargeld. Réalise *Fatagaga*, une série de collages avec Max Ernst. Fait la connaissance de El Lissitzky et de Schwitters à Berlin. Participe à la première foire internationale dada à Berlin et collabore à l'almanach dada de Huelsenbeck. 1921 Au Tyrol avec Ernst, Eluard, et Tzara, ils publient ensemble *Dada au Grandair*. 1922 Paris, participe au *Salon international dada*, Galerie Montaigne. 1923 A Hanovre avec Kurt Schwitters collabore aux revues *Der Sturm, Merz, Mecano*. Publie une série de lithographies : *7 Arpaden*. 1924 Publie un recueil de poésies, « der Pyramidenrock ». Collabore aux revues *G, De Stijl* et *The Little Review*. 1925 Edite, avec Lissitzky, *Les ismes de l'art* (Zürich, Eugen Reutsch). Participe à la première exp. du groupe surréaliste Galerie Pierre. S'installe rue Tourlaque, près de Max Ernst et de Miro. 1926 Entreprend avec Sophie Taueber et Van Doesburg les travaux de décoration de l'Aubette à Strasbourg. Commence les premières *Configurations*. N.Y. Participe à l'*Exp. internationale d'art moderne*, organisée par la Société Anonyme, au Brooklyn Museum. 1927 1ʳᵉ exp. indiv., Galerie Surréaliste, préface de André Breton. Collabore aux revues *La Révolution Surréaliste* et aux *Documents internationaux de l'Esprit Nouveau*. 1928 Réalise ses premiers reliefs en ficelle sur toile. 1930 Paris expose 22 collages galerie Goemans et des papiers déchirés Galerie Jeanne Bûcher. Participe à une exp. de Cercle et Carré, Galerie 23. Premières sculptures en ronde-bosse. 1931 Collabore à la revue *Transition*. 1932 Membre du groupe *Abstraction Création* (2 œuvres reproduites dans le nᵒ 1). Fréquente beaucoup Mondrian, Pevsner, Vantongerloo. 1933 Inaugure le cycle des Concrétions humaines. 2 œuvres reproduites dans *Abstraction Création*. 1934 N.Y., 1ʳᵉ exp. indiv. à New York, J. Becker Gallery, 15 gouaches. N.Y., participe à l'exp. *Modern works of art au Moma*. 1 œuvre reproduite dans *Abstraction Création*. 1935 Paris, participe à une exp. de dessins surréalistes à la Galerie des Quatre-Chemin. 1936 N.Y., participe avec 9 œuvres (dont la moitié déjà achetées) à l'exp. *Fantastic art, dada, surrealism*, organisée par Alfred Barr au Moma et avec 4 œuvres à l'exp. *Cubism and Abstract art*, également organisée au Moma par Alfred Barr. Paris, participe avec 2 œuvres à l'exp. surréaliste d'objets, Galerie Charles Ratton. 1937 Publie un livre de poèmes « Des tâches dans le vide ». 1938 Paris, participe à l'exp. *Réalités Nouvelles* Galerie Charpentier. Collabore avec Leonore Carrington, Marcel Duchamp, Paul Eluard, Max Ernst au roman *L'homme qui a perdu son squelette*, publié dans la revue *Plastique*. 1940-1941 Cherche refuge à Grasse avec Sophie Taueber,

Sonia Delaunay et Alberto Magnelli. 1943 Mort de Sophie Taueber, sa douleur l'empêchera de sculpter pendant quatre ans. 1944 Séjour à Bâle. N.Y., expose 26 œuvres, choisies par Max Ernst, à la Galerie Art of this Century et participe également à l'exp. de collages, organisée par la même galerie. 1945 Rentre à Meudon. Participe à l'exp. *Art Concret* à la Galerie René Drouin. Fait paraître l'album *Configurations* avec Max Bill et Gabrielle Buffet-Picabia. 1947 Paris, participe à une exp. de groupe avec Calder, Dewasne, Giacometti... à la Galerie Denise René. 1949 N.Y., premier voyage aux Etats-Unis à l'occasion de ses exp. conjointes à la Buchholz Curt Valentin et Sidney Janis Gallery. Le New York Times, Life Magazine publient des photos de Arp. N.Y., parution des poèmes et essais de Arp *On my way* (ed. Wittenborn-Schultz), préface de Robert Motherwell, note biographique de Gabrielle Buffet-Picabia. Paris, participe à l'exp. *l'art abstrait, ses premiers maîtres*, Galerie Maeght. 1950 2ᵉ voyage aux Etats-Unis. Réalise un monumental relief en bois pour l'université de Harvard. Expose à la Sidney Janis Gallery. 1951 Paris, expose Galerie Maeght. Collabore au livre de Robert Motherwell *Dada painters and poets*. 1952 N.Y., publie *Dreams and projects*, 28 gravures sur bois et textes poétiques, aux éditions Curt Valentin et illustre *Die New Yorker Kantaten* de Huelsenbeck. 1953 Participe à de nombreuses exp. dans le monde et publie des poèmes. 1953 Participe au *premier salon de sculpture abstraite*, Galerie Denise René. N.Y., 30 œuvres exposées Curt Valentin Gallery (critique de Rubin dans Art Digest, vol. 29, p. 14-15). 1957 Exécute un relief monumental *Constellation* pour le palais de l'Unesco à Paris. De nombreux livres paraissent sur Arp. 1958 N.Y., grande exp. rétrospective au Moma, organisée par J.T. Soby. 1962 Paris, grande rétrospective au Musée national d'art moderne (209 peintures, collages, tapisseries). Participera chaque année, à de nombreuses exp. coll. et indiv. dans le monde, régulièrement à la Sidney Janis Gallery à New York et à la Galerie Denise René à Paris. Continuera aussi à publier des livres de poèmes, dont *Soleil Recerclé* et *Jours effeuillés* en 1966. 1966 Mort de Jean Arp à Bâle.

Bibliographie

Catalogue de la rétrospective *Arp*, N.Y., The Museum of Modern Art, 1958. Ionel Jianou, *Jean Arp*, Paris, Arted, 1973.

C.S.

BALTHUS (Balthasar Klossowski de Rola, dit)
Paris, 1908.
Vit à Rome.

1934 Paris, Galerie Pierre, 1ʳᵉ exp. indiv. à Paris. 1938 N.Y., Pierre Matisse Gallery, 1ʳᵉ exp. pers. à New York, préface du catalogue par James T. Soby. *Joan Miro et sa fille Dolores* entre au MOMA. 1944 *Le Portrait d'André Derain* entre au MOMA. 1946 Paris, Galerie Arts. 1949 N.Y., Pierre Matisse Gallery, préface du catalogue par Albert Camus. 1956 N.Y., MOMA, expose rétrospective. 1957 N.Y., Pierre Matisse Gallery. 1960 Nommé directeur de l'Académie de France à Rome. 1962 N.Y., Pierre Matisse Gallery. 1963 N.Y., E.V. Thaw and Co Gallery, exposition de dessins. 1966 Paris, Musée des Arts Décoratifs, exposition rétrospective. 1971 et 1976 Paris, Galerie Claude Bernard.

Bibliographie

Catalogue de l'exposition *Balthus*, N.Y., MOMA, 1956. Catalogue de l'exposition *Balthus*, Paris, Musée des Arts Décoratifs, 1966.

N.M.L.

EUGENE BERMAN
Saint Petersbourg, Russie, 1899 – Rome, 1970.

1908-1913 Habite l'Allemagne, la Suisse et la France. 1914 Retourne en Russie, où il travaille avec l'architecte S. Grosenberg et le peintre P.S. Naumoff. 1918 Quitte la Russie, pour s'installer à Paris. Commence à suivre les cours de l'académie Ranson avec Christian Bérard et son frère Leonid. Berman est alors très impressionné par les Picasso, de la période bleu et rose. 1922 Premier voyage en Italie, où il rencontrera plus tard Chirico. 1925 Paris, il expose au Salon d'Automne et au Salon des Indépendants. 1926 Paris, expose Galerie

Druet, avec Bérard, Tchelitchev et Leonid ; W. George les appelera les Néo-Romantiques. 1927 Paris, 1ʳᵉ exp. indiv., Galerie Katia Granoff. 1928 Paris, expose Galerie de l'Etoile. 1929 Paris, expose Galerie Bonjean et Galerie des Quatre Chemins. 1930 Commence à cette époque, d'après Soby et Levy, ses randonnées à travers Paris, dans le 4ᵉ arrondissement, rue de la Convention, rue de Vaugirard, dessinant et peignant ensuite selon son imagination. 1931 Hartford (Connect.), participe à la première exp. surréaliste aux Etats-Unis *Newer Superealism* au Wadsworth Atheneum. N.Y., 1ʳᵉ exp. indiv. aux Etats-Unis, Julien Levy Gallery. Paris participe à une exp. Galerie Balzac, avec Leonid, Tchelitchev et Bérard. Commence à peindre les ponts de Paris. 1932 36 œuvres exposées au Vassar College Art Gallery. 1933 Berman passe beaucoup de son temps à Versailles et fait une série de tableaux sur les sculptures du parc. Paris, expose Galerie Renou et Colle. N.Y. expose Julien Levy Gallery. 1934 Paris, participe à l'exp. du deuxième groupe des *Artistes de ce temps* au Petit Palais. 1935 Premier voyage à New York. Réalise une série de décorations murales pour la maison de J.T. Soby, dans le Connecticut et pour la maison de Julien Levy à New York. N.Y. expose Julien Levy Gallery. 1936 Commence une carrière de décorateur de théâtre. Retourne à Paris. 1937 Fait les décors de l'Opéra de Quatre Sous, donné au théâtre de l'Etoile. Retourne aux Etats-Unis, visite la Californie. N.Y., expose Julien Levy Gallery. Paris, expose Galerie Renou et Colle. 1939 N.Y., expose 23 œuvres Julien Levy Gallery. Paris, expose 12 panneaux décoratifs, Galerie Montaigne. Fait les décors de *Devil's holiday,* ballet de Frederick Ashton, donné par les ballets de Monte-Carlo au Metropolitan. 1940 Berman s'installe à New York. 1941 N.Y., expose Julien Levy Gallery. Fait les décors du ballet de Balanchine *Concerto Barocco,* donné par le Lincoln Kirstein ballet au Caravan College. Boston, rétrospective à l'Institute of Modern Art. 1942 Fait une série de décors pour les ballets du Colonel de Basil et les ballets de Monte-Carlo. 1943 Pittsburgh, les *Filles du feu* montrées à l'expo. *Paintings in the US* au Carnegie Institute. N.Y., participe à l'exp. *Art news, ten best of 1943* au Durand-Ruel Galleries. Fait les costumes de *Roméo et Juliette* pour le Ballet Theater. 1944 Berman prend la nationalité américaine. Fait les décors de *Danses concertantes,* ballet de Balanchine, donné par les Ballets de Monte-Carlo au City Center. 1946 Fait la version définitive des décors de *Giselle,* pour le Broadway Ballet Theater. 1947 A partir de cette date expose régulièrement Knoedler Gallery, expose aussi ses maquettes de théâtre et de ballet au Moma. 1950-1957 Fait les décors et les costumes pour le Metropolitan Opera, de *Rigoletto, La Forza del Destino, Le Barbier de Séville...* 1956 Berman s'installe à Rome. 1964 Voyage en Egypte. Membre de l'Institut National des Arts et Lettres de Paris, des Etats-Unis.

Bibliographie

Julien Levy, *Eugène Berman,* N.Y. et Londres, American Studio Books, 1947. J.T. Soby, *After Picasso,* N.Y., Dodd-Mead, 1935. Catalogue de l'exp. *The theatre of Eugène Berman,* N.Y., The Museum of Modern Art, 1947.

C.S.

ILYA BOLOTOWSKY

Léningrad, 1907.
Vit à New York.

1923 S'installe aux Etats-Unis. 1929 Adopte la nationalité américaine. 1929 N.Y., GRD Studios, 1ʳᵉ exp. coll. à New York. 1930 N.Y., GRD Studios, 1ʳᵉ exp. indiv. à New York. 1932 Fait un voyage en Europe et passe quelques semaines à Paris. 1933 Voit pour la première fois des tableaux de Mondrian dans la Gallery of Living Art et de Miro lors d'une exposition à la Pierre Matisse Gallery. S'engage dans le Federal Art Project. 1936 N.Y., MOMA, *New Horizons in American Art.* Participe à la fondation de l'Association American Abstract Artists. N.Y., réalise une peinture murale pour le Williamsburg Housing Project. Paris, Galerie Bonaparte, *The Ten,* 1ʳᵉ exp. coll. à Paris. 1938 N.Y., Georgette Passedoit Gallery, *The Ten.* 1939 N.Y., réalise une peinture murale pour le Hall of Medical Science de l'Exposition Internationale. 1942 N.Y., Museum of Non-Objective Painting, *America Non-Objectives. exp. indiv.* 1946 N.Y., The Pinacotheca, *Abstract Group.* 1947 N.Y., The Pinacotheca. N.Y., The Pinacotheca, *The White Plane.* 1947 et 1948 Paris, participe au Salon des Réalités Nouvelles. 1949 N.Y., Sidney Janis Gallery, *Post-Mondrian Painters.* 1950 N.Y., Rose Fried Gallery. A partir de 1954, expose régulièrement à la Grace Borgenicht Gallery. 1954-1956 N.Y., enseigne au Brooklyn College. 1957 Houston, Tex., Contemporary Art Museum, *The Sphère of Mondrian.* 1957-1965 N.Y., enseigne au State Teacher's College. 1963-1964 N.Y., enseigne au Hunter College. 1965 N.Y., Grace Borgenicht Gallery, *The Precise Construction.* 1968 N.Y., Whitney Museum, *The 1930's Painting and Sculp-*

ture in America. Buffalo, N.Y., Albright-Knox Art Gallery, *Plus by Minus : Today's Half Century.* 1971 Paris, Galerie Jean Chauvelin, *La peinture Non-Objective.* 1972 N.Y., Zabriskie Gallery, *American Geometric Abstraction – 1930's.* Dallas, Tex., Museum of Fine Arts, *Geometric Abstraction : 1926-1942.* 1973 Chicago, Ill., Museum of Contemporary Art, *Post-Mondrian Abstraction in America.* 1974 N.Y., Solomon R. Guggenheim Museum, exposition rétrospective.

Bibliographie

Belle Krasne, « Bolotowsky, Mondrian in Russian translation », *Art Digest.* N.Y., vol. 24, nᵒ 14, 15 avril 1950. Ilya Bolotowsky, « A great renaissance of art and science », *Réalités Nouvelles,* Paris, nᵒ 4, 1950. Ilya Bolotowsky, « Ever since 1933 in my preoccupation », *Réalités Nouvelles,* Paris, nᵒ 6, juillet 1952. Ilya Bolotowsky, « On neoplasticism and my own work : A Memoir », *Leonardo,* Oxford, vol. 2, 1969. Ilya Bolotowsky, « Concerning my Tondo Paintings », *Art Now,* N.Y., vol. 2, nᵒ 2, 1970.

Ouvrage de référence

Catalogue de l'exp. *Bolotowsky,* N.Y., Guggenheim Museum, 1974.

N.M.L.

CONSTANTIN BRANCUSI

Hobitza, Roumanie, 1876 – Paris, 1957.

1904 Arrive à Paris et s'inscrit à l'Ecole des Beaux-Arts (atelier Antonin Mercié). 1906 Refuse de travailler sous la direction de Rodin. XVIᵉ Salon de la Société Nationale des Beaux-Arts, 1ʳᵉ présentation de son œuvre à Paris. Salon d'Automne, 3 sculptures. Est encouragé par Rodin. 1907 Salon de la Société Nationale des Beaux-Arts (4 nᵒˢ). Salon d'Automne (1 nᵒ). 1908 Salon de la Société Nationale des Beaux-Arts. 1909 Salon d'Automne (1 nᵒ). Son atelier est fréquenté par le Douanier Rousseau, Matisse, Modigliani, Lehmbruck, Nadelman, Apollinaire et Max Jacob. 1910 Se lie avec Walter Pach, présenté par Alexandre Mercereau et son voisin d'atelier, ainsi qu'avec H. de Waroquier, Henri Pierre Roché, Marcel Duchamp, André Salmon, Picasso, Derain et Delaunay. Salon des Indépendants (2 sculptures). 1911 Edward Steichen fait l'acquisition d'une *Maistra,* bronze. 1912 Salon des Indépendants, présentation de la *Muse endormie,* remarquée par Jacques Doucet, de *Prométhée* et du *Baiser.* Reçoit pour la 1ʳᵉ fois la visite d'Agnes E. Meyer, introduite par Steichen : 1ᵉʳ achat. Walter Pach lui fait connaitre les organisateurs de l'*Armory Show* Walt Kuhn et Arthur B. Davies, qui s'enthousiasment aussitôt pour son œuvre. Davies déclare « That's the kind of man I'm giving the show for ! » et lui achète le *Torse* (et la *Muse endormie,* marbre ?). 1913 Paris, Salon des Indépendants (3 nᵒˢ). N.Y., Chicago, Boston, *Armory Show* : Brancusi y participe avec 4 moulages, qui suscitent aussitôt l'intérêt des collectionneurs américains : le *Baiser* (dont une version en pierre rentrera dans la collection Quinn), la *Muse endormie,* (dont un bronze sera acheté par Arthur J. Eddy en 1913), *Muse,* (reproduit en carte postale), dont Walt Kuhn possèdera un plâtre, *Mlle Pogany,* dont un bronze est acheté à l'exposition par Robert W. Chanler, tous prêtés par Brancusi, et le marbre, *Torse,* appartenant à Arthur B. Davies. L'œuvre, en particulier *Mlle Pogany,* traitée d' « egg-head », fait scandale auprès du public et de la critique américaine qui lui accorde une grande attention. A Chicago, une effigie de Brancusi est pendue par les étudiants. Dès cette date, John Quinn s'intéresse à son œuvre et fréquente son atelier. Les Arensberg commencent également à acheter, constituant au total une collection de 17 sculptures et 2 esquisses de Brancusi. 1914 N.Y., Galerie 291, 1ʳᵉ expo. indiv. aux U.S.A., organisée par Steichen et financée par Agnes Meyer (12 mars – 1ᵉʳ avril). Présentation de 8 œuvres originales, dont *Muse endormie,* bronze prêté par A.J. Eddy, *Maiastra,* bronze, *Mlle Pogany,* marbre 1913, *Le Premier pas,* bois, 1914. Achats de Stieglitz, Meyer, Quinn et Davies. A Paris, autour de Brancusi se regroupent Gertrude Stein, Blaise Cendrars, Fernand Léger, Tristan Tzara, Erik Satie. Souvent en visite chez Steichen, à Voulangis, Brancusi y rencontre également A. Meyer et A. De Zayas, qui lui voue une forte admiration. 1916 N.Y., Modern Gallery, *Mrs A. Roosevelt, Alice Morgan Wright, Adolf Wolff, Modigliani, Brancusi* (1ᵉʳ mars – 22 avril) et *Sculpture by Brancusi* (23 oct.-11 nov.). John Quinn acquiert *Le premier pas,* et *Cariatyde.* 1917 N.Y., Grand Central Palace, Society of Independent Artists, 1ʳᵉ expo. collect. Hotel Ritz-Carlton, *Allies of Sculpture.* 1918 Paris : Ezra Pound, Man Ray, Mina Loy, Arthur Cravan et Jane Heap, directrice de *Little Review,* fréquentent son nouvel atelier de l'Impasse Ronsin. 1920 Paris, Salon des Indépendants : la *Princess X* est retirée par la police. Brancusi fait la connaissance vers cette date de Peggy Guggenheim, qui lui achètera *Oiseau dans l'espace,* 1940 (1ʳᵉ version, 1919). Erige la *Colonne sans fin* dans le jardin de Steichen à Voulangis. N.Y., Galleries of the

664

Société Anonyme, 1re et 3e expo. collect. 1921 A leur départ pour la Californie, les Arensberg sont en possession du *Fils prodigue.* Ezra Pound lui consacre
un article important dans *Little Review,* N.Y., (24 ill.). 1923-1924 Paris :
Jeanne Robert Foster, John Quinn, Henri Pierre Roché et Erik Satie lui rendent
fréquemment visite. 1926 N.Y., Brooklyn Museum, *International Art Exhibition of Modern Art,* organisée par la Société Anonyme. Premier séjour à N.Y. (20
janv. 24 mars). Rencontre à deux reprises A. Stieglitz. Est reçu officiellement par
le Penguin Club. Washington, Wildenstein Gallery, 2e expo. indiv. N.Y., The Art
center, *Memorial Exhibition of the Quinn Collection* (25 nos). Brummer Gallery,
importante expo. indiv. organisée par Marcel Duchamp avec 37 sculptures, 5
socles et 1 tableau, provenant pour l'essentiel de la collection Quinn (17 nov.-26
déc.). Catalogue établi par Clive Bell, préface de Paul Morand et articles de Flora
Merill, Walter Pach et John Quinn. 1re publication des *Propos* de Brancusi. Vif
succès de l'exposition : achats à des prix élevés, effectués notamment par H.J.
Meyer, Edgar Levy, Earl Horter. A cette occasion, 2e voyage de Brancusi à N.Y.
(sept.) qui est considéré par la presse comme un événement. Salué par la critique
comme le plus grand et le plus controversé sculpteur contemporain, il est fêté par
ses admirateurs américains, descend chez les Meyer, rencontre à N.Y. le peintre
Sheeler. Frappé par la beauté des gratte-ciel, il projette d'élever la *Colonne sans
fin* dans Central Park. Paris : à la mort de John Quinn, Marcel Duchamp, avec
l'aide de Henri Pierre Roché, rachète les 27 Brancusi de sa collection (oct.), avant
la vente Quinn de N.Y. : 9 d'entre eux, dont le *Baiser* 1908, *Prométhée* marbre
1911, *Oiseau* marbre 1912, *Pingouins* marbre 1914, le *Nouveau-né* marbre 1915,
Chimère 1918, le *Poisson* marbre 1922, *L'Oiseau dans l'espace* bronze 1925,
rejoindront ultérieurement la collection Arensberg. 1926-1929 N.Y. : début du
procès Brancusi à la suite de l'arrêt à la douane américaine de *L'Oiseau dans l'espace* (appartenant à Edward Steichen), considéré comme de simples blocs de
métaux précieux introduits frauduleusement. Attaqué par les sculpteurs américains Robert J. Aiken et Thomas Jones, Brancusi est vivement défendu par Jacob
Steichen, Henri Mac Bride, William Henry Fox, Forbes Watson, Frank Crow-
ninshield et Gertrude Whitney. Le « Procès » rencontre un écho retentissant dans
la presse américaine. 1927 Chicago, The Arts Club, expo. indiv. organisée par
Marcel Duchamp. University of New York : à l'ouverture du Museum of Living
Art, la Collection Gallatin possède alors des Brancusi, dont *Mlle Pogany* dessin
1912 et *Torse d'une jeune fille* onyx 1922. 1928 Voyage aux
U.S.A. 1929 N.Y., Brancusi gagne son procès : son œuvre est reconnu officiellement comme « objet d'art ». Agnès Meyer lui commande son portrait. 1930 La
Maiastra marbre 1915 -c. 1930 est acquise par Walter Arensberg, suivie par
l'*Oiseau,* le *Nouveau-né, Pingouins, Sculpture pour aveugle,* acquis respectivement en 1931, 1933, 1934 et 1935. 1933 Voyage aux U.S.A. Brummer Gallery, expo. indiv. (17 nov.-13 janv.). Catalogue avec préface de Roger Vitrac. Présentation pour la première fois du *Portrait de E. Meyer.* 1936 N.Y., MOMA,
Cubism and abstract art. 1939 Dernier voyage aux U.S.A. (mai-juin) à l'occasion de l'exposition *Art in our time,* au MOMA (10e anniversaire), à laquelle il
participe. Visite Chicago. Séjour à Long Island chez Marion Willard. 1941 N.Y., Bucholz Gallery, *From Rodin to Brancusi.* 1946 Cincinnati Art Museum, *Four Modern sculptors.* New-Haven, Yale University, *Sculpture since Rodin.* 1951 N.Y., Sidney Janis Gallery, *From Brancusi to
Duchamp.* 1952-1953 Philadelphia Museum of Art ; Chicago, The Art Institute ; N.Y., MOMA, *Sculpture of the Twentieth Century.* 1954-1955 N.Y.,
Solomon R. Guggenheim Museum, importante rétrospective (59 sculptures, 10
dessins) organisée par J.J. Sweeney. Le musée achète alors plusieurs œuvres
importantes. 1956 Philadelphia Museum of Art, expo. indiv. 1957 Paris,
MNAM, donation de l'atelier de Brancusi. N.Y., World House Galleries, *Four
masters Rodin, Brancusi, Gauguin, Calder.* Sidney Janis Gallery, *Brancusi to
Giacometti.* 1960 N.Y., Staempfli Gallery, expo. indiv. 1962 N.Y., Solomon R. Guggenheim Museum, *Modern sculpture from the Hirshhorn Collection.*
Paris, MNAM, inauguration de l'atelier Brancusi. 1969 Philadelphia Museum
of Art ; N.Y., The Solomon R. Guggenheim Museum ; Chicago, The Art Institute,
Constantin Brancusi, 1876-1957 : a retrospective exhibition.

Bibliographie

Jacques Doucet, « Le Salon des Indépendants », *Bulletin de la vie artistique,* Paris,
1912. Julian Street, « Why I became a cubist », *Everybody's Magazine,* N.Y.,
1913. Walter Pach, « Brancusi », *Gazette des Beaux-Arts,* Paris, 16 août 1913.
Camera Work, N.Y., n° 45, janv. 1914. Arthur J. Eddy, *Cubists and post-
impressionnism,* Chicago, A.C. Mac Clurg, 1914. *New York Herald,* N.Y., 29
sept. 1918. *Little Review,* N.Y., vol VI, n° 2, juin 1919 ; vol VIII, n° 22, automne 1921, consacré à Brancusi, avec un article d'Ezra Pound (24 ill.). M.M.,
« Brancusi, a summary of many conversations », *The Arts,* N.Y., 4 juillet 1923.
Transatlantic Review, N.Y., n° 6, juin 1924. *This Quarter,* N.Y., printemps
1925. William Zorach, « The sculpture of Constantin Brancusi », *The Arts,*
N.Y., vol. IX, n° 3, mars 1926. Catalogue de l'exposition *Sculpture of Constantin Brancusi,* N.Y., Brummer Gallery, 1926. Lewis Mumford, « Brancusi and

Marin », *The New Republic,* N.Y., n° 628, déc. 1926. Walter Pach, « Brancusi »,
The Nation, N.Y., 1er déc. 1926. *The Dial,* N.Y., févr. 1927. *Transition,* N.Y.,
juin 1929. Walt Kuhn, « The story of Armory Show », *The Art News,* N.Y.,
n° 32, 1939. *View,* N.Y., vol. VI, nos 2-3, mars-avril 1946. Ezra Pound, *The letters of Ezra Pound 1907-1941,* N.Y., Harcourt, Brace, 1950. Agnès E. Meyer, *Out
of the roots, the autobiography of an american woman,* Boston, 1953. *The man
from New York : John Quinn and his friends,* N.Y., Oxford Press, 1968. Sidney
Geist, « Brancusi, the Meyers and portraits of Mrs Eugene Meyer Jr. », *Studies in
History of Art,* Washington, National Gallery of Art, vol. VI, 1974. [The John
Quinn collection], N.Y., Manuscript Division, Public Library. [Archives Brancu-
si], Paris, MNAM.

Ouvrages de référence

Ionel Jianou, *Brancusi,* Paris, Arted, 1963. Sidney Geist, *Brancusi,* Londres,
Studio Vista, 1968. Catalogue de l'exposition *Constantin Brancusi 1876-1957 ;
A retrospective Exhibition,* N.Y., The Solomon R. Guggenheim, 1969. Sidney
Geist, *Brancusi, The sculpture and drawings,* N.Y., Harry N. Abrams Inc. Publ.,
1975.

A.L.B.

GEORGES BRAQUE

Argenteuil-sur-Seine, 1882 – Paris, 1963.

1900 Quitte le Havre pour Paris. 1906 Salon des Indépendants, salle des
Fauves, 1re présentation de son œuvre à Paris (7 œuvres). 1907 Salon des
Indépendants (7 toiles, toutes vendues). Salon d'Automne (1 œuvre). Rencontre
Matisse et Derain ainsi que Kahnweiler et Apollinaire qui l'entraîne au Bateau-
Lavoir dans l'atelier de Picasso. 1908 Paris, Galerie Kahnweiler, 1re exp.
indiv. (nov.) présentée par Guillaume Apollinaire. Salon des Indépendants (4
œuvres) ; est refusé au Salon d'Automne. Gertrude et Leo Stein, qui le connaissent
alors, n'effectuent aucun achat. 1909-1910 Paris, Salon des Indépendants :
Louis Vauxcelles remarque ses « bizarreries cubiques ». 1913 N.Y., Chicago,
Boston, *Armory Show,* participation de Braque avec 3 œuvres : l'*Affiche de Kubelik* 1912, *le port d'Anvers,* 1906 et *la Forêt,* 1908, prêtés par Kahnweiler. Aucun
achat américain. 1915 N.Y., Galerie 291, exp. coll. *Picasso, Braque, Mexican
Pottery* (déc. 1914-janv. 1915). Modern Gallery, ouverture de la galerie par De
Zayas avec l'exp. coll. *Picasso, Braque, Picabia, Stieglitz* and *African Sculpture.*
(oct-nov). 1916 Modern Gallery, exp. coll. *Picabia, Cézanne, Van Gogh, Braque, Rivera* (fév.-mars). 1917 Paris, publication de ses « Pensées et réflexions
sur la peinture » in *Nord-Sud* (déc.). 1919 Paris, Galerie de l'Effort Moderne,
exp. indiv. 1920-1921 N.Y., Galleries of the Société Anonyme, participe aux
3e et 6e exp. coll. (août-sept. 1920 et déc.-févr. 1921). A cette date, les Arensberg
possèdent au moins 4 des 8 Braque de leur collection : *Nature morte* 1913, *Nature
morte à la guitare* 1912-13, *Violon* 1913, *Formes musicales* 1918. 1922 Paris,
Salon d'Automne : une salle lui est consacrée. 1923 N.Y., Vassar College et
Detroit, State Fair Park, participe aux 26e et 27e exp. organisées par la Société
Anonyme. 1926 N.Y., Brooklyn Museum, *International Exhibition of Modern
Art.* 1926-1927 Paris-N.Y., ventes de la collection Quinn, où passent 4 peintu-
res, 2 dessins et 1 aquarelle de Braque. 1927 N.Y. University, à l'ouverture du
Museum of Living Art, la collection Gallatin possède des œuvres de Braque (qui
seront au total au nombre de 10). 1930 N.Y., MOMA, *Painting in Paris,* parti-
cipation de Braque avec 5 toiles. Liste des musées américains possédant des
Braque à cette date : Chicago, The Art Institute, Birch-Bartlett collection ;
Merion, Barnes Foundation et Washington, Phillips Memorial Gallery. 1934 N.Y., Valentine Gallery, 1re exp. indiv. à N.Y. (nov.-déc.). 1937
Pittsburg, reçoit le prix de la Fondation Carnegie pour la *Nappe jaune* 1935.
Participera également au *Pittsburgh International Exhibition,* Carnegie Institute,
en 1939 et 1958. 1939-1940 Chicago, Arts Club ; Washington, Phillips
Memorial Gallery et San Francisco, Museum of Art, 1re exp. rétrospecti-
ve. 1941 N.Y., MOMA, entrée du *Guéridon* 1928. 1942 N.Y., Paul Rosen-
berg Gallery, exp. indiv. (également en 1943, 1946 et 1948). 1948 N.Y.,
MOMA, entrée de *la Femme à la Mandoline* 1937, (Mrs S. Guggenheim
Fund). 1949 N.Y., MOMA, rétrospective. 1962-1963 Cincinatti, The
Contemporary Art Center ; Chicago, Arts Club ; Minneapolis, The Walker Art
Center, *Hommage à Georges Braque.* 1972 Chicago, Art Institute, *Braque,
The Great Years.*

Bibliographie

Louis Vauxcelles, in *Gil Blas,* Paris, mars et nov. 1908 ; mars 1909. Guillaume
Apollinaire, in *Mercure de France,* Paris, 16 janv. 1909 ; in *La Revue Indépen-*

dante, Paris, août 1911. Gelett Burgess, « The wild men of Paris », *Architectural Record*, N.Y., mai 1910. Guillaume Apollinaire, *Les peintres cubistes*, Paris, Figuière, 1913. John Nilson Laurvik, *It is art ? Post-impressionism, cubism and futurism*, N.Y., The International Press, 1913. Arthur J. Eddy, *Cubism and post-impressionism*, Chicago, Mc Clurg, 1914. Willard H. Wright, *Modern Painting, its tendency and meaning*, N.Y., John Lane Cº, 1915. Waldemar George « Georges Braque », *L'Esprit nouveau*, Paris, vol. I, 1921. Albert E. Gallatin, *Georges Braque*, N.Y., Wittenborn, 1943.

Ouvrages de référence

H.R. Hope, *Georges Braque*, N.Y., The Museum of Modern Art, 1949. Catalogue de l'exposition *Georges Braque*, Paris, Musée de l'Orangerie, 1973-1974.

A.L.B.

VICTOR BRAUNER
Piatra Neamtz, 1903 – Paris, 1966.

1921 Etudie quelque temps à l'école des Beaux-Arts de Bucarest. 1924 Bucarest, 1re exp. personnelle à la Galerie Mozart. Se lie d'amitié avec le poète I. Volonca, avec qui il crée la revue *75 H.P.* et où il publie le « Manifeste de la Pictopoésie » et un article « Le surrationalisme ». 1925 1er voyage à Paris. 1927 Retour à Bucarest. 1928 Commence à collaborer à *UNU*, revue d'esprit dadaïste et surréaliste. 1930 S'installe à Paris et se lie d'amitié tout de suite avec Brancusi et Tanguy. Peint son *Autoportrait*. 1933 Participe au Salon des Surindépendants, ou les surréalistes remarquent ses tableaux. 1934 Paris, 1re exp. indiv. à Paris, Galerie Pierre, préfacée par André Breton. 1935 Retour à Bucarest. 1938 Brauner perd un œil, lors d'une altercation entre Dominguez et Esteban Frances. Début des peintures, dites lycantropes ou chimères. 1940 Quitte Paris et séjourne dans les Pyrénées. En décembre, envoie de Marseille, un texte expliquant son art, pour la revue *View*. 1941 Le tableau *Fascination*, reproduit dans le numéro du mois d'octobre-novembre de *View*. 1942 Tombé malade, il s'installe dans les Basses-Alpes. Début des peintures à la cire et des peintures à la bougie. Figure avec une peinture *Fascination* et un collage, dans le livre de Peggy Guggenheim *Art of this Century*. Sidney Janis achète à Julien Levy *Nu et Nature Morte Spectrale*. 1945 Retour à Paris. 1946 Paris, expose Galerie Pierre Loeb et commence le Codex du Poète. Janis rencontre Brauner à Paris et achète *Talisman*. 1947 Paris, participe à l'exp. internationale du surréalisme, Galerie Maeght. N.Y., 1re exp. indiv. à N.Y., Julien Levy Gallery. Paris, expose avec Tanguy, Galerie des Cahiers d'Art. 1948 Très malade, Brauner part pour la Suisse. Rompt avec le groupe surréaliste. Paris, grande exp. à la Galerie René Drouin. 1949 Commence la série des Victor et la série Onomatomanie. 1950 Début des Rétractés. Paris, expose Galerie des Cahiers d'Art. 1951 N.Y., expose Hugo Gallery. 1953 Toujours malade, Brauner séjourne à Golfe-Juan et travaille la céramique à Vallauris. 1re exp. à la Galerie Iolas, ou il exposera régulièrement depuis. 1956 Paris, expose avec Matta, à la Galerie du Dragon. 1957-1962 Paris, expose régulièrement à la Galerie Rive Droite. 1959 Paris, participe à l'*Exp. internationale du surréalisme*, Galerie Daniel Cordier. N.Y., participe à l'exp. *Surréalist intrusion in the ancestor's domain*. 1961 S'installe à Varengeville, à l'Athanor. 1966 Meurt à Paris, le 12 mai. 1968 Chicago, rétrospective à l'Art Institute.

Bibliographie

Catalogue de la rétrospective *Victor Brauner*, Paris, Réunion des Musées Nationaux, 1972.

C.S.

GEORGE BRECHT
Halfway, Oregon, 1925.
Vit à Cologne.

1959 N.Y., Reuben Gallery, *Toward events*. 1re exp. indiv. à N.Y. 1960 N.Y., Reuben Gallery, *Below zero*. 1re exp. coll. à N.Y. 1963-1964 Les compositions Fluxus de Brecht sont jouées à Nice par Ben, Bozzi et Erebo. 1965-1968 G. Grecht et Filliou s'installent à Villefranche, rue de May, et décident de réaliser la *Cédille qui sourit*. Participe à de nombreux happenings avec Filliou, Arman et Ben, à Nice et à Villefranche. 1972 Paris, Galerie Daniel Templon, *Water yam*. 1re exp. indiv. à Paris. Kassel,

Documenta 5. 1973 Le Musée national d'art moderne de Paris achète *Three arrangements*. 1975 Paris, Galerie Bama, *Le San Antonio show* réalisé par Brecht et ses copains. 1977 Paris, MAM ARC2, *Boîtes*, exp. coll.

Bibliographie

Catalogue de l'exposition *George Brecht*, Milan, Galleria Schwarz, 1969.

E.P.

ROBERT BREER
Detroit, Mich., 1926.
Vit aux Etats-Unis.

1949 Vient à Paris. 1954 Paris, Galerie Denise René, 1re exp. coll. à Paris. 1954 Publie *Image par images*. 1956 Paris, American Student Center. Expose des peintures et des films. 1re exp. indiv. à Paris. 1959 Retourne aux Etats-Unis. 1960 N.Y., Gallery Mayer, *Nine films by Robert Breer*. 1re exp. indiv. à N.Y. 1971 Paris, 7e Biennale. Invité par la France, il présente des films qu'il a réalisés. 1976 Paris, CNAC, *Une histoire du cinéma*. exp. coll.

Bibliographie

Catalogue de l'exposition, *Robert Breer*, N.Y., Galeria Bonino, 1967.

E.P.

ANDRÉ BRETON
Tinchebray, Orne, 1896 – Paris, 1965.

1913 Commence des études de médecine mais découvre aussi les poètes Mallarmé, Valéry, Baudelaire... et surtout le musée Gustave Moreau. 1914 Publie ses premiers poèmes dans la revue *La Phalange*. 1915 Nommé au service de santé, à Nantes. 1916 A Nantes, rencontre Jacques Vaché, personnage déterminant pour son évolution ultérieure. 1917 De retour à Paris, il suit les cours de médecine auxiliaire et s'initie à la psychanalyse. D'autre part, il se lie d'amitié avec Apollinaire, Soupault, Aragon et collabore, avec eux, à la revue *Nord-Sud*, crée par Reverdy. 1918 Breton correspond avec Eluard et découvre Lautréamont. 1919 Publie le *Mont de piété*. Avec Aragon, crée la revue *Littérature*, ou paraissent pour la première fois les poèmes d'Isidore Ducasse et les Lettres de guerre de Jacques Vaché. 1920 Se lie d'amitié avec Benjamin Péret, arrivé de Nantes. Avec Philippe Souhault, publie *Les champs magnétiques*, premières expériences de poésie automatique. 1921 Rencontre Freud à Vienne. Va à Barcelone pour une exp. Picabia, voit aussi les toiles de Miro et dans une conférence annonce la mort de dada, tout en évoquant Man Ray, Duchamp, Max Ernst et Chirico. 1922 Breton rompt avec dada, par un texte paru dans *Littérature* « Lâchez tout ». Premières expériences de pensée parlée en état d'hypnose, avec Desnos. 1923 Publication du premier *Manifeste du surréalisme*, de *Poisson soluble* et du premier numéro de *La révolution surréaliste*, dirigée par Pierre Naville et Benjamin Péret. Ouverture du Bureau de recherches surréalistes. 1925 Paris, préface à l'exp. coll. de la Peinture surréaliste à la Galerie Pierre. 1927 Adhère au parti communiste, qu'il quittera bientôt. 1928 Publication du *Surréalisme et la peinture* et de *Nadja*. 1929 Ecrit le second manifeste, qui parait dans le nº 12 de *La révolution surréaliste*, plus orienté vers les sciences occultes et l'alchimie. 1930 Création d'une nouvelle revue *Le surréalisme au service de la révolution*. 1931 Publication de l'*Union Libre*. 1932 Publication des *Vases Communiquants*. 1933 Fondation de la revue *Minotaure*, crée par Tériade et Skira, mais qui deviendra vite l'œuvre de Breton. 1935 Dans le texte « Du temps que les surréalistes avaient raison », Breton et son groupe rompent totalement avec le parti et lancent un nouveau manifeste révolutionnaire « Contre-attaque ». 1936 Ecrit une préface « La crise de l'objet », pour l'*Exp. surréaliste d'objets*, Galerie Charles Ratton et expose lui-même 2 objets. 1937 Breton dirige la nouvelle galerie surréaliste Gradiva et publie l'*Amour Fou*. 1938 En mission culturelle au Mexique, il fait la connaissance de Trotzky et rédige, avec lui, le manifeste « pour un art révolutionnaire indépendant ». Organise avec Duchamp, l'*Exp. internationale du surréalisme*, à la Galerie des Beaux-Arts, pour laquelle il rédige le Dictionnaire abrégé du surréalisme. Avec Brauner, Masson, Péret... recueilli à Marseille, par le comité de secours américain aux intellectuels, ils recréent un groupe surréaliste au Chateau de Bel-Air. La censure de Vichy refuse le visa à *Fata Morgana* et à son *Anthologie de l'humour noir*. 1941-1946 Au printemps il s'embarque avec Lam, Masson...

pour la Martinique d'abord et pour New York ensuite. 1942 Retrouvant à New York tout le groupe surréaliste, il fonde avec l'aide de David Hare, Max Ernst et Marcel Duchamp, la revue *VVV*, donne un interview à Edouard Roditi pour la revue *View*, écrit un texte pour l'ouverture de la Galerie Art of this Century « Genesis and perspective of surrealism », donne une série de conférences à l'université de Yale sur la « situation du surréalisme entre les deux guerres », organise, avec Marcel Duchamp, l'exp. *First papers of surrealism* et participe à l'exp. *Artists in exile* à la Pierre Matisse Gallery. 1943 Publie *Pleine Marge*, poèmes, (éd. Nierendorf, N.Y.). 1944 Après un voyage au Canada, publie *Arcane 17*, (éd. Brentano, N.Y.). Fait la connaissance de Gorky et préface son exp. à la Julien Levy Gallery en 1945. 1945 Publie *Le surréalisme et la peinture*, édition augmentée notamment d'un texte sur Gorky, (éd. Brentano, N.Y.). Voyage en Arizona et au Nouveau Mexique, où il visite les réserves d'indiens, qui l'intéressent beaucoup. 1945 N.Y., participe *Europeans Artists in America* avec 2 objets, Whitney Museum. 1946 Publie un texte sur Yves Tanguy, qui paraît aux éd. Pierre Matisse, N.Y., un recueil de ses poèmes, (Clair de Terre, l'Union Libre, Guerre...) traduits par Edouard Roditi, *Young Cherry trees secures against hares*, illustrés de dessins de Gorky et d'une couverture de Duchamp, qui paraît aux éditions View, N.Y. Pendant toutes ces années, Breton fut aussi le speaker aux émissions françaises de la Voix de l'Amérique. Au printemps, Breton rentre en France. Publie *Les prolégomènes à un troisième manifeste du surréalisme ou non*. 1947 Organise, avec Marcel Duchamp, l'*Exp. internationale du surréalisme*, Galerie Maeght. 1948 Fait paraître, dans la revue *Néon*, un poème, l'*Adieu à Ashile Gorky*. Publie *Martinique charmeuse de serpent*, couverture, textes et dessins de André Masson. 1953-1958 Breton anime 2 revues *Medium* et le *Surréalisme même*. 1959-1960 Publie, chez Pierre Matisse à N.Y., *Constellation*, 22 poèmes accompagnant les gouaches de Miro. 1959 Paris, organise une exp. internationale du surréalisme, à la Galerie Daniel Cordier. 1965 Paris, exp. internationale du surréalisme *L'écart absolu*, préfacée par Breton. Mort de Breton le 1er octobre.

Bibliographie

André Breton, *Le surréalisme et la peinture : suivi de genèse et perspective artistiques du surréalisme et de fragments inédits*, N.Y., Brentano, 1945. Charles-Henri Ford, interview with André Breton, N.Y., *View*, I, 7-8 oct.-nov. 1941, 1-2. André Breton, *Young cherry trees secured against hares – jeunes cerisiers garantis contre les lièvres*. Couv. de Marcel Duchamp, dessins de Ashile Gorky, tr. Edouard Roditi, N.Y., View ed., 1946 (compte-rendu par W.C. Williams, dans la revue *View*, automne 1946).

C.S.

PATRICK HENRY BRUCE
Long Island, Virg., 1880 – New York, 1937.

1912 Arrive à N.Y., travaille dans la classe de William M. Chase puis de Robert Henri. 1904 Rapide séjour à N.Y., participe à l'Universal Exhibition of St. Louis et à la National Academy of Design Exhibition. Arrive à Paris (janv.) où il demeure jusqu'en 1936. Reste tout d'abord à l'écart de l'avant-garde parisienne. 1906 Salon d'Automne, présente pour la 1re fois 3 toiles. Se lie intimement avec son compatriote A. Frost, avec qui il travaillera, jusqu'au départ de celui-ci en 1914, en étroite association. 1907 Rencontre Gertrude et Leo Stein, dont il fréquente le salon et qui l'initient à la peinture impressionniste et à Cézanne. Y introduit A. Frost. Fait la connaissance de Matisse, dont il devient le familier. Salon d'Automne, 3 toiles. 1908 Entre dans la « classe » de Matisse, entraîné par Max Weber. Intérêt pour l'œuvre de Renoir. La leçon de Cézanne devient de plus en plus prégnante. 1910-1911 Salon d'Automne (1 et 2 œuvres). 1912 Rencontre Robert Delaunay qu'il suivra attentivement, en collaboration avec Frost, dans ses recherches théoriques sur les couleurs, jusqu'en 1914. Tous trois seront très liés (correspondance suivie). Salon des Indépendants (3 œuvres). Salon d'Automne (4 œuvres). 1913 Salon des Indépendants, 3 toiles, dont *Harmonie*, actuellement perdue, mentionnée par Guillaume Apollinaire. Salon d'Automne, deux *Compositions*, également disparues, dont Guillaume Apollinaire fait l'éloge, les associant à celles de Picabia. Berlin, *Ester Deutscher Herbstsalon* : Bruce y participe avec R. et S. Delaunay. Est considéré par la presse new yorkaise comme « de l'école de Delaunay » et comme « the only painter at all considered by French Artists ». N.Y., Boston, Chicago, *Armory Show* : Bruce envoie 4 *Nature morte*. Devant le refus d'A. Davies d'accrocher *La Ville de Paris*, de Robert Delaunay, demande en signe de protestation, que soient retirées ses toiles qui accrochées à N.Y., ne figureront pas à l'*Armory Show* de Boston et de Chicago. Dès cette date, il prend, avec Arthur Frost, ses distances vis-à-vis de l'emprise de R. Delaunay. 1914 Paris, Salon des Indépendants, envoie *Mouvements*,

couleurs, l'Espace : Simultané, mentionné par G. Apollinaire comme son œuvre la plus importante. Mention du *Bal Bullier*, grande toile simultanéiste sur un thème cher aux Delaunay (aujourd'hui disparue) par Marc Vromant in *Comoedia*. Début d'une correspondance suivie avec Frost, reparti pour N.Y. et qui par son intermédiaire entretiendra les milieux newyorkais de ses recherches sur la couleur. 1916 Début des *Compositions*, totalement abstraites et géométriques dont il envoie 6 à Frost (achetées par la suite par Katherine Dreier ; collection de la Société Anonyme) qui essaie en vain de convaincre Stieglitz de faire une exposition autour de cet envoi dans sa Galerie 291. Influence, par l'intermédiaire de Frost, sur Daugherty ainsi que sur Van Everen. Paris, Bruce fait la connaissance de Henri-Pierre Roché, qui restera, avec K. Dreier, son seul collectionneur important. 1917 N.Y., Montross Gallery, exp. indiv. autour des *Compositions*, sur l'initiative de Frost. 1918 Paris, début d'une nouvelle série de toiles abstraites, d'un géométrisme de plus en plus « puriste », intitulées *Forms*, qu'il présentera dans les Salons parisiens : Salon d'Automne (1919 et 1920), Salon des Indépendants (1920). Elles reetent incomprises de la presse artistique, considérées comme d'un « cubisme décoratif ». Seul H.P. Roché le soutiendra. 1920 N.Y., Galleries of the Société Anonyme, Bruce figure aux 2 premières exp. 1928-1929 Paris, Salon d'Automne, dernière participation. Bruce pousse à l'extrême la théorie de l'abstraction colorée et reste dans un isolement total. 1932 S'installe à Versailles. Détruit toute son œuvre, sauf 15 toiles, qu'il lègue à H.P. Roché. 1937 Retour aux USA où il se suicide. 1950 N.Y., Rose Fried Gallery, exp. coll. avec Stanton Macdonald-Wright et Morgan Russell.

Bibliographie

Guillaume Apollinaire, in *L'Intransigeant*, Paris, 5 mars 1913, 19 nov. 1913 ; in *Les Soirées de Paris*, Paris, n° 19, 15 déc. 1913. Samuel Halpert, Patrick H. Bruce, Walter Pach, Max Weber, *New York Tribune*, N.Y., 21 mars 1913. Guillaume Apollinaire, in *L'Intransigeant*, Paris, 5 mars 1914 ; in *Les Soirées de Paris*, Paris, 15 mars 1914. Marc Vromant, in *Comoedia*, Paris, 2 juin 1914.

Ouvrages de référence

Thomas B. Hess, « Three US Abstractionnists », *Art News*, N.Y., vol. 49, déc. 1950. William C. Agee, « Synchromism. The first american movement », *Art News*, N.Y., vol. 64, n° 6, oct. 1965 ; *Synchromism and color principles in American Painting, 1910-1930*, N.Y., Knoedler and Co, 1965. Catalogue de l'exposition *Color and Form, 1909-1914*, San Diego, Fine Arts Gallery, 1971.

A.L.B.

MARK BRUSSE
Alkmaar, Hollande, 1937.
Vit à Paris.

1961 Obtient une bourse française et s'installe à Paris où il commence à réaliser ses objets en bois. Paris, Galerie du Haut Pavé. 1re exp. indiv. à Paris. Paris, American Artists Center, 1re exp. coll. à Paris. 1965 Obtient une bourse de la fondation Harkness de New York. 1967 Voyage aux Etats-Unis. N.Y., Graham Gallery. 1re exp. coll. à N.Y. N.Y., Sachs Gallery, *4 Directions M.A.*, exp. coll. N.Y., Martha Jackson Gallery, exp. coll. Retourne en Europe et à Paris où il demeure. 1969 Paris, American Artists Center, *Art in progress*. 1970-1971 Voyage à N.Y.

Bibliographie

Catalogue de l'exposition, *Les bois de Mark Brusse*, Musée d'art moderne de la Ville de Paris, ARC2, 1975.

E.P.

CAMILLE BRYEN
Nantes, France, 1907.
Vit à Paris.

1926 Se fixe à Paris. 1934 Paris, Au grenier, 1re exp. indiv. à Paris, expose des dessins et des collages. 1951 Paris, Galerie Nina Dausset, *Véhémences confrontées*, exp. coll. à laquelle participent de Kooning et Pollock. 1955 N.Y., Musée de Brooklyn, Biennale de l'aquarelle. 1960 N.Y., Guggenheim, Guggenheim international award. 1961 N.Y., MOMA, *The art of assemblage.*

Bibliographie

Catalogue de l'exposition *Bryen*, Paris, Musée national d'art moderne, 1973. Daniel Abadie, *Bryen abhomme*, Bruxelles, la Connaissance, 1973.

E.P.

POL BURY
Haine Saint Pierre, Belgique, 1922.
Vit à Perdreauville, Mantes la Jolie, France.

1929-1932 Séjour en France. 1939-1945 Attiré par le surréalisme et surtout par Magritte et Tanguy. 1952-1953 Voit pour la 1re fois une exp. des œuvres de Calder et c'est alors qu'il abandonne la peinture et présente ses premiers plans mobiles. 1955 Paris, Galerie Denise René, *le Mouvement.* 1re exp. coll. à Paris. 1957 Edite *Daily Bul.* 1961 S'installe à Fontenay aux Roses, près de Paris. 1962 Paris, Galerie Iris Clert. 1re exp. indiv. à Paris. 1964 Premier séjour à N.Y. La ville le fascine. N.Y., Lefebre Gallery. 1re exp. coll. à N.Y. N.Y., Howard Wise Gallery, *On the move,* exp. coll. 1965 N.Y., MOMA, *Recent acquisitions.* N.Y., Guggenheim, *Recent acquisitions.* 1966 Séjour de 6 mois à N.Y. N.Y., Jewish Museum, *The Harry N. Abrams Collection.* La Lefebre Gallery organise 2 exp. successives et indiv. : *Cinetization* et *Moving sculpture.* E. Ionesco préface l'un des catalogues. N.Y., Cordier-Ekstrom Gallery, *Seven decades 1895-1965,* exp. coll. 1967 Séjourne à 2 reprises à N.Y. N.Y., MOMA, *American sculpture of the sixties.* N.Y., Guggenheim, *Fith Guggenheim international exhibition.* 1968 N.Y., Lefebre Gallery, exp. indiv. N.Y., Lefebre Gallery, exp. coll. N.Y., MOMA, *Manhattan observed* (Cinetizations). N.Y., Jewish Museum. 1969 Rentre à Paris. 1971 N.Y., Guggenheim, rétrospective Pol Bury. N.Y., Weintraub Gallery, Œuvre gravé. N.Y., Lefebre Gallery, sculptures, exp. indiv. N.Y., Cartier, expose des bijoux. 1973 N.Y., Lefebre Gallery, exp. indiv. 1976 N.Y., Lefebre Gallery, exp. indiv. N.Y., Lefebre Gallery, exp. coll.

Bibliographie

Ashton Dore, *Pol Bury,* Paris, Maeght, 1970. Catalogue de l'exposition *Pol Bury,* New York, Guggenheim Museum, 1971.

E.P.

MARCELLE CAHN
Strasbourg, 1895.
Vit à Neuilly-sur-Seine.

1920 Premier séjour à Paris. 1925 S'installe à Paris. Travaille à l'Académie Moderne dans les ateliers de Léger et Ozenfant. 1925 Paris, 18 rue de la Ville-l'Evèque, exposition internationale *L'art d'Aujourd'hui,* 1re exp. coll. à Paris. 1926 Paris, Galerie d'Art Contemporain et Galerie Fernand Aubier, expositions d'œuvres d'élèves de Léger. N.Y., Brooklyn Museum, *International Exhibition of Modern Art,* organisée par la Société Anonyme, 1re exp. coll. à N.Y. 1930 Paris, Galerie 23, participe à l'exposition du groupe Cercle et Carré. 1934 Paris, Galerie Bernheim Jeune, expose avec le groupe des Musicalistes. 1948 et 1950 Paris, Salon des Réalités Nouvelles. 1950 Paris, Galerie Breteau, 1re exp. indiv. à Paris. 1952 Paris, Galerie Voyelles. 1955 Adhère au Groupe Espace. 1959 et 1960 Paris, Galerie Simone Heller. 1962 Paris, Galerie Mesure. 1964 Paris, Galerie Bellechasse. 1977 Paris, Galerie Denise René.

Bibliographie

Catalogue de l'exposition rétrospective, *Marcelle Cahn,* Paris, Centre National d'Art Contemporain, 1972.

N.M.L.

ALEXANDRE CALDER
Philadelphie, 1898 – New York, 1976.

1923-1926 N.Y., réalise des croquis et un reportage sur le Cirque Barnum pour la *National Police Gazette.* 1926 N.Y., The Artist's Gallery, 1re exp. coll. à New York. Réalise des affiches et des dépliants publicitaires pour la Holland America Line. Arrive à Paris au mois de Sept. 1927 Paris, Salon des Humoristes, 1re exp. coll. à Paris. Au mois d'août, retourne à N.Y. 1928 N.Y., Weyhe Gallery, 1re exp. indiv. à N.Y. N.Y., Waldorf Hotel, participe à l'exposition de la Society of Independent Artists. Première représentation du Cirque dans son atelier de Charles Street. Paris, Salon des Indépendants. Au mois de Nov., revient à Paris. Fait la connaissance de Miro et Pascin. 1929 Paris, Galerie Billiet, *Sculptures Bois et Fil de Fer de Alexandre Calder* que Jean Arp surnommera « Stabiles » 1re exp. indiv. à Paris, préface du catalogue par Pascin. Paris, Salon des Indépendants. Première représentation du Cirque à Paris dans son atelier de la Rue Cels. Retour à N.Y., au mois de Juin. N.Y., Weyhe Gallery, Fifty-Sixth Street Galleries. 1930 Passe l'été et l'automne à Paris. Multiplie les représentations du Cirque auxquelles assistent Van Doesburg, Kiesler, Léger, Le Corbusier, William Einstein, Varese... Rends visite à Mondrian dans son atelier et déclare « Je voudrais faire des Mondrian qui bougent ». Paris, participe au Salon des Surindépendants et au Salon de l'Araignée. Déc., retour à N.Y. N.Y., MOMA « *Paintings and Sculptures by Living Americans* ». 1931 Revient à Paris au mois d'Avril. Paris, Galerie Percier, *Volumes-Vecteurs-Densités-Dessins-Portraits,* préface du catalogue par Fernand Léger. Fait la connaissance de Arp et Hélion. Adhère à l'Association Abstraction-Création. 1932 Paris, Galerie Vignon, exposition de Sculptures mues à la main ou électriquement que Duchamp surnomme « mobiles ». Paris, Parc des Expositions, participe au *Salon 1940* avec Van Doesburg, Mondrian, Arp, Gorin, Hélion. Passe le printemps et l'été à N.Y. N.Y., Julien Levy Gallery, *Calder Mobiles.* 1933 Paris, Galerie Pierre Colle. Paris, Galerie Pierre, exposition avec Arp, Hélion, Miro, Pevsner et Seligmann. Paris, 44 avenue de Wagram, expose avec l'Association Abstraction-Création. Retourne aux Etats-Unis avec Hélion et s'installe à Roxbury, Conn. 1934 N.Y., Pierre Matisse Gallery, préface du catalogue par J.J. Sweeney. 1935 Dessine son premier mobile de plein air. 1936 N.Y., MOMA, *Cubism and Abstract Art.* N.Y., MOMA, *Fantastic Art, Dada, Surrealism.* 1937 Paris, réalise pour le Pavillon Espagnol de l'Exposition Internationale la *Fontaine de Mercure.* Léger lui dit : « Dans le temps, tu étais roi du fil de fer, mais maintenant tu es le Père Mercure ». 1938 Paris, Musée du Jeu de Paume, *Trois siècles d'Art aux Etats-Unis.* Springfield, Mass., George Walter Vincent Smith Art Gallery, *Calder Mobiles,* exposition rétrospective. 1939 Crée un ballet aquatique pour l'Exposition Internationale de New York. 1940 et 1941 N.Y., Pierre Matisse Gallery. 1940, 1941 et 1942 N.Y., Willard Gallery, expositions de bijoux. 1942 N.Y., participe à l'exposition *First Papers of Surrealism.* 1943 N.Y., MOMA, exposition restrospective. N.Y., Pierre Matisse Gallery, exposition avec Yves Tanguy. De 1944 à 1955 Expose régulièrement à la Buchholz Gallery, N.Y. 1946 Séjour à Paris. Paris, Galerie Louis Carré, *Alexander Calder : Mobiles, Stabiles, Constellations,* préface du catalogue par Jean-Paul Sartre. 1950 Paris, première exposition à la Galerie Maeght. Achat de plusieurs Mobiles pour le MNAM. 1952 N.Y., Curt Valentin Gallery, *Alexander Calder : Gongs and Towers.* 1953 Achète une maison à Saché, Indre-et-Loire, ou il passe chaque année quelques mois. 1954 Paris, Galerie des Cahiers d'Art. Paris, Galerie Maeght. 1955 N.Y., Curt Valentin Gallery. 1956 Paris, Galerie Lucie Weill. N.Y., Perls Galleries (à partir de cette date Calder expose régulièrement dans cette galerie). 1959 Paris, Galerie Maeght. N.Y., Whitney Museum, *18 Living American Artists.* 1961 N.Y., Perls Galleries, *Alexander Calder, Joan Miro.* 1962 Paris, Galerie La Hune, *Michel Butor : Cycle sur Neuf Gouaches d'Alexander Calder.* 1963 Paris, Galerie Maeght. 1964 N.Y., Solomon R. Guggenheim Museum, *Alexander Calder,* exposition rétrospective. N.Y., Perls Galleries, *Circus Drawings.* Houston, Tex., Museum of Fine Arts, *Alexander Calder. Circus Drawings, Wire Sculpture and Toys.* 1965 Paris, MNAM, *Calder,* exposition rétrospective. 1966 et 1968 , Paris, Galerie Maeght. 1969 Saint-Paul-de-Vence, Alpes-Maritimes, Fondation Maeght, *Calder* exposition rétrospective. N.Y., MOMA, *A Salute to Alexander Calder.* 1971 Paris, Galerie Maeght. 1972 N.Y., Whitney Museum, *Calder's Circus.*

Bibliographie

Anatole Jakovski, « Alexandre Calder », *Cahiers d'Art,* Paris, vol. 3, nos 5-6, 1933. James Johnson Sweeney, « *Alexander Calder* », N.Y., The Museum of Modern Art, 1943. Gabrielle Buffet, « Sandy Calder, forgeron lunaire », *Cahiers d'Art,* Paris, vol. 24, n° 2, 1949. Alexander Calder, « What Abstract Art means to me », *The Bulletin of the Museum of Modern Art*, N.Y., vol. 18, n° 3, printemps 1951. Cleve Gray, « Calder's Circus », *Art in America*, N.Y., vol. 52, n° 5, oct. 1964.

Ouvrages de référence

Catalogue de la rétrospective *Calder*, Saint-Paul-de-Vence, Fondation Maeght, 1969. Alexandre Calder, *Autobiographie*, Paris, Maeght, 1972. Catalogue de l'exposition *Calder's Circus*, N.Y., Whitney Museum of American Art, 1972.

N.M.L.

ARTHUR B. CARLES
Philadelphie, Pa, 1882. – Philadelphie, Pa, 1952.

1901-1907 Etudes à la Pennsylvania Academy of Fine Arts sous la direction de T. Anshutz et W.M. Chase. 1905 Premier voyage en Europe durant les classes d'été, manifeste un intérêt particulier pour le rôle de la couleur dans la peinture. 1907-1910 Second séjour à Paris. Il y fait la connaissance d'Alfred Maurer, arrivé depuis 1897, qui l'introduit auprès des Stein rue de Fleurus et à travers eux, auprès de Picasso et Matisse. La peinture de Matisse et le Fauvisme sont une révélation pour lui. Avec Max Weber et Alfred Maurer, il fréquente la « classe » Matisse qui leur apparaît alors comme le chef de file des artistes français. Expose au Salon d'Automne en 1908-1909 et 1912. Rencontre de Steichen chez qui il va habiter à Voulangis, près de Paris. 1910 N.Y., Galerie 291, *Younger American Painters*, (mars), exposition organisée par Stieglitz. Avant son retour à Philadelphie en décembre il a pu voir deux expositions de Manet pour qui il concevait une grande admiration, une à Paris (juin), chez Bernheim-Jeune, la seconde à Londres, Grafton Galleries. De même il a pu lire à son retour la traduction de *Manet et les Impressionnistes français* de Théodore Duret, publié à Philadelphie en 1910. 1912 N.Y., Galerie 291, 1re expo. indiv. *Arthur B. Carles* (janv.-fév.). 1913 Carles retourne en France, à Voulangis, pour un an. Sa passion pour la couleur lui fait mener des recherches chromatiques parallèles à celles de Delaunay et des synchromistes américains. N.Y., Chicago, Boston, participe à l'*Armory show*, trois œuvres, *L'intérieur avec femme au piano* réalisé chez Steichen à Voulangis est envoyé à l'*Armory Show* de Chicago. 1921 Nouveau séjour à Voulangis. 1922 N.Y., Montross Gallery, *Paintings by Arthur B. Carles*, (déc.), exposition de ses dernières peintures réalisées en France et dans lesquelles il affirme toujours sa prédilection pour la couleur. 1930 Dernier voyage à Paris. Rencontre de Braque, Brancusi et Pascin. 1931 A son retour à Philadelphie, il y retrouve Matisse travaillant pour la fondation Barnes. 1936 N.Y., Marie Harriman Gallery, *Paintings by Arthur B. Carles*, (janv.-fév.). 1953 Philadelphie, Pennsylvania Academy of Fine Arts, *Memorial Exhibition : Arthur B. Carles, 1822-1952* (mars-avril). 1959 N.Y., Graham Gallery, *Arthur B. Carles, 1882-1952 : Retrospective Exhibition* (avril-mai).

Bibliographie

Camera Work, N.Y., n° 30, avril 1910 ; n° 31, juillet 1910 ; n° 37, janvier 1912 ; n° 38, avril 1912. Jo Mielziner « Arthur Carles, The man who paints with color », *Créative Art*, N.Y., vol. 2, fév. 1928. Henry G. Gardiner, *Arthur B. Carles : a critical and biographical study*, Catalogue de l'exposition, Philadelphia Museum of Art, 1970.

Ouvrages de référence

Arthur B. Carles, 1882-1952, A Memorial Exhibition, Catalogue de l'exposition à la Pennsylvania Academy of Fine Arts, The Museum, Philadelphia, 1953. Elizabeth O'Connor, *A.B. Carles*, Master's thesis, Columbia University, N.Y., 1965.

M.D.

CÉSAR (César Baldaccini dit)
Marseille, France, 1921.
Vit à Paris.

1954 Paris, Galerie Lucien Durand, *Animaux en ferraille*. 1958 Pittsburg, obtient le prix Carnegie (3e prix). 1959 N.Y., MOMA, *New images of man*, exp. coll. Kassel, Documenta 2. 1959 *European art today*, exp. itinérante organisée par le Minneapolis Institute. 1960 Le MOMA achète *Torse*

(1956). 1961 César se rend aux Etats-Unis pour un mois à l'occasion de son exp. qui a lieu à N.Y., Galerie Saidenberg, *César, Sculptures 1953-1961*. N.Y., Allan Stone Gallery, exp. indiv. N.Y., MOMA, *The Art of assemblage*, exp. coll. N.Y., New School Art Center *Mechanism and organism*. Le MOMA achète *Yellow buick*. 1964 Kassel, Documenta 3. 1966 N.Y., Cordier Ekstrom Gallery, *Seven decades 1895-1965*, exp. coll. 1967 N.Y., Guggenheim, exp. de sculptures. 1968 Kassel, Documenta 4. N.Y., MOMA, *The machine*. 1973 N.Y., Cartier, *Compressions d'or et d'orfèvrerie*.

Bibliographie

Pierre Restany, *César*, Monte Carlo, A. Sauret, 1975. Catalogue de l'exposition, *César, rétrospective des sculptures*, Paris, Musée d'art moderne de la ville, 1976.

E.P.

PAUL CÉZANNE
Aix-en-Provence, 1839 – Aix-en-Provence, 1906.

1895 Paris, Galerie Vollard, 1re exp. 1899-1902 Paris, Salon des Indépendants. 1904 Paris, Salon d'Automne : salle Cézanne (31 n°s). Pour la première fois, Leo Stein voit l'œuvre de Cézanne chez Vollard, grâce à l'initiative de Berenson ; 1er achat : *La conduite d'eau*. Durant l'été Gertrude et Leo Stein voient également des Cézanne chez l'américain Charles Loeser établi à Florence. Autres achats chez Vollard par Leo : 2 toiles des *Baigneurs*. Gertrude et Leo Stein achètent également le *Portrait de Mme Cézanne*, précédemment exposé au Salon d'Automne. 1907 Paris, Salon d'Automne : importante rétrospective (56 n°s). Galerie Bernheim J., exp. indiv. (79 aquarelles), visitée par les américains Steichen et Stieglitz qui projettent une exposition à la Galerie 291, N.Y. Publication des « Souvenirs de Paul Cézanne et Lettres inédites » par Emile Bernard, *Mercure de France*, 1er-15 oct. 1907, remarquée par les américains. 1910 N.Y., Galerie 291, 1re exp. coll. à N.Y. *A loaned collection of some lithographs by Manet, Cézanne, Renoir, Toulouse-Lautrec...* (nov.-déc.). Paris, Galerie Bernheim J., exp. indiv. où sont présentes 3 toiles de la collection Stein : *Portrait de femme, Tête d'enfant* et le *Fumeur*. 1911 N.Y., Galerie 291, 1re exp. indiv., *Watercolors by Cézanne* (mars). Seul acheteur : Arthur B. Davies. Publication d'articles dans *Camera Work* dans la presse new yorkaise. 1913 N.Y., Chicago, Boston, *Armory Show*, Cézanne y figure avec 13 peintures : *La Femme au chapelet, Portrait de Cézanne* (prêté par Stephan Bourgeois), *Baigneuses, La Colline des Pauvres, Auvers, Portrait de Boyer, Melun, Portrait de Mme Cézanne* (prêté par John Quinn), *Fleurs, Les Moissonneurs, Le Jas de Bouffan, Portrait de Cézanne, Portrait de Mme Cézanne*, 1 aquarelle et 2 lithographies des *Baigneurs*. Achats des lithographies par A.B. Davies, A. Stieglitz, Lillie Bliss, John Quinn et Walter Arensberg (dont la collection comprendra au total 4 toiles de Cézanne : *Nature morte aux pommes, Paysage avec arbres, Groupe de Baigneurs, Vue de la Cathédrale d'Aix*). Achat de *La Colline des Pauvres* par le Met, 1re toile de Cézanne à entrer dans un musée américain. A cette occasion, publication par l'Association of Modern Painters and Sculptors du *Paul Cézanne* d'Elie Faure, traduit par Walter Pach. 1914 Paris, Galerie Bernheim J., exp. indiv. 1916 N.Y., Montross Gallery, *Cézanne exhibition* (janv.). Modern Gallery, 2 exp. coll., *Picabia, Cézanne, Van Gogh, Picasso, Braque, Rivera* (fév.-mars), et *Cézanne, Van Gogh, Picasso, Picabia, Rivera* (avr.-juin). 1917 N.Y., Arden Galleries, exp. indiv., (mars). 1920 N.Y., Montross Gallery, *Cézanne watercolors*, (fév.). N.Y. Modern Gallery, exp. indiv. (nov.). Le collectionneur américain Gallatin achète à cette époque 2 aquarelles de Cézanne *Carafe et couteau* et le *Balcon* qui sont parmi les premières toiles françaises de sa collection. A la fondation de la Société Anonyme, aucune toile de Cézanne ne figure dans la collection, ni dans les expositions organisées par celle-ci. 1921 N.Y., Modern Gallery, exp. indiv. (nov.). N.Y., Museum of French art, *Cézanne, Redon and others* (mars-avril). 1922 N.Y., Vente de la collection Kelekian dont une *Nature morte aux pommes*, achetée par Lillie Bliss. 1925 Paris, Claribel Cone achète une *Montagne Sainte Victoire* à la vente Gangnat. 1926-1927 Paris, N.Y., Ventes de la collection Quinn où passent 3 peintures de Cézanne (*Mme C. lisant de profil, Sainte Victoire, Père de C.*) et 3 aquarelles. Etta Cone achète à Gertrude Stein les *Baigneurs*. 1929 N.Y., inauguration du MOMA avec l'exposition *Cézanne, Gauguin, Van Gogh, Seurat*. 1933 N.Y., Durand-Ruel Galleries, exp. indiv. *Les Grandes Baigneuses* sont acquises par le Pennsylvania Museum of Art. A cette date, 200 toiles environ de Cézanne sont dans les collections américaines. 1934 N.Y., entrée des premiers Cézanne au MOMA : 3 aquarelles et 5 peintures, dont *La nature morte aux pommes, Le Baigneur et Pins et Rochers* (Lillie Bliss coll.). 1936 Paris, Musée de l'Orangerie, exp. indiv. 1952 N.Y., MET et Chicago, Art Institute, 1re grande exposition rétrospective aux USA.

Bibliographie

New York Herald Tribune, N.Y., 14 oct. 1904 ; 17 oct. 1905 ; 5 oct. 1906. Emile Bernard, « Souvenirs sur Paul Cézanne et lettres inédites », *Mercure de France*, Paris, 1-15 oct. 1907. Frank Rutter, *Revolution in art*, N.Y., Art News Press, 1910. *Camera Work*, N.Y., nᵒˢ 34-35, avril-juil. 1911 ; nᵒ 36, oct. 1911. Guillaume Apollinaire, « Quatre lettres sur la peinture » (de Paul Cézanne à Camion), *Les Soirées de Paris*, Paris, nᵒ 2, 1912. Elie Faure, *Paul Cézanne*, trad. en anglais de Walter Pach, N.Y., Association of American Painters and Sculptors, 1913. Bryson Burroughs, « A landscape by Cézanne », *Bulletin of The Metropolitan Museum of Art*, N.Y., mai 1913. Ambroise Vollard, *Paul Cézanne*, Paris, 1914. Arthur J. Eddy, *Cubists and pos-impressionism*, Chicago, A.C. Mac Clurg, 1914. Willard H. Wright, *Modern painting, its tendency and meaning*, N.Y., John Lane Company, 1915. Willard H. Wright, « An abundance of modern art », *Forum*, N.Y., nᵒ 55, mars 1916. E. Johnson, « Cézanne country », *The Arts*, N.Y., avril 1930. R.J. Goldwater, « Cézanne in America », *Art News*, N.Y., 26 mars 1938.

Ouvrages de référence

Lionello Venturi, *Cézanne, son art, son œuvre*, Paris, Paul Rosenberg, 1936. Paul Cézanne, *Correspondance recueillie, annotée et préfacée par John Rewald*, Paris, Bernard Grasset, 1937. Liliane Brion-Guerry, *Cézanne et l'expression de l'espace*, Paris, Albin Michel, 1966. Adrien Chappuis, *The drawings of Paul Cézanne, a catalogue raisonné*, N.Y. Betty Morrison Childs, 1973.

A.L.B.

MARC CHAGALL

Vitebsk, Russie, 1887.
Vit en Provence.

1907 De famille israélite modeste, il quitte Vitebsk pour Saint-Pétersbourg. 1910 1ʳᵉ exp. coll. avec les élèves de l'Ecole Zvanzeva, professeur : Léon Bakst. Arrive à Paris. Loge à la Ruche, fréquente Léger, Modigliani, Lhote. 1912 Paris, Salon des Indépendants et Salon d'Automne. Rentre à Moscou. 1917 La Révolution le nomme Commissaire des Beaux-Arts à Vitebsk. Y fonde une Académie avec Lisitsky, Pougny, Malevitch. 1919 Le gouvernement soviétique lui achète 12 de ses œuvres malgré le succès des Suprématistes. 1923 S'installe à Paris. Commence l'illustration des *Ames mortes* pour Vollard. 1924 Paris, Galerie Barbazanges-Hodebat. 1926 N.Y. Reinhart galleries. Iʳᵉ exp. indiv. 1928 Paris, Galerie Le Portique : *Gouache et illustrations diverses*. 1930 Paris, Galerie Bernheim-Jeune. *La Fontaine par Chagall*. N.Y. Demotte Gallery. 1931 Parution de son autobiographie *Ma Vie*. 1933 Autodafé de ses œuvres sur ordre de Goebbels. 1936 N.Y., New Art Circle, *I.B. Neumann, Chagall*. 1937 Paris, Galerie Renon et Colle, *Gouaches*. 1938 N.Y., Lilienfeld Gallery. 1939 Reçoit le Prix Carnegie. 1940 N.Y., Pierre Matisse Gallery, *Marc Chagall, rétrospective 1910-1941*. Y expose régulièrement jusqu'en 1948. 1941 Part aux Etats-Unis sur l'invitation du MOMA. 1942 Peint les décors du ballet *Aleko* de Tchaïkovsky pour *l'American Ballet Theatre*. Washington, Phillips Memorial Gallery. 1945 Boston, Institute of Modern Art, *Soutine and Chagall*. Los Angeles, James Vigeveno Gallery. N.Y. Jewish Art Gallery. Chicago Arts Club. Réalise décors et costumes pour *l'Oiseau de Feu* de Stravinsky. Paris, Galerie de Berri. Paris, Galerie Vendôme. 1946 N.Y. MOMA, texte de James J. Sweeney. 1947 Rentre en France, à Orgeval, près de Paris. Paris, MNAM, *Chagall, peintures 1908-1947*, préface de Jean Cassou. 1948 Obtient un premier prix de gravure à la 24ᵉ Biennale de Venise. Tériade édite les *Ames Mortes*. 1949 Installation à Vence (Provence). S'essaie à la sculpture et à la céramique. La Librairie La Hune à Paris édite *Chagall ou l'orage enchanté* de Raïssa Maritain et *Lumières allumées* de Bella Chagall. 1950 Paris, Galerie Maeght, *Gouaches pour les mille et une nuits*. 1951 Beverley Hills, Perl Gallery. N.Y., Knoedler Gallery. 1952 N.Y., Curt Valentin Gallery, *Sculptures, céramiques et eaux-fortes pour les Fables de La Fontaine*. Textes de l'artiste. Nice, Galerie des Ponchettes, *Chagall et la Provence niçoise*. Paris, Galerie Maeght. 1954 Paris, Galerie Maeght, *Peintures 1952-1954*. Un numéro spécial de *Derrière le Miroir* lui est consacré (nᵒ 66-68) Houston, Museum of Fine Arts. *Chagall and De Chirico*. Commence la suite des peintures du *Message Biblique*, achevée en 1966. 1956 N.Y., Perls Gallery. N.Y., Chalette Gallery. Exécute des lithographies sur le thème du cirque. 1957 Publication de la Bible, illustrée. Vitraux de l'église du Plateau d'Assy. Paris, Bibliothèque Nationale, *Œuvre gravé*. Pasadena, Art Museum. Exposition pour le 70ᵉ anniversaire de l'artiste. 1958 Reçoit

commande des décors et costumes pour *Daphnis et Chloé* de Ravel à l'Opéra. Chicago, Renaissance Society. Nice, Galerie des Ponchettes, *Œuvre gravé*. Paris, Galerie Maght, *Œuvre mosaïque*. 1959 Paris, Arts Décos. *Quelques impressions sur la peinture française par Marc Chagall*. Biographie et bibliographie de François Mathey. Membre d'honneur de *l'American Academy of Arts and Letters*. Commence les vitraux de la cathédrale de Metz. 1960 Reims, Musée des Beaux-Arts, *Chagall, vitraux et sculptures*. 1961 Paris, Arts Décos. *Vitraux pour Jérusalem*. 1962 Cannes, Galerie Madoura, *Céramiques*. Poèmes d'Eluard. Nice, Galerie Masséna, *Gouaches pour l'affiche de Nice*. 1963 Commence le nouveau plafond de l'Opéra de Paris. 1964 Exécute les vitraux du mémorial de Dag Hammarskjoeld au siège des Nations Unies. Commence les vitraux de l'église de Pocantico Hill, état de New York, à la mémoire de J.D. Rockefeller. Devient *Doctor Honoris causa* de l'Université de Notre-Dame. 1965 Décoration murale pour le nouveau Métropolitan Opera et le Lincoln Art Center, New York. 1967 Voyage à New York pour la représentation de *La Flûte enchantée* dont Chagall a fait le décor. Paris, Louvre, *Message Biblique, donation Marc et Valentine Chagall*. Paris, Galerie Beggruen *Hommage à Chagall pour ses quatre-vingts ans*. 1968 N.Y., Pierre Matisse Gallery. Introduction de Louis Aragon. 1969-1970 Paris, Grand-Palais, Hommage. Introduction de Jean Leymarie. Pose la première pierre de la Fondation du Message Biblique à Nice. 1972 Réalise une mosaïque pour la First National City Bank. N.Y., Pierre Matisse Gallery. 1974 Nice, Musée National, Message Biblique Marc Chagall, *L'œuvre monumental*. 1975 Publie *Poèmes*, chez Cramer éditeur à Genève. N.Y., Pierre Matisse Gallery. *Chagall : the four seasons, gouaches 1974-1975*. Texte d'André Malraux. N.Y. Guggenheim, *Selected masterpieces, word on paper*.

Bibliographie

Franz Meyer, *Marc Chagall*. Trad. de Ph. Jaccottet. Paris, Flammarion, 1964. Werner Haftmann, *Chagall*. Paris, Nouvelles Editions Françaises, 1972. James J. Sweeney, *Marc Chagall*, en collaboration avec l'Art Institute de Chicago, The Museum of Modern Art, New York reprint, Arno Press, 1969.

D.M.

JOHN CHAMBERLAIN

Rochester, Ind., USA, 1927.
Vit à New York.

1959 N.Y., MOMA, *Recent sculptures USA*. 1ʳᵉ exp. coll. à N.Y. 1960 N.Y., Martha Jackson Gallery. 1ʳᵉ exp. indiv. à N.Y. Paris, Galerie Rive Droite, *Le Nouveau réalisme, à Paris et à New York*, exp. coll. 1964 Paris, Galerie Sonnabend, exp. indiv. Venise, 32ᵉ Biennale. 1965 Paris, Musée Rodin, *Etats-Unis : sculptures du XXᵉ siècle*, exp. coll.

Bibliographie

Catalogue de l'exposition John Chamberlain, N.Y., The Solomon R. Guggenheim Museum, 1971.

E.P.

GIORGIO DE CHIRICO

Volo, Grèce, 1888.
Vit à Rome.

1905-1909 A Münich, découvre la culture germanique : Schopenhauer, Weininger, Nietzche et surtout les peintres Max Klinger et Arnold Böcklin. 1911 Arrive le 14 juillet à Paris, après être passé par Turin, dont l'architecture l'impressionne vivement. 1912 Paris, expose au Salon d'Automne : l'*Enigme de l'oracle*, l'*Enigme d'un après-midi d'automne* et *Portrait de l'artiste par lui-même*. 1913 Paris, expose à nouveau au Salon d'Automne, 4 œuvres et au Salon des Indépendants 3 œuvres : *Portrait de Mme L. Gartzen*, la *Mélancolie d'une belle journée*, *La tour rose* (premier tableau vendu), *Etude*. A leur propos, Apollinaire, dans les *Soirées de Paris*, parle de « l'étrangeté des énigmes plastiques ». 1914 Paris, expose encore une fois au Salon des Indépendants 3 tableaux : la *Nostalgie de l'infini, joies et énigmes d'une heure étrange*, l'*Enigme d'une heure étrange*, l'*Enigme d'une journée*. Compte rendu d'Apollinaire, dans *L'Intransigeant*. 1915 Quitte Paris et reste quelque temps à Florence comme militaire. 1916 Séjourne à Ferrare, source d'inspiration importante pour son œuvre, y fait aussi la connaissance de Carlo Carra. Publication d'un texte de Chirico, *Hector et Han-dromache*, à New York. 1917 Participation à *Dada I et II* avec Arp, Janco, Kandinsky et Klee. 1918 Arrive à Rome. Rome, 1ʳᵉ exp. indiv., Galleria Bra-gaglia. Mario Broglio, fondateur de la revue *Valori Plastici*, publie un article sur l'exposition, avec un choix de textes de Apollinaire, Soffici, Carra, Raynal... Début de la correspondance entre Breton et Chirico. Article enthousiaste de Bre-ton sur Chirico, dans *Littérature* et d'Apollinaire dans l'*Europe Nouvelle* (13 avril). 1919 *Valori Plastici* publie, à nouveau, un numéro spécial sur Chirico, avec des textes de Miro, Picasso, Man Ray et Pierre Roy. 1920 Premier ven-dredi de Littérature au Palais des Fêtes : choix de peintures de Chirico, Juan Gris et Léger. 1922 Lettre de Chirico à Breton sur « le métier et le secret de la tech-nique », publié dans le nᵒ de mars de *Littérature* ; elle explique aussi sa décision d'abandonner le style métaphysique de ses débuts. 1923 Paul Eluard achète toute une série de tableaux de Chirico, à la seconde biennale de Rome. 1924 Pour le premier nᵒ de la revue *La Révolution Surréaliste*, Chirico envoie un texte : « Un rêve ». 1925 Retourne à l'automne à Paris. Paris, 1ʳᵉ exp. indiv. à Paris, Galerie de l'Effort Moderne ; les surréalistes attaquent son nouveau style, il participe, cependant, à la première exp. surréaliste, Galerie Pierre. Publie un texte sur Courbet, dans *Valori Plastici* et un autre dans la *Révolution Surréaliste*, « Une nuit ». 1926 Paris, expose 30 œuvres à la Galerie Paul Guillaume, préface de Albert C. Barnes, grand collectionneur de Philadelphie, qui lui a acheté beaucoup d'œuvres. N.Y., participe avec 3 tableaux (dont *Les Amoureux* achetés par la Société Anonyme à la Léonce Rosenberg Gallery) à l'exp. organisée par la Société Anonyme, au Brooklyn Museum. 1927 Paris, expose Galerie Paul Guillaume et Galerie Jeanne Bûcher. Chirico publie dans le *Bulletin de l'Effort Moderne*, un texte « Statues, meubles et généraux ». Roger Vitrac fait paraître, chez Gallimard, une monographie sur Chirico *De Chirico et son œuvre*. *Intérieur métaphysique*, acheté par la Société Anonyme, à la Léonce Rosenberg Gallery. 1928 Paris, exp. d'œuvres anciennes à la Galerie Surréaliste, préface d'Aragon. Illustrations pour *Défense de savoir*, de Paul Eluard. Publication par Jean Cocteau d'une étude sur Chirico *Le mystère laïc. Essai d'une étude indirecte* (éd. des Quatre-Chemins). N.Y. Barnes dans son livre *The art of painting*, fait une large place à Chiri-co. 1929 Publication du roman de Chirico *Hebdomeros, le peintre et son génie chez l'écrivain*, (éd. du Carrefour). 1930 Parution des Calligrammes d'Apolli-naire, avec des lithographies de Chirico. Paris, participation de Chirico à l'exp. *Collages*, organisée par Aragon. N.Y. Sidney Janis achète, par l'intermédiaire de Julien Levy, *Nature morte évangélique*. 1931 Hartford (Connect.) participe à la 1ʳᵉ grande exposition surréaliste aux Etats-Unis, *Newer Super-Realism*. 1932 S'installe à Florence. 1934 Publie un texte sur le silence, dans le nᵒ 5 du *Minotaure*. Lithographies pour *Mythologies* de Jean Cocteau (éd. des Quatre Chemins). 1935 N.Y., en automne expose pour la première fois aux Etats-Unis, Pierre Matisse Gallery, 26 œuvres de 1908 à 1918. J.T. Soby achète l'*Enig-me d'un jour*, le *Serviteur fidèle*, le *Grand intérieur métaphysique*, *Le duo* et le *Condottiere*. Il publie également un livre *After Picasso*, où il parle beaucoup de Chirico. A l'occasion de cette exposition, Chirico part pour les Etats-Unis et séjourne tout d'abord à Merion, chez le collectionneur Alfred Barnes. 1936 Reste aux Etats-Unis, où il voyage avec Isabella Far. Ecrit une préface pour l'exp. de Léonor Fini, à la Julien Levy Gallery. N.Y., participe avec 25 œuvres à l'exp. *Fantastic art, Dada, Surrealism*, organisée par Alfred Barr au MOMA. 1937-1938 De retour en Italie, expose à Paris, Milan et Londres et à la Julien Levy Gallery, à N.Y. Publication du magnifique texte « J'ai été à New York » dans le nᵒ de mars de *20ᵉ siècle*. 1939 Boston, participe à l'exp. *The sources of modern painting*. 1940 N.Y., exposition de peintures anciennes à la Pierre Matisse Gallery. J.T. Soby achète *Les amusements d'une jeune-fille*, le *Double rêve du printemps* et *Gare Montparnasse*. 1941 N.Y., grande rétros-pective au MOMA, organisée par J.T. Soby, œuvres de 1910 à 1919. A l'occasion de cette exposition, ce dernier publie « the early Chirico » (éd. Dodd mead). 1942 N.Y., Robert Motherwell publie dans *VVV*, nᵒ 1 « Notes on Mon-drian and Chirico ». 1943 N.Y., expose à Art of this Century, des œuvres anciennes. 1944 *Hebdomeros*, traduit par Paul Bowles, dans *View*, automne-déc. 1945 S'installe définitivement à Rome. 1949 N.Y., participe à l'exp. *Twentieth century italian art*, au MOMA. 1955 N.Y. exposition de la période métaphysique, au MOMA, organisée par J.T. Soby. 1966 N.Y. participe à l'exp. *Hommage to silence*, Galerie Loeb. 1968 N.Y. participe à l'exp. *Dada, Surrealism and their heritage*, au MOMA. N.Y. Donald H. Karshan organise une rétrospective Chirico de 1919 à 1971 au New York Cultural Center.

Bibliographie

J.T. Soby, *The early Chirico*, N.Y., Dodd, Mead, 1941. Robert Motherwell, notes on Mondrian and Chirico, N.Y., *VVV*, nᵒ 1, 1942. Catalogue de la rétros-pective *Giorgio de Chirico*, N.Y., The Museum of Modern Art, reprint 1966. Giorgio de Chirico, « J'ai été à New York », Paris, *20ᵉ siècle*, mars 1938.

C.S.

CHRISTO (Javacheff Christo dit)

Gabrovo, Bulgarie, 1935.
Vit à New York.

1958 S'installe à Paris. Premiers emballages. 1958-1959 Premiers projets d'emballages et d'empaquetages. 1960 Orsay Ville, *Proposition pour un jar-din, lieux poétiques*, organisé par J.J. Levêque. Adhère au groupe des Nouveaux Réalistes. 1961 Paris, Galerie « J », *Nouvelles aventures de l'objet*. Se sépare des Nouveaux Réalistes. 1962 N.Y., Sidney Janis Gallery, *New realists*. 1ʳᵉ exp. indiv. à N.Y. 1964 Quitte Paris pour s'installer à New York. N.Y., Gale-rie Léo Castelli, « 4 » exp. coll. 1966 N.Y., Galerie Léo Castelli. 1ʳᵉ exp. indiv. à N.Y. N.Y. American Federation of Arts, *Environnements* exp. indiv. N.Y. Gol-dovski Gallery, *Sculptures 66*. N.Y., Fisch Back Gallery, exp. coll. 1967 N.Y., Dwan Gallery, *Scale models and drawings* exp. coll. N.Y., Feigen Gallery, *Macrostructures*. N.Y. Museum of Contemporary Crafts, *Monument and tombto-ne*. 1968 N.Y., John Gibson Commissions, Inc. N.Y., MOMA, *Dada, Surrea-lism and their heritage*. 1969 N.Y., R. Feigen Gallery, *Dubuffet and the anti-culture*. Paris, projet d'emballage des arbres des Champs-Elysées. N.Y., John Gib-son Commissions, Inc : *Ecologic art*, exp. coll. Emballage du bâtiment et de 853,55 m² de plancher au Musée d'Art Contemporain de Chicago. 1970 N.Y., Sidney Janis Gallery, *String and ropes show*. Projet de Valley Curtain, Rifle, Colorado réalisé en 1972. 1971 Projet et maquette de Valley Curtain au Musée de Houston. 1973 Projet d'une barrière en tissu de 39 m de long, *Run-ning fence*, Californie, réalisé en 1976. 1974 *Océan front*, projet pour King's Beach, N.Y. Rhode Island 17 000 m² de polyprophylène. Grenoble, Musée de Peinture et sculpture, *Valley curtain*.

Bibliographie

David Bourdon, *Christo*, N.Y., H.N. Abrams, 1971.

E.P.

BRUCE CONNER

Mc Pherson, Kansas, USA, 1933.
Vit à San Francisco.

1956 N.Y., Rienzi Gallery, 1ʳᵉ exp. indiv. à N.Y. 1965 Paris, Galerie « J », 1ʳᵉ exp. indiv. à Paris. 1976 Paris, MNAM, *Une histoire du cinéma*, exp. coll.

E.P.

JOSEPH CORNELL

Nyack, New York, 1903 – New York, 1972.

1929 S'installe dans le quartier de Queens, d'où il ne bougera plus, jusqu'à sa mort. Aucune formation artistique, mais éprouve un grand intérêt pour le théâtre, le cinéma et la poésie. Réalise sa première œuvre connue *A watercase for Marcel Duchamp*. 1932 Cornell, après avoir vu les collages de Max Ernst, montre ses propres essais à Julien Levy, qui l'inclut dans un exp. du groupe surréaliste, avec Dali, Man Ray, Picasso... Il fera, même, la couverture du catalogue. Nov.-déc., à nouveau inclu dans une exp. Julien Levy Gallery : *Minutiae, glass-bells, shadow boxes, coups d'œil, jouets surréalistes*. Commence, d'autre part, à réaliser ses pre-miers films. 1936 N.Y., participe à l'exp. *Fantastic art, Dada, Surrealism*, au *MOMA*, avec une œuvre *Soap bubble set*. Publication de son scénario Monsieur Phot, dans le livre de Julien Levy, *Surrealism*. 1938 Paris, participe à l'*Exp. internationale du surréalisme*, Galerie des Beaux-Arts. 1939 N.Y., 1ʳᵉ exp. per-sonnelle, Julien Levy Gallery. 1940 N.Y., deuxième exp. personnelle, Julien Levy Gallery. 1942 Cornell publie « A story without a name », pour la revue *View* en hommage à Max Ernst. En déc., il participe à l'exp. *Objects by Joseph Cornell, box-valise by Marcel Duchamp, bottles by Lawrence Vail*, à la Art of this Century Gallery. 1943 Met en page le numéro de Janvier de *View* « Ame-ricana fantastica ». 1946 N.Y., expose à la Hugo Gallery, *Portraits of women, Constructions and arrangements*. 1949 N.Y., expose Egan Gallery *A diary by Joseph Cornell*. 1953 N.Y., expose Egan Gallery *Night voyage by Joseph Cornell*. 1961 N.Y., participe à l'exp. *Surrealist intrusion in the enchanter's domain*, d'Arcy Gallery. N.Y., participe à l'exp. *The art of assemblage*, au MOMA. 1965 Paris, participe avec 7 œuvres à l'exp. *Etats-Unis, sculptures du 20ᵉ siècle*, au Musée Rodin. 1967 N.Y., rétrospective, organisée par Diana Waldman, au Guggenheim Museum. 1972 Mort de Joseph Cornell à New York.

Bibliographie

Catalogue de la rétrospective *Joseph Cornell*, N.Y., The Guggenheim Museum, 1972. Dore Ashton, *A Joseph Cornell album*, N.Y., the Viking Press, 1974.

C.S.

JOHN COVERT
Pittsburgh, Pa, 1882 - 1960.

1902 Etudes à la Pittsburgh School of Design. 1908 Part pour Munich continuer ses études à l'Akademie der Bildenden Künste. 1912-1914 Séjour à Paris. S'inscrit à l'Académie Julian. Continue à peindre des portraits et des nus académiques. Durant ces deux années il ne fréquente aucun artiste d'avant-garde, ni les Stein, et ne visite pas les expositions d'art moderne. Paris, le Salon des Beaux-Arts de 1914, 1re expo. coll. en France. 1915 Rrentre aux Etats-Unis, à Pittsburgh, puis à New York. Pittsburgh, Carnegie Institute, Associated Artists of Pittsburgh, *Sixth Annual Exhibition*, 3 peintures, 1re expo. coll. aux Etats-Unis. Cousin de Walter Arensberg, il fréquente l'appartement des Arensberg à New York où il a l'occasion de voir des œuvres cubistes et de rencontrer les artistes d'avant-garde tels que les américains De Zayas, Schamberg, Sheeler, Stella, Demuth et les français Duchamp et Picabia. Cette confrontation avec l'art moderne opère une complète transformation dans sa peinture. 1916 Se lie avec Marcel Duchamp qui le qualifie d'« out standing figure ». Avec Duchamp et les Arensberg, il collabore à la création de la Society of Independent Artists dont il sera le premier secrétaire. 1917 New York, Grand Central Palace, *First Annual Exhibition of the Society of Independent Artists*, (avril-mai), expose *The Temptation of St. Anthony*. 1918-1919 Réalise ses premiers assemblages et collages, tels que *Time* et *Brass Band*. 1920 New York, De Zayas Gallery, *Exhibition of Paintings by John Covert*, (avril-mai), 1re expo. indiv. 1921 N.Y., Galleries of the Société Anonyme, *17 th Exhibition* (mai-juin). Worcester Art Museum, Mass., *Exhibition of Art Assembled by the Société Anonyme*. 1923 Le départ de New York des Arensberg et la dissolution du groupe d'artistes qui s'ensuivit perturbent profondément Covert. L'indifférence du public américain envers son œuvre et des difficultés matérielles l'obligent à abandonner la peinture. Fait don à Katherine Dreier de 6 peintures dont *The Temptation of St. Anthony, Time, Brass Band et Vocalization*. 1926 N.Y., Brooklyn Museum, *An International Exhibition of Modern Art*, organisée par la Société Anonyme, (nov.-déc.). 1949 Boston, Institute of Contemporary Art, *The Société Anonyme Collection of 20 th Century Painting*, (juin-juillet). The Art Institute of Chicago, *Twentieth Century Art from the Louise and Walter Arensberg Collection*, (oct.-déc.) 1953 New York, MOMA, exposition du legs Katherine Dreier. 1960 Dallas, Museum for Contemporary Arts, *American Genius in Review n° 1*, (mai-juin), expo. coll., 9 œuvres. 1976 Washington, Hirshhorn Museum and Sculpture Garden, *John Covert* (sept.-nov.).

Bibliographie

New York Times, 11 avril 1917. *The Sun, The New York Herald*, 25 avril 1920. *American Art News*, N.Y., vol. XVIII, 1er mai 1920. Katherine S. Dreier, *Western art and the new Era, An Introduction to modern Art*, N.Y., Brentano, 1923. *Collection of the Société Anonyme : Museum of modern art 1920*, New Haven, Yale University Art Gallery, 1950. Georges Heard Hamilton, « John Covert : Early American Modern », *College Art Journal*, N.Y., été 1952. *The Louise and Walter Arensberg Collection, 20 th Century Section*. Philadelphia Museum of Art, 1954. Douglas Mac Agy, « Five rediscovered from the lost generation », *Art News*, N.Y., été 1960. William C. Agee « New York Dada 1910-1930 », *Art News Annual 34*, N.Y., 1968. Michael Klein « John Covert's *Time* : Cubism, Duchamp, Einstein. A quasi Scientific Fantasy », *Art journal*, N.Y., vol. XXIII, n° 4, été 1974. Abraham Davidson, « Two from the second Decade : Manierre Dawson and John Covert » *Art in America*, N.Y., sept.-oct. 1975. Kickran L. Tashjian, *Skyscraper Primitives : Dada and the American avant garde 1910-25*, Middletown, Conn., Wesleyan University Press, 1975. *Avant-garde painting and sculpture in america 1910-25*. Catalogue de l'exposition Wilmington, Delaware Art Museum, 1975.

Ouvrages de référence

Theodore Reff et Michael Klein, *The Art of John Covert*, Ph. D. dissertation, N.Y., Columbia University, 1972. Michael Klein, *John Covert*, Catalogue de l'exposition, Washington, Hirshhorn Museum and Sculpture Garden, 1976.

M.D.

JEAN CROTTI
Bulle, Suisse, 1878 – Paris, 1958.

1901 S'installe à Paris, s'inscrit pour un an à l'Académie Julian. 1907 Paris, Salon d'Automne, 1re présentation de son œuvre à Paris. 1908 Salon des Indépendants, 1re participation (6 nos). 1909 Salon des Indépendants (2 nos). Devient membre du Salon d'Automne, auquel il envoie 2 toiles. 1910-1914 Envois réguliers au Salon des Indépendants et au Salon d'Automne. Aucun envoi à l'*Armory Show* de N.Y., 1913. 1915 Départ pour N.Y., où il arrive en juin en même temps que Picabia et 3 mois après Duchamp, avec lequel il se lie aussitôt. Interview de Duchamp et de Crotti dans *The Evening World*, N.Y. 1916 N.Y., Montross Gallery, 1re expo. collect. *Jean Crotti, Marcel Duchamp, Albert Gleizes, Jean Metzinger* (avril) avec 22 nos dont le *Portrait de Marcel Duchamp*, aujourd'hui disparu, et le *Clown*, qui marque ouvertement son appartenance au groupe de recherches dada. Retour à Paris, Duchamp lui confie des messages pour sa famille : Crotti se lie avec Suzanne Duchamp et rencontre Jacques Villon. 1917 Retour à N.Y. où il rejoint Picabia, Man Ray et Duchamp, constituant avec eux le noyau dada ayant pour centre le salon des Arensberg. Grand Central Palace, 1re expo. de la Society of Independent Artists, participation de Crotti. 1919 De nouveau à Paris, se marie avec Suzanne Duchamp. A l'occasion de son mariage, Duchamp lui envoie de N.Y. une recette pour se confectionner le *Ready-made malheureux*. 1921 A Paris, il est un des animateurs du groupe dada. Galerie Montaigne, 1re expo. indiv. *Tabu-dada*, textes, dessins (gravés par la suite par J. Villon). 1926 N.Y., Brooklyn Museum, *International Exhibition of Modern Art*, organisée par la Société Anonyme. 1927 Prend la nationalité française. Paris, Galerie Danthon, expo. indiv. 1947 N.Y., Cultural Center of French Ambassy, présentation des *Gemaux*, où il expérimente une nouvelle technique de peinture sur verre mise au point et brevetée en 1934. Vif succès auprès du public américain. 1949 Yale University, la Société Anonyme reçoit en don de sa part la seule et unique œuvre de Crotti de sa collection, *Composition*. 1954 N.Y., Brooklyn, réalisation de vitraux d'église. 1959 Paris, Musée Galliera, rétrospective *Crotti*.

Bibliographie

Catalogue *Exhibition of pictures by Jean Crotti, Marcel Duchamp, Albert Gleizes, Jean Metzinger*, N.Y., Montross Gallery, 1916. Waldemar George, *Jean Crotti et le Démon de la connaissance*, Paris, 1930.

A.L.B.

JOSEPH CSAKY ou CZAKY
Szeged, Hongrie, 1888 – Paris, 1971.

1908 S'installe à Paris et fait la connaissance de Fernand Léger. 1911-1912 Expose au Salon d'Automne, 1re exp. coll. à Paris. 1912 Paris, Galerie La Boétie, participe au *Salon de la Section d'Or*. Se lie d'amitié avec Braque et Picasso. 1913 Paris, Salon des Indépendants. 1914 Paris, Salon des Indépendants. 1917 Paris, Galerie de l'Effort Moderne, 1re exp. indiv. à Paris. 1920 Paris, Salon des Indépendants. 1922 Csaky est naturalisé français. 1925 Paris, expo. internationale d'art contemporain, *L'Art d'Aujourd'hui*. 1928-1929 Paris, expose au Salon des Tuileries. 1933 N.Y., Valentine Gallery, 1re exp. indiv. à N.Y. 1973 Paris, Galerie Dépot 15, exp. rétrospective.

Bibliographie

Donald Karshan, *Csaky*, Paris, Galerie Dépot 15, 1973.

N.M.L.

SALVADOR DALI
Figueras, 1904.
Vit à Figueras.

1921-1924 Suit les cours de peinture, de gravure et de sculpture à l'Académie San Fernando à Madrid. Rencontre Bunuel. 1925 Barcelone 1re exp. indiv. à la Galerie Dalmau : 5 dessins, 17 peintures. Découvre l'œuvre de Freud. 1926 Renvoyé définitivement de l'Académie San Fernando, pour cause d'insubordination. 1927 Peint *Le sang est plus doux que le miel*, œuvre proto-surréaliste. Premier séjour à Paris : « Versailles, le Musée Grévin et Picasso ». 1928 Deuxième séjour à Paris. Par l'intermédiaire de Miro, il fait la connaissance d'André Breton. 3 peintures de Dali : *La Corbeille de pain*. *La Jeune-fille assise, Ana Maria* sont présentées à l'Institut Carnegie de Pittsburg. *La Corbeille de pain* restera au Musée de la Ville. 1929 Fait la connaissance de Gala qu'il ne quittera plus, lors d'un voyage à Cadaques de Bunuel, d'Eluard et de Magritte. Paris 1re exp. indiv. Galerie Goemans : *Portrait de Paul Eluard, Le Grand Masturbateur, Les Plaisirs Illuminés, Le Jeu Lugubre* (acheté par le Vicomte de Noailles, premier mécène de Dali, à Paris). Préface d'André Breton. *Le Chien Andalou*, collaboration Dali-Bunuel est projeté à Paris, au Studio 28. Travaille à *Grand pouce-oiseau pourri et lune* qui sera refusé au Salon d'Automne, mais acheté par A. Reynolds-Morse la plus grande collection au monde de Dalis. 1930 Adhère au groupe surréaliste. Il publie *La Femme visible* aux éditions surréalistes où il développe sa théorie de la paranoïa-critique pour la première fois et fait l'éloge de l'Art Nouveau et de Gaudi, idées toutes nouvelles en France. *L'Age d'or*, collaboration Dali-Bunuel, est projeté au Studio 28, préface du programme signée Aragon, Breton, Char, Crevel, Dali, Tzara... et intitulée « Manifeste du surréalisme au service de la Révolution ». Le film sera interrompu par les nationalistes, traité de « bolchevique » et les tableaux exposés seront tous détruits. 1931 *Le Surréalisme au service de la Révolution* publie *Objets à fonctionnement symbolique* et *Visage paranoïaque* première série des images-doubles. Hartford (Connect.) participe à la 1re exp. surréaliste aux Etats Unis, *Newer Super Realism*, au Wadsworth Atheneum de Hartford. Dali expose 8 peintures et 2 dessins. Julien Levy achète *Persistance de la Mémoire* (maintenant au MOMA). 1933 Paris, participe à *l'Exposition surréaliste*, Galerie Pierre Colle. Propose une préface faisant l'éloge de Meissonnier, qui sera refusée. Participe au Salon des Surindépendants, avec Arp, Max Ernst, Miro, Tanguy. N.Y., 1re expo. indiv. aux Etats-Unis, Gallery Julien Levy 26 peintures « subconscious images, surrealist, extravagant, paranoïac, hypnagogical, phenomenal, extra-pictorial, super-abundant, super-sensitive... » (préface du cat.). 1934 Salvador Dali est exclu du groupe surréaliste, à cause de ses opinions politiques. Paris, expose Galerie Bonjean, grand succès. Arrive le 14 novembre à N.Y., avec Caresse Crosby, qu'il avait connue à Paris. « Je sortis sur le pont du Champlain et vis tout-à-coup N.Y., vert de gris et blanc crasseux, semblable à un immense roquefort gothique » (La vie secrète p. 258). *American Weekly*, 4 pages de reportage. Pittsburgh. Mention Honorable au Carnegie International pour *Eléments énigmatiques dans un paysage*. N.Y., Expose Gallery Julien Levy 22 peintures et les illustrations pour les *Chants de Maldoror*. Stuart Davis publie un article sur Dali dans Art Front. 1935 *La Conquête de l'irrationnel* publié à Paris, éd. Surréalistes et à N.Y. *Conquest of the irrational* ed. Julien Levy. 1936 2e voyage aux Etats-Unis « commencement officiel de la gloire » Sa photo par Man Ray est reproduite sur la couverture du *Times*. N.Y., Exp. Julien Levy Gallery, tous ses tableaux sont vendus. Conférence au MOMA « Surrealism, Painting, Paranoïac Imagination ». New York, Participe à l'exp. : *Fantastic art, Dada and Surrealism* organisée par Alfred Barr, au MOMA, 13 tableaux et dessins. Prend part au manifeste « Hommage à l'objet » paru dans la revue des *Cahiers d'Art* vol. II, nos 1 et 2. 1937 Publie la *Métamorphose de Narcisse*, éd. Surréalistes Paris et éd. Julien Levy, N.Y. 1938 Rencontre Freud à Londres, grâce à Stefan Zweig. Paris, participe à l'*Exposition internationale du surréalisme*, Galerie des Beaux-Arts. Participe à l'arrangement avec Marcel Duchamp, Man Ray et Max Ernst et à l'élaboration du catalogue *Dictionnaire abrégé du surréalisme*. 1939 Avec l'arrivée de la guerre, Dali part pour New York, invité par Caresse Crosby à Hampton Manor (Conn.). Fait scandale avec *Le jour et la nuit*, vitrines pour les magasins Bonwitt-Teller « C'est en renversant une baignoire que j'ai lancé mon gant à une Amérique, vaniteusement dressée dans sa suffisance » (Parinaud p. 277). Pour la Foire Internationale de N.Y., présente un décor *Le Rêve de Vénus*, mais ses idées jugées dangereuses ne sont qu'à moitié réalisées. Il publie alors un manifeste « Déclaration of the Independance of the imagination and the rights of man to his own madness ». Représentation au Metropolitan Opera de *Bacchanale* scénario et mise en scène de Salvador Dali, chorégraphie de Leonid Massine ballets de Monte-Carlo. N.Y., expose Gallery Julien Levy : 21 peintures, 5 dessins et des objets. 1940 S'installe en Californie, à Pebble Beach, il y restera jusqu'en 1948. 1941 N.Y., Expose au MOMA, avec Miro, 50 peintures, 17 dessins, 6 bijoux. Préface de J.T. Soby. L'exposition circulera encore jusqu'à mai 1943, dans 8 Etats des Etats-Unis. N. Calas publie un article dans *View* « Anti-Surrealist Dali ». 1942 Publie *The Secret Life of Salvador Dali*, Dial Press. N.Y., 3 œuvres reproduites dans le livre de Peggy Guggenheim *Art of this century*. 1943 N.Y., Expose Galerie Knoedler une série de portraits. N.Y. Participe à l'exp. *15 Early, 15 late* à Art of Century, avec 3 tableaux. Peint 3 murs pour l'appartement d'Helena Rubinstein à N.Y. Fait les décors de *Seven Lively Arts*, revue présentée au Ziegfeld Theater, à N.Y. 1944 *Mad Tristan, The First Paranoic Ballet Based on the Eternal Myth of Love in Death in 2 scènes* décors et costumes Salvador Dali, chorégraphie Leonid Massine, Ballet International N.Y. *Sentimental Colloquy*, décors et costumes Salvador Dali, chorég. André Eglevsky, Ballet International. *Spellbound*, tourné par Hitchcock avec

des décors de Dali. *Hidden Faces*, premier roman de Dali, publié au Dial Press N.Y. L'hebdomadaire *Life*, invite Salvador Dali à voyager à travers les Etats-Unis, afin de faire paraître ses impressions, par une série de dessins (cf. cat. Rotterdam no 130). 1945 Illustre beaucoup de livres, dont le *Don Quichotte*, avec une série de lithographies en couleur. Travaille beaucoup pour la publicité. N.Y., participe à l'exp. organisée par le Whitney Museum *European artists in America*. N.Y., expose Bignou Gallery 11 peintures, dont *The resurrection of the flesh*, qu'il avait commencé à son arrivée aux Etats-Unis. Commence à publier *Dali news, monarch of the dailies* N.Y., 20 nov., vol. 1, no 1. 1946 N.Y., exp. Galerie Knoedler, *Dali introduces new perfume*. 1947 Travaille au scénario et au décor de *Destino* avec Walt Disney. Le film ne sera jamais réalisé, les dessins sont restés propriété de Disney and Co. Cleveland, exp. Cleveland Museum of Art. Paris, *Exposition internationale du surréalisme*. Galerie Maeght, organisée par Duchamp et André Breton. Dali n'y figure pas. 1948 Dali publie *50 secrets of magic craftmanship*, Dial Press, N.Y. Retourne à Port-Ligat mais continuera à passer l'hiver aux Etats-Unis et à y exposer régulièrement. 1950 Première apparition de Salvador Dali sur la T.V. américaine. 1951 Paris, 1re expo. depuis la guerre à Paris, Galerie David Weil : dessins, gouaches, *La Madonna 2e version*. Publie *Manifeste mystique* éd. Goldet, Paris. Peint le *Christ de Saint-Jean de la Croix*. N.Y., 1re exp. de bijoux, Alemany et Ertman. 1952 Conférences dans douze états des Etats-Unis sur « La mystique nucléaire » 1953 N.Y., expose Carlstairs Gallery, *Assumpta Corpuscularia Lapislazulina : the Angel of Port-Lligat*. Peint *Poésie d'Amérique*. Publie *Dali's Moustache*, éd. Simon et Shuster, N.Y. 1954 N.Y., expose *Corpus Hypercubus* à la Galerie Cerlstairs. L'œuvre est achetée par Chester Dale et donnée au Métropolitan Museum. Publie *Les cocus du vieil art moderne*, éd. Fasquelle, Paris. Publie *Les cent vingt journées de Sodome du divin marquis à l'envers*. 1955 Peint la *Copie paranoïaque de la dentellière de Vermeer de Delft*. Conférence de Dali à la Sorbonne, arrivé dans une rolls bourrée de choux-fleurs *La Cène*, achetée par Chester Dale, donnée à la Galerie Nationale d'Art de Washington. 1956 N.Y., exp. Carlstairs Gallery : *Assumpta Antiprotonica*. 1958 Médaille d'or de la Ville de Paris et Médaille d'Or de la Qualité Française. 1959 Peint *La découverte de Christophe Colomb de l'Amérique*, maintenant au New York Cultural Center. 1960 Paris, exp. au Musée Galliera *Salvador Dali, 100 aquarelles pour la Divine Comédie de Dante*. Termine *Le Rêve de Christophe Colomb* vendu à Huntington Hartford. 1963 Publie *Le Mythe tragique de l'Angelus de Millet*, éd. J.J. Pauvert, Paris. *Peint Galacidalacideesoxiribunucleicacid*, maintenant dans une banque à Boston. 1964 Publie *Le Journal d'un Génie* éd. de la Table Ronde, Paris. 1965 Découverte de la Gare de Perpignan et des hologrammes. 1965 N.Y., exp. Gallery of Modern Art, *Including the Huntington Hartford Collection. Wienhardt Jr. Carl. J. Theodore Rousseau, Sanchez Canton, Salvador Dali 1910-1965 with the Reynolds Morse Collection*. 1966 Commence *La pêche aux thons*, illustre la Bible, les poèmes de Mao Tsé Toung... *Autoportrait mou*, film de J.C. Averty et R. Descharnes. 1967 Manifeste en hommage à Meissonnier, dans les salons de l'hôtel Meurice Paris. 1968 Pamphlet sur « Ma révolution culturelle », tract distribué aux étudiants de la Sorbonne. 1969 Publie *Les passions selon Dali*, éd. Denoël, Paris. Paris, exp. *Dali-la-Drogue*, Galerie Knoedler. Réalise des affiches pour Air-France. 1970 Réalise des affiches pour la S.N.C.F. 1971 Inauguration du Musée Dali à Cleveland, constitué par la coll. Reynolds-Morse, Paris. *Hommage à Albrecht Durer, par S. Dali et 160 gravures originales de l'artiste de 1934 à 1974*, Galerie Vision Nouvelle. 1972 N.Y., Première exposition d'hologrammes, Galerie Knoedler.

Bibliographie

J.T. Soby, *Dali*, N.Y., The Museum of Modern Art, 1941 (reprint 1968). *Salvador Dali, a guide to his works in public museums*, Cleveland, The Dali Museum, 1973. Catalogue de la rétrospective *Dali*, Rotterdam, Musée Boymans van Beuningen, 1970. S. Dali, *La vie secrète de Salvador Dali par Salvador Dali*, Paris, La Table Ronde, 1960. S. Dali, *Journal d'un génie*, Paris, Gallimard, 1974. S. Dali, *Comment on devient Dali*, Paris, Laffont, 1973.

C.S.

ANDREW DASBURG
Paris, 1887.
Vit à Taos, Nouveau Mexique.

1892 Sa famille rentre aux États-Unis. 1907 N.Y., Etudes à l'Art Students League où il rencontre Morgan Russell. Classe d'été ensemble à Woodstock. 1909 Voyage à Paris, retrouve Morgan Russell qui l'introduit dans le cercle des Stein. Etudie avec Russell la peinture de Cézanne dont Russell avait acheté à Leo Steïn une petite nature morte. 1910 Rentre aux Etats-Unis et devient professeur de peinture l'été à Woodstock puis à l'Art Students League, N.Y. 1914 Second séjour à Paris pour un an. Travaille avec Russell et applique dans sa peinture les principes du synchromisme. 1916 N.Y., Anderson Galleries, *Forum Exhibition*, participe avec 6 œuvres dont *Improvisation*. Premier voyage à Taos, Nouveau Mexique. S'intéresse au cubisme. 1919 Paris, Musée du Luxembourg, *Artistes de l'Ecole Américaine*, 1 œuvre. 1923 Écrit un article sur le cubisme. A la fois peintre et théoricien, contribue largement à l'explication du cubisme et de l'art abstrait aux États-Unis. 1930 S'établit au Nouveau Mexique. 1957 dallas Museum of Fine Arts, importante expo. indiv. (mai-avril).

Bibliographie.

Forum Exhibition, catalogue de l'exposition, N.Y., Anderson Galleries, 1916. Andrew Dasburg, « Cubism », *The Arts*, N.Y., nov. 1923. Alexandre Brook, « Andrew Dasburg », *The Arts*, N.Y., juil. 1924. *Andrew Dasburg*, catalogue de l'exposition, Dallas Museum of Fine Arts, 1957. *Synchromism and color principles in american painting 1910-30*, catalogue de l'exposition Knoedler and Co, N.Y., 1965. *Avant garde painting and sculpture in America 1910-1925*, catalogue de l'exposition Wilmington, Delaware Art Museum, 1975. *Color and Form 1909-1914*, catalogue de l'exposition, Fine Art Gallery of San Diego, Ca., Arts and Crafts Press, 1971.

M.D

STUART DAVIS
Philadelphie, 1894 – New York, 1964.

1910-1913 Travaille à New York dans l'atelier de Robert Henri. 1913 N.Y., Chicago, *Armory Show*, expose cinq aquarelles, 1re exp. coll. à N.Y. 1913-1916 Réalise des illustrations pour les revues *The Masses* et *Harper's Weekly*. 1915 N.Y., Folson Gallery, American Salon of Humorists. 1917 N.Y., Sheridan Square Gallery, 1re exp. indiv. à New York. N.Y., Grand Central Palace, participe à la première exposition de la Society of Independant Artists. 1918 Brooklyn, Ardsley Gallery *Stuart Davis*. 1920-1923 Réalise des illustrations pour la revue *The Dial*. 1921 N.Y., Whitney Studio Club, *J. Torres-Garcia, Stuart Davis, S. Szukalski*. N.Y., Whitney Studio Club, *Retrospective exhibition of paintings by Stuart Davis*. 1925 Newark, New Jersey, Newark Museum, exp. indiv. 1926 N.Y., Brooklyn Museum, *International Exhibition of Modern Art* organisée par la Société Anonyme. 1927 N.Y., Downtown Gallery. Cette galerie lui consacre également une exposition personnelle en 1930, 1932, 1943, 1946, 1952, 1954, 1956, 1958, 1960 et 1962. 1928 N.Y., Valentine Gallery, *Paintings and watercolours*. Part pour Paris où il reste un peu plus d'un an. 1929 N.Y., Whitney Studio Club, *Watercolours by Stuart Davis*. 1931-1932 Enseigne à l'Art Students League. 1932 N.Y. Réalise une peinture murale pour le Radio City Music Hall. N. Y., MOMA, *Murals by American Painters and photographers*. 1933 S'engage dans le Federal Art Project. 1935 Est Rédacteur en Chef de la revue *Art Front*. 1938 Paris, Musée du Jeu de Paume, *Trois siècles d'Art aux Etats-Unis*, 1re exp. coll. à Paris. 1939 N.Y., réalise une peinture murale pour le Hall of Communications de l'Exposition Internationale et pour le bâtiment de la Municipal Broadcasting Company. 1940-1950 Enseigne à la New School for Social Research. 1941 N.Y., Whitney Museum, *This is our city*. 1943 N.Y., Helena Rubinstein's New Art Center, *Masters of Abstract Art*. 1945 N.Y., MOMA, *Stuart Davis*. 1946 N.Y., Metropolitan Museum of Art, *Advancing American Art*. N.Y., Whitney Museum, *Pioneers of Modern Art in America*. 1947 (25 novembre) N.Y., MOMA, participe à un symposium sur *Guernica*. 1958 et 1960 Remporte le Solomon Guggenheim Museum International Award. 1962 N.Y., Whitney Museum, *U.S. Government Art Projects-Some Distinguished Alumni*. N.Y., Whitney Museum, *Geometric Abstraction in America*. 1963 N.Y., Whitney Museum, *The decade of the Armory Show, New Directions in American Art, 1910-1920*. 1964 N.Y., Whitney Museum, *Between the Fairs - 25 Years of American Art*. 1965 Washington D.C., National Collection of Fine Arts, *Stuart Davis*. 1966 Paris, Musée national de la Ville de Paris, *Stuart Davis*, 1re expo. indiv. à Paris.

Bibliographie.

Elliott Paul, « Stuart Davis, American Painter », *Transition*, N.Y., n° 14, 1928. Elizabeth Luther Cary, « Americans Abroad », *New York Times*, N.Y., 13 oct. 1929. Stuart Davis, « The place of Abstract Painting in America » [Letter to Henry McBride], *Creative Art*, N.Y., vol. 6, fév. 1930. Arshyle Gorky, « Stuart Davis », *Creative Art*, N.Y., vol. 9, sept. 1931. Stuart Davis, « The New York American Scene in Art », *Art Front*, N.Y., vol. 1, n° 3, fév. 1935. Gilbert Morris, « Eggbeater Artist Defends Credit to France for Help Given American Painters », *New York World Telegram*, N.Y., 21 fév. 1940. James Johnson Sweeney, « *Stuart Davis* », N.Y., The Museum of Modern Art, 1945. Stuart Davis, « What Abstract Art means to me ? », *The Museum of Modern Art Bulletin*, N.Y., vol. 18, n° 3, printemps 1951.

Ouvrage de référence

Catalogue de l'exposition rétrospective *Stuart Davis*, Washington D.C., National Collection of Fine Arts, 1965. Catalogue de l'exposition rétrospective *Stuart Davis*, Musée d'Art Moderne de la Ville de Paris, 1966.

N.M.L.

ROBERT DELAUNAY
Paris, 1885 – Montpellier, 1941.

1904 Paris, Salon des Indépendants (6 n°) et Salon d'Automne (1 n°), première présentation de son œuvre à Paris, avec des toiles fauves, inspirées de Gauguin. 1905 Salon des Indépendants (6 n°). 1906 Se lie avec Metzinger, Henri Rousseau et l'américain Sam Halpert. Salon des Indépendants (8 n°), Salon d'Automne. (2 n°). 1907 Rencontre en Bretagne, où il se trouve avec Halpert, le peintre américain Léon Kroll, avec lequel il entretiendra une correspondance notée entre 1914 et 1916 puis dans les années 20. Intérêt pour l'œuvre de Cézanne. 1909 Paris, Salon des Indépendants (2 n°). Début de la série des *Saint-Séverin*. 1910 Correspondance avec l'américain Brenner. Début d'une correspondance avec Halpert qui, de retour à N.Y., l'entretiendra des manifestations new-yorkaises jusqu'en 1913. Salon des Indépendants (6 n°). 1911 Se lie avec Guillaume Apollinaire, Le Fauconnier et Albert Gleizes. Salon des Indépendants (3 n°, dont une *Tour* et *Ville n° 2*, qui font scandale). 1912 Paris, Salon des Indépendants : *La Ville de Paris*, qui impressionne les synchromistes Stanton Macdonald-Wright et Morgan Russell. Début des *Fenêtres* où sont appliqués les principes de la « simultanéité » des couleurs. Galerie Barbazanges, 1re exp. indiv., avec Marie Laurencin (41 n°), dont mention est faite dans la presse new-yorkaise. Rencontre les peintres américains Bruce et Frost (correspondance jusqu'en 1914) avec lesquels il se lie intimement et entretient des recherches communes. Rencontre également Marsden Hartley, envoyé de N.Y. par Sam Halpert auquel il fait part, dans sa correspondance, de ses théories sur la lumière et les couleurs. Dès cette date, est en relation avec Walter Pach au sujet de ses prochains envois à l'*Armory Show* de N.Y. 1913 Paris, Salon des Indépendants (2 n°, dont l'*Equipe de Cardiff*). N.Y., Sam Halpert diffuse ses théories de la simultanéité des couleurs, qu'il qualifie de « cubisme orphique » en même temps qu'il l'entretient des travaux de Max Weber et des différentes expositions new-yorkaises. Paris, s'intéresse à l'œuvre des synchromistes Stanton Macdonald-Wright et Morgan Russell, exposée Galerie Bernheim-J. N.Y., Chicago, Boston, *Armory Show*, envoie 3 toiles : *Route de Laon, étude* 1912, *Fenêtre sur la ville* 1910-12 et *la Ville de Paris* 1912. Cette dernière, sous prétexte de sa grande taille, ne sera pas accrochée : Robert Delaunay proteste dans une lettre ouverte parue dans le *New York Tribune*, demandant le retrait de ses autres envois, qui ne seront montrés ni à Chicago ni à Boston. Est soutenu par Bruce qui réclame pour ses envois le même traitement ; à N.Y., sa cause est défendue par Sam Halpert. A Paris, l'événement fait scandale. 1914 Paris, Salon des Indépendants, présentation des *Disques solaires simultanés : Au grand constructeur Blériot*. Envoi de *Broom Speaks* (encre de chine, 1914) à une revue new-yorkaise (?). Correspondance avec Léon Kroll au sujet de 2 toiles de Rousseau que celui-ci essaie de placer chez Stieglitz. Premières marques d'intérêt du collectionneur John Quinn, qui lui achète 6 ou 7 toiles, dont *Saint-Séverin* 1909 et *Tour Eiffel* 1909, toutes deux passées ultérieurement dans la collection Arensberg. 1915 N.Y., projet non abouti d'une exposition (témoignage Sam Halpert). Départ pour Madrid et le Portugal où le rejoindront Kroll et Halpert. 1916 N.Y., Stieglitz est en possession d'une sculpture africaine appartenant à Delaunay. 1917 N.Y., Bourgeois Gallery, 1re exp. indiv. aux USA. 1920-21 Retour à Paris. Salomon R. Guggenheim lui rend visite dans son atelier. 1922 Paris, Galerie Paul Guillaume, 2e exp. indiv. (31 n°). 1926 N.Y., 1er achat de Salomon R. Guggenheim : *Tour* 1910. Une trentaine d'autres suivront. 1930 N.Y., MOMA, *Painting in Paris*, participation de Robert Delaunay avec *Saint-Séverin*, à cette date possession de J.B. Neumann, N.Y. 1936 N.Y. MOMA, *Cubism and abstract art*, participation avec 6 n°. 1946-47 Paris, Galerie Louis Carré, 1re exp. rétrospective en France. 1948-49 N.Y., Sidney Janis Gallery, *The early Delaunay* (25 n°),

1re exp. rétrospective aux USA. 1952 Chicago, Arts Club, *Paintings by Robert Delaunay*. 1954 N.Y., MOMA, entrée dans les collections des *Disques solaires 1912-13*. 1955 N.Y., Guggenheim Museum ; Boston, Institute of contemporary Art, *Robert Delaunay 1813-1941*.

Bibliographie

Guillaume Apollinaire, in *Chroniques d'art*, Paris, Gallimard-NRF, 1960 ; *Robert Delaunay*, Paris, André Marty, [1912]. *New York Tribune*, N.Y., 21 mars 1913. Arthur Cravan, in *Maintenant*, Paris, n° 4, mars-avril 1914. André Salmon, in *Montjoie !*, Paris, mars 1914. Marc Vromant, in *Comoedia*, Paris, 15 avril 1914. Willard H. Wright, *Modern Painting, its tendency and meaning*, N.Y., John Lane Co, 1915. *Little Review*, N.Y., automne-hiver 1923. Sheldon Cheney, *A Primer of Modern Art*, N.Y., 1924. *New York Times*, N.Y., 15 mars 1926. Gertrude Stein, *Autobiography of Alice Toklas*, N.Y., Harcourt, Brace, 1933 ; traduction française, Paris, Gallimard-NRF, 1934. Milton Brown, *The Story of Armory Show*, N.Y., The Joseph Hirshorn Foundation, 1963.

Ouvrages de référence

Pierre Francastel, *Robert Delaunay. Du Cubisme à l'art Abstrait*, Documents inédits publiés par Pierre Francastel et suivis du catalogue de l'œuvre, par Guy Habasque, Paris, SEVPEN, 1957. Catalogue de l'exposition *Robert Delaunay*, Paris, MNAM, 1957. Michel Hoog, *Inventaire des collections publiques françaises Robert et Sonia Delaunay*, Paris, MNAM, 1967. Bernard Dorival, *Robert Delaunay, 1885-1941*, Bruxelles, J. Damase, 1975.

A.L.B.

SONIA DELAUNAY
Gradizhst, Ukraine, 1885.
Vit à Paris.

1905 Arrive à Paris. 1907 Tableaux fauves, inspirés de Gauguin et Van Gogh. 1908 Paris, Galerie Notre-Dame-des-Champs, 1re exp. indiv., organisée par W. Uhde. Rencontre Robert Delaunay. 1909 Wilhelm Uhde l'introduit auprès de Picasso, Derain, Vlaminck et Braque. Découvre l'œuvre du douanier Rousseau. 1910 Se marie avec Robert Delaunay et travaille avec lui en étroite collaboration et communauté d'esprit. Installés rue des Grands Augustins, ils sont le centre, dès cette date, de réunions animées où se retrouvent, outre Guillaume Apollinaire et Fernand Leger, les américains Brenner, Bruce, Halpert, Frost et Kroll. 1912 Recherches sur la lumière. Premières œuvres simultanées. 1913 Réalise la reliure des *Pâques à New York* et illustre *La Prose du Transsibérien et de la Petite Jehanne de France*, de Blaise Cendrars, 1er livre « simultané » dont la parution fait grande sensation à Paris. Exposé simultanément à N.Y., Londres, Berlin, Moscou et Saint-Petersbourg, le livre suscite l'attention de la presse new yorkaise. Alors qu'elle participe aux côtés de Robert Delaunay et de Bruce au *Herbstsalon* de Berlin (envoi remarqué par Apollinaire) Sonia Delaunay n'est pas invitée à participer à l'*Armory Show* de N.Y., et reste curieusement à l'écart de la scène new yorkaise. Premiers vêtements simultanés, qui seront diffusés aux USA par l'intermédiaire notamment de Valentine de Saint-Point (témoignage de Sam Halpert, 1915). 1914 Paris, Salon des Indépendants, présentation des *Prismes électriques*. 1915-1916 Séjour au Portugal avec Robert Delaunay, où ils sont rejoints par Sam Halpert et Leon Kroll. 1920 Retour à Paris. Se lie avec les poètes surréalistes. 1923 Ouvre un atelier de fabrication de tissus et vêtements simultanés. 1925 Paris, *Exposition des Arts Décoratifs*, présentation de son œuvre dans la boutique « Simultané » de Jacques Heim. Première automobile peinte. 1930 1re exp. coll. aux USA, organisée par l'American Federation of Arts. 1937 Paris, *Exposition Universelle*, peintures pour le Pavillon de l'Air et le Pavillon des Chemins de fer. 1938 Paris, organise avec Robert le 1er *Salon des Réalités nouvelles*, Galerie Charpentier. 1949 N.Y., Sidney Janis Gallery, 2e exp. coll. *Man and Wife*. 1953 Paris, Galerie Bing, 1re exp. indiv. importante à Paris. 1955 N.Y., Rose Fried Gallery, 1re exp. indiv. aux USA. Delius Gallery, *Great women artists*. 1958 Houston, Contemporary Arts Museum, *International Collage from Picasso to the present*. 1960 N.Y., Galerie Chalette *Construction and geometry in painting from Malevich to tomorrow*. 1953 N.Y., Granville Gallery, exp. indiv. 1964 Paris, MNAM, donation Robert et Sonia Delanay. 1967 Paris, MNAM, 1re exp. retrospective. 1969 N.Y., Gimpel Weitzenhoffer Gallery, exp. indiv. 1970 Austin, University Art Museum, University of Texas, exp. indiv.

Ouvrages de référence

André Lhote, *Sonia Delaunay, ses peintures, ses objets, ses tissus simultanés, ses modes*, Paris, Librairie des Arts Décoratifs, 1925. Catalogue de l'exposition *Sonia Delaunay*, Paris, MNAM, 1967. Jacques Damase, *Sonia Delaunay, rythmes et couleurs*, Paris, Hermann, 1971. Arthur Cohen, *Sonia Delaunay*, N.Y., Harry Abrams Inc. publ., 1975.

A.L.B.

PAUL DELVAUX
Antheit, Belgique, 1897.
Vit au Bois de la Cambre, près de Bruxelles.

1917 S'inscrit à l'Académie des Beaux-Arts de Bruxelles dans les classes d'architecture et de peinture décorative. 1922 Peint les premières gares. 1924 Bruxelles, Le Lillois, exposition du groupe *Le Sillon*, 1re exp. coll. Se lie d'amitié avec Paul-Aloïse De Bock. 1925 Bruxelles, galerie Breckport, expose avec Robert Giron. 1926 Subit l'influence de James Ensor. Admire De Chirico. Bruxelles, galerie Le Manteau, 1re exp. indiv. 1927 Paris, galerie Manteau, *Groupe de peintres belges*. 1929 Peint *Le Couple* qui sera acquis ensuite par les Musées Royaux des Beaux-Arts de Belgique. 1930 Subit l'influence des impressionnistes belges. Rencontre E.L.T. Mesens. Est exposé régulièrement au Palais des Beaux-Arts de Bruxelles. 1932 La baraque du Musée Spitzner à la Foire de Bruxelles l'impressionne par son côté absurde et insolite. 1933 Expose la *Vénus endormie*. 1934 Peint des toiles oniriques. Participe à l'exposition *Minotaure*, au Palais des Beaux arts de Bruxelles où il côtoie Magritte et De Chirico. 1935 Participe à *l'Exposition Internationale d'Art Moderne*, dans le cadre de l'Exposition Universelle de Bruxelles. 1937 Peint *La Naissance du Jour* qui appartient à la Collection Peggy Guggenheim. 1938 Rencontre Paul Eluard qui lui dédie un poème : *Exil*. Paris, galerie des Beaux-Arts, *Exposition Internationale du Surréalisme*. 1939 Commence *Les Phases de la Lune* (N.Y., MOMA). 1941 Frappé par l'exode de la population, peint *La Ville inquiète*. Introduit des squelettes dans ses tableaux. N.Y., New School of Social Research, *Surrealist Serie*, 1re exp. coll. aux USA. 1942 Peint *le Village des Sirènes* acquis par The Art Institute of Chicago. N.Y., 451 Madison Avenue, *Surrealist Exhibition*. 1945 Henri Storck tourne un film sur son œuvre. 1945-46 Participe avec Max Ernst et Salvador Dali au concours pour le film *Bel Ami*, organisé par Albert Lewin et David L. Loew de Hollywood sur le thème de la *Tentation de Saint-Antoine*. 1946 N.Y., Julien Levy Gallery, 1re exp. indiv. aux USA. Y sera aussi exposé en 1947 et 1948. Paris, UNESCO, *Exposition Internationale d'Art Moderne*. 1947 Exécute les décors du ballet de Jean Genêt *Adame Miroir*. N.Y., Knoedler Gallery, exp. indiv. 1948 Paris, Galerie Drouin, 1re exp. indiv. à Paris. N.Y., Sidney Janis Gallery, exp. indiv. Paris, Galerie du Pont Royal, exp. indiv. La Jolla (Cal, USA), Art Center, exp. indiv. 1949 Vit quelques mois à Choisel, près de Paris, chez Claude Spaak. 1950 Nommé professeur de peinture monumentale à l'Ecole Nationale Supérieure d'Art et d'Architecture de Bruxelles, jusqu'en 1962. Réalise des décors pour les pièces de Claude Spaak : *L'absent* et *L'heure sonnera*, Paris, Théâtre du Vieux Colombier. Paris, MNAM, *Quelques artistes wallons contemporains*. N.Y., Van Diemen-Lilienfeld galleries, *Modern Belgian Art in Private American collections*. 1951 N.Y., Sidney Janis Gallery, *Surrealist painting*. 1954 Participation importante à la Biennale de Venise. S'attache au monde des tramways et des trains. 1958 Peint *Antinoüs* qui appartient au North Carolina Museum of Art. N.Y., Staempfli Gallery, exp. indiv. 1960 N.Y., The parke-Bernet Galleries, *The arts of Belgium, 1920-1960*. 1961 Chicago, The Arts Club, *First Midwestern exhibition of Belgian painters*. Paris, MNAM, *Dessins belges de James Ensor à nos jours*. 1962 La toile *La Visite* (1939) fait scandale à la rétrospective du musée des Beaux-Arts d'Ostende. 1963 Paris, ARC, 19e Salon de mai. N.Y., Staempfli Gallery. Washington, The Corcoran Gallery of Art, *Contemporary painting in Belgium*. 1964 Paris, galerie Charpentier, *Le surréalisme, sources, histoire, affinités*. Cleveland Museum of Art, *Surrealism today*. Denver Art Museum, *Belgian art today*. 1965 N.Y., Finch College Museum of Art, *Art from Belgium*. Est nommé président et directeur de l'Académie Royale des Beaux-Arts de Belgique. Paris, Galerie Lutèce, *Dessins de P. Delvaux, 1929-1948*. 1966 Peint *L'Acropole*, qui se trouve à Paris, MNAM. Lille, Palais des Beaux-Arts, rétrospective. 1967 Paris, Galerie du Bateau-Lavoir, premières lithographies éditées par Mourlot. 1968 Occupe une salle du pavillon belge à la 24e Biennale de Venise. 1969 Paris, Arts Déco., rétrospective. Paris, Le Bateau-Lavoir, *Dessins et gravures 1966-1969*. 1970 Grenoble, Musée de Peinture et de Sculpture, exp. indiv. 1971 Peint *Hommage à Jules Verne*. N.Y., Staempfli Gallery, *Paul Delvaux, Paul Wunderlich*. N.Y., MOMA, *Surrealist illusion of the Museum collection*. 1972 Saint-Etienne, Musée d'Art et d'Industrie, *Les Peintres belges* et les Surréalistes dans la collection Gustave J. Nellens. Paris, Grand-Palais, *Peintres de l'imaginaire, symbolistes et surréalistes belges*. Paris, Arts Déco, *Le surréalisme, 1922-1942*. Paris, Galerie Arts-Contacts, *Magritte, Gnoli, Delvaux dans la collection Claude Spaak*. Paris, Bateau-Lavoir, *dessins 1969-1972*. Paris, galerie Le Bateau Ivre, *Delvaux, Bellmer, lithographies*. Devient Officier de l'Ordre des Arts et des Lettres. 1974 N.Y., The New York Cultural Center, *Painters of the Mind's eye, Belgian symbolists ans surrealists*. 1975 Paris, Bateau-Lavoir, illustrations de l'artiste pour *Construction d'un temple en ruine à la déesse Vanadé* par Robbe-Grillet.

Bibliographie.

Michel Butor, Jean Clair, *Paul Delvaux, catalogue de l'œuvre peint*, Lausanne, Bibliothèque des Arts, 1975. Paul-Eloïse De Bock, *Paul Delvaux*, Paris, J.J. Pauvert, 1968.

D.M.

CHARLES DEMUTH
Lancaster, Pa. 1883-1935.

1903-1905 Etudes à la School of Industrial Art in Philadelphia. 1904 Premier voyage à Paris où il reste quelques semaines. 1905-1909 Etudes à la Pennsylvania Academy of Fine Arts. 1907 Second séjour à Paris, rencontre de Matisse, Braque, Derain, Dufy et Vlaminck. Rentre aux Etats-Unis début 1908. 1912 Philadelphie, Pennsylvania Academy of Fine Arts, exposition annuelle d'aquarelles, 1re exp. coll. En décembre, s'embarque pour Paris ou il restera jusqu'en 1914. 1913 S'inscrit à l'Académie Colarossi et à l'Académie Julian. Fait la connaissance de Gertrude et Leo Stein et fréquente leur salon rue de Fleurus où il a l'occasion de rencontrer Picasso, puis Delaunay, Picabia et Duchamp, ainsi que l'américain Marsden Hartley. Etudie la peinture de Cézanne. Ne participe pas à l'*Armory Show*. 1914 New York, Hartley présente Demuth à Stieglitz. Charles Daniel Gallery, 1re exp. indiv. (nov.), aquarelles. Expose régulièrement dans cette galerie jusqu'en 1925. 1915-1916 Fréquente le salon des Arensberg où il retrouve Picabia, Duchamp et Gleizes arrivés à New York. Se lie avec Duchamp. Réalise une série d'aquarelles pour illustrer le roman de Zola : *Nana*. 1917 Séjour aux Bermudes avec Hartley. Recherches sur le cubisme. New York, Grand Central Palace, Society of Independent Artists, *First Annual Exhibition*, 2 œuvres. Ecrit *For Richard Mutt*, publié dans le second numéro de la revue éditée par Marcel Duchamp *The Blindman*. 1919 Peint une aquarelle *At « The Golden Swan » Sometimes Called « Hell Hole »*, où il se représente à côté de Marcel Duchamp, commémorant une de leurs sorties dans ce restaurant. 1921 Dernier voyage à Paris ou il tombe malade. Vend à Léonce Rosenberg (Galerie de l'Effort Moderne) 2 aquarelles qui sont des vues de Paris. 1925 N.Y., Intimate Gallery, *Seven americans*, exp. organisée par Stieglitz. 1926 N.Y., Intimate Gallery, exp. indiv. 1929 N.Y., MOMA, *Paintings by 19 Living Americans*. 1937 N.Y., Whitney Museum, *Charles Demuth memorial exhibition*. 1938 Paris, Musée du jeu de Paume, Trois siècles d'art aux Etats-Unis, 7 œuvres. 1950 N.Y., MOMA, *Charles Demuth*, exp. indiv. Le catalogue contient un texte de Marcel Duchamp sur Demuth, écrit en 1949 : *A Tribute to the Artist*.

Bibliographie

Camera Work, N.Y., n° 47, juil.1914. *International Studio*, N.Y., vol. 60, n° 239, janv. 1917. *Arts and Decoration*, N.Y., vol. VII, n° 3, janv. 1917 ; vol. 14, n° 3, janv. 1921. *The Arts*, N.Y., vol. 2, n° 3, déc. 1921. Marsden Hartley, *Adventures in the Arts*, N.Y., Boni and Liveright, 1921. *The Reviewer*, Richmond, Va., vol. 2, n° 4, fév. 1922. *The Arts*, N.Y., vol. 3, n° 1, janv. 1923. *The Dial*, N.Y., vol. 74, fév. 1923. *L'Amour de l'Art*, Paris, n° 4, nov. 1923. Albert Barnes, *The Art in painting*, N.Y., Harcourt, Brace, 1925. *Art News*, N.Y., vol. 24, n° 5, avril 1926. Alfred Gallatin, *Charles Demuth*, N.Y., William Edwin Rudge, 1927. *The Studio*, N.Y., vol. 1, n° 22, 1929. *The Little Review*, N.Y., Paris, vol. 12, n° 2, mai 1929. Gertrude Stein, *The Autobiography of Alice B. Toklas*, N.Y., Harcourt, Brace, 1933. *Cahiers d'Art*, Paris, vol. 13, n°s 1-2, 1938. Abraham Davidson, « Cubism and the Early American Modernist ». *Art journal*, N.Y., vol. 26, n° 2, hiver 1966-67.

Ouvrages de référence

Andrew C. Ritchie, *Charles Demuth*, catalogue de l'exposition, N.Y., MOMA, 1950. Emily Farnham, *Charles Demuth : His life, Pscychology and works*, Ph.

D. dissertation, Ohio State University, 1959. Emily Farnham, *Charles Demuth, Behind a laughing mask*, Norman, University of Oklahoma Press, 1971. *Charles Demuth, the mechanical encrusted on the living*, catalogue de l'exposition Santa Barbara Art Gallery, California University, 1971.

M.D.

ANDRÉ DERAIN
Chatou, 1880 – Chambourcy, 1954.

1905 Paris, Salon des Indépendants, 1re exp. coll. Paris Salon d'Automne, expose dans la Salle Fauve aux côtés de Matisse et Braque. 1907 S'installe à Montmartre. Contacts avec Picasso et le groupe du Bateau-Lavoir. 1913 N.Y., Chicago, Boston, *Armory Show*, présente trois peintures prêtées par Kahnweiler, n°s 342 à 344, *La Forêt à Martigues* c. 1908 est achetée par A.J. Eddy (actuellement à l'Art Institute de Chicago) et *la Fenêtre sur le Parc* 1912 par John Quinn (actuellement au MOMA, N.Y.). 1916 Paris, Galerie Paul Guillaume, 1re exp. indiv., préfacée par Apollinaire. Philadelphie, Mac Clees Galleries, *Advanced modern art*, exp. coll. N.Y., Modern Gallery, *Derain, Burty, Vlaminck*, (nov.) 1917 N.Y. Grand Central Palace, Society of Independent Artists, *First Annual Exhibition*, 2 œuvres. Modern Gallery, 1re exp. particulière à N.Y. (nov.). 1919 N.Y., Arden Galleries, *Evolution of French Art*, achat par Katherine Dreier de *Femmes et montagnes*. 1920 N.Y., Galleries of the Société Anonyme, *6 th Exhibition*, exp. coll. 1922 N.Y. Brummer Gallery, exp. indiv. Chicago, Art Institute, *Exhibition of paintings from the collection of the late Arthur Jérome Eddy*, 1 peinture : *La Forêt à Martigues*. 1926 N.Y., Art Center, exposition de la collection John Quinn. A sa mort, John Quinn possédait plus d'une trentaine d'œuvres de Derain. Une partie de la collection est vendue à Paris, Hôtel Drouot, 27 octobre. 1927 N.Y., American Art Galleries, seconde vente de la collection Quinn, 5 février, 14 œuvres de Derain sont vendues. 1928 Pittsburgh, reçoit le prix Carnegie. 1930 N.Y., Knoedler Gallery, exp. indiv. Cincinnatti, Art Musem, 1re exp. indiv. dans un musée. 1931 Chicago, The Art Institute, *The Arthur J. Eddy collection of modern paintings and sculpture*, 1 peinture : *Forêt à Martigues*. 1930 N.Y., MOMA, *Painting in Paris from american collections*, (janv.-fév.), 10 œuvres. A cette époque, on trouve des œuvres de Derain aux Etats-Unis dans les musées suivants : Chicago, Art Institute, Birch-Bartlett Collection ; Detroit, Institute of Arts ; Los Angeles Museum of Art, Preston Harrison Collection ; N.Y. University, Gallery of Living Art ; Washington, Phillips Memorial Gallery. 1931-41 Nombreuses expositions aux Etats-Unis. 1952 N.Y., entrée au MOMA, de *Blackfriars Bridge, London*, 1906. 1954 Paris, MNAM, *Derain*, rétrospective.

Bibliographie

Guillaume Apollinaire, *Les peintres cubistes*, Paris, Figuière, 1913. Arthur J. Eddy, *Cubists and post-impressionism*, Chicago, Mac Clurg, 1914. *Arts and Decoration*, N.Y., mars 1913. *The Century Magazine*, N.Y., vol. LXXXV, avril 1913, n° 6. *Exhibition of paintings from the collection of the late Arthur Jérome Eddy*, catalogue de l'exposition Chicago, the Art Institute, 1922. Albert Barnes, *The Art in painting*, N.Y., 1925. *John Quinn 1870-1925, collection of paintings, watercolors, drawings and sculpture*, Huntington, N.Y., Pidgeon Hill Press, 1926. « La collection John Quinn : un article de Mr Forbes Watson », *Le Bulletin de la vie artistique*, Paris, 15 fév. 1926, n° 4, p. 56-58. Forbes Watson, « The John Quinn collection », *The Arts*, N.Y., 1926, n° 1, p. 5-122. *The Arthur Jérôme Eddy Collection of modern paintings and sculpture*, catalogue de l'exposition Chicago, the Art Institute, 1931. Gertrude Stein, *The Autobiography of Alice B. Toklas*, N.Y., Harcourt, Brace, 1933. Walter Pach, *Queer thing, painting*, Harper and Brothers Publishers, N.Y., London, 1938. Malcolm Vaughan, *Derain*, N.Y., 1941. *The Louise and Walter Arensberg Collection, 20 th Century Section*, Philadelphia Museum of Art, 1954. Milton Brown, *The Story of the Armory Show*, N.Y., Joseph H. Hirshhorn Foundation Publication, Graphic Society, 1963. *The Armory Show International Exhibition of Modern Art, 1913*, reprint, 3 volumes, N.Y., Arno Press, 1972.

Ouvrages de référence

Georges Hilaire, *Derain*, Genève, Pierre Cailler, 1959. Denys Sutton, *Derain*, Londres, Phaidon Press, 1959. *André Derain*, catalogue de l'exposition, Paris, Grand Palais, 1977. Edition des musées nationaux, 1977. (Bibliographie à consulter.)

M.D.

MARIUS DE ZAYAS
Vera Cruz, Mexique, 1880 – Stamford, Conn., 1961.

1907 Sa famille émigre aux États-Unis et s'installe à New York. Stieglitz lui rend pour la première fois visite dans son studio. 1909 N.Y. Galerie 291, Stieglitz organise la première exposition individuelle des caricatures de De Zayas, et par la suite, publie ses écrits dans *Camera Work*. 1910 N.Y., Galerie 291, seconde exp. indiv. 1911 De Zayas est à Paris. En compagnie de Steichen et de Stieglitz, eux aussi à Paris, il visite les Salons et les expositions et rencontre des artistes tels que Picasso, Matisse et Rodin. Sur son initiative, une exposition Picasso est organisée à New York, Galerie 291. 1912 Déclare dans le numéro de juillet de *Camera Work* : « Art is Dead ». 1913 N.Y., Galerie 291, troisième et dernière exp. indiv. intitulée *Caricature : Absolute and Relative*. Fait la connaissance de Picabia. 1914 Organise une exposition d'art africain Galerie 291. En mai, voyage à Paris, rencontre Picabia. Fréquente Apollinaire et le groupe d'artistes autour des *Soirées de Paris* où seront publiés plusieurs de ses dessins. Avec la collaboration de Paul Haviland, Agnes Meyer et Alfred Stieglitz, il organise la publication d'une nouvelle revue intitulée *291*. 1915 Le premier numéro de *291* paraît en mars. Picabia, alors à N.Y. décide de participer à la préparation des prochains numéros. De Zayas ouvre sa propre galerie : la Modern Gallery avec la collaboration financière de Picabia et d'Agnes Meyer, avec une exposition Braque, Picasso et Picabia. 1916 Décide de consacrer un double numéro de *291* à la photographie. A propos du *Steerage* de Steglitz il écrit un essai sur la photographie. Février, fin de la parution de *291*. 1917 Suggère à Stieglitz d'organiser une exposition de Severini Galerie 291. Collabore à la revue de Picabia *391*. 1919 N.Y., Arden Gallery, organise l'exposition *The Evolution of French Art*, (mai). 1919 Après la fermeture de la Modern Gallery, il ouvre la De Zayas Gallery jusqu'en 1921. Par la suite, il continuera d'organiser des expositions pour d'autres galeries à N.Y. A la fois peintre, caricaturiste, écrivain et critique, s'intéressant au cinéma et à la musique, marchand de tableaux et organisateur d'expositions d'avant garde, d'art africain et mexicain, de photographie, s'attachant à promouvoir les peintres européens et l'art moderne, Marius De Zayas est une personnalité de premier plan pour les mouvements d'avant garde aux Etats-Unis.

Bibliographie

Ecrits de Marius De Zayas : Camera Work, N.Y., n° 34-35, avril-juil. 1911 ; n° 39, juil. 1912 ; n° 44, oct. 1913 ; n° 46, avril 1914 ; n° 47 juil. 1914 ; n° 48, oct. 1916. *291*, N.Y., 12 n°s, mars 1915 - fév. 1916. *391*, N.Y., n° 5, juin 1917. *Sur Marius de Zayas :* « Marius De Zayas, a kindley caricaturist of the emotions », *Craftsman*, vol. XIII, N.Y., janv.-mars 1908. *Camera Work*, N.Y., n° 26, avril 1909 ; n° 29, janv. 1910 ; n° 31, juil. 1910 ; n° 42-43, avril-juil. 1913 ; n° 46, avril 1914 ; n° 18, oct. 1916. *Les soirées de Paris*, Paris, n° 26-27, juil.-août 1914. Guillaume Apollinaire, *Chroniques d'art 1902-1918*, Paris, Gallimard, 1960. *Avant-garde painting and sculpture in America 1910-1925*, Wilmington, Delaware Art Museum, 1970.

Ouvrages de référence

Eva Epp Rünk, *Marius De Zayas : the New York years*, Master's thesis, Wilmington, University of Delaware, 1973. Consulter la bibliographie de *Camera Work : a critical anthology*, Millerton, N.Y., Aperture, 1973.

M.D.

BURGOYNE DILLER
New York, 1906 – New York, 1965.

1927 Voit pour la première fois des tableaux de Mondrian à N.Y. dans la Gallery of Living Art. 1933 N.Y., Contemporary Arts Gallery, 1re exp. indiv. à N.Y. Préface du catalogue par Hans Hofmann. 1934 Sur le conseil d'Harry Holtzman, rend visite à Mondrian à Paris. 1935 N.Y., nommé directeur de la Mural Division of the Federal Art Project. 1936 N.Y., participe à la fondation de l'association des American Abstract Artists. 1937 Squibb Building, participe à la 1re exposition des American Abstract Artists. 1940 Nommé assistant technique du WPA New York City Art Project, il commande à Fernand Léger un projet pour la jetée de la French Line. Nombreux contacts avec Mondrian pendant tout le séjour de celui-ci à N.Y. 1941 Nommé directeur du WPA New York City War Service Art Section. 1946 N.Y., The Pinacotheca, *Burgoyne Diller : paintings, constructions 1934-1946*, préface du catalogue par Charmion von Wie-

gand. New Haven, Conn., Yale University Art Gallery, *Contemporary Sculptures, Objects, Constructions*. 1949 N.Y., The Pinacotheca. 1950 N.Y., est rédacteur en chef de la revue *Transformation*. 1960 N.Y., Chalette Gallery, *Construction and Geometry in painting*. 1961-1962 et 1964 N.Y., Chalette Gallery. 1966 Trenton, New Jersey, State Museum, *Burgoyne Diller : 1906-1965*. 1968 Los Angeles, Cal., County Museum of Art, *Burgoyne Diller*. 1971 Minneapolis, Minn. Walker Art Center, *Burgoyne Diller : Paintings, Sculptures, Drawings*. 1968, 1969 et 1972 N.Y., Goldowsky Gallery.

Bibliographie

Elaine de Kooning, « Diller paints a picture », *Art News*, N.Y., vol. 51, n° 9, janv. 1953. Lawrence Campbell, « The rule that measures emotion », *Art News*, N.Y., vol. 67, oct. 1968. Robert Pincus-Witten, « Minneapolis : Burgoyne Diller », *Artforum*, N.Y., vol. 10, n° 6, fév. 1972.

N.M.L.

JIM DINE
Cincinnati, Ohio, USA, 1935.
Vit à New York et à Londres.

1958 N.Y., Judson Gallery. 1re exp. coll. 1960 N.Y., Reuben Gallery. 1re exp. indiv. 1963 Paris, Galerie Sonnabend. 1re exp. indiv. à Paris. 1964 Paris, Galerie Sonnabend, exp. coll. 1964 Venise, participe à la 22e Biennale. 1964 Paris, 20e Salon de Mai. 1967 Saint-Paul-de-Vence, Fondation Maeght : *10 ans d'Art Vivant 55-65*. 1968 Kassel, Documenta 4. Paris, MAM ARC, 1re Biennale Internationale de l'Estampe. 1969 à 1975 Paris, expose chez Sonnabend. 1970 Paris, MAM ARC, 2e Biennale Internationale de l'Estampe. 1972 Venise, participe à la 36e Biennale. 1974 Paris, Galerie de Varenne, expose son œuvre gravée. 1975 Paris, Centre Culturel Américain : *40 gravures récentes 1964-1974*. 1975 Bordeaux, Centre d'Arts Plastiques Contemporains, Entrepôt Lainé, exp. indiv. 1976 Paris, Galerie de France, *Petersburg Press London 1968-1976*, exp. coll. 1977 Paris, MAM ARC 2, *Boîtes*, exp. coll.

Bibliographie

John Gordon, *Jim Dine*, N.Y., Whitney Museum, Praeguer Publishers, 1970.

E.P.

CESAR DOMELA
Amsterdam, 1900.
Vit à Paris.

1924-1926 Séjour à Paris au cours duquel il se lie d'amitié avec Mondrian. 1925 Paris, 18, rue de la Ville l'Evêque, exposition internationale *L'Art d'Aujourd'hui*, 1re exp. coll. à Paris. 1926 N.Y., Brooklyn Museum, *International Exhibition of Modern Art*, organisée par la Société Anonyme, 1re exp. coll. à N.Y. 1930 Adhère au groupe Cercle et Carré. 1933 S'installe à Paris. 1934 Paris, Galerie Pierre, 1re exp. indiv. à Paris. Adhère à l'Association Abstraction-Création. 1936 N.Y., MOMA, *Cubism and Abstract Art*. 1937 Paris, Musée du Jeu de Paume, *Origines et Développement de l'Art International Indépendant*. Fonde avec Sophie Taeuber-Arp et Hans Arp la revue *Plastique*. 1939 Paris, Galerie Pierre. Paris, Galerie Charpentier, *Réalités Nouvelles*. A partir de 1946, participe régulièrement au Salon des Réalités Nouvelles. 1947 Paris, Galerie Denise René. 1949 et 1951 Paris, Galerie Allendy. 1952 Paris, Galerie de Babylone. N.Y., Rose Fried Gallery, 1re exp. indiv. à N.Y. 1953 Paris, Galerie des Cahiers d'Art. 1956 Paris, Galerie 93. 1959 Paris, Galerie Simone Heller. 1960 N.Y., Chalette Gallery, *Construction and geometry in painting*. 1961 N.Y. Chalette Gallery, *Paintings, constructions, tableaux-objets 1924-1960*, exposition rétrospective. 1962 Paris, Galerie Simone Heller. 1964 Paris, Galerie des Cahiers d'Art. 1969 Paris, Galerie Simone Heller. 1971 et 1974 Paris, Galerie de Seine. 1976 Paris, Galerie Marguerite Lamy.

Bibliographie

Marcel Brion, *Domela*, Paris, Georges Fall, 1961.

N.M.L.

677

OSCAR DOMINGUEZ
Ténérife La Laguna, Ténérife, 1906 – Paris, 1957.

1927 Arrive à Paris. Ses premières œuvres *Souvenir de Paris*, *Femme invisible*, *Extase*, datent de 1929. 1933 Organise une exp. surréaliste, à Santa Cruz de Ténérife. 1935 Entre dans le groupe surréaliste et crée des meubles, avec Marcel Jean, à Barcelone. 1936 Découvre la décalcomanie (nombreuses reproductions dans le numéro 8 du *Minotaure*, préface de Breton). N.Y. Participe à l'exp. *Fantastic art, dada, surrealism*, organisée par A. Barr, au Moma – 2 œuvres, *Pérégrinations de Georges Hugnet* et *Décalcomanie*, achetée par le Moma. Paris participe à l'*exp. surréaliste d'objets*, Galerie Charles Ratton. 1938 Illustre des dessins, avec Ernst, Magritte, Man Ray, Seligmann... la première édition des œuvres complètes de Lautréamont. Paris, participe à l'*exp. internationale du surréalisme*, Galerie des Beaux-Arts. 1942 Figure avec le tableau *Nostalgie de l'espace*, dans le livre de Peggy Guggenheim *Art of this Century*. N.Y., fait partie de l'exp. *First papers of surrealism*, organisée par Breton et Duchamp. 1943 Paris, 1re exp. indiv. Galerie Carré. 1947 Paris, participe à l'exp. internationale du surréalisme, *Galerie Maeght*. 1948 Obtient la nationalité française. 1957 Se suicide.

Bibliographie

G. Xuriguera, *Dominguez*, Paris, Filipacchi, 1973.

C.S.

MARTHE DONAS
Anvers, 1885 – Audregnies, Belgique, 1967.

1916 S'installe à Paris. Travaille dans les ateliers de Lhote et d'Archipenko. 1920 Paris, Galerie La Boétie, participe au *Salon de la Section d'Or*, 1re exp. coll. à Paris. 1921 N.Y., Galleries of the Société Anonyme, exposition avec Campendonk, Klee, Molzahn et Schwitters, 1re exp. coll. à N.Y. 1921 Laisse son atelier de la Rue du Départ à Mondrian et retourne en Belgique. 1922 N.Y., Mac Dowell Club, participe à une exposition organisée par la Société Anonyme. La Société Anonyme achète cinq de ses œuvres à la Galerie Der Sturm, Berlin. 1923 Poughkeepsie, N.Y., Vassar College, participe à une exposition organisée par la Société Anonyme. 1939 Springfield, Mass., George Walter Vincent Smith Art Gallery, exposition anniversaire de la Société Anonyme, *New Forms of Beauty 1909-1936*.

Bibliographie

Michel Seuphor, *La peinture abstraite en Flandre*, Bruxelles, Arcade, 1963.

N.M.L.

ARTHUR DOVE
Canandaigua, New York, 1880 – Long Island, New York, 1946.

1904 N.Y., dessine pour les journaux illustrés. 1907 Voyage à Paris et dans le Sud de la France. Se lie d'amitié avec Alfred Maurer et fait la connaissance d'autres artistes américains alors à Paris : Max Weber, P.H. Bruce et A. Carles. Grand intérêt pour la peinture de Cézanne et le fauvisme. 1908 Paris, Salon d'Automne, 1re exp. coll. Fréquente les Stein rue de Fleurus. 1909 Paris, Salon d'Automne, expose *The Lobster*. Dove est mentionné dans un article du *New York World*, (2 oct.). Retour aux Etats-Unis. 1910 N.Y., Maurer l'introduit chez Stieglitz qui le fait participer à l'exposition *Younger American Painters*, Galerie 291. 1912 N.Y., Galerie 291, *The Arthur Dove First Exhibition any where*, exp. indiv. Est l'un des premiers peintres américains à réaliser des peintures abstraites. Vit à Westport (Conn.) jusqu'en 18. 1916 N.Y., Anderson Galleries, *Forum Exhibition of Modern American Painters*, exp. coll. 1917 N.Y., Grand Central Palace, Society of Independent Artists, *First Annual Exhibition*, exp. coll., 2 œuvres. 1920 Vit sur un bateau jusqu'en 1927 (Long Island). 1924 Réalise ses premiers assemblages et collages. 1925 N.Y., The Intimate Gallery, *Seven Americans*. Expose régulièrement dans cette galerie

jusqu'en 1929. 1926 N.Y., Brooklyn Museum, *International Exhibition of Modern Art*, organisée par la Société Anonyme, 3 œuvres. 1930 N.Y., An American Place, exp. indiv. Expose régulièrement dans cette galerie par la suite. 1933 Demeure à Genève jusqu'en 1938. 1937 Washington, Phillips Memorial Gallery, *Retrospective exhibition of works in various media by A. Dove*. 1938 Paris, Musée du Jeu de Paume, *Trois siècles d'art aux U.S.A.*, 1 collage. 1947 San Francisco Museum of Art, Washington : Phillips Gallery ; Utica (N.Y.) Munson-William-Proctor Institute, exposition rétrospective itinérante.

Bibliographie

New York World, 2 oct. 1909. *Camera-work*, N.Y., n° 30, avril 1910 ; n° 38, avril 1912. Arthur J. Eddy, *Cubists and Post Impressionism*, Chicago A.C. Mac Clurg, et London Grant Richards, 1914. *Forum exhibition of modern american painters*, catalogue de l'exposition, Anderson Galleries, N.Y., 1916. Paul Rosenfeld, *Arthur Dove*, Port of New York : Essays on Fourteen American Moderns, N.Y., Harcourt, Brace and Co., 1924. *Arthur Dove : The years of collage*, catalogue d'exposition, University of Maryland Art Gallery, mars-avril 1967.

Ouvrages de référence

Frédirick S. Wight. *Arthur G. Dove*, catalogue de l'exposition : University of California Art Gallery, Los Angeles, 1958. Barbara Haskell. *Arthur Dove*, catalogue de l'exposition, San Francisco Museum of Art 1974, New York Graphic Society, Boston, 1974.

M.D.

KATHERINE DREIER
Brooklyn, New York, 1877 – Milford, Conn., 1952.

1895-1902 N.Y., études de peinture au Brooklyn Art Students League puis, dès 1897, au Pratt Institute. Portraits et natures mortes académiques. 1902-1903 1re séjour en Europe, consacré à l'étude des maîtres italiens. 1904 De retour à N.Y., travaille sous la direction de Walter Shirlaw. 1907 1re séjour à Paris, étudie avec Raphael Colin. Salon des Beaux Arts, 1re participation. 1910-1912 Voyages dans toute l'Europe, centrés sur la visite des musées. 1911-1913 Retour à N.Y. Fait la connaissance de Arthur B. Davies et John Quinn. N.Y., Chicago, Boston, *Armory Show*, participe avec 2 œuvres, *Blue Bowl* et *The Avenue, Hollande*. Prête 1 œuvre française de sa collection, *Buste de jeune femme* de Van Gogh, et achète 2 toiles, *Joies de Bretagne* de Gauguin et *Idole Astral* d'Odilon Redon. La présentation de l'avant-garde européenne à l'*Armory Show* semble être pour elle une révélation : elle se consacre désormais à la « cause » passionnée de l'art moderne qu'elle cherchera sans relâche à faire connaître et comprendre par le public américain. Achat d'un collage de Braque. Publication de sa traduction anglaise de l'ouvrage de Elizabeth Duquesne - Van Gogh, *Personnal recollections of Vincent Van Gogh*. Macbeth Galleries, 1re exp. indiv., organisée par Arthur B. Davies (20 n°s). 1914 Paris, est invitée à participer au Salon d'Automne avec 12 peintures (qui ne seront en définitive jamais exposées). 1915 N.Y., se lie d'amitié avec Marcel Duchamp, dès son arrivée à N.Y. Début d'une longue collaboration. 1917 N.Y., Marcel Duchamp l'introduit dans le salon des Arenberg, où elle joue un rôle de plus en plus dynamique. Participe à la création de la Society of Independent Artists et à l'organisation de la 1re exp. de celle-ci, Grand Central Palace, à laquelle elle présente elle-même 1 œuvre. Commande à Marcel Duchamp une peinture pour décorer sa bibliothèque : *Tu m'*, achevé en 1918. 1918 Peint l'*Abstract portrait of Marcel Duchamp* et s'impose comme un peintre totalement acquis à l'abstraction, proche de Kandinsky auquel elle voue une forte admiration. 1919 N.Y., Arden Galleries, achète *Femme et montagnes* de Derain. 1920 N.Y., fonde avec Duchamp et Man Ray la Société Anonyme, constituant ainsi le premier « musée » d'art moderne américain, riche en œuvres tant européennes que proprement américaines. Outre la constitution et la présentation de cette collection, la tâche primordiale reste pour Katherine Dreier celle d'initier le public à l'art contemporain par une série de conférences qu'elle organise elle-même. Fait don à la Société Anonyme de quelques œuvres françaises de sa collection personnelle (Gauguin, Derain et Villon). Consacre un intérêt particulier à l'œuvre de Stella. 1921 N.Y., Galleries of the Société Anonyme, participe à la 17e exp. collect. 1923 Entre en possession de la *Mariée mise à nu par ses célibataires même* de Duchamp, qui, inachevée, était possession des Arensberg. Publication de ses 2 monographies sur Stella et Kandinsky. 1924 Achète d'autres œuvres de Villon. Est frappée par l'œuvre de Braque et Chagall, exposée à la Rheinhardt Gallery. 1926 Se rend en Italie, accompagnée de Marcel Duchamp. 1926-27 Paris-N.Y., ventes de la collection Quinn : achète *La Tête* 1906 de Picasso (donnée à la Société Anonyme en 1949). 1929 Avec Marcel Duchamp, gagne l'Espagne puis l'Allemagne, où elle rend visite à Kandinsky au Bauhaus de Dessau. 1930-33 2e long séjour à Paris, devient membre du groupe *Abstraction Creation* et participe aux publications de la revue jusqu'en 1936. 1933 N.Y., Academy of Allied arts, exp. indiv. 1934 N.Y., MOMA, *Modern works of art.* 1936 Installée dans le Connecticut, reçoit la visite de Marcel Duchamp, qui entreprend la réparation du *Grand Verre.* 1941 Fait don de la collection de la Société Anonyme à la Yale University, New-Haven, dont elle rédige, avec Marcel Duchamp, le catalogue. 1952 New-Haven, Yale University, Art Gallery, exp. de sa coll. indiv., qui comprendra en œuvres françaises : Archipenko, Braque, Duchamp, Gris, Léger, Matisse, Duchamp-Villon et Villon. 1953 N.Y., MOMA, legs de la collection K. Dreier (102 œuvres).

Bibliographie

Abstraction-création, Paris, n° 1, 1932 ; n° 2, 1933 ; n° 3, 1934. Catalogue de l'exposition *Reflections of the Art of Katherine Dreier*, N.Y., Academy of Allied Arts, 1933. Catalogue de la *Collection of the Société Anonyme, Inc. : Museum of Modern Art, 1920* New-Haven, Yale University Art Gallery, 1950. Catalogue de l'exposition *In Memory of Katherine Dreier, 1877-1952, her own collection of modern art*, New-Haven, Yale University, 1952. Aline B. Saarinen, *The Proud Possessors*, N.Y., Random House, 1958. Catalogue de l'exposition *Avant-garde painting and sculpture in America, 1910-1925*, Wilmington, Delaware Art Museum, 1975.

A.L.B.

JEAN DUBUFFET
Le Havre, France, 1901.
Vit à Paris.

1918 Vient à Paris et suit les cours de l'Académie Julian. 1944 Paris, Galerie Drouin. 1re exp. indiv. à Paris. 1946 N.Y., Pierre Matisse Gallery, *Paintings from Paris.* 1re exp. coll. 1947 N.Y., Pierre Matisse Gallery. 2 exp. indiv. successives. Pierre Matisse devient le marchand de J. Dubuffet aux Etats-Unis jusqu'en 1960. Il organisera 8 autres expositions personnelles de Dubuffet de 1948 à 1959. 1948 N.Y., MOMA, *Paintings and sculpture acquisitions,* exp. coll. 1950 N.Y., Kootz Gallery, *Black or White, paintings by european and american artists.* 1951-1952 S'installe à N.Y. Il peint la série des *Sols et Terrains* et *Tables et paysages.* Fait une conférence au Arts Club de Chicago : *Anticultural Positions* et fait un exp. 1952 Retour à Paris. 1955 N.Y., MOMA *The New Decade.* N.Y., Kootz Gallery, *Recent french acquisitions.* N.Y., Pierre Matisse Gallery : *Fauve and moderns,* exp. coll. N.Y., Pierre Matisse Gallery. exp. coll. 1956 N.Y., Kootz Gallery, *Recent french paintings,* exp. coll. 1958 N.Y. Kootz Gallery, *Four Paris painters.* 1959 N.Y., MOMA *New images of man.* Expose une œuvre à l'exposition inaugurale du Guggenheim. 1960 N.Y. Peter Deitsch Gallery, exp. indiv. N.Y. World House Gallery. exp. indiv. N.Y. Daniel Cordier et Michel Warren Gallery, *Rétrospective de dessins.* N.Y. Knoedler Galleries, expose 9 peintures dans l'exp. de la collection de M. et Mme F. Ralph Colin. 1961 N.Y., MOMA *The art of assemblage.* 1962 N.Y., MOMA, rétrospective Dubuffet. N.Y. Cordier and Ekstrom Gallery, exp. indiv. 1964 N.Y., Guggenheim, Guggenheim International Award, exp. coll. 1965 N.Y., MOMA *Ecole de Paris,* exp. coll. 1966 N.Y., Guggenheim, rétrospective Dubuffet. N.Y., Saidenberg Gallery, expose *l'Hourloupe.* N.Y., Guggenheim, *l'Hourloupe 1962-1966.* N.Y., André Emmerich Gallery, *Seven decades 1895-1965,* exp. coll. 1968 Sidney Janis Gallery, exp. coll. N.Y. Pace Gallery *Painted sculptures,* exp. indiv. N.Y. MOMA, exp. indiv. N.Y., Met., *Painting in France 1900-1967,* exp. itinérante aux USA. 1969 Reçoit la commande d'un monument pour la Chase Manhattan Bank à New York. N.Y. Pace Gallery, *Simulacres,* exp. indiv. N.Y. Richard Feigen Gallery, *Dubuffet and the Anticulture.* Textes de C. Oldenburg et G. Cohen. 1971 N.Y. Pace Gallery, *Dubuffet.* 1972 Inauguration du Monument de la Chase Manhattan Bank, *Groupe des 4 arbres.*

Bibliographie

Catalogue intégral des travaux de Jean Dubuffet, élaboré par Max Loreau, Paris, Weber, 1968-1971.

E.P.

MARCEL DUCHAMP
Blainville Crevon, 1887.
Paris, 1968.

1904 Arrivée à Paris. S'installe chez son frère Jacques Villon. 1907 Paris, Palais de Glace, 1er Salon des Humoristes, 1re exp. coll. 1908 Paris, Salon d'Automne auquel il participe jusqu'en 1912. 1909 Paris, Salon des Indépendants auquel il participe jusqu'en 1912. 1911 Participe activement aux réunions d'artistes et d'écrivains qui se tiennent tous les dimanches à Puteaux. 1912 Il est obligé de retirer son *Nu descendant un escalier* du Salon des Indépendants. Paris, Galerie la Boëtie, participe au *Salon de la Section d'Or* (oct.) avec le *Nu descendant un escalier.* Reçoit la visite de Walter Pach en vue de sa participation à l'Armory Show. 1913 N.Y., Chicago, Boston, *The Armory Show* (fév.), participe avec les 4 toiles choisies par Arthur B. Davies et Walt Kuhn : *Le roi et la reine entourés des nus vites, Portrait de joueurs d'échecs* (achetés par Arthur J. Eddy) ; *Jeune homme triste dans un train* (acheté par Manierre Dawson) ; *Nu descendant un escalier* (acheté par Frédérick C. Torrey) qui fait scandale. Portland Art Museum, *Post Impressionistic Exhibition,* (nov.-déc.), participe avec le *Nu descendant un escalier* prêté par F.C. Torrey. 1914 A l'automne, reçoit la visite de Walter Pach qui le persuade de prêter ses œuvres à la Caroll Gallery de New York et lui conseille de venir aux USA. 1915 N.Y., Carroll Gallery, *French modernists and Odilon Redon* (janv.-fév.). John Quinn achète deux peintures et 1 aquarelle. En août quitte Paris pour New York où il retrouve Picabia. Dès son arrivée, Walter Pach l'introduit auprès des Arensberg dont il est l'hôte pendant quelques semaines, participant aux soirées fréquentées par les artistes américains tels que John Covert, Charles Demuth, Marsden Hartley, Morton Schamberg, Charles Sheeler, Joseph Stella, etc... Fait la connaissance de Man Ray. Célèbre en Amérique pour son *Nu descendant un escalier,* la presse lui consacre quelques articles notamment dans le *New York Tribune* du 24 oct. Donne le nom de ready-made à certaines de ses œuvres. Commence le *Grand Verre.* Donne des leçons de français (aux sœurs Stettheimer, entre autres). 1916 N.Y., Bourgeois Gallery, *Modern Art After Cézanne* (avril), 6 œuvres. N.Y., Montross Gallery, *Jean Crotti, Marcel Duchamp, Albert Gleizes et Jean Metzinger* (avril). The, l'un de ses premiers textes en anglais (oct. 15) publié dans le n° d'octobre de la revue The Rogue. Novembre, rencontre Henri-Pierre Roché avec qui il se lie. 1917 Participe à la fondation de la Society of Independent Artists, Grand Central Palace (avril-mai). Y fait la connaissance de Katherine Dreier. Il s'oppose à un refus du comité de placement d'exposer la *Fontaine* signée R. Mutt, pseudonyme de Duchamp, ce qui entraîne sa démission et celle de Walter Arensberg. Durant l'exposition, organise avec Picabia la conférence d'Arthur Cravan qui se termine par un scandale (12 juin). Avec la collaboration de Béatrice Wood et d'H.P. Roché, il fonde la revue *The Blindman.* Le deuxième et dernier numéro contient un plaidoyer pour R. Mutt. Organise avec H.P. Roché un bal costumé au Webster Hall (The Blindman's Ball). Publie une nouvelle revue baptisée *Rongwrong.* Juillet, pour ses trente ans, les sœurs Stettheimer organisent une partie de campagne commémorée par une peinture de Florine Stettheimer. Donne des leçons de français à Katherine Dreier qui lui commande une peinture pour sa bibliothèque. 1918 Achève la commande de Katherine Dreier, *Tu M'.* Août, S'embarque pour l'Argentine. 1919 N.Y., Arden Gallery, participe à l'exposition *Evolution of French Art* organisée par Marius De Zayas (mai). Juillet, rentre en France pour quelques mois. 1920 Retour aux Etats-Unis, rapporte un ready-made, *Air de Paris,* comme cadeau pour W. Arensberg. Organise avec Katherine Dreier et Man Ray la Société Anonyme et participe à l'exposition inaugurale des galeries de la Société Anonyme, N.Y. (juin). Essaie de réaliser un film en relief avec Man Ray. Choisit le pseudonyme de Rrose Selavy. 1921 Avril, publie avec la collaboration de Man Ray l'unique numéro de la revue *New York Dada.* Juin, s'embarque pour Paris où il rencontre André Breton et Louis Aragon. 1922 Janvier retour à New York. Fait la mise en page de *Some French moderns says Henry Mac Bride* publié par la Société Anonyme. Inclus dans l'exposition *Exhibition of paintings from the collection of the late A.J. Eddy,* Art Institute of Chicago, avec les *Joueurs d'échecs* (sept. oct.). 1923 Décide de laisser inachevé *La mariée mise à nu par ses célibataires, même (Le Grand Verre)* devenu la propriété de Katherine Dreier, après avoir été depuis le début de sa réalisation celle des Arensberg. Février, rentre en Europe. 1924 Accepte d'être le partenaire de Man Ray dans une partie d'échecs destinée à être l'une des séquences du film *Entr'acte* de Picabia et René Clair. 1925 La Société Anonyme achète sa première machine optique *Rotative plaque de verre.* 1926 N.Y., Art Center, Exposition de la Collection John Quinn, (janv.) 3 œuvres. Août, Paris, termine le montage *d'Anemic Cinema* copyright Rrose Selavy, tourné en collaboration avec Marc Allegret et Man Ray. Octobre, s'embarque pour New York. Négocie avant la vente John Quinn de New York le rachat de trois de ses œuvres et avec l'aide de H.P. Roché celui des sculptures de Brancusi. Organise à la Brummer Gallery, N.Y., (nov.-déc.) une exposition des sculptures de Brancusi provenant de la collection John Quinn. Présente *Anemic Cinema* au Fifth Avenue Theater, N.Y., Brooklyn Museum, participe à *l'International Exhibition of Modern Art* organisée par la Société Anonyme, et présente pour la première fois au public *Le Grand Verre*. **1927** Organise à l'Arts Club de Chicago une exposition Brancusi, (janv.). N.Y., 12 février, à l'occasion de la dispersion de la deuxième partie de la collection John Quinn, Alfred Stieglitz rachète *La Peau Brune* (aquarelle). **1935** N.Y., MOMA, *Modern Works of Art* (nov.janv.), exp. coll. **1936** N.Y., MOMA, *Cubism and Abstract Art* (mars-avril), exp. coll. Rend visite à Katherine Dreier dans le Connecticut et aux Arensberg à Hollywood. N.Y., MOMA, *Fantastic Art, Dada, Surrealism*, 11 œuvres, exp. coll. **1937** Chicago, Arts Club, 1re exp. indiv. (fév.). N.Y., University, participe à la présentation de la collection d'A.E. Gallatin. **1938** Paris, Galerie des Beaux-Arts, *Exposition Internationale du surréalisme*. **1939** Fait don d'une *Obligation pour la Roulette de Monte Carlo*, au MOMA, N.Y. **1941** Donation de la collection de la Société Anonyme à l'Université de Yale, par K. Dreier et M. Duchamp. **1942** N.Y., été, séjourne chez Peggy Guggenheim. Participe à l'inauguration de la Galerie de Peggy Guggenheim : Art of this Century avec notamment *la Boîte en Valise*. Fera aussi partie de la collection Guggenheim : *Jeune homme triste dans un train*. Rencontre John Cage. **1944** Cincinnati Art Museum, *The Armory Show, a retrospective* (mars-avril). Mai, publication par la Société Anonyme d'une petite plaquette de K. Dreier et Matta Echaurren : *Duchamp's glass : An Analytical Reflection*. N.Y., Julien Lévy Gallery, *Imagery of Chess*, (déc.), exp. coll. **1945** New Haven, Yale University Art Gallery, exposition *Duchamp, Duchamp-Villon, Villon* (fév.-mars). N.Y., Whitney Museum *European Artists in America*. Williamsburg (Virg.); San Francisco (Ca.) ; Meadville (Pa.) ; St. Paul ; Northfield (Minn.) ; Orono (Maine), *Duchamp et Villon* exp. itinérante. Achat par le MOMA du *Passage de la Vierge à la mariée* appartenant à Walter Pach. **1947** Paris, Galerie Maeght, *Le Surréalisme en 1947* (juil.-août). **1949** Chicago, Art Institute, *Twentieth Century Art from the Louise and Walter Arensberg Collection* (oct.-déc.), trente œuvres. **1950** Publication du catalogue de la *Collection of the Société Anonyme : Museum of Modern Art 1920*, Yale University, 33 études critiques signées Marcel Duchamp. Se rallie à la décision de faire don de la collection Arensberg au musée de Philadelphie. **1952** N.Y., Rose Fried Gallery *Duchamp Frères et Sœurs, œuvres d'art* (fév.-mars), 7 œuvres. **1953** N.Y., Sidney Janis Gallery *Dada 1916-1923*, 12 œuvres. N.Y., Rose Fried Gallery *Marcel Duchamp, Francis Picabia*, 5 œuvres (déc.). Legs de K. Dreier au MOMA dont : *A regarder (l'autre côté du verre) d'un œil, de près, pendant presque une heure*. **1954** Philadelphie, Museum of Art, 1re présentation de la collection Arensberg à laquelle a été ajouté le *Grand Verre* légué par K. Dreier. **1955** Devient citoyen américain. **1956** Yale University Art Gallery, Exposition Dada, 4 œuvres, exp. coll. Janvier, diffusion à la télévision américaine d'une interview réalisée au Musée de Philadelphie par James J. Sweeney. Ecrit la préface de *Surrealism and its affinities*, catalogue de la collection Marie Reynolds. **1957** N.Y., Guggenheim Museum, *Jacques Villon Raymond Duchamp-Villon, Marcel Duchamp*, exposition organisée sur son initiative par J.J. Sweeney ; (janv.-fév.). **1959** Paris, Galerie Daniel Cordier, *8e exposition Internationale du Surréalisme* organisée par André Breton. **1960** N.Y., MOMA, assiste à l'*Hommage à New York* de Jean Tinguely. **1961** N.Y., MOMA, *The Art of Assemblage* (oct.-nov.), exp. coll. **1962** Assiste à l'une des deux versions de *Store Days* de Claes Oldenburg au Ray Gun Theater de N.Y. **1963** Utica, Munson Williams Proctor Institute, *1913, Armory Show 50 th Anniversary Exhibition* pour laquelle il exécute l'affiche. Pasadena Art Museum, *By or of Marcel Duchamp of Rrose Selavy* (oct.-nov.) 1re grande rétrospective de son œuvre, 114 numéros. Donne sa première conférence *A propos Of Myself* au Baltimore Museum of Art. **1965** N.Y., Cordier and Ekstrom Gallery, *Not seen and or less seen of by Marcel Duchamp, Rrose Selavy 1904-1964*, exp. de la coll. Mary Sisler dans laquelle figurent 90 de ses œuvres, et qui sera présentée dans de nombreux musées américains. **1974** Munich, Städtische Galerie im Lenbachhaus, *New York Dada : Duchamp, Man Ray, Picabia* (déc. 74-janv. 75).

Bibliographie

The World, N.Y., 17 janvier 1913. *The Independent*, N.Y., 6 mars 1913. *The New York Times*, 16 mars 1913. *The Evening Sun*, N.Y., 20 mars 1913. *Everybody's Magazine*, 1913. J. Nilson Laurvik, *Is it art ? Post-impressionism, Futurism, Cubism*, N.Y., The International Press, 1913. Walter Pach, « The point of view of the moderns », *The Century Magazine*, N.Y., chap. IV, 1913. Arthur J. Eddy, *Cubists and Post-impressionism*, Chicago, Mac Clurg et London, Grant Richards, 1914. « Marcel Duchamp visits New York », *Vanity Fair*, N.Y., sept. 1915. « A complete reversal of art opinion by Marcel Duchamp, icnoclast », *Arts and Decoration*, N.Y., vol. V, n° 11, sept. 1915. Alfred Kreymborg, « Interview with Duchamp », *The Boston Transcript Current Opinion*, 8 sept. 1915. F. MacMonnies, « Interview with Duchamp », *New York Tribune*, 24 oct. 1915. « The iconoclastic opinions of Marcel Duchamp concerning art and America », *Current Opnion*, N.Y., nov. 1915. « Another invader : Marcel Duchamp », *Literary Digest*, N.Y., vol. 51, 27 nov. 1915. Interview avec Duchamp et Crotti, *The Evening World*, N.Y., 4 avril 1916. Marcel Duchamp, « The », *The Rogue*, New York, Vol. 2, n° 1, oct. 1916. *The Blindman*, revue éditée par M. Duchamp, B. Wood et H.P. Roché, N.Y., n° 1, avril 1917 ; n° 2, mai 1917. *Rongwrong*, n° unique, revue éditée par M. Duchamp, B. Wood et H.P. Roché, New York, juil. 1917. W.C. Willams, « A prologue », *The Little Review*, N.Y., Paris, vol. V, n° 11, 1919. *Littérature*, Paris, n° 5, 1er oct. 1922 ; n° 10, mai 1923. K.S. Dreier, *Western Art and the New Era*, N.Y., Brentano, 1923. *John Quinn 1870-1925, collection of paintings, watercolors, drawings and sculpture*, Huntington, N.Y., Pidgeon Hill Press, 1926. K.S. Dreier et Matta Echaurrer, *Duchamp's Glass : La mariée mise à nu par ses célibataires même*, an analytical reflection, N.Y., The Société Anonyme, 1944. *20 th Century Art from the Louise and Walter Arensberg Collection*, catalogue de l'exposition Art Institute of Chicago, 1949. *Collection of the Société Anonyme, Museum of Modern Art 1920*, New Haven, Yale University Art Gallery, 1950, (33 notes critiques écrites par Marcel Duchamp). *The Louise and Walter Arensberg Collection, 20 th century section*, Philadelphia Museum of Art, 1954. Milton Brown, *The story of the Armory Show*, Hirshhorn Foundation, N.Y., Graphic Society, N.Y., 1963. *The Armory Show, international exhibition of modern art, 1913*, reprint Arno Press, 3 vol., N.Y., 1972. *New York Dada : Duchamp, Man Ray, Picabia*, catalogue de l'exposition Städtische Galerie im Lenbachhaus, Munich, 1973.

Ouvrages de référence

Robert Lebel, *Sur Marcel Duchamp*, Paris, Trianon Press, 1959. *Marcel Duchamp*, recueil de textes critiques avec un catalogue des œuvres de Duchamp, une bibliographie etc... établi sous la direction d'Anne d'Harnoncourt, Kynaston McShine, N.Y., MOMA et Philadelphie, The Philadelphia Museum of Art, New York Graphic Society, 1973. Arturo Schwarz, *The Complete Works of Marcel Duchamp*, Londres, Thames and Hudson et N.Y., Abrams 1969. *Marcel Duchamp*, ensemble de 4 volumes, catalogue de l'exposition Paris, MNAM, Centre Georges Pompidou, 1977. (Biogr. et Bibliogr. à consulter).

M.D.

RAYMOND DUCHAMP-VILLON
Damville, Eure, 1876 – Cannes, 1918.

1894 Arrivée à Paris pour y faire des études de médecine qu'il interrompt rapidement pour se consacrer à la sculpture. **1901** Paris, Salon des Beaux-Arts, 1re exp. coll. **1905** Paris, Salon d'Automne, auquel il participera régulièrement jusqu'en 1914 et où il rencontrera le critique américain Walter Pach. **1907** S'installe dans un atelier à Puteaux. Il est le voisin de Jacques Villon et plus tard de Kupka. **1911** Membre actif du groupe d'artistes et d'écrivains qui se réunit à Puteaux tous les dimanches ainsi que chez Gleizes à Courbevoie. Fait aussi partie du groupe des artistes de Passy fondé par H.M. Barzun. **1912** Salon d'Automne, présente la *Maison cubiste* réalisée avec la collaboration d'André Mare et d'autres artistes du groupe de Puteaux. Galerie la Boëtie, *Salon de la Section d'Or*, (oct.). Reçoit à Puteaux la visite d'Arthur B. Davies et de Walt Kuhn en vue de la sélection des œuvres pour l'*Armory Show*. **1913** N.Y., Chicago, Boston, *Armory Show*, expose quatre œuvres et une maquette, n° 609 à 613; John Quinn achète le *Torse* et la *Fille des bois*, Arthur B. Davies le bas-relief des *Danseurs*. La *Façade architecturale* (maquette de la *Maison cubiste* de 1912 envoyée à l'Armory Show grâce à Walter Pach et Michael Stein) fait l'objet d'une plaquette : *A Sculptor's Architecture* publiée par Walter Pach, N.Y., 1913, tirée à 5 000 exemplaires. Commence à travailler à son œuvre majeure *Le Cheval*. **1914** Paris, Galerie André Groult, (avril-mai), exposition avec Gleizes, Metzinger, et Villon. **1915** N.Y., Caroll Galleries, *Second Exhibition of Works by Contemporary French Artists*, quatre œuvres. La *Femme assise* est achetée par John Quinn qui, à sa mort, possédait 17 œuvres de Duchamp-Villon. **1917** N.Y., Grand Central Palace, Society of Independent Artists, *First Annual Exhibition*, 2 œuvres. **1919** Paris, *Salon d'Automne*, exposition rétrospective, 19 œuvres. **1921** N.Y., Galeries de la Société Anonyme, *17e exposition*, (mai-juin). **1924** Walter Pach consacre un ouvrage à Duchamp-Villon. **1926** N.Y., The Art Center, exposition de la collection John Quinn, janv. 3 œuvres. Brooklyn Museum, *International Exhibition of Modern Art*, (nov.), organisée par la Société Anonyme, la *Femme assise* fait alors partie de la collection de Katherine S. Dreier. **1927** N.Y., American Art Association, vente de la collection John Quinn, 12 fév., 14 œuvres de Duchamp-Villon sont présentées. La Société Anonyme achète le *Perroquet*. N.Y., Anderson Galleries,

Société Anonyme, *International Exhibition of Modern Art*, (janv.-fév.) 2 œuvres. 1929 N.Y., Brummer Gallery, *Memorial Exhibition of the Works of Raymond Duchamp-Villon*, organisée par Walter Pach, 45 œuvres. Chicago, Arts Club, *Sculpture by Raymond Duchamp-Villon*, 25 œuvres. 1937 Acquisition par le MOMA du *Cheval* 1914, bronze, et en 1939 *Les Amants*, 1913, plâtre. 1945 New-Haven, Yale University Art Gallery, *Duchamp, Duchamp-Villon, Villon*, (janv.-fév.) exposition présentée ensuite au Museum of Fine Arts, Houston, Texas. 1967 N.Y., Knoedler and Co., Raymond Duchamp-Villon (oct.-nov.). Paris, MNAM, *Raymond Duchamp-Villon, Marcel Duchamp*, (juin-juil.).

Bibliographie

Guillaume Apollinaire, *Les Peintures Cubistes*, Paris, Figuière, 1913. Walter Pach, *A sculptor's Architecture*, plaquette éditée à l'occasion de l'*Armory Show*, N.Y., Association of American Painters and Sculptors Inc., 1913. Gustave Kahn, « La réalisation d'un ensemble d'architecture et de décoration » *l'Art Décoratif*, Paris, n° 187, janv. 1913. *The Independent*, N.Y., 6 mars 1913. *The Century Magazine*, N.Y., Vol. LXXXV, n° 6, avril 1913. Walter Pach, *Raymond Duchamp-Villon, sculpteur 1876-1918*, imprimé pour John Quinn et ses amis. Paris, Jacques Povolozky Editeur, 1924. *John Quinn 1870-1925, collection of paintings watercolors, drawings and sculpture*, Huntington, N.Y., Pidgeon Hill Press, 1926. *The John Quinn Collection*, catalogue de vente, N.Y., American Art Association, 12 fév. 1927. Walter Pach, Raymond Duchamp-Villon, *Formes*, Paris, mai 1931. Walter Pach, *Queer thing, painting*, N.Y., London, Harper and Brothers Publishers, 1938. *The Collection of the Société Anonyme : Museum of Modern Art 1920*, New-Haven, Yale University Art Gallery, 1950. *The Walter and Louise Arensberg Collection 20th Century Section*, Philadelphia Museum of Art, 1954. Marie Noëlle Pradel, « La Maison Cubiste en 1912 », *Art de France*, Paris, n° 1, 1961. Milton W. Brown, *The Story of the Armory Show*, N.Y., Graphic Society, 1963.

Ouvrages de référence

Georges Heard Hamilton, William C. Agee, *Raymond Duchamp-Villon 1876-1918*, N.Y., Walker and Co., 1967. Pierre Cabanne, *Les Trois Duchamp*, Neuchâtel, Ides et Calendes, 1975. *Raymond Duchamp-Villon 1876-1918*, catalogue de l'exposition Rouen, Musée des Beaux-Arts, 1976.

M.D.

WILLIAM EINSTEIN
Saint-Louis, Missouri, 1907 – Acheux-en-Vimeu, Somme, 1972.

1927 S'installe à Paris et travaille à l'Académie Moderne avec Léger et Ozenfant. 1929-1930-1931 Participe au Salon des Surindépendants, 1re exp. coll. à Paris. 1930 Fait la connaissance de Mondrian, Hélion et Calder. 1931 Adhère à l'Association « Abstraction-Création ». 1933 S'installe à N.Y. et collabore à la galerie d'Alfred Stieglitz « An American Place ». 1936 N.Y., organise avec Georgia O'Keeffe une rétrospective John Marin au MOMA. 1937 N.Y., *An American Place*, 1re exp. indiv. à N.Y. 1946 Retour en France. Paris, Galerie Jeanne Castel, 1re exp. indiv. à Paris. 1946-1947 Est correspondant artistique à Paris du *New York Herald Tribune*. 1953 N.Y., « American Associated Artists ». 1954 Paris, Galerie Jeanne Castel. 1958 Paris, Galerie Barbizon. 1960 Paris, Galerie René Drouet. Participe au Salon d'Automne et au Salon des Indépendants.

Bibliographie

Catalogue de l'exposition *William Einstein*, Amiens, Maison de la Culture, 1972.

N.M.L.

MAX ERNST
Bruhl, Allemagne Fédérale, 1896 – Paris, 1976.

1913 Rencontre Apollinaire, chez Macke, à Bonn. Premier séjour à Paris, purement touristique. Sept.-nov., Berlin, expose, avec Picabia, Arp, Chagall et les futuristes, au premier Salon d'Automne, organisé par la revue *der Sturm*. 1914 Se

lie d'amitié, avec Hans Arp, à Cologne. 1916 Berlin, expose galerie der Sturm. 1918 Fondation du mouvement dada à Cologne, avec Baargeld, Max Ernst et l'année suivante Hans Arp. 1919 Rend visite à Paul Klee, à Münich. Découvre de Giorgio de Chirico, par un n° de *Valori Plastici*. Premiers collages *Fatagaga*, avec Baargeld et Arp. 1920 Cologne, 1re exp. dada à Cologne, avec Ernst, Arp et Baargeld, l'exp. fait scandale mais attire l'attention de Katherine Dreier, selon le propre témoignage de Ernst (dans Ecritures). Elle leur propose même de faire transporter l'exp. à N.Y., projet qui n'aboutira pas, cependant l'exp. aura une grande résonance à Zürich, Paris et New York. Aragon et Breton collaborent à la revue *die Shammade*, publiée à Cologne, par Ernst et Arp. 1921 Paris, 1re exp. à Paris, à la Librairie du Sans Pareil, préface de Breton. Scandale auprès du grand public, ce qui entraine les une enquête « doit-on fusiller les dadaïstes ? ». Premier séjour au Tyrol, avec Arp, Sophie Taueber et Breton. 1922 2e séjour au Tyrol. S'installe à Paris. 1923 Paris, participe au Salon des Indépendants, avec *Célèbes, Au rendez-vous des amis, à l'intérieur de la vue, la belle jardinière*. 1924 Participe à l'illustration du premier numéro de *La Révolution Surréaliste*. 1925 Paris, expose l'*Histoire Naturelle*, Galerie Jeanne Bûcher, préface de Eluard. Participe à l'exp. *La peinture surréaliste*, galerie Pierre. 1926 Collabore avec Miro, aux décors de Roméo et Juliette, ce qui leur vaut une réprimande de Breton, dans *La Révolution Surréaliste*. Paris, 1re grande exp. galerie Van Leer, poèmes de Eluard, Desnos et Péret. N.Y., participe avec 3 œuvres *La Mer, Rêves de Paris, La Forêt*, à l'exp. organisée par la Société Anonyme, aux Brooklyn Museum. 1927 Paris, 2e exp. Galerie Van Leer. 1928 Paris, expose Galerie Bernheim *Max Ernst. Ses oiseaux, Ses Fleurs Nouvelles, Ses Forêts Volantes, Ses Malédictions, Son Satanas*, préface de Crevel. 1929 Publie son roman collage *La femme 100 têtes*, introduction de Breton. 1931 Paris, expose à la Galerie Pierre, des papiers collés, qui seront achetés en grande partie par Julien Levy. Hartford (Connect.) participe à la 1re exp. surréaliste, aux Etats-Unis, *Newer-Super-Realism*, au Wadsworth Atheneum. 1932 N.Y., 1re exp. aux Etats-Unis, Julien Levy Gallery, termine la série des Loplop introduit... 1933 Paris, participe à l'exp. surréaliste galerie Pierre Colle. A cette occasion, Ernst publie avec Tzara, un article « il faut visiter l'exposite ». 1936 N.Y., participe, avec 48 œuvres, à l'exp. *Fantastic art, dada, surrealism*, organisée par A. Barr, au MOMA. Beaucoup de controverses dans la critique américaines, mais Ernst trouve un appui durable auprès de A. Barr et J.J. Sweeney, qui lui avaient déjà acheté toute une série d'œuvres pour le MOMA. N.Y., 2e exp. Julien Levy Gallery. 1937 Publie un texte « au-delà de la peinture », dans le numéro spécial des *Cahiers d'Art*, qui lui est consacré. N.Y., expose Mayor Gallery, préface de Eluard. 1938 Rupture définitive avec le groupe surréaliste. Paris, participe cependant à « *l'exp. internationale du surréalisme* », Galerie des Beaux-Arts, avec notamment *l'Ange du Foyer*, qui portait alors le titre ironique de triomphe du surréalisme. 1940 Commence le tableau *l'Europe après la pluie*, qu'il terminera aux Etats-Unis. En tant que ressortissant allemand, subit divers emprisonnements. 1941 Grâce à son fils Jimmy et à Alfred Barr, qui lui procurent l'offre d'asile, il arrive le 14 juil. à N.Y. Epouse Peggy Guggenheim. Peint son premier tableaux aux Etats-Unis, *Napoléon en exil*. Voyage à travers les Etats-Unis, New-Orleans, New Mexico, Arizona, Californie, puis se fixe à New York. 1942 Participe à l'accrochage de la galerie Art of this Century, à l'exp. *Artists in exile*, à la Pierre Matisse Gallery et à l'exp. *First papers of surrealism*, organisée par Breton et Duchamp. Mars-avril, expose 31 décalcomanies Valentine Gallery, aucune vente. Un texte publié « inspiration to order », repris dans le livre de Peggy Guggenheim *Art of this Century*, où il figure, par ailleurs, avec 11 œuvres. D'autre part le n° d'avril de la revue *View* est entièrement consacré à Max Ernst, avec des articles de Henry Miller, Parker Tyler, Sidney Janis, Nicolas Calas ; Leonora Carrington... Sert aussi de rédacteur avec Breton, à la revue *VVV*, dont il fait la couverture du premier numéro. Participe à une exp. de groupe, organisée par Betty Parson, à la librairie Wakefield. Son tableau *Jeune homme intrigué par le vol d'une mouche non euclidienne*, suscite par sa technique, qui préfigure le future dripping, l'intérêt de tous les jeunes peintres présents (voir le témoignage de Motherwell dans Max Ernst's Beyond Painting, N.Y.,1948). Rencontre Dorothea Tanning, à la Julien Levy Gallery. 1943 Départ pour l'Arizona, où il passe l'été, forte impression des paysages. S'initie à l'art américain primitif, en particulier à l'art des indiens Hopi « C'est la plus belle chose que j'ai vue de ce pays » dira-t-il. Reçoit le premier prix d'un concours organisé par Al Lewin, pour son film Bel Ami (jury Duchamp, A. Barr, S. Janis), sur le thème de *La tentation de Saint-Antoine*. Ce prix lui amènera quelques ventes. D'autre part, peint à Sedona, le tableau *Vox Angelica*, qui récapitule toute son expérience des paysages du nouveau monde. 1944 Eté à Long Island, où il réalise les sculptures *Jeune homme au cœur battant, le Roi jouant avec la Reine*... 1945 Paris galerie Denise René ; N.Y. expose Julien Levy Gallery et participe à l'exp. *European artists in America*, au Whitney Museum. 1946 Epouse Dorothea Tanning, à Hollywood. S'installe à Sedona. 1947 Dernière exp. chez Julien Levy, insuccès total. 1948 Parution de « Beyond Painting and other writings by the artist and his friends », publié et préfacé par R. Motherwell. N.Y. expose à la Knoedler Gallery, insuccès total. Collabore au film de Hans Richter « Dreams that money can buy ». Prend la nationalité américaine. 1949 Los Angeles, rétrospective à la Copley Gallery. A cette occasion publication par la galerie de « At eye level : Paramyths ». Réaction violente de la presse, qui entraine une réponse de Eugen Berman. William Copley reste le seul acheteur. Juil., départ des Etats-Unis, par la Nouvelle Orléans. 1950 Paris, Max Ernst renoue avec tout le groupe surréaliste. Paris, expose Galerie René Drouin, ses œuvres américaines, insuccès total. Paris, expose ses illustrations pour « la Brebis Galante » de Péret, à la galerie La Hune. Nov., retour à Sedona. N.Y., expose Hugo Gallery. 1952 Los Angeles, expose Copley Galleries, échec total. Houston (Texas), expose à la Contemporary Art Association, organisée par Dominique De Menil, avec l'aide de Iolas, qui a partir de cette date, prend en charge une grande partie de l'œuvre de Max Ernst... nombreux visiteurs, mais aucune vente. Conférences sur l'histoire de l'art à Honolulu, organisées par V. Strombeck. 1953 Retour à Paris, dans un atelier impasse Ronsin, prêté par Copley. 1954 Pour le grand prix de la Biennale de Venise, ne reçoit aucun soutien des Etats-Unis. 1955 S'installe à Huismes en Touraine. Début de la collaboration avec Georges Visat. 1956 Tours, participe, avec Dorothea Tanning, Man Ray et Mies van der Rohe, à une exp. organisée par le Centre Culturel Américain, au Musée de Tours. 1957 Bref séjour à New York. Expose Iolas Gallery. 1958 Prend la nationalité française. Paris, expose galerie Creuzevault. 1959 Paris, grande rétrospective au Musée National d'art moderne. Prix national des Arts et des Lettres. 1961 N.Y., rétrospective au MOMA, succès surprenant de cette exp., qui devient itinérante, Chicago et Londres. Paris, expose Galerie du Pont des Arts et Galerie Le Point Cardinal. 1962 Séjourne à New York ; au printemps, expose Iolas Gallery. 1966 N.Y., expose des peintures et des sculptures récentes, au Jewish Museum. Vence, à partir de cette date, la galerie Chave édite et expose régulièrement son œuvre gravé. 1964 Illustre « des chiens ont soif », 11 poèmes de Jacques Prévert. 1969 Paris, expose Galerie Iolas *Journal d'un astronaute millénaire*, Galerie Petit, *Les peintures murales à Eaubonne chez Paul Eluard*. 1971 Paris présentation de la collection De Menil *à l'intérieur de la vue*, au musée de l'Orangerie. 1975 N.Y., rétrospective de 300 œuvres au Guggenheim Museum et au Grand-Palais, à Paris. 1976 Mort de Max Ernst.

Bibliographie

Max Ernst, numéro spécial, N.Y., *View*, n° 1, avril 1942. *Max Ernst, beyond painting and other writings by the artist and his friends*, ed. by Robert Motherwell, N.Y., Wittenborn – Schultz, 1948. J.J. Sweeney, 11 europeans in America, N.Y., *The Bulletin of The Museum of Modern Art*, n°s 4-5, 1946. Catalogue de la rétrospective Max Ernst, N.Y., *Guggenheim Museum*, 1975. Catalogue de la rétrospective Max Ernst, Paris, *Réunion des Musées Nationaux*, 1975. Max Ernst, *Écritures*, Paris, Gallimard, 1970.

C.S.

ERRO (Ferro Gudmundur Gudmundsson dit)
Olafsvik, Islande, 1932.
Vit à Paris.

1953 Fait un voyage en France. 1958 Se fixe à Paris. Paris, Galerie Chirvan. 1re exp. indiv. à Paris. 1960 Paris, *Anti-procès*. 1re exp. coll. à Paris. 1963 Va à N.Y. à l'occasion de son exposition à la Galerie Gertrude Stein. 1964 2e voyage à N.Y. N.Y., PVI Gallery, exp. coll. N.Y. PVI Gallery, *100 Male artists*. N.Y., Eduard Smith Gallery, exp. indiv. 1966 à 1967 Fait plusieurs séjours à N.Y. 1976 N.Y., O.K. Harris Gallery, exp. indiv.

Bibliographie

Erro, Paris, Du Chêne, 1976.

E.P.

OYVIND FAHLSTROM
Sao Paulo, Brésil, 1928. – Stockholm, 1976.

1956 Paris, Galerie Creuze, *Phases de l'art contemporain*. 1re exp. coll. à Paris. 1959 Paris, Galerie Daniel Cordier. 1re exp. indiv. à Paris. 1961 Reçoit une bourse et se rend aux Etats-Unis. Paris, 2e Biennale. 1962 Paris, Galerie Daniel Cordier, exp. indiv. 1964 Paris, MAM, *Mythologies quotidiennes*, exp. coll. N.Y. Cordier-Ekstrom Gallery. 1re exp. indiv. à N.Y. Venise, 32e Biennale. 1965 Paris, Galerie Creuze, *La Figuration narrative*, exp.

coll. 1966 Venise, 33e Biennale. 1967 Saint-Paul de Vence, Fondation Maeght, *10 ans d'art vivant 55-65*. 1968 Paris, Musée des Arts Décos, *Pentacle*. Saint-Paul de Vence, Fondation Maeght, *l'Art vivant 1965. 1968*. Kassel, Documenta 4. 1975 Paris, MAM ARC2, *Let's mix all feelings together*. Paris, Galerie Iolas, exp. indiv. 1977 Paris, Galerie Baudoin Lebon, exp. indiv.

Bibliographie

Catalogue de l'exposition *Fahlström*, Paris, Galerie Iolas, 1975. *O. Fahlström*, Milan, Multiplia Edizioni, 1976.

E.P.

ROBERT FILLIOU
Sauve, Gard, France, 1926.
Vit à Flayosc, Var, France.

1946 Emigre aux Etats-Unis. Habite en Californie, étudie l'économie politique à Los Angeles. 1951 Prend la nationalité américaine qu'il perd en 1959. 1962 Paris *Galerie Legitime*. 1962-1976 Activités diverses dans le monde, dans le cadre des manifestations de Fluxus et du Something Else Press. 1964 N.Y., *Artists Key Club*, action coll. 1966-1967 Vit à N.Y. en tant que citoyen américain. 1967 N.Y., Tiffanys Window, *Handshow*. Il photographie avec S. Hyde les mains de 22 artistes étrangers. Habite à l'Hôtel Chelsea dans la chambre de Arman pendant que celui-ci est en Europe. 1976 N.Y., Galerie John Gibson.

Bibliographie

Catalogue de l'exposition *Robert Filliou*, Aachen, Neue Galerie, 1973.

E.P.

DAN FLAVIN
New York, 1933.
Vit à New York.

1959 N.Y., Fleischman Gallery, 1re exp. coll. à N.Y. 1961 N.Y., Judson Gallery, *Dan Flavin*, 1re exp. indiv. à N.Y. 1964 Sur recommandation de M. Duchamp, il obtient le prix de la Fondation Copley de Chicago. 1966 Paris, Galerie Sonnabend, *Electric art*, 1re exp. coll. à Paris. 1968 Kassel, Documenta 4. 1970 Paris, Galerie Sonnabend, 1re exp. indiv. à Paris. 1974 Paris, Galerie Lambert, exp. indiv.

Bibliographie

Catalogue de l'exposition *Dan Flavin*, Ottawa, Galerie Nationale du Canada, 1969.

E.P.

SAM FRANCIS
San Mateo, Cal., USA, 1923.
Vit en Californie.

1950 Vient à Paris et étudie peu de temps à l'Académie Fernand Léger. Habite dans un studio Bvd Arago. Il fait la connaissance de Pierre Schneider et Georges Duthuit. Paris, 6e Salon de Mai, expose 1 peinture, 1re exp. coll. à Paris. 1951 Passe l'été à Aix-en-Provence dans la maison des Duthuit. 1952 Paris, Galerie Nina Dausset, 1re exp. indiv. à Paris. Paris, Galerie Paul Facchetti, *Signifiants de l'Informel*, exp. organisée par Michel Tapié. 1953 Paris Galerie Paul Facchetti, *Un art autre*, exp. organisée par Michel Tapié. 1954 Voyage en Californie puis retour à Paris. Habite rue d'Arcueil. 1955 Paris, Galerie Rive Droite, exp. indiv. Introduction de Georges Duthuit. 1956 Passe l'été dans le sud de la France. N.Y., Martha Jackson Gallery, 1re exp. indiv. aux Etats-Unis. Paris, Galerie Creuze, *Phases de l'art contemporain*. 1957 Voyage autour du monde puis retour à Paris. 1958 Passe l'été à Paris. Paris, Centre Culturel américain, exp. coll. 1959 Paris, MNAM, *Jackson Pollock et la Nou-*

velle peinture américaine, exp. itinérante organisée par le MOMA. Kassel, Documenta 2. 1959 Paris, Galerie Paul Facchetti, *10 ans d'activité*, exp. coll. à laquelle participent J. Pollock, Mathieu, Dubuffet. 1960 Paris, Arts Décos *Antagonismes* Paris, Galerie les 4 saisons, *la peinture à Paris et New York*. Voyage rapide à Paris. 1961 Paris, Centre Culturel américain, exp. coll. Paris, 16ᵉ Salon de Mai. Paris, Galerie de Seine, exp. indiv. Paris, Galerie Jacques Dubourg, exp. indiv. 1963 Paris, Galerie Anderson-Meyer, exp. indiv. 1964 Kassel, Documents 3, Paris, MAM, *Art USA How : the Johnson Collection of contemporary american paintings*, exp. itinérante organisée par le MOMA. 1965 Paris, 21ᵉ Salon de Mai. 1967 Saint-Paul-de-Vence, Fondation Maeght, *10 ans d'art vivant 55-65*. 1968 Saint-Paul-de-Vence, Fondation Maeght, *L'Art vivant 1965-1968*. Paris, CNAC, exp. indiv. 1970 Saint-Paul-de-Vence, Fondation Maeght, *L'Art vivant aux Etats-Unis*. 1971-1973-1975 Paris, Galerie Jean Fournier, exp. indiv.

Bibliographie

Catalogue de l'exposition *Sam Francis*, Paris, CNAC, 1968. Peter Selz, *Sam Francis*, N.Y., Abrams, 1975.

E.P.

ELSA VON FREYTAG-LORINGHOVEN
Allemagne, 1876 – Paris, 1927.

Poétesse. Vers 1917, fréquente à N.Y. le salon des Arensberg où elle retrouve Duchamp, Picabia, Crotti, Man Ray et s'associe de façon anarchique aux recherches dada. Deux de ses œuvres sont connues : *Dada portrait of Berenice Abott*, v. 1918, collage de matériaux divers et *Portrait de Marcel Duchamp*, actuellement disparu mais dont il reste la photographie exécutée par Sheeler. Deux photographies d'elle-même paraîtront dans les revues dada, l'une, réalisée par Man Ray, dans *Little Review*, 1920, et une autre, où elle apparaît à mi-nue dans l'unique n° *Dada New York*, de Man Ray. Publie par ailleurs ses poèmes dans *Little Review*. Rencontre William Carlos Williams par l'intermédiaire de Margaret Anderson et Jane Heap, éditeurs de la revue.

Bibliographie

Elsa von Freytag-Loringhoven, « Poems », *The Little Review*, N.Y., vol. VII, n° 2, juil.-août 1920 ; n° 3, spet.-déc. 1920. John Rodker, « Dada and Elsa Freytag-Loringhoven », *The Little Review*, N.Y., vol. VII, n° 2, juil.-août 1920. *The Little Review*, N.Y., hiver 1922 (ill. du *Portrait de Marcel Duchamp*). *Dada New York*, N.Y., unique n°, avril 1921.

Ouvrage de référence

Dickran Tashjian, *Skyscraper primitives, Dada and american avant-garde*, Middletown, Wesleyan University Press, 1975.

A.L.B.

ARTHUR BURDETT FROST
Philadelphie, 1887 – New York, 1917.

1905 Philadelphie, Pennsylvania Academy of Fine Arts, 1ʳᵉ exp. coll. N.Y., études avec Chase et Robert Henri. 1906 Voyage en Europe avec sa famille. Se fixe à Paris avec son frère. 1907-1908 Paris, entre à l'Académie Julian, puis, pour un temps assez bref, à la Sorbonne. Rencontre par l'intermédiaire de Walter Pach son compatriote Patrick H. Bruce, avec qui il s'associera étroitement dans des recherches picturales communes. Grâce à lui, est introduit dans le salon de Gertrude et Leo Stein, rue de Fleurus. Salon d'Automne, 1ʳᵉ présentation de son œuvre à Paris, avec 1 toile, où apparaissent les leçons des Impressionnistes, Renoir en particulier. Bruce le présente à Matisse, qui le prend dans sa « classe » jusqu'à la fin 1908. 1910 Salon des Indépendants, 6 toiles. 1912 Rencontre avec Bruce Robert Delaunay, qui les initiera à ses théories sur les couleurs. Tous trois travailleront pendant deux ans en étroite association d'esprit. 1913 Paris, Salon des Indépendants, 6 toiles. N.Y., Chicago, Boston, *Armory Show* : aucun envoi de Frost, contrairement à Delaunay et Bruce. 1914 Paris, Salon des Indépendants, 3 toiles. Mention des *Soleils simultanés* et de la *Descente de croix* (aujourd'hui disparus), où sont appliqués les principes du simultanéisme, par

Marc Vromant dans *Comoedia* (14 avril). Retour à N.Y. S'introduit au Penguin Club, fondé après l'*Armory Show* par Walt Kuhn et qui groupe Samuel Wood Gaylor, Louis Bouché et Jules Pascin. Fréquente la Galerie 291 de Stieglitz, qu'il essaie en vain de gagner à ses idées. Stieglitz lui rend visite dans son atelier. Poursuit ses recherches chromatiques et crée une roue mécanique dispersant les couleurs et permettant d'en mesurer exactement les effets optiques. Début d'une correspondance suivie avec Bruce, resté à Paris, qui l'entretient de ses expériences. 1916 N.Y., fait la connaissance de James Daugherty et par l'intermédiaire de celui-ci de J. Van Everen, auxquels il communique les leçons de Delaunay. Tous adopteront les abstractions colorées. Reçoit de Bruce six de ses dernières *Compositions* qui bouleversent aussitôt sa pratique picturale et propose, en vain, à Stieglitz, de faire une exposition autour de ces derniers envois. N.Y., Grand Central Palace, 1ʳᵉ exp. de la Society of Independent Artists. Organise une exp. *Bruce*, Montross Gallery (nov.). Rencontre Arthur Cravan.

Bibliographie

Marc Vromant, in *Comoedia*, Paris, 15 avril 1914. Walter Pach, « Some reflections on modern art suggested by the career of Arthur Burdett Frost Jr. », *Scribner Magazine*, N.Y., vol. LXIII, 1918.

Ouvrages de référence

William C. Agee, *Synchromism and color principles in American painting, 1910-1930*, N.Y., Knoedler Gallery and Co, 1965. Henry M. Reed, *The A.B. Frost Book*, Rutland, Vermont, C.E. Tuttle Co, 1967. Catalogue de l'exposition *Avant-garde in America, 1910-1925*, Wilmington, Delaware Art Museum, 1975.

A.L.B.

NAUM GABO
Briansk, Russie, 1890.
Vit aux Etats-Unis.

1912 Paris, vient rejoindre son frère, Antoine, après des études de médecine, de sciences naturelles et d'histoire de l'art à Munich. 1913-1914 Voyage à pied en Italie et se réfugie en Norvège pendant la guerre avec ses frères Antoine et Alexei Pevsner. 1915 Réalise ses premières constructions dont une tête de femme en contreplaqué. Il signe Gabo. 1920 Revient à Moscou. Participe à l'exp. en plein air du boulevard Tverskoi. Publie, à cette occasion, le *Manifeste réaliste* en collaboration avec Pevsner. Effectue ses premières constructions cinétiques. 1922-1923 Berlin, Galerie Van Diemen, exp. coll., *Erste Russische Kunst Ausstellung*. 1924 Paris, Galerie Percier, *Constructivistes russes : Gabo et Pevsner*. Préface de Waldemar George. 1926 N.Y., Little Review Gallery, 1ʳᵉ exp. coll. aux USA, en compagnie de Van Doesburg et de Pevsner. Dessine décors et costumes pour le ballet de Diaghilev *La Chatte*. N.Y., Brooklyn Museum, *International exhibition of modern art*, et Anderson Galleries, exp. indiv. 1927 N.Y., 119 West 57th Street, *Machine age exhibition*. 1930 Hanovre, Kestner-Gesellschaft, 1ʳᵉ exp. indiv., *Gabo : Konstruktive Plastik*. 1931 Se voit confier un projet de sculpture pour le Palais des Soviets. 1932 S'installe à Paris. Adhère au mouvement *Abstraction-Création*. 1936 Chicago, Arts'Club, *Gabo-Pevsner*. Hartford, Wadsworth Atheneum, *Abstract art of Gabo, Pevsner, Mondrian and Domela*. N.Y., MOMA, *Cubism and abstract art*. 1937 Paris, Jeu de Paume, exp. coll. Publie avec J.L. Martin et Ben Nicholson *Circle : International Survey of Constructive Art*. 1938 N.Y., Julien Levy Gallery ; Poughkeepsie, N.Y., Vassar College. Reçoit de Wallace K. Harrison commande d'une fontaine pour la Foire mondiale de N.Y. 1939 San Francisco Golden Gate Exhibition, participe à l'exposition *Decorative Arts*. S'installe en Cornouailles pendant la guerre. 1944 Reçoit commande d'une maquette de la Gowette Cars Ltd. 1946 S'établit aux USA. 1948 N.Y., MOMA, *Gabo-Pevsner*. 1949 Crée une œuvre pour le Rockfeller Center, N.Y. New Haven, Yale University Gallery, *Sculpture since Rodin*. 1951 Cambridge, Massachussetts Institute of Technology, *Sculpture by Gabo*. 1952 Chicago, Arts Club, *Naum Gabo-Joseph Albers*. Devient citoyen américain. 1953 N.Y., MOMA, *International Sculpture competition : the unknown political prisoner*. Obtient le 2ᵉ prix du concours. N.Y., Pierre Matisse gallery, *Gabo : space and kinetic constructions*. Introduction de G.H. Hamilton. Hartford, Wadsworth Atheneum, *A. Calder, mobiles ; Naum Gabo, kinetic construction and constructions in space*. Professe à l'Ecole d'Architecture de la Harvard University. 1954 Devient membre de la Guggenheim Society. Reçoit la médaille de Mr. and Mrs G. Logan à l'Art Institute of Chicago. 1956 N.Y., reçoit commande d'un bas-relief pour la US Rubber Company au Rockfeller Center. 1958 Rotterdam, Musée Boymans-Van Beuningen. 1960 Reçoit le prix de la Brandeis University, Etats-

Unis. 1962 Voyage en Union Soviétique. 1965 Est élu membre de *l'American Academy of Art and Letters*. 1965-1966 Exp. rétrospective itinérante : Amsterdam, Stedelijk Museum ; Manheim, Kunsthalle ; Duisburg, Wilhelm Lehmbruck Museum ; Zurich, Kunsthaus ; Stockholm, Moderna Museet ; Londres, Tate Gallery. 1967 Devient docteur *honoris causa* et professeur au Royal College of Art, Londres. 1968 Buffalo, Albright-Knox Art Gallery, *Naum Gabo*, rétrospective des œuvres américaines. 1971 Exp. itinérante en Europe : Grenoble, Musée de peinture et de Sculpture ; Paris, MNAM. 1972 Lisbonne, Fundaçao Gulbenkian.

Bibliographie

Naum Gabo, *Constructions, sculptures, peinture, dessins, gravure*, introd. de H. Read et L. Martin, Neuchâtel, Griffon, 1961. Alexei Pevsner, *Une esquisse biographique de mes frères Naum Gabo et Antoine Pevsner*, Zwanenburg, Augustin et Schoonman, 1968.

D.M.

PAUL GAUGUIN
Paris, 1848 – Iles Marquises, 1903.

1891-93 Premier séjour à Tahiti, où il retourne en 1895-1901. 1893 Paris, Galerie Durand Ruel, exp. indiv. (nov.) 1898 Paris, Galerie Ambroise Vollard, exp. indi. 1901 Septembre, part pour les Iles Marquises. 1903 Paris, Fondation du Salon d'Automne. Gauguin y est représenté par 8 peintures. Galerie Vollard, exposition d'une centaine de peintures et dessins de Tahiti. 1906 Paris, Salon d'Automne, grande rétrospective Gauguin, 227 numéros. 1913 N.Y., Chicago, Boston, *Armory Show*, 12 œuvres : peintures, aquarelles, dessins, bois sculpté, numéros 173 à 182, 581 et 615, prêtés par Ambroise Vollard, Emile Druet et Mrs Chadbourne. Le n° 581. *Promenade au bord de la mer* est prêté par John Quinn. Sont exposées aussi plusieurs lithographies dont certaines furent achetées par A.B. Davies, John Quinn, Katherine Dreier (*Joies de Bretagne*, 1889), Walter Pach (*Pastorales Martinique*), Walter Arensberg (*Projet d'Assiette*), Publication à l'occasion de l'*Armory Show*, des extraits de *Noa-Noa*, traduits par Walt Kuhn. Pour des raisons morales ils ne furent pas diffusés à Chicago. 1920 N.Y., Galeries de la Société Anonyme, *Third Exhibition*, une lithographie. 1926 Paris, Hôtel Drouot, vente de la collection John Quinn, 27 oct., deux peintures et un masque. 1927 Boston Museum of Fine Arts, exposition de gravures de la collection Russel, Allen et Fuller. 1929 N.Y., MOMA, *First Loan Exhibition : Cézanne, Gauguin, Seurat, Van Gogh*. 1934 N.Y., entrée au MOMA de *La Lune et la Terre*. 1936 Cambridge, Fogg Art Museum ; Baltimore, Museum of Art ; San Francisco, Museum of Art, exp. indiv. 1949 Paris, Musée de l'Orangerie, *Paul Gauguin*. 1952 N.Y., entrée au MOMA *Les trois petits chiens*, 1888.

Bibliographie

Paul Gauguin, *Noa-Noa*, extraits traduits en anglais par Walt Kuhn, N.Y., Vreeland advertising press, 1913. Cf. Reprint *The Armory Show 1913*, vol. II *Pamphlets*, N.Y., Arno Press, 1972. Arthur J. Eddy, *Cubists and Post-impressionism*, Chicago, A.C. Mac Clurg et London, Grant Richards, 1914. Willard H. Wright, *Modern painting : its tendency and meaning*, N.Y., John Lane, 1915. Albert Barnes, *The art in painting*, Merion Pa., The Barnes Foundation Press, 1925. Walter Pach, *Queer thing, painting*, N.Y., Harper and Brothers Pub., 1938. *Collection of the Société Anonyme : Museum of Modern Art 1920*, New-Haven, Yale University Art Gallery, 1950. Milton Brown, *The story of the Armory Show*, N.Y., Joseph H. Hirshhorn Foundation Publication, Graphic Society, 1963.

Ouvrages de référence

John Rewald, *Post-impressionism from Van Gogh to Gauguin*, N.Y., MOMA, 1956. Georges Wildenstein et Raymond Cogniat, *Paul Gauguin* ; 2 vol., Paris, Les Beaux-Arts, 1964. Françoise Cachin, *Gauguin*, Paris, le Livre de Poche, 1968.

M.D.

ALBERTO GIACOMETTI
Borgonovo, Suisse, 1901 – Paris, 1966.

1917 fait partie du mouvement dada. 1919 Zürich, participe, avec Arp, Picabia, Janco... à l'exp. *das neue Leben*, au Kunsthaus. Des reproductions de tableaux de Giacometti paraissent dans *Dada 4-5*. 1920-21 Voyage en Italie, surtout à Venise et à Rome, et fait des copies de tout ce qu'il voie. 1922 arrive à Paris, le 1er janvier. Suit jusqu'en 1925, les cours de Bourdelle, à l'Académie de la Grande-Chaumière. 1925 Paris, expose au Salon des Tuileries, *le torse*. 1927 S'installe rue Hyppolyte Maindron, où il habitera jusqu'à sa mort. S'intéresse beaucoup à l'art primitif. Premiers contacts avec les surréalistes, dont surtout Masson, Miro et Calder. 1929-30 Premières cages. Fait la connaissance de Breton, Dali, Aragon et se rallie officiellement au groupe surréaliste. Paris, expose des objets, avec Miro et Arp, à la Galerie Pierre, avec laquelle il a un contrat. 1931 Des reproductions de ses *objets mobiles et muets* paraissent dans le *n° 3 du Surréalisme au Service de la Révolution*. 1933 Paris, participe à l'exp. surréaliste galerie Pierre Colle. Réalise dans le studio de Hayter, *la tête cubiste*, qui sera donnée plus tard par Hayter, au Moma. 1934 N.Y., 1re exp. personnelle aux Etats-Unis, *abstract sculture of Alberto Giacometti*, à la Julien Levy Gallery. 1935 Rupture avec le groupe surréaliste. Se lie d'amitié avec Balthus, Tal Coat, Gruber. Illustre avec Arp et Calder, un livre d'Anatole Jakovski, qui sera acheté par le Moma. Cesse d'exposer jusqu'en 1945 sauf dans des exp. collectives. 1936 N.Y., participe avec 3 œuvres à l'exp. *Cubism and Abstract art* organisée par A. Barr au Moma et à *Dada, fantastic art, surrealism*, également organisée par A. Barr au Moma, qui achète *le Palais à 4 heures du matin*. Paris, participe avec 2 objets, à *l'exp. surréaliste d'objets*, Galerie Charles Ratton. 1942 N.Y. participe avec 3 œuvres à l'exp. inaugurale de la Galerie Art of this Century, Peggy Guggenheim, ayant déjà acheté *Femme égorgée* dans les années 40, à Paris. 1945 N.Y., expose 9 sculptures de 1931 à 1935, à la Galerie Art of this Century. Retour à Paris, après un séjour en Suisse de 3 ans. 1947 Première lettre à Pierre Matisse, à l'occasion de sa prochaine exp. dans cette galerie ; il explique l'évolution de son œuvre et notamment son passage de l'abstraction à la figuration (lettre publiée ans le cat. du Moma 1965-66). 1948 N.Y., expose Pierre Matisse Gallery, *sculptures, paintings, drawings*, préface de J.P. Sartre. A cette occasion, parution des premiers articles consacrés à Giacometti, à New York, dont ceux de C. Greenberg, dans *the Nation* et dans le *Harper's Bazaar*, avec des photos de Brassaï et de Patricia Matisse. D'autre part, Tristan Tzara offre son portrait, par Giacometti, au Moma. 1949 Lust, présenté par John Russel, rend visite à Giacometti, dans son atelier. 1950 N.Y., 2e exp. à la Pierre Matisse Gallery et 2e lettre de Giacometti à Pierre Matisse. Sur les conseils de Marcel Zerbib, Lust achète les dessins du livre de Pierre Loeb *Regard sur la peinture*, ce qui constituera l'amorce d'une collection de 300 dessins, 2 peintures et 15 esquisses. 1951 Paris, 1re exp. Galerie Maeght (les lithographies accompagnant le texte de Michel Leiris, feront partie de la collection du Chat Bernard à Chicago). 1952 N.Y., expose des dessins de son atelier, Wittenborn Gallery. Chicago, rétrospective de 26 œuvres à l'Art Club. 1954 N.Y., expose Pierre Matisse Gallery. Paris, expose Galerie Maeght., préface de J.P. Sartre. Fait la connaissance de Jean Genêt. 1955 N.Y., Grande rétrospective au Guggenheim Museum. 1956 Giacometti dédicace à Lust une tête de Diego, « en souvenir de son voyage à Paris ». 1958 N.Y., expose des peintures, des sculptures, des dessins de 1956 à 1958, à la Pierre Matisse Gallery. Reçoit la commande d'un groupe monumental pour la Chase Manhattan Plaza. 1960 N.Y. expose au World House Galleries. 1961 N.Y., expose Pierre Matisse Gallerv. Reçoit le prix de sculpture à l'exp. internationale du Carnegie Institute à Pittsburgh. 1963 Washington, expose à la Phillips Collection Gallery. 1964 N.Y., expose des dessins à la Pierre Matisse Gallery, introduction de James Lord. Reçoit le prix international Guggenheim de peinture. Inauguration de la Fondation Maeght, où l'œuvre de Giacometti tient une large place. 1956-66 N.Y., importante rétrospective de ses œuvres au Moma. A cette occasion, Giacometti se rend pour la première fois à New York, qu'il compare à Venise (témoignage de J. Lord dans *l'Œil*, mars 1966) et commence à imaginer l'emplacement de ses sculptures sur la Chase Manhattan Plaza, qui l'enthousiasme par tout l'espace vide qu'elle contient (témoignage de J. Lord dans l'Œil mars 66). 1966 Mort de Giacometti. 1970 Paris, rétrospective au Musée de l'Orangerie.

Bibliographie

Catalogue de la rétrospective *Alberto Giacometti*, N.Y., The Museum of Modern Art, 1965. Catalogue de la rétrospective *Alberto Giacometti*, Paris, Réunion des Musées Nationaux, 1969. Clement Greenberg, Giacometti, *Nation*, n° 6, 7 fév. 1948. Thomas Hess, Giacometti, N.Y., *Art News*, février 1948. James Lord, Giacometti à son retour d'Amérique, Paris, *L'Œil*, mars 1966.

C.S.

FRITZ GLARNER

Zürich, 1899 - Locarno, 1972.

1923-1935 Vit à Paris où il rencontre Mondrian, Vantongerloo, Van Doesburg, Arp, Léger et Calder. 1926 Paris, Galerie d'Art Contemporain, 1re exp. indiv. à Paris. 1928 et 1930 Paris, Galerie Povolozky. 1930-1931 Séjour à N.Y. 1931 N.Y., exposition personnelle au Civic Club, 1re exp. indiv. à N.Y. 1931 N.Y., Rand School, exposition organisée par la Société Anonyme. 1931 Paris, adhère à l'association Abstraction-Création. 1934 Paris, participe au Salon des Surindépendants. 1936 S'installe aux Etats-Unis. 1938 Adhère à l'Association des American Abstract Artists. 1940 N.Y. Saint-Etienne Gallery, *American Abstract Art.* 1940-1944 Nombreux contacts avec Mondrian. 1943 N.Y. Helena Rubinstein Art Center, *Masters of Abstract Art.* 1944 Adopte la nationalité américaine. 1945 N.Y., Kootz Gallery. 1947 N.Y., The Pinacotheca, *The White Plane.* 1949 N.Y. Rose Fried Gallery. 1951 N.Y., Rose Fried Gallery. N.Y., MOMA, *Abstract Painting and Sculpture in America. N.Y.,* Brooklyn Museum, *Tradition and Revolution.* 1952 Paris, Galerie Louis Carré, *Glarner, époque américaine.* 1954 N.Y., Guggenheim Museum, *Younger american painters.* N.Y., Rose Fried Gallery, *Glarner and Vantongerloo.* 1955 Paris, Galerie Louis Carré, *Glarner rythme de New York.* 1960 N.Y., Chalette Gallery, *Construction and Geometry in painting.* 1961 Paris, Galerie Denise René, *Art Abstrait Constructif International.* 1962 N.Y., Whitney Museum, *Geometric Abstraction in America.* 1964 N.Y., Marlborough-Gallery, *Mondrian, De Stijl and their impact.* N.Y., Sidney Janis Gallery, *Classic Spirit in the 20th century.* 1966 Paris, Galerie Louis Carré, *Glarner, Peintures 1949-1952.* 1968 N.Y., Whitney Museum, *The 1930's Painting and Sculpture in America.*

Bibliographie

Fritz Glarner, « What abstract art means to me. » *The Museum of Modern Art Bulletin.* N.Y., vol. 18, n° 3, printemps 1951.

Ouvrages de référence

Dorothy Miller, *Fritz Glarner,* N.Y., Graphic society et Praeger, 1972. Catalogue de l'exposition *Glarner,* Berne, Kunsthalle, 1972.

N.M.L.

ALBERT GLEIZES

Courbevoie, 1881 – Avignon, 1953.

1902 Paris, Salon des Beaux Arts, 1re exp. coll. 1903-04 Paris, Salon d'Automne, 1909-10. Rencontre de Metzinger et Delaunay. Paris, Salon des Indépendants et Salon d'Automne (1910). 1911 Participe aux réunions d'artistes et d'écrivains chez Jacques Villon à Puteaux avec la Fresnaye, Metzinger, Kupka, les Duchamp, etc. Les mêmes artistes se réunissent chez lui à Courbevoie. Formation du groupe des artistes de Passy. Commence à écrire. Paris, Salon des Indépendants, salle 41. Paris, Galerie d'Art ancien et d'Art contemporain, participe à l'exposition de la Société Normande dè Peinture Moderne avec 19 artistes dont Duchamp, Gleizes, Léger, Villon. 1912 Publication avec Metzinger *Du Cubisme* chez Figuière, Paris (traduit en anglais l'année suivante). Paris, Galerie La Boëtie, *Salon de la Section d'Or,* (oct.), 4 peintures. 1913 N.Y., Chicago, Boston, *Armory Show,* 2 peintures : *La femme au phlox* actuellement au Museum of Art de Houston ; *L'Homme au balcon* acheté par A.J. Eddy, actuellement au Philadelphia Museum of Art, Louise and Walter Arensberg Collection. 1915 Démobilisé. Part pour N.Y. Il y retrouve Picabia et Duchamp. Fréquente les Arensberg chez qui il rencontre de nombreux artistes américains. Plusieurs peintures de Gleizes rentreront dans leur collection. N.Y., Carroll Galleries, *First Exhibition of Contemporary French Art,* (janv.) N.Y. Carroll Galleries, *Second Exhibition of Works by Contemporary French Artists,* (fév.) N.Y., Carroll Gallery, *Third Exhibition of Contemporary French Art,* (mars-avril). Etudes du *Brooklyn Bridge.* 1916 N.Y. Bourgeois Galleries, *Exhibition of Modern Art,* (avril). N.Y. Montross Gallery, *Pictures by Crotti, Duchamp, Gleizes, Metzinger,* (avril). Fin avril, part pour Barcelone. Rejoint à Barcelone Marie Laurencin et Arthur Cravan. Barcelone, Galerie Dalmau, 1re exp. indiv. (hiver). 1917 Retour à N.Y. Voyage aux Bermudes où il réalise une série de paysages. N.Y., Grand Central Palace, Society of Independent Artists, *First Annual Exhibition,* 2 peintures. N.Y., Bourgeois Galleries, *Exhibition of Modern Art,*

(nov.-déc.). 1919 N.Y. Ardsley Studios, Columbia Heights, (mars), exp. coll. N.Y., Bourgeois Galleries, *Annual Exhibition of Modern Art,* (mai), écrit la préface du catalogue. Retour en France (printemps). Paris, Salon des Indépendants, Salon d'Automne. 1920 Paris, Galerie de l'Effort Moderne, 1re exp. indiv. en France. Philadelphie, Pennsylvania Academy of Fine Arts, *Loan Exhibition of Paintings and drawings by artists of the Modern French School.* 1921 N.Y., Galleries of the Société Anonyme, *6 th Exhibition,* (déc. 1920 - fév. 1921), avec Braque, Derain, Matisse, Picasso, Villon. N.Y., Museum of French Art, *Loan Exhibition works by Cézanne, Redon and others,* (mars-avril). 1922 Chicago, Art Institute, *Exhibition of paintings from the collection of the late A.J. Eddy,* (sept.-oct.), 1 peinture. 1926 N.Y., Art Center, exposition de la collection John Quinn, (janvier). N.Y., Brooklyn Museum, *International Exhibition of Modern Art,* organisée par la Société Anonyme, (nov.-déc.). 1927 New York, American Art Galleries, vente de la collection Quinn, (février). 11 peintures de Gleizes sont vendues dont *Brooklyn Bridge* 1915 (actuellement au Guggenheim Museum, N.Y.). 1930 Achat par la Société Anonyme du *Paysage* 1914. Participe au mouvement Abstraction-Création. N.Y., De Hauke and Co., *Cubism (période 1910-1913),* (avril). 1934 Paris, Abstraction-Création, *Exposition Gleizes œuvres de 1901-1934,* (juin). 1936 N.Y., Museum of Living Art (A.E. Gallatin Collection), New York University, exp. coll., (déc.). N.Y., René Gimpel Galerie, *Albert Gleizes, a retrospective exhibition,* (déc. 1936-janv. 1937). 1939 S'établit à St-Rémy-de-Provence. 1942 New-Haven, Yale Art Gallery, *Exhibition inaugurating the collection of the Société Anonyme,* (janv.-fév.). 1958 N.Y., Brooklyn Museum, *The Brooklyn Bridge,* (avril-juil.), exp. coll. 1964 N.Y., Guggenheim Museum, *Albert Gleizes, A Retrospective exhibition,* avec la collaboration du MNAM, Paris. N.Y., Leonard Hutton Galleries, *Albert Gleizes and the Section d'Or* (oct.-déc.).

Bibliographie

Guillaume Apollinaire, *Les peintres Cubistes, Méditations Esthétiques,* Paris, Figuière, 1913. A.J. Eddy, *Cubists and post impressionism,* Chicago, A.C. Mac Clurg et London, Grant Richards, 1914. Willard H. Wright, *Modern painting, its tendency and meaning,* N.Y. et London, John Lane, 1915. Walter Pach, *The masters of modern art,* N.Y., Huebsch, 1924. *Collection of paintings, watercolors, drawings, and sculpture from the John Quinn collection.* Huntington, N.Y., Pidgeon Hill Press, 1926. Alfred H. Barr, *Cubism and Abstract Art.* N.Y., MOMA, 1936. *Collection of the Société Anonyme : Museum of Modern Art 1920.* New-Haven, Yale University Art Gallery, 1950. Robert Motherwell, *The Dada painters and poets,* N.Y., Wittenborn, Schultz, 1951. *The Louise and Walter Arensberg collection, 20th Century Section.* Philadelphia Museum of Art, 1954. *A Handbook to the Solomon R. Guggenheim Museum Collection.* N.Y., 1959.

Écrits de Gleizes

Du cubisme, Paris, Figuière, 1912, avec Jean Metzinger. Traduction anglaise : Londres, T. Fisher Unwin, 1913. « French Artists Spur on American Art », *New York Herald,* 24 oct. 1915, interview de Gleizes, Picabia, Crotti, Duchamp. « Interview with Gleizes (and Duchamp, Picabia and Crotti) », *The Literary Digest,* N.Y., 27 nov. 1915. « La peinture moderne », *391,* N.Y., n° 5, juin 1917. *Contorsions,* 1916, manuscrit non publié. *L'art à travers l'évolution générale (en attendant la victoire).* N.Y., 1917, non publié. *Souvenirs* (compte-rendu de l'arrivée à N.Y. en 1915) non daté, non publié. « The Abbey of Créteil, A communistic Experiment » *The Modern School,* Stelton, N.Y., oct. 1918. « The Impersonality of American Art », *Playboy,* N.Y., n° 4-5, 1919.

Ouvrage de référence

Albert Gleizes 1881-1953, a retrospective exhibition, catalogue de l'exposition, N.Y., Guggenheim Museum, 1964. En collaboration avec le MNAM, Paris. (Bibliographie à consulter.)

M.D.

LÉON GOLUB

Chicago, 1922.
Vit à New York.

1943-46 Fait son service militaire dans l'armée américaine et vient en Europe. 1952 N.Y., Wittenborn and C° Gallery, 1re exp. indiv. à N.Y. 1954 N.Y., Guggenheim Museum, *Younger american painters,* 1re exp.

coll. à N.Y. 1959 Se fixe à Paris. 1960 Paris, Centre culturel américain, 1ʳᵉ exp. indiv. à Paris. 1962 Paris, Galerie Iris Clert, exp. indiv. Galerie du Dragon, exp. indiv. 1963 Paris, Salon des Réalités Nouvelles. 1964 Paris, Galerie Iris Clert, exp. indiv. Paris, Galerie Europe, exp. indiv. (ces deux exp. sont simultanées). Paris, MAM, *Mythologies quotidiennes*. Paris, MAM, *Art USA Now : the Johnson Collection of contemporary american painting*, exp. itin. organisée par le MOMA. 1971 Galerie Darthea Speyer, exp. indiv.

Bibliographie

Catalogue de l'exposition *Léon Golub*, Cambridge, Mass. Hayden Gallery, 1970.

E.P.

JEAN GORIN

Saint-Emilion-de-Blain, Loire-Atlantique, 1899.
Vit à Meudon, Hauts-de-Seine.

1927 Première rencontre avec Mondrian. 1930 Paris, Galerie 23, expose avec le Groupe « Cercle et Carré », 1ʳᵉ exp. coll. à Paris. 1932 Paris, Parc des Expositions, *Salon 1940* avec Mondrian, Van Doesburg, Arp, Sophie Taeuber-Arp, Vantongerloo et Hélion. 1933 Paris, 44 avenue de Wagram, expose avec l'Association « Abstraction-Création ». 1939 Paris, Galerie Charpentier, *Réalités Nouvelles*. 1945 Paris, Galerie Drouin, *Art Concret*, avec Mondrian, Van Doesburg, Arp, Herbin... De 1946 à 1966 expose régulièrement au Salon des Réalités Nouvelles dont il est Secrétaire. 1948 N.Y., The Pinacotheca, 1ʳᵉ exp. coll. à N.Y. 1957 Paris, Galerie Colette Allendy, 1ʳᵉ exp. indiv. à Paris. 1960 N.Y., Chalette Gallery, *Construction and Geometry in Painting*. 1962 Paris, Galerie Hautefeuille. Paris, Galerie Vingtième Siècle, *Le Relief*. 1964 N.Y., Marlborough-Gerson Gallery, *Mondrian, De Stijl and their impact*. 1966 Paris, Galerie Yvon Lambert. Chicago, Kazimir Gallery, 1ʳᵉ exp. indiv. aux Etats-Unis. 1968 Chicago, Kazimir Gallery. Buffalo, Albright-Knox Art Gallery, *Plus-by-Minus. Today's half-century*. 1969 Paris, CNAC, exposition rétrospective. 1971 N.Y., Galerie Denise René, *Masters of Early Constructive Art*. 1974 Paris, Galerie Denise René.

Bibliographie

Catalogue de l'exposition *Jean Gorin*, CNAC, Paris, 1969. Alberto Sartoris, *Jean Gorin*, Venise, Alfieri, 1975..

N.M.L.

ASHILE GORKY

Vosdanig Adaian, Turquie Arménienne, 1905 - New York, 1948.

1920 Arrive aux Etats-Unis et vit à Providence et à Boston, jusqu'en 1925. 1920-25 Peint des natures mortes et des portraits, influencés par Cézanne « J'étais avec Cézanne pendant longtemps, puis tout naturellement avec Picasso » (cité par Julien Levy). Etudie au Rhode Island School of Design, à Providence et au New School of Design à Boston. 1925 S'installe à New York, et enseigne au Grand Central Art School de 1926 à 1932. 1927-32 Travaille dans le style cubiste, inspiré par Braque et Picasso. Ainsi écrit-il, dans son « hommage à Stuart Davis », en 1931, que Picasso, Leger, Kandinsky, Juan Gris, « ont apporté une utilité nouvelle, de nouveaux aspects autant que Ucello ». 1930 N.Y., participe avec 3 œuvres à l'exp. *Painters and Sculptors under 35*, au Moma. 1931 N.Y., participe à la 61ᵉ exp. de la Société Anonyme. 1934 Devient membre du groupe *Abstraction-Création* à Paris, une œuvre reproduite dans le n° 3. Philadelphie, 1ʳᵉ exp. personnelle Mellon Galleries. Se lie d'amitié avec de Kooning. 1935-38 Fait partie du WPA Federal Project, peint *Aviation mural* pour l'aéroport de Newark. 1936 N.Y., participe à l'exp. *Abstract painting in America*, au Whitney Museum. Kiesler écrit le premier article sur Gorky (Art Front, 18 déc.). Gorky lit le livre de Julien Levy sur le surréalisme et commence à se libérer pour évoluer vers le biomorphisme de Miro et de Masson. 1937 Le Whitney achète *painting*, premier tableau acheté par un musée et qui sera montré par le Moma, au Musée du Jeu de Paume en 1938. 1938 N.Y., exp. Boyer Galleries. Commence la série des *Garden of Sochi*, qu'il poursuivra jusqu'en 1942. Cité, avec une reproduction, dans l'article de J.J. Sweeney, sur « la peinture américaine contemporaine », paru dans la revue

des *Cahiers d'art*. 1939 Peintures murales pour le pavillon de l'aviation, à la foire mondiale de New York. 1941 Organise un cours de camouflage au Grand Central School of Art. Exécute des peintures murales, à New Jersey. Expose 20 peintures, au musée de San Francisco. Rencontre vers cette époque, le peintre Roberto Matta. 1944 Rencontre André Breton, avec qui il se liera d'une grande amitié, rencontre aussi Miro, Masson, Tanguy... Figure dans le livre de Sidney Janis *Abstract and surrealist art in America*. 1945 Expose pour la première fois, Julien Levy Gallery, préface de André Breton. 1946 Illustre le livre de poèmes d'André Breton *Young cherry trees secured against hares*. N.Y.-Participe à l'exp. *14 Americans*, au MOMA. Environ 27 de ses peintures, détruites par le feu, dans son atelier du Connecticut. 1947 N.Y., participe à l'exp. *Bloodflames*, organisés par N. Calas, Hugo Gallery. Paris, participe à *l'exp. internationale du surréalisme*, Galerie Maeght. 1948 Se suicide. André Breton publie un poème « l'adieu à Ashile Gorky », dans la revue *Néon*.

Bibliographie

Catalogue de la rétrospective *Ashile Gorky, paintings, drawings, studies...*, N.Y., *The Museum of Modern Art*, 1962. H. Rosenberg, *Ashile Gorky*, the man, the time, the idea, N.Y., Horizon Press, 1962. Julien Levy, *Ashile Gorky*, N.Y., Abrams, s.d.

C.S.

JUAN GRIS

Madrid, 1887 – Paris, 1927.

1906 Arrive à Paris et s'installe au Bateau-Lavoir. 1908 Rencontre Kahnweiler qui deviendra son principal marchand et ami. 1911 A cette date, Gertrude Stein a sans doute déjà fait sa connaissance, lui prête alors peu d'attention. 1912 Paris, chez Clovis Sagot, expose 15 œuvres (qui ne sont pas vues par Gertrude Stein). Au Salon des Indépendants, présente pour la 1ʳᵉ fois 3 toiles, dont *Hommage à Picasso*. Galerie de la Boétie, exposition de la *Section d'Or*, Gris y participe avec 2 toiles (oct.). Signe son contrat avec Kahnweiler. 1913 Premiers collages. Aucun envoi à l'*Armory Show* de N.Y. 1914 Premier achat de Gertrude Stein chez Kahnweiler : *Verre et bouteilles* 1913-1914 et *Livre et verre* 1914, puis *Fleurs* 1914. 1915 Rupture avec Gertrude Stein à la suite d'un malentendu (projet non abouti d'une pension mensuelle versée à Gris par le sculpteur américain Brenner et par Gertrude Stein, en l'absence de Kahnweiler). Jusqu'en 1920, Gertrude Stein ne prêtera aucune attention à son œuvre. 1917 Signature d'un contrat avec Leonce Rosenberg. 1919 Paris, Galerie de l'Effort moderne, 1ʳᵉ exp. indiv. (50 peintures 1916-1918). 1920 Paris, participe à l'exposition de la *Section d'Or* et au Salon des Indépendants. Gris renoue avec Gertrude Stein : début d'une étroite amitié. 1921 Gertrude Stein achète *le Guéridon devant la fenêtre* 1921. 1922 Gertrude Stein envoie Kate Buss, journaliste à Boston, rendre visite à Gris dans son atelier. 1923 Paris, Galerie Simon, exp. indiv. L'américain Joseph Brummer donne 2 étoiles de Gris au Smith College Museum of Art, Northampton : *Compotier, livre et journal* 1916 et *Compotier et bouteille* 1916. 1924 Gertrude Stein achète *La Femme aux mains jointes*, 1924 et *le Clown* 1924 ; incite la rédactrice Jane Heap de *Little Review*, N.Y., à faire un article sur Gris. Conférence de Gris à la Sorbonne *Des possibilités de la peinture* (mai). 1925 Gertrude Stein achète *le Tapis vert* 1925. Gris dessine des tapisseries exécutées par Alice Toklas pour l'appartement de Gertrude Stein. 1926 Paris, vente Quinn : 9 peintures de Gris passent à l'Hôtel Drouot, dont *l'Homme au café* 1912, acheté par les Arensberg. La collection Arensberg comprendra en outre *la Place Ravignan* 1915, *la Lampe* 1916, *la Fenêtre ouverte* 1917, *l'Echiquier* 1917. Gris illustre *A book including with a wife has a cow a love story* de Gertrude Stein (4 lithos) publiées par Kahnweiler (déc.). Gertrude Stein lui achète *le Compotier aux poires* 1926. 1927 A sa mort Gertrude Stein lui consacre un article dans *Transition*. Katherine Dreier achète à Léonce Rosenberg l'unique toile de Gris qui rentrera dans la collection de la Société Anonyme : *Abstraction n° 2, le journal*. A l'ouverture du Museum of Living Art, N.Y. University, la collection Gallatin est en possession d'œuvres de Gris (qui seront au total au nombre de 12). 1928 Paris, Galerie Simon, 1ʳᵉ exp. rétrospective. 1930 Gertrude Stein écrit un essai sur Gris, à l'occasion de l'exposition *Juan Gris*, Galerie Fleshteim, Berlin. 1932 N.Y., Marie Harriman Gallery, 1ʳᵉ exp. indiv. Achat du *Portrait de Max Jacob* 1919 par James Thrall Soby (donné au MOMA en 1959). 1938-1944 3 importantes expositions aux USA : N.Y., G. Seligman Gallery (1938), Chicago, Arts Club (1939), N.Y., Buhcholz Gallery (1944). 1947 N.Y., MOMA : entrée de *Guitare et Fleurs* 1912 (legs Anna Levene) ; l'année suivante du *Petit déjeuner* 1914. 1957 N.Y., MOMA ; Minneapolis, The Mineapolis Institute of Arts ; San Francisco, Museum of Art ; Los Angeles, County Museum of Art : rétrospective *Juan Gris*.

Bibliographie

La Brosse, « Silhouettes : Juan Gris », *Paris-Journal*, Paris, 22 juil. 1912. Maurice Raynal, *Juan Gris*, Paris, Ed. de l'Effort Moderne, 1920. « Juan Gris », *L'Esprit Nouveau*, Paris, n° 5, fév. 1921. George Waldemar, « Juan Gris », *L'Amour de l'Art*, Paris, n° 11, nov. 1921. Amédée Ozenfant, « Juan Gris », *L'Esprit Nouveau*, Paris, n° 5, fév. 1921. H.A.L., « A note on Juan Gris and cubism », *Broom*, N.Y., vol. V, n° 1, août 1923. Gertrude Stein, « Juan Gris », *Little Review*, N.Y., n° 2, août 1924-hiver 1925. Eliot Paul, « A master of plastic relations » *Transition*, N.Y., n° 4, juil. 1927. Gertrude Stein, « The life and death of Juan Gris », *Transition*, N.Y., n° 4, juil. 1927 ; *The Autobiography of Alice Toklas*, N.Y., Harcourt-Brace, 1933, 1re trad. franç., Gallimard-NRF, 1934.

Ouvrages de référence

Daniel H. Kahnweiler, *Juan Gris, sa vie, son œuvre, ses écrits,* Paris, Gallimard, 1946 ; 2e éd., Paris, Gallimard, 1969. Catalogue de l'exposition *Juan Gris,* Paris, Musée de l'Orangerie, 1974. James Thrall Soby, *Juan Gris,* N.Y., The Museum of Modern Art, 1958.

A.L.B.

RAYMOND HAINS
Saint-Brieuc, Côte-du-Nord, France, 1926.
Vit à Paris.

1946 S'installe à Paris. 1948 Paris, Galerie Colette Allendy, *Photographies hypnagogiques*, 1re exp. indiv. à Paris. 1949 Premières affiches lacérées. 1961 Paris, Galerie Rive Droite, *La Réalité dépasse la fiction,* (le Nouveau Réalisme à Paris et à N.Y.). N.Y. MOMA, *The Art of assemblage*, 1re exp. coll. à N.Y. 1962 N.Y., Sidney Janis Gallery, *The New realists.* 1964 Chicago, Gres Gallery, *l'Affiche lacérée,* exp. coll. organisée par P. Restany, à laquelle participe Villéglé.

Biliographie

Catalogue de l'exposition *Raymond Hains,* Musée National d'Art Moderne, Paris, CNAC, 1976.

E.P.

ALICE HALICKA
Cracovie, Pologne, 1895 – Paris, 1975.

1913 S'installe à Paris et épouse Louis Marcoussis. 1920, 1921 et 1923 Participe au Salon des Indépendants, 1re exp. coll. à Paris. 1921 Paris, Salon d'Automne. Réalise les couvertures des numéros de déc. 1922 (Vol. 4, n° 1) et sept. 1923 (Vol. 5, n° 2), de la revue américaine *Broom.* 1926 N.Y., Brooklyn Museum, *International Exhibition of Modern Art,* organisée par la Société Anonyme, 1re exp. coll. à N.Y. 1927 N.Y., Board of Education Art Center, exp. coll. organisée par la Société Anonyme. 1934 N.Y., AWA Club House, *From Impressionism to Abstraction : 13 Women Painters,* exp. organisée par la Société Anonyme. Entre 1935 et 1938, fait trois séjours à N.Y. 1937 N.Y., réalise les décors et les costumes pour le ballet de Stravinsky *Le Baiser de la Fée* représenté au Metropolitan Opera House. 1938 N.Y., Julien Levy Gallery, 1re exp. indiv. à N.Y. 1947 Paris, Galerie de l'Elysée, 1re exp. indiv. à Paris.

Bibliographie

J. Dudley « The painting of Alice Halicka », *American Magazine of Art,* Washington, vol. 28, 1935. J. Bouissounouse « Alice au Pays des Merveilles ; ou Halicka découvre l'Amérique », *La Renaissance,* Paris, vol. 22, août 1939. Alice Halicka « Hier », Paris, Editions du Pavois, 1946.

N.M.L.

SAMUEL HALPERT
Bialostock, Russie, 1884 – Detroit, 1930.

1889 Arrive aux U.S.A. 1899-1902 N.Y., étudie à la National Academy of Fine Arts. Obtient une bourse par la France. 1902 Arrive à Paris où il reste jusqu'en 1912. S'inscrit à l'Ecole des Beaux-Arts dans la classe de Léon Bonnat, qu'il quitte bientôt pour travailler seul. 1905 Paris, Salon d'Automne, 1re participation (3 n°s). 1907 Salon d'Automne (4 n°s). Se lie intimement avec Robert Delaunay et Metzinger. 1908 Fait la connaissance, grâce à Delaunay, de Henri Rousseau qui lui rend visite dans son atelier. Salon d'Automne, participations régulières jusqu'en 1911. Peintures de paysages fauves. 1911 Devient Sociétaire du Salon d'Automne. 1912 Retour à N.Y. Maintient par correspondance des relations étroites avec Robert Delaunay auquel il envoie Hartley et dont il diffusera à N.Y. les théories sur les couleurs et les contrastes simultanés. S'intéresse aussitôt aux activités de la Galerie 291. 1913 N.Y., Chicago, Boston, *Armory-Show,* Halpert y participe avec 2 n°s. Chargé par Delaunay d'accrocher les 3 toiles envoyées par celui-ci, il proteste publiquement contre le refus des organisateurs d'accrocher *La Ville de Paris* et s'associe à Bruce dans sa demande de retrait de leurs toiles. Quitte N.Y. pour Ridgefield, New-Jersey, où il entraîne Man Ray. Poursuit ses recherches sur les couleurs et les contrastes simultanés et, avec Max Weber, fait connaître dans son entourage l'œuvre de son ami Rousseau. 1914 N.Y., Daniel Gallery, 1re exp. indiv. Accueil favorable de la presse, qui y décèle l'influence cézannienne. Court séjour en France. 1915 N.Y., exp. indiv. à la Daniel Gallery, qui le présentera régulièrement jusqu'en 1919. Retour à Paris, qu'il quitte pour l'Espagne et le Portugal où il rejoint les Delaunay. Y poursuit ses recherches sur les couleurs. 1918 N.Y., Whitney Studio Club, *Annual First Exhibition*, participation de Halpert. 1924 Rochester Memorial Art Gallery, exp. indiv. 1925 Séjour en France. 1926 N.Y., Kraushaar Gallery, exp. indiv. 1927 Detroit, Institute of Arts, exp. indiv.

Bibliographie

Sam Halpert, « Dear Stieglitz », *Camera Work,* N.Y., n° 47, juil. 1914. Helen Cornstock, « Samuel Halpert, post-impressionist », *International Studio,* N.Y., vol. 15, avril 1922. « Show Art of Halpert, pioneer modernist », *Art Digest,* N.Y., vol. 9, 1er janv. 1935. Man Ray, *Autoportrait,* Paris, Lafont, 1964.

Ouvrages de référence

Catalogue de l'exposition *Samuel Halpert : a pioneer of modern art in America,* N.Y., Bernard Black Gallery, 1969. Catalogue de l'exposition *Avant-garde painting in America, 1910-1925,* Wilmington, Delaware Art Museum, 1975.

A.L.B.

MARSDEN HARTLEY
Lewiston, Maine, 1887 – Ellsworth, Maine, 1943.

1899 Se rend à N.Y. 1900 Etudes à la National Academy of Design, N.Y. 1905-1908 Peint des paysages à la manière post-impressionniste. 1909 N.Y., Galerie 291, première exp. indiv. Fait partie désormais du groupe de Stieglitz. 1910 N.Y., Galerie 291, *Younger American painters,* exp. coll. 1911 Ses premiers contacts avec l'art moderne européen se font à l'occasion des expositions de la galerie 291, notamment l'exposition des dessins de Picasso. 1912 N.Y., Galerie 291, exp. indiv. Avec l'aide de Stieglitz et de A.B. Davies, il réalise son premier voyage en Europe. A Paris, fait la connaissance des Stein et devient un habitué de la rue de Fleurus où il a l'occasion de voir des peintures de Cézanne et de rencontrer des artistes tels que Picasso et Matisse. S'intéresse particulièrement au cubisme et à la couleur. 1913 Envoie deux peintures à New York pour l'*Armory Show.* Voyage en Allemagne. Commence à peindre des compositions abstraites. 1914 N.Y., Galerie 291, importante exposition personnelle de ses nouvelles peintures réalisées en Europe. Des textes de Mabel Dodge, de Gertrude Stein et de lui-même paraissent dans le catalogue. 1915 Retour aux Etats-Unis. N.Y., Daniel Gallery, exp. indiv. 1916 N.Y. Anderson Galleries, *Forum Exhibition of Modern American Painters.* 1918 N.Y., Galeries de la Société Anonyme, *Fifth Exhibition,* exp. coll. 1921 N.Y., publication de son livre *Adventures in the Arts.* Le grand succès de la vente de ses peintures organisée par Stieglitz, Anderson Galleries, N.Y., lui permet de retourner en Europe. Vit successivement à Paris, Berlin et dans le Sud de la France jusqu'en 1929. 1923 Son premier recueil de poésie *Twenty-five poems* est publié à Paris. 1926 S'établit à Aix-en-Provence. Réalise de nombreuses études sur la montagne Sainte-Victoire, en prenant comme base de recherches les peintures de Cézanne. Paris, galerie Briant-Robert, participe à une exposition de peinture américaine contemporaine. 1930 Retour aux Etats-Unis. 1941 N.Y., Cincinnati Modern Art Society, exposition rétrospective de son œuvre. 1967 Lewiston (Maine), Treat Gallery, Bates College Art Department, *Marsden Hartley Memorial Collection.*

Bibliographie

Camera Work, N.Y., n° 28, oct. 1909 ; n° 38, avril 1912 ; n° 45, janv. 1914 ; n° 48, oct. 1916. Irma B. Jaffe. Cubist elements in the painting of Marsden Hartley, *Art International*, Lugano, vol. XIV, n° 4, avril 1970.

Ouvrages de référence

Marsden Hartley, *Adventures in the Arts*, N.Y., Boni and Liveright, 1921. Elizabeth Mac Causland, *Marsden Hartley*, Minneapolis, University of Minnesota Press, 1952.

M.D.

HANS HARTUNG
Leipzig, RDA, 1904.
Vit à Paris et à Antibes.

1926 Arrive à Paris. A part quelques voyages, il restera en France jusqu'en 1931. 1935 Se fixe à Paris. Fait la connaissance de Calder. Paris, Salon des Surindépendants. 1936 La toile *T. 1936 - 1* est achetée par le collectionneur américain A.E. Gallatin pour le Museum of Living Art à N.Y., avant de figurer au Musée de Philadelphie où elle se trouve aujourd'hui. 1947 Paris, Galerie Lydia Conti, 1re exp. indiv. 1948 Venise, participe à la 24e Biennale. 1949 Publication du 1er livre sur Hans Hartung avec une préface de J.J. Sweeney. 1949 N.Y., Betty Parsons Gallery, exp. coll. *Painted in 1949*, participation de Soulages, Vasarely. A la fin des années 40, rencontre Rothko qui vient le voir dans son atelier à Arcueil. 1950 N.Y., Galerie Louis Carré, *Advancing french art*, exp. coll. itinérante aux USA : Louisville, San Francisco, Bloomington, Chicago, Baltimore, Washington. 1952 Venise expose plusieurs œuvres à la 26e Biennale. Paris, Galerie de France, visite l'exp. *Regards sur la peinture américaine*. 1953 N.Y., Guggenheim, *Younger european painters*, expose *T 50*. 1954 Venise, 27e Biennale. 1956 Reçoit le prix Guggenheim pour la sélection Europe/Afrique. 1957 N.Y., Kleeman Galleries, exp. indiv. 1959 N.Y., Kleeman Galleries, expose des pastels. Venise, 30e Biennale. 1961 N.Y., Lefebre Gallery, expose avec Baumeister. 1964 1er voyage aux USA. Va à N.Y. et Pittsburg où il est invité à faire partie du jury. 1965 N.Y., Associated American Artists, expose des lithographies. 1966 2e voyage aux USA, va à N.Y. N.Y., Emmerich Gallery, expose des peintures récentes. Visite l'atelier de Rothko. N.Y., André Emmerich Gallery, *Seven decades 1895-1965*, exp. coll. 1968 N.Y., Met, *Painting in France 1900-1967*, exposition itinérante aux USA. 1971 N.Y., Lefebre Gallery, exp. *Hans Hartung*. 1975 N.Y., Met, *Hans Hartung : paintings 1971-1975*. N.Y., Lefebre Gallery, *Salute to Hans Hartung*, exp. indiv. organisée à l'occasion de son 70e anniversaire.

Bibliographie

Catalogue de l'exposition *Hans Hartung, Paintings 1971-1975*, N.Y., *Metropolitan Museum, N.Y.*, 1975. *Hans Hartung, Autoportrait*, Paris, Grasset, 1976. Umbro Apollonio, *Hans Hartung*, Paris, Odege, 1966.

E.P.

STANLEY WILLIAM HAYTER
Londres, 1901.
Vit à Paris.

1917-1922 Etudes de chimie et de géologie, mais commence aussi à peindre. 1923-1925 Travaille pour l'Anglo-Iranian Oil Company en Iran. 1926 S'installe à Paris. Expose pour la première fois, des peintures et des gravures, au Salon d'Automne. Se lie d'amitié avec Calder. 1927 Fonde l'Atelier 17, où il expérimentera de nouveaux procédés de gravure au burin et où de nombreux artistes, tels que Miro, Masson, Tanguy, Picasso... viendront travailler. Paris, 1re exp. indiv. de peintures et de gravures, à la galerie du Sacre du Printemps. 1929 Paris, commence à exposer au Salon des Surindépendants (il exposera régulièrement jusqu'en 1937). 1930 Se lie d'amitié avec tout le groupe surréaliste et notamment Masson et Arp. Publie une série de 6 gravures, *Paysages Urbains*, aux éd. des Quatre-Chemins (Paris). 1932 Paris, expose des peintures et des gravures, Galerie Vignon. Publie une série de 6 gravures, *Apocalypse*,

aux éd. Jeanne Bûcher. 1933 Fait la connaissance de Eluard, début d'une amitié, qui durera jusqu'à la mort du poète. 1934 Paris, 1re exp. de l'Atelier 17 à Paris, Galerie Pierre. 1936 Paris, participe avec 6 objets, à *l'exp. surréaliste d'objets*, Galerie Charles Ratton. N.Y., participe à l'exp. *Fantastic Art, dada, surrealism*, organisée par A. Barr, au MOMA. 1938 Paris, participe à *l'exp. internationale du surréalisme*, Galerie des Beaux-Arts. 1939 Paris, expose avec l'Atelier 17 à la Galerie de Beaune. 1940 Part pour les Etats-Unis, et s'installe, à l'automne, à N.Y., où il crée recrée l'Atelier 17, dans le New School for Social Research. 1941 N.Y., 1re exp. aux Etats-Unis, de peintures à la Willard Gallery et de gravures à la Bignou Gallery. 1942 Figure dans le livre de Peggy Guggenheim, *Art of this Century*. 1943 Publie un essai sur l'automatisme, dans *Possibilities* (Documents od Modern Art, ed. by Robert Motherwell, Wittenborn). Dirige un cours de gravure au Philadelphia Print Club. 1944 N.Y., l'Atelier 17 expose au MOMA, l'exp. circulera ensuite dans tous les Etats-Unis et en Amérique du Sud. Publie un article *Line and Space of the imagination*, dans la revue *View*. Figure dans le livre de Sidney Janis *Abstract and Surrealist Art in America*. 1945 N.Y., participe avec Rothko, Motherwell, Pollock..., à l'*Autumn Salon*, organisée par la Galerie Art of this Century et expose des dessins et des gravures, à la Galerie Mortimer Brandt. Quitte le New School of Social Research et installe l'Atelier 17, à Greenwich Village. Expose, avec 35 membres de l'Atelier 17, à la Willard Gallery. 1946 Paris, expose des dessins et des gravures, galerie Jeanne Bûcher. 1947 N.Y., expose des peintures à la Galerie Durand-Ruel. 1948 Donne des cours de peinture et de théorie, à la California School of Fine Arts. 1949 N.Y., expose avec l'Atelier 17, Laurel Gallery. Dirige un cours de gravure à l'Art Institute de Chicago et enseigne au Brooklyn College of Art. Publie *New ways of Gravure*, aux éd. Pantheon, N.Y. Pendant toute cette période, donne des conférences, dans tous les Etats-Unis. 1950 Quitte les Etats-Unis, réinstalle l'Atelier 17 à Paris tout en continuant celui de N.Y. Paris, expose des gravures à la Galerie La Hune. 1951 Paris, expose des peintures et des gravures à la galerie Louis Carré et expose, à partir de cette date, chaque année au Salon de Mai. 1952 N.Y., expose avec l'Atelier 17, à la Grace Borgenicht Gallery. 1955 Paris, expose des peintures à la Galerie Denise René. 1961 N.Y., expose des peintures à la Howard Wise Gallery. 1965 N.Y., expose des gravures à la Galerie La Hune. 1968 Dieppe, rétrospective de peintures, dessins et gravures, au Château Musée. 1969 Paris, rétrospective de gravures au Musée des Arts Décoratifs. N.Y., expose à l'Associated American Artists. 1972 Paris, expose au Musée d'Art Moderne de la Ville. 1976 Paris, expose des peintures Galerie de Seine.

Bibliographie

Hayter and Studio 17, N.Y., *Museum of Modern Art Bulletin*, vol. 12, n° 1, août 1944. Georges Limbour, *Hayter*, Paris, Gorges Fall, 1962.

C.S.

JEAN HÉLION
Couterne, Orne, 1904.
Vit à Paris.

1928 Paris, participe au Salon des Indépendants, 1re exp. coll. à Paris. Paris, Galerie Marck, organise l'exposition *Cinq peintres refusés par le Jury du Salon d'Automne*. 1929 Paris, participe au Salon des Indépendants. Fait la connaissance de Piet Mondrian. 1930 Fonde le groupe et la revue *Art Concret* avec Théo Van Doesburg, Otto Carlsund, Léon-Arthur Tutundjian et Marcel Wantz. Fait la connaissance de Calder, Léger, Ozenfant, Gorin... 1931 Participe à la Fondation de l'Association « Abstraction-Création » et dirige le premier numéro de la revue publié en 1932. 1932 Paris, Galerie Pierre, 1re exp. indiv. à Paris. Paris, Parc des Expositions, *Salon 1940*. Sept.-déc. : premier voyage aux Etats-Unis où il rencontre Kiesler, A. Gorky, George L.K. Morris. 1933 Paris, Galerie Pierre, exposition avec Arp, Calder, Miro, Pevsner, Seligmann. Repart avec Calder pour les Etats-Unis où il passe à nouveau quelques mois. N.Y., John Becker Gallery, 1re exp. indiv. à N.Y. Publie *The Evolution of Abstract Art as shown in the Gallery of Living Art* en préface du catalogue de la Gallery of Living Art dirigée par Albert E. Gallatin. Retour à Paris en févr. 1934. 1936 Paris, Galerie des Cahiers d'Art. Paris, Galerie Pierre, exposition avec Arp, Ferren, Giacometti, Kandinsky, Paalen et Sophie Taeuber-Arp. Paris, Galerie Castellucho Diana, exposition avec Gonzalès, Fernandez, Picasso et Magnelli. Retour aux Etats-Unis. Vit tour à tour en Virginie et à N.Y. N.Y., Valentine Gallery. N.Y., MOMA, *Cubism and Abstract Art*, 1re exp. coll. à N.Y. 1937 Paris, Galerie des Cahiers d'Art. Paris, Musée du Jeu de Paume, *Origines et Développement de l'Art International Indépendant*. N.Y., Valentine Gallery. 1938 Passe quelques mois en France. Paris, Galerie Pierre. 1940 N.Y., Georgette Passedoit Gallery. Mobilisé, il quitte les Etats-Unis où il ne revient qu'en 1942. 1943-1945 Fait de nombreuses conférences à Baltimore, Philadelphie, Richmond et Washington. 1943 N.Y., Art of This Century, préface du catalogue par J.J. Sweeney. 1944 Séjour à Paris puis retour à N.Y., où il retrouve Mondrian, Léger, Ozenfant, Max Ernst, Calder, Tanguy et André Breton. N.Y., Paul Rosenberg Gallery. 1945 N.Y., Paul Rosenberg Gallery, deux expositions personnelles (mars et nov.). 1946 N.Y., MOMA *Eleven Europeans in America*. Retour en France. 1947 Paris, Galerie Renou et Colle. 1951 N.Y., Feigl Gallery. 1953 Paris, Chez Mayo. 1956 Paris, Galerie des Cahiers d'Art. 1958 Paris, Galerie des Cahiers d'Art. 1961 Paris, Galerie des Cahiers d'Art. 1962 Paris, Galerie Louis Carré. 1964 Paris, Galerie Yvon Lambert. N.Y., Gallery of Modern Art. 1966 Paris, Galerie du Dragon. 1967 Paris, Galerie du Dragon. N.Y., Willard Gallery. 1970 Paris, Galeries Nationales du Grand Palais, exposition rétrospective organisée par le CNAC.

Bibliographie

Jean Hélion, *The Evolution of Abstract Art as shown in the Gallery of Living Art*, N.Y., Gallery of Living Art, 1933. Jean Hélion, « How war has made me paint », *Art News*, N.Y., vol. 43, n° 3, 15 mars 1944.

N.M.L.

FLORENCE HENRI
New York, 1895.
Vit à Bélival par Orruy.

Etudes d'art à Berlin et à Münich puis en 1924, à l'Académie Moderne (Paris), sous la direction de Fernand Léger et d'Amédée Ozenfant. 1925 Paris, participe à l'exp. *l'Art d'Aujourd'hui*, qui réunit toutes les tendances de l'art contemporain. 1926 Paris, prend part à une exp. des élèves de Leger, à la Galerie d'Art Contemporain. 1927 Suit, pendant un semestre, les cours de Moholy-Nagy et de Albers, à Dessau. Commence, alors, à expérimenter différentes techniques de photographie. 1929 A nouveau à Paris. Prend part, avec 21 photographies, à la grande exp. *Film und Foto*, à Stuttgart. 1930 Paris, 1ère exp. personnelle de photographies, *Studio 28*. Reproduction, dans le n° 1 de *Cercle et Carré*, de la photo *Composition au miroir*. 1931 N.Y. participe à l'exp. *Foreign advertising photography* et reçoit la mention honorable pour sa photo *Bobines de fil*. Paris, expose galerie Laxer Normand et galerie d'Art Contemporain. 1932 N.Y., participe à l'exp. *Modern european photography* à la Julien Levy Gallery. 1933-1934 Paris, expose galerie La Pléiade. Nombreuses photos publiées dans les revues *Arts et Métiers graphiques*, *Art et Décoration*, The *New York Herald*, *Vogue*... 1970-1972 N.Y. participe à des exp. de photographie au Moma. Depuis 1960, s'est remise à peindre.

Bibliographie

Catalogue de l'exp. *Florence Henri, Aspekte der 20 er Photographie*, Münster, Westfalische Kunstvereien, 1976.

C.S.

AUGUSTE HERBIN
Quivy, Nord, France, 1882. – Paris, 1960.

1901 S'installe à Paris près de Montmartre. 1906 Paris, Salon des Indépendants, 1ère exp. coll. à Paris. 1912 Paris, Galerie Clovis Sagot, 1ère exp. indiv. à Paris. 1952 N.Y., Sidney Janis Gallery, 1ère exp. indiv. à N.Y. 1953 N.Y., Sidney Janis Gallery, exposition itinérante de tapisseries. 1960 N.Y., Galerie Chalette, *de Malevitch à nos jours*, exposition organisée par Denise René. 1968 N.Y., Met., *Painting in France 1900-1967*, ex. itinérante aux USA. 1971 N.Y., Galerie Denise René, *Masters of early constructive abstract art*. 1973 N.Y., Sidney Janis Gallery, exp. indiv.

Bibliographie

Catalogue de l'exposition *Herbin*, Paris, Galerie Denise René, 1972.

E.P.

MORRIS HIRSHFIELD
Pologne, 1872 – New York, 1946.

1890 Arrive aux Etats-Unis. 1937 Ne commence à peindre qu'à cette date. 1939 N.Y., participe avec 2 tableaux *The beach girl* et *Angora cat* à l'exp. *Contemporary unknown american painters*, organisée par Sidney Janis, au Moma. A cette occasion, Sidney Janis fait la connaissance de Hirshfield et lui achète *Beach girl* et *Angora cat*. 1941 San Francisco, participe à une exp. organisée par Sidney Janis *They taught themselves*, au San Francisco Museum of Art. 1942 Figure dans le livre de Peggy Guggenheim *Art of this Century*, avec *Nude at the window* et dans le livre de Sidney Janis *They taught themselves*, avec une contribution d'André Breton, pour qui Hirshfield représente « le premier peintre médiumnique ». N.Y., participe avec un tableau *Girl with pigeons*, à l'exp. *First papers of surrealism*, organisée par Breton et Duchamp. 1943 N.Y. S. Janis organise une exp. indiv. de Hirshfield au Moma, l'exp. sera très controversée. 1946 Meurt à New York. N.Y., hommage posthume à Hirshfield, dans la Galerie Art of this Century, Janis, écrit un long article « Morris Hirshfield dies », dans le n° d'octobre de *View*. 1951 Paris 1ère exp. à Paris, Galerie Maeght : 32 œuvres, textes de R. Queneau, Charles Estienne, H.P. Roché...

Bibliographie

Sidney Janis, *They taught themselves, american primitive painters of the twentieth century*, N.Y., Dial Pres, 1942. Sidney Janis, *the painting of Morris Hirshfield*, N.Y., The Bulletin of The Museum of Modern Art, vol. 10, mai-juin 1943.

C.S.

MARCEL JEAN
La Charité-sur-Loire, 1900.
Vit à Paris.

1933 Paris, participe à l'exp. surréaliste, Galerie Pierre Colle. 1935 Paris, participe à une exp. de dessins surréalistes, Galerie des Quatre Chemins. 1936 Paris, participe avec 1 œuvre, *Le spectre du gardenia*, à *l'exp. surréaliste d'objets*, Galerie Charles Ratton. N.Y., participe avec *Le spectre du gardenia*, à l'exp., organisée par A. Barr au MOMA, *Fantastic art, dada, surrealism*. Cette œuvre est tout de suite achetée par le MOMA. 1938 Paris, participe à l'exp. surréaliste, Galerie des Beaux-Arts. 1945 Participe avec Maurice Henry, Fernandez, Dominguez et d'autres à la réalisation d'une fresque, au Centre psychiatrique de Saint-Anne. 1947 Paris, participe à l'exp. internationale du surréalisme, Galerie Maeght. N.Y., 1ère exp. indiv. à N.Y., Artists Gallery. 1956 Paris, fait une exp. intitulée *Flottages*, à la Galerie du Terrain-Vague. 1959 Publie *Histoire de la peinture surréaliste*, aux éd. du Seuil (Paris). 1961 N.Y., participe avec 1 œuvre, à l'exp. *The art of assemblage*, au MOMA. 1968 N.Y., participe avec 4 œuvres, à l'exp. *Dada, surrealism and their heritage*, organisée par W. Rubin, au MOMA. 1971 N.Y., expose Gimpel Weitzenhoffer Gallery. 1972 Paris, expose Galerie Suzanne Visat. 1973 Paris, expose des peintures et des sculptures, Galerie Françoise Tournié. 1975 Paris, expose Galerie Le Dessin.

Bibliographie

Marcel Jean, avec la collaboration de Arpad Mezei, *Histoire de la peinture surréaliste*, Paris, Le Seuil, 1959.

C.S.

JASPER JOHNS
Allende, South Carolina, USA, 1930.
Vit à New York.

1957 N.Y., Jewish Museum, *Artists of the New York school second Generation*, 1ère exp. coll. à N.Y. N.Y. Leo Castelli, 1ère exp. indiv. à N.Y. Venise, expose 3 œuvres à la 29e Biennale. 1959 Paris, Galerie Rive droite, 1ère exp. indiv. en Europe et à Paris. Paris, Galerie Daniel Cordier, *Exposition internationale du surréalisme*, organisée par Marcel Duchamp, 1ère exp. coll. à Paris. 1961 Paris, Galerie Rive Droite, *le Nouveau réalisme à Paris et à New York*. Texte de Pierre Restany. A l'initiative de Darthéa Speyer, participe avec Rauschenberg, Niki de Saint-Phalle, Tinguely et D. Tudor à un happening à l'Ambassade américaine.

J. Johns présente *Entracte* (aujourd'hui dans la collection Ludwig, Cologne). Paris, participe à la 2ᵉ Biennale. 1962 Paris, Centre culturel américain, *Dessins américains contemporains*. Paris, 18ᵉ Salon de Mai. Il expose *Slow Field*. 1962 Paris, Galerie Marcelle Dupuis, exp. indiv. organisée par Sonnabend. 1964 Venise, représente les Etats-Unis à la 32ᵉ Biennale. Kassel, Documenta 3. 1964 Paris, 20ᵉ Salon de Mai. 1965 Paris, 21ᵉ Salon de Mai. 1966 Paris, Galerie Sonnabend, exp. coll. 1967 Saint-Paul-de-Vence, Fondation Maeght, *10 ans d'art vivant 55-56*. Paris, Grand-Palais, *l'Art du réel USA 1948-1968*. 1968 Paris, MAM ARC, 1ʳᵉ Biennale Internationale de l'Estampe. Kassel, Documenta 4. Saint-Paul-de-Vence, Fondation Maeght : *l'Art vivant 1965-1968*. 1970 Saint-Paul-de-Vence, Fondation Maeght, *l'Art vivant aux Etats-Unis*. 1972 Venise, représente les USA à la 36ᵉ Biennale. Kassel, Documenta 5. 1973 Participe à la création d'un ballet avec Merce Cunningham, et J. Cage pour l'Opéra de Paris. 1975-1976 Paris, travaille sur les gravures d'un livre de Beckett. 1976 Paris, Galerie de France, *Petersburg Press, London, 1968-1976*. 1977 Paris, MAM ARC 2, *Boîtes*, exp. coll.

Bibliographie

Max Kozloff, *Jasper Johns*, Abrams, N.Y., 1969. Catalogue de l'exposition *Jasper Johns, drawings*, Oxford, Museum of Modern art, 1974.

E.P.

VASILY KANDINSKY
Moscou, 1866 – Paris, 1944.

1871-1886 Etudie à Odessa puis à Moscou. 1889 Se rend à Paris pour l'Exposition Universelle. 1893 Agrégé de droit, est chargé de cours à la Faculté. 1895 Est frappé par l'exposition des Impressionistes français à Moscou. 1896 Part s'installer à Munich pour se consacrer à la peinture et suivre les cours d'Anton Azbé et de Franz Stück. 1901 Fonde le groupe *Phalanx* au sein duquel il expose, 1ʳᵉ exp. Rencontre Klee. 1902 Ouvre une école de peinture. Fait la connaissance de Gabriele Münter avec qui il entreprend des voyages. 1904 Fait paraître *Poésies sans paroles*, album de gravures sur bois. Paris, Salon d'Automne, 1ʳᵉ exp. coll. (y expose régulièrement par la suite). 1906 Séjourne en France, à Sèvres. Publie l'album *Xylographies*. 1908 Retourne à Munich, fréquente Jawlevsky et Marianne von Werefkin. A la révélation de l'art non-objectif. 1909 Fonde la Neue Kunstler Vereiningung Müchen. (Nouvelle Association d'Artistes de Münich.) 1910 Première aquarelle non-objective. 1911 Quitte la *N.K.V.M.* et fonde, avec Franz Marc, le Blaue Reiter. Münich, galerie Thannhauser, première exposition du groupe. 1912 Publie *Du spirituel dans l'Art*. Münich, galerie Hans Golz, exposition du Blaue Reiter. Berlin, Der Sturm, 1ʳᵉ exp. indiv. 1913 Publie *Rückblike* (Regards sur le Passé) et *Klänge* (Sonorités). N.Y. Chicago, *Armory Show*, exp. coll. L'Américain Stieglitz achète *Improvision n° 27 ou jardin d'amour*. 1914 Retourne à Moscou. Plusieurs toiles achetées par A.J. Eddy seront léguées par sa veuve à l'Art Institute en 1931. 1915-1922 Demeure à Moscou où il occupe des fonctions officielles. 1920 Exp. indiv. réalisée par l'Etat. On commence à employer le terme d'expressionnisme abstrait. 1922 Appelé à Berlin comme vice-directeur du Bauhaus de Weimar. Berlin, Van Diemen, *Grande Exposition d'Art Russe*. Exp. coll. 1923 N.Y., Société Anonyme, 1ʳᵉ exp. coll. Il en est le président. 1924 Fonde le groupe Die Blauen Vier, avec Klee, Feininger, Jawlensky. 1925 Transfert du Bauhaus à Dessau. Reprend la peinture. 1926 Publie *Point, ligne par rapport à la surface*. Oakland, Art Gallery : *The Blue Four*. 1928 Prend la nationalité allemande. Met en scène *Tableaux d'une exposition* de Moussorgsky. 1929 Au cours de voyages, fait la connaissance de Ensor, Katherine Dreier, Marcel Duchamp. Solomon Guggenheim achète trois tableaux dont *Composition n° 8*. Paris, galerie Zach, *Aquarelles*, 1ʳᵉ exp. indiv. 1930 Paris, Galerie de France, textes de Tériade et Zervos. Paris, Galerie 23, expose avec Cerle et Carré. 1931 Voyage au Moyen-Orient. Commence à collaborer aux *Cahiers d'Art* avec *Réflexions sur l'Art abstrait*. Chicago, Art Institute, *The Eddy collection*. 1932 Santa Barbara *The Blue Four*. *N.Y., Curt Valentin Gallery*, exp. indiv. 1933 Fermeture du Bauhaus par le National-Socialisme. S'installe en France, à Neuilly. 1934 Paris, Galerie Cahiers d'Art. Exp. indiv. Rencontre Mondrian, Miro, Pevsner, Arp et Magnelli. Invité d'honneur au Salon des Surindépendants, au Jeu de Paume. 1935 Paris, Galerie Jeanne Bücher. N.Y., New Art Circle. Avec Paul Klee. 1937 Participe à l'exposition *Artistes d'Avant-Garde* à Paris. Ses œuvres figurant dans les musées allemands sont confisquées. N.Y., Galerie Nierendorf. Rétrospective. 1938 N.Y., Galerie Nierendorf, *Trois maîtres du Bauhaus : Klee, Feininger, Kandinsky*.

1939 Acquiert la nationalité française. N.Y., participe à l'exposition *Art tomorrow* au *Museum of Non-Objective painting*, futur musée Guggenheim. Paris, galerie Jeanne Bücher. exp. indiv. 1940 Los Angeles, Stendhal gallery. exp. indiv. 1941 Invité par les Etats-Unis, refuse de quitter la France. 1944 Paris, Galerie Esquisse : *Etapes de l'œuvre de Wassily Kandinsky*. 1945 N.Y., Guggenheim, *In memory of Wassily Kandinsky* édité par Hilla Rebay. Publication aux USA de son autobiographie. 1946 Paris, Galerie René Drouin, *Kandinsky, regards sur le passé*. 1949 Paris, galerie René Drouin, *Kandinsky, époque parisienne 1934-44*. 1954 Paris, Galerie René Drouin, *Kandinsky tapisseries*. 1955 Paris, Galerie Berggruen, *Kandinsky, œuvre gravé*. Préface de Will Grohman. Cambridge, Busch Reisinger Museum, *Der Blaue Reiter*. Lakeland, (Flor), Southern College, *Art to-Morrow, Bauer, Rebay, Kandinsky, exhibition of non-objective painting*. Textes des artistes. 1957 Paris, MNAM, *45 œuvres de Kandinsky provenant du Solomon R. Guggenheim museum*. Paris, Galerie Maeght, *Aquarelles et gouaches*. 1959 Paris, Galerie Berggruen, *Klee et Kandinsky : une confrontation*. Textes des artistes. 1961 N.Y., the Gallery, *Wassily Kandinsky : paintings of 1905-1940*. Paris, galerie Europe, *Klee, Kandinsky, Brancusi*. 1963 Paris, MNAM, *Vassily Kandinsky*. Paris, Galerie Claude Bernard, texte de Pierre Volboudt. N.Y., Guggenheim museum, *Vassily Kandinsky, a retrospective exhibition*. 1966 N.Y., Guggenheim museum *Kandinsky, painting on glass*. N.Y., Malborough Gerson Gallery, *Kandinsky, the Bauhaus years*. Saint-Paul-de-Vence, Fondation Maeght, exp. indiv. 1968 Paris, Galerie Dina Vierny, *Kandinsky, dessins 1886-1944*. 1969 N.Y., Knoedler Gallery, *Kandinsky, parisian period 1934-1944*. N.Y., Hutton-Huschnecher Gallery, *Kandinsky, Franz Marc, August Macke, drawings and watercolors*. 1972 Paris, galerie Berggruen, *Kandinsky : aquarelles et dessins*. Paris, Musée d'Art Moderne de la Ville de Paris, *Hommage de Paris à Kandinsky*. Paris, Galerie Karl Flinker, *Kandinsky, peintures, dessins, gravures, œuvres inédites*. N.Y., Guggenheim museum, *Vasily Kandinsky in the collection of the S.R. Guggenheim Museum*. 1974 Cincinatti, Art Museum, *Graphic work of Kandinsky, a loan exhibition*. 1975 Paris, Dina Vierny, *Kandinsky : rétrospective des dessins de 1886 à 1944*. 1976 Bordeaux, Galerie des Beaux-Arts, *Vassily Kandinsky à Munich*.

Bibliographie

Vassily Kandinsky, *Point-ligne-plan. Contribution à l'analyse des éléments picturaux*. Présentation de Philippe Sers. Trad. de l'allemand par S. et J. Leppien. Paris, Denoël-Gonthier, 1970. Will Grohman, *Vassily Kandinsky, sa vie, son œuvre*, Paris, Flammarion, 1958. Jacques Lassaigne, *Kandinsky, étude biographique et critique*. Lausanne, Albert Skira, 1964.

D.M.

ALLAN KAPROW
Atlantic City, N.J., USA, 1927.
Vit à Pasadena, Cal., USA.

1953 N.Y., Hansa Gallery, 1ʳᵉ exp. indiv. à N.Y. 1959 Fait son premier happening, *18 happenings in 6 parts*, à la Reuben Gallery, N.Y. Est considéré comme l'inventeur du happening aux Etats-Unis. 1963 Paris, magasin du Bon Marché, *Bon Marché*, happening organisé par le Théâtre des Nations. Ecrit un texte dans le catalogue de l'exposition G. Segal qui a lieu à la Galerie Sonnabend.

Bibliographie

Catalogue de l'exposition *Allan Kaprow*, Pasadena Art Museum, 1967.

E.P.

ELLSWORTH KELLY
Newburg, New York, 1923.
Vit à New York.

1943-1945 Fait son service militaire dans l'armée américaine et participe au débarquement en Normandie. A cette occasion il visite Paris pour la première fois. 1948 Revient en France, va à Colmar voir le polyptique de Grünewald puis s'installe à Paris. Boursier G.I. il suit les cours de l'Ecole des Beaux-Arts. 1949 Habite à l'Hôtel de Bourgogne, rue Saint-Louis-en-l'Ile. Voyage en France, visite les sites Romans, fait de la photographie puis il étudie l'art byzantin. Voit l'exposition Kandinsky à la Galerie Drouin à Paris. Fait ses premiers dessins automatiques. Visite la collection G. Stein avec son ami R. Coburn. Passe quelques semaines à Belle-Ile-en-Mer et dessine beaucoup. Retourne à Paris et reprend les cours à l'Ecole des Beaux-Arts. Il descend sur la Côte d'Azur et fait la connaissance de Françoise Gilot. A la Galerie des Deux-Iles, rencontre Michel Seuphor qui viendra visiter son atelier et le présenter à Jean Arp. 1950 visite les ateliers de Brancusi, Vantongerloo, Picabia, Magnelli et celui de Arp dont les collages l'attire. Paris, Galerie des Beaux Arts, 1er Salon des Jeunes Peintres, 1re exp. coll. Paris. Sa bourse G.I. arrive à terme mais Kelly prolonge son séjour à Paris. Fait ses premiers collages et reliefs découpés. Paris, MAM, 5e Salon des Réalités Nouvelles. Passe l'été à Meschers (Gironde), chez les Seyrig. Enseigne à l'Ecole américaine de Paris. 1951 Paris, Galerie Arnaud, 1re exp. indiv. à Paris et en Europe. Paris Galerie Maeght, *Tendance*. Passe l'hiver à Sanary (Côte d'Azur). Sa peinture devient plus colorée. Fasciné par l'architecture de Le Corbusier, il visite le chantier de la Cité radieuse à Marseille. 1952 Visite l'atelier de Monet à Giverny. Paris, Galerie Maeght, *Tendance*, exp. coll. 1954 Retourne à N.Y. 1956 N.Y., Betty Parsons Gallery, 1re exp. indiv. à N.Y. 1958 Paris, Galerie Maeght, exp. indiv. 1959 Paris, Galerie Neufville, *Nouvelle peinture américaine*, exposition à laquelle participent Louis, Stella, Noland, Rauschenberg. 1961 Paris, Galerie Denise René, *Art abstrait constructif international*. 1964 Kassel, Documenta 3. Paris, MAM, *Art USA Now : The Johnson collection of contemporary american paintings*, exp. itinérante organisée par le MOMA. Paris, Galerie Maeght, *Kelly, 27 lithographies*. 1966 Venise 33e Biennale. 1967 Saint-Paul-de-Vence, Fondation Maeght, *l'Art vivant aux USA 1948-1968*. 1968 Paris, Grand-Palais, *l'Art du Réel USA 1948-1968*. Kassel, Documenta 4. Saint-Paul-de-Vence, Fondation Maeght, *l'Art vivant 1965-1968*. 1970 Saint-Paul-de-Vence. Fondation Maeght, *l'Art vivant aux Etats-Unis*. 1973 Paris, Galerie Daniel Templon, *Maîtres de l'abstraction américaine aujourd'hui*, exp. coll. 1977 Paris, Galerie Daniel Templon, exp. indiv.

Bibliographie

John Coplans, *Ellsworth Kelly*, N.Y., Abrams, 1971. Catalogue de l'exposition *E. Kelly*, N.Y., Museum of Modern Art, 1973.

E.P.

EDWARD KIENHOLZ
Fairfield, Washington, USA, 1927.
Vit à Los Angeles, Cal., USA.

1961-1962 Fait la connaissance de Y. Klein dont il reçoit un *Immaterial* à Los Angeles. 1963 N.Y., Iolas Gallery, 1re exp. indiv. à N.Y. 1966 *The american trip 1966*, projet de concept tableau qui serait le résultat d'une collaboration entre Tinguely, Kienholz et l'Amérique. 1968 Kassel, Documenta 4. C'est la première fois que *Roxy* est montré en Europe. 1970 Paris, CNAC, *Kienholz dix tableaux*, 1re exp. indiv. à Paris. Galerie Yvon Lambert, exp. indiv. 1971 L'Etat français achète *Tandis que des visions de prunes confites dansent dans leurs têtes*. 1972 Kassel, Documenta 5. 1977 Paris, MAM ARC2, *Boîtes*, exp. coll.

Bibliographie

Catalogue de l'exposition *Kienholz Dix Tableaux*, Paris, CNAC, 1970.

E.P.

YVES KLEIN
Nice, France, 1928 – Paris, 1962.

1955 S'installe à Paris. Enseigne le Judo à l'American Student's and artists' center, Paris. Paris, Galerie des Solitaires, *Yves : peintures*, 1re exp. indiv. à Paris. 1958 Lettre du 20 mai adressée au président Eisenhower sur la *Révolution Bleue*. Visite de Philip Johnson à Yves Klein à Paris. 1959 N.Y., Leo Castelli Gallery, 1re exp. coll. à N.Y. Correspondance avec Philip Jonhson sur l'architecture de l'air. Correspondance avec Walter Gropius sur l'architecture de l'air et les toits d'air. 1960 Paris, Arts Décos, *Antagonismes*, 1re exp. coll. à Paris. 1960 Correspondance avec Georges Marsi, N.Y. qui lui conseille de rentrer en relation avec la Galerie Leo Castelli à N.Y. pour une exposition particulière, et lui fait part en même temps de sa conférence sur Klein, au Pratt Institu-

te of Art de N.Y. qui suscita un grand intérêt et entraîna la parution d'un article important dans le *New York World Telegram Sunday*. N.Y., Staempflie Gallery, *Paris Obsessions*. 1961 Séjour aux USA. N.Y., Leo Castelli Gallery, *Yves Klein the monochrome*. Voyage en Californie. Los Angeles, Dwan Gallery, exp. indiv. Paris, Galerie Rive Droite, *le Nouveau réalisme à Paris et à New York*. Rédaction du manifeste (Due to the fact that I Have...) en collaboration avec Niel Levine et John Archambaut, à l'hôtel Chelsea, N.Y. Correspondance avec Larry Rivers. Voyage en Californie. 1962 N.Y., Iolas Gallery en collaboration avec la Galerie Jean Larcade. Correspondance avec Kienholz pour la *Cession* zone of immaterial pictorial sensibility. 1966 N.Y., Cordier Ekstrom Gallery, *Seven decades 1895-1965*. 1967 N.Y., Jewish Museum. Grande rétrospective organisée par Kynaston Mc Shine et Sam Hunter. 1968 N.Y., Met., *Painting in France 1900-1967*, exp. itinérante aux USA. 1969 N.Y., Feigen Gallery, *Dubuffet and the anticulture*, exp. coll.

Bibliographie

Paul Wember, *Yves Klein*, Cologne, Dumont-Schauberg, 1969. Catalogue de l'exposition *Yves Klein*, Londres, Tate Gallery, 1973.

E.P.

FRANZ KLINE
Wilkes-Barre, Pen., USA, 1910 – New York, 1962.

1938 S'installe à N.Y. 1950 N.Y., Egan Gallery, 1re exp. indiv. 1952 Paris, Galerie de France, *Regards sur la peinture américaine*. 1955 Paris, MNAM, *50 ans d'art aux Etats-Unis*. 1956 Venise, participe à la 28e Biennale au pavillon américain. 1958 Paris, Arts décos., collection du Solomon R. Guggenheim. Introduction du catalogue de J.J. Sweeney. 1959 Paris, MNAM, *Jackson Pollock et La nouvelle peinture américaine*, exp. itinérante organisée par le MOMA. Kassel, Documenta 2. 1960 Venise, participe à la 30e Biennale, au pavillon américain. Reçoit un prix. Paris, Arts décos, *Antagonismes*. 1962 Paris, Galerie Lawrence, exp. indiv. 1964 Paris, MAM, *Art USA Now : the Johnson Collection of contemporary american paintings*. Paris, MAM, *Franz Kline*. Kassel, Documenta 3. 1967 Paris, Knoedler et Co *Six american painters*. Saint-Paul-de-Vence, Fondation Maeght, *10 ans d'art vivant 55-65*. 1968 Venise, participe à la 34e Biennale. Invité à la Biennale. 1976 Paris, Chapelle de la Salpetrière, *A propos d'automatisme*.

Bibliographie

John Gordon, *Franz Kline*, N.Y., Whitney Museum, Praeger publ., 1969.

E.P.

WILLEM DE KOONING
Rotterdam, Pays-Bas, 1904.
Vit à East Hampton, N.Y., USA.

1920 Rencontre le Groupe de Stijl. 1926 Emigre aux Etats-Unis où il s'installe à Hoboken puis à Manhattan en 1927. 1935 Fait un modèle de mural pour un quai de la French Line, projet dirigé par F. Léger et qui ne fut jamais réalisé. 1942 N.Y., Mac Millan Gallery, expose avec J. Pollock, G. Braque, Matisse, S. Davis, L. Krasner et Picasso, 1re exp. coll. à N.Y. 1946 N.Y., Egan Gallery, 1re exp. indiv. à N.Y. 1950 N.Y., Sidney Janis Gallery, *Young painters in US and France*. Expose *Woman*, qui est mis en parallèle avec l'*Homme au chapeau bleu* de Dubuffet. Venise, participe à la 25e Biennale, dans le pavillon US. 1951 Paris, Galerie Nina Dausset, participe à *Véhémences confrontées*. 1952 Paris, Galerie de France, *Regards sur la peinture américaine*. Il expose deux œuvres. 1954 Venise, participe à la 27e Biennale. Il expose 26 œuvres dans le pavillon US. 1955 Paris, MNAM *50 ans d'art aux Etats-Unis*. Il expose 3 œuvres. Paris, Musée Galliera, *Peintres américains contemporains*. 1959 Paris, MNAM, *Jackson Pollock et la Nouvelle peinture américaine*. Il expose 5 œuvres. Kassel, Documenta 2. Il expose 5 œuvres. 1964 Paris, MAM : *Art USA now : the Johnson collection of contemporary american paintings*, exposition itinérante organisée par le MOMA. Kassel, Documenta 3. Expose 4 œuvres. 1967 Saint-Paul-de-Vence, Fondation Maeght, *10 ans d'art vivant, 1955-1965*. Paris, participe au 23e Salon de Mai avec une œuvre. Paris, Knoedler and Co *Six peintres américains* : Gorky, Kline, de Kooning, Rothko, Newman, Pollock. 1968 Paris, Knoedler and Co, *de Kooning, peintures récen-*

tes, de Kooning vient à Paris pour la première fois à l'occasion de cette exposition. 1970 Saint-Paul-de-Vence, Fondation Maeght, *l'Art vivant aux Etats-Unis.* 1971 Paris, Knoedler and C°, exp. indiv. de lithographies. L'Etat français achète *Woman 1952.* 1975 Paris, Galerie des Arts, *de Kooning.* Préface de Sam Hunter.

Bibliographie

Catalogue de l'exposition *Willem de Kooning,* N.Y., Museum of modern art, 1968. Harold Rosenberg, *de Kooning,* N.Y., H.N. Abrams, 1975.

E.P.

FRANK KUPKA
Opocno, Bohême, 1871 – Puteaux, 1957.

1894 Arrivée à Paris. 1899 Paris, Salon des Beaux Arts, expose pour la première fois en France. 1904 Saint-Louis (USA), Exposition Internationale, 1re exp. coll. aux Etats-Unis. Reçoit une médaille d'or. 1906 Paris, Salon d'Automne, auquel il participera jusqu'en 1913. S'installe 7, rue Lemaître à Puteaux dans un atelier voisin de ceux de Jacques Villon et de Raymond Duchamp Villon. 1911 Paris, Salon des Indépendants. Prend une part active aux discussions des réunions du groupe de Puteaux. 1912 Expose au Salon des Indépendants : *Plans par couleurs* et au Salon d'Automne : *Amorpha, Fugue à deux couleurs* et *Amorpha chromatique chaude.* Les Actualités Gaumont Films réalisent un reportage sur ses tableaux exposés au Salon d'Automne, largement diffusé à travers l'Europe et l'Amérique. Paris, Galerie La Boëtie, participe au *Salon de la Section d'Or* (oct.). Peint les *Disques de Newton (étude pour Fugue à 2 couleurs)* dont une version entrera par la suite dans la collection Arensberg. 1913 Ne participe pas à l'*Armory Show.* Le 19 oct., le *New York Times* lui consacre un article important, acrit par Warshawsky et intitulé *Orphism, latest of paintings cults.* 1918-1920 Nommé professeur à l'Académie des Beaux Arts de Prague il y fait de nombreux et longs séjours. Paris, expose au Salon d'Automne en 1919 et 1920. 1921 Paris, Galerie Povolozky, 1re exp. indiv. 1932 Fait partie du comité directeur de l'association Abstraction-Création. 1936 N.Y., MOMA, *Cubism and Abstract Art,* exp. coll. 1951 N.Y., Entrée au MOMA des *Disques bleus et rouges,* 1911-1912. 1956 N.Y., Acquisition par le MOMA de plusieurs œuvres de Kupka. 1958 Paris, MNAM, exposition rétrospective. 1975 N.Y., Guggenheim Museum, exp. indiv. qui a lieu en 1976 au Kunsthaus de Zürich.

Bibliographie

N. Warshawsky, « Orphism, latest of painting cults », *The New York Times,* N.Y., Band LXII, n° 20, 19 octobre 1913. Alfred H. Barr, *Cubism and Abstract Art.* N.Y., MOMA, 1936. *Synchromism and color principles in american painting 1910-1930,* catalogue de l'exposition N.Y., Knoedler and Co., 1965 *Color and Form 1909-1934,* catalogue de l'exposition Fine Arts Gallery of San Diego, California, Arts and Crafts Press, déc. 1971–janv. 1972.

Ouvrages de référence

Lumilla Vachtova, *Frantisiek Kupka,* Londres, Thames and Hudson, 1968. *Kupka,* catalogue de l'exposition Paris, Musée National d'Art Moderne, Ed. des Musées Nationaux, 1958. *Frank Kupka 1857-1871,* catalogue de l'exposition, N.Y., Guggenheim Museum, 1975, Zürich, Kunsthaus, 1976.

M.D.

GASTON LACHAISE
Paris, 1886 – New York, 1935.

1898 Paris, études à l'Ecole des Beaux-Arts dans la classe de Gabriel J. Thomas où il reçoit un enseignement académique. Salon des Artistes Français, 1re participation. 1902 Paris, rencontre le sculpteur bostonien Isabel Nagle, avec laquelle il se lie. Travaux pour René Lalique. 1906 Départ de Paris pour Boston (janv.). Travaux pour le sculpteur John Evans, puis pour Henry Kirtson *(Civil war memorials).* 1912 S'installe à N.Y., quitte Kirston et travaille indépendement. Commence sa grande *Standing-Woman* 1912-1927. Rencontre Arthur B. Davies qui l'invite à participer à l'*Armory Show.* Se lie avec Paul Manship, sculpteur officiel en vogue. 1913 N.Y., Chicago, Boston, *Armory Show,* participe avec 1 œuvre, jugée assez « rodinesque » par la presse new yorkaise. Se marie avec Isabel Nagle. 1920 Jusqu'en 1920, travaille comme assistant de Paul Manship (ornements décoratifs de style néo-classique). Subit l'influence de Nadelman : art

de plus en plus simplifié, basé sur l'exaltation de la ligne courbe. Intérêt marqué pour l'art préhistorique. 1916 N.Y., Bourgeois Galleries, 1re exp. coll. *Paintings, drawings and sculpture arranged by a selected group of Americans.* 1918 N.Y., Bourgeois Galleries, 1re exp. indiv. (29 œuvres). Critiques de la presse new yorkaise traditionnelle, jugeant son œuvre de « monstrous ». Dès cette date, participe activement aux exp. coll. de la Society of Independent Artists. 1920 N.Y., Bourgeois Galleries, exp. indiv., qui suscite pour la 1re fois l'intérêt de la presse. Est introduit dans les milieux de l'avant-garde new yorkaise et fréquente Walter Pach, John Sloan, Gertrude Whitney, Robert Henri. Rupture avec Walter Pach. 1922 Contrat avec la Kraushaar Gallery. 1927 N.Y., Intimate Gallery (de Stieglitz), exp. indiv. où il présente son œuvre maîtresse *Standing woman.* 1928 N.Y., Brummer Gallery, exp. indiv. 1935 N.Y., MOMA, 1re rétrospective aux USA. 1937 N.Y., Whitney Museum, rétrospective.

Bibliographie

New York American, N.Y., 25 févr. 1918. *The Dial,* N.Y., févr. 1920 ; févr. 1924 ; mars 1928. Walter Pach, « Les tendances modernes aux Etats-Unis », *L'Amour de l'Art,* Paris, vol. III, janvier 1922. A.E. Gallatin, *Gaston Lachaise,* N.Y., E.P. Dutton, 1924. Gaston Lachaise, « A comment on my sculpture », *Creative Art,* N.Y., vol. III, n° 2, août 1928.

Ouvrages de référence

Catalogue *Gaston Lachaise Exhibition,* N.Y., MOMA, 1935 (établi par L. Kirstein). Catalogue *Gaston Lachaise, sculpture and drawings Exhibition,* Los Angeles, Los Angeles Country Museum of Art, 1963-1964. Gerald Nordland, *Gaston Lachaise : the man and his work,* N.Y., 1974.

A.L.B.

ROGER DE LA FRESNAYE
Le Mans, 1885 – Grasse, 1925.

1910 Paris, Salon des Indépendants, 1re participation (6 œuvres), et Salon d'Automne (7 œuvres). Se lie avec Duchamp-Villon qui l'introduira dans le groupe de Puteaux. 1911 Paris, Salon des Indépendants (6 œuvres, dont *Le Cuirassier,* qui suscite pour la première fois l'attention de Guillaume Apollinaire). Salon d'Automne, participe avec 6 toiles, aux côtés de Gleizes, Metzinger, Marcel Duchamp, Léger et Duchamp-Villon. Emprise croissante du cubisme (*Italienne de profil à droite,* qui sera acheté par Arensberg), ainsi que des théories sur les couleurs de Robert Delaunay. Paris, Galerie d'Art Ancien et d'Art Contemporain, exp. coll. avec le groupe de Puteaux, *2e exp. d'art contemporain, Société Normande de peinture moderne* (nov.). 1912 Salon des Indépendants (3 œuvres) et Salon d'Automne (2 œuvres) auquel il présente, avec André Mare, Duchamp-Villon, Gleizes, Metzinger, Delaunay et Marie Laurencin, *La Maison cubiste.* Paris, Galerie de la Boëtie, exp. de la *Section d'Or* (oct.), participation avec 8 œuvres, dont *Le Paysage à Meulan.* 1913 N.Y., Chicago, Boston, *Armory Show,* envoi de 5 œuvres dont un *Paysage* qui entrera dans la collection des Arensberg. Paris, Salon des Indépendants (3 œuvres). Au Salon d'Automne, ou La Fresnaye est membre du jury, est présentée *La Conquête de l'air,* en lequel Guillaume Apollinaire voit un « panneau simultané » proche des *Compositions* de l'américain P.H. Bruce. 1914 Paris, Galerie Levesque, 1re exp. indiv. avec 175 œuvres, aquarelles, dessins et peintures (avril), ou sont accrochées les grandes toiles de 1913-1914, *Quatorze juillet* et *La Partie de cartes.* 1926 N.Y. University, Museum of Living Art, la collection Gallatin comprendra 3 œuvres de La Fresnaye : *La Madelon* 1917, *Paysage de guerre* 1918 et *Le Guéridon* 1921. Paris, Galerie Barbazanges, 1re exp. rétrospective (déc.). 1926-1927 Paris - N.Y. : à la vente de la collection Quinn paraissent 7 peintures, 2 aquarelles, 1 dessin et 1 encre de La Fresnaye, dont *La Cheminée d'usine* 1912, et une *Nature morte à l'œuf* 1910. 1929 N.Y., American Art Galleries, vente de la collection Davies, ou passe la *Nature morte à la bouteille, pipe et pot à tabac* 1913-1914, actuellement au MOMA. 1932 N.Y., Marie Harriman Gallery, 1re exp. indiv. *Roger de La Fresnaye* (40 œuvres). 1938 Paris, Galerie Druet, importante rétrospective. 1943-1947 Plusieurs exp. indiv. aux USA : Chicago, Arts Club (1943) ; Washington, Phillips Memorial Gallery (1944) ; N.Y., Buhcholz Gallery (1945) et Jacques Seligman (1947). 1947 N.Y., MOMA, entrée de *La Conquête de l'air* 1913. 1950 Paris, MNAM, rétrospective.

Bibliographie

Guillaume Apollinaire, *Chroniques d'Art,* Paris, Gallimard-NRF, 1960.

Ouvrages de référence

Germain Seligman, *Roger de La Fresnaye*, Paris, J. Seligman et Cº, 1947. Catalogue de l'exposition *Roger de La Fresnaye*, Paris, MNAM, 1950. Robert Murdock, *Eléments of style and Iconography in the work of Roger de La Fresnaye, 1910-1914*, (thèse non publiée), New Haven, Yale University, 1965. Germain Seligman, *Roger de La Fresnaye*, catalogue raisonné, Neuchâtel, Ides et Calendes, 1969.

A.L.B.

WILFREDO LAM
Sagua la Grande, Cuba, 1902.
Vit à Paris et en Italie.

1920-1923 Études de peinture à l'Académie San Alejandra à La Havane. 1923 Part pour Madrid, où il travaillera avec Fernandez Alvarez de Sotomajor, conservateur du Prado. 1928 Madrid, 1ʳᵉ exp. indiv., à la Galerie Vilches. 1932 Leon, expose au Circulo de Arte. 1936 Voit, pour la première fois des œuvres de Picasso, dans une exp. à Madrid. 1936-1937 Travaille à l'Académie des Quatre Gates, à Barcelone, où il reste, jusqu'à la chute de la République en 1938. 1938 Part pour Paris, où il se lie d'amitié avec Picasso, qui le présentera à ses amis Max Ernst, Paul Eluard, Miro et surtout Pierre Loeb. 1939 N.Y., 1ʳᵉ exp. aux Etats-Unis, à la Perls Gallery, avec Picasso, Paris, 1ʳᵉ exp. indiv. à Paris, Galerie Pierre Loeb. Fait la connaissance de André Breton et devient membre du groupe des surréalistes. 1940 Illustre de dessins à l'encre de chine, le poème d'André Breton *Fata Morgana*, qui sera interdit par le gouvernement de Vichy. 1941 S'embarque à Marseille sur le Paul-Lemerle avec André Breton, Masson, Levi-Strauss, en direction d'abord de la Martinique, puis de Cuba. Commence à exposer à la Pierre Matisse Gallery, préface d'André Breton. Chicago, expose également à l'Art Institute, avec Matta. Le nº 7/8 de *View*, consacré au surréalisme, montre des vignettes et des reproductions de Lam. 1942 N.Y., participe avec *L'âme extérieure*, à l'exp. *First papers of surrealism*, organisée par Breton et Duchamp. 1943 N.Y., expose à la Pierre Matisse Gallery, *La jungle*, qui provoque un scandale, mais sera tout de suite acheté par le MOMA. 1945 Séjourne 4 mois à Häti, avec Breton. Fait la couverture du numéro de mai de *View*. Paris, expose Galerie Pierre Loeb. 1946 N.Y., participe à une exp. coll. de Picasso, Matisse, Miro, Matta, au MOMA. 1947-1952 Habite Cuba, N.Y., Paris. N.Y., participe en 1947, à l'exp. *Bloodflames* organisée. par N. Calas, à la Hugo Gallery et à Paris, la même année, à *l'exp. internationale du surréalisme*, Galerie Maeght. 1952 S'installe définitivement à Paris. 1953 Paris, expose à la Galerie Maeght. 1954 A partir de cette date, expose tous les ans, au Salon de mai, à Paris. 1957 Voyage beaucoup à N.Y., au Brésil, au Mexique... Paris, expose Galerie des Cahiers d'Art. 1958 Vit à Chicago, où il devient membre de la Graham Fondation for Advanced Studies in Fine Arts. 1959 Pittsburgh, participe au Carnegie International, en exposant *L'Univers de notre Illinois*. 1960 Passe l'hiver à N.Y. 1961 N.Y., expose Albert Loeb Gallery. Paris, expose Galerie La Cour d'Ingres. 1964 Vit tantôt à Albisola Mare, où il fait de la céramique, tantôt à Paris. Reçoit le Guggenheim International Award, à N.Y. 1965 Paris, participe à l'exp. surréaliste, Galerie de l'Œil. 1966 Paris, expose Galerie Christine Aubry. 1967 Paris, expose Galerie Albert Loeb. Organise le Salon de Mai à La Havane. Nombreuses rétrospectives en Europe. 1968 Paris, participe avec Matta et Penalba, à l'exp. *Totem et Tabou*, au Musée d'Art Moderne de la Ville (section ARC).

Bibliographie

A. Carpentier, Wilfredo Lam en Nueva - York, Havanna, *Information*, juin 1944. A. Ozenfant, Lam, N.Y., *France-Amérique*, nº 210, 1950. Max-Paul Fouchet, *Wilfredo Lam*, Barcelone, Poligrafa, Paris, Cercle d'Art, 1976.

C.S.

MARIE LAURENCIN
Paris, 1887 – Paris, 1956.

1905 Paris, Salon des Indépendants, 1ʳᵉ participation. Braque l'introduit au Bateau-Lavoir, où elle rencontre Picasso et son entourage. 1908 *Apollinaire et ses amis* (Picasso, Fernande Olivier, et Marie Laurencin) acquis par Gertrude Stein par l'intermédiaire de Fernande, l'amie de Picasso. Peu après, Gertrude Stein fait sa connaissance au banquet Rousseau. 1912 Paris, Galerie Barbazanges, exposition *Marie Laurencin - Robert Delaunay*. Galerie La Boétie, exposition de la *Section d'Or*, participation de Marie Laurencin, avec 6 toiles. 1913 N.Y., Chicago, Boston, *Armory Show*, envoi de 7 toiles. Aucun achat de la part des Américains. 1920 N.Y., à la fondation de la Société Anonyme, aucune toile de Marie Laurencin ne figure dans la collection. Aucune exposition organisée par celle-ci ne lui sera consacrée. 1925 Gertrude Stein vend aux Cone *Apollinaire et ses amis*. 1926-1927 Paris-N.Y., vente de la collection Quinn : 7 peintures, dont *La Guitariste*, 4 aquarelles et 4 dessins apparaissent au catalogue. La collection Gallatin comprend également à cette époque *Les petites filles modèles*, 1913. 1930 N.Y. MOMA, exp. coll. *Painting in Paris*. Liste des musées américains possédant à cette date des Laurencin : Merion, Barnes Foundation ; N.Y., Gallery of Living Art.

Bibliographie

Little Review, N.Y., vol. IV, nº 7, nov. 1917. Gertrude Stein, *Autobiographie d'Alice Toklas*, Paris, NRF, Gallimard, 1934.

A.L.B.

HENRI LAURENS
Paris, 1885 – Paris, 1954.

1899 Travaille comme tailleur de pierres dans des chantiers. 1902-1905 Installé à Montmartre, subit l'influence de Rodin. 1905-1911 Rencontre les artistes du Bateau-Lavoir, s'adonne au cubisme. 1911 Se lie d'amitié avec Braque. 1913 Paris, Salon des Indépendants, expose *Tête de femme gisante* et *Tête d'Homme*, 1ʳᵉ exp. coll. 1915 Introduit la polychromie dans ses œuvres. 1916 Confectionne des collages, illustre *Poèmes en prose* de P. Reverdy. 1917 Paris, Galerie de l'Effort Moderne (Léonce Rosenberg), 1ʳᵉ exp. indiv. 1918 Paris, *Salon de la Section d'Or*. 1919 Premières œuvres plastiques rondes, bas-relief. Crée des gravures pour les poèmes de Paul Dermée et de Céline Arnaud. 1920-1924 Effectue des travaux de décoration. 1924 Paris, *Salon des Indépendants*. Décors pour le ballet russe *Train bleu*, musique de Darius Milhaud. 1924-1931 Sculptures de petit format en bronze. 1928 Paris, Galerie Berheim, *Exposition internationale de sculpture*. 1932 Réside une partie de l'année à l'Etang-la-Ville. Reprend les œuvres anciennes en les agrandissant. Travaille surtout le bronze : *les Ondines, la Négresse*. 1935 Reçoit le Prix Helena Rubinstein. Expose avec Lhote et Delaunay au Petit-Palais. 1936 Nombreux travaux pour l'*Exposition Universelle* de Paris ; fontaine, construction suspendue pour le Pavillon Le Corbusier ; 4 reliefs : *Le Jour et la Nuit, la Terre et la Mer*. Paris, exposition chez madame Cuttoli. N.Y. MOMA, *Cubism and Abstract art*. 1ʳᵉ exp. coll. aux USA. 1937 Un séjour à la mer lui inspire *les Sirènes*. 1938 N.Y., Brummer Gallery, 1ʳᵉ exp. indiv. aux USA. 1939 N.Y., MOMA, *Art in our time*. 1939-1944 Exécute des œuvres aux formes compactes et massives, en marbre du Pentélique. 1945 Paris, Galerie L. Carré. Texte du catalogue de Pierre Reverdy. Illustre les *Idylles* de Théocrite pour les éditions Verve. Esquisse pour le tombeau de Max Jacob : *Allégorie*. 1946 Le MNAM, Paris, achète *la Grande Sirène*. 1947 Paris, Galerie Dina Vierny, *Dessins*. 1948 Représente la sculpture française à la Biennale de Venise. 1950 Matisse partage avec lui le Prix de Peinture à la Biennale de Venise. Réalise une table d'autel et un tabernacle pour les Dominicains du Saulchoir. 1951 Paris, MNAM, Grande rétrospective. N.Y., Curt Valentin Gallery exp. indiv. 1952 Gravures sur bois pour l'*Odyssée*, éditions Creuzevault. N.Y., Curt Valentin Gallery exp. indiv. 1953 Reçoit le grand prix de sculpture à la Biennale de Sao Paulo. Paris, MNAM *Le Cubisme*. 1955 Paris, Galerie Creuzevault, *Terres cuites*. Paris, Galerie Berggruen, *Collages*. Paris, *Salon de la Jeune Sculpture*. Après la mort de l'artiste, publication du livre : *Henri Laurens* par Marthe Laurens, édition Pierre Bérès. 1956 N.Y., Fine Arts Associates, *Rodin to Lipchitz*. 1958 Paris, Galerie Louise Leiris, *Sculptures en pierres 1919-1943*. N.Y., Fine Arts Associate Gallery. exp. coll. 1960 Galerie Claude Bernard. 1961 Paris, Arts Dècos, *L'Objet*. 1962 N.Y., Fine Arts Associates Gallery, *Monumental sculpture*. 1966 N.Y., Malborough Gerson Gallery, *Monumental sculpture*. 1967 Paris, Grand-Palais, exp. indiv. 1969 Le Havre, Nouveau Musée, *Un sculpteur vu par un autre sculpteur : Henri Laurens par Alberto Giacometti*. 1971 N.Y., New York Cultural Center, *Laurens et Braque : les donations Laurens et Braque à l'Etat Français*.

Bibliographie

Werner Hofmann, *Henri Laurens*, Sculptures, souvenirs sur H. Laurens par D.H. Kahnweiler, Teufen, Suisse, A. Niggli, 1970.

D.M.

FERNAND LÉGER

Argentan, Orne, 1881 – Gif-sur-Yvette, Essonne, 1955.

1908-1912 Participe chaque année au Salon d'Automne, 1re exp. coll. à Paris. 1910-1912 Participe chaque année au Salon des Indépendants. 1911 S'associe aux réunions du Groupe de Puteaux chez Villon. Paris, Galerie d'Art Ancien et d'Art Contemporain, exposition de la *Société Normande de Peinture Moderne* avec Metzinger, Gleizes, Duchamp, Villon, La Fresnaye. 1912 Paris, Galerie Kahnweiler, 1re exp. indiv. à Paris. Paris, Galerie La Boétie, participe au *Salon de la Section d'Or.* 1913 Paris, Galerie Berthe Weill, *Gleizes, Léger, Metzinger.* N.Y., Chicago, Boston, *Armory Show*, présente deux œuvres. 1916 Apollinaire lui fait découvrir les films de Charlie Chaplin. 1919 Paris, Galerie de L'Effort Moderne, exp. indiv. 1921 Collabore avec Blaise Cendrars au film d'Abel Gance *La Roue.* 1924 Paris, Galerie de l'Effort Moderne, exp. indiv. Réalise et produit le film *Le Ballet Mécanique* d'après des photographies de Man Ray et Dudley Murphy. Fonde avec Ozenfant un atelier libre, 86, rue Notre-Dame-des-Champs où il enseigne avec Marie Laurencin et Exter. 1925 Paris, exp. internationale *l'Art d'Aujourd'hui.* N.Y., Anderson Galleries 1re exp. indiv. à N.Y. organisée par la Société Anonyme. Paris, *Exposition Internationale des Arts Décoratifs*, participe au Pavillon de l'*Esprit Nouveau.* 1926 N.Y., Brooklyn Museum, *International Exhibition of Modern Art* organisée par la Société Anonyme, présente trois œuvres. 1928 N.Y., Arts Council Gallery, The Barbizon, exp. coll. organisée par la Société Anonyme. 1930 Rencontre Calder et préface son exposition à la Galerie Percier (Paris, 1931) N.Y., Rand School of Social Science, exp. coll. organisée par la Société Anonyme. 1931 N.Y., New School for Social Research. Exp. coll. organisée par la Société Anonyme. Passe les mois de juil. et août en Autriche chez le peintre américain Gerald Murphy, puis fait son premier voyage aux Etats-Unis (sept.-déc.). Visite N.Y. et Chicago. Deux exp. à N.Y. John Becker Gallery, *Fernand Léger* et Durand-Ruel Galleries *Exhibition of paintings by Fernand Léger.* 1932 N.Y., Valentine Gallery, exp. indiv. 1934 Fait un séjour à Antibes chez Gerald Murphy. N.Y., College Art Association, *8 Modes*, exp. organisée paar la Société Anonyme. 1935 Se rend pour la 2e fois aux Etats-Unis (sept.). Rencontre James Johnson Sweeney, Frederic Kiesler et John Dos Passos. N.Y., MOMA, exposition rétrospective avec 43 œuvres. Le MOMA acquiert son premier tableau de Léger *Petit Déjeuner* (1920). 1936 N.Y., MOMA, *Cubism and Abstract Art.* 1937 N.Y., Pierre Matisse Gallery, *Léger 1937.* Sept. 1938-Mars 1939, séjour à N.Y. Décore l'appartement de Neslon A. Rockefeller. Fait des projets pour un « film mural ». Expose à la Pierre Matisse Gallery. 1939 Springfield, Mass. George Walter Vincent Smith Art Gallery, exposition anniversaire de la Société Anonyme *New Forms of Beauty, 1909-1936.* De oct. 1940 à déc. 1945, Léger vit à N.Y. Pendant cette période, il peint environ 120 œuvres. 1940 N.Y., Nierendorf Galleries, *Fernand Léger.* Fait des projets de décoration pour Radio City et pour le Rockefeller Center. Travaille pour le « W.P.A. New York City Art Project » sous la direction de Burgoyne Diller (jetée de la French Line). 1941 N.Y., Marie Harriman Gallery, *Fernand Léger.* N.Y., Riverside Art Museum, expose avec l'American Abstract Artists Association. Rencontre chez Pierre Matisse : Masson, Tanguy, Matta, Breton, Zadkine, Ernst, Chagall, Mondrian, Ozenfant. 1942 N.Y., Buchholz Gallery, *Fernand Léger, gouaches and drawings.* N.Y., Paul Rosenberg Gallery, *Recent works by Léger.* N.Y., Valentine Gallery, *Léger, new paintings.* N.Y., Pierre Matisse Gallery, *Artists in exile. Le Grand Déjeuner* (1921) entre au MOMA (Mrs Simon Guggenheim Fund). 1944 N.Y., Jacques Seligman Gallery, *Les plongeurs.* N.Y., Valentine Gallery. 1945 N.Y., Samuel Kootz Gallery, exp. indiv. N.Y., Valentine Gallery, *New Paintings.* Paris, Galerie Louis Carré, *Fernand Léger, peintures antérieures à 1940. La Grande Julie* entre au MOMA (legs Lillie P. Bliss). Déc. 1945 : Fernand Léger rentre en France. 1946 Paris, Galerie Louis Carré, *Œuvres d'Amérique 1940-1945.* N.Y., MOMA, *Eleven Europeans in America.* Ecrit « Modern Architecture and colour » publié par l'American Abstract Artists Association. Réalise le commentaire du film de Thomas Bouchard *Léger in America.* 1947 N.Y., Nierendorf Galleries, *Fernand Léger.* 1948 Paris, Galerie Louis Carré, *Fernand Léger 1912-1936, 1946-1948.* N.Y., Sidney Janis Gallery, *Léger 1912-1948.* Avec Calder, Duchamp, Max Ernst, Man Ray et Hans Richter, collabore au film « Dream that money can buy » réalisé et produit par Hans Richter. 1949 Paris, MNAM, *Fernand Léger, exposition rétrospective 1905-1949.* 1950 N.Y., Buchholz Gallery-Curt Valentin, *Léger, recent paintings and Le Cirque.* N.Y., Louis Carré Gallery, *The Artist in the Machine Age.* 1951 N.Y., Louis Carré Gallery, *Early Léger, oil paintings 1911-1925.* N.Y., Saidenberg Gallery, *Léger and Picasso.* Paris, Maison de la Pensée Française, *Les constructeurs.* 1952 N.Y., Sidney Janis Gallery, *Paintings by Fernand Léger.* N.Y., Perls Gallery, *Fernand Léger.* 1953 N.Y., MOMA, exp. rétrospective. N.Y., Saidenberg Gallery, *Léger.* 1954 N.Y., Sidney Janis Gallery, *Léger.* Paris, Maison de la Pensée Française, *Œuvres récentes 1953-*

1954. 1955 N.Y., MOMA, *Léger memorial.* 1956 Paris, Musée des Arts Décoratifs, exp. rétrospective. 1957 N.Y., Sidney Janis Gallery, *Fernand Léger : a selection of paintings of his major themes 1909-1955.* 1958 N.Y., Museum of Contemporary Crafts, exp. indiv. 1960 N.Y., MOMA, *Fernand Léger in the Museum Collection.* N.Y., Sidney Janis Gallery, *Paintings by Fernand Léger selected from the years 1918-1954.* 1962 N.Y., Guggenheim Museum, *Fernand Léger : Five themes and variations.* 1965 N.Y., Chalette Gallery, exp. indiv. 1968 N.Y., Saidenberg Gallery, *Gouaches, watercolors and drawings from 1910 to 1953.* N.Y., Perls Gallery, exp. indiv. 1969 Paris, Musée Galliera. Oct. 1971-janv. 1972, Paris, Galeries Nationales du Grand-Palais, exp. rétrospective.

Bibliographie

Fernand Léger « Notations on Plastic Values », N.Y., Anderson Galleries, 1925, catalogue publié par la Société Anonyme. Textes de Katherine S. Dreier, Carl Einstein, Fernand Léger, « New York vu par Fernand Léger », *Cahiers d'Arts*, Paris, vol. 6, n° 9-10, 1931. Fernand Léger, « The New Realism ; Lecture Delivered at the Museum of Modern Art. », *Art Front*, N.Y., vol. 2, n° 8, déc. 1935. I.P., « Fernand Léger pendant son séjour en Amérique a fait des conférences à l'Université de Yale et décoré l'intérieur de Rockefeller Jr », *Beaux-Arts*, Paris, vol. 76, n° 326, 31 mars 1939. Fernand Léger, « New York-Paris, Paris-New York », *La Voix de France*, Paris, n° 15, sept. 1941. Fernand Léger, « Un art nouveau sous le ciel californien », *La Voix de France*, Paris, n° 1, nov. 1941. Fernand Léger, « Découvrir l'Amérique », *La Voix de France*, Paris, n° 15, mai 1942. James Johnson Sweeney, « Today's Léger – Demain : Famous French Abstractionnist's work in his two years American Exile », *Art News*, N.Y., vol. 41, n° 11, 15 oct. 1942. Siegfried Giedon, « Léger in America », *Magazine of Art*, Washington, vol. 38, 1945. « Œuvres exécutées aux Etats-Unis », *Cahiers d'Art*, Paris, vol. 20-21, 1945-1946. André Warnod, « l'Amérique, ce n'est pas un pays, c'est un monde, dit Fernand Léger », *Arts*, Paris, n° 49, 4 janv. 1946. Fernand Léger, « Léger retrouve la France », *Arts de France*, Paris, n° 6, 1946. Pierre Descargues, « Fernand Léger », *Arts*, Paris, n° 147, 2 janv. 1948. Fernand Léger, « Au temps où Fernand Léger découvrait les Etats-Unis », *Arts*, Paris, n° 799, 7 déc. 1960.

Ouvrages de référence

Catalogue de la rétrospective *Fernand Léger*, The Art Institute of Chicago, 1953. Catalogue de la rétrospective *Fernand Léger*, Paris, Musée des Arts Décoratifs, 1956. Catalogue de la rétrospective *Fernand Léger*, Paris, Galeries Nationales du Grand Palais, 1971.

N.M.L.

ROY LICHTENSTEIN
New York, 1923.
Vit à New York.

1943-1945 Fait son service militaire en Europe. Séjour à Paris, étudie le français à la cité universitaire. 1946 Retourne aux USA. 1951 N.Y., Carlebach Gallery, *Roy Lichtenstein*, 1re exp. indiv. à N.Y. 1956 N.Y., The Brooklyn Museum *Ten years of american prints 1947-1956.* 1re exp. coll. à N.Y. 1961 Commence ses peintures pop. 1963 Paris, Galerie Sonnabend, *Lichtenstein*, 1re exp. indiv. à Paris. 1964 Paris, participe au 20e Salon de Mai. 1965 Paris, Galerie Sonnabend, *Lichtenstein.* Paris, Ambassade américaine, *USA nouvelle peinture.* 1966 Venise, 33e Biennale. Expose au Pavillon américain. 1967 Saint-Paul-de-Vence, Fondation Maeght, *10 ans d'Art vivant 55-65.* 1967 Paris, Musée des Arts Décos, *Bande dessinée et figuration narrative.* Paris, Galerie Sonnabend, exp. indiv. 1968 Venise, 34e Biennale. Kassel, Dokumenta 4. Saint-Paul-de-Vence, Fondation Maeght, *l'Art Vivant 1965-1968.* Paris, Galerie Sonnabend. 1970 Saint-Paul-de-Vence, Fondation Maeght, *L'Art vivant aux Etats-Unis.* Venise, 35e Biennale, Pavillon américain. 1972 Paris, Galerie Sonnabend. Venise, participe à la 36e Biennale. 1975 Paris, CNAC, exp. indiv. Paris, Galerie Sonnabend.

Bibliographie

Diane Waldman, *Roy Lichtenstein*, Paris, Ed. du Chêne, 1971. John Coplans, *Roy Lichtenstein*, Londres, Allen Lane, 1974. Catalogue de l'exposition *Roy Lichtenstein, dessins sans bande*, Paris, CNAC, 1975.

E.P.

JACQUES LIPCHITZ
Druskieniki, Lithuanie, 1891 – Capri, 1973.

1909 Vient à Paris étudier à l'atelier Injalbert, puis à l'Ecole des Beaux-Arts et enfin à l'Académie Julian. Manifeste une tendance cubiste. Apprend à sculpter directement la pierre. 1911 Privé de l'aide familiale, vit chichement à Montparnasse et souffre de tuberculose. Paris, Galerie Gil Blas, 1re exp. coll. à Paris. 1912 Rappelé en Russie pour le service militaire. Il est réformé et revient à Paris, rue du Montparnasse. Salon d'Automne, où il présente *Femmes et Gazelles*. Salon National des Beaux-Arts. 1913 Fréquente Brancusi, Diego Rivera, Modigliani, Picasso, Max Jacob. 1914 Expose en Espagne avec Diego Rivera et Marie Blanchard. 1915 Rencontre Berthe Kitrosser, poétesse bessarabienne, sa future épouse. Se lance dans l'abstraction et les constructions démontables. 1916 Fait sensation en perçant un trou dans une figure. 1920 Paris, Galerie Léonce Rosenberg, importante exp. indiv. 1922 Merion, la Barnes Foundation lui passe une commande. 1926 Réalise la série des *Transparents* dans la maison de Boulogne, dessinée par Le Corbusier. 1930 Paris, Galerie La Renaissance, exposition rétrospective de 100 sculptures, organisée par Jeanne Bûcher. 1935 N.Y., Galerie Brummer, 1re exp. indiv. aux USA. Préface de Elie Faure. 1936 Paris, à l'occasion de la Foire de Paris, au Grand-Palais, expose *Prométhée*. 1937 Paris, Petit-Palais, participe à l'exp. coll. *Les Maîtres de l'Art Indépendant* où une galerie entière lui est consacrée. 1941 Emigre aux Etats-unis, s'installe à N.Y. 1942-1943 N.Y., Buchholz Gallery, *Œuvres américaines*. Exécute une nouvelle série de *Transparents*. 1946 Effectue un bref retour en France pour les sculptures de l'église du plateau d'Assy. Reçoit la croix de la Légion d'Honneur. Paris, Galerie Maeght, *Œuvres d'Amérique* et rétrospective. Retourne aux Etats-Unis et s'établit à Hastings-on-Hudson. N.Y., MOMA, exp. coll. *Elevan Europeans in America*. 1948 N.Y., Buchholz Gallery, exp. indiv. 1950 Portland, Oregon Art Museum, *Lipchitz, sculptures and drawings 1914-1950*. 1951 Réalise un bas-relief sur le thème « la naissance des Muses » pour Mrs John D. Rockfeller III. Reçoit une commande pour le Fairmount Park, Philadelphie, sur le thème « l'Esprit d'Entreprise ». N.Y., MOMA. *Birth of the Muses*. 1952 Lors de la 26e Biennale de Venise, expose 22 œuvres. Son studio ayant brûlé, ainsi que ses maquettes, les musées américains fondent un comité d'aide pour lui permettre de reprendre son activité. Emménage dans un nouveau studio à Hastings-on-Hudson. 1954 N.Y., MOMA, en collaboration avec le Walker Art Center, Minneapolis, et le Cleveland Museum of Art, exp. indiv., *The sculpture of Jacques Lipchitz*. 1955-1956 Statues « semi-automatiques ». 1957 N.Y., Fine Arts Associates, Otto Gerson Gallery : *Jacques Lipchitz thirty three semi-automatics 1955-1956 and earlier works, 1915-1928*. Texte de l'artiste. Cincinati, Fine Arts Associates. Beverley Hills, Franc Perls Gallery. 1958 Devient docteur *honoris causa* de la Brandeis University, Waltham, Mass. 1959 N.Y., Fine Arts Associates, *A la limite du possible*. Introduction de l'artiste qui, malade, s'est lancé dans les petits sujets en bronze, par la technique de la cire perdue. Paris, MNAM. 1960 N.Y., Otto Gerson Gallery. 1963 Exp. itinérante de sculptures monumentales aux Etats-Unis, en Amérique du Sud et en Australie. N.Y., Otto Gerson Gallery, *J. Lipchitz, 175 small bronze sketches 1914-1926*. 1965 Jerusalem, Israel Museum, *J. Lipchitz, M. Chagall, the Bible in art and archeologie*. 1966 N.Y., Malborough Gerson Gallery, *Images of Italy*. 1968 N.Y., Malborough Gerson Gallery, *Jacques Lipchitz, the cubist period 1913-1930*. 1971 Tel Aviv, Art Museum, *J. Lipchitz, sculptures and drawings 1911-1970*. 1972 N.Y., Met, *My life in sculpture*. Part vivre en Italie à Pieve di Camaiore. 1974 N.Y., Malborough Gerson Gallery, exposition posthume.

D.M.

MORRIS LOUIS
Baltimore, Maryland, USA, 1912 – Washington, 1962.

1936-1940 Vient à N.Y. et habite à Chelsea où il rencontre de nombreux artistes américains. 1939 Participe au World's Fair à N.Y. Expose un tableau. 1940-1946 Habite à Baltimore. 1952 Fait la connaissance de K. Noland à Washington. 1953 A l'occasion d'un week-end passé à N.Y. avec Noland, il rencontre C. Greenberg. Visite des expositions de Kline et Pollock dont la peinture l'intéresse vivement. A partir de cette année-là fait de nombreux voyages à N.Y. sur le conseils de C. Greenberg. 1954 N.Y., Kootz Gallery, *Emerging talent*, exp. organisée par C. Greenberg. Visite l'atelier de De Kooning. 1957 N.Y., Martha Jackson Gallery, 1re exp. indiv. à N.Y. Michel Tapié

écrit l'introduction du catalogue et avant que l'exposition n'ouvre, il achète un tableau qu'il expédie à Paris pour sa collection. M. Tapié sélectionne d'autres tableaux pour d'autres expositions aux Etats-Unis. 1959 Fait la connaissance de Lauwrence Rubin qui lui achète plusieurs tableaux et avec lequel il passe un contrat un an plus tard. Paris, Galerie Neufville, *Nouvelle peinture américaine*, exp. à laquelle participent Stella, Kelly, Rauschenberg. 1960 L. Rubin expose les œuvres de M. Louis à Paris, à la Galerie Neufville, galerie dont il est l'associé, 1re exp. indiv. à Paris. 1961 Paris, Galerie Neufville, exp. indiv. L. Rubin ouvre une nouvelle galerie à Paris, la Galerie Lawrence. Il continue d'acheter des peintures de M. Louis et devient ainsi son marchand pour l'Europe. 1962 Paris, Galerie Breteau, exp. coll. à laquelle participent K. Noland, P. Saul, A. Ossorio. Paris, Galerie lawrence. exp. indiv. 1963 Paris, Centre Culturel Américain, *A-Z 1963, 31 peintres américains choisis par The Art Institute of Chicago*. 1964 Paris, Galerie Lawrence, exp. indiv. Participe à la 32e Biennale de Venise. Kassel, Documenta 3. 1968 Paris, Grand-Palais, CNAC, *l'Art du réel USA 1948-1968*. Kassel, Documenta 4.

Bibliographie

Michael Fried, *Morris Louis*, N.Y., Abrams, 1967. Catalogue de l'exposition *Morris Louis*, Washington, National Gallery, 1976.

E.P.

STANTON MACDONALD-WRIGHT
Charlottesville, Va, 1890 – Santa Monica, Ca, 1973.

1904-1905 Los Angeles, études à l'Arts Students League, dans la classe de Hedges, où il assimile les exemples de Chase et Sargent. 1907 Départ pour la France (août). A Paris, s'inscrit à la Sorbonne, puis à l'Ecole des Beaux-Arts, à l'Académie Colarossi et à l'Académie Julian. Découverte de l'art de Cézanne, dont il achète quatre aquarelles. Intérêt marque pour Renoir. 1909 Rencontre à Paris Thomas H. Benton. 1910 Au Salon d'Automne, 1re participation. Influence de Cézanne, intérêt pour le pointillisme de Seurat et de Signac. Découverte de Matisse, Picasso et Braque. 1911 Rencontre Morgan Russell avec lequel il collabore immédiatement (mêmes recherches théoriques sur les couleurs). Lecture des ouvrages de Chevreul, Odgen Rood, Charles Blanc et Hermann van Helmholtz. Russell l'entraîne dans l'atelier du canadien Tudor-Hart où tous deux apprennent l'application pratique des théories de la couleur. A cette époque, il connait probablement R. Delaunay, qu'il trouve « impressionistic », sans pourtant être introduit dans son atelier. Salon d'Automne (1 no). 1912 Salon des Indépendants (3 nos). Vente d'une toile à Jean Dracopoli (dont il fait cette même année le portrait) : 1re synchromie à être achetée par un collectionneur. *La Ville de Paris* de Robert Delaunay, présentée au Salon des Indépendants et *Les Fenêtres*, exposées au Salon d'Automne, le frappent. Fait la connaissance de Matisse et de Rodin. 1913 Salon des Indépendants (2 nor). Paris, Galerie Bernheim-J., *Les Synchromistes : Morgan Russell et Stanton Macdonald-Wright* (27 oct.-8 nov.) qui est la deuxième expo. synchromiste, après celle de la Neue Galerie à Munich. Publication au catalogue d'un texte retentissant où Russell et Macdonald-Wright s'élèvent contre le cubisme, le futurisme et l'orphisme, revendiquant l'originalité de leurs conceptions : à cet égard, ils forment le premier « mouvement » américain. Grand retentissement à Paris. Très mauvais accueil de la critique. Fin 1913 : retour à N.Y. (où il n'a pas participé à l'*Armory Show*). 1914 Paris, Salon des Indépendants : Macdonald-Wright y figure encore avec *Synchromate en pourpre* (au même Salon, *L'Hommage à Blériot* de R. Delaunay). N.Y., Carroll Galleries, *Synchromists*, 1re et dernière exp. commune aux USA avec Morgan Russell, dont il se sépare peu après (2-16 mars). Se lie avec Saÿen, Weber et Benton. Avril, retour à Paris avec son frère le critique d'art Willard Huntington Wright (jusqu'en août). 1915 N.Y., publication de *Modern Painting, its tendency and meaning*, par W.H. Wright, où le synchromisme, qui trouve en l'auteur un ardent défenseur, supplante l'orphisme (R. Delaunay sera en possession d'une traduction anglaise de l'ouvrage). 1956 Retour définitif à N.Y., où il reste jusqu'en 1918. Anderson Galleries, *Forum Exhibition*, participation importante de Stanton Macdonald-Wright aux côtés de Russell et Dasburg. 1917 Galerie 291, exp. indiv. (20-31 mars). 1918 N.Y., Daniel Gallery, exp. indiv. (mars). 1919 Départ pour Santa Monica, Californie : S. Macdonald-Wright se retire du circuit des galeries, et approfondit ses recherches chromatiques. Réalisation d'un film en couleur (détruit) et projet d'un kinetoscope projector. 1923 S'intéresse à l'art oriental, chinois et japonais. 1924 Ecrit *A treatise on color* pour ses étudiants de l'Art Students League à Los Angeles. 1927 Los Angeles, County Museum, exp. coll. avec Morgan Russell. 1931 Séjour à N.Y., Galerie 291, exp. indiv. *An american place*. 1946 N.Y., The Whitney Museum of American Art, *Pioneers of* modern art in America. 1950 N.Y., Rose Fried gallery, *Three american pioneers, Morgan Russell, Macdonald-Wright and Patrick H. Bruce.* 1956 Los Angeles, County Museum, 1re rétrospective indiv. aux USA. Paris, Galerie Arnaud, 1re rétrospective en France. 1965 N.Y., Knoedler Gallery, *Synchromism and color principles in american painting, 1901-1930.* 1970 Los Angeles, UCLA, exp. rétrospective *Stanton Macdonald-Wright, 1911-1970.*

Bibliographie

Catalogue de l'exposition *Les Synchromistes Morgan Russell et Stanton Macdonald-Wright*, Paris, Galerie Bernheim-Jeune, 1913. V. de Vaugironne, in *La revue moderne*, Paris, n° 22, 5 nov. 1913. Gustave Kahn, in *Mercure de France*, Paris, 11 nov. 1913. Willard H. Wright, « Impressionism to Synchromism », *Forum*, N.Y., vol. 50, déc. 1913. André Salmon, in *Montjoie*, Paris, mars 1914. Marc Vromant, in *Comœdia*, Paris, 15 avril 1914. Gustave Coquiot, *Cubistes, futuristes, passéistes*, Paris, Ollendorf, 1914. Willard H. Wright, *Modern Art, its tendency and meaning*, N.Y., John Lane Co, 1915 ; « Synchromism », *International Studio*, N.Y., vol. 56, oct. 1915 ; « Forum Exhibition at The Anderson Galleries », *Forum*, N.Y., vol. 55, avril 1916. Stanton Macdonald-Wright, *A treatise on Color*, Los Angeles, 1924 Waldemar George, « Trente ans d'Art Indépendant », *L'Amour de l'Art*, Paris, 1926.

Ouvrages de référence

Michel Seuphor, « Synchromies », *L'Œil*, Paris, n° 37, janv. 1958. William C. Agee, *Synchromism and color principles in American painting, 1910-1930*, N.Y., Knoedler Co, 1965 ; « Synchromism, the first american movement », *Art News*, vol. 64, n° 6, oct. 1965. Barbara Rose, « The artists speaks : Stanton Macdonald-Wright », *Art in America*, N.Y., vol. LV, mai 1967. David S. Scott, *The art of Stanton Macdonald-Wright*, Washington, National collection of Fine Arts, Smithsonian Press, 1967. *L'année 1913*, travaux et documents inédits réunis sous la direction de L. Brion-Guerry, Paris, Klinsieck, 1971.

A.L.B.

RENÉ MAGRITTE
Lessines, Belgique, 1898 – Bruxelles, 1967.

1915 Peint ses premières toiles impressionnistes. 1916-1917 Fréquente l'Académie des Beaux-Arts de Bruxelles. 1919 Rencontre P. Bourgeois, P.L. Flouquet, E.L.T. Mesens. 1920 Bruxelles, Galerie le Centre d'Art, 1re exp. coll. 1922 Est ému par le *Chant d'amour* de Chirico. 1924 Fait la connaissance de Camille Goemans, Paul Nougé. 1925 Réalise sa première toile surréaliste *le Jockey perdu*. 1927 Bruxelles, Galerie le Centaure, 1re exp. indiv. S'installe en France, au Perreux-sur-Marne. Fréquente le groupe surréaliste d'André Breton. 1928 Paris, Galerie Goemans, *Exposition surréaliste.* 1930 Revient à Bruxelles. Y fréquente L. Sutenaire, P. Colinet, M. Marien. 1933 Paris, galerie Pierre Colle. Participe à l'exposition surréaliste : *sculptures, objets, peintures, dessins.* Texte de Tristan Tzara. 1935 Paris, Galerie des Quatre Chemins. *Exposition de dessins surréalistes.* Texte de l'artiste. 1936 N.Y. Galerie Julien Lévy. Traduction par Man Ray du poème d'Eluard *Stairs of the eye.* Y expose chaque année par la suite. 1940-1946 Période du *Plein soleil.* 1941-1948 Expose régulièrement, Bruxelles, Galerie Dietrich. 1948 Paris, Galerie du Faubourg, *Peintures et gouaches.* N.Y., Hugo Gallery. Poèmes d'Eluard. Hollywood, Copley gallery. Texte de l'artiste. 1949 Paris, Galerie Calligrammes, *Quelques dessins et gouaches de M.* San Francisco, Palace of the Legion of Honour. *Illusionism and Trompe-l'œil.* 1950 Paris, Musée d'Art Moderne. *Quelques artistes wallons contemporains.* N.Y. Gallery Van Diemen-Lilienfeld. *Modern Belgian art in Private American collections.* 1951 Amsterdam, Stedelijk Museum, *Surrealism + abstraction*, choix de la collection Peggy Guggenheim. 1952-1955 Publie la revue *La Carte d'après nature.* 1953 Décore le casino de Knokke-le-Zoute, *Le domaine enchanté.* N.Y., Galerie Iolas. Expositions régulières par la suite. 1954 N.Y., Sidney Janis gallery, *Words vs, images, René Magritte.* Est représenté à la Biennale de Venise. 1955 Paris, Galerie Cahiers d'Art, *Exposition de peintures et gouaches.* 1956 Reçoit le prix Guggenheim pour la Belgique. 1958 N.Y., Bodley Gallery, dessins. 1960 Paris, Galerie Rive Droite. Texte de l'auteur. Dallas, Museum for Contemporary arts, puis Houston, museum of Fine Arts, *René Magritte in America.* 1961 Fonde et anime la revue *Rhétorique.* 13 numéros jusqu'en 1966. Chicago, Arts Club. *Belgian painters*, N.Y., Albert Landry gallery, *René Magritte in New York private collections.* Sarasota, John and Mable Ringling Museum of Art, *René Magritte-Yves Tanguy.* Peint la fresque *Les Barricades*

mystérieuses au Palais des Congrès, Bruxelles. 1962 N.Y., Iolas Gallery, *René Magritte recent works 1960-1961-1962.* Minneapolis, Walker Art Center, *The vision of René Magritte.* Préface de Suzi Gablik. N.Y., Bodley Gallery, *René Magritte, paintings, gouaches, collages, drawings 1928-1958.* 1963 Paris, Galerie A.F. Petit. Expose avec Bellmer, Dali, Ernst... 1964 Chicago, Renaissance Society Art at the university Little Rock, Houston, Arkansas Art Center. Texte d'André Breton. Paris, Galerie Iolas, *Magritte, le Sens Propre.* Texte d'André Breton. 1965 N.Y., Iolas Gallery, *Magritte, le Sens propre.* Paris, 21e Salon de Mai, MAM. Est l'auteur de l'affiche en couleurs. 1965-1966 N.Y., MOMA, rétrospective Magritte, en collaboration avec : University Rose Art Museum, Brandeis, Art Institute of Chicago, Berkeley University Art Museum, Pasadena Art Museum. Reprend certains tableaux dans des sculptures de bronze. 1968 N.Y., Byron Gallery. Exposition posthume. 1969 Paris, Iolas Gallery, *The 8 sculptures of Magritte.* 1973 London, Malborough Fine Art, *Magritte retrospective Loan exhibition.* 1974 Bruxelles, Galerie Isy Brachot *Delvaux, Gnoli, Magritte.* 1975 N.Y., Davlyn Gallery, *Magritte, paintings, gouaches, sculpture.* On utilise ses peintures pour illustrer le roman de Robbe-Grillet *La belle Captive*, Lausanne, Bibliothèque d'art. 1976 Paris, MAM ARC2, *La fidélité des images, René Magritte, Le cinématographe et la photographie.* Texte de Louis Scutenaire.

Bibliographie

Patrick Waldberg, *René Magritte*, suivi d'une bibliographie générale par André Blavier. Bruxelles, André de Rache, 1965. René Magritte, *Manifestes et autres écrits*, Bruxelles, les Lèvres Nues, 1972.

D.M.

MAN RAY
Philadelphie, 1890 – Paris, 1976.

1911 Réalise sa première œuvre abstraite *Tapestry.* Découvre Cézanne à la Galerie 291. 1912 Suit les cours du Ferren Center, à N.Y., où il rencontre le peintre Samuel Halpert, ancien élève de Matisse. 1913 Epouse Adon Lacroix, française, elle lui traduira les poètes Rimbaud, Lautréamont, Mallarmé... avec elle et le poète A. Kreymborg, Man Ray s'installe à Ridgefield, New Jersey. Invité à l'Armory Show, il n'y participe pas, mais cette exp. stimule en lui « le courage de s'atteler à une grande toile » (Autoportrait). 1915 Se lie d'amitié avec Marcel Duchamp. Publie le n° unique de *Ridgefield Gazook* (31 mars), déjà dada en esprit. Il retourne à N.Y. et soutenu par le peintre Samuel Halpert, il fait sa première exp. personnelle à la *Daniel Gallery* : 30 tableaux et quelques dessins, dont *Etudes en 2 dimensions, Inventions, Interprétations...* Arthur jérome Eddy lui achète une demi-douzaine de toiles. Man Ray commence, d'autre part, ses premières expériences de photographie. 1916 Avec Duchamp et Arensberg, il devient membre fondateur de la Society of Independants Artists. Expose avec les synchromistes, Morgan Russel et Mac Donald Wright, *La veuve noire.* N.Y. participe à l'exp. Forum exhibition of modern american painters, Anderson Galleries (MCM-XIV et natures mortes), texte de Man Ray « La peinture à tempérament ». N.Y., expose à la Daniel Gallery, 9 tableaux et des dessins. 1917 participe avec Picabia, Crotti, Duchamp, Arensberg, Betrice Wood et H.P. Roché, à la publication des revues *The Blind Man* et *Rongwrong.* Commence les aérographies *Suicide, la danseuse de corde s'accompagne de ses ombres*, exposées à la première exp. de la Society of Independant Artists. Réalise des objets, dont *New York, Boardwalk, l'Homme* et une série de collages *Revolving doors.* 1919 N.Y., 3e exp. à la Daniel Gallery : 17 aérographies et collages *(admiration de l'orchestrelle pour le cinématographe, jazz, la volière...).* Mars, n° unique de *TNT* avec Henri S. Reynolds et Adolf Wolf. Photographie les premiers essais de roto-relief de Duchamp. 1920 fonde la Société Anonyme (nom donné par Man Ray) avec Katherine Dreier et Marcel Duchamp. Man Ray aide, avec Duchamp à l'accrochage de la première exp. ; lui-même expose des photos *Porte-Manteau*, l'*Enigme d'Isidore Ducasse* et un objet *l'abat-jour*, que Katherine Dreier lui achète. Fait également, à cette occasion, une conférence sur l'art moderne. 1921 Avec Duchamp, publie le n° unique de *New-York dada.* Attiré, depuis toujours par Paris, il arrive le 14 juillet au Havre. Grâce à Soupault, qu'il rencontre par Marcel Duchamp, il expose pour la première fois à Paris, en décembre, à la Librairie 6, 35 œuvres de 1914 à 1921 (dont *I. Ducan in the nude, My first born, Alcohol to burn...*), titre de l'exp. *La bonne nouvelle*, textes de Aragon, Eluard, Ernst, Soupault, Tzara... Grand succès, mais ne vend rien. Signe le tract « Dada soulève tout » et commence ses premières expériences de rayogramme. 1922 Paris, participe au *salon dada, exp. internationale*, Galerie Montaigne. Publie un premier album de 12 rayographes *Les champs délicieux*, préface de Tzara. N.Y. expose au Mac Dornell club, exp. organisée par la Société Anonyme. 1923 Montre son premier film *Retour à la raison*, à la Soirée du Cœur à Barbe, au théâtre Michel. 1924 1re monographie sur son œuvre par Ribemont Dessaignes (Gallimard). Joue aux échecs, avec Duchamp, dans le film de René Clair *Entr'acte*. 1925 Paris, participe à la 1re exp. surréaliste, à la Galerie Pierre. Paris, expose au Salon des Indépendants « 2 machins » *Baromètre* et *Nature morte*. Fait de plus en plus de photos d'artistes et de photos de mode, notamment pour Paul Poiret. 1926 travaille avec Duchamp et Allegret au film *Anemic cinema* et réalise *Emak Bakia*, produit par un industriel américain Wheeler. Paris, expose 24 œuvres de 1908 à 1921, *Tableaux de Man Ray et objets des îles*, à la Galerie Surréaliste. Publie la série des collages *Revolving doors*, aux éd. surréalistes, Paris. N.Y. participe à l'exp., organisée par la Société Anonyme, au Brooklyn Museum, avec 2 œuvres *Arc de triomphe*, et Paris. *1927 N.Y., expose Daniel Gallery Recent paintings and photographic compositions* (dont le *portrait de Duchamp, Emak Bakia...*). 1928 Réalise le film *l'Etoile de mer*, sur un poème de Desnos. 1929 tourne *les Mystères du Château de dés*, produit par le Vicomte de Noailles. Paris, expose Galerie des Quatre-Chemins et Galerie Van Leer. 1930 Début des solarisations. Paris, participe à l'exp. *Collages*, à la Galerie Goemans, préface de Aragon. 1931 Hartford (Connect.) participe à la 1re exp. surréaliste aux Etats-Unis *Newer Super Realism*, au Wadsworth Atheneum. N.Y. expose des photographies, à la Julien Levy Gallery. Paris, expose des œuvres récentes à la Galerie Vignon. 1933 Paris, participe à l'exp. surréaliste à la Galerie Pierre Colle. 1934 J.T. Soby édite *l'Age de la lumière]the age of light*, photos de Man Ray de 1920 à 1924, textes de Breton, Eluard, Rose Sélavy, Tzara... 1935 Paris, expose des peintures et objets, à la Galerie des Cahiers d'Art. Publication de *Faciles*, poèmes d'Eluard, illustrés de photos de Man Ray. Hartford (Connect) expose photos et rayographes au Wadsworth Atheneum. 1935 Paris, participe avec 5 objets, *à l'exp. surréaliste d'objets*, Galerie Charles Ratton. N.Y. participe à l'exp. *Fantastic art, dada, surrealism*, organisée par Barr au Moma, avec 2 objets, 1 peinture, *A l'heure de l'observatoire les amoureux*, un rayographe et une aérographie. N.Y. expose 36 dessins, Valentine Gallery, préface de Eluard. 1937 Publication de poèmes d'Eluard, *les Mains libres*, illustrés de dessins de Man Ray. Paris, expose des dessins à la Galerie Jeanne Bûcher. Publie un article « La photo n'est pas de l'art » et 12 photos dans les Cahiers d'Art. 1938 Man Ray s'occupe de l'éclairage de *l'exp. internaternationale du surréalisme*, Galerie des Beaux-Arts et expose lui-même *L'incompris*, *La Fortune*, *Le mur*, *La femme et son poisson*... 1940 Fuit la guerre aux Etats-Unis et s'installe en août à Hollywood. 1941 San Francisco, exp. personnelle au De Young Museum. 1942 Los Angeles, expose Frank Perls Gallery, 23 peintures, aquarelles, dessins, rayographes... 1943 Publie dans *View*, 2 articles « Photography is not art » et écrit le scénario « Ruth, Roses, Revolvers », pour le film de Hans Richter *Dreams that money can buy*. 1944 Pasadena, expose à l'Art Institute 53 peintures, aquarelles, dessins, peintures. 1945 N.Y. expose à la Julien Levy Gallery 26 peintures, 17 objets, cat. avec un texte de Duchamp et un texte de Man Ray « it has never been my object to record my dreams ». Texte de Man Ray sur Duchamp « Bilingual Biography », *View*. 1946 N.Y., participe à l'exp. *Pioneers of modern art*, au Whitney Museum. 1947 Chicago, participe à l'exp. *Abstract and surrealist art in America*, à l'Art institute. Paris, participe à l'exp. internationale du surréalisme, Galerie Maeght. 1948 Los Angeles, expose Copley Galleries, *20 équations shakespeariennes*, texte de Man Ray « to be continued unnoticed ». Bill Copley achète *les Amoureux à l'heure de l'observatoire*, Al Lewin, *La mégère apprivoisée*. Publie des dessins *Alphabet for adults*, aussi aux éd. Coppley. Yale, participe à l'exp. *Painting and sculture by the directors of the Société Anonyme 1920-1948*, organisée à la Yale art Gallery. Durant toutes ces années, Man Ray a connu le tout Hollywood, dont Eric von Stroheim, Henry Miller, Al Lewin... et a fait de nombreuses conférences à l'Ecole des Beaux-Arts de Los Angeles. 1951 De retour à Paris. 1954 Paris, expose Galerie Furstenberg 15 équations shakespeariennes, 14 peintures, objets... 1956 Tours, Max Ernst, Man Ray, D. Tanning, Mies van der Rohe exposent au musée, préface de Breton. 1959 Paris, participe à *l'exp. internationale du surréalisme* à la Galerie Daniel Cordier. N.Y., expose à la Galerie Iolas 36 peintures, collages, objets de 1912 à 1959, texte de Duchamp. 1962 Paris, 76 rayographes, photos, documents, présentés à la Bibliothèque Nationale. 1963 « L'autoportrait », publié à Londres, Boston, puis à Paris en 1964. 1964 Paris, participe à l'exp. *le Surréalisme et ses affinités* à la Galerie Charpentier. 1965 N.Y., expose à la Cordier and Eckstrom Gallery *les objets de mon affection*. 1969 Vence, 40 peintures, *les invendables*, exposées à la Galerie Chave. 1971 Paris, expose Galerie Suzanne Visat, peintures, objets, dessins. 1972 Paris, rétrospective au Musée National d'Art Moderne. 1976 mort de Man Ray.

Bibliographie

A. Schwarz, *New York dada Duchamp Man Ray Picabia*, Münich, Städtische Galerie im Lenbachhaus, 1974. Catalogue de la rétrospective *Man Ray*, Los Angelès County Museum, 1966. Man Ray, *autoportrait*, Paris, Laffont, 1964. Catalogue de la rétrospective *Man Ray*, Paris, Réunion des Musées Nationaux, 1972.

C.S.

LOUIS MARCOUSSIS (Ludwig Casimir Ladislas Markous, dit)
Varsovie, Pologne, 1883 – Cusset, Allier, 1941.

1903 S'installe à Paris. 1905 Paris, Salon d'Automne, 1re exp. coll. à Paris. 1906 et 1907 Paris, Salon d'Automne. 1910 Fait la connaissance de Braque, Apollinaire et Picasso. 1911 Sur le conseil d'Apollinaire adopte le pseudonyme de Marcoussis. 1912 Paris, Galerie La Boétie, *Salon de la Section d'Or*. Paris, Salon d'Automne. 1913 Paris, Salon des Indépendants. Epouse Alice Halicka. 1914 Paris, Salon des Indépendants. 1920, 1921, 1922 et 1923 Paris, Salon des Indépendants. 1922 Compose la couverture du numéro d'août de la revue américaine *Broom*. 1923 et 1924 Paris, Salon des Tuileries. 1925 Paris, Galerie Pierre, préface du catalogue par Tristan Tzara, 1re exp. indiv. à Paris. Paris, 18, rue de la Ville-l'Evêque, *L'Art d'Aujourd'hui*. Paris, Galerie Vavin Raspail, exposition du Groupe de la Section d'Or. 1926 Paris, Galerie Myrbor et Galerie Percier, exp. indiv. N.Y., Brooklyn Museum, *International Exhibition of Modern Art* organisée par la Société Anonyme, 1re exp. coll. à N.Y. 1927, 1928 et 1929 Paris, Salon des Tuileries. 1929 Paris, Galerie Georges Bernheim et Galerie Jeanne Bucher, exp. indiv. N.Y., Valentine Gallery, exp. coll. 1930 Paris, Galerie Jeanne Bucher, exp. indiv. N.Y., De Haucke and Co. Gallery, *Cubists works from 1910 to 1913*. 1931 N.Y., Rand School, exposition organisée par la Société Anonyme. 1932 Paris, Galerie d'Art Braun et Cie, *Vingt-cinq Ans de Peinture Abstraite*. N.Y., Maria Sterner Gallery, exposition de la collection Helena Rubinstein. Entre 1933 et 1935 fait deux séjours à N.Y. 1933 N.Y., Knoedler Gallery, 1re exp. indiv. à N.Y. 1935 Paris, Galerie Pierre, exp. des eaux-fortes d'*Alcools*. N.Y., Knoedler Gallery, exp. indiv. de gravures. N.Y., Marie Harriman Gallery, exp. avec Braque, Gris, Léger, La Fesnaye, Lipchitz, Picasso. 1936 N.Y., MOMA. 1937 Paris, Galerie Jeanne Bucher, exp. indiv. Musée du Jeu de Paume, *Origines et Développement de l'Art International Indépendant*. 1943 N.Y., Helena Rubinstein Art Center, *Masters of Abstract Art*. 1948 Paris, Galerie d'Art du Faubourg, exp. indiv. 1952 Paris, Galerie de l'Art Vivant, *Présence de Marcoussis*. 1953 Paris, Galerie de Berri, exp. indiv. Paris, Galerie La Hune, rétrospective de l'œuvre gravé. 1955 Paris, Galerie Creuzevault, exp. indiv. 1962 Paris, Galerie Kriegel, exp. indiv. 1964 Paris, MNAM, exposition rétrospective.

Bibliographie

Jean Lafranchis, *Marcoussis*, Paris, Editions du Temps, 1961. Jacques Viot, « Marcoussis », *The Little Review*, N.Y., vol. 12, printemps 1926.

N.M.L.

JOHN MARIN
Rutherford, N.J., 1870 – Cape Split, Maine, 1953.

Etudes à la Pennsylvania Academy of Fine Arts sous la direction de W.M. Chase. Rencontre de Arthur B. Carles avec qui il se lie d'amitié. 1905 Débarque à Paris où il restera jusqu'en 1911, tout en faisant plusieurs voyages en Europe. Fréquente à Montparnasse le Café du Dôme où il rencontre un grand nombre d'artistes allemands et américains. 1907 Paris, Salon des Indépendants, 1re exp. coll. en France. Fréquente quelque temps l'atelier Delecluse. 1908 Paris, Salon des Indépendants et Salon d'Automne. Expose des aquarelles aux côtés des américains Max Weber et Arthur B. Carles et des français comme Delaunay, Derain et Matisse. Le musée du Luxembourg lui achète une toile *Moulins à Meaux*. Carles lui fait faire la connaissance de Steichen. Marin rejoint le groupe de la New Society of American Artists in Paris qui comprend entre autres Maurer, Steichen, Bruce, et Weber. 1909 Steichen envoie quelques aquarelles de Marin à Stieglitz qui organise à N.Y., Galerie 291, une exposition de Marin et Maurer. Vif succès à N.Y. des aquarelles réalisées en France. Paris, rencontre Alfred Stieglitz en juin. Participe au Salon d'Automne. Retourne aux Etats-Unis à la fin de l'année pour un bref séjour. 1910 N.Y., Galerie 291, première exp. indiv., fév. 1911 Rentre définitivement aux Etats-Unis. N.Y., Galerie 291, exp. indiv., (fév.). 1912 Série des *Woolworth Building* et des *Brooklyn Bridge*. 1913 N.Y., Galerie 291, exp. indiv., (janv.-fév.). Participe à l'*Armory*

Show, 10 aquarelles. 1916 N.Y., Anderson Galleries, *Forum Exhibition of Modern American Painters*. 1917 N.Y., Grand Central Palace, Society of Indépendent Artists, *First Annual Exhibition*. A la fermeture de la Galerie 291, expose dorénavant à la Daniel Gallery et à la Montross Gallery. 1926 N.Y., Brooklyn Museum, *International Exhibition of Modern Art*, organisée par la Société Anonyme. 1936 N.Y., MOMA, grande rétrospective des œuvres de Marin organisée par Stieglitz. 1938 Paris, Musée du Jeu de Paume, *Trois siècles d'art aux Etats-Unis*, 4 œuvres.

Bibliographie

« Le Salon d'Automne », *Gazette des Beaux Arts*, Paris, vol. II, 1908. Charles Saunier, «John Marin, peintre-graveur », *L'Art Décoratif*, Paris, vol. XVIII, janv. 1908. *Camera Work*, N.Y., n° 26, avril 1909, n° 27, juil. 1909. *American Art News*, N.Y., vol. VII, avril 1909. *Camera Work*, N.Y., n° 30, avril 1910. *American Art News*, N.Y., vol. VIII, 19 fév. 1910. *Camera Work*, N.Y., n° 36, oct. 1911. Jean René, «Les Salons de 1911 », *Gazette des Beaux-Arts*, Paris, n° 2, 1911. A.E. Taylor, «The American Colony of Artists in Paris », *The Studio*, Londres, N.Y. vol. LIII, juil. 1911. *Camera Work*, N.Y., n° 39, juil. 1912 ; n°s 42-43, avril-juil. 1913. « Marin Show at Photo-Secession Gallery », *American Art News*, N.Y., vol. XI, 25 janv. 1913. «John Marin's points of view », *American Art News*, N.Y., vol. XIII, 27 fév. 1915. *Camera Work*, N.Y., n° 48, oct. 1916. W.H. Wright, «John Marin's watercolors », *International Studio*, Londres, N.Y., vol. LVIII, mars 1916. Marsden Hartley, *Adventures in the Arts*, N.Y., Boni and Liveright, 1921.

Ouvrages de référence

The selected writings of John Marin. Introduction de Dorothy Norman, N.Y., 1949. Sheldon Reich, *John Marin : A stylistic analysis and catalogue raisonné*, 2 vol., Tuscon, University of Arizona Press, 1970.

M.D.

ANDRÉ MASSON
Balagny-sur-Thérain, Oise, 1896.
Vit à Paris.

1907-1911 Suit les cours de l'Académie Royale des Beaux-Arts et de l'Ecole des Arts Décoratifs de Bruxelles. Découvre Cézanne, Gauguin, Seurat et surtout Ensor et Redon. 1912-1914 Inscrit à l'Ecole Nationale Supérieure des Beaux Arts de Paris, il suit les cours de Paul Baudoin et de Rafaël Colin. Découvre le cubisme par des reproductions de la revue *Je sais tout*. 1915-1918 Soldat dans l'Infanterie, il est blessé grièvement en 1917. 1921 Masson s'installe rue Blomet, qui devient vite un foyer de rencontre entre peintres et poètes (Max Jacob, Michel Leiris, Dubuffet, Miro, Juan Gris, Artaud...). 1922 Signe un contrat avec Kahnweiler, qui lui fait connaître Gertrude Stein. 1923 Découvre l'œuvre de Paul Klee, qui le sortira du cubisme. Commence les dessins automatiques. Hemingway achète *Le coup de dés* dans l'atelier du peintre, après avoir admiré *Le repas* chez Gertrude Stein. 1924 Paris, mars, 1ʳᵉ exp. personnelle à la Galerie Simon, 53 huiles et dessins, préface de Limbour. Breton achète *Les quatre éléments*, A. Salacrou *Les Corbeaux*. 1925 Signe divers manifestes surréalistes et publie divers dessins et toiles dans *la Révolution Surréaliste*. Participe, d'autre part, à la 1ʳᵉ exp. surréaliste à la Galerie Pierre. 1925-1928 Passe une grande partie de son temps entre Paris et le Midi. 1926 Article de Michel Leiris sur Masson dans *Little Review* (été). 1927 Commence la série de ses tableaux de sable, reproduits dans *la Révolution Surréaliste*. 1928 Illustre Bataille et Sade, participe à l'exp. surréaliste au Sacre du Printemps. Rencontre Peggy Guggenheim au Lavandou. 1929 Paris, avril, exp. G. Simon, 41 peintures, dessins, aquarelles, pastels, préface de Limbour. Il rompt avec Breton pour des « raisons d'indépendance ». Dans le n° de fév. de la revue *Transition*, il est cité par Harold Salemson comme « le seul vrai surréaliste ». Début de la revue *Documents* dirigée par Bataille, nombreuses reproductions d'œuvres de Masson, Klee, Miro, Picasso, Leger, Giacometti... 1930 N.Y., juil., participe à une exp. de groupe à la Gallery of Living Art (*Carte postale italienne*). 1ʳᵉ monographie sur Masson par Pascal Pia. 1932 Habite Saint-Jean-de-Grasse, se lie d'amitié avec Matisse et H.G. Wells. Paris, expose Galerie Paul Rosenberg, une série de tableaux *Massacres*. N.Y., expose avec Léger et Roux à la Valentine Gallery. 1931 Hartford (Conn.) Participe à la 1ʳᵉ grande exp. surréaliste aux Etats-Unis *Newer Super-Realism* au Wadsworth Atheneum (l'exp. sera ensuite présentée en 1932 à la Julien Levy Gallery, à N.Y.). 1933 N.Y., *9 peintures récentes* à la Pierre Matisse Gallery. Travaille aux décors et aux costumes du ballet de Léonide Mas-

sine « Les Présages ». Hartford (Conn.), participe à l'exp. *Littérature et Poésie dans la Peinture* au Wadsworth Atteneum. 1934 Paris, expose ses œuvres récentes à la Galerie Simon. Saidie May achète sa 1ʳᵉ peinture de Masson. 1934 1936 Voyage en Espagne et s'installe à Tossa del Mar. Nombreuses toiles et dessins inspirés de la guerre, des corridas et du paysage espagnol. 1935 N.Y., expose à la Pierre Matisse Gallery 16 œuvres (*La Chasse, Amants, Viol, Daphné et Apollon, Bachanale...*). N.Y., participe avec 13 œuvres à l'exp. *Fantastic art, dada, surrealism* organisée par Barr, au MOMA (*Naissance des oiseaux, Bataille de poissons, Animaux se dévorant, Métamorphose...*). Publie *Sacrifices*, une série de gravures accompagnant le texte de Bataille. Retourne en France et s'installe à Lyons-la-Forêt (Eure). Se réconcilie avec Breton. 1937 Le MOMA acquiert *Bataille de Poisson*, 1ʳᵉ œuvre de Masson achetée par un musée. 1938 Paris, participe à *l'exp. internationale du Surréalisme* à la Galerie des Beaux Arts. Commence une suite de dessins à l'encre de chine *Mythologie de la nature, Anatomie de mon univers, Mythologie de l'être*. 1939 Collages sur panneaux de bois *Le pays du sel*. Série du *Chantier de Dédale*. N.Y., l'exp. itinérante *traditions classiques et romantiques dans la peinture abstraite* organisée par le MOMA comprend 2 toiles de Masson *Nus et Architecture, Un chevalier*. 1940 Peggy Guggenheim achète *l'Armure* (1925). 1941 Mars, départ en bateau pour les Etats-Unis, escale de 3 semaines en Martinique avec André Breton. Juin, s'installe à New Preston dans le Connecticut où il restera jusqu'en 1945. Voisine avec Calder, Tanguy, Julien Levy, Ashile Gorky. Oct.-nov., texte de Masson « le lit de Platon » publié dans *View*. Baltimore, nov., exp. rétrospective de 31 œuvres, peintures et dessins, organisée par la collectionneuse Saidie A. May. Prononce à cette occasion une conférence « Peindre est une gageure ». 1942 N.Y., expose Buchholz Gallery Willard Gallery. N.Y., participe à l'exp. *Artists in exile* à la Pierre Matisse Gallery (*Terre ensemencée*) et à l'exp. *First Papers of Surrealism* (*Méditation sur une feuille de chêne*). Début de la période tellurique : *Andromède, Parsipha, Eté indien*. A l'occasion de conférences organisées par le Comité des Réfugiés, voit tout le groupe des intellectuels réfugiés à N.Y., Breton, Duthuit, Caillois, Shapiro. Visite la collection d'art asiatique du Musée des Beaux-Arts de Boston, qui l'intéresse beaucoup. Travaille à la gravure à l'Atelier 17, créé par Hayter. 1943 Le MOMA acquiert : *Chanteur de rue* (1941), *Léonard de Vinci, Isabelle d'Este*. Notes publiées dans *View* et conférence au Mount Hollyoke College. « Unité et variété dans la peinture française ». N.Y., *Armure* et *Germination* présentées dans l'exp. *15 Early, 15 Late* dans la Galerie Art of this Century. Les éditions Curt Valentin publient « Anatomy of my Universe ». 1944 N.Y., expose 36 dessins à la Buchholz Gallery Curt Valentin et 11 peintures chez Paul Rosenberg. Participe d'autre part à de nombreuses exp. coll., organisées par le MOMA et la Pierre Matisse Gallery. Fait encore une conférence au Mount Hollyoke College : « L'Art et la Crise » (d'autres conférenciers seront Hayter, Motherwell, Zadkine, R. Goldwater.) 1945 N.Y., *Couples* et *Parsiphaée* montrées au Whitney Museum pour l'exp. *European Artists in America*. N.Y., expose à la Buchholz Gallery des dessins pour le *Serpent dans la Galère* de Georges Duthuit. Couverture pour *View*. Oct., retour en France. Paris, déc., présente les *œuvres rapportées d'Amérique 1941-1945*, à la Galerie Louise Leiris, où il exposera régulièrement depuis. 1946 Publication conjointe par Curt Valentin et Louise Leiris de *Bestiaire* (12 lithographies, 10 dessins), texte de G. Duthuit. 1947 Oct., s'installe au Tholonet en Provence. Nombreuses peintures de paysage. N.Y., expose à la Buchholz Curt Valentin et Willard Gallery 47 œuvres de 1922 à 1945. 22 dessins sur le thème du désir. Paris, participe à *l'exp. internationale du Surréalisme*, Galerie Maeght. 1949 N.Y., *Paysages* exposés à la Buchholz Gallery, accompagnés d'un texte de Masson « Notes sur le paysage ». 1950 Publie le « Plaisir de peindre » à la Diane Française. Le MOMA acquiert *Méditation sur une feuille de chêne*. 1953 N.Y., expose 42 peintures à la Curt Valentin Gallery. Texte de Masson. 1954 N.Y., participe à l'exp. *En mémoire de Curt Valentin*, exp. de chefs-d'œuvres prêtés par les musées américains. 1958 N.Y., expose Saidenberg Gallery, 34 peintures. Texte de Rubin : « L'intégrité de Masson ». 1961 N.Y., Rétrospective Saidenberg Gallery : 43 œuvres. 1963 Le MOMA acquiert *Bataille d'oiseaux, Bataille de poissons* et *Attaqués par des oiseaux*. 1964 Paris, 17 œuvres montrées à l'exp. *Le surréalisme, sources, histoire, affinités* à la Galerie Charpentier. 1965 Paris, rétrospective au Musée National d'Art Moderne organisée par Jean, Cassou : 235 œuvres. Peint le plafond de l'Odéon à la demande d'A. Malraux. 1966 N.Y., expose 32 œuvres de 1924 à 1964 à la Saidenberg Gallery *A. Masson, directions majeures*. 1968 N.Y., 17 œuvres montrées à l'exp. *Dada, surrealism and their heritage* organisée par Rubin au MOMA. 1972 N.Y., expose Lerner Heller Gallery et Blue moon Gallery. 1976 N.Y., rétrospective au MOMA, organisée par W.S. Rubin.

Bibliographie

William Rubin, «notes on Masson and Pollock », N.Y., *Arts*, vol. 34, n° 2, nov. 1959. J.J. Sweeney, « 11 europeans in America », N.Y., *The Bulletin of The*

Museum of Modern ARt, vol. XIII, n° 4-5, 1946. Catalogue de la rétrospective André Masson, N.Y., *The Museum of Modern Art*, 1976. André Masson, *écrits*, Paris, Hermann, 1976.

C.S.

GEORGES MATHIEU
Boulogne-sur-Mer, France, 1921.
Vit à Paris.

1947 Se fixe à Paris où il dirige les services des relations publiques de la Compagnie américaine *United States Lines*. Paris, Salon des Réalités nouvelles (participation américaine), expose 3 toiles exécutées horizontalement à même le sol. 1948 Projette une exposition de peintres américains et français à la Galerie Montparnasse afin de révéler l'identité de leurs recherches. Elle comprend : Bryen, de Kooning, Hartung, Gorky, Mathieu, Picabia, Pollock, Reinhart, Russel, Rothko, Sauer, Tobey et Wols. Elle est réalisée partiellement en octobre. 1949 N.Y., Perspective Gallery, 1re exp. coll. (avec Michaux, Ubac et Wols). Ecrit à Betty Parsons en lui faisant part de son admiration pour Pollock et de son projet d'écrire un article. 1951 Paris, Galerie Nina Dausset, *Véhémences confrontées*. 1952-1954 Peint ses premières grandes toiles. 1952 Ecrit une « Déclaration aux peintres américains d'avant-garde ». N.Y., Stable Gallery, exp. indiv. organisée par A. Iolas. N.Y., Kootz Gallery, exp. coll. 1953 Ecrit un article dans *Art Digest*, « Is the American Avant-Garde overrated ? » N.Y., Guggenheim, *Younger European painters*, exp. organisée par J.J. Sweeney. Présente et publie une confrontation des aspects les plus avancés de l'Art et du Savoir en Europe et en Amérique dans le 1er numéro de la revue *United States Lines Paris Review* qu'il dirige. Reproduit pour la 1re fois dans cette revue en Europe une toile de Tobey. 1954 N.Y., Downtown Gallery, exp. des peintres européens. N.Y., Kootz Gallery, exp. indiv. préface d'Igor Troubetzkov. Paris, Galerie rive droite, expose *les Capétiens partout* et 14 toiles rétrospectives. Préface de Mark Tobey. Chicago, Arts club, exp. indiv. 1955 N.Y., Galerie A. Iolas, exp. indiv. de toiles de 1948 à 1951. N.Y., Galerie A. Iolas, exp. de toiles. N.Y., Brooklyn Museum, exp. coll. N.Y., Kootz Gallery, exp. indiv. 1956 N.Y., Kootz Gallery exp. indiv. de 24 œuvres de la période dite « epistémologique ». N.Y. Kootz Gallery, exp. indiv. 1957 Séjourne aux Etats-Unis. Accorde son unique interview aux USA en arrivant à San Francisco au *San Francisco Chronicle* : « Art Beyond the sound barrier ». Séjourne une dizaine de jours en Californie, au cours desquels il s'entretient avec les professeurs Loeve, Wolf, Tarsky, Henry Miller, puis part pour les universités de Yale et Princeton. N.Y., Kootz Gallery, exp. indiv. Préface de James Fitzsimmons. Exécute 15 toiles dont *Milwaukee* (2 m × 3 m) baptisée par Steinberg à N.Y. et 14 toiles peintes dans les caves du 4e sous-sol de l'ancien hôtel Ritz-Carlton et les expose à N.Y., Kootz Gallery. 1958 N.Y., Galerie Wildenstein, exp. *Noblesse de l'objet quotidien*. 1959 N.Y., Galerie Iolas, rétrospective de toiles de 1949 à 1951. N.Y., Guggenheim, participe à l'exp. *Vingt peintres contemporains*, collection Dotremont. N.Y., Kootz Gallery, expose 14 toiles en hommage aux philosophes présocratiques. Paris, Galerie Paul Facchetti, participe à l'exposition *dix ans d'activité* (participation de Pollock). 1960 N.Y., World Galleries, exp. *drawings, watercolors, collages by 20th Century Masters*. N.Y., Kootz Gallery, exp. indiv. N.Y., Kootz Gallery, exp. *American and european artist*. Ecrit une importante étude consacrée à l'œuvre du sculpteur américain Nevelson pour son. exp. à la Galerie Daniel Cordier à Paris. 1961 N.Y., Kootz Gallery, exp. coll. N.Y. Kootz Gallery, N.Y., Greer Gallery, exp. 1962 N.Y., Gallery Thibault, exp. coll. N.Y., Romanet-Vercel Galerie, exp. *Paris aujourd'hui et demain*. 1963 Parution de son livre *Au-delà du tachisme*. 1968 N.Y., Met, *Painting in France 1900-1967*. 1971 Ecrit dans *Informations et Documents*, revue publiée par le Consulat américain de Paris.

Bibliographie

François Mathey, *Mathieu*, Paris, Hachette-Fabri, 1969.

E.P.

HENRI MATISSE
Cateau-Cambresis, France, 1869 – Nice, 1953.

1901 Paris, 1re participation au Salon des Indépendants. 1903 Salon des Indépendants, Salon d'Automne. 1904 Paris, 1re exp. chez Vollard (été) et Salon d'Automne : tous deux sont vus par les Stein pour la 1re fois : aucun achat. 1905 Salon d'Automne : envoi de 10 n°s dans la salle des « Fauves » : *La Femme au chapeau* enthousiasme Gertrude, Leo, Michael et Sarah Stein et sera leur 1er achat. Le tableau est accroché chez Gertrude et Leo. 1re rencontre des Stein et de Matisse, par l'intermédiaire de Manguin : début des relations étroites qui conduisent Matisse rue de Fleurus et rue Madame, où il rencontrera critiques (Matthew S. Prichard), collectionneurs (les Cone et Hariett Levy) et artistes américains de passage (Weber, Steichen, Maurer, Bruce, etc.). 2e achat de Leo : *La Joie de vivre*. 1ers achats de Sarah et Michael Stein : *Paysage de Collioure, étude pour la Joie de vivre* 1905, ainsi que *La Femme à la chevelure brune* 1902, *Nature morte : buffet et table* 1899. Salon des Indépendants : *Luxe, calme et volupté*. 1906 Salon d'Automne. Galerie E. Druet, exp. indiv. Achats de Michael et Sarah Stein : *Le Jeune Marin I, Autoportrait* 1906, *La Gitane* et quelques paysages et natures mortes. Matisse rencontre Picasso chez les Stein. Séjour à San Francisco de Sarah Stein qui emporte avec elle 4 œuvres, dont un *Nu* 1906 et *Mme Matisse (la raie verte)* 1905, premières œuvres de Matisse à pénétrer aux USA : elle les montre à Alice Toklas et George Of, pour lequel elle acquiert *Le Nu dans les bois* 1905, 1re toile de Matisse à entrer dans une collection américaine aux USA (1907). A Paris, Miss Cone achète *Le Pichet Jaune*, première des 66 peintures de sa collection. 1907 Achats de Michael et Sarah Stein : *La coiffure* 1907, *Nature morte bleue* 1907, et de Leo Stein : *Le Serf* 1900-1903, *Etude pour La musique* 1907 (qui sera acquise par Quinn) et *Le Nu bleu* 1907 (exposé au Salon des Indépendants), qui est sa dernière acquisition. Mise en place du projet d'une « classe » de Matisse, sur l'initiative de Michael et Sarah Stein. 1908 Paris, ouverture de la « classe » de Matisse, qui fonctionnera au Couvent des Oiseaux, puis au Couvent du Sacré-Cœur jusqu'en 1911. Financée par Michael Stein, elle compte dès le début des élèves américains : Sarah Stein, Max Weber (entraîné par Hans Purrmann) et Patrick H. Bruce ; des visiteurs : Walter Pach, Leo Stein, Maurice Sterne ; et des élèves occasionnels : Alfred Maurer, Frost, Carles, Morgan Russell, Sayen, Halpert. Steichen, à Paris, lance l'idée d'une présentation de l'œuvre de Matisse à N.Y. et en fait part à Stieglitz. N.Y., Galerie 291, 1re exp. Matisse organisée par Stieglitz, *An exhibition of drawings, lithographs, watercolors and etchings by Henri Matisse* (avril) ; accueil défavorable de la critique. Un interview de Matisse sur la photographie paraît dans *Camera Work* (n° 24, oct.). Paris, Salon d'Automne (6 dessins et 13 sculptures). 1909 1er achat de Miss Harriet Levy, de San Francisco : *La femme aux yeux verts*. Thomas Whittemore achète *La Terrasse à St-Tropez*, qu'il donnera peu après à Miss Isabella Stewart Gardner. 1910 Paris, Galerie Bernheim-J., exp. indiv. (26 dessins). Salon d'Automne, *La Danse, la musique*. N.Y., Galerie 291, exp. des « matissistes » *Younger american painters* (mars-avril) et 2e exp. Matisse, *Drawings and photographs of paintings*, 24 n° (fin fév.-mars) : achat de 3 dessins par Mrs Georges Blumenthal, donnés aussitôt au Metropolitain Museum, premières œuvres de Matisse à entrer dans un musée américain. 1912 N.Y., Galerie 291, exp. Matisse *Sculptures, The first in America, and recent drawings* (24 n°). Aucune pièce n'est vendue. Publication d'*Henri Matisse* par Gertrude Stein dans *Camera work*, n° spécial, août 1912. Issy-les-Moulineaux : visite de l'atelier de Matisse par Stieglitz et Steichen (dont la photographie de Matisse paraîtra dans *Camera work*, n° 42-43, 1913). Un des derniers achats importants de Michael et Sarah Stein : *Nature morte aux aubergines* 1911. 1913 N.Y., Chicago, Boston, *Armory Show* : sur l'initiative de Walt Kuhn, initié à Matisse par Maurer, Matisse y est largement représenté (16 n°s). A cette occasion, Michael Stein envoie *Le Madras rouge* et *La Coiffure* de sa collection, Leo Stein *Le Nu bleu*, Georges Of *Le Nu dans les bois*, Mrs Howard Gans *Fleurs* et Alfred Stieglitz 6 dessins de sa collection, le reste étant prêté par Matisse lui-même (*Poissons rouges, Le Jeune Marin II, l'Atelier rouge, Le Luxe II, Portrait de Marguerite, Les Capucines, Nature morte, Le Dos I*), Bernheim-J. (*Joaquina*) et Emile Druet (*4 études pour un nu de femme*, achetées Mrs Eliza G. Radeke). Les *Poissons rouges* et *Le Luxe II* sont reproduits en cartes postales. A.N.Y., les Matisse font sensation. A Chicago, les étudiants brûlent une copie du *Nu bleu*. Parution d'un interview de Matisse présenté comme le « leader of post-impressionnists » par Clara T. Mac Chesney dans *N.Y. Times* 9 mars. 1914 Paris : Walter Pach achète des gravures et des lithographies. N.Y., Montross Gallery, exp. indiv. organisée par Walter Pach (fin 1914-20 janv. 1915). 1re commande de collectionneurs américains à Matisse : *Portrait d'Yvonne Landsberg*, qui sera avant 1920 dans la collection Arensberg, avec une *Nature morte* de 1915. 1915 Sarah et Michael Stein achètent à Gertrude *La Femme au chapeau*. John Quinn achète *Le Nu bleu* et l'*Etude pour la Musique* aux Stein, ainsi que 2 toiles exposées à la Montross Gallery, *Le Chapeau aux roses* et *Le Cyclamen*. 1917 Saisie de 19 Matisse appartenant à Michael et Sarah Stein (dont *Autoportrait, Odalisque au turban* et *Le Jeune Marin I*) prêtées en 1914 pour une exp. à Berlin, Gurlitt Galerie. 1920 Philadelphie, Pennsylvania Academy of Fine Arts, large participation de Matisse à l'exp. *Paintings and drawings by representative modern masters*, organisée par le cercle de Stieglitz. 1921 Pittsburgh, Matisse est sollicité pour participer à la *Carnegie International Exhibition*. 1922 Detroit, Institute of Arts : achat de *La Fenêtre* 1916. 1924 N.Y., Joseph Brummer Gallery, exp. indiv. (4 peintures, 6 dessins). 1925 Weyhe Gallery, achat du *Nu assis*, lithographie, par la Société Anonyme : seule œuvre de Matisse à entrer dans la collection. 1926-1927 Paris-N.Y., à la mort de John Quinn, dispersion de sa collection : de Matisse, 13 peintures (dont le *Nu bleu*), 1 sculpture, 5 dessins. A cette date, Michael et Sarah Stein achètent 2 nouvelles toiles : *La route du Cap d'Antibes* 1926, *La Jeune fille lisant* 1927. Les collectionneurs américains se font de plus en plus nombreux : Lillie Bliss, Joseph Winterbothan, Chester Dale, Harry Backwinn, Samuel S. White, Miss Anna Warner Ingersoll : au total, plus de 415 œuvres de la période niçoise. 1927 N.Y., Pierre Matisse-Valentine Dudensing Gallery, exp. indiv., Pittsburgh, Matisse reçoit le prix Carnegie pour *Fruits et fleurs* 1924. 1928 N.Y. University, Gallery of Living Art, achats par Gallatin des premiers Matisse de sa collection : *Intérieur-Nice* et des dessins. 1930 Chicago, Art Institute et Buffalo, Albright Knox Gallery : 1res acquisitions d'œuvres de Matisse. Voyage de Matisse aux USA, sur la route de Tahiti : N.Y., Chicago, San Francisco (mars). Séjourne à N.Y. comme membre du jury du Prix Carnegie, à Baltimore où il voit Etta Cone et à Merion, chez le Dr Barnes, qui lui passe commande d'une vaste décoration murale pour le hall de sa Fondation : ce sera *La Danse*. 1932 Publication du *Matisse*, de Henry McBride, 1re monographie américaine. 1931 N.Y., MOMA, importante rétrospective, la première de cette ampleur consacrée à un peintre européen. Brummer Gallery, exp. de 46 sculptures. Lillie Bliss lègue au MOMA *Intérieur avec l'étui à violon* 1918-1919, 1er tableau de Matisse à figurer dans une collection publique newyorkaise. 1932 Matisse refuse la commande des Rockfeller d'une décoration pour le Rockfeller Center. Fin 1932-1933 : installation de *La Danse* à la Fondation Barnes ; 2e voyage de Matisse. Etta Cone achète les dessins pour *Poésies* de Mallarmé, exposés à la Marie Harriman Gallery, N.Y. 1934 Publication du catalogue de la collection d'Etta Cone, qui achète alors 3 des plus importantes toiles de Matisse réalisées entre 1930 et 1935 : *La jeune fille en robe jaune*, *La Branche de magnolia* et *Nu rose*. 1937 Projet de Matisse pour le Sterber Glass Compagny. 1938 N.Y., réalisation d'un dessin de cheminée pour le salon de Nelson Rockfeller. 1939 Buffalo, Albright Knox Gallery, achat de *La Musique*. 1940 Matisse décline plusieurs offres de refuge aux USA. Achats de Walter P. Chrysler, qui possède à cette date 10 Matisse, dont *l'étude pour La Danse* 1909 et *La leçon de piano* 1916. Autres acquisitions des collectionneurs Duncan Phillips, de Washington, et Samuel A. Marx, de Chicago. 1946 N.Y., *Le Leçon de piano* 1916 entre au MOMA (Mrs S.Guggenheim Found). 1948 Philadelphie, Museum of Art, rétrospective organisée par H. Clifford. 1949 Baltimore, Museum of Art, entrée de la collection Cone (43 peintures, 18 bronzes, 113 dessins). N.Y., Pierre Matisse Gallery, exp. des *Peintures récentes et papiers collés*. Grand succès public. Entrée de *l'Atelier rouge* au MOMA (Mrs S. Guggenheim Found). 1951 Philadelphie, Museum of Art, entrée de 2 tableaux importants, *Le Portrait d'Yvonne Landsberg* 1914 et *Le Paravent mauresque* 1921. N.Y., MOMA, rétrospective organisée par A. Barr. 1955 San Francisco, Museum of Art, inauguration du Sarah and Michael Stein Memorial Collection. 1963 N.Y., *La Danse* 1909 entre au MOMA (don N. Rockfeller). 1966 Chicago, The Art Institute et Boston, Museum of Fine Arts, *Henri Matisse, a retrospective*.

Bibliographie

Guillaume Apollinaire, [Interview de Matisse], *La Phalange*, Paris, 15 déc. 1907. [Lettre de Bernard Berenson], *The Nation*, N.Y., 12 nov. 1908. *Camera Work*, N.Y., n° 22, avril 1908 ; n° 23, juil. 1908 ; n° 24, oct. 1908 ; n° 25, janv. 1909 ; n° 30, avril 1910 ; n° 31, juil. 1910 ; n° 32, oct. 1910. Gelett Burgess, « The wild men of Paris », *Architectural Record*, N.Y., n° 27, mai 1910. *Camera Work*, N.Y., n° 38, avril 1912 ; n° 39, juil. 1912 ; n° spécial, août 1912 (Gertrude Stein : « Henri Matisse »). Guillaume Apollinaire, « Le Salon d'Automne », *Les Soirées de Paris*, Paris, n° 18 et 19, 1913. W.M. Murrel Fischer, « Sculpture at the exhibition » et Jo Davidson « The extremists : an interview », *Art and Decoration*, N.Y., mars 1913. Royal Cortissoz, « The post-impressionism illusion », *The Century Magazine*, N.Y., vol. LXXXV, n° 6, avril 1913. Frank Jewett Mather Jr., « New tendencies in art », *The Independent*, N.Y., 6 mars 1913. Clara T. Mac Chesney, « A talk with Matisse, leader of post-impressionists », *The New York Times*, N.Y., 9 mars 1913. Arthur J. Eddy, *Cubists and post-impressionism*, Chicago, Mac Clurg, 1914. (Anonyme) « Matisse and New York », *291*, N.Y., n° 1, 1915. Walter Pach, « Why Matisse », *The Century Magazine*, N.Y., n° 89, fév. 1915. Willard H. Wright, *Modern Painting, its tendency and meaning*, N.Y., John Lane Co, 1915. Henry McBride, *Matisse*, N.Y., 1930. (1re monographie américaine). Alfred Barr Jr., *Henri Matisse*, N.Y., MOMA, 1931. Albert C. Barnes et Violette De Mazia, *The art of Henri Matisse*, N.Y., Scribner, 1933. Fiske Kimball, « Matisse : recognition, patronage, collecting », *The Philadelphia Museum Bulletin*, Philadelphie, vol. XLIII, n° 217, mars 1948. Jean Clair, « L'influence de Matisse aux Etats-Unis », *XXe siècle*, Paris, XLIVe année, n° 35, déc. 1970. Clement Greenberg, « Influences de Matisse », *Art International*, N.Y., vol. XVII, n° 9, nov. 1973.

Ouvrages de référence

Catalogue de l'exposition *Four Americans in Paris, The collections of Gertrud Stein and her Family*, N.Y., MOMA, 1970. Catalogue *Henri Matisse, Exposition du Centenaire*, Paris, Grand Palais, 1970. Henri Matisse, *Ecrits et propos sur l'art*, Paris, Hermann, 1972. Alfred Barr, *Henry Matisse, his art and his public*, N.Y., MOMA, dern. éd. 1974.

A.L.B.

ROBERTO MATTA

Chiloé, Chili, 1911.Vit en Italie, en Grande-Bretagne et en France.

Etudes d'architecture à l'université catholique de Santiago. 1933 Arrive à Paris, d'où il entreprend de nombreux voyages, à travers toute l'Europe. 1935-1937 Dessinateur dans l'atelier de Le Corbusier. 1937 par Dali, fait la connaissance de Breton et expose 3 dessins, à la Galerie Wildenstein, lors d'une exp. surréaliste. 1938 peint ses premiers tableaux à l'huile, *les morphologies psychologiques*, à Trévignon en Bretagne, où il passe l'été avec Gordon Onslow Ford. Publie dans la revue du *Minotaure*, un pamphlet « Mathématique sensible, architecture du temps ». Paris, participe à l'*exp. internationale du surréalisme*, à la Galerie des Beaux-Arts. 1939 passe l'été avec Tanguy, Breton, Onslow Ford, au Château de Chémilieu dans l'Ain. En automne, part pour N.Y., où il restera jusqu'en 1948. 1940 expose Julien Levy Gallery, avec Tchelitchev et Walt Disney, préface de N. Calas et débat entre J. Levy, P. Tyler et Matta. A New York, il déploiera une activité intense : avec Motherwell, Baziotes, Kamrowski, Busa, Pollock et Gorky, il organise, régulièrement dans son atelier, des discussions sur le surréalisme, développe les recherches sur l'automatisme, fait des conférences, avec Gordon Onslow Ford, à la New School for Social Research, collabore à de nombreuses revues, *VVV, the Tiger's Eye*... 1941 Va voir Paalen, au Mexique, avec Motherwell. A partir de 1941, expose régulièrement à la Pierre Matisse Gallery. Expose également, cette année-là, avec Lam, à l'Art Institute de Chicago. 1942 Illustre « Prolégomène à un troisième manifeste du surréalisme », de Breton, publié dans *VVV*. N.Y., expose *la terre est un homme*, à l'exp. *first papers of surrealism*, organisée par Breton et Duchamp. 1943 N.Y., expose Julien Levy Gallery. 1944 N.Y., expose Pierre Matisse Gallery, préface de Breton. Matta et Katherine Dreier écrivent un texte « Duchamp's glass, an analytical reflexion », publié par la Société Anonyme. 1945 N.Y., participe, avec 2 œuvres *The bachelor's twenty years after* et The *disaster of mysticism*, à l'exp. *European artists in America*, au Whitney Museum (compte-rendu dans *View* n° 21). 1946 N.Y., participe avec *Le vertige d'Eros*, à l'exp. *Large scale modern paintings*, au MOMA. Expose Pierre Matisse Gallery. 1947 N.Y., participe à l'exp. *Bloodflames* organisée par N. Calas, à la Hugo Gallery. Paris, 1re exp. indiv. à Paris, Galerie René Drouin (32 œuvres), préface de A. Breton. 1948 Matta écrit un texte « Hallucinations », pour le livre de Max Ernst « Beyond painting and other writings by the artist and his friends ». Exclu du groupe surréaliste (réintégration en 1959) et retour en Europe. Il vivra à Rome jusqu'en 1954, puis à Paris jusqu'en 1969, quand il repartira en Italie, tout en conservant un atelier en France. 1949 Paris, expose à la Galerie René Drouin. 1949-1955 N.Y., expose à la Janis Gallery. 1952-1963 Chicago, expose à la Allan Frumkin Gallery. 1955 Washington, participe à l'exp. *Pan American Union*. 1956 peint une large fresque pour l'Unesco *Le doute des trois mondes*. 1956-1962 Paris, expose à la Galerie du Dragon. 1957 N.Y., rétrospective de 29 tableaux organisée par W. Rubin, au MOMA. L'exp. ira ensuite à Minneapolis et à Boston. 1957-1958 N.Y. expose à la Iolas Gallery. 1959-1963 N.Y., expose à la Cordier-Eckstrom Gallery. 1966 Enseigne à l'école d'art de Minneapolis. 1967 Paris, rétrospective à Saint-Denis *Matta : être avec*. 1968 Paris, expose à l'ARC avec Lam et Penalba.

Bibliographie

Robert Motherwell, interview by Irving Sandler, Lugano, *Art International*, juin 1957. R. Frost, *Matta's third surrealist Manifesto*, N.Y., *Art News*, fév. 1944. Concerning the beginnings of the New York School 1939-1943, an interview with Peter Busa and Matta, conducted by Sidney Simon in Minneapolis in december 1966, Lugano, *Art International*, été 1967. William Rubin, *Matta*, N.Y., *The Museum of Modern Art*, vol. 5, sept. 1957. J.T. Soby, Contemporary Painters, N.Y., *The Museum of Modern Art*, 1948 (réed. Arno Press 1966). J.T. Soby, Matta Echaurren, San Francisco, *Magazine of Art*, mars 1947. Max Kozloff, interview with Matta, N.Y., *Art Forum*, vol. IV, n° 1, sept. 1965.

C.S.

ALFRED MAURER
New York, 1868 – New York, 1932.

1897 Arrivée à Paris où il restera jusqu'à la veille de la guerre. Fréquente quelque temps l'Académie Julian. 1899 Paris, Salon des Beaux Arts, 1ʳᵉ exp. coll. en France. Chicago, The Art Institute, *Twelth Annual Exhibition of oil paintings and sculptures by American Artists*, 1ʳᵉ exp. coll. en Amérique. 1900 Participe à l'Exposition Universelle et au Salon. 1901 Retourne quelques mois aux Etats-Unis. Gagne le premier prix et la médaille d'or du Carnegie Institute, Pittsburgh. 1905 Paris, Salon d'Automne. Commence à fréquenter les Stein rue de Fleurus, et devient un admirateur de Cézanne et de Matisse. 1907 Paris, Salon d'Automne, très impressionné par la rétrospective Cézanne. Se lie d'amitié avec Arthur Dove et avec le sculpteur Mahonri Young. 1908 Elève occasionnel de la « classe » de Matisse. Participe à la création de la New Society of American Artists in Paris. Participe au Salon d'Automne jusqu'en 1912. 1909 N.Y., Galerie 291, *Exhibition of Sketches in Oil by Alfred Maurer, of Paris and New York, And Watercolors by John Marin, of Paris and New York.* 1910 N.Y., Galerie 291, *Younger american painters*, (mars), exp. coll. 1912 Walter Pach et Walt Kuhn lui rendent visite en prévision de sa participation à l'Armory Show. 1913 Bref retour à N.Y. Présente trois œuvres à l'*Armory Show.* N.Y., Folsom Galleries, 1ʳᵉ exp. indiv. (janv.). 1914 Rentre définitivement aux Etats-Unis. 1915 Travaille à Westport (Conn.) avec Arthur Dove. 1916 N.Y., Anderson Galleries, *Forum Exhibition of Modern American Painters*, (mars), le catalogue contient un texte de Maurer sur la peinture. 1917 N.Y., Grand Central Palace, *First Annual Exhibition of the Society of Independent Artists*, (avril-mai). 1922 N.Y., Anderson Galleries, *A Collection of Works by Living American Artists of the Modern Schools*, 23 fév., (vente). 1924 A partir de cette date, expose régulièrement Weyhe Gallery, N.Y., jusqu'en 1932. 1927 N.Y., Brooklyn Museum, *An Exhibition of Painting in Oil by the Group of American Painters of Paris*, (avril). 1934 N.Y., Uptown Gallery, *Memorial Exhibition : Works of the late Alfred Maurer...* (oct.-déc.). 1949 Minneapolis, Walter Art Center, *A.H. Maurer, 1868-1932*, exposition rétrospective présentée ensuite à N.Y., Whitney Museum of American Art.

Bibliographie

Guillaume Apollinaire, *Chroniques d'art 1902-1918*, Paris, Gallimard, 1960. Charles H. Caffin, « American Studio Notes », *International Studio*, N.Y., vol. 15, déc. 1901. Henri Hymans, « Correspondance de Belgique : Les Beaux Arts à l'exposition de Liège », *Gazette des Beaux Arts*, Paris, vol. 4, 1ᵉʳ oct. 1905. « Among the artists », *American Art News*, N.Y., vol. 4, janv. 1906. « American artists in Paris divided, younger painters form a new society and declare war on old organization », *New York Times*, 26 fév. 1908. « American show of impressionist art », *New York Herald* (European edition), 1ᵉʳ mars 1908. « Artist Maurer now and impressionist : N.Y. painter a recruit to the school which is coming to the fore in Paris », *New York Times*, 19 avril 1908. J.F. Chamberlain, *New York Evening Mail*, 3 avril 1909. Arthur Hoeber, *New York Globe* 6 avril 1909. James Huneker, « Around the galleries », *New York Sun*, 7 avril 1909. « Art and artists », *New York Evening Globe*, 24 mai 1909. *Camera Work*, N.Y., n° 27, juil. 1909. « Maurer exhibition will follow that of Henry Matisse », *New York Evening Sun*, 4 fév. 1910. *Camera Work*, N.Y., n° 31, juil. 1910. Charles H. Caffin, « Challenge to tradition issued », *New York American*, 20 janv. 1913. « The first american post-impressionist », *New York Evening Globe*, 22 janv. 1913. « An american bitten by « ism » », *Boston Evening Transcript*, 17 déc. 1913. Willard H. Wright, « Forum exhibition », *Forum*, N.Y., vol. 55, avril 1916. Alfred Maurer, texte dans le catalogue de la *Forum exhibition of modern american painters*, N.Y., Anderson Galleries, 1916. Gertrude Stein, *The Autobiography of Alice B. Toklas*, N.Y., Harcourt, Brace and Co., 1933. Alfred H. Barr, *Matisse, his art and his public*, N.Y., MOMA, 1951.

Ouvrages de référence

Elizabeth Mac Causland, *Alfred H. Maurer*, N.Y., A.A. Wyn, 1951. *Alfred H. Maurer, 1868-1932*, catalogue de l'exposition de la National Collection of Fine Arts, Washington D.C., Smithsonian Institution Press, 1973.

M.D.

JEAN METZINGER
Nantes, 1883 – Paris, 1956.

1903 Paris, Galerie B. Weill, *Dufy, Lejeune, Metzinger, Torent*, 1ʳᵉ exp. coll. à Paris. 1903-1913 Participe chaque année au Salon des Indépendants. 1904 Participe au Salon d'Automne. 1906-1913 Participe chaque année au Salon d'Automne. Epouse Suzanne Phocas. 1907 Paris, Galerie B. Weill, exp. avec Robert Delaunay. 1908 Paris, Galerie B. Weill, exp. avec Marie Laurencin. Paris, Galerie Notre-Dame-des-Champs, exp. avec Braque, Sonia Delaunay, Derain, Dufy, Herbin, Pascin. 1910 Paris, Galerie B. Weill, exp. avec Derain, Girieud, Rouault, Van Dongen. 1911 Participe aux réunions du Groupe de Puteaux chez Villon avec Gleizes, La Fresnaye, Léger, Picabia et Kupka. Paris, Galerie d'Art Ancien et d'Art Contemporain, participe à l'exp. de la *Société Normande de Peinture Moderne* avec 19 artistes dont Duchamp, Gleizes, Léger, La Fesnaye, Villon. 1912 Ecrit avec Albert Gleizes *Du Cubisme* édité par Eugène Figuière à Paris. Paris, Galerie La Boétie, participe au *Salon de la Section d'Or*. 1913 Paris, Galerie B. Weill, *Gleizes, Léger, Metzinger*. 1914 Paris, Galerie Groult, exp. avec Duchamp, Duchamp-Villon, Gleizes et Villon. 1915 Paris, Galerie de l'Effort Moderne, 1ʳᵉ exp. indiv. à Paris. 1916 N.Y., Montross Gallery, exp. avec Crotti, Duchamp et Gleizes, 1ʳᵉ exp. coll. à N.Y. Philadelphie, Mac Clees Gallery, *Advanced Modern Art*. 1917 N.Y., Grand Central Palace, participe à la 1ʳᵉ exp. de la Society of Independent Artists. 1923 Poughkeepsie, N.Y., Vassar College, exp. organisée par la Société Anonyme. Detroit, Michigan, State Fair Park, exp. organisée par la Société Anonyme. 1924 N.Y., Galleries of the Société Anonyme, 30ᵉ exp. organisée par la Société Anonyme. 1926 N.Y., Brooklyn Museum, *International Exhibition of Modern Art* organisée par la Société Anonyme. 1927 Paris, Galerie de l'Effort Moderne, exp. indiv. N.Y., American Art Association, *John Quinn Collection*. 1930 N.Y., De Haucke Gallery, *Cubits Exhibition*. 1939 Springfield, Mass., George Walter Vincent Smith Art Gallery, exp. anniversaire de la Société Anonyme, *New Forms of Beauty 1909-1936*. 1943 Paris, Galerie Hessel, *Œuvres récentes et anciennes de Jean Metzinger*. 1951 Paris, Galerie Rive Gauche, exp. indiv. 1953 Paris, Musée National d'Art Moderne, *Le Cubisme 1907-1914*. 1964 Chicago, International Galleries, 1ʳᵉ exp. indiv. aux Etats-Unis.

Bibliographie

C.R. Shine, « Jean Metzinger », *Cincinnati Museum Bulletin*, Cincinnati, n° 5, oct. 1958. Catalogue de l'exposition *Metzinger*, Chicago, International Galleries, 1964.

N.M.L.

JOAN MIRÓ
Barcelone, 1893.
Vit à Palma de Majorque.

1907 Suit les cours de Modesto Urgell et de Jose Pasco à l'Ecole des Beaux-Arts de la Lonja. 1912 Suit les cours de Francisco Gali à l'Ecole des Beaux-Arts à Barcelone. Y fait la connaissance de Joseph Llorens Artigas. 1915-1916 Termine ses études. Commence à lire les poètes d'avant-garde, Reverdy, Apollinaire, Mallarmé et découvre dada par les revues diffusées à Barcelone. S'initie au fauvisme et au cubisme en voyant l'exposition d'art français organisée par Ambroise Vollard à Barcelone. 1918 Barcelone, fév.-mars, 1ʳᵉ exp. de peintures et de dessins à la G. Dalmau. 1919 Premier voyage à Paris, visite le Louvre. Fait la connaissance de Picasso, qui lui achète son *Autoportrait*. 1920 S'installe à Paris, rue Blomet, mais continuera à passer l'été à Montroig. 1921 Paris, 1ʳᵉ exp. indiv. à Paris, Galerie La Licorne, 29 œuvres, préface de Maurice Raynal. Ne vend aucune œuvre. 1922 Se lie d'amitié avec les écrivains Artaud, Leiris, Desnos, Euard, Hemingway, Prévert, Henry Miller, et surtout avec le peintre André Masson, qui le présentera à André Breton. 1924 Commence à prendre part aux réunions du groupe surréaliste. Découvre Klee par A. Masson. 1925 Juin, expose 31 œuvres à la Galerie Pierre (préface de Benjamin Péret), Hemingway achète *La Ferme*. Participe également à la 1ʳᵉ exp. coll. surréaliste à la Galerie Pierre. 1926 Collabore avec Max Ernst aux décors de Roméo et Juliette pour les ballets russes de Diaghilev. Participe avec 2 tableaux « Etude en jaune », « Etude en bleu » à l'exp. organisée par la Société Anonyme, au Brooklyn Museum. M. Leiris écrit un article sur Miro, pour *Little Review*. 1927 S'installe rue Tourlaque, où il se retrouve voisin de Arp, Max

Ernst, Magritte, Eluard. 1928 A la suite d'un voyage en Hollande, peint les *3 intérieurs hollandais*. Mai, grande exp. à la Galerie Bernheim. Premiers papiers collés et collages. 1930 Premières lithographies pour *l'Arbre des Voyageurs* de Tzara. Oct.-nov., N.Y., 1re exp. indiv. à N.Y., Valentine Gallery. N.Y., 2 œuvres de Miro à l'exp. *Peintures de Paris*, au *MOMA*. N.Y., 6 œuvres de Miro, exposées en permanence à la Gallery of Living *Art*, Gallatin collection. 1931 Chicago, expose 12 œuvres de 1926 à 1929, à l'Arts Club de Chicago. Hartford (Connect.), participe à l'exp. *Newer Super-Realism* an Wadsworth Atheneum. Paris, Sculptures et objets à la Galerie Pierre. 1932 N.Y., Commence à exposer à la Galerie Pierre Matisse (dessins, peintures sur papier), qui le représentera désormais aux Etats-Unis. 1933 Reste en Espagne presque toute l'année. Peintures d'après collages, exposées à la Galerie Bernheim (Paris). N.Y., Hemingway et J.J. Sweeney préfacent son exp. à la Galerie Matisse. 1934 Essaie différentes techniques : peintures sur papier de verre, pastels sur papier velours, cartons de tapisserie... *Numéro spécial des Cahiers d'Art*, consacré à Joan Miro. 1935 N.Y., 30 œuvres de 1933 et de 1934, exposées à la Galerie Pierre Matisse. Commence la série des peintures sauvages et des peintures sur carton. 1936 Quitte l'Espagne, au moment de la guerre civile, il n'y reviendra qu'en 1940. N.Y., participe à l'exp. *Cubism and Abstract Art* organisée par Alfred Barr, au MOMA, et avec 13 œuvres à l'exp. *Fantastic Art, Dada, Surrealism*, également organisée par A. Barr au MOMA. Plusieurs œuvres dont *Le Chasseur, Personnage lançant une pierre à un oiseau, Cordes et Personnages* ont déjà été achetées par le Musée. N.Y., rétrospective Pierre Matisse Gallery, 39 œuvres de 1920 à 1936. 1937 Grande peinture murale *Le Moissonneur* pour le Pavillon de l'Espagne Républicaine à l'exp. universelle de Paris. 1938 Premiers étés à Varengeville-sur-Mer. Paris, participe avec 14 œuvres à l'*Exp. internationale du surréalisme* à la Galerie des Beaux Arts. N.Y., exp. Pierre Matisse Gallery, 20 œuvres de 1937. 1939 Commence la série des peintures sur toiles de sac. 1940 Commence à Varengeville une série de 22 gouaches, *Constellations* et devant l'avance allemande, repart pour l'Espagne. 1941 N.Y., Grande rétrospective au MOMA, 1re monographie sur l'artiste par J.J. Sweeney. Philadelphie : *Exp. de la Walter P. Chrysler Collection* au Philadelphia Museum of Art, 10 peintures de Miro. 1942 Déménage à Barcelone. Gouaches, pastels, aquarelles, dessins autour du thème *Femme, étoile, oiseau*. N.Y., Participe à l'exp. organisée par André Breton, Marcel Duchamp et les Sociétés de Secours Français, *First Papers of Surrealism*. N.Y., participe avec 9 œuvres de 1916 à 1935 à l'exp. *Painting and Sculpture*, organisée par Alfred Barr, au MOMA. Figure avec 3 œuvres dans le livre de Peggy Guggenheim *Art of this Century*. 1943 N.Y., participe avec 2 œuvres *The ear of grain, The Seated Woman* à l'exp. *15 Early/15 Late* à Art of this Century. J.T. Soby achète le *Portrait de Mrs - Mills en 1750*. 1944 Premières céramiques, en collaboration avec Artigas. Soby achète *La nature morte aux vieux soulier*. 1945 N.Y., exp. les *Constellations* (1re œuvres à arriver d'Europe après la guerre) à la Pierre Matisse Gallery, préface de A. Breton - Grand succès. 1947 Paris, participe à l'*Exp. Internationale du Surréalisme*, organisée par Duchamp et Breton à la Galerie Maeght. Premier voyage de Miro aux Etats-Unis pour la commande d'une peinture murale de 2 m sur 10, destinée au restaurants des Gourmets, à Cincinnati. Miro reste de fév. à oct., et en profite pour graver dans l'atelier 17 de Hayter, une série d'eaux-fortes sur des poèmes de Tzara. 1948 Paris, 88 œuvres récentes, peintures et céramiques exposées à la Galerie Maeght, qui le représentera désormais. Série de lithographie pour *Ubu Roi* de A. Jarry et pour *Parler Seul* de Tzara. N.Y., Clément Grennberg publie une monographie sur Miro (N.Y. Quadrang-le Press). N.Y., exp. Pierre Matisse Gallery, 30 œuvres de 1923 à 1946. 1949 N.Y., Pierre Matisse Gallery, pastels, gouaches, sculptures de 1933 à 1945. J.T. Soby achète *l'Autoportrait*, de 1937-1938. 1950 N.Y., à l'instigation de Gropius, *commande d'une peinture murale pour la salle à manger de la Graduate School de Harvard* (maintenant au MOMA). 1951 N.Y., exp. Pierre Matisse Gallery, 22 peintures et sculptures de 1946 à 1950. 1952 Paris, visite l'exp. Pollock, à la Galerie Facchetti, « révélation » pour lui. 1953 Paris, 100 œuvres exposées à la Galerie Maeght. Numéro spécial de Luxe *Derrière le miroir*. N.Y., 63 œuvres récentes exposées à la Galerie Pierre Matisse, préface de J.J. Sweeney. 1955 Paris, commence avec Artigas 2 murs en céramique pour l'Unesco *Le mur du soleil* et *Le mur de la lune*. 1956 Expose les *Terres de grand feu* à la Galerie Maeght et à la Galerie Pierre Matisse. Déménage à Palma de Majorque. 1958 Nombreuses gravures *La Bague d'Aurore* de Crevel, *Nous avons* de R. Char, *A toute épreuve* de P. Eluard. N.Y., exp. Pierre Matisse Gallery les *Peintures sauvages*, 21 œuvres de 1934 à 1953, préface de Fitzgerald. 1959 N.Y., 2e séjour aux Etats-Unis pour la rétrospective du MOMA, organisée par W.S. Lieberman : (tableaux, sculptures, gravures, livres, illustrations, céramique), 116 œuvres. Texte de J.T. Soby. L'exp. ira ensuite à Los Angeles. Reçoit le prix Guggenheim, pour les murs en céramique de l'Unesco. N.Y., Pierre Matisse publie l'Album des *Constellations* préfacé par André Breton. 1960 Exécute avec Artigas une grande céramique murale pour l'Université de Harvard, exposée au Guggenheim et à la Galerie Maeght. 1961 Tryptique des grandes peintures murales *Bleu 1, 2, 3*, exposées à N.Y. et à Paris. 3e séjour aux Etats-Unis. 1962 Paris, grande rétrospec-

tive de 241 œuvres, au Musée National d'Art Moderne, organisée par Jean Cassou. 1964 Inauguration de la Fondation Maeght, avec des sculptures faites spécialement par Miro. 1965 Expositions des *Cartones* (1959-1965) à Paris, Galerie Maeght et à N.Y. à la Galerie Pierre Matisse. 1956 Voyage au Japon à l'occasion d'une rétrospective à Tokyo et à Kyoto. Commence *Alicia*, œuvre murale commandée par le Guggenheim Museum. 1967 Grand prix Carnegie de peinture à Pittsburgh et 4e voyage aux Etats-Unis. 1968 Paris, grande rétrospective, Fondation Maeght. 1970 N.Y., exp. itinérante de 50 gravures récentes, organisée par le MOMA. 1972 N.Y., au Guggenheim *Magnectic Fields* exp. organisée par Rosalind Krauss et Margit Rowell. 1973 N.Y., *Miro in the collection of the Museum of Modern Art*, exp. organisée par W.S. Rubin (environ une trentaine de peintures et une vingtaine de dessins et objets). 1974 Paris, Grande rétrospective au Grand Palais, organisée par Jean Leymarie et exp. de l'œuvre graphique au Musée d'Art moderne de la Ville de Paris. 1976 Inauguration de la Fondation Joan Miro à Barcelone.

Bibliographie

Clement Greenberg, *Miro*, N.Y., Quadrangle Press, 1948. J.J. Sweeney, Joan Miro, « Comment and interview », N.Y., *Partisan Review*, vol. XV, n° 2, fév. 1948. Robert Motherwell, « the significane of Miro », N.Y., *Art News*, vol. 58, n° 4, mai 1959. Henry Mc.Bride, modern art, N.Y., *the Dial*, vol. 85, déc. 1928. William Rubin, Miro in the collection of the Museum of Modern Art, N.Y., *the Museum of Modern Art*, 1973. Catalogue de la rétrospective Miro, N.Y., *The Museum of Modern Art*, 1959. Jacques Dupin, *Miro*, Paris, Flammarion, 1961. Margit Rowell, *Joan Miro peinture - poésie*, Paris, La Différence, 1976.

C.S.

JOAN MITCHELL
Chicago, Ill., USA, 1926.
Vit à Vetheuil, France.

1948-1949 Vient en France avec une bourse de l'Art Institute. 1951 N.Y., New Gallery, 1re exp. indiv. à N.Y. 1955 Partage son temps entre Paris et New York. 1958 Venise, 24e Biennale. 1959 S'installe à Paris, rue Frémicourt, avec Riopelle. 1960 Kassel, Documenta 2. Paris, Arts Décos., *Antagonismes*. Paris, Galerie Neufville, 1re exp. indiv. à Paris. 1960-1963, 1967-1969, Paris, Salon de Mai. 1962 Paris, Galerie Jacques Dubourg, exp. indiv. Paris, Galerie Lawrence, exp. indiv. 1966 Paris, Salon des Réalités Nouvelles. 1967 Saint-Paul-de-Vence, Fondation Maeght, *10 ans d'art vivant 55-65*. Paris, Galerie jean Fournier, exp. indiv. 1968 Saint-Paul-de-Vence, Fondation Maeght, *l'Art vivant 1965-1968*. 1969 S'installe à Vetheuil, près de Paris. Paris, Galerie Jean Fournier, exp. indiv. 1971 Paris, Galerie Jean Fournier, exp. indiv.

Bibliographie

Catalogue de l'exposition *Joan Mitchell*, N.Y., Whitney Museum, 1974.

E.P.

PIET MONDRIAN
Amersfoort, Pays-Bas, 1872 – New York, 1944.

1911-1914 Paris, participe chaque année au Salon des Indépendants, 1re exp. coll. à Paris. 1912-1914 Premier séjour à Paris. 1919 Revient à Paris ou il vivra jusqu'en 1938. 1920 Publie chez Léonce Rosenberg *Le Neoplasticisme*. 1923 Paris, Galerie de l'Effort Moderne, *De Stijl*. 1925 Paris, 18, rue de la Ville-L'Evêque, *L'Art d'Aujourd'hui*. 1926 Visite à son atelier de Katherine S. Dreier. Elle lui achète une toile qu'elle expose la même année à l'*International Exhibition of Modern Art* organisée par la Société Anonyme au Brooklyn Museum, 1re exp. coll. à N.Y. 1927 Paris, participe au Salon des Tuileries. 1929 Fait la connaissance de Fritz Glarner. 1930 Paris, Galerie 33, participe à l'exposition organisée par le groupe Cercle et Carré et publie dans le premier numéro de la revue un texte intitulé « L'Art réaliste et superréaliste. (la morphoplastique et la néoplastique) ».Rencontre Calder. 1931 Paris, adhère à l'Association Abstraction Création et collabore aux trois premiers albums qu'elle édite, 1932, 1933 et 1934. N.Y., New School for Social Research, participe à une exposition organisée par la Société Anonyme. 1932 Albert E. Gallatin lui achète *Composition 1932*, premier tableau de Mondrian à entrer dans la collection de la Gallery of Living Art. 1934 Fait la connaissance de Harry Holtzman, Burgoyne Diller et Ben Nicholson. 1936 N.Y., MOMA, *Cubism and Abstract Art*. 1940 Mondrian arrive à N.Y. où il vivra jusqu'en 1944, date de sa mort. 1941 Adhère à l'Association des American Abstract Artists et participe à l'exposition qu'elle organise au Riverside Art Museum. Se lie d'amitié avec de nombreux artistes américains dont Charmion von Wiegand, Fritz Glarner, Harry Holtzman et Carl Holty. 1942 N.Y., la Valentine Dudensing Gallery organise la première exp. indiv. de Mondrian et publie son texte *Toward the true vision of reality*. N.Y., Nierendorf Gallery, donne lecture de son essai *A new realism* publié en 1946 par l'Association American Abstract Artists. Le texte *Abstract Art* est publié par Peggy Guggenheim en préface de son livre *Art of this Century*. Peint *New York City*, première œuvre entièrement réalisée à N.Y. 1942 N.Y., Pierre Matisse Gallery, *Artists in exile*. 1943 N.Y., Valentine Dudensing Gallery, *Piet Mondrian*. Présente six œuvres dont *Broadway Boogie-Woogie* (1942-1943). N.Y., Helena Rubinstein Art Center, *Masters of Abstract Art*, avec B. Diller, F. Glarner, C. Holty, Charmion von Wiegand, Stuart Davis. N.Y., est membre du Jury du premier Spring Salon. N.Y., Guggenheim Museum, *Piet Mondrian, the earlier years*. 1945 N.Y., MOMA, *Piet Mondrian*. Robert Motherwell rassemble les écrits de Mondrian écrits en anglais et les publie sous le titre *Plastic Art and Pure Plastic Art, 1937, and others essays, 1941-1943*. 1946 N.Y., Valentine Dudensing Gallery, *Mondrian Paintings*. N.Y., *Eleven Europeans in America*. 1947 N.Y., The Pinacotheca, *The white plane*. 1949 N.Y., Sidney Janis Gallery, *Piet Mondrian*. 1951 N.Y., Sidney Janis Gallery, *Piet Mondrian*. 1953 N.Y., Sidney Janis Gallery, *Fifty years of Piet Mondrian*. 1957 Paris, Galerie Denise René, *Mondrian*. Paris, Galerie Daniel Cordier, *Piet Mondrian, œuvres figuratives de collections parisiennes*. N.Y., Guggenheim Museum, *Piet Mondrian, the earlier years*. 1960 N.Y., Sidney Janis Gallery, *Arp and Mondrian*. N.Y., Chalette Gallery, *Construction and geometry in painting*. 1962 N.Y., Sidney Janis Gallery, *Piet Mondrian*. 1963 N.Y., Sidney Janis Gallery, *Piet Mondrian*. 1964 N.Y., Frumkin Gallery, *Piet Mondrian : the earlier years 1905-1908*. N.Y., Marlborough-Gerson Gallery, *Mondrian, De Stijl, and their impact*. 1969 Paris, Musée de l'Orangerie, *Mondrian*. 1970 N.Y., The Pace Gallery, *Mondrian, the process works*. 1971 N.Y., Guggenheim Museum, *Piet Mondrian 1872-1944*. N.Y., Noah Goldowsky Gallery, *Early works of Piet Mondrian*. 1973 N.Y. Paris, Galerie Denise René, *Piet Mondrian*. Chicago, Museum of Contemporary Art, *Post-Mondrian Abstraction in America*.

Bibliographie

Robert Motherwell, « Notes on Mondrian and Chirico », *VVV*, N.Y., 1942. Charmion von Wiegand, « The meaning of Mondrian », *Journal of Aesthetics and Art Criticism*, vol. 2, n° 8, automne 1943. Piet Mondrian, *Plastic Art and Pure Plastic Art, 1937, and others essays, 1941-1943*, The Documents of Modern Art Series, Robert Motherwell, ed., N.Y., Wittenborn, 1945. James Johnson Sweeney, « Piet Mondrian », *The Bulletin of The Museum of Modern Art*, N.Y., vol. 12, n° 4, printemps 1945. Harry Holtzman, « Piet Mondrian », *The League Quaterly*, vol. 19, n° 1, N.Y., 1947. James Johson Sweeney, « Mondrian, the Dutch and De Stijl », *Art News*, N.Y., vol. 50, n° 4, été 1951. Sidney Tillim, « What happened to geometry ? An inquiry into geometrical painting in America. », Arts, vol. 33, N.Y., juin 1959.. Carl Holty, « Mondrian in New York, A memoir », *Arts*, N.Y., sept. 1957. Robert Welsh, « Landscape into music : Mondrian's New York period », *Arts Magazine*, N.Y., vol. 40, n° 4, fév. 1966. « Post-Mondrian Abstraction in America », Chicago, Museum of Contemporary Art, 1973. Jack Burnham, « Mondrian's american circle », *Arts Magazine*, N.Y., vol. 48, n° 1, sept.-oct. 1973.

Ouvrages de référence

Michel Seuphor, *Piet Mondrian, sa vie, son œuvre*. Paris, Flammarion, 1956 ; nouvelle édition corrigée et augmentée, 1970. Catalogue de la rétrospective *Mondrian*, Paris, Musée de l'Orangerie, 1969. Hans L.C. Jaffé, *Piet Mondrian*, N.Y., Abrams, 1970. Catalogue de la rétrospective *Mondrian*, N.Y., The Solomon R. Guggenheim Museum, 1971.

N.M.L.

HENRY MOORE
Castekford, Yorkshire, 1898.
Vit à Much Hadam, Hertordshire et à Forte dei Marmi, Carrare.

1914 Après ses études à la Castleford Grammarschool, entre dans un collège d'enseignants malgré des dons artistiques évidents. 1919 S'inscrit à la Leeds School of Art. 1921 Obtient une bourse pour le Royal College of Art, London. 1922 Initié à la taille directe par Barry Hart. Influence de Gaudier. 1923-1925 Voyage en France et en Italie. Assistant au Royal College of Art. 1926 Londres, Saint-George's Gallery, 1re exp. coll. 1928 Londres, Warren Gallery, 1re exp. indiv. 1931 Londres, Leicester gallery. Présentation de Jacob Epstein. 1936 Signe le Manifeste du groupe surréaliste anglais. 1939 Crée des formes ouvertes avec fils tendus. Commande d'une *Figure au repos* pour le Détroit Institute of Art. 1941 Leeds, Temple Newsam, 1re exp. rétrospective. 1943 New York, Buchholz gallery, 1re exp. aux Etats-Unis. Commande de la *Vierge à l'enfant* pour l'église de Northampton. 1945 Rencontre Brancusi. Exécute *Trois Figures debout* pour le Battersea Park de Londres. 1946-1947 Visite N.Y. N.Y., MOMA, exp. rétrospective. Chicago, Art Institute, même exposition. Washington, Philips Memorial Gallery, exp. de dessins. 1948 Prix international de Sculpture à la 24e Biennale de Venise. 1949 Paris, MNAM, préface de Herbert Read. Participe à une exposition à N.Y., Bucholz gallery. 1951 London, Tate Gallery exp. rétrospective N.Y., Buchholz Gallery, 34 sculptures et 31 dessins. 1954 N.Y., Curt Valentin Gallery, texte de l'artiste. 1955 Devient membre honoraire de l'American Academy of Art and Sciences. 1955 Colorado Springs Fine Art Center, Colorado, Art Museum, Denver, Wyoming University, Wyoming, exposition itinérante de 50 dessins. 1956 Commande d'une *Figure au repos* pour le siège de l'UNESCO à Paris. 1957 Paris, Galerie Berggruen, préface de Roland Penrose. 1958 Reçoit le 2e Prix de Sculpture à l'*International Bicentennial Exhibition* de Pittsburgh. Devient Docteur honoris causa de la Harvard University. 1959 N.Y., Fine Arts Associates, Sculpture and sculptors drawings. 1960 Sculpte surtout des figures monumentales notamment une *Figure couchée en deux pièces n° 2* pour l'aéroport de Saint-Louis. 1961 Elu membre de l'American Academy of Art and Letters. 1963 Commence une sculpture pour le Lincoln Centre de N.Y. 1964 Reçoit la médaille des Arts Plastiques de l'Institute of Architects for the United States. 1965 Commande d'une œuvre monumentale pour l'Université de Chicago. 1966 Philadelphie, Art College. Devient docteur honoris causa de l'Université de Yale. 1967 Lincoln, Mass. Lincoln Museum. 1968 Se voit décerner le Prix commémoratif pour les Arts Albert Einstein à l'Université de Yeshiva, N.Y. Londres, Tate Gallery. Introduction de David Sylvester. 1970 N.Y., Knoedler Galleries, sculptures 1961-1970. N.Y., Malborough-Gerson Gallery, bronzes 1961-1970. 1971 Paris, Musée Rodin. 1973 Elu membre de l'Académie des Beaux-Arts de Paris. 1974 N.Y., Wildenstein Gallery. Londres, British Museum, *An Exhibition of a book dedicated by Henry Moore to W.H. Auden with related drawings*. 1975 Londres, Tate Gallery, *Henry Moore : graphics in the making*. Los Angeles, County Museum of Art.

Bibliographie

Henry Moore, Edited by David Sylvester with an introduction by Herbert Read, 3rd édition, London, Percy Lund and Humphries, 3 vol., 1957-1965. Henry J. Seldis, *Henry Moore in America*, N.Y., Praeger Publishers et Los Angeles County Museum of Art, 1973.

D.M.

ROBERT MORRIS
Kansas City, Miss., USA, 1931.
Vit à New York.

1948-1963 Fait des études d'ingénieur, d'art et d'histoire de l'art, études qu'il conclut par un mémoire de maîtrise sur Brancusi. 1961 Va à N.Y. et fait ses premières sculptures. 1963 N.Y., Green Gallery, 1re exp. indiv. à N.Y. Cordier-Ekstrom Gallery, exp. coll. 1968 Paris, Galerie Sonnabend, 1re exp. indiv. à Paris. Paris, Galerie Sonnabend. exp. indiv. Saint-Paul-de-Vence, Fondation Maeght, *l'Art vivant 1965-1968*. Paris, Grand Palais, CNAC, *L'Art du réel USA, 1948-1968*. Venise, 34e Biennale. Kassel, Documenta 4. 1971 Paris, Galerie Sonnabend. 1973 Paris, Musée Galliéra, Festival d'Automne. Paris,

Galerie Sonnabend, exp. indiv. 1974 Paris, MAM ARC2, *Art conceptuel et hyperréaliste*, exp. coll. Saint-Etienne, Musée d'art et d'Industrie, *Robert Morris*, exp. indiv. 1977 Paris, MAM ARC2, *Boîtes*, exp. coll.

Bibliographie

M. Tucker, *Robert Morris*, N.Y., 1970. Catalogue de l'exposition *Robert Morris*, Londres, Tate Gallery, 1971.

                                                            E.P.

ROBERT MOTHERWELL
Aberdeen, Washington, USA, 1915.
Vit à Greenwich, Conn., USA.

1932 Entre à l'université de Stanford à San Francisco. Visite la collection des Matisse de Michael Stein. 1935 1er voyage en Europe. Il vient en France et étudie la littérature française. 1937 Il écoute Malraux parler de la guerre civile espagnole à San Francisco. Fait sa thèse sur Delacroix. 1938 Passe l'été à l'université de Grenoble. Paris, Galerie Raymond Duncan, 1re exp. indiv. à Paris. « Je me suis arrêté un jour dans la galerie pour une raison ou une autre et dans la conversation avec Raymond Duncan, on en vint à dire que j'étais de San Francisco. Pour une raison quelconque, sa galerie avait l'habitude d'exposer chaque année à Paris, un américain originaire de Californie et autant que je sache, j'étais le seul qu'il put trouver cette année-là. Comme vous savez, il était lui-même de Californie. » (R. Motherwell, extrait d'une lettre inédite, nov. 1975). 1939 Retour aux USA. Habite à N.Y. 1940 est introduit auprès de nombreux surréalistes émigrés. 1941 Devient très ami avec Duchamp, M. Ernst, Masson, Tanguy, Breton, etc. Il rencontre Léger, Ozenfant, Chagall, Mondrian, etc. Est très vivement intéressé par la peinture de Arp, Klee, Matisse, Miro et Picasso. 1942 N.Y., Whitelaw E. Reid Mansion, *The first papers of surréalism*, exp. organisée par M. Duchamp et A. Breton, 1re exp. coll. à N.Y. Voit la 1re exp. Mondrian à N.Y. 1943 fait ses premiers collages. 1944 publie la revue *The Documents of Modern Art*. Il écrit une préface pour Apollinaire, *Les peintres cubistes*. N.Y., Art of this Century, expose des collages, 1re exp. indiv. à N.Y. 1947 Paris, Galerie Maeght, exp. de peinture américaine à laquelle participent Gottlieb et Baziotes, 1re exp. coll. à Paris. 1948 Edite la revue *Possibilities*, avec J. Cage, Pierre Chareau et H. Rosenberg. Vers 1948 visite avec Rothko l'atelier d'Hartung à Arcueil. 1950 N.Y., Kootz Gallery, *Black or White : paintings by european and american artists*. Participation de Baziotes, Dubuffet, Miro, Mondrian, Picasso. 1952 Paris, Galerie de France, *Regards sur la peinture américaine*, exp. coll. 1955 Paris, MNAM, *50 ans d'art aux Etats-Unis*, exp. itinérante organisée par le MOMA. 1959 Paris, MNAM, *Jackson Pollock et la Nouvelle peinture américaine*. Kassel, Documenta 2. 1961 Visite Paris. Paris, Galerie Berggruen, exp. indiv. Il expose ses collages de 1957-1960. Paris, *Modern american drawings*, exp. coll. 1964 Paris, MAM, *Art USA Now : the Johnson Collection of contemporary american paintings*. 1967 Saint-Paul-de-Vence, Fondation Maeght, *10 ans d'art vivant 55-65*. 1970 Saint-Paul-de-Vence, Fondation Maeght, *l'Art vivant aux Etats-Unis*. 1971 Ecrit dans sa revue *Documents of modern art : Dialogue with Marcel Duchamp*. Il préface l'édition américaine du *Journal de Delacroix*. 1976 Venise, 38e Biennale.

Bibliographie

Catalogue de l'exposition *Robert Motherwell*, Dusseldorf, Stadtische Kunsthalle, 1976.

                                                            E.P.

GÉRALD MURPHY
Boston, Mass., 1888 – New York, 1964.

1921 S'installe à Paris. A la Galerie Rosenberg voit des œuvres de Braque et de Picasso «If that's painting, It's what I want to do». Rencontre Picasso, Léger, Dos Passos, Hemingway et Fitzgerald auquel il servira de modèle pour *Gatsby le Magnifique*. 1923 Salon des Indépendants, expose *Engine Room* (1922), et *Pressure* (1922). 1re exp. coll. à Paris. Paris, Théâtre des Champs-Elysées, représentation de *Within the quota* par les ballets suédois. Murphy réalise le scénario, les costumes et le décor dont il dit que c'était « not cubism, but its composition was inspired by cubism ». 1924 S'installe à Antibes « Villa America ». 1925 Paris, Salon des Indépendants, expose *Watch* (1924). Paris, *l'Art d'Aujourd'hui*,

expose *Razor* (1924). 1926 Paris, Salon des Indépendants, expose *Razor*. 1929 Peint son dernier tableau *Wasp and pear*. En raison de l'état de santé de son fils, part pour la Suisse. Il cesse alors tout activité artistique. 1931 Séjour de Léger chez Murphy en Autriche (juillet, août). Premier séjour de Léger à N.Y. Murphy lui commande deux tableaux dont il fait don (sept.-déc.) au MOMA. 1934 Séjour de Léger chez Murphy à Antibes. 1934 Retour de Murphy à N.Y. 1960 Dallas, Museum of fine Arts, *American Genius in Review* (première exposition collective aux Etats-Unis). 1974 N.Y., MOMA, *The Paintings of Gerald Murphy*, 1re exp. indiv. à N.Y.

Bibliographie

« American Ballet will give Paris all the latest Broadway whims - « Within the Quota » has Jazz, Shimmies and all the Best in strictly home-grown make-up », *New York Herald Tribune*, Paris, 25 oct. 1923. « American's Eighteen Foot Picture nearly splits Independent Artists », *New York Herald Tribune*, Paris, 8 fév. 1924. Douglas Mac Agy, « Gerald Murphy : New Realist of the Twenties », *Art in America*, N.Y., vol. 51, n° 2, avril 1963. Hayden Herrera, « Gerald Murphy : An Amurikin in Paris », *Art in America*, N.Y., vol. 62, n° 5, sept.-oct. 1974.

Ouvrages de référence

Calvin Tomkins, *Living well is the best revenge*, New York. The Viking Press, 1971. *The Paintings of Gerald Murphy*, N.Y., The Museum of Modern Art, 1974.

                                                            N.M.L.

ELIE NADELMAN
Varsovie, 1882 – New York, 1964.

1904-1905 Arrive à Paris : visites du Louvre (sculptures grecques, Michel-Ange) et études de sculpture à l'Académie Colarossi. Se passionne pour l'œuvre de Rodin, en particulier les dessins, dont il sera un des meilleurs spécialistes. Intérêt pour l'œuvre de Seurat, ainsi que pour les théories de Robert Henri. Salon d'Automne, 1re participation avec 5 œuvres. 1906 Salon d'Automne (8 nos). 1907 Salon des Indépendants (6 nos). Premières études de têtes abstraites, conçues à partir de la seule ligne courbe. Se lie avec Guillaume Apollinaire et Albert Gleizes. 1908 Reçoit dans son atelier la visite de Picasso amené par Leo Stein. Analogie de ses recherches avec celles de Picasso. Achat par Leo Stein de nombreux dessins et d'un plâtre. Gertrude semble lui porter un vif intérêt. Fait la connaissance de Brancusi, Joseph Brummer, Jules Pascin et Archipenko, qui, à son arrivée à Paris, considère son œuvre comme « à l'extrême pointe du modernisme ». Galerie Weill, 1re exp. indiv. à Paris, présentation d'œuvres ayant pour titres « recherches de formes et de volumes », « rapport de formes », le but de Nadelman étant de rationaliser le principe de plasticité. 1909 Paris, Galerie Druet, exp. indiv. (29 sculptures, 100 dessins, dont les *Ideal Head* 1907-1908, le *Buste de Thadée Natanson* 1909, et *Hermaphrodite* 1906-1908). Grand succès de l'exp. qui apparait, dans le domaine de la sculpture, comme un « événement » égal en importance à l'exp. Rodin de 1900. Eloges d'André Gide et de Guillaume Apollinaire. 1910 N.Y., projet non abouti d'une exposition à la Galerie 291, sur l'initiative d'Alfred Stieglitz qui sélectionne une série de dessins par l'intermédiaire d'Adolphe Basler. Ces dessins iront en définitive à Londres l'année suivante. A cette occasion, 1re publication de Nadelman dans une revue new yorkaise (*Camera Work*, n° 32, oct.) dans laquelle il affirme son indépendance vis-à-vis de Rodin, du cubisme et du fauvisme. Matisse affiche sur la porte de son studio « Défense de parler de Nadelman ici ». Isolé, Nadelman ne reste lié intimement qu'avec les Natanson, Archipenko, Brancusi et Modigliani. 1911 Londres, Paterson's Galleries, exp. indiv. Grand succès : toute l'œuvre exposée est achetée par Helena Rubinstein. Gertrude Stein lui consacre un essai (publié en 1927 et 1934). 1912 Se lie avec Jacques Lipchitz. Se lance dans une violente campagne contre le futurisme (exposé cette même année Galerie Bernheim-J.) et en particulier contre Marinetti, et reitère son attachement au passé. Salon d'Automne, présentation du *Nu Féminin debout*, 1907-1908 (dont le plâtre ira à N.Y. en 1914). 1913 Paris, Galerie Druet, exp. indiv. : son style est taxé par la critique de « mou ». Salon des Indépendants (3 nos). Salon d'Automne (2 nos). N.Y., Chicago, Boston, *Armory Show*, envoi de 12 dessins et 1 sculpture (*Tête d'Homme*), choisis par Walter Pach et Arthur B. Davies. Aucun achat de la part des américains. En revanche, les journalistes américains Shefield Thayer et Fibley Watson, du *Dial*, font l'acquisition d'œuvres de Nadelman à Berlin. 1914 Paris, Salon des Indépendants, présentation de *Head of a man in a top Hat* 1914 et *Mercury Petassos* 1913, remarqués par Guillaume Apollinaire. Publication de son ouvrage *Vers l'unité plastique*. Avril : départ pour les USA. Nadelman s'installe définitivement à N.Y. où il arrive avec toutes ses œuvres parisiennes et londoniennes. A cette date, il semble avoir terminé ses recherches et abandonne le dessin comme moyen de démonstration analytique. Se lie avec Arthur B. Davies, Walter Pach et Alfred Stieglitz. Est soutenu par le critique, marchand et collectionneur Martin Birbaum, qui connaissait déjà Nadelman par l'intermédiaire de Natanson. 1er achat américain : la *Tête en marbre*, par Mrs H. Radeke, qui rentre au Rhode Island School of Design Museum, 1er musée américain à recevoir une œuvre de Nadelman. 1915 N.Y., Galerie 291, 1re exp. indiv. aux USA (déc. 1915-janv. 1916), 15 sculptures dont le *Man in the open air*, 1914-1915 et 10 dessins (tous achetés). Le succès public de Nadelman est encore confirmé par la commande de portraits et de figures décoratives. 1916 Montross Gallery, *Contemporary group exhibition*, participation avec 4 nos (déc.-janv.). 1917 N.Y., Scott Fowles Galleries, *Exhibition of sculptures and drawings by Elie Nadelman* (70 nos). Fréquente le cercle des Stettheimer où il rencontre Marcel Duchamp, Leo Stein, Van Vechten, Maurice Sterne, et Gaston Lachaise. 1919 N.Y., Knoedler Gallery, exp. indiv. (16 sculptures, 41 dessins, considérées par la critique de « jeux d'esprit »). Marie Sterner Gallery, *Recent drawings and sculptures by Elie Nadelman*. 1920 Paris, Galerie Bernheim-J., exp. indiv. Nadelman s'intéresse de plus en plus aux thèmes chers à Seurat : cirque, vaudeville, concert, danse. 1923 N.Y., Galleries of the Société Anonyme, conférence de Nadelman sur la ligne courbe. La Société Anonyme ne possédera ni n'exposera aucune de ses œuvres. 1925 N.Y., Scott Fowles Galleries et Chicago, The Art Institute, exp. indiv. Utilisation du procédé nouveau de galvano-plastie imitant la surface du bronze. 1927 N.Y., Knoedler Gallery, exp. indiv. Paris, Galerie Bernheim-J., exp. indiv. 1932 N.Y., International Gallery, *Private collection of Helena Rubinstein : Nadelman*. 1948 N.Y., MOMA, *The sculpture of Elie Nadelman*, 1re rétrospective aux USA (oct.). 1973 N.Y., Metropolitain Museum, *Elie Nadelman Exhibition*.

Bibliographie

Guillaume Apollinaire, in *Chronique des Arts et de la Curiosité*, supplément à *La Gazette des Beaux-Arts*, Paris, 1er mai 1909. *Camera Work*, N.Y., no 32, oct. 1914. Elie Nadelman, *Quarante dessins de Elie Nadelman*, Paris, La Belle Edition, 1913. *Montjoie !*, Paris, no 4, 29 mars 1913 ; no 9-10, juin 1913 ; no 11-12, nov.-déc. 1913. André Salmon, « Elie Nadelman », *L'Art Décoratif*, Paris, vol. 31, no 201, mars 1914. Elie Nadelman, *Vers l'Unité plastique*, Paris, 1914. Martin Birnbaum, « Elie Nadelman », *International Studio*, N.Y., vol. 57, no 226, déc. 1915. *Camera Work*, N.Y., no 48, oct. 1916. Willard H. Wright, « The Aesthetic Struggle in America », *The Forum*, N.Y., vol. 55, no 2, févr. 1916. Henry Tyrell, [interview de Nadelman], *World Magazine*, N.Y., 30 nov. 1919. Frederick W. Eddy, « Classic sculpture by Elie Nadelman », *New York World*, N.Y., 11 févr. 1917. Henry McBride, « Exhibitions of the New York Galleries : Elie Nadelman Sculptures », *Fine Art Journal*, Chicago, no 3, mars 1917. Henry McBride, in *New York Sun*, 4 févr. 1917 ; 16 nov. 1919. Elie Nadelman, *Vers la beauté plastique. Thirty two reproductions of drawings*, N.Y. E. Weyhe, 1921. William Murrell, *Elie Nadelman*, N.Y., Woodstock, W.M. Fischer, 1923. André Salmon, « La sculpture vivante III : Bourdelle et Nadelman », *L'Art Vivant*, Paris, vol. 2, no 31, avril 1926. Gertrude Stein, « Nadelman », *Portraits and prayers*, N.Y., Random House, 1954.

Ouvrages de référence

Catalogue de l'exposition *The Sculpture of Elie Nadelman*, N.Y., le MOMA, 1948. Lincoln Kirstein, *Elie Nadelman drawings*, N.Y., Bittner & Co, 1949. A. Werner, « Nadelman : recluse of Riverdale », *Commentary*, N.Y., 9 juin 1950. Lincoln Kirstein, *Elie Nadelman drawings*, N.Y., Hacker Art Books, 1970. Lincoln Kirstein, *Elie Nadelman*, N.Y., The Eakins Press, 1973.

A.L.B.

LOUISE NEVELSON
Kiev, Russie, 1899.
Vit à New York.

1905 Sa famille émigre aux Etats-Unis, à Rockland (Maine). 1920 S'installe à N.Y. 1931-1932 Voyages en Europe et à Paris où elle fait un court séjour.

Elle visite le Musée de l'Homme et est impressionnée par les sculptures africaines. Impressionnée par la peinture de Picasso. 1933 N.Y., 1re exp. coll. à N.Y. 1941 N.Y., Nierendorf Gallery, 1re exp. indiv. à N.Y. 1948 voyage en France. 1958 Paris, Galerie Jeanne Bucher, 1re exp. coll. à Paris. 1960 Paris, Arts Décos, *Antagonismes*. Paris, Galerie Daniel Cordier, 1re exp. indiv. à Paris. Préface de G. Mathieu. 1961 Paris, 17e Salon de Mai. 1962 Participe à la 31e Biennale de Venise au pavillon américain. 1964 Kassel, Documenta 3. 1965 Paris, Musée Rodin, *Etats-Unis : sculptures du XXe siècle*. 1967 Saint-Paul-de-Vence, Fondation Maeght, *Dix ans d'art vivant 55-65*. Paris, Galerie Daniel Gervis, exp. indiv. 1968 Saint-Paul-de-Vence, Fondation Maeght, *l'Art vivant aux Etats-Unis*. Kassel, Documenta 4. 1969 Paris, Galerie Jeanne Bucher, exp. indiv. 1974 Paris, CNAC, exp. indiv. 1re rétrospective à Paris. 1977 Paris, MAM ARC2, *Boîtes*, exp. coll.

Bibliographie

A.B. Glimcher, *Louise Nevelson*, N.Y., Washington, Praeger Publishers, 1972. Catalogue de l'exposition *Louise Nevelson*, Paris, CNAC, 1974.

E.P.

BARNETT NEWMAN
New York, 1905 – New York, 1970.

1948 Fonde avec des artistes américains l'école *Subjects of the artist* qui devient le studio 35 où se tiendront jusqu'en 1955 des conférences auxquelles participeront également des artistes européens tels que Jean Arp. 1950 N.Y., Betty Parsons Gallery, 1re exp. indiv. 1958 Paris, MNAM. *Jakson Pollock et la nouvelle peinture américaine*, exp. itinérante organisée par le MOMA, N.Y. 1959 Kassel, Documenta 2. 1960 Paris, Galerie Neufville, *Group show* (Gotlieb, Guston, Kline, Newman, Rothko). 1965 Paris, Musée Rodin : *Etats-Unis Sculptures du XXe siècle*. 1967 Paris, Knoedler Gallery, *Six peintres américains*. 1968 Vient à Paris et participe au symposium international organisé à Paris pour le centenaire de Baudelaire. 1968 Kassel, Documenta 4. Paris, Grand Palais, *l'Art du réel USA 1948-1968*. 1970 St-Paul-de-Vence, Fondation Maeght, *l'Art vivant aux Etats-Unis*. 1971-1972 Paris, Grand Palais : rétrospective Barnett Newman, organisée par le MOMA., N.Y.

Bibliographie

Thomas B. Hess, *Barnett Newman*, N.Y., Walker and Co, 1969. Catalogue de l'exposition *Barnett Newman*, Paris, Galeries Nationales du Grand Palais, 1972.

E.P.

BEN NICHOLSON
Denham, Grande-Bretagne, 1894.
Vit en Grande-Bretagne.

1921 Séjour à Paris. Voit pour la 1re fois des œuvres de Braque, Matisse et Picasso. 1925 Paris, 23, rue de La Ville-l'Evêque, exp. internationale *L'Art d'Aujourd'hui*, 1re exp. coll. à Paris. 1930 Paris, Galerie Georges Bernheim, expose avec Christopher Wood. 1932-1933 Séjour à Paris. Rencontre Braque, Brancusi, Arp et Calder. 1933 Paris, 44, avenue de Wagram, expose avec les artistes de l'Association Abstraction-Création dont il fait partie de 1933 à 1935. 1934 1936 Rend chaque année visite à Mondrian. 1936 N.Y., MOMA, *Cubism an Abstract Art*, 1re exp. coll. à N.Y. 1941 Publie « Notes on Abstract Art » dans la revue américaine *Horizon*. Le texte est repris en préface du livre de Peggy Guggenheim « *Art of this Century* » publié en 1942 à N.Y. 1949 Paris, Salon des Réalités Nouvelles. N.Y., Durlacher Gallery, 1re exp. indiv. à N.Y. 1951 N.Y., Durlacher Gallery. N.Y., Riverside Art Museum, expose avec les artistes de l'association American Abstract Artists. 1952 N.Y., Durlacher Gallery. Pittsburgh, lauréat du Prix Carnégie. 1955 Paris, MNAM, exp. rétrospective. N.Y., Durlacher Gallery. 1956 Paris, Galerie de France. N.Y., Durlacher Gallery. N.Y., MOMA, *Masters of British Painting 1850-1950*. Lauréat du Guggenheim International Painting Award. 1960 N.Y., Chalette Gallery *Construction and geometry in painting*. 1961 N.Y., André Emmerich Gallery. 1964 Dallas, Tex., Museum of Fine Arts, exposition rétrospective. 1965 N.Y., André Emmerich Gallery. 1974 N.Y., André Emmerich Gallery *Ben Nickolson, Works on paper*.

Bibliographie

Ben Nicholson « Notes on Abstract Art », *Horizon*, San Marion (Ohio), oct. 1941. Michel Seuphor « Fernand Léger and Ben Nicholson », *Art Digest*, N.Y., 1er avril 1955. John Russel, *Ben Nicholson : drawings, paintings and reliefs 1911-1968*, Londres, Thames and Hudson, 1969. Catalogue de l'exposition *Ben Nicholson*, Paris, MNAM, 1955.

NML

KENNETH NOLAND

Ashville, North Carolina, USA, 1924.
Vit à South Shaftsbury, Vermont, USA,

1948-1949 Etudie à Paris avec Ossip Zadkine. 1949 Paris, Galerie Creuze. 1re exp. indiv. et à Paris. 1954 N.Y., Kootz Gallery, *Emerging talent*. Exposition organisée par C. Greenberg. 1re exp. coll. à N.Y. 1957 N.Y., Tibor de Nagy, 1re exp. indiv. à N.Y. 1959 Paris, Galerie Neufville, *Nouvelle peinture américaine*, exp. coll. à laquelle participent M. Louis, F. Stella, E. Kelly, et Rauschenberg. 1960 Paris, Galerie Neufville, exp. indiv. 1961 Paris, Galerie Lawrence, exp. indiv. Paris, Galerie Neufville, exp. indiv. 1962 Paris, Galerie Breteau. exp. coll. à laquelle participent M. Louis, P. Saul, Ossorio. 1963 Paris, Galerie Lawrence. exp. indiv. 1964 Venise, 32e Biennale. 1968 Kassel, Documenta 4. 1973 Paris, Galerie Daniel Templon, *Maîtres de l'abstraction américaine aujourd'hui*, exp. coll. 1974 Daniel Templon expose des œuvres de K. Noland au Musée Galliera dans le cadre du Festival d'Automne. 1976 Paris, Galerie D. Templon. exp. indiv. Le Centre National d'art et de culture G. Pompidou achète *First* (1958).

Bibliographie

Catalogue de l'exposition *Kenneth Noland*, N.Y., A. Emmerich Gallery, 1973.

E.P.

GEORGIA O'KEEFFE

Sun Prairie, Wis., 1887.
Vit à Abiquiu, Nouveau Mexique.

1904-1905 Etudes à l'Art Institute de Chicago. 1907-1908 Etudes à l'Art Students League, N.Y. 1909 Visite de l'exp. Rodin, Galerie 291, N.Y. 1912 Enseigne au Texas, en Virginie et en Caroline du Sud, tout en poursuivant ses études à l'Université de Columbia sous la direction d'Arthur Dow. 1915 Se remet à la peinture en décidant de se défaire de toutes les influences reçues jusque-là. Elle envoie des aquarelles et des dessins, pour la plupart abstraits, à une amie new-yorkaise qui, malgré l'interdiction de les montrer à quiconque, les apporte à Alfred Stieglitz. 1916 Très intéressé par sa peinture, Stieglitz décide de présenter quelques-unes de ses œuvres Galerie 291, N.Y., dans une exposition de groupe. Avertie après coup, elle se rend à N.Y. pour rencontrer Stieglitz. 1917 N.Y., Galerie 291, exp. indiv., la dernière avant la fermeture de la galerie. N.Y., Grand Central Palace, Society of Independent Artists, *First Annual Exhibition*. Stieglitz réalise ses premiers portraits. Abandonne son travail de professeur pour se consacrer entièrement à la peinture. 1923 N.Y., Anderson Galleries, exp. indiv. organisée par Stieglitz, une centaine de peintures. 1924 Mariage avec Stieglitz. 1927 N.Y., Brooklyn Museum, exp. indiv. 1929 Voyage au Nouveau Mexique. Rend visite à Mabel Dodge Luhan à Taos. A partir de cette date, passe de longs séjours au Nouveau Mexique. 1938 Paris, Musée du Jeu de Paume, *Trois Siècles d'Art aux Etats-Unis*, 2 œuvres. 1945 S'installe à Abiquiù, Nouveau Mexique. 1966 Fort Worth, Texas, Amon Carter Museum of Western Art, grande exp. indiv.

Bibliographie

Camera Work, N.Y., n° 48, oct. 1916 ; n° 49-50, juin 1917.

Ouvrages de référence

Georgia O'Keeffe, an Exhibition of the Work of the Artist from 1915 to 1966, catalogue de l'exposition Fort Worth, Texas, Amon Carter Museum of Western Art, 1966, Mitchell Wilder éd. Llyod Goodrich and Doris Bry, *Georgia O'Keeffe*, catalogue de l'exposition N.Y., the Whitney Museum, 1970. Charles Elridge III,

Georgia O'Keeffe, The Development of an American Modern, Ph. D. Dissertation, University of Minnesota, 1971.

M.D.

CLAES OLDENBURG

Stockholm, 1929.
Vit à New York.

1930-1933 habite à N.Y. 1958 N.Y., Red Groom's City Gallery, expose des dessins. 1re exp. coll. à N.Y. 1959 N.Y., Judson Gallery, expose des dessins. 1re exp. indiv. à N.Y. 1963 Paris, Galerie Sonnabend *Pop art USA*. 1re exp. coll. à Paris. 1964 Habite à Paris d'août à novembre. Paris, Galerie Sonnabend, *La table européenne*. 1re exp. indiv. à Paris. Venise, 32e Biennale. 1965 Paris Musée Rodin, *Etats-Unis : sculptures du XXe siècle*. 1967 Saint-Paul-de-Vence, Fondation Maeght, *10 ans d'art vivant 55-65*. 1968 Kassel, Documenta 4. Saint-Paul-de-Vence, Fondation Maeght, *L'Art vivant 1965-1968*. 1975 Le Musée National d'art moderne achète *Soft Drums* (1972). 1976 Paris, Galerie de France, *Petersbourg Press London 1968-1976*, exp. coll.

Bibliographie

Barbara Rose, *Claes Oldenburg*, N.Y., le MOMA, 1970. Catalogue de l'exposition *Claes Oldenburg*, Berlin, National galerie, 1975.

E.P.

MERET OPPENHEIM

Berlin, 1915.
Vit à Berne et à Paris.

1932 Arrive à Paris. Suit quelques cours à l'Académie de la Grande Chaumière, mais surtout découvre, chez Arp, un tableau de Max Ernst. 1933 Paris, participe avec Dali, Miro, Magritte, Tanguy... au Salon des Surindépendants. 1936 Bâle, 1re exp. indiv. Galeries Schulthess, texte de Max Ernst. Paris, participe avec 1 œuvre, à *l'exp. surréalistes d'objets*, Galerie Charles Ratton. N.Y., participe avec *tasse, cuillère et assiette couverts de fourrure*, à l'exp. *Fantastic art, dada, surrealism*, organisée par A. Barr, au MOMA. Cet objet obtiendra beaucoup de succès et sera tout de suite acheté par le MOMA. 1937-1939 Suit les cours de l'école des Arts et Métiers de Bâle. 1938 Paris, réalise des objets, avec Dominguez, pour une exp. organisée, place Vendôme, par René Drouin et Leo Castelli. Quitte Paris, pour la Suisse et d'autres voyages. 1942 N.Y., participe à l'exp. *First papers of surrealism*, organisée par Duchamp et Breton. 1956 Paris, 1re exp. indiv., à la Galerie A l'Etoile Scelée, préface de B. Péret. 1959 Paris, participe à l'exp. internationale du surréalisme, Galerie Daniel Cordier, organise même un festin, à cette occasion. 1961 N.Y., participe avec 2 objets, à l'exp. *The Art of Assemblage*, au MOMA. 1969 Paris, expose Galerie Claude Givaudan. 1972 Paris, participe à l'exp. *Artistes suisses contemporains*, au Grand Palais et à l'exp. *Le Surréalisme*, au Musée des Arts Décoratifs.

Bibliographie

Catalogue de la rétrospective *Meret Oppenheim*, Stockholm, Moderna Museet, 1967. Catalogue de la rétrospective *Meret Oppenheim*, Solothurn (All. F.), Museum der Stadt, 1974.

C.S.

ALFONSO OSSORIO

Manille, Philippines, 1916.
Vit à East Hampton, N.Y. USA

1930 Arrive aux Etats-Unis. 1939 Prend la citoyenneté américaine. 1941 N.Y., Wakefield Gallery, 1re exp. indiv. à N.Y. 1949 Pollock suggère à Ossorio d'aller à Paris pour rencontrer Dubuffet. En Automne, Ossorio se rend à Paris et voit Dubuffet avec lequel il se lie d'amitié. 1950 2e voyage à Paris, s'installe dans un studio, près de la place Clichy. Montre son œuvre à

Dubuffet qui écrit *Peintures initiatiques d'Alfonso Ossorio* et introduit Ossorio à Michel Tapié. Paris, Galerie Paul Facchetti. 1re exp. indiv. à Paris, organisée par M. Tapié. Accompagne Dubuffet à Chicago. 1952 Séjour à Paris à la mi-février. Installe la collection d'Art brut dans sa maison d'East Hampton, N.Y. 1960 Paris, Galerie Stadler, exp. indiv. 1961 Paris, Galerie Stadler, exp. indiv. Ossorio vient à Paris à l'occasion de ces deux expositions. 1962 Paris, Galerie Breteau ; exp. coll. à laquelle participent M. Louis, K. Noland, P. Saul. Ossorio expose la collection d'Art brut à la Cordier Ekstrom Gallery avant de la rendre à Dubuffet à Paris. 1964 Kassel, Documenta 3. 1965 Morris J. Pinto, un collectionneur parisien, lui achète une *congregation* (sculpture) à la suite de son exposition chez Cordier et Ekstrom à N.Y.

Bibliographie

(B.H.) Friedman, *Alfonso Ossorio*, N.Y., Abrams, 1973.

E.P.

AMÉDÉ OZENFANT
Saint-Quentin, Aisne, 1886 – Cannes, Alpes-Maritimes, 1966

1908 Paris, Salon de la Société Nationale des Beaux-Arts, 1re exp. coll. à Paris. 1910-1911 Paris, Salon d'Automne. 1911-1914 Paris, participe chaque année au Salon de la Société Nationale des Beaux-Arts. 1914 Paris, Salon d'Automne. 1915 Publie la revue *L'Elan*. 1918 Paris, Galerie Thomas, exposition de peinture puriste avec Charles-Edouard Jeanneret. Publie avec Charles-Edouard Jeanneret *Après le Cubisme*, Edition des Commentaires, Paris. De 1920 à 1923, collabore à la revue *L'Esprit Nouveau*. 1921 Paris, Galerie Druet, *Ozenfant et Jeanneret*. 1924 Paris, ouvre un atelier avec Fernand Léger. 1925 Paris, Exposition Internationale des Arts Décoratifs, participe au Pavillon de *L'Esprit Nouveau*. Paris, 23 rue de la Ville-l'Evêque, exposition internationale, *L'Art d'Aujourd'hui*. 1927 Paris, Galerie Barbazanges, 1re exp. indiv. à Paris. 1931 N.Y., New School for Social Research, exposition organisée par la Société Anonyme, 1re exp. coll. à N.Y. Publie *Foundations of Modern Art* à N.Y., chez Brewer, Warren et Putnam. 1936 N.Y., MOMA, *Cubism and Abstract Art*. 1938 Premier voyage aux Etats-Unis. Fait la connaissance de Stuart Davis. 1939 S'installe à N.Y. où il vivra jusqu'en 1955. 1939-1945 N.Y., enseigne à la New School for Social Research. 1940 Chicago, III. Arts Club, exposition rétrospective. 1941 N.Y., Bignou Gallery, 1re exp. indiv. à N.Y. N.Y., Nierendorf Gallery. N.Y., Passedoit Gallery. 1942 N.Y., Pierre Matisse Gallery, *Artists in Exile*. 1942-1952 N.Y., est commentateur artistique et culturel de la chaine de radio *La Voix de l'Amérique* et assure la chronique artistique de la revue *France-Amérique*. 1944 Adopte la nationalité américaine. 1945 N.Y., Passedoit Gallery. 1946 N.Y., Passedoit Gallery. N.Y., MOMA, *Eleven Europeans in America*. 1953 Séjour en France. 1954 Paris, Galerie de Berri. 1955 Retour définitif en France. Redevient citoyen français. 1957 Paris, Galerie Berri Lardy. 1970 Paris, Galerie Katia Granoff. 1973 N.Y., Knoedler Gallery, exp. rétrospective.

Bibliographie

D. Seckler, « Can painting be taught ? Ozenfant methods and ideals », *Art News*, N.Y., vol. 49, oct. 1950. Amédé Ozenfant, *Mémoires 1886-1962*, Paris, Seghers, 1968. Catalogue de l'exposition *Ozenfant*, N.Y., Knoedler Gallery, 1973.

N.M.L.

WOLFGANG PAALEN
Autriche, 1907 – Mexico, 1959

1920 Premier voyage à Paris. 1927 Travaille dans l'atelier de Hans Hofmann. 1928 Retourne en France, séjourne à Cassis et à La Ciotat. 1929 S'installe à Paris et expose au Salon des Surindépendants. 1933 Fait la connaissance de Paul Eluard et de Max Ernst. 1934 Paris, 1re exp. indiv. Gal. Vignon. Se joint au groupe Abstraction-Création. Zervos publie une œuvre de lui, dans les Cahiers d'Art. 1936 Paris, expose Galerie Pierre. « Sa deuxième exposition particulière en 1936, Gal. Pierre, cette fois est un événement : on y voit non seulement les surréalistes au grand complet, mais Kandinsky et Picasso. » (J. Pierre, p. 17). Paris, participe, avec 4 objets, à l'*exposition surréalis-*

te d'objets, Galerie Charles Ratton. N.Y., participe à l'exposition *Fantastic Art Dada and surrealism*, organisée par Alfred Barr au MOMA. 1937 Invente le procédé du « fumage ». Se joint au groupe surréaliste, illustre de dessins le numéro 10 de la revue du *Minotaure*. 1938 Paris, participe à l'*exp. internationale du surréalisme*, Galerie des Beaux-Arts. Paris expose Gal. Renou et Colle, préface de Breton. Illustre *Les Chants de Maldoror* avec M. Ernst, Seligmann, Magritte... 1939 Quitte Paris, arrive à N.Y., visite le Canada et l'Alaska. S'installe en sept. à Mexico. 1940 N.Y., 1re exp. particulière à N.Y., Julien Levy Gallery, 23 œuvres dont un portrait d'A. Breton. Organise la 1re exp. internationale du surréalisme à Mexico. 1942 Crée la revue *Dyn* et rompt dans le premier numéro avec le surréalisme. Figure dans le livre de P. Guggenheim *Art of this Century*, avec une œuvre. 1945 Publie chez Wittenborn (N.Y.) *Form and Sense* (interview de Paalen sur l'art européen). 1946 N.Y., expose Nierendorf Gallery. 1952 Paris, expose Galerie Pierre. 1954 Illustre le n° 2 de *Medium*. Paris, expose Galerie Galanis. 1959 Se suicide à Mexico.

Bibliographie

José Pierre, *domaine de Paalen*, Paris, Galanis, 1970.

C.S.

ANTOINE PEVSNER
Orel, Russie, 1886 – Paris, 1962.

1902-1909 Etudie à l'Ecole des Beaux-Arts de Kiev. Subit l'influence des icônes. 1910 Entre à l'Académie des Beaux-Arts de Pétrograd. 1911 Paris, 1er séjour. Déçu par le cubisme, s'émerveille devant la Tour Eiffel. 1913 Lors d'un deuxième séjour à Paris, fait la connaissance de Archipenko et de Modigliani. Peint son premier tableau abstrait. 1915 A cause de la guerre, rejoint son frère, Naum Gabo, à Oslo. Se tourne alors vers la sculpture. 1917 Est rappelé à Moscou pour professer à l'Académie des Beaux-Arts avec Kandinsky et Malevitch. 1920 Avec Gabo, publie le *Manifeste réaliste* ensuite appelé le *Manifeste constructiviste*. Participe à l'exposition en plein air à Moscou, Parc Tverskoï. 1922 Berlin, Galerie Van Diemen, « *Première exposition d'Art Russe* ». 1924 Installé à Paris, expose avec Gabo, Galerie Percier. 1926 N.Y., Little Review Gallery, expose avec Doesburg et Gabo. N.Y., Brooklyn Museum *International exhibition of Modern Art*. 1927 Réalise le décor constructiviste du ballet *la Chatte* de Diaghilev. 1930 Acquiert la nationalité française. 1931 S'intéresse au mouvement « Abstraction-Création ». 1933 Publie un manifeste dans le n° 2 d'*Abstraction-Création* sur l'art non figuratif. 1936 Hartford, Wadsworth Atheneum, *Abstract art* avec Domela et Mondrian. Chicago, Chicago Arts Club, *Gabo-Pebsner*. N.Y., MOMA, *Cubism and abstract Art*. Brooklyn, exp. coll., *New Forms in Art*. 1939 Paris, Galerie Charpentier, *Réalités nouvelles*. 1946 Paris, premier *Salon du groupe des Réalités Nouvelles*, organisé par Pevsner, Gleizes, Herbin. 1947 Paris, Galerie René Drouin, 1re exp. indiv. 1948 N.Y., MOMA, exp. avec Gabo. Introduction de Herbert Read. 1949 Zurich, Kunsthaus, exp. avec Vantengerloo et Max Bill. 1952 Paris, MNAM, *L'œuvre du XXe Siècle*. 1953 N.Y., désigné par la France pour le concours organisé par l'Institute of Contemporary art, sur le thème « le prisonnier politique inconnu ». Obtient le second grand prix. Paris, est élu vice-président du *Salon des Réalités Nouvelles*. 1955 Detroit, reçoit commande d'une sculpture pour l'Institut des Recherches Scientifiques de la General Motors. 1957 Paris, MNAM, exp. indiv., préface de Jean Cassou. 1958 Présente 14 sculptures à la 29e Biennale de Venise. Participe à l'Exposition internationale de Bruxelles. 1961 Est fait Chevalier de la Légion d'Honneur. 1964 Paris, MNAM, *Pevsner au Musée National d'Art Moderne. Les écrits de Pevsner.*

Bibliographie

Pierre Peissi, Antoine Pevsner, hommage d'un ami, Carola Giedon-Welcker, *l'imagination spatiale d'Antoine Pevsner*. Neuchatel, Griffon, 1961.

D.M.

SUZANNE PHOCAS
Lille, Nord, 1897.
Vit à Paris.

Epouse de Jean Metzinger. 1920-1921 Paris, participe au Salon d'Automne, 1re exp. coll. à Paris. 1922-1929 Participe chaque année au Salon des Indépendants. 1926-1927 Paris, participe au Salon d'Automne. 1926 N.Y., Brooklyn Museum, *International Exhibition of Modern Art* organisée par la Société Anonyme, 1re exp. coll. à N.Y. Expose 3 œuvres, dont *Travestis* remarqué par Katherine S. Dreier au Salon des Indépendants en mars 1926. 1927 Achat par la Société Anonyme de *Enfant au Chien*, présenté en 1926 au Salon d'Automne et 1927 au Salon des Indépendants. 1928 N.Y., Arts Council Gallery, The Barbizon, exp. organisée par la Société Anonyme. 1934 N.Y., A.W.A. Club House, *From Impressionism to Abstraction : 13 Women Painters*, exp. organisée par la Société Anonyme. 1939 Springfield, Mass., George Walter Vincent Smith Art Gallery, exp. anniversaire de la Société Anonyme, *New Forms of Beauty 1909-1936*.

Bibliographie

Collection of the Société Anonyme, New Haven, Yale University Art Gallery, 1950.

N.M.L.

FRANCIS PICABIA
Paris, 1879 – Paris, 1953.

1899 Paris, Salon des Artistes Français, 1re exp. coll. 1905 Paris, Galerie Haussmann (fév.), 1re exp. indiv. 1910-1911 Rencontre de Duchamp et d'Apollinaire. Se joint occasionnellement aux réunions du groupe de Puteaux autour des Duchamp, Gleizes et Metzinger. Expose régulièrement au Salon des Indépendants et au Salon d'Automne. 1912 Paris, Galerie La Boëtie (oct.), participe au *Salon de la Section d'or* avec plusieurs œuvres dont une version de *Danses à la source* (l'autre étant au Salon d'Automne). 1913 Le seul artiste européen à se rendre à N.Y. pour l'*Armory Show*. N.Y., Chicago, Boston, présente à l'*Armory Show* 4 œuvres dont *Danses à la source* achetée par A.J. Eddy et qui entrera par la suite dans la collection Arensberg. Il est tour à tour très contesté ou très défendu par les journalistes américains auxquels il donne de nombreux interviews. Fait la connaissance de Marius De Zayas et d'Alfred Stieglitz qui lui organise en mars, Galerie 291, sa 1re exp. indiv. aux Etats-Unis. Il y présente de nouvelles aquarelles abstraites réalisées à N.Y. Juin : publication du *Manifeste de l'Ecole Amorphiste* dans le n° spécial de *Camera Work*. De retour en France, il peint deux grandes toiles *Udnie* et *Edtaonisl* présentées au Salon d'Automne. 1915 N.Y., Galerie 291, exp. indiv. (janv.). Chargé par le gouvernement français d'une mission à Cuba, il s'embarque en mai et fait escale à N.Y. Il y est rejoint par Albert Gleizes, Jean Crotti et Marcel Duchamp qui avec les Américains Schamberg, Demuth, Sheeler, Stella, Man Ray forment un groupe d'avant-garde qui se réunit chez le mécène et collectionneur Walter Arensberg. Collabore à la revue *291* publiée par Stieglitz où on voit apparaître les premières œuvres mécanomorphes. N.Y., Modern Gallery, *Opening Exhibition*, (oct.), organisée par Marius De Zayas, avec Braque et Picasso. 1916 N.Y., Modern Gallery, exp. indiv. des toiles mécanomorphes, (janv.). N.Y., Modern Gallery, *Picabia, Cézanne, Van Gogh* (fév.-mars) ; *Cézanne, Van Gogh, Picasso, Picabia, Rivera* (avril-juin). Philadelphie, Mac Clees Galleries, *Exhibition of Modern Art*, exp. coll. (mai-juin). S'arrête de peindre et commence à écrire ses premiers poèmes. Voyage à Cuba puis en Espagne. 1917 Barcelone, entreprend de publier une nouvelle revue intitulée *391*. Retour en mars à N.Y., rejoint Duchamp et le cercle des Arensberg. Continue de faire paraître à N.Y. sa revue *391* (3 numéros : juin, juill., août), enjeu d'une partie d'échecs perdue par Roché qui cesse de faire paraître sa propre revue *The Blind man*. N.Y., Bourgeois Galleries, *Exhibition of Modern Art*, exp. coll. (fév.-mars). N.Y., Grand Central Palace, Society of Independent Artists, *First Annual Exhibition* (avril-mai), 2 œuvres. Avec Duchamp, organise la conférence de Cravan à N.Y., 12 juin. Regagne Paris en octobre. 1919 N.Y., Arden Gallery, *The Evolution of French Art* organisée par Marius De Zayas. 1920 Constitution et nombreuses manifestations du groupe Dada à Paris autour de Picabia, avec Duchamp, Tzara, Breton, etc. N.Y., Galleries of the Société Anonyme, *First Exhibition* (juin), *Third Exhibition* (août-sept.). 1922 Chicago, The Art Institute. *Exhibition of Painting from the collection of the late A.J. Eddy*, exp. coll. N.Y., Mac Dowell Club, *Exhibition of the Collection of the Société Anonyme* (avril-mai). 1926 N.Y., Brooklyn Museum,

An International Exhibition of Modern Art organisée par la Société Anonyme (nov.-déc.). 1928 N.Y., The Intimate Gallery, *Picabia Exhibition* (avril-mai). 1932 Rencontre de Gertrude Stein qui écrit la préface de son exposition chez Leonce Rosenberg. 1934 N.Y., Valentin Gallery, *Recent paintings by Francis Picabia* (nov.), préface de Gertrude Stein. 1936 Chicago, The Arts Club, *Paintings by Francis Picabia* (janv.), au catalogue poème de Gertrude Stein. N.Y., MOMA, *Fantastic Art, Dada and Surrealism* (déc.). 1942 N.Y., Art of this Century Gallery, *Art of this Century 1910 to 1942*, organisée par Peggy Guggenheim. 1948 Paris, entrée au MNAM de *Udnie*. 1949 Paris, Galerie Drouin, *50 ans de plaisir*, 1re rétrospective de l'œuvre de Picabia, 136 œuvres, accompagnées d'un catalogue *491*. 1953 N.Y., Sidney Janis Gallery, *Dada 1916-1923* (avril-mai). N.Y. Rose Fried Gallery, *Marcel Duchamp and Francis Picabia* (déc.). 1954 Entrée au MOMA de *Je revois en mémoire ma chère Udnie*. 1914 1970 N.Y., Guggenheim Museum, *Francis Picabia* (sept.-déc.). 1974 Les enfants d'Eugène et d'Agnès E. Meyer donnent au MOMA 4 grandes toiles de Picabia : *Mariage comique, C'est de moi qu'il s'agit* (exposées Galerie 291 en janvier 1915) *Danses à la Source* et *La Source*.

Bibliographie

Ecrits de Picabia :

Préface et articles : préface du catalogue de l'exposition Picabia, N.Y., Galerie 291, mars-avril 1913. *Camera Work*, N.Y., n° 47, juil. 1914. *The Blindman*, N.Y., n° 2, mai 1917. *Rongwrong*, N.Y., juil. 1917. *The Little Review*, N.Y., Paris, automne et printemps 1921, automne 1922, automne-hiver 1924-25. Interviews : *American Art News*, N.Y., n° 16, 25 janv. 1913. *The New York Times*, 16 fév. 1913. *The New York American*, 3 mars 1913. *The New York Tribune*, 9 mars 1913 ; 24 oct. 1915 Revues : *291*, N.Y., n° 4, juin 1915 ; n° 5-6, juil.-avril 1915 ; n° 9, nov. 1915 ; n° 10-11, déc. 1915-janv. 1916 ; n° 12, fév. 1916. *391*, fondée et dirigée par Francis Picabia, 19 n°s publiés entre janv. 1917 et nov. 1924, Barcelone, N.Y., Zurich et Paris.

Ecrits sur Picabia :

Périodiques et revues : *New York Herald*, 18 mars 1913. *Chicago Daily Tribune*, 31 mars 1913. *Brooklyn New York Eagle*, 10 avril 1913. *Camera Work*, N.Y., n° 42-43, avril-juil. 1913 ; n° spécial juin 1913. *New York Herald*, 18 et 19 janv. 1915. *Camera Work*, N.Y., n° 48, oct. 1916. *The New York Sun*, 16 et 23 janv. 1916. *Arts and Decoration*, N.Y., avril 1916. Livres et catalogues : Guillaume Apollinaire, *Chroniques d'Art*, Paris, Figuière, 1913. Arthur J. Eddy, *Cubists and Post-impressionism*, Chicago, A.C. Mac Clurg et London, Grant Richards, 1914. Willard H. Wright, *Modern painting, its tendency and meaning*, N.Y., John Lane, 1915. *Exhibition of paintings from the collection of the late A.J. Eddy*, catalogue de l'exposition Chicago, Art Institute, 1922. Gertrude Stein, préface du catalogue de l'*Exposition de dessins par Francis Picabia*, Paris, Galerie Léonce Rosenberg, 1932, traduction de Marcel Duchamp ; *The autobiography of Alice B. Toklas*, N.Y., Harcourt, Brace, 1933 ; *Every Body's Autobiography*, N.Y., Random House, 1937. *Collection of the Société Anonyme, Museum of Modern Art 1920*, New Haven, Yale University Art Gallery 1950. *The Louise and Walter Arensberg Collection, 20th century section*, Philadelphia Museum of Art, 1954. *New York Dada : Duchamp, Man Ray, Picabia*, catalogue de l'exposition Munich, Städtische Galeri im Lenbauchhaus, 1973.

Ouvrages de référence

Francis Picabia, catalogue d'exposition établi par William A. Camfield, N.Y., Guggenheim Museum, 1970. *Francis Picabia*, catalogue d'exposition établi par Jean Hubert Martin et Hélène Seckel, Paris, MNAM, Galeries Nationales du Grand Palais, 1976.

M.D.

PABLO PICASSO
Malaga, Espagne, 1881 – Mougins, France, 1973.

1900 Premier séjour à Paris. 1901 Paris, Galerie Vollard, 1re exp. avec son compatriote Iturrino (juin). 1902 Galerie Berthe Weill, exp. coll. avec Louis-Bernard Lemaire. 1904 Installation définitive à Paris, au Bateau-Lavoir. 1905 Galerie Serrurier, 1re exp. indiv. (mars). Début des relations étroites entre les Stein et Picasso, rue de Fleurus où il rencontrera nombre de peintres américains de passage à Paris, notamment Max Weber, Stella, Morgan Russell, Walkowitz, Sayen, Walter Pach, Brenner... 1er achat de Leo Stein : *La Famille d'acrobates avec singe* 1905, chez Clovis Sagot. Peu après, 1re visite de Leo chez Picasso au Bateau-Lavoir, sur l'initiative de Henri-Pierre Roché. 2e achat de Leo : *Fillette nue à la Corbeille fleurie* 1905. Picasso se lie avec Guillaume Apollinaire, qui se fera le principal défenseur du cubisme. 1906 Rencontre Matisse chez les Stein. Visite d'Etta Cone dans l'atelier de Picasso : 1ers achats (11 dessins, 7 gravures). *Portrait de Gertrude Stein, Portrait d'Allan Stein.* 1907 Galerie Kahnweiler, rue Vignon, exp. indiv. *Portrait de Leo Stein ; Les Demoiselles d'Avignon.* 1908 Steichen et De Zayas à Paris conseillent à Stieglitz de consacrer à Picasso une exposition dans sa galerie new yorkaise 291. Rencontre Braque. Organise au Bateau-Lavoir le Banquet Rousseau où se retrouvent Apollinaire, Marie Laurencin, Braque, Leo et Gertrude Stein, Alice B. Toklas. 1909 Gertrude Stein commence à écrire les textes publiés en 1933 sous le titre *Matisse, Picasso et Gertrude Stein.* 1910 N.Y., parution d'un interview de Picasso par Gellett Burgess (probablement réalisé en 1908) dans *Architectural Record* (mai). Paris, dernier achat de Leo Stein. Les Picasso de la rue de Fleurus, achetés en commun avec Gertrude, se comptent au nombre de 76, tous peints entre 1900 et 1909. Rue Madame, Michael et Sarah Stein plus voués à l'œuvre de Matisse, ne posséderont que 12 Picasso. 1911 N.Y., Galerie 291, *Early and recent paintings drawings and watercolours by P. Picasso of Paris* (28 mars-25 avril), 1re exp. indiv. de Picasso à N.Y. Choix des 83 toiles effectué par De Zayas, Haviland et Steichen. Catalogue présenté par De Zayas, avec un pamphlet publié dans *Camera Work*, n° 34-35. Nombreuses et violentes réactions dans la presse new yorkaise. 1912 N.Y., publication de l'essai de Gertrude Stein : *Pablo Picasso* (*Camera Work*, n° spécial). Paris : 1er achat indépendant de Gertrude Stein : *La Bouteille de marc (ma jolie),* 1912 . 14 autres acquisitions suivront, tous tableaux exécutés entre 1912 et 1922. Picasso signe son contrat avec Kanhweiler. A Cologne, Walt Kuhn, un des principaux organisateurs de l'*Armory Show,* voit à l'exposition du *Sonderbund* 16 toiles de Picasso. 1913 N.Y., Chicago, Boston, *Armory Show* : Picasso y figure avec 8 toiles : *Nature morte n° 1* et *Nature morte n° 2* (prêtées par Leo Stein), *Les arbres,* 1907-1908, *Madame Soler,* 1903, *Tête d'Homme,* 1912, *La Femme au pot de moutarde,* 1910, *Nu de femme* et *Tête de femme,* bronze 1909 (ces deux derniers prêtés par A. Stieglitz). Unique acheteur : Arthur B. Davies *(Les arbres).* Paris, séparation de Gertrude et Leo Stein qui se partagent la collection : tous les Picasso restent rue de Fleurus chez Gertrude. 1914 N.Y., Washington Square, exp. indiv. (été). Galerie 291, exp. coll. : *Picasso, Braque, Mexican Pottery* (déc.-janv. 1915). 1915 N.Y., Modern Gallery, *Picabia, Picasso, Stieglitz, African Sculpture* (oct.-nov.). Modern Gallery, exp. indiv. (déc.-janv. 1916). 1916 N.Y., Modern Gallery, 2 exp. coll. : *Picabia, Cézanne, Van Gogh, Picasso, Braque et Rivera* (fév.-mars) et *Cézanne, Van Gogh, Picasso, Picabia, Rivera* (avril-juin). 1917 N.Y., Grand Hotel Palace, 1re exp. de la Society of Independent Artists, participation de Picasso (avril-mai). 1918 Paris, Paul Rosenberg devient son principal marchand (jusqu'en 1940). N.Y., Modern Gallery, *Picasso, Derain, Gris, Rivera* (mars). v. 1920 N.Y., constitution des grandes collections américaines d'œuvres de Picasso, telles celles de John Quinn, du Dr Barnes (qui possédera au total 29 peintures et 16 dessins), et Walter Arensberg, dont la collection comprendra 15 Picasso, parmi lesquels *Les deux femmes,* 1906, *Le nu de femme,* 1910-1911, *Le Violoniste,* 1911 et *Le Guitariste,* 1912. 1er achat du collectionneur Gallatin. A la fondation de la Société Anonyme, aucune œuvre de Picasso ne figure dans la collection. Participation aux 3e et 6e exp. coll. de celle-ci, Galleries of the Société Anonyme (août-sept. et déc.). Paris, Galerie Rosenberg, exp. indiv. 1921 Picasso conseille à John Quinn d'acheter *la Bohémienne endormie* de Rousseau. 1923 N.Y., Wildenstein Gallery, exp. indiv. organisée par Rosenberg. Chicago, Arts Club, exp. indiv. (dessins). N.Y., Vassar College, et Detroit, State Fair Bank, 26e et 27e exp. coll. de la Société Anonyme. 1926-1927 Paris, N.Y. : vente de la collection Quinn. Au catalogue de la vente paraissent 7 peintures, dont *la Fillette au cerceau* et *le Portrait de Uhde.* Achats des Américaines Lillie Bliss *(Le vieux guitariste)* et Katherine Dreier *(Tête,* 1906, qu'elle léguera à la Société Anonyme en 1949). N.Y., à l'ouverture de la Gallery of Living Art, University of N.Y., la collection Gallatin possède 5 œuvres de Picasso (25 œuvres au total, dont une étude pour *Les Demoiselles d'Avignon, Les Trois Musiciens,* 1921, et *L'Autoportrait,* 1906). 1930 N.Y., MOMA, exp. coll. *Painting in Paris.* Picasso y participe avec 14 toiles. Liste des musées américains possédant des Picasso : Buffalo, Albright Art Gallery ; Chicago, The Art Institute, Birch-Bartlett Coll. ; Merion, Barnes Foundation ; N.Y. University, Gallery of Living Art ; Washington, Phillips Memorial Gallery. 1er Picasso à entrer au MOMA : *Tête,* 1909 (don Saidie A. May). Chicago, Arts Club, exp. indiv. Pittsburgh : Picasso obtient le prix Carnegie, pour le portrait d'*Olga,* 1918. 1931 N.Y. : achat de James Thrall Soby, *Le soupir,* 1923, qui sera suivi d'autres acquisitions, notamment : *La femme assise,* 1927, *Le Nu assis sur un rocher,* 1921, données au MOMA en 1961. 1932 Paris, Galerie Georges Petit, 1re grande exp. indiv. Publication du vol. I du catalogue raisonné entrepris par Christian Zervos (*Cahiers d'art*). 1934 Baltimore, publication du catalogue de la Cone Collection, Maryland, qui comprendra, à son entrée au Baltimore Museum, 17 peintures et aquarelles, 2 sculptures de Picasso, constituant ainsi une des principales collections américaines. N.Y. MOMA : entrée des premiers grands Picasso : *La femme en blanc,* 1923 et *Nature morte verte,* 1914 (coll. Lillie Bliss). 1936 Etta Cone achète *La Coiffure*

1905. 1938 N.Y., *La Jeune fille devant un miroir,* 1932, entre au MOMA (don de Mrs S. Guggenheim). 1939 N.Y., MOMA et Chicago, The Art Institute, 1re rétrospective *Picasso : Forty years of his art,* sur l'initiative d'Alfred Barr Jr. Au MOMA, mise en dépôt de *Guernica,* 1937, et arrivée des *Demoiselles d'Avignon,* 1907 (Leg Lillie Bliss). 1945 N.Y., *Ma Jolie,* 1911-1912, entre au MOMA. 1949 *Les Trois Musiciens,* 1921, entrent au MOMA (Mrs. S. Guggenheim Foundation). 1957 N.Y., MOMA, Chicago, The Art Institute, puis Philadelphie, Museum of Art, *Picasso 75th Anniversary Exhibition.* 1960 N.Y., *Arlequin* entre au MOMA (don John Loeb). 1962 N.Y., exp. indiv. *Picasso, an americain Tribute* avec la participation des galeries.

Bibliographie

Gelett Burgess, « The wild men of Paris », *Architectural Record,* N.Y. n° 27, mai 1910. *Camera Work,* N.Y., n° 34-35, avril-juil. 1911 ; n° 36, oct. 1911 ; n° 38, avril 1912 ; n° spécial, août 1912 ; n° spécial, juin 1913. Walter Pach, « The point of view of the moderns », *The Century Magazine,* N.Y., 1913. Royal Cortissoz, « The post-impressionnist illusion », *The Century Magazine,* n° 6, avril 1913. Jo Davidson, « The extremists : an interview », *Arts and Decoration* N.Y., mars 1913. J. Nilson Laurvik, *It is art ? Post-impressionnism, futurism, Cubism,* N.Y., The International Press, 1913. Guillaume Apollinaire, *Les Peintres cubistes,* Paris, Figuière, 1913. Arthur J. Eddy, *Cubists and post-impressionnism,* Chicago, Mc Clurg, 1914. Willard H. Wright, *Modern Painting, its tendency and meaning,* N.Y., J. Lane, 1915. *291,* N.Y., n° 1, 2, 9, 10, 11, 12, 1915-1916. *Camera Work,* N.Y., n° 48, oct. 1916. *Little Review,* N.Y., n° 9, août 1922. Maurice Raynal, *Picasso,* Paris, Grès, 1922 (1re monographie française). [Conversation avec Marius De Zayas] *The Arts,* N.Y., 26 mai 1923. Gertrude Stein, *Matisse, Picasso and Gertrude Stein,* Paris, Plain, 1933 ; *The Autobiography of Alice Toklas,* N.Y., Harcourt, Brace, 1933 ; *Picasso,* Paris, Floury, 1938.

Ouvrages de référence

Christian Zervos, *Pablo Picasso.* Catalogue raisonné, vol. 1 à 69, Paris, Editions Cahiers d'Art, 1932-1973. Alfred Barr, *Picasso, fifty years of his art,* N.Y., MOMA, 1946. Catalogue de l'exposition *Four Americans in Paris,* N.Y., MOMA, 1970. William Rubin, *Picasso in the collection of the Museum of Modern Art,* N.Y., MOMA, 1972.

A.L.B.

SERGE POLIAKOFF
Moscou, 1900 – Paris, 1969.

1923 Se fixe à Paris. 1931 Paris, Galerie Drouant, 1re exp. coll. 1945 Paris, Galerie l'Esquisse, 1re exp. indiv. à Paris. 1952 A l'occasion de l'exposition *XXe siècle* organisée par le Musée d'Art Moderne de la ville de Paris, il voit les 4 tableaux de Malevitch que possède le MOMA. N.Y., Galerie Circle and Square, 1re exp. indiv. à N.Y. 1953 Le Guggenheim Museum achète *Composition,* 1950. 1955 N.Y. Knoedler Galleries, exp. indiv. 1962 Naturalisé français. 1964 N.Y., Lefebre Gallery, exp. indiv. 1968 N.Y., Lefebre Gallery, exp. indiv. N.Y., Met., *Painting in France 1900-1967,* exp. itinérante aux USA. 1971 N.Y., Lefebre Gallery.

Bibliographie

Catalogue de l'exposition *Poliakoff,* Paris, Galerie Melki, 1975. Giuseppe Marchiori, *Serge Poliakoff,* Paris, Presses de la Connaissance, 1976.

E.P.

JACKSON POLLOCK
Cody Wyoming, USA, 1912 – East Hampton, New York, 1956.

1929 Suit à N.Y. les cours de l'Art Students' League. 1935 S'installe à N.Y. N.Y. Brooklyn Museum, *Eight exhibitions of watercolours, pastels, and drawings by American and French artists,* expose une œuvre. 1re exp. coll. à N.Y. 1942 N.Y., Mac Millen Inc., exp. coll. *American and French paintings.* 1943 N.Y., Galerie Art of this Century, 1re exp. indiv. à N.Y. 1948 Venise, 24e Biennale. Est représenté par 6 œuvres dans la collection Peggy Guggenheim. 1950 Représente les USA à la 25ᵉ Biennale de Venise. N.Y., Sidney Janis Gallery, *Young painters in US and France*. Expose 1 œuvre. Gorky est comparé à Matta, Kline à Soulages, de Kooning à Dubuffet, Pollock à Lanskoy et Rothko à de Stäel. Le 10 nov. avant la fermeture de l'exposition s'est tenue une réunion sur les tendances de l'Avant-Garde américaine et française. P. Guggenheim donne au Stedelijk Museum 2 peintures de Pollock. 1951 Paris, Galerie Nina Dausset, *Véhémences confrontées*, exp. coll. à laquelle il expose une œuvre *Number 8, 1950* et qui est présentée par Michel Tapié. Participation de Bryen, Hartung, de Kooning, Mathieu, etc. 1952 Paris, Galerie de France, *Regards sur la peinture américaine*. Il expose *Number 9, 1949*, et *Number 9, 1951*. Paris, Studio Paul Facchetti, *Jackson Pollock 1948-1951*. 1ʳᵉ exp. indiv. à Paris. 1953 Paris, MNAM, *12 peintres et sculpteurs américains contemporains*. Il expose 4 peintures. 1955 Paris, MNAM, *50 ans d'art aux Etats-Unis*. Expose 2 œuvres. 1956 Venise, 28ᵉ Biennale. Représente les Etats-Unis. Pollock meurt dans un accident de voiture. Paris, MNAM, *Jackson Pollock et la Nouvelle peinture américaine*. 1959 Paris, Galerie Paul Facchetti, *10 ans d'activité*. Exp. coll. à laquelle participent Sam Francis, Mathieu, Dubuffet. Kassel, Documenta 2. 16 œuvres exposées. 1960 Paris, Arts Décos *Antagonismes*. 1964 Kassel, Documenta 3. 1968 Paris, Galerie Knoedler, *Six peintres américains : Gorky, Kline, de Kooning, Newman, Pollock, Rothko*. 2 œuvres exposées. Paris, Grand Palais, *l'Art du réel USA 1948-1968*. 1972 Le Musée National d'Art Moderne achète *Painting, 1948*.

Bibliographie

Bryan Robertson, *Jackson Pollock*, Londres, Thames and Hudson. Catalogue de l'exposition *Jackson Pollock*, N.Y., Museum of Modern Art, 1967.

E.P.

BERNARD RANCILLAC
Paris, 1961.
Vit à Boran S/Oise, Oise, France.

1956 Paris, Galerie le Soleil dans la tête, 1ʳᵉ exp. indiv. à Paris. 1958 Paris, le Soleil dans la tête, *Cheval Bertrand, G. Paris, B. Rancillac*, 1ʳᵉ exp. coll. à Paris. 1960 N.Y., exp. itinérante de *l'atelier 17*. 1964 Rancillac rencontre P. Saul. 1968 N.Y., Met, *Painting in France 1900-1967*, exp. itinérante aux USA. N.Y., Jewish Museum, *Painting in Europe today*, exp. itinérante aux USA.

Bibliographie

Catalogue de l'exposition *Rancillac, les années vitamines*, Paris, Galerie Krief-Raymond, 1977.

E.P.

ROBERT RAUSCHENBERG
Port Arthur, Texas, USA, 1925.
Vit à New York.

1947 Séjour à Paris pendant lequel il étudie à l'Académie Jullian. 1951 N.Y., Betty Parsons Gallery, 1ʳᵉ exp. indiv. à N.Y. N.Y., Nine Street and Stable Gallery, *Artist Anual*, 1ʳᵉ exp. coll. à N.Y. 1959 Kassel, Documenta 2. Paris, 1ʳᵉ Biennale à laquelle il expose 3 œuvres, 1ʳᵉ exp. coll. à Paris. Paris, Galerie Daniel Cordier, *Exposition internationale du surréalisme*. Paris, Galerie Neufville, *Nouvelle peinture américaine*, exp. coll. à laquelle participent M. Louis, F. Stella, K. Noland, E. Kelly. 1960 Paris, Galerie Daniel Cordier, *le Nouveau réalisme à Paris et à New York*. 1961 Voyage à Paris à l'occasion de sa première exposition personnelle qui a lieu chez Daniel Cordier. A l'initiative de Darthéa Speyer, il participe avec Jasper Johns, Niki de Saint-Phalle, J. Tinguely et D. Tudor à un Happening à l'Ambassade américaine. Il présente une *combine-painting*, verso tourné vers le public (qui ne pouvait donc pas voir l'œuvre elle-même). 1962 Paris, 18ᵉ Salon de Mai. 1963 Paris, la Galerie Sonnabend fait 2 exp. indiv. successives. 1964 Paris, 20ᵉ Salon de Mai. Reçoit le grand prix à la 32ᵉ Biennale de Venise. Kassel, Documenta 3. Paris, MAM, *Art USA Now : the Johnson collection of contemporary american paintings*. 1965 Paris, Galerie Sonnabend, exp. indiv. Paris, 21ᵉ Salon de Mai. Paris, Galerie « J », *Hommage à Nicéphore Niepce*. Paris, Galerie Creuze, *la Figuration narrative*. 1966 Paris, Galerie Sonnabend, exp. coll. 1967 Saint-Paul-de-Vence,

Fondation Maeght, *10 ans d'art vivant 55-65*. 1968 Paris, MAM, rétrospective Rauschenberg. Paris, Galerie Sonnabend, exp. indiv. Kassel, Documenta 4. Saint-Paul-de-Vence, Fondation Maeght, *l'Art vivant 1965-1968*. 1970 Saint-Paul-de-Vence, Fondation Maeght, *l'Art vivant aux Etats-Unis*. 1971 Paris, Galerie Sonnabend, exp. indiv., Paris, Musée du Louvre, *Le bain turc*, exp. coll. 1972 Venise, 36ᵉ Biennale, expose au pavillon américain. Paris, Galerie Sonnabend, exp. indiv. 1973, 1974, 1975, 1977 expose chez Sonnabend, Paris. 1973 Paris, Musée Galliera, expose dans le cadre du Festival d'Automne invité par D. Templon et Sonnabend. 1974 Paris, Centre culturel américain, *Projet, pierre et lune*. Expose 30 lithographies réalisées entre 1968 et 1969. Saint-Etienne, Musée d'art et d'industrie, *Rauschenberg*. 1977 Paris, MAM, ARC2, *boîtes*, exp. coll.

Bibliographie

Andrew Forge, *Rauschenberg*, N.Y., Abrams, 1969. Catalogue de l'exposition *R. Rauschenberg*, the Minneapolis Institute of arts, 1970.

E.P.

JEAN-PIERRE RAYNAUD
Courbevoie, Paris, 1939.
Vit à la Celle-Saint-Cloud, France.

1964 Paris, Galerie Creuze, *Salon de la Jeune Peinture*. 1965 Paris, Galerie Larcade, 1ʳᵉ exp. indiv. à Paris. 1966 Séjourne à N.Y. ; se lie d'amitié avec Arman. 1968 N.Y., Met., *Painting in France 1900-1967*, exp. itinérante aux USA. 1970 A. Iolas Gallery. 1ʳᵉ exp. indiv. à N.Y.

Bibliographie

E. de Martelaere, *Jean-Pierre Raynaud*, Bruxelles, E.M.A., 1975. *La maison de J.P. Raynaud*, Paris, A. Iolas, 1974.

E.P.

MARTIAL RAYSSE
Golfe-Juan, France, 1936.
Vit à Paris.

1960 Paris, Festival d'Art d'Avant-Garde. Groupe des Nouveaux Réalistes. 1ʳᵉ exp. coll. à Paris. 1961 MOMA, *the Art of Assemblage*. 1ʳᵉ exp. coll. à N.Y. 1962 N.Y., Galerie Iolas *Raysse Beach*. 1ʳᵉ exp. indiv. à N.Y. Vient à N.Y. 1963 Los Angeles, Dwan Gallery, exp. indiv. 1964 N.Y., Iolas Gallery, exp. indiv. 1965 Paris, Galerie Iolas. 1ʳᵉ exp. indiv. à Paris. Premiers tableaux à géométrie variable. 1966 N.Y., Iolas Gallery, exp. indiv. 1967 *Paradise Lost*. Ballet de Roland Petit dont Martial Raysse a fait les décors et les costumes. 1968 En février, Martial Raysse se rend à N.Y., invité à donner une série de conférences dans les universités américaines. 1970 N.Y., Iolas Gallery.

Bibliographie

Catalogue de l'exposition *Martial Raysse*, Paris, Galerie Iolas, 1965.

E.P.

ODILON REDON
Bordeaux, 1840 – Paris, 1916.

1884 Paris, participe au 1ᵉʳ Salon des Indépendants (dont il est le co-fondateur), où il figure également en 1886 et 1887. 1886 Expose au dernier Salon des Impressionnistes avec Gauguin. 1894 Galerie Durand-Ruel, 1ʳᵉ exp. indiv. 1898 Galerie Vollard, exp. indiv. 1900-1903 Galerie Durand-Ruel et Galerie Vollard, exp. indiv. 1904 Salon d'Automne, salle *Odilon Redon*, avec 10 peintures, 40 dessins et 18 lithographies. 1ᵉʳ achat du Musée du Luxembourg : *Les yeux clos*. 1905-1907 Participation régulière aux Salons d'Automne. 1906 Galerie Durand-Ruel, *Odilon Redon, peintures, pastels, dessins, eaux-fortes et lithographies* (53 œuvres). 1907 Hôtel Drouot, vente Odilon

Redon : premier contact avec le public américain. 1908 Galerie Druet, exp. indiv. (52 œuvres). 1912 L'Américain Walt Kuhn fait connaissance de son œuvre exposée au Kunstring de La Haye, se passionne pour elle et prend contact avec la firme Artz et de Bois pour organiser la diffusion aux USA de l'œuvre de Redon. A Paris, Kuhn et Arthur B. Davies, organisateurs de l'*Armory Show*, rendent visite à Redon dans son atelier. 1913 N.Y., Chicago, Boston, *Armory Show* : sur l'initiative enthousiaste de Kuhn, Redon y participe avec 40 œuvres (prêtées par Artz et de Bois, Kapferer, Chadbourne, Hessel, Uhde, Vollard et Redon lui-même). A cet égard, il est l'artiste français le plus représenté. Reproduction de 2 toiles dans le catalogue *(Fleurs* et *Char d'Apollon)*. Nombreux achats de la part des collectionneurs américains, parmi lesquels Lillie Bliss *(Roger et Angélique* et *Le Silence)* Katherine Dreier *(Astral Idol)*, John Quinn, Arthur B. Davies, Robert Chanler. Publication à cette occasion d'un pamphlet *The Art of Odilon Redon* par Walt Kuhn. Le peintre Joseph Stella sembla renforcé par la vue de l'œuvre de Redon dans ses conceptions symbolistes. 1915 N.Y., Caroll Gallery, 1ʳᵉ exp. indiv. (fév.). San Francisco, *Panama Pacific International Exposition*. 1917 Paris, Galerie Bernheim J., 1ʳᵉ rétrospective en France, *Odilon Redon, paysage d'après nature, aquarelles, dessins*. 1919 N.Y., Ehrich Gallery, 1ʳᵉ rétrospective aux USA, *Etchings and lithographs by Odilon Redon*. 1920 N.Y., à la fondation de la Société Anonyme, *Astral Idol*, acheté par K. Dreier, entre dans la collection. Chicago : achat par l'Art Institute d'une part importante de l'œuvre de Redon à sa veuve, réalisant ainsi la collection américaine la plus riche de l'artiste. 1922 N.Y., Museum of French Art, exp. indiv. 1926 Paris, Musée des Arts Déco., rétrospective. Paris-N.Y., vente de la collection Quinn, où passent 12 toiles de Redon, dont *Apollon* et *Orpheus*. 1928-1929 Chicago, The Art Institute, *Odilon Redon, Paintings, pastels and drawings* ; et l'année suivante *The Etchings and lithographs of Odilon Redon*. 1931 N.Y., MOMA, importante exposition *Lautrec-Redon*. 1934 N.Y., MOMA, entrée dans les collections du *Silence* 1911 (collec. Lillie Bliss). 1951 Exp. itinérante aux USA *Odilon Redon, pastels, and drawings*, N.Y., J. Seligman and Co Gallery ; Cleveland, The Cleveland Museum of Art ; Minneapolis, Walker Art Center. 1952 N.Y., MOMA, rétrospective *Redon, drawings and lithographs*. 1961 N.Y., MOMA, et l'année suivante, Chicago, The Art Institute, *Redon, Moreau, Bresdin*.

Bibliographie

James Huneker, *New York Sunday*, N.Y., 1907. Walter Pach, *The art of Odilon Redon*, pamphlet pour l'*Armory Show*, Association of American Painters and Sculptors, N.Y. 1913 ; « The etchings and lithographs of Odilon Redon » *Print Connoissor*, N.Y. vol. I, n° 1, 1920. Odilon Redon, *A soi-même, Journal 1867-1915, Notes sur la vie, l'art et les artistes*, introduction de Jacques Morland, Paris, Floury, 1922. Claude Roger-Marx, *Odilon Redon*, Paris, NRF, n° 21, 1925. Walter Pach, *Queer thing painting*, N.Y. et London, Harper Brothers, 1938.

Ouvrages de référence

André Mellerio, *Odilon Redon*, Paris, Société pour l'étude de la gravure française, 1913 (Catalogue raisonné). *Odilon Redon, peintre, dessinateur et graveur*, Paris, Floury, 1923. Sven Sandström, *Le monde imaginaire d'Odilon Redon*, Lund, 1955. Alfred Werner, *The graphic works of Odilon Redon*, N.Y., Dover Publ., 1969. Catalogue de l'exposition *Odilon Redon*, Paris, Musée de l'Orangerie, 1955-1956.

A.L.B.

AD REINHARDT
Buffalo, N.Y., 1913 – New York, 1967.

1944 N.Y., Artists Gallery, 1ʳᵉ exp. indiv. à N.Y. 1950 Paris, 5ᵉ Salon des Réalités Nouvelles, 1ʳᵉ exp. coll. à Paris. Il expose 2 œuvres. 1952 Premier voyage en Europe. 1953 Commence la série des peintures noires. 1954 2ᵉ voyage en Europe. 1957 Paris, Musée Galliéra, *Peintres américains contemporains*, exp. coll. 1960 Paris, Galerie Iris Clert, 1ʳᵉ exp. indiv. en Europe et à Paris. 1963 Paris, Galerie Iris Clert, exp. indiv. 1968 Paris, Grand Palais, *Art du Réel USA 1948-1968*. 1973 Paris, Grand Palais. exp. indiv.

Bibliographie

Catalogue de l'exposition *Ad Reinhardt*, Paris, Galeries Nationales du Grand Palais, 1973.

E.P.

HANS RICHTER
Berlin, 1888 – Locarno, 1976.

1908-1909 Suit les cours de l'Académie des Beaux-Arts de Berlin et ceux de Weimar. 1914 Peint des portraits de ses amis, pour le journal *Die Aktion*. 1916 Münich, 1ʳᵉ exp. indiv. Galerie Hans Goltz. *Die Aktion* consacre un numéro spécial à Hans Richter. Adhère au mouvement dada à Zurich et collabore à la revue *Dada*. 1918 Commence la série des *Têtes*. Rencontre le peintre suédois Viking Eggeling et travaille, avec lui, sur les premiers tableaux rouleaux. 1921 Réalise son premier film abstrait *Rythme 21*. Collabore à la revue *De Stijl*. 1923-1926 Publie avec Mies van der Rohe et Werner Graef, la revue *G*, 1ʳᵉ revue d'art moderne en Allemagne. 1927 Réalise le film *Vormittagspuk*, disparu pendant la guerre. 1928 Se partage pendant 10 ans, entre le film (documentaire, publicitaire et expérimental) et la peinture. 1929 Ecrit le livre *Filmgegner von heute Filmfreunde von morgen*, pour le Deutsche Werkbund. 1936 N.Y., participe avec le film *Rythme 21* à l'exp. *Cubism and Abstract Art*, organisée par A. Barr, au MOMA. 1940 Fuit l'Allemagne pour les Etats-Unis. 1942 Devient directeur de l'Institut Cinématographique au City College de N.Y., début d'une activité professorale qui durera 15 ans. Continue aussi à peindre et devient membre de l'association American Abstract Artists. N.Y., participe à l'exp. *Masters of Abstract Art*, à la galerie Helena Rubinstein. 1944 Commence à réaliser, avec Léger, Duchamp, Man Ray, Max Ernst et Calder, le film *Dreams that money buy*, qui sera produit par Art of this Century Films Inc. Enorme succès, reportages dans *Life, Danse Magazine*..., il obtiendra en 1947 pour ce film un prix à la Biennale de Venise. Ecrit avec H.G. Weinberg, une anthologie du cinéma d'avant-garde, *The movies take a holiday*. 1946 N.Y., 1ʳᵉ exp. indiv. à N.Y., à la Galerie Art of This Century, œuvres entre 1919 et 1946. 1947 Prend la nationalité américaine. 1951 Ecrit *30 years of experiment*, une anthologie de ses films entre 1921 et 1951. 1952 Paris, expose Galerie des Deux Isles. 1954 Commence à réaliser le film *8 × 8*, avec pour acteurs Cocteau, Arp, Duchamp, Calder, Tanguy, Dorothea Tanning et Max Ernst. N.Y. 1955 Paris, expose Galerie Mai. N.Y., expose Sidney Janis Gallery. 1958-1959 Réalise *Dadascope*, collage cinématographique, des poèmes de Arp, Duchamp, Schwitters... Commence à retourner beaucoup en Europe, à l'occasion de ses nombreuses exp. 1960 Commence à exposer à la Galerie Denise René. 1964 Publie *Dada Kunst Anti-Kunst*, aux éd. Dumont-Schauberg (Cologne). 1971 Exp. itinérante aux Etats-Unis.

Bibliographie

Hans Richter by Hans Richter, N.Y., Chicago, San Francisco, Holt Rinehart and Winston, 1971. *Hans Richter*, introd. de Herbert Read, textes autobiographiques de l'artiste, Neuchâtel, Griffon, 1961.

C.S.

JEAN-PAUL RIOPELLE
Montreal, 1923.
Vit aux environs de Paris.

1946 Avant de venir en France, se rend à N.Y. où il rencontre J. Miro et Hayter. Il travaille dans l'atelier de Hayter. Participe à l'exposition Internationale du Surréalisme à N.Y. 1ʳᵉ exp. coll. à N.Y. S'installe à Paris. Rencontre Breton qui lui propose de l'intégrer au groupe des surréalistes. Paris, Galerie du Luxembourg. *Automatisme*, 1ʳᵉ exp. coll. à Paris. 1947 Rencontre Pierre Loeb grâce à qui il va faire la connaissance de Patrick Waldberg, P. Soulages, Sam Francis et G. Mathieu. 1949 Paris, Galerie Nina Dausset, 1ʳᵉ exp. indiv. à Paris. 1953 N.Y., Guggenheim, *Younger European painters*. exp. coll. 1954 N.Y., Pierre Matisse Gallery, 1ʳᵉ exp. indiv. à N.Y. A partir de cette année-là, Riopelle expose régulièrement à la Galerie Pierre Matisse. 1958 N.Y., Guggenheim, Guggenheim International Award. Reçoit le Prix Guggenheim à N.Y. 1960 N.Y., Guggenheim, *Guggenheim International Award*. 1964 N.Y., Guggenheim, *Guggenheim International Award*, exp. coll. 1966 N.Y., Emmerich Gallery, *Seven Decades 1895-1965*, exp. coll. 1968 N.Y., Met., *Painting in France 1900-1967*, exp. itinérante aux USA.

Bibliographie

Pierre Schneider, *Riopelle*, Maeght, Paris, 1972. Catalogue de l'exposition *Riopelle*, MAM et Centre Culturel Canadien, 1972 Paris.

E.P.

LARRY RIVERS

New York, 1923.
Vit à Southampton, Long Island et New York.

1948 Est impressionné par l'exposition Bonnard qui a lieu au MOMA, N.Y. 1949 Jane Street Gallery, 1re exp. indiv. à N.Y. 1950 Premier voyage en France et passe 8 mois à Paris pendant lesquels il écrit de la poésie et peint. 1958 Habite à Paris pendant 1 mois et joue dans plusieurs orchestres de Jazz. 1961-1962 Habite à Paris d'octobre 1961 à juil. 1962. Il loge dans un atelier à côté de celui de J. Tinguely, dans l'impasse Ronsin. Paris, Galerie Rive Droite, 1re exp. indiv. à Paris. 1964 Kassel, Documenta 3. Paris, 20e Salon de Mai. Voyage en France. Paris, MAM. *Art USA Now : the Johnson Collection of contemporary american paintings.* 1967 Paris, Musée Galliéra, *l'Age du Jazz* expose *Portrait d'Yves Klein.* St-Paul-de-Vence, Fondation Maeght, *10 ans d'art vivant 55-65.* 1969 Kassel, Documenta 4. 1977 Paris, Galerie d'Amecourt, exp. indiv.

Bibliographie

Sam Hunter, *Larry Rivers,* N.Y., Abrams, s.d.

E.P.

AUGUSTE RODIN

Paris, 1840 – Meudon, 1917.

1876 Philadelphie, *International Exhibition,* 1re présentation de Rodin aux USA avec huit œuvres (dans la section bruxelloise). 1877 Paris, Salon des Artistes Français : *l'Age d'Airain* (plâtre). Des observateurs américains l'accueillent avec intérêt. 1888 Le sculpteur Truman H. Bartlett, de Boston, rend visite à Rodin dans son atelier pour la première fois. 1889 Visites successives de Bartlett à Rodin. Publication de leurs entretiens dans l'*Architect and Building News,* en 10 articles qui constituent la 1re information sérieuse aux USA sur l'artiste. Paris, Galerie Georges Petit, exp. coll. avec Monet. Biennale de l'Exposition Universelle : *l'Age d'Airain,* le *St-Jean-Baptiste* et les *Bourgeois de Calais* sont présentés. Célébrité nationale acquise. 1893 Chicago, *World Colombian Exhibition,* le gouvernement français envoie des sculptures de Rodin dont le *Baiser, Paolo et Francesca, Andromeda.* Considérées comme immorales, elles sont isolées dans une salle spéciale. L'Art Institute de Chicago acquiert un plâtre du *Jean d'Aire* (du groupe des *Bourgeois de Calais*). N.Y., le Metropolitain Museum of Art acquiert la tête du *St-Jean-Baptiste.* Paris, la Société des Gens de lettres lui commande une statue de *Balzac,* qui, exposée avec le *Baiser,* au Salon d'Automne de 1898, suscitera dans l'opinion une véritable cabale qui vaudra à Rodin une audience internationale. 1894 Rodin commence à travailler au projet du *Mouvement du Travail,* dont la maquette devait être primitivement envoyée aux USA pour récolter une aide financière. 1900 Paris, *Exposition Universelle,* consécration de Rodin, auquel est accordé un pavillon spécial (170 sculptures et dessins) constituant ainsi la 1re grande exp. de portée internationale. Réaction des observateurs américains : l'œuvre de Rodin est traitée de « cochonnerie », de « degrated example of the decadence of French Art », le *Balzac,* de « monstrous thing, ogre devil and deformity in one ». D'une façon générale, la critique américaine est consciente de l'importance de l'œuvre de Rodin, annonçant le développement futur de la sculpture « moderne ». Le photographe américain Edward Steichen, venu à cette occasion à Paris, est fortement impressionné par Rodin. Philadelphie, Museum of Fine Art, achat de *La pensée.* 1901-1902 Le photographe américain Edward Steichen, est présenté à Rodin par Fritz Thaulaw et photographie son œuvre à Meudon. Sa photographie *Rodin-le Penseur,* présentée par Rodin lui-même au Salon du Champ de Mars, est refusée. Visite de la danseuse américaine Loie Fuller qui lui achète un nombre important d'œuvres. 1903 N.Y., National Arts Clubs, exposition *Rodin,* à partir de la collection Loie Fuller. Éloges de la critique américaine. 1904 N.Y., Met, présentation d'un moulage en plâtre du *Penseur,* après son exp. à la *Louisiana Purchase Exhibition,* Saint-Louis. Paris, début de la liaison de Rodin avec la Duchesse de Choiseul, qui sera sa « Muse » (née Miss Coudert, de nationalité américaine). 1905 Boston, The Copley Society, exp. commune des sculptures de Rodin (2 nos) et des peintures de Monet. Accueil enthousiaste de la critique. Paris, Salon d'Automne. N.Y., Alfred Stieglitz et Edward Steichen, à la création de la Photo Secession Gallery au « 291 », sélectionnent 58 aquarelles de Rodin qui seront exposées en 1908. 1906 N.Y., Mrs John Simpson, dont Rodin fait un marbre qui fera sensation au Salon d'Automne, donne au Met un moulage de *l'Age d'Airain,* par l'intermédiaire de Roger Fry. Paris, Salon d'Automne. 1907 Paris, la photographe américaine Gertrud Kä-

sebier réalise des portraits de Rodin dans son atelier. Salon d'Automne. Galerie Bernheim-J., exp. des dessins de Rodin. 1908 N.Y., Galerie 291, *Rodin's drawings,* 58 nos (2-21 janv.). Réactions des critiques américains rapportées dans *Camera Work,* no 22, avril. Paris, Steichen réalise une photographie du moulage en plâtre du *Monument à Balzac (au clair de lune)* qui lui vaut l'amitié reconnaissante de Rodin : celui-ci lui donne un bronze de *L'Homme qui marche.* N.Y., l'agent européen du Met incite Edward Robinson d'obtenir avant la mort de Rodin des œuvres importantes ; suit une correspondance régulière entre Rodin et Robinson. 1909 N.Y., Galerie 291, exp. des 8 photographies du *Balzac* de Rodin réalisées par Steichen. Octroi de crédits importants au Met par le milliardaire Thomas F. Ryan, sur l'initiative de la Duchesse de Choiseul, pour l'achat d'œuvres de Rodin, l'existence de cette collection étant à leurs yeux nécessaire à la formation d' « un grand art américain ». Achat d'une tête en bronze du *Balzac* par Mrs John Simpson, de N.Y. Paris, Morgan Russell, alors élève de Matisse au Couvent du Sacré-Cœur, fait sa connaissance. 1910 Paris, Robinson et Daniel Chester French, du Met, font à Meudon, avec l'aide de Rodin, la sélection des œuvres pour le Met, 1re publication des écrits de Rodin sur l'art, « A la Venus de Milo », dans *l'Art et les Artistes,* qui sera traduit en anglais par D. Dudley en 1912, N.Y. N.Y., Galerie 291, exp. individuelle. *Drawings of Rodin* (31 mars-16 avril) et exp. coll. (28 nov.-8 déc.). 1911 Paris, la Duchesse de Choiseul organise à l'Hôtel Biron une réception pour introduire auprès de Rodin le public américain. 1912 Paris, le sculpteur américain John Storrs travaille dans son atelier jusqu'en 1914. N.Y., Met, ouverture officielle de la présentation de l'ensemble d'œuvres de Rodin (32 nos). N.Y., Crown Point, installation le 3 mai du bronze *France,* commandé par les Etats de N.Y. et de Vermont à Rodin. 1913 N.Y., Chicago, Boston, *Armory Show,* participation de Rodin avec 7 dessins prêtés par G. Kasebier, dont 2 sont achetés par Miss Lydia Hayes, de Princetown, et par le Dr Valentiner *(Muse et poète),* du Met. Accueil réticent de certains critiques newyorkais. Paris, projet du livre de Judith Cladel sur *Rodin, l'Homme et son Art,* à paraître en chapitres dans le *Century Magazine,* N.Y. 1914 N.Y., entrée au Met de *Pygmalion et Galatée.* Paris, Galerie Georges Petit, vente de la collection Roux, le premier acheteur français de Rodin. Visite de Mrs Alma de Bretteville Spreckels, de San Francisco, par l'intermédiaire de Loie Fuller, à Rodin à Meudon : toutes deux incitent en vain Rodin à se rendre aux USA. Rodin vend en revanche à Mrs Spreckels un nombre important de pièces dont *Saint-Jean Baptiste prêchant,* le *Fils prodigue, l'Age d'Airain* et le *Buste de Rochefort.* 1915 San Francisco, *Panama-Pacific International Exposition,* participation de Rodin avec l'aide de Storrs ; le *Penseur,* qui y est présenté, est acheté par Mrs Spreckels, puis donné par elle, avec d'autres bronzes, au Palace of Fine Arts, San Francisco. Premiers achats du collectionneur Samuel Hill, présenté à Rodin par Loie Fuller. Sa collection qui s'enrichira d'œuvres de Rodin jusqu'en 1922 sera donnée au Maryhill Museum of Fine Arts, Washington. 1916 Paris, Rodin lègue toute son œuvre au Gouvernement français et propose la création à l'Hôtel Biron d'un Musée Rodin. 1917 Chicago, Art Institute, conférence élogieuse sur Rodin par le sculpteur américain Lorado Taft. Apparition de critiques violentes de son œuvre, considérée comme « dégénérée ». Jusqu'en 1945, Rodin tombera, dans l'esprit du public américain, de plus en plus conservateur, dans un oubli presque total. San Francisco, Mrs Spreckels et Loie Fuller décident d'ouvrir dans le Lincoln Park le California Palace of Legion of Honor en hommage à Rodin ; le *Penseur* y sera placé au centre de la cour d'honneur. Entre 1932 et 1950, Mrs Spreckels enrichira le Musée de 36 bronzes, 34 plâtres, 5 marbres, 1 terre cuite et 9 dessins. 1920 San Francisco, Palace of the Legion of Honor, installation des *Trois ombres* de Rodin en hommage à la mémoire de Raphael Weill. L'ensemble sera utilisé en 1956 par la Convention présidentielle pour illustrer la Paix, le Progrès et la Prospérité. 1924 Paris, visite du Musée Rodin par le collectionneur Jules Mastbaum, de Philadelphie, accompagné du peintre américain Gilbert White : achat d'un petit bronze. Son admiration pour Rodin le pousse à proposer la fondation d'un Musée Rodin à Philadelphie, ainsi qu'une reconstruction du studio de Rodin à Meudon qui servirait de lieu de conservation des dessins et maquettes. 1929 Philadelphie, ouverture du Rodin Museum, inauguré par le Maire de N.Y., Jimmy Walker, et par Paul Claudel, alors ambassadeur aux USA. La collection des Rodin comprend 85 bronzes, 39 plâtres, 64 dessins, 2 peintures, ainsi qu'un nombre important d'archives, réunis par les soins d'Alexis Rudier. 1930 Henry Taylor, du Pensylvannia Museum, range l'œuvre de Rodin dans l'art du « passé ». Désintérêt général du public pour la sculpture de Rodin : entre 1929 et 1942, aucun article sur Rodin ne sera publié. 1940 Paris, Musée de l'Orangerie, exp. du Centenaire *Monet-Rodin.* 1941 N.Y., Buhcholz Gallery, *From Rodin to Brancusi,* à l'instigation de Jacques Lipchitz et organisée par Curt Valentin : début du renouveau d'intérêt pour Rodin aux USA. 1942 N.Y., Buhcholz Gallery, *Hommage to Rodin.* 1946 N.Y., Buhcholz Gallery, *Rodin, watercolours and drawings.* 1953 N.Y., MOMA, *Sculpture of the Twentieth Century,* 5 œuvres. 1954 N.Y., Curt Valentin Gallery, importante exp. indiv. Grand succès public. 1955 N.Y., MOMA, acquisition du *Saint-Jean Baptiste prêchant* et du *Monument à Balzac* en hommage à la mémoire de Curt Valentin : érection du *Monument* dans le jardin du MOMA par 130 amis de Rodin. Discours d'inauguration par Alfred Barr consacrant définitivement Rodin aux USA. 1957 Paris, Musée Rodin, *Rodin, ses collaborateurs, ses amis*. 1963 N.Y., MOMA et Slatkin Gallery, exp. indiv. 1967 Los Angeles, Los Angeles Museum of Art, *Hommage to Rodin : the Collection of Gerald Cantor*.

Bibliographie

Truman Bartlett, « Auguste Rodin, Sculptor », *American Architect and Buildings News*, N.Y., vol. XXV, n° 687-703, janv.-juin 1889. *Camera Work*, N.Y., n° 2, avril 1903. *New York Times*, N.Y., 5 sept. 1903. Judith Cladel, *Auguste Rodin pris sur le vif*, Paris, Ed. de la Plume, 1903. Frederick Lawton, *The life and work of Auguste Rodin*, N.Y., Scribners, 1907. *Camera Work*, N.Y., n° 21, janv. 1908, n° 22, avril 1908 ; n° 24, oct. 1908 ; n° 28, oct. 1909 ; n° 31, juil. 1910 ; n° 34-35, avril-juil. 1911 (Rodin number). Joseph Breck, « The collection of the sculptures by Auguste Rodin in Metropolitain Museum of Art », *Metropolitain Museum of Art Bulletin*, mai 1912, supplément août 1913. John Quinn, « Sculpture of the Exhibition », *Art and Decoration*, N.Y., nov. 1913. *The New York Times*, N.Y., 16 mars 1913. *L'Art et les Artistes*, Paris, vol. XIX, n° 109, numéro spécial consacré à Rodin. Charles L. Borgmeyer, « Among sculptures : Auguste Rodin », *Fine Art Journal*, N.Y., vol. XXXII, 1915. Charles N. Smiley, « Rodin in the Metropolitain Museum », *Art and Archeology*, N.Y., vol. III, mars 1916. Judith Cladel, *Auguste Rodin, l'œuvre et l'homme*, Bruxelles, Von Oest, 1917. Trad. anglaise par S. Star avec préface de James Huneker, N.Y., *Century Magazine*, 1918. « A degenerate work of art : a woman in contorsion by Rodin », *The Art World*, N.Y., nov. 1917. Lorado Taft, *The Scammon lectures*, Chicago, The Art Institute, 1917. Louis Weinberg, *The Art of Rodin*, N.Y., Modern Library, 1918. Adeline Adams, « Contemporary American sculpture », *Metropolitain Museum of Art Bulletin*, N.Y., vol. XIII, n° 4, avril 1918. Anthony Ludovici, *Personal reminiscences of Auguste Rodin*, Philadelphie, Lippincott, 1926. Georges Greber-Gilbert White, « Le Musée Rodin de Philadelphie, Fondation Mastbaum », *Reconnaissance de l'art français*, Paris, vol. IX, nov. 1926. Henry Taylor, « Rodin », *Parnassus*, N.Y., févr. 1930. Robert Reiss, *Philadelphia Record*, Philadelphie, 14 juin 1936.

Ouvrages de référence

Rainer Maria Rilke, *Auguste Rodin*, 1903. Judith Cladel, *Rodin, sa vie glorieuse, sa vie inconnue*, Paris, Gallimard, réed. Paris, Grasset, 1950. Antoine Bourdelle, *La sculpture et Rodin*, Paris, Emile-Paul, 1937. Albert Elsen, *Rodin*, N.Y., The MOMA, 1963.

A.L.B.

ADELHEID ROOSEVELT
Saint-Louis, Miss., 1878 – Thompson, Conn., 1962.

De mère française, a vécu essentiellement en France, où elle fait ses études. Diplômée d'architecture du Zürich Polytechnic Institute, elle s'adonne également à la sculpture. Partage par la suite son temps entre Paris et N.Y. Connaissance de l'œuvre de Brancusi. Prend probablement des leçons de sculpture chez Duchamp-Villon. 1916 N.Y., Modern Gallery, 1re exp. coll. *Modern sculptors exhibition* organisée par De Zayas, où elle figure aux côtés d'Alice Morgan-Wright, Adolf Wolff, Modigliani et Brancusi. Parution d'une reproduction de *Tennis-Player Serving*, dans la revue *291*, N.Y., dirigée par Picabia, Haviland et Agnes Meyer. 1917 N.Y., Grand Hotel Palace, 1re exp. de la Society of Independent Artists, présente *Tennis-Player Serving*, qui suscite l'attention du critique W.H. Neslon. 1918 N.Y., devient membre de la Society of Independent Artists, participe à la 2e exp. coll. de celle-ci avec *Night* et *Head*. 1919 S'installe à Thompson, Conn.

Bibliographie

291, N.Y., n° 12, fév., 1916.
W.H. Nelson, *International Studio*, N.Y., juin 1917.

Ouvrage de référence

Catalogue de l'exposition *Avant-garde, painting and sculpture in America, 1910-1925*, Wilmington, Delaware Art Museum, 1975.

A.L.B.

JAMES ROSENQUIST
Grand Forks, North Dakota, USA 1933.
Vit à East Hampton, Long Island, USA.

1962 N.Y., Green Gallery. 1re exp. indiv. à N.Y. N.Y., Sidney Janis Gallery. 1re exp. coll. à N.Y. 1953 Paris, Centre culturel américain. 1re exp. coll. à Paris. Paris, Galerie Sonnabend, *Pop art américain*, exp. coll. Paris, Cinéma Ranelagh, exposition Phases, *Vues imprenables*. 1964-1965 Vient à Paris. 1964 Paris, Galerie Sonnabend, exp. indiv. Paris, 20e Salon de Mai. 1965 Paris, Galerie Sonnabend, exp. indiv. Paris, Galerie Creuze, *La figuration narrative*. 1966 Paris, 21e Salon de Mai. 1967 Paris, Arts Décos, *Bande dessinée et figuration narrative*. Saint-Paul-de-Vence, Fondation Maeght, *10 ans d'art vivant 55-65*. 1968 Paris, Galerie Sonnabend, exp. indiv. Saint-Paul-de-Vence, Fondation Maeght, *l'Art vivant 1965-1968*. Kassel, Documenta 4. Paris, MAM, ARC, 1re Biennale internationale de l'estampe. 1970 Saint-Paul-de-Vence, Fondation Maeght, *l'Art vivant aux Etats-Unis*. Paris, MAM, 2e Biennale internationale de l'estampe. 1972 Venise, 36e Biennale. Paris, Grand Palais, expose *Slush Thrust* à l'occasion du Festival d'Automne. 1974 Paris, Galerie Sonnabend. 1976 Paris, Galerie de France, *Petersburg Press London 1968-1976*.

Bibliographie

Catalogue de l'exposition *James Rosenquist*, Cologne, Kunsthalle, 1972.

E.P.

MARK ROTHKO
Dwinsk, Russie, 1903 – New York, 1970.

1913 Emigre avec sa famille à Portland (Oregon). 1925 S'établit à N.Y. Etudie le dessin et travaille pour Max Ernst pendant une courte période. 1929 N.Y., Opportunity Gallery, 1re exp. coll. à N.Y. 1930-1940 Etudie les problèmes de la couleur à partir de l'œuvre de Matisse (en 1953, *Hommage à Matisse* est le titre qu'il donne à l'un de ses tableaux). 1933 N.Y., Contemporary Gallery, 1re exp. indiv. à N.Y. 1948 Venise, 24e Biennale, expose au Pavillon américain. Fonde avec Baziotes, Motherwell, Newman l'école *Subjects of the artists* ; jusqu'en 1955 des conférences et soirées-débats sont organisées auxquelles participent quelques artistes européens tel Jean Arp. 1950 Voyage en France. 1955 Paris, MNAM, *50 ans d'art aux Etats-Unis*, 1re exp. coll. à Paris. 1958 Venise, 29e Biennale, expose au pavillon américain. 1959 Paris, MNAM, *Jackson Pollock et la Nouvelle peinture américaine*, Kassel, Documenta 2. 1960 Fait un 2e voyage en France. Paris, Arts Décos, *Antagonismes*. Paris, Galerie Les Quatre Saisons, *la peinture à Paris et à New York*, exp. coll. Paris, Galerie Neufville, exp. coll. 1962 Paris, MAM, *M. Rothko*, exp. organisée par le MOMA, N.Y. 1re exp. indiv. à Paris. 1967 Saint-Paul-de-Vence, Fondation Maeght, *10 ans d'art vivant 55-65*, exp. coll. 1968 Paris, Galerie Knoedler, *6 peintres américains*. Paris, *Grand Palais, l'Art du Réel USA : 1948-1968*, exp. coll. L'Etat français achète *Dark and Brown* (1962). 1970 Saint-Paul-de-Vence, Fondation Maeght, *l'Art vivant aux Etats-Unis*, exp. coll. 1972 Paris, MNAM, rétrospective Rothko.

Bibliographie

Catalogue de l'exposition *Rothko*, Paris, Musée National d'art moderne, 1972.

E.P.

GEORGES ROUAULT
Paris, 1871 – Paris, 1958.

1891-1895 Travaille dans l'atelier de Gustave Moreau. 1895-1901 Expose chaque année, sauf en 1897 et 1898 au Salon des Artistes Français. 1897 Paris, Salon de la Rose Croix. 1903-11 Expose chaque année, sauf en 1909 et 1910 au Salon d'Automne. 1905-12 Expose chaque année, sauf en 1911 au Salon des Indépendants. 1906 Paris, Galerie Berthe Weill, participe à deux exp. coll. 1907 Paris, Galerie Bernheim Jeune, exp. coll. 1908 Paris, Galerie Berthe Weill, exp. coll. Paris, Galerie Druet, exp. coll. 1910 Paris, Galerie Druet, 1re exp. indiv. à Paris. Paris, Galerie Berthe Weill, exp. avec Derain,

Girieud, Metzinger et Van Dongen. 1911 Paris, Galerie Druet, exp. indiv. 1913 N.Y., Chicago, Boston, *Armory Show*, présente 2 gouaches et 18 dessins, 1ʳᵉ exp. coll. à N.Y. 1916 Philadelphie, Mc Clees Galleries, exp. coll. 1922 Paris, Galerie Barbazanges, exp. indiv. 1924 Paris, Galerie Druet, *Œuvres de Georges Rouault de 1879 à 1919*. 1930 N.Y., Brummer Gallery, *Rouault Exhibition*, 1ʳᵉ exp. indiv. à N.Y. Chicago, Arts Club, *Exhibition of paintings by Georges Rouault*. 1931 N.Y., Demotte Galleries. 1933, 37, 39, 47, N.Y., Pierre Matisse Gallery. 1935 Northampton, Mass., Smith College Museum of Art, exp. indiv. 1937 Paris, Musée du Petit-Palais, *Les Maitres de l'Art Indépendant*. 1938 N.Y., MOMA, *The prints of Georges Rouault*. 1939 N.Y., Bignou Gallery, exp. indiv. 1940 N.Y., Marie Harriman Gallery, exp. indiv. 1942 Paris, Galerie Louis Carré, exp. indiv. 1945 N.Y., MOMA, exp. rétrospective, *Georges Rouault : paintings and prints*. 1946 Paris, Galerie Bing, exp. avec Modigliani, Soutine et Utrillo. 1948 Paris, Galerie des Garets, première présentation complète du « Miserere ». 1952 Paris, MNAM, exp. rétrospective. Paris, Galerie Louis Carré, exp. indiv. 1953 N.Y., MOMA, exp. rétrospective. 1956 et 1960 Paris, Galerie Creuzevault, exp. indiv. 1960 N.Y., Perls Galleries, exp. indiv. 1960 Paris, MNAM, *Les Sources du XXᵉ siècle*. 1964 Paris, Musée du Louvre, exp. des *œuvres inachevées données à l'Etat*. 1971 Paris, MNAM, exp. rétrospective.

Bibliographie

Guillaume Apollinaire, *Je Dis Tout*, Paris, 12-19 oct. 1907. Jacques Rivière, *La Nouvelle Revue Française*, Paris, 1910. Guillaume Apollinaire, *Paris-Journal*, 5 juil. 1912. Michel Puy, *Georges Rouault*, Paris, Gallimard, 1921. Georges Charensol, *Georges Rouault*, Paris, Les Quatre Chemins, 1926. Henry Mac Bride, Palette Knife, *Creative Art*, N.Y., n° 6, mai 1930. Raymond Cogniat, *Georges Rouault*, Paris, Crès, 1930. Samuel A. Lewishon, Drama in painting, *Creative Art*, N.Y., sept. 1931. M. Davidson, Rouault : stained glass in paint ; a new view of a unique modern medievalist, *Art News*, N.Y., vol. 36, 20 nov. 1937. Monroe Wheeler, *The prints of Georges Rouault*, N.Y., The Museum of Modern Art, 1938. Waldemar George, *Georges Rouault, œuvres inédites*, Paris, La Renaissance, 1937. Lionello Venturi, *Georges Rouault*, N.Y., Weyhe, 1940. Henry Mac Bride, Rouault's color, *The New York Sun*, N.Y., 11 mai 1940. Raïssa Maritain, Rouault, *Art News*, N.Y., vol. 40, 15 déc. 1941 et Remembering a friendship, *Art News*, N.Y., vol. 44, 15 avril 1945. James T. Soby, *Georges Rouault, paintings and prints*, N.Y., The Museum of Modern Art, 1945. Edward A. Jewell, *Georges Rouault*, Paris, Hyperion, 1947. Marcel Brion, *Georges Rouault*, Paris, Braun, 1950. Jacques Maritain, *Georges Rouault*, N.Y., Abrams, 1954. Bernard Dorival, *Georges Rouault*, Paris, Editions Universitaires, 1956. Donald B. Goodall, Rouault's Passion cycle, *Art in America*, N.Y., vol. 50, n° 4, hiver 1962. A. Boime, Georges Rouault and the academic curriculum, *The Art Journal*, N.Y., vol. 29, n° 1, automne 1969.

Ouvrages de référence

Pierre Courthion, *Georges Rouault*, Paris, Flammarion et N.Y., Abrams, 1962. Georges Rouault et André Suarès, *Correspondance*, Paris, Gallimard, 1960. Georges Rouault, *Sur l'Art et sur la Vie*, Paris, Denoël, 1971. William A. Dyrness, *Rouault, a vision of suffering and salvation*, Grand Rapids, Mich., William Eedermans Publishing Company, 1971. Catalogue de l'exp. *Rouault*, Paris, MNAM, 1971.

N.M.L.

HENRI ROUSSEAU (dit le Douanier Rousseau)

Laval, Mayenne, 1844 – Paris, 1910.

1886 Paris, Salon des Indépendants, 1ʳᵉ exp. coll. il participera aux Indépendants régulièrement jusqu'à sa mort. 1893 Prend sa retraite à l'octroi de Paris et se consacre entièrement à la peinture. 1905 Paris, Salon d'Automne, expose à côté des Fauves. 1906 Fait la connaissance d'Apollinaire et de Delaunay. 1907 Rencontre de Max Weber, arrivé à Paris en 1905, chez la mère de Delaunay. Une amitié profonde lie rapidement les deux hommes. Weber acquiert plusieurs œuvres de Rousseau et lui présente Joseph Brummer qui sera son premier marchand. Expose au Salon d'Automne *La Charmeuse de Serpents*, peinture commandée par Mme Delaunay. 1908 Weber amène Picasso dans l'atelier de Rousseau, visite à la suite de laquelle Picasso décide de donner en l'honneur de Rousseau un banquet dans son atelier du Bateau-Lavoir. En déc., Weber quitte

Paris avec sa collection de peintures de Rousseau pour Londres et N.Y. Avant son départ, Rousseau organise une soirée en son honneur le 17 déc. 1910 A la mort de Rousseau en sept., Weber propose à Stieglitz de lui prêter sa collection d'œuvres de Rousseau pour organiser une exp. à N.Y., Galerie 291, exp. coll. qui aura lieu en nov. et qui sera la première exp. vraiment importante de Rousseau dans le monde. 1911 Paris, Salon des Indépendants, rétrospective Rousseau, 50 œuvres (salle 42). W. Uhde publie la 1ʳᵉ monographie sur le Douanier, chez Figuière, Paris. 1912 W. Uhde organise en oct. une exp. Rousseau chez Bernheim-Jeune. C'est à cette exp. que les Américains Walt Kuhn et Arthur B. Davies choisirent la première peinture de Rousseau : *Le Centenaire de l'Indépendance* en vue de l'*Armory Show* à New York. Vollard leur prête une autre peinture : *Cheval attaqué par un jaguar*. 1913 N.Y., Chicago, Boston, *Armory Show* : Rousseau y est représenté par 10 peintures et dessins (n°ˢ 381-382 - 978 à 985). J. Coady prête : *Paysage avec taureau*, Max Weber 7 dessins et peintures. 1914 15 janv., Apollinaire lui consacre un numéro des *Soirées de Paris*. 1921 N.Y., Modern Gallery, exp. indiv. (janv.-fév.) 30 mai, vente de la collection Uhde. Les tableaux de Rousseau font des prix très élevés. 1923 Kahnweiler vend à John Quinn, par l'intermédiaire de H.P. Roché, *La Bohémienne endormie*. A sa mort, John Quinn possédait sept œuvres de Rousseau. 1926 Paris, Hôtel Drouot, vente de la collection John Quinn, 27 oct., dont la *Bohémienne endormie*. 1931 N.Y., Marie Harriman Gallery, exp. indiv., 31 tableaux. 1934 Entrée au MOMA., N.Y., de la *Jungle avec un Lion*. 1939 Entrée au MOMA., N.Y., de *La Bohémienne endormie*. 1942 Chicago, the Art Institute, *Loan Exhibition of paintings, drawings and graphic work by Henri Rousseau*, janv.-fév. A l'occasion de cette exposition, l'Art Institute organise le 4 fév. un séminaire Rousseau pendant lequel Max Weber donne une conférence : *Rousseau as I knew him*. L'exposition a ensuite lieu au MOMA, New York. 1953 Entrée au MOMA, N.Y., du *Rêve*, 1910.

Bibliographie

Camera Work, N.Y. n° 32, oct. 1910 ; n° 33, janv. 1911. *A loaned collection of some lithographs by Manet, Cézanne, Renoir, Toulouse Lautrec, a few drawings by Rodin and smaller paintings and drawings by Henri Rousseau*, catalogue de l'exposition, 291 Gallery, N.Y., 18 nov.-8 déc. 1910, préface de Max Weber. *Les Soirées de Paris* n° 20, 15 janv. 1914, numéro consacré à Rousseau. Arthur J. Eddy, *Cubist and post-Impressionism*, Chicago, A.C. Mac Clurg et London, Grant Richards, 1914. *The Soil*, N.Y. vol. 1, n° 1-5, déc. 16- juil. 1917. Albert Barnes, *The Art in painting*, Merion Pa., The Barnes Foundation Press, 1925. *John Quinn 1870-1925, collection of paintings, watercolors, drawings and sculpture*, Huntington, N.Y., Pidgeon Hill Press, 1926. Gertrude Stein, *The Autobiography of Alice B. Toklas*, N.Y., Harcourt, Brace, 1933. Walter Pach, *Queer thing, painting*, N.Y., London, Harper and Brothers, 1938. « Rousseau Seminar », *Bulletin of the Art Institute of Chicago*, vol. XXXVI, n° 1, janv. 1942. Max Weber, « Rousseau as I Knew him », *Art News*, N.Y., vol. ; 15 fév. 1942. *The Louise and Walter Arensberg Collection*, The Philadelphia Museum of Art, Philadelphie, 1954. Max Weber, *The Max Weber Papers*, (microfilms), N.Y., Archives of American Art.

Ouvrages de référence

Dora Vallier, *Tout l'œuvre peint d'Henri Rousseau*, Paris, Flammarion 1970. Sandra E. Leonard, *Henri Rousseau et Max Weber*, N.Y., Richard L. Feigen and Co., 1970.

M.D.

PIERRE ROY

Nantes, 1880 – Milan, 1950.

1900-1904 Suit les cours de Eugène Grasset à l'Académie Julian, puis ceux de Jean-Paul Laurens à l'Ecole des Arts Décoratifs. Apprend également le japonais et le grec à l'Ecole des Langues Orientales. Voyage beaucoup. 1913 Apollinaire remarque la toile *Jeunes-filles sauvages* au Salon des Indépendants. Ils deviennent alors amis. Fait aussi vers cette année la connaissance de Chirico. 1925 Par Chirico les surréalistes découvrent Pierre Roy, ainsi participe-t-il à la première grande exp. surréaliste, Galerie Pierre. 1926 Une œuvre de Pierre Roy, reproduite dans la revue américaine *The little Review*. Paris, 1ʳᵉ exp. indiv. de Pierre Roy, Galerie Pierre. Préface d'Aragon « Celui qui s'y colle » (parmi certaines œuvres exposées : *Pecherie de cétacés, L'Amour saisi par la douane, Portrait d'une Malinoise*. 1927 Rompt avec le surréalisme. 1930 Hartford (Connect), participe à la première exp. surréaliste aux Etats-Unis *Newer Super-Realism*, au Wadsworth Atheneum. 1931 N.Y., Expose Brummer Gallery.

Rockfeller achète *Danger dans l'escalier* (qu'il donnera en 1935 au MOMA), le MOMA achète *L'Heure d'été* et *Comice agricole*. Pittsburgh, expose 2 toiles à l'Institut Carnegie. 1933 N.Y., premier voyage aux Etats-Unis. Expose 35 tableaux Brummer Gallery, préface de Jean Cocteau. 1934 Philadelphie, Premier prix pour une affiche commandée par la Transat. Pittsburgh, expose *Eté à Saint-Michel*. 1935 Paris, expose Galerie des Beaux-Arts. 1936 Pittsburgh, membre du Jury de l'Institut Carnegie. N.Y., Figure avec 2 tableaux dans l'exp. *Fantastic Art, Dada, Surrealism*, organisée par A. Barr au MOMA. 1939 Ayant reçu une commande de Ayer and Son, pour faire la publicité de la compagnie Hawaïan Pineapple, il reste plusieurs mois dans la région. Pittsburgh, expose à l'Institut Carnegie *Electrification des campagnes*. 1940 N.Y., reçoit le premier prix du concours international d'art graphique pour l'affiche de la compagnie Hawaïan Pineapple (5 000 maquettes exposées). 1942 N.Y., figure dans l'exposition *Painting and Sculpture in the MOMA*, organisée par A. Barr. 1946 Illustre *L'Enfant de la Haute-mer*, poèmes de Supervielle. 1949 N.Y., expose Cartstairs Gallery, 27 tableaux (préface de Jean Cassou). 1950 Meurt à Milan.

Bibliographie

Catalogue de l'exp. *Pierre Roy*, Paris, Galerie François Petit, mars 1967. Daniel Leloup, Pierre Roy précurseur de la peinture surréaliste, Paris, l'*Information d'Histoire de l'Art*, n° 2, mars-avril 1973.

C.S.

MORGAN RUSSELL
New York, 1886 – Broomall, Penn., 1953.

1906 1er voyage en Europe : à Paris, découverte de l'impressionnisme et de Cézanne. 1907 Retour à N.Y. Etudes de peinture avec Robert Henri et de sculpture avec James Earle Fraser à l'Arts Students' League. Rencontre Dasburg avec qui il entretiendra une correspondance suivie sur ses expériences parisiennes. 1908 Paris, intérêt pour Monet « his master of light ». Rencontre Gertrude et Leo Stein dont il fréquente les réunions du samedi. Il y est introduit auprès de Matisse et de Picasso. Salon des Indépendants, 1re participation (6 œuvres). 1909 Entre dans la classe de Matisse pour deux ans (travaux de sculpture en collaboration avec lui). Se lie avec Rodin, également au Couvent du Sacré-Cœur. Rencontre Guillaume Apollinaire, Blaise Cendrars, Maurice Raynal. Salon des Indépendants (2 œuvres). 1910 Abandonne définitivement la sculpture pour la peinture ; intérêt pour Cézanne dont il achète une aquarelle. Salon d'Automne : 1re participation. 1911 Rencontre Stanton Macdonald-Wright qu'il entraine dans l'atelier du canadien Tudor-Hart où ils étudient l'application pratique des théories chromatiques. Lecture des ouvrages consacrés aux théories des couleurs : Chevreul, Odgen Rood, Charles Blanc et Hermann Van Helmholtz. Rencontre Robert Delaunay, dont il considérera l'œuvre comme « only a slight variation of older work ». 1913 N.Y., Chicago, Boston, *Armory Show*, Morgan Russell y figure avec 2 toiles : *Portrait* et *Capucines* (acheté par Mary L. Willard). Paris, Salon des Indépendants : *Synchromie en vert* (perdue). Galerie Bernheim-J., *Les synchromistes : Morgan Russell et Stanton Macdonald-Wright* (oct.-nov.), 2e exp. coll. après celle de la Neue Galerie à Munich (juin). Russell y présente 17 œuvres, dont *Synchromie en bleu violacé*, dédiée à Mrs Harry Payne Whitney. Publication au catalogue d'un texte écrit en commun où ils s'élèvent contre le cubisme, le futurisme et l'orphisme : à cet égard, ils forment le premier « mouvement » américain. Grand retentissement à Paris. Mauvais accueil de la critique. 1914 Paris, Salon des Indépendants, présente la *Synchromie en orange : la création de l'homme conçue comme le résultat d'une force génératrice naturelle*, qui suscite l'approbation de Matisse et l'intérêt de Guillaume Apollinaire. N.Y., Caroll Gallery, *Synchromists*, 1re et unique exp. commune avec Stanton Macdonald-Wright aux USA (mars). 1916 N.Y., Anderson Galleries, *Forum Exhibition*, participation de Russell avec 10 n°. Retour à la figuration. 1919 Paris, Galerie Weill, exp. coll. 1920 *La Synchromie avec le nu en jaune* est achetée par Mme A. Grabowska. Paris, Salon des Indépendants (6 n°). 1921 S'installe à Aigremont. 1923 Paris, Galerie La Licorne, exp. de ses nouvelles abstractions *Eidos* (mai). Introduction au catalogue d'Elie Faure. 1950 N.Y., Rose Fried Gallery, exp. coll. *Three American of abstract art*, avec Stanton Macdonald-Wright et Patrick H. Bruce (nov.-déc.). 1953 N.Y., Rose Fried Gallery, 1re exp. rétrospective.

Bibliographie

Catalogue de l'exposition *Les Synchromistes : Morgan Russell et Stanton Macdonald-Wright*, Paris, Galerie Bernheim-J., 1913. V. de Vaugironne, in *La*

Revue Moderne, Paris, n° 22, 5 nov. 1913. Gustave Kahn, in *Mercure de France*, Paris, 11 nov. 1913. Guillaume Apollinaire, in *Soirées de Paris*, Paris, 15 mars 1914. Willard H. Wright, *Modern Art, its tendency and meaning*, N.Y., John Lane Co., 1915 ; « Synchromism », *International Studio*, N.Y., vol. 56, oct. 1915 ; « Forum Exhibition at the Anderson Galleries », *Forum*, N.Y., vol. 55, avril 1916. Elie Faure, in *Revue de l'époque*, Paris, juil. 1925.

Ouvrages de référence

[The Archives of Morgan Russell], N.Y., Museum of Modern Art Collection. Catalogue de l'exposition *Three American pioneers : Russell, Macdonald-Wright, Bruce*, N.Y., Rose Fried Gallery, 1950. Catalogue de l'exposition *Morgan Russell : In memoriam*, N.Y., Rose Fried Gallery, 1953. Michel Seuphor, « Synchromies », *L'Œil*, Paris, n° 37, janv. 1958. Willian C. Agee, *Synchromism and color principles in American painting*, N.Y., Knoedler and Co, 1965. *L'Année 1913*, travaux et documents inédits réunis sous la direction de L. Brion-Guerry, Paris, Klincksieck, 1971. Barbara Evans-Decker, *Morgan Russell : a Reevaluation*, Master's thesis, N.Y. State university, 1973.

A.L.B.

NIKI DE SAINT-PHALLE
Neuilly s/ Seine, Paris, 1930.
Vit à la Punt, Suisse.

1933-1951 Vit à New York. 1952 Retour à Paris et commence à peindre. 1961 Paris, Galerie « J », *Feu à volonté*, 1re exp. indiv. à Paris. N.Y., MOMA, *The Art of assemblage*, 1re exp. coll. à N.Y. Participe à l'initiative de Darthéa Speyer, avec Rauschenberg, Jasper Johns, Tinguely et D. Tudor à un Happening à l'Ambassade américaine, Paris. 1962 N.Y., Iolas gallery, 1re exp. indiv. à N.Y. 1965 N.Y., Iolas Gallery, exp. indiv. 1966 N.Y., Iolas Gallery, exp. indiv. 1967 N.Y., Central Park, *Le paradis fantastique*, exposé pendant un an. 1968 Réalisation de Nana-Ballons qui sont vendues aux USA. N.Y., MOMA, *Dada, surrealism and their heritage*. 1969 La collection Lipman fait entrer au Whitney Museum *Black Venus*. 1971 N.Y., Gimpel-Hanover, exp. graphique. 1973 N.Y., Gimpel-Weitzenhoffer. Expose *Devouring mothers*. N.Y., MOMA, présentation du film Dady (un film de Peter Whitehead et Niki de Saint Phalle).

Bibliographie

Catalogue de l'exposition *Niki de Saint Phalle*, Dusseldorf, Kunsthalle, 1968.

E.P.

PETER SAUL
San Francisco, Cal., USA, 1934.
Vit en Californie.

1958 à 1962 Vit à Paris. C'est pendant ce long séjour en Europe et en France qu'il trouve le recul par rapport à la civilisation américaine. 1959 Paris, Salon de la Jeune peinture, 1re exp. coll. à Paris. 1960 Paris, Salon de la Jeune peinture. 1961 Paris, Galerie Breteau, exp. coll. 1962 Paris, Galerie Breteau, exp. coll. à laquelle participent M. Louis, Ossorio et Noland. N.Y., Allan Frumkin Gallery, 1re exp. indiv. à N.Y. Paris, Galerie Breteau, 1re exp. indiv. à Paris. 1963 Paris, Galerie Breteau, exp. indiv. 1964 Retourne en Californie. 1964 à 1973 Expose chaque année au Salon de Mai, Paris. 1964 Paris, Galerie Breteau, exp. indiv. 1965 Paris, MAM, *Groupe 1/65*, exp. coll. Paris, Galerie Creuze, *La figuration narrative*, exp. organisée par Gassiot-Talabot. 1967 Paris, Galerie Breteau, exp. indiv. 1968 Paris, MAM, ARC, 1re Biennale Internationale de l'Estampe. 1969 Paris, Salon des Comparaisons. Paris, Galerie Darthéa Speyer, exp. indiv. 1970 Paris, *Aspects du racisme*, exp. coll. 1971 Saint-Etienne, Musée d'Art et d'Industrie, *Rancillac et Saul*. 1972 Paris, Galerie Darthéa Speyer, exp. indiv.

Bibliographie

Catalogue de l'exposition *Peter Saul*, Saint-Etienne, Musée d'Art et d'Industrie, 1971.

E.P.

HENRY LYMAN SAŸEN
Philadelphie, 1875 – Philadelphie, 1918.

Formation scientifique. Dès 1893, se présente comme un inventeur, spécialisé en rayons X. 1899 Philadelphie, entre à la Pennsylvania Academy of Fine Arts, dans la classe de Thomas Anschutz : enseignement académique, dont le succès public est immédiat. 1904-1905 Travaux sur les réponses de l'œil aux stimuli des couleurs en mouvement. 1906 Départ pour Paris (sept.) où il reste jusqu'en 1914. Etudie avec le peintre académique Charles Cottet, qu'il quitte, insatisfait de ses leçons. Au Salon d'Automne, la rétrospective *Gauguin* le frappe. 1907 Rencontre Leo et Gertrude Stein dont il devient le familier, fréquentant régulièrement jusqu'en 1914 leur salon. 1908 Leo Stein, qui l'a présenté à Matisse, l'invite à rejoindre la « classe » de celui-ci : SaŸen y restera un an. Jusqu'en 1917, il se présentera comme un disciple fervent de Matisse. Par les Stein il connaît également l'œuvre de Picasso. 1909 Paris, Salon d'Automne, 1re participation (3 œuvres). Assiste à une représentation d'un ballet de Diaghilev : les décors et costumes, conçus suivant le principe du jeu rythmique des couleurs en mouvement le frappent. 1910 Paris, Salon d'Automne (2 œuvres). Arrivée à Paris de son ami Carl Newman qui le rejoint. Thomas Anschutz lui rend également visite. Poursuite de ses expériences sur les couleurs : achat d'une roue mécanique mélangeant les couleurs, choisies dans une gamme éclatante. 1911 N.Y., bref séjour. Wanamaker's Belmaison Gallery, exp. coll. Paris, Salon d'Automne (4 œuvres). 1912 Paris, Salon d'Automne (2 œuvres). Il en devient sociétaire, privilège qui confirme son succès comme peintre « fauve ». Gertrude Stein, admiratrice de ses talents scientifiques, lui confie des travaux d'électricité (ainsi qu'une toile de Soutine à encadrer). 1913 Paris, Salon d'Automne (6 œuvres). N.Y., Chicago, Boston, *Armory Show* : SaŸen n'y participe pas. 1914 Retour définitif à Philadelphie. Philadelphia Sketch Club, 1re exp. indiv. Donne à cette occasion une conférence « The United States and modern art ». Par la presse, il est perçu comme un élève de Matisse. 1915 Philadelphie, Pennsylvania Academy of Fine Arts, exp. coll. à laquelle il participe avec 2 aquarelles, *Interior : tonal synthesis* et *Interior : color synthesis*. Connaît vraisemblablement les théories sur les couleurs de Chevreul et les recherches sur les contrastes simultanés de Robert Delaunay (contacts avec le synchromiste Stanton Macdonald-Wright ?). 1915-1916 Etudes sur les couleurs du spectre solaire. Se lie avec Morton Schamberg et Charles Demuth qui l'introduisent dans les milieux de l'avant-garde new yorkaise, auprès de Stieglitz en particulier. Philadelphie, Mac Clees Galleries, *First Exhibition of Avanced modern Art*, et Pennsylvania Academy of Fine Arts, *Fourteenth Annual watercolors Exhibition*. Philadelphia Sketch Club, deux exp. indiv. Sa peinture est considérée par la presse comme « futuriste ». 1917 Baltimore, Peabody Institute Galleries, exp. coll. Conçoit avec Carl Newman la scénographie de *Saeculum*, « color-drama » de William A. Young (souvenirs des Ballets russes). N.Y., Galerie 291, l'exposition *Severini* l'incite, pour une grande part, à se libérer des leçons de Matisse. Retour à la culture proprement américaine (poteries indiennes). Intérêt marqué pour Picasso et le cubisme. 1918 N.Y., 2e exp. de la Society of Independent Artists, participation de SaŸen avec *Thundershower* (utilisation du collage). 1928 Philadelphie, Wanamaker Store, exp. indiv. 1929 Philadelphie Art Alliance, exp. coll. : dernière participation de SaŸen, dont l'œuvre tombe dans l'oubli. 1970 Washington, National Collection of Fine Arts, 1re rétrospective, qui réhabilite SaŸen au sein de l'avant-garde américaine.

Bibliographie

American Art News, N.Y., 21 nov. 1914. *The Philadelphia Record*, Philadelphie, 22 nov. 1914. H. Lyman SaŸen : « *The United States and modern art* », Conférence au Philadelphia Sketch Club, 4 nov. 1914. *American Art News*, N.Y., 15 janv. 1916. *Public Ledger, Magazine Section*, Philadelphie, 9 janv. 1916. *American Art News*, N.Y., 27 avril 1918. *The Philadelphia Inquirer*, Philadelphie, 11 nov. 1918. Morris Hass Pancoast, « H. Lyman SaŸen, 1918 », *Year Book of the Philadelphia Sketch Club*, Philadelphie.

Ouvrages de référence

Adelyn Breeskin, Catalogue de l'exposition *H. Lyman SaŸen*, Washington, National Collection of Fine Arts, Smithsonian Institution Press, 1970.

A.L.B.

MORTON L. SCHAMBERG
Philadelphie, Pa., 1881 – Philadelphie, Pa., 1918.

1899-1903 Etudes d'architecture à la Pennsylvania University de Philadelphie. 1903-1906 Etudes à la Pennsylvania Academy of Fine Arts sous la direction de W.M. Chase. Il se lie d'amitié avec Charles Sheeler et Walter Pach, étudiants eux aussi, avec qui il voyage en Europe durant les classes d'été. 1906 Séjourne quelques mois à Paris. Rencontre Modigliani. 1908-1909 Second séjour à Paris où Sheeler le rejoint. Ensemble, ils étudient la peinture de Cézanne, Matisse, Picasso et Braque. 1910 Retour à Philadelphie. Mac Clees Gallery, 1re exp. particulière, (janv.). 1911-1912 Recherches dans le domaine de la couleur. 1913 N.Y., A la demande d'Arthur B. Davies, il envoie 5 œuvres pour l'*Armory Show*. Un mois avant l'ouverture, il écrit un article important sur l'*Armory Show* dans le *Philadelphia Inquirer* (19 janv. 1913). Se lance avec Sheeler dans la photographie. Réalisent ensemble des expériences intéressantes dans ce domaine. 1914 N.Y., Montross Gallery, participe à une exposition de groupe avec Sheeler et Stella. 1915 Organise avec SaŸen, à partir d'un certain nombre d'œuvres présentées à l'Armory Show, la *Philadelphia's First Exhibition of Advanced Modern Art*, Mac Clees Gallery, Philadelphie. N.Y., Rencontre de Picabia et Duchamp chez les Arensberg. Peint des « machines » et réalise des assemblages. 1917 N.Y., Grand Central Palace, *First Annual Exhibition of the Society of Independent Artists* dont il est l'un des directeurs. 1919 N.Y., Knoedler Gallery, exp. rétrospective. 1920 N.Y., Galeries de la Société Anonyme, représenté dans la *First Exhibition*. Il participera par la suite à de nombreuses expositions organisées par la Société Anonyme. 1926 N.Y., Art Center, *The John Quinn Collection*, exp. coll. 1946 N.Y., Whitney Museum, *Pioneers of Modern Art in America*, exp. coll.

Bibliographie

« Statement by Morton Schamberg », *Philadelphia Inquirer*, Sunday Art Page, 19 janv. 1913. Henry McBride, « Posthumous painting by Schamberg » *New York Sun*, 25 mai 1919. Walter Pach, « The Schamberg Exhibition » *The Dial*, N.Y., 17 mai 1919. Walter Pach, *Queer thing, painting* N.Y., London, Harper and Brothers Publishers, 1938. *Collection of the Societe Anonyme, Museum of Modern Art 1920* New Haven, Yale University Art Gallery, 1950. *The Louise and Walter Arensberg Collection 20 th Century Section* Philadelphia Museum of Art, 1954. *American Genius in Review, n° 1*, Catalogue de l'exposition Dallas Museum for Contemporary Arts, Dallas, Texas, 1960. Douglas Mac Agy, « Five Rediscovered from the lost generation » *Art News*, N.Y., été 1960. *Avant-garde painting and sculpture in America 1910-25*, Catalogue de l'exposition Wilmington, Delaware Art Museum, 1975.

Ouvrage de référence

Ben Wolf, *Morton Livingston Schamberg*, Philadelphia, University of Pennsylvania Press, 1963.

M.D.

KURT SCHWITTERS
Hanovre, Allemagne Fédérale, 1887 – Ambleside, Grande-Bretagne, 1948.

1908-1909 Suit les cours de l'école des Arts Décoratifs de Hanovre. 1909-1914 Suit les cours de l'Académie des Beaux-Arts de Dresde. 1918 Premiers collages, crée le mot Merz. Se lie d'amitié avec Arp et Hausmann. 1919 Premières publications dans la revue *der Sturm* (poésies, poèmes en prose, articles...), titre du recueil « Anna Blume ». 1920 Berlin, 1re exp. indiv. à la Galerie der Sturm. N.Y., premiers tableaux montrés par la Société Anonyme, qui l'exposera régulièrement depuis. 1921-1923 Participe à toutes les manifestations dada, en France, en Hollande, en Suisse, à Prague... 1922 Fonde la revue *Merz* et crée son premier Merzbau la *cathédrale du mystère érotique*, à Hanovre. Katherine Dreier achète à la Galerie der Sturm, son premier collage de Schwitters. 1926 N.Y. participe au Brooklyn Museum, à la *43e exp. de la Société Anonyme*, l'exp. ira ensuite à la Anderson Gallery, à N.Y. 1927 Grande exp. Merz dans de nombreuses villes allemandes. 1929 Publie un texte « Confession », dans *Little Review*. 1930 Participe à la revue *Cercle et Carré*. 1931 A partir de cette date, passe régulièrement l'été en Norvège. 1932-1934 Membre du groupe *Abstraction Création*. Dernier numéro de la revue Merz. 1936 N.Y., participe à 2 exp. organisées par A. Barr, au *MOMA*,

Cubisme and Abstract art et Fantastic art, dada, surrealism. N.Y., 27 œuvres montrées Delphic Studios, par la Société Anonyme. 1937 Fuyant le nazisme, il part pour la Norvège, où il travaille sur son deuxième Merzbau. 1940 Quitte la Norvège, pour s'installer en juin en Angleterre. 1942 Figure dans le livre de Peggy Guggenheim *Art of this Century*, avec 4 collages. 1943 Destruction du Merzbau à Hanovre. 1945 S'installe à Little Langdale dans le Lake District. Reçoit le Fellowship award du Moma. 1947 Commence son troisième Merzbau. 1948 Meurt à Ambleside. N.Y., exp. rétrospective, organisée par Katherine Dreier, à la Pinacotheca Gallery, textes de Katherine Dreier, Naum Gabo, Charmion von Wiegand. 1952 N.Y., 1re exp. à la Sidney Janis Gallery. 1956 Hanovre, 1re rétrospective en Europe, à la Kestner Gesllschaft. 1961 N.Y., 34 œuvres exposées à l'exp. *the art of assemblage* au MOMA, dont la plus grande partie, appartenaient à l'héritage de Katherine Dreier.

Bibliographie

Kate Trauman Steinitz, *Kurt Schwitters*, a portrait form life, Berkeley and Los Angelès, University of California Press, 1968. Werner Schmalenbach *Kurt Schwitters*, Cologne, Dumont Schaubeereg, 1967.

C.S.

GEORGE SEGAL
New York, 1924.
Vit à South Brunswick, New Jersey, USA.

1956 N.Y., Hansa Gallery 1re exp. indiv. 1957 N.Y., Jewish Museum, *The New York school, second generation* 1re exp. coll. 1963 Vient à Paris. Paris, Galerie Sonnabend, 1re exp. indiv. à Paris. 1965 Paris, Musée Rodin, *Etats-Unis : sculptures du XXe siècle.* 1968 Kassel, Documenta 4. 1969 Paris, 25e Salon de Mai. Paris, Galerie Darthéa Speyer, exp. indiv. L'Etat français achète *La caissière ou entrée de cinéma*, 1966-1967. 1970 Paris, 26e Salon de Mai. 1971 Paris, Galerie Darthéa Speyer, exp. indiv. Paris, Musée Rodin, 4e Exposition internationale de sculpture contemporaine. 1972 Paris, CNAC, exp. indiv. Paris, Musée des Arts Décos, *Métamorphose de l'objet. Art et Anti-Art 1910-1970.* 1972 Paris, 28e Salon de Mai.

Bibliographie

Catalogue de l'exposition *Segal*, Paris, CNAC, 1972. Jan Van der Marck, *George Segal*, Abrams, N.Y., 1975.

E.P.

RICHARD SERRA
San Francisco, Cal., USA, 1939.
Vit à New York.

1966 Vit à Paris. 1967 N.Y., R. Bellamy/N. Goldowsky Gallery, *Arp to artschwager*, 1re exp. coll. à N.Y. 1971 Paris, 7e Biennale, est présenté par la France. Passe des films qu'il a réalisés. 1972 Kassel, Documenta 5. 1977 Paris, Galerie Daniel Templon, 1re exp. indiv. à Paris.

Bibliographie

Richard Serra, Kassel, Documenta 5, 1972. Liza Bear, « Richard Serra », *Art Press*, Paris, n° 6, avril 1977.

E.P.

GINO SEVERINI
Cortone, Italie, 1883 – Paris, 1966.

1906 Arrive à Paris. Se lie avec Max Jacob et Modigliani, qui l'introduit dans le cerle du Lapin Agile à Montmartre. 1908 Salon des Indépendants, 1re participation (6 nos). Salon de la Société Nationale des Beaux-Arts (2 nos). 1908 Publication du « Manifeste du Futurisme », *Figaro*, 20 fév., signé par Marinetti, Boccioni, Carra, Russolo et Severini. Salon des Indépendants, Salon d'Automne et

Salon de la Société Nationale des Beaux-Arts. 1910 Signe avec Balla, Boccioni, Carra, Russolo, *Le Manifeste des peintres futuristes* (11 fév.) et *Le Manifeste technique de la peinture futuriste* (11 avril). Fait la connaissance de Braque et de Picasso, avec qui il fréquente le Moulin de la Galette, le Bal Tabarin et le Monico. Salon des Indépendants (6 nos). Intérêt pour les théories de la « dynamogénie » de Charles Henry. 1911 Fréquente assidûment la Closerie des Lilas. Présente Boccioni, Carra, Russolo, arrivés à Paris, à Guillaume Apollinaire et les incite à la connaissance du cubisme. Fait la connaissance à cette date de Walter Pach, qui lui servira d'intermédiaire avec les milieux de l'avant-garde new yorkaise, De Zayas et Stieglitz en particulier. Rencontre probablement Joseph Stella par l'intermédiaire de Modigliani. 1912 Galerie Bernheim-J, *Les Peintres futuristes italiens* (Boccioni, Carra, Russolo, Balla), participation de Severini avec 8 toiles dont *La Danse du Pan-Pan à Monico*. Publication fracassante de leur manifeste dans le catalogue. Accueil réservé de la presse parisienne. L'exposition attire l'attention des américains Stanton Macdonald-Wright et Morgan Russell (qui l'année suivante exposeront leurs « synchromies » chez Bernheim-J.) et de Joseph Stella. Severini présente les futuristes italiens à Gertrude Stein qui les trouve « ennuyeux » et n'achète aucune de leurs œuvres. *Hieroglyphe dynamique du Bal Tabarin.* 1913 N.Y., Chicago, Boston, *Armory Show* : les Futuristes en sont absents. (Severini, invité par Walter Pach, avait accepté d'y figurer à condition que les autres futuristes y soient conviés ; devant le refus de Marinetti, Severini et les autres renoncent, par solidarité, à y participer). Chicago, Academy of Fine Arts, l'exp. itinérante des *Futuristes italiens* partie de la Galerie Bernheim-J. se retrouve, augmentée d'une section cubiste (mars) ? Départ de Severini pour l'Italie. Adoption à N.Y. du vocable « futurisme » pour désigner toute « modernité ». 1914-1915 Retour de Severini à Paris. Rencontre De Zayas, dont il connaissait les publications sur la sculpture africaine. San Francisco, *Panama-Pacific International Exposition :* contribution de Severini. Article de Boccioni au catalogue. Cité par Arthur J. Eddy dans sa publication *Cubists and post-impressionim* et par Willard H. Wright, *Modern Painting, its tendency and meaning.* 1916 Paris, Galerie Boutet-de-Montvel, 1re exp. indiv. *Art et plastique de la guerre.* Paris : De Zayas, sur l'initiative de Walter Pach, entre en contact avec Stieglitz pour organiser une exp. Severini à la Galerie new yorkaise 291. 1917 N.Y., Galerie 291, 1re exp. indiv. *Drawings, pastels, watercolors and oils of Severini* (25 toiles de différentes époques, choisies par Severini lui-même), dont *La Femme assise dans un square*, 1916, témoigne, suivant les propos même de Severini tenus à Walter Pach, une reconciliation du cubisme et du futurisme. Grand succès de l'exposition : achats de John Quinn (10 toiles), Arthur B. Davies (1), et Alfred Stieglitz. Accueil favorable de la critique. 1918 Paris, Juan Gris le présente à Léonce Rosenberg. 1919 Paris, Galerie de l'Effort moderne, 2e exp. indiv. 1921 Paris, participe à l'exp. des *Peintres futuristes italiens*, 23, rue de la Boétie. 1926 N.Y., la Société Anonyme lui achète l'*Arlequin* (exposé Galerie Rosenberg, Paris). 1927 N.Y., dispersion de la collection Quinn : 9 toiles de Severini sont vendues. 1949 N.Y., MOMA, entrée du *Hiérogryphe dynamique du Bal Tabarin*, 1912. 1954 N.Y., Janis Gallery, 1re exp. rétrospective *Futurism : Balla, Boccioni, Carra, Russolo, Severini.* 1961-1962 N.Y., Detroit, Los Angeles, exp. itinérante *Gino Severini.*

Bibliographie

Guillaume Apollinaire, in *Chroniques d'Art*, Paris, Gallimard, 1960. John Wilson Laurvik, *It is art ? Post-impressionim, cubism and futurism*, N.Y., The International Press, 1913. Gustave Coquiot, *Cubistes, futuristes, passéistes*, Paris, Ollendorf, 1913. R.F. Smalley, « Futurism and the futurists », *Living Age*, Boston, 19 sept. 1914. Arthur J. Eddy, *Cubist and post-impressionism*, Chicago, Mac Clurg, 1914. Umberto Boccioni, « The italian painters and sculptors, initiators of the Futurist Art », Catalogue *Panama-Pacific International Exposition*, San Francisco, 1915. Willard H. Wright, *Modern painting, its tendency and meaning*, N.Y., John Lane Co, 1915. Gino Severini, « Les arts plastiques d'avant-garde et la science moderne », *Mercure de France*, Paris, 1er fév. 1915. *The World*, N.Y., vol. L VII, 11 mars 1917. *New York American*, N.Y., 12 mars 1917. *Camera work*, N.Y., n° 49-50, juin 1927. Joan Lukach, « Severini's 1917 Exhibition at Stieglitz 291 », *Burlington Magazine*, N.Y., vol. L XIII, avril 1971. [Archives Stieglitz], Yale University, Beinecke Rare Book and Manuscript Library.

Ouvrages de référence

Gino Severini, *Tutta la vita di un pittore*, Milan, Garzanti, 1946. Lionello Venturi, *Gino Severini*, Rome, De Luca, 1961. Catalogue de l'exposition *Gino Severini*, Paris, MNAM, 1967. Catalogue de l'exposition *Le Futurisme, 1908-1912*, Paris, MNAM, 1973.

A.L.B.

CHARLES R. SHEELER
Philadelphie, Penn. USA, 1883 – New York, 1965.

1900-1903 Philadelphie, étudie le desssin appliqué à la School of Industrial Art. 1903 Travaille dans la classe de Chase à la Pennsylvania Academy of Fine Arts : enseignement académique, axé sur les exemples de l'impressionnisme européen. 1905-1906 Voyages d'été en Europe, avec la classe de Chase. Se lie d'amitié avec Morton Schamberg, étudiant en architecture. De retour à Philadelphie, tous deux travailleront en étroite association d'esprit jusqu'en 1918. 1906-1908 Philadelphie, Mac Clees Galleries, 1re exp. indiv. ; participe à plusieurs exp. coll. Départ pour l'Italie (déc.) : selon ses propres dires, la compréhension du Quattrocento le conduira à celle de Cézanne et de Picasso. 1909 Arrive à Paris, avec Morton Schamberg (fév.). Voit les Fauves à la Galerie Durand-Ruel. Reçu dans le salon de Michael et Sarah Stein, il entre pour la 1re fois en contact avec l'œuvre de Cézanne, Matisse, Derain et des cubistes, rencontre qui le laisse désorienté mais dont il sent toute l'importance. 1910-1912 Retour à Philadelphie (fév.) ; se détache de l'enseignement de Chase pour intégrer ses expériences européennes. Achat d'une ferme en Pennsylvanie. Pratique la photographie commerciale (clichés de projets d'architecture). Fréquents séjours à N.Y. où il entre en contact avec le cercle de Stieglitz. 1913 Chicago, Boston, N.Y., *Armory Show*, Sheeler y participe avec 6 peintures et 6 photographies, sur l'invitation d'Arthur B. Davies. Rupture avec Chase. Il est frappé par la salle cubiste de l'*Armory Show*, dont il assimile rapidement la leçon. Influence également de la photographie « straight » sur ses recherches de structure formelle. Figure dès cette date dans les grandes manifestations de l'avant-garde new yorkaise. 1915 N.Y., Montross Gallery, exp. coll. *Special Exhibition of Modern Art applied to decoration by leading American Artists*. 1916 N.Y., Anderson Galleries, *Forum Exhibition*. Se lie avec Marius De Zayas, qui l'emploie comme photographe à la Modern Gallery. Publication d'un porte-folio de photographies des sculptures africaines appartenant à De Zayas. 1917 N.Y., Montross Gallery, *Special Exhibition ; Arthur B. Davies, Walt Kuhn, Jules Pascin, Charles Sheeler, Max Weber* (fév.-mars). Modern Gallery, *Group exhibition of Photographs*. Grand Central Palace, *Society of Artists Independent First Annual Exhibition* (avril-mai). Modern Gallery, 1re exp. indiv. de ses photographies (déc.). Début des *Barn Abstraction*. Fréquente dès cette date avec Morton Shamberg les salons des Arensberg, où il rencontre Duchamp, Gleizes, Picabia et Crotti. Seul Duchamp lui marque un certain intérêt. Arensberg lui prête une toile de Cézanne et une autre de Rousseau et lui achètera deux *Barn Abstraction* et un *Landscape* 1925. Premiers achats de John Quinn. 1919 S'installe définitivement à N.Y., à la mort de Schamberg. Resserre sa collaboration avec De Zayas ainsi qu'avec Paul Strand : réalisation commune du Film *Manhatta*. 1921-1922 N.Y., 2 exp. indiv., De Zayas Gallery, et l'année suivante, Daniel Gallery. Evolution vers le « précisionnisme », tendance proprement américaine partie du réalisme photographique appliqué à l'environnement urbain et rural et axé essentiellement sur la machine. 1923 Paris, Galerie Durand-Ruel, 1re participation à une exp. coll. qui sera reprise au Whitney Studio Club, N.Y., *Exhibition of Selected works by Charles Sheeler*. Paris, Théâtre Michel, Soirée du *Cœur à Barbe*, projection de *Manhatta* (sous le titre *The smoke of New York*). 1924 N.Y., Whitney Studio Club, Sheeler organise une exp. d'œuvres de Picasso, Braque, Duchamp et De Zayas. 1925 N.Y., De Zayas Gallery, *Tribunal Group Exhibition*. Paris, Galerie Durand-Ruel, exp. coll. N.Y., Wildenstein Gallery, exp. coll. 1926 N.Y., rencontre Brancusi, dont il connaissait déjà l'œuvre, et dont il partage les conceptions. Rejoint la Downtown Gallery, d'Edith Halpert, qui l'exposera jusqu'en 1966. 1927 Paris : 4 photographies de *New York skyscrapers* de Sheeler paraissent dans *Les Cahiers d'Art*, n° 4-5. 1929 Dernier voyage en France. 1938 N.Y., publication de la 1re monographie sur Sheeler par Constance Rourke, qui le présente comme l' « artist of the American tradition ». Consécration officielle de Sheeler aux USA. Dès cette date, importantes rétrospectives. Paris, Musée du Jeu de Paume, participe à l'exp. *Trois siècles d'art aux USA* (2 œuvres). 1939 N.Y., MOMA, 1re grande rétrospective *Sheeler*.

Bibliographie

Willard H. Wright, « The Forum Exhibition », *Forum*, N.Y., vol. 55, avril 1916. Catalogue de l'*Exhibition of Selected works by Charles Sheeler*, N.Y., Whitney Studio Galleries, 1924. « Paris Postcripts », *The Arts*, N.Y., vol. 8, n° 1, juil. 1925. *Cahiers d'art*, Paris, vol. 4 et 5, 1927.

Ouvrages de référence

Charles Sheeler, *Autobiography* (an unpublished manuscript written in 1937), Detroit and N.Y., Archives of American Art. Constance Rourke, *Charles Shee-ler : Artist in the American Tradition*, N.Y., Harcourt, Brace, 1938. Catalogue *Charles Sheeler : paintings, drawings, photographs exhibition*, N.Y., MOMA, 1939. Catalogue *The Quest of Charles Sheeler : 83 works honoring his 80 th year*, Iowa, University of Iowa, 1963. Catalogue *Charles Sheeler Exhibition*, Washington D.C., National Collection of Fine Arts, Smithsonian, 1968. Martin Friedman, *Charles Sheeler*, N.Y., Watson-Guptill, 1975.

A.L.B.

LEON POLK SMITH
Indian Territory, Oklahoma, 1906.
Vit aux USA.

1941 N.Y., Uptown Gallery, 1re exp. indiv. 1942 N.Y., Pinacotheca Gallery, exp. indiv. 1943 N.Y., Metropolitan Museum, exp. coll. 1946 N.Y., Egan Gallery, exp. indiv. Guggenheim Museum, exp. coll. 1947 Whitney Museum, *Whitney Watercolor Annual*. 1949 Sidney Janis Gallery, *Post-Mondrian Painters*. 1958 Betty Parsons Gallery, exp. indiv. 1960 N.Y., Galerie Chalette, *Construction and Geometry in Painting*, exp. organisée par Denise René. David Herbert Gallery, *Modern classicism*. 1961 N.Y., Stable Gallery, exp. indiv. Guggenheim Museum, *Abstract expressional-imagists*. David Herbert Gallery, *Purism*. 1962 N.Y., Whitney Museum, *Annual Exhibition, Sculpture Show*, et *Geometric abstraction in America*. Nice, Musée Céret, participe à l'exposition internationale du Constructivisme. N.Y., Galerie Graham, *Banner show by eight selected artists*. N.Y., Galerie Sidney Janis, plusieurs exp. coll. Whitney Museum, *Annual exhibition of contemporary american sculpture*. Galerie Chalette, *Collage 1912-1964*. 1965 Galerie Chalette, exp. indiv. MOMA, *American collages ; The responsive eye*. Whitney Museum, *Systemic Painting*. 1967-1968 N.Y., Galerie Chalette, exp. indiv. Buffalo, *Festival of the arts today*. American Federation of Arts, *From synchronism forward*, exp. itinérante. 1970 Guggenheim Museum, *Tenth anniversary exhibition : selections from the Guggenheim Museum collection 1900-1970*. 1971 Galerie Chalette, *Fangor, Vasarely, Smith*. 1973 N.Y., Galerie Denise René, exp. indiv.

Bibliographie

Michel Seuphor, « Paris-New Work 1951 », *Art d'Aujourd'hui*, Paris, série 2 n° 6, juin 1951 ; *Dictionnaire de la peinture moderne*, Paris, Hazan, 1957. Pierre Cabanne, Pierre Restany, *L'avant-garde au XXe siècle*, Paris, Ballaud, 1969.

F.D.

PIERRE SOULAGES
Rodez, Aveyron, France, 1919.
Vit à Paris.

1947 Paris, Salon des Surindépendants, 1re exp. coll. à Paris. 1948 Reçoit la visite de J.J. Sweeney, Conservateur du Museum of Modern Art, qui est le 1er conservateur à s'intéresser à son travail. 1949 Paris, Galerie Lydia Conti. 1re exp. indiv. à Paris. N.Y., Betty Parsons Gallery, 1re exp. coll. à N.Y. 1950 N.Y., Sidney Janis Gallery, *Young painters from US and France*, exp. coll. 1950-1951 USA, *Advancing french art*, exp. qui circule à Louisville, San Francisco, Chicago, Baltimore, Bloomington, et Washington. La Phillips Gallery de Washington lui achète une toile. 1952 Le Museum of modern art, N.Y., et le Musée national d'art moderne, Paris, lui achètent chacun une toile. 1953 N.Y., Guggenheim, *Younger european painters*. A la suite de l'exposition le Musée Guggenheim achète la toile exposée. 1954 N.Y., Kootz Gallery, 1re exp. indiv. à N.Y. Exposera 8 fois dans cette galerie jusqu'à sa fermeture en 1966. Chicago, Arts Club, exp. indiv. 1955 N.Y., Musée de Brooklyn, *Watercolors*. N.Y., MOMA, *The new decade : 22 European painters and sculptors*. 1957 Séjourne plusieurs semaines aux Etats-Unis et rencontre des peintres américains : Baziotes, PH. Guston, W. de Kooning, R. Motherwell, M. Rothko. 1958 N.Y., Guggenheim, *Guggenheim international award*. 1959 N.Y., Guggenheim, *Twenty contemporary painters from the Philippe Dotremont collection, Brussels*. 1960 N.Y., *Guggenheim international award*. 1966 N.Y., A. Emmerich Gallery, *Seven decades 1895-1965*. 1968 N.Y., Knoedler Gallery. N.Y. Met., *Painting in France 1900-1967* exp. itinérante aux USA. 1969 N.Y., Jewish Museum, *European painters today*. 1970 N.Y., Guggenheim Museum, *The tenth anniversary selection*. 1971 N.Y., Knoedler Gallery, *Selection of works*. 1972 N.Y., Guggenheim, *The postwar era*.

Bibliographie

J.J. Sweeney, *Soulages* Neuchatel, Ides et Calendes, 1972. Catalogue de l'exposition *Pierre Soulages,* Saint-Etienne, Musée d'art et d'Industrie, 1976.

E.P.

AMEDEO DE SOUZA CARDOSO
Manhufe, Portugal, 1887 – Espinho, Portugal, 1918.

1906 Arrive à Paris, s'installe boulevard du Montparnasse. 1908 Rencontre Amedeo Modigliani. 1910 Prend un atelier au 27 rue de Fleurus, contigu à l'appartement de Gertrude et Leo Stein dont il fait la connaissance. Par eux, il entre en contact avec l'américain Walter Pach, se lie avec Juan Gris, Max Jacob, Brancusi et ses compatriotes Ortiz de Zarate et Diego De Rivera, ainsi qu'avec Robert et Sonia Delaunay. 1911 Paris, Salon des Indépendants, 1re participation. 1912 Paris, Salon des Indépendants (2 œuvres, remarquées par Guillaume Apollinaire). Salon d'Automne (3 œuvres). Fréquente à cette date assidûment l'atelier de Robert Delaunay, qui l'introduit auprès d'Apollinaire, Cendrars, Archipenko, Picabia. Rencontre probablement Boccioni. 1913 N.Y., Chicago, Boston, *Armory Show,* participation avec 8 toiles de 1912 dont *Marine* et *Avant la corrida,* achetées par Robert Chanler, *Château fort, Le Saut du lapin* et *Paysage,* acquises par Arthur J. Eddy, *Retour de la chasse,* par Manierre Dawson, et *Pêcheur,* par Mrs Elizabeth S. Cheever. 1914 Paris, Salon des Indépendants. Départ pour Barcelone, Madrid et Porto. 1915 Rejoint, à Vila do Conde, Portugal, Sonia et Robert Delaunay, en compagnie de l'américain Sam Halpert. 1916 Correspondance suivie avec les Delaunay. 1917 S'introduit dans le Mouvement Futuriste portugais. 1922 Chicago, The Art Institute : A.J. Eddy fait don des 3 toiles de Souza Cardoso de sa collection.

Bibliographie

Guillaume Apollinaire, in *Chroniques d'art,* Paris, Gallimard, NRF, 1960. Arthur J. Eddy, *Cubists and post-impressionism,* Chicago, Mac Clurg, 1914.

Ouvrage de référence

Catalogue de l'exposition *Robert et Sonia Delaunay au Portugal,* Lisbonne, Fondation Gulbenkian, 1972.

A.L.B.

DANIEL SPOERRI
Galati, Roumanie, 1930.
Vit dans le Loiret, France.

1959 S'installe à Paris. 1960 Paris, Festival d'Art d'Avant-Garde, 1re exp. coll. à Paris. Paris, fondation du groupe des Nouveaux Réalistes dont il est l'un des membres. 1961 N.Y., MOMA, *The art of assemblage,* 1re exp. coll. à N.Y. 1962 Paris, Galerie Lawrence, 1re exp. indiv. à Paris. N.Y., Sidney Janis Gallery, *The New Realists.* 1964 Premier séjour à N.Y. N.Y., Allan Stone Gallery, *31 variations on a meal,* 1re exp. indiv. à N.Y. 1965 N.Y., Green Gallery, *Room 631, Chelsea Hôtel,* exp. de la chambre d'Hôtel de Spoerri. N.Y., Allan Stone Gallery, exp. indiv. Séjour de 9 mois à N.Y. 1968 N.Y., MOMA, *Dada, Surrealism and their heritage.*

Bibliographie

Catalogue de l'exposition *Spoerri,* Paris, CNAC, 1972.

E.P.

NICOLAS DE STAEL
Saint-Petersbourg, Russie, 1914 – Antibes, France, 1955.

1932-1933, 1938 Voyage en France. 1938 Travaille 3 semaines à l'atelier Fernand Léger. 1944 Paris, Galerie l'Esquisse, *Peintures abstraites,* 1re exp. coll. à Paris. Galerie l'Esquisse, *Nicolas de Staël,* 1re exp. indiv. à Paris. 1947 N. de Staël rencontre le marchand américain Théodore Schempp qui le fera connaître aux Etats-Unis et lui organisera des expositions. 1949 Le collectionneur américain Duncan Phillips achète le tableau *Nord,* 1949. 1950 N.Y., Louis Carré Gallery, *Advancing french art,* 1re exp. coll. à N.Y., Louis Carré Gallery, *Modern paintings to live with,* exp. coll. N.Y., Theodore Schempp Gallery, 1re exp. indiv. à N.Y. 1951 Lee. A. Ault donne une toile de 1947 au Museum of modern art, N.Y. 1952 N.Y., MOMA, *Europe the new generation,* exp. coll. itinérante. 1953 Séjour à N.Y. en fév.-mars où il rencontre différentes personnalités américaines et A. Calder dont l'œuvre le séduit. N.Y., Knoedler Gallery, *Nicolas de Staël,* exp. organisée par T. Schempp. N. de Staël retourne à Paris. Reçoit la visite du collectionneur Paul Rosenberg. 1954 S'installe à Antibes. N.Y., Paul Rosenberg Gallery, *Recent paintings by Nicolas de Staël.* Participe à une exp. itinérante organisée par The american Federation of Arts, *French painting at mid-century.* 1955 Mort de N. de Staël à Antibes. N.Y., Paul Rosenberg Gallery, *Loan exhibition of paintings by Nicolas de Staël.* 1958 N.Y., Paul Rosenberg Gallery, *Loan exhibition of paintings by Nicolas de Staël.* 1961 N.Y., Stephen Hahn Gallery, *Nicolas de Staël.* 1962 N.Y., Galerie Chalette, *Nicolas de Staël.* 1963 N.Y., Paul Rosenberg Gallery, exp. indiv. N.Y., Knoedler Gallery, exposition de la collection Bragaline. 1966 N.Y., Guggenheim, *Nicolas de Staël.* N.Y., Andre Emmerich Gallery, *Seven decades 1895-1965,* exp. coll. 1968 N.Y., Met., *Painting in France 1900-1968,* exp. itinérante aux USA, organisée par le Musée National d'art moderne, Paris.

Bibliographie

André Chastel, *Nicolas de Staël,* Paris, Le Temps, 1968. Catalogue de l'exposition *Staël,* Saint-Paul-de-Vence, Fondation Maeght, 1972.

E.P.

PETER STAMPFLI
Deiswil, Suisse, 1937.
Vit à Paris.

1960 Vient à Paris. 1966 Paris, Galerie Rive Droite, 1re exp. indiv. à Paris. 1971 N.Y., Cultural Center, *The Swiss Avant-Garde,* 1re exp. coll. à N.Y.

Bibliographie

Alain Jouffroy, *La peinture de Stampfli,* Turin, Fratelli Pozzo, 1970. Catalogue de l'exposition *P. Stämpfli,* Les Sables d'Olonne, Musée de l'Abbaye Sainte-Croix, 1976.

E.P.

RICHARD STANKIEWICZ
Philadelphie, Penn. USA, 1922.
Vit à New York.

1950 Vient à Paris et travaille la peinture à l'atelier de Léger puis la sculpture à l'atelier de Zadkine. 1951 Retourne définitivement à N.Y. et se consacre à la peinture. 1953 N.Y., Hansa Gallery, 1re exp. indiv. à N.Y. 1956 N.Y., Martha Jackson Gallery, *Emerging talent,* 1re exp. coll. à N.Y. 1958 Venise, 29e Biennale. 1960 Paris, Galerie Neufville, 1re exp. indiv. à Paris. 1964 Paris, Galerie Daniel Cordier, exp. indiv. 1965 Paris, Musée Rodin, *Etats-Unis : Sculptures du XXe siècle.*

Bibliographie

Catalogue de l'exposition *Etats-Unis, sculptures du XXe siècle,* Paris, Musée Rodin, 1965.

E.P.

EDWARD STEICHEN
Luxembourg, 1879 – West Redding, Conn., 1973.

1881 Sa famille émigre aux Etats-Unis à Hancock (Mich.) puis à Milwaukee (Wisc.). 1894 Apprentissage comme dessinateur lithographe dans une agence de publicité à Milwaukee. 1895-1896 Achète un appareil photo et se passionne peu à peu pour la photographie. S'intéressant aussi à la peinture et peignant lui-même, il fonde avec un groupe d'étudiants « The Milwaukee Art Student's League ». 1899 Philadelphie, *Second Philadelphia Photographic Salon,* première exp. de ses photos. 1900 Décide de partir à Paris pour étudier la peinture et continuer parallèlement la photographie. S'arrête à N.Y. et fait la connaissance de Stieglitz au New York Camera Club. Stieglitz lui achète trois photographies. A Paris, visite l'Exposition Universelle où il voit les œuvres de Rodin qui lui font une grande impression, en particulier la statue du *Balzac*. Visite du Louvre, du musée de Luxembourg. Ressent un vif intérêt pour les impressionnistes. 1901 Habite Montparnasse. S'inscrit à l'Académie Julian où il ne reste que deux semaines. Participe à l'exposition organisée par Holland Day. *The New School of American Photography* qui a lieu d'abord à Londres puis au Photo-Club de Paris. Il peint un portrait de H. Day qui est présenté au Salon des Beaux-Arts. Très désireux de faire la connaissance de Rodin, il lui rend visite dans son atelier de Meudon. Par la suite il revient tous les samedis après-midi pour photographier Rodin et ses sculptures. Il réalise alors la fameuse photo qui le rend déjà célèbre comme photographe : *Rodin - Le Penseur*. Voit pour la première fois des peintures de Van Gogh. 1902 Paris, la maison des Artistes (rue Royale), première exp. indiv. de peintures et photographies. Le Salon des Beaux-Arts accepte, puis rejette en dernière minute, les photographies qu'il présentait au même titre que ses peintures. Aux Etats-Unis le *New York Herald* annonce toutefois : « Photographs in the Salon : Innovation to be introduced for first time in Paris Art exhibition. » N.Y., National Art Club, participe à la première exp. de la Photo Secession organisée en mars par Stieglitz. De retour à N.Y., il loue un studio au 291 Fifth avenue, rejoint Stieglitz et le New York Camera Club. 1903 Participe à la fondation de la Photo-Secession et à la création de la revue *Camera Work* dont il dessine la couverture. 1904 La photographie *Rodin – Le Penseur* reçoit le premier prix à l'Exposition Internationale de La Haye. 1905 N.Y., Galerie Eugène Glaezner and Co., exposition de 29 peintures. Stieglitz et Steichen ouvrent The Little Galleries of the Photo-Secession, 291 fifth Avenue, N.Y. Dès cette date il lance l'idée d'une exposition de Rodin. Peu à peu Steichen va devenir le grand initiateur de l'art moderne aux États-Unis. 1906 Second voyage à Paris. Il rend visite à Rodin pour choisir des dessins en vue de l'exp. à N.Y. 1907 Retour aux États-Unis avec les dessins de Rodin, exposés chez Stieglitz en 1908. Réalise ses premières photographies en couleurs exposées aux Photo-Secession Galleries et reproduites dans *Camera Work*. Paris, Salon d'Automne, participe jusqu'en 1912. 1908 De retour à Paris, réalise chez Rodin, de nuit au clair de lune, les célèbres photos du *Balzac* exposé en plein air. Habite une maison à Voulangis près de Paris. Fréquente Michael Stein ainsi que Gertrude et Leo Stein chez qui il voit des peintures de Matisse, dont il projette bientôt une exposition à N.Y. 1909 Fréquente les artistes américains alors à Paris. Avec John Marin, Alfred Maurer, Max Weber et son ami Arthur Carles, il fonde The New Society of American Artists in Paris. Envoie à N.Y. à Stieglitz des œuvres de Marin et de Maurer qui sont exposées pour la première fois galerie 291. N.Y., Galerie 291, exp. de ses photographies, notamment le *Balzac-Moonlight*. Montross Gallery, exp. de photographies et de peintures. 1910 N.Y., Galerie 291, organise avec Stieglitz l'exposition *The Younger American painters*. 1911 Emmène Stieglitz en séjour à Paris voir les Stein, Durand-Ruel, Vollard, Matisse, Picasso, etc. Ils visitent ensemble l'exp. Cézanne chez Bernheim-jeune et projettent une exp. d'aquarelles de Cézanne, puis de Picasso, Galerie 291. Les photos du *Balzac Moonlight* sont publiées dans un numéro spécial de *Camera Work* (n° 34-35). Réalise ses premières photos de mode. 1913 Le numéro 42-43 (avril-juil.) de *Camera Work* lui est consacré. 1914 A la déclaration de la guerre, il quitte sa maison de Voulangis et rentre aux États-Unis où il a une solide réputation de photographe portraitiste. Avec l'aide d'Agnès Meyer, il organise la première exposition de Brancusi, Galerie 291. 1917 S'enrôle dans le Signal Corps Photographic Section et devient chef des opérations photographiques de l'armée américaine en France. Débarque en France le lendemain de la mort de Rodin et assiste à ses funérailles. Prend grand intérêt à la photo aérienne et documentaire. 1918 A la fin de la guerre, retourne dans sa maison de Voulangis, et se lance pendant trois ans dans de nouvelles expériences photographiques. Décide de s'arrêter définitivement de peindre et brûle toutes les peintures restées à Voulangis. 1921-1930 Rentré aux États-Unis, travaille dans la photographie commerciale, réalisant des photos de mode, des portraits d'acteurs de théâtre et de cinéma, et travaillant aussi dans la publicité. 1932 N.Y., MOMA, *Murals by American Painters and Photographers*, participe à la première exp. de photographie dans ce musée. 1936 N.Y., MOMA, exp. indiv. 1947 Nommé directeur du département de la photographie au MOMA. Organise de nombreuses exp. 1955 N.Y., MOMA, organise la très belle et fameuse exp. sur la photographie, *la Famille de l'Homme*. 1961 N.Y., MOMA, *Steichen the Photographer,* grande rétrospective.

Bibliographie

References to Edward Steichen in Camera Notes 1897-1903, N.Y., Steichen File, The Library of MOMA. *Camera Work*, N.Y., n° 2, avril 1903 ; n° 7, juil. 1904 ; n° 9, janv. 1905 ; n° 10, avril 1905 ; n° 11, juil. 1905 ; n° 13, janv. 1906 ; n° 14, avril 1906 ; n° 15, juil. 1906 ; n° 19, juil. 1907 ; n° 22, avril 1908 ; n° 23, juil. 1908 ; n° 28, oct. 1909 ; n° 30, avril 1910, n° 34-35, avril-juil. 1911 ; n° 42-43, avril-juil. 1913 ; n° 44, oct. 1913. Miller Wayne, *Interview with Edward Steichen*, N.B.C., N.Y., Archives of American Art. Consulter la bibliogr. de *Camera Work : a critical anthology*, Millerton, N.Y., Aperture, 1973.

Ouvrages de référence

Steichen the Photographer, catalogue de l'exposition N.Y., MOMA, Garden City, Doubleday, 1961. Edward Steichen, *A life in photography*, N.Y., Garden City, Doubleday, 1963. Grace Mayer, *Chronology of Edward Steichen*, non publié, N.Y., Steichen Archives, MOMA.

M.D.

FRANK STELLA
Malden, Boston, USA, 1936.
Vit à New York.

1959 N.Y., Tibor de Nagy Gallery, 1re exp. coll. à N.Y. 1960 N.Y. Leo Castelli, 1re exp. indiv. à N.Y. Paris, Galerie Neufville, *Nouvelle peinture américaine*. 1961 Voyage en France. Paris, Galerie Lawrence, 1re exp. indiv. à Paris. 1963 Paris, Centre culturel américain, de *A à Z 1963, 3 peintres américains choisis par the Arts Institute of Chicago*. 1964 Paris, Galerie Lawrence, exp. indiv. Venise, 32e Biennale, expose au pavillon américain. 1968 Venise, 34e Biennale. Kassel, Documenta 4. Saint-Paul-de-Vence, Fondation Maeght, *l'Art vivant 1965-1968*. Paris, Grand Palais, *l'Art du réel USA 1948-1968*. 1970 Saint-Paul-de-Vence, Fondation Maeght *l'Art vivant aux États-Unis*. 1972 Venise, 36e Biennale. 1973 Paris, Galerie Daniel Templon, *Maîtres de l'abstraction américaine d'aujourd'hui*, exp. coll. 1974 Daniel Templon expose des peintures de F. Stella au Musée Galliera dans le cadre du Festival d'Automne à Paris. 1975 Paris, Galerie Daniel Templon, exp. indiv. 1976 Paris, Galerie de France, *Petersbourg Press London, 1968-1976.* exp. coll.

Bibliographie

William Rubin, *Frank Stella*, N.Y., The Museum of Modern Art, 1970.

E.P.

JOSEPH STELLA
Muro Lucano, Italie, 1877 – New York, 1946.

1896 Arrivée aux USA. N.Y., études à la N.Y. School of Art, dans la classe de William Chase, qui reconnaît en lui un 2e Monet : « Monet could'nt have done it any better ». 1906 N.Y., Society of American Artists 28 th Exhibition, 1re exp. coll., peintures et dessins réalistes sur les scènes de la vie urbaine. 1907-1908 Départ pour Pittsburgh : le spectacle de la cité industrielle le conduit à ses premiers *Cityscapes*. 1909-1910 Séjour en Italie. Aucun contact avec les futuristes italiens ne semble alors pris. 1911 Départ pour Paris, sur l'instigation de Walter Pach. Installé Impasse Falguière, il pénètre dans tous les milieux artistiques : rencontre Gromaire, Pascin, Dubreuil et Modigliani, son voisin d'atelier. Fait la connaissance de Matisse qui l'introduit à l'œuvre de Cézanne. Rencontre également au cirque Médrano Max Jacob et Picasso, dont il admire les tableaux de la période bleue. 1912 L'exposition des *Futuristes italiens*, Galerie Bernheim-J., le frappe, en particulier l'œuvre de Severini, *Pan Pan à Monico*. Il a dû par ailleurs voir chez Severini lui-même (où il aurait été introduit par Modigliani) *Printemps à Montmartre* 1909 et *Hiéroglyphe dynamique du Bal Tabarin* 1912. Salon des Indépendants : *la Ville de Paris* de Robert Delaunay stimule son intérêt pour la couleur et la lumière. Lui-même ne figurera dans aucun Salon parisien. Fin 1912 - début 1913. Retour à N.Y. Encore quelques œuvres post-impressionnistes. N.Y. Chicago, Boston, *Armory Show*, Stella y participe avec 3 n°. Porte un intérêt passionné aux participations françaises, Cézanne, Matisse, Odilon, Redon (dont il partage les conceptions symbolistes) mais surtout Picabia, Villon, Delaunay. Orientation vers le futurisme, favorisée par la fascination exercée par la ville de N.Y. Italian National Club, 1re exp. indiv. ; la presse new-yorkaise note l'importance accordée à la couleur. Peint *Battle of lights, Coney Island*, qui entrera en 1924, en même temps que *Spring*, dans la collection de la Société Anonyme. 1914 Montross Gallery, 1re exp. coll. avec Schamberg et Sheeler, *Painting and drawing by modern americans* (2-23 fév.) organisée par Arthur B. Davies : *Battle of lights, Coney Island* « son 1er sujet américain » y tient la place d'honneur (acheté par la suite par Dorothea Dreier). 1915-

1916 Fréquente le Salon des Arensberg où il se lie avec Edgar Varèse et rencontre Duchamp, Crotti et Man Ray : premières peintures sur verre et premiers collages, différents des collages cubistes par l'utilisation de matériaux pauvres de la « Junk culture ». Poursuit ses recherches sur le dynamisme de la couleur-lumière, proches de celles des synchromistes. 1917 Grand Central Palace, 1re exp. de la Society of Independent Artists, participation de Stella avec *Spring*. 1918-1919 Début de ses « fantaisies » au naturalisme symboliste. Aborde le thème de l'environnement urbain de façon plus réaliste sans pourtant adhérer, comme Sheeler, aux conceptions « précisionnistes » proprement américaines. Bourgeois Gallery, exp. coll. 1920 Philadelphie, exp. coll. *Modern American Art*. N.Y., création de la Société Anonyme : Stella en devient membre actif, participant aux conférences pédagogiques avec K. Dreier et Duchamp et aux 1res expositions de celle-ci, Galleries of the Société Anonyme : *Brancusi, Bruce, Daugherty, Duchamp, Gris, Man Ray, Picabia, Ribemont-Dessaignes, Schamberg, Stella, Villon, Van Gogh, Vogeler* (30 avril-15 juin) et *Derain, Hartley, Kandinsky, Man Ray, Stella, Walkowitz* (1er nov.-15 déc.). Bourgeois Gallery, exp. indiv. *(Tree of my life* et *Brooklyn Bridge.)* 1921 N.Y., Whitney Studio Club, exp. indiv. 1922 Retour à Paris. Galerie Montaigne, exp. *Dada*, participation de Stella. Voyage en Italie. N.Y. : publication d'un n° de *Little Review* consacré à Stella, où sont présentés pour la 1re fois ses collages, jusque-là absents des expositions. 1923 Retour à N.Y., acquiert la citoyenneté américaine. Galleries of the Société Anonyme, exp. indiv. *Joseph Stella, New York Interpreted and Other paintings* (10 janv.-5 fév.). 1926-1934 Fréquents séjours à Paris, en Italie et en Afrique du Nord. 1930 Paris, Galerie Sloden, exp. indiv. 1931-1932 Paris, Galerie de la Jeune Peinture. exp. coll. avec les autres américains à Paris. 1935 Retour à N.Y. 1938 Paris, Musée du Jeu de Paume, *Trois siècles d'art aux Etats-Unis*, Stella présente *American Landscape*, que le Jeu de Paume cherche à acheter : échec des négociations. 1959 Newark Museum, 1re grande rétrospective. 1961 N.Y., Zabriskie Gallery, 1re exp. de ses collages. 1963 N.Y. The Whitney Museum of American Art, rétrospective *Stella*.

Bibliographie

Joseph Stella [interview], *New York Sun*, N.Y., 25 mai 1913 ; « The New Art », *The Trend*, N.Y., juin 1913. *The Century Magazine*, N.Y., n° 87, avril 1914. Edwin Parker, « Analysis of Futurism », *International Studio*, N.Y., n° 58-59, avril 1916. Joseph Stella, « On painting », *Broom*, N.Y., n° 1, déc. 1921. [Stella Number], *The Little Review*, N.Y., automne 1922. Henri McBride, in *New York Sun*, 11 avril 1925. Helen Williams, « The art of Joseph Stella in retrospect », *International Studio*, N.Y., n° 84, juin 1926. Joseph Stella, « Confession », *The Little Review*, N.Y., printemps 1929 ; « The Brooklyn Bridge. A page of my life », *Transition*, N.Y., n° 16-17, juin 1929. B.J. Kospoth, in *Tribune*, Paris, 28 juin 1931. *Tribune*, Paris, 24 janv. 1932. Samuel Putnam, *Paris was our mistress*, N.Y., Viking Press, 1947. Joseph Stella, « Discovery of America. Autobiographical notes », *Art News*, N.Y., nov. 1960. Auguste Mosca, « Memoirs of Stella » (manuscrit), 1961.

Ouvrages de référence

Catalogue de l'exposition *Joseph Stella*, N.Y., A.C.A. Gallery, 1943. Catalogue de l'exposition *Joseph Stella*, N.Y., Whitney Museum of American Art, 1963. Irma Jaffé, *Joseph Stella*, Cambridge, Harvard Press, 1970. John Baur, *Joseph Stella*, N.Y., Praeger, 1971.

A.L.B.

ALFRED STIEGLITZ
Hoboken, N.J., 1864 – New York, 1946.

1871 Sa famille s'installe à Manhattan (N.Y.). 1881 Son père se retire des affaires et emmène toute sa famille dans leur pays d'origine, l'Allemagne. 1882-1890 Etudes à l'Ecole Polytechnique et à l'Université de Berlin. 1883 Se passionne pour la photographie et achète son premier appareil. Fait de nombreuses photos durant ses voyages à travers l'Europe. 1888 Premier voyage aux Etats-Unis. Retourne en Allemagne pour continuer ses études. 1890 Rentre définitivement aux Etats-Unis et s'installe à N.Y. 1891 Membre de la Society of Amateur Photographers. 1893 Publie la revue *American Amateur Photographer*. 1894 Voyage en Europe. 1897-1902 Edite la revue *Camera Notes* et organise de nombreuses expositions sur la photographie. 1899 N.Y., Camera Club, 1re exp. indiv. importante aux Etats-Unis. 1903 Fonde sa propre revue : *Camera Work, an illustrated quaterly magazine devoted to photography*. 1905 Dans le même but de promouvoir la photographie il ouvre avec l'aide d'Edward Steichen sa propre galerie : The Little Galleries of the Photo Seces-

sion au 291 Fifth avenue, N.Y. 1907 Voyage à Paris. Manifeste un grand intérêt pour la peinture moderne. Avec Steichen il visite l'exposition d'aquarelles de Cézanne chez Bernheim-Jeune. 1908 Les Galeries de la Photo Secession deviennent connues sous le nom de 291 Gallery. Là, ont lieu, outre les exp. de photographes, les premières exp. de Rodin et Matisse qui introduisent l'art moderne aux Etats-Unis. 1909 Organise les premières exp. de peintres d'avant-garde américains tels que Alfred Maurer, John Marin, Marsden Hartley. Voyage à Paris. Steichen l'emmène voir Michael et Sarah Stein, puis Leo et Gertrude Stein, rue de Fleurus. 1910 Organise *The International Exhibition of Pictorial Photography*, Buffalo, Albright Art Gallery, 1911. Dernier voyage en Europe. A Paris, en compagnie de Steichen et de Marius De Zayas, il visite les Salons et rencontre Picasso, Matisse et Rodin. 1912 Il est le premier à accepter de publier les écrits de Gertrude Stein : 2 articles sur Matisse et Picasso parus dans le numéro spécial de *Camera Work* de 1912. 1913 Vice-président de l'*Armory Show*. N.Y., Galerie 291, exp. de ses photographies. 1915-1916 Edition avec Marius De Zayas, Paul Haviland et Agnes Meyer de la revue *291*. Contacts avec Picabia et Duchamp alors à N.Y. 1916 Rencontre de Georgia O'Keeffe. 1917 Fermeture de la Galerie 291 et fin de l'édition de *Camera Work*. 1921-1924 Organise des exp. Anderson Galleries consacrées de plus en plus aux artistes américains. Mariage avec Georgia O'Keeffe. 1925 Ouverture de The Intimate Gallery, dont il est le directeur. 1928 N.Y., le Metropolitan Museum of Art fait pour la première fois l'acquisition de photographies en tant qu'œuvres d'art. 1929 Fermeture de The Intimate Gallery. Elle est remplacée par An American Place, qu'il dirige jusqu'à sa mort. 1941 N.Y., le MOMA acquiert des photographies de Stieglitz. 1942 N.Y., MOMA, exp. indiv. 1944 Philadelphia Museum of Art, *History of an American, Alfred Stieglitz : 291 and after*.

Bibliographie

Camera Work, N.Y., publié par Alfred Stieglitz, 50 numéros de 1903 à 1917. (Kraus reprint, Nendeln, Liechtenstein 1969). *291*, N.Y., publié par Alfred Stieglitz et Marius De Zayas, 12 numéros, mars 1915-janv. 1916. (reprint N.Y., Arno Press, 1972). Consulter la bibliographie de : *Camera Work : A critical Anthology*. Millerton, N.Y., Aperture, 1973.

Ouvrage de référence

Dorothy Norman, *Stieglitz : an american seer*, N.Y., An aperture Book, Random House, 1973.

M.D.

CLIFFORD STILL
Grandin, North Dakota, USA, 1904.
Vit à Westminster, Maryland, USA.

1924 Fait un premier voyage à N.Y. 1945-1946 Vit à N.Y. 1946 N.Y., Art of this Century, 1re exp. indiv. à N.Y. 1950-1960 Vit à N.Y. 1955 Paris, MNAM, *50 ans d'art aux Etats-Unis*, exp. itinérante organisée par le MOMA, N.Y., 1re exp. coll. à Paris. 1959 Kassel, Documenta 2. Paris, MNAM, *Jackson Pollock et la Nouvelle peinture américaine*. 1968 Paris, Grand Palais, *l'Art du réel USA 1948-1968*, exp. itinérante organisée par le MOMA, N.Y.

Bibliographie

Catalogue de l'exposition *Clifford Still*, San Francisco Museum of Modern art, 1976.

E.P.

JOHN STORRS
Chicago, 1885 – Mer, France, 1956.

1907-1908 Part étudier en Allemagne. Voyage à travers l'Europe. Première visite à Paris. 1908-1910 Revient aux États-Unis, décidé à devenir sculpteur. Études à l'Art Institute de Chicago, puis à la Pennsylvania Academy de Philadelphie. 1911-1912 Retourne à Paris. Continue sa formation académique à l'Ecole des Beaux-Arts et à l'Académie Julian jusqu'à ce qu'il devienne l'élève de Rodin. 1913-1914 Travaille avec Rodin. Celui-ci l'encourage à rechercher son propre mode d'expression. Collabore à l'installation du musée Rodin. Paris, Salon d'Automne, première exp. coll., une sculpture. Paris, Salon des Beaux-Arts de 1914, une sculpture. Dessine le monument commémoratif du premier vol de Wilbur Wright en France, commandé par l'Aéro-Club de France pour la ville du Mans. N.Y. ne participe pas à l'*Armory Show*. 1915 Bref retour aux États-Unis pour installer les sculptures de Rodin à la *Panama Pacific International Exposition* de San Francisco, où il est le seul artiste américain résidant en France représenté. Une de ses sculptures est exposée à côté d'une sculpture de Rodin. Vit à Paris. 1917 A la mort de Rodin, il réalise une gravure sur bois du portrait de Rodin. Réalise ses premières sculptures géométriques. 1920 Paris, Salon d'Automne, une sculpture. N.Y., Folsom Gallery, première exp. indivi., 11 sculptures et 20 gravures sur bois. 1921 Arts Club of Chicago, exp. indiv. 1923 N.Y., Galleries of the Société Anonyme, *John Storrs*, exp. indiv. (fév.). A cette occasion, André Salmon écrit une brochure éditée par la Société Anonyme. Réalise des sculptures inspirées des gratte-ciel new yorkais. 1925 Paris, Galerie Briant Robert, participe à une exp. d'art américain contemporain, avec notamment Marsden Hartley. 1926 N.Y., Brooklyn Museum, *International Exhibition of Modern Art*, organisée par la Société Anonyme. 1927 Retour aux États-Unis (Chicago), avec de fréquents voyages en France. 1927 Arts Club of Chicago, exp. indiv. préface de Maurice Raynal. N.Y., *Machine Age Exposition*, organisé par *The Little Review*, 1 sculpture, (mai). Expose largement en France et aux États-Unis. 1931 Se met à la peinture. 1937 Paris, Galerie Bucher-Myrbor, exp. indiv. 1938 Paris, Musée du Jeu de Paume, *Trois siècles d'art aux USA*. 1939 Rentre en France où il demeurera jusqu'à la fin de sa vie. Entre 1907 et 1939, Storrs a traversé 33 fois l'Atlantique. 1940 Storrs à Beaugency avec Kupka et Villon. 1949 Orléans, Bibliothèque Municipale. exp. indiv. 1951 S'installe au Château de Mer près d'Orléans. 1963 N.Y., Whitney Museum, *The Decade of the Armory Show*, exp. coll. 1976 Chicago, Museum of Contemporary Art, *John Storrs, a retrospective exhibition of Sculpture*, (nov.-janv. 1977). On trouve des œuvres de Storrs dans les musées français suivants : Musée Rodin, Paris ; Musée de Blois ; Musée Dunois, Beaugency.

Bibliographie

American Art News, N.Y., 18 déc. 1920. *New York Herald*, 19 déc. 1920. *New York Tribune*, 19 déc. 1920. *The New York Times*, 19 déc. 1920. H.F. Field, « The Arts of John Storrs », *The Arts*, N.Y., vol. I, n° 2, janv. 1921. Henry Mac Bride, « Modern Art », *The Dial*, N.Y., fév. 1921. John Storrs, « Museum or artists », *The Little Review*, N.Y., Paris, vol. 9, hiver 1922. André Salmon, *John Storrs and modern sculpture*, N.Y., The Société Anonyme, fév. 1923. « John Storrs at the Société Anonyme », *The Arts*, N.Y., vol. III, n° 3, mars 1923. Henry Mac Bride, « Abstract sculpture by John Storrs », *New York Herald*, 4 mars 1923. « Machine-Age Exposition », *The Little Review*, N.Y., Paris, Catalogue de l'exposition à N.Y., mai 1927. Maurice Raynal, *About the works of John Storrs*, Catalogue de l'exp. Chicago, The Arts Club, déc. 1927. « John Storrs », *Cahiers d'Arts*, Paris, vol. 12, n° 1.3, 1937. *Collection of the Societe Anonyme : Museum of Modern Art 1920*, New Haven, Yale University Art Gallery, 1950. Edwart Bryant, « Rediscovery : John Storrs », *Art in America*, N.Y., vol. 57, mai, juin 1969. Abraham Davidson, « John Storrs, Early Sculptor of the Machine Age », *Art Forum*, N.Y., vol. XIII, nov. 1974. *Avant-garde painting and sculpture in America 1910-1925*, Wilmington, The Delaware Art Museum, 1975.

Ouvrage de référence

Roberta K. Tarbell, *John Storrs and Max Weber : Early life and work*. Master's thesis, University of Delaware, 1968.

M.D.

PAUL STRAND
New York, 1890 – Orgeval, France, 1976.

1902 Possède son premier appareil de photo. 1904 Rentre à l'Ethical Culture School (N.Y.) où le professeur Lewis W. Hine lui apprend les rudiments élémentaires de la photographie. Il l'emmène à la Photo-Secession Gallery de Stieglitz visiter les exp. de photographie. 1907 Décide de devenir « an artist in photography ». 1909 S'inscrit au New York Camera Club. 1911 Voyage à travers l'Europe pendant 6 semaines. De retour à N.Y., s'installe comme photographe professionnel. Réalise principalement des portraits et des scènes de rues. 1913 Se rend de temps en temps à la Galerie 291 pour voir les exp. de peinture et de photographie, et pour avoir l'avis de Stieglitz sur son travail. Mani-

feste un grand intérêt pour la peinture de Cézanne, de Matisse et surtout de Braque et Picasso dont il déclare avoir subi une certaine influence dans ses essais photographiques abstraits. 1915 Apporte de nouvelles photographies à Stieglitz qui, enthousiasmé, lui promet de les exposer à la Galerie 291 et de les publier dans *Camera Work*. 1916 N.Y., Galerie 291, première exp. indiv. (mars). Première publication de ses photographies dans le n° 48 de *Camera Work* (oct.). Travaille étroitement avec Stieglitz. 1917 Ses photos paraissent dans le dernier n° de *Camera Work*, (n° 49-50). 1920 S'intéresse au cinéma et commence à tourner des films documentaires. 1921 Réalise avec Charles Sheeler le film *Manahatta* projeté au Capitol Theatre de N.Y. sous le titre de *New York the magnificent*, puis en 1923 sous le titre *The smoke of New York* au théâtre Michel, Paris. 1922 Écrit des articles sur la photographie. Partage ses activités entre la photographie et le cinéma. 1925 N.Y., Anderson Galleries, *Seven Americans* (mars). 1929 N.Y., The Intimate Gallery, exp. indiv. (mars-avril). 1932 Exp. avec Rebecca Strand, N.Y., An American Place (avril). 1945 N.Y., MOMA, grande exp. indiv., (avril-juin). 1950-1951 Se rend en France en vue de réaliser des photos pour un livre, *La France de profil*, publié avec un texte de Claude Roy. 1952 A partir de cette date et durant les vingt années à venir, il effectue une série de voyages en Italie, Roumanie, Egypte, Maroc, Ghana, etc., pour des reportages photographiques. 1955-1957 Achète une maison à Orgeval (France). Bien que voyageant continuellement, la France devient son principal lieu de travail. Réalise une série de portraits d'écrivains et d'artistes français contemporains. 1971 Philadelphia Museum of Art, exp. rétrospective, novembre, qui a lieu à Boston en 1972, à N.Y. et Los Angeles en 1973.

Bibliographie

Camera Work, N.Y., n° 48, oct. 1916 ; n° 49-50, juin 1917. Consulter la bibliographie de *Camera Work : A Critical Anthology*, Millerton, N.Y., Aperture, 1973.

Ouvrages de référence

Paul Strand, A Retrospective monograph, 2 volumes, Millerton, N.Y., An Aperture Book, 1972. *Paul Strand, Sixty years of photographs*, Millerton, N.Y., An Aperture Monograph, 1976.

M.D.

SURVAGE (Léopold Sturzwage dit)
Moscou, 1879 – Paris, 1968.

1908 S'installe à Paris. Travaille pendant trois mois dans l'atelier de Matisse. 1911 Paris, Salon d'Automne, 1re exp. coll. à Paris. 1914 Paris, présente *Trois phases d'une action du rythme coloré* au Salon des Indépendants. 1917 Paris, Galerie Bongard, *Peintures de Leopold Survage*, 1re exp. indiv. à Paris. Préface du catalogue par Guillaume Apollinaire. 1920 Paris, Galerie de l'Effort Moderne. Paris, Galerie La Boétie, expose avec le groupe de la Section d'Or. 1920-1929 Paris, participe régulièrement au Salon des Indépendants. 1921 Paris, Galerie de l'Effort Moderne, *Les maîtres du Cubisme*. 1922 Paris, Galerie de l'Effort Moderne, deux exp. indiv. (6-22 fév. et 7-30 déc.). Paris, Galerie de l'Effort Moderne, *Synthèse et Construction*. 1925 Paris, Galerie Percier. 1926-1932 Paris, participe régulièrement au Salon des Tuileries. 1927 Paris, Galerie Granoff. N.Y., Kraushaar Art Gallery, 1re exp. indiv. à N.Y. Chicago, Chester Johnson Galleries. Préface du catalogue par Samuel Putnam. Adopte la nationalité française. 1928 Paris, Galerie Percier. 1929 N.Y., Knoedler Gallery. 1929-1931 Paris, participe au Salon des Surindépendants. 1930 N.Y., De Haucke and Co Gallery. N.Y., MOMA, *Painting in Paris from american collections*, 1re exp. coll. à N.Y. 1931 Paris, Galerie des Quatre-Chemins. 1932 Paris, Galerie Bonjean, *L'Age héroïque du Cubisme 1910-1914*. 1933 Paris, Galerie Billiet. 1937 Paris, Musée du Jeu de Paume, *Origines et développement de l'Art International Indépendant*. Paris, réalise des décorations murales pour le Palais des Chemins de Fer, le Palais de l'Aviation et le Palais de la Solidarité à l'Exposition Universelle. 1939 Paris, Galerie Charpentier. N.Y., MOMA, expose 6 *Rythmes Colorés* dont le MOMA fait l'acquisition. 1946 Paris, Galerie Ariel. 1949 Paris, Galerie des Deux-Iles, *Miniatures*. Paris, Galerie Meaght, *Les premiers maîtres de l'Art Abstrait*. 1951 Paris, Galerie Rive-Gauche. 1953 N.Y., Art and Antiques-Jean Larcade. 1955 Paris, Galerie Drouant-David, *Cinquante ans de Peinture*. 1957 Paris, Galerie de l'Institut, *Peinture et aquarelles 1912-1930*. 1960 Paris, Galerie de l'Institut, *Evolutions 1912-1913*. Paris, Galerie

Genêt. N.Y., Survage est lauréat de l'International Guggenheim Award. 1961 Paris, Galerie Bellechasse. Paris, Galerie Lucie Weill, *Constellations*. 1965 Paris, Galerie Lucie Weill, *Peintures 1916-1965*. 1966 Paris, Musée Galliéra, exp. rétrospective. 1970 N.Y., Vestart Gallery. N.Y., Greer Gallery, *Works from 1910 to 1966*. 1972 Paris, Galerie Verrière.

Bibliographie

Samuel Putnam, « Leopold Survage, colored rythm and the cinema », *Transition*, N.Y., n° 6, sept. 1927. Catalogue rétrospective *Survage*, Paris, Musée Galliéra, 1966.

N.M.L.

VASSILAKIS TAKIS
Athènes, 1925.
Vit à Paris et à Athènes.

1954 Se fixe à Paris, commence à utiliser la lumière et fait la série des signaux. 1955 Paris, Galerie Furstenberg, *Figures in iron and signals*, 1ʳᵉ exp. indiv. 1956 Paris, MAM, 1ʳᵉ exp. internationale d'art plastique, 1ʳᵉ exp. coll. à Paris. 1959 A partir de cette date, fait de nombreux voyages aux Etats-Unis. Utilise les champs magnétiques. N.Y., MOMA, *Recent acquisitions*, exp. coll. N.Y., Staempfli Gallery, *Fourteen european sculptors*. 1960 N.Y., Iolas Gallery, 1ʳᵉ exp. indiv. à N.Y. N.Y., Martha Jackson Gallery, *New materials*, exp. coll. 1961 N.Y., Iolas Gallery, *Takis : Telemagnetic sculptures*, exp. indiv. 1962 N.Y., MOMA, *Recent acquisitions*, exp. coll. 1963 N.Y., Iolas Gallery, *Telesculptures, telephota, telemagnets*, exp. indiv. N.Y., Cordier Ekstrom Gallery, *For the eye and for the sea*, exp. coll. 1964 N.Y., Iolas Gallery, *Dix ans de sculpture 1954-1964*, exp. indiv. N.Y. Howard Wise Gallery, *On the move*, exp. coll. 1966 N.Y., Fischback Gallery, *Games whithout rules*. N.Y., American abstract artists, *Kineticism, movement in modern art*, exp. coll. N.Y., Cordier-Ekstrom Gallery, *Seven decades 1895-1965*, exp. coll. 1967 N.Y., Howard Wise Gallery, *Lights in orbit*, exp. coll. N.Y., Howard Wise Gallery, *Takis magnetic sculpture*. 1969 N.Y., Howard Wise Gallery, *Evidence of the unseen*, exp. indiv. N.Y., Guggenheim, *Selected sculpture and works on paper*, exp. coll. N.Y., MOMA, *The machine as seen at the end of the mechanical age*, exp. coll. Takis enlève son œuvre de l'exposition. 1970 N.Y., Howard Wise Gallery, *Magnetic field*, exp. indiv.

Bibliographie

Catalogue de l'exposition, *Takis*, Paris, CNAC, 1972.

E.P.

YVES TANGUY
Paris, 1900 – Woodbury, Conn., 1955.

1918-1921 Officier de la marine marchande, il voyage en Afrique, en Amérique du Sud, au Moyen-Orient. Pendant son service militaire à Lunéville, fait la connaissance de Jacques Prévert, qui deviendra un de ses meilleurs amis. 1922 Arrive à Paris. Commence, pour gagner sa vie, à faire toutes sortes de métiers. 1923 Passant en autobus, devant la vitrine de Paul Guillaume, il découvre une toile de Chirico, et décide, séance tenante de devenir peintre. 1924 Avec Jacques Prévert et Marcel Duhamel, il s'installe rue du Château, un des endroits de rendez-vous célèbre du surréalisme, par la suite. 1925 Fait la connaissance d'André Breton et s'inscrit au mouvement surréalistes. Paris, expose quelques dessins, au Salon de l'Araignée. 1926 *La Révolution Surréaliste* publie des toiles de Tanguy, à partir du numéro 7. 1927 Paris, 1ʳᵉ exp. indiv. d'Yves Tanguy : *peintures et objets d'Amérique*, galerie Surréaliste, préface d'André Beton. 1928 Paris, participe à une exp. de groupe, avec Arp, Masson, Chirico, Miro... à la Galerie le Sacre du Printemps. 1930 Voyage en Afrique du Nord. 1931 Publie dans *Le Surréalisme au Service de la Révolution*, un texte « Poids et couleurs ». 1933 Paris, participe à l'exp. surréaliste Galerie Pierre Colle. Publie dans le *Surréalisme au Service de la Révolution*, un texte illustré « Vie de l'objet ». Hollywood (Calif.), expose Stanley Rose Gallery. 1936 Paris, participe, avec 2 objets, à l'*exp. surréaliste d'objets* Galerie Charles Ratton. N.Y., 1ʳᵉ exp. indiv. aux États-Unis, Julien Levy Gallery, 10 peintures, gouaches, dessins. Participe également, avec 6 œuvres, à l'exp. organisée par A. Barr, au Moma, *Fantastic art, dada, surrealism*. 1938 Paris, participe à l'exp. inter-

nationale du surréalisme, Galerie des Beaux-Arts. Paris, expose Galerie Bucher-Myrbor. Rencontre vers cette date, Peggy Guggenheim, qui lui organise une grand exp. à Londres, elle-même lui achète beaucoup d'œuvres, dont 2 tableaux miniatures, les plus beaux Tanguy du monde d'après Herbert Read... 1939 Fait la connaissance à Paris de Kay Sage, peintre américain, qui deviendra sa femme. Ils passent l'été, avec Breton et Matta, au Château de Chemilieu (Ain), loué par Onslow Ford. Exempté de service militaire, il part, en automne, rejoindre Kay Sage, à N.Y. N.Y., expose Pierre Matisse Gallery, 30 œuvres, peintures, dessins, gouaches, préface de J.J. Sweeney. 1940 Voyage dans l'Ouest des États-Unis : Los Angelès, San Francisco, Reno. Il est très intéressé par les configurations géologiques, qu'il trouve ressemblantes à ses propres peintures. Chicago, expose à l'Arts Club. Epouse Kay Sage. 1941 Voyage au Canada et dans l'état de Washington, puis s'installe à Woodbury (Conn.), où il vécut jusqu'à sa mort. 1942 N.Y., expose Pierre Matisse Gallery, 14 œuvres. N.Y., participe à l'exp., organisée par Duchamp et Breton, *First papers of surrealism*. Publication d'un numéro spécial de *View*, consacré à Tanguy et couverture faite par lui. Figure dans le livre de Peggy Guggenheim *Art of this Century*, avec 5 œuvres. 1943 N.Y., expose Pierre Matisse Gallery et participe à l'exp. *15 early, 15 late*, à la Galerie Art of this Century. 1945 N.Y., expose Pierre Matisse Gallery 16 œuvres. Participe à l'exp. *the fantastic in modern art*, présentée par *View*, à la Hugo Gallery. Participe à l'exp. *European artists in America* au Whitney Museum, 5 Tanguy, dont *Divisibilité infinie* et *Deux fois du noir*. 1946 N.Y., expose Pierre Matisse Gallery 34 œuvres (1926-1946), rétrospective organisée en même temps que la publication de la monographie de Breton, sur Tanguy. 1947 Paris, expose Galerie des Cahiers d'Art et Galerie du Luxembourg. Participe à l'exp. le surréalisme en 1947, à la Galerie Maeght. Construit un immense montage, fait pour pendre du plafond. 1948 Prend la nationalité américaine. 1949 Paris, expose Galerie Nina Daus-set. 1950 N.Y., expose Pierre Matisse Gallery, 12 peintures, 6 gouaches, préface de N. Calas. Expose au Virginia Museum of Fine Arts, *American Painting 1950*. Tanguy reçoit un prix. 1951 Voyage en Arizona, pour rendre visite à Max Ernst et à Dorothea Tanning. 1953 Dernier voyage en Europe. Paris, expose Galeries Renou et Poyet. 1954 Participe au film de Hans Richter 8 × 8. Ecrit un texte « The Creative Process » pour *Art Digest*. 1955 Meurt à Woodbury. N.Y. Rétrospective organisée par J.T. Soby, au MOMA.

Bibliographie

André Breton, *Yves Tanguy*, N.Y., Pierre Matisse, 1946. Catalogue de la rétrospective *Tanguy*, N.Y., The Museum of Modern Art, 1955. J.J. Sweeney, eleven european artists in America, N.Y., *The Bulletin of the Museum of Modern Art*, vol. XIII, n° 4-5, 1946. Tanguy-Tchelitchev, N.Y., *View*, special double number, n° 2, mai 1942. *Yves Tanguy* - Kay Sage, un recueil de ses œuvres / a summary of his works, N.Y. Pierre Matisse, 1963.

C.S.

DOROTHEA TANNING
Galesburg, Illinois, 1910.
Vit à Paris et à Seillans, Var.

suit des cours de peinture à Chicago mais surtout visite les collections de l'Art Institute. 1935 Arrive à N.Y., où pour subsister, elle fait d'abord du dessin publicitaire. 1936 Très impressionnée par l'exp. *Fantastic art, dada, surrealism*, organisée par Alfred Barr, au MOMA. 1941 Entre à la Julien Levy Gallery. 1942 Fait la connaissance de Max Ernst, qui, chargé de rassembler des tableaux de femme pour une exp., remarque *Birthday*, à la Galerie Julien Levy. 1943 N.Y., participe avec *Birthday* et *Jeu d'Enfant*, à l'exp. *31 Woomen*, organisée par la Galerie Art of this Century. 1943 S'installe, avec Max Ernst, à Sedona (Arizona). 1944 Participe, au film de Hans Richter, *Dreams that money can buy*. Figure avec 1 œuvre dans le livre de Sidney Janis *Abstract and Surrealist Art in America*. 1946 N.Y. 1ʳᵉ exp. indiv. Julien Levy Gallery. 1946-1949 En Arizona. 1946. Un article de R. Melville, « The snake on the dining table », parait sur elle, dans le n° de mai de la revue *View*. Fait aussi les décors et les costumes de *The night shadow*, chorégraphie de Balanchine, pour les Ballets russes de Monte-Carlo. Max Ernst et Dorothea Tanning se marient à Los Angeles, en même temps que Man Ray et Juliet Browner. Fait partie d'un concours de peinture, organisé par Al Lewin, pour son film Bel Ami, sur le thème de *La tentation de Saint-Antoine*. 1947 Participe à la réalisation du catalogue de l'*exp. internationale du surréalisme*, Galerie Maeght. 1948 N.Y., expose Julien Levy Gallery. 1949-1950 à Paris. 1950-1952 en Arizona. En 1952, pendant l'été, enseigne à l'Université de Hawaï, puis part, pour la France, où elle s'installe d'abord à Huismes (Indre-et-Loire), puis à Seillans (Var). 1953 N.Y., expose Iolas Gallery. 1954 Paris, expose Galerie Furstenberg. 1956 Tours, expose avec Max Ernst, Man Ray et Mies van der Rohe, au Musée des Beaux-Arts. A partir de cette date expose régulièrement à Paris, à la Galerie du Point Cardinal, à la Galerie Mouradian et Valloton, à la Galerie Iolas... et en 1974 au CNAC.

Bibliographie

Alain Bosquet, *La peinture de Dorothea Tanning*, Paris, Jean-Jacques Pauvert, 1966. Catalogue de la rétrospective *Dorothea Tanning* au Centre National d'art Contemporain, Paris, Centre Georges Pompidou, Mnam., 1974.

C.S.

HENRY FITCH TAYLOR
Cincinnati, Ohio, 1853 – Cornish, New-Hampshire, 1925.

1881 Séjourne à Paris, sur l'instigation du peintre et acteur américain Joe Jefferson. S'inscrit à l'Académie Julian (classe de Camille Boulanger et Jules Joseph Lefebvre). 1885 S'installe à Barbizon ou il se lie avec son compatriote le peintre Wyatt Eaton, protégé de Millet. Rencontre probablement Monet et Théodore Robinson. Peinture de paysages impressionnistes. 1888 Retour à N.Y. 1889 N.Y., National Academy of Design, 1re exp. de ses œuvres, qui ne semble pas rencontrer de succès. 1893-1908 Se fixe à Cos Cob, Conn., où il côtoie la colonie d'artistes, rejointe fréquemment par Arthur B. Davies, Walt Kuhn, Georges Lucks et William Glackens. 1909-1911 N.Y., prend la direction de la Madison Gallery. 1911 Avec Kuhn, Mac Rae et Myers, il jette les bases de l'Association of American Painters and Sculptors, à laquelle se joignent 16 autres artistes. Projette avec ses associés l'idée d'une grande exposition d'art contemporain international, qui deviendra l'*Armory Show*. 1913 N.Y., Chicago, Boston, *Armory Show,* dont il est l'un des organisateurs et à laquelle il participe avec 3 peintures. Abandonne les paysages, scènes de ville et nature mortes impressionnistes pour absorber les exemples européens et en particulier les leçons de Cézanne et du cubisme. Fixe son intérêt essentiellement sur le problème de la couleur. 1914 Premières compositions abstraites, proches du cubisme (série des *Figure with Guitar*). Montross Gallery, expo. coll. ou il envoie *The Trail of Jack Frost* 1913-1914, sa 1re abstraction basée sur l'organisation dynamique des surfaces colorées. Recherches chromatiques parallèles à celles de Robert Delaunay et des synchromistes Stanton Macdonald-Wright et Morgan Russell, dont les œuvres exposées à l'*Armory Show* l'ont frappé. 1915 Entre probablement en relation avec Albert Gleizes pendant son séjour à N.Y. (2 autres séjours, 1917 et 1918) *Untiled Abstraction et From Generation to Generation* le rapprochent des recherches du groupe de Puteaux. 1916 N.Y., publication de son étude *The Taylor system of organised color* sur les propriétés physiques et psychiques des couleurs. Invention d'une machine à mesurer les effets des différentes combinaisons de couleur. 1922-1923 Participe à la création de Modern Artists in American Society et à la fondation des Salons américains. 1925 A sa mort, son œuvre tombe dans l'oubli. 1966 N.Y., Noah Golodowsky Gallery, 1re rétrospective, réhabilite l'importance de son œuvre au sein de l'avant-garde américaine.

Bibliographie

Milton Brown, *The story of the Armory Show*, N.Y., The Joseph H. Hirshorn Foundation Press, 1963. William C. Agee, « Rediscovery : Henry Fitch Taylor », *Art in America*, N.Y., vol. LIV, nov. 1966. Catalogue de l'exposition *Avant-garde painting and sculpture in America 1910-1925*, Wilmington, Delaware Art Museum, 1975.

A.L.B.

HERVÉ TÉLÉMAQUE
Port-au-Prince, Haïti, 1937.
Vit à Paris.

1957-1960 Études à l'Art Student's League de N.Y., avec Julien Levi. 1959 N.Y., City Center Art Gallery, 1re exp. coll. à N.Y. A l'occasion de cette exp., l'auteur Orson Bean lui achète un dessin réaliste. Le poète Robin Magowan achète *Othello* pour aider H. Télémaque à partir pour Paris. Ce tableau sera donné ensuite au University Art Museum de Berkeley. 1961 N.Y., St-James Parish House, 1re exp. coll. à N.Y. Vient à Paris. 1962 Paris, Salon Latino-Américain, 1re exp. coll. à Paris. 1964 Paris, Galerie Mathias Fels, 1re exp. indiv. à Paris. 1968 N.Y., Met., *Painting in France 1900-1967*, exp. itinérante aux USA.

Bibliographie

Catalogue de l'exposition *Télémaque*, Paris, ARC2, Musée d'Art Moderne de la Ville, 1976.

E.P.

JEAN TINGUELY
Fribourg, Suisse, 1925.
Vit à Paris et à Bâle.

1953 Arrive à Paris. 1954 Paris, Galerie Arnaud, *Reliefs métamécaniques*, 1re exp. indiv. à Paris. 1960 Premier voyage à N.Y. Tinguely rencontre Jasper Johns et Rauschenberg. N.Y., Staempfli Gallery, exp. indiv, *Hommage à New York* : le 17 mars, Tinguely présente dans la cour du Museum of Modern art, N.Y., une machine auto-destructrice : après trente minutes de mouvements divers imprévus qui amènent l'intervention des pompiers, la machine explose. Pierre Restany fonde le groupe des Nouveaux Réalistes dont il est membre. 1961 N.Y., Staempfli Gallery, exp. indiv. A l'initiative de Darthéa Speyer, participe avec Rauschenberg, J. Johns, Niki de Saint-Phalle et D. Tudor à un Happening à l'ambassade américaine à Paris. 1962 N.Y., Iolas Gallery. Rencontre Kienholz à Los Angeles. 1964 J.J. Sweeney acquiert l'ensemble *Meta*, exposé à la Galerie Iolas, Paris. N.Y., Staempfli Gallery, *Stone, metal, wood, an exhibition of sculpture*, exp. coll. 1965 N.Y., Iolas Gallery, *Meta II*, exp. indiv. 1966 N.Y., Cordier-Ekstrom Gallery, *Seven Decades 1895-1965*, exp. coll. N.Y., Jewish Museum, *2 Kinetic sculptors : Nicolas Schoffer and Jean Tinguely*, exp. itinérante aux USA. *Le voyage en Amérique 1966* : projet de concept tableau par Kienholz qui serait le résultat d'une collaboration avec Tinguely et l'Amérique. 1967 N.Y., Loeb Student Center, *Vision 67*, exp. indiv. ; construit une Rotozaza qui détruit en masse des bouteilles de bière. N.Y., Guggenheim, Guggenheim International exhibition 1967 : *sculpture from twenty nations*, exp. coll. 1968 N.Y., MOMA, *Dada surrealism and their heritage*, exp. coll. N.Y., Loeb Student Center : présentation de Rotozaza 2, destructeur amélioré et de Rotozara n° 2 bis distributeur d'ordures, exp. indiv. 1969 N.Y., Feigen Gallery, *Dubuffet and the anticulture*, exp. coll. C. Oldenburg écrit un texte dans le catalogue. N.Y., The New York Cultural Center, *The Swiss avant garde*, exp. coll.

Bibliographie

Pontus Hulten, Jean Tinguely « Meta », Paris, P. Horay, 1974.

E.P.

MARK TOBEY
Centerville, Wisconsin, USA, 1890 – Bâle, Suisse, 1976.

1911 Portraitiste et dessinateur de mode à N.Y. 1913 Visite l'exposition de l'*Armory Show* à N.Y. qui fait connaitre les Fauves, les Cubistes à l'Amérique mais aussi Marcel Duchamp dont Mark Tobey admire le *Nu descendant l'escalier*. 1917 N.Y., Knoedler Gallery, 1re exp. indiv. à N.Y. 1918 Fait la connaissance de Marcel Duchamp. 1925 Séjour à Paris. Habite rue de la Santé. Fréquente les peintres américains de Montparnasse. Rencontre G. Stein. 1926-1937 Après un voyage autour de la Méditerranée, il rentre à Paris et s'installe au 26, rue de Visconti. 1934 Découverte de l'*écriture blan-*

che. 1938 Revient aux États-Unis et s'installe à Seattle. 1944 Jeanne Bucher fait la connaissance de M. Tobey à N.Y. 1951 N.Y., Whitney Museum. 1re grande rétrospective de M. Tobey aux États-Unis. 1952 Paris, Galerie de France, *Regards sur la peinture américaine*, 1re exp. coll. à Paris. 1954 Réside à N.Y. Paris, Galerie Rive Droite, *Signes autres*. Paris, MNAM, *le dessin contemporain aux États-Unis*. Écrit la préface du catalogue de l'exposition G. Mathieu qui a lieu à la Galerie Rive Droite. 1955 Paris, Galerie Jeanne Bucher, *M. Tobey*, 1re exp. indiv. à Paris. Séjourne à Paris. Paris, MNAM, *50 ans d'art aux États-Unis*. 1956 Venise, 28e Biennale, *American artists paint the City*. Paris, Galerie Stadler, *Structures en devenir*. Paris, 11e Salon des Réalités Nouvelles. 1957 Paris, Musée Galliera, *Peintres contemporains américains*, exp. coll. Paris, *8 artistes américains*, exp. itinérante. 1958 Paris, Galerie Stadler, *Œuvres récentes de Mark Tobey*. Venise, 29e Biennale. Remporte le Grand prix. Vit à N.Y. Paris, Musée Cernuschi, *Orient-occident : rencontres et influences durant 50 siècles d'art*. 1959 Voyage en Europe, séjour à Paris pendant l'été. Paris, Galerie Jeanne Bucher, exp. indiv. 1960 Paris, Musée des Arts Décos, *Antagonismes*. Paris, Galerie Jeanne Bucher, *Hommage à Jeanne Bucher*. Paris, 16e Salon de Mai. Mark Tobey s'installe à Bâle. 1961 Paris, 17e Salon de Mai, Paris, Arts Décos, *Rétrospective Mark Tobey*. 1962 Paris, Galerie J. Massol, *Dessins contemporains*. Paris, 18e Salon de Mai. Retourne à N.Y. 1963 Paris, 19e Salon de Mai. 1964 Paris, MAM, *Art USA Now : The Johnson Collection of contemporary american painting*. Paris, 20e Salon de Mai. 1965 Paris, 21e Salon de Mai. Paris, Galerie Jeanne Bucher, *Les Monotypes de Tobey*. 1965 L'État français achète *Monotype*, 1961. 1966 Paris, 22e Salon de Mai. 1967 Saint-Paul-de-Vence, Fondation Maeght, *10 ans d'art vivant 55-65*. 1968 Paris, Galerie Jeanne Bucher, exp. indiv. Mark Tobey est nommé commandeur de l'ordre des Arts et des Lettres par le Gouvernement français. 1970 S'installe de nouveau à Bâle. Saint-Paul-de-Vence, Fondation Maeght, *l'Art vivant aux États-Unis*. 1971 Paris, Galerie Marbach, exp. indiv. 1974 Paris, Galerie de Bellechasse, *Harmonies secrètes*. 1976 Meurt à Bâle. Paris, Galerie de France, *Petersbourg Press London 1968-1976*.

Bibliographie

Catalogue de l'exposition *Mark Tobey*, Paris, Musée des Arts Décoratifs, 1961. Wieland Schmied, N.Y., *Tobey*, Abrams, 1966.

E.P.

JOAQUIN TORRES-GARCIA
Montevideo, Uruguay, 1874 – Montevideo, 1949.

1910 Séjour à Paris. Intérêt pour l'œuvre de Puvis de Chavannes. 1920-1922 Vit à N.Y. Rencontre Joseph Stella, Marcel Duchamp, Katherine S. Dreier. 1920 Réalise un album d'aquarelles intitulé *New York City*. 1921 N.Y., Whitney Studio Club, *J. Torres-Garcia, S. Davis, S. Szukalski*. 1re exp. coll. à N.Y. 1922 N.Y., Whitney Studio Club, *Annual Exhibition of Painting and Sculpture*. N.Y., Hanfstaengel Gallery, 1re exp. indiv. à N.Y. Réalise un album d'aquarelles intitulé *Good Bye New York*. 1926-1932 Vit à Paris. 1926 Paris, Galerie A.G. Fabre, 1re exp. indiv. à Paris. 1927 Paris, Galerie Carmine. 1928 Paris, Galerie Zak. Paris, Galerie Marck, participe à l'exposition *Cinq Peintres refusés par le Jury du Salon d'Automne* organisée par Jean Hélion, 1re exp. coll. à Paris. A cette occasion, fait la connaissance de Théo Van Doesburg. 1928 et 1930 Paris, participe au Salon des Indépendants. De 1929 à 1937 expose régulièrement au Salon des Surindépendants. 1929 Fait la connaissance de Mondrian. Avec Michel Seuphor fonde le Groupe Cercle et Carré. Paris, Éditions Bonaparte, *Exposition d'Art Abstrait*. 1930 Paris, Galerie 23, participe à l'exposition du Groupe « Cercle et Carré » et publie dans le premier numéro de la revue l'article intitulé « Vouloir Construire ». 1931 Paris, Galerie Charpentier. Paris, Galerie Jeanne Bucher. Paris, Galerie Percier. 1932 Paris, Galerie Pierre. Réalise un album d'aquarelles intitulé *Paris*. 1943 N.Y. MOMA, *The Latin American Collection of the Museum of Modern Art*. 1950 N.Y., Sidney Janis Gallery. Washington D.C., Pan American Union, *Torres-Garcia and his Workshop*. 1955 Paris, MNAM. 1959 N.Y., Rose Fried Gallery, *Twenty-Four Modern Masters*. 1960 N.Y., Sidney Janis Gallery, *Twentieth Century Masters*. N.Y., Rose Fried Gallery. 1961 Washington D.C., Pan American Union *J. Torres-Garcia paintings*. 1962 N.Y., Royal Marks Gallery *from 1939-1949*. 1965 N.Y., *Rose Fried Gallery*. 1966 N.Y., Guggenheim Museum, *The Emergent Decade*. 1969 N.Y., Royal Marks Gallery. 1971 N.Y., Solomon R. Guggenheim Museum. 1974 N.Y., Knoedler Gallery. 1975 Musée d'Art Moderne de la Ville de Paris.

Bibliographie

J. Torres-Garcia, « El pintor Torres-Garcia habla de su arte y sus projectos », *La Prensa*, N.Y., 10 mars 1921 ; « New York » ; texte inédit, N.Y., 1921. « Torres-Garcia en América », *La Publicidad*, Barcelona, 30 avril 1921. Torres-Garcia, « Ici Paris », texte inédit, Paris, 18 fév. 1928 ; « Per la 5A Avinguda », *Catalonia*, N.Y., vol. 2 no 1, fév. 1931 ; « Notas de Viaje, Impresiones de Nueva York », *El Pueblo*, Montevideo, 1er sept. 1935 ; *Historia de mi vida Montevideo, Asociacion de Arte Constructivo, 1939*, « El nuevo Arte de América », *Apex*, no 1, Montevideo, juil. 1942.

Ouvrages de référence

Enrique Vardi, *Torres-Garcia*, The Solomon R. Guggenheim Museum, N.Y., 1971.

N.M.L.

LÉON-ARTHUR TUTUNDJIAN
Amassia, Arménie, 1906 – Paris, 1968.

1924 S'installe à Paris. 1929 Paris, Galerie Nay, 1re exp. indiv. à Paris. 1930 Participe à la fondation du Groupe Art Concret. 1931 Adhère à l'Association Abstraction-Création. 1966 Paris, Galerie Yvon Lambert, *Arp, Hélion, Tutundjian*.

Bibliographie

Catalogue de vente d'œuvres de Léon-Arthur Tutundjian, étude de Maître Robert, Paris, Musée Galliéra, 12 décem. 1969.

N.M.L.

GEORGES VALMIER
Angoulême, Charente, 1885 – Paris, 1937.

1913 et 1914 Participe au Salon des Indépendants, 1re exp. coll. à Paris. 1919 Paris, Galerie de l'Effort Moderne, 1re exp. indiv. à Paris. 1920 Paris, Galerie La Boétie, exp. du Groupe de la Section d'Or. 1921 Dessine la couverture du *Bulletin de l'Effort Moderne*. 1925 Paris, 23, rue de La Ville L'Evêque, exp. internationale *L'Art d'Aujourd'hui*. 1926 N.Y., Brooklyn Museum, *International Exhibition of Modern Art* organisée par la Société Anonyme, 1re exp. coll. à N.Y. 1927 Paris, Galerie de l'Effort Moderne. La Société Anonyme achète deux de ses œuvres à Léonce Rosenberg. 1928 Paris, Galerie de L'Effort Moderne. 1929 et 1930 Paris, Salon des Surindépendants. 1931 N.Y., Rand School, exp. organisée par la Société Anonyme. 1933 Paris, 44 Avenue de Wagram, participe à l'exp. organisée par l'Association « Abstraction-Création ». 1935 Paris, Galerie des Beaux-Arts, *Les Créateurs du Cubisme*.

Bibliographie.

Michel Seuphor, *L'Art Abstrait*, Paris, vol. 2, Maeght, 1972.

N.M.L.

THEO VAN DOESBURG
Utrecht, Pays-Bas, 1893 – Davos, Suisse, 1931..

1916 Première rencontre avec Piet Mondrian. 1923 S'installe à Paris. Paris, Galerie de L'Effort Moderne, *De Stijl*, 1re exp. coll. à Paris. 1924 Paris, Ecole Spéciale d'Architecture, *Architecture et Arts qui s'y rattachent*. 1925 Paris, 23 rue de la Ville L'Evêque, exp. internationale *L'Art d'Aujourd'hui*. N.Y., Little Review Gallery, 1re exp. indiv. à N.Y. 1926 S'installe à Strasbourg. 1928 Retour à Paris. 1929-1930 Réalise les plans de la maison qu'il se fera construire à Meudon. 1929 Paris, Salon des Indépendants. 1930 Avec Carlsund, Hélion, Wantz et Tutundjian, fonde le groupe Art Concret. 1931 Participe à la fondation de l'Association Abstraction Création. 1932 Paris, Parc des Expositions, *Salon 1940*. 1933 Paris, 44 avenue de Wagram, exp. du groupe Abstraction Création. 1936 N.Y., MOMA, *Cubism and Abstract Art.* 1939 Paris, Galerie Charpentier, *Réalités Nouvelles.* 1945 Paris, Galerie René Drouin, *Art Concret.* 1947 N.Y., Art of this Century, *Theo Van Doesburg,* exp. rétrospective. Préface du catalogue par J.J. Sweeney. 1949 Paris, Galerie Maeght, *Les Premiers Maîtres de l'Art Abstrait.* 1951 N.Y., Rose Fried Gallery. N.Y., Sidney Janis Gallery, *De Stijl.* 1952 N.Y., MOMA, *De Stijl.* 1960 N.Y., Chalette Gallery, *Construction and Geometry in painting.* 1964 N.Y., Marlborough-Cerson Gallery, Mondrian, *De Stijl and their impact.*

Bibliographie

Theo Van Doesburg, *Principes of neo-plastic Art,* Londres, Lund Humphries, 1969. Joost Baljeu, *Theo Van Doesburg,* Londres, Studio Vista, 1974.

N.M.L.

VINCENT VAN GOGH

Groot-Zundert, Pays-Bas, 1853 – Auvers-sur-Oise, France, 1890.

1866 Arrive à Paris. Rencontre Toulouse-Lautrec et Emile Bernard. 1888 Travaille deux mois avec Gauguin. 1889-1890-1891 Paris, participations régulières au Salon des Indépendants. 1901 Galerie Bernheim J., 1re exp. indiv. (71 œuvres). 1905 Salon des Indépendants, rétrospective *Van Gogh* (45 œuvres). 1908 Galerie Bernheim-J., exp. indiv. (100 œuvres). Galerie Druet, exp. indiv. (35 œuvres). 1911 Galerie Bernheim-J., exp. indiv. 1912 Cologne, l'américain Walt Kuhn visite l'exposition internationale du *Sonderbund* où sont accrochées 125 œuvres de Van Gogh et prend contact avec la firme Artz et De Bois dans le but de faire envoyer des Van Gogh aux USA pour l'*Armory Show.* 1913 N.Y., Chicago, Boston, *Armory Show* : l'œuvre de Van Gogh y est représentée par 18 toiles, exposées dans la même salle que les Cézanne et prêtées essentiellement par Druet et Artz et De Bois. Les collectionneurs américains, en possession d'œuvres de Van Gogh, en prêtent également : Katherine Dreier, *Mlle Ravoux,* John Quinn, *Autoportrait,* Stephan Bourgeois, *Fleurs rouges, Fleurs de lys, Jeune femme lisant.* Mention de son œuvre dans les revues new yorkaises, en particulier *Camera Work* (n° spécial, juin). A cette occasion, publication de *Personnal recollections of Vincent Van Gogh,* par Elizabeth Duquesne-Van Gogh, traduit par Katherine Dreier et préfacé par Arthur B. Davies. 1915 San Francisco, *Panama-Pacific International Exposition,* où figure le *Moulin de la Galette.* N.Y., Modern Gallery, 1re exp. indiv. (nov.-déc.). 1916 N.Y., Modern Gallery, participation à 2 exp. coll. *Picabia, Cézanne, Van Gogh, Picasso, Braque, Rivera* (fév.-mars), et *Cézanne, Van Gogh, Picasso, Picabia, Rivera* (avril-juin). 1920 N.Y., Galleries of The Société Anonyme, *Opening Exhibition* (avril-juin). Montross Gallery, exp. indiv. (déc.). 1921 N.Y., Metropolitan Museum, *Impressionist and post-impressionist painting* (nov. sept.). 1922 N.Y., vente de la collection Kelekian : achat d'un *Autoportrait* par le Detroit Museum. 1925 Baltimore, Museum of Art, *Picasso, Braque and Van Gogh* (janv.). 1929 N.Y., MOMA, exp. inaugurale *Cézanne, Gauguin, Van Gogh, Seurat.* 1941 N.Y., MOMA, entrée de *La Nuit Etoilée* 1889.

Bibliographie

Emile Bernard, *Lettres à Vincent Van Gogh,* Paris, Ambroise Vollard, 1911. *Camera work,* N.Y., n° spécial, juin 1913. John Nilson Laurvik, *It is Art ? Post-impressionism, futurism, cubism,* N.Y., The International Press, 1913. Elizabeth Duquesne-Van Gogh, *Personnal recollections of Vincent Van Gogh,* traduction Katherine Dreier, préface Arthur B. Davies, Houghton, Rifflin, 1913. Théodore Duret, *Vincent Van Gogh,* Paris, Bernheim-J., 1919. Henry McBride, « Van Gogh in America », *The Dial,* N.Y., oct. 1920.

Ouvrages de référence

J.B. de la Faille, *L'œuvre de Vincent Van Gogh,* Catalogue raisonné, Bruxelles, Von Oest, 4 vol., 1928. *Correspondance complète de Vincent Van Gogh,* Paris, Gallimard-Grasset, 1960.

A.L.B.

GEORGES VANTONGERLOO

Anvers, Belgique, 1866 – Paris, 1965.

1920-1928 Vit à Menton. 1923 Paris, Galerie de l'Effort Moderne, *De Stijl,* 1re exp. coll. à Paris. 1925 Paris, 18 rue de la Ville-l'Evêque, exposition internationale *L'Art d'Aujourd'hui.* 1926 N.Y., Brooklyn Museum, *International Exhibition of Modern Art* organisée par la Société Anonyme, 1re exp. coll. à N.Y. 1928 S'installe à Paris. 1930 Paris, Galerie 23, participe à l'exp. du groupe Cercle et Carré. Paris, Musée des Arts Décoratifs, *L'Aéronautique et l'Art.* 1931 Fonde avec Herbin l'association Abstraction Création dont il est vice-président jusqu'en 1937. 1932 Paris, Parc des Expositions, *Salon 1940,* avec Mondrian, Gorin, Van Doesburg etc. 1933 Paris, 44 avenue de Wagram, exp. de l'association Abstraction Création. 1936 Paris, Salon des Surindépendants. N.Y., MOMA, *Cubism and Abstract Art.* 1939 Paris, Galerie Charpentier, *Réalités Nouvelles.* 1943 Paris, Galerie de Berri, *Georges Vantongerloo 1909-1939, 30 années de recherches,* 1re exp. indiv. à Paris. 1946 Paris, participe au 1er Salon des Réalités Nouvelles. 1949 Paris, Galerie Maeght, *Les premiers maîtres de l'Art Abstrait.* 1952 N.Y., MOMA, *De Stijl.* 1953 N.Y., Rose Fried Gallery, *Georges Vantongerloo,* 1re exp. indiv. à N.Y. 1960 N.Y., Chalette Gallery, *Construction and Geometry in painting.* 1961 Paris, Musée Rodin, 2e Exposition Internationale de Sculpture Contemporaine. 1964 N.Y., Marlborough-Gerson Gallery, *Mondrian, De Stijl and their impact.*

Bibliographie

Charmion von Wiegand, Georges Vantongerloo, *Arts,* N.Y., vol. 34, sept. 1960.

Ouvrage de référence

Georges Vantongerloo, *Paintings, sculptures, reflexions,* N.Y., Wittenborn, Schultz Inc. 1948.

N.M.L.

VICTOR VASARELY

Pecs, Hongrie, 1908.
Vit à Paris.

1930 S'établit à Paris. 1934 Paris, Galerie Pleiade. 1re exp. indiv. à Paris. 1944 Vasarely demande à Denise René d'exposer ses œuvres dans son appartement rue de la Boétie. L'exposition a lieu en juil. mais passe presqu'inaperçue et est fermée rapidement à cause de la Libération de Paris. C'est au début de l'année 1945 qu'aura lieu l'exp. pour l'inauguration de la Galerie Denise René. 1949 Betty Parsons Gallery, *Abstract art,* 1re exp. coll. à N.Y. 1952 N.Y., Sidney Janis Gallery, *Aubusson tapestries by 12 artists,* exp. coll. 1953 N.Y., Guggenheim, *Younger european painters,* exp. coll. 1955 N.Y., Brooklyn Museum, 18e Biennale. 1958 N.Y., MOMA, *Painting and sculpture acquisitions,* exp. coll. N.Y., Galerie Rose Fried, 1re exp. indiv. à N.Y. 1959 N.Y., Guggenheim, *Inaugural selection,* exp. coll. N.Y., Guggenheim, *Collection Philippe Dotremont,* exp. coll. 1960 N.Y., Galerie Chalette, *Construction and geometry in painting,* exp. coll. 1961 N.Y., World House Galleries, exp. indiv. N.Y., Guggenheim, *One hundred paintings from the G. David Thompson Collection.* 1964 N.Y., The Pace Gallery, exp. indiv. Reçoit le prix Guggenheim, N.Y. N.Y., Guggenheim International award. 1965 A partir de cette date la, la Galerie Sidney Janis organise régulièrement des exp. indiv. de Vasarely. N.Y., Pace Gallery, exp. indiv. N.Y., Sidney Janis Gallery, *Abstract trompe l'Œil,* exp. coll. N.Y., MOMA, *The responsive eye,* exp. coll. N.Y., Royal Marks Gallery, *Modern masters,* exp. coll. 1966 N.Y., Sidney Janis Gallery, exp. indiv. N.Y., Cordier-Ekstrom Gallery, *Seven decades 1895-1965,* exp. coll. 1968 N.Y., MOMA, *The Sidney and Harriet Janis Collection.* N.Y., Met., *Painting in France 1960-1967,* exp. itinérante aux USA. 1970 N.Y., Barner Weingen Gallery, *exposition de multiples Edition Pyra.* N.Y., Artists in Chase Manhattan Bank Collection, exp. coll.

Bibliographie

Marcel Joray, *Vasarely,* 3 vol., Neufchâtel, ed. du Griffon, 1965, 1970, 1973.

E.P.

JACQUES MAHÉ DE LA VILLEGLÉ
Quimper, France, 1926.
Vit à Paris.

1945 Se lie d'amitié avec Raymond Hains qu'il rencontre à l'Ecole des Beaux Arts de Rennes. 1949 S'installe à Paris. 1957 Paris, Galerie Colette Allendy, 1re exp. indiv. et rétrospective, à Paris. 1960 Fondation du groupe les Nouveaux Réalistes dont il est membre. 1961 N.Y., MOMA, *The art of assemblage*, 1re exp. coll. à N.Y. 1964 Chicago, Gres Gallery, *l'Affiche lacérée*, exp. coll. organisée par P. Restany, à laquelle participe R. Hains.

Bibliographie

Catalogue de l'exposition *Villéglé*, Paris, Galerie Beaubourg, 1974.

E.P.

JACQUES VILLON
Damville, France, 1875 – Puteaux, 1963.

1895 Arrivée à Paris. S'inscrit à l'atelier Cormon et commence à dessiner pour les journaux illustrés parisiens. 1901 Paris, Grand Palais, Salon des Beaux Arts, première exp. coll. 1903 Paris, fondation du Salon d'Automne auquel il participera régulièrement par la suite. 1906 S'installe dans un atelier à Puteaux, rue Lemaitre, et se consacre à la peinture. Ses voisins sont Raymond Duchamp Villon et Kupka. 1911-1912 L'atelier de Puteaux devient le foyer de discussions et de réunions le dimanche après-midi d'un groupe d'artistes et d'écrivains, parmi lesquels : Kupka, Metzinger, Gleizes, Léger, Picabia, Marcel Duchamp, Marie Laurencin, Apollinaire, Valensi, André Mare, André Salmon, etc. Reçoit à Puteaux la visite de Walter Pach, devenu un ami des 3 Duchamp, ainsi que de A.B. Davies et Walt Kuhn, en vue de la sélection des œuvres pour l'*Armory Show*. Paris, Galerie la Boëtie, *Salon de la Section d'Or*, (oct.). 1913 N.Y., Chicago, Boston, *Armory Show*, neuf peintures qui intéressent les acheteurs américains. Arthur B. Davies achète : *Puteaux : les fumées et les arbres en fleurs*, Walter Arensberg : *Etude pour Puteaux n° 1*, John Quinn : *Fillette au piano, Etude pour Jeune Femme, Etude pour Fillette au piano*, Arthur Jerome Eddy : *Jeune Femme*, qui fera par la suite partie de la collection Arensberg. 1915 N.Y., Carroll Galleries, *First Exhibition of works by contemporary french artists*, (janv.), 1 œuvre. *Third Exhibition of Contemporary French Art*, (mars), 6 peintures. 1916 N.Y., Bourgeois Galleries, *Exhibition of Modern Art*, (avril), 1 peinture. Philadelphie, Mac Clees Galleries, *Advanced Modern Art*, (mai), 1 peinture. 1917 N.Y., Grand Central Palace, The Society of Independent Artists, *First Annual Exhibition*, 2 œuvres. 1919 N.Y., Arden Gallery, *Evolution of French Art*, organisée par Marius de Zayas, (avril). 1920 Katherine Dreier achète deux peintures de Villon (d'autres achats auront lieu en 1922, 1924, 1936 et 1937). N.Y., Galleries of the Société Anonyme, *First Exhibition*, (avril-juin), exp. coll. *Sixth Exhibition*, (déc.), exp. coll. 1922 Chicago, The Art Institute, *Exhibition of paintings from the collection of the late Arthur J. Eddy*, 1 peinture (*Jeune Femme* 1912). N.Y., Galleries of the Société Anonyme, *Jacques Villon* (déc.-janv. 1923) première exp. indiv. dans le monde : 20 peintures, préface de Walter Pach. A partir de cette date, il participe à de nombreuses exp. dans les galeries et les musées américains. 1926 N.Y., Art Center, Exposition de la Collection John Quinn, janvier. N.Y., Brooklyn Museum, *International Exhibition of Modern Art* organisée par la Société Anonyme, 5 œuvres. 1927 N.Y., American Art Galleries, 5 fév. vente de la deuxième partie de la collection John Quinn. Parmi les onze œuvres que possédait John Quinn à sa mort, 8 sont vendues à N.Y. 1928 N.Y., Brummer Gallery, exp. indiv., 35 œuvres. 1930 N.Y., Brummer Gallery, exp. indiv. 43 peintures. 1933 Chicago, Arts Club, exp. indiv., préface de Walter Pach, 31 œuvres. 1932-1933 Paris, expose avec le groupe Abstraction-Création. 1935 N.Y., MOMA, achat de la *Table Servie* 1913, gravure. 1936 Voyage aux Etats-Unis. Rend visite à Katherine Dreier et Walter Pach en Nouvelle Angleterre. A cette époque, Villon est plus connu en Amérique qu'en France. 1942 N.Y., Art of this Century Gallery, exposition collective organisée par Peggy Guggenheim. New Haven, Yale University Art Gallery, *Exhibition, inaugurating the Collection of the Société Anonyme*, (janv.-fév.). 1950 Pittsburgh, reçoit le prix Carnegie. 1953 N.Y., Legs Katherine Dreier : plusieurs œuvres de Villon entrent au MOMA. MOMA, *Jacques Villon, his graphic Art*, (sept.-nov.), 96 gravures. 1957 N.Y., Guggenheim Museum, *Jacques Villon, Raymond Duchamp-Villon, Marcel Duchamp*, (janv.fév.).

Bibliographie

Arthur J. Eddy, *Cubists and Post Impressionism*, Chicago, Mac Clurg et London, Grant Richards, 1914. Walter Pach, *Villon*, N.Y., Société Anonyme, 1921. « Worcester Museum Has Ultra Show », *American Art News*, N.Y., vol. XX, n° 15, 12 nov. 1921. *Exhibition of paintings from the collection of the late A.J. Eddy* catalogue de l'exp. Chicago, The Art Institute, 1922. Exhibition of paintings by members of the Société Anonyme, *Bulletin of the Worcester Art Museum*, vol. XII, n° 4, janv. 1922. Katherine S. Dreier, *Western Art and the New Era*, N.Y., Brentano's, 1923. H. McBride, « Modern Art », *The Dial*, N.Y., vol. LXXIV, n° 2, fév. 1923. Walter Pach, *The Masters of Modern Art*, N.Y., B.W. Huebsch, 1924. *John Quinn 1870-1925, Collection of Paintings, Watercolors, Drawings and Sculpture*. N.Y., Huntington, Pidgeon Hill Press, 1926. Katherine Dreier, *Modern Art*, N.Y., Société Anonyme, 1926. Forbes Watson, « The month in the galleries », *The Arts*, N.Y., vol. XIII, n° 5, mai 1928. « J. Villon, Brummer Galleries », *The Arts News*, N.Y., vol. XXVI, n° 26, 31 mars 1928. « J. Villon, Brummer Galleries », *The Art News*, N.Y., vol. XXXIX, n° 4, 25 oct. 1930. Llyod Goodrich, « Villon », *The Arts* N.Y., vol. XVII, n° 2, nov. 1930. Mary Morsell, « J. Villon, Marie Harriman Galleries », *The Art News*, N.Y., vol. XXXII, n° 16, 20 janv. 1934. Walter Pach, « The outlook for modern art », *Parnassus*, N.Y., vol. VIII, n° 4, avril 1936. A.H. Barr, *Cubism and Abstract Art*, N.Y., The Museum of Modern Art, 1936. Walter Pach, *Queer thing, Painting*, N.Y., Harper and Brothers, 1938. Peggy Guggenheim, *Art of this Century 1910-1942*, N.Y., Art of this Century Gallery, 1942. Walter Pach et Jacques Villon, « Thus is Cubism Cultivated », *Art News*, N.Y., vol. XLVIII, n° 3, mai 1949. *Collection of the Societe Anonyme, Museum of Modern Art 1920*, New Haven, Yale University Art Gallery, 1950. « The Katherine S. Dreier Bequest », *The Museum of Modern Art Bulletin*, N.Y., vol. XX, n° 3-4, été 1953. A.H. Barr, *Masters of Modern Art*, N.Y., MOMA, 1954. Kimball Fiske, « Cubism and the Arensberg », *Art News Annual*, N.Y., vol. LIII, n° 7, Part II, nov. 1954. *The Louise and Walter Arensberg Collection : 20th Century Section*, Philadelphia Museum of Art, 1954. B.L. Reid, *The man from New-York : John Quinn and his friends* N.Y., Oxford University Press, 1968.

Ouvrages de référence

Dora Vallier, *Jacques Villon : œuvres de 1897 à 1956*, Paris, Cahiers d'Art, 1957. *Jacques Villon*, éd. par Daniel Robbins, Cambridge, Fogg Art Museum, Harvard University, 1976.

M.D.

FRIEDRICH VORDEMBERGE-GILDEWART
Osnabrück, Allemagne, 1899 – Vem, Allemagne Fédérale, 1962.

1925 Paris, 23 rue de La Ville l'Evêque, exp. internationale *L'Art d'Aujourd'hui*, 1re exp. coll. à Paris. 1926 N.Y., Brooklyn Museum, *International Exhibition of Modern Art* organisée par la Société Anonyme, 1re exp. coll. à N.Y. 1927 N.Y., Anderson Galleries, exp. coll. organisée par la Société Anonyme. 1929 Séjour à Paris. Rencontre Mondrian, Van Doesburg et Vantongerloo. Paris, Galerie Povolozky, 1re exp. indiv. à Paris. 1930 Paris, Galerie 23, participe à l'exp. organisée par le Groupe Cercle et Carré. 1931 Paris, adhère à l'Association Abstraction-Création et collabore aux trois premiers numéros de la revue. 1939 Paris, Galerie Charpentier, *Réalités Nouvelles*. N.Y., Museum of Non-Objective Painting, *Art of tomorrow*. 1946 Paris, MNAM, *Exposition Internationale d'Art Moderne*. 1948 Paris, participe au Salon des Réalités Nouvelles. 1949 Paris, Galerie Maeght, *Les premiers maîtres de l'Art Abstrait*. N.Y., Museum of Non-Objective Painting, *Europeans Painters*. 1952 N.Y., MOMA, *De Stijl*. 1958 N.Y., Associated American Artists Galleries, *Rash international artists collection*. 1964 N.Y., Marlborough-Gerson Gallery, *Mondrian, De Stijl and their impact*. 1971 N.Y., La Boétie Gallery, 1re exp. indiv. à N.Y. 1974 Paris, Galerie Jean Chauvelin.

Bibliographie

Hans L.C. Jaffé, *Vordemberge-Gildewart*, Cologne, Dumont Schauberg, 1971.

N.M.L.

ABRAHAM WALKOWITZ

Tyumen, Sibérie, 1878 – Brooklyn, New York, 1965.

1889 Arrive à N.Y. 1898 Etudie à la National Academy of Design. 1900 N.Y., *Educational Alliance Exhibition*, 1re exp. de son œuvre aux USA. 1906 Paris : premier séjour au cours duquel il rencontre Max Weber qui l'introduit à l'œuvre de Cézanne, Matisse, Picasso et Rousseau. S'inscrit à l'Académie Julian. Visite (par l'intermédiaire de Steichen) Rodin dans son studio (où il assiste à une soirée privée donnée par la danseuse Isadora Duncan). Étude de la plasticité de la ligne et du rythme. Voyage en Italie. 1907 Salon d'Automne : la rétrospective Cézanne le frappe (lui-même ne participera jamais aux Salons parisiens). Retour à N.Y. où il se présente comme un peintre post-cézannien. 1908 N.Y., Haas Gallery, 1re exp. indiv. 1909 Se lie à nouveau avec Max Weber de retour à N.Y. Jusqu'en 1912, ses aquarelles marquent un intérêt prononcé pour la couleur et l'abstraction, et se référeront à Kandinsky, Delaunay et Stanton Macdonald-Wright. 1912 Fait la connaissance, par l'intermédiaire de Mardsen Hartley, d'Alfred Stieglitz et participe activement à toutes les manifestations de la Galerie 291. Galerie 291, 1re exp. indiv. 1913 N.Y., Chicago, Boston, *Armory Show* : Walkowitz y participe avec 12 nos, qui se réfèrent essentiellement à son expérience parisienne. Avec Marin, Maurer, Hartley et Halpert, il représente aux yeux du public le groupe américain le plus avancé. Influence de Kandinsky dont l'*Improvisation no 27* 1912, présentée à l'Armory Show, est achetée par Alfred Stieglitz. Début des *Cityscape* 1913-1916. Galerie 291, 2e exp. indiv. *Drawings, pastels, watercolors* (nov.-janv.). 1914 2e séjour en Europe (juin) : voyages en Grèce et en Italie. 1916 N.Y., Galerie 291, 2 exp. indiv., *Drawings, watercolors* (14 fév.-12 mars) et *Watercolors* (27 déc.-17 janv.). Participe à la revue *291* créée cette même année par Stieglitz. Anderson Galleries, *Forum Exhibition of Modern American Painting* (13 mars-25 mars). 1917 Participe à la création de la Society of Independent Artists et expose à la 1re manifestation de celle-ci. En 1918, il en devient président (jusqu'en 1938). 1920 N.Y., Galleries of the Société Anonyme, 1re exp. coll. de celle-ci, participation de Walkowitz avec Hartley, Man Ray et Stella. En 1934, il en deviendra Président. Jusqu'à sa mort, expose régulièrement dans les galeries new yorkaises. suivantes : New Art Circle, Kraushaar Gallery (1924-1928), Downtown Gallery, Brummer Gallery. 1944 N.Y., Brooklyn Museum, *One hundred Artists and Walkowitz* (9 fév.-12 mars).

Bibliographie

Camera Work, N.Y., no 44, oct. 1914 (Oscar Bluemmer : « Kandinsky and Walkowitz »). Abraham Walkowitz, « A note on my art », catalogue de l'exposition *Walkowitz*, N.Y., Galerie 291, 1915. *Camera Work*, N.Y., no 47, mai 1915. *291*, N.Y., no 3, mai 1915. *Revolt*, N.Y., 19 fév. 1916. Catalogue *The Forum Exhibition of modern painters*, N.Y., Anderson Galleries, 1916. *The Soil*, N.Y., vol. I, no 1, déc. 1916. *391*, N.Y., no 1, 25 janv. 1917. *The Soil*, N.Y., vol. I, no 3, mars 1917. *The International Studio*, N.Y., fév. 1917.

Ouvrages de référence

Abraham Walkowitz, *A demonstration of objective, abstract and non-objective art*, Girard Kansas, Haldeman Julius Publications, c. 1945. Martica Sawin, *Abraham Walkowitz, the years at 291 : 1912-1917*, Master thesis, Columbia University, 1967. « A tape recorded interviewed with Abraham Walkowitz », *Archives of American Art Journal*, N.Y., vol. XIX, janv. 1969. Sheldon Reich, « Abraham Walkowitz : pioneer of American modernism », *The American Art Journal*, N.Y., vol. III, 1971. Martica Sawin, *Abraham Walkowitz, 1878-1965*, Utah Museum of Fine Arts, 1975.

A.L.B.

ANDY WARHOL

Philadelphie, Penn., USA, 1930.
Vit à New York.

1949 S'établit à N.Y. 1952 N.Y., Hugo Gallery. 1re exp. indiv. à N.Y. 1962 N.Y., Sidney Janis Gallery, 1re exp. coll. à N.Y. 1963 Paris, Galerie Sonnabend, *Pop'art américain*. 1re exp. coll. à Paris. 1964 Paris, Galerie Sonnabend, 1re exp. indiv. Paris, 20e Salon de Mai. 1965 Vient à Paris. Galerie Sonnabend, exp. indiv. Paris, Galerie « J », *Homage à Nicephore Niepce*.

Paris, Ambassade américaine, *USA nouvelle peinture*. 1967 Paris, Galerie Sonnabend, exp. indiv. Saint-Paul-de-Vence, Fondation Maeght, *10 ans d'art vivant 55-60*. 1968 Venise, 34e Biennale. Kassel, Documenta 4. Saint-Paul-de-Vence, Fondation Maeght, *l'Art vivant 65-68*, Paris, MAM ARC, 1re Biennale Internationale de l'Estampe. 1970 Venise, 35e Biennale, Paris, MAM ARC, rétrospective A. Warhol. Paris, Galerie Sonnabend, exp. indiv. 1971 Paris, Galerie Sonnabend, exp. indiv. 1972 Venise, 36e Biennale. 1974 Paris, Musée Galliera, exp. indiv. Paris, Galerie Sonnabend, exp. indiv. 1977 Paris, MAM, ARC2, *Boîtes*, exp. coll.

Bibliographie

Rainer Crone, *Andy Warhol*, N.Y., Praeguer Publishers, 1970. *Andy Warhol*, Stuttgart, Württembergisher Kunstverein, 1976.

E.P.

MAX WEBER

Bialystok, Russie, 1881 – Great Neck, N.Y., 1961.

1891 Arrivée aux USA. 1898-1900 Études de dessin au Pratt Institute de Brooklyn, avec Arthur Weber Dow « who has been with Gauguin of Pont-Aven ». 1905 Arrivée à Paris (sept.) Max Weber étudie aussitôt à l'Académie Julian, avec J.P. Laurens. Visite le Louvre, le Musée Guimet et les collections africaines du Trocadéro. Manque le Salon d'Automne. Rencontre Jules Flandrin. 1906 Paris, Salon d'Automne (2 œuvres), 1re participation. Il y voit pour la 1re fois l'œuvre de Gauguin et celle de Cézanne. Par l'intermédiaire de J. Flandrin, il fréquente le Salon des Stein, rue de Fleurus, qui l'introduisent à l'œuvre de Cézanne, de Picasso et de Matisse. Par eux, il entre en contact avec Robert Delaunay, Gleizes, Metzinger, Maurice Denis, Marquet. Il se lie également avec ses compatriotes Walkowitz, Samuel Halpert et Bernard Karfiol et devient le familier d'Edouard Steichen dont il fréquente le studio à Montparnasse. Études à l'Académie Colorossi et l'Académie de la Grande-Chaumière où il fait des nus d'après modèle. 1907 Salon des Indépendants (6 œuvres), Salon d'Automne (9 œuvres). Il est frappé par la rétrospective *Cézanne*. Poursuit ses études à l'Académie Colorossi et à la Grande-Chaumière où il fait la connaissance de Hans Purrmann qui le présente à Matisse. Rencontre déterminante avec Henri Rousseau chez Robert Delaunay dont celui-ci était l'intime (mi-oct.). Adoption du concept de « primitivisme ». 1908 Suit, entraîné par Hans Purrmann, la « classe » de Matisse qu'il quitte en juil. Retourne à l'Académie Colorossi et participe à la Fondation de la New Society of American Artists in Paris. Visite probablement (en oct.) l'atelier de Picasso (où il a pu voir *Les Demoiselles d'Avignon*, 1907 et les *3 Femmes*, 1908). Il l'introduit dans l'atelier de Rousseau au moment où celui-ci travaillait à sa toile la *Muse et le Poète*. Salon d'Automne (7 œuvres, qui suscitent pour la 1re fois une mention dans la presse new yorkaise). Visite l'exposition *Braque* à la Galerie Kahnweiler (nov.) et souscrit au *Mercure de France* où sont publiées les lettres de Cézanne à Emile Bernard qui seront traduites par lui en anglais. Rousseau donne une soirée « en l'honneur des adieux de Max Weber », où sont présents Guillaume Apollinaire, Picasso, Marie Laurencin. Les dernières recommandations de Rousseau à Weber seront : « N'oubliez pas la nature, Weber » (17 déc.). Weber emporte aux USA 7 œuvres de Rousseau, dont 3 lui ont été données par l'artiste. 1809 N.Y., se lie avec Walkowitz dont il partage le studio. Haas Gallery, 1re exp. indiv. sur l'initiative de Walkowitz (peintures de la période parisienne). Incompréhension complète de la presse américaine. Publication dans le catalogue de la traduction anglaise, réalisée par lui, des lettres de Cézanne à Emile Bernard. Seul, Arthur Davies lui achète 2 toiles et le soutiendra jusqu'à la fin. Se lie par l'intermédiaire d'Edouard Steichen avec Alfred Stieglitz. S'intéresse aux collections « primitives » de l'art américain. 1910 N.Y., Galerie 291, exp. coll. *Younger American painters*, participation de Weber. Evolution par l'intermédiaire de l'art primitif vers le cubisme. Premières sculptures. Organise la 1re exp. indiv. aux USA de Henri Rousseau, à la Galerie 291 (à partir de sa propre collection). 1911 Galerie 291, exp. indiv. : critiques unanimes de la presse qui y voit des « grotesqueries ». 1912 Début d'une nouvelle série de peintures cubistes sur le thème de New York, proches du futurisme. Murray Hill Gallery et Arlington Gallery, 2 exp. indiv. (réactions hostiles de la presse). 1913 N.Y., Chicago, Boston, *Armory Show* : Max Weber ne participe pas à l'exposition, dont les organisateurs, malgré le soutien de Davies, ne voulaient accrocher que 2 des 8 œuvres que Weber leur proposait. Indignation de Samuel Halpert. Weber soutient Robert Delaunay lors du renvoi de la *Ville de Paris* par le comité d'organisation. Prête à l'Armory Show les Rousseau de sa collection. En revanche sur l'initiative de Roger Fry, du Met, il participe, seul étranger avec Kandinsky, à l'exp. du Grafton Group, à Londres, Alpine Club Gallery. Newark Museum, exp. indiv. (18 toiles) 1915 N.Y., Ehrich Gallery, exp. rétrospective.

Montross Gallery et Baltimore, Jones Gallery, exp. indiv. (peintures cubistes, toujours incomprises par la critique américaine). Quelques acheteurs : A. Langdon Coburn, Mabel Dodge, Lillie Bliss, Hamilton Easter Field, Nathan J. Miller. 1916 N.Y., publication de *Essays on Art*. 1917-1919 Max Weber devient le Directeur de l'Independent Artists Society. 1920 Dès cette date, sa peinture (paysages et natures mortes) se réfère à Cézanne. La Société Anonyme lui achète *Mother and Child* 1920, exposé cette année-là à la Montross Gallery. 1923, Montross Gallery, exp. indiv. : pour la 1re fois la presse new yorkaise lui réserve un accueil intéressé. 1924 Paris, Galerie Bernheim-J., dernière exp. en France. 1926 N.Y., publication de *Primitives*. Brooklyn Museum, *International exhibition of Modern Art*. 1928 N.Y., premiers achats de l'œuvre de Weber par un musée américain : le Newark Museum fait l'acquisition de 2 toiles. En revanche, Max Weber ne figurera dans aucune collection publique ou privée française. 1930 N.Y., MOMA, grande rétrospective *Max Weber*. 1938 Paris, Musée du Jeu de Paume, *Trois siècles d'art aux États-Unis*, participation de Weber avec 1 œuvre.

Bibliographie

Camera Work, N.Y., n° 31, juil. 1910. (Max Weber, « Chinese dolls and modern colorists » et « The four dimension from a plastic point of view ») ; n° 33, janv. 1911 (Max Weber, « To xochipilli, lord of flowers ») ; n° 36, oct. 1911 ; n° 38, avril 1912. Hutchings Hapgood, « Hospitality in Art », *New York Globe*, N.Y., 1912. Willard H. Wright, « Aesthetic struggle in America », *Forum*, N.Y., vol. 55, fév. 1916. *The Little Review*, N.Y., vol. IV, n° 7, nov. 1917. H. Cahill, *Max Weber*, N.Y., Downtown Galleries, 1930. Max Weber, « Rousseau as I knew him », *Art News*, N.Y., vol. 41, 15 fév. 1942. S.E. Leonard, *Henri Rousseau and Max Weber*, N.Y., R. Feigen and C°, 1970. John R. Lane, « The Sources of Max Weber's cubism », *Art Journal*, N.Y., vol. 35, n° 3, printemps 1976.

Ouvrages de référence

Catalogue *Max Weber, Retrospective Exhibition 1907-1930*, N.Y., MOMA, 1930. Catalogue *Max Weber : Retrospective Exhibition*, N.Y., Whitney Museum of American Art, 1949. Roberta K. Tarbell, *John Storrs and Max Weber : early life and work*, Master's thesis, University of Delaware, 1968. Catalogue *First comprehensive Retrospective Exhibition in the West, Max Weber*, Santa Barbara, University of California, 1968. *Max Weber : Memoirs, Correspondance and scrapbook of Max Weber*, Oral History collection, Columbian University, 1968. Alfred Werner, *Max Weber*, N.Y., Harry Abrams Inc., 1975.

A.L.B.

CHARMION VON WIEGAND
Chicago, 1899 – Vit à New York.

1926 Début en peinture. Nombreux contacts avec Mondrian. 1947-1948 N.Y., Rose Fried Gallery, 1re exp. indiv. 1950 Paris, Copenhague, Amsterdam, *American abstracts artists exhibitions*. 1952 N.Y. Saidenberg Gallery, exp. indiv. Art of this Century, Peggy Guggenheim, *The Women*. 1956 N.Y., John Heller Gallery, exp. indiv. 1955-1957-1964 Whitney Museum, participe aux *Whitney Annual*. 1960-1961 N.Y., Galerie Chalette, *Construction and geometry in painting, from Malevitch to tomorrow*. 1961-1963-1965 N.Y. Howard Wise Gallery, exp. indiv. 1962 N.Y., Whitney Museum, *Geometrical abstraction in America*. MOMA, *The art of assemblage*. 1963-1969 Whitney Museum, *Recent Acquisitions*. Sidney Janis Gallery, *The classic spirit in the 20th century*, exp. coll. 1964 Marlborough Gerson Gallery, *Mondrian, De Stijl, and their impact*. 1964 1964-65-67-68-72 *American abstracts artists Annual*. 1968 N.Y. University Art Collection, *10th anniversary exhibition*. 1971 N.Y., Galerie Denise René, *100 abstratc paintings*, participe à l'exp. inaugurale.

Bibliographie

Ecrits de l'artiste. « The meaning of Mondrian », *Journal of Aesthetics*, 1943 ; « The Russian Arts », *Painting, Sculpture and Architecture Encyclopedia of the Arts*, N.Y., Philosophical Library, 1946 ; « The oriental tradition and abstract art », *The World of abstract art*, N.Y., G. Wittenborn, The American abstract artists ; « Memoir of Mondrian », *The Arts Annual 4*, N.Y., 1961.

F.D.

WOLS (Otto Wolfang Schultzebattman dit)
Berlin, 1913 – Paris, 1951.

1931 Vient à Paris. Fait la connaissance de F. Léger, Arp, Ozenfant. Se lie avec Calder à qui il donne des leçons d'allemand. 1936 Paris, Galerie les Pléiades. Expose pour la première fois ses photographies, 1re exp. indiv. à Paris. 1940 S'installe à Cassis où il rencontre une femme écrivain, Kay-Bole, à qui il donnera cent œuvres, afin qu'elle les montre aux États-Unis où Wols rêve d'aller mais il en sera empêché par manque d'argent. 1942 N.Y., Betty Parsons Gallery, expose des aquarelles, 1re exp. indiv. à N.Y. 1949 N.Y., Perspective Gallery, exp. coll. à laquelle participent Michaux, Ubac, et Mathieu. 1950 N.Y., Iolas Hugo Gallery, expose des aquarelles et des peintures, exp. indiv. 1952 N.Y., Iolas Hugo Gallery. exp. indiv. 1959 N.Y., Borgenicht Gallery. 1962 N.Y., Cordier-Warren, exp. indiv. 1966 N.Y., A. Emmerich Gallery, *Seven Decades 1895-1965*, exp. coll. 1968 N.Y., Met., *Painting in France 1900-1967*, exp. organisée par le Musée National d'art moderne, Paris, et circulant aux USA.

Bibliographie

Werner Haftmann, *Wols en personne*, Paris, Delpire, 1963. Catalogue de l'exposition *Wols*, Paris, Musée d'art moderne de la ville, 1973.

E.P.

**Catalogues d'expositions publiés
par le Centre national d'art et de culture
Georges Pompidou,
Musée national d'art moderne**

1975

Lichtenstein *Dessins sans bande*
Dubuffet *Paysages castillans, sites tricolores*
Krajcberg
Pommereulle
Christian Jaccard
Matisse *Dessins et sculpture*
Rouan *Douze portes*
Les Lalanne
Max Ernst
Art abstrait 1910/1940
(Dessins du Musée national d'art moderne)
Victor Brauner
(Dessins du Musée national d'art moderne)
Marcel Broodthaers *L'Angélus de Daumier 1 et 2*

1976

Arpad Szenes et Vieira da Silva
(Dessins du Musée national d'art moderne)

**Série des publications
du Musée national d'art moderne,
Centre Georges Pompidou**

1   Maïakovski *20 ans de travail*
2   Francis Picabia
3   Tal-Coat
4   Une histoire du cinéma
5   Raymond Hains
6   Hantaï
7   Ça va ? Ça va. (4 artistes islandais contemporains)
8¹ Duchamp *Biographie*
8² Duchamp *Catalogue raisonné*
8³ Duchamp *Abécédaire (Approches critiques)*
8⁴ Henri-Pierre Roché *Victor*
9   Acquisitions du Cabinet d'art graphique 1971-1976
10 Gerhard Richter
11 André Masson
12 100 œuvres nouvelles 1974-1976
13 Louis Cane
14 Brancusi photographe
15 Paris - New York : Un album
16 Villeglé *Lacéré Anonyme*
17 Seuphor
18 Collectif Génération
19 Edward Kienholz *The Art Show*
20 Paris - New York

Composition et photogravure
Imprimerie Centrale Commerciale

Achevé d'imprimer sur les presses
de l'Imprimerie moderne du Lion à Paris

Dépôt légal 3e trimestre 1977
N° d'éditeur : 78